제 4 판

형 법 각 론

정 성 근
박 광 민 공저

三 英 社

제4판 머리말

심경(心耕) 정성근 교수님의 형법학에 대한 열정과 혼이 깃들어 있는 이 책과 형법총론 교과서를 천학비재(淺學菲才)한 저자가 공저(共著)의 형식으로 세상에 내놓은 지 꼭 10년의 세월이 지났다. 그동안 로스쿨의 출범 등 대외내적인 변화의 와중 속에서도 이 책은 제4판, 형법총론은 제5판을 발간하게 되었다. "기본이 튼튼하고 원리에 충실해야 더 멀리 뛰고 더 높게 난다"는 평범한 진리를 다시금 떠올리며, 변함없는 독자 여러분들의 사랑과 격려에 감사드린다. 아울러 그동안 저자의 부족함과 게으름 때문에 시의적절한 보완이 이루어지지 못한 점 머리 숙여 사과드리며, 앞으로 더욱 더 좋은 교과서가 될 수 있도록 최선의 노력을 다할 것을 다짐한다.

제4판을 발간하면서 주안점을 둔 것은 독자와의 소통강화였다. 이를 위해서 형법총론 제5판과 마찬가지로 이 책의 기본체제를 표제부터 내용까지 전부 한글로 바꾸었으며, 어려운 한자말을 가능한 한 쉬운 우리말로 바꾸고, 조금 긴 문장은 끊어주고 중심어귀를 앞으로 빼내기 위한 노력을 하였다. 모쪼록 형법총론과 더불어 이 책이 독자 여러분께 형법학에 대한 편안하고 충실한 반려자가 되기를 기대한다.

다음으로, 그동안 변경된 수많은 특별형법의 명칭과 내용을 반영하였다. 또한 로스쿨시대에서 판례의 중요성을 감안하여 2011년 6월까지의 대법원과 헌법재판소의 주요판례를 충실히 반영하였으며, 기존 국내 교과서의 개정내용 및 학계의 연구성과도 대폭적으로 반영하였다.

개정판의 교정과 문헌정리 및 변경된 특별법의 확인 등 마무리 작업은 2011년 8월 성균관대학교에서 박사학위를 받은 이성대 박사와 석사과정의 박웅신 군이 맡아주었다. 이들의 헌신적인 노고에 감사드리고 학문적 대성을 기원한다. 끝으로 변함없는 마음으로 연이어 개정판을 출판해주신 삼영사의 고덕환 사장님과 편집부 여러분께 진심으로 감사드린다.

2011년 8월

연구실에서 박광민

제3판 머리말

심경(心耕) 정성근 교수님의 형법학에 대한 열정과 혼이 깃들어 있는 이 책이 독자들의 성원과 격려에 힘입어 제3판을 발행하게 되었다. 그 동안의 사랑에 감사드리며 계속적인 관심과 아낌없는 질정(叱正)을 기대한다.

제2판을 출간한 2006년 이후 우리나라 법학계는 법학교육의 전반적인 체제변화를 추구하는 새로운 로스쿨 제도의 출범을 앞두고 진통과 시련을 겪고 있다. 그럼에도 불구하고 기존의 국내 교과서들은 개정판을 출간하였고 새로운 대법원 판례와 학계의 연구성과는 착실히 축적되는 등 고무적인 현상이 일어났다. 이에 비록 로스쿨이 개원되더라도 형법학의 기본적인 이론을 충실히 제시하는 교과서는 필요하다는 신념과 더불어 각론 교과서의 특성상 시의적절한 보완이 필요하였기에 다시 개정판을 출간하기로 하였다.

이번 개정판은 제2판에서의 대폭적인 수정・보완으로 각론 교과서에서 논의될 수 있는 논점을 빠짐없이 기술하고 있지만, 아직도 다소 어렵게 느껴지는 부분이 많다는 독자들의 충고에 따라 보다 쉽게 독자들이 다가설 수 있도록 다시 전면적인 수정·보완을 하였다. 또한 제2판이 출간된 이후 개정된 '폭력행위등처벌에관한법률', '성폭력범죄의처벌및피해자보호등에관한법률', '청소년의성보호에관한법률' 등 특별법의 내용, 2006년 1월부터 2007년 12월까지의 대법원과 헌법재판소의 판례, 기존 국내 교과서의 개정 내용 및 그동안 학계의 연구성과를 반영하였다.

이번 개정판에서도 교정과 색인정리 등 마무리 작업은 2007년 성균관대학교에서 학위를 받은 김범식 박사, 박사과정의 이성대 군과 조명화 양, 석사과정의 김현지 양이 맡아주었다. 이들의 노고에 감사드리며 학문적 대성을 기원한다. 끝으로 출판업계의 어려움에도 불구하고 연이어 개정판을 출판해 주신 고덕환 사장님과 이신정 주간님을 비롯한 편집부 여러분께 진심으로 감사드린다.

2008년 2월

공동저자 박 광 민

제2판 머리말

논어의 시경(詩經) 중에서 인용되는 말 가운데 절차탁마(切磋琢磨)라는 고사성어가 있다. 끊고 닦고 다듬고 갈아서 학문과 덕을 쌓는다는 뜻으로 사용된다. 사람은 학문과 덕을 일생동안 쉬지 않고 익히고 갈고 닦고 다듬어도 언제나 부족하다는 것을 새삼 일깨워 준다.

2002년 출간된 초판 교과서로 강의를 하면서 수정 보완하고 다듬어야 할 부분이 여러 곳 있음을 발견하고 작년 한해 동안 총론에 이어 각론 개정작업을 시작하였다. 이왕 개정판을 출간한다면 부분적인 수정에 그칠 것이 아니라, 내용보충과 아울러 각론 교과서에서 논의될 수 있는 모든 문제점을 검토 서술하고 문장 하나 하나까지 다듬고 수정하여 독자들이 부담없이 쉽고 이해할 수 있도록 하겠다는 생각으로 개정하였다. 개정판이라기보다 개고판이라고 할 만큼 전면적으로 대폭 수정 보완하였으므로 앞으로 특별한 사정이 없는 한 당분간은 교과서 내용을 개정할 필요가 없으리라 예상한다.

초판 교과서 어느 부분도 수정하지 않는 곳이 없지만 특히 각죄의 보호법익, 죄수관계와 재산죄, 공공위험범죄, 각종 위조죄, 성풍속범죄를 비롯한 뇌물죄, 공무집행방해죄, 도주와 범인은닉죄, 위증과 증거인멸죄, 무고죄 등 사회적·국가적 법익에 대한 죄가 가장 많이 수정 보완되었고, 여기에 더하여 2005년 하반기까지의 중요한 판례를 수록하다 보니 초판보다 양적으로 불어났다. 독자들의 친근한 반려가 되리라 기대한다.

개정판의 교정과 새로 나온 각종 교과서 문헌인용에 심혈을 기울여 준 성균관대학교 대학원 박사과정 수료자 김범식군, 윤해성군, 김재희양, 박사과정 대학원생 이성대군의 노고와, 삼지원 高德煥 사장님을 비롯한 편집부 여러분께 진심으로 감사드린다.

2006년 1월

공동저자 鄭 盛 根

머 리 말

이 책은 작년 여름에 朴光玟 教授와 공저로 펴낸 형법총론 교과서의 후속편에 해당하는 형법각론 교과서이다. 형법총론과 형법각론은 서로 불가분적 연관성을 가지고 있는 학문적 성격 때문에 형법총론에 이은 형법각론 교과서의 출간은 필자로서 미룰 수 없는 숙제에 속하기도 하였지만, 작년에 출간한 형법총론으로 공부하는 독자들의 불편을 하루빨리 덜어 주어야 한다는 생각에서 최대한의 시간을 아끼면서 거의 1년이 넘는 기간에 걸쳐 그 집필을 끝내고 새 각론 교과서를 출간하게 된 것이다. 이 책의 출간으로 지난 학기까지 강의에 교재로 사용해 왔던 필자의 (구)형법교과서(법지사 발행)는 형법총론에 이어 형법각론까지도 19년만에 모두 절판(絶版)하고, 앞으로는 새로 출간된 형법총론과 형법각론을 하나의 통일된 체계적 교과서로 사용할 수 있게 되었다.

이 책을 집필하면서 특히 유념한 점은 다음과 같다.

첫째, 형법총론과 형법각론의 유기적 관련성을 중시하였다. 형법총론과 형법각론은 서로 밀접 불가분적인 관련성을 가지고 전체로서 하나의 통일체를 이루고 있으므로, 형법각론을 공부할 때에는 형법총론의 일반적·추상적 원리를 바탕으로 구체적·개별적 원리를 탐구하여야 한다. 따라서 이 책도 형법총론의 체계를 염두에 두면서 개별범죄의 분석을 하였으므로 이 책으로 공부하는 독자들도 항상 형법을 전체적으로 파악하는 노력을 게을리 하지 않아야 할 것이다.

둘째, 우리 형법학의 발전된 모습을 수용하였다. 그동안 국내에서도 다수의 각론 교과서가 출간되었을 뿐만 아니라 훌륭한 논문들도 많이 발표되었으며, 더욱이 대법원 판례도 각론의 거의 모든 분야에 걸쳐서 축적되었기 때문에 이제는 외국의 교과서와 판례를 직접 인용하지 않고서도 우리 문헌과 자료의 인용만으로도 충분히 교과서를 구성할 만큼 양적·질적으로 많은 발전을 이루었다. 따라서 이 책도 가능한 한 외국자료를 배제하고 우리나라 학자들의 주장내용과 우리 판례를 충실히 반영하였다. 그리고 우리 문헌의 인용에 있어서는 이미 고인이 되었거나 폐간된 문헌도 자료의 흔적을 보존하고 우리 형법학의 발자취를 살펴본다는 뜻에서 필요한 부분에서 인용하였다.

셋째, 판례의 중요성을 감안하여 2002년 7월까지 나온 대법원 판례를 논점마다 보완하였다. 특히 리딩케이스에 해당하는 중요한 판례의 판시내용은 본문의 중간에 넣되, 본문과 구별하여 독자들이 그 내용과 흐름을 정확하게 파악할 수 있도록 세심하게 배려하였다. 형법각론에 있어서 판례의 중요성은 아무리 강조하여도 지나치지 않으므로 독자들도 이 책을 통하여 개별사례에 따른 논점해결을 스스로 생각하고 판단할 수 있는 능력을 배양하기를 기대한다.

넷째, 한글세대 독자들과 형법각론을 처음 대하는 학생을 위한 배려를 아끼지 않았다. 반드시 알아야 할 형법적 용어와 개념을 제목으로 뽑아 한자를 사용한 것을 제외하고는 가능한 한 한글사용을 원칙으로 하였으며, 제목으로 뽑은 한자도 그 다음 문장에서는 한글로 다시 표기하여 독자들의 편의를 도모하였다. 그리고 중요한 논점과 학설에 대해서는 가능한 한 요약 정리하여 간결하게 서술하고, 좀더 심층적인 분석이 필요한 부분은 작은 활자로 그 내용을 서술하여 독자들이 흥미를 가지고 쉽게 접근할 수 있도록 노력하였다. 이 책의 출간 후에도 독자들에게 친근하게 접근하기 위한 노력을 계속할 것을 약속드리며, 독자 여러분의 질책과 성원을 기대한다.

끝으로 이 책이 출간되기까지 성실하게 교정과 색인작업을 도와준 독일 Köln 대학에서 박사학위를 받고 귀국한 이경렬 박사, 성균관대학교 대학원 박사과정의 김범식 군, 석사과정의 이성대 군, 김계환 군의 노고를 고맙게 생각한다. 부디 학문적 발전과 대성이 있기를 기원한다. 아울러 형법총론에 이어서 참신한 형법각론 교과서를 출판해 주시면서 비판적 독자임을 자처한 三知院 高德煥 사장님과 편집부 여러분에게 이 기회를 빌어 깊은 감사를 드린다.

2002년 8월 하순
연구실에서
공동저자 鄭 盛 根

차 례

제 1 편 형법각론의 기초이론

제 1 장 형법각론의 의의

제 2 장 형법각론의 체계

제 2 편 인격적 법익에 대한 죄

제 1 장 생명·신체에 대한 죄

제 2 장 자유에 대한 죄

제 3 장 명예와 신용 · 업무에 대한 죄

제 4 장 사생활평온에 대한 죄

제 3 편 재산적 법익에 대한 죄

제 1 장 재산죄 일반론

제 2 장 절도의 죄

제 3 장 강도의 죄

제 4 장 사기의 죄

제 5 장 공갈의 죄

제 6 장 횡령의 죄

제 7 장 배임의 죄

제 8 장 장물에 관한 죄

제 9 장 손괴의 죄

제10장 권리행사를 방해하는 죄

제 4 편 사회적 법익에 대한 죄

제 1 장 공공의 안전과 평온에 대한 죄

제 2 장 공공의 신용에 대한 죄

제 3 장 공중의 건강에 대한 죄

제 4 장 사회의 도덕에 대한 죄

제5편 국가적 법익에 대한 죄

제1장 국가의 기능에 대한 죄

제 2 장 국가의 존립과 권위에 대한 죄

■ 주요참고문헌 ■

[국내문헌]

강구진, 형법강의 각론 I, 박영사 1983. ⇒ [강구진]

김성천/김형준, 형법각론(제2판), 동현출판사 2006. ⇒ [김성천/김형준]

김성돈, 형법각론(제2판), SKKUP 2009. ⇒ [김성돈]

김윤행 외 공저, 주석형법각론(상), 사법행정학회 1982. ⇒ [필자, 주석(상)]

__________, 주석형법각론(하), 사법행정학회 1980. ⇒ [필자, 주석(하)]

김일수, 형법각론(제4판), 박영사 2001. ⇒ [김일수]

김일수/서보학, 형법각론(제7판), 박영사 2007. ⇒ [김일수/서보학]

김종원, 형법각론(상), 법문사 1973. ⇒ [김종원]

김종원 외 공저, 신고형법각론, 사법행정학회 1986. ⇒ [필자(7인 공저)]

남흥우, 형법강의(각론), 고대출판부 1965. ⇒ [남흥우]

박상기, 형법각론(제7판), 박영사 2008. ⇒ [박상기]

배종대, 형법각론(제7전정판), 홍문사 2010. ⇒ [배종대]

백형구, 형법각론(개정판), 청림출판 2003. ⇒ [백형구]

서일교, 형법각론, 박영사 1982. ⇒ [서일교]

손동권, 형법각론(제3개정판), 율곡출판사 2010. ⇒ [손동권]

염정철, 형법각론강의, 신아사 1959. ⇒ [염정철]

오영근, 형법각론(제2판), 박영사 2009. ⇒ [오영근]

유기천, 형법학(각론강의 상), 일조각 1976. ⇒ [유기천(상)]

______, 형법학(각론강의 하), 일조각 1985. ⇒ [유기천(하)]

이건호, 신고형법각론, 일신사 1976. ⇒ [이건호]

이재상, 형법각론(제7판), 박영사 2010. ⇒ [이재상]

이정원, 형법각론(제3판), 법지사 2003. ⇒ [이정원]

이형국, 형법각론, 법문사 2007. ⇒ [이형국]

임 웅, 형법각론(제3판 보정), 법문사 2011. ⇒ [임 웅]

정성근, 형법각론(전정판), 법지사 1996. ⇒ [정성근]

정성근/박광민, 형법총론(제5판), 삼영사 2011. ⇒ [정성근/박광민, 총론]

정영석, 형법각론(제5전정판), 법문사 1983. ⇒ [정영석]

정영일, 형법각론(개정판), 박영사 2008. ⇒ [정영일]

정창운, 형법학각론, 박영사 1960. ⇒ [정창운]

진계호, 형법각론(제5판), 대왕사 2003. ⇒ [진계호]

황산덕, 형법각론(제6판), 방문사 1989. ⇒ [황산덕]

형사판례연구회, 형사판례연구(1~18), 박영사 1993~2010. ⇒ [형사판례연구 각권호]

[일본문헌]

內田文昭, 刑法各論(上卷), 昭和 54年. ⇒ [內田(上)]
________, 刑法各論(下卷), 昭和 56年. ⇒ [內田(下)]
大塚 仁, 刑法各論(上卷), 1979年. ⇒ [大塚(上)]
________, 刑法各論(下卷), 1979年. ⇒ [大塚(下)]
團藤重光, 刑法綱要各論(增補版), 昭和 47年. ⇒ [團藤]
團藤重光編, 注釋刑法(3) 各則(1)~(6), 昭和 40年~41年. ⇒ [筆者, 注釋刑法]
西原春夫, 犯罪各論, 昭和 49年. ⇒ [西原]
平野龍一, 刑法概說, 昭和 52年. ⇒ [平野]
福 田 平, 刑法各論(增補版), 昭和 41年. ⇒ [福田]
藤木英雄, 刑法講義各論, 昭和 51年. ⇒ [藤木]
前田雅英, 刑法各論講義(第 2 版), 1996年. ⇒ [前田]

[독일문헌]

• P. Bockelmann, Strafrecht, Besonderer Teil 1, 2 Aufl., 1982. ⇒ [Bockelmann, BT 1]
• A. Eser, Strafrecht III, 2 Aufl., 1981. ⇒ [Eser, StR, III]
• Maurach/Schröder/Maiwald, Strafrecht, Besonderer Teil, Bd. 1, 9. Aufl., 2003. ⇒ [Maurach/Schröder/Maiwald, BT 1]
• Maurach/Schröder/Maiwald, Strafrecht, Bensonderer Teil, Bd. 2, 7. Aufl., 1991. ⇒ [Maurach/Schröder/Maiwald, BT 2]
• H. Welzel, Das Deutsche Strafrecht, 11 Aufl., 1969. ⇒ [Welzel, StR]
• J. Wessels, Strafrecht, Besonderer Teil 1, 25 Aufl., 2001. ⇒ [Wessels, BT 1]
• ____________________, Besonderer Teil 2, 24 Aufl., 2001. ⇒ [Wessels, BT 2]
• H. Blei, Strafrecht II, 2 Aufl., 1983. ⇒ [Blei, II]
• Dreher/Tröndle, Strafgesetzbuch, 51 Aufl., 2003. ⇒ [Dreher/Tröndle, StGB]
• Leipziger Kommentar, Strafgesetzbuch, 11 Aufl. ⇒ [LK]
• Rudolphi/Horn/Samson, Systematischer Kommentar zum Strafgesetzbuch, 5. 6, bzw. 7. Aufl., 2003. ⇒ [SK]
• Schönke/Schröder/Lenckner-Cramer-Eser-Stree, Strafgesetzbuch, 26 Aufl., 2001. ⇒ [Sch/Sch/Verfasser, StGB]

제 1 편
형법각론의 기초이론

형법각론의 기초이론

형법각론은 형벌법규에 규정된 개개의 범죄에 대하여 그 구성요건의 의미와 내용을 명백히 하고 이에 대한 형벌의 종류와 범위의 확정을 임무로 하는 학문분야이다. 즉, 형법각론은 형법총론에서 수립한 범죄와 형벌에 관한 일반적·추상적 원리를 바탕으로 이를 보충하거나 부분적으로 수정하는 개별적 원리를 탐구하는 데에 그 목적을 두고 있다. 따라서 형법을 이해하기 위해서는 형법총론의 일반적·추상적 원리와 형법각론의 구체적·개별적 원리를 종합적으로 인식하여야 하며, 총론과 각론을 밀접 불가분의 관계에서 파악하지 않으면 안된다.

형법각론의 대상은 개개의 형벌법규이다. 가장 중요한 형벌법규는 형법전 제2편 각칙의 범죄유형이고, 이 이외에 최근 현저히 증가하고 있는 특별형벌법규도 당연히 형법각론의 대상이 된다. 그리고 형법각론의 주된 과제는 이러한 개개의 형벌법규의 해석이다. 형벌법규의 해석에 있어서는 문리해석뿐만 아니라 규범적 의미를 합목적적으로 파악하는 목적론적 해석도 불가피하게 요청된다.

형법각론의 체계화는 기본적으로 개개 형벌법규의 보호법익을 기준으로 하는 것이 일반적이고 타당하다. 보호법익을 1차적 기준으로 하여 형벌법규를 분류하는 방법은 전체적 법익(公益)과 개인적 법익(私益)으로 구별하는 이분설도 있으나, 국가적 법익·사회적 법익·개인적 법익으로 나누는 삼분설이 우리나라 통설이며 타당하다. 그런데 형법은 각론의 순서를 국가적 법익에 대한 죄, 사회적 법익에 대한 죄, 개인적 법익에 대한 죄의 순서로 배열하고 있다. 형법은 국가의 형법이므로 국가적 법익을 우선적으로 고려한 취지로 볼 수 있다. 그러나 개인적 법익보호를 우선시키는 것이 헌법적 가치체계와 법치국가사상에 부합하는 체계라 할 수 있고, 강학상의 편의를 고려해서도 개인적 법익에 대한 죄, 사회적 법익에 대한 죄, 국가적 법익에 대한 죄의 순서로 배열하는 것이 타당하다. 따라서 이 책에서도 개인적 법익에 대한 죄부터 먼저 설명하는 체계를 채택하였다. 다만 개인적 법익에 대한 죄는 다시 인격적 법익에 대한 죄와 재산적 법익에 대한 죄를 나누어 설명한다.

제 1 장 형법각론의 의의

제 1 절 형법각론과 형법총론

Ⅰ. 형법각론과 형법총론의 관계

형법각론은 형벌법규에 규정된 개개의 범죄에 대하여 그 구성요건의 의미와 내용을 명백히 하고, 이에 대한 형벌의 종류와 범위의 확정을 임무로 하는 학문분야이다. 우리 형법전은 제1편 총칙(제1조~제86조)과 제2편 각칙(제87조~제372조)의 두 편으로 나누어져 있다. 이에 따라 총칙은 모든 범죄유형을 포괄한 범죄와 형벌에 관한 일반원칙을 규정하고, 각칙은 개별범죄의 유형과 이에 대한 구체적 형벌을 규정하고 있다. 형법총론은 총칙규정을 연구대상으로 하여 개별 형벌규정에 공통되는 일반적 원리를 인식하고, 이를 기초로 범죄의 일반적 성립요건에 관한 추상적 논리체계의 수립을 목적으로 하는데 반하여, 형법각론은 각칙규정을 연구대상으로 하여 형법총론의 일반적 원칙을 배경으로 이를 보충하거나 부분적으로 수정하는 개별적 원리를 탐구하는 데에 그 목적을 두고 있다. 따라서 형법을 이해하기 위해서는 형법총론의 일반적・추상적 원리와 형법각론의 구체적・개별적 원리를 종합적으로 인식하여야 하며, 총론과 각론을 밀접 불가분의 관계에서 파악하지 않으면 안된다.

Ⅱ. 형법각론의 중요성

종래까지 형법각론은 형법총론에 비하여 경시하는 경향이 있었고, 특히 학생들 사이에 이러한 경향이 두드러지고 있다. 이러한 현상은 개별 형법법규에 대한 해석의 범위를 가급적 제한해야 한다는 극단적 죄형법정주의의 편견과 논리체계 구성을 위한 일반적·추상적 사고에 관심이 집중되어 온 결과라 할 수 있다. 그러나 성문으로 규정되어 있는 형벌법규에 대해서 사회변화에 따른 부단한 생명력을 부여하고 그 구체적 타당성을 기하기 위해서는 시의적절한 합리적 해석이 필수적으로 요청되므로 죄형법정주의라 해서 이러한 요청까지 배척할 수 없다. 또한 형법총론의 일반적·추상적 원리는 형법각론의 구체적·개별적 원리를 기초로 하였을 때에만 그 의의를 가지며, 형법총론에서 탐구한 범죄의 일반적 성립요건·고의·과실·작위·부작위·미수·공범·죄수 등의 논의는 형법각론의 개별적 범죄유형과 결합하지 않으면 아무 의미가 없다. 따라서 형법총론과 형법각론은 전체로서 하나의 통일체를 이루고 있으며, 그 중요성에서 우열이 있을 수 없다. 최근에 판례의 중요성이 인식되고 사례중심의 시험문제가 증가하는 경향도 형법각론의 중요성을 반영한 결과라 할 수 있다.

제2절 형법각론의 대상과 과제

Ⅰ. 형법각론의 대상

1. 각칙상의 범죄유형

형법각론의 연구대상은 개개의 형벌법규이다. 가장 중요한 형벌법규는 형법전 제2편 '각칙'의 범죄유형이고, 이를 연구대상으로 하는 과제를 협의의 형법각론이라 한다. 최근의 입법은 형법전 이외의 특별형벌법규가 현저히 증가하고 있는데, 이 모두를 포함하여 연구대상으로 하는 과제를 광의의 형법각론이라 한다. 특별형벌법규도 당연히 형법각론의 대상이 된다. 특별형벌법규(특별형법)는 특정범죄에 대하여 형법전 규정의 적용을 배제하고 있으므로 사실상 중요한 다수의 범죄에 대해서는 특별형벌법규만 적용되고 있다. 따라서 이에 대한 범죄유형(구성요건)의 내용과 가중형(법정형)의 범위를 검토하는 것은 각칙상의 범죄유형에 못지 않게 중요하다고 해야 한다.

2. 특별형법

우리나라의 특별형벌법규는 줄잡아 170여종이나 있고, 실무상 범죄의 절반 이상도 특별형벌법규 위반죄(특별형법범)가 차지하고 있다. 따라서 실무에 있어서는 협의의 형법보다 특별형벌법규(특별형법)에 대한 지식이 필수적으로 요구된다. 그동안 대학강의와 형법각론 교과서는 형법전 중심이었던 것이 사실이다. 그러나 특별형법이 엄청나게 증대하였고 대부분의 특별형법은 특정범죄에 대해서는 형법의 적용을 배제하고 있으므로 이에 대한 지식이 없이는 형법각론을 배웠다고 할 수 없게 되었다.

특별형법을 양산하다 보니 특별형벌법규 중에는 불필요한 중복규정도 있을 수 있고, 법정형이 심히 불균형한 경우도 지적되고 있다. 제대로 된 형법이라면 중요한 특별형법의 내용 중 필요한 것은 취사선택해서 형법전에 편입하고, 법정형의 균형도 유지해야 할 것이며, 형법전에 편입할 수 없는 특별형벌법규에 대해서는 이를 종합한 특별형법 단행본을 따로 마련하는 작업이 필요하다고 하겠다. 현실적으로 그렇지 못한 우리 상황에서는 형법각론에서 이를 설명할 수밖에 없다. 다만 형법총칙 규정과 범죄에 대한 일반이론은 원칙적으로 특별형벌법규에 그대로 타당하므로 특별형벌법규에 대한 검토는 주로 구성요건의 내용과 법정형을 중심으로 서술하게 된다. 그리고 중요한 특별형벌법규의 구성요건은 형법각칙상의 그것을 기본으로 하였거나 중복된 것이 많고, 광범위한 영역에 걸쳐 개정·폐지가 쉽게 이루어지고 있으므로 모든 특별형벌법규를 하나하나 검토한다는 것은 교과서의 큰 부담이 된다. 따라서 이 책에서는 형법각칙의 적용이 배제되는 중요한 특별형벌법규에 대해서만 그 내용을 거의 빠짐없이 서술하는 방법을 채택하여 특별형법에 대한 지식을 넓히도록 하였다.

참고로 이 책의 관련부분에서 설명될 중요한 특별형법을 미리 예시하면, ① 폭력행위등처벌에관한법률, ② 특정범죄가중처벌등에관한법률, ③ 특정경제범죄가중처벌등에관한법률, ④ 특정강력범죄의처벌에관한특례법, ⑤ 성폭력범죄의처벌등에관한특례법, ⑥ 국가보안법, ⑦ 공무원범죄에관한몰수특례법, ⑧ 여신전문금융업법, ⑨ 보건범죄단속에관한특별조치법, ⑩ 교통사고처리특례법, ⑪ 가정폭력범죄의처벌등에관한특례법, ⑫ 아동·청소년의성보호에관한법률 등을 들 수 있다.

이 외에도 군형법, 마약류관리에관한법률, 환경범죄의단속에관한특별조치법, 부정수표단속법, 통신비밀보호법, 모자보건법, 조세범처벌법, 집회및시위에관한법률, 화염병사용등의처벌에관한법률 등 다수의 특별형벌법규가 있다.

Ⅱ. 형법각론의 과제

1. 형벌법규의 해석방법

형법각론의 주된 임무는 개개의 형벌법규가 함축하고 있는 의미내용을 밝히는 데에 있다. 따라서 형법각론의 연구에서는 형벌법규의 해석이 주된 과제가 된다. 형벌법규의 해석에 있어서는 개개의 형벌법규에 기술되어 있는 문언의 의미를 밝히는 문리해석에서 출발하여 구체적 현실사회에서 타당할 수 있는 규범적 의미를 합목적적으로 파악하는 목적론적 해석이 불가피하게 요청되며, 또 실제로 이 해석방법이 형법해석의 주축을 이루고 있다. 최근에 형법해석에 있어서는 문리해석 내지 축소해석을 하는 것만이 법치국가사상에 부합되는 타당한 해석인 것처럼 서술하는 문헌도 있다. 확장해석을 포함한 목적론적 해석이 법치국가 사상에 배치되는 해석이라 할 수 없고 배치될 수도 없다.

목적론적 해석에 있어서는 역사적·비교법적 및 형사학적 관점에서 그 형벌법규의 의미를 고찰할 필요가 있다. 형벌법규의 제정연혁과 이에 대한 해석의 변천 및 시대적 배경을 파악함으로써 현재의 형벌법규가 갖는 의미를 찾을 수 있고, 외국의 형벌법규와 대비하여 우리사회의 실정에 맞는 보편타당한 의미내용을 밝힐 수 있기 때문이다.

2. 구성요건과 법정형의 분석·검토

형벌법규의 일반적인 기본형식은 '…한 자는 …형에 처한다'라고 규정되어 있다. 즉, 법률요건(구성요건)과 법률효과(법정형)를 조문을 통해서 표현한 것이다. 형법각론은 주로 이 두 가지의 의미 내용을 해명하는 것이며, 특히 구성요건의 내용을 분석·검토하여 그 규범적 의미를 밝히는 것이 가장 중요한 과제가 된다. 구성요건에 대해서는 행위주체, 객체, 실행행위(실행의 착수·기수시기)

및 기타 부수사정(행위수단, 행위상황, 결과, 인과관계) 등 객관적 구성요건요소와 고의·과실을 비롯한 목적 기타 주관적 구성요건요소에 이르기까지 모두 검토하여 그 구성요건의 유형적 의미를 밝히고, 나아가서 죄수와 공범의 문제까지 고찰하게 된다. 범죄의 성립요건인 위법성과 책임의 문제는 이를 형벌법규에 반드시 명시하지 아니하므로 구체적인 행위와 행위자에 대해서 개별적으로 검토하는 것이 보통이다. 다만 형벌법규에 따라서 일반적·유형적으로 그 범죄의 성립 여부에 영향을 주거나 그 기초가 되는 사정이 있을 때에는 이러한 사정도 당연히 형법각론의 과제가 된다. 이 외에 처벌조건, 처벌조각사유, 형의 가중·감면사유가 규정되어 있는 때에는 이것도 각론의 연구대상이 됨은 물론이다.

형벌에 대해서는 그 정도와 범위가 법정되어 있으므로 종래에는 학문적 가공의 여지가 거의 없는 것으로 생각하여 왔다. 그러나 법률효과로서의 형벌의 정도는 그 전제가 되는 범죄의 정도에 상응해야 하고, 특히 법정형의 폭이 넓은 데다가 많은 특별형법에서 다시 가중규정을 두고 있는 우리 현실에서는 범죄내용의 의미를 밝히는 것과 아울러 법정형의 구체적 기준도 검토해야 할 필요성이 크다고 하겠다. 다만 개개의 형벌법규에 대한 이상의 모든 과제를 하나하나 상세하게 서술하는 것은 교과서로서의 범위와 양이 부담되므로 이 책에서는 특별히 문제가 되는 중요한 부분에 한하여 설명하기로 한다.

제 2 장 형법각론의 체계

제 1 절 형법각론의 체계화방법

Ⅰ. 체계화의 일반적 기준

죄형법정주의는 하나 하나의 형벌법규를 원칙적으로 제정법의 형식으로 제정할 것을 요청하므로 이를 대상으로 하는 형법각론은 형법총론처럼 순수한 논리적 사유를 일관하는 완전한 체계화를 기대할 수 없고, 단편적 성격을 가질 수밖에 없다. 더욱이 사회변화에 따른 역사적 연계성으로 인하여 형벌법규의 증감·개폐가 불가피하여 부단히 그 범위가 달라질 수 있으므로 형법각론은 개방된 체계가 될 수밖에 없다. 따라서 형법각론의 체계를 어떤 내용으로 구성할 것이냐에 대해서는 특정원칙이 없다. 의무위반성을 기준으로 유형화 할 수도 있고, 사회적 관점에서 행위동기(이욕범·곤궁범·공격범·충동범 등)를 기준으로 체계화 할 수도 있을 것이다.

그러나 우리가 형법각론의 '체계'라는 것을 말하는 경우에는 여러 현상을 어느 정도 통일적으로 인식하기 위한 보조수단으로서의 체계를 말한다.[1] 이러한 의미에서 형법각론의 체계를 세우는데 있어서, 그 기초가 되는 것은 개개의 형벌법규에 있어서 보호된 법익이다. 형법의 궁극적 목적이 법익보호에 있으므로 개개 형벌법규의 보호법익을 기준으로 한 체계가 원칙적으로 타당하다. 우리 형법도 이를 기준으로 각칙의 내용을 구성하고 있다. 그런데 문제는 그 법익이 단일한 것이 아니고 상이한 법익이 경합할 때와 보호법익만으로는 형벌법규의

1) 김종원(7인 공저), 50면. 이에 대하여 김일수, 「형법각론연구의 방법론적 서설」, 현대의 형사법학(익헌 박정근박사 화갑기념논문집), 616면은 이러한 의미의 체계는 각론체계가 갖고 있는 질서기능과 적극적 일반예방적 목적이 간과되고 있다고 비판하면서, 각론의 체계를 사회질서원칙에 관한 일반적인 기준설정과 특별한 법소재 사이의 상호작용의 전체구조로 파악되는 소위 "구체적·일반적 개념"으로 이해한다.

본질적 의미를 충분히 파악할 수 없을 때이다.

Ⅱ. 체계화의 구체적 기준

1. 일차적 기준으로서의 보호법익

형법각론의 체계화에 있어서는 무엇보다 먼저 개개 형벌법규의 배후에 있는 보호법익이 무엇인가를 밝혀야 한다. 보호법익은 형벌법규에 명시되어 있는 형식적 문언뿐만 아니라 그 형벌법규가 구체적으로 현실사회에서 지니고 있는 의의를 인식함으로써 정확하게 파악할 수 있다. 그리고 형벌법규에 따라서는 보호법익이 두 개 이상 경합되어 있는 경우도 많다. 예컨대 현주건조물방화죄(제164조)는 공공의 안전이라는 사회적 법익과 함께 사람의 생명·신체·재산의 안전이라는 개인적 법익도 보호하고 있으며, 나아가서 이에 대한 법익침해는 동시에 국가에 대해서도 적지 않은 손실을 가져오기 때문에 넓게 보면 국가적 법익도 보호한다고 파악될 수 있다. 또 개인적 법익에 대한 범죄에 있어서도, 예컨대 인질강요죄(제342조의2)는 수개의 행위객체에 대하여 각각 행위태양을 달리하여 사람의 자유와 권리행사를 침해하는 경합적 법익을 보호한다. 경합범을 포함한 중첩적 다행위범은 모두 이러한 범죄유형이다. 따라서 경합적 법익을 보호목적으로 하는 형벌법규를 분류·체계화 하기 위해서는 그 중에서 우선적·기본적 보호법익을 먼저 확정한 다음 보충적·부차적 보호법익을 고려해야 한다.

2. 보충적 기준으로서의 의무위반성

한편 보호법익만을 기준으로 체계화 할 때에는 형벌법규의 본질적 의미를 충분히 파악할 수 없는 형벌법규도 있다. 예컨대 절도·강도·사기·공갈·횡령·손괴와 같은 재산죄는 모두 개인의 재산이라는 같은 법익을 보호하지만 형법전이 각각 다른 범죄유형으로 규정하고 있는 이유를 이해하기 곤란할 것이다. 따라서 법익의 의미는 그 침해대상뿐만 아니라 침해태양·방법도 고려하여 파악할 필요가 있다. 또 예컨대 보통살인죄(제250조 1항)에 대하여 존속살해죄(제

250조 2항)와 영아살해죄(제251조)처럼 그 법정형을 가중·감경하고 있는 부진정 신분범에 있어서는 법익침해의 대상, 침해태양·방법만으로 그 가중·감경하는 이유를 충분히 설명할 수 없는 형벌법규도 있다. 이러한 범죄에 대해서는 그 이외에 이를 보충할 수 있는 보충적 기준으로 의무위반성 또는 범죄동기도 함께 고려할 필요가 있다. 따라서 형법각론의 체계는 기본적으로 개개 형벌법규의 보호법익을 1차적 기준으로 삼아야 하지만 규정에 따라서는 보충적으로 의무위반성 또는 범죄의 동기도 고려하여 수정·보완하는 작업도 필요하다고 해야 한다.

제2절 형법각론의 체계화

Ⅰ. 보호법익에 따른 분류

형법각론의 체계화는 기본적으로 개개 형벌법규의 보호법익을 기준으로 하는 것이 일반적이고 타당하다는 것은 앞에서 언급한 바와 같다. 그런데 보호법익을 1차적 기준으로 하여 형벌법규를 분류하는 방법은, ① 전체적 법익(公益)과 개인적 법익(私益)으로 구별하는 이분설과, ② 전체적 법익을 다시 국가적 법익과 사회적 법익으로 나누고 여기에 개인적 법익을 병존시키는 삼분설이 있다. 우리나라 통설은 삼분설을 따르고 있으며, 형법전도 명시하지는 않았으나 각 장(章)의 배열에 비추어 삼분설을 따르고 있다.

이 중에서 어느 분류방법이 더 우월하냐의 판단은 매우 어려운 문제에 속한다. 삼분설은 전체적 법익을 사회적·국가적 법익으로 구체화하였기 때문에 발전된 것이라고 말하는 견해[2]도 있으며, 이분설은 인간존재의 개인성과 사회성을 선명하게 부각시키는 장점이 있어서 체계구성의 목적론적 관점에 적합하다는 견해도 있다.[3]

2) 강구진, 8면.

이분설이든 삼분설이든 어디까지나 그것은 주된 법익에 의한 우선적 구별에 불과하고 상대적이며, 위의 세 가지 법익 사이에 반드시 획일적인 구별이 명확한 것도 아니어서 어느 분류방법이 확실히 우월하다고 말할 수는 없다고 본다. 다만 강학상의 편의와 각칙 각 규정의 직접적·본질적 보호대상을 기준으로 법익간의 구별이 가능하므로 이 책은 3분설의 체계를 따르기로 한다.

Ⅱ. 이 책의 서술체계

형법각론을 법익에 따라 일반적으로 분류하는 경우에도 그 규정의 순서를 어떻게 배열하는 것이 합목적적인가의 문제는 남게된다. 삼분설의 관점에서 보면 형법은 각론의 순서를 국가적 법익에 대한 죄, 사회적 법익에 대한 죄, 개인적 법익에 대한 죄의 순서로 배열하고 있다. 형법은 국가의 형법이므로 국가적 법익을 우선적으로 고려한 취지로 볼 수 있다. 그러나 최근의 입법 중에는 개인적 법익에 대한 죄를 우선 시키는 법제(스위스 형법, 프랑스 형법, 미국 모범형법전)도 있고, 우리나라의 일치된 견해도 개인적 법익을 우선시키고 있다. 개인적 법익보호를 우선시키는 것이 헌법적 가치체계와 법치국가사상에 부합하는 체계라 할 수 있고, 범죄현상의 현실도 개인적 법익에 대한 범죄가 가장 많이 발생하고 있으므로 강학상의 편의를 고려해서도 개인적 법익에 대한 죄, 사회적 법익에 대한 죄, 국가적 법익에 대한 죄의 순서로 배열하는 것이 타당하다.

이 책에서도 이러한 순서에 따라 개인적 법익에 대한 죄부터 먼저 설명하는 체계를 채택하였다. 다만 개인적 법익에 대한 죄는 다시 인격적 법익에 대한 죄와 재산적 법익에 대한 죄를 나누어 설명한다. 왜냐하면 사유재산제도를 인정하고 자본주의 시장경제원리가 지배하고 있는 우리 사회에서는 재산의 의미와 가치가 중요한 비중을 차지하고 있으며, 최근 사회생활의 다변화로 개인간의 재산적 갈등과 충돌이 증폭하게 됨에 따라 재산적 법익에 대한 범죄가 증가하고 이를 규율하는 내용 또한 방대한 분량에 이르고 있기 때문이다.

3) 김일수, 앞의 논문, 618면.

제 2 편
인격적 법익에 대한 죄

인격적 법익에 대한 죄

인격적 법익에 관한 죄란 개인적 법익에 관한 죄 중에서 개인의 생명・신체, 자유, 명예・신용・업무, 비밀 및 사생활의 평온 등 개인의 인격적 가치를 보호하기 위한 범죄를 말한다. 헌법이 기본권으로서 보장하고 있는 인간의 존엄과 가치 및 행복추구권(헌법 제10조)은 개개인의 생명・신체・자유・명예・비밀 등 인격적 가치에 대한 확실한 보장이 있을 때에 그 실현이 가능하다. 자유민주주의 국가의 형법관이 인격적 법익에 대한 범죄를 가장 중요시하는 이유도 여기에 있다. 인격적 법익에 대한 죄를 유형별로 분류하면, ① 생명・신체에 대한 죄, ② 자유에 대한 죄, ③ 명예와 신용・업무에 대한 죄, ④ 사생활평온에 대한 죄로 나눌 수 있다.

첫째, 생명・신체에 대한 죄는 사람의 생명과 신체를 침해하거나 태아의 생명을 위태롭게 하는 행위를 범죄로서 처벌하기로 한 것이다. 여기에는 살인의 죄(제24장), 상해와 폭행의 죄(제25장), 과실치사상의 죄(제26장), 낙태의 죄(제27장) 및 유기의 죄(제28장)가 있다.

둘째, 자유에 대한 죄는 개인의 자유 그 자체를 외부적 침해로부터 보호하기 위한 범죄를 말한다. 사람의 자유도 헌법에서 보장하고 있는 기본권의 하나이지만, 자유는 생명・신체처럼 초사회적 법익이 아니라 사회 내재적 법익이므로 이를 사회적으로 조절 내지 조화시키는 범위 내에서 보호한다. 그러므로 형법은 개인의 자유 중에서 한정된 자유만을 보호한다. 여기에는 체포와 감금의 죄(제29장), 협박과 강요의 죄(제30장 제324조), 약취와 유인의 죄(제31장) 및 강간과 추행의 죄(제32장)가 있다.

셋째, 명예와 신용・업무에 대한 죄는 사람이 사회로부터 받는 평가를 보호하기 위한 범죄를 말한다. 여기에는 명예에 관한 죄(제33장)와 신용・업무와 경매에 관한 죄(제34장)가 있다. 다만 전자는 사회적 평가 중에서 개인의 인격 일반에 대한 평가를 보호하는데 대해서 후자는 주로 경제생활에 있어서의 경제적 지위 내지 경제적 활동을 보호한다는 점에 차이가 있다.

넷째, 사생활평온에 대한 죄는 개인의 사생활의 평온・안정을 보호하기 위한 범죄를 말한다. 여기에는 비밀침해의 죄(제35장)와 주거침입의 죄(제36장)가 있다. 전자는 사생활에 있어서 개인의 비밀을 보호하기 위한 범죄이고, 후자는 사생활에 필요한 장소적 평온을 보호하기 위한 범죄이다.

제 1 장 생명 · 신체에 대한 죄

제 1 절 살인의 죄

Ⅰ. 총 설

1. 형법에 있어서의 생명보호

살인의 죄는 고의로 사람을 살해하여 그 생명을 침해하는 범죄이다. 사람의 생명은 인간생존의 기본기초가 되므로 인간의 존엄과 가치의 보장도 이를 전제로 해서만 의미가 있다. 즉, 사람의 생명은 모든 법익의 기초이고, 다른 법익과 비교형량할 수 없는 최고의 가치를 갖고 있다. 인간 생명의 최고가치성 때문에 형법은 원칙적으로 사람의 생존능력, 생존가치, 건강상태, 사회적 지위 여하 등 일체의 가치평가를 묻지 않고 평등하게 보호한다. 따라서 법적 판단에 있어서 사람의 생명은 생존의 가치 없는 생명이란 있을 수 없으며, 어느 누구도 침해할 수 없고 또 누구도 포기할 수 없는 절대적 법익으로서 보호한다고 한다. 이를 생명보호절대의 원칙이라 한다.[1]

그러나 사형제도를 인정하고 있는 국가에서는 생명보호절대원칙을 그대로 관철할 수 없다. 특히 안락사 인정 여부가 논의되고 있는 상황에서는 생명보호절대원칙에도 한계가 있을 수밖에 없다. 즉, 생명보호절대원칙은 사형제도가 없는 법제도에서만 논의될 수 있다. 따라서 우리 형법상의 생명보호는 최대한 평등하게 보호한다는 의미로 파악해야 한다.[2]

【입법례】 서양의 입법례는 예모(豫謀 사전에 미리 꾀함), 비열한 동기, 잔인한 범행방법 등에 따라 중살인(重殺人)과 단순살인으로 유형화 하거나(독일형법 제

1) 이형국, 7면; 이재상, 10면; 김일수/서보학, 17면; 박상기, 18면; 이정원, 28면; 손동권, 5면; 임웅, 10면; 배종대, 50면; 김성돈, 28면.
2) 배종대, 51면은 상대적 생명보호원칙; 임웅, 10면은 최대한 생명보호원칙이라 하고 있다.

211조, 제212조) 모살(謀殺, Mord, murder)과 고살(故殺, Totschlag, manslaughter)로 유형화 하여(프랑스형법 제221-1조, 제221-3조 및 미국 모범형법전 제210-2조, 제210-3조) 범죄유형의 경중에 상응한 법정형의 차이를 두고 있다.[3] 이는 법관에게 지나치게 양형의 범위를 넓게 인정할 수 없다는 점을 고려한 것이다. 우리 형법은 이러한 유형적 구별 없이 법관으로 하여금 양형의 조건을 고려하여 실정에 맞게 개별처우하도록 하였다. 이에 대해서는 양형의 범위제한과 죄형균형을 유지하기 위해서 유형별 구별이 필요하다는 주장도 있다.[4]

2. 보호법익 · 구성요건체계

(1) 보호법익

살인의 죄의 보호법익은 사람의 생명이며, 보호의 정도는 침해범으로서의 보호이다. 사람의 생명은 인간생존의 기초로서, 다른 무엇과도 비교형량 할 수 없는 최상의 법익이므로 형법상 가장 중요한 법익이라 해야 한다. 태아와 죽은 사람(사체)은 사람이 아니므로 낙태죄 또는 사체손괴죄, 사체오욕죄(제159조, 제161조)에 의해서 보호될 뿐이다.

(2) 구성요건체계

살인의 죄는 보통살인죄(제250조 1항)를 기본적 구성요건으로 하고, 책임가중 구성요건으로 존속살해죄(제250조 2항), 책임감경 구성요건으로 영아살해죄(제251조), 불법감경 구성요건으로 촉탁 · 승낙에 의한 살인죄(제252조 1항)와 자살교사 · 방조죄(제252조 2항)를 규정하고 있다. 그리고 독립구성요건으로서 위계 · 위력에 의한 살인죄를 규정하여 보통살인 · 존속살해의 예에 의하여 처벌(제253조)하도록 하였으며, 이상의 모든 죄의 미수범(제254조)과 보통살인, 존속살해, 위계 · 위력에 의한 살인의 예비 · 음모를 처벌한다(제255조). 그 밖에 보복목적 살인(특가법 제5조의9 1항)과 내란목적 살인(제89조)에 대해서는 특별규정을 두고 있다. 또 제250조와 제253조의 살인죄에 대하여는 특정강력범죄의처벌에관한특례법(제2조 1항 1호)에 의하여 누범의 형 가중(제3조), 집행유예 제한(제5조) 기타 형사소송법상의 특칙이 적용된다.

---

3) 이에 대해서는 정성근, 46~47면; 임웅, 11면; 박상기, 16면; 오영근, 13면; 이재상, 10면; 손동권, 7면; 정영일, 6면; 김성돈, 29면 참조.

4) 서일교, 21면; 유기천(상), 24면; 임웅, 12면; 오영근, 14면.

Ⅱ. 보통살인죄

> 【구성요건·법정형】 사람을 살해한 자는 사형·무기 또는 5년 이상의 징역에 처한다(제250조 1항). 미수범은 처벌한다(제254조). 유기징역에 처할 때에는 10년 이하의 자격정지를 병과할 수 있다(제256조).

1. 의의·성격

고의로 사람을 살해함으로써 성립하는 범죄이다. 침해범·결과범·즉시범의 전형적 예이다.

2. 객관적 구성요건요소

(1) 주 체

자연인이면 누구든지 주체가 될 수 있다. 자살행위는 현행법상 범죄가 아니므로 자살미수자는 이 죄의 주체가 될 수 없다. 또 피해자가 타인에게 촉탁을 하여 자기를 살해하게 한 때에도 그 피해자는 이 죄의 주체가 되지 않는다.

(2) 객 체

행위객체는 행위자 이외의 생명이 있는 자연인이다. 생명이 없는 법인은 이 죄의 객체가 될 수 없다.

1) 사 람 생명이 있는 자연인은 범행 당시 생존기능이 있으면 충분하고 생존능력의 유무는 묻지 않는다. 따라서 조산으로 생육의 가망이 없는 영아·기형아, 빈사상태의 환자, 불구자, 낙태행위로 살아있는 영아, 불치의 병자, 실종선고를 받은 자, 사형판결이 확정된 자, 자살중인 자, 생명유지 장치로 연명하고 있는 말기환자도 이 죄의 객체가 된다.

사람의 생명은 출생으로 시작하여 사망으로 종료한다. 출생 전에는 낙태죄의 객체인 태아일 뿐이며, 사망 이후에는 사체의 손괴·유기·오욕죄의 대상이 된다. 사람의 시기와 종기에 대한 판단은 자연과학적 사실판단이 아니라 형법의 생명보호 취지에 따른 규범적 법적 평가의 문제에 속한다.

2) 사람의 시기 태아는 분만으로 출생하면서 생명 있는 사람이 된다. 따라

서 사람의 시기(始期)는 태아가 사람으로 되는 시기라고 할 수 있다. 분만은 연속된 일련의 과정이므로 형법은 그 과정의 어느 시점에서 사람으로 보호해야 할 것이냐라는 사람의 시기가 문제된다.

(a) 진통설　태아가 태반으로부터 분리되기 시작하면서 규칙적인 진통이 개시되는 때를 사람의 시기로 보는 견해로 분만개시설이라고도 한다. 우리나라와 독일의 통설·판례가 취하고 있다.

【판례】 …사람의 생명과 신체의 안전을 보호법익으로 하고 있는 형법상의 해석으로는 규칙적인 진통을 동반하면서 태아가 태반으로부터 이탈되기 시작한 때, 다시 말하여 분만이 개시된 때(소위 진통설 또는 분만개시설)가 사람의 시기라고 봄이 타당하다고 여겨지며, 이는 형법 제251조(영아살해)에서 분만 중의 태아도 살인죄의 객체가 된다고 규정하고 있는 점을 미루어 보아서는 그 근거를 찾을 수 있는 바이니 조산원이 분만 중인 태아를 질식사에 이르게 한 경우에는 업무상 과실치사죄가 성립한다(대판, 1982. 10. 12, 81도2621).

(b) 일부노출설　태아의 신체 일부가 모체에서 노출된 때를 사람의 시기로 보는 견해로 일본의 통설·판례가 취하고 있다. 특히 태아의 머리부터 노출되는 경우를 두부노출설이라 한다. 일부노출 후 다시 모체 안으로 끌려 들어가는 경우에 사람과 태아의 한계가 불분명하며, 직접 공격가능성이라는 행위태양에 의해서 객체의 성질을 구별한다는 결함이 있다.

(c) 전부노출설　분만이 완료되어 태아가 모체로부터 완전히 분리된 때를 사람의 시기로 보는 견해로 우리 민법상의 통설이다. 일부노출상태에서의 생명침해를 낙태로 취급해야 하는 문제가 있다.

(d) 독립호흡설　태아가 모체로부터 완전히 분리하여 태반에 의한 호흡을 멈추고, 독립하여 폐에 의한 호흡을 시작한 때를 사람의 시기로 보는 견해이다. 생산(生產)과 사산(死產)을 구별할 수 있다는 장점이 있으나 태반호흡과 폐호흡이 명백히 구별될 수 없거나 두 가지 호흡이 병존할 수 있는 경우에 사람과 태아의 구별이 곤란하다는 결함이 있다.

(e) 결 어　민법은 권리능력의 주체가 될 수 있는 사람을 전제(민법 제3조)로 하므로 전부노출설에 따를 수밖에 없다. 그러나 형법상 사람의 시기 문제는 낙태죄의 객체인 태아가 분만과정의 어느 단계에서 살해, 상해, 과실치사상으로부터 그 생명·신체를 보호할 필요성이 있느냐라는 형법적 보호필요성을 기

준으로 판단해야 한다. 그리하여 ① 아직 모체로부터 노출되지 않았지만 분만 중의 영아의 생명도 보호할 필요가 있으며, ② 기술의 발달로 인하여 모체내에 있는 분만 중인 영아의 생명도 외부에서 침해가능성이 있고, 특히 형법은, ③ 분만 중의 영아를 살해한 때에 살인죄의 일종인 영아살해죄(제251조)로 처벌하고 있으므로 분만개시로 인한 진통설이 타당하다고 해야 한다.

분만으로 인한 진통은 자궁경부의 자궁구가 열리고 태아가 태반으로부터 분리되면서 시작하는 개방진통을 의미하며, 모체 밖으로 배출되는 과정에서의 압박진통이나[5] 분만개시 이전의 사전진통을 의미하지 않는다. 다만 제왕절개수술에 의한 인공분만의 경우에는 자연분만에 대체되는 자궁절개와 동시에 사람이 된다고 해야 한다.[6]

【조산으로 생존능력 없는 미숙아】 조산(早産)으로 인하여 생존능력이 없는 미숙아(예컨대, 임신 5-6개월만에 조산한 경우)도 사람이라 할 수 있느냐가 문제될 수 있다. 살인죄의 객체인 사람은 생존능력 유무를 불문하므로 출생시 생존하고 있는 한 사람이라 해야 한다. 따라서 이를 살해하면 살인죄 또는 영아살해죄, 그대로 방치하여 사망하였다면 유기치사죄가 성립한다. 다만 낙태로 인하여 배출되었으나 곧 사망한 때에는 낙태죄가 될 뿐이다.

3) 사람의 종기　사람의 생명은 사망함으로써 종료하고 사체가 된다. 사람의 사망시기, 즉 종기(終期)에 대해서도 견해가 대립한다.

(a) 호흡종지설　폐기능에 의한 호흡이 되살아 날 수 없는 상태로 종지한 때에 사망으로 보는 견해(폐사설)이다. 인공호흡장치에 의해서 다시 호흡이 가능할 수 있다는 결함이 있으며, 우리나라 주장자도 없다.

(b) 맥박종지설　심장의 고동이 되살아날 수 없는 상태로 종지한 때에 사망으로 보는 견해(심장사설)로 우리나라 다수설이다.[7] 일단 기능이 정지된 심장도 전기쇼크, 마사지 등에 의해서 회복가능하다는 결함이 있다.

(c) 삼징후설　호흡과 맥박이 되살아 날 수 없는 상태로 종지하고, 동공

---

5) 압박진통개시 때 사람으로 보는 견해는 유기천(상), 27면; 강구진, 37면.

6) 이에 반하여 판례는 "제왕절개 수술의 경우 '의학적으로 제왕절개 수술이 가능하였고 규범적으로 수술이 필요하였던 시기(時期)'는 판단하는 사람 및 상황에 따라 다를 수 있어, 분만개시 시점, 즉 사람의 시기(始期)도 불명확하게 되므로 이 시점을 분만의 시기(始期)로 볼 수는 없다"고 한다(대판, 2007. 6. 29, 2005도3832).

7) 서일교, 19면; 황산덕, 163면; 정영석, 217면; 김종원, 30면; 김일수/서보학, 23면; 백형구, 18면; 오영근, 17면; 정영일, 10면; 허일태, 「생명의 종기」 형법연구(Ⅰ), 1997, 330면.

(瞳孔)의 확대 및 광선반사 소실이라는 세 가지 징후가 있는 때에 사망으로 보는 종합판정설로 일본의 다수설이다.

(d) 뇌사설　뇌의 기능이 되살아 날 수 없는 상태로 종지한 때에 사망으로 보는 견해[8]로서, ① 정신 및 의식작용을 관장하는 대뇌가 종지한 때에 사망으로 보는 대뇌사설(소위 식물상태), ② 호흡, 순환, 대사, 체온조절기능을 관장하는 뇌간(腦幹)이 종지한 때에 사망으로 보는 뇌간사설이 있으나, 우리나라의 뇌사설은, ③ 뇌간을 포함한 뇌의 모든 기능이 종지한 때에 사망으로 보는 전뇌사설에 일치되어 있다.[9] 전뇌사설에 따르면 대뇌·소뇌는 없으나 뇌간의 기능으로 심장기능과 호흡기능을 하고 있는 소위 무뇌아도 생존가능성과 관계없이 생존자가 된다.

뇌사설에 대해서도 뇌사를 확정할 수 있는 신뢰할 만한 방법과 기준이 없으므로 장기이식을 위해서 뇌사인정이 악용될 수 있고, 체온이 유지되고 있음에도 뇌사가 있다고 죽은 사람으로 취급하는 것은 우리의 전통적 정서에 반하므로 뇌사가 폐사와 심장사보다 선행하는 경우에 불합리하다는 비판이 있다.[10]

(e) 결 어　심장과 호흡의 종지에 의하여 사망시기를 결정하는 전통적인 입장은 생물학적 기준에 바탕을 두고 있으며, 사망의 시기판정이 쉽고 확실하다는 장점이 있는 것은 사실이다. 그러나 형법에서의 생사판단은 전적으로 생물학적·의학적 기준에 의존할 것이 아니라 사람의 생명보호라는 형법적 보호필요성을 전제로 하여 형법적 관점에서 판단하여야 한다.

그런데 ① 자연사의 경우 맥박의 종지가 있으면 보통 10분 이내에 뇌사상태에 이르는 것이 일반적이며, ② 현재의 의학기술도 뇌전도(腦電圖)나 뇌파계(腦派計)에 의하여 어느 정도 정확한 뇌사판정을 할 수 있고, 특히 장기등이식에관한법률은 뇌사판정의 확실성과 신중성을 충분히 강구하고 있으므로 현실적으로 의학적 판단을 신뢰할 수밖에 없으며, ③ 생명의 핵심은 호흡이나 심장의

8) 뇌사설은 1968년 8월 9일 제22차 세계의사학회에서 채택된 Sydney선언에서 비롯되어 현재 의학계에서는 사망의 정의로 일반적으로 인정되고 있다.

9) 정성근, 51면; 이재상, 18면; 임웅, 17면; 이정원, 38면; 장영민, 「뇌사와 장기이식의 형사법적 문제」(손해목 교수 화갑기념논문집, 1993), 633면 이하; 장한철, 「절대적 생명보호 원칙의 형법적 한계」(정성근 교수 화갑기념논문집, 1997), 669면; 박영규, 「의료행위에서의 생명과 신체 보호에 관한 형법적 연구」(연세대 대학원 박사학위 청구논문, 1991), 142면; 임상규, 「장기이식법상의 뇌사관련 규정의 문제점」(형사법연구 제13호, 2000. 6), 162면. 단, 진계호, 40면은 뇌사와 맥박종지를 모두 고려하는 이원설을 주장한다.

10) 김종원, 30면; 강구진, 24면; 김일수/서보학, 22면; 백형구, 18면; 김성돈, 32면.

고동이 아니라 뇌활동에 있으므로 뇌조직의 사망은 개인의 존재와 인격을 소멸시킨다고 해야 하고, ④ 호흡이나 심장이 종지된 후에도 어느 정도까지는 회복 내지 인공장치에 의한 생명유지가 가능하지만 뇌기능이 종지된 이후에는 더 이상 회복이 불가능하다는 점에 비추어 전뇌사설이 타당하다고 본다. 다만 모든 사람의 사망에 대하여 뇌사판정을 할 수 없기 때문에 뇌사가 심폐사보다 앞선 경우에 한하여 의료기관의 뇌사판정절차를 거쳐서 사망을 확정할 수밖에 없고, 심폐사가 앞서는 일반사망에 대해서는 심폐기능이 종지한 때에 뇌사가 있다고 확정하면 족할 것이다.

【장기등이식에관한법률과 사람의 종기】 장기등이식에관한법률 제3조 4호(정의)는 "살아 있는 자라 함은 사람 중에서 뇌사자를 제외한 자를 말하며…"라고 규정하고, 동법 제17조는 "뇌사자가 이 법에 의한 장기등의 적출로 사망한 때에는 뇌사의 원인이 된 질병 또는 행위로 인하여 사망한 것으로 본다"고 규정하고 있다. 이 규정을 근거로 동법은 뇌사설을 채택하였다는 견해[11]와 뇌사자의 장기이식을 법적으로 허용하고 있을 뿐이고 뇌사설을 인정한 것은 아니라는 견해가[12] 대립한다.

동법 제3조 4호는 뇌사자를 사람에 포함시키면서도 살아 있는 사람에서 제외하고 있으므로 뇌사자의 사망 여부에 대하여 명확한 태도를 밝히지 않고 있다. 그러나 동법 제3조는 살아있는 자, 뇌사자, 사망한 자를 구별하고 있고, 동법 제17조는 장기적출로 사망한 때… 사망한 것으로 본다고 하였으며, 사망한 자로부터의 무단 장기적출(동법 제43조 3호)보다 뇌사자로부터의 무단 장기적출(동법 제39조 1항 9호)을 중하게 처벌하고 있고, 뇌사자의 연고자는 가족, 사망자의 연고자는 유족이라고(동법 제3조 5호, 제18조 2항) 구별하고 있으므로 이 법은 뇌사설을 직접 채택하였다고 할 수 없다. 이 법은 사람의 종기에 대해서 입법적으로 해결한 것이 아니라 장기이식을 위한 장기적출을 법적으로 허용함으로써 의료계와의 마찰을 우회적으로 해결하고 있을 뿐이다.[13] 따라서 사람의 종기가 뇌사설인가 맥박종지설인가의 문제는 여전히 학설에 위임되어 있다고 해도 무방할 것이다.

(3) 행 위

행위는 살해하는 것이다.

1) 살 해 "살해"란 고의로 사람의 생명을 자연적 사기(死期)에 앞서서 단절시키는 것을 말한다. 따라서 과실로 사람을 사망에 이르게 하는 과실치사와

11) 박상기, 22면.
12) 이재상, 16면; 김일수/서보학, 23면; 임웅, 18면; 오영근, 20면; 정영일, 57면; 배종대, 57면; 손동권, 9면.
13) 배종대, 57면; 손동권, 9면 이하.

다르다.

2) 살해의 수단·방법 사람을 살해하는 수단·방법은 제한이 없다. 자살(刺殺)·참살(斬殺)·교살(絞殺)·사살(射殺)·독살(毒殺)·타살(打殺) 등 유형적 방법에 의하건, 피해자에게 강도의 정신적 고통이나 충격을 주어 사망에 이르게 하는 무형적 방법에 의하건 묻지 않는다. 또 사술(詐術)이나 위계·위력에 의해서도 살해는 가능하며, 예모(豫謀)의 유무도 묻지 않는다.

(a) 부작위에 의한 살해 보통은 작위에 의해서 살해하지만 부작위에 의한 살인도 가능하다. ① 보증인적 지위에 있는 자가 보증의무에 위반하여 부작위로 나아감으로써 사람을 사망케 한 때에는 부작위에 의한 살인이 된다. 예컨대 유아를 양육할 의무있는 자가 살해의사로 유아의 생존에 필요한 젖을 먹이지 않음으로써 굶겨 죽인 경우이다. 그러나 ② 긴급구조의무위반은 보증의무가 있다고 할 수 없으므로 부작위에 의한 살인은 부정된다.

【판례】 ① 피고인이 미성년자를 유인하여 포박 감금한 후 단지 그 상태를 유지하였을 뿐인데도 피감금자가 사망에 이르게 된 것이라면 피고인의 죄책은 감금치사죄에 해당한다 하겠으나, 나아가서 그 감금상태가 계속된 어느 시점에서 피고인에게 살해의 범의가 생겨 피감금자에 대한 위험발생을 방지함이 없이 포박 감금상태에 있던 피감금자를 그대로 방치함으로써 사망케 하였다면 피고인의 부작위는 살인죄의 구성요건적 행위를 충족하는 것이라고 평가하기에 충분하므로 부작위에 의한 살인죄를 구성한다(대판, 1982. 11. 23, 82도2024).

② 피고인이 조카인 피해자(10세)를 살해할 것을 마음먹고 저수지로 데리고 가서 미끄러지기 쉬운 제방 쪽으로 유인하여 함께 걷다가 피해자가 물에 빠지자 그를 구호하지 아니하여 피해자를 익사하게 한 것이라면 피해자가 스스로 미끄러져서 물에 빠진 것이고, 그 당시는 피고인이 살인죄의 예비 단계에 있었을 뿐 아직 실행의 착수에는 이르지 아니하였다고 하더라도, 피해자의 숙부로서 익사의 위험에 대처할 보호능력이 없는 나이 어린 피해자를 익사의 위험이 있는 저수지로 데리고 갔던 피고인으로서는 피해자가 물에 빠져 익사할 위험을 방지하고 피해자가 물에 빠지는 경우 그를 구호하여 주어야 할 법적인 작위의무가 있다고 보아야 할 것이고, 피해자가 물에 빠진 후에 피고인이 살해의 범의를 가지고 그를 구호하지 아니한 채 그가 익사하는 것을 용인하고 방관한 행위(부작위)는 피고인이 그를 직접 물에 빠뜨려 익사시키는 행위와 다름없다고 형법상 평가될 만한 살인의 실행행위라고 보는 것이 상당하다(대판, 1992. 2. 11, 91도2951).

(b) 간접정범 살해는 직접적 방법, 간접적 방법을 묻지 않는다. 따라서 ① 살해의 간접정범도 가능하다. 독약이 들어있는 케익을 배달시켜 살해하거나

정신병자를 이용하여 타인을 살해하게 하는 경우가 그 예이다. 그러나 ② 강제나 기망에 의하여 피해자를 자살하게 한 경우에도 간접정범의 방법에 의한 것이지만 형법은 위계 · 위력에 의한 살인죄(제253조)로 처벌한다. 또 ③ 무고 · 위증의 방법이나 재판을 이용하여 사형을 집행하게 한 경우에 살인의 간접정범으로 보는 견해도 있다.[14] 그러나 실체진실발견주의를 채택하고 있는 형사소송법에서 무고자 · 증인이 재판을 지배하였다고 할 수 없으므로 살인죄의 간접정범은 부정해야 한다.

(c) 실행행위의 위험성　살해의 실행행위는 사망의 결과를 야기할 수 있는 유형적인 위험성을 포함하고 있어야 한다. 따라서 이러한 위험성이 없는 미신범(迷信犯)은 가령 살의를 가지고 행위 한 때에도 실행행위성이 없으므로 불능범이 된다.

3) 착수시기　살의를 가지고 타인의 생명을 위태롭게 하는 행위를 개시한 때에 실행의 착수가 있다. 예컨대 살해의사로 피해자에게 총을 겨누었거나 칼을 쳐들었을 때,[15] 또는 독약혼입의 음료수를 교부한 때에 착수가 있다. 격리범에 있어서는 원인행위가 완료된 때(우체국에 위탁한 때), 간접정범에 있어서는 행위자의 전체 범행계획을 고려하여 생명에 대한 위험이 구체적으로 나타났을 때(피이용자의 행위 개시가 있는 때)에 실행의 착수가 있다(주관적 객관설).

4) 기수시기　이 죄는 결과범(침해범)이므로 살해행위로 인하여 피해자가 사망한 때에 기수가 된다. 즉 행위와 사망 사이에 인과관계와 객관적 귀속이 인정되어야 한다. 법문의 "사람을 살해한 자"에는 이러한 의미가 포함되어 있다. 인과관계가 있으면 양자 사이의 시간적 장단은 범죄의 성부에 영향이 없다. 따라서 수일, 수개월 뒤에 사망하였어도 살인죄는 성립한다. 인과관계와 객관적 귀속이 부정된 때에는 이 죄의 미수가 되며, 행위자의 행위가 사망의 유일한 원인일 때에만 인과관계가 인정되는 것은 아니다.[16]

5) 불능미수　치사량에 미달하는 독약으로 피해자를 살해하려고 하였으면 이 죄의 불능미수범이 된다.[17] 그러나 그 피해자에 대해서는 치사량 미달이라

14) 유기천(상), 26면; 임웅, 27면; 이정원, 41면.
15) 대판, 1986. 2. 25, 85도2773: 피고인이 낫을 들고 피해자에게 접근하였을 때 실행의 착수가 있다.
16) 대판, 1982. 12. 28, 82도2525.
17) 대판, 1984. 2. 14, 83도2967.

도 일반적으로 사람을 살해할 수 있는 정도인 때에는 이 죄의 장애미수범이 된다.[18]

3. 주관적 구성요건요소

(1) 살해의 고의

주관적 구성요건요소로서 고의가 있어야 한다. ① 살해의 고의없이 사람을 사망에 이르게 한 때에는 과실치사죄(제267조), 상해치사죄(제259조), 폭행치사죄(제262조)가 성립할 뿐이다. ② 살해의 고의는 생명이 있는 자연인을 살해한다는 인식과 의사이다. 사망의 결과발생을 희망·의욕할 것까지 필요없다.[19] 순간적·우발적으로 사람을 살해할 것을 결의한 때에도 살해의 고의는 인정된다.[20] ③ 행위와 결과 사이의 인과관계의 인식도 고의의 내용이 되지만 상세한 인과관계를 인식할 필요는 없다. ④ 미필적 고의로서 충분하다. 사망의 결과를 발생시킬만한 가능성이나 위험을 예견하면 미필적 고의를 인정할 수 있다. 그리하여 피해자가 맞아 죽어도 무방하다고 생각하고 총을 발사한 경우,[21] 칼로 사람의 복부나[22] 목을 찌른 경우,[23] 사람의 목을 조르거나[24] 질주하는 차에서 사람을 추락시킨 경우,[25] 돌이나 각목으로 사람의 머리를 강타한 경우[26]에도 살해의 고의는 인정된다.

(2) 구성요건적 착오

① 동일구성요건 내의 착오는 객체의 착오·방법의 착오[27]를 묻지 않고 고의는 조각되지 않는다. 인과관계의 착오가 있어도 경험칙상 예견가능한 범위내의 것이면 고의성립에 지장이 없다. ② 다른 구성요건 사이의 착오에서 존속

18) 대판, 1984. 2. 28, 83도3331. 같은 취지: 대판, 1984. 2. 14, 83도2967.
19) 대판, 1986. 6. 10, 86도783; 대판, 1998. 6. 9, 98도980.
20) 대판, 1983. 9. 13, 83도1817. "식칼로 복부를 1회 찌른 후 다시 도망가다가 배를 움켜 쥐고 엎드려 있는 피해자를 추적하여 옆구리를 1회 찔러 사망케 한 때에도 살인의 고의는 있다"(대판, 1986. 5. 27, 86도367).
21) 대판, 1975. 3. 11, 75도217.
22) 대판, 1983. 11. 22, 83도2481; 대판, 1986. 7. 8, 86도1046; 대판, 1986. 9. 9, 86도1313.
23) 대판, 1966. 3. 15, 65도96.
24) 대판, 1884. 4. 10, 84도331.
25) 대판, 1957. 5. 24, 57형상56.
26) 대판, 1978. 1. 17, 77도3636; 대판, 1985. 5. 14, 85도256; 대판, 1998. 6. 9, 98도980.
27) 대판, 1984. 1. 14, 83도2813.

을 타인으로 오인하고 살해한 때에는 제15조 1항에 따라 보통살인죄로 처벌된다. 농담으로 살해를 촉탁하였으나 진담으로 믿고 살해한 때에도 촉탁살인죄가 성립한다.

4. 위법성조각사유

생명은 최고의 가치이며 최대한 보호해야 하므로 이 죄의 위법성조각사유는 다른 죄에 비하여 엄격하다. ① 사형수에 대한 사형집행, 전투 중의 사살은 정당행위로서 위법성이 조각되지만 전시라도 전투와 관계없는 사람(포로)을 살해하면 위법행위가 된다. 정당화적 의무충돌도 위법성이 조각된다. ② 정당방위의 요건을 구비한 때에는 위법성이 조각된다. ③ 생명과 생명의 비교형량은 불가능하므로 긴급피난에 의해서는 위법성이 조각될 수 없다. 다만 초법규적 책임조각은 될 수 있다. ④ 피해자의 승낙은 원칙적으로 위법성이 조각되지 않는다(촉탁 · 승낙살인죄). 다만 소극적 안락사와 존엄사의 경우에는 일종의 치료행위로 보아 위법성이 조각될 수 있다. 또 적극적 안락사의 경우에는 위법성조각설과 범죄성립설이 대립하고 있으나 "고통에 의한 죽음"인가 "고통에서 해방된 죽음"인가를 선택한다는 관점에서 고통을 제거해 주는 일종의 치료행위로 취급하여 엄격한 요건하에서만 위법성이 조각된다고 본다.[28)]

5. 죄 수

생명은 일신전속적 법익이며 모든 생명은 독립된 최고의 가치를 가지고 있으므로 피해자의 수에 따라 죄수를 결정해야 한다. 따라서 1개의 행위로 수인을 살해하면 수개의 살인죄의 상상적 경합이다. 동일 장소에서 같은 방법으로 시간적으로 접착되어 수인을 살해하면 수개의 살인죄의 경합범이 된다.[29)] 동일인에 대한 계속된 살인예비, 살인미수 및 살인기수와 동일인에 대한 상해와 살인은 법조경합(보충관계)에 의하여 하나의 살인죄만 성립한다. 동일인에게 수회의 공격을 가하여 살해의 목적을 달성한 때에도 그 수개의 공격행위가 같은 의사에 의해 계속된 것이면 포괄하여 하나의 살인기수죄만 성립한다.[30)] 살해행위

28) 안락사에 대해서는 정성근/박광민(총론), 피해자의 승낙 참조.

29) 대판, 1969. 12. 30, 69도2062.

에 따른 의복의 손괴는 불가벌적 수반행위로서 살인죄에 흡수된다. 보험금을 받아낼 목적으로 피보험자를 살해하면 살인죄가 성립한다.[31] 보험금 받을 목적은 살인의 동기에 불과하기 때문이다. 사람을 살해한 후 죄적 인멸의 목적으로 사체를 다른 장소에 유기(손괴)한 때에는 사체유기죄(사체손괴죄)와 경합범이 된다.[32]

Ⅲ. 살인죄의 수정구성요건

1. 존속살해죄

【구성요건 · 법정형】 자기 또는 배우자의 직계존속을 살해한 자는 사형 · 무기 또는 7년 이상의 징역에 처한다(제250조 2항). 미수범은 처벌한다(제254조). 유기징역에 처할 때에는 10년 이하의 자격정지를 병과할 수 있다(제256조).

(1) 의의 · 성격

자기 또는 배우자의 직계존속을 살해함으로써 성립하는 범죄이다. 행위 객체가 자기 또는 배우자의 직계존속이라는 신분관계 때문에 책임이 가중된 가중적 구성요건이며 부진정신분범이다. 따라서 이 죄가 성립한 때에는 법조경합(특별관계)에 의하여 보통살인죄의 적용은 배제된다.

(2) 존속살해죄의 위헌론과 폐지론

보통살인죄에 비하여 존속살해죄를 가중처벌하는 것은 존속의 생명을 일반인의 생명보다 중하게 보호하는 것이 되어 법 앞의 평등원칙을 규정한 헌법 제11조 1항에 위반하는 것이 아니냐라는 문제가 제기되고 있다.

1) 합헌설 존속살해죄의 규정은 법 앞의 평등원칙에 위반하지 않는다는 견해[33]로, 그 이유는 다음과 같다. ① 헌법상의 평등의 원칙은 인격적 가치와 인간의 존엄성에서 평등하므로 성별 · 종교 · 사회적 신분 등으로 차별대우를

30) 대판, 1969. 9. 28, 65도695.
31) 대판, 2001. 11. 27, 2001도4392.
32) 대판, 1997. 7. 25, 97도1142; 대판, 1984. 11. 27, 84도2263.
33) 남흥우, 23면; 정창운, 32면; 황산덕, 166면; 김종원, 38면; 이재상, 26면; 김일수/서보학, 32면; 박상기, 27면; 백형구, 27면; 손동권, 17면; 정영일, 17면; 김성돈, 42면.

받아서는 아니된다는 것이고, 구체적으로 개개인의 경제적·사회적 조건에 따른 합리적 근거있는 차등까지 금지하는 절대적 평등을 의미하는 것은 아니며, ② 존속에 대한 범죄를 중하게 처벌하는 것은 인륜의 기본인 도덕적 의무(孝)에 근거를 둔 것이고, 친자관계를 지배하는 도덕적 의무는 인륜의 보편적 도덕원리이므로 헌법상의 차별대우 근거가 되는 사유에 해당할 수 없으며, ③ 이 죄는 존속의 생명을 후하게 보호하는 것이 아니라 비속(卑屬)의 패륜성을 특히 비난하기 위해 가중 처벌하는 것이므로 존속에 대한 후한 보호결과처럼 보이는 것은 그 반사적 이익에 불과하다는 것이다.

2) 위헌설 존속살해죄의 규정은 위헌이라는 견해[34]로, 그 이유는 다음과 같다. ① 친자관계라는 도덕원리는 봉건적 가족제도의 유산으로, 친자관계를 개인 대 개인의 평등관계로 취급하는 자연법사상에 반하고, ② 자신의 의사와 관계없이 출생된 직계비속이라는 신분 때문에 책임을 가중하는 것은 사회적 신분으로 인한 차별이라 해야 하며, ③ 친자관계를 지배하는 도덕은 인륜의 보편적 도덕원리라 할지라도 법과 도덕은 구별해야 하므로 효(孝)라는 도덕적 가치가 법 앞의 불평등을 인정할 수 있는 근거가 될 수 없고, ④ 존속살해의 실태는 존속이 잔혹하거나 반윤리적인 경우가 많고, 비속살해도 반인륜성이라는 점에서 마찬가지임에도 불구하고 존속살해만 가중처벌하는 것은 존속의 생명을 두텁게 보호하는 것이 된다는 것이다.

3) 폐지설 존속살해죄의 규정은 위헌이라 할 수 없으나 입법론적으로 폐지하는 것이 타당하다는 견해[35]이다. ① 이 죄의 규정은 직접 헌법에 위반하지 않으나 각국의 입법은 이 죄를 인정하지 않는 것이 일반적이고,[36] ② 존속살해의 실태도 비속의 패륜성보다 존속의 반인륜성이 큼에도 불구하고 비속살인에 대한 가중처벌 규정을 두지 않는 이상 존속살해에 대해서만 가중규정을 두어야 할 이유가 없고, ③ 비속의 패륜성 때문에 책임을 가중할 필요가 있는 때에는 법관의 재량의 범위가 넓은 보통살인죄의 법정형으로 충분히 중하게 처벌할 수 있으며, ④ 존속살해죄는 비속측에 동정의 여지가 많아서 작량감경하여도 집행

34) 유기천(상), 37면; 강구진, 34면; 임웅, 32면.

35) 서일교, 23면; 정영석, 212면 이하; 김종원, 38면; 정성근, 58면; 이형국, 26면; 진계호, 47면; 배종대, 83면; 오영근, 39면.

36) 프랑스 신형법 제221-4조 제1항 4호는 존속살해의 가중규정을 두고 있으나 대부분의 국가는 규정이 없거나 폐지하고 있다.

유예를 선고할 수 없으므로 보통살인죄와 비교하여 양형의 타당성을 기할 수 없고, ⑤ '효'라는 도덕적 가치 때문에 가중처벌하는 것은 형법을 도덕화 해서는 아니된다는 원칙에 반하므로 폐지하여야 한다는 것이다.

4) 판례의 태도 존속살해죄를 인정하는 대법원 판례[37]는 있으나, 위헌성 여부에 대한 판시가 없는 점으로 보아 합헌성을 전제하고 있다. 헌법재판소도 존속상해치사 사건에서 친자관계의 도덕적 가치는 우리 사회윤리의 본질적 구성부분을 이루고 있는 가치질서로서, "비속"에 대한 가중처벌은 합리적 근거가 있으므로 평등원칙에 반하지 않는다고 하였다.[38]

일본 판례는 처음에 자(子)의 친(親)에 대한 도덕적 의무와 친자관계의 도덕적 원리를 이유로 합헌성을 인정하였으나[39] 그 후 존속살해에 대한 형 가중은 보통살인죄의 형과 비교하여 현저히 균형을 잃고 있다는 이유로 위헌판결을 하였다.[40] 일본은 1995년의 형법개정에서 존속살해뿐만 아니라 모든 존속범죄의 가중처벌규정을 삭제하였다.

5) 결 어 법앞의 평등이라 할 때의 "평등"이란 절대적 평등이 아니라 상대적 평등을 의미하며 합리적 근거없는 차별을 금지하는 것이므로 합리적 근거가 있는 형의 가중은 차별취급이라 할 수 없다. 법사상이 인격적 가치에 대해 평등관계를 요구하고 있음은 사실이나, 그렇다고 해서 친자관계를 지배하는 도덕적 가치를 봉건적 사상이라 하여 무조건 배척·말살해야 할 이유가 될 수 없다. 법과 도덕은 구별해야 하지만 형법은 법익보호와 사회윤리적 행위가치를 함께 보호하고 있을 뿐만 아니라 특히 책임판단에 있어서는 윤리적 비난도 고려하고 있으므로 비속의 패륜성 때문에 책임을 가중한다고 해서 법과 도덕을 혼동한 것이라고 말할 수 없다.

문제는 보통살인죄와 비교하여 처벌의 합리성을 유지하고 있느냐, 비속의 패륜성만을 책임가중 사유로 하여 존치할 필요가 있느냐에 있다. 1995년 형법 개

37) 대판, 1961. 8. 2, 4294형상284. 같은 취지: 대판, 1981. 10. 13, 81도2466(입양요건을 갖추지 못했다는 이유로 존속살해를 부인한 판례).
38) 헌법재판소(전원재판부), 2002. 3. 28, 2000헌바53.
39) 日最判, 昭 25. 10. 11, 刑集 10, 2037면.
40) 日最判, 昭 48. 4. 4, 刑集 27. 3, 265면. 이 판결의 사안은 피고인이 소녀 때부터 부(父)의 강요로 父와 불륜의 관계를 맺어 수명의 아이까지 두고 매음강요 등 많은 학대를 받아 오던 중, 타인과 결혼을 할 수 있는 단계에 이르러 父는 이를 반대하고 추행을 계속하기 위하여 폭언과 가혹한 학대를 하므로 이를 번민하던 피고인은 비참한 생활에서 벗어나고자 父를 살해하고 자수한 사건이다.

정에서는 존속살해죄의 법정형을 개정 전의 사형 · 무기에서 사형 · 무기 또는 7년 이상의 징역으로 완화하였으므로 보통살인죄의 법정형과 비교하여 별로 불합리하지는 않다. 그러나 존속살해의 대부분 사례는 존속 측의 지나친 잔학성이나 반윤리성 때문에 비난성이 큰데 반하여, 비속 측은 동정의 여지가 많거나 정신이상자가 보통이므로 책임비난을 이유로 가중처벌할 필요가 있는 경우는 많지 않다. 그럼에도 불구하고 비속에 대해서만 가중처벌을 하여 집행유예도 할 수 없도록 한 것은 구체적 타당성을 잃은 것이라 할 수 있다. 한편 비속의 패륜성은 책임가중의 합리적 근거가 될 수 있으나, 이러한 가중은 법관의 재량의 범위가 넓은 보통살인죄의 법정형(사형 · 무기 또는 5년 이상의 징역)으로 충분히 가능하다. 즉, 이 죄를 삭제하여도 가중처벌에는 지장이 없을 뿐만 아니라 집행유예 선고 등 양형에서 구체적 타당성을 기할 수 있으므로 이 죄는 폐지하는 것이 타당하다고 본다.

(3) 객관적 구성요건요소

1) 주 체 　주체는 행위객체의 직계비속 또는 그 배우자이다(부진정신분범). 직계비속은 혈통이 상하의 직계로 연결되는 친족(부모 · 자 · 손 · 외손)으로서 특정인을 기준으로 그 아래 항렬을 말한다.

2) 객 체 　객체는 자기 또는 배우자의 직계존속이다.

(a) 자기의 직계존속 　① "자기"란 범인자신을 말한다. ② "직계존속"이란 혈통이 조상으로부터 자손에 직통하는 친족에 있어서 특정인을 기준으로 그에 선행하는 세대에 있는 자를 말한다. 부모 · 조부모 · 증조부모 · 외조부모 등이다. 존속의 관념은 혈족에 한하며 인척은 제외된다. ③ 직계존속은 법률상의 개념이고 사실상의 존속은 포함하지 않는다. 따라서 사실상 혈족관계가 있어도 인지절차를 완료하지 않는 한 직계존속은 아니며, 아무런 관계없는 타인이라도 합법절차에 의하여 양친자관계를 창설할 의사로 입양관계가 성립하면 직계존속이 된다.[41] 법률상의 개념이란 민법에 의한 친족관계를 말하며 반드시 가족관계등록부(호적)의 기재에 의해서 정해지는 것은 아니다.[42] 때문에 법률상의 양친(養親)은 물론이고, 혼인 외의 출생자와 생모 사이에도[43] 자(子)의 출생으

41) 대판, 1981. 10. 13, 81도2466.
42) 대판, 1983. 6. 28, 83도996.
43) 대판, 1980. 9. 9, 80도1731.

로 당연히 법률상의 친자관계가 생기므로 생모는 직계존속이 된다. 그러나 계친(繼親)이나 인지전의 사생자의 실부(實父)와 계모·서모(庶母)는 직계존속이 아니다. ④ 타인의 양자로 입양한 자가 실부모를 살해한 경우에 존속살해죄가 된다는 견해[44]와 보통살인죄가 된다는 견해[45]가 대립하였고, 통설과 판례는[46] 다른 집안에 입양한 후에도 실부모와의 친자관계는 그대로 존속하므로 존속살해죄가 성립한다고 하였다.[47]

(b) 배우자의 직계존속 배우자의 직계존속에 대해서도 이 죄는 성립한다.[48] ① "배우자"란 부부의 일방이 상대방을 가리킨 것이고, 민법상 적법한 혼인절차를 거친 부부 사이에만 이 죄의 배우자가 되며, 사실혼관계가 있는 자는 제외된다. ② 배우자가 사망한 때에는 이혼과 마찬가지로 배우자 관계는 소멸하며, 배우자는 배우자였던 자와 구별해야 하므로 생존 배우자에 한한다. 따라서 사망한 배우자의 직계존속을 살해한 때에는 보통살인죄가 된다(통설).[49] ③ 이혼 합의가 있고 별거생활 중이라도 법률상 이혼이 성립하지 않으면 배우자관계는 존속한다. ④ 배우자의 신분관계는 살해행위시에 있으면 충분하므로 동일기회에 배우자를 먼저 살해하고 계속하여 그의 직계존속을 살해한 때에도 이 죄는 성립한다.

3) 행 위 행위는 살해하는 것이다. 보통살인죄에서 설명한 바와 같다.

(4) 주관적 구성요건요소

자기 또는 배우자의 직계존속을 살해한다는 사실에 대한 고의가 있어야 한다. 일반인을 살해할 의사로 존속을 살해한 때에는 형법 제15조 1항에 의하여

---

44) 김종원, 40면; 정성근, 61면; 강구진, 31면; 이형국, 27면; 이재상, 27면; 김일수/서보학, 29면; 진계호, 47면; 박상기, 28면; 백형구, 25면; 임웅, 33면; 오영근, 35면; 손동권, 18면.

45) 정영석, 220면; 황산덕, 162면; 배종대, 84면.

46) 대판, 1967. 1. 31, 66도1483.

47) 다만 민법의 일부개정(2005. 3. 31, 법률 제7427호)으로 신설된 친양자제도에 의하면 입양한 양자는 원칙적으로 양친과의 친족관계만 인정하고 종전의 친족관계를 종료시키고 있다(제908조의 3). 따라서 개정민법 시행 이후(2008. 1. 1)에는 친양자의 실부모 살해도 보통살인죄가 된다고 해야 할 것이다(다만 이 규정의 단서의 경우는 예외).

48) 배우자의 혈족, 배우자의 혈족의 배우자는 혈족이 아니라 인척이므로(민법 제769조) 시부모·처부모는 인척에 불과하다. 그러나 형법은 배우자의 직계존속에 대해서도 자기의 직계존속과 같이 취급한다고 해석해야 한다.

49) 이에 대해서 부부 일방이 사망하여도 친족관계는 당연히 소멸되지 않고 생존 배우자가 재혼한 때에 한하여 소멸한다는 이유로 사망한 배우자의 직계존속을 살해한 때에도 존속살해죄가 성립한다는 견해는 김일수/서보학, 30면.

보통살인죄로 처벌된다.[50] 존속살해의 의사로 보통살인의 결과가 발생한 때에 존속살해죄의 미수와 보통살인죄의 상상적 경합이 된다는 견해[51]와 존속살해 미수죄와 과실치사죄의 상상적 경합이라는 견해가[52]있으나 보통살인죄만 성립한다[53]고 본다(죄질부합설).

(5) 공범관계

이 죄는 보통살인죄에 대해서 신분관계로 인하여 형이 가중되는 부진정신분범이므로 신분없는 공범에 대해서는 형법 제33조 단서가 적용된다. 甲이 乙을 교사(방조)하여 乙의 아버지를 살해케 한 때에는 甲은 보통살인죄의 교사범(종범), 乙은 존속살해죄의 정범으로 처벌된다. 甲이 乙을 교사하여 甲의 아버지를 살해케 한 때에는 乙은 보통살인죄의 정범, 甲은 존속살해죄의 교사범으로 처벌된다. 甲과 乙이 공동으로 甲의 아버지를 살해한 때에는 甲의 존속살해죄와 乙의 보통살인죄 두 죄의 공동정범이 성립하고[54] 각자 고의 · 과실의 범위 내에서 책임을 부담한다(행위공동설).

(6) 특별형법(보복살인죄)

자기 또는 타인의 형사사건(수사 · 재판)과 관련된 고소 · 고발 등 수사단서 제공, 진술, 증언, 자료제출에 대하여 보복목적으로 보통살인죄를 범한 때와, 이상의 행위를 하지 못하게 하거나 고소 · 고발취소와 허위의 진술 · 증언 · 자료를 제출하게 할 목적으로 보통살인죄를 범한 때에는 사형 · 무기 또는 10년 이상의 징역에 처한다(특정범죄가중처벌등에관한법률 제5조의9 1항). 예컨대 강간죄를 범한 다음에 범행은폐 목적으로 보복살해하는 경우를 가중처벌하기 위해서 마련된 것이다. 보복살인죄의 규정은 보복살인 이전에 발생한 자기 또는 타인의 형사사건이 살인범죄와 다른 범죄로 평가되는 경우에 적용된다. 또 강도범행 후 범행은폐 목적으로 피해자를 살해하여도 보복목적 살인이 아니라 강도살인죄가

---

50) 대판, 1977. 1. 11, 76도3871.

51) 김종원, 41면. 다만 존속살해의 불능미수와 보통살인죄의 상상적 경합이 된다는 견해는 김일수/서보학, 30면; 박상기, 29면; 임웅, 34면; 이정원, 54면; 이형국, 형법총론, 28면.

52) 김일수, 29면; 배종대, 85면; 백형구, 26면.

53) 황산덕, 163면; 김봉태(7인 공저), 69면; 정성근, 62면; 강구진, 35면; 이재상, 27면; 진계호, 48면. 이 경우 보통살인죄가 성립한다는 견해가 잘못이라는 비판(임웅, 34면)은 죄질부합설을 오해한데서 나온 것으로 본다.

54) 김일수/서보학, 31면.

성립한다.

2. 영아살해죄

【구성요건 · 법정형】 직계존속이 치욕을 은폐하기 위하거나 양육할 수 없음을 예상하거나 특히 참작할 만한 동기로 인하여 분만 중 또는 분만 직후의 영아를 살해한 때에는 10년 이하의 징역에 처한다(제251조). 미수범은 처벌한다(제254조). 유기징역에 처할 때에는 10년 이하의 자격정지를 병과할 수 있다(제256조).

(1) 의의 · 성격

직계존속이 참작할 만한 동기로 인하여 분만 중 또는 분만 직후의 영아를 살해하는 범죄로, 그 참작할 만한 동기를 고려하여 책임을 감경한 감경 구성요건이다.

영아살해죄는 로마법에서는 근친살의 일종으로 이해하였고, 중세 독일법은 살인죄보다 가중처벌하였다. 자연법사상의 영향을 받게 된 18세기 이후에 와서 보통살인죄보다 경하게 처벌하기 시작하였다. 현재 다수의 입법례가 감경 구성요건으로 규정하고 있다(스위스 형법 제116조, 오스트리아 형법 제79조 등).

독일 형법은 제6차 형법개정법(1998. 1. 26)에서 영아살해죄의 주체를 생모에 한정하고 행위객체를 사생아에 국한했던 개정 전 제217조의 영아살해죄는 사생아의 생명보호를 소홀히 한다는 인식을 줄 우려가 있으며, 영아를 살해한 산모에 대해서는 감경적 살인죄(독일 형법 제213조)에 따라 책임감경을 할 수 있다는 이유로 폐지하였다. 우리 형법에서도 존속살해죄와 마찬가지로 보통살인죄의 법정형 범위내서 양형할 수 있으므로 영아살해죄도 폐지함이 타당할 것이다.

이 죄를 경하게 처벌하는 이유에 대해서, ① 직계존속의 명예구제 때문에 책임이 감경된다는 견해와,[55] ② 출산으로 인한 산모의 정신이상이나 비정상적인 심신상태 때문에 책임이 감경된다는 견해가[56] 대립한다. 이 죄의 입법취지는 영아의 생명가치를 경시한 것이 아니라, 이상의 두 가지를 모두 고려하여 직계존속에게 특히 참작할만한 동기가 있기 때문에 책임을 감경한 것으로 본다.[57] 따라서 이 죄는 부진정신분범이며, 간접정범도 성립할 수 있으므로 자수

55) 정영석, 221면; 염정철, 261면.
56) 서일교, 24면; 유기천(상), 38면; 황산덕, 163면; 이형국, 30면; 이재상, 29면; 오영근, 40면; 정영일, 17면; 손동권, 20면.
57) 김종원, 42면; 정성근, 63면; 김일수/서보학, 33면; 진계호, 51면; 박상기, 30면.

범은 아니다.

(2) 객관적 구성요건요소

1) 주 체　주체는 "직계존속"이다. 이 죄의 직계존속은 법률상의 직계존속뿐만 아니라 사실상의 직계존속도 포함한다(통설). 이에 대해서 판례는 법률상 직계존속에 한정하여 동거관계가 있는 남자에 대해서 보통살인죄를 인정한다.[58] 직계존속의 구체적 범위에 대해서는 학설이 대립한다.

이 죄는 출산으로 인한 산모의 비정상적인 심신상태 때문에 책임을 감경한다고 하는 입장에서는 산모로 한정한다.[59] 이에 대해서 가문의 명예와 산모의 심신상태를 모두 고려하여 직계존속이라고 규정하고 있는 법문을 중요시 하는 입장에서는 산모뿐만 아니라 모든 직계존속이 주체가 된다고 한다.[60] 입법취지에 비추어 후자가 타당하다. 따라서 사생아의 아버지가 참작할 만한 동기로 그를 살해해도 영아살해죄가 된다. 다만, 판례는 법률상의 직계존속에 한정하고 있으므로 이 경우는 보통살인죄가 된다.

2) 객 체　객체는 분만 중 또는 분만 직후의 영아이다. "분만 중"이란 개방진통이 시작한 때로부터 분만이 완료될 때까지를 말하며, "분만 직후"란 분만완료 후 분만으로 인한 비정상적인 심신상태가 계속되는 동안을 말한다. 구체적으로 법관이 판단할 것이다. 따라서 분만 후 수일경과라는 시간적 길이로 결정할 것은 아니다. 영아임을 요하므로 태아(胎兒)는 이 죄의 객체가 될 수 없고, 반드시 사생아일 필요도 없다.

3) 행 위　행위는 살해이다. 수단 · 방법은 묻지 않으며 부작위로서 가능하다. 살해에 대해서는 보통살인죄의 그것과 같다.

(3) 주관적 구성요건요소

1) 고 의　영아를 살해한다는 인식 · 의사가 있어야 한다.

2) 주관적 동기　고의 외에 다시 책임감경의 원인이 되는 특별책임표지로

58) 대판, 1970. 3. 10, 69도2285.

59) 유기천(상), 39면; 이재상, 29면; 배종대, 87면; 이정원, 57면.

60) 황산덕, 167면; 정영석, 221면; 김종원, 44면; 정성근, 64면; 김일수/서보학, 33면; 진계호, 51면; 임웅, 36면; 백형구, 28면; 오영근, 41면; 정영일, 18면; 김성돈, 46면. 해석론으로는 직계존속이 타당하고 입법론으로는 산모에 국한함이 타당하다는 견해는 박상기, 30면; 손동권, 21면.

서, 치욕을 은폐하기 위하거나 양육할 수 없음을 예상하거나 특히 참작할 만한 동기가 있어야 한다.

① "치욕을 은폐하기 위한" 경우란 영아의 분만이 개인이나 가문의 명예에 치욕이 될 수 있는 경우(강간으로 임신, 과부·미혼모의 사생아 출산 등)에 그 명예를 지키기 위한 경우를 말한다.

② "양육할 수 없음을 예상한" 경우란 가정의 경제적 곤란으로 영아를 양육할 경제능력이 없음을 예상한 경우를 말한다.

③ "기타 특히 참작할 만한 동기"로 인한 경우란 책임감경을 인정할 수 있는 사유를 일반화 한 것이다(위 ①②는 예시적이다). 불구, 기형아를 출산하거나 조산으로 생육의 가망이 없는 경우가 그 예가 된다. 구체적으로 참작할 만한 동기 여부는 건전한 사회상식에 따라 법관이 판단할 것이다. 주관적 동기는 작량감경사유(제53조)에 해당하므로 이 죄에 대해서도 형법 제53조가 적용될 수 있다.[61]

3) 동기의 착오 직계존속이 적출자를 사생아로 착오(책임감경사유의 적극적 착오)하고 살해한 경우에는 제15조 1항과 관계없이 인식한 영아실해죄가 성립한다. 반대로 사생아인 영아를 사생아가 아니라고 착오하여 살해한 경우(책임감경의 소극적 착오)에도 인식한 표상에 따라 보통살인죄가 성립한다.

(4) 공범관계

이 죄는 직계존속이 영아를 살해한 때에 그 책임이 감경되는 부진정신분범이므로 신분 없는 공범에 대해서는 제33조 단서가 적용된다. 타인 甲이 산모 乙을 교사(방조)하여 乙의 영아를 살해케 한 때에는 甲은 보통살인죄의 교사범(방조범), 乙은 영아살해죄의 정범이 된다. 산모 乙이 타인 甲을 교사(방조)하여 영아를 살해케 한 때에 乙은 영아살해죄의 교사범(방조범), 甲은 보통살인죄의 정범이 된다. 타인 甲과 산모 乙이 공동하여 영아를 살해한 때에는 甲의 보통살인죄와 乙의 영아살해죄의 공동정범이 되며, 각자 고의·과실의 범위 내에서 책임을 부담한다(행위공동설).

---

61) 정성근, 65면; 강구진, 38면; 이형국, 35면; 이재상, 30면; 진계호, 51면; 백형구, 30면; 배종대, 88면; 손동권, 22면; 정영일, 19면; 김성돈, 47면. 이에 대해서 유기천(상), 38면; 김일수/서보학, 34면; 박상기, 32면; 임웅, 37면; 오영근, 43면은 이 죄의 동기는 제53조에 대한 특별규정이며, 이중평가금지 원칙상 제53조의 적용은 배제된다고 한다. 그러나 여기의 동기와 작량감경사유는 구별해야 하므로 타당하지 않다고 본다.

3. 촉탁 · 승낙살인죄

【구성요건 · 법정형】 사람의 촉탁 또는 승낙을 받아 그를 살해한 자는 1년 이상 10년 이하의 징역에 처한다(제252조 1항). 미수범은 처벌한다(제254조). 유기징역에 처할 때에는 10년 이하의 자격정지를 병과할 수 있다(제256조).

(1) 의의 · 성격

피해자의 촉탁 또는 승낙을 받아 그를 살해하는 범죄이다. 촉탁살인죄와 승낙살인죄로 나누어지며 이를 합쳐서 동의살인죄라 한다. 보통살인죄보다 형을 감경하는 근거에 대해서 책임감경설,[62] 불법감경설,[63] 불법 · 책임감경설[64]이 대립한다. 책임감경설은 생명절대보호원칙상 자기의 생명이라도 임의로 처분할 수 없는 법익이므로 촉탁 · 승낙이 있어도 불법은 감경될 수 없고 촉탁 · 승낙이 있으면 책임이 감경될 뿐이라고 한다. 불법 · 책임감경설은 자살에 유사한 피해자의 생명포기로 불법이 감소하고 동시에 피해자를 돕는 행위자의 심리갈등 때문에 책임도 감경한다는 것이다.

인간의 생명은 인간존엄의 전제가 되는 최고의 가치이므로 생명침해에 대한 피해자의 승낙은 위법성을 조각시킬 수 없다. 다만 이 죄는 ① 피해자의 의사에 반하지 아니한 생명침해이므로 자살행위에 유사하고, 이 점에서 일반 살인행위와 구별되며, ② 행위자의 심리적 갈등이나 동정 또는 특수한 동기는 양형에서 고려될 뿐이고 책임감경사유는 아니다. 결국 ③ 피해자의 자기결정권에 근거한 생명포기와 피해자의 의사에 반하지 않는 생명침해이므로 일반살인과 비교하여 불법이 감경된다고 해야 한다(통설). 따라서 이 죄는 형법 제24조에 대한 특별규정이 되며, 자살교사 · 방조죄와 그 성질을 같이 한다.

(2) 객관적 구성요건요소

1) 객 체 객체는 촉탁 · 승낙을 한 사람이다. 행위자 이외의 자연인이면 충분하고, 자기 또는 배우자의 직계존속이건 아니건 묻지 않는다. 촉탁 · 승낙자는 죽음이 무엇인가를 이해하고 승낙의 효과를 판단할 수 있는 능력과 자유로운 의사결정을 할 수 있는 사람이라야 한다. 따라서 유아, 정신병자 기타 심

---

62) 김종원, 47면; 배종대, 90면.

63) 유기천(상), 40면; 정성근, 66면; 강구진, 39면; 이재상, 31면; 김일수/서보학, 36면; 진계호, 53면; 임웅, 39면; 이정원, 62면; 손동권, 23면; 오영근, 43~44면; 김성돈, 47면.

64) 이형국, 38면; 박상기, 34면; 김성천/김형준, 45면; 정영일, 24면.

신상실자는 객체가 될 수 없다. 판단능력은 반드시 형법상의 책임능력과 일치하지 않는다.

2) 행 위 행위는 촉탁 또는 승낙을 받아 살해하는 것이다.

가) 촉 탁

(a) 촉탁의 의의 "촉탁(囑託)"이란 이미 죽음을 결의한 자의 의뢰를 받는 것을 말한다. 피해자가 자기를 죽여 달라고 타인에게 교사하는 형태와 같다고 할 수 있다. 따라서 자살을 기도하고 있는 자의 의뢰를 받고 비로소 살해의 결의를 해야 한다. 승낙보다 의사표시가 적극적이고 강하다고 할 수 있다. 촉탁 이전에 행위자가 이미 살해를 결의하고 있을 때에는 촉탁이 아니라 승낙살인이 문제된다. 촉탁의 상대방은 반드시 특정되어 있을 필요가 없고 여러 사람·일반인에 대한 촉탁도 무방하며, 특정된 때에는 제3자에 대해서는 이 죄가 성립하지 않는다.

(b) 촉탁의 요건 촉탁은, ① 피살자 자신의 촉탁에 의한 것임을 요한다. 피살자를 대신한 타인의 촉탁으로 살해한 때에는 원칙적으로 보통살인죄를 구성한다. ② 사물변별력을 가진 피살자의 자유롭고 진의에 의한 촉탁이어야 한다. 따라서 어린이·정신병자의 촉탁이나 흥분상태, 농담, 취중의 촉탁에 의한 살해는 보통살인죄가 된다. 촉탁이 기망·위계·위력에 의한 때에는 위계·위력에 의한 살인죄가 된다. ③ 촉탁은 언어·문장 또는 동작에 의하여도 무방하지만 반드시 명시적임을 요하며, 늦어도 살해행위시까지는 촉탁이 있어야 한다.

【자살방치와 부작위에 의한 촉탁살인의 성부】 이미 자살을 결심한 부부 중 일방 또는 혼자 살고 있는 말기 중환자의 진지한 부탁으로 배우자 또는 가정주치의가 구조하지 않고 자살을 방치한 경우에 부작위에 의한 촉탁살인죄가 성립하느냐에 대해서 긍정설[65]과 부정설[66]이 대립한다. 배우자 또는 가정주치의는 자살자의 사망을 방지해야 할 보증인적 지위에 있지만, ① 자살자가 자기의사와 자기 지배하에 자살한 것이고, ② 보증인의 부작위는 사망의 직접 원인도 아니며, 처벌되지 않는 자살행위를 방치한 데 불과하므로 부작위에 의한 촉탁살인이 될 수 없다고 해야 한다. 위 중환자와 가정주치의 사례에 대한 독일연방대법원의 판례[67]와 통설[68]도 부정설이다. 이 경우 우리 형법상으로는 부작위에 의한 자살방조죄(제252조 2항)에 해당한다고 본다.

65) 김일수/서보학, 37면.
66) 박상기, 36면.
67) BGHSt 32. 368이하(Wittig-Fall).
68) Vgl. Sch/Sch/Eser, vor. §211 Rdn. 24; Maurach/Schröder/Maiwald, BT/1, §1 Rdn. 22.

나) 승 낙

(a) 승낙의 의의 "승낙(承諾)"이란 이미 살해를 결의하고 있는 행위자에게 피해자가 동의하는 의사표시를 말한다. 사실상 피해자가 자신에 대한 타인의 살해를 방조하는 것과 같다. 합의에 의한 공동자살의 경우에도 승낙에 의한 것으로 볼 수 있으나, 합의자 중의 한 사람이 살아난 때에는 자살관여죄가 될 수 있다. 승낙의 상대방도 반드시 특정될 필요가 없으나 특정된 때에는 제3자에 대해서 이 죄가 성립하지 않는다.

(b) 승낙의 요건 승낙은, ① 피살자 자신이 승낙한 것임을 요하고 대신으로 한 승낙은 무효이다. ② 사물변별능력이 있는 자의 자유롭고 진의에 의한 승낙이어야 한다. ③ 반드시 명시적일 필요가 없고 묵시적 양해도 좋다. 그러나 음독시키는 것을 알면서 행위자에게 원망하는 말을 하지 않았다고 해서 승낙살인이 되는 것은 아니다. ④ 승낙은 늦어도 살해행위시까지는 존재해야 한다. 살인행위가 미수에 그친 후 사후적 승낙은 살인미수죄가 될 뿐이다.

다) 실행의 착수 · 기수시기

(a) 착수시기 살해행위를 개시한 때 실행의 착수가 있다. 살해의 촉탁을 받아 이에 응하거나 승낙을 얻는 것도 이 죄의 구성요건에 해당하는 행위이지만, 아직 이 단계에서는 생명침해에 대한 유형적인 인과가능성과 현실적 위험성이 없기 때문에 살해행위를 기준으로 해야 한다. 따라서 살해에 대한 촉탁 · 승낙을 받은 것만으로는 이 죄의 실행의 착수가 있다고 할 수 없고 불가벌적 예비에 불과하다.

(b) 기수시기 촉탁 또는 승낙을 받아 피살자를 살해함으로써 기수가 된다. 촉탁 · 승낙과 살해행위 사이에 인과관계가 있어야 한다.

(3) 주관적 구성요건요소

1) 고 의 촉탁 또는 승낙이 있다는 것을 인식하고 피살자를 살해한다는 의사가 있어야 한다. 행위의 특별한 동기는 필요하지 않다. 행위자 자신의 이익을 위해서 살해하건 피살자의 이익을 고려하여 살해하건 상관없다.

2) 착 오 촉탁 또는 승낙이 있는 것으로 오인하고 살해한 때에는 제15조 1항에 의하여 이 죄의 죄책을 진다. 촉탁 또는 승낙이 있었음에도 불구하고 없는 것으로 오인하고 살해한 때, 촉탁 · 승낙살인죄설,[69] 보통살인죄설,[70] 결과

불법은 없으나 행위불법이 있으므로 보통살인미수죄와 촉탁·승낙살인죄의 상상적 경합설[71]이 대립한다. 이 죄는 촉탁 또는 승낙이 있음을 인식한 때에만 성립하므로 보통살인죄가 성립한다고 해야 한다(다수설).

4. 자살교사·방조죄

【구성요건·법정형】 사람을 교사 또는 방조하여 자살하게 한 자는 1년 이상 10년 이하의 징역에 처한다(제252조 2항). 미수범은 처벌한다(제254조). 유기징역에 처할 때에는 10년 이하의 자격정지를 병과할 수 있다(제256조).

(1) 의의·성격

이 죄는 타인을 교사 또는 방조하여 스스로 자살하게 함으로써 성립하는 범죄이며 자살관여죄라고도 한다.

우리 형법상 자살이나 자살미수 자체는 구성요건해당성이 없으므로 불가벌이다.[72] 그러나 타인의 자살을 교사·방조하여 자살에 관여하는 행위는 타인의 생명을 부정하는 것이므로 자살과 그 성질이 다르다. 타인의 생명은 본인의 생존의사와 관계없이 보호되어야 하므로 형법은 자살과 구별하여 독립범죄 유형으로 처벌하기로 한 것이다. 다만 자살의 교사·방조도 스스로 생명을 포기한 자살자의 의사에 반하지 않는 생명침해라는 점에서 촉탁·승낙에 의한 살인죄와 유사하므로 양자를 동일한 법정형으로 규정한 것이다. 따라서 이 죄의 보호법익도 모든 살인죄와 같이 자살자인 사람의 생명이며 침해범으로서 보호이다.

자살관여죄의 법적 성질에 대해서 종래 공범독립성설에서는 자살이 범죄가 아님에도 이에 대한 교사·방조를 처벌하는 것은 형법이 공범독립성설을 취하고 있는 실정법적 근거라고 설명하였고, 공범종속성설에서는 자살의 공범은 원래 처벌할 수 없으므로 공범 아닌 독립범죄로 특별히 규정한 것이라고 설명하였다. 그러나 이 죄의 성질을 자살에 대한 공범으로 파악하는 것은 타당하지 않다. 이 죄는 형법의 생명보호 취지에 따라 자살을 유발·원조하여 타인의 생명을 부정하는 행위(행위반가치)이며, 이로 인하여 자살을 하게 하는 생명침해의 위험성(결과반가치) 때문에 입법자가 자살에 관여하는 행위만을 독립된 범죄유형으로 처벌

69) 유기천(상), 40면; 강구진, 41면; 백형구, 32면.

70) 황산덕, 171면; 정성근, 69면; 이재상, 33면; 진계호, 55면; 박상기, 37면; 임웅, 40면; 김성천/김형준, 49면.

71) 이형국, 41면; 김일수/서보학, 38면; 이정원, 65면; 김성돈, 49면은 결론에서 같다.

72) 유기천(상), 42면; 김종원, 48면 이하; 정성근, 70면; 이재상, 34면; 김일수/서보학, 38면; 박상기, 38면; 백형구, 33면; 배종대, 91면; 정영일, 24면.

하기로 한 독립공범처벌규정이라 해야 한다. 따라서 총칙상의 공범규정은 적용되지 않는다.

(2) 객관적 구성요건요소

1) 주 체 주체는 제한이 없다. 자연인이면 누구나 주체가 될 수 있으며, 직계존속 · 직계비속도 주체가 된다. 다만 자살자 자신은 이 죄의 필요적 공범에 해당하지만 불가벌이다. 그리고 자살자 스스로 자기를 살해하여 달라고 타인을 교사하여도 촉탁살인죄에 있어서의 촉탁이 될 뿐이고 이 죄가 성립하지 않는다.

2) 객 체 객체는 행위자 이외의 자연인이다. 자기 또는 배우자의 직계존속도 객체가 된다. 다만 자살은 자유로운 의사결정에 의하여 스스로 생명을 단절하는 것이므로 이 죄의 객체는 자살의 의미를 이해하고 그 결과를 판단할 수 있는 능력자라야 한다. 따라서 어린아이 · 심신상실자에 대한 자살의 교사 · 방조는 살인죄의 간접정범이 된다. 또 자살의 의미를 이해할 수 있는 자에 대해서 위계 또는 위력으로 의사결정의 자유를 잃게 하여 자살하게 한 때에는 위계 · 위력에 의한 살인죄(제253조)가 성립한다.

3) 행 위 행위는 자살을 교사 또는 방조하는 것이다.

(a) 자살교사 자살의사가 없는 자에게 자살을 결의하게 하는 것이다. 교사는 제31조의 교사와 같은 의미로 본다. 교사의 수단 · 방법은 제한이 없다. 따라서 권유 · 종용 · 명령 · 지휘 · 지시 · 애원 · 간청 · 이익제공의 방법도 무방하며, 명시적 · 암시적 방법을 묻지 않는다. 다만 위계 또는 위력을 사용한 때에는 제253조에 해당한다.

(b) 자살방조 자살을 결의하고 있는 자에 대해서 그의 자살을 용이하게 실행하도록 도와주는 것이다. 방조도 제32조의 방조와 같은 의미로 본다. 방조의 방법도 제한이 없다. 자살방법의 지시, 기구나 독약제공으로 그 실행을 용이하게 하건, 무형적(정신적 강화) 방법이나 적극적 · 소극적 수단에 의하건 묻지 않는다. 그러나 타인의 자살실행에 직접 손을 쓰는 행위는 촉탁 · 승낙이 있으면 촉탁 · 승낙살인죄가 되며, 자살을 실행하는 도중에 실행에 가담하여 살해의 목적을 달성한 때에는 살인죄가 된다.[73]

판례는 분신자살한 자가 자살할 것을 알고, 유서를 대필해주고 증거물인 수

73) 대판, 1948. 5. 14, 4281형상38.

첩, 업무일지, 메모 등을 사후에 조작·은폐한 것은 자살방조죄에 해당한다고 하였다.[74]

【촉탁살인과의 구별】 형식적으로는 자살교사·방조죄는 자살에 간접적으로 관여하는데 대해서 촉탁살인죄는 피해자의 촉탁·승낙을 받아 직접 살해한다는 점에서 구별된다. 구체적으로는 자살자의 죽음에 관여하는 행위수행의 성질에 따라 구별된다. 즉, 주도적 지위에서 죽음을 최종적으로 지배한 자가 자살자이면 자살방조죄, 행위자이면 촉탁살인죄가 된다. 죽음에 관여하는 행위수행의 주도적 역할을 하는 자는 행위지배를 하는 자이므로 주도적 역할과 행위지배를 구별할 실익은 없다. 따라서 자살을 교사하여 자살을 결의시키고 그의 촉탁을 받아 살해한 때에도 촉탁살인죄만 성립한다. 즉, 자살교사죄는 촉탁살인죄에 대하여 보충관계에 있다. 다만 이 경우도 법조경합인가는[75] 법조경합의 본질(이중처벌금지)과 관련하여 검토할 문제이다.

(c) 실행의 착수 이 죄의 미수범도 처벌한다. 자살을 교사·방조하여 상대방이 자살행위를 하였으나 자살에 실패한 때, 또는 자살교사·방조와 자살행위 사이에 인과관계가 없는 때에 이 죄의 미수범이 성립한다는 데는 견해가 일치한다.

문제는 자살을 교사·방조하였으나 상대방이 자살행위를 하지 아니한 때에도 이 죄의 미수범이 될 수 있느냐이다. 결국 이 죄의 실행의 착수 시기가 교사·방조행위시인가 자살행위시인가의 문제이다.

자살자의 자살행위가 개시된 때 실행의 착수가 있다는 견해[76]에 의하면 자살교사·방조가 있었으나 자살행위가 없는 때에는 불가벌이 된다. 그러나 이 죄는 총칙상의 공범이 아니라 독립된 공범처벌규정이므로 피해자의 자살행위를 기준으로 할 것이 아니라 행위자의 교사·방조행위를 기준으로 실행의 착수를 논해야 한다(통설).[77] 즉, 교사행위·방조행위 자체가 이 죄의 실행의 착수가 되므로 상대방의 자살행위가 없는 때에도 이 죄의 미수범은 성립한다.

(d) 자살의 결과 이 죄는 침해범이므로 피교사자·피방조자가 자살하여야 기수가 된다. 즉, 자살로 인한 사망의 결과는 구성요건 결과가 된다. 자살교사·

74) 대판, 1992. 7. 24, 92도1148.
75) 명백히 법조경합이라는 견해는 배종대, 93면.
76) 황산덕, 174면; 이형국, 48면; 백형구, 35면; 이정원, 68면.
77) 유기천(상), 43면; 이재상, 37면; 김일수/서보학, 40면; 박상기, 40면; 배종대, 93면; 진계호, 57면; 임웅, 44면; 손동권, 28면; 오영근, 48면; 김성돈, 51면.

방조와 자살 및 사망 사이에는 인과관계와 객관적 귀속이 인정되어야 한다.

(3) 주관적 구성요건요소

자살교사의 고의는 자살자로 하여금 자살을 결의시킨다는 인식·의사가 있으면 충분하고 자살실행 내지 자살의 결과발생은 그 내용이 아니다.

자살방조의 고의는 자살자의 자살행위에 대하여 정신적 또는 물질적인 원조를 한다는 인식·의사이다. 행위자의 동기 여하는 묻지 않는다. 행위자 자신의 이익을 위한 것이든 자살자의 고통을 덜어 주기 위한 동정에 의한 것이든 이 죄의 성립에 영향이 없다.

(4) 합의동사

합의에 의한 공동자살 또는 정사(情死)를 기도한 자 중 한 사람이 살아났을 경우에 그 생존자를 이 죄로 처벌할 수 있느냐가 문제된다. 합의동사는 자살의 공동정범에 불과하므로 단독의 자살과 마찬가지로 처벌할 수 없다는 견해도 있다.[78] 그러나 생존자가 합의동사에 관여한 구체적 형태에 따라 개별적으로 판단해야 한다. ① 생존자 자신은 함께 자살할 의사없이 이를 가장하거나 상대방의 자살을 계획적으로 유혹한 때에는 위계에 의한 살인죄가 된다(강제정사). ② 진정으로 함께 자살할 것을 약속하고 이를 기도하였지만 살아난 생존자가 공동자살을 권유하였거나 타방의 자살을 방조한 사실이 있으면 자살교사죄 또는 자살방조죄가 성립하며, ③ 모두 자살한 사실뿐이고 타인의 자살을 방조한 사실조차 없이 우연히 살아난 때에는 자살의 공동실행 뿐이므로 불가벌이 된다.

5. 위계·위력에 의한 살인죄

> **【구성요건·법정형】** 전조(제252조)의 경우에 위계 또는 위력으로써 촉탁 또는 승낙하게 하거나 자살을 결의하게 한 때에는 제250조(살인죄, 존속살해죄)의 예에 의한다(제253조). 미수범은 처벌한다(제254조). 유기징역에 처할 때에는 10년 이하의 자격정지를 병과할 수 있다(제256조).

(1) 의의·성격

위계 또는 위력으로써 사람의 촉탁 또는 승낙을 받아 그를 살해하거나 자살을 결의시켜서 자살하게 함으로써 성립하는 범죄이다. 즉, 위계·위력을 사용

---

78) 정창운, 30면.

하여 촉탁·승낙살인을 하거나 자살을 교사·방조하는 범죄이다. 위계·위력을 수단으로 사용한다는 점에서 자유로운 의사결정을 전제로 한 촉탁·승낙살인 및 자살관여죄와 본질적으로 다르고 살인죄에 유사한 성질을 갖는다. 즉, 형식상으로는 피살자가 촉탁·승낙을 하거나 자살을 결의하고 있는 것처럼 보이지만 애당초 기망·협박·위력으로 의사의 자유를 구속한 상태에서 한 것이므로 살인죄와 같이 처벌한다.

(2) 객관적 구성요건요소

이 죄의 기본형태는 촉탁·승낙살인죄와 자살교사·방조죄이므로 행위수단(위계·위력)을 제외하면 구성요건은 그와 같다.

1) 위계·위력 "위계(僞計)"란 목적이나 수단을 상대방에게 알리지 아니하고 그의 부지나 착오를 이용하여 목적을 달성하는 것을 말한다. 기망이나 유혹을 사용한 경우가 이에 해당한다. 예컨대 정사(情死)의 의사가 없음에도 불구하고 이를 가장하여 상대방을 자살케 한 경우는 위계에 의한 살인이 된다.

"위력(威力)"이란 사람의 의사를 제압할 수 있는 유형·무형의 힘을 말한다. 폭행·협박을 사용한 경우뿐만 아니라 사회적·경제적 지위를 이용하여서도 의사를 제압할 수 있다. 위계·위력에 의한 피해자의 자살과 촉탁·승낙살해가 중첩한 때에는 전체로서 포괄하여 위계·위력에 의한 살인죄가 성립한다.

2) 결 과 승낙살인죄, 자살교사·방조죄와 마찬가지로 사망의 결과가 발생해야 한다. 법문에는 "촉탁·승낙하게 하거나", "자살을 결의하게 한 때"라고 되어 있으나 전자는 살해하는 것을, 후자는 자살하였을 것을 의미하고 실제로 피해자가 사망하여야 기수가 된다. 이 죄의 미수범은 피해자가 촉탁·승낙이나 자살에 응하지 아니하였거나 사망의 결과가 발생하지 아니한 때 성립한다.

3) 처벌상의 문제 이 죄는 제250조의 예에 의해서 처벌한다. "제250조의 예에 의한다"란 의미에 대해서 보통살인죄의 예로 처벌한다는 견해도 있다.[79] 촉탁·승낙살인 및 자살관여행위도 위계·위력을 사용한 때에는 애당초 살인죄를 실행한 것과 같이 취급한다는 취지이므로 객체의 차이에 따라 보통살인죄 또는 존속살해죄의 예로 처벌한다고 해야 한다(통설).

79) 서일교, 28면; 남흥우, 28면.

6. 살인예비 · 음모죄

【구성요건 · 법정형】 第250조(보통살인죄 · 존속살해죄)와 第253조(위계 · 위력에 의한 살인죄)를 범할 목적으로 예비 또는 음모한 자는 10년 이하의 징역에 처한다(제255조).

(1) 의의 · 성격

이 죄는 형법 제28조에 대한 특별규정으로서, 보통살인죄 · 존속살해죄 및 위계 · 위력에 의한 살인죄의 법익의 중대성과 행위의 위험성을 고려하여 이러한 죄에 대한 사전준비나 2인 이상이 모의하는 행위를 처벌하기 위한 기본범죄의 수정구성요건이다.

(2) 수정 구성요건요소

이 죄의 구성요건은 기본범죄의 발현형태로서 수정된 구성요건이다.[80]

1) 살인예비 　살인의 실행을 위한 물적 준비행위로서 아직 실행의 착수에 이르지 아니한 일체의 행위이다. 예비행위가 있다고 하기 위해서는, 범죄실현의 의사가 있어야 하며, 객관적으로 실행행위를 가능하게 하거나 용이하게 하는 물적 준비행위가 있어야 한다. 살해의 의도로 무기제공이나 흉기구입 또는 행동자금을 교부하는 등 실질적으로 범죄수행에 이바지하는 준비행위이면 살인예비가 된다.

2) 살인음모 　2인 이상이 살인을 실행하기 위한 공동의사를 형성하는 것을 말한다. 넓은 의미에서 예비행위로 볼 수 있으나 물적 준비를 위한 예비의 전단계인 심리적 준비행위이다.

3) 목 적 　이 죄가 성립하기 위해서는 기본범죄인 살인죄를 범할 목적이 있어야 한다. 기본범죄를 범할 목적은 목적범의 목적이 아니라 기본범죄를 실현할 고의라고 해야 한다(범죄발현형태설의 실행고의설). 기본범죄를 실현할 목적은 미필적으로는 부족하다고 본다. 따라서 살해의 대상은 적어도 구체적으로 특정되어 있어야 하며,[81] 조건부 목적도 무방하다.

4) 예비죄의 중지 　살인을 예비 또는 음모한 자가 실행의 착수 이전에 이를

---

80) 이에 대하여는 정성근/박광민(총론), 제2편 제5장 제1절 Ⅱ. 예비죄 참조. 독립된 구성요건으로 파악하는 견해는 김일수/서보학, 43면.

81) 대판, 1959. 9. 1, 4292형상387: "살해의 용도에 제공하기 위한 흉기를 준비하였다 하더라도 그 흉기로 살해할 대상자가 확정되지 아니하면 살인예비죄로 다스릴 수 없다."

중지한 경우에 중지범의 규정을 준용할 수 있느냐에 관해서 형의 균형을 잃는 범위 내에서만 준용하는 것이 타당하다고 본다.[82]

5) 보충관계　이 죄는 살인미수·살인기수와 법조경합의 보충관계에 있으므로 예비·음모가 발전하여 살인미수·살인기수에 이르면 이 죄는 적용하지 아니한다.

제2절 상해와 폭행의 죄

Ⅰ. 총 설

1. 형법에 있어서의 신체보호

생명이 있는 사람이 자기발전과 자기성장을 하여 정상적인 인격을 형성하기 위해서는 신체의 안전 내지 완전성이 보장되어야 한다. 신체의 안전 내지 완전성이 보장되지 않을 때에는 생명까지도 위험을 초래한다. 즉, 신체의 완전성 보호는 생명보호를 위한 기초적 의미를 갖는다. 형법이 생명 다음으로 신체의 완전성을 보호하는 이유도 여기에 있다. 형법은 상해의 죄와 폭행의 죄를 통해서 사람의 신체의 완전성을 보호하고 있다. 즉, 상해의 죄와 폭행의 죄는 신체의 불가침성 내지 신체의 완전성을 침해하는 행위로부터 그 안전을 보호하기 위한 범죄이다.

2. 상해죄와 폭행죄의 구별

(1) 입법형식

상해죄를 독립된 범죄로서 입법적으로 확립하기 시작한 것은 19세기 이후이다. 그러나 대부분의 입법례는 상해와 폭행을 구별하지 않고 하나의 구성요건

82) 정성근/박광민, 총론, 제2편 제5장 제1절 Ⅱ. 예비죄의 관련문제 참조.

에 포괄하여 규정하고 있다.[83] 그래서 광의로 상해죄라고 할 때에는 양자를 포함하는 복합개념으로 사용되기도 한다. 우리 형법은 폭행죄의 결과적 가중범으로 폭행치상죄를 규정하는 한편, 상해죄의 미수범 처벌규정을 둠으로써 두 죄를 엄격하게 구별한다.

(2) 두 죄의 구별

두 죄를 구별할 경우 그 기준이 무엇이냐가 문제된다. 상해죄와 폭행죄는 모두 신체의 불가침성(완전성)을 보호한다는 점에는 이견이 없다. 그러나 그 구체적 내용에는 차이가 있다. 즉, ① 상해죄는 신체의 건강(Gesundheit)을 보호하는데 대해서, 폭행죄는 신체의 안전 내지 건재(Wohlbefinden)를 보호한다.[84] ② 신체의 건강은 신체상태의 악화를 야기시킴으로써 침해되는 것이므로 상해죄는 침해범이지만, 신체의 건재성은 유형력의 행사만으로도 침해될 수 있으므로 폭행죄는 거동범 · 형식범이다.[85] ③ 상해는 반드시 폭행에 의해서만 야기되는 것이 아니라 협박 · 모욕 기타 무형적 방법이나 부작위로 가능하지만 폭행은 원칙적으로 유형력의 행사로써 가능하고, 예외로 선행하는 유형력 행사를 중지하지 않은 경우에 한하여 부작위에 의한 폭행도 가능하다는 점에서 두 죄를 구별할 수 있다.

3. 구성요건체계

(1) 상해의 죄

상해의 죄는 단순상해죄(제257조 1항)를 기본적 구성요건으로 하여 신분관계 또는 상습성으로 인하여 책임이 가중되는 존속상해죄(제257조 2항)와 상습상해죄

83) 독일 형법 제223조 1항은 신체침해(Körperverletzung)에 대한 범죄로서 신체부당취급(körperliche Mißhandlung)과 건강침해(Gesundheitsbeschädigung)를 규정하고, 전자에 폭행과 학대의 요소를 포함시키고 상해에 해당하는 건강침해와 복합하여 규정하고 있다. 이에 대해서 양자를 구별하는 스위스 형법은 신체 또는 건강에 대한 훼손인 상해죄(제123조)와 이러한 결과를 가져오지 않는 폭행죄(제126조)를 따로 규정하고 있다.

84) 황산덕, 172면; 김종원, 54면; 정성근, 79면; 이형국, 56면; 이재상, 42면; 김일수/서보학, 59면; 임웅, 49면; 손동권, 33면; 오영근, 52면; 김성돈, 56면.

85) 상해죄와 폭행죄의 보호법익은 모두 신체의 불가침이므로 보호법익에 의해서는 양자를 구별할 수 없고, 상해죄는 침해범, 폭행죄는 형식범이라 하여 구별(상해 결과발생의 유무)해야 한다는 견해[유기천(상), 47면; 정영석, 226면; 배종대, 97면; 백형구, 41면]도 있다. 그러나 형법이 양자를 엄격히 구별하는 취지와 법정형이 현저하게 차이 있음에 비추어 보호법익의 정도의 차이도 함께 고려하여 구별해야 한다.

(제264조)를 규정하고, 불법이 가중되는 중상해죄(제258조 1항·2항)와 결과적 가중범으로서 상해치사죄(제259조 1항)를, 신분관계 및 불법가중 또는 그 결과적 가중범으로서 존속중상해죄(제258조 3항)와 존속상해치사죄(제259조 2항)가 있다. 단순상해죄와 존속상해죄의 미수범은 처벌한다(제257조 3항).

(2) 폭행의 죄

폭행의 죄는 단순폭행죄(제260조 1항)를 기본적 구성요건으로 하여, 신분관계로 책임이 가중되는 존속폭행죄(제260조 2항)와 상습성으로 책임이 가중되는 상습폭행죄(제264조)가 있고, 행위방법으로 인한 불법가중 구성요건으로 특수폭행죄(제261조)와 불법가중의 결과적 가중범으로서 폭행치사죄(제262조)가 있다.

> **【특별형법】** 폭력행위등처벌에관한법률은 ① 상습상해죄와 상습폭행죄에 대해서 가중처벌규정(동법 제2조 1항)을 두고 있으므로 이 규정이 적용되는 범위내에서 형법의 적용은 배제된다. ② 상해와 폭행이 2인 이상이 공동하거나, 흉기 기타 위험한 물건을 휴대하거나 단체·집단을 가장하여 위력을 보이는 때에도 가중처벌(동법 제2조 2항, 제3조 1항)하므로 이 범위 내에서 특수폭행죄의 적용은 배제된다. ③ 상해와 폭행이 보복범죄인 때에는 특가법 제5조의9 2항에 의해 가중처벌된다(보복상해·폭행죄).

Ⅱ. 상해의 죄

1. 상해죄

> **【구성요건·법정형】** 사람의 신체를 상해한 자는 7년 이하의 징역, 10년 이하의 자격정지 또는 1천만원 이하의 벌금에 처한다(제257조 1항). 미수범은 처벌한다(제257조 3항).

(1) 의의·보호법익

상해죄는 고의로 사람의 신체를 상해함으로써 성립하는 범죄이다. 폭행죄와 함께 신체의 불가침성 내지 신체의 완전성을 보호하는 범죄에 속하고 구체적으로는 신체의 건강을 보호법익으로 한다. 신체의 건강은 이와 관련된 정신적 건강도 포함하고, 침해범·즉시범이다.

(2) 객관적 구성요건요소

1) 객 체 객체는 사람의 신체이다. 여기의 사람은 자기 이외의 생존하는 자연인을 말한다. 자기의 신체상해(自傷行爲)는 원칙적으로 죄가 되지 않는다(다만, 병역법 제86조, 군형법 제41조 1항은 처벌한다.). 피해자의 자상행위가 저항할 수 없는 강요에 의해서 행해진 때에는 이 죄의 간접정범이 된다.[86] 사람은 생존하는 사람을 의미하므로 태아는 이 죄의 객체가 될 수 없다.

【태아상해】 임신 중의 태아가 계획적인 약물, 병균, 방사선 등의 작용으로 뇌장애를 일으켜 기형아・불구아로 출산된 때에 그 출생한 기형아에 대해서 상해죄를 인정할 수 있느냐가 문제된다.[87]

첫째, 긍정설[88]은 태아가 사람이 되는 것을 정지조건으로 하는 상해죄, 또는 사람으로 출생할 시점에서 사람으로서의 기능을 침해하는 상해죄로 처벌해야 한다는 것이다.

둘째, 부정설은 ① 모체 내에서 태아를 고의로 살해하면 낙태죄, 과실로 사망시키면 불가벌임에 반하여, 태아상해를 인정하면 태아를 고의로 상해하면 상해죄가 성립하여 태아살해보다 중하게 처벌될 뿐만 아니라 태아에 대한 과실치상도 처벌해야 하므로 불합리하고, ② 태아상해를 인정하면 임부의 부주의로 태아가 상해를 입고 조산(早產)으로 태아가 출생하였으나 곧 사망하면 과실치사죄, 그로 인하여 모체 내에서 사망하여 사산(死產)하면 과실낙태로서 불가벌이 된다는 이상한 결과가 되며, ③ 상해를 입은 태아가 출생전에 치유되어 출생하면 상해죄를 인정할 수 없으므로 자연적인 치유 여부에 따라 가벌성이 결정되며, ④ 이 죄의 객체는 사람의 신체로 명시하고 있으므로 태아에 대한 상해는 인정할 수 없다고 한다.

태아도 생명체이지만 우리 형법의 해석에서는 부정설이 타당하다고 해야 한다.[89] 그리고 태아상해의 경우에 태아는 모체의 일부이기 때문에 임부에 대한 상해죄가 성립한다는 견해도 있다.[90] 그러나 자기낙태를 처벌하는 취지에 비추어 태아를 모체의 일부라 할 수 없고, 모체상해를 인정하면 낙태의 고의 있는 자에게 중한 상해죄를 인정해야 하는 불합리한 결과가 된다. 태아상해가 모

---

86) 대판, 1970. 9. 22, 70도1638: 의사결정의 자유를 상실케 한 협박으로 피해자 자신이 면도칼로 콧등을 깊이 0.56센티미터 절단하여 불구가 된 사례에서 협박자에게 중상해죄의 간접정범을 인정하였다.

87) 이 문제는 1961년 독일의 Contergan 사건(1970. 12. 18, Aachen 지방법원결정)을 계기로 논의되기 시작하였는데 태아상해에 대한 학설과 그 내용에 대해서는 박양빈, 형법사례연습, 405면 이하 참조.

88) LG Aachen JZ 1971, 507.

89) 정성근, 82면; 이형국, 58면; 강구진 56면; 이재상, 45면; 김일수/서보학, 62면; 박상기, 46면; 배종대, 98면; 이정원, 76면; 임웅, 54면; 오영근, 55면; 손동권, 35면; 김성돈, 57면. 독일의 다수설(Maurach/Schröder/Maiwald, BT 1, S. 95; Sch/Sch/Eser, StGB, §223 Rdn. 1a)과 연방대법원 판례(BGHSt 31, 348, 352)도 부정설을 따르고 있다.

90) 강구진, 56면.

체의 생리적 기능에 장애를 가져오는데 대한 미필적 고의도 없는 이상 모체에 대한 상해죄도 인정할 수 없다고 해야 한다.

2) 행 위 행위는 상해이다.

가) 상해의 의의 보호법익과 관련하여 상해의 의미에 대해서 견해가 대립한다.

(a) 완전성침해설 상해죄와 폭행죄는 신체의 불가침성(完全性)을 보호하는 것이므로 신체의 완전성에 대한 침해가 상해라고 한다.[91] 이에 따르면 신체의 생리적 기능에 손상을 주는 것은 물론, 신체의 외관을 변경시키는 것도 신체의 완전성을 침해하는 상해가 된다. 따라서 소량의 모발·수염·손톱을 잘라내거나 일시로 인사불성에 빠지게 하는 것도 모두 상해에 해당한다. 이에 따른 판례도 있으며,[92] 상해와 폭행을 구별하지 않는 독일과 일본의 통설이다.

(b) 생리적 기능훼손설 상해죄와 폭행죄를 엄격하게 구별하는 형법의 해석에서는 상해와 폭행의 개념도 구별해야 한다는 이유로, 상해는 신체의 생리적 기능을 훼손하는 것이라 한다. 우리나라 통설이다.[93] 이에 따르면 신체의 생리적 기능을 훼손하는 건강악화(육체적·정신적인 병적 상태 야기·보행불능·수면장애·식욕감퇴·실신상태·피로권태 등), 신체상처(피하출혈·종양·찰과상 등), 신체일부떨어짐, 질병감염은 상해가 되지만 모발·수염·손톱을 잘라내는 것은 신체 외관에 중요한 변경을 가져오더라도 상해가 될 수 없고 폭행에 해당한다. 판례의 주류는 이 입장이다.

【판례】 추돌사고로 인하여 피해자가 입었다는 요추부통증은 굳이 치료를 받지 않더라도 일상생활을 하는데 아무런 지장이 없고, 시일이 경과함에 따라 자연적으로 치유될 수 있는 정도의 단순한 통증은 신체의 완전성이 손상되고, 생활기능에 장애가 왔다거나 건강상태가 불량하게 변경되었다고 보기 어려워서 이를 형법상 상해에 해당한다고 할 수 없다(대판, 2000. 2. 25, 99도3910).[94]

(c) 결합설 상해죄는 신체의 완전성을 보호하는 것이므로 신체의 완전성

---

91) 유기천(상), 47면.
92) 대판, 1982. 12. 28, 82도2588.
93) 황산덕, 172면; 서일교, 29면; 김종원, 56면; 정성근, 83면; 이형국, 59면; 이재상, 46면; 김일수/서보학, 64면; 박상기, 47면; 백형구, 44면; 임웅, 55면; 오영근, 54면; 김성천/김형준, 82면; 손동권, 37면; 김성돈, 58면.
94) 같은 취지: 대판, 1997. 12. 12, 97도2396(특정범죄가중처벌등에관한법률상의 도주운전죄 성립을 부정).

을 훼손하는 것이면 생리적 기능을 훼손하는 경우는 물론, 적어도 외관에 중대한 변경을 가져오는 정도는 모두 상해가 된다고 한다.[95] 이에 따르면 생리적 기능에 대한 훼손 외에 여자의 모발이나 남자의 수염을 잘라내는 경우는 외관의 중대변경이므로 상해가 되지만, 남자의 모발이나 손톱을 잘라내는 때에는 폭행이 될 뿐이다.

(d) 결 어 ① 신체의 완전성은 상해죄와 폭행죄를 포함한 모든 상해와 폭행의 죄의 공통된 보호법익이라 할 수 있지만 상해죄의 보호법익이라고 할 수 없고, ② 우리 형법은 상해죄와 폭행죄를 엄격하게 구별하여 법정형도 현저한 차이를 두고 있으므로 두 죄는 질적으로 다르다고 해야 하며, ③ 결합설에 따르면 신체변경을 초래하는 행위 중에서 외관의 중대변경만이 신체의 완전성을 훼손하게 되는 이유가 명백하지 않고, 외관의 중대변경인가 아닌가는 폭행죄에 해당하는가의 여부를 판단하는 기준은 될지라도 두 죄를 구별하는 질적 기준은 될 수 없으므로 생리적 기능훼손설이 타당하다고 해야 한다.

생리적 기능훼손은 반드시 질병을 일으키는 것에 한하지 않는다. 신체에 상처를 입히거나 그 일부가 떨어지게 하는 것도 외상의 정도와[96] 치료기간,[97] 치료 유무를 묻지 아니하고 상해가 된다. 또 외관상 상처가 없는 때에도 성병감염 · 처녀막파열[98], 보행불능[99] · 수면장애 · 식욕감퇴 · 실신상태[100]와 같은 기능장애[101]를 일으킨 때에도 상해가 된다. 그러나 치료 없이도 일상생활에 지장이 없고 자연치유될 수 있는 단순한 통증에 불과한 경우[102]와 부녀에게 임신을 시키는 것은 생리현상의 결과이고 생리적 기능훼손은 아니므로 상해가 아니다.[103]

나) 상해의 방법 수단 · 방법은 제한이 없다. 폭행과 같은 유형적 방법이 보통이지만, 사람을 공포 · 경악케 하거나 크게 고민할 사항을 고지 또는 음향에 의한 위협으로 정신장애를 일으키는 무형적 방법으로 가능하다. 행위자 자신의 동작에 의하건 자연력 · 동물 · 기계나 타인 또는 피해자를 도구로 이용하는

95) 정영석, 227면; 권문택, 주석(상), 480면; 강구진, 61면; 진계호, 65면; 배종대, 99~100면.
96) 대판, 1983. 7. 12, 83도1258.
97) 대판, 1983. 11. 8, 83도1667; 대판, 1972. 6. 13, 72도855.
98) 대판, 1972. 6. 13, 72도855.
99) 대판, 1996. 12. 10, 96도2529.
100) 대판, 1996. 12. 10, 96도2529.
101) 대판, 1969. 3. 11, 69도161.
102) 대판, 2000. 2. 25, 99도3910.
103) 대판, 1970. 9. 22, 70도1638.

간접정범으로 행하건 묻지 않는다. 또 작위는 물론, 보증의무자의 부작위(병자에게 의약품을 공급하지 않거나 음식물을 주지 않고 신체를 쇠약하게 하는 것)도 가능하다.

다) 미수·기수 신체손상·건강상태악화의 결과가 발생한 때에 기수가 된다(침해범·결과범). 상해행위와 결과발생 사이에 인과관계와 객관적 귀속관계가 부정되면 미수가 된다. 다만 상해의 고의가 없으면 폭행이 될 수 있다.

(3) 주관적 구성요건요소

상해의 고의가 있어야 한다. 즉, 생리적 기능을 훼손하는 데에 대한 인식·의사가 있어야 한다. 반드시 확정적일 필요가 없고 미필적 고의로 족하다.

【구형법상의 논의】 구형법(현행 일본 형법)의 해석상 상해죄가 고의범인가에 대해서 결과적 가중범설(다수설), 고의범설, 절충설이 나누어져 있었다. 이와 같은 견해의 대립은 폭행치상죄와 상해미수죄에 관한 규정이 없고, 폭행죄의 규정이 "폭행을 가한 자가 사람을 상해함에 이르지 아니한 때"(제208조)라고 규정하고 있었으므로 생긴 것이다.

우리 판례 중에 상해죄는 결과범이므로 상해의 원인인 폭행의 고의만 있으면 충분하고 상해의 고의는 필요없다[104]는 태도를 취하여 결과적 가중범설에 따른 것이 있다. 그러나 현행법은 폭행의 고의로 상해의 결과를 발생시키면 폭행치상죄로 처벌하고(제262조), 상해의 고의로 폭행의 결과가 발생되면 상해미수죄(제257조 3항)로 처벌하도록 규정하고 있으므로 상해죄가 고의범이라는 것을 입법적으로 해결하였다. 따라서 위 대법원의 판례는 구형법의 해석에는 타당할지라도 현행법상 의문이 아닐 수 없다.

(4) 위법성조각사유

상해행위는 위법성조각사유가 있으면 정당화 된다. ① 정당방위·긴급피난의 요건을 구비한 때에는 정당화 된다. 싸움행위로 상해를 입힌 때에는 원칙적으로 위법행위가 된다.[105] ② 피해자의 승낙에 의한 상해도 승낙의 요건을 구비하고 승낙에 의한 행위가 사회상규에 반하지 않으면 위법성이 조각된다. 복싱, 레슬링, 유도 등 스포츠에 의한 상해는 경기 규칙을 준수하고 고의가 없는 범위에서 위법성이 조각된다. ③ 치료행위도 피해자의 승낙이 있고 치료의 목적과 의학적 방법에 의하여 사회상규에 반하지 않는 한 피해자의 승낙에 의한 행위로서 위법성이 조각된다.[106] 이 경우 과실이 없으면 치료의 성공·실패는

104) 대판, 1983. 3. 22, 83도231.
105) 대판, 1984. 5. 22, 83도3020; 대판, 1984. 6. 26, 83도3090; 대판, 1986. 12. 23, 86도1491.
106) 치료행위의 정당화 근거에 대해서는 정성근/박광민, 총론, 제2편 제3장 제3절 Ⅱ. 2. 치료행위

묻지 않는다.

(5) 죄수 · 타죄와의 관계

1) 죄 수 동일의사에 의한 수개의 행위로 동일인의 신체를 상해하면 포괄일죄가 되지만 수인의 신체를 상해하면 경합범이다.

2) 타죄와의 관계 공무집행방해죄와 상상적 경합이 되며, 내란행위에 수반된 상해는 내란죄에 흡수된다.

(6) 특별형법(보복상해와 치사)

자기 또는 타인의 형사사건의 수사, 재판과 관련된 고소 · 고발 · 진술 · 증언 등에 대한 보복목적으로 상해하거나 상해의 결과로 치사한 때에는 특가법 제5조의9 2항과 3항에 의하여 가중처벌된다. 특별한 동기로 불법이 가중되는 가중적 구성요건이다.

2. 존속상해죄

> 【구성요건 · 법정형】 자기 또는 배우자의 직계존속에 대하여 1항(상해죄)의 죄를 범한 때에는 10년 이하의 징역 또는 1500만원 이하의 벌금에 처한다(제257조 2항). 미수범은 처벌한다(제257조 3항). 10년 이하의 자격정지를 병과할 수 있다(제265조).

존속상해죄는 객체가 직계존속이라는 신분관계로 인하여 책임이 가중되는 부진정 신분범이다. 이 죄의 가중규정에 대해서도 존속살해죄와 같은 위헌론[107]이 있으나 존속을 상해한 비속의 패륜성으로 인하여 책임을 가중한 것이므로 이를 평등원칙에 반한다고 할 수 없다(통설). 프랑스 형법 제210-10조 3호도 존속상해죄의 가중규정을 두고 있다.

자기 또는 배우자의 직계존속의 의미에 대해서는 존속살해죄에서, 신체상해에 대해서는 상해죄에서 설명한 바와 같다.[108]

참조. 치료행위는 구성요건해당성이 없다는 견해는 이재상, 50면; 김일수/서보학, 65면; 임웅, 59면.

107) 서일교, 22면 이하.

108) 대판, 1983. 6. 28, 83도996: "호적상 친권자라고 등재되어 있다하더라도 사실에 있어서 그렇지 않은 경우에는 법률상 친자관계가 생길 수 없다할 것인바 … 모가 타인과 정교관계를 맺어 피고인을 출산하였다면 피고인과 피해자(繼父) 사이에는 친자관계가 없으므로 존속상해죄는 성립할 수 없다."

3. 중상해죄 · 존속중상해죄

【구성요건 · 법정형】 ① 사람의 신체를 상해하여 생명에 대한 위험을 발생하게 한 자는 1년 이상 10년 이하의 징역에 처한다. ② 신체의 상해로 인하여 불구 또는 불치나 난치의 질병에 이르게 한 자는 전항의 형과 같다. ③ 자기 또는 배우자의 직계존속에 대하여 전 2항의 죄를 범한 때에는 2년 이상의 유기징역에 처한다(제258조). 10년 이하의 자격정지를 병과할 수 있다(제265조).

(1) 의의 · 성격

1) 의 의 중상해죄(Schwere Körperverletzung)는 사람의 신체를 상해하여 생명에 대한 위험을 발생하게 하거나 불구 · 불치 · 난치의 질병에 이르게 한 범죄이다. 이 죄는 상해의 결과에 따라 범죄태양을 구별하는 입법례(독일 형법 제224조, 스위스 형법 제123조 1항, 일본 개정형법가안 제344조)에 따라 중한 상해의 결과로 인하여 피해자가 계속적으로 고통을 받게 되므로 단순상해죄보다 형을 가중하는 가중적 구성요건이다. 그리고 존속중상해죄는 중상해에 대해서 신분관계로 인하여 책임이 다시 가중되는 가중적 구성요건이다.

2) 성 격 이 죄의 성격에 대해서, ① 단순상해죄의 결과적 가중범이라는 견해,[109] ② 단순상해의 결과적 가중범일뿐만 아니라 중상해의 고의가 있는 경우에도 결과적 가중범이된다는 견해,[110] ③ 중상해죄는 상해의 고의로 상해결과가 발생한 것이고 중한 상해도 상해의 개념에 포함되어 있으므로 결과적 가중범이 아니라 애당초 고의범이라는 견해[111]가 대립한다.

결과적 가중범설은 단순상해의 고의와 중상해의 고의를 구별하여 단순상해의 고의가 있는 경우뿐만 아니라 중상해의 고의로 중상해의 결과가 발생한 경우에도 결과적 가중범이 된다고 하고 그 근거로 이 죄의 미수범처벌규정이 없다는 것과, 상해의 고의만 있으면 중한 상해에 대한 과실이 없어도 중상해죄가 성립한다고 해석하는 것은 결과책임을 인정하게 되므로 책임주의에 반한다는 점을 들고 있다.

---

109) 유기천(상), 51면; 염정철, 276면.

110) 정영석, 234면; 김종원, 61면; 권문택, 주석(상), 484면; 강구진, 66면; 이형국, 70면; 이재상, 52면; 진계호, 71면; 박상기, 53면; 배종대, 105면; 임웅, 61면; 김성천/김형준, 94면; 오영근, 66면; 정영일, 37면; 김성돈, 61면.

111) 황산덕, 177면; 정성근, 87면; 백형구, 49면. 한편 김일수/서보학, 69면; 손동권, 43면은 「중상해죄는 단순상해의 진정 및 부진정결과적 가중범형태를 넘어 중한 상해결과의 야기를 직접 의도한 단순고의범 형태로도 성립할 수 있다」고 한다.

그러나 ① 단순상해와 중상해는 모두 상해의 개념에 포함된다고 할 때에는 중상해의 미수도 당연히 단순상해의 미수범으로 처벌할 수 있으므로 이 죄의 미수범처벌을 별도로 규정할 필요가 없고, 만일 중상해미수범처벌을 따로 규정하지 않았다고 하여 불가벌이라고 한다면 단순상해미수범을 처벌하는 것과 비교하여 불합리하므로 이 죄의 미수범처벌규정이 없다는 것이 결과적 가중범을 인정하는 근거가 될 수 없다. 이러한 해석은 중상해치사죄의 처벌규정이 따로 없어도 그것이 불가벌로 되는 것이 아니라 당연히 상해치사죄로 처벌하는 것과 같은 취지라 해야 한다. ② 애당초 상해나 중상해의 고의가 있는 때에 이를 고의범으로 처벌한다고 해서 결과책임을 인정한다고 할 수 없고, 입법자가 중상해를 고의범으로 규정하고 있음에도 불구하고 이를 결과적 가중범이라고 해석해야 할 특별한 이유도 없고 필요도 없다. ③ 중상해죄는 중한 상해의 위험성 있는 고의행위로 상해결과가 발생한 범죄이며, 과실로 인하여 중상해의 결과가 발생하면 과실치상죄(제266조)로 처벌해야 하므로 중상해죄는 애당초 고의범이라 해야 한다. 결과적 가중범은 고의범과 과실범의 결합형태로 한정하는 것이 제15조 2항에 부합된다고 본다.

(2) 구성요건요소

이 죄가 성립하기 위해서는 단순상해 또는 존속상해로 인하여 생명에 대한 위험발생, 불구, 불치나 난치의 질병 등 중한 결과가 발생하여야 한다. 상해와 존속상해에 대해서는 상해죄, 존속살해죄에서 설명한 내용과 같다.

1) 중한 결과

(a) 생명에 대한 위험발생 생명에 대한 구체적 위험의 발생을 의미하고 치명상이 이에 해당한다. 이로 인하여 피해자가 사망한 때에는 상해치사죄가 성립한다. 구체적으로 의학적 판단이 자료가 되지만 최종적으로는 법률적 판단을 한다.

(b) 불 구 불구란 신체의 전체 조직상 중요부분이 상실되거나 그 고유기능이 상실되는 경우를 말하고, 불치 또는 난치와의 관계상 신체의 외형적 부분에 한한다고 본다.[112] 신체의 어느 부위가 중요부분인가는 피해자의 직업과 같

112) 독일 형법 제224조 1항은 ① 신체의 중요일부, 한쪽 또는 양쪽의 시력, 청력, 음력, 생식력 상실이나 영구적 훼손, ② 질병, 신체마비, 정신병의 결과를 야기한 때라고 구체적으로 열거하여, ①의 경우는 신체 조직의 외형적 상해로 한정하고 있다. 다만 신체 내부의 장기상실도 포

은 개인적 사정을 고려하여 판단해야 한다는 견해도[113] 있으나, 신체 고유기능의 상실 및 불치·난치와의 균형상 신체조직에 있어서의 기능을 기준으로 객관적으로 판단하여야 한다(통설). 따라서 남자의 성기나 팔·다리·혀(舌)를 절단하는 것은 불구라 할 수 있으나 피아니스트의 새끼손가락이나 무용가의 엄지발가락 절단은 불구라 할 수 없다.

판례는 실명·청력상실이나,[114] 혀를 깨물어 1.5센티미터 절단하여 발음을 곤란케 한 경우,[115] 콧등을 길이 2.5센티미터·깊이 0.56센티미터 절단시킨 경우[116]에는 불구에 해당한다고 하였다. 그러나 앞 이빨 또는 아래 이빨 2개가 빠진 것은[117] 중상해가 아니라고 하였다.

(c) 불치·난치의 질병　의학적 치료가능성이 없거나 현저히 치료 곤란한 질병을 말한다. 의학적 판단이 중요한 기준이 되지만 인공적 방법으로 대체 가능한 의학적 치료방법이 있으면 불치라고 할 수 없다. 심폐기능장애, 현저한 장기손상, 에이즈 감염, 척추장애, 기억상실, 정신병 유발 등은 난치의 질병에 해당한다. 그러나 상처의 흔적이나 흉터가 남는 것은 질병이 아니므로 여기에 해당하지 않는다.

(d) 미　수　중상해죄의 미수범 처벌규정은 별도로 없다. 그렇다고 해서 중상해의 고의로 미수에 그친 자를 불가벌로 하면 단순상해의 미수범을 처벌하는 것과 비교하여 불합리할 수밖에 없다. 형법은 중상해의 미수는 상해미수로 처벌할 수 있으므로 별도의 미수범 처벌규정을 두지 않았다고 해야 한다. 즉, 중상해나 상해의 고의로 단순상해의 결과가 발생하면 상해죄의 기수범이 되며, 단순상해의 결과조차 발생하지 않으면 상해미수범으로 처벌된다.[118] 따라서 중상해의 미수범은 별도로 인정할 여지가 없다.[119]

함한다는 견해(임웅, 62면; 배종대, 105~106면; 박상기, 54면; 이정원, 87면; 김성돈, 62면)도 있다.

113) 김일수, 63면.
114) 대판, 1960. 4. 6, 4292형상395.
115) 부산지판, 1965. 1. 12, 64고6813.
116) 대판, 1970. 9. 22, 70도1638.
117) 대판, 1960. 2. 29, 4292형상413.
118) 정영석, 222면; 김봉태(7인 공저), 90면; 백형구, 50면.
119) 백형구, 50면.

(2) 적용범위

이 죄는 고의범이므로 상해의 고의가 있어야 한다. 문제는 폭행의 고의로 중상해의 결과가 발생한 때에도 중상해죄가 성립하느냐에 있다. 이를 긍정하는 긍정설[120]과 이 경우에는 폭행치상죄가 성립할 뿐이라는 부정설이 대립하는데 부정설이 통설이다.[121]

이 죄는 상해의 고의가 있는 때에만 성립하며, 폭행의 고의로 상해결과가 발생한 때에는 폭행치상죄(제262조)를 별도로 규정하여 그 처벌은 상해 또는 중상해의 예에 의하도록 하였으므로 폭행의 고의로 중상해의 결과가 발생한 때에도 폭행치상죄가 성립한다고 해야 한다. 다만 처벌에 있어서는 중상해죄의 법정형으로 처단된다(제262조 후단 참조).

4. 상해치사죄 · 존속상해치사죄

> 【구성요건 · 법정형】 ① 사람의 신체를 상해하여 사망에 이르게 한 자는 3년 이상의 유기징역에 처한다. ② 자기 또는 배우자의 직계존속에 대하여 전항의 죄를 범한 때에는 무기 또는 5년 이상의 징역에 처한다(제259조).

(1) 의의 · 성격

상해치사죄는 사람의 신체를 상해하여 사망에 이르게 함으로써 성립하는 범죄이다. 상해의 고의로 중한 사망의 결과를 발생시킨 것이므로 상해죄의 결과적 가중범이다. 존속상해치사죄는 자기 또는 배우자의 직계존속의 신체를 상해하여 사망에 이르게 하는 존속상해죄의 결과적 가중범이고, 상해치사죄에 대하여는 신분관계로 책임이 가중되는 가중적 구성요건이다. 결과적 가중범이므로 객체에 대한 상해의 고의만 있고 사망의 결과에 대해서는 고의는 없으나 과실은 있어야 한다. 만일 사망의 결과에 대하여 고의가 있는 때에는 이 죄가 아니라 살인죄 또는 존속살해죄가 성립한다. 존속상해치사죄는 헌법상의 평등의 원칙에 위배되지 아니하며 사생활의 자유를 침해하지 아니하므로 이 규정은 위헌이라 할 수 없다(헌재결, 2002. 3. 28, 2000헌바 53).

---

120) 유기천(상), 52면.

121) 김종원, 62면; 정성근, 89면; 이재상, 54면; 김일수/서보학, 71면; 박상기, 54~55면; 배종대, 106면; 백형구, 51면; 임웅, 63면; 손동권, 44면; 오영근, 68면.

(2) 객관적 구성요건요소

사람의 신체상해에 대해서는 상해죄, 자기 또는 배우자의 직계존속에 대해서는 존속살해죄에서 설명한 내용과 같다.

이 죄의 특수한 구성요건은 결과적 가중범의 일반원칙이 그대로 적용된다. ① 고의의 기본범죄로 인하여 중한 결과가 발생하여야 하고, ② 기본행위와 중한 결과발생 사이에는 인과관계가 있어야 하며, ③ 중한 결과발생에 대한 예견가능성이 있어야 한다.

1) 인과관계 상해행위와 사망의 결과 사이에는 인과관계가 있어야 한다.[122] 상해행위가 반드시 사망의 결과에 대한 유일한 원인일 필요는 없다. 인과관계 유무는 합법칙적 조건설에 따라 확정하고 객관적 귀속을 판단해야 한다. 판례는 상당인과관계설에 의하고 있다.

판례는 피해자가 지병(持病)[123]이 있거나 피해자가 충분한 치료를 하지 않았기 때문에 사망한 때,[124] 폭행으로 임신부가 넘어져 낙태하고 이로 인하여 심근경색으로 사망한 때,[125] 자상행위가 직접 사망의 원인은 아니었다 하여도 이로부터 다른 간접원인이 결합하여 사망한 때[126]에도 인과관계를 인정하고 있다.

2) 객관적 귀속 중한 결과인 사망은 기본 범죄를 실행하는 상해행위에 포함된 잠재적 위험으로부터 직접 발생한 것임을 요한다(직접성의 원칙). 상해피해자가 도망 중 실족하여 사망하거나 불구가 된 것을 비관하여 자살한 때에는 직접성이 없으므로 객관적 귀속이 부정된다.

3) 예견가능성 행위자는 사망의 결과를 예견할 수 있어야 한다.[127] 예견할 수 있다는 것은 행위자가 주의하면 알 수 있는 과실이 있음을 의미한다. 과실도 없는 때에는 상해죄 또는 존속상해죄가 될 뿐이다.

【판례】 피고인의 구타행위로 상해를 입은 피해자가 정신을 잃고 빈사상태에 빠지자 사망한 것으로 오인하고, 자신의 행위를 은폐하고 피해자가 자살한 것처럼 가장하기 위하여 피해자를 베란다 아래의 바닥으로 떨어뜨려 사망케

122) 대판, 1946. 3. 26, 4279형상1; 대판, 1972. 3. 28, 72도296.
123) 대판, 1970. 10. 10, 79도2040.
124) 대판, 1961. 9. 21, 4294형상447.
125) 대판, 1972. 3. 28, 72도296.
126) 대판, 1982. 12. 28, 82도2525.
127) 대판, 1984. 12. 11, 84도2183; 대판, 1981. 3. 10, 80도3321.

하였다면, 피고인의 행위는 포괄하여 단일의 상해치사죄에 해당한다(대판, 1994. 11. 4, 94도2361).

4) 공동정범　결과적 가중범의 공동정범을 인정할 수 있느냐에 대해서 행위공동설의 입장에서는 긍정한다. 판례도 긍정설에 따라 기본범죄를 공동으로 할 의사만 있으면 충분하고 결과를 공동으로 할 의사는 필요없다고 하여 결과적 가중범의 공동정범을 인정한다.[128] 이 죄의 공동정범을 인정하기 위해서는 상해 또는 중상해의 공동정범자 각자가 사망의 결과를 예견할 수 있어야 한다.[129] 즉, 상해의 공동정범 가운데 1인이 살인의 의사로 사람을 살해한 때 나머지 공동자는 예견가능한 범위내에서 상해치사죄의 죄책을 부담한다. 상해에 대한 교사자 또는 방조자는 사망의 결과에 대해 예견가능한 범위 내에서 상해치사죄의 교사범 · 방조범이 성립한다.[130]

【판례】 ① 결과적 가중범인 상해치사죄의 공동정범은 폭행 기타의 신체침해행위를 공동으로 할 의사가 있으면 성립되고 결과를 공동으로 할 의사는 필요없다고 할 것이므로 패싸움 중 한 사람이 칼로 찔러 상대방을 죽게 한 경우에 다른 공범자가 그 결과인식이 없다 하여 상해치사죄의 책임이 없다고 할 수 없다(대판, 1978. 1. 17, 77도2193).

② … 강도의 공범자 중 1인이 강도의 기회에 피해자에게 폭행 또는 상해를 가하여 살해한 경우, 다른 공모자가 살인의 공모를 하지 아니하였다고 하여도 그 살인행위나 치사의 결과를 예견할 수 없었던 경우가 아니면 강도치사죄의 죄책을 면할 수 없다. …(대판, 1991. 11. 12, 91도2156).

(3) 주관적 구성요건요소

이 죄는 상해의 고의만 있고 사망에 대해서는 고의가 없는 때에만 성립한다. 살인의 고의가 있었느냐, 상해의 고의가 있었느냐의 여부는 획일적으로 설명할 수 없다. 행위자의 성격과 진술, 피해자와 관계, 범행 전후의 태도, 행위동기, 행위태양, 행위에 이른 경위와 행위 자체의 경과, 흉기의 성질 등을 종합적으로 고려하여 판단할 사항이다.

판례는 주먹으로 안면 등을 무수히 강타하고 양산 끝으로 두경부(頭頸部)를 찔

128) 대판, 1978. 1. 17, 77도2193; 대판, 1988. 9. 13, 88도1046; 대판, 1990. 6. 26, 90도765; 대판, 1998. 4. 14, 98도356 등.
129) 같은 취지의 판례로는 대판, 1991. 11. 12, 91도2156; 대판, 1993. 8. 24, 93도1674 참조.
130) 대판, 1997. 6. 24, 97도1075.

러 사망케 한 때,[131] 안면과 흉부에 강도(强度)의 타격을 가하여 사망케 한 때[132]에 상해의 고의가 있다고 하고 상해치사죄를 인정한다.

5. 상해의 동시범

【특별규정】 독립행위가 경합하여 상해의 결과를 발생케 한 경우에 있어서 원인된 행위가 판명되지 아니한 때에는 공동정범의 예에 의한다(제263조).

(1) 의의 · 입법취지

1) 의 의 2인 이상이 의사연락 없이 동일 객체에 대해서 동일 기회 또는 근접한 전후관계에서 각자 범죄를 실행한 경우를 동시범(동시정범 · 다수정범)이라 한다. 동시범에 대해서 형법은 개인책임 원칙에 따라 각자 자기 행위로 인하여 발생된 결과에 대해서만 책임을 부담하고, 만일 결과발생의 원인된 행위가 누구의 행위에 의한 것인지 판명되지 아니한 때에는 각자를 미수범으로 처벌한다(제19조). 형법 제263조는 상해의 동시범에 대하여 제19조의 특별예외를 인정하여, 상해의 원인된 행위가 판명되지 아니한 때에는 공동정범의 예에 의하도록 함으로써 개인책임원칙에 대한 예외를 인정하고 있다.

2) 입법취지 이 특례규정에 대해서는, ① 상해의 원인된 행위를 증명하지도 않고 상해의 결과 전부에 대해서 공동정범과 같이 처벌하므로 in dubio pro reo(의심스러우면 피고인의 이익으로)원칙에 반하고 결과책임을 인정하는 전 근대적 규정으로서 형벌권을 확장하는 위헌(헌법 제27조 4항)적 입법이라는 견해도 있다.[133] 그러나 ② 상해의 결과는 일상생활상 빈번하게 발생될 뿐만 아니라 집단적으로 행해지고 그 결과도 중대하므로 이에 대한 일반예방적 효과를 마련할 필요가 있고, 상해결과에 대한 모든 원인된 행위를 입증하는 것은 사실상 곤란한 경우가 많기 때문에 이를 구제할 필요가 있다는 정책적 고려에서 입법한 것으로 보아야 한다.[134]

---

131) 대판, 1960. 10. 26, 4293형상291.

132) 대판, 1955. 6. 7, 4288형상88.

133) 이형국, 66면 이하; 배종대, 113면; 이정원, 89면; 오영근, 75면; 김성돈, 68면.

134) 성시탁, 「상해의 동시범」(고시연구, 1975. 1), 60면 이하는 이 이외에 폭행과 상해는 반드시 명확히 구별할 수 없는 경우가 많고 근접성이 있기 때문에 행위자 전부에게 상해의 책임을 지워도 반드시 가혹하지 않다는 이유를 들고 있다.

(2) 법적 성질

상해동시범의 특례를 인정한 이 규정의 법적 성질에 대해서는 견해가 대립한다.

1) 법률상 추정설 입증의 곤란을 구제하기 위하여 공동정범의 책임을 법에서 추정한 규정으로 보는 견해이다.[135] 그러나 ① 법률상의 추정이란 요증사실 그 자체를 처음부터 증명하지도 않고 이를 인정하는 것이므로 증거조사의 결과 증명이 불가능한 경우에 입증 곤란을 구제하기 위한 것이 아니며, ② 법률상의 추정을 인정하는 것은 형사소송법상의 실체진실발견주의와 자유심증주의에 반하므로 타당하지 않다.

2) 거증책임전환설 피고인이 자기 행위로 상해결과가 발생하지 않았다는 것을 증명하도록 피고인에게 거증책임을 지운 규정이라는 견해이다(다수설).[136] 이에 따르면 소송법상의 원칙에는 반하지 않으며, 피고인에게 상해죄의 책임을 부담시키는 이유를 설명할 수 있다. 그러나 행위자 사이에 의사 연락이 없음에도 불구하고 공동정범과 같이 취급하는 이유는 설명할 수 없다.

3) 이원설 소송법상으로는 상해의 결과에 대한 거증책임을 피고인에게 부담시킨 것이고, 형법상으로는 공동정범의 범위를 확장시키는 일종의 의제를 규정한 것이라는 견해이다.[137] 그러나 이 견해도 결과책임사상을 인정하고 있으며, "의심스러운 때에는 피고인의 이익으로"라는 원칙[138]에 대한 예외를 인정하므로 여전히 의문이 남게 된다.

4) 결 어 어느 견해이건 결함은 있으나 이 규정의 입법취지가 입증곤란을 구제하기 위한 정책적 고려에 있으며, 소송법적 측면과 형법적 측면 어느 하나만으로 합리적 설명이 불가능하므로 거증책임의 전환과 의제에 의해서 법적 성

---

135) 이건호, 273면; 강구진, 70면.

136) 유기천(상), 62면; 서일교, 36면; 남흥우, 38면; 황산덕, 178면; 이재상, 58면; 김일수, 67면; 박상기, 59면; 진계호, 78면; 임웅, 66면; 김성천/김형준, 107면; 정영일, 43면; 손동권, 52~53면.

137) 황산덕, 182면; 정영석, 223면; 권문택, 주석(상), 492면; 김종원, 64면; 성시탁, 「상해의 동시범」, 62면; 정성근, 93면; 이형국, 66면.

138) 이 원칙과 관련하여 본조는 애당초 처벌하지 못할 것을 증명이 불가능하기 때문에 처벌하는 것이 아니라, 원래 특별상해죄로서 처벌할 수 있는 것에 대해서 피고인이 상해를 가한 것이 아니라는 증명을 하게 되면 처벌을 면하게 된다고 이해한다면 "의심스러운 때에는 피고인의 이익으로"라는 원칙에 반하지 않는다는 주장(성시탁, 「상해의 동시범」, 63면)을 경청할 필요가 있다.

질을 이해하는 이원설이 그런대로 타당하다고 본다.

(3) 적용범위

이 규정은 상해의 결과가 발생한 경우에 인정되는 예외규정이므로 상해의 결과를 발생시킨 행위는 어떤 행위인가에 대해서 논의가 있다.

1) 과실치상죄 · 폭행치상죄 입법취지와 규정 내용으로 보아 상해의 결과 발생은 반드시 상해의 고의행위에 의할 필요가 없으며, 폭행죄와 폭행에 의한 상해죄는 보호법익과 고의가 서로 근접하고 있으므로 상해행위 외에 폭행행위와 과실행위도 포함한다. 따라서 과실치상죄와 폭행치상죄[139]에도 이 규정은 적용된다.

2) 상해치사죄 · 폭행치사죄 상해치사죄에 이 규정을 적용할 수 있느냐에 대해서 긍정설[140]과 부정설이 대립한다. 부정설은 상해의 결과발생으로 되어 있으므로 사망의 결과발생에까지 적용하면 유추적용을 허용하게 되며, 예외규정은 제한적으로 해석해야 한다는 것을 이유로 한다.[141] 판례는 폭행치사,[142] 상해치사[143]의 경우는 물론 상해행위와 폭행행위가 경합하여 사망의 결과가 발생한 때에도[144] 이 규정을 적용하고 있다.

상해치사죄에 대해 동시범의 특례를 적용하면 공동정범의 예에 의하게 되어 상해치사의 공동정범과 같이 처벌하게 되므로 결국 결과적 가중범의 공동정범을 인정할 수 있느냐의 문제에 귀착한다. 따라서 동시범의 특례규정의 적용이 아니라 이론적으로 결과적 가중범의 공동정범 인정여부를 해결해야 한다. 가중결과인 과실에 대하여 주의의무에 대한 상호이해가 있고, 과실행위에 대한 역할분담과 공동의 행위기여가 있으면 과실의 공동정범도 성립할 수 있으므로(기능적 과실행위공동설) 상해치사죄의 공동정범이 성립할 수 있다고 본다.[145] 폭행치사죄에 대해서도 같은 취지로 결과적 가중범의 공동정범이 성립한다고 본다.

---

139) 대판, 1970. 6. 30, 70도991.

140) 황산덕, 183면; 서일교, 35면; 남흥우, 38면; 유기천(상), 61면; 이재상, 60면; 진계호, 80면.

141) 김종원, 64면; 성시탁, 「상해의 동시범」, 63면; 이형국, 66면; 강구진, 71면; 김일수/서보학, 77면; 배종대, 115면; 박상기, 61면; 백형구, 53면; 이정원, 91면; 임웅, 68면; 김성천/김형준, 110면; 정영일, 350면; 오영근, 77면; 손동권, 53면; 김성돈, 69면.

142) 대판, 1970. 6. 30, 70도991.

143) 대판, 1981. 3. 10, 80도3321; 대판, 1985. 5. 14, 84도2118.

144) 대판, 2000. 7. 28, 2000도2466.

145) 이에 대해서는 정성근/박광민, 총론, 제9장 제4절 Ⅵ. 3. (3) 참조.

3) 강간치상죄·강도치상죄 이 규정은 폭행과 상해의 죄에 대한 특례규정이므로 보호법익을 달리하는 범죄에 대해서는 적용되지 않는다. 여기에 대해서까지 이 규정을 적용하면 유추적용을 인정하는 외에도 특례규정에 대해서 또 다른 예외를 인정하기 때문에 강간치상죄·강도치상죄·체포감금치상죄에는 적용할 수 없다. 판례도 강간치상죄에 대해서 이 규정의 적용을 배제하고 있다.[146]

(4) 적용요건

1) 독립행위의 경합 2인 이상의 행위가 서로 의사연락 없이 동일객체에 대하여 행하여져야 한다. 독립행위에 대해서, ① 동시 또는 근접한 시간에 행해져야 하나 반드시 동일장소 또는 근접장소일 필요가 없다는 견해[147]와, ② 시간적·장소적으로 근접할 필요가 없고 다른 시간·다른 장소도 무방하다는 견해[148]가 대립한다. 판례는 후자를 취하고 있다.[149] 제19조의 규정을 문리해석하면 시간적·장소적 근접성은 반드시 필요없다고 해석할 수 있다. 그러나 상해의 동시범 규정은 제19조에 대한 예외규정이므로 예외규정은 엄격하게 해석해야 하며, 공동정범 아닌 것을 공동정범의 예로 처벌하기 위해서는 적어도 외형상으로 공동정범과 같이 볼 수 있는 정도의 행위로 한정할 필요가 있다. 따라서 독립행위는 시간적·장소적으로 근접하여 적어도 동일기회라고 할 수 있는 정도의 행위로 한정하는 것이 타당하다고 본다.[150]

그리고 독립행위는 과실치상, 폭행, 상해의 행위가 각각 경합한 때에는 물론, 상해와 폭행이 경합하거나 경상해와 중상해가 경합한 때에도 포함한다.

2) 상해의 결과발생 상해결과가 발생해야 한다. 상해행위는 있었으나 상해결과가 발생하지 않거나 다른 결과가 발생한 때에는 제19조에 따라 미수범 또는 자기행위에 의하여 발생된 결과에 대해서만 책임을 부담한다. 그리고 애당초 상해 또는 폭행을 한 것 자체가 분명하지 않을 때에는 이 규정을 적용할 여지가 없다.[151]

---

146) 대판, 1984. 4. 24, 84도372.
147) 정영석, 232면; 김종원, 63면; 강구진, 72면; 임웅, 68면.
148) 이형국, 66면; 이재상, 59면; 김일수/서보학, 75면; 백형구, 52면.
149) 대판, 1981. 3. 10, 80도3321.
150) 성시탁, "상해의 동시범", 57면; 정성근, 95면.
151) 대판, 1984. 5. 15, 84도488.

3) 원인된 행위의 불판명 증거조사 결과 누구의 행위에 의해서 상해결과가 발생된 것이라는 심증을 얻지 못한 것이라야 한다. 자기행위가 원인이 아니라는 거증책임은 피고인이 부담한다. 만일 원인된 행위가 판명되었거나 특정인의 행위로 발생되지 않았음이 증명되었을 때에는 그 특정인에 대해서는 이 규정을 적용할 수 없고 각자의 행위로부터 발생된 결과에 대해서만 책임을 부담한다.

4) 효 과 공동정범의 예에 의한다. 즉, 의사 연락이 없는 각자를 공동정범과 같이 결과 모두에 대한 정범의 기수범으로 처벌한다는 의미이다.[152]

이에 대해서 처벌에서 공동정범과 같이 취급하면 공동정범의 일반이론과 일치할 수 없고, 본질상 공동정범과 동일시한다는 이유로 "동시범으로 처벌한다"는 의미로 해석하는 견해도 있다.[153] 그러나 상해의 동시범은 공동정범이 아닌 경우(공동정범이면 애당초 제30조가 적용된다)에 공동정범의 예에 의할 뿐이므로 애당초 공동정범 이론이 여기에 타당할 수 없고 공동정범과 동일시하는 견해도 없다. 상해동시범은 어디까지나 동시범이고 처벌(처단)에서만 "공동정범의 예"에 의하므로 이를 동시범(제19조)으로 처벌한다는 의미로 파악하는 자체가 법문의 취지를 오해하고 있다고 본다(폭행치사상죄가 제257조 내지 제259조의 "예에 의한다"와 비교하면 명백하다).

6. 상습상해죄

【구성요건 · 법정형】 상습으로 제257조(상해 · 존속상해), 제258조(중상해 · 존속중상해)의 죄를 범한 때에는 그 죄에 정한 형의 2분의 1까지 가중한다(제264조). 10년 이하의 자격정지를 병과할 수 있다(제265조). 미수범은 처벌한다(제264조).

(1) 성 격

이 죄는 상해행위의 상습화 경향에 대비하여 형사정책적 견지에서 상습범 가중주의를 채택한 것으로, 상습성이라는 신분관계로 인하여 책임이 가중되는 가중적 구성요건이다. 다만 상습으로 상해죄를 범한 때에는 '폭력행위등처벌에관한법률' 제2조 1항이 적용되며, 또 상습으로 단체 · 다중의 위력 또는 단체나 집단을 가장하거나 흉기 · 위험한 물건을 휴대하여 상해(폭행)를 한 때에도 폭

---

152) 이형국, 총론(II), 586면; 강구진, 72면. 같은 취지: 진계호, 81면; 임웅, 69면; 오영근, 77면; 김성돈, 70면.

153) 김일수/서보학, 76면.

처법 제3조 3항이 적용되므로 이 범위 내에서 상습상해죄에 관한 제264조는 적용될 여지가 없다. 폭처법의 규정은 상습폭행죄에도 그대로 적용된다.

(2) 구성요건요소

1) 상습성　이 죄의 특수한 구성요건요소는 상습성이다. 상습이란 일정한 행위를 반복하여 행하는 습벽(버릇)을 말한다. 상습은 행위의 본질을 이루는 것이 아니라 행위자의 특성(신분)을 이루는 성질(행위자관련적 성질)을 의미한다.[154] 따라서 행위의 반복이 있는 것만으로 부족하고 행위자가 그러한 습벽을 가져야 상습성을 인정할 수 있다. 상습성 유무는 범죄학적 견지에서 법관의 자유심증에 의하여 판단될 것이다. 상습성 인정의 자료는 제한이 없으며, 상해 회수나 누범에 있어서의 반복적 행위도 상습성을 인정하기 위한 하나의 자료가 될 수 있다.

2) 누범과의 관계　① 상습범은 범죄학적 개념임에 반하여 누범은 형법상의 개념이다. 즉, 누범은 범죄를 기초로 한 개념임에 대해서 상습범은 행위자의 습성을 기초로 한 개념이다. ② 상습범과 누범이 중복된 경우에 누범가중과 이 규정을 모두 적용해야 한다.

(3) 죄수 · 공범 · 입법론

1) 죄　수　상습범은 집합범에 해당하므로 상습자의 수개의 상해행위는 포괄일죄가 된다는 것이 통설과 판례[155]의 태도이다. 이에 대해서 경합범이 된다는 견해[156]도 있다. 상습상해에 대해서는 폭처법(제2조 1항)에 의해 가중처벌하고 있으므로 이 죄를 경합범으로 처리하면 이중으로 형을 가중하는 결과가 되므로 포괄일죄로 처리해야 한다.

2) 공　범　상습범은 상습성이라는 신분으로 인하여 책임이 가중되는 부진정신분범이므로 제33조 단서가 적용된다. 상습자와 비상습자가 공동하여 상해한 때에는 상습상해죄와 단순상해죄의 공동정범이 된다(행위공동설). 상습자가 비상습자를 교사 · 방조하여 상해하게 한 때에는 상습자만 상습상해죄의 교사범 · 방조범이 되고 비상습자는 단순상해죄의 정범이 된다.

---

154) 대판, 1972. 6. 27, 72도594.
155) 대판, 1981. 4. 14, 81도69; 대판, 1984. 3. 13, 84도20; 대판, 1990. 2. 13, 89도2377.
156) 이재상, 72면; 박상기, 62면.

3) 입법론　상습상해가 누범에 해당하는 경우에는 상습범가중 외에 누범가중을 하며, 폭처법(제2조 1항)에 의해 가중처벌하고 있으므로 과잉처벌금지의 원칙에 반한다는 비판을 받는다.[157] 따라서 상습범과 누범의 가중규정을 폐지하고 재범의 위험성이 있는 상습범과 누범에 대해서는 사회방위와 특별예방의 관점에서 보안처분으로 일원화하는 것이 타당하다는 주장이 제기된다.

Ⅲ. 폭행의 죄

1. 폭행죄

> **【구성요건・법정형】** 사람의 신체에 대하여 폭행을 가한 자는 2년 이하의 징역, 500만원 이하의 벌금, 구류 또는 과료에 처한다(제260조 1항). 피해자의 명시한 의사에 반하여 공소를 제기할 수 없다(제260조 3항).

(1) 의의・보호법익

사람의 신체에 대하여 폭행함으로써 성립하는 범죄이다. 상해죄와 함께 넓게 신체의 불가침성 내지 신체의 완전성을 보호하기 위한 범죄인 점에서 같으나 구체적 보호법익이 신체의 안전 내지 신체의 건재성(Wohlbefinden)이라는 점에서 신체의 건강을 보호하는 상해죄와 구별된다. 형식범・거동범의 전형이고 반의사불벌죄이다.

(2) 객관적 구성요건요소

1) 객 체　객체는 사람의 신체이다. 여기의 사람도 자연인인 타인을 말하므로 상해죄의 객체와 같다. 다만 객체가 외국의 원수・외교사절인 경우(제107조 1항, 제108조 1항)와 근로자인 경우(근로기준법 제107조, 제7조)에는 특별규정이 있다.

2) 행 위　행위는 폭행을 가하는 것이다.

가) 형법상 폭행의 의의　일반적으로 "폭행"이란 유형력의 행사를 말한다. 그러나 형법상의 폭행은 폭행을 수단으로 하는 범죄의 구성요건에 따라 그 의미와 내용이 다르다. 통설은 폭행의 개념을 다음의 4종으로 분류한다.[158] ①

---

157) 종래까지는 재범의 위험성이 있는 상습누범에 대해서는 상습범・누범가중 외에 다시 사회보호법(제5조 2호)에 의해 보호감호처분을 받도록 하였으나, 이 법은 2005. 8. 4. 폐지되었다.

최광의의 폭행은 사람이나 물건에 대한 것인가를 묻지 않고 유형력을 행사하는 모든 경우를 포함한다(내란죄 · 소요죄 · 다중불해산죄의 폭행). ② 광의의 폭행은 사람에 대한 직접 · 간접의 유형력의 행사를 의미한다(공무집행방해죄 · 특수도주죄 · 직무강요죄 · 강요죄, 약취죄, 인질강도죄, 공갈죄의 폭행). 직접으로 사람의 신체에 대하여 가해질 필요가 없고 물건에 대한 유형력의 행사가 간접적으로 사람의 신체에 대하여 작용하면 족하다. ③ 협의의 폭행은 사람의 신체에 대한 유형력의 행사를 의미한다(직권남용의 폭행 · 가혹행위죄 · 폭행죄의 폭행). ④ 최협의의 폭행은 상대방의 반항을 불가능하게 하거나 현저히 곤란하게 할 정도의 유형력의 행사를 의미한다(강도죄 · 강간죄 · 준강도죄의 폭행).

나) 폭행죄의 폭행 폭행죄는 신체의 건재성을 보호하기 위한 범죄이므로 이 죄의 폭행은 협의의 폭행, 즉 사람의 신체에 대한 유형력의 행사를 의미한다.

(a) 유형력의 행사 "유형력"이란 광의의 물리력을 말한다. 신체에 대한 공격과[159] 같은 역학적 작용뿐만 아니라 화학적 · 생리적 작용과 에너지 작용도 유형력에 포함된다.

① 구타행위, 발로 차거나 밀치는 행위, 침을 뱉거나 손 · 옷을 잡아당기는 행위, 좁은 방에서 칼이나 흉기를 휘두르는 행위, 모발이나 수염을 잘라내는 행위, 안수기도를 하면서 가슴과 배를 누르는 행위[160] 등은 "역학적 작용"에 해당하는 폭행이다. ② 심한 음향을 사용하여 청각을 자극하는 소음(확성기 · 자동차경적 · 발파음등)이나 전화를 계속 걸어 벨을 울리거나, 심한 폭언을 수차 반복하는 경우,[161] 최면술을 걸거나 마취약을 사용하거나 또는 심한 악취가 나게 하는 경우 등은 "화학적 · 생리적 작용"으로 정신적 · 육체적 고통을 주는 폭행이 된다.

---

158) 황산덕, 183면; 정영석, 224면 이하; 서일교, 36면; 김종원, 66면; 정성근, 99면; 강구진, 75면; 이형국, 80면; 이재상, 61면; 김일수/서보학, 81면; 백형구, 58면; 진계호, 81면; 임웅, 71 ~ 72면; 배종대, 118면 이하; 손동권, 56면; 정영일, 47~48면; 김성돈, 72면. 다만, 유기천(상), 54면은 3종류로 분류한다.

159) 대판, 1968. 2. 6, 67도1520.

160) 대판, 1994. 8. 23, 94도1484.

161) 이에 대해 폭언반복 · 고함쳐서 놀라게 하는 것(백형구, 60면), 전화벨을 계속 울리거나 소음을 일으켜 괴롭히는 것은 폭행이 아니라는 견해(이정원, 95면; 오영근, 83면)도 있다. 한편 판례(대판, 2003. 1. 10, 2000도5716)는 "…거리상 멀리 떨어져 있는 사람에게 전화기를 이용하여 전화하면서 고성을 내거나 그 전화 대화를 녹음 후 듣게 하는 경우에는 특수한 방법으로 수화자의 청각기관을 자극하여 그 수화자로 하여금 고통스럽게 느끼게 할 정도의 음향을 이용하였다는 등의 특별한 사정이 없는 한 신체에 대한 유형력의 행사를 한 것으로 보기 어렵다"고 한다.

또 ③ 빛 · 열 · 전기에 의한 고통을 주는 "에너지 작용"도 폭행이다.

유형력의 행사는 사람의 신체에 대하여 행하여지면 충분하며 반드시 신체에 접촉할 필요가 없다. 어린아이를 업은 사람을 넘어뜨린 때는 어린아이에 대해서도 폭행이 되며,[162] 사람의 신체를 향하여 돌을 던졌으나 그 돌이 명중하지 않아도 폭행이다.

그러나 물건에 대한 유형력의 행사는 폭행죄의 폭행은 아니다. 따라서 홧김에 방문을 발로 차거나[163] 비닐봉지에 넣은 인분을 타인의 집 마당에 던져[164] 불쾌감 · 혐오감을 주거나 연좌농성을 하는 심리적 폭력은 폭행죄의 폭행이라 할 수 없다. 또 언어에 의해서 사람에게 공포심을 일으키는 무형력의 행사도 폭행이라 할 수 없다. 형법은 폭행과 협박을 구별하고 있으므로 이 경우는 협박에 해당한다.

> "정당한 이유 없이 길을 막거나 시비를 걸거나 주위에 모여들거나 뒤따르거나, 또는 몹시 거칠게 겁을 주는 말 또는 행동으로 다른 사람을 불안하게 하거나 귀찮고 불쾌하게 한 사람, 또는 여러 사람이 이용하거나 다니는 도로 · 공원 등 공공장소에 고의로 험악한 문신을 노출시켜 타인에게 혐오감을 준 사람"에 대해서는 경범죄처벌법상의 불안감조성행위(동법 제1조 24호)에 해당한다.

(b) 유형력의 수단 · 방법 　유형력을 행사하는 수단 · 방법은 제한이 없다. 직접적 · 간접적으로 유형력을 행사할 수 있으며, 부작위도 가능하다. 다만 단체나 다중의 위력으로써, 또는 단체나 집단을 가장하여 위력을 보이거나 흉기 기타 위험한 물건을 휴대하여 폭행을 가한 때에는 그 일부는 특수폭행죄(제261조)에 해당하는 것도 있으나 특별법인 폭력행위등처벌에관한법률 제3조가 적용되며, 상습적으로 또는 2인 이상이 공동하거나 집단적으로 폭행죄를 범한 때에는 폭력행위등처벌에관한법률 제2조가 적용된다.

다) 기 수 　이 죄는 형식범이므로 유형력의 행사만 있으면 기수가 되고 반드시 폭력에 의한 구체적 결과발생이나 상해 결과를 초래할 필요가 없다. 형식범의 미수는 불가벌이다. 다만 폭력행위등처벌에관한법률에 위반한 폭행죄에 대해서는 미수범도 처벌한다(동법 제6조).

---

162) 대판, 1972. 11. 28, 72도2201.
163) 대판, 1984. 2. 14, 83도3186.
164) 대판, 1977. 2. 28, 75도2673.

(2) 주관적 구성요건요소

고의범이므로 폭행의 고의가 있어야 한다. 폭행의 고의는 사람의 신체에 대한 유형력을 행사한다는 인식 · 의사이다. 미필적 고의로 족하다. 구형법과는 달리 현행법은 폭행죄와 상해죄의 고의를 명백히 구별하므로 폭행의 고의로 상해의 결과가 발생하면 폭행치상죄가 될 뿐이다.

(3) 위법성조각사유

위법성조각사유가 있으면 정당한 행위로서 허용된다. 문제되는 것은 다음과 같다.

① 징계권자가 징계행위로 행한 폭행은 사회상규에 반하지 않는 범위 내에서 법령에 의한 행위로 위법성이 조각된다. 문제가 되는 것은 교사 · 부모의 체벌인데 다수설과 판례는 상해에 이르지 않거나 가혹하지 않는 한 교육의 목적을 위한 최소한의 조치인 경우에 위법성이 조각된다고 한다. 또 판례는 술취한 자가 시비를 걸면서 팔을 잡기에 뿌리친 때,[165] 강제연행을 모면하기 위해 팔꿈치로 이를 뿌리치면서 가슴을 잡고 벽에 밀어 붙인 때[166]에는 사회상규에 반하지 않는 정당행위라고 한다. 그러나 이러한 경우는 정당방위가 될 수 있을 것이다. ② 피해자의 승낙에 의한 폭행은 원칙적으로 위법성이 조각된다(반의사불벌죄). ③ 전답(田畓)의 점유를 침탈당한 자가 실력으로 회수하려고 폭행을 가한 때에는 자구행위로 볼 수 없고 폭행죄가 된다.[167]

(4) 타죄와의 관계

폭행할 것을 상대방에게 고지한 후 폭행한 경우 그 협박행위는 법조경합(불가벌적 수반행위)에 의하여 폭행죄에 흡수된다. 그러나 협박의 내용이 폭행과 다른 때에는 경합범이 된다. 폭행이 상해행위의 수단으로 사용된 때에도 법조경합에 의하여 폭행은 상해죄에 흡수된다.

---

165) 대판, 1980. 9. 24, 80도1988; 대판, 1983. 5. 24, 83도942; 대판, 1984. 4. 24, 84도242; 대판, 1986. 10. 14, 86도1796; 대판, 1990. 1. 23, 89도1328.

166) 대판, 1982. 2. 23, 81도2958.

167) 대판, 1961. 11. 9, 4294형상357.

2. 존속폭행죄

> **【구성요건 · 법정형】** 자기 또는 배우자의 직계존속에 대하여 제1항(폭행죄)의 죄를 범한 때에는 5년 이하의 징역 또는 700만원 이하의 벌금에 처한다(제260조 2항). 피해자의 명시한 의사에 반하여 공소를 제기할 수 없다(제260조 3항). 10년 이하의 자격정지를 병과할 수 있다(제265조).

이 죄는 객체가 자기 또는 배우자의 직계존속이라는 신분관계로 인하여 책임이 가중되는 가중적 구성요건이다. 직계존속과 폭행의 내용에 대해서는 각각 존속살해죄 · 존속상해죄와 폭행죄에서 설명한 바와 같다.

3. 특수폭행죄

> **【구성요건 · 법정형】** 단체 또는 다중의 위력을 보이거나 위험한 물건을 휴대하여 제260조 제1항(폭행) 또는 제2항(존속폭행)의 죄를 범한 때에는 5년 이하의 징역 또는 1,000만원 이하의 벌금에 처한다(제261조). 10년 이하의 자격정지를 병과할 수 있다(제265조).

(1) 의의 · 성격

단체 또는 다중의 위력을 보이거나 위험한 물건을 휴대하고 사람의 신체에 폭행하는 범죄이다. 집단의 위력이나 위험한 물건을 가지고 폭행할 때는 단순폭행죄보다 행위방법의 위험성이 크기 때문에 불법이 가중되는 가중적 구성요건이다. 폭처법은 이 죄의 형을 다시 가중하고 있다. 따라서 단체 또는 다중의 위력을 보이거나 흉기 기타의 위험한 물건을 휴대하여 폭행죄(제260조 1항)를 범한 때에는 폭처법 제3조가 적용될 뿐이다.

(2) 객관적 구성요건요소

1) 단체 · 다중의 위력에 의한 특수폭행 　단체 또는 다중의 위력을 보이고 폭행하는 특수폭행죄이다.

(a) 단 체 　"단체"란 공동목적을 가진 다수인의 계속적 · 조직적인 결합체를 말한다. 단체는 일정한 조직하에 어느 정도 계속성을 가져야 하므로 조직이 없는 집합체나 조직이 있어도 일시적 결합체는 단체가 아니다.[168] 따라서 일시

---

168) 서일교, 38면; 김종원, 69면; 정성근, 103면; 강구진, 80면; 이재상, 66면; 김일수/서보학, 85면; 배종대, 123면; 박상기, 67면; 임웅, 78면; 오영근, 83면; 손동권, 62면; 정영일, 81면; 김성돈, 76면.

적으로 시위할 목적으로 모인 집합체나 군중집회는 단체가 아니라 다중에 해당한다.

공동의 목적은 불법함을 요하지 않는다. 따라서 범죄를 목적으로 하는 폭력 기타의 불법단체뿐만 아니라 법인 · 정당 · 노동조합 기타 사회단체도 상관없다. 단체의 구성원은 적어도 단체의 위력을 보일 수 있는 정도의 다수라야 하나, 반드시 동일한 장소에 집합하고 있을 필요가 없고, 소집 또는 연락을 통해서 집합이 가능하면 충분하다. 단체는 반드시 법령에 근거하여 성립될 필요도 없다. 따라서 조합 이외에 개인적인 결사(結社)도 단체가 될 수 있다.

(b) 다 중 "다중"이란 단체에 이르지 못한 다수인의 단순한 집합을 말한다. 다중은 조직적 구성을 갖지 않는 일시적 집합이며, 동일장소에 있든 없든, 또 있는 때에는 그것이 적법이든 아니든 묻지 않는다. 공동목적의 유무도 불문한다. 다중의 인원수는 제한이 없으며 집단적 위력을 보일 수 있는 정도이면 충분하다. 다만 한 지방의 평온을 해할 정도의 다수인 때에는 소요죄(제115조)가 성립한다. 구체적으로 집합자의 성별 · 연령 · 완력 · 행위시의 상황 · 상대방의 지위 · 상태 등을 고려하여 개별적으로 판단해야 하며, 경우에 따라 수인이라도 무방하다.[169]

(c) 위 력 "위력"이란 사람의 의사를 제압할 수 있는 세력을 말한다.[170] 의사제압은 유형력을 사용하는 경우에 한한다는 견해[171]도 있으나 유형 · 무형의 위력을 보인 후 폭행을 하면 이 죄에 해당한다고 본다(통설).

aa) 위력을 보인다 "위력을 보인다"란 사람의 의사를 제압할만한 세력을 상대방에게 인식시키는 것을 말한다. 위력을 인식시키는 방법은 제한이 없다. 시각에 작용시키든(단체임원이라는 명함을 보이는 것), 청각에 작용시키든(다중의 대표자라고 말을 전하는 것), 촉각에 작용시키든(장님에게 점자를 만지게 하는 것) 상관없다. 위력을 인식시킴으로써 충분하고 상대방의 의사가 제압될 것까지 요하지 않는다. 다만 행위자는 위력을 인식시키기 위한 행위를 하여야 한다. 따라서 단체 또는 다중과 관계없는 제3자가 위력에 제압되어 있는 사람에게 폭행을 가하여도 이 죄는 성립하지 아니한다.

169) 판례는 그 수에 의하여 결정할 것이 아니라 구체적인 경우에 따라 집단적 세력을 배경으로 한 것이면 불과 5명이라도 다중에 해당한다고 하였다. 대판, 1961. 1. 18, 4293형상896.

170) 대판, 1960. 10. 12, 4293형상668.

171) 유기천(상), 60면.

bb) 현장성 여부 폭행 현장에 단체 또는 다중이 현존해야 하느냐에 대해서, 이 죄를 합동범과 동일하게 취급하여 현장에 있어야 한다는 적극설[172]과 현장에 있을 필요가 없다는 소극설,[173] 단체는 현장에 있을 필요가 없으나 다중은 현장에 있어야 한다는 구별설[174]이 대립하는데 소극설이 통설이다.

이 죄는 단체 또는 다중 자체를 보이는 것이 아니라 단체 또는 다중의 "위력을 보이는" 것이며, 단체 또는 다중이 시간적·장소적으로 합동하여 폭행하는 합동범이 아니라 그 "위력을 보이고 폭행"하는 것이고, 특히 단체의 구성원은 같은 장소에 집합하고 있음을 요하지 아니하므로 소극설이 타당하다고 해야 한다. 다만 단체 또는 다중은 현실로 존재하여야 하며, 존재하지 않는 단체나 다중을 가장하여 위력을 보인 때에는 이 죄가 아니라 폭처법 제3조에 해당한다.

2) 위험한 물건휴대의 특수폭행 위험한 물건을 휴대하여 폭행하는 특수폭행죄이다.

(a) 위험한 물건 "위험한 물건"이란 그 물건의 객관적 성질이나 사용방법에 따라 사람의 생명·신체에 해를 가하는 데에 이용될 수 있는 일체의 물건을 말한다. 따라서 그 본래의 성질이 살상을 위해서 제조된 것(성질상 위험물)뿐만 아니라 사용방법에 따라 일반인이 사실상 위험을 느낄 수 있는 물건(용도상 위험물)도 포함한다. 위험한 물건인가의 여부는 물건의 성질과 사용방법을 종합하여 사회통념에 비추어 보통 사람이 위험을 느낄 수 있는 것인가에 따라 판단하여야 한다.[175] 반드시 무기나 폭발물과 같이 강력한 파괴력을 가진 물건일 필요가 없으나,[176] 휴대할 수 있는 동산에 한한다. 따라서 전신주, 돌담벽, 기둥, 바위에 부딪치게 하는 것은 이 죄에 해당하지 않으며, 완구용 총, 신체의 일부인 주먹이나 발은 위험물이라 할 수 없다. 그러나 염산, 초산, 최루가스와 같은 화학물질이나 동물도 위험한 물건이 될 수 있다.

판례는 면도칼, 안전면도용 칼날, 마요네즈병, 깨어진 맥주병이나 항아리 조각, 깨어지지 않은 맥주병, 드라이버, 가위, 곡괭이 자루,[177] 세멘벽돌,[178] 의자와 당

172) 유기천(상), 59면; 백형구, 64면.

173) 서일교, 39면; 황산덕, 185면; 김종원, 71면; 정성근, 105면; 강구진, 82면; 이형국, 86면; 이재상, 67면; 김일수/서보학, 86면; 진계호, 87면; 배종대, 124면; 임웅, 79면; 오영근, 84면; 손동권, 62면; 김성돈, 77면.

174) 박상기, 68면.

175) 대판, 1981. 7. 28, 80도1046; 대판, 1998. 2. 27, 97도3421.

176) 대판, 1978. 10. 31, 78도2332.

구 큐대,[179] 야전삽[180]은 물론 실탄이 장전되지 않은 공기총[181], 자동차[182]까지도 위험한 물건이라 하고 있다.

(b) **흉기와의 관계** 독일 형법(제223조 a)은 위험한 물건(gefährliches Werkzeug)과 흉기(Waffe)를 동일하게 취급하고 있고, 학설도 흉기는 위험한 물건의 일종[183] 또는 양자를 같은 것[184]으로 본다. 우리 형법은 양자를 구별하여 사용하고 있으므로(제331조 · 제334조는 흉기라고 사용한다) 양자의 관계에 대해서, ① 위험한 물건은 흉기보다 중하다는 견해,[185] ② 흉기는 위험한 물건보다 위험성이 큰 것으로서 위험한 물건의 일종이라는 견해,[186] ③ 흉기와 위험한 물건은 모두 사람의 생명 · 신체에 위험을 준다는 점에서 같은 것이고 양자를 엄격히 구별하기도 곤란하므로 동일한 것으로 보아야 한다는 견해[187]가 대립한다.

형법은, ① 양자를 구별하여 사용하고 있으며, ② 흉기는 원래 살상이나 손괴의 목적으로 제작되고 그 목적 달성에 적합한 것임에 반하여 위험한 물건은 살상의 목적으로 제작된 것인가를 묻지 않는 것이며, ③ 폭처법(제3조), 군형법(제50조, 제56조), 성폭력특례법(제4조)에서 "흉기 기타 위험한 물건"이라고 규정하고 있음에 비추어 흉기는 일반개념인 위험한 물건에 포함되는 특수개념으로서 위험한 물건의 일종이라는 ②설이 타당하다고 본다.

(c) **휴 대** "휴대하여"란 보통 몸에 지니는 것을 의미하지만 범죄현장에서 사용할 의사로 몸에 지니는 것을 말한다.[188] 반드시 범행 이전부터 몸에 지니고 있어야 할 필요가 없고 현장에서 범행에 사용할 의사로 위험한 물건을 집어 들거나 집어 던진 경우도 휴대한 것이 된다.[189] 따라서 깨어진 유리조각을

---

177) 대판, 1990. 1. 25, 89도2245.
178) 대판, 1990. 1. 23, 89도2273.
179) 대판, 1997. 2. 25, 96도3346.
180) 대판, 2001. 11. 30, 2001도5268.
181) 대판, 2002. 11. 26, 2002도5783.
182) 대판, 1997. 5. 30, 97도597.
183) Maurach/Schröder/Maiwald, BT1, S. 114; Sch/Sch/Stree, StGB, Rdn. 4.; Horn, SK. Rdn. 8.
184) Hirsch. L.K. §223a. Rdn. 6.
185) 유기천(상), 58면 이하.
186) 김종원, 71면 이하; 정성근, 107면; 이형국, 88면; 강구진, 83면; 김일수/서보학, 88면; 배종대, 126면; 백형구, 65면; 정영일, 52면.
187) 이재상, 68면; 진계호, 88면; 이정원, 100면.
188) 이재상, 69면; 임웅, 80면; 손동권, 64면; 오영근, 85면; 김성돈, 78면. 대판, 1997. 5. 30, 97도597.

들고 있다가 피해자의 얼굴에 던지는 경우도 위험한 물건을 휴대한 것이 된다.[190] 그러나 그 범행과 전혀 무관하게 우연히 소지하게 된 경우는 휴대한 것이 아니다. 휴대는 몸에 지니고 있음을 상대방에게 인식시켜야 하는가에 대해서 긍정설[191]과 부정설[192]이 대립하는데 후자가 통설이며, 판례[193]의 태도이다.

【판례】 ① 피고인이 이 사건 폭력행위 당시 판시 과도를 범행 현장에서 호주머니 속에 일부러 지니고 있었던 이상 피해자가 그 사실을 인식하지 못하였어도 위험한 물건을 휴대한 경우로서 폭력행위등처벌에관한법률 제3조 제1항 소정의 죄에 해당한다(대판, 1984. 4. 10, 84도353).

② 폭력행위등처벌에관한법률 제3조 1항 소정의 "흉기 기타 위험한 물건을 휴대하여 그 죄를 범한 자"란 범행현장에서 사용하려는 의도 아래 흉기 기타 위험한 물건을 소지하거나 몸에 지니는 경우를 가리키는 것이라고 할 것인바, 여기서 흉기 기타 위험한 물건을 사용하려는 동기가 있었는지의 여부는 피고인의 범행동기, 흉기 등의 소지경위 및 그 사용방법, 피고인과 피해자와의 인적관계, 범행 전후의 정황 등의 제반사정을 합리적으로 고려하여야 한다(대판, 2002. 6. 14, 2002도1341). 또 같은 법 제3조 2항의 흉기 기타 위험한 물건 휴대의 폭행을 야간에 범한 경우 일률적으로 5년 이상의 유기징역으로 규정하는 것은 과잉금지원칙 내지 비례의 원칙에 어긋나므로 위헌이다.(헌결, 2004. 12.16, 2003헌가12)

형법은 소지(제198조, 제205조, 제244조)와 휴대(제261조, 제278조, 제284조, 제331조)를 구별하여 사용하고 있으므로 양자를 같은 개념으로 볼 수 없고, 소지보다 휴대가 좁은 개념이라 해야 한다.[194] 특히 휴대는 위험한 물건을 몸에 지니고 있다는 행위의 위험성 때문에 불법을 가중시키는 요소이므로 상대방에게 현실적으로 인식시킬 필요가 없으나 상대방이 "인식가능한 방법"으로 몸에 지니고 있어야 한다고 본다.[195] 따라서 폭행자가 위험한 물건을 지니고 있어도 그 사실

189) 대판, 1984. 1. 31, 83도2959; 대판, 2004. 6. 11, 2004도2018.
190) 대판, 1982. 2. 23, 81도3074.
191) 권문택, 주석(상), 490면; 이형국, 92면; 박상기, 69면.
192) 유기천(상), 58면; 서일교, 39면; 김종원, 71면; 정성근, 107면; 강구진, 83면; 이재상, 69면; 김일수/서보학, 88면; 배종대, 127면; 진계호, 89면; 임웅, 81면; 백형구, 65면; 오영근, 86면; 정영일, 53면.
193) 대판, 2003. 1. 24, 2002도 5783.
194) 배종대, 126면; 김성돈, 79면.
195) 하태훈, 최신형사판례분석(60)(고시연구, 2004. 9), 243면. 입법론적으로 구폭력행위등처벌에관한법률 제1조 1항과 특수협박죄에 관한 일본형법가안 제400조는 휴대라고 하지 않고 "보여"라고 하여 단체·다중의 위력을 "보여"라고 한 것과 균형을 유지할 필요가 있다.

을 폭행자 자신이 전혀 몰랐거나 상대방이 전혀 인식불가능한 방법으로 몸에 지닌 때에는 휴대라 할 수 없다.

(3) 행 위

행위는 폭행하는 것이다. 폭행에 대해서는 폭행죄의 그것과 같다. 부작위로 이 죄를 범할 수 없다. 보증인이 단체·다중의 위력을 보이거나 위험한 물건을 휴대하여 폭행하는 것을 방지하지 아니하였어도 이로써 실행행위의 동가치성을 인정할 수 없기 때문이다.

(4) 주관적 구성요건요소

고의범이므로 단체 또는 다중의 위력을 보이거나 위험한 물건을 휴대한다는 사실과 폭행한다는 사실에 대한 인식과 의사가 있어야 한다. 위험한 물건을 폭행에 사용한다는 고의까지 요하지는 않는다.[196]

4. 폭행치사상죄

【구성요건·법정형】 전2조(폭행·존속폭행·특수폭행)의 죄를 범하여 사람을 사상에 이르게 한 때에는 제257조 내지 제259조의 예에 의한다(제262조).

이 죄는 폭행죄 또는 특수폭행죄를 범하여 사람을 사상(死傷)에 이르게 하는 결과적 가중범이다. 폭행 또는 특수폭행의 고의가 있는 때에만 성립할 수 있으며, 상해의 고의가 있는 때에는 이 죄가 문제될 여지가 없다. 결과적 가중범이므로 폭행의 고의 외에 치사상(致死傷)의 결과에 대한 예견가능성(제15조 2항)이 있어야 하며, 폭행과 사상의 결과 사이에 인과관계와 행위의 직접성이 있어야 한다.

판례는 빰을 강타하여 사망시킨 때[197], 폭행으로 인하여 피해자가 뒤로 넘어지면서 머리를 찬장에 부딪혀서 뇌일혈로 사망한 때[198], 어린아이를 업은 사람을 넘어뜨려 어린아이가 사망한 때[199], 폭행으로 인하여 병약한 상대방의 지병이 발병하거나[200] 의사의 수술지연이 개입되어 사망한 때[201], 폭행당한 자가 다시 폭

196) 사용의사가 필요하다는 견해는 오영근, 87면; 김성돈, 80면.
197) 대판, 1957. 9. 20, 4290형상249.
198) 대판, 1970. 9. 22, 70도1387; 대판, 1983. 1. 18, 82도697.
199) 대판, 1972. 11. 28, 72도220.
200) 대판, 1979. 10. 10, 79도2040; 대판, 1983. 1. 18, 82도697; 대판, 1986. 9. 9, 85도2433; 대판,

행당하지 않으려고 숨다가 실족사 한 때[202]에도 인과관계가 있다고 하여 이 죄를 인정하고 있다. 그러나 성적 향상을 위해 교사가 체벌을 가하여 상해결과가 발생한 때에도 통상 실시하던 방법으로 엉덩이를 때린 때에는 사회상규에 반하지 않는다.[203] 또 뺨을 한번 살짝 때리거나[204] 어깨를 잡고 약간 걸어가는 정도의 폭행을 하였는데 피해자가 특이체질 때문에 사망한 경우[205], 피해자가 피고인의 삿대질을 피하기 위해 뒷걸음치다 넘어져 두개골 골절로 사망한 경우[206]에는 예견가능성이 없다는 이유로 이 죄의 성립을 부정한다.

이 죄에 해당하면 제257조 내지 제259조의 예에 의하여 처벌한다. 즉, 발생된 결과에 따라 상해죄, 존속상해죄, 중상해죄, 존속중상해죄, 상해치사죄에 정한 형으로 처벌한다. 다만 결과적 가중범이므로 제257조 3항(상해죄의 미수범)은 적용되지 않는다고 해석해야 한다. 이 죄를 규정함으로써 상해죄는 폭행죄의 결과적 가중범이 아니라는 것을 입법적으로 해결하였으나 처벌에서는 폭행죄의 결과적 가중범과 같이 취급하므로 입법론상 독립된 법정형을 정해야 할 것이다.

5. 상습폭행죄

> **【구성요건 · 법정형】** 상습으로 제260조(폭행 · 존속폭행), 제261조(특수폭행)의 죄를 범한 때에는 그 죄에 정한 형의 2분의 1까지 가중한다(제264조). 10년 이하의 자격정지를 병과할 수 있다(제265조).

상습으로 폭행죄 · 존속폭행죄 또는 특수폭행죄를 범한 때에 그 책임이 가중되는 구성요건(부진정신분범)이다. 특별형법인 폭처법 제3조 3항은 특수폭행죄의 상습범에 대하여 가중처벌을 규정하고 있으므로 이에 해당하는 때에는 이 죄는 적용될 여지가 없다. 상습성에 대해서는 상습상해죄에서 설명한 것과 같다.

1989. 10. 13, 89도556.

201) 대판, 1984. 6. 26, 84도831.

202) 대판, 1990. 10. 16, 90도1786.

203) 대구지판, 1989. 10. 17, 89고단2026.

204) 대판 1978. 11.28. 78도1961.

205) 대판, 1982. 1. 28, 81도1811.

206) 대판, 1990. 9. 25, 90도1596.

제 3 절 과실치사상의 죄

Ⅰ. 총 설

1. 의의 · 보호법익

(1) 의 의

과실치사상의 죄는 과실행위로 타인의 생명 · 신체를 침해하는 범죄이다. 과실범은 형법에 특별히 규정이 있을 때에만 예외적으로 처벌한다(제14조). 사람의 생명 · 신체는 특히 중요한 법익이므로 형법은 과실로 인한 치사상을 처벌하기로 한 것이다.

현대의 고도산업사회는 사람의 생명 · 신체에 대하여 위험을 수반하는 각종의 사업 내지 업무(교통기관, 공장, 식품, 광산, 토목건축, 의료)가 발달하면서 과실치사상이 비약적으로 증가하여 오히려 고의범의 증가율을 훨씬 능가하고 있고, 이에 따라 과실치사상죄의 중요성도 증대하고 있다.

(2) 보호법익

살인의 죄, 상해의 죄와 마찬가지로 보호법익은 사람의 생명 또는 신체이며, 보호받는 정도는 침해범으로서의 보호이다.

2. 구성요건체계

형법은 기본적 구성요건으로 과실치상죄(제266조)와 과실치사죄(제267조)를 규정하고, 이에 대한 가중적 구성요건으로 업무상 과실 · 중과실 치사상죄(제268조)를 규정하고 있으며, 과실치상죄에 한하여 반의사불벌죄로 하고 있다. 이 외에 자동차 운전자의 업무상 과실치사상에 대해서는 교통사고처리특례법상의 특칙이 적용되며, 교통사고 후 도주자에 대하여는 특가법 제5조에 의해서 가중처벌한다.

3. 과실과 과실범

과실은 주의의무에 위반하여 죄의 성립요소인 사실을 인식하지 못한 것이며, 과실로 인하여 과실범의 구성요건적 결과를 발생시킨 때에 과실범이 된다. 과실은 범죄사실의 인식가능성과 주의의무위반으로 구성되며, 주의의무위반은 불법요소인 객관적 주의의무위반과 책임요소인 주관적 주의의무위반으로 구분된다.

객관적 주의의무위반은 사회생활상 요구되는 주의의무를 위반한 것을 말하고 과실범의 행위반가치를 구성하는 구성요건요소이며, 결과발생에 대한 예견가능을 그 전제로 한다. 과실범의 객관적 구성요건은 객관적 주의의무에 위반하여 구성요건적 결과(치사 또는 치상)가 발생하여야 하며, 과실행위와 결과 사이의 인과관계와 객관적 귀속이 인정되어야 한다. 인과관계가 존재하지 않을 때에는 과실범의 미수를 처벌하지 않는 현행법에서는 불가벌이다. 주관적 주의의무위반은 행위자 개인 능력에 따라 객관적 주의의무를 이행할 수 있음에도 불구하고 이를 이행하지 않는 것을 말하고 위법성의 인식가능성, 기대가능성과 함께 과실범의 책임을 구성한다. 과실범은 구성요건 결과를 적극적으로 인식·의욕한 것이 아니므로 고의범보다 불법이 현저히 감소하여 법정형도 아주 경하게 하고 있다.

Ⅱ. 과실치상죄·과실치사죄

1. 과실치상죄

【구성요건·법정형】 ① 과실로 인하여 사람의 신체를 상해에 이르게 한 자는 500만원 이하의 벌금, 구류 또는 과료에 처한다. ② 제1항의 죄는 피해자의 명시한 의사에 반하여 공소를 제기할 수 없다(제266조).

(1) 구성요건요소

1) 객 체 객체는 사람의 신체이다. 사람의 신체에 대해서는 상해죄에서와 같다.

2) 행 위 행위는 과실로 인하여 상해에 이르게 하는 것이다.

(a) 과 실 구성요건 과실은 객관적 주의의무에 위반하여 범죄사실을 인식하지 못하였거나 결과발생에 대한 인용이 없는 경우를 말한다. 과실치상의 결과는 상해이며, 상해와 폭행에 대한 고의가 없는 때에만 인정된다.

(b) 과실행위 과실행위는 작위, 부작위를 묻지 않는다. 또 유형력의 행사이건 무형력의 행사이건 상관없다. 상해의 결과와 과실행위 사이에는 인과관계가 있어야 한다. 이 경우 과실행위가 결과에 대한 유일한 원인일 필요도 없다. 제3자의 행위가 개입된 때에도 인과관계의 범위 내에서 이 죄는 성립한다. 피해자의 기여 과실이 있어도 원칙적으로 이 죄의 성립에 영향이 없으며, 피해자의 과실은 양형에서 고려될 뿐이다. 과실행위는 공동으로 할 수도 있다(과실의 공동정범). 판례도 이를 긍정한다.[207] 과실의 공동정범이 성립하기 위해서는 주의의무에 대한 상호이해가 있고 과실행위에 대한 공동의 행위기여가 있어야 한다.[208]

(c) 결과발생 과실행위로 인하여 상해의 결과가 발생하여야 한다. 상해의 결과는 폭행으로 또는 폭행에 의하지 않고 과실로 인한 때에도 무방하다.

(d) 객관적 귀속 과실행위와 결과발생 사이에 인과관계가 있을 뿐만 아니라 객관적 귀속이 가능해야 한다. 결과가 행위자의 행위에 의한 것이고(위법관련성), 그 행위가 주의의무위반에 "기인한 것"임을 요하며(의무위반관련성), 행위자가 예견 및 지배가능하고 규범의 보호범위 내에 있는 때에만 결과 귀속을 인정할 수 있다. 행위자가 규범에 합치되는 행위를 하였어도 결과발생이 불가피했다면 의무위반관련성이 없고, 과실로 위험발생에 함께 영향을 미쳤으나 피해자의 고의적 자손행위(함께 고속도로에서 자동차 경주로 사망한 예)가 관여했거나 타인의 위험성있는 행위를 알고 이를 양해한 경우(음주운전승용차에 동승한 예)에는 규범의 보호범위 밖에 있으므로 객관적 귀속이 부정된다.

(2) 위법성

과실범의 위법성은 객관적 주의의무에 위반하여 상해의 결과를 발생시킴으로써 인정된다. 과실행위도 정당방위, 긴급피난, 피해자 승낙에 의하여 주의의무위반이 정당화될 수 있다. 과실치상죄는 반의사불벌죄이다.

---

207) 대판, 1962. 3. 29, 4294형상598; 대판, 1979. 8. 21, 79도1249; 대판, 1994. 3.22, 94도35(부실건물붕괴사건); 대판, 1997. 11. 26, 97도1740(성수대교 붕괴사건).

208) 대판, 1984. 3. 13, 82도3136.

2. 과실치사죄

【구성요건 · 법정형】 과실로 인하여 사람을 사망에 이르게 한 자는 2년 이하의 금고 또는 700만원 이하의 벌금에 처한다(제267조).

과실로 인하여 사람을 사망에 이르게 하는 범죄이다. 사망의 결과에 대하여 고의가 없어야 하고 과실로 인한 것이라야 한다. 살해 또는 상해의 고의가 있으면 살인죄 또는 상해치사죄가 되며, 폭행의 고의가 있으면 폭행치사죄가 성립한다.

1개의 과실행위로 수인을 치사시킨 때에 단순일죄라는 견해[209]도 있으나 사람의 생명(신체상해)은 전속적 법익이므로 상상적 경합이 된다고 본다.

【과실을 인정한 판례】 ① 노후된 가옥의 임차인이 연탄가스 냄새가 많이 난다고 수선요구를 하였으나 임대인이 이에 대한 조치를 하지 않아 연탄가스로 사망한 경우(대판, 1993. 9. 10, 93도196), ② 함께 술을 마신 후 만취된 피해자를 촛불이 켜져 있는 방안에 혼자 눕혀 놓고 촛불을 끄지 않고 나오는 바람에 화재가 발생하여 피해자가 사망한 경우(대판, 1994. 8. 26, 94도1291), ③ 파도가 치는 바닷가 바위 위에서 곧 전역할 병사를 헹가레쳐서 장난삼아 바다에 빠뜨리려고 하다가 그가 발버둥치는 바람에 그의 발을 붙잡고 있던 피해자가 미끄러져 익사한 경우(대판, 1990. 11. 13, 90도2106), ④ 의사 대신 간호사가 수혈혈액을 교체해 주는 것이 병원의 관행이었다 하더라도 간호사가 다른 환자에게 수혈할 혈액을 당해 환자에게 잘못 수혈하여 환자가 사망한 경우에 의사의 과실유무(대판, 1998. 2. 27, 97도2812) 등에 대하여 과실을 인정하였다.

【과실을 부정한 판례】 ① 임대한 방실의 부엌으로 통하는 문과 벽사이에 0.4센티미터 정도의 틈이 있다면 이는 … 임차인의 통상의 수선관리 의무에 속한 것이라 못할 바 아니므로 위 문틈으로 스며든 연탄가스에 중독되는 사고가 발생했다 하더라도 위 사고는 임대인의 과실로 인한 것이라고 볼 수 없다(대판, 1985. 3. 12, 84도2034). ② 피고인이 자기차선을 따라 운행중 반대차선에서 오던 차량이 좌회전 금지구역인데도 갑자기 피고인의 차량 앞을 가로질러 좌회전 진입함으로 인하여 서로 충돌한 경우에는 피고인이 제한속도를 약간 넘어서 운행하였다고 하여도, 위 충돌사고의 책임을 물을 수 없다(대판, 1980. 2. 12, 79도3004). ③ … 공장운영 전반에 대한 감독자가 따로 있는 경우에는 공장을 임차경영하고 있다 하여 그에게 피해자인 공원에 대한 … 구체적이고 직접적인 감독책임이 있다고 할 수 없다(대판, 1984. 11. 27, 84도2025). ④ 담임교사가 … 유리창을 청소할 때는 교실안쪽에서 닦을 수 있는 유리창만을 닦도록 지시하였는데도 유독 피해자만이 … 베란다로 넘어 갔다가 밑으로 떨어져 사망하였다면 담임교사에게 그 사고에 대한 … 과실책임을 물을 수 없다(대판, 1989. 3. 28, 89도

209) 황산덕, 189면; 이건호, 206면.

108). ⑤ 과속운전이 사고의 직접원인이 아닌 경우(대판, 1980. 2. 12, 79도3004)와 운전자가 차주 또는 조수에게 운전하게 하여 사고를 낸 경우(대판, 1971. 9. 28, 71도1082)에도 운전자의 과실책임을 부정한다.

Ⅲ. 가중적 과실치사상죄

1. 업무상 과실 · 중과실 치사상죄

【구성요건 · 법정형】 업무상 과실 또는 중대한 과실로 인하여 사람을 사상에 이르게 한 자는 5년 이하의 금고 또는 2천만원 이하의 벌금에 처한다(제268조).

(1) 성격과 가중근거

1) 성 격 업무상 과실치사상죄는 업무자라는 신분관계로 인하여 형이 가중되는 가중적 구성요건(부진정신분범)이며, 중과실 치사상죄는 보통의 과실보다 주의의무위반의 정도가 크다는 점에서 불법이 가중되어 형을 가중하는 가중적 구성요건이다.

2) 가중근거 업무상 과실치사상죄의 형을 가중하는 구체적 근거에 관해서, ① 업무자에게 일반인보다 고도의 주의의무가 요구되기 때문에 가중된다는 견해(주의의무설),[210] ② 업무자의 주의의무는 일반인과 동일하지만 업무자는 일반인보다 결과발생에 대한 예견가능성이 크기 때문에 책임도 크다는 견해(예견가능성설),[211] ③ 업무자와 일반인의 주의의무는 동일하지만 업무자는 고도의 주의능력이 있으므로 일반인보다 불법이 크다는 견해(주의능력설),[212] ④ 업무자는 고도의 주의능력과 주의의무가 있기 때문이라는 견해[213]가 대립한다.

동일한 행위에 대해서 요구되는 객관적 주의의무는 객관적 기준에 따라 판단해야 하므로 주의의무는 업무자와 보통인 사이에 차이가 있을 수 없다. 따라서 업무자에게 고도의 주의의무가 요구된다는 견해는 타당하지 않다. 또 업무

---

210) 서일교, 43면; 황산덕, 190면; 김종원, 78면; 김일수/서보학, 100면; 임웅, 90면; 손동권, 78면.
211) 유기천(상), 68면; 정영석, 239면; 정성근, 114면; 이재상, 78면; 이정원, 105면; 김성돈, 86면; 오영근, 94면.
212) 강구진, 92면; 김일수, 89면; 배종대, 137면; 정영일, 60면.
213) 박상기, 76면.

자 중에도 미숙련자가 적지 않기 때문에 업무자가 반드시 풍부한 지식·경험이나 고도의 주의능력을 가졌다고 볼 수 없고 비업무자의 미숙한 행위가 오히려 법익침해의 위험성이 크고 위법성도 증대한다고 보아야 하므로 업무자가 고도의 주의능력이 있다는 견해도 타당하지 않다. 결국 업무자는 생명·신체에 대한 위험성 있는 업무에 종사하므로 일반인보다 예견가능성이 크기 때문에 책임이 가중되어 형도 가중된다고 해야 한다(예견가능성설).

(2) 구성요건요소

업무상 과실 또는 중대한 과실로 인하여 사람을 사상에 이르게 하는 것이므로, ① 업무상 과실 또는 중대한 과실과, ② 사상의 결과발생이 있어야 한다. 과실치사상에 관해서는 과실치사상죄의 그것과 같다. 이 죄의 특수한 구성요건요소는 다음과 같다.

1) 주 체 업무상 과실치사상죄의 주체는 일정한 업무에 종사하는 자이며, 중과실치사상죄의 주체는 제한이 없다.

2) 업무상 과실

가) 업무의 분류 형법은 이 죄 외에도 업무라는 용어를 사용하는 범죄가 있는데, 형법상 업무의 의미는 각 구성요건의 기능과 보호법익에 따라 다르다.

(a) 진정신분범의 업무 일정한 업무자의 행위만이 구성요건에 해당하는 위법행위가 되는 업무이다. 업무상 비밀누설죄(제317조), 허위진단서 등 작성죄(제233조), 업무상 과실장물죄(제364조)에 있어서의 업무가 여기에 해당한다. 이러한 업무는 죄형법정주의 원칙상 해석의 범위가 엄격히 제한된다.

(b) 부진정신분범의 업무 일정한 업무자의 행위에 대하여 책임이 가중되는 업무이다. 이러한 업무는 과실범에 많으나 그렇지 않은 경우도 있다. 여기의 업무자는 일반인보다 생명·신체 기타 중요법익에 대한 침해의 예견가능성이 크기 때문에 일반인보다 그 책임을 가중하고 있다. 업무상 과실치사상죄, 업무상 실화죄(제171조), 업무상 과실교통방해죄(제189조), 업무상 횡령죄·업무상 배임죄(제356조)에 있어서의 업무가 여기에 해당한다. 다만 과실범에 있어서의 업무는 생명·신체에 위험을 초래할 수 있는 업무를 의미하고, 그 적법 여부는 묻지 않는다. 그러나 제356조의 업무는 주로 재산상의 업무로서 다소 불법적 요소가 있어도 무방하지만 업무 자체가 위법해서는 안 된다는 점에 차이가 있

다.

(c) 보호법익으로서의 업무　　신분범에 있어서의 업무는 행위주체와 관련된 업무이지만, 여기의 업무는 보호법익으로서의 업무를 말한다. 업무방해죄(제314조 1항), 컴퓨터사용 업무방해죄(제314조 2항)에 있어서의 업무가 여기에 해당한다. 업무방해죄에 있어서의 업무는 생명·신체에 대한 위험성 수반이나 위험방지 업무일 필요가 없으며, 오락적 위법업무를 제외하고 형법상 보호할 가치있는 업무에 한정되며, 주로 사무(私務)에 한정된 업무라는 점이 업무상 과실치상죄의 업무와 구별된다.

(d) 행위태양으로서의 업무　　업무 자체가 구성요건적 행위의 태양(狀況) 내지 그 요소를 이루는 업무로서 아동혹사죄(제274조)에 있어서의 업무가 여기에 해당한다. 즉, 이 죄는 16세 미만자를 생명 또는 신체에 위험한 업무에 사용할 영업자 또는 그 종업자에게 인도함으로써 성립하는데, 여기의 업무는 인도행위의 요소가 된다. 그리고 이 죄의 업무내용도 생명·신체에 위험한 업무임을 요한다.

(e) 총칙상의 업무　　형법 제20조 정당행위의 내용이 되는 업무이다. 이 업무는 위법성을 조각시키는 행위의 요소가 되며, 법령상 인정되는 업무 외에 업무의 내용이 사회통념상 상당한 것이면 충분하고, 반드시 업무 자체가 정당한 업무임을 요하지 않는다(무면허 의사의 의료행위).

나) 형법상 업무의 개념　　형법상의 모든 업무에 공통되는 업무의 개념에 대해서 통설·판례[214]는 "사람이 사회생활상의 지위에서 계속 또는 반복하여 행하는 사무"라고 하고 있다. 이를 분설하면 다음과 같다.

(a) 사회성　　업무는 사회생활상의 지위에서 행하는 것으로 사람의 사회적 활동으로서의 의미를 가진 것이라야 한다. ① 생활수단으로서의 직업·직무와 영업은 사람의 사회생활상의 지위에서 행한 업무이다. 따라서 버스차장[215]이나 오토바이로 물건을 배달하는 상점점원[216]도 업무자가 된다. ② 반드시 생활수단이 아니라도 사회생활을 유지함에 있어서 계속·반복하는 사무는 업무에 해당한다.[217] 자동차를 계속·반복하여 운전하는 자는 그것을 오락적으로 운전

---

214) 대판, 1961. 3. 22, 4294형상5.
215) 대판, 1975. 5. 13, 75도877.
216) 대판, 1972. 5. 9, 72도701.
217) 정성근, 116면 이하; 강구진, 93면; 이재상, 78면.

한 때에도 업무자에 해당한다.[218] 그러나 ③ 누구에게나 공통되는 개인적·자연적 생활현상(식사·산보·수면·육아·가사)은 업무가 아니다. 다만 보육시설의 경영자나 직원, 하숙이나 여관의 관리자·사용인은 개인적 생활현상과 관련되어 있어도 업무가 된다.

(b) 계속성　　업무는 객관적으로 상당한 회수 반복하였거나 계속·반복할 의사로 행해진 것이라야 한다. 호기심으로 단 1회 운전한 때,[219] 평소 자전거로 상품을 배달하는 자가 우연히 정초 휴일에 친구의 승용차를 운전한 때에는 업무라 할 수 없다. 계속·반복할 의사가 있으면 단 1회의 행위도 업무가 된다. 버스운전자가 취업 첫번째, 또는 승용차를 구입한 첫날 사고를 내었거나 의사가 개업 첫날 의료사고를 낸 때에도 업무상 과실범이 된다.

(c) 사　무　　사무는 사회생활상의 계속적인 일이다. 수입을 얻기 위한 직업·영업일 필요가 없고, 사회생활을 유지하면서 종사하는 것이면 충분하다. 공무(公務)·사무(私務), 본무(本務), 겸무(兼務), 주된 직업의 부수적 업무도 상관없다. 따라서 회사 출근시에 또는 의사가 왕진시에 자가용차를 운전하는 때에도 업무가 된다. 오락적 업무, 면허의 유무, 적법한 업무도 묻지 않는다. 따라서 무면허운전자의 운전행위·무면허의료행위·무면허골재채취도 업무에 해당한다.

(d) 업무상 과실치사상죄의 업무　　업무상 과실치사상죄에 있어서의 업무도 이상의 업무 내용을 구비해야 할 뿐만 아니라 사람의 생명·신체에 대하여 위험이 수반되는 업무임을 요한다. 이 죄는 생명·신체를 침해하는 범죄이고, 특히 업무자를 중하게 처벌하는 취지에 비추어 성질상 생명·신체에 위험을 초래할 수 있는 업무로 제한해야 한다. 위험한 업무는 행위자 자신이 직접 종사하는 업무 외에 위험이 발생하기 쉬운 생활관계에서 예상되는 위험을 방지할 것이 기대되는 지위에 있는 자(보호자, 관리자)도 포함한다.

자동차·열차·전동차·오토바이·경운기의 운전자와 차장, 마차의 조종자, 선장, 나룻배의 사공, 건널목 간수, 건축·교량·도로·토목공사의 책임자와 감독자, 토건 시공업자, 광산기술자, 냉동기조종사, 의료업자 및 그 보조자, 의약품의 판매·제조·보관자, 식품의 제조·운반·판매의 업자, 유아원·보육원·유치원·학교의 감호자, 공휴일 또는 야간에 구치소 소장을 대리하는 당직간부,[220] 산

218) 같은 취지: 대판, 1970. 8. 18, 70도820.
219) 대판, 1966. 5. 31, 66도536.

후조리원의 신생아 집단관리를 맡은 책임자[221] 등을 예로 들 수 있다.

【판례】 업무상과실치상죄에 있어서의 '업무'란 사람의 사회생활면에서 하나의 지위로서 계속적으로 종사하는 사무를 말하고, 여기에는 수행하는 직무 자체가 위험성을 갖기 때문에 안전배려를 의무의 내용으로 하는 경우는 물론 사람의 생명 · 신체의 위험을 방지하는 것을 의무내용으로 하는 업무도 포함되는데, 안전배려 내지 안전관리 사무에 계속적으로 종사하여 위와 같은 지위로서의 계속성을 가지지 아니한 채 단지 건물의 소유자로서 건물을 비정기적으로 수리하거나 건물의 일부분을 임대하였다는 사정만으로는 업무상과실치상죄에 있어서의 '업무'로 보기 어렵다.[222]

다) 업무상 과실의 내용　업무상 과실이란 업무상 요구되는 필요한 주의를 태만한 것을 말한다. 업무상 요구되는 주의의무의 범위는 법령의 규정이 있는 경우뿐만 아니라 업무의 성질과 구체적 사정을 고려하여 관습상 · 조리상 요구되는 일체의 주의의무에 미친다.

(a) 자동차 운전자의 주의의무　자동차 운전자는 다른 차량과의 충돌이나 보행자 또는 승객에 대한 사상의 결과를 방지할 주의의무가 있다. 따라서 ① 자동차 운전자는 사전에 차체를 정비 · 점검하여 고장 여부를 조사 · 수리해야 하고,[223] ② 운전 중에는 제한속도 · 안전거리 · 앞지르기 방법 등 교통규칙을 준수해야 할 뿐만 아니라 전방 좌우를 주시하면서 언제나 급제동할 준비를 하여 사고방지를 위한 모든 조치를 취하여야 하며,[224] ③ 보행자의 불시 횡단이나 어린아이가 갑자기 도로에 뛰어드는 경우까지 예견해야 할 주의의무가 있다.[225] ④ 결빙이나 안개 낀 도로를 운행할 때에는 제한속도 이하로 속도를 줄여 만일의 사태에 대비하여야 하며,[226] 시동이 꺼져 있는 자동차의 조수석에 앉아 있던 어린이가 시동을 걸거나 브레이크를 조작하거나[227] 정차된 자동차가 미끄러져

220) 대판, 2007. 5. 31, 2006도3493.

221) 대판, 2007. 11. 16, 2005도1796.

222) 대판, 2009. 5. 28, 2009도1040 : 4층 건물의 2층 내부 벽면에 설치된 분전반을 통해 3층과 4층으로 가설된 전선이 합선으로 단락되어 화재가 나 상해가 발생한 사안에서, 4층 건물의 소유자로서 위 건물 2층을 임대하였다는 사정만으로 업무상과실치상죄에 있어서의 '업무'에 관한 증명이 있다고 본 원심판결을 심리미진 등을 이유로 파기한 사례.

223) 대판, 1968. 2. 20, 68도16.

224) 대판, 1967. 9. 19, 67도1025; 대판, 1970. 2. 24, 70도62.

225) 대판, 1970. 8. 18, 70도1336; 대판, 1960. 4. 27, 4292형상922.

226) 대판, 1990. 12. 26, 89도2589.

227) 대판, 1986. 7. 8, 86도1048.

사고가 발생하지 않도록 안전조치를 취해야 할 주의의무가 있다.[228]

(b) 신뢰의 원칙 신뢰의 원칙이란 사회적으로 필요불가결 하면서도 위험을 수반하고 있는 업무(허용된 위험)에 종사하는 자는 특별한 사정이 없는 한 이 업무에 관련되는 제3자도 자기와 같이 법규 기타의 질서를 준수하고 적절한 행동을 취할 것이라고 신뢰하고 행동해도 좋으며, 이 경우에 가령 제3자가 신뢰에 반한 부적절한 행동을 함으로써 침해 결과가 발생하여도 그러한 신뢰가 사회상당성이 있는 한 그 결과에 대한 책임을 부담하지 않는다는 원칙을 말한다.[229] 이 원칙은 원래 교통사고에 관한 독일 판례에서 확립되었으나 최근에는 조직적으로 협력하는 위험업무에까지 확대 적용하고 있다. 이 원칙이 적용되는 범위 내에서는 업무자의 주의의무(결과회피의무)는 부정된다. 우리 판례도 이 원칙에 따라 업무상 과실책임을 부정한 것이 많다.[230]

(c) 의사의 주의의무 의사의 수술은 중대한 결과발생이 있을 수 있고, 환자는 치료에 대한 당부를 판단할 수 없으므로 의사에 대해서는 비교적 엄격한 주의의무가 요구된다.

대법원은 ① 결과예견의무와 결과회피의무위반이 있고, ② 의료업무에 종사하는 보통인의 주의정도를 위반하고, ③ 사고 당시의 일반적 의학수준과 진료환경・조건・의료행위의 특수성 등을 고려하여 주의의무위반을 판단하고 있다.[231]

그리하여 ① 적절한 진단방법을 하지 않거나 오진이 있는 때에 원칙적으로 과실을 인정하고,[232] 항생제를 주사할 때마다 부작용 예방을 위한 사전・사후의 적절한 조치를 취해야 하며,[233] 수술 전에는 간기능검사 등 환자를 정밀검사하여 수술 감내 여부를 확인해야 하며,[234] 마취제를 정맥주사할 때에는 의사 스스로 주사를 놓든가 부득이 간호사에게 주사하게 할 때에도 상세한 지시를 하고 그 장소에 입회하여 잘못된 주사없이 끝나도록 조치해야 하고,[235] 제왕절개 수술시에

---

228) 대판, 1970. 10. 30, 70도1711.

229) 신뢰의 원칙에 대해서는 정성근/박광민, 총론, 제2편 제6장 제2절 Ⅰ.4. 신뢰의 원칙 참조.

230) 대판, 1972. 12. 26, 71도1401; 대판, 1977. 3. 8, 77도409; 대판, 1983. 8. 23, 83도1288; 대판, 1984. 9. 25, 84도1695; 대판, 1984. 4. 10, 84도79; 대판, 1987. 9. 8, 87도 1332.

231) 대판, 1987. 1. 20, 86다카1469. 같은 취지: 대판, 1996. 11. 8, 95도2710; 대판, 2003.1.10, 2001도3292.

232) 대판, 1993. 7. 27, 92도2345; 대판, 1996. 9. 24, 95도245(후복막 전체에 형성된 혈종을 발견하고도 단순히 장간막 봉합수술에 따른 후유증으로 오인한 사례).

233) 대판, 1976. 12. 28, 74도816.

234) 대판, 1986. 10. 14, 85도1789; 대판, 1990. 12. 11, 90도694.

는 수혈용 혈액을 미리 준비해야 할 업무상주의의무가 있으며,[236] 마취회복 담당 의사는 환자가 완전히 회복할 때까지 주위에서 관찰하거나 환자를 떠날 때에는 담당간호사를 특정하여 환자의 상태를 계속 주시하도록 해야 할 주의의무가 있으며,[237] 다른 환자에게 수혈할 혈액을 잘못 수혈한 간호사[238]와 조수의 의료행위에 대하여 업무상 과실책임을 인정한다.[239]

그러나 어떤 방법으로 치료 또는 조치를 취할 것인가는 의사의 전문지식과 경험에 따라 판단하는 것이므로 다른 조치를 취하지 않았다고 해서 과실을 인정할 수 없으며,[240] 병원시설이 미비하여 수술 불가능한 환자에게 시설을 갖춘 종합병원에 갈 것을 지시하였다면 치료시행상의 주의의무 해태는 아니라고[241] 해야 한다.

3) 중대한 과실　　중과실치사상죄는 중대한 과실로 인하여 사람을 死傷에 이르게 하는 범죄이다. 중대한 과실이란 주의의무위반의 정도가 현저한 경우를 말한다. 즉, 조금만 주의하였다면 결과발생을 방지할 수 있었던 경우(경솔한 과실)를 말한다. 중대한 과실의 유무는 구체적 상황에 비추어 사회통념에 따라 판단해야 한다.

【판례】 ① 성냥불이 꺼진 것을 확인하지 아니한 채 플라스틱 휴지통에 던진 것은 중대한 과실에 해당한다(대판, 1993. 7. 27, 93도135).

② 피고인이 84세 여자 노인과 11세의 여자 아이를 상대로 안수기도를 하면서 그들의 배와 가슴 부분을 세게 때려 사망케 한 사안에서 … 피고인 정도의 연령이나 경험 지식을 가진 사람으로서는 약간의 주의만 하여도 쉽게 예견할 수 있음에도 그러한 주의를 다하지 않아 사람을 죽음으로까지 이르게 한 행위는 중대한 과실이라고 하지 않을 수 없다(대판, 1997. 4. 22, 97도538).

③ 함께 술을 마시던 피해자가 갑자기 총을 들어 자신의 머리에 대고 쏘는 소위 "러시안 룰렛" 게임을 하다가 사망한 경우, 음주만취하여 주의능력이 상당히 저하된 상태에 있던 피고인들로서는 미처 물리력으로 이를 제지할 여유도 없었던 것이므로 이를 제지하지 못한 데 대한 중과실이 없다(대판, 1992. 3. 10, 91도3172)고 하였다.

235) 대판, 1990. 5. 22, 90도579.
236) 대판, 2000.1. 14, 99도3621.
237) 대판, 1994. 4. 26, 92도3283. 이에 대해서 간호사가 의사의 처방에 의한 정맥주사를 간호실습생에게 실시하게 하여 생긴 사고에 대해 업무상 과실을 부정한 판례는 대판, 2003.8.19, 2001도3667.
238) 대판, 1998. 2. 27, 97도 2812.
239) 대판, 1990. 5. 22, 90도579.
240) 대판, 1984. 6. 12, 82도3199.
241) 대판, 1983. 5. 24, 82도289.

2. 특별형법

(1) 교통사고처리특례법

자동차 운전자가 업무상 과실·중과실치사상죄를 범한 경우에는, ① 운전자가 도로교통법 제54조 1항에 따른 조치를 하지 아니하고 도주나 피해자를 유기하고 도주한 때, ② 도로교통법 제44조 2항을 위반하여 음주측정 요구에 따르지 아니한 때, ③ 기타 일정한 사유에 해당하는 때[242]를 제외하고는 반의사불벌죄로 규정하고 있다(동법 제3조 2항). 다만 교통사고를 일으킨 차가 보험업법 등 일정한 법률의 규정에 의한 보험 또는 공제에 가입한 때에는 교통사고처리특례법 제4조 1항 1호, 2호, 3호의 예외사유를 제외하고는 그 차의 운전자에 대하여 공소를 제기할 수 없다(동법 제4조 1항). 여기서 동법 제4조 1항 2호 "피해자가 신체의 상해로 인하여 생명에 대한 위험이 발생하거나 불구가 되거나 불치 또는 난치의 질병이 생긴 경우"의 예외사유는 헌법재판소의 위헌결정[243]에 따라 2010년 신설된 조항이다.

(2) 특정범죄가중처벌등에관한법률

1) 도주운전죄 자동차, 원동기장치자전거의 교통으로 업무상 또는 중과실로 사람을 치상·치사한 운전자가 즉시 정차하여 사상자를 구호하는 등 필요한 조치(도로교통법 제54조 1항)를 다하지 않고 도주한 때에 가중처벌한다(특가법 제5조의3 1항).[244] 사고운전자가 피해자가 사상을 당한 사실을 인식하고도 구호조치를 취하지 않은 채 피해자에게 자신의 신원을 확인할 수 있는 자료를 제공하고 현장을 이탈하였어도 도주에 해당한다.[245]

---

242) 일정한 사유는, 신호 또는 지시위반, 중앙선위반, 횡단·유턴·후진위반, 제한속도 매시 20㎞ 초과운전, 앞지르기 방법 또는 금지 위반, 건널목 통과방법위반, 횡단보도에서 보행자보호의무위반, 무면허운전, 음주 및 약취(藥醉)운전, 보도침범 또는 보도횡단방법 위반, 승객의 추락방지의무위반, 어린이보호구역에서 안전의무위반으로 인한 어린이 신체상해 등이다(동법 제3조 2항 1-11호).

243) 헌재(전원재판부), 2009. 2. 26, 2005헌마764, 2008헌마118(병합).

244) 대판, 1999. 12. 7, 99도2869는 교통사고 야기자가 피해자를 병원에 데려다 준 다음 피해자나 병원 측에 아무런 인적 사항을 알리지 않고 병원을 떠난 때에도 "도주"에 해당한다고 판시하였다. 그러나 대판, 2002. 1. 11, 2001도2869는 사고경위와 내용, 피해자의 상해부위와 정도, 운전자 과실정도, 운전자와 피해자의 나이와 성별, 사고 후 정황 등을 종합적으로 고려하여 피해자 구호 등 조치를 취할 필요가 있다고 인정되지 아니한 경우에는 도로교통법 제50조 1항의 의무이행전에 사고현장을 이탈하였어도 특가법 제5조의3 1항 위반죄로 처벌할 수 없다고 하였다.

2) 유기도주운전치사상죄 위 사고 운전자가 피해자를 사고장소로부터 옮겨 유기하고 도주한 때에는 가중처벌한다(특가법 제5조의3 2항).[246] 여기의 유기는 장소적으로 옮기는 협의의 유기를 의미하고, 장소적 이동거리는 중요하지 않다.

3) 위험운전치사상죄 음주 또는 약물의 영향으로 정상적인 운전이 곤란한 상태에서 자동차(원동기장치자전거를 포함한다)를 운전하여 사람을 상해 또는 사망에 이르게 한 때에는 가중처벌한다(특가법 제5조의11).[247]

3. 죄 수

도로교통법상의 무면허 운전금지(도로교통법 제43조), 술에 취한 상태에서의 운전금지(동법 제44조) 및 과로한 때 등에서의 운전금지(동법 제45조)에 위반한 죄와 업무상 과실치사상죄의 죄수관계는 일률적으로 어느 한쪽으로 단정지우는 것은 대단히 어렵다. 무면허 운전으로 과실치사한 경우에 무면허운전과 과실치사행위의 구성요건적 행위의 형태적 일치(동일성)가 없으므로 도로교통법위반죄와 경합범이 된다.[248] 그런데 주취상태 또는 과로상태에서 운전하다가 치사상한 때에는 이러한 상태가 과실치사상의 원인이 된 때에는 상상적 경합이 되고, 과실치사상의 직접 원인이 되지 않은 때에는 경합범이 된다고 본다.

최근 판례는 음주로 인한 특정범죄가중처벌등에관한법률위반(위험운전치사상)죄와 도로교통법위반(음주운전)죄는 입법 취지와 보호법익 및 적용영역을 달리하는 별개의 범죄이므로 양 죄가 모두 성립하는 경우 두 죄는 실체적 경합관계에 있다[249]고 하였으며, 형법 제268조의 죄를 내용으로 하는 교통사고처리특례

245) 대판, 2001. 1. 11, 2001도5369. 또 귀책사유 없는 사고차량 운전자도 도로교통법상의 구호조치 및 신고의무가 있으므로 타인에게 신고를 부탁하고 현장이탈해도 위 의무를 다한 것은 아니다(대판, 2002.5. 24, 2000도1731).

246) 유기도주운전치사상죄의 법정형은 원래 살인죄보다 중하게 규정하였으나 헌법재판소의 위헌판결(헌재, 1992. 4. 28, 90헌바24)로 살인죄의 법정형과 동일하게 개정(1995. 8. 4 개정)하였다.

247) 이 죄는 일본의 위험운전치사상죄(2001년 형법전에 규정)를 본받아 2007. 12. 21. 의원입법으로 제정되었다. 그 성격은 "입법 취지와 그 문언에 비추어 볼 때, 주취상태에서의 자동차 운전으로 인한 교통사고가 빈발하고 그로 인한 피해자의 생명·신체에 대한 피해가 중대할 뿐만 아니라 사고발생 전 상태로의 회복이 불가능하거나 쉽지 않은 점 등의 사정을 고려하여, 형법 제268조에서 규정하고 있는 업무상과실치사상죄의 특례를 규정하여 가중처벌함으로써 피해자의 생명·신체의 안전이라는 개인적 법익을 보호하기 위한 것"(대판, 2008. 11. 13, 2008도7143)이라고 한다.

248) 대판, 1972. 10. 31, 72도2001.

법위반죄(동법 제3조 1항)는 특정범죄가중처벌등에관한법률위반(위험운전치사상)죄에 흡수된다고 하였다.[250)]

제 4 절 낙태의 죄

Ⅰ. 총 설

1. 의의 · 보호법익

(1) 의 의

낙태(Abtreibung; abortion)의 죄는 태아를 자연적 분만기에 앞서서 인위적으로 모체 밖으로 배출하거나 태아를 모체 안에서 살해하는 범죄이다(통설).[251)] 이에 대해서 임신중절에 의하여 태아를 살해하는 경우만 낙태죄가 된다는 소수설[252)]도 있다. 태아의 생명에 위험을 주지 않고 모체의 건강을 위하여 조기 출산케 하는 인공출산은 낙태죄의 구성요건에 해당할 수 없다는 것을 그 이유로 한다.

그러나 낙태라는 개념이 반드시 태아의 사망을 의미한다고 할 수 없고, 낙태미수를 처벌하지 않는 형법(독일형법은 낙태미수도 처벌한다)의 해석상 태아보호를

---

249) 대판, 2008.11.13, 2008도7143. 이와 같은 대법원의 태도는 위험운전치사상죄를 신설하면서 형법과 특별법과의 체계적 관련성을 면밀히 검토하지 않고 졸속으로 입법한 데 따른 고육지책으로 판단된다. 이에 반하여 위험운전치사상죄는 음주운전죄를 기본범죄로 하는 결과적 가중범으로 그 행위유형과 보호법익을 이미 모두 포함하고 있으므로, 위험운전치사상죄가 성립하면 음주운전죄는 이에 흡수된다는 원심(서울북부지판, 2008. 7. 22, 2008노577)을 지지하는 견해(김형준, "위험운전치사상죄와 음주운전죄의 관계", 중앙법학 11집 2호, 2009, 595면 이하; 임웅, 96면 이하)도 있다.

250) 대판, 2008. 12. 11, 2008도9182.

251) 유기천(상), 81면; 황산덕, 194면; 정영석, 232면; 서일교, 45면; 김종원, 79면; 정성근, 119면; 강구진, 97면; 김일수/서보학, 50면; 박상기, 81면; 임웅, 101면; 오영근, 101면; 손동권, 89면; 배종대, 162면; 정영일, 69면; 김성돈, 92면.

252) 이재상, 87면.

위해서 태아 살해뿐만 아니라 태아의 생명에 위태화를 초래하는 행위까지 처벌할 필요가 있으므로 통설이 타당하다.

(2) 보호법익

이 죄의 보호법익에 대해서, ① "태아의 생명"을 주된 보호법익으로 하지만 부차적으로 모체의 생명 · 신체의 안전도 보호한다는 견해,[253] ② "태아의 생명과 신체의 안전"을 주된 보호법익으로 하지만 부차적으로 모체의 생명 · 신체의 안전도 보호한다는 견해,[254] ③ 태아의 생명만이 보호법익이고 임부의 생명 · 신체는 태아의 생명보호에 수반되는 부수적 의미에 불과하다는 견해[255]가 대립한다. 우리 형법상의 낙태죄는 반드시 태아가 사망함을 요건으로 하지 아니하고 태아신체 보호규정이 따로 없으므로 태아와 모체의 생명과 신체안전을 보호한다고 본다. 다만 자기낙태와 동의낙태죄는 부녀 자신의 자상행위가 되므로 태아의 생명 · 신체의 안전만이 보호법익이 된다.

(3) 보호정도

보호정도에 대해서, ① 위험범으로서의 보호라는 통설과 ② 침해범으로서의 보호라는 견해[256]가 대립한다. 위험범설은 태아를 자연분만기에 앞서서 인위적으로 모체 밖으로 배출하는 것과, 모체 내에서 살해하는 것은 모두 낙태라고 하는 데 반하여, 침해범설은 태아를 임신중절에 의하여 살해하는 것만이 낙태라고 한다. 그리하여 태아를 모체 밖으로 배출하여 다시 살해하면 위험범설은 낙태죄와 살인죄의 경합범으로 보는데 대하여(통설), 침해범설은 낙태미수와 살인죄의 상상적 경합으로 보아야 하지만 낙태미수는 불가벌이므로 살인죄만 성립한다고 한다. 우리 형법은 반드시 임신중절만을 낙태로 보아야 할 이유가 없고, 낙태미수를 처벌하지 아니하므로 위험범설이 타당하다고 해야 한다.

문제는 이 죄가 추상적 위험범[257]인가 구체적 위험범[258]인가에 있다. 이 죄

253) 유기천(상), 78면; 이형국, 120면; 이재상, 88면; 배종대, 162면; 진계호, 110면; 백형구, 79면; 임웅, 102면; 손동권, 89면. 김일수/서보학, 46면 이하는 개별적으로 구별하나 결론은 같은 취지로 본다.

254) 황산덕, 192면; 정영석, 232면; 서일교, 45면; 김종원, 79면; 정성근, 122면; 강구진, 98면; 오영근, 102면; 정영일, 71면.

255) 박상기, 83면; 이정원, 111면; 김성천/김형준, 63면.

256) 이재상, 88면.

257) 유기천(상), 78면; 김종원, 83면; 정성근, 123면; 이형국, 121면; 김일수/서보학, 47면; 박상기, 84면; 진계호, 110면; 임웅, 103면; 백형구, 79면; 박상기, 84면; 정영일, 71면; 김성돈, 93

는 주로 태아의 생명·신체의 안전을 보호하기 위한 것이고, 태아를 인위적으로 모체 밖으로 배출하면 특별한 의학적 조치가 없는 이상 사망하게 될 것이므로 모체 밖으로 배출시키는 행위만 있으면 이 죄는 성립한다고 해야 하며, 낙태미수를 처벌하지 않는 우리 형법의 해석상 자연분만기 이전에 모체 밖으로 배출시키는 행위 자체를 처벌한다는 추상적 위험범설이 타당하다.

2. 낙태죄에 관한 입법동향

20세기 중반 이후 인구폭발이라는 사회문제는 세계적으로 파급되어 낙태에 대한 전면적 금지로부터 점차 일정 기한내의 허용규정으로, 그리고 다시 제한적 자유화로의 길을 밟고 있는 실정이다. 이미 라드브르흐(Radbruch)가 낙태불가벌시대의 도래가 멀지 않았다고 지적한 것처럼, 인공임신중절이 공공연히 자행되고 있으나 사실상 처벌되는 비율은 극히 소수에 불과하다. 그래서 입법론적으로 이 죄를 폐지해야 한다는 견해[259]도 있으나, 폐지할 수 없지만 낙태의 허용범위를 넓혀야 한다는 견해가[260] 점차 확대되고 있다. 각국이 낙태를 허용하는 입법형식은 대체로 다음 세 가지 방식이 채택되고 있다.

(1) 기간방식

기간방식은 임신 후 일정기간 안의 낙태를 자유로히 허용하는 입법형식이다. 프랑스 형법(제223-11조 제1항 1호)과 미국 연방대법원의 판례가[261] 채택하고 있는 방식이다. 미국 연방대법원은 이 판결에서 임신 3개월 이내의 낙태는 여성의 프라이버시권에 의해 자유롭게 결정할 수 있다고 하고, 모체의 생명보호를 위하여 필요한 경우 이외의 낙태를 금지한 텍사스 주법은 위헌이라 판시하였다. 미국에서는 이 판결 이후에도 임신 12주 이내의 낙태(1976. 7. 1)와 미성년자의 낙태(1979. 9. 2)도 자유롭게 결정할 수 있는 권리를 인정하고 있다.

면. 단, 오영근, 99면은 태아에 대해서는 추상적 위험범, 임부에 대해서는 침해범이라 한다.

258) 강구진, 98면; 배종대, 162면.

259) 서일교, 47면; 김기춘, 형법개정시론(1984), 474면; 임웅, 106~107면.

260) 유기천(상), 75면; 이재상, 95면 이하; 진계호, 113면; 김성돈, 94면.

261) Roe v. Wade, 410 U.S. 113, 1973; 1969년에 강간으로 임신한 Roe가 당시 텍사스 주법에 의하면 낙태가 금지되어 있으므로 이를 허용해 달라는 요청에 따라 연방대법원은 텍사스주의 낙태금지법은 위헌이라 판시하고, 3개월 이내의 낙태는 자유로이, 3개월 이상 6개월까지는 제한된 범위에서만 낙태할 권리를 인정한 판결이다.

(2) 적응방식

적응방식은 원칙적으로 낙태행위를 범죄로 규정하면서 일정한 적응(Indikationslösung)이 있는 경우에 한하여 예외적으로 낙태를 허용하는 입법형식이다. 우리나라 모자보건법(동법 제14조)과 일본(모체보호법 제14조 · 우생보호법 제14조), 스칸디나비아 제국, 영국 낙태법(1967) 등이 채택하고 있다. 낙태가 허용되는 적응으로 의학적 적응, 우생학적 적응, 윤리적 적응, 사회적 · 경제적 적응 등이 제시되고 있다. 우리나라 모자보건법은 우생학적 적응(동법 제14조 1항 1호, 2호), 윤리적 적응(동 3호, 4호), 의학적 적응(동 5호)만 허용하고 사회적 · 경제적 적응은 인정하지 않는다.

(3) 결합방식

기간방식과 적응방식을 모두 인정하는 입법형식으로 독일과[262] 오스트리아 형법이 채택하고 있다. 독일 형법 제218조 a는 임신 12주 이내의 낙태는 의사와 상담을 거치고 의사의 시술을 요건으로 구성요건해당을 배제하고(동조 1항), 그 이후의 낙태는 의학적 적응이 있으면 허용하며(동 2항), 임신 12주 이내의 임산부 동의와 의사 상담을 거친 의사의 낙태는 면책사유로 하고 있다(동 4항). 오스트리아 형법 제97조도 임신 3개월 이내의 낙태는 의사와 상담을 거친 후에 허용하고, 3개월 이후의 낙태는 의학적 · 우생학적 적응이 있는 경우에 허용하고 있다.

(4) 결 어

태아는 모체와 독립된 생명체로서 독자적 가치를 가진 법익이라 해야 한다. 아직 출생하지는 않았지만 생성중인 사람이라 해야 하고, 임산부의 자기결정권에 의해서 무제한적으로 낙태를 허용할 수 없다고 해야 한다. 인간의 생명보호는 태아 생명보호에서 출발해야 한다. 따라서 원칙적으로 낙태는 허용할 수 없다고 본다. 다만 자녀 출산이 모체와 출생자 모두에게 불행한 삶이 될 수밖에 없는 부득이 한 최소한의 범위에서 허용하는 길을 열어 둘 필요가 있다고 본다.

---

262) 독일은 1975년 연방헌법재판소 판결에 의해서 임신 3개월까지의 낙태 허용은 위헌이라는 판결을 받고 예외적으로 적응방식에 의해서 낙태가 허용되어 오다가 1995년 연방의회의 낙태법 통과로 일정한 요건하에 12주 이내의 낙태와 그 이후의 의학적 · 범죄학적(강간 · 성범죄에 의한 임신) 적응이 있는 때에 한하여 허용규정을 두었다.

3. 구성요건체계

형법은 자기낙태죄(제269조 1항)와 동의낙태죄(제269조 2항)를 각각 독립된 낙태죄의 기본적 구성요건으로 하고, 업무상 동의낙태죄와 부동의낙태죄를 가중구성요건으로 규정하고 있다. 업무상 동의낙태죄(제270조 1항)는 동의낙태죄에 대하여 신분관계로 책임이 가중된 것이며, 부동의낙태죄(제270조 2항)는 자기낙태죄에 대하여 불법이 가중된 것이다. 그리고 낙태치사상죄(제269조 3항, 제270조 3항)는 동의낙태죄 · 업무상 동의낙태죄 · 부동의낙태죄의 결과적 가중범이다. 모든 낙태죄의 미수는 처벌하지 않는다.

Ⅱ. 자기낙태죄 · 동의낙태죄

1. 자기낙태죄

【구성요건 · 법정형】 부녀가 약물 기타 방법으로 낙태한 때에는 1년 이하의 징역 또는 200만원 이하의 벌금에 처한다(제269조 1항).

(1) 객관적 구성요건요소

1) 주 체 주체는 임신한 부녀, 즉 임부(姙婦)이다. 따라서 이 죄는 진정신분범이다.[263] 임부는 타인에게 부탁하여 낙태하게 한 때에도 이 죄가 성립한다. "임부 아닌 자"가 이 죄의 간접정범이 될 수 있다는 견해도[264] 있으나 간접정범을 생각할 수 없다. 절대적 강제나 임부의 착오를 이용하여 약물을 복용시켜 낙태에 이르게 하면 부동의 낙태죄의 직접정범이 될 뿐이다(통설). 이 죄는 임부 자신의 낙태행위이므로 임부에 대한 관계에서는 일종의 자상행위이고, 보호법익은 오로지 태아의 생명 · 신체의 안전으로 보아야 한다.

2) 객 체 객체는 모체 내에 살아 있는 태아이다. "태아"란 수정된 수정란이 자궁에 착상한 때로부터 분만이 개시되기 전까지의 생명체를 말한다. 수정란은 수정 후 2주 내에 자궁에 착상되거나 배출되므로 수정되었다고 해서 반드

---

263) 정성근, 126면; 강구진, 109면; 이재상, 96면; 김일수/서보학, 49면; 임웅, 108면; 오영근, 103면; 배종대, 178면; 정영일, 72면; 손동권, 92면; 김성돈, 95면. 반대, 유기천(상), 82면.

264) 유기천(상), 82면.

시 태아가 되는 것은 아니다. 따라서 자궁에 착상한 때로부터 수태되었다고 보아야 한다. 수태된 이상 임신기간의 장단이나 태아의 발육정도와 생존능력은 묻지 않는다. 수태 이전에는 낙태죄의 객체가 될 수 없고 수태조절의 대상이 된다. 수태의 원인도 묻지 않는다. 사실혼, 간통, 강간에 의한 임신도 객체가 된다(다만 모자보건법 제14조의 위법조각사유 참조). 생명있는 태아만 보호하므로 사태(死胎)는 객체가 될 수 없다. 상상임신으로 낙태행위를 하였다면 불능범이 된다.

3) 행 위　행위는 약물 기타의 방법으로 낙태하는 것이다.

(a) 낙태의 의의　"낙태"란 자연적 분만기에 앞서서 인위적 방법으로 살아있는 태아를 모체 밖으로 배출시키거나(협의의 낙태) 모체 내에서 살해하는 것(광의의 낙태)을 말한다. 자연적 분만기에 앞서서 모체 밖으로 배출시킨 이상 태아의 사망 여부와 관계없이 이 죄가 성립한다. 이에 대해서 태아의 생명에 대한 침해가 있어야 하므로 모체 밖으로 배출시키는 것은 낙태가 되지 않고 태아를 살해해야 한다는 견해도[265] 있으나 위험범설에 따르는 이상 타당하지 않다. 유산되었거나 이미 사망한 사태를 인위적으로 배출시켜도 낙태는 아니다.

(b) 낙태의 수단 · 방법　낙태의 수단 · 방법은 제한이 없다. 법문에는 "약물 기타의 방법"이라고 명시하고 있으나 약물은 어디까지나 예시에 불과하다. 유형적 방법(약물 · 수술 · 안마 · 기구사용), 무형적 방법(화학적 작용, 임부의 부탁에 의한 경악)에 의하건, 임부 스스로 또는 타인에게 의뢰해서 하건 묻지 않는다. 따라서 임부가 타인에게 의뢰하여 낙태한 때에도 임부는 이 죄만 성립하고 동의낙태죄 · 업무상 동의낙태죄의 공범이 되지 않는다. "임부"는 타인과 공동하여 또는 타인을 이용하여 간접정범으로 이 죄를 실현할 수 있다.[266] 부녀가 자살을 기도하였다가 태아를 낙태시킨 때에는 이 죄가 성립한다.[267]

(c) 낙태의 시기　낙태의 시기는 제한이 없다. 반드시 배출된 태아가 모체 밖에서 생명을 보존할 수 없는 시기임을 요하지 않는다. 아직 분만개시상태에

---

265) 이재상, 96면.

266) 예컨대 낙태를 시도한 임부가 태아를 모체 밖으로 배출시키지 못하였으나 출혈로 생명에 위험을 느껴 의사의 도움으로 부득이 낙태수술을 받고 생명을 구한 때에는 의사의 긴급피난행위를 이용한 간접정범이 된다. 이재상, 97면; 오영근, 103면; 손동권, 92면; 김성천/김형준, 72면; 김성돈, 96면.

267) 정영석, 233면 주 16; 이건호, 332면; 정성근, 127면; 이형국, 123면; 이재상, 97면; 김일수/서보학, 51면; 백형구, 84면; 오영근, 104면; 김성돈, 96면. 이에 대해서 구성요건해당성이 없다는 견해는 유기천(상), 82면; 진계호, 115면.

이르지 않은 단계에서 인위적 방법으로 태아를 배출시키면 낙태가 된다.

(d) 기수시기 이 죄는 위험범이므로 협의의 낙태는 태아가 모체 밖으로 배출된 때, 광의의 낙태는 모체 내에서 태아가 살해된 때에 기수가 된다(통설). 따라서 모체 밖으로 배출된 생존 영아를 다시 살해하면 낙태죄와 살인죄(또는 영아살해죄)의 경합범이 된다. 낙태행위를 시도하였으나 모체 밖으로 배출시키지 못하고 태아가 생존하고 있으면 낙태미수가 되지만 현행법상으로 불가벌이다.

(2) 주관적 구성요건요소

낙태의 고의는 태아를 자연적 분만기에 앞서서 모체로부터 분리·배출시킨다는 것, 또는 모체 내에서 살해한다는 것에 대한 인식·의사이다. 협의의 낙태에 있어서는 사망에 대한 인식·의사는 필요없다. 미필적 고의로 충분하다. 고의범이므로 본인의 과실낙태는 죄가 되지 않으며(과실에 의한 자상행위), 타인의 과실에 의한 낙태는 부녀에 대한 과실치사상죄(제266조)가 된다. 타인이 임신한 사실을 알면서 임부를 살해한 때에는 살인죄와 부동의낙태죄의 상상적 경합이 된다.

(3) 위법성조각사유(모자보건법상의 적응규정)

모자보건법 제14조는 의학적, 우생학적, 윤리적 적응이 있는 경우에 본인과 배우자의 동의를 얻어 일정한 요건하에 인공임신중절수술을 허용하고 있다. 이 규정은 자기낙태죄(제269조 1항), 동의낙태죄(제269조 2항), 업무상 동의낙태죄(제270조 1항)에 한하여 적용된다(동법 제28조).

1) 의학적 적응 임신의 지속이 보건의학상의 이유로 모체의 건강을 심히 해하고 있거나 해할 우려가 있는 경우(제14조 1항 5호)이다. 이는 생성중인 태아의 생명보다 모체의 생명·건강이 더 중요하다는 이유로 허용한 것이다. 모체의 건강을 심히 해한다는 것은 생명에 위험을 초래하는 경우는 물론, 모체의 육체적·정신적 건강상태를 현저하게 해치는 경우도 포함한다.

2) 우생학적 적응 유전적 소질이나 임신중독·임신 중의 충격 등으로 저능아·기형아 기타 정상적인 생육(生育)을 기대할 수 없는 출산이 확실할 경우에 중절수술을 허용하는 경우이다. 이 경우에는 임부에게 그 출생을 요구할 수 없다는 데에 근거한다. 우생학적 적응에는 정신적·육체적 손상도 고려된다. 그 원인은 유전적 소질, 임신중독·질병, 방사선 투사 등 묻지 않는다. 다만 우

리 모자보건법은 본인 또는 배우자에게 우생학적·유전학적 정신장애나 신체 질환이 있는 경우와 전염성 질환이 있는 경우(제14조 1항 1호, 2호)에만 중절수술을 허용하므로 비교적 제한적이다.

3) 윤리적적응　강간·위계에 의한 간음 등 불법한 성행위나 반윤리적 성행위로 인하여 수태된 경우에 그 임신의 계속이나 출산을 요구하는 것은 법질서에 반하기 때문에 중절수술을 허용하는 경우이다. 모자보건법은, ① 강간 또는 준강간에 의한 임신과, ② 법률상 혼인할 수 없는 혈족이나 인척간의 임신의 경우에만 중절수술을 허용하고 있다(제14조 1항 3호, 4호). 따라서 미성년자 간음, 혼인빙자 간음, 업무상 위력에 의한 간음으로 임신한 때에는 중절수술이 허용되지 않기 때문에 외국의 경우보다 제한적으로 인정하고 있다.

4) 중절수술의 요건　모자보건법은 이상의 적응이 있는 경우에 다음의 요건 하에 중절수술을 허용한다(제14조). ① 의사에 의하여 수술을 해야 한다. 정확한 진단과 적절한 의학적 방법을 사용함으로써 모체의 건강을 보호하기 위해서이다. 의사는 반드시 산부인과 전문의일 필요가 없다. ② 본인과 배우자의 동의가 있어야 한다. 여기의 배우자는 법률상 배우자에 한하지 않는다. 다만 배우자가 사망·실종·행방불명 기타 부득이한 사유로 인하여 동의할 수 없는 때에는 본인의 동의로서 수술할 수 있다(제14조 2항). 또 본인이나 배우자가 정신장애로 인하여 의사표시를 할 수 없는 때에는 친권자·후견인 또는 부양의무자의 동의로 갈음할 수 있다(제14조 3항). ③ 중절수술은 임신한 날로부터 24주 이내에 하여야 한다(동법시행령 제15조 1항). 따라서 이 기간 경과 후의 중절수술은 적응규정에 해당하는 경우에도 낙태죄가 성립한다.

(4) 공범관계

임신부는 자기 낙태뿐만 아니라 타인에게 의뢰하거나 타인과 공동정범의 관계가 있는 때에도 항상 자기낙태죄가 된다. 그러나 임부로부터 의뢰받은 타인은 동의낙태죄 또는 업무상 동의낙태죄가 된다. 타인이 임부를 교사하여 낙태하게 한 때에는 임부는 자기낙태죄가 되며 타인은 이 죄의 교사범이 성립한다.[268]

268) 정성근, 130면; 강구진, 110면; 이재상, 98면; 김일수/서보학, 53면; 임웅, 110면; 진계호, 116면; 김성돈, 97면.

2. 동의낙태죄

> 【구성요건 · 법정형】 부녀의 촉탁 또는 승낙을 받아 낙태하게 한 자도 제1항의 형과 같다(제269조 2항).

임신부의 촉탁 또는 승낙을 받아 낙태하게 함으로써 성립한다. 자기낙태죄와 필요적 공범관계에 있다.

(1) 주 체

주체는 형법 제270조 1항(업무상 동의낙태죄)에 열거되어 있는 의사 · 조산사 등의 특수한 업무에 종사하는 자 이외의 자이다. 형법 제33조 단서의 신분이 없는 자가 주체로 된다.

(2) 행 위

행위는 부녀의 촉탁 또는 승낙을 받아 낙태하게 하는 것이다. 여기의 부녀는 임신부를 말한다. "촉탁"은 부녀가 낙태를 의뢰 · 부탁하는 것이고, "승낙"은 시술자 쪽에서 낙태에 대한 임신부의 동의를 얻는 것이다. 어느 경우이건 낙태의 의미를 이해하고 촉탁 · 승낙의 효과를 판단할 수 있는 부녀의 자유로운 의사에 의한 것이라야 한다. 따라서 기망 · 강요에 의한 촉탁 · 승낙은 여기의 촉탁 · 승낙이 될 수 없다. 이 경우에는 부동의낙태죄(제270조 2항)가 성립한다. "낙태하게 한다"란 행위자 스스로 낙태행위를 하는 것을 말한다. 따라서 임신부에게 낙태를 교사하는 경우, 임신부의 부탁으로 수술비 · 낙태약을 구해주거나 의사를 소개해 주는 경우에는 자기낙태죄의 공범이 될 뿐이다. 그러나 임신부의 촉탁 · 승낙을 받아 낙태를 시도하다가 임신부의 생명에 위험을 초래하고 의사의 긴급피난을 이용하여 낙태하게 한 때에는 이 죄의 간접정범이 된다. 임신부를 교사하여 낙태의 승낙을 받고 다시 낙태를 시술하면 자기낙태죄의 교사범이 아니라 이 죄에 해당한다. 임부의 촉탁 또는 승낙을 받은 자가 자신이 낙태행위를 하지 않고 타인에게 부탁하여 낙태수술을 하게 하면 업무자 여부에 따라 이 죄 또는 업무상 동의낙태죄의 교사범이 된다. 이 죄의 고의는 낙태에 대한 인식 · 의사뿐만 아니라 임신부의 촉탁 또는 승낙사실에 대한 인식도 있어야 한다.

Ⅲ. 낙태죄의 가중적 구성요건

1. 업무상 동의낙태죄

【구성요건 · 법정형】 의사, 한의사, 조산사, 약제사 또는 약종상이 부녀의 촉탁 또는 승낙을 받아 낙태하게 한 때에는 2년 이하의 징역에 처한다(제270조 1항). 7년 이하의 자격정지를 병과한다(동조 제4항).

(1) 성격 · 구성요건요소

동의낙태죄에 대하여 신분으로 인하여 책임이 가중된 구성요건이다.

1) 주 체 주체는 의사, 한의사, 조산사, 약제사, 약종상에 한한다. 따라서 제약업자, 안마사는 주체가 될 수 없다. 이상의 주체는 모두 면허를 가진 자에 한정된다. 입법론상 의사에 의한 동의낙태를 중하게 처벌하는 것은 타당하지 않다는 비판이 있다.[269] 의사는 반드시 전문의일 필요가 없으므로 산부인과 의사가 아니라도 무방하다. 그러나 치과의사, 수의사는 법률상의 용어가 구별되어 있고, 업무의 성질상 낙태시술의 기능을 가진 것이 아니므로 제외된다.[270] 한의사는 한방의료의 업무에 종사하는 자로 면허 있는 자이다(의료법 제2조 제3항 3호). 조산사는 의료법(제2조 2항 4호) 소정의 조산사를 말한다. 약제사는 약사법 제2조 2호의 약사 및 한약사를 말한다. 약종상은 의약품의 판매업을 경영하는 한약업자 및 의약품 도매상을 말하고 허가받은 자에 한한다(약사법 제45조).

2) 행 위 행위는 부녀의 촉탁 또는 승낙을 받아 낙태하게 하는 것이다. 동의낙태죄와 같다.

(2) 위법성조각사유

모자보건법 제14조에 해당하는 의사의 행위는 위법성이 조각된다. 또 낙태행위가 긴급피난에 해당하는 때에도 위법성이 조각된다.[271] 그러나 임신 자체는 불법침해가 아니므로 임신에 대한 정당방위로서 위법성조각이 되는 경우는 있을 수 없다.

---

269) 유기천(상), 76면; 김종원, 86면; 이재상, 98면; 손동권, 95면 이하.
270) 치과의사도 이죄의 주체가 된다는 견해는 백형구, 86면.
271) 대판, 1976. 7. 13, 75도1205.

2. 부동의낙태죄

【구성요건 · 법정형】 부녀의 촉탁 또는 승낙없이 낙태하게 한 자는 3년 이하의 징역에 처한다(제270조 2항). 7년 이하의 자격정지를 병과한다(동조 제4항).

부녀의 촉탁 또는 승낙 없이 낙태하게 함으로써 성립하는 범죄이다. 동의낙태죄보다 불법이 가중된 구성요건이다.

(1) 주 체

주체는 제한이 없다. 제270조 1항에 열거된 업무종사자도 이 죄의 주체가 될 수 있다.

(2) 행 위

행위는 부녀의 촉탁 또는 승낙 없이 낙태하게 하는 것이다. 형식적인 촉탁 · 승낙이 있었다 하여도 정상적인 판단능력이 없거나 하자 있는 경우 또는 임부의 무지를 이용한 때에는 이 죄에 해당한다. 부녀의 촉탁 · 승낙이 없으면 충분하고 반드시 본인의 의사에 반할 것을 요하지 않는다. 그러므로 부녀 모르게 낙태시킨 때에도 이 죄가 성립한다.

부녀의 촉탁 · 승낙이 없음에도 불구하고 있다고 오신한 때에는 이 죄의 고의가 조각되며, 제269조 2항(동의낙태) 또는 제270조 1항(업무상 동의낙태)의 죄가 성립한다. 또 과실에 의한 때에는 모체에 대한 과실치상죄의 문제가 된다. 여기서 낙태하게 하는 것도 스스로 낙태행위를 한다는 의미이다.

(3) 죄 수

낙태행위에 당연히 수반되는 부녀의 신체상해는 낙태죄 이외에 상해죄를 구성하지 않는다.[272] 다만 그 범위를 초과하는 상해에 대해서만 고의 유무에 따라 이 죄와 상해죄의 상상적 경합 또는 낙태치상죄가 성립한다. 임신한 부녀임을 알면서 그를 살해한 때에는 이 죄와 살인죄의 상상적 경합이 되며, 부녀에게 낙태를 강요하여 낙태를 하였으면 이 죄와 강요죄의 상상적 경합이 된다.

---

272) 대판, 2007. 6. 29, 2005도3832.

3. 낙태치사상죄

【구성요건·법정형】 ① 제2항(동의낙태)의 죄를 범하여 부녀를 상해에 이르게 한 때에는 3년 이하의 징역에 처한다. 사망에 이르게 한 때에는 7년 이하의 징역에 처한다(제269조 3항).
② 제1항(업무상 동의낙태) 또는 제2항(부동의낙태)의 죄를 범하여 부녀를 상해에 이르게 한 때에는 5년 이하의 징역에 처한다. 사망에 이르게 한 때에는 10년 이하의 징역에 처한다(제270조 3항). 7년 이하의 자격정지를 병과한다(제270조 4항).

이 죄는 동의낙태죄, 업무상 동의낙태죄, 부동의낙태죄에 대한 결과적 가중범이다. 낙태행위 자체가 일종의 상해로서의 성질을 가지고 있으므로 결과적 가중범으로서의 상해는 낙태행위에 당연히 수반되는 신체손상·심신쇠약만으로 낙태치상죄가 성립할 수 없고, 나아가서 생리상태를 더욱 불량하게 하는 사실이 있어야 한다(자궁이나 내장의 손상 또는 정신분열적 징후 등). 결과적 가중범이므로 이에 대한 일반적 요건이 구비된 때에 이 죄는 성립한다.

이 죄가 성립하기 위해서 낙태행위가 기수에 이를 것임을 요하는가에 관해서, ① 이 죄는 부녀를 사상에 이르게 함으로써 완성되며, 낙태행위의 기수·미수는 묻지 않는다는 견해[273]와, ② 이 죄는 낙태죄를 범하여 사람을 사상에 이르게 함으로써 성립하고, 낙태죄의 미수는 처벌하지 아니하므로 이 죄는 낙태가 기수에 이른 때에만 성립한다는 견해[274]가 대립한다. 형법은 전항의 죄를 "범하여"라고 되어 있으므로 후자가 타당하다고 본다.

따라서 낙태행위 자체는 미수에 그쳤어도 이로 인해 부녀가 사망하면 보통은 태아도 동시에 사망할 것이므로 낙태치사죄는 성립한다. 낙태행위의 미수로 치상한 때에는 낙태치상죄가 성립한다는 견해[275]도 있으나, 낙태미수는 불가벌이므로 과실치상죄만 성립한다.[276] 부동의낙태죄(제270조 2항)의 형은 폭행죄보다 무거움에도 불구하고 그 결과적 가중범이 폭행치사상죄(제262조)·상해죄(제257조)·상해치사죄(제259조)에 비하여 가벼운 것은 형의 균형을 잃은 것이므로

273) 황산덕, 197면; 서일교, 51면; 정영석, 244면; 이형국, 133면; 김일수/서보학, 57면; 배종대, 176면; 백형구, 90면; 정영일, 364면.
274) 유기천(상), 89면; 김종원, 84면; 정성근, 134면; 이재상, 100면; 진계호, 121면; 박상기, 89면; 이정원, 122면; 임웅, 112면; 오영근, 107면; 정영일, 77~78면; 김성돈, 100면.
275) 김일수/서보학, 57면; 배종대, 180면.
276) 이재상, 100면; 임웅, 112면; 박상기, 87면; 오영근, 107면; 김성돈, 100면.

입법론상 의문이다. 구형법처럼 "상해의 죄와 비교하여 중한 형으로 처벌한다"고 함이 타당할 것이다.

제 5 절 유기와 학대의 죄

Ⅰ. 총 설

1. 의의 · 보호법익

(1) 의 의

유기죄(Aussetzung)는 노유 · 질병 기타 일정한 사정으로 인하여 부조를 요하는 자를 보호할 의무 있는 자가 유기하거나 유기로 인하여 사람의 생명에 대한 위험을 발생하게 하는 범죄이다. 원래 이 죄는 생활고가 직접적인 원인인 경우가 많았으나 최근에는 생활고와 관계없이 노부모나 유아를 유기하는 경향이 증가추세에 있다.

학대죄는 자기의 보호 또는 감독을 받는 자를 학대하는 범죄이며, 아동혹사죄는 자기의 보호 또는 감독을 받는 16세 미만의 자를 생명 · 신체에 위험한 업무에 사용할 영업자 또는 그 종업자에게 인도하거나 인도받는 행위를 처벌하는 범죄이다. 학대죄와 아동혹사죄는 노령자 · 질병자 · 아동 · 소년근로자의 복지 · 생활보호 및 근로소년보호를 위하여 특히 범죄로 규정한 것이다.

> 【입법례】 고대 로마법과 게르만법에서는 유기행위를 범죄로 취급하지 않았고, 친족 사이의 일정한 유기에 한하여 살인죄의 일종으로 취급하는 데 그쳤다. 중세 기독교 사상의 영향으로 교회법은 어머니가 유아를 유기하는 행위를 보호의무 해태죄로 처벌하면서 독립범죄로서 인정하려는 경향이 나타났고, 이러한 취지가 16세기 독일 입법에 규정되기에 이르렀다. 유기죄는 1813년 바이에른 형법에 이르러 획기적인 변화를 겪게 된다. 즉, 부모가 요부조 자녀를 유기하는 경우뿐만 아니라 주체의 제한없이 미성년자 · 질병자 · 신체장애자 등 모든 요부조자를 유기하는 행위를 확대 처벌함으로써 처음으로 유기죄를

독립범죄로 인정하였다. 현행 독일 형법 제221조는 바이에른 형법의 영향을 받은 1851년의 프로이센 형법 제183조를 거의 그대로 계수하여 유기죄의 주체를 제한하지 않고 모든 요부조자를 유기하는 행위를 처벌하고, 부모가 그 자식을 유기한 때에는 그 형을 가중하고 있다. 일본 형법도 독일의 영향을 받아 보호의무 없는 자의 유기행위(제217조)와 보호책임자의 유기행위를 규정하여 후자를 중하게 처벌하고 있다(제218조).

(2) 보호법익

유기죄는 피유기자의 생명 · 신체에 대한 안전을 보호하기 위한 위험범으로 규정하고 있다는 점에 대해서는 이견이 없다. 문제는 보호의무자의 보호의무해태죄로서의 성격도 인정할 수 있느냐이다. 이 죄는 원래 보호책임자의 의무해태죄로 발전하여 왔고 특히 우리 형법은 보호의무 있는 자의 유기행위만 처벌하는 점에 비추어 피유기자의 생명 · 신체의 안전을 보호함과 동시에 보호의무자의 의무해태죄로서의 성격도 고려하여 죄질을 이해하는 것이 타당하다[277] 고 본다.

학대죄는 피보호자의 생명 · 신체의 안전을 보호법익으로 하는 위험범이며, 아동혹사죄는 아동의 복지권을 보호법익으로 하는 형식범 · 거동범이다.

유기죄의 보호정도에 대해서 구체적 위험범설과 추상적 위험범설이 대립한다. 두 견해는 유기 후 타인이 구조하는 사실을 확인하고(또는 구조가 처음부터 확실한 때) 그 곳을 떠난 경우에 유기죄가 성립하는가에서 차이가 나타난다. 구체적 위험범설[278]에 따르면 현장에서 구조되거나 구조가 확실한 때에는 구체적 위험이 없으므로 유기죄는 성립하지 않는다(유기의 미수는 불가벌). 그러나 이 죄는, ① 요부조자를 보호 없는 상태에 둠으로써 생명 · 신체에 위험을 가져오게 하는 데에 그 본질이 있고, ② 보호의무해태죄로서의 성격도 인정할 때에는 반드시 의무해태에 의한 구체적 위험발생을 요건으로 하지 않으며, ③ 유기의 결과로 피유기자의 생명에 구체적 위험이 발생한 때에는 특히 형을 가중하고(제271조 3항 · 4항) 있는 점에 비추어 추상적 위험범이라 해야 한다(통설).[279] 다만 중유기죄(제271조 3항 · 4항)는 구체적 위험범으로서의 보호라고 본다.[280]

---

277) 정영석, 237면; 김종원, 88면; 정성근, 137면; 강구진, 118면; 이재상, 103면; 손동권, 98면.
278) 유기천(상), 86면.
279) 황산덕, 198면; 정영석, 239면; 서일교, 52면; 김종원, 91면; 정성근, 138면; 이형국, 138면; 강구진, 118면; 이재상, 103면; 진계호, 125면; 배종대, 183면; 박상기, 92면; 백형구, 97면; 임웅, 113면; 오영근, 112면; 정영일, 81면; 김성돈, 101면.

2. 구성요건체계

유기죄는 단순유기죄(제271조 1항)를 기본적 구성요건으로 하고, 신분관계로 인하여 책임이 가중되는 존속유기죄(제271조 2항)와 책임이 감경되는 영아유기죄(제272조)를 규정하고 있다. 또 중유기죄(제271조 3항·4항)와 결과적 가중범으로서 유기치사상죄(제275조), 존속유기치사상죄(제275조 2항)를 규정하여 불법이 가중된 가중적 구성요건으로 하고 있다. 다만 우리 형법상의 유기죄는 보호의무 없는 자의 유기죄를 인정하지 않는다는 점에서 독일·오스트리아·일본과 다른 특색이 있다. 이 외에 유기죄에 대해서는 '가정폭력범죄의처벌등에관한특례법'상의 고소에 대한 특례(제2조 3호 나, 제6조)규정이 적용된다.

학대죄는 유기죄와 독립된 범죄유형으로 규정하여, 단순학대죄(제273조 1항)를 기본적 구성요건으로, 존속학대죄(제273조 2항)는 책임 가중적 구성요건으로, 학대치사상죄(제275조)는 결과적 가중범으로 규정하고 있다. 이 외에 학대죄와 독립된 법적 유형으로 아동혹사죄(제274조)를 별도로 규정하였다. 이 죄에 대해서도 '가정폭력범죄의처벌등에관한특례법'이 적용된다.

Ⅱ. 유기의 죄

1. 유기죄

> **【구성요건 · 법정형】** 노유, 질병 기타 사정으로 인하여 부조를 요하는 자를 보호할 법률상 또는 계약상 의무있는 자가 유기한 때에는 3년 이하의 징역 또는 500만원 이하의 벌금에 처한다(제271조 1항).

노유·질병 기타 사정으로 보호를 요하는 자를 보호해야 할 법률상 또는 계약상 의무 있는 자가 유기함으로써 성립하는 범죄이다. 추상적 위험범·거동범이다.

(1) 객관적 구성요건요소

1) 주 체 　주체는 부조를 요하는 자를 보호할 법률상 또는 계약상 의무 있

280) 정성근, 138면; 김일수/서보학, 108면; 진계호, 125면; 박상기, 92면; 배종대, 183면; 임웅, 113면; 김성돈, 101면.

는 자이다. 이를 보호의무자라 한다. 보호의무 있는 자의 유기행위만을 처벌하므로 진정신분범·의무범이다.

가) 보호의무 여기의 보호의무는 요부조자(要扶助者)의 생명·신체에 대한 위험으로부터 보호해야 할 의무를 말한다. 민법상의 부양의무(민법 제975조)와 일치하지 않는다. 민법상의 부양의무는 주로 피부양자가 자기의 자력 또는 근로에 의하여 경제생활을 유지할 수 없는 경우에 그의 경제적 곤궁을 이유로 이를 부양할 책임을 말하는데 대하여 이 죄의 보호의무는 일상적인 기와침식(起臥寢食)의 동작이 부자유한 사람의 생명·신체의 위험으로부터 보호해야 할 의무이므로 양자는 같지 않다.

따라서 민법상의 부양의무 이행의 순서가 바로 보호의무를 정하는 기준이 되지 않는다. 선순위 부양의무자가 있는 때에도 후순위 부양의무자가 요부조자를 사실상 보호하고 있거나 선순위 부양의무자가 부양할 능력이 없는 때에는 후순위 부양의무자가 보호의무자가 된다.

나) 보호의무의 근거

(a) 법률·계약에 의한 보호의무 형법은 보호의무의 근거로서 "법률상 또는 계약상의 의무"로 한정하고 있다. "법률상의 보호의무"는 보호의무가 법률에 규정되어 있는 경우로서, 공법(경찰관직무집행법 제3조의 경찰관의 보호조치의무, 도로교통법 제50조 1항, 제106조의 사고운전자의 구호의무)·사법(민법 제913조의 친권자의 보호의무, 제974조의 친족의 부양의무, 제947조 1항의 금치산자에 대한 후견인의 요양, 감호의무)을 묻지 않는다.

> 그러나 경범죄처벌법(제1조 7호)상의 자기가 관리하는 장소에 노인·어린이·불구자·다친 사람, 병든 사람이 있거나 시체 또는 사태(死胎)가 있음을 알면 빨리 이를 관계 공무원에게 신고해야 할 일반인의 일반적 신고의무만으로 보호의무가 생기는 것은 아니다.

"계약에 의한 보호의무"는 그 계약이 유기자와 피유기자 사이에 맺어진 것 외에 제3자와 맺어진 계약도 무방하다. 그리고 계약은 명시적·묵시적인가를 묻지 않는다. 간호사·보모와 같이 사무 성질상 당연히 보호의무가 포함된 때에는 명시적 계약에 해당하며, 사용자의 근무 중인 근로자 보호의무는 묵시적 계약의 일종이다.

(b) 사무관리 · 관습 · 조리에 의한 보호의무 법률상 · 계약상의 보호의무 이외에 사무관리나 초법규적인 관습 · 조리에 근거한 보호의무를 인정할 것이냐가 논의된다.

종래의 통설은 법률상 또는 계약상의 의무를 예시한 것으로 파악하고 사무관리 · 관습 · 조리에 근거한 보호의무를 인정하고[281] 공서양속이나 사회통념에 따른 것까지 조리에 포함시켰다.[282] 최근에도 유기죄의 주체(보호의무자)와 부진정부작위범에 있어서의 작위의무자의 성립범위를 동일시하여 이를 포함시키는 견해[283]도 있다. 학대죄(제273조 1항)의 보호 · 감독자는 조리상의 보호 · 감독자까지 포함시키고 있는 것과 균형상 이 죄에도 조리에 근거한 보호의무를 인정해야 한다는 것이다. 그리하여 병자를 의무 없이 인수한 자는 사무관리에 의한 보호의무가, 동거 중인 피고용자에게 질병이 발생한 때와 입양 절차를 거치지 않고 유아를 양자로 받은 때에는 관습에 의한 보호의무가, 통행인을 부상시킨 운전자는 부상자를 보호할 조리상의 보호의무가 있다고 한다.

그러나 ① 단순한 조리에 의한 작위의무는 부진정부작위범의 보증의무에서 제외되고 있으며, 유기죄의 보호의무와 부진정부작위범에서의 보증의무가 일치하지도 않으며, ② 학대죄와 유기죄의 구성요건 객체가 다름에도 불구하고 학대죄의 해석을 유기죄에 적용하는 것은 지나친 확대해석이라 해야 하고, ③ 법문에서 법률 · 계약으로 한정하고 있음에도 불구하고 법문의 범위를 초월하여 행위자에게 불이익한 확대해석은 형벌확장이 되어 죄형법정주의 원칙에 반한다고 해야 한다(현재의 다수설).

사무관리는 원래 재산상의 이해관계를 합리적으로 해결하기 위해서 의무 없이 타인의 사무를 처리한 경우에 인정하는 사법상의 제도이므로 이를 특별한 근거 없이 생명 · 신체에 대한 위험범죄 인정에 그대로 확대 적용할 수 없다. 관습 · 조리에 의한 보호의무로 예시한 내용은 대부분 묵시적 계약(동거피고용인의 발병 · 유아보호의무)이나 법률상 보호의무(운전자의 조치의무는 도로교통법 제50조 1항)에 속하므로 보호의무는 법률 · 계약상의 의무로 한정해야 한다. 따라서 법률상 또는 계약상의 의무가 없는 때에는 가령 다른 범죄에 의하여 위험이 발생한 때에도

281) 유기천(상), 88면; 정영석, 240면; 서일교, 54면; 염정철, 300면; 김종원, 90면 이하; 임웅, 117면 이하; 정영일, 82~83면.
282) 정영석, 249면; 김종원, 90면.
283) 임웅, 117면 이하.

이를 구조해야 할 보호의무는 생기지 않는다.[284] 판례도 같은 취지이다.

【판례】 술취한 동행인이 중상으로 도로상에서 헤매다가 그 중 1인이 심장마비로 사망한 사건에서 사회상규상의 긴급구조의무를 인정한 원심을 파기하고 「구법과 달리 보호법익의 범위를 넓힌 반면 보호책임 없는 자의 유기죄는 없애고 법률상 또는 계약상의 의무 있는 자만을 유기죄의 주체로 규정하고 있으니 명문상 사회상규상의 보호책임을 관념할 수 없다. … 유기죄의 죄책을 인정하려면 보호책임이 있게 된 경위, 사정, 관계 등을 설시하여 구성요건이 요구하는 법률상 또는 계약상의 보호의무를 밝혀야 할 것이다」라고 판시하였다 (대판, 1977. 1. 11, 76도3419).

2) 객 체 객체는 노유, 질병 기타 사정으로 인하여 부조를 요하는 자(요부조자)이다.

(a) 요부조자 "요부조자(要扶助者)"란 정신적 · 육체적 결함으로 인하여 타인의 도움 없이는 자신의 생명 · 신체에 대한 위험으로부터 스스로 극복할 수 없는 사람을 말한다. 요부조자인가의 여부는 일상생활에 필요한 동작의 가능성을 기준으로 구체적 사정을 고려하여 판단해야 한다. 따라서 동작 가능한 자이면 타인의 경제적 도움 없이 생계를 유지할 수 없는 극빈자는 요부조자가 아니다(통설). 부조가 필요하게 된 원인이나 부조의 계속성 여부는 묻지 않는다. 형법은 노유 · 질병을 예시하고 기타 사정이라는 일반적 규정을 둠으로써 그 범위를 확대하고 있다.

(b) 노 유 "노유(老幼)"란 노인과 어린아이를 말하며, 연령을 기준으로 정할 수 없고, 본인의 정신적 · 육체적 기타 구체적 사정을 고려하여 일상생활 능력이 있는가에 따라 결정해야 한다. 노인이라도 사람에 따라 현저한 차이가 있고 질병이 겹치는 노인도 있기 때문에 연령만을 기준으로 한 결정은 무의미할 것이다. 이에 대해서 어린아이는 어느 정도의 연령적 제한이 가능하다. 대체로 5 · 6세 미만자는 요부조자로 볼 수 있다.

(c) 질 병 "질병(疾病)"은 육체적 · 정신적 질환을 의미한다. 그 원인, 치료기간의 장단, 치료의 가능성 유무는 묻지 않는다. 정신병자, 사고로 부상당한

284) 그러므로 대판, 1980. 6. 24, 80도726은 실신한 강간치상죄의 피해자를 현장에 방치한 것만으로 유기죄는 성립하지 않는다고 판시하고 있다. 다만 입법론적으로 법률상 · 계약상의 의무 외에 사회공동생활상 조난당한 이웃을 보호할 수 있는 의무규정(소위 선한 사마리아인의 규정)을 둘 수 있을 것이다.

자, 말기 중환자가 여기에 해당한다.

(d) 기타 사정 노유, 질병과 마찬가지 정도로 타인의 도움 없이는 생명·신체에 대한 위험으로부터 스스로 극복할 수 없는 정도의 사정이라야 한다. 이러한 사정은 일시적이라도 무방하며, 요부조자 스스로 야기한 원인도 상관없다. 불구자, 백치(白痴), 분만 중의 부녀, 음주 대취자, 최면술에 걸린 자, 기아자 등이 이에 해당한다. 그러나 깊은 잠이나 임신 중에 있는 자는 요부조자라 할 수 없다.

3) 행 위 행위는 유기이다.

(a) 유기의 의의 유기란 요부조자를 보호 없는 상태에 둠으로써 그 생명·신체에 위험을 가져오는 행위를 말한다. 현재의 보호 상태에서 다른 상태로 장소적 이전을 하는 적극적 유기(Aussetzen, 협의의 유기)와, 원래 상태 그대로 두고 떠나거나 생존에 필요한 보호를 하지 않는 소극적 유기(Verlassen, 광의의 유기)도 포함한다.[285] 이에 대해서 소극적 유기를 광의의 유기(원래 상태 그대로 두고 떠나는 것)와 최광의의 유기(생존에 필요한 보호를 하지 않는 부작위에 의한 유기)로 다시 구별하는 견해[286]도 있다.

그러나 형법은, ① 보호책임자의 유기만 인정하고 있으며, ② 그 행위도 적극적·소극적, 광의·최광의의 유기를 구별하지 않고 모두 유기의 개념에 포함시키고 있고, ③ 부작위에 의한 유기는 소극적 유기의 내용이 되므로 유기의 개념을 최광의와 광의로 구별할 실익은 없다. 따라서 적극적 유기, 소극적 유기를 묻지 않고 작위·부작위로 유기할 수 있다.

(b) 유기의 정도·방법 추상적 위험범이므로 요부조자의 생명·신체에 위험이 발생할 필요가 없고, 반드시 보호 가능성이 전혀 없어야 할 필요도 없다. 따라서 타인의 구조를 확실히 기대할 수 있는 때(노인을 양로원 문전에 버리는 경우), 타인의 구조가 없으면 스스로 구조할 의사로 부근에 머물고 있는 때에도 유기가 되며, 유기한 장소는 사람의 통행 유무와 상관없다.

유기의 방법은 묻지 않는다. 폭행과 같은 유형적 방법, 협박·위계와 같은 무형적 방법으로 가능하다. 따라서 위험을 모르는 어린아이, 정신병자, 강제하

---

285) 유기천(상), 89면; 황산덕, 200면; 정영석, 238면; 정성근, 143면; 이재상, 106면; 김일수/서보학, 112면; 박상기, 94면; 손동권, 102면; 오영근, 116면; 김성돈, 104면.

286) 김종원, 91면; 강구진, 123면; 임웅, 118면; 배종대, 189면.

에 있는 자를 위험장소에 가게 하거나 스스로 위험에 빠지는 것을 그대로 방치하는 부작위도 유기가 된다. 그러나 종전의 장소보다 생명·신체의 위험이 적은 장소로 옮기는 경우에는 유기가 되지 않는다. 따라서 산중에서 길잃은 아이를 마을까지 데려온 때에는 유기가 아니다.

판례는 사망의 위험이 예견되는 딸의 수혈을 종교적 신념 때문에 완강히 거부·방해한 사건에서 요부조자를 위험장소에 두고 그대로 떠난 경우와 다름없다 하고 유기죄를 인정하였다.[287)]

(c) 기수시기 추상적 위험범이므로 유기행위가 있으면 바로 기수가 되고, 구체적 위험이나 침해의 결과발생까지 요하지 않는다.

(2) 주관적 구성요건요소

고의가 있어야 한다. 유기죄의 고의는 요부조자에 대한 보호의무와 유기에 대한 인식·의사가 있어야 한다. 미필적 고의로 족하다. 피해자가 상해 또는 사망할 것임을 예견하면서 유기한 때에는 상해죄 또는 살인죄가 되며, 유기죄는 상해죄·살인죄에 대하여 보충관계에 있다.

【판례】 예비군 4명에게 떼메여 경찰지서 나무의자에 눕혀 놓은 피해자가 구두발로 차여서 수족과 의사를 가눌 수 없이 숨을 가쁘게 쉬고 있다는 것을 인식하였으면 특별한 사정이 없는 한 이를 방치한 경찰관에게 유기의 고의(미필적 고의)를 인정할 수 있다(대판, 1972. 6. 27, 72도863).

보호의무의 내용과 범위에 대한 착오는 구성요건적 착오로서 고의가 조각되고 불가벌이 되며, 형법상 보호의무가 없다고 착오한 때에는 위법성의 착오로 해결해야 할 것이다.

2. 존속유기죄

【구성요건·법정형】 자기 또는 배우자의 직계존속에 대해서 제1항(유기)의 죄를 범한 때에는 10년 이하의 징역 또는 1,500만원 이하의 벌금에 처한다(제271조 2항).

이 죄는 피해자가 존속이라는 신분으로 인하여 유기죄의 책임이 가중되는

287) 대판, 1980. 9. 24, 79도1387.

가중적 구성요건이다.

주체는 요부조자의 직계비속이다. 직계비속인 신분관계에서는 당연히 보호의무가 생긴다. 객체는 요부조자인 자기 또는 배우자의 직계존속이다. 배우자, 직계존속에 대해서는 존속살해죄의 그것과 같다. 이 죄의 고의는 단순유기의 고의 외에 객체가 자기 또는 배우자의 직계존속이라는 것을 인식하고 있어야 한다.

3. 중유기죄 · 존속중유기죄

> **【구성요건 · 법정형】** 제1항(유기)의 죄를 범하여 사람의 생명에 대한 위험을 발생하게 한 때에는 7년 이하의 징역에 처한다(제271조 3항). 제2항(존속유기)의 죄를 범하여 사람의 생명에 대하여 위험을 발생한 때에는 2년 이상의 유기징역에 처한다(제271조 4항).

유기죄 또는 존속유기죄를 범하여 피해자의 생명에 대한 구체적 위험을 발생하게 한 때에 성립하는 가중적 구성요건이며, 구체적 위험범이다. 부진정결과적 가중범을 인정하는 입장에서는 단순유기죄의 결과적 가중범으로 본다. 그러나 생명에 대한 위험발생과 생명침해 결과는 구별해야 하며, 유기죄 · 중유기죄의 결과적 가중범은 유기치사상죄이므로 중유기로 인하여 사상의 결과가 발생한 때 결과적 가중범의 결과적 가중범을 인정할 수 없고, 생명의 위험발생에 대한 인식 없이는 애당초 중유기죄가 성립하지 아니하므로(구체적 위험범) 결과적 가중범이 아니라 고의범이라 해야 한다.[288] 기타의 구성요건요소는 유기죄, 존속유기죄와 같다.

4. 영아유기죄

> **【구성요건 · 법정형】** 직계존속이 치욕을 은폐하기 위하거나 양육할 수 없음을 예상하거나 특히 참작할 만한 동기로 인하여 영아를 유기한 때에는 2년 이하의 징역 또는 300만원 이하의 벌금에 처한다(제272조).

이 죄는 영아살해죄와 동일한 취지에서 유기죄보다 책임을 감경한 부진정신분범이다. 따라서 원칙적으로 이 죄의 성격, 책임감경의 의미, 공범관계, 제53

---

288) 백형구, 105면.

조(작량감경)의 적용문제 등은 영아살해죄에서 설명한 바와 같다. 영아살해죄와 비교하여 문제되는 점은 다음과 같다.

첫째, 이 죄의 직계존속은 법률상의 직계존속과 사실상의 직계존속을 포함하며, 산모에 한하지 않고 직계존속 모두 포함한다. 따라서 영아살해죄의 직계존속과 같다. 그리고 적출자와 비적출자를 구별할 필요도 없다.

둘째, 영아살해죄에 있어서의 영아는 "분만 중 또는 분만직후"의 영아임에 대해서 이 죄에 있어서의 영아는 법문에 아무런 제한을 두지 않았으므로 분만으로 인한 흥분상태가 종료한 이후에도 무방하며, 또 유기의 성질상 분만완료 이전의 영아는 객체가 될 수 없다. 따라서 이 죄의 영아는 전부 노출된 이후의 영아로서 일반적 의미의 영아, 즉 젖먹이 아이(幼兒)를 의미한다고 해야 한다.

5. 유기·학대치사상죄

【구성요건·법정형】 ① 제271조 내지 제273조(유기, 영아유기, 학대)의 죄를 범하여 사람을 상해에 이르게 한 때에는 7년 이하의 징역에 처한다. 사망에 이르게 한 때에는 3년 이상의 유기징역에 처한다(제275조 1항).
② 자기 또는 배우자의 직계존속에 대하여 제271조 또는 제273조의 죄를 범하여 상해에 이르게 한 때에는 3년 이상의 유기징역에 처한다. 사망에 이르게 한 때에는 무기 또는 5년 이상의 징역에 처한다(제275조 2항).

유기·학대치사상죄는 아동혹사죄를 제외한 모든 유기·학대의 죄를 범하여 사람을 사상에 이르게 한 경우에 가중처벌하는 결과적 가중범이다. 따라서 사상의 결과에 대하여 고의는 없으나 예견하지 못한 데에 과실은 있어야 한다. 만일 과실도 없는 때에는 유기죄·학대죄 등으로 처벌될 뿐이다. 애당초 살해 또는 상해의 의사가 있는 때에는 살인죄 또는 상해죄가 성립하며 유기죄·학대죄 등은 이에 흡수된다. 존속유기·학대치사상죄는 형법개정에서 신설한 것이다. 존속살해죄를 비롯한 존속에 대한 생명·신체를 해하는 범죄에 형을 가중하는 것과 균형을 유지하기 위해서 유기·학대치사상죄에 대하여 책임을 가중한 부진정신분범이다.

판례는 술집주인이 인사불성이 될 정도로 만취한 손님을 겨울날 새벽에 노상에 방치하여 동사한 경우(서울고법, 1992.5. 29, 92노1085)와, 여호와의 증인의 교리에 어긋난다는 이유로 수술을 거부하여 딸을 사망케한 경우(대판, 1980. 9.

24,99도1387)에 유기치사죄를 인정하였다.

Ⅲ. 학대죄와 아동혹사죄

1. 학대죄 · 존속학대죄

【구성요건 · 법정형】 ① 자기의 보호 또는 감독을 받는 사람을 학대한 자는 2년 이하의 징역 또는 500만원 이하의 벌금에 처한다(제273조 1항).
② 자기 또는 배우자의 직계존속에 대하여 전항의 죄를 범한 때에는 5년 이하의 징역 또는 700만원 이하의 벌금에 처한다(제273조 2항).

자기의 보호 또는 감독을 받는 사람을 학대하여 사람의 생명 · 신체에 위험을 가져오는 행위를 처벌하기 위한 범죄이고, 유기죄와 독립된 구성요건으로 규정한 것이다. 유기죄와 마찬가지로 사람의 생명 · 신체의 안전을 보호법익으로 하는 추상적 위험범이며, 상태범[289] · 경향범에 해당한다. 존속학대죄는 자기 또는 배우자의 직계존속에 대한 신분관계로 책임이 가중된 가중적 구성요건이다.

(1) 주 체

주체는 사람을 보호 또는 감독하는 자(학대죄), 직계존속을 보호 또는 감독할 의무 있는 직계비속과 그 배우자이다(존속학대죄). 즉 학대죄는 사람을 보호 · 감독하는 지위에 있는 신분자만이 주체가 될 수 있는 진정신분범이며, 존속학대죄는 신분관계로 다시 형이 가중되는 이중신분범(진정 · 부진정신분범의 결합)이다.

보호 · 감독의 근거에 관해서, ① 유기죄와 균형상 법률 또는 계약에 의한 경우에 한한다는 견해[290]와, ② 이러한 제한 없이 사무관리 · 조리 또는 관습에 의한 경우도 포함한다는 견해[291]가 대립하는데 후자가 통설이다. 유기죄의 규정처럼 '법률상 또는 계약상'이라는 제한이 없으므로 그 근거는 제한적으로 해석해야 할 이유가 없고, 학대로 인하여 사람의 생명 · 신체에 대한 위험을 야기

289) 대판, 1986. 7. 8, 84도2922.

290) 강구진, 126면; 김성천/김형준, 162면.

291) 유기천(상), 90면; 정영석, 250면; 김종원, 94면; 정성근, 148면; 이형국, 147면; 이재상, 110면; 김일수/서보학, 114면; 진계호, 136면, 박상기, 98면; 배종대, 192면; 임웅, 122면; 백형구, 108면; 오영근, 120면; 정영일, 89면; 손동권, 106면; 김성돈, 108면.

시키는 것은 법률 · 계약에 의하지 아니한 보호 · 감독관계에서도 생길 수 있으므로 통설이 타당하다고 해야 한다. 따라서 법률 · 계약 · 사무관리 · 관습 · 조리에 근거한 것임을 묻지 않고 사실상 보호 · 감독자의 지위에 있으면 이 죄의 주체가 될 수 있다.

(2) 객 체

객체는 자기의 보호 또는 감독을 받는 자(학대죄)와, 보호 또는 감독을 받는 자기 또는 배우자의 직계존속(존속학대죄)이다. 제34조 2항의 "지휘 · 감독을 받는 자"와의 관계에 대해서, 이 죄의 보호 · 감독을 받는 자와 같다는 견해[292]가 있으나 "지휘"와 "보호"는 성질상 다른 것이므로 양자는 구별해야 한다. 보호 또는 감독을 받는 자이면 아동, 소년, 질병자, 불구자, 노약자, 부녀 등 제한이 없으나 18세 미만의 아동에 대한 학대(아동의 건강 · 복지를 해치거나 신체적 · 정신적 · 성적 폭력 또는 가혹행위)는 아동복지법(제29조, 제40조)이 적용된다.

(3) 행 위

행위는 학대하는 것이다. 학대의 개념에 대해서는, ① 육체적으로나 정신적으로 고통을 가하는 가혹한 대우라는 견해[293]와, ② 생명 · 신체의 안전을 위태롭게 할 육체적 고통을 주는 처우로서 폭행 이외의 것을 의미한다는 견해[294]가 대립하는데 전자가 통설이다. 견해의 차이는 "가혹한 행위"(제125조의 직권남용죄, 제277조의 중체포감금죄)와 구별에서 비롯된다. 통설은 폭행 · 협박 · 음란행위를 제외한 육체적 · 정신적 고통을 주는 행위를 학대라 하고, 이것까지 포함하여 정신적 · 육체적 고통을 주는 가혹행위와 구별하는데 대해서, 소수설은 폭행 이외의 육체적 고통만 주는 것을 학대라 하고, 육체적 · 정신적 고통까지 주는 가혹행위와 구별한다. 두 견해 모두 학대는 가혹행위보다 좁은 개념으로 파악하고 있다는 데는 차이가 없다.

형법은, ① 학대와 가혹행위를 용어상 구별하고 있고, 학대죄를 유기죄와 함께 규정하고 있으므로 학대도 생명 · 신체를 위태롭게 할 정도의 것이라야 하

292) 유기천(상), 92면.

293) 유기천(상), 90면; 황산덕, 200면; 정영석, 241면; 정성근, 149면; 이형국, 148면; 김일수/서보학, 115면; 박상기, 99면 이하; 배종대, 192면; 진계호, 136면; 백형구, 109면; 임웅, 119면; 오영근, 119면; 손동권, 106면; 정영일, 90면; 김성돈, 109면.

294) 김종원, 94면; 이재상, 111면.

며, ② 가혹한 대우나 고통을 주는 대우는 모두 육체적·정신적으로 가능하므로 정신적 고통을 제외할 이유가 없다. 학대의 법정형이 가혹행위보다 낮다는 점에 비추어 통설이 타당하며 판례도 같은 태도이다.[295] 다만 육체적·정신적 고통을 주는 대우가 적어도 생명·신체에 위험을 줄 수 있는 정도에 이르러야 한다고 본다(현저성의 원칙). 그리하여 폭행[296]·협박·음란행위는 학대에서 제외되지만 일상생활에 필요한 음식을 주지 않거나 필요한 정도의 휴식·수면을 허용하지 않는 경우, 어두운 좁은 방에 감금하거나 어린아이를 닭장에 가두고 전신을 구타한 경우는 학대가 된다. 학대는 부작위로서도 가능하다.

(4) 주관적 요소

단순학대죄는 자신이 보호·감독자의 지위에 있다는 사실과 보호·감독을 받는 사람을 학대한다는 사실에 대한 인식·의사가 있어야 한다. 생명·신체에 대한 위험발생까지 인식할 필요가 없다. 존속학대죄는 이 외에 행위객체가 자기 또는 배우자의 직계존속이라는 사실도 인식해야 한다. 학대죄는 경향범이므로 고의 외에 초과주관적 불법요소로서 학대성향이 있어야 한다.

2. 아동혹사죄

> **【구성요건·법정형】** 자기의 보호 또는 감독을 받는 16세 미만의 자를 그 생명 또는 신체의 위험한 업무에 사용할 영업자 또는 그 종업자에게 인도한 자는 5년 이하의 징역에 처한다. 그 인도를 받은 자도 같다(제274조).

자기의 보호 또는 감독을 받는 16세 미만의 아동을 생명·신체의 위험한 업무에 사용할 영업자 또는 그 종업자에게 인도하거나 인도받는 행위 자체를 처벌함으로써 아동의 복지를 보호하기 위한 형식범이며,[297] 학대죄와 다른 독립된 구성요건이다. 따라서 이 죄의 보호법익은 아동의 복지권이다.

---

295) 대판, 2000. 4. 25, 2000도223: "학대행위는 육체적·정신적 차별대우이며 반인륜적 침해만으로 부족하고, 유기에 준할 정도에 이르러야 한다."

296) 대판, 1969. 2. 4, 68도1793은 4세인 아들이 대소변을 가리지 못한다고 닭장에 가두고 전신을 구타한 경우도 학대죄에 해당한다고 하고 있다.

297) 정성근, 150면; 이재상, 111면; 배종대, 193면. 이에 대해서 추상적 위험범설은 이형국, 149면; 김일수/서보학, 117면; 진계호, 139면; 임웅, 124면; 손동권, 106면; 김성돈, 102면. 이에 대해 아동의 생명·신체의 안전을 보호하는 추상적 위험범이라는 견해는 오영근, 122면.

(1) 주체 · 객체

주체는 보호 · 감독의 지위에 있는 신분자이므로 진정신분범이다. 객체는 보호 · 감독을 받고 있는 16세 미만자이다. 16세 미만자이면 성별, 기혼, 미혼, 발육정도는 묻지 않는다.

(2) 행 위

행위는 생명 또는 신체의 위험한 업무에 사용할 영업자 또는 그 종업자에게 인도하거나 인도받는 것(引受)이다. 인도하는 자와 인수하는 자는 필요적 공범관계(대향범)에 있다. 인도계약을 체결하는 것만으로 부족하고 인도가 있어야 한다. 더 나아가서 현실적으로 위험한 업무에 종사할 필요는 없다. 위험한 업무에 종사까지 시키면 이 죄와 학대죄의 경합범이 될 수 있다.

생명 · 신체에 위험한 업무의 범위에 대하여는 임산부와 18세 미만자에게 도덕상 또는 보호상 유해 · 위험한 사업에 사용하지 못하도록 금지하고 있는 근로기준법 제65조의 사용금지직종(동법 시행령 제40조)과의 관계가 문제된다. 이 죄의 업무는 생명 · 신체에 대한 위험한 업무라야 하고, 근로기준법 위반의 경우보다 이 죄의 법정형이 더 중한 점(근로기준법 제109조 위반은 3년 이하의 징역 또는 2천만원 이하의 벌금이다)에 비추어 근로기준법의 금지직종보다 제한적으로 해석해야 한다(통설).[298]

이 죄의 주관적 구성요건요소로서 고의가 있어야 하며, 아동이 16세 미만자라는 인식과 생명 · 신체의 위험이 있는 업무에 사용한다는 인식, 의사가 있어야 한다. 인도 · 인수에 대한 아동의 승낙이 있어도 위법성은 조각하지 않는다. 학대죄는 고의 외에 초과주관적 불법요소로서 위험한 행위경향이 있어야 하는 경향범이다.

298) 서일교, 58면; 정성근, 150면; 강구진, 127면 이하; 이재상, 112면; 김일수/서보학, 117면; 박상기, 100면; 배종대, 193면; 진계호, 140면; 임웅, 124면; 오영근, 123면; 정영일, 92면; 김성돈, 110면.

제 2 장 자유에 대한 죄

제 1 절 체포와 감금의 죄

I. 총 설

1. 의의 · 보호법익 · 성격

(1) 의 의

체포죄(Festnahme)와 감금죄(Einsperrung)는 사람을 불법하게 체포 또는 감금함으로써 신체활동(행동)의 자유, 특히 장소선택의 자유를 침해하는 범죄이다. 즉, 사람이 자기의 의사에 따라 자신의 신체를 자유로이 활동할 수 있는 이익을 침해하는 범죄이다.

(2) 보호법익

체포죄 · 감금죄의 보호법익이 신체활동의 자유라고 하는데 대해서는 이견이 없다. 신체활동의 자유란 현재 머무르고 있는 장소를 떠나서 자기의사에 따라 거처와 장소를 변경할 수 있는 "장소선택의 자유"를 말한다. 장소선택의 자유는 일정한 장소로 들어갈 수 있는 자유가 아니라 일정한 장소를 떠날 수 있는 자유를 의미한다. 그러므로 단순히 어떤 장소에 들어오지 못 하게 하는 것은 여기에 해당하지 않는다. 그리고 여기의 자유는 현실적인 신체활동의 자유가 아니라 잠재적인 신체활동의 자유를 의미하므로[1] 현실적으로 활동의 자유가 침해되었느냐의 여부를 묻지 않고 활동하려고 했으면 활동할 수 있었느냐를 기준으로 판단해야 한다. 보호받는 정도는 침해범으로서의 보호이다.

1) 황산덕, 204면; 서일교, 60면; 정영석, 244면; 유기천(상), 95면; 김종원, 108면; 정성근, 154면; 이형국, 177면; 강구진, 147면; 이재상, 122면; 김일수/서보학, 134면; 박상기, 123면; 배종대, 219면; 임웅, 126면; 오영근, 124~125면; 손동권, 119면; 정영일, 95면; 김성돈, 129면.

(3) 성 격

체포・감금의 죄는 그 행위가 다소 시간적 계속을 필요로 하는 전형적인 계속범이다. 다만 구체적으로 무엇을 계속하느냐에 대해서, ① 법익침해의 기수상태가 계속된다는 기수계속설[2]과, ② 자유박탈이 일정시간 계속된다는 시간적 계속설[3]이 대립한다.

기수계속설에 의하면, 기수가 된 후에도 범죄는 종료하지 않고 계속하므로 상태범과 구별이 곤란하고, 미수범이 성립할 여지가 없으며, 기수 이후에도 공범의 성립을 인정해야 하는 불합리성이 있으므로 시간적 계속설이 타당하다고 해야 한다.

2. 구성요건체계

체포・감금죄(제276조 1항)를 기본적 구성요건으로 하고, 존속체포・감금죄(제276조 2항)는 비속이라는 신분으로 인하여, 상습체포・감금죄(제279조)는 상습성이라는 신분 때문에 책임이 각각 가중되는 가중적 구성요건이다. 그리고 중체포・감금죄(제277조)는 가혹행위 때문에, 특수체포・감금죄(제278조)는 행위태양 때문에 각각 불법이 가중되는 가중적 구성요건이며, 체포・감금치사상죄와 존속체포・감금치사상죄(제281조)는 결과적 가중범이다.

이 외에 특별규정으로 직권을 남용하여 체포・감금한 때에는 직권남용죄(제124조)에 의해서 처벌하며, 2인 이상이 공동하여 체포・감금한 경우와 집단적, 흉기 기타 위험한 물건을 휴대하여 체포・감금죄를 범한 경우에는 폭력행위등처벌에관한법률 제2조・제3조에 의하여 가중처벌된다.

Ⅱ. 체포・감금죄

【구성요건・법정형】 사람을 체포 또는 감금한 자는 5년 이하의 징역 또는 700만원 이하의 벌금에 처한다(제276조 1항). 10년 이하의 자격정지를 병과할

2) 황산덕, 203면.
3) 서일교, 61면; 유기천(상), 96면; 정영석, 246면; 김종원, 109면; 정성근, 154면; 김일수/서보학, 138면; 진계호, 142면; 백형구, 291면; 임웅, 130면; 박상기, 126면; 오영근, 129면; 정영일, 98면; 손동권, 123면; 김성돈, 133면.

수 있다(제282조). 미수범은 처벌한다(제280조).

1. 의 의

체포와 감금죄는 사람을 체포 또는 감금함으로써 성립하는 범죄이다.

2. 객관적 구성요건요소

사람을 체포 또는 감금하는 것이다.

(1) 객 체

객체는 사람, 즉 신체활동의 자유를 가질 수 있는 자연인이다.

1) 자연인의 범위 신체활동의 자유를 가지는 자연인의 범위에 대해서 견해가 대립한다.

(a) 최광의설 모든 자연인이 이 죄의 객체가 된다는 견해[4]이다. 신체활동의 가능성이나 신체활동의 의사 유무를 묻지 않고 신체활동의 자유를 침해하면 이 죄가 성립한다는 것이다. 이에 따르면 신체활동의 각성이 기대되는 만취자·수면자·정신병자는 물론, 신체활동의 가능성이나 그 의사도 없는 출산 직후의 영아도 이 죄의 객체가 된다.

(b) 광의설 신체활동이 기대되는 잠재적인 활동의 자유를 가진 자이면 현실적으로 활동의사가 없는 자도 이 죄의 객체가 된다는 견해이다.[5] 이에 따르면 만취자·수면자·정신병자는 이 죄의 객체가 되지만 영아·유아와 같이 활동의 가능성이 전혀 없는 자는 이 죄의 객체가 될 수 없다. 우리나라의 통설이다.

(c) 협의설 신체활동의 자유는 활동의사를 전제로 하므로 애당초 활동의사가 없는 자는 이 죄의 객체가 될 수 없다[6]는 견해이다. 이에 따르면 의식을 상실한 만취자·수면자가 의식을 회복하여 활동을 개시할 수 있는 상태가 되

---

4) 염정철, 306면; 오영근, 126면 이하; Welzel, StR, S. 328.

5) 서일교, 60면 이하; 황산덕, 204면; 유기천(상), 96면; 남흥우, 66면; 이건호, 244면; 정영석, 232면; 김종원, 108면 이하; 정성근, 156면; 이형국, 179면; 강구진, 147면; 이재상, 123면; 김일수/서보학, 136면; 배종대, 221면; 박상기, 125면; 진계호, 144면; 백형구, 291면; 임웅, 128면; 손동권, 119면; 김성돈, 131면.

6) 정창운, 63면; 이근상, 194면; 정영일, 96면.

기 이전까지는 이 죄의 객체가 될 수 없고, 보행이 불가능한 유아는 애당초 자유침해를 인정할 수 없으므로 이 죄의 객체에서 제외된다.

(d) 결 어　이 죄의 보호법익은 신체활동의 자유, 특히 장소선택의 자유이므로 신체활동의 가능성이나 활동의사도 있을 수 없는 영아까지 이 죄의 객체가 된다는 최광의설은 타당하지 않으며 실익도 없다. 협의설은 이 죄가 현실적 신체 활동의 자유가 아니라 잠재적 신체 활동의 자유를 보호한다는 것을 도외시하여 각성이 기대되는 만취자·수면자까지도 제외하므로 타당하지 않다.

이 죄가 보호하려는 신체활동의 자유는 자연적·사실적 의미에서의 잠재적 신체활동의 자유를 의미하므로 그 가능성이 있는 자는 법적인 책임능력·행위능력이나 의사능력이 없어도 자연적·사실적 활동의 자유는 있을 수 있다. 따라서 이러한 자유가 침해된 이상 현실적 활동의 자유가 침해되었는가를 묻지 않고 이 죄가 성립한다는 광의설이 타당하다. 그리하여 정신병자, 만취자, 수면자, 위계에 의하여 신체구속을 당하고 있는 자, 타인의 원조 또는 도구·보조기의 도움을 받아 활동할 수 있는 불구자·부상자도 이 죄의 객체가 된다. 그러나 행위의사와 잠재적 활동의 자유도 애당초 없는 영아·식물인간은 이 죄의 객체에서 제외된다.

2) 자유침해에 대한 인식유무　이 죄의 성립요건으로 피해자가 활동의 자유가 침해되고 있음을 인식하고 있어야 하느냐에 대해서도 견해가 대립한다.

(a) 인식필요설　신체활동의 자유는 부당하게 방해받지 않는 상태를 의미하는 이상 피해자가 침해사실을 알지 못하면 그 자유는 형식적·추상적 개념에 불과하므로 활동의 자유가 침해된다는 사실을 인식하고 있어야 한다는 것이다.[7] ① 자유침해에 대한 인식이 없는 자에 대하여 그 자유가 침해된다는 것은 있을 수 없고, ② 이 죄의 미수범을 처벌하므로 그 기수시기를 결정하기 위해서도 인식이 필요하다는 점을 그 이유로 한다.

(b) 인식불요설　이 죄의 신체활동의 자유는 현실적 자유가 아니라 잠재적 활동의 자유이므로 자유침해에 대한 인식 유무와 관계없이 객관적으로 침해한 사실이 있으면 이 죄가 성립한다고 한다.[8] 만일 필요설에 따른다면, ① 감금된

---

7) 유기천(상), 98면; 정창운, 64면; 권문택, 주석(하), 50면 이하; 강구진, 151면; 배종대, 224면; 진계호, 146면; 임웅, 128면; 백형구, 293면; 이정원, 175면. 다만 김일수/서보학, 139면은 이죄가 기수가 되기 위해서만 필요하다고 한다.

8) 황산덕, 204면; 정영석, 255면; 서일교, 61면; 이건호, 244면; 김종원, 108면; 정성근, 157면;

자가 잠을 잘 때에는 감금의 중단을 인정해야 하고, ② 최면술을 사용하여 일정한 장소에서 움직이지 못하게 한 때에는 감금이라 할 수 없으며, ③ 잠재적 활동의 자유는 피해자의 인식 유무와 관계없이 객관적으로 침해사실이 있으면 충분하다는 점을 이유로 들고 있다.

(c) 결 어 이 죄는 현실적 자유가 아니라 가능성 있는 잠재적 활동의 자유가 침해되는 침해범이며, 기수·미수는 행위자의 실행행위를 기준으로 판단해야 하고 피해자의 주관적 인식과 관계없으므로 인식불요설이 타당하다고 해야 한다. 따라서 만취자·수면자의 방문을 열쇠로 잠근 때에는 피해자가 이를 인식하지 못한 때에도 감금죄는 성립하며, 피해자가 각성하기 이전에 감금장치를 열었어도 범죄의 성부에 영향이 없다. 또 연구에 몰두하여 외출 의사가 없는 학자의 연구실을 열쇠로 잠갔다가 본인이 모르는 사이에 문을 열어 놓은 때에도 이 죄는 성립한다.

(2) 행 위

행위는 체포 또는 감금이다.

1) 체 포 "체포"란 사람의 신체에 대하여 직접적·현실적 지배를 설정하여 신체활동의 자유를 박탈하는 것을 말한다(직접구속). 체포의 수단·방법은 제한이 없다. 수족을 포박·결박하는 유형적 방법은 물론, 경찰관을 사칭하여 연행하거나 위계·협박에 의한 착오로 자승자박케 하는 무형적 방법, 경찰관에게 현행범이라고 속여 체포하게 하는 간접정범도 가능하다. 침해되는 자유는 전면적 박탈일 필요가 없고, 어느 정도 자유롭게 활동할 수 있어도 전체적으로 신체활동의 자유가 제한되어 있으면 체포에 해당한다. 따라서 긴 밧줄로 사람을 묶어서 한쪽 끝을 잡고 있어도 체포가 된다.

그러나 체포라고 하기 위해서는 신체에 대하여 현실적인 구속이 있을 것을 요하므로 예컨대 일정한 장소에 출석하지 않으면 구속하겠다고 협박하여 출석하게 하는 것은 강요죄(제324조)에 해당할 뿐이며 체포라 할 수 없다.

2) 감 금 "감금"이란 사람을 일정한 장소 밖으로 나가지 못하게 하거나 출입을 현저히 곤란하게 하여 신체활동의 자유를 제한하는 것을 말한다(간접구

이형국, 182면; 이재상, 123면; 박상기, 126면; 오영근, 126면; 손동권, 121면; 정영일, 98면; 김성돈, 131면.

속).[9] 장소적 제한이 있다는 점에서 체포와 구별된다. 일정한 장소는 가옥·방실·선박·자동차와 같이 구획된 장소뿐만 아니라 한정된 지역이라도 무방하다. 감금의 수단·방법도 묻지 않는다. 피감금자를 방안에 넣고 열쇠를 잠그거나 마취시켜서 사실상 출입불가능하게 하거나 감시인[10] 또는 개로 하여금 출입구를 지키게 하여 탈출을 봉쇄하는 유형적·물리적 방법에 한하지 않으며, 피감금자를 협박하여 공포심으로 도망하지 못하게 하거나[11] 위계에 의한 피해자의 착오를 이용하여 탈출을 방해하거나,[12] 사람의 수치심(목욕 중인 부녀의 옷을 숨겨서 출입하지 못하게 하는 경우)이나 생명·신체에 대한 위험이 수반되는 공포심을 이용하여 탈출을 곤란하게 하는 무형적·심리적 방법에 의해서도[13] 감금은 가능하다.[14]

자동차에 사람을 태우고 빠른 속도로 질주하거나[15] 야간에 보트에 태워 깊은 바다로 나가는 경우, 건물의 옥상이나 나무 위에 올라간 사람이 내려오지 못하게 사다리를 제거한 경우, 우물 속에 들어간 사람을 나오지 못하게 사다리를 제거한 경우가 공포심을 이용한 감금이 된다.

이러한 경우 사실상 탈출할 수 있어도 피해자가 출구를 모르거나 인식하기 어려운 상태이면 감금이 된다. 감금은 부작위로도 가능하다. 사람이 방안에 있는 줄 모르고 문을 잠근 후 그 사실을 알고도 열어주지 않거나, 불법하게 구속되어 있는 자를 석방해야 할 자가 이를 알면서 방치한 때에는 부작위에 의한 감금이 된다. 또 정을 모르는 제3자의 행위를 이용하여 간접정범의 형태로 감금할 수 있다. 수사기관에 허위사실을 신고하여 구속하게 하거나, 사람이 들어있는 줄 모르는 제3자를 시켜서 문을 잠그게 하는 경우가 여기에 해당한다. 그

9) 대판, 1984. 5. 15, 84도655.
10) 대판, 1983. 9. 13, 80도277.
11) 대판, 1991. 8. 27, 91도1604: "도피할 경우에 생명·신체에 위해를 받을 수 있다는 공포심 때문에 도피를 단념하고 있는 자를 호텔로 데리고 가서 함께 유숙한 다음 항공기로 국외에 나간 행위는 감금에 해당한다."
12) 대판, 1985. 10. 8, 84도2424.
13) 대판, 1984. 5. 15, 84도655.
14) 대판, 1997. 6. 13, 97도877: "수시로 출입이 가능한 경찰서 대기실에서 경찰서 밖으로 나가지 못하도록 제한하는 것도 감금이 된다."
15) 대판, 1983. 4. 26, 83도323: 피해자가 자동차에서 내릴 수 없는 상태에 있음을 이용하여 여관 앞까지 질주하고 강간하려다 미수에 그친 사건에 대하여 감금죄와 강간미수죄의 실행의 착수가 있다고 판시하였다. 같은 취지: 대판, 1984. 8. 21, 84도1550; 대판, 1985. 6. 25, 84도2083.

리고 감금은 피감금자가 그의 자연상태에서 누리는 신체활동의 자유를 제한하면 충분하므로 긴 밧줄로 결박하거나 넓은 저택에 유폐시킨 때에도 감금이 된다. 이 경우 실내에 상당한 설비를 하여 건강유지를 할 수 있고, 또 오락시설을 구비하였거나 감금자 자신이 함께 생활하고 있어도 감금죄는 성립한다. 판례는 결찰서 안에서 다른 피의자와 식사도 하며 사무실 안팎을 내왕하였어도 경찰서 밖으로 나가지 못하게 억압된 상태이면 감금죄가 된다고 한다.[16] 권총을 겨누어 일정한 장소에서 도주할 수 없도록 하는 경우는 직접적인 신체구속이 아니므로 감금에 해당한다.[17] 그러나 권총을 겨누고 대로상을 걸어가게 하는 것은 장소적 제한이 없으므로 체포에 해당한다.

3) 특별법상의 가중 2인 이상이 공동하여 체포·감금하면 폭력행위등처벌에관한법률에 의해 2분의 1까지 가중 처벌한다(동법 제2조 2항).

4) 미수·기수의 시기 이 죄는 잠재적 신체활동의 자유를 침해하는 계속범이므로 객관적으로 피해자의 자유가 침해된 사실이 어느 정도 계속된 때에 피해자의 자유박탈에 대한 인식 여부를 묻지 않고 기수가 된다. 이 죄의 미수범은 체포·감금 자체를 완성하지 못한 때, 또는 체포·감금의 의사로 일시적인 자유박탈에 그친 때에 성립한다. 이에 대해서 체포·감금의 사실을 피해자가 인식하고 있어야 한다는 입장에 따르면 고의를 가지고 착수한 후 시간적 계속이 없거나 피해자의 인식이 없거나 또는 양자 모두 없는 경우에 미수범이 되고 이것이 있을 경우에 기수가 된다.

5) 계속범 시간적 계속범이므로 단지 잠깐 동안 사람의 손을 붙들고 있거나 감금의사 없이 일시적인 자유박탈에 그친 때에는 폭행이 될 뿐[18]이고 이 죄는 성립하지 않는다. 어느 정도의 계속된 자유박탈이 있으면 그 시간적 장단은 묻지 않는다. 자유박탈이 계속되고 있는 동안은 범죄는 종료하지 않고 계속되며, 자유가 회복된 때에 종료한다.

---

16) 대판, 1997. 6. 13, 97도877; 대판, 1991. 12. 30, 91도5.

17) 정영석, 246면; 정성근, 160면; 진계호, 145면.

18) 일시적인 자유박탈의 경우에 이 죄의 미수가 된다는 견해(김종원, 110면; 강구진, 150면)와 폭행죄가 된다는 견해(황산덕, 205면; 남흥우, 67면; 서일교, 61면; 이건호, 246면)가 있으나 감금의 고의 유무에 따라 감금미수죄 또는 폭행죄가 된다고 본다.

3. 주관적 구성요건요소

고의가 있어야 한다. 이 죄의 고의는 신체활동의 자유를 구속 또는 박탈한다는 인식・의사이다. 그 동기・목적 여하는 묻지 않는다.

4. 위법성조각사유

체포・감금의 행위가 위법성을 조각시키는 경우는 많다. 영장에 의한 피의자・피고인의 구속(형사소송법 제201조 1항), 현행범 체포(형사소송법 제212조), 친권자의 징계행위(민법 제915조), 경찰관의 술 취한 자 등 보호조치(경찰관직무집행법 제4조 1항 1호)는 법령에 의한 정당행위로서, 치료를 위한 의사의 정신병자 감금행위는 업무로 인한 정당행위(제20조)로서 각각 위법성이 조각된다. 위해를 미연에 방지하기 위하여 난폭한 술 취한 자를 부득이 포박하거나, 정신병자의 안전과 보호를 위하여 친권자의 의뢰를 받고 일시 보호실에 감금한 때[19]에는 사회상규에 반하지 않는 한 정당행위(제20조)로서 위법성이 조각된다. 노동쟁의행위시에 행한 감금도 사회통념상 일반적으로 허용된 범위 내에서는 위법성이 조각되지만 그 정도를 초월한 때에는 위법이 된다. 피해자 승낙에 의한 체포・감금은 위법성이 조각된다는 것이 다수설이다.[20] 그러나 체포・감금은 피해자의 동의가 없는 것을 요건으로 하므로 피해자의 동의가 있으면 구성요건해당성이 부정되는 양해에 해당한다[21]고 본다. 따라서 연주 중인 강당을 폐쇄하여 외부인의 출입을 통제하는 경우에는 추정적 승낙에 의하여 구성요건해당성이 없다고 본다.

5. 죄수・타죄와의 관계

(1) 체포와 감금

체포와 감금은 서로 계속해서 행해지는 경우가 많고 그 한계를 명백하게 정할 수 없다. 양자는 같은 구성요건에 규정된 같은 성질의 행위이고 단지 행위태양을 달리하는 데 지나지 않는 것이므로 엄격하게 구별할 필요가 없다. 따라

19) 대판, 1980. 2. 12, 79도1345.

20) 유기천(상), 97면; 서일교, 63면; 김종원, 110면; 강구진, 151면; 진계호, 147면; 배종대, 225면 이하; 백형구, 296면; 임웅, 130면.

21) 정성근, 162면; 이형국, 182면; 이재상, 127면; 오영근, 128면; 손동권, 122면; 정영일, 99면; 김성돈, 134면.

서 사람을 체포한 자가 계속하여 감금한 때에는 포괄하여 하나의 감금죄가 성립한다.

(2) 죄 수

신체활동의 자유는 일신전속적 법익이므로 1개의 행위로 같은 장소에서 수인을 감금한 때에는 수개의 감금죄가 성립하고 상상적 경합이 된다.

(3) 타죄와의 관계

체포·감금의 수단으로 행해진 폭행·협박은 체포·감금죄에 흡수된다.[22] 그러나 폭행·협박이 감금상태를 유지·존속시키는 수단이 아니라 별개의 동기에서 행한 때에는 감금죄 외에 폭행죄·협박죄가 성립하고 경합범이 된다. 감금 중에 강도, 강간, 상해, 살인을 한 때에도 감금죄 외에 각 죄가 성립하고 경합범이 된다. 감금행위가 강간행위(강도행위)의 수단으로 된 때에는 강간행위(강도행위)는 항상 그 수단으로 감금행위를 수반하는 것은 아니므로 감금죄와 강간죄(강도죄)가 각각 성립하고 상상적 경합이 된다.[23] 사람을 체포·감금하여 인질로 삼고 그 석방의 대가로 금품을 강취한 때에는 인질강도죄(제336조)가 성립한다.

Ⅲ. 체포·감금죄의 가중적 구성요건

1. 존속체포·감금죄

> **【구성요건·법정형】** 자기 또는 배우자의 직계존속에 대하여 전항(체포·감금)의 죄를 범한 때에는 10년 이하의 징역 또는 1천500만원 이하의 벌금에 처한다(제276조 2항). 10년 이하의 자격정지를 병과할 수 있다(제282조). 미수범은 처벌한다(제280조).

자기 또는 배우자의 직계존속에 대하여 체포·감금함으로써 성립한다. 신분관계로 인하여 책임이 가중되는 가중적 구성요건이며, 부진정신분범이다.

자기 또는 배우자의 직계존속은 존속살해죄, 체포·감금은 체포·감금죄에

22) 대판, 1982. 6. 22, 82도705.
23) 대판, 1983. 4. 26, 83도323; 대판, 1984. 8. 21, 84도1550; 대판, 1997. 1. 21, 96도2715.

서 설명한 그대로이다.

2. 중체포감금죄 · 존속중체포감금죄

【구성요건 · 법정형】 ① 사람을 체포 또는 감금하여 가혹한 행위를 가한 자는 7년 이하의 징역에 처한다(제277조 1항).
② 자기 또는 배우자의 직계존속에 대하여 전항(중체포 · 감금)의 죄를 범한 때에는 2년 이상의 유기징역에 처한다(제277조 2항). 10년 이하의 자격정지를 병과할 수 있다(제288조). 미수범은 처벌한다(제280조).

사람 또는 직계존속을 체포 · 감금하여 가혹한 행위를 함으로써 성립하는 가중적 구성요건이다. 존속에 대한 죄는 부진정신분범이다.

(1) 가혹한 행위

가혹한 행위란 사람에게 육체적 또는 정신적 고통을 가하는 일체의 행위를 말한다. 반드시 생명 · 신체에 위험을 줄 정도임을 요하지 않는다. 학대보다 넓은 개념이다. 폭행을 가하거나 여자를 발가벗겨 수치심을 일으키거나 기타 음란한 행위를 하는 유형적 방법에 의하건, 협박을 하거나 일상생활에 필요한 의식주를 공급하지 않거나 적당한 수면을 허용하지 않는 무형적 방법에 의하건 상관없다. 가혹한 행위는 감금 중에 행하여야 하므로 체포 · 감금의 수단으로 폭행 · 협박을 가하거나 체포 · 감금을 계속하기 위한 필요한 정도의 폭행 · 협박은 체포 · 감금 이전의 행위이므로 아직 가혹행위가 있다고 할 수 없다.

(2) 고 의

고의는 처음부터 체포 · 감금하여 가혹한 행위를 하려는 인식 · 의사와 체포 · 감금 중에 가혹한 행위를 하려는 인식 · 의사를 포함한다.

(3) 미수범

체포 · 감금하여 가혹한 행위를 하려고 하였으나 체포 · 감금을 하지 못한 때, 체포 · 감금은 하였으나 가혹한 행위를 하지 못한 때, 가혹한 행위 자체가 미수에 그친 때에 미수범이 성립한다.[24]

---

24) 김종원, 112면; 정성근, 164면; 강구진, 152면; 이재상, 128면 이하; 오영근, 131면; 임웅, 132면; 김성돈, 136면.

3. 특수체포 · 감금죄

【구성요건 · 법정형】 단체 또는 다중의 위력을 보이거나 위험한 물건을 휴대하여 전2조(체포 · 감금, 존속체포 · 감금, 중체포 · 감금, 존속중체포 · 감금)의 죄를 범한 때에는 그 죄에 정한 형의 2분의 1까지 가중한다(제278조). 10년 이하의 자격정지를 병과할 수 있다(제282조). 미수범은 처벌한다(제280조).

단체 또는 다중의 위력을 보이거나 위험한 물건을 휴대하여 체포 · 감금죄, 중체포 · 감금죄 또는 존속에 대한 이상의 체포 · 감금죄를 범한 경우에 행위방법의 불법성이 크기 때문에 형을 가중한 것이다.

단체 또는 다중의 위력과 위험한 물건을 휴대한다는 의미는 특수폭행죄의 그것과 같다. 그리고 단체나 다중의 위력으로써 또는 단체나 집단을 가장하여 위력을 보임으로써 체포 · 감금죄(제276조 1항)를 범하거나 또는 흉기 기타 위험한 물건을 휴대하여 같은 죄를 범하거나 상습적으로 같은 죄를 범한 때에는 폭력행위등처벌에관한법률 제3조가 적용되므로 이 범위 내에서 이 죄의 규정은 그 적용이 배제된다.

4. 상습체포 · 감금죄

【구성요건 · 법정형】 상습으로 제276조(체포 · 감금, 존속체포 · 감금) 또는 제277조(중체포 · 감금, 존속중체포 · 감금)의 죄를 범한 때에는 전조(특수체포 · 감금)의 예에 의한다(제279조). 10년 이하의 자격정지를 병과할 수 있다(제282조). 미수범은 처벌한다(제280조).

상습적으로 체포 · 감금죄, 존속체포 · 감금죄, 중체포 · 감금죄, 존속중체포 · 감금죄를 범한 경우에 형을 가중하는 신분적 가중구성요건이다. 상습성에 대해서는 상습상해 · 상습폭행죄의 그것과 같다. 그리고 폭력행위등처벌에관한법률 제2조 1항은 상습으로 체포 · 감금죄를 범한 경우에는 2년 이상의 유기징역에, 상습으로 존속체포 · 감금죄를 범한 경우에는 3년 이상의 유기징역에 처하게 된다.

5. 체포 · 감금치사상죄, 존속체포 · 감금치사상죄

【구성요건 · 법정형】 ① 제276조 내지 제280조(체포 · 감금, 중체포 · 감금, 특수

체포·감금, 상습범과 그 미수)의 죄를 범하여 사람을 상해에 이르게 한 때에는 1년 이상의 유기징역에 처한다. 사망에 이르게 한 때에는 3년 이상의 유기징역에 처한다(제281조 1항).

② 자기 또는 배우자의 직계존속에 대하여 제276조 내지 제280조(존속에 대한 체포·감금, 중체포감금·특수체포감금·상습범과 그 미수)의 죄를 범하여 상해에 이르게 한 때에는 2년 이상의 유기징역에 처한다. 사망에 이르게 한 때에는 무기 또는 5년 이상의 징역에 처한다(제281조 2항). 10년 이하의 자격정지를 병과할 수 있다(제282조).

모든 유형의 체포·감금의 죄를 범하여 사람 또는 직계존속을 상해·살해하거나 사상에 이르게 함으로써 성립하는 결과적 가중범이다. 자기 또는 배우자의 직계존속에 대한 존속체포·감금치상, 치사죄는 개정형법이 신설한 죄이다. 결과적 가중범이므로 이 죄가 성립하기 위해서는 결과적 가중범의 일반원칙에 따른 요건을 구비해야 한다. 사상의 결과는 반드시 체포·감금의 직접결과일 필요가 없고, 체포·감금시에 일어난 것이면 충분하다. 따라서 체포와 감금의 죄가 미수에 그친 경우에도 사상의 결과가 발생하면 이 죄가 성립한다(통설).

【판례】 ① 승용차에 피해자를 태우고 질주하던 중 피해자가 차량을 빠져나오다가 떨어져 사망한 때에도 감금치사죄가 성립한다(대판, 2000. 2. 11, 99도5286).
② 동거여인이 술집에 나가지 못하게 감금하여 가혹행위를 하므로 이를 피하기 위해 창문을 통해 집 밖으로 뛰어 내리다가 사망한 때에는 중감금행위와 피해자의 사망 사이에 인과관계가 있으므로 중감금치사죄의 죄책을 진다(대판, 1991. 10. 25, 91도2085).

문제는 중체포·감금죄와 존속중체포·감금죄의 경우에 가혹한 행위로 인하여 사상의 결과가 발생한 때에도 이 죄로 처벌할 것이냐에 있다. 구형법(현행 일본형법)에는 중체포·감금으로 인하여 사상의 결과를 발생시킨 경우에 결과적 가중범으로 처벌할 수 있는 규정이 없었으므로 체포·감금죄와 상해치사상죄의 경합범이 된다고 해석하는 것이 통설이었다. 그러나 현행형법은 가혹행위를 중체포·감금에 포함시키고 있으므로 체포·감금과 가혹행위를 독립행위로 구별해야 할 이유가 없고, 체포·감금치사상죄는 중체포·감금치사상도 포함하고 있으므로 이 죄만 성립한다고 해야 한다.[25)]

25) 김종원, 114면; 정성근, 166면; 강구진, 154면; 이재상, 130면; 진계호, 153면; 배종대, 228면; 김성돈, 137면.

그리고 이 죄는 사상의 결과에 대해서 고의가 없어야 하므로, 체포와 감금을 살해하기 위한 수단으로 사용한 경우에는 체포·감금죄와 살인죄의 상상적 경합이 되며,[26] 감금행위 도중에 살해의 고의가 생긴 때에는 감금죄와 살인죄의 경합범이 된다[27]고 본다.

6. 특별형법(보복체포·감금죄)

보복체포·감금죄는 자기 또는 타인의 형사사건에 관한 수사 또는 재판과 관련된 고소·고발 등 수사단서 제공, 진술, 증언 또는 자료제출에 대하여 보복 목적으로 단순 체포·감금죄(제276조 1항)를 범한 경우에 1년 이상의 유기징역에 처하며, 이 죄를 범하여 사람을 치사한 때에는 무기 또는 3년 이상의 징역에 처한다(특가법 제5조의9 2항, 3항).

제 2 절 협박과 강요의 죄

Ⅰ. 총 설

1. 의의·보호법익

(1) 의 의

협박죄(Bedrohung)는 해악을 고지함으로써 개인의 자유로운 활동의 전제가 되는 의사결정의 자유를 침해하는 범죄이고, 강요죄(Nötigung)는 폭행 또는 협박에 의하여 개인의 의사결정의 자유뿐만 아니라 의사활동의 자유까지 침해함으로써 권리행사를 방해하는 범죄이다. 강요죄는 의사활동의 자유까지 침해

26) 김종원, 114면; 정성근, 167면; 강구진, 154면; 김일수/서보학, 140면. 이에 대해서 황산덕, 206면과 배종대, 228면은 살인죄만 성립하고, 이재상, 130면은 체포·감금죄와 살인죄의 경합범이 된다고 한다.

27) 황산덕, 206면; 정성근, 167면; 이재상, 130면; 김일수/서보학, 140면; 김성돈, 137면.

한다는 점에서 협박죄와 구별되지만 의사결정에 있어서 외부로부터 부당한 간섭을 받지 않을 자유를 침해한다는 점에서는 같다. 그리고 강요죄는 자유를 침해하는 범죄이므로 재산권을 침해하는 권리행사방해죄 및 공갈죄와 구별된다. 다만 개정형법에서 신설한 인질에 대한 강요죄와 인질을 상해·치상하거나 살해·치사한 죄는 인질의 의사활동의 자유 외에 그 생명·신체에 대한 침해에 중점을 둔 범죄이다.

(2) 보호법익

협박죄의 보호법익은 개인의 의사결정의 자유이며, 강요죄는 의사결정의 자유뿐만 아니라 의사활동의자유(행동의 자유)까지 보호법익으로 한다. 그리고 중강요죄, 인질상해·치상죄, 인질살해·치사죄는 인질의 생명·신체의 안전까지 보호법익이 된다. 어느 것이든 개인의 의사가 외부로부터 부당한 영향을 받지 않는다는 의사결정의 자유를 보호한다는 점에서는 동일하다.

보호받는 정도에 관해서, 강요죄는 침해범으로서의 보호라는 데에 이견이 없고 중강요죄는 구체적 위험범이다.[28] 그러나 협박죄에 대해서는 위험범으로서의 보호라는 견해[29]와 침해범으로서의 보호라는 통설[30]이 대립한다. 일본 형법과 독일 형법은 협박죄의 미수를 처벌하지 않기 때문에 위험범(추상적 위험범)으로 해석하는 것이 통설이다. 견해의 차이는 해악고지에 의해서 상대방이 현실로 공포심을 일으켜야 하는가에 있다. 형법이 협박죄의 미수범을 처벌하고 있다(착수미수뿐만 아니라 실행미수도 있다)는 취지에 비추어 해악고지로 인하여 상대방이 공포심을 일으키지 못하면 미수죄가 된다고 해야 하므로 침해범이라고 함이 타당하다. 협박죄를 위험범으로 보고 있는 판례는 "협박죄의 미수범 처벌조항은 해악의 고지가 현실적으로 상대방에게 도달하지 아니한 경우나, 도달은 하였으나 상대방이 이를 지각하지 못하였거나 고지된 해악의 의미를 인식하지 못한 경우 등에 적용된다"고 한다.[31]

---

28) 김일수/서보학, 129면; 박상기, 110면; 배종대, 207면; 임웅, 143면·148면; 오영근, 157면; 정영일, 112면; 김성돈, 120면.

29) 정영석, 260면; 정영일, 104면; 김성돈, 114면. 대판(전원합의체), 2007. 9. 28, 2007도606.

30) 황산덕, 267면; 이건호, 249면; 유기천(상), 103면; 김종원, 98면; 정성근, 169면; 이형국, 156면; 강구진, 134면; 이재상, 112면; 김일수/서보학, 120면; 박상기, 103면; 배종대, 200면; 백형구, 386면; 임웅, 135면; 오영근, 134면; 손동권, 110면.

31) 대판(전원합의체), 2007. 9. 28, 2007도606.

2. 구성요건체계

협박의 죄는 단순협박죄(제283조 1항)를 기본적 구성요건으로 하고, 존속협박죄(제283조 2항), 특수협박죄(제284조), 상습협박죄(제285조)를 가중적 구성요건으로 규정하였다. 존속협박죄는 신분관계로, 상습협박죄는 상습성 때문에 책임이 가중된 것이고, 특수협박죄는 행위태양에서 불법이 가중된 것이다. 모든 협박죄의 미수범을 처벌하며(제286조), 단순협박죄와 존속협박죄에 한하여 반의사불벌죄(제283조 3항)로 하고 있다. 그리고 외국원수나 외교사절에 대한 협박은 보호법익을 달리하므로 각각 제107조와 제108조의 죄를 구성한다.

강요의 죄는 강요죄(제324조)를 기본적 구성요건으로 하고, 인질강요죄(제324조의2), 인질상해・치상죄(제324조의3), 인질살해・치사죄(제324조의4)와 중강요죄(제326조 중권리행사방해죄)는 불법이 가중되는 가중적 구성요건으로 규정하고 있다. 이 외에 강요죄의 성질은 가졌지만 보호법익을 달리하는 공무원의 권리행사방해죄(제123조)와 공무집행방해죄(제136조)는 따로 규정하고 있다.

형법은 각칙 제30장에서 협박의 죄만 규정하고 강요의 죄와 인질에 대한 죄는 이와 별도로 제37장 권리행사를 방해하는 죄의 일종으로 규정하고 있다. 이러한 체계는 구형법(현행 일본 형법)이 협박죄의 일종으로 강요죄를 규정한 것과 다르다. 의사결정과 의사활동의 자유를 보호하는 강요죄와 개인의 의사결정의 자유를 보호하는 협박죄는 보호법익이 다르다는 데서 별도로 분리해서 규정한 것으로 보인다. 1995년 형법개정에서 제324조의 표제를 "폭력 등에 의한 권리행사방해죄"에서 "강요"로 바꾸고 강요죄의 미수범 처벌규정과 인질강요죄를 신설하였다. 그러나 협박죄의 보호법익은 의사결정의 자유이며, 권리행사를 방해하는 죄는 재산권을 주로 보호하기 위한 것이므로 자유를 보호하기 위한 강요죄를 권리행사방해죄에 포함시키는 것은 더욱 이상하다. 따라서 강요죄는 자유를 보호하는 협박죄와 함께 규정하는 것이 오히려 낫다고 본다.

Ⅱ. 협박의 죄

1. 협박죄

【구성요건・법정형】 사람을 협박한 자는 3년 이하의 징역 또는 500만원 이하의 벌금, 구류 또는 과료에 처한다(제283조 1항). 피해자의 명시한 의사에

반하여 공소를 제기할 수 없다(제283조 3항). 미수범은 처벌한다(제286조).

(1) 의 의

사람을 협박함으로써 성립하는 범죄이다. 침해범, 즉시범이고 반의사불벌죄이다.

(2) 객관적 구성요건요소

1) 객 체 객체는 사람이다. 여기의 사람은 자기 이외의 자연인을 말하고 법인은 포함하지 않는다. 이 죄는 의사결정의 자유를 침해하는 침해범이므로 객체인 사람은 해악고지에 의해서 공포심을 일으킬 만한 정신능력이 있어야 한다. 따라서 영아・명정자・정신병자・수면자 등은 이 죄의 객체가 되지 않는다(통설).[32] 객체가 외국원수 또는 외교사절인 때에는 별도의 범죄(제107조 1항, 제108조 1항)를 구성한다.

2) 행 위 행위는 협박하는 것이다.

가) 협박의 의의

(a) 세 가지 협박유형 형법에는 협박을 수단으로 하는 범죄가 여러 개 있는데, 각 구성요건이 보호하는 대상에 따라 협박의 개념・내용도 달리한다. 통설은 세 가지로 구별하고 있다.

aa) 광의의 협박 공포심을 생기게 할 만한 해악고지만 있으면 협박이 되고, 고지된 해악의 내용・성질과 해악고지의 방법에는 제한이 없으며, 해악고지의 결과 상대방이 공포심을 느꼈는가의 여부도 묻지 않는다(공무집행방해죄・직무강요죄・특수도주죄・소요죄・다중불해산죄・내란죄의 협박).

bb) 협의의 협박 공포심을 생기게 할 만한 해악을 고지하여 현실로 상대방이 공포심을 느껴야 하고, 상대방의 반항을 억압하지 않을 정도의 협박을 말한다(협박죄・강요죄・약취죄・공갈죄의 협박).

cc) 최협의의 협박 상대방의 반항을 현저히 곤란하게 할 정도의 해악을 고지(강간죄・강제추행죄의 협박)하거나 상대방의 반항을 억압할 정도의 해악을 고지(강도죄・준강도죄의 협박)하는 협박을 말한다. 이 의미의 협박은 반항을 현저하

32) 황산덕, 208면; 이건호, 249면; 김종원, 98면; 정성근, 171면; 이형국, 157면; 강구진, 135면; 이재상, 115면; 진계호, 158면; 백형구, 388면; 박상기, 104면; 임웅, 135면; 오영근, 135면; 손동권, 112면; 정영일, 105면; 김성돈, 115면.

게 곤란하게 하거나 반항을 억압할 정도의 해악 고지가 있으면 족하고 상대방이 반드시 반항의사를 완전히 상실하거나 반항이 불가능한 상태가 되어야 하는 것은 아니다. 보통 사람이면 위험을 느껴 반항할 생각을 갖지 못할 정도로 족하다(그러므로 장난감 권총으로 정신박약자를 협박하여 상대방이 놀라 금품을 교부한 때에도 강도죄가 된다).

dd) 협박죄의 협박　협박죄는 해악고지로 인하여 상대방이 현실로 공포심을 일으켜 의사결정의 자유가 침해되는 침해범이므로 협박죄에 있어서의 협박은 협의의 협박을 의미한다. 해악을 고지하여야 하므로 해악고지가 없으면 폭언으로 인하여 상대방이 공포심을 느낀 때에도 이 죄의 협박이라고 할 수 없다.[33] 폭언은 경우에 따라 모욕이나 명예훼손이 될 수 있다.

(b) 협박과 경고의 구별　경고(Warnung)는 공포심을 생기게 하는 것이 아니라 해악발생에 대해서 상대방의 경계를 촉구하는 충고이므로 협박이 아니다. 길흉화복이나 천재지변의 도래를 알려서 상대방에게 공포심을 갖게 한 경우가 협박이 되느냐와 관련하여 논의된다. 협박과 경고의 구별은 해악발생이 직접 또는 간접으로 행위자가 자의로 좌우할 수 있는 것으로 통고 되었는가 아닌가에 있다(통설). 따라서 천재지변이나 길흉화복을 고지한 때에도 그것이 상대방에게 공포심을 일으키기 위한 것이고, 자신이 좌우할 수 있는 것처럼 고지되어 상대방이 사실상 그러한 해악이 발생할 가능성이 있다고 인식하면 협박이 된다. 그러나 단순히 자연 발생적인 길흉화복이나 천재지변의 도래를 알리는 것은 경고에 해당할 뿐이고 협박은 아니다. 예컨대 "그런짓 하면 벼락 맞는다"고 한 것은 경고에 해당하지만, 가연성 있는 물질에 라이타 불을 켜는 동작을 하면서 가위나 송곳을 휘두르고 "방에 불을 지르겠다", "가족 모두 죽여버리겠다"고 소리치고 위협했다면 협박이 된다.

(c) 해악의 내용　고지되는 해악의 내용은 생명·신체·자유·명예·재산에 대한 해악으로 한정할 이유가 없다. 일반인에게 공포심을 일으킬 수 있는 정도의 내용이면 정조·업무·신용·비밀 등도 모두 해악의 내용이 될 수 있으며(통설), 본인과 밀접한 관계가 있는 제3자에게 고지되어도 무방하다.

해악의 내용은 반드시 합리적이거나 실현가능성이 있을 필요가 없다.[34] 고

---

33) 대판, 1974. 10. 8, 74도1892: "상대방에 대한 불만으로 '두고 보자'고 하였더라도 이로써 협박이 되는 것은 아니다." 대판, 1986. 7. 22, 86도1140.

지된 해악은 상대방에게 공포심을 줄 수 있는 상당한 정도의 구체적 해악이라야 한다.[35] 판례는 "앞으로 수박이 없어지면 네 책임으로 한다"고 말한 것만으로 구체적 해악내용이 없으므로 해악고지가 아니라고 하였다.[36] 상당한 정도의 해악인가의 여부는 고지 내용을 주위사정에 비추어 객관적으로 판단해야 한다. 따라서 보통사람에게는 공포심이 생길 수 없는 해악이라도 소심자나 미신자와 같이 특수한 심리상태에서 공포심이 생길 수 있으면 협박이 될 수 있다. 해악의 내용은 그것이 실현됨으로써 범죄가 되거나 불법해야 할 필요가 없다. 그러므로 경우에 따라서는 해고의 통고, 형사고소를[37] 한다거나 신문에 공개하겠다는 고지도 해악이 될 수 있다. 해악의 내용은 작위뿐만 아니라 부작위도 가능하다. 해악 내용이 부작위인 경우에 해악제거의 의무 유무와 관계없다. 여기의 부작위는 해악의 내용이지 부진정부작위범의 문제가 아니기 때문이다.

(d) 해악고지 방법 　해악고지의 방법은 제한이 없다. 언어 · 문서 · 거동 · 태도에 의하든, 명시적이건 묵시적이건[38] 상관없다. 문서에 의한 해악고지는 허무인명의를 사용하거나 익명이라도 무방하며, 발견하기 쉬운 장소에 게시하여 상대방에게 읽어보게 하거나 협박문장을 기재한 삐라를 피해자 거주 동네에 반포하는 것도 협박이다. 고지된 해악의 발생이 확실할 필요가 없고, 피해자에게 해악을 가할 의사가 진실로 있는가도 묻지 않는다. 다만 행위자에게 해악고지 의사는 있어야 하며,[39] 상대방에게 공포심을 생기게 하여 사실상 해악발생이 가능한 것으로 인식시키면 충분하다.[40] 또 해악고지는 제3자를 통해 간접적으로 고지할 수 있으며, 이 경우 제3자는 허무인이라도 무방하나 자신이 제3자

34) 이에 대해서 황산덕, 209면은 합리성과 현실성을 요구한다. 그러나 객관적으로 실현가능성이 없는 것은 상대방이 이를 믿고 공포심을 가진 때에도 협박이 될 수 없다고 해야 한다.

35) 대판, 1995. 9. 29. 94도2187. 따라서 말다툼 중에 "입을 찢어 버릴라"는 감정적인 욕설은 해악고지가 아니다. 대판, 1986. 7. 22, 86도1401; 대판, 1991. 5. 10, 90도2102.

36) 대판, 1995. 9. 29, 94도2187.

37) 대판, 1984. 6. 26, 84도648. 그러나 고소하겠다는 고지가 해악고지가 된다고 하여도 사회윤리관념 · 관습에 비추어 사회통념상 용인될 수 있는 정도이면 협박이 되지 않는다. 대판, 1998. 3. 10, 98도70.

38) 대판, 1975. 10. 7, 74도2727: "해악고지는 보통 언어에 의하는 것이나, 경우에 따라서는 한마디 말도 없이 거동에 의하여서도 조치할 수 있는 것이므로 가위로 찌를 듯이 하였다면 신체에 대하여 위해를 가할 고지로 못볼 바 아니므로 이를 협박죄로 단정한 원판결은 정당하다."

39) 대판, 1972. 8. 29, 72도1565: "지서에 연행된 자가 지서장으로부터 부당하게 뺨을 맞아 흥분한 상태에서 항의조로 '내가 너희들의 목을 자른다. 내 동생을 시켜서라도 자르겠다'란 취지의 말을 하였다 하더라도 그런 상황 하에서는 협박죄를 구성할 만한 해악을 고지할 의사가 없다."

40) 대판, 1995. 9. 29, 94도2187.

에게 영향을 줄 수 있는 지위에 있음을 알 필요는 있다.[41] 해악은 장래 발생할 해악 또는 조건부 해악고지도 상관없다. 따라서 해악고지는 명백하거나 현재의 위험을 내포하고 있을 필요가 없다. 집단절교나 따돌림(소위 왕따)의 통보는 원칙적으로 협박이 아니다. 다만, 이를 통해 공포심을 일으킨 경우에는 협박이 될 수도 있으나[42] 이는 특수협박에 해당할 것이다.

(e) 기수시기 위험범설에 의하면 상대방이 현실로 공포심을 가졌는가를 묻지 않고 해악고지만 있으면 충분하다고 하므로 해악의 고지가 상대방이 지각할 수 있는 상태에 이르면 기수가 되고,[43] 이에 이르지 못한 때에 미수(착수미수)가 된다. 이에 대해서 침해범설은 해악고지로 상대방이 현실로 공포심을 가져야 하므로 공포심이 생겼을 때에 기수가 되며, 해악고지가 상대방에게 도달하지 않았거나(착수미수) 도달하였어도 공포심이 생기지 아니한 때(실행미수)에 미수범이 된다.

(3) 주관적 구성요건요소

이 죄의 고의는 상대방에게 해악을 고지하여 공포심을 일으킨다는 인식・의사이다. 고지된 해악이 상대방에게 도달하여 행위자가 그 해악을 실현할 가능성이 있다는 것을 인식시키는 것도 고의 내용이 된다.

(4) 위법성조각사유

협박죄도 불법한 경우에만 범죄가 되므로 위법성조각사유가 있으면 범죄성립이 부정된다. 형법이 보호하려는 자유는 자유 일반이 아니라 소극적 자유라는 부분적 보호에 그치므로 협박죄의 위법성 판단은 신중을 기해야 한다.

(a) 권리행사 정당한 권리행사를 위한 수단으로 협박한 경우에 목적과 수단의 관계에 비추어 사회상규에 반하지 않으면 위법성이 조각된다.[44] 그러나 외관상 권리행사처럼 보여도 권리남용인 때에는 사회상규에 반한 위법행위가 된다(통설). 따라서 채무이행을 촉구하기 위해서 생명・신체에 위해를 가할 태

41) 대판, 2006. 12. 8, 2006도6155.
42) 황산덕, 209면; 강구진, 138면; 김일수/서보학, 122면; 임웅, 141면; 손동권, 113면.
43) 판례는 해악을 고지함으로써 상대방이 그 의미를 인식한 이상, 상대방이 현실적으로 공포심을 일으켰는지 여부와 관계없이 기수가 된다고 한다[대판(전원합의체), 2007. 9. 28, 2007도606].
44) 대판, 1984. 6. 26, 84도648. 같은 취지: 대판, 1995. 9. 29, 94도2187(수박훔치려는 어린 친족에게 '수박이 없어지면 네 책임이다'라고 훈계한 사건).

도를 보이는 때에는 이 죄가 성립한다. 판례는 사회통념상 용인될 수 있는 정도의 해악고지냐에 따라 사회상규 위배를 판단하고, 친권자가 야구방망이로 때릴 듯한 태도로 "죽여버린다"고 협박한 행위는 인격형성에 장애를 가져올 우려가 크고 교양권(敎養權)의 행사라 할 수 없다고 하여 협박죄를 인정하였다.[45)]

【판례】 부동산을 매도한 자가 잔금의 일부까지 수령한 후 많은 부채로 인하여 그 부동산을 명도할 수 없는 상태에서 매수인이 그 부동산을 명도해 주지 않으면 구속하겠다고 말한 경우, 매수인의 요구는 정당한 권리행사라 할 것이며 위와 같은 다소 위협적인 말을 하였다 하여도 이는 사회통념상 용인될 정도의 것으로 협박으로 볼 수 없다(대판. 1984. 6. 26, 84도648).

(b) 고소권행사　　범죄사실을 고소하겠다고 고지하여 공포심을 일으킨 경우에, 진실로 고소 의사가 있느냐를 기준으로 고소의사 없이 공포심을 일으킬 목적으로 고소하겠다고 한 때에는 이 죄가 성립한다는 견해도 있다.[46)] 그러나 고소권 행사의 고지도 정당한 권리행사이므로 고소권의 행사를 다른 목적을 위해서 남용하였느냐에 따라 판단해야 하며, 권리남용 여부는 해악 고지자의 진의와 관계없다고 해야 한다.[47)] 따라서 고소의사 없이 무고자를 놀라게 할 목적으로 고소하겠다고 하였어도 이로써 바로 협박이 된다고 할 수 없다. 이에 대해서 공금을 횡령한 경리 여사원에게 정교(情交)를 요구하면서 고소하겠다고 하는 경우에는 협박죄가 되지만, 피해변상을 하지 않으면 고소하겠다고 고지한 것은 이 죄를 구성하지 않는다.

(c) 노동쟁의　　노동쟁의행위는 노동자의 정당한 권리행사이므로 파업·태업을 하여도 쟁의의 목적과 수단이 정당하고 법이 정한 절차에 따른 것이면 상대방이 공포심을 일으킨 때에도 위법성이 조각된다.

(5) 반의사불벌죄

이 죄는 피해자의 명시한 의사에 반하여 공소를 제기할 수 없다(제283조 3항). 개인의 의사에 반해서까지 처벌할 이유가 없기 때문이다. 구법에서는 친고죄로 되어 있었으나 현행법은 이 죄가 어느 정도 공공의 질서를 해치는 면이 있는

---

45) 대판, 2002. 2. 8, 2001도6468.
46) 유기천(상), 104면; 정영석, 263면; 김종원, 101면; 강구진, 137면.
47) 정성근, 177면; 이재상, 119면; 김일수/서보학, 124면; 진계호, 160면; 박상기, 106면; 배종대, 204면; 백형구, 390면; 임웅, 140면; 오영근, 139면; 정영일, 109면; 김성돈, 118면.

동시에, 친고죄로 할 때에는 피해자가 후환이 두려워 고소를 주저하는 경우가 있다는 점을 고려하여 반의사불벌죄로 한 것이다.

(6) 특별형법

이 죄를 2인 이상이 공동하여 범하거나 집단적으로 범하는 때에는 제283조(협박죄·존속협박죄)가 적용되지 아니하고 폭력행위등처벌에관한법률(제2조, 제3조)에 의해서 가중처벌된다. 또 이 죄를 2인 이상이 공동하여 범한 때에는 반의사불벌규정을 적용하지 아니한다(폭처법 제2조 4항).

(7) 죄수·타죄와의 관계

동시에 수인에 대한 협박은 상상적 경합이 된다. 폭행을 가한 후 다시 죽이겠다고 협박한 경우와, 죽이겠다고 협박한 후 다시 살해의 고의 없이 폭행을 가한 때에는 폭행죄와 이 죄의 경합범이 된다. 그리고 폭행을 가하겠다고 고지한 후 고지된 일시·장소에서 구타한 때에는 폭행의 고지는 폭행죄에 흡수된다. 그러나 현실로 가한 폭행과 고지한 폭행의 내용이 다른 때에는 폭행죄와 이 죄의 경합범이 된다.

2. 존속협박죄

> 【구성요건·법정형】 자기 또는 배우자의 직계존속에 대하여 제1항(협박)의 죄를 범한 때에는 5년 이하의 징역 또는 700만원 이하의 벌금에 처한다(제283조 2항). 피해자의 명시한 의사에 반하여 공소를 제기할 수 없다(제283조 3항). 미수범은 처벌한다(제286조).

자기 또는 배우자의 직계존속에 대하여 협박함으로써 성립하는 범죄이다. 협박죄에 대해서 신분으로 인하여 책임이 가중되는 가중적 구성요건으로 부진정신분범이다. 존속에 대해서는 존속살해죄, 협박에 대해서는 협박죄의 그것과 같다. 이 죄도 반의사불벌죄이다. 다만 2인 이상이 공동하여 이 죄를 범한 때에는 반의사불벌죄의 규정을 적용하지 아니한다(폭처법 제2조 제2항, 제4항).

3. 특수협박죄

> 【구성요건·법정형】 단체 또는 다중의 위력을 보이거나 위험한 물건을 휴

대하여 전조 제1항(협박), 제2항(존속협박)의 죄를 범한 때에는 7년 이하의 징역 또는 1천만원 이하의 벌금에 처한다(제284조). 미수범은 처벌한다(제286조).

(1) 구성요건요소

단체 또는 다중의 위력을 보이거나 위험한 물건을 휴대하여 단순협박죄 또는 존속협박죄를 범하는 범죄이다. 협박죄·존속협박죄에 대하여 행위태양에서 불법이 가중되는 가중적 구성요건이다. 단체, 다중의 위력을 보이거나 위험한 물건의 휴대에 대해서는 특수폭행죄의 그것과 같다. 그리고 다수인이 공동절교를 통고하는 경우가 예외적으로 협박에 해당하게 될 때에도 다중의 위력을 보이는 경우에는 이 죄가 성립할 수 있다.[48)]

(2) 특별형법

단체나 다중의 위력으로써 또는 단체나 집단을 가장하여 위력을 보임으로써 협박죄를 범한 자, 또는 흉기 기타 위험한 물건을 휴대하고 협박죄를 범한 자는 폭력행위등처벌에관한법률 제3조에 의해서 1년 이상의 유기징역에 처한다(동조 1항). 폭처법이 적용되는 범위 내에서 제284조의 특수협박죄의 적용은 배제된다.

4. 상습협박죄

【구성요건·법정형】 상습으로 제283조 제1항(협박), 제2항(존속협박) 또는 전조(특수협박)의 죄를 범한 때에는 그 죄에 정한 형의 2분의 1까지 가중한다(제285조). 미수범은 처벌한다(제286조).

(1) 구성요건요소

상습으로 협박죄·존속협박죄·특수협박죄를 범한 경우에 상습성 때문에 책임이 가중되는 가중적 구성요건이다. 상습성에 대해서는 상습상해죄, 기타에 대해서는 협박죄의 각 구성요건에서 설명한 것과 같다.

(2) 특별형법

상습으로 협박죄(제283조 1항)를 범한 때에는 폭력행위등처벌에관한법률 제2조 1항이 적용되어 1년 이상의 유기징역에, 상습존속협박은 2년 이상의 유기징

48) 정성근, 180면; 강구진, 138면; 김성돈, 119면.

역에 처한다. 또 상습으로 단체나 다중의 위력으로써 또는 단체나 집단을 가장하여 위력을 보임으로써 협박죄를 범하거나 흉기 기타 위험한 물건을 휴대하여 그 죄를 범한 자는 2년 이상의 유기징역에 처한다(동법 제3조 3항).

Ⅲ. 강요의 죄

1. 강요죄

【구성요건 · 법정형】 폭행 또는 협박으로 사람의 권리행사를 방해하거나 의무 없는 일을 하게 한 자는 5년 이하의 징역에 처한다(제324조). 미수범은 처벌한다(제324조의5).

(1) 의 의

폭행 또는 협박으로 사람의 권리행사를 방해하거나 의무 없는 일을 하게 함으로써 성립하는 범죄이다. 침해범이며, 의사결정의 자유(또는 신체완전성)와 의사활동(신체활동)의 자유라는 두 가지 법익을 침해하는 일종의 결합범이다.

(2) 객관적 구성요건요소

1) 객 체 객체는 사람이다. 의사의 자유를 보호하므로 여기의 사람도 자연인인 타인을 말하며, 책임능력자임을 요하지 않으나 적어도 의사의 자유를 가질 수 있는 의사능력자에 한한다. 폭행 · 협박의 상대방과 권리행사를 방해당한 사람은 같은 사람일 필요가 없다. 다만 폭행 · 협박의 상대방과 피강요자 사이에는 피강요자가 해악을 느낄 수 있는 공감관계는 있어야 한다. 폭행 · 협박의 상대방과 피강요자가 다른 경우에 피강요자만이 이 죄의 피해자이고, 폭행 · 협박의 상대방은 폭행죄 · 협박죄의 피해자이다.[49)]

2) 행 위 행위는 폭행 또는 협박으로 사람의 권리행사를 방해하거나 의무 없는 일을 하게 하는 것이다.

가) 폭행 · 협박 이 죄의 폭행과 협박은 강요의 수단에 지나지 않는다.

(a) 폭 행 "폭행"은 강요의 수단이기만 하면 충분하므로 반드시 사람의 신체에 가해질 필요가 없고 사람에 대한 것으로 충분하다(광의의 폭행). 즉, 사람

49) 정성근, 182면; 강구진, 141면; 진계호, 164면; 배종대, 210면.

의 의사결정 · 의사활동에 영향을 미쳐 강요의 효과를 발생시킬 수 있는 유형력의 행사로서 현재 해악을 가할 수 있는 것이라야 한다. 강요죄의 성질상 반항불가능하거나 반항을 곤란하게 할 정도의 폭행일 필요가 없으나 상대방에게 공포심을 주어 그의 의사결정 · 의사활동에 영향을 미칠만한 정도의 것이라야 한다(공갈죄의 폭력). 따라서 피해자와 일정한 공감관계가 있는 제3자나 물건에 대한 폭행이 피해자에게 감응될 수 있으면 이 죄의 폭행이 된다. 폭행은 상대방의 의사형성을 불가능하게 하는 절대적 폭력(vis absoluta)과 상대방의 의사에 심리적 영향을 미치는 심리적 폭력(vis compulsive)을 포함한다고 본다.

> 그리하여 맹인의 안내자에게 폭행을 가하거나 맹인의 지팡이를 탈취하여 보행할 권리를 방해하는 경우, 불구자가 타고 가는 휠체어를 손괴하여 통행불가능하게 한 경우, 자동차의 운전수를 체포하여 승객의 여행을 불가능하게 한 경우, 가옥의 창문을 제거하여 거주 불가능하게 한 경우, 가옥명도를 받기 위하여 수도 · 전기 · 가스 공급을 끊거나 문을 폐쇄하는 경우, 달리는 차바퀴에 총을 쏘아 flat tire를 만들어 피해자를 가지 못하게 하는 경우, 마취제나 수면제를 사용하여 사람이 할 수 있는 일을 하지 못하게 한 경우 등은 모두 이 죄의 폭행이 된다.

(b) 협 박 "협박"은 해악을 고지하여 상대방이 현실적으로 공포심을 일으켜야 한다(협의의 협박). 고지되는 해악의 내용은 제한이 없다. 본인 또는 그 친족의 생명 · 신체 · 자유 · 명예 · 재산에 한하지 않는다. 협박은 해악고지에 의해서 상대방이 공포심을 가지고 그의 의사결정과 의사활동에 영향을 미칠 수 있는 정도의 상당한 것이라야 한다. 따라서 상대방의 반항을 불가능하게 하거나 곤란하게 할 정도의 것임을 요하지 않는다. 협박의 상대방과 피강요자가 일치할 필요가 없다는 것도 폭행과 같다. 그리고 이 경우에 협박의 상대방은 피강요자에게 영향을 줄 수 있는 지위에 있어야 한다. 폭행과 달라서 물건에 대한 협박은 인정할 수 없다.

나) 강요행위 폭행 또는 협박의 결과로서 사람의 권리행사를 방해하거나 의무 없는 일을 하게 하여야 한다.

(a) 권리행사방해 "권리행사를 방해한다"는 것은 법률상 허용된 행위를 방해하는 것으로 행사할 수 있는 권리를 행사하지 못하게 하는 것을 말한다.[50]

---

50) 유기천(상), 107면; 황산덕, 262면; 서일교, 123면; 김종원, 105면; 정성근, 184면; 강구진, 142면; 이재상, 152면; 임웅, 145면; 배종대, 211면 이하; 손동권, 174면; 오영근, 160면; 김성돈, 122면.

행사할 수 있는 권리를 행사하지 못하게 한다는 것은 법률상 허용되어 있는 작위·부작위의 행사 여부가 권리자의 자유에 속하는 것에 대해서 작위·부작위로 나아가지 못하게 방해하는 것을 말한다. 그 "권리"는 반드시 법률상 명문으로 규정되어 있을 필요가 없다. 작위·부작위는 법률행위이든 사실행위이든 묻지 않는다. 따라서 신문기자가 음식점 영업자에 대해서 자기 의사에 따르지 않으면 음식점에 대한 불이익한 기사를 신문에 게재하겠다고 협박하여 그 영업자의 고소를 포기시킨 때에도 이 죄가 성립한다. 권리는 재산적 권리뿐만 아니라 계약을 체결할 것인가 아닌가에 관한 자유권, 즉 비재산적 권리도 포함한다. 따라서 매매계약을 폭력으로 포기시키거나 소송취하서에 날인케 한 때[51]도 이 죄에 해당한다. 정당한 도로통행·차량진행·건물출입을 방해하는 것도 포함한다. 권리행사를 방해하는 것임을 요하므로 권리행사로 볼 수 없는 행위에 대해서 폭행·협박으로 이를 중지시켜도 폭행죄·협박죄는 성립할지라도 이 죄는 성립하지 않는다. 그러므로 폭력으로 자살을 중지시킨 때,[52] 타인이 조성한 묘판을 파헤치는 논의 점유자에게 폭행으로 중지시킨 때[53]에는 이 죄에 해당하지 않는다.

(b) 의무 없는 이행적 강요 "의무 없는 일을 하게 한다"는 것은 자기에게 아무런 권리·권한이 없고, 상대방도 의무가 없음에도 불구하고 일정한 작위·부작위 또는 인용을 강요하는 것을 말한다. 의무는 도덕상의 의무가 아니라 법률상의 의무를 말하며, 공법상의 의무이건 사법상의 의무이건 묻지 않는다. 따라서 타인을 협박하여 법률상 의무 없는 진술서나 사죄장을 작성하도록 하면 강요죄가 된다.[54] 의무 없는 일의 범위는 법률행위 사실행위를 묻지 않는다. 그러나 폭행 또는 협박을 가하여 재물이나 정조를 강제로 제공하게 하면 강도죄(경우에 따라 공갈죄) 또는 강간죄가 성립하고 이 죄는 성립하지 않는다. 다만 강간죄에 있어서의 폭행·협박은 반항을 현저하게 곤란하게 할 정도라야 하므로 이 정도에 이르지 않는 폭행·협박으로 간음한 경우에는 단순한 사통(私通)으로 보아야 하고,[55] 경우에 따라 폭행죄·협박죄만 구성될 것이다. 강요에 의

51) 대판, 1962. 1. 25, 4295형상233.
52) 황산덕, 262면.
53) 대판, 1961. 11. 9, 4294형상357.
54) 대판, 1974. 5. 14, 73도2578.
55) 황산덕, 263면.

해서 의무 없는 일을 행하는 때에는 피강요자 자신의 의사에 기인한 행위가 있어야 하며, 피강요자가 전적으로 기계적으로 행동한 경우는 포함하지 않는다. 이 경우의 강요자는 폭행·협박죄 외에 간접정범이 성립할 수 있다. 강요행위의 일부분에 피강요자의 의무에 속하는 사항이 포함되어 있어도 이 죄는 성립한다.

해외도피를 방지하기 위해 피해자의 여권을 강제회수한 경우,[56] 원한을 품은 자가 부하직원의 해고를 강요하거나 은닉물자를 보관하고 있는 자를 협박하여 그 물자를 양도하는 취지의 의사표시를 하게 한 경우, 협박으로 공포심을 주어 상대방이 착용하고 있는 의류를 강제로 대여하게 한 경우, 폭행·협박으로 물건 구입을 강요하는 경우에도 이 죄가 성립한다.

(c) 권리행사방해의 발생　이 죄는 침해범이므로 폭행 또는 협박에 의하여 권리행사를 방해한 결과가 발생하여야 기수가 된다.[57] 그리고 폭행·협박과 권리행사방해 사이에 인과관계가 있어야 한다. 따라서 폭행·협박을 하였으나 현실로 권리행사를 방해하지 못하였거나 양자 사이에 인과관계가 없는 때에는 이 죄의 미수가 된다.

(3) 주관적 구성요건요소

고의가 있어야 한다. 이 죄의 고의는 폭행 또는 협박에 대한 인식·의사뿐만 아니라 권리행사를 방해한다는 인식·의사가 있어야 한다.

(4) 위법성조각사유

누구나 사회생활상 어느 정도의 상호구속관계가 있게 마련이고 의무의 범위도 넓으며, 강요의 태양도 다양하여 강요, 특히 의무 없는 일을 행하게 하였는가를 구체적으로 명확하게 규정하기가 곤란하다. 따라서 이 죄는 개방된 구성요건이라 할 수 있다. 때문에 위법성 판단은 신중을 기해야 하며, 행위자의 주관적 목적과 수단의 상호관계를 전체적으로 종합하여 판단하여야 한다.

① 강요행위에 대해서 피해자의 동의가 있으면 구성요건해당성이 부정된다(양해). ② 목적에서 정당성이 있거나 일정한 작위·부작위를 강요할 권리를 가진 때에는 그것이 사회상규에 반하지 않는 범위 내에서 위법성이 조각된다. 음

56) 대판, 1993. 7. 27, 93도901.

57) 대판, 1993. 7. 27, 93도901. 第323조 단순권리행사방해죄가 방해의 위험성이 있으면 기수로 되는 것과 다르다.

주운전을 방지하기 위해서 폭행을 가하거나 자살방지를 강요하는 경우는 전자의 예이고, 합법적인 노동쟁의행위(정당행위)는 후자의 예라 할 것이다. ③ 정당한 권리행사를 위한 수단으로 상대방의 의무이행을 촉구하기 위한 정도의 폭행·협박을 한 경우 권리남용이 아닌 이상 위법성이 조각된다. 이 경우 권리행사와 폭행·협박은 목적과 수단의 관련성이 있어야 한다.

(5) 죄수·타죄와의 관계

이 죄는 자유를 침해하는 가장 일반적 범죄이므로 체포·감금의 죄, 약취·유인의 죄, 강간죄·강제추행죄가 성립하는 때에는 법조경합에 의하여 이러한 죄만 성립하고 강요죄의 적용은 배제된다(특별관계). 또 폭행죄·협박죄는 이 죄의 보충규정이므로 이 죄가 성립하는 때에는 폭행죄·협박죄는 별도로 논할 필요가 없다(법조경합의 보충관계). 그리고 1개의 강요행위로 수인의 자유를 침해한 때에는 상상적 경합이 된다. 타인에게 범죄를 강요한 때에는 그 범죄의 교사범(또는 간접정범)과 이 죄의 상상적 경합이 된다.

(6) 특별형법

상습으로 이 죄를 범하거나 2인 이상이 공동하여 이 죄를 범한 때에는 폭력행위등처벌에관한법률 제2조에 의해서, 그리고 단체나 다중의 위력으로써 또는 단체나 집단의 위력을 가장하거나 흉기 기타 위험한 물건을 휴대하여 이 죄를 범한 때에는 같은 법 제3조에 의하여 각각 가중처벌된다.

2. 중강요죄

> 【구성요건·법정형】 제324조(강요)의 죄를 범하여 사람의 생명에 대한 위험을 발생하게 한 자는 10년 이하의 징역에 처한다(제326조).

강요죄를 범하여 사람의 생명에 대한 위험을 발생하게 하는 범죄로서 강요죄에 대하여 불법이 가중되는 가중적 구성요건이며, 구체적 위험범이다. 형법은 점유강취죄와 준점유강취죄(제325조)를 범하여 생명에 대한 위험을 발생시킨 경우도 같은 조문(제326조)에 규정하고 있으나 강요죄는 자유에 대한 죄이므로 단순강요죄(제324조)에 의한 경우에만 중강요죄로 보는 것이 타당하다고 본다.

이 죄의 성격에 관해서는 강요죄의 부진정결과적 가중범으로 보는 견해가 다수설이다. 그러나 애당초 중한 결과에 대해 고의가 있는 때에는 이 죄의 고의범으로 처벌하면 족하고 부진정결과적 가중범을 인정할 필요가 없다고 본다(중상해죄 참조).

"사람의 생명에 대한 위험발생"은 생명에 대한 구체적 위험 발생을 의미하며, 의학적 판단을 고려하여 법적으로 판단해야 한다. 강요죄가 폭행죄보다 더 중한 범죄임에도 불구하고 폭행죄를 범하여 사람의 생명에 대한 위험을 발생케 한 경우(제262조, 제258조)보다 이 죄를 경하게 처벌하는 것은 법정형의 균형을 잃은 것이므로 입법론상 재고가 요망된다.

3. 인질강요죄

> **【구성요건 · 법정형】** 사람을 체포 · 감금 · 약취 또는 유인하여 이를 인질로 삼아 제3자에 대하여 권리행사를 방해하거나 의무 없는 일을 하게 한 자는 3년 이상의 유기징역에 처한다(제324조의2). 미수범은 처벌한다(제324조의5).

(1) 의의 · 성격 · 보호법익

사람을 체포 · 감금 · 약취 또는 유인하여 이를 인질로 삼아 제3자에 대하여 권리행사를 방해하거나 의무 없는 일을 하게 하는 범죄로 1995년 개정형법에서 신설한 것이다. 이 죄는 국내적 테러활동에 대처한다는 의미도 있으나 특히 외국에서 외교관 또는 공무원을 인질로 삼아 헌법기관이나 관료들에게 특정한 정치적 요구를 관철하거나 범죄인의 석방을 요구하는 국제적 테러활동에 대처한다는 데에 의의가 있다.

이 죄는 인질을 이용하여 강요행위를 하는 것이므로 행위태양에서 강요죄와 비교하여 불법이 가중된 가중적 구성요건이다. 따라서 이 죄는 체포 · 감금죄 또는 약취 · 유인죄와 강요죄의 결합범이다. 인질의 자유와 피강요자의 의사결정 및 의사활동의 자유를 보호법익으로 하며, 보호의 정도는 침해범으로서의 보호이다.

(2) 객관적 구성요건요소

1) 주 체 　주체는 제한이 없다. 체포 · 감금죄 또는 약취 · 유인죄의 주체가 될 수 있는 자이면 누구라도 이 죄의 주체가 된다.

2) 객 체 　행위객체는 자연인인 사람이다. 이 죄는 중첩적 다행위범(多行爲

犯)이므로 체포·감금·약취·유인 등 인질행위의 객체인 사람과, 강요행위의 객체인 사람을 이중으로 필요로 한다. 다만 체포·감금·약취·유인 등 인질행위의 객체인 사람은 누구라도 상관없으나 강요행위의 객체인 사람(피강요자)은 의사의 자유를 가질 수 있는 의사결정능력자임을 요한다.

3) 행 위 이 죄는 체포·감금, 또는 약취·유인과, 강요라는 두 개의 행위가 있어야 한다(중첩적 다행위범). 따라서 체포·감금 또는 약취·유인하지 아니한 자가 강요한 때에는 강요죄가 성립할 뿐이며 이 죄는 성립하지 아니한다. 강요행위가 이 죄의 기본적 행위태양이고, 체포·감금·약취·유인 등 인질행위는 강요의 수단으로서의 행위태양이다.

(a) 체포·감금·약취·유인 체포·감금 또는 약취·유인은 인질행위 내지 강요의 수단으로 이용해야 한다. 반드시 처음부터 강요의 목적으로 체포·감금 또는 약취·유인하였음을 요하지 않는다. 체포·감금·약취·유인의 개념은 체포·감금죄와 약취·유인죄의 그것과 같다.

(b) 인 질 "인질로 삼아"란 체포·감금 또는 약취·유인된 자의 생명·신체의 안전에 대한 제3자의 우려를 이용하여 인질의 석방이나 그 생명·신체에 대한 안전을 보장하는 대가로 제3자를 강요할 목적으로 인질의 자유를 구속하는 것을 말한다.[58]

(c) 강 요 "강요"란 강요죄의 강요와 마찬가지로 제3자의 권리행사를 방해하거나 의무 없는 일을 하게 하는 것을 말한다. 강요죄는 폭행·협박을 수단으로 사람의 의사활동의 자유를 침해하는 것임에 대해서 인질강요죄는 직접적인 폭행·협박 없이 체포·감금 또는 약취·유인된 자를 인질을 삼고 제3자의 의사활동의 자유를 침해한다는 점에 차이가 있다. 강요의 의미 내용은 강요죄의 강요행위의 내용과 같다.

강요행위는 체포·감금 또는 약취·유인된 자를 인질의 수단으로 이용해야 한다. 다른 목적으로 사람을 체포·감금·약취·유인한 후에 인질강요의 고의가 생겨 제3자를 강요한 때에도 이 죄는 성립한다.

(d) 강요의 상대방 강요의 상대방은 제3자이다. 독일 형법은 인질에 대한 강요도 포함한다고 해석하는 것이 다수설이다.[59] 형법은 제3자로 한정하고 있

---

58) 정성근, 189면; 이재상, 「개정형법각칙의 신설 구성요건」(고시계, 1996. 2), 34면; 김일수/서보학, 130면.

다. 범인과 인질로 된 자 이외의 모든 사람이다. 자연인, 법인, 법인격 없는 단체 또는 국가기관, 지방공공단체의 기관이나 국가도 제3자에 포함된다.

정부를 상대로 한 강요도 무방하다. 정부의 고급관리나 외교관을 인질로 삼고 해당 정부에 대하여 정치범이나 양심수를 석방하라고 강요하거나 항공기를 납치하여 승객을 인질로 삼고 항공기 소속 국가의 정부를 강요한 때에도 이 죄가 성립한다. 또 수사, 재판 중에 구속되어 있는 자, 교도소에 복역 중에 있는 자를 석방하는 조치를 강요하거나 정당이나 회사 기타의 단체가 사죄성명, 정치적 견해 표명을 강요하는 경우, 특정 공무원이나 회사의 임원이 사임하도록 강요하는 것도 강요행위가 된다. 이 외에 국외로 도망 직전의 범죄자를 체포하지 않거나 피의자를 기소하지 못하도록 강요하는 것도 강요가 된다.

(e) 착수시기　실행의 착수시기에 대하여, ① 강요의 의사로 체포·감금 또는 약취·유인행위를 개시한 때라는 견해[60]와, ② 체포·감금 또는 약취·유인 후 강요행위가 개시된 때라는 견해[61]가 대립한다. 이 죄는 체포·감금죄 또는 약취·유인죄와 강요죄의 결합범이며, 미수범을 처벌하므로 체포·감금 또는 약취·유인행위를 개시한 때라고 해야 한다.

(f) 강요의 결과　이 죄는 결과범이므로 강요행위로 인하여 강요의 결과가 발생한 때에 기수가 된다. 강요의 결과는 피강요자가 현실적으로 권리행사를 방해받거나 의무 없는 일을 이행하게 된 상태의 야기를 말한다. 강요행위와 강요의 결과 사이에 인과관계가 있고 객관적 귀속이 인정되어야 한다. 인과관계와 객관적 귀속이 부정되면 이 죄의 미수범이 된다.

강요행위를 요구한 때, 즉 강요의사가 명백히 표시되거나 제3자에게 도달한 때에 기수를 인정해야 한다는 주장[62]도 있다. 강요행위로 인하여 권리행사가 방해되거나 의무 없는 일을 이행하게 된 결과발생을 기수요건으로 요구하면 제3자가 이에 불응하는 대부분의 경우에 이 죄의 미수범으로 처벌하게 되어 석방에 대한 감경규정(제324조의6)의 정책적 효과가 감소되고, 인질범죄의 악질성에 대처하기 곤란하기 때문이라고 한다. 그러나 장애미수에 대해서는 임의적 감경을 할 뿐이고, 인질범의 석방에 대한 감경규정도 이 죄의 미수의 가능성을 예상하고 미수범

59) Vgl. Sch/Sch/Eser, §239a, Rdn. 6.
60) 정성근, 190면; 김일수/서보학, 131면; 박상기, 119면; 임웅, 149면; 손동권, 178면; 정영일, 118면.
61) 이형국, 172면; 이재상, 156면; 김일수, 114면; 배종대, 216면; 백형구, 278면; 이정원, 165면; 김성돈, 126~127면.
62) 박상기, 120면 이하.

을 포함하여 규정한 것이므로 강요행위를 요구한 때를 기수시기로 볼 수 없다고 해야 한다(다수설).

(3) 주관적 구성요건요소

고의가 있어야 한다. 중첩적 다행위범이므로 체포·감금 또는 약취·유인의 고의가 있어야 할 뿐만 아니라 인질과 강요에 대한 고의도 있어야 한다. 미필적 고의로 족하다.

(4) 석방자의 감경규정

이 죄를 범한 자와 그 미수범이 인질을 안전한 장소로 풀어 준 때에는 그 형을 감경할 수 있다(제324조의6). 인질죄를 범한 범인에게 중지의 유혹을 줌으로써 인질을 보호하려는 형사정책적 효과를 기하기 위하여 특별히 규정한 것이다. 반드시 자의에 의한 석방일 필요가 없으며, 인질을 안전한 장소에 풀어주면 족하다.

(5) 죄수·타죄와의 관계

1개의 인질강요행위로 수인의 권리행사를 방해한 때에는 상상적 경합이 된다. 수인을 납치하여 인질로 삼고 1인에게 강요행위를 한 때에는 인질강요죄 하나만 성립한다.

이 죄가 성립하면 체포·감금죄, 약취·유인죄 및 공갈죄 등은 법조경합의 보충관계가 되므로 다른 죄의 적용은 배제된다.

4. 인질상해·치상죄

【구성요건·법정형】 제324조의2(인질강요)의 죄를 범한 자가 인질을 상해하거나 상해에 이르게 한 때에는 무기 또는 5년 이상의 징역에 처한다(제324조의3). 미수범은 처벌한다(제324조의5).

(1) 의의·보호법익

인질강요죄를 범한 자가 인질을 상해하거나 상해에 이르게 함으로써 성립하는 범죄이다. 인질상해죄는 인질강요죄와 상해죄의 결합범이며, 인질치상죄는 결합범인 인질강요죄의 결과적 가중범이다. 개정형법에서 신설한 범죄로서 인질을 불법한 목적으로 이용하려다가 여의치 않을 때에 인질의 건강을 희생물로 삼아 건강을 해하는 행위를 가중처벌하기 위한 것이다. 보호법익은 인질의 자유와 피강요자의 의사결정의 자유 및 의사활동의 자유 외에 인질의 신체의 안전도 포함한다.

(2) 구성요건요소

인질강요죄를 범한 자가 인질을 상해하거나 상해에 이르게 하는 것이다. 상해는 고의가 있는 경우이고, 치상은 상해에 대한 예견가능성이 있는 경우이다. 따라서 인질치상죄에 있어서는 결과적 가중범(제15조 2항)의 요건을 구비해야 한다. 기타 인질강요, 상해에 대해서는 인질강요죄, 상해죄의 그것과 같다.

이 죄는 미수범 처벌규정을 두었으므로 인질상해죄뿐만 아니라 결과적 가중범인 인질치상죄의 미수범까지도 처벌한다고 해석하는 견해가 있다.[63] 제324조의5가 인질상해 · 살해와 인질치상 · 치사를 구별하지 않고 미수범도 처벌한다고 규정하고 있다는 것을 이유로 인질강요행위가 미수인 때에 한하여 인질치상죄 · 치사죄의 미수범을 인정한다. 그러나 결과적 가중범의 미수는 부정하는 것이 타당하고, 인질치상죄와 인질치사죄는 인질강요죄의 기수 · 미수를 묻지 않고 치상 · 치사의 결과가 발생하였을 때에만 성립한다고 해야 하므로 이 규정의 미수범 처벌규정은 인질상해죄 · 인질살인죄에 대해서만 적용된다고 해석함이 타당하다.[64] 인질상해 · 치상죄의 기수범 및 미수범이 인질을 안전한 장소로 풀어준 때에는 그 형을 감경할 수 있다(제324조의6).

5. 인질살해 · 치사죄

> 【구성요건 · 법정형】 제324조의2(인질강요)의 죄를 범한 자가 인질을 살해한 때에는 사형 또는 무기징역에 처한다. 사망에 이르게 한 때에는 무기 또는 10년 이상의 징역에 처한다(제324조의4). 미수범은 처벌한다(제324조의5).

인질강요죄를 범한 자가 인질을 살해하거나 사망에 이르게 함으로써 성립하는 범죄이다. 강도살인 · 치사죄의 법정형과 같다. 상해 · 치상 대신에 살해 · 치

---

63) 김일수, 116면; 박상기, 121면; 배종대, 217면; 임웅, 151면; 이정원, 167면; 손동권, 179면.

64) 참고로 법무부 "형법개정법률안 제안이유서", 149면, 154면도 미수범 처벌규정은 고의범인 인질상해와 인질살인에 대한 처벌을 상정한 것이라고 밝히고 있다. 다만 입법과정에서 결과적 가중범을 그 적용대상에서 제외하지 않은 것은 입법의 실수라고 해야 한다. 김일수/서보학, 133면.

사로 되어 있다는 점을 제외하면 인질상해·치상죄와 같다. 이 죄의 미수범처벌 규정도 고의범인 인질살해죄에 대해서만 적용된다고 하여야 한다. 이 죄에 대해서는 인질을 안전한 장소로 풀어준 때에도 석방에 대한 감경규정을 적용하지 아니한다.

제 3 절 약취와 유인의 죄

Ⅰ. 총 설

1. 의의·보호법익·성격

(1) 의 의

약취와 유인의 죄(Entführung und Geiselnahme; kidnapping)는 사람을 그 본래의 생활환경(생활관계, 보호관계)에서 이탈시키거나 이를 배제시켜 자기 또는 제3자의 실력적 지배에 둠으로써 개인의 신체활동을 포함한 자유로운 생활관계를 침해하는 범죄이다. 신체활동의 자유를 침해한다는 점에서 체포·감금의 죄와 성질이 같지만 장소적 제한 없이 실력적 지배를 설정한다는 점에서 장소적 제한이 있는 체포·감금죄와 구별된다. 또 유기죄는 요부조자를 생명·신체에 대한 위험한 상태로 방치하여 실력적 지배를 포기한다는 점에서 실력적 지배를 설정하는 이 죄와 구별된다.

【입법례】 로마법은 자유인을 약취하여 노예로 삼는 행위를 처벌하였고, 노예나 유아를 약취하는 행위는 노예소유자나 자녀에 대한 부친의 지배권을 침해하는 지배권 약탈(plagium)로서 일종의 절도죄의 성격을 포함한 범죄로 취급하였다. 게르만법은 약취를 살인과 같이 중하게 처벌하였으며, 중세 교회법과 독일 보통법은 중한 절도죄의 일종으로 취급하였다. 이 죄가 자유에 대한 죄의 성격을 인정받게 된 것은 1787년 오스트리아 조세핀 형법과 1794년 프로이센 일반 란트법 이후이다. 이 법은 유아를 부모로부터 빼앗거나 사람을 약취·유인하는 행위를 처벌하였고, 간음·결혼의 목적으로 본인 내지 보호자

의 의사에 반하는 부녀유혹을 처벌하였다.

19세기 말 이후에 인도주의 영향을 받아 노예와 부녀에 대한 인신매매를 금지하는 국제협약(1885년과 1890년)이 체결되면서 노예매매와 부녀매매도 범죄로서 인정받게 되었다. 우리 형법은 노예매매죄를 인정하지 않고 있으나 미성년자 약취·유인을 비롯한 각종의 약취·유인죄를 처벌하고 있다.[65]

(2) 보호법익

보호법익은 피인취자 개인의 자유(거처의 자유)이다. 다만, 미성년자·정신병자에 대한 보호·감호자가 있는 경우에는 보호자의 감호권도 부차적인 보호법익이 된다고 해야 한다(통설).[66]

따라서 보호·감호자 있는 미성년자에 대해서는 미성년자와 보호감호권자 쌍방의 동의가 없으면 이 죄가 성립한다. 판례도 같은 취지에서 미성년자가 가출하여 유인에 동의한 경우에도 보호자의 동의가 없으면 이 죄가 성립한다고 하였다.[67] 보호받는 정도는 침해범으로서의 보호이다.

(3) 성 질

이 죄의 성질에 대해서 상태범설[68]과 계속범설[69]이 대립하고 있는데 계속범설이 통설이다. 학설의 대립은 공소시효의 기산점과 약취·유인한 후 장소를 이전하면서 인취(引取)를 계속하는 경우에 죄수를 어떻게 정할 것이냐에서 나타난다.

이 죄의 주된 보호법익이 피인취자의 자유이며, 자유의 침해는 어느 정도 계속하여야 하므로 계속범설이 타당하다. 따라서 피인취자의 자유회복으로 이 죄는 종료하며, 그 때부터 공소시효가 진행하고, 그 때까지는 공범의 성립이 가능하다.

---

65) 각국의 입법례에 대해서는 권문택, 주석(하), 64면 이하 참조.

66) 유기천(상), 109면; 황산덕, 206면; 정영석, 254면; 김종원, 114면; 정성근, 194면; 이형국, 191면; 이재상, 133면; 김일수/서보학, 143면; 진계호, 175면; 배종대, 230면; 박상기, 131면; 백형구, 302면; 임웅, 152면; 손동권, 130면; 김성돈, 138면.

67) 대판, 1982. 4. 27, 82도186(한국복음전도회사건).

68) 정창운, 72면; 김종원, 116면.

69) 유기천(상), 117면; 황산덕, 212면; 정영석, 255면; 서일교, 72면; 남흥우, 80면; 염정철, 316면; 이건호, 258면; 정성근, 196면; 이형국, 194면; 강구진, 159면; 이재상, 136면; 진계호, 175면; 김일수/서보학, 145면; 박상기, 132면; 배종대, 235면; 백형구, 304면 이하; 임웅, 156면; 오영근, 146면; 김성돈, 139면.

2. 구성요건체계

미성년자 약취·유인죄(제287조)를 기본적 구성요건으로 하고, 추행·간음·영리목적 약취·유인죄(제288조 1항), 부녀매매죄(제288조 2항), 국외이송목적 약취·유인죄(제289조 1항)는 목적범으로서 불법이 가중되는 가중적 구성요건으로, 결혼목적 약취·유인죄(제291조)는 목적으로 인하여 불법이 감경되는 감경적 구성요건으로 규정하고 있다. 미성년자에 대하여는 목적성을 요구하지 않으나 성인에 대해서는 일정한 목적으로 약취·유인하는 경우에만 처벌하는 독립된 구성요건이라 할 수 있다.

그리고 피약취·유인·매매·이송자의 수수·은닉죄(제292조)는 방조행위를 특별히 독립범죄로 규정한 구성요건이며, 추행·간음·영리목적 약취·유인·매매·이송자의 수수·은닉죄(제293조 2항)는 이에 대해서 불법이 가중되는 가중적 구성요건이다. 이 이외에 상습약취·유인·매매·이송죄(제288조 3항, 제289조 3항)와 상습피약취·유인·매매·이송자의 수수·은닉죄(제293조 1항)는 상습성으로 인하여 책임이 가중되는 가중적 구성요건이다. 이상의 모든 죄의 미수범을 처벌하며(제294조), 국외이송목적 약취·유인·매매죄와 피약취·유인·매매자의 국외이송죄 및 이상의 상습범에 대해서는 예비·음모도 처벌한다(제290조). 그리고 추행·간음·결혼목적이 있는 약취·유인죄와 그 미수범은 친고죄로 하고 있다(제296조). 개정형법은 본장(약취와 유인의 죄)의 죄를 범한 자가 약취·유인·매매 또는 이송된 자를 안전한 장소로 풀어준 때에는 그 형을 감경할 수 있다(제295조의 2)고 규정하여 피인취자의 안전과 석방을 유도하기 위한 형사정책적 배려를 하고 있다. 이 규정은 이미 기수가 된 행위의 중지를 유도한다는 의미에서 특별한 중지규정이라 할 수 있다.

Ⅱ. 미성년자약취·유인죄

【구성요건·법정형】 미성년자를 약취 또는 유인한 자는 10년 이하의 징역에 처한다(제287조). 미수범은 처벌한다(제294조).

1. 의 의

미성년자를 약취 또는 유인함으로써 성립하는 범죄이다. 이 죄는 심신의 발육이 불충분하고 지려와 경험이 풍부하지 못한 미성년자를 특별히 보호하기 위해서 그를 약취 또는 유인하는 행위를 처벌하려는 데에 입법의 취지가 있다. 따라서 보호법익은 미성년자의 자유를 기본법익으로 보호하지만 보호 감호자가 있는 때에는 보호자의 감호권도 부차적으로 보호법익이 된다. 약취·유인된 미성년자를 안전한 장소로 풀어준 때에는 형을 감경하는 특별규정이 있다(제295조의2).

2. 객관적 구성요건요소

(1) 주 체

주체는 제한이 없다. 자연인이면 미성년자를 보호 감독하는 자(친권자, 감호자)도 주체가 될 수 있다. 미성년자 본인은 자기를 약취·유인하는데 동의 또는 협력하여도 이 죄의 정범은 물론 공범도 될 수 없다. 그러나 미성년자가 다른 미성년자를 약취·유인하거나 이에 가담한 때에는 정범 또는 공범이 될 수 있다. 또 친권자의 지위를 상실한 실부모가 미성년자를 양육하기 위해 약취·유인한 때에도 이 죄는 성립한다.[70]

(2) 객 체

객체는 미성년자이다.

1) 미성년자 　여기의 미성년자는 형사미성년자(제9조)가 아니라 민법상의 미성년자, 즉 20세 미만자(민법 제4조)를 말한다.[71] 미성년자이면 성별, 의사능력의 유무, 타인의 보호·감독을 받고 있는가의 여부는 묻지 않는다. 따라서 미성년자이면 의사능력·활동능력도 없는 영아와 수면자는 물론, 성년에 가까운 사고력·판단력·경험을 가졌어도 객체가 된다. 다만 영아에 대해서는 행위의 성질상 의사능력이나 판단력을 전제로 하는 유인죄는 성립할 여지가 없고 약취죄의 객체가 될 뿐이다.[72]

---

70) 대판, 2008. 1. 31, 2007도8011.

71) 개정 민법(2011. 3. 7) 제4조는 성년연령을 19세로 하고 있으나, 이의 시행일은 2013. 7. 1.부터이다.

2) 성년의제자 미성년자가 혼인한 경우에도 이 죄의 객체가 될 수 있느냐에 대해서, ① 형법상 고유한 미성년자 개념이 없는 이상 민법상 성년자로 의제되는 자(민법 제826조의2)를 형법에서 미성년자로 취급하는 것은 죄형법정주의에 반한다[73]는 이유로 이 죄의 객체가 될 수 없다는 부정설과, ② 민법상의 성년의제는 부부의 혼인생활 독립의 요청에서 인정된 것이므로 그 입법취지에 비추어 민법 이외의 법률에는 이를 적용할 수 없다는 이유로 혼인한 미성년자도 이 죄의 객체가 된다[74]는 긍정설이 대립한다.

민법상의 성년의제 규정은 미성년자의 개념정의가 아니라 부부의 혼인생활 독립의 요청에 의한 사법생활을 자유롭게 영위하도록 한 것이므로 형법의 미성년자보호 취지와 다르다. 또 법규범의 통일성은 다른 법률이 허용하는 내용을 형법이 금지해서는 아니된다는 의미일 뿐이므로 성년의제자에 대해서 형법이 보호할 대상에 포함시킬 것이냐의 문제와 구별해야 한다. 따라서 형법에서 성년의제자를 미성년자에 포함시켜 이를 보호한다고 해서 죄형법정주의에 반한다고 할 수 없다. 그러므로 혼인한 미성년자도 이 죄의 객체가 된다고 해야 한다(통설).

미성년자는 아니나 미성년자와 같이 보호가 필요한 병자, 불구자, 정신병자는 이 죄의 객체에 포함할 수 없다. 이러한 자에 대해서는 체포·감금의 죄가 적용될 수 있을 것이다.

(3) 행 위

행위는 약취·유인하는 것이다.

1) 약취·유인

(a) 의 의 약취와 유인이란 사람이 현재 보호되고 있는 생활상태 내지 생활환경으로부터 이탈 또는 배제시키고, 자기 또는 제3자의 사실적 지배하에 두는 행위를 말하며,[75] 강학상 양자를 합하여 인취(引取)라고 한다. 그 수단으로서 약취는 폭행 또는 협박을 사용하는 데 대하여, 유인은 기망 또는 유혹을

72) 황산덕, 212면; 서일교, 73면; 정성근, 198면; 강구진, 157면; 진계호, 177면; 김성돈, 140면.
73) 이재상, 135면; 김일수, 129면; 이정원, 186면.
74) 유기천(상), 116면; 황산덕, 212면; 김종원, 115면; 정성근, 198면; 이형국, 193면; 강구진, 157면; 김일수/서보학, 145면; 박상기, 134면; 배종대, 232~233면; 진계호, 177면; 백형구, 303면; 임웅, 150면; 김성천/김형준, 209면; 오영근, 144면; 정영일, 386면; 손동권, 131면.
75) 대판, 1976. 9. 14, 79도2072; 대판, 1961. 9. 21, 4294형상455; 대판, 1998. 5. 15, 98도690.

사용한다. 즉, 피인취자의 의사에 반해서 이루어졌는가 아닌가에 따라 약취와 유인을 구별할 수 있다.

(b) 약취의 수단　약취의 수단은 폭행 또는 협박이다. 폭행·협박은 미성년자를 자기 또는 제3자의 실력적 지배 내에 둘 수 있는 정도의 것이면 충분하고, 반항을 억압할 정도일 필요가 없다.[76] 상대방의 심신상실이나 항거불능의 상태를 이용하여, 또는 수면제나 마취제를 사용하여 심신상실이나 항거불능의 상태에 빠뜨려 자기 또는 제3자의 실력적 지배에 옮기는 것도 폭행에 해당하는 약취가 된다. 따라서 영아를 보호자 모르게 데려가거나 잠자는 유아를 안고 가는 것도 약취에 해당한다.[77]

(c) 유인의 수단　유인의 수단은 기망 또는 유혹이다. 기망은 허위사실로 상대방을 착오에 빠뜨리는 것이고, 유혹은 기망의 정도에 이르지 않는 감언이설로서 상대방을 현혹시켜 판단의 적정을 그르치게 하는 것을 말한다. 반드시 유혹의 내용이 허위임을 요하지 않는다.[78] 기망·유혹의 경우에는 상대방의 하자 있는 의사를 이용하는 것이므로 적어도 의사능력 있는 자만이 유인의 대상이 될 수 있고, 유아와 같이 의사능력도 없는 자는 약취의 대상이 될 뿐이다.

(d) 약취·유인의 병합과 상대방　이 죄는 약취적 요소와 유인적 요소가 포함되어 이루어지는 경우가 많기 때문에 구체적인 경우에 양자를 명백히 구별하기 어렵고, 또 실제로 양자가 합쳐서 실행되는 경우도 있는데 이러한 경우에는 약취·유인죄의 일죄가 성립한다. 약취·유인의 수단인 폭행·협박·기망·유혹은 반드시 피인취자 본인에 대하여 행해질 필요가 없고, 피인취자의 보호자에게 행해진 때에도 이 죄는 성립한다. 따라서 맹인의 안내자에게 폭행·협박하여 맹인을 다른 곳으로 옮기게 하고 사실적 지배를 한 때에도 이 죄가 성립한다.

(e) 사실적 지배　약취·유인이 있다고 하기 위해서는 폭행·협박·기망·유혹을 한 것만으로 부족하고 이에 의해서 피인취자를 자기 또는 제3자의 사실적(물리적·실력적) 지배에 두어야 한다. 사실적 지배는 본래의 생활환경이나 보호상태에서 이탈 또는 배제시켜 사실상 지배하에 두는 것이면 충분하다. 따

76) 대판, 1990. 2. 13, 89도2558; 대판, 1991. 8. 13, 91도1184.

77) 황산덕, 212면; 서일교, 73면; 정성근, 199면; 이형국, 193면; 강구진, 157면; 이재상, 135면; 김성돈, 141면.

78) 대판, 1996. 2. 27, 95도2980.

라서 폭행 · 협박 · 기망 · 유혹에 의하여 미성년자를 본래의 생활환경에서 이탈시킨 때에도 자기 또는 제3자의 사실적 지배에 두지 못하면(도망가게 한 경우) 이 죄는 성립하지 않고 미수범 성립이 가능할 뿐이다.

2) 장소이전의 여부 이 죄가 성립하기 위해서는 피인취자를 장소적으로 이전시켜야 하느냐가 문제된다. 이 죄는 실제로 장소 이전이 수반되는 경우가 많으나 피인취자의 자유를 보호하는 데에 본질이 있고 감호권의 보호는 부차적인데 지나지 않는다. 그리고 보호자 없는 미성년자도 객체가 될 수 있으므로 반드시 감호권자로부터의 장소 이전을 전제로 할 이유가 없다. 감호권자에게 폭행 · 협박 · 기망을 사용하여 그를 퇴거시키고 실력지배를 설정할 수 있을 뿐만 아니라 감호권자도 이 죄의 주체가 될 수 있으며, 체포 · 감금죄는 이 죄와 행위객체를 달리하고(약취 · 유인죄는 활동의 자유 없는 자, 의사무능력자도 객체가 된다) 장소제한 없이 사실적 지배를 설정한다는 점에서 구별할 수 있으므로 장소 이전을 요건으로 하지 않는다고 해야 한다(통설).[79]

또 피인취자와 감호자 사이의 장소적 격리도 요하지 않는다. 따라서 이미 지배관계를 떠난 피인취자를 그대로 두는 부작위에 의해서도 성립할 수 있다.[80] 다만 이 죄가 보호자의 감호권을 침해하는 영아약취에 한해서는 종래의 생활환경에서 이탈이 있어야 할 것이다.

3) 착수 · 기수시기 약취 · 유인의 수단인 폭행 · 협박 · 기망 · 유혹을 개시한 때 실행의 착수가 있다. 이 죄는 침해범 · 계속범이므로 피인취자를 자기 또는 제3자의 실력적 지배하에 두고 다소 시간적 계속이 된 때 기수가 된다.

3. 주관적 구성요건요소

고의가 있어야 한다. 이 죄의 고의는 피인취자가 미성년자라는 것과 폭행 · 협박 또는 기망 · 유인에 의해서 자기 또는 제3자의 실력지배에 둔다는 인식 · 의사이다. 미필적 고의로 충분하며, 피해자의 의사에 반한다는 것은 인식할 필

79) 유기천(상), 114면; 이건호, 256면; 정영석, 254면; 김종원, 116면; 정성근, 210면; 이형국, 194면; 강구진, 159면; 이재상, 136면; 김일수/서보학, 147면; 진계호, 178면; 배종대, 235면; 박상기, 133면; 임웅, 155면; 백형구, 304면; 오영근, 145면; 손동권, 132면; 정영일, 123면; 김성돈, 142면. 장소이전 필요설은 황산덕, 207면; 남흥우, 81면.

80) 이재상, 136면; 김일수/서보학, 146면; 박상기, 133면; 임웅, 155면; 오영근, 144면. 대판, 1974. 5. 28, 74도840.

요가 없다.[81] 그 목적 · 동기는 묻지 않는다. 따라서 미성년자를 보호 · 양육할 목적으로 인취한 때에도 이 죄는 성립한다. 다만 추행 · 간음 · 영리 · 결혼 · 국외이송의 목적으로 미성년자를 약취 · 유인한 경우에는 제288조(추행 · 간음 · 영리목적 약취 · 유인) · 제289조(국외이송목적 약취 · 유인) 및 제291조(결혼목적 약취 · 유인)의 죄가 성립하고 이 죄는 흡수된다.

4. 위법성조각사유

약취 · 유인이 불법한 경우에만 이 죄가 성립한다. 따라서 정당행위 · 정당방위 · 긴급피난에 의한 경우에는 위법성이 조각된다. 피해자의 승낙이 있는 때에는 위법성이 조각된다는 견해[82]와 피해자의 승낙만으로 위법성이 조각되지 않으나 보호 · 감호자의 승낙까지 있을 때에 위법성이 조각된다는 견해[83]도 있다.

그러나 승낙과 양해를 구별할 때에는 피인취자와 보호자 모두의 동의가 있으면 구성요건 해당성이 배제된다고 해야 한다.[84] 다만 유아는 애당초 동의능력이 없을 뿐만 아니라 유인에 의한 동의가 있어도 이 죄가 성립하므로 그 승낙은 아무런 의미가 없으며, 감호자의 승낙은 이 죄의 공범이 될 때도 있고 위법성이 조각될 때도 있을 것이다.

5. 죄수 · 타죄와의 관계

약취와 유인 두 가지 수단을 사용하면 이 죄의 포괄일죄가 된다. 약취 · 유인한 자가 피인취자를 계속해서 감금한 때에는 감금죄와 경합범이 되지만, 특가법 제5조의2에 의하여 가중처벌된다. 또 약취 · 유인한 후에 유기하면 유기죄와 경합범이 된다. 특정범죄가중처벌법은 이 죄를 특별히 가중처벌하고 있으므로 이상의 죄수관계는 독자적 의미를 상실하였다고 할 수 있다.

---

81) 대판, 1976. 9. 14, 76도2072.

82) 서일교, 72면; 이건호, 257면; 강구진, 160면.

83) 유기천(상), 114면; 황산덕, 214면; 정영석, 256면; 남흥우, 81면; 김종원, 116면; 강구진, 160면; 배종대, 236면; 임웅, 157면; 손동권, 133면; 김성돈, 143면. 대판, 1982. 4. 27, 82도186(복음전도회 교인의 교리설교에 의해 스스로 가출한 15세 소년을 전도회에 입관시키고 껌팔이 행상을 시킨 경우도 미성년자유인죄에 해당한다)

84) 정성근, 202면; 이형국, 195면; 이재상, 138면; 김일수/서보학, 148면 이하; 진계호, 179면; 박상기, 135면; 백형구, 304면; 이정원, 189면; 오영근, 145면.

6. 특별형법

특정범죄가중처벌등에관한법률 제5조의2는 미성년자를 약취·유인한 경우에 그 목적과 행위태양 등에 따라 가중처벌하는 규정을 두고 있다. 즉, ① 약취 또는 유인한 미성년자의 부모나 그 밖에 그 미성년자의 안전을 염려하는 사람의 우려를 이용하여 재물이나 재산상의 이익을 취득할 목적인 경우와, 약취 또는 유인한 미성년자를 살해할 목적인 경우(동조 1항), ② 약취 또는 유인한 미성년자의 부모나 그 밖에 그 미성년자의 안전을 염려하는 사람의 우려를 이용하여 재물이나 재산상의 이익을 취득하거나 이를 요구한 경우, 약취 또는 유인한 미성년자를 살해하거나 그에게 폭행·상해·감금·유기·가혹 등 행위를 가하거나 치사시킨 경우(동조 2항)에 특히 그 형을 가중하여 처벌한다.

이 외에도 동법은 이상의 행위를 방조하여 피인취된 미성년자를 은닉 기타 방법으로 귀가하지 못하게 한 자(동조 3항)에 대하여 독립된 법정형(5년 이상의 법정형)을 규정하였고, 이상의 죄를 범한 자를 은닉 또는 도피하게 한 자(동조 5항)와 예비·음모한 자를 처벌하는 별도의 규정을 두고 있다(동조 8항).

Ⅲ. 약취·유인죄의 수정구성요건

1. 추행·간음·영리목적 약취·유인죄

> **【구성요건·법정형】** 추행·간음 또는 영리의 목적으로 사람을 약취 또는 유인한 자는 1년 이상의 유기징역에 처한다(제288조 1항). 미수범은 처벌한다(제294조). 이 죄와 그 미수범은 10년 이하의 자격정지 또는 2천만원 이하의 벌금을 병과할 수 있다(제295조). 이 죄 중 추행 또는 간음의 목적으로 약취·유인한 죄와 그 미수범은 고소가 있어야 공소를 제기할 수 있다(제296조).
> **【특별형법】** 제288조의 죄를 범한 자는 무기 또는 5년 이상의 징역에 처한다(특가법 제5조의 2 제4항).

(1) 의 의

추행·간음 또는 영리의 목적으로 사람을 약취 또는 유인함으로써 성립하는 범죄이다. 목적범이며, 추행·간음 목적죄는 친고죄이다. 이 죄도 특정범죄가중처벌등에관한법률이 우선 적용되며(동법 제5조의2 제4항·6항), 예비·음모도 처벌한다(동법 제5조의2 제8항).

(2) 객관적 구성요건요소

1) 주 체 주체는 제한이 없다. 영리 등의 목적으로 약취·유인한 미성년자의 보호자도 이 죄의 주체가 될 수 있다.

2) 객 체 객체는 자연인인 사람이다. 성년·미성년, 남녀성별·연령은 묻지 않으며, 미성년자인 경우는 의사능력의 유무도 가리지 않는다. 그러므로 미성년자에 대하여 추행·간음 또는 영리의 목적으로 약취 또는 유인한 때에는 미성년자 약취·유인죄가 아니라 이 죄가 성립한다.

(3) 주관적 구성요건요소

이 죄가 성립하기 위해서는 고의 외에 추행·간음 또는 영리의 목적이 있어야 하는 목적범이다.

1) 추행의 목적 피인취자를 추행행위의 주체 또는 객체로 삼으려는 목적을 말한다. "추행"이란 행위자 또는 제3자에게 성욕을 자극 또는 흥분시키는 행위로서 일반인에게 성적 수치심과 혐오감을 일으키는 일체의 행위를 말한다. 육체관계의 계속이라는 일시적 향락의 의사도 추행의 목적에 해당할 수 있다. 이 죄는 공연히 행할 필요가 없다.

2) 간음의 목적 결혼 아닌 성교행위를 할 목적을 말한다. 반드시 약취·유인자 자신이 간음의 당사자가 되어야 하는 것은 아니다. 법률혼 또는 사실혼의 목적이 있는 경우에는 결혼목적 약취·유인죄(제291조)에 해당한다고 본다.

3) 영리의 목적 자기 또는 제3자로 하여금 재산상의 이익을 얻게 할 목적을 말한다. 영리목적의 인취행위는 성질상 다른 목적에 의한 경우보다 피인취자의 자유에 대한 침해가 일층 증대할 우려가 많기 때문에 죄질이 중하다고 볼 수 있다. 반드시 계속적·반복적으로 이익을 얻어야 할 필요가 없으며, 일시적 이익을 얻는 경우라도 좋다. 또 취득한 이익이 반드시 영업적이거나 불법한 것임을 요하지 않는다. 따라서 피인취자를 일정한 업무에 종사케 하여 그 수입으로 채무를 변제하게 할 목적도 여기에 해당한다. 재산상의 이익은 피인취자를 이용하여 그 자유를 침해하는 수단으로 이득한 것임을 요하고, 반드시 인취행위 자체에서 이득할 필요가 없으며, 인취한 후 다른 행위에 의해서 취득하여도 무방하다. 그러므로 피인취자를 인신매매의 대상으로 하거나 인취한 후 피인취

자를 노동에 종사하게 하여 그 대가를 취득하는 때에도 이 죄가 성립한다. 그리고 처음에는 적법하게 자기지배에 두었으나 그 후 영리목적으로 기망·유혹하여 제3자의 실력지배에 옮긴 때에도 이 죄가 성립한다.

(a) 피인취자의 재산손해 재산상의 이익은 피인취자 자신의 부담 내지 손해로 인한 것임을 요하느냐에 대해서, ① 영리는 피인취자의 직접적 이용에 의한 이득에 한한다는 이유로 이를 긍정하는 견해[85]와, ② 반드시 이에 한하지 않고 제3자로부터 인취행위에 대한 보수로 이득한 것도 무방하다는 견해(통설)가[86] 대립한다. 인취행위에 대한 보수를 취득하기 위하여 사람을 인취하는 경우에도 피인취자의 자유는 침해되는 것이므로 이를 포함한다고 해야 한다. 그러나 피인취자의 소지품을 편취하여 얻은 이익은 포함하지 않는다고 본다.

(b) 석방대가의 재물취득목적 석방의 대가로 재물을 취득할 목적하에 사람을 약취한 때에도 영리목적에 해당하느냐에 대해서 긍정설[87]과 인질강도죄(제336조)에 해당한다는 견해[88]가 대립한다. 인질강도죄의 실행의 착수시기에 대해서 재물 또는 재산상의 이익을 취득할 목적으로 사람을 체포·감금 또는 약취·유인한 때라고 하는 이상 인질강도죄가 성립한다고 본다. 다만 이 경우에도 피인취자가 미성년자인 경우에는 '특정범죄가중처벌등에관한법률' 제5조의2 제1항 제1호에 의해 가중처벌될 것이다.

(4) 기수시기·공범·친고죄

이 죄는 목적범이므로 그 목적을 가지고 사람을 약취·유인하면 기수가 되며, 목적 달성 여부는 기수·미수와 관계없다. 그러나 목적은 반드시 행위 전에 있을 필요가 없고 행위 도중에 있으면 충분하다. 원칙적으로 계속범이므로 실력지배가 어느 정도 계속되어야 한다. 간음하기 위해서 소녀를 숲속으로 끌고 가는 정도로 이 죄의 성립을 부인하는 견해도 있으나 경우에 따라 다르다고 본다. 그러나 객체가 유아인 경우에는 이상의 목적으로 실력지배에 옮기면 곧 기

85) 서일교, 74면.

86) 황산덕, 215면; 정성근, 206면; 이형국, 197면; 강구진, 162면; 이재상, 140면; 김일수, 131면; 정영일, 126면; 김성돈, 145면.

87) 유기천(상), 114면; 이형국, 198면; 이재상, 140면; 김일수/서보학, 151면; 박상기, 137면; 김성천/김형준, 215면; 손동권, 135면; 정영일, 126면; 김성돈, 146면.

88) 김종원, 118면; 정성근, 206면; 강구진, 162면; 김일수, 131면; 백형구, 305면; 임웅, 158면; 오영근, 149면.

수가 된다고 본다.

이 죄의 목적을 가진 자와 목적이 없는 자가 미성년자를 약취 · 유인한 경우에 목적 없는 자는 미성년자 약취 · 유인죄에 해당한다.

피해자의 명예를 고려하여 추행 또는 간음 목적으로 약취 · 유인한 죄와 그 미수범은 고소가 있어야 공소를 제기할 수 있도록 하였다(親告罪). 또 피인취자를 안전장소로 풀어준 때에는 그 형을 감경할 수 있다(제295조의2).

2. 부녀매매죄

> **【구성요건 · 법정형】** 추업에 사용할 목적으로 부녀를 매매한 자도 전항(영리 등 목적 약취 · 유인)의 형과 같다(제288조 2항). 미수범은 처벌한다(제294조). 이 죄와 그 미수범은 10년 이하의 자격정지 또는 2천만원 이하의 벌금을 병과할 수 있다(제295조).
>
> **【특별형법】** 제288조의 죄를 범한 자는 무기 또는 5년 이상의 징역에 처한다(특가법 제5조의2 제4항).

(1) 보호법익 · 성격

추업에 사용할 목적으로 부녀를 매매함으로써 성립하는 범죄이다. 이 죄는 부녀의 자유뿐만 아니라 인도적 · 풍속적 견지에서 인신매매를 단속하려는 사회풍교의 보호도 고려하고 있으며, 국내에서의 인신매매행위를 처벌하기 위하여 규정한 것이다. 특히 부녀매매는 국제적으로 행하여질 가능성이 많으므로 이를 금지하기 위한 국제조약도 있다.[89] 이 죄는 매도인과 매수자를 똑같이 처벌하는 필요적 공범(대향범)이며 추업에 사용할 목적으로 인신매매를 하는 목적범이다. 이 죄도 '특정범죄가중처벌등에관한법률'이 우선 적용되며, 예비 · 음모죄도 처벌한다(동법 제5조의2 제4항 · 8항).

(2) 객관적 구성요건요소

1) 주 체 주체는 아무런 제한이 없다.[90] 보호자의 지위에 있는 자도 주체가 될 수 있다. 매도자와 매수자는 필요적 공범으로서 이 죄에 의하여 처벌된

---

89) 예컨대 1910년 5월 4일 파리에서 체결된 "추업을 행하게 하기 위한 부녀매매의 금지에 관한 국제조약", 1921년 9월 30일 제네바에서 체결된 "부녀 및 아동의 매매금지에 관한 국제조약", 1933년 "성년부녀매매의 금지를 위한 국제조약", 1949년 12월 2일 국제연합총회에서 승인된 "인신매매 및 타인의 매춘으로부터의 착취의 금지에 관한 조약" 등이다.

90) 대판(전원합의체), 1992. 1. 21, 91도1402.

다.

【판례】 부녀매매죄는 … 그 행위의 객체는 부녀이고, … 행위의 주체에는 제한이 없으니 …, 요컨대 본죄의 성립 여부는 그 주체 및 객체에 중점을 두고 볼 것이 아니라 매매의 일방이 어떤 경위로 취득한 부녀자에 대한 실력적 지배를 대가를 받고 그 상대방에게 넘긴다고 하는 행위에 중점을 두고 판단하여야 하므로 매도인이 매매당시 부녀자를 실력으로 지배하고 있었는가 여부, 즉 계속된 협박이나 명시적 혹은 묵시적인 폭행의 위협 등의 험악한 분위기로 인하여 보통의 부녀자라면 법질서에 보호를 호소하기를 단념할 정도의 상태에서 그 신체에 대한 인계인수가 이루어졌는가의 여부에 달려 있다고 하여야 할 것이다(대판, 1992. 1. 21, 91도1402).

2) 객 체 객체는 부녀이다. 남자는 객체가 될 수 없으나 부녀인 이상 성년・미성년,[91] 기혼・미혼을 묻지 않는다. 자기의 처도 객체가 될 수 있다.

3) 행 위 행위는 매매이다.

여기의 "매매"는 부녀의 신체를 물건과 같이 유상으로 상대방 또는 제3자에게 교부하고 상대방은 그 교부를 받아 불법하게 실력지배를 설정하는 것을 말한다. 민법상의 매매와 같은 의미가 아니므로 교환도 포함된다.

이 죄의 기수시기는 부녀의 신체에 대한 실력지배의 이전이 있을 때에 기수가 된다.[92] 민법상의 매매와 성질이 다르며, 이 죄가 자유를 침해하는 범죄이기 때문이다. 따라서 매매계약만 체결하고 인도하지 아니한 때, 매매계약을 체결한 후 인신인도에 실패한 때에는 이 죄의 미수범이 된다. 이 죄의 성질상 매매계약 후 인신의 교부로 실력지배가 설정되면 충분하므로 대금의 지급 여부는 이 죄의 완성에 영향이 없다. 그러므로 매매대금을 받았다 하여도 아직 인신의 교부 내지 인도가 없으면 미수범이 된다.

---

91) 대판, 1971. 3. 9, 71도27은 국민학교를 졸업한 17세의 소녀는 정신적 지각이 있고 법질서의 보호를 호소할 수 있는 능력을 가진 자이므로 피고인들이 추업에 사용할 목적으로 매매할 수 없다고 하여, 정신적 지각과 법질서 보호를 호소할 수 있는 능력이 없는 자에 한하여 이 죄의 객체가 된다고 하였으나 위 1992. 1. 21. 전원합의체 판결로 이러한 제한 없이 모든 부녀가 객체가 된다고 변경하였다.

92) 유기천(상), 121면; 황산덕, 216면; 서일교, 75면; 정영석, 258면; 김종원, 120면; 정성근, 208면; 강구진, 164면; 이재상, 141면; 박상기, 140면; 배종대, 233면; 임웅, 160면; 오영근, 151면; 손동권, 137면; 정영일, 128면; 김성돈, 147면. 대판, 1959. 3. 13, 4292형상7.

(3) 주관적 구성요건요소

목적범이므로 부녀를 매매한다는 고의 외에 추업에 사용할 목적이 있어야 한다. 추업이라 함은 창기·작부·매음 등의 업무를 말한다. 따라서 그 이외의 목적, 예컨대 노동의 목적으로 매매하여도 이 죄에 해당하지 않는다. 목적 달성 여부는 기수·미수에 영향이 없다. 특별규정으로 안전장소 석방에 대한 임의적 감경규정이 있다.

3. 국외이송목적 약취·유인·매매죄

【구성요건·법정형】 국외에 이송할 목적으로 사람을 약취·유인 또는 매매한 자는 3년 이상의 유기징역에 처한다(제289조 1항). 미수범은 처벌한다(제294조). 본죄와 그 미수범은 10년 이하의 자격정지 또는 2천만원 이하의 벌금을 병과할 수 있다(제295조). 본죄를 범할 목적으로 예비 또는 음모한 자는 3년 이하의 징역에 처한다(제290조).

【특별형법】 제289조의 죄를 범한 자는 무기 또는 5년 이상의 징역에 처한다(특가법 제5조의2 제4항).

(1) 객관적 구성요건요소

국외에 이송할 목적으로 사람을 약취·유인 또는 매매하는 것이다. 이 죄는 미성년자 약취·유인죄와 추행·간음·영리목적약취유인죄, 부녀매매죄에 대한 특별관계에 있다. 주체는 제한이 없다. 이송의 목적이 있는 이상 보호자의 지위에 있는 자도 주체가 된다. 객체는 사람이다. 성년·미성년·기혼·미혼, 남녀 성별을 묻지 않는다. 처도 객체가 될 수 있다. 행위는 약취·유인 또는 매매이다. 약취·유인은 미성년자 약취·유인죄의 그것과 같으며, 매매는 부녀매매죄의 그것과 같다.

(2) 주관적 구성요건요소

고의 외에 다시 국외이송의 목적이 있어야 하는 목적범이다. 국외이송의 목적을 가지게 된 동기(영리·추행·결혼·노무종사 등)는 묻지 않는다. 따라서 영리를 위하여 미성년자를 국외에 이송할 목적으로 약취 또는 유인한 경우에도 이 죄만 성립한다.

국외의 의미에 대해서는 피해자의 거주국 영역 외라고 해석하는 견해도 있다.[93] 이는 입법론적으로 타당한 주장이지만 법문에서 거주국 외라고 하지 않고 국외라고 규정하고 있는 이상 "대한민국 영역외"라고 해석하여야 한다(通說).[94] 따라서 새로운 입법에 의하지 않는 한 외국에서 대한민국으로 또는 외국에서 외국으로 이송할 목적인 경우에는 이 죄에 해당하지 않는다. 대한민국 영역 외에 이송할 목적이면 충분하고 타국의 영역 내에 들어갈 목적까지는 요하지 않는다. 공해상도 국외에 해당한다.

국외에 이송할 목적으로 사람을 매매·인취함으로써 기수가 되며 목적달성 여부는 묻지 않는다.

(3) 타죄와의 관계

이 죄는 제287조·제288조에 대한 특별죄이므로 국외이송목적으로 인취한 이상 객체가 미성년자이거나 영리등 목적이 있는 경우에도 이 죄만 성립한다.

4. 피약취·유인·매매자 국외이송죄

> **【구성요건·법정형】** 약취·유인 또는 매매된 자를 국외에 이송한 자도 전항(국외이송목적 약취·유인·매매)의 형과 같다(제289조 2항). 미수범은 처벌한다(제294조). 이 죄와 그 미수범은 10년 이하의 자격정지 또는 2천만원 이하의 벌금을 병과할 수 있다(제295조). 이 죄를 범할 목적으로 예비 또는 음모한 자는 3년 이하의 징역에 처한다(제290조).
>
> **【특별형법】** 제289조의 죄를 범한 자는 무기 또는 5년 이상의 징역에 처한다(특가법 제5조의2 제4항).

(1) 구성요건요소

약취·유인 또는 매매된 자를 국외로 이송하는 침해범이다.

1) 객 체 객체는 현실적으로 약취·유인 또는 매매된 자이다. 성년·미성년, 미혼·기혼, 남녀성별은 묻지 않는다. 처음부터 국외에 이송할 목적으로 약취·유인·매매된 자일 필요가 없으며, 약취·유인·매매의 동기도 묻지 않는다.

2) 행 위 행위는 국외에 이송하는 것이다. 즉, 대한민국의 영역외로 떠나보내는 것이다. 현실로 이송하여야 한다. 대한민국의 영역을 떠남으로써 기수

---

93) 김종원, 121면.
94) 유기천(상), 116면; 황산덕, 217면; 정영석, 269면; 이건호, 261면; 서일교, 76면; 남흥우, 86면; 정성근, 210면; 이형국, 201면; 이재상, 143면; 김일수/서보학, 153면; 진계호, 184면; 배종대, 239면; 박상기, 141면; 임웅, 161면; 오영근, 152면; 정영일, 129면; 김성돈, 148면.

가 되며, 반드시 외국의 영역 내에 들어갈 필요가 없다. 따라서 공해상으로 나갔거나 무소속 국지에 도착하여도 이 죄는 기수가 된다. 안전장소로 석방한 경우에 임의적 감경을 하는 특별규정이 있다.

(2) 타죄와의 관계

국외에 이송할 목적으로 사람을 약취·유인 또는 매매한 자가 계속해서 피인취자를 국외로 이송한 경우에 어떤 범죄가 성립하느냐에 대해서 견해가 대립한다. ① 국외이송목적 약취·유인죄(제289조 1항)와 국외이송죄(제289조 2항)에 각각 해당하는 별개의 행위이므로 두 죄의 경합범이 된다는 견해,[95] ② 이 죄는 계속범이므로 포괄하여 국외이송죄만 성립하고 따로 국외이송목적 인취죄를 논할 필요가 없다는 견해,[96] ③ 실체법적으로 두 죄가 성립하지만 상상적 경합으로 취급해야 한다는 견해,[97] 처음부터 국외이송의 의사로 약취·매매한 때에는 국외이송목적 약취·유인죄만 성립(법조경합의 불가벌적 사후행위)하고, 약취·매매한 후 이송의 의사가 생긴 때에는 경합범이 된다는 견해[98] 등이 있다.

국외이송목적 약취·유인죄는 불완전한 두 행위범(단축된 이행위범)이므로 그 목적실현을 위해서는 구성요건적 행위 외에 따로 목적실현을 위한 행위가 있어야 한다. 즉, 약취·유인·매매 행위 외에 이송하는 행위가 있어야 목적이 달성된다. 따라서 이송목적 인취죄는 실제로 이송하지 못한 경우에 성립하는 죄이며, 이송죄는 현실적으로 이송함으로써 성립하는 별개의 범죄이다. 이는 사문서위조죄와 동행사죄의 관계와 같다. 견련범을 인정하지 않는 형법의 해석에서 두 죄의 성립을 인정하고 경합범으로 취급함이 타당하다고 본다(다수설).

5. 결혼목적 약취·유인죄

【구성요건·법정형】 결혼할 목적으로 사람을 약취 또는 유인한 자는 5년 이하의 징역에 처한다(제291조). 미수범은 처벌한다(제294조). 이 죄와 그 미수범은 고소가 있어야 공소를 제기할 수 있다(제296조).

---

95) 정영석, 269면; 권문택, 주석(하), 75면; 김종원, 125면; 정성근, 212면; 진계호, 186면; 박상기, 142면; 백형구, 312면; 임웅, 161면; 손동권 140면; 김성돈, 150면.

96) 유기천(상), 122면; 강구진, 166면; 오영근, 154면.

97) 황산덕, 217면; 이형국, 203면; 이재상, 144면.

98) 김일수/서보학, 153면. 다만 배종대, 239면은 처음부터 이송의사가 있으면 상상적 경합, 약취·매매한 후 이송의사가 생기면 경합범이라 한다.

(1) 의 의

결혼할 목적으로 사람을 약취・유인함으로써 성립하는 친고죄이다.

(2) 객관적 구성요건요소

결혼할 목적으로 사람을 약취 또는 유인하는 죄는 구형법에서 영리목적 약취・유인죄와 함께 규정하였던 것을 분리하여 그 형을 감경하고 있다.

1) 객 체 객체는 사람이다. 성년・미성년, 기혼・미혼, 남녀성별은 묻지 않는다. 따라서 결혼할 목적으로 남자를 약취한 때에도 이 죄가 성립하므로 주체는 여자도 가능하다. 또 결혼할 목적으로 미성년자를 약취・유인한 때에도 그 동기에서 책임이 감경되어 이 죄만 성립한다. 추행목적으로 미성년자를 약취・유인한 경우에 그 동기에서 책임이 가중되어 추행목적 약취・유인죄에 해당하는 것과 대응한다.

2) 행 위 행위는 약취 또는 유인하는 것이다. 또 안전장소로 석방한 경우에 임의적 감경을 한다(제295조의2).

(3) 주관적 구성요건요소

사람을 약취 또는 유인한다는 인식・의사인 고의 외에 결혼할 목적이 있어야 하는 목적범이다.

1) 결혼의 의미 이 죄의 결혼은 간음목적 약취・유인죄(제288조)의 간음과의 구별과 관련하여, ① 법률혼을 의미한다는 견해,[99] ② 사실혼을 의미한다는 견해,[100] ③ 사실혼・법률혼 모두 포함한다는 견해[101]가 대립한다.

그러나 이 죄의 결혼을 법률혼이라 하면, ① 사실혼 목적이 있는 때에는 간음목적 약취・유인죄(제288조)로 처벌할 수밖에 없는데 사실혼의 경우를 간음(결혼아닌 성교행위)이라 할 수 없으며, ② 형사소송법 제230조 2항[102]은 결혼목적으로 인취한 자가 그 후 혼인(법률혼)한 경우에만 적용되며 사실혼에 그치고 법률혼을 하지 않았을 때에는 애당초 이 규정을 적용할 필요가 없다고 해야 한

99) 황산덕, 217면; 이건호, 263면; 정영석, 259면; 서일교, 77면; 염정철, 321면; 정창운, 76면.

100) 유기천(상), 121면; 강구진, 168면; 이재상, 145면.

101) 남흥우, 88면; 권문택, 주석(하), 80면; 김종원, 125면; 정성근, 214면; 이형국, 205면; 진계호, 187면; 김일수/서보학, 154면; 배종대, 240면; 박상기, 143면; 백형구, 308면; 임웅, 157면; 오영근, 155면; 손동권, 141면; 정영일, 131면; 김성돈, 151면.

102) 형사소송법 제230조 2항: 형법 제291조의 죄(결혼목적 약취・유인죄)로 약취・유인된 자가 "혼인"한 때에는 혼인의 무효 또는 취소판결이 확정된 때부터 고소기간이 진행한다.

다. 사실혼설은 ③ 법률에서 법률혼을 의미할 때에는 혼인이라는 용어를 사용한다는 이유를 들고 있다. 그러나 그것이 사실이긴 하여도 결혼이 사실혼만을 의미한다는 결론은 나오지 않으며, 오히려 결혼은 법률혼 · 사실혼을 포함한 용어로 이해할 수 있다. ④ 사실혼 · 법률혼을 묻지 않고 약취 · 유인한 이상 사람의 자유를 침해하는 점에서는 동일하고, 또 이 죄가 친고죄로 되어 있다는 점을 고려하면 실제로 처벌되는 경우가 적다는 것은 당연하므로 사실혼 · 법률혼을 포함한다는 견해가 타당하다(다수설).

2) 결혼목적 결혼할 목적은 진실로 혼인관계를 맺을 목적이 있어야 한다. 따라서 단순히 내연관계나 첩관계를 맺을 목적, 결혼지참금만 취득할 목적으로 결혼한 경우에는 이 죄에 해당하지 않는다. 또 직접 피인취된 자와 결혼할 목적이라야 하고, 피인취자 이외의 제3자와 결혼할 목적이 있는 경우(예컨대 甲女와 결혼할 목적으로 甲女의 父나 동생을 인취한 경우)에는 이에 해당하지 않는다.[103] 그리고 행위자가 피인취자와 결혼할 목적이 있는 경우는 물론, 제3자와 결혼하게 할 목적이 있는 경우에도 결혼할 목적에 해당한다.

결혼할 목적으로 사람을 약취 · 유인함으로써 기수가 되며 목적달성 여부는 기수성립에 영향이 없다. 약취 · 유인의 시간적 계속이 없거나 피인취자에 대한 사실상의 지배를 하지 못한 때에 이 죄의 미수범이 된다.

Ⅳ. 약취 · 유인죄의 독립구성요건

1. 피인취 · 매매 · 이송자 수수 · 은닉죄

【구성요건 · 법정형】 ① 제288조(추행 · 간음 · 영리목적 약취 · 유인, 부녀매매) 또는 제289조(국외이송목적 약취 · 유인 또는 피인취자 국외이송)의 약취 · 유인이나 매매된 자 또는 이송된 자를 수수 또는 은닉한 자는 7년 이하의 징역에 처한다(제292조 1항).

② 제287조(미성년자약취 · 유인) 또는 제291조(결혼목적 약취 · 유인)의 약취 또는 유인된 자를 수수 또는 은닉한 자는 5년 이하의 징역에 처한다(동조 2항). 미수범은 처벌한다(제294조). ①, ②항의 죄와 그 미수범은 10년 이하의 자격정지 또는 2천만원 이하의 벌금을 병과할 수 있다(제295조). 추행 또는 간음목적으

103) 권문택, 주석(하), 80면.

로 약취 또는 유인된 자에 대하여 수수 또는 은닉한 죄와 그 미수범은 고소가 있어야 공소를 제기할 수 있다(제296조).

【특별형법】 제288조, 제292조 제1항의 죄를 범한 자는 무기 또는 5년 이상의 징역에 처한다(특가법 제5조의2 제4항).

(1) 성격 · 구성요건요소

이 죄는 피인취 · 매매 또는 이송행위가 있은 후에 관여하는 범죄로서 이미 법익이 침해된 피해자의 자유, 생명 · 신체의 안전 또는 감호권의 침해를 더욱 확장하여 계속시키는 행위를 독립된 범죄로 처벌하는 것이다.

약취 · 유인죄의 성질에 대해서 계속범이라는 통설에 의하면, 피인취 · 매매 · 이송된 자를 수수 또는 은닉하는 행위는 당연히 총칙상의 방조범에 해당하는 행위로서 공범에 관한 규정이 적용되어야 하지만 형법은 이를 독립된 범죄로 특별히 규정한 것이라고 한다. 이에 대해서 상태범설에 의하면, 인취 · 매매 · 이송과 동시에 범죄는 완성되므로 그 후에 수수 · 은닉하여도 총칙상의 방조범은 될 수 없고 사후방조범에 해당하는 규정이라 한다.

이 죄 중 제1항의 객체는, ① 추행 · 간음 · 영리의 목적으로 약취 또는 유인된 자, ② 추업에 사용할 목적으로 매매된 부녀, ③ 국외 이송목적으로 약취, 유인 또는 매매된 자, ④ 국외에 이송된 자이다. 제2항의 객체는 ① 약취 또는 유인된 미성년자, ② 결혼할 목적으로 약취 또는 유인된 자이다.

행위는 수수 또는 은닉하는 것이다. "수수"란 유상 · 무상을 묻지 않고 객체를 교부받아 자기의 사실적 지배하에 두는 것을 말한다. 다만 추업목적으로 부녀를, 또는 국외이송목적으로 사람을 유상으로 수수하면 부녀매매죄 또는 인신매매죄(제288조 2항, 제289조 1항)에 해당한다. "은닉"이란 객체의 발견을 곤란하게 하기 위하여 장소제공 또는 방해를 위한 시설제공을 하는 일체의 행위를 말한다. 또 안전장소에 석방한 경우에 임의적 감경을 하는 특별규정이 있다.

제292조 1항의 죄를 범한 자에 대해서는 특정범죄가중처벌등에관한법률 제5조의2가 우선 적용되며, 예비 · 음모한 자도 처벌한다(동조 8항).

(2) 공범관계

이 죄는 총칙상의 방조범에 대한 특별규정이므로 이 죄에 해당하는 경우에는 제32조의 규정은 적용되지 않는다(계속범설). 다만 외부에서 이 죄의 행위에 공범으로 가담한 때에는 이 죄의 공범이 되며 공범규정이 적용된다.

2. 추행 · 간음 · 영리목적 인취 · 매매 · 이송자수수 · 은닉죄

【구성요건 · 법정형】 추행, 간음 또는 영리의 목적으로 전조(약취 · 유인 · 매매 · 이송)의 죄를 범한 자도 전항의 형과 같다(제293조 2항). 미수범은 처벌한다(제294조). 이 죄와 그 미수범은 10년 이하의 자격정지 또는 2천만원 이하의 벌금을 병과할 수 있다(제295조). 추행 또는 간음목적으로 수수 또는 은닉한 죄와 그 미수범은 고소가 있어야 공소를 제기할 수 있다(제296조).

이 죄는 약취 · 유인 · 매매 · 국외이송된 자의 수수 · 은닉죄(제292조)에 대한 목적범이다. 따라서 제292조의 죄에 대해서 목적 때문에 불법이 가중되는 가중적 구성요건이다. 수수 또는 은닉의 행위 자체가 추행, 간음 또는 영리의 목적으로 행해진다는 점에서 제292조의 죄와 다르다.

이 죄의 객체와 행위는 약취 · 유인 · 매매 · 국외이송된 자의 수수 · 은닉죄(제292조)의 그것과 같다. 주관적 구성요건요소로서 고의 외에 추행, 간음 또는 영리의 목적이 있어야 한다. 추행 · 간음 · 영리의 목적에 관해서는 영리 · 추행 · 간음목적 약취 · 유인죄(제288조 1항) 참조. 또 안전장소에 석방한 자에 대하여는 임의적 감경을 한다.

3. 상습인취 · 매매 · 이송 · 수수 · 은닉죄

【구성요건 · 법정형】 상습으로 전2항(추행 · 간음 · 영리목적 약취 · 유인과 추업사용목적 부녀매매)의 죄를 범한 자는 2년 이상의 유기징역에 처한다(제288조 3항). 상습으로 전항(국외이송목적 약취 · 유인과 피약취 · 유인 · 매매자 국외이송)의 죄를 범한 자는 5년 이상의 유기징역에 처한다(제289조 3항). 상습으로 전조(약취 · 유인 · 매매 · 이송된 자와 추행 · 간음 · 영리목적 인취 · 매매 · 이송된 자 수수 · 은닉)의 죄를 범한 자는 2년 이상 10년 이하의 징역에 처한다(제293조 1항). 미수범은 처벌한다(제294조). 이 죄와 그 미수범은 10년 이하의 자격정지 또는 2천만원 이하의 벌금을 병과할 수 있다(제295조).

【특별형법】 상습으로 제288조(영리 등 목적 약취 · 유인 · 매매), 제289조(국외이송목적 약취 · 유인 · 매매) 또는 제292조 제1항(영리 등 목적 약취 · 유인 · 매매, 국외이송목적 약취 · 유인 · 국외이송된 자 수수 · 은닉)의 죄를 범한 자는 그 죄에 정한 형의 2분의 1까지 가중한다(특가법 제5조의2 제5항).

이 죄는 약취 · 유인의 죄 중에서, 추행 · 간음 · 영리목적 약취 · 유인죄(제288조 1항), 부녀매매죄(제288조 2항), 국외이송목적 약취 · 유인 · 매매죄(제289조 1항), 피약취 · 유인 · 매매자 국외이송죄(제289조 2항), 피약취 · 유인 · 매매 · 이송자

수수·은닉죄(제292조)를 상습으로 범한 경우에 상습성으로 인하여 위 각 죄에 대하여 책임이 가중되는 가중적 구성요건이다.

이 죄의 구성요건에 대해서는 위 각 죄의 구성요건과 상습상해죄의 상습성 각각 참조. 또 안정장소 석방자에 대한 임의적 감경규정이 적용된다. 미성년자 약취·유인과 결혼목적 약취·유인된 자를 수수·은닉(제292조 2항)하는 죄를 제외한 상습약취·유인죄에 대해서는 특정범죄가중처벌등에관한법률 제5조의2 제5항에 의해 그 죄에 정한 형의 2분의 1까지 가중처벌한다.

제 4 절 강간과 추행의 죄

Ⅰ. 총 설

1. 의의·보호법익

(1) 의 의

강간과 추행의 죄는 개인의 인격적 자유 중에서 성적 자기결정의 자유를 침해하는 범죄이다. 사람은 누구나 인격의 성숙에 따라 성생활의 가능성을 속성으로 지니고 있으며, 이를 기초로 성적 자기결정의 자유를 갖는다. 강간과 추행의 죄는 개인의 성적 자기결정의 자유를 폭행·협박 또는 위계·위력의 방법으로 침해하거나 이에 준하는 방법으로 침해하는 범죄라 할 수 있다. 다만 형법은 개인의 자유를 보호하되 소극적으로 그 침해로부터의 보호이기 때문에 성적 자기결정의 자유도 적극적으로 성행위를 할 자유를 보호하는 것이 아니라 불법한 성적 침해로부터의 소극적 자유만을 보호한다.

【입법례】 고대 로마법에서는 강간죄는 폭행·강요·인격권침해(injuria)의 성질을 가진 범죄로, 게르만법에서는 여성의 성적 명예에 대한 침해와 동시에 강도와 공통되는 범죄로 파악되었다. 1794년 프로이센 일반 란트법은 육

욕(肉慾)범죄로서 강간과 강제추행에 관한 규정을 두고(제1048조 이하), 후자는 다시 12세 이상과 미만의 남녀에 대한 죄를 구별하여 처벌하였다. 한편 1810년 프랑스 형법(제330조 이하)은 풍소괴란(風俗壞亂)으로 공연음란죄(제330조), 강간 · 강제추행죄(제331조)를 합하여 규정하고, 이와 별도로 음란문서등반포죄에 해당하는 규정을 두었다.

그러나 1813년 바이에른 형법전은 남녀 모두에 대한 강제추행과 성교강요를 강간(Notzucht)이라 정의하고, 동법 제187조 이하에 현대적 의미의 강간죄를 규정하여 성범죄를 분리하는 입법태도를 취하였다. 1871년 독일 제국형법전은 프랑스 및 프로이센 형법의 영향을 받아 중혼(제171조), 간통(제172조), 근친상간(제173조), 강제추행(제174조), 동물과 성행위(제175조), 강간(제177조), 강제추행 · 강간치사(제178조), 매춘중개(제180조, 제181조), 공연음란(제183조), 음란문서등반포죄(제184조) 등 성범죄에 관한 상세한 규정을 두었다.

독일 현행형법은 1973년 11월 23일의 개정으로 종래의 "풍속에 대한 중죄 · 경죄"를 "성적 자기결정에 대한 범죄행위"(제174조 이하)로 재편성하여 개인적 법익에 대한 죄로서의 성격을 뚜렷이 하고 있다.

일본 형법은 강간과 추행의 죄를 "외설 · 간음 및 중혼의 죄"의 장(제22장)에서 사회적 법익에 대한 죄로 규정하고 있다(제176조 내지 제181조). 우리 형법은 이러한 입법례와 달리 이 죄를 성풍속을 해하는 죄(제241조 내지 제245조)와 구별하여 순수한 개인의 자유를 보호하는 범죄로 규정한 점에 특색이 있다.

(2) 보호법익

보호법익은 개인의 성적 자기결정의 자유이다. 다만 이 죄 중에서 폭행 또는 협박을 수단으로 하는 범죄는 신체의 불가침성 또는 의사결정의 자유도 부차적인 보호법익이 된다.[104)]

이에 대해서 사회풍교(社會風敎)도 부차적으로 보호한다는 견해[105)]도 있다. 그러나 ① 형법은 강간과 추행의 죄를 풍속범죄와 구별하여 개인적 법익에 대한 죄로 규정하고 있고, ② 강간과 추행의 죄 중에서 치사상의 죄를 제외하고는 모두 친고죄로 하고 있으며, ③ 사회풍교는 본래 윤리에 속하는 것으로 풍속범처럼 사회일반에 직접 영향을 미치지 않으면 형벌로서 강제할 성질이 아니므로 사회풍교를 보호법익으로 고려할 필요가 없다. 다만 피구금부녀간음죄는 범죄의 특수성으로 구금에 대한 평등한 처우와 감호자의 청렴성에 대한 일반의 신뢰도 부차적 법익으로 고려해야 한다고 본다.

보호받는 정도에 대해서는, ① 침해범으로서의 보호라는 통설과 ② 강간죄 · 준강간죄는 침해범, 강제추행죄 · 준강제추행죄는 위험범(추상적 위험범)으로서의

104) 황산덕, 218면; 정성근, 219면; 강구진, 171면; 김일수/서보학, 156면 이하.
105) 유기천(상), 127면; 정영석, 261면; 서일교, 79면; 이건호, 264면; 이수성, 주석(하), 83면.

보호라는 견해[106]가 대립한다.

그러나 ① 이 죄는 개인의 성적 자기결정의 자유를 보호법익으로 하는 개인적 법익에 대한 죄이며, ② 강제추행 없이 강간행위도 가능한 것이고, ③ 추행행위도 객관적으로 개인의 성적 감정을 침해하는 정도에 이르러야 하므로 침해범이라고 해야 한다.

2. 구성요건체계

개인의 성적 자기결정의 자유를 침해하는 일반적 형태의 범죄는 강제추행죄(제298조)이다. 따라서 강간과 추행의 죄의 기본적 구성요건은 강제추행죄이다. 강간죄(제297조)는 추행의 경우보다 불법이 가중되는 가중적 구성요건이다. 준강간죄(제299조 전단), 준강제추행죄(제299조 후단) 및 의제강간 · 의제강제추행죄(제305조)는 강간죄 · 강제추행죄에 준하여 처벌하는 독립된 구성요건이며, 결과로 인하여 불법이 가중되는 강간 · 강제추행상해 · 치상죄(제301조)와 강간 · 강제추행살인 · 치사죄(제301조의2)는 강간죄 · 강제추행죄, 준강간죄 · 준강제추행죄의 가중적 구성요건이고, 미성년자 등 간음죄(제302조), 업무상 위력에 의한 간음죄(제303조 1항) · 피구금부녀간음죄(제303조 2항) · 혼인빙자간음죄(제304조)는 그 객체와 침해방법이 다르고, 특히 피구금부녀간음죄(제303조 2항)는 구금에 대한 평등처우 및 감호자의 청렴성에 대한 일반의 신뢰라는 부차적 법익도 보호한다는 점에서 독립된 구성요건으로 규정하고 있다. 이 외에 강간죄 · 강제추행죄 · 준강간죄 · 준강제추행죄의 미수범을 처벌하며(제300조), 강간 등 상해 · 치상죄, 강간 등 살인 · 치사죄, 혼인빙자 등에 의한 간음죄를 제외한 이상의 모든 죄를 상습으로 범한자는 그 죄에 정한 형의 2분의 1까지 가중한다(제305조의2). 그리고 상해 · 살인 및 치사상죄를 제외하고는 모두 친고죄로 하고 있다(제306조).

【특별형법】 1) '성폭력범죄의처벌등에관한특례법(2010. 4. 15 제정)'은 ① 주거침입, 야간주거침입절도, 특수절도, 그 미수범을 범한 자의 강간 · 강제추행 · 준강간 · 준강제추행(제3조 1항)과, ② 특수강도와 그 미수범의 강간 · 강제추행 · 준강간 · 준강제추행(제3조 2항), ③ 친족관계(4촌내 혈족과 인척 및 사실혼관계의 친족)[107]

106) 유기천(상), 129면, 131면.

107) 대판, 2002. 2. 22, 2001도5075는 "성폭력특례법" 제7조 5항의 "사실상의 관계에 의한 친족"에

에 의한 강간·강제추행·준강간·준강제추행(제5조), ④ 흉기 기타 위험물건을 휴대하거나 2인 이상이 합동하여 강간·강제추행, 준강간·준강제추행의 죄를 범한 때(제4조), ⑤ 특수강도강간·특수강간 등과 장애인에 대한 준강간 및 친족에 의한 강간으로 인한 상해·치상, 살해·치사와, ⑥ 강간·준강간·준강제추행한 자의 살인·치사에 대하여 각각 가중 처벌하고(제8조, 제9조), ⑦ 항거불능의 장애인에 대한 간음·추행은 각각 강간죄·강제추행죄로 처벌한다(제6조). 또 ⑧ 13세 미만의 여자 또는 사람에 대한 강간 또는 추행에 대하여도 가중처벌한다(제7조). 이 외에 업무상위력등에 의한 추행(제10조), 공중밀집장소에서의 추행(제11조), 전화·우편·컴퓨터 등 통신매체를 이용한 음란행위(제13조)를 처벌하며, 동법 제10조, 제11조, 제12조의 죄를 제외하고는 모두 비친고죄로 하였다. 또 자기 또는 배우자의 직계존속도 고소할 수 있으며(제17조), 고소기간도 범인을 알게 된 날로부터 1년을 경과하면 고소할 수 없도록 특칙(제18조 1항)을 두고 있다.

2) '특정강력범죄의처벌에관한특례법'(제2조 1항 3호, 4호)은, ① 위험한 물건을 휴대하거나 2인 이상이 합동하여 강간·강제추행·준강간·준강제추행 및 그 미수범, ② 미성년자 간음·추행 등 죄를 범한 자와, 이상의 강간 등의 범죄행위에 의하여 치사상의 결과를 발생시킨 자, 그리고 이상의 죄를 범한자의 누범에 대한 가중규정(동법 제3조)을 두고 있다.

3) '아동·청소년의성보호에관한법률'은 ① 아동·청소년에 대한 강간·강제추행 등(제7조), 아동·청소년 이용 음란물을 제작·배포행위(제8조), 아동·청소년 성매매를 목적으로 한 아동·청소년의 매매행위(제9조), 아동·청소년의 성을 사는 행위(제10조), 폭행·채무·고용관계 등을 이용하여 성매매에 응하도록 아동·청소년을 강요하는 행위(제11조), 아동·청소년 성매매를 알선하거나 장소 등을 제공하는 행위(제12조) 등을 가중처벌하고, ② 공소시효기산에 관해 피해 아동·청소년이 성년에 달한 날로부터 진행하는 특례규정(제7조의 3)을 두고 있으며, ③ 아동·청소년대상 성범죄로 유죄판결이 확정된 자의 신상정보등록 및 이의 공개에 관한 제반 절차와 내용뿐만 아니라 아동·청소년 관련 교육기관 등에의 취업을 제한하는 규정(제33조 내지 제44조)을 두고 있다.

4) 군형법은 현역군인, 군무원, 군적을 가진 군의학교 학생·생도·사과후보생 등의 부녀나 사람을 강간, 강제추행, 준강간, 준강제추행과 강간 등 상해·치상, 강간 등 살인·치사를 한 때 각각 가중규정을 두고 있다(동법 제92조, 제92조의2부터 제92조의 7까지).

는 사실혼으로 인하여 형성되는 인척도 포함한다고 판시하였다. 같은 취지: 대판, 2000. 2. 8, 99도5395(피해자의 생모와 사실혼 관계에 있는 자가 강간한 경우). 종래의 판례는 "4촌 이내의 혈족"에 한정하여 규정하고 있었으므로 어머니와 사실혼 관계가 있는 의붓아버지나 의붓오빠는 "사실상의 관계에 의한 친족"에 포함될 수 없었으나(대판, 1996. 2. 23, 95도2914) 현재에는 2촌 이내의 인척도 명시하여 의붓아버지와 의붓오빠도 포함하게 되었다.

Ⅱ. 강간죄 · 강제추행죄

1. 강간죄

【구성요건 · 법정형】 폭행 또는 협박으로 부녀를 강간한 자는 3년 이상의 유기징역에 처한다(제297조). 미수범은 처벌한다(제300조). 본죄는 고소가 있어야 공소를 제기할 수 있다(제306조). 상습으로 이죄를 범한 자는 그 형의 2분의 1까지 가중한다(제305조의 2).

(1) 의 의

강간죄(Vergewaltigung, rape)는 폭행 또는 협박으로 부녀를 강간하는 범죄이다. 객체가 부녀에 한정되고, 행위가 강간이기 때문에 강제추행에 비하여 부녀의 성적 자기결정의 자유가 현저히 침해되어 불법이 가중되는 가중적 구성요건이다. 침해범 · 결합범 · 결과범이다.

(2) 객관적 구성요건요소

1) 주 체 주체는 보통 남자이지만 여자는 정신병자를 이용하여 간접정범으로, 또는 남자와 공동정범으로 범할 수 있으므로 여자도 주체가 될 수 있다.[108] 따라서 이 죄는 자수범 · 의무범이 아니다. 이 죄가 신분범인가에 대해서 신분범이 아니라는 견해도 있다.[109] 그러나 여자는 공동가공의 경우에도 간음 자체는 불가능하고 단독의 직접정범도 될 수 없으므로 신분범적 요소를 배제할 수 없다. 즉, 강간죄는 진정신분범이라 해야 한다. 그리고 남자가 직접단독의 주체가 되는 경우도 성적 능력이 있는 남자에 한한다고 본다.

2) 객 체 객체는 부녀에 한한다. 강간행위는 남녀의 생리적 · 육체적 차이로 인하여 남성에 의해서 행해지는 것이 보통이므로 이 죄의 객체를 부녀에 한정하여도 이는 남자에게 병역의무를 인정하는 것처럼 부녀에게 헌법상의 평등원칙에 반하는 특권을 인정한 것은 아니다.[110] 기혼 · 미혼, 성년 · 미성년을 묻

108) 황산덕, 219면; 정영석, 262면; 김종원, 128면; 정성근, 221면; 강구진, 174면; 이수성, 주석(하), 84면; 이재상, 160면; 진계호, 197면; 김일수/서보학, 160면; 배종대, 245면; 박상기, 149면; 임웅, 167면; 오영근, 170면; 손동권, 147면; 정영일, 136면; 김성돈, 156면.

109) 김종원, 128면; 이수성, 주석(하), 84면; 이재상, 160면; 진계호, 197면.

110) 대판, 1967. 2. 28, 67도1; 황산덕, 220면; 정성근, 222면; 강구진, 175면; 이재상, 161면; 임웅, 168면; 오영근, 170면; 김성돈, 156면.

지 않으며, 음행의 상습이 있는 부녀, 매춘부 또는 행위자와 종래부터 성적 관계를 가졌던 부녀도 객체가 된다. 성교능력이 없는 13세 미만의 소녀나 할머니도 객체가 될 수 있다. 다만 13세 미만의 여자에 대해서는 성폭력특례법(제7조 1항)에 의해서, 19세 미만의 여자 청소년에 대해서는 '아동 · 청소년의성보호에관한법률'(제7조 1항)에 의해서 가중처벌 된다.

가) 처에 대한 강간 자기 처도 강간죄의 객체가 될 수 있느냐에 대해서는 혼인계약의 내용에 강요된 동침까지 포함할 수 없으므로 긍정해야 한다는 견해도 있다.[111] 그러나 부부관계의 특수성을 고려하여 처는 이 죄의 객체가 될 수 없다(통설). 판례도 처에 대해서는 원칙적으로 이 죄의 성립을 부정하고 있으나,[112] 혼인관계가 파탄에 이르고 실질적인 부부관계를 인정할 수 없는 경우에는 이 죄의 성립을 긍정하고 있다.[113]

나) 성전환여성과 강간 가족관계등록부(호적)상의 남성이 성전환 수술로 여성이 된 경우에 강간죄의 객체가 되느냐가 문제된다. 강간죄의 보호법익과 피해자 측면에서 성전환 여성과 타고난 여성을 구별해야 할 합리적 이유도 없으며, 성전환자를 현실적으로 보호할 필요성도 있으므로 이를 긍정하는 견해[114]가 타당하다고 본다.

판례는 종래부터 "사람의 성을 성염색체와 이에 따른 생식기 · 성기 등 생물학적인 요소에 따라 결정하여야 한다"고 하여, 성전환 수술로 여성으로서 생활해온 자에 대해서 부녀에 해당하지 않는다고 판시하였다.[115] 그러나 최근 대법원은 성의 결정기준에 관하여 종래의 견해를 변경[116]하였으며, 이를 바탕으로 여자로 성전환한 자가 강간죄의 객체가 될 수 있다고 판시하였다.[117]

---

111) 유기천(상), 124면; 박상기, 149면(별거 중의 처에 대한 강간죄 긍정); 백형구, 319면; 배종대, 246면; 오영근, 171면; 김성돈, 157면.

112) 대판, 1970. 3. 10, 70도29; 대판, 1965. 3. 30, 65도45.

113) 대판, 2009. 2. 12. 2008도8601.

114) 김일수/서보학, 160면; 박상기, 150면; 백형구, 318면; 김성천/김형준, 230면 이하; 정영일, 141면; 김성돈, 158면.

115) 대판, 1996. 6. 11, 96도791.

116) 최근 대법원은 호적법(현재 '가족관계의등록에관한법률')상 성별정정허가를 긍정한 전원합의체 결정에서 "성의 결정에 있어 생물학적 요소뿐 아니라 … 정신적 · 사회적 요소를 종합적으로 고려하여야 한다"(대결, 2006. 6. 22, 2004스42)고 성의 결정기준에 관한 종래의 견해를 변경한 바 있다.

117) 대판, 2009. 9. 10, 2009도3580: 성전환자를 여성으로 인식하여 강간한 사안에서, 피해자가 성장기부터 남성에 대한 불일치감과 여성으로의 성귀속감을 나타냈고, 성전환 수술로 인하여

3) 행 위 행위는 폭행 또는 협박으로 강간하는 것이다.

가) 폭행 · 협박 폭행은 사람에 대한 유형력의 행사이고, 그 대상은 피해자인 부녀에 한정된다(제3자에 대한 폭행은 협박이 된다). 협박은 해악을 고지하는 것이며, 제3자에 대한 해악고지도 무방하다. 그리고 해악의 내용에 대해서는 독일형법처럼 생명 · 신체에 대한 위험이라고 제한하지 아니하므로 자녀 · 친족에 대한 생명 · 신체에 위해를 가하겠다는 고지는 물론, 상대방의 반항을 현저하게 곤란하게 할 수 있는 것이면 무엇이든지 가능하다.

(a) 폭행 · 협박의 정도 이 죄의 폭행 · 협박은 최협의를 의미한다.[118] 다만 그 정도에 대해서 강도죄의 그것과 같이 상대방의 반항을 억압할 정도의 폭행 · 협박이라는 견해[119]와, 상대방의 반항을 억압하는 경우뿐만 아니라 현저하게 곤란하게 할 정도의 폭행 · 협박으로 충분하다는 견해(통설)[120]가 대립한다.

강간죄는 재산죄보다 더 중한 사람의 자유를 침해함에도 불구하고 강도죄의 폭행 · 협박과 동일한 정도로 요구하면 강도죄의 경우처럼 공갈죄에 상당하는 보충적 범죄규정이 없으므로 피해자 보호에 미흡하다. 따라서 이 죄의 폭행 · 협박은 심리적 · 육체적으로 반항을 불가능하게 하는 경우는 물론, 반항을 현저히 곤란하게 하는 정도로서 충분하다고도 해야 한다. 판례도 피해자와 성교하기 전에 부녀의 반항을 현저히 곤란하게 할 정도의 폭행 · 협박으로 충분하다고 판시하고 있다.[121]

반항의 곤란성 여부는 폭행 · 협박의 내용과 정도, 피해자와의 관계, 피해자의 연령 · 정신상태, 행위시의 장소와 시각, 성교 당시와 그 후의 정황 등 모든 사정을 종합하여 객관적으로 판단해야 한다.[122] 반항을 전혀 불가능케 하는 절

여성으로서의 신체와 외관을 갖추었으며, 수술 이후 30여 년간 개인적 · 사회적으로 여성으로서의 생활을 영위해 가고 있는 점 등을 고려할 때, 사회통념상 여성으로 평가되는 성전환자로서 강간죄의 객체인 '부녀'에 해당한다고 한 사례.

118) 이에 대해서 박상기, 151면 이하는 협의의 폭행 · 협박이라 한다.

119) 유기천(상), 128면.

120) 정영석, 262면; 황산덕, 220면; 서일교, 79면; 김종원, 128면; 정성근, 224면; 이형국, 214면; 강구진, 176면; 이재상, 162면; 김일수/서보학, 161면; 진계호, 199면; 배종대, 250면; 백형구, 319면; 임웅, 171면; 손동권, 148면; 김성돈, 158면.

121) 대판, 1979. 2. 13, 78도1792; 대판, 1988. 11. 8, 88도1628; 대판, 1999. 9. 21, 99도2608; 대판, 2000. 8. 13, 2000도1914; 대판, 2001. 4. 21, 2001도230.

122) 대판, 2001. 10. 30, 2001도4462; 대판, 2007. 1. 25, 2006도5979(혼인외 성관계 사실을 폭로하겠다는 등의 내용으로 유부녀인 피해자를 협박하여 간음 또는 추행한 사안에서 강간죄 및 강제추행죄가 성립한다고 한 사례).

대적 폭력이나 스스로 반항을 포기하게 하는 강압적 폭력도 이 죄의 폭행이 된다. 또 사람의 의식에 장애를 일으키거나 항거를 방해하기 위한 약물 사용이나 최면술을 거는 것도 폭행에 해당한다.

(b) 폭행·협박의 주체 폭행·협박은 행위자 스스로 가한 것이라야 한다. 자기와 관련이 없는 타인이 행한 폭행·협박을 이용하여 피해자를 간음하면 준강간죄(제299조)의 성립이 가능할 뿐이다.

나) 강 간 강간이란 상대방의 반항불능 또는 반항곤란을 이용하여 부녀를 간음하는 것을 말한다. 그리고 간음은 결혼 아닌 성교행위로서 남자의 성기를 여자성기에 삽입하는 것을 말한다. 성교행위 이외의 성행위(계간 등)를 하거나 남성성기 유사물을 여성성기에 삽입하여도 추행이 될 뿐이고 간음은 아니다. 간음시에 부녀가 반항하고 있을 필요는 없으나 적어도 반항의사가 있거나 처음부터 반항이 불가능한 상태에 있어야 한다. 폭행·협박은 간음의 종료 이전에 있으면 충분하며 간음과 사이에 인과관계가 있어야 한다. 따라서 폭행·협박을 가한 후 간음에 대하여 부녀의 동의가 있으면 간음 자체는 부녀의 의사에 반하지 않으며, 폭행·협박과 인과관계도 없으므로 강간미수죄가 된다.

다) 실행의 착수·기수시기

(a) 착수시기 부녀의 반항을 현저히 곤란하게 할 정도의 폭행 또는 협박을 개시한 때에 착수가 있다. 더 나아가서 부녀의 옷을 벗기거나 간음의 준비를 요하는 것은 아니다. 따라서 필사적으로 저항하는 부녀를 덤프트럭 운전석에 끌어 넣는 행위는 실행의 착수에 해당한다.

(b) 기수시기 남자의 성기가 여자의 성기 속에 들어가기 시작하는 순간에 기수가 된다는 데에 이견이 없다. 이 죄의 본질이 부녀의 성적 자기결정의 자유를 침해하는 데 있기 때문이다. 성기의 접촉만으로 부족하나 남자성기의 일부분이 여성성기에 삽입되면 충분하고 나아가서 성기의 전부삽입, 처녀막파열, 사정완료로 성욕만족이 있음을 요하지 않는다. 기수에 이른 후에 부녀가 성적 흥분으로 반항하지 않았다 할지라도 이 죄의 성립에 영향이 없다.

(3) 주관적 구성요건요소

고의가 있어야 한다. 이 죄의 고의는 폭행 또는 협박으로 부녀를 그 의사에 반하여 간음한다는 인식·의사이다. 미필적 고의로 충분하다. 피해자의 동의가 있다고 오인한 경우에는 고의를 조각한다. 여자로 가장한 남성(호스트바의 게이)을 부녀로 오인하고 강간하려 했다면 강간죄의 불능미수가 된다.

(4) 위법성

피해자의 승낙이 있는 경우(화간)에는 부녀의 성적 자기결정의 자유가 침해되지 아니하므로 구성요건해당성이 부정된다(양해). 13세 미만의 부녀를 폭행·협박하여 간음한 때에는 피해자의 동의가 있어도 이 죄를 구성하지만 성폭력특례법(제7조 제1항)이 우선 적용되어 가중처벌된다.

(5) 죄수·타죄와의 관계

1) 죄 수 동일한 폭행·협박을 이용하여 여러 번 간음한 때에도 단순일죄이다. 판례도 피해자를 1회 간음하고 200미터쯤 오다가 다시 1회 간음한 때에도 피해자의 의사 및 그 범행시각과 장소로 보아 두 번째의 간음행위가 처음 행위의 계속으로 볼 수 있으면 단순일죄라고 판시하였다.[123] 폭행·협박은 강간의 불가벌적 사전행위로서 법조경합의 보충관계에 있다.

2) 타죄와의 관계 주거침입하여 강간한 경우에는 두 죄의 경합범이 되지만[124] 성폭력범죄의처벌등에관한특례법 제3조 1항의 주거침입강간죄가 우선 적용된다. 부녀를 감금 중에 강간 의사가 생겨 강간한 때에는 감금죄와 경합범이 된다. 강간을 하기 위해서 부녀를 감금한 때에는 감금행위는 강간죄에 흡수된다는 견해[125]와 감금죄와 강간죄의 경합범설[126] 또는 상상적 경합설[127]이 대립하나, 강간행위는 항상 그 수단으로 감금행위를 수반하는 것이 아니고 강간죄와 감금죄는 한 개의 행위에 의하여 실현된 것이므로 상상적 경합설이 타당하다고 본다. 강간한 후 강도의 고의가 생겨 재물을 강취하면 강간죄와 강도죄의 경합범이 된다.[128] 강간죄가 성립하는 때에는 강제추행행위는 불가벌적 수반행위로서 강간죄에 흡수된다. 강요죄와 강간죄는 법조경합의 특별관계가 된다.

---

123) 대판, 1970. 9. 29, 70도1516 ; 대판, 2002. 9. 3, 2002도2581.
124) 대판, 1988. 12. 13, 88도1087.
125) 오영근, 176면; 정영일, 145면.
126) 이형국, 216면; 이재상, 164면; 손동권, 151면.
127) 김일수, 143면; 배종대, 254면; 임웅, 166면; 박상기, 156면. 대판, 1983. 4. 26, 83도323; 대판, 1984. 8. 21, 84도1550; 대판, 1997. 1. 21, 96도2715.
128) 대판, 1977. 9. 28, 77도1350.

(6) 특별형법

성폭력특례법은, ① 주거침입·야간주거침입절도·특수절도의 죄를 범한 자가 강간의 죄를 범한 때, ② 특수강도죄를 범한 자가 강간의 죄를 범한 때(특수강도강간죄), ③ 흉기 기타 위험한 물건을 휴대하거나 2인 이상이 합동하여 강간의 죄를 범한 때(이상 특수강간죄라 한다), ④ 친족관계에 있는 자가 강간의 죄를 범한 때, ⑤ 13세 미만자에 대하여 강간의 죄를 범한 때에 그 법정형을 현저히 가중하는 특별규정(동법 제3조 내지 제7조)을 두고 있다. 헌법재판소는 위 ①의 특수강간죄에 대하여 위헌이 아니라고 하였다(헌재결, 2004. 6. 24, 2003헌바53).

(7) 친고죄

이 죄는 고소가 있어야 공소를 제기할 수 있다(제306조). 범죄 자체는 중대범죄에 속하지만 소추로 인하여 피해자의 명예를 손상함으로써 이중의 불이익이 있기 때문에 친고죄로 한 것이다. 이 죄는 결합행위에 의한 단일범죄이므로 강간죄에 대한 고소가 없거나 고소의 취소가 있는 경우, 폭행·협박만을 분리하여 공소를 제기할 수 없다(고소불가분의 원칙). 성폭력특례법은 피해자의 수치심이나 보복을 두려워 한 나머지 고소권 행사를 하지 못하는 불합리를 구제하기 위하여 특수강도강간(제3조), 특수강간(제4조), 친족관계에 의한 강간(제5조), 장애인에 대한 준강간(제6조), 13세 미만자에 대한 강간(제7조), 제8조, 제9조, 에 대해서 비친고죄로 하였다(동법 제15조 참조). 여기의 특수강간죄는 흉기 기타 위험한 물건을 휴대하거나 2인 이상이 합동하여 형법 제297조의 죄를 범한 때 성립한다. 그리고 아동·청소년의성보호에관한법률 제7조는 아동·청소년에 대한 강간 및 강제추행 등 죄에 대하여 가중처벌하며, 이 경우는 친고죄로 보는 것이 판례의 태도이다.[129]

2. 강제추행죄

【구성요건·법정형】 폭행 또는 협박으로 사람에 대하여 추행한 자는 10년 이하의 징역 또는 1천500만원 이하의 벌금에 처한다(제298조). 미수범은 처벌한다(제300조). 고소가 있어야 공소를 제기할 수 있다(제306조). 상습으로 이죄를 범한 자는 그 형의 2분의 1까지 가중한다(제305조의2).

---

129) 대판, 2001. 6. 15, 2001도1017.

(1) 의의 · 성격

강제추행죄(sexuelle Nötigung)는 폭행 또는 협박으로 사람을 추행하는 범죄로서 성적 자기결정의 자유를 침해하는 가장 기본적 범죄이다. 즉, 강간과 추행의 죄의 기본적 구성요건은 강제추행죄이다. 이 죄도 강간죄와 마찬가지로 개인의 성적 자기결정의 자유를 주된 보호법익으로 하지만 신체의 건재성 또는 의사결정의 자유도 부차적 보호법익이 되며, 보호정도는 침해범으로서의 보호이고 친고죄이다. 그리고 이 죄의 주체는 제한이 없으므로 신분범도 자수범도 아니다.

(2) 객관적 구성요건요소

1) 주 체 주체는 제한이 없다. 남자는 물론, 여자도 단독정범(직접정범, 간접정범)이나 공동정범이 될 수 있다. 또 이 죄는 남자와 여자 사이에만 범해지는 것이 아니고 동성 사이에도 범할 수 있다.

2) 객 체 객체는 사람이다. 사람은 남녀 · 노소, 기혼 · 미혼을 묻지 않는다. 다만 13세 미만의 사람에 대해서는 성폭력특례법에, 13세 이상 19세 미만의 아동 · 청소년에 대해서는 청소년성보호법에 의해서 가중처벌 된다. 자기의 처도 이 죄의 객체가 될 수 있느냐에 대하여, ① 남편도 처에 대하여 보통의 성생활 이외의 추잡한 행위를 강요하면 이 죄가 성립한다는 견해[130]와, ② 부부관계는 애정생활을 공동으로 하려는 합의에 기초하여 성립하는 특수성이 있으므로 일방의 의사에 반한 행위가 있어도 이 죄는 문제되지 않고 강요죄의 문제가 된다는 견해[131]가 대립한다. 부부 사이에 추행행위가 있는 때에도 사실상 문제되는 경우는 없을 것이고, 또 애정생활을 기초로 한 부부생활에 법의 간섭을 배제하는 것이 타당하므로 이 죄의 성립은 부정해야 할 것이다.

3) 행 위 행위는 폭행 또는 협박으로 추행하는 것이다.

(a) 폭행 · 협박 이 죄의 폭행 · 협박의 개념은 강간죄의 그것과 같다는 데는 이견이 없다. 문제는 폭행 · 협박의 정도이다.

aa) 폭행 · 협박의 정도 폭행 · 협박의 정도에 대해서, ① 준강제추행죄(제299조 전단)에 있어서의 심신상실 또는 항거불능의 상태와 균형상, 상대방의

---

130) 황산덕, 215면; 유기천(상), 125면; 이수성, 주석(하), 87면; 백형구, 340면; 박상기, 161면; 오영근, 178면.

131) 정성근, 228면; 이형국, 218면; 이재상, 167면; 김일수/서보학, 165면; 진계호, 194면; 배종대, 258면; 정영일, 136면.

반항을 불가능하게 하거나 현저히 곤란하게 할 정도임을 요한다는 견해[132]와, ② 이 죄의 법정형이 벌금형까지 규정하고 있음에 비추어 강간죄의 폭행·협박과 폭행죄·협박죄의 그것의 중간정도, 즉 일반사람으로 하여금 항거에 곤란을 느끼게 할 정도,[133] 또는 상대방의 임의성을 잃게 할 정도[134]이면 충분하다는 견해가 대립한다.

bb) 판례의 태도　대법원은 폭행행위 자체가 추행행위로 인정되는 경우에 그 폭행은 반드시 상대방의 의사를 제압할 정도임을 요하지 않고, 그 의사에 반한 유형력의 행사가 있으면 그 힘의 대소강약은 묻지 않는다[135]고 하여 후설을 취하고 있다.

cc) 결　어　이 죄의 법정형에 벌금형을 선택형으로 규정한 것은 강간죄의 폭행·협박보다 그 정도가 가볍기 때문이 아니라, 추행의 개념이 강간보다 넓게 해석될 여지가 많기 때문에 양형에서 구체적 타당성을 기하기 위한 것으로 보아야 한다. 또 이 죄의 편제도 강간죄와 준강간죄·준강제추행죄의 사이에 규정하고 있으므로 같은 죄질의 범죄라고 해야 한다. 따라서 이 죄의 폭행·협박의 정도도 강간죄의 그것과 같다고 보는 것이 타당하다.

dd) 폭행·협박의 시기와 상대방　폭행·협박은 반드시 추행 이전에 있을 필요가 없다. 경우에 따라 추행과 동시에 행해지거나 폭행 자체가 추행에 해당할 수 있다.[136] 또 폭행 자체는 추행행위의 객체에 직접 가할 필요가 없으므로 예컨대 어머니에게 폭행하여 그 자녀를 추행할 수도 있다.

(b) 추　행

aa) 추행의 개념　추행의 개념에 대해서, ① 성욕을 흥분, 자극 또는 만족시킬 "목적"으로 하는 행위로서 건전한 상식 있는 일반인으로 하여금 성적 수치심이나 혐오감을 느끼게 하는 일체의 행위라는 견해[137]와, ② 일반인에게

---

132) 황산덕, 221면; 김종원, 133면; 정성근, 229면; 이형국, 219면; 이재상, 167면; 김일수/서보학, 167면; 배종대, 259면; 백형구, 340면; 이정원, 205면; 오영근, 179면; 정영일, 137면.

133) 서일교, 82면; 이건호, 267면.

134) 정영석, 264면; 강구진, 172면; 김일수, 145면; 진계호, 194면; 박상기, 161면; 임웅, 177면; 손동권, 153면; 김성돈, 163면.

135) 대판, 1983. 6. 28, 83도399; 대판, 1992. 2. 28, 91도3182; 대판, 1994. 8. 23, 94도630; 대판, 2002. 4. 26, 2001도2417.

136) 대판, 2002. 4. 26, 2001도2417.

137) 유기천(상), 130면; 정영석, 264면; 김종원, 133면; 김일수/서보학, 166면; 박상기, 161면; 다만 임웅, 178면은 성욕·흥분·자극 또는 만족시킬 목적은 요구하지만 그 목적은 초과주관적

성적 수치심이나 혐오감을 일으키게 하는 일체의 행위로서 음란행위를 제외한다는 견해[138]가 대립한다. 전자에 따르면 주관적으로 성욕을 자극·흥분 또는 만족할 목적이 있어야 하는 경향범의 일종이 된다.

성욕을 자극·흥분·만족할 목적이라는 주관적 요소를 요구할 때에는, ① 복수·혐오·호기심과 같은 동기에서 성적 수치심을 주는 행위는 이 죄에 해당할 수 없고, ② 개인의 성적 자유의 침해(보호)가 행위자의 주관적 경향이나 목적의 유무에 따라서 좌우된다는 불합리성이 있으므로 주관적 경향·목적은 추행의 요건이 아니라고 해야 한다. 즉, 객관적으로 일반인에게 성적 수치심이나 혐오감을 일으키는 행위이면 행위자의 주관적 목적·경향을 묻지 않고 추행이 된다고 본다. 여자의 유방을 만지거나,[139] 나체가 되게 하거나, 여자의 음부에 손가락을 삽입하는 등 정상적인 성적 수치심을 해하는 행위가 그 예라고 할 수 있다. 또 강제키스도 그것이 행하여진 때의 당사자의 의사·감정·행동환경에 따라 추행이 될 수 있다[140]고 본다. 그러나 이 죄의 추행은 공연히 행해질 필요가 없다(공연음란죄 참조).

bb) 추행의 정도 추행은 객관적으로 성적 수치심이나 혐오감정을 일으키는 행위라야 하므로 적어도 성적인 수치심·도덕감정을 현저히 해할 수 있을 정도의 중요한 행위가 있어야 그 행위의 반가치성을 인정할 수 있다. 따라서 여자의 무릎·허벅지나 엉덩이를 만지는 경우, 옷을 입고 있는 여자의 가슴을 만지거나 성기를 쓰다듬는 것만으로 이 죄에 해당하지 않는다고 본다(이러한 경우는 사안에 따라 경범죄처벌법 대상이 될 수 있다).

(3) 주관적 구성요건요소

고의가 있어야 한다. 폭행 또는 협박에 의하여 추행한다는 인식·의사가 있어야 하고, 더 나아가서 성욕을 자극 또는 만족한다는 목적은 필요치 않다.

(4) 타죄와의 관계

이 죄를 공연하게 범한 때에는 공연음란죄(제245조)와 상상적 경합이 된

요소가 아니라 고의 내용으로 본다.

138) 정성근, 229면; 강구진, 169면; 이형국, 219면 이하; 이재상, 168면; 진계호, 195면; 배종대, 260면; 백형구, 341면; 이정원, 206면; 김성천/김형준, 245면; 손동권, 154면; 오영근, 180면; 정영일, 138면; 김성돈, 164면.

139) 의료의 목적과 같은 정당한 이유가 있을 때에는 이 죄가 되지 않는다.

140) 김종원, 133면; 대판, 1983. 6. 28, 83도399.

다.[141] 폭행 그 자체가 추행에 해당하는 경우에는 이 죄만 성립한다.

(5) 특별형법

성폭력특례법은 강간죄에서 설명한 바와 마찬가지로 ① 주거침입・야간주거침입절도・특수절도의 죄를 범한 자가 강제추행의 죄를 범한 때, ② 특수강도죄를 범한 자가 강제추행의 죄를 범한 때, ③ 흉기 기타 위험한 물건을 휴대하거나 2인 이상이 합동하여 강제추행의 죄를 범한 때, ④ 친족관계에 있는 자가 강제추행의 죄를 범한 때, ⑤ 신체적인 또는 정신적인 장애로 항거불능인 상태에 있는 자에 대하여 강제추행의 죄를 범한 때, ⑥ 13세 미만자에 대하여 강제추행의 죄를 범한 때에 그 법정형을 현저히 가중하는 특별규정(동법 제3조 내지 제7조)을 두고 있다. 친고죄가 아니다(동법 제15조 참조).

Ⅲ. 준강간・준강제추행의 죄

1. 준강간・준강제추행죄

【구성요건・법정형】 사람의 심신상실 또는 항거불능의 상태를 이용하여 간음 또는 추행을 한 자는 전2조(강간죄・강제추행죄)의 예에 의한다(제299조). 미수범은 처벌한다(제300조). 고소가 있어야 공소를 제기할 수 있다(제306조). 상습으로 이죄를 범한 자는 그 형의 2분의 1까지 가중한다(제305조의2).

(1) 의의・성격

행위의 수단으로 폭행 또는 협박을 사용하지 않고 심신상실이나 항거불능의 상태를 이용하여 간음이나 추행함으로써 성립하는 범죄이다. 폭행 또는 협박으로 간음 또는 추행한 것은 아니지만 심신상실 또는 항거불능의 상태를 이용하여 같은 결과를 초래한 것이므로 강간죄 또는 강제추행죄와 같이 처벌하는 데에 입법의 취지가 있다. 이 죄의 보호법익도 성적 자기결정의 자유이지만 특히 성적 자유를 갖지 못하는 사람을 성욕의 객체나 도구로 이용하는 것으로부터 보호하려는 데에 의의가 있다.[142] 그리고 보호받는 정도는 침해범으로서의 보

141) 황산덕, 221면; 유기천(상), 130면; 김종원, 133면; 정성근, 230면.
142) 정성근, 231면; 이재상, 170면; 배종대, 261면; 오영근, 182면; 정영일, 146면.

호이며, 심신상실 · 항거불능의 상태를 "이용한다"는 특수한 위험의 경향을 지는 경향범에 속한다.

(2) 구성요건요소

1) 주 체 주체는 강간죄나 강제추행죄의 그것과 같다. 준강간죄와 준강제추행죄는 자수범이라는 견해도 있으나[143] 정신병자를 이용한 간접정범의 형태로 이 죄를 범할 수 있으므로 자수범이라 할 이유가 없다.[144]

2) 객 체 객체는 심신상실 또는 항거불능의 상태에 있는 사람이다. 기혼 · 미혼, 연령 여하는 묻지 않는다. 다만 준강간죄의 객체는 부녀에 한정되지만 준강제추행죄의 객체는 남녀를 가리지 않는다.

(a) 심신상실 "심신상실"이란 정신기능의 장애로 인하여 정상적인 판단능력을 잃고 있는 상태를 말한다. 형사책임 무능력의 원인인 심신장애(제10조 1항)와 같은 의미라고 해야 한다. 따라서 사물변별능력이나 의사결정능력이 없으면 심신상실이라 할 수 있다. 백치인 부녀의 동의를 얻어 간음 · 추행하면 심신상실상태를 이용한 이 죄가 성립한다. 심신미약의 경우도 여기의 심신상실에 포함되느냐에 대해서 긍정설[145]과 부정설[146]이 대립한다. 형법은 심신미약자에 대한 강간 · 추행(제302조)을 별도로 규정하고 있으므로 심신미약은 제외된다고 해야 한다.

(b) 항거불능 "항거불능"이란 심신상실 이외의 사유로 심리적 또는 육체적으로 거부 또는 반항이 불가능한 상태를 말한다. 의사를 신뢰한 소녀환자에 대하여 치료를 가장하여 간음하는 경우는 심리적으로 반항이 불가능한 상태이고, 수면 중[147] 또는 만취상태나 탈진 상태에 있는 부녀를 간음하거나 포박되어 있는 부녀를 추행하는 경우는 육체적으로 반항이 불가능한 상태를 이용한 것이다. 항거불능의 상태는 강간죄와 균형상 항거가 절대적으로 불가능한 경우

---

143) 유기천(상), 131면; 이재상, 170면; 독일의 다수설: Vgl. Sch/Sch/Lenckner, StGB, §180 Rdn. 15.

144) 이형국, 224면; 김일수/서보학, 168면; 박상기, 159면; 배종대, 261면; 진계호, 208면; 백형구, 323면; 임웅, 181면; 이정원, 208면; 오영근, 183면; 정영일, 146면; 김성돈, 166면.

145) 유기천(상), 131면; 이재상, 170면.

146) 김종원, 130면; 정성근, 232면; 이형국, 222면; 강구진, 177면; 이수성, 주석(하), 90면; 김일수/서보학, 169면; 박상기, 158면; 배종대, 262면; 진계호, 209면; 백형구, 324면; 이정원, 210면; 임웅, 182면; 오영근, 183면; 손동권, 156면; 정영일, 147면; 김성돈, 167면.

147) 대판, 1976. 12. 4, 76도3673.

뿐만 아니라 현저히 곤란한 상태에 있는 경우도 포함한다.[148] 항거불능의 상태에 이르게 된 원인은 묻지 않는다. 그러나 행위자가 추행 또는 간음하기 위하여 애당초 마취제 · 수면제 · 최면술을 사용하여 이러한 상태를 야기한 때에는 강간죄 또는 강제추행죄가 된다.

3) 행 위 행위는 심신상실 또는 항거불능의 상태를 이용하여 간음 또는 추행하는 것이다.

심신상실 · 항거불능의 상태를 "이용하여"란 행위자가 이러한 상태에 있는 피해자를 인식하고 또 그 상태 때문에 간음 또는 추행이 용이하게 된다는 것을 계산에 넣는 것을 의미한다. "이용하여"는 행위자의 특수한 행위 경향을 나타내는 표지로서 이에 대한 내심의 경향은 초과주관적 불법요소가 된다(傾向犯).

(3) 특별형법

성폭력특례법은 강간죄에서 기술한 바와 마찬가지로 ① 주거침입 · 야간주거침입절도 · 특수절도의 죄를 범한 자가 준강간죄 · 준강제추행죄를 범한 때, ② 특수강도죄를 범한 자가 준강간죄 · 준강제추행죄를 범한 때, ③ 흉기 기타 위험한 물건을 휴대하거나 2인 이상이 합동하여 준강간죄 · 준강제추행죄를 범한 때, ④ 친족관계에 있는 자가 준강간죄 · 준강제추행죄를 범한 때, ⑤ 13세 미만자에 대하여 준강간죄 · 준강제추행죄를 범한 때에 그 법정형을 현저히 가중하는 특별규범(동법 제3조 내지 제7조)을 두고 있다. 친고죄가 아니다(동법 제15조 참조).

2. 미성년자 의제강간 · 의제강제추행죄

【구성요건 · 법정형】 13세 미만의 부녀를 간음하거나 13세 미만의 사람에게 추행을 한 자는 제297조(강간죄), 제298조(강제추행죄), 제301조(강간등 상해 · 치사죄) 또는 제301조의2(강간등 살인 · 치사죄)의 예에 의한다(제305조). 고소가 있어야 공소를 제기할 수 있다(제306조). 상습으로 이죄를 범한 자는 그 형의 2분의 1까지 가중한다(제305조의2).

(1) 의의 · 성격

13세 미만의 부녀를 간음하거나 13세 미만의 사람에게 추행함으로써 성립하

148) 대판, 2003. 10. 24, 2003도5322.

는 범죄로 의제강간 · 의제강제추행의 죄라고도 한다.

이 죄는 피해부녀의 연령에 대하여 13세를 기준으로 그 이상의 사람에 대해서는 평화적인 성관계에 법이 간섭하지 않으나, 13세 미만의 부녀 또는 사람에 대해서는 정신미숙으로 인하여 간음 · 추행에 대한 승낙능력이 없다고 보아 폭행 · 협박 · 위력을 사용하지 않고[149] 본인의 승낙을 받아[150] 간음 · 추행한 행위를 강간 또는 강제추행에 준하여 처벌하는 데에 의의가 있다.

13세 미만자는 성적 생활을 할 수 없는 것이 보통이므로 이 죄의 보호법익을 성적 자기결정의 자유라고 하기 어렵다. 이러한 자를 성욕의 객체나 도구로 이용되는 것으로부터 보호함과 동시에 정상적인 성적 발육을 도모하려는 데에 보호법익을 인정해야 한다.

(2) 구성요건요소

1) 객 체 간음의 경우는 13세 미만의 부녀이고, 추행의 경우는 13세 미만의 사람이다. 즉, 추행의 대상은 남녀를 묻지 않는다. 13세 미만이면 성경험 유무는 묻지 않는다.

2) 행 위 행위는 간음 또는 추행이다. 객체의 승낙 유무는 묻지 않는다. 또 폭행 · 협박 · 위계 · 위력을 사용할 필요가 없다. 처음부터 폭행 · 협박으로 간음 · 추행한 때에는 강간죄 또는 강제추행죄가 성립하고, 성폭력특례법 제7조 또는 아동 · 청소년성보호법 제7조가 우선 적용된다.

3) 주관적 요소 이 죄가 성립하기 위해서는 고의가 있어야 한다. 피해자가 13세 미만이라는 사실과 간음 · 추행에 대한 인식 · 의사가 고의의 내용이 된다. 미필적 고의로 충분하다. 13세 이상인 자로 인식하였으나 실은 13세 미만인 때에는 고의가 조각된다. 13세 미만으로 인식하였으나 13세 이상인 때에는 대상의 착오로 결과 발생이 불가능한 경우이므로 위험성 유무에 따라 불능미수 또는 불능범이 된다고 본다.[151]

4) 미수범 미수범의 처벌에 대해서 명시적 준용규정은 없으나 이 죄의 미수범도 처벌된다는 데에 이견이 없다. 이 죄는 제297조 · 제298조의 예에 의하여 처벌하며 그 죄의 미수범을 처벌하고 있으므로 이 죄의 미수범도 이에 준해

---

149) 대판, 1970. 12. 29, 70도2369; 대판, 1975. 5. 13, 73도855.

150) 대판, 1970. 3. 31, 70도291; 대판, 1982. 10. 12, 82도2183.

151) 오영근, 199면. 김일수/서보학, 172면과 임웅, 192면은 불능미수라고 한다.

서 처벌된다고 해야 하기 때문이다. 판례도 동일한 취지이다.[152] 특히 성폭력특례법(제14조)과 청소년보호법(제7조 6항)은 미수범을 처벌하고 이를 우선 적용하므로 이 죄의 미수범 처벌에 관한 논의는 의미가 없다.

(3) 친고죄

이 죄도 친고죄이지만 성폭력특례법(동법 제15조 참조)은 비친고죄로 하고 있으므로 실제상으로 의미 없다. 그리고 이 죄를 범하여 피해자를 상해 또는 살해한 때에는 제301조 또는 제301조의2에 의해서 처벌되므로 이 경우에는 고소 없이 공소제기를 할 수 있다.[153]

(4) 특별형법

성폭력특례법 제7조 제1항 내지 제4항은 13세 미만의 부녀나 사람에 대한 강간・강제추행과 준강간・준강제추행의 죄를 범한 자에 대하여 가중처벌하고 있으므로 이 규정이 우선 적용되며 비친고죄이다. 또 청소년에 대한 강간・강제추행은 아동・청소년성보호법 제7조가 우선 적용된다. 그리고 13세 미만의 부녀와 사람을 위계・위력으로 간음 또는 추행하는 때에도 성폭력특례법 제7조 제5항 또는 아동・청소년성보호법 제7조 제5항이 적용된다.

Ⅳ. 강간 등 상해・치상죄, 살인・치사죄

【구성요건・법정형】 제297조 내지 제300조(강간・강제추행・준강간・준강제추행・그 미수범)의 죄를 범한 자가 사람을 상해하거나 상해에 이르게 한 때에는 무기 또는 5년 이상의 징역에 처한다(제301조).
제297조 내지 제300조의 죄를 범한 자가 사람을 살해한 때에는 사형 또는 무기징역에 처한다. 사망에 이르게 한 때에는 무기 또는 10년 이상의 징역에 처한다(제301조의2).

1. 의의・성격

강간・강제추행 등 상해・치상죄는 강간죄, 강제추행죄, 준강간죄, 준강제추

152) 대판, 2007. 3. 15, 2006도9453.
153) 대판, 1977. 4. 2, 76도371.

행죄 및 그 미수범을 범한 자가 사람을 상해하거나 상해에 이르게 함으로써 성립한다(제301조). 강간·강제추행 등 살인·치사죄는 이상의 죄를 범한 자가 사람을 살해하거나 사망에 이르게 함으로써 성립한다(제301조의2). 상해·치상·살인·치사의 결과발생으로 인하여 불법이 가중되는 가중적 구성요건이다. 개정형법은 치사상의 결과적 가중범만을 처벌하던 규정을 바꾸어 상해와 살인의 고의가 있는 경우도 추가하여 이를 결합범·중첩적 다행위범(多行爲犯)으로 규정하면서 상해·치상과 살인·치사의 법정형을 구별하였다.

2. 구성요건요소

(1) 상해·살인

상해, 살해는 상해죄, 살인죄의 그것과 같다(다수설).[154] 다만 강간, 강제추행 행위가 있을 뿐만 아니라 다시 상해, 살해행위도 있어야 한다(중첩적 다행위범).

(2) 사상의 결과발생

결과적 가중범의 일반이론이 그대로 타당하다. 사상의 결과는 간음·추행의 기회에 또는 이와 밀접한 관련이 있는 행위에서 생긴 것이면 충분하다. 따라서 간음·추행행위 그 자체에서 발생한 경우는 물론, 그 수단인 폭행·협박에 의해서 야기된 경우,[155] 또는 간음·추행에 수반되는 행위(피해자가 폭행을 피하다가 상처를 입는 경우)에 의해서 야기된 경우도 포함한다.

처녀막파열,[156] 회음부찰과상[157])과 같은 외상은 물론, 보행불능·수면장애·식욕감퇴·성병감염 등 기능장애를 일으킨 경우,[158] 히스테리병을 야기시킨 경우,[159] 폭행으로 코피가 나고 얼굴이 부어오른 경우[160] 등 모두 상해에 해당한다. 다만, 판례는 자연치료가 될 수 있는 외음부출혈과 근육통, 손바닥이나 이마 부분이 긁힌 정도는 상해가 아니라고 한다.[161]

---

154) 상당한 정도의 상해에 이를 것을 요한다는 견해는 이재상, 174면; 오영근, 189면; 정영일, 150면.
155) 대판, 1966. 11. 22, 66도1302; 대판, 1988. 11. 8, 88도1628.
156) 대판, 1957. 5. 3, 4290형상40.
157) 대판, 1983. 7. 12, 83도1258.
158) 대판, 1969. 3. 11, 69도161.
159) 대판, 1969. 2. 10, 69도2213.
160) 대판, 1991. 10. 22, 91도1832.
161) 대판, 1989. 1. 31, 88도831; 대판, 2002. 1. 11, 2001도4389.

(3) 인과관계

사상의 결과와 그 원인인 간음·추행·폭행·협박 또는 이에 수반되는 행위 사이에 인과관계와 객관적 귀속이 인정되어야 한다. 따라서 강간당한 피해자가 수치심이나 임신을 비관하여 자살한 경우, 강간으로 임신되어 낙태수술이나 분만 중에 사망한 경우에는 강간행위에 수반된 행위라 할 수 없으므로 이 죄에 해당하지 않는다. 그러나 강간을 피하기 위하여 창문으로 도피하려다가 사상의 결과가 발생한 때에는 강간행위에 수반된 행위와 인과관계가 있으므로 이 죄에 해당한다.[162)]

판례는 사상의 결과가 강간행위 자체나 폭행·협박에서 야기된 경우, 간음·추행의 기회 또는 이와 밀접한 관련이 있는 행위에서 생긴 경우에 인과관계를 인정한다.[163)]

(4) 기 수

강간, 강제추행의 행위가 기수 또는 미수인가와 관계없이 사상의 결과 또는 상해·살해의 결과가 발생하면 이 죄의 기수가 된다.[164)] 특수강간·강제추행, 특수강도강간·추행과 그 미수범은 성폭력특례법(제8조, 9조)에 의해서 가중처벌된다.

(5) 주관적 요소

강간, 강제추행 등 상해·살인죄는 강간·강제추행행위와 상해·살인행위에 대한 이중의 고의가 있어야 한다. 미필적 고의로 족하다. 강간·강제추행 등 치사상죄는 결과적 가중범이므로 기본행위인 강간·강제추행에 대한 고의가 있어야 하고 가중결과에 대한 과실이 있어야 한다. 개정형법은 강간·강제추행 등 상해·살인죄를 별도로 규정하였으므로 상해·살인의 미필적 고의가 있는 경우에는 강간·강제추행 등 상해·살인죄가 성립하고, 부진정 결과적 가중범이 성립될 여지가 없다.

---

162) 대판, 1968. 8. 21, 68도419: "폭행을 가하며 간음하려고 하므로 피해자는 극도의 흥분과 공포심에 사로잡힌 나머지 이를 피하기 위하여 창문을 박차고 뛰어내리다가 사망한 경우에 피고인의 간음행위와 피해자의 사망 사이에 상당인과관계가 있다."

163) 대판, 2003. 5. 30, 2003도1256.

164) 대판, 1971. 7. 25, 72도1294; 대판, 1986. 6. 10, 86도887; 대판, 1988. 11. 8, 88도1628.

3. 공범 · 죄수 · 타죄와의 관계

강간죄의 공동정범 중 1인의 행위에 의하여 사상의 결과가 발생한 때에는 다른 공동자도 이 죄의 공동정범이 될 수 있다.[165] 결과적 가중범의 공동정범을 부정하는 견해는 중한 결과에 대해 과실이 있는 경우에 각자 동시범으로 취급한다. 강간으로 처녀막이 파열된 경우에 최초의 간음자뿐만 아니라 그 뒤의 간음자도 치상의 책임을 진다. 그리고 공범자 중 1인이 강간행위를 중지하여도 다른 공범자의 강간을 중지시키지 못하면 중지미수가 되지 않는다.

강간으로 피해자를 상해한 후 다시 치사시킨 때에는 상해의 사실은 치사의 결과에 흡수되어 강간치사죄만 성립한다. 강간의 목적으로 폭행을 가하여 부녀를 사망시킨 후 간음한 때에는 포괄하여 강간치사죄만 성립한다. 강간치상 후 범행의 발각이 두려워 즉시 피해자를 살해한 때에는 강간치상죄와 살인죄의 경합범이 된다.[166] 사망한 부녀의 사체를 간음한 때에는 사체오욕죄(제159조)만 성립한다.

4. 특별형법

흉기나 위험한 물건 휴대 또는 2인 이상 합동하여 강간, 강제추행, 준강간, 준강제추행, 미성년자 의제강간과 이상의 강간 등 범죄행위로 치사상의 결과를 발생시킨 누범에 대하여는 특별가중규정이 있다(특정강력범죄법 제3조). 또 특수강간죄, 특수강제추행죄(성폭력특례법 제4조)와 친족 또는 장애인에 대한 강간 · 간음죄를 범한 자가 상해 또는 상해에 이르게 한 때에는 성폭력특례법 제8조, 제9조가 우선 적용되어 가중 처벌된다. 그리고 성폭력특례법 제8조, 제9조에 해당하는 특수강도강간, 특수강도강제추행, 특수준강도 · 준강제추행과 그에 의한 상해 · 치상, 살해 · 치사죄는 '특정강력범죄의처벌에관한특례법'상 특정강력범죄에 해당한다(동법 제2조, 성폭력특례법 제21조).

살해의 고의가 있거나 사망의 결과를 인식하면서 부녀를 간음한 결과 사망한 경우에, 형법 개정전에는 강간죄(또는 강제추행죄)와 살인죄의 상상적 경합이 된다는 견해,[167] 살인죄만 성립한다는 견해,[168] 강간치사죄와 살인죄의 상상적

165) 대판, 1984. 2. 14, 83도3120.
166) 대판, 1987. 1. 20, 86도2360.

경합이 된다는 견해[169]가 대립하고 있었으나 개정형법에서는 강간살인죄가 성립한다고 해야 한다.

V. 강간·강제추행죄의 독립구성요건

1. 미성년자·심신미약자 간음·추행죄

【구성요건·법정형】 미성년자 또는 심신미약자에 대하여 위계 또는 위력으로써 간음 또는 추행을 한 자는 5년 이하의 징역에 처한다(제302조). 이 죄는 고소가 있어야 공소를 제기할 수 있다(제306조). 상습으로 이죄를 범한 자는 그 형의 2분의 1까지 가중한다(제305조의2).

(1) 구성요건요소

미성년자 또는 심신미약자에 대하여 위계 또는 위력으로써 간음 또는 추행을 하는 것이다.

1) 객 체 객체는 미성년자 또는 심신미약자이다. 간음의 경우에는 부녀에 한하고, 추행의 경우에는 남녀를 묻지 않는다. "미성년자"는 20세 미만자를 말하며, 혼인한 미성년자도 형법상으로 미성년자로 본다.[170] 다만 제305조와 관계상 13세 미만자는 제외된다. 그리고 19세 미만의 청소년에 대한 위계·위력에 의한 간음·추행은 아동·청소년성보호법 제7조 5항이 우선 적용된다. "심신미약자"는 정신기능의 장애로 인하여 정상적인 판단능력이 부족한 자를 말하며, 그 연령은 묻지 않는다. 따라서 "심신미약자"인 경우는 성년도 객체가 된다. 형법 제10조의 심신미약과 같은 의미이다.

2) 행 위 행위는 위계 또는 위력으로써 간음 또는 추행을 하는 것이다. "위계"라 함은 상대방을 착오에 빠지게 하여 정상적인 판단을 그르치게 하는 방법을 말하며, 기망이나 유혹의 수단을 사용하거나 상대방의 부지를 이용하는 것도 포함한다. 여기서 착오·부지는 간음행위 자체에 대한 착오·부지라야 한다.[171] "위력"이란 사람의 의사를 제압할 수 있는 세력을 말하고, 폭행·협박

167) 정영석, 265면.
168) 유기천(상), 135면.
169) 황산덕, 223면 이하.
170) 반대설: 이재상, 177면과 김일수/서보학, 179면은 성년의제자를 제외한다.

은 물론, 행위자의 지위・권세를 이용하여 상대방의 의사를 제압하는 일체의 행위를 포함한다. 폭행・협박을 사용하는 경우에는 강간죄・강제추행죄의 폭행・협박에 이르지 않을 정도라야 한다.[172] 강간죄에서 요구되는 정도의 폭행・협박으로 미성년자를 간음한 때에는 강간죄가 되기 때문이다.[173]

(2) 특별형법

아동・청소년성보호법 제7조 5항은 위계 또는 위력으로써 여자아동・청소년을 간음한 때에는 5년 이상의 유기징역에, 아동・청소년에 대하여 추행한 자는 1년 이상의 유기징역 또는 5백만원 이상 2천만원 이하의 벌금에 처한다. 여기의 '위계'의 의미에 대하여 판례는[174] "간음의 목적으로 상대방에게 오인・착각・부지를 일으키고는 상대방의 그러한 심적 상태를 이용하여 간음목적을 달성하는 것을 말하고, 여기에서 오인・착각・부지란 간음행위 자체에 대한 오인・착각・부지를 말하는 것"이라고 한다. 따라서 간음행위와 불가분적 관련성이 인정되지 않는 조건, 즉 성교의 대가로 돈을 주겠다고 거짓말을 하고 이에 속은 소녀와 성교행위를 하였어도 금품제공은 성교행위와 불가분의 관련성이 인정되지 않고 위계에 해당하지 않는다. 이 경우 아동・청소년성보호법 제10조의 "청소년의 성을 사는 행위"에 해당하는 처벌대상이 된다.

2. 피보호・감독부녀간음죄

> **【구성요건・법정형】** 업무, 고용 기타 관계로 인하여 자기의 보호 또는 감독을 받는 부녀에 대하여 위계 또는 위력으로써 간음한 자는 5년 이하의 징역 또는 1천500만원 이하의 벌금에 처한다(제303조 1항). 이 죄는 고소가 있어야 공소를 제기할 수 있다(제306조). 상습으로 이죄를 범한 자는 그 형의 2분의 1까지 가중한다(제305조의2).

(1) 의의・구성요건요소

업무・고용 기타 관계로 인하여 자기의 보호 또는 감독을 받는 부녀에 대하

---

171) 대판, 2002. 7. 12, 2002도2029.

172) 유기천(상), 137면; 정영석, 267면; 서일교, 84면; 김종원, 137면; 정성근, 238면; 강구진, 181면; 이형국, 231면; 이재상, 178면; 김일수/서보학, 179면; 박상기, 168면; 오영근, 192면; 임웅, 191면; 손동권, 164면; 정영일, 154면; 김성돈, 174면.

173) 대판, 1969. 12. 23, 69도1973.

174) 대판, 2001. 12. 24, 2001도5074.

여 위계 또는 위력으로써 간음하는 것이다. 이러한 자에 대하여 추행한 때에는 성폭력특례법 제10조 1항에 의하여 처벌된다. 피보호·감독부녀의 성적 자유를 보호법익으로 하며, 보호·감독의 지위에 있는 자로부터 부녀의 성적 자유가 부당하게 침해되는 것을 방지하려는데 입법의 취지가 있다. 진정신분범의 일종이며 친고죄이다.

1) 객 체 객체는 업무·고용 기타 관계로 자기의 보호 또는 감독을 받는 13세 이상의 부녀이다.

(a) 부 녀 "부녀"는 미성년자, 성년자를 불문한다. 다만 13세 미만의 부녀는 제305조(미성년자의제강간)의 죄가 성립하고(성폭력특례법 제7조 5항), 19세 미만의 여자청소년인 때에는 아동·청소년성보호법 제7조 5항(위계·위력에 의한 여자청소년간음죄)이 우선 적용되므로 이 죄가 성립할 수 있는 객체는 사실상 심신미약자가 아닌 19세 이상 자에 한정된다.[175)]

(b) 피보호·감독부녀 자기의 보호·감독을 받는 부녀라야 한다. 보호·감독을 받게 된 원인에 대하여 형법은 업무·고용을 예시하고, 기타 관계라고 하여 일반적 규정을 두었다. 따라서 보호·감독을 받게 된 원인 여하는 묻지 않는다. 업무는 개인적 업무와 공적 업무가 포함되며, 고용은 사용자와 피용자의 관계가 있음을 의미하는 것이고, 기타 관계로 인한 보호·감독은 사실상 보호·감독의 관계가 있거나 처가 운영하는 미장원에 고용되어 있는 부녀와 같이 사실상 보호·감독을 받는 상태에 있는 부녀도 포함한다.[176)]

2) 행 위 행위는 위계 또는 위력으로써 간음하는 것이다. 위계·위력은 미성년자·심신미약자간음죄(제302조), 간음은 강간죄(제297조)의 그것과 같다.

(2) 타죄와의 관계

13세 미만의 피감독부녀를 위계·위력으로써 간음한 때에는 이 죄와 의제강간죄(제305조)의 상상적 경합이라는 견해[177)]가 있으나 제305조는 이 죄의 특별규정이므로 미성년자의제강간죄(제305조)만 성립한다[178)]고 본다. 13세 이상의 미성년자 또는 심신미약자인 피감독부녀를 간음한 때에도 같은 취지로 미성년

---

175) 황산덕, 224면; 정성근, 238면; 배종대, 270면.

176) 대판, 1976. 2. 10, 74도1519.

177) 이건호, 269면.

178) 정영석, 267면; 서일교, 85면; 황산덕, 224면; 남흥우, 98면; 정성근, 239면; 이형국, 233면; 이재상, 179면; 진계호, 213면; 백형구, 334면; 김성돈, 175면.

자 · 심신미약자간음죄(제302조)가 성립한다.[179] 다만 19세 미만의 아동 · 청소년인 때에는 아동 · 청소년성보호법 제7조 제5항이 우선 적용된다.

3. 피구금부녀간음죄

【구성요건 · 법정형】 법률에 의하여 구금된 부녀를 감호하는 자가 그 부녀를 간음한 때에는 7년 이하의 징역에 처한다(제303조 2항). 본죄는 고소가 있어야 공소를 제기할 수 있다(제306조). 상습으로 이죄를 범한 자는 그 형의 2분의 1까지 가중한다(제305조의2).

(1) 의의 · 성격 · 보호법익

법률에 의해서 구금된 부녀를 감호하는 자가 간음하는 진정신분범이고, 자수범이다. 추행한 때에는 성폭력특례법 제10조 2항에 의해서 처벌된다. 구금상태에서는 심리적 위압감으로 의사결정의 자유가 제한되어 특별한 수단을 사용하지 않아도 간음을 거부할 수 없음을 이용하는 행위를 범죄로 처벌하려는 데에 취지가 있다. 따라서 이 죄의 보호법익은 피구금부녀의 성적 자기결정의 자유이지만 부녀의 동의가 있는 경우에도 이 죄가 성립한다는 점을 고려하면 피구금자에 대한 평등처우와 감호자의 청렴성에 대한 일반인의 신뢰도 부차적 법익으로 고려해야 한다[180]고 본다. 이 죄는 친고죄이지만 성폭력특례법이 적용되는 추행의 경우는 친고죄가 아니다(동법 제15조 참조).

(2) 구성요건요소

1) 주 체 주체는 법률에 의하여 구금된 부녀를 감호하는 자이다(진정신분범). 검찰 · 경찰 · 교정직 공무원 등이다. 간접정범에 의해서 범하여질 수 없는 자수범이라고 본다.[181]

2) 객 체 객체는 법률에 의하여 구금된 부녀이다. 법률에 의하여 구금된 부녀란 형사소송법에 의하여 구금된 부녀를 말하고, 형사피고인, 형사피의자를

---

179) 황산덕, 224면; 김종원, 137면; 서일교, 85면; 정성근, 239면; 이형국, 233면; 이재상, 179면; 진계호, 213면; 백형구, 334면; 김성돈, 175면.

180) 정성근, 239면; 이재상, 179면; 배종대, 270면; 진계호, 213면; 임웅, 194면; 오영근, 194면; 손동권, 166면; 정영일, 158면; 김성돈, 176면.

181) 정성근, 239면; 이재상, 180면; 배종대, 270면; 박상기, 169면; 진계호, 213면; 백형구, 395면; 임웅, 194면; 이정원, 218면; 정영일, 157면; 김성돈, 176면. 반대설은 김일수/서보학, 180면; 오영근, 195면.

묻지 않는다. 또 확정판결에 의하여 형 집행 중에 있는 부녀, 소년원에 수용되거나 노역장에 유치된 부녀, 보안처분 집행 중의 부녀, 수사기관에 의해서 구속되어 있는 부녀를 포함한다. 그러나 선고유예, 집행유예 중에 있는 자, 보호관찰을 받은 자는 이 죄의 객체가 될 수 없다.

3) 행 위　행위는 간음이다. 간음함으로써 성립하며, 특별한 수단을 필요로 하지 않는다. 감호자가 폭행·협박을 사용하여 간음한 때에는 강간죄가 될 수 있다. 피해자의 승낙이 있어도 이 죄는 성립한다. 구금된 부녀는 공포 또는 심리적 열세감으로 인하여 특별한 수단을 사용하지 않아도 감호자의 위압을 받을 것이며, 또 승낙을 거부할 수 없는 입장에 있기 때문이다.

4. 혼인빙자 등 간음죄

> 【구성요건·법정형】 혼인을 빙자하거나 기타 위계로써 음행의 상습 없는 부녀를 기망하여 간음한 자는 2년 이하의 징역 또는 500만원 이하의 벌금에 처한다(제304조). 이 죄는 고소가 있어야 공소를 제기할 수 있다(제306조).

(1) 의 의

혼인을 빙자하거나 위계적 방법에 의하여 음행의 상습 없는 부녀를 간음하는 범죄로서, 부녀의 성적 자유를 침해하는 것을 방지하기 위하여 규정한 친고죄이다.

(2) 혼인빙자간음죄에 대한 위헌결정

종래 혼인빙자간음죄에 대해서는 입법론적으로 형법의 탈윤리화(脫倫理化)의 경향에 따라 폐지해야 한다는 주장이 다수설이었지만, 헌법재판소는 이 죄가 위헌이 아니라는 입장을 취하고 있었다.[182]

그러나 최근 헌법재판소[183]는 제304조 중 "혼인을 빙자하여 음행의 상습없는 부녀를 기망하여 간음한 자" 부분이 헌법 제37조 제2항의 과잉금지원칙을 위반하여 남성의 성적자기결정권 및 사생활의 비밀과 자유를 침해한다고 하여 위헌결정을 하였다. 이에 따라 2011년 법무부 형법개정안에서는 제304조를 삭제하는 내용을 담고 있다. 형법은 혼전 성관계를 처벌하지 않는 것을 원칙으로

182) 헌법재판소 다수 의견은 이 죄의 처벌규정은 위헌이 아니라고 하고 있다. 헌재결, 2002. 10. 31, 99헌바40, 2002헌바50(병합)

183) 헌재결(전원재판부), 2009. 11. 26. 2008헌바58,2009헌바191(병합).

하면서 혼인의 빙자나 위계적 방법에 의한 혼전 성관계만 처벌하는 것은 합당하지 않을 뿐 아니라, 정상적인 판단력이 있는 부녀가 혼인을 전제로 성관계를 맺었다 해서 부녀의 성적 자기결정의 자유가 침해되었다고 할 수 없고, 이는 어디까지나 부녀 자신이 책임져야 할 문제이기 때문에 헌법재판소의 결정 및 법무부 개정안은 타당하다고 본다.

제 3 장 명예와 신용 · 업무에 대한 죄

제 1 절 명예에 관한 죄

I. 총 설

1. 의 의

명예에 관한 죄(Beleidigung; Straftaten gegen die Ehre)는 공연히 사실 또는 허위사실을 적시하여 사람의 명예를 훼손하거나 사람을 모욕함으로써 성립하는 범죄로서 사람의 명예를 보호하기 위한 범죄이다. 사람은 사회생활을 하는 사회적 존재이기 때문에 사회의 다른 구성원으로부터 독립된 인격체로서의 가치를 인정받고 그 가치에 적합한 처우를 받음으로써 적절한 사회생활을 영위할 수 있고, 나아가서 사회발전에도 기여하는 것이다. 때문에 형법은 독립된 인격체로 인정되는 가치를 명예라 하고, 이를 보호하기 위해서 명예에 관한 죄를 규정하고 있다. 생명 · 신체에 대한 범죄도 인격적 법익을 침해하는 범죄에 포함되지만 이 죄는 그 중에서도 특히 정신적 인격에 대한 범죄라 할 수 있고 소위 표시범의 일종이다.

【입법례】 고대 로마법은 처음에 명예란 법제상 승인된 시민권의 완전한 향유를 의미하였으나 모욕에 의한 명예침해라는 관념은 존재하지 않았다. 명예에 대한 침해가 인격침해를 포함한 개념으로 발전한 것은 후기 로마법에서이다. 여기서는 명예침해(infamatio) 이외에 상해 · 주거침입 · 비밀누설과 같은 인격침해(injuria)를 종합한 개념으로 이해되었다. 그 후 상해 · 주거침입 · 비밀침해가 독립된 범죄로 발전됨에 따라 명예침해죄의 성격이 농후해졌다.

게르만법은 처음에 명예를 명예감정의 의미로 이해하였으나, 1794년 프로이센 일반 란트법에 이르러 injuria를 명예훼손과 모욕을 포함한 개념으로 파악하고 명예훼손죄와 모욕죄에 대한 상세한 규정을 마련하였다(제538조 이하). 이러한 태도는 1851년의 프로이센 형법(제152조 이하), 1871년의 독일제국 형법

(제185조 내지 제200조)을 거쳐 현행 독일 형법에 그대로 계승되고 있다.

영미법은 명예훼손을 민사상의 불법행위로 처리하는 경향이 강하여 범죄로 취급되는 것은 예외적 현상이다. 1967년 뉴욕 형법전도 종래까지 인정되었던 문서비방의 죄는 인정하지 않았고 Model Penal Code도 명예훼손죄는 인정하지 않고 있다.

일본 형법은 명예에 관한 죄로서 명예훼손죄(제230조)와 모욕죄(제231조)를 규정하면서 그 구성요건요소로서 공연성을 요구하고 있는 것은 우리 형법과 같다.

2. 보호법익 · 보호정도

명예에 관한 죄의 보호법익이 사람의 명예라고 하는 데는 이견이 없다. 그러나 명예의 내용을 어떻게 파악할 것이냐에 대해서 견해가 나누어진다.

(1) 명예의 내용

1) 내부적 명예 내부적 명예(innere Ehre)란 자기 또는 타인의 평가와 독립하여 객관적으로 가지고 있는 사람의 내부적 가치(진가) 그 자체를 말한다. 이러한 가치는 사회적 평가와 관계없는 절대적 가치이므로 타인의 침해로부터 훼손될 성질이 아니며, 규범으로서의 법의 규제대상이 될 수 없다. 따라서 형법은 이러한 가치를 보호할 필요도 없고 보호할 수도 없다.

2) 외부적 명예 외부적 명예(äußere Ehre)란 사람의 가치에 대해서 타인으로부터 주어지는 인격적 평가로서 개인의 진가(眞價)와 관계없이 일반적으로 주어지는 사회적 평가이다(규범적 명예개념). 외부적 명예는 타인의 침해에 의해서 훼손될 수 있으므로 형법적 보호의 필요성이 요구된다.

3) 명예감정 명예감정(Ehrgefühl)은 자신의 인격적 가치에 대한 자신의 주관적 평가 내지 감정으로서 명예의식이라고도 한다. 명예감정은 자기 자신에 대한 가치평가이므로 사람마다 다르고, 혹은 자신을 과대평가하거나 혹은 과소평가하기도 하여 객관적으로 보호의 대상이 되는 기준이 없다(사실적 명예개념). 그러나 명예감정도 타인으로부터 침해될 수 있는 성질이므로 형법적 보호의 필요성 여부가 논의된다.

(2) 형법적 보호대상과 보호법익

명예의 내용 중에서 타인으로부터 침해될 수 있는 명예로서 형법적 보호가 요구될 수 있는 명예는 외부적 명예와 명예감정이다.

1) 학설의 대립　통설은 명예훼손죄뿐만 아니라 모욕죄의 보호법익도 외부적 명예라고 하는 데[1] 대해서 명예훼손죄의 보호법익은 외부적 명예이지만 모욕죄의 보호법익은 명예감정이라고 하는 견해[2]와 내부적 명예와 외부적 명예 모두 보호한다는 견해[3]도 있다.

명예훼손죄와 모욕죄의 보호법익을 구별하는 견해는, ① 명예훼손죄는 공연성과 사실의 적시를 요구하고 있으므로 외부적 명예에 대한 침해가 가능하지만, 모욕죄는 사실의 적시를 요구하지 않기 때문에 외부적 명예에 대한 침해는 불가능하므로 명예감정을 보호법익으로 해야 하고, ② 명예감정도 개인 앞에서의 침해와 공중 앞에서의 침해는 모욕 효과가 달라지므로 모욕죄의 성립에 공연성을 요구한다고 해서 그 법익까지 외부적 명예라고 해야 할 이유가 없으며, ③ 모욕죄는 위험범이므로 명예감정을 갖지 못하는 정신병자나 유아 · 법인에 대해서도 모욕죄는 성립할 수 있다는 점을 이유로 한다.

2) 결　어　① 형법이 명예훼손죄와 모욕죄의 성립요건으로서 공연성을 요구하는 것은 인격적 가치에 대한 사회적 평가(외부적 명예)에 대한 침해를 방지하기 위한 것이라 해야 하고, ② 공연성 유무에 따라 명예감정에 대한 침해의 정도가 달라질 수 없으며, ③ 모욕죄가 위험범이라고 해서 명예감정도 없는 유아 · 정신병자의 명예감정이 침해될 위험이 있다고 할 수 없다. ④ 명예감정은 사람에 따라 천차만별이므로 형법이 이러한 개인의 주관적 명예감정까지 보호할 수 없다고 해야 하며, ⑤ 형법은 명예감정도 없는 국가에 대한 모욕을 인정하고(제105조, 제106조, 제109조) 있고, 정신병자 · 유아 · 법인의 인격적 가치도 보호할 필요가 있으므로 모욕죄의 보호법익도 외부적 명예라고 해야 한다.[4] 그리고 ⑥ 내부적 명예는 애당초 외부적 침해가 불가능하므로 형법이 이를 보호

---

1) 황산덕, 226면; 정영석, 270면; 서일교, 100면; 김종원, 153면; 정성근, 245면; 이형국, 245면 이하; 강구진, 211면; 이재상, 184면; 진계호, 217면; 배종대, 274면; 박상기, 177면; 임웅, 201면; 백형구, 352면; 오영근, 202면; 정영일, 173면; 김성돈, 182면.

2) 유기천(상), 144면 이하.

3) 김일수/서보학, 187면.

4) 독일 형법(제185조)은 모욕죄의 요건으로 공연성을 요구하지 아니하므로 그 보호법익은 명예감정이고, 이를 요구하는 명예훼손죄의 보호법익은 외부적 명예라고 해석하는 것이 다수설(Blei, Ⅱ, S. 84; Bockelmann, BT 1, S. 184; Maurach/Schröder/Maiwald, BT 1, S. 233)이지만 모욕죄의 보호법익도 명예훼손죄와 같이 외부적 명예라는 견해(Sch/Sch/Lenckner, StGB, §185. Rdn. 3; Welzel, StR, S. 303)도 유력하다.

할 수 없다는 통설이 타당하다. 판례도 같은 태도이다.[5]

명예훼손죄와 모욕죄는 다같이 공연성을 요구하고 있고 보호법익도 외부적 명예라고 한다면 두 죄의 차이는 사실의 적시 유무에 있다. 그리고 두 죄는 공연히 사실을 적시하거나, 공연히 모욕함으로써 범죄가 완성되는 추상적 위험범이고(통설)[6] 거동범의 일종이다.

3. 구성요건체계

명예훼손죄(제307조 1항)를 기본적 구성요건으로 하고, 적시사실이 허위인 경우의 명예훼손죄(제307조 2항)와 출판물에 의한 명예훼손죄(제309조)는 불법이 가중된 가중적 구성요건으로, 사자명예훼손죄(제308조)와 모욕죄(제311조)는 독립된 구성요건으로 규정하고 있다. 그리고 제307조 1항의 명예훼손죄에 한하여 특수한 위법성조각사유를 규정(제310조)하고 있으며, 사자명예훼손죄와 모욕죄는 친고죄(제312조 1항)로, 명예훼손죄와 출판물에 의한 명예훼손죄는 반의사불벌죄(제312조 2항)로 하였다.

Ⅱ. 명예훼손의 죄

1. 명예훼손죄

> **【구성요건 · 법정형】** ① 공연히 사실을 적시하여 사람의 명예를 훼손한 자는 2년 이하의 징역이나 금고 또는 500만원 이하의 벌금에 처한다(제307조 1항). 피해자의 명시한 의사에 반하여 공소를 제기할 수 없다(제312조 2항).
> ② 공연히 허위의 사실을 적시하여 사람의 명예를 훼손한 자는 5년 이하의 징역, 10년 이하의 자격정지 또는 1천만원 이하의 벌금에 처한다(제307조 2항).

(1) 의 의

공연히(진실한) 사실을 적시하거나, 허위 사실을 적시하여 사람의 명예를 훼손함으로써 성립하는 추상적 위험범이다.

---

5) 대판, 1970. 5. 26, 70도704; 대판, 1987. 5. 2, 87도739.
6) 구체적 위험범이라는 견해는 배종대, 284면.

(2) 객관적 구성요건요소

1) 주 체 자연인인 사람이 행위주체가 된다는 데는 이견이 없다. 법인도 행위주체가 될 수 있느냐에 대해서 통설은 부정한다. 그러나 법인의 범죄능력을 인정하는 입장에서는 명예훼손죄도 성질상 법인의 집단적 의사로 침해 가능하다고 해야 한다. 기업과 기업간, 언론사와 정당간의 상호 비방적인 명예훼손이 법인의 의사에 의한 법인의 행위로 인정되는 경우에는 법인의 주체성을 인정할 수 있다고 본다.7)

2) 객 체

가) 명 예 명예는 이 죄의 보호법익인 동시에 행위객체가 된다. 명예의 내용은 외부적 명예, 즉 사람의 인격적 가치에 대한 사회일반의 평가(명성 또는 세평)를 의미한다. 인격적 가치는 사람의 행위와 인격에 대한 윤리적 가치에 한하지 않는다. 정치적 · 사회적 · 학문적 · 예술적 능력은 물론, 신체적 · 정신적인 자질, 직업, 신분, 성격, 혈통, 가계, 건강, 외모, 지식 등 사회생활에서 인정되는 가치를 포함한다. 다만 사람의 지불능력과 지불의사에 대한 경제적 평가도 사회적 가치에 속하지만 형법은 이를 인격적 가치와 구별하여 신용훼손죄(제313조)의 법익으로 하였으므로 여기에서 제외된다.

사람의 인격적 가치에 대한 사회일반의 평가는 그 사람의 진가와 일치할 필요가 없다. 사람의 진가와 관계없이 사회일반이 생각하고 있는 가정적 명예도 명예이다. 다만 인격적 가치는 적극적(긍정적) 가치라야 하고 소극적(부정적) 가치는 포함하지 않는다. 따라서 범죄자 · 비행자가 갖고 있는 악명은 명예가 될 수 없다. 적극적 가치이면 현재의 가치뿐만 아니라 장래의 가치나 과거의 가치도 현재 그 사람과 관련된 것이면 명예가 된다.

나) 명예의 주체 명예의 주체는 사람이다. 자연인과 법인을 포함한다. 명예의 주체는 특정되어야 하며, 특정의 정도는 표현의 취지나 주위 사정에 비추어 특정인을 추측할 수 있으면 충분하고 반드시 성명 · 인상을 명시할 필요가 없다.8)

(a) 자연인 자연인이 명예의 주체가 된다는 데는 의문이 없다. 성별 · 연령 · 기혼 · 미혼을 묻지 않는다. 유아 · 정신병자 · 백치도 명예의 주체가 된다.

---

7) 김일수/서보학, 188면.
8) 대판, 1989. 11. 14, 89도1944.

유아는 현재의 성장상태와 장래의 가치에 대하여, 정신병자는 그 질병과 관계없이 남아있는 사회적 가치와 과거에 가졌던 가치에 대하여 명예의 주체가 될 수 있다. 범죄자·실종선고를 받은 자, 파렴치한도 명예의 주체가 된다. 외국원수, 외교사절에 대해서는 제107조, 제108조가 적용된다.

(b) 법 인 　법인도 명예의 주체가 된다는 것이 통설이다. 판례도 같은 태도이다.[9] 따라서 법인은 해산 이후에도 청산이 종료되어 그 인격을 상실할 때까지는 명예의 주체가 된다.

(c) 법인격 없는 단체 　법인격 없는 단체의 명예 주체성을 부정하는 견해도 있다.[10] 판례[11]도 인격을 가진 단체에 대해서만 명예훼손의 피해자가 된다는 취지로 판시하고 있다. 그러나 법인격 없는 단체라 할지라도 법에 의해서 인정된 사회적 기능을 담당하고 통일된 의사를 형성할 수 있으면 명예의 주체가 된다고 해야 한다(통설). 그것이 공법상의 단체인가 사법상의 단체인가는 묻지 않는다. 따라서 정당, 노동조합, 적십자사, 병원, 종교단체, 상공회의소, 전국경제인연합회도 명예의 주체가 된다. 그러나 개인적인 취미생활을 위해서 결합된 사교단체(낚시클럽, 등산·골프 클럽 등)와 가족은 대외적인 법적 활동의 주체가 아니므로 명예의 주체가 될 수 없다.

(d) 집합명칭 　법인격 없는 단체에 이르지 못한 가족이나 집단은 구성원이 특정되지 않는 한 그 집단명칭(상인들, 학자들, 수사관들 등)을 사용하여 집단구성원에 대한 명예훼손이 되지 않는다. 그러나 집단명칭이라도 시간적·장소적 관련 속에서 그 구성원이 특정 가능한 경우에는 그 집단의 명칭을 사용하여 구성원 모두나 개인에 대한 명예훼손이 되는 경우가 있다. 이를 집합명칭에 의한 명예훼손 또는 집단명예훼손이라 한다. 여기에는 두 가지 형태가 있다.

첫째, 집합명칭에 의하여 집단의 모든 구성원의 명예가 침해되는 경우이다. 예컨대 누구 누구의 가족, 甲 음악대학의 교수, 乙 법과대학의 학생회간부, 丙 경찰서 형사과에 근무하는 경찰관 등의 명칭으로 그 구성원 모두의 명예를 훼손하는 경우이다. 이 형태의 명예훼손이 되기 위해서는, ① 집단구성원이 일반인과 명백히 구별될 수 있을 정도로 집합명칭이 특정되어야 하며, ② 명예훼손

9) 대판, 1959. 12. 23, 4292형상539; 대판, 1960. 11. 26, 4293형상244.
10) 배종대, 278면; 오영근, 205면(법인·단체의 명예주체성을 부정한다).
11) 대판, 1959. 12. 23, 4292형상539.

의 표현도 집단구성원 모두를 지적하는 내용이어야 하고 평균판단으로 부족하다. 따라서 단순히 수사관들, 상인들이라고 지적하거나 "서울시민은[12] 사기꾼이다", "상인들은 매국노다"라는 판단으로 명예훼손이 되지 않는다.

둘째, 소규모 집단의 구성원 1인 또는 수인을 지적하였으나 그것이 누구인지가 명백하지 않아서 구성원 모두가 의심을 받는 경우이다. 예컨대, "모당 소속 국회의원 2명이 간첩이다", "장관 가운데 1명이 뇌물을 받았다"고 고지한 경우가 이에 해당한다. 이 경우에는 혐의를 받는 구성원 모두에 대한 명예훼손이 된다.

【판례】 명예훼손죄는 어떤 특정한 사람 또는 인격을 보유하는 단체에 대하여 그 명예를 훼손함으로써 성립하는 것이므로 그 피해자는 특정한 것임을 요하고, 다만 서울시민 또는 경기도민이라 함과 같은 막연한 표시에 의해서는 명예훼손죄를 구성하지 아니한다 할 것이지만, 집합적 명사를 쓴 경우에도 그것에 의하여 그 범위에 속하는 특정인을 가리키는 것이 명백하면, 이를 각자의 명예를 훼손하는 행위라고 볼 수 있다(대판, 2000. 10. 10, 99도5407).[13]

e) 사 자　사자(死者)도 명예의 주체가 되느냐가 문제된다. 이는 사자 명예훼손죄의 보호법익이 무엇이냐와 관련되어 있다. 사자 명예훼손죄의 보호법익은 유족의 명예 또는 유족이 사자에 대하여 가지는 추모감정이며, 사자는 사람이 아니라는 이유로 사자의 명예 주체성을 부정하는 견해도 있다.[14]

그러나 ① 유족의 명예, 유족의 추모감정을 보호법익으로 한다면 유족이 없는 경우에는 사자 명예훼손죄를 부정해야 함에도 불구하고 이 죄가 성립하는 이유를 설명할 수 없을 뿐만 아니라, 유족이 있는 경우에는 사자 명예훼손죄를 규정할 필요가 없거나 이 죄의 성립요건으로 공연성을 요구할 이유가 없으며, ② 법문에서 "사자의 명예를 훼손한 자"라고 명시하고 있으므로 사자도 역사적 존재로서 그 인격적 가치는 보호되어야 한다(통설).

12) 대판, 1960. 11. 26, 4293형상244.

13) 사안은 K 고등학교 교사 총 66명 중 약 37명이 소속된 3.19 동지회 소속 교사들이 학생들을 선동하여 무단하교를 하게 하였다는 허위사실을 적시한 보도자료를 배포한 것으로, 대법원은 3.19 동지회 소속 교사들 모두에 대한 명예훼손죄를 인정하였다. 같은 취지: 대판(전원합의체), 2003. 2. 20, 2001도6138.

14) 배종대, 277면 이하; 박상기, 178면; 이정원, 225면; 임웅, 206면; 정영일, 174면; 손동권, 184면; 김성돈, 186면.

3) 행 위

가) 공연성 명예훼손죄와 모욕죄는 행위상황으로 공연성이 요구된다.

(a) 공연성의 의의 "공연성"의 의미에 대해서는 종래 이를 "불특정한 다수인이 인식할 수 있는 상태" 또는 "특정·불특정을 묻지 않고 다수인이 인식할 수 있는 상태"라는 견해도 있었다. 그러나 현재에는 "불특정 또는 다수인이 직접 인식할 수 있는 상태"를 의미한다는 데에 견해가[15] 일치하고 있으며, 판례[16]도 같은 태도이다. 따라서 불특정인이면 다수인·소수인을 묻지 않으며, 다수인이면 특정·불특정을 묻지 않는다.

이 죄의 성립요건으로 공연성을 특히 요구하는 이유는 직접적으로 사회에 유포시켜 사회적으로 유해한 행위만을 처벌하고, 공연성이 없는 개인적인 정보전달을 제외함으로써 표현의 자유에 대한 지나친 제한을 억제하려는 데에 있다.[17]

aa) 불특정인 "불특정인"이란 행위시에 상대방이 구체적으로 특정되어 있지 않다는 의미가 아니라 공개장소와 같이 상대방이 한정된 범위(가족·친척·동업자·사제관계·애인 등)에 속하는 사람이 아니라는 의미이다. 공도상(公道上)의 통행인, 공개광장의 청중이 대표적인 예이다.

bb) 다수인 "다수인"이란 숫자로 한정할 수 없으나 사회적 평가(명예)가 훼손된다고 평가할 수 있는 정도의 상당한 다수(2, 3인으로 부족하고 적어도 10여명 이상)라야 한다. 따라서 특정·소수인에게 전달되어 다수인에게 유포될 염려가 있어도 개인적인 정보전달에 불과하면 공연성이 없다고 본다. 다수인일지라도 국무회의·중역회의와 같이 어느 정도 비밀이 유지될 수 있는 상태이면 공연이라고 할 수 없다.[18]

cc) 인식할 수 있는 상태 불특정 또는 다수인이 직접 인식할 수 있는 상

15) 유기천(상), 151면; 황산덕, 229면; 정영석, 282면; 서일교, 102면; 김종원, 180면; 정성근, 250면; 이재상, 187면; 김일수/서보학, 190면; 진계호, 219면; 배종대, 281면; 박상기, 180면; 임웅, 202면; 백형구, 354면; 이정원; 231면; 손동권, 185면; 오영근, 207면; 정영일, 178면; 김성돈, 187면.

16) 대판, 1976. 4. 25, 75도273; 대판, 1981. 8. 25, 81도149; 대판, 1985. 11. 26, 85도2037; 대판, 1991. 6. 25, 91도347; 대판, 1996. 7. 12, 96도1007.

17) 정성근, 250면; 강구진, 214면; 이재상, 189면; 김일수/서보학, 190면.

18) 대판, 1981. 8. 25, 81도149는 명예훼손될 사실을 기재한 유인물을 71명의 회원에게 우편으로 배포한 행위는 배포받은 자의 범위에 다소의 제한이 있고, 또 수취인이 특정되어 있다 하더라도 공연성이 있다고 판시하였다.

태에 있으면 충분하고 현실로 인식할 것을 요하지 않는다.

(b) 전파성이론 공연성 인정의 기준에 대하여 전파성이론이 주장된다. "전파성이론"이란 특정된 한 사람에게 적시한 말이라도 그 말이 결과적으로 불특정 또는 다수인에게 전파될 가능성이 있는 때에는 공연성을 인정하자는 견해를 말한다.[19)]

대법원도 일관하여 이를 지지하여 "개별적으로 한 사람에 대하여 사실을 유포하였다고 하여도 이로부터 불특정 또는 다수인에게 전파될 가능성이 있으면 공연성의 요건을 충족한다"고 판시하고,[20)] 이 경우 전파가능성에 대한 인식과 그 위험을 용인하는 내심의 의사가 있음을 요한다[21)]고 하고 있다. 그리하여 1인에 대한 편지발송도 수신인이 타인에게 전파할 가능성이 있으면 공연성이 인정된다[22)]고 하고, 비밀보장이 되거나 피해자와 특별관계로 전파가능성이 없는 특수한 경우에만 공연성을 부인하고 있다.

【전파가능성이 없다고 공연성을 부인한 판례】 ① 피해자와 그의 남편 앞에서 사실을 적시한 경우(대판, 1989. 7. 11, 89도886),[23)] ② 피해자의 친척 1인에게 불륜관계를 말한 경우(대판, 1981. 10. 27, 81도1023), ③ 피해자가 근무하는 학교의 법인 이사장 앞으로 진정서를 제출한 경우(대판, 1983. 10. 25, 83도2190), ④ 피해자와 동업관계에 있고 친한 사이인 사람에게 피해자의 험담을 한 경우(대판, 1984. 2. 28, 83도891), ⑤ 이혼소송 계속중인 처가 남편친구에게 남편에 대한 명예훼손 문구가 기재된 서신을 동봉해 보낸 경우(대판, 2000. 2. 11, 99도4597), ⑥ 기자가 취재를 한 상태에서 아직 기사화하여 보도하지 아니한 경우(대판, 2000. 5. 16, 99도5622) 등이 있다.

【전파가능성을 인정하여 공연성을 인정한 판례】 ① 지방의회 선거를 앞두고 현역 시의회의원이 후보자가 되려는 자에 대해서 특별한 친분관계도 없는 한 사람 한사람에게 비방의 말을 한 경우(대판, 1996. 7. 12, 96도1007), ② 거리나 식당 등 공공연한 장소에서 2, 3명에게 허위사실을 유포한 경우 피해자의 신분관계를 고려해 볼 때 전파하지 않고 비밀을 지켜줄 사정이 엿보이지 않으며, 결과적으로 허위사실이 동네 사람에게 유포된 경우(대판, 1994. 9. 30, 94도1880)에 공연성을 인정하였다. ③ 개인 블로그의 비공개 대화방에서 상대방으로부터 비

19) 전파성이론을 지지하는 견해는 황산덕, 229면; 정영석, 272면; 이건호, 291면; 박상기, 182면.
20) 대판, 1968. 12. 24, 68도1569; 대판, 1986. 9. 23, 86도556; 대판, 1990. 7. 24, 90도1167; 대판, 1994. 9. 30, 94도1880; 대판, 1996. 7. 12, 96도1007 등.
21) 대판, 2004. 4. 9, 2004도340.
22) 대판, 1979. 8. 14, 79도1517.
23) 같은 취지: 대판, 1978. 4. 25, 75도473; 대판, 1984. 4. 10, 84도49; 대판, 1985. 11. 26, 85도2037.

밀을 지키겠다는 말을 듣고 일대일로 대화하였다고 하더라도, 그 사정만으로 대화 상대방이 대화내용을 불특정 또는 다수에게 전파할 가능성이 없다고 할 수 없다(대판, 2008. 2. 14, 2007도8155).

그러나 ① 공연성을 이 죄에 요구한 것은 직접적으로 사회에 유포시켜 사회적으로 유해한 행위만을 처벌하려는 취지라고 해야 하고, ② 전파성이론에 따르면 개인적 정보교환도 전달 가능성이 없다고 할 수 없으므로 경우에 따라 사적으로 수근거리는 풍설(風說)도 금지되는 결과가 되어 표현의 자유를 지나치게 제한하게 되며, ③ 이 죄의 성립 여부가 상대방의 전달의사에 따라 좌우된다는 불합리성이 있으므로 전파성이론은 인정할 수 없다(통설). 따라서 공연성은 불특정 또는 다수인이 적시된 사실의 내용을 직접 인식할 수 있는 상태를 의미하며, 현실적으로 인식하였는가는 문제되지 않는다고 해야 한다.

나) 사실의 적시 　사람의 인격적 가치에 대한 사회적 평가를 저하시킬만한 사실을 지적·표시하는 것을 말한다.

(a) 사 실 　사실은 현실적으로 발생하고 증명할 수 있는 과거와 현재의 사건이나 상태를 말한다. 장래의 사실도 과거 또는 현재의 사실을 기초로 하거나 이에 대한 주장이 포함된 때에는 사실에 해당할 수 있다.[24] 판례도 범죄 혐의사실이 없어 내사 종결된 사건에 대하여 공연히 "사건을 조사한 경찰관이 내일부로 검찰청에서 구속영장이 떨어진다"고 말한 것도 현재의 주장이 포함된 장래의 사실을 적시한 것이라 하였다.[25]

aa) 사회적 평가 　사람의 사회적 가치 내지 평가를 저하시킬 만한 사실이면 무엇이든지 상관없다. 반드시 악사(惡事)·추행을 지적할 필요가 없으며, 공지의 사실, 이미 알고 있는 사실을 적시하는 것도 포함한다.[26] 직접 경험한 사실 외에 추측사실·소문에 속한 사실도 무방하다. 사실은 피해자에 관한 사항이어야 한다. 따라서 처의 간통사실을 공개하여도 남편의 명예훼손이 되지 아니한다. 진실한 사실·허위사실을 묻지 않는다. 다만 허위사실을 적시한 때에는 형이 가중된다(제307조 2항).

bb) 가치판단 　사실은 가치판단과 구별해야 한다. 사실은 그것이 진실임

24) 황산덕, 230면; 유기천(상), 152면; 서일교, 103면; 정성근, 252면; 이재상, 189면; 배종대, 286면; 정영일, 179면; 김성돈, 188면.
25) 대판, 2003. 5. 13, 2002도7420.
26) 대판, 1993. 3. 23, 92도455; 대판, 1994. 4. 12, 93도3535.

을 증명할 수 있는 것임에 대해서 가치판단은 주관적 확신에 의해서 좌우되는 것이다.[27] '도둑놈', '사기꾼', '애꾸눈', '병신 같은 놈'이라는 표현은 사실이 아니라 가치판단이다. 증명할 수 있는 가치판단은 사실에 해당하며, 사실과 가치판단이 중첩될 수 있다. 증명할 수 없는 가치판단은 모욕죄의 규제대상이 될 수 있으나 명예훼손죄의 사실에 해당하지 않는다.

(b) 적 시　적시란 사람의 사회적 평가를 저하시키는데 충분한 사실을 구체적으로 주장 · 지적 · 표시 · 전달하는 것을 말하며,[28] 시기 · 장소 · 수단까지 상세하게 특정할 필요는 없다. 구체적 사실을 적시하지 않고 모욕적인 말을 하는 것(빨갱이, 계집년, 무당, 첩년, 도둑놈)은 모욕죄에 해당한다.[29]

aa) 피해자의 특정　사실의 적시라고 하기 위해서는 피해자가 특정되어야 한다. 성명을 명시할 필요는 없으나 표현 내용과 당시 상황을 종합 판단하여 누구를 지목하는지 알 수 있으면 충분하다.[30]

bb) 적시방법　사실을 적시하는 방법은 제한이 없다. 언어, 문서 · 도서 · 신문 · 잡지 · 라디오 기타 출판물에 의하든 상관없다. 다만 신문 · 잡지 · 라디오 기타 출판물에 의한 경우에 비방의 목적이 있으면 출판물에 의한 명예훼손죄(제309조)가 성립한다. 또 연극이나 소설의 등장인물을 이용하거나 만화에 의해서도 적시할 수 있다. 반드시 단정적으로 표현하지 않고 암시 · 추측[31] 또는 질문에 의해서도 가능하며, 들은 사실을 전파하여도 무방하다.

다) 명예훼손　추상적 위험범이므로 명예를 훼손할 우려가 있는 사실 또는 허위사실을 적시함으로써 충분하다. 법문에는 "명예를 훼손한 자"라고 되어 있어도 현실적으로 훼손이 있어야 하는 것은 아니다. 불특정 또는 다수인이 직접 인식할 수 있는 상태에 이르면 범죄는 기수가 되며, 상대방 또는 불특정인이 인지하였음을 요하지 않는다. 신문에 게재한 경우에는 배포에 의하여 기수가 된다.

---

27) 대판, 1994. 10. 25, 94도1770.
28) 대판, 2000. 2. 25, 98도2188.
29) 대판, 1981. 11. 24, 81도2280; 대판, 1989. 3. 14, 88도1397.
30) 대판, 1982. 11. 9, 82도1256; 대판, 1989. 11. 14, 89도1744.
31) 대판, 1991. 5. 14, 91도420: 교수가 학생들 앞에서 특정인의 이성관계를 암시하는 발언은 명예훼손이 된다.

(3) 주관적 구성요건요소

이 죄가 성립하기 위해서는 사람의 가치를 저하시키는 사실 또는 허위사실을 불특정 또는 다수인에게 알린다는 고의가 있어야 한다. "사실" · "공연성"에 대한 의미의 인식도 있어야 한다. 그 사실이 허위사실인가 아닌가는 고의의 내용과 관계 없다. 적시의 동기도 묻지 않는다. 사실을 적시할 때에 행위자가 다소 흥분하고 있었다고 하여도 고의가 조각되지 않는다.[32)]

인식한 고의와 적시사실이 일치하지 않을 때에는 위법성조각사유의 전제사실에 대한 착오가 된다. 진실한 사실을 허위사실로 인식하고 적시한 때에는 제307조 1항의 죄책을 부담한다.[33)] 이 경우 경한 기본범죄의 기수와 중한 범죄의 미수의 상상적 경합이 된다는 견해[34)]에 따른다 해도 허위사실명예훼손죄의 미수는 불가벌이므로 결론은 같다.

(4) 위법성조각사유

이 죄가 성립하기 위해서는 구성요건에 해당하는 행위가 위법해야 한다. 일반적 위법성조각사유 외에도 특수한 위법성조각사유(제310조)도 있다.

1) 일반적 위법성조각사유

(a) 정당행위 사실의 적시가 법령에 의하거나 정당한 업무에 속하는 경우에는 위법성이 조각된다. 형사재판에서 검사의 기소요지의 진술(형사소송법 제285조)과 피고인의 범죄사실 · 악행을 적시하거나, 증인의 증언, 변호인의 반대신문은 법령에 의한 정당행위가 된다. 신문 · 라디오 · TV 등 보도기관의 보도도 국민의 알 권리를 충족시키는 범위 내에서 정보의 이익이 있으면 업무로 인한 정당행위가 된다. 학술 · 예술작품에 대한 공정한 논평은 사실의 적시가 아니므로 이 죄의 구성요건해당성이 없다. 다만 논평을 위한 사실의 적시는 정당행위가 될 수 있다. 그러나 국회의원은 면책특권(헌법 제45조)에 의해서 명예훼손죄의 책임을 부담하지 않는다. 그 이유에 대해서는 위법성조각설,[35)] 구성요건불해당설[36)]이 있으나 면책특권은 특수한 신분관계로 국회 외부에서의 책임만을

---

32) 대판, 1955. 4. 22, 4288형상36.
33) 이재상, 192면; 배종대, 289면; 임웅, 208면; 오영근, 214면; 손동권, 191면; 박상기, 184면; 정영일, 180면; 김성돈, 191면.
34) 김일수/서보학, 196면.
35) 정영석, 279면; 이건호, 293면; 서일교, 104면; 손동권, 191면; 이재상, 194면; 배종대, 290면.
36) 유기천(상), 146면.

면제한다는 의미이므로 인적 처벌조각사유설이 타당하다.

(b) 피해자의 승낙　명예의 주체가 승낙한 때에는 위법성이 조각된다는 것이 통설이다.[37] 명예는 처분할 수 있는 법익이지만 반의사불벌죄 또는 친고죄라는 점에 비추어 주체의 의사에 반하는 것을 구성요건요소로 하는 것은 아니라는 것이 그 이유이다.

2) 제310조의 특수한 위법성조각사유

가) 형법 제310조의 취지　형법은 개인의 명예를 보호하기 위해서 적시한 내용이 사실인가 허위인가를 묻지 않고 명예훼손죄의 성립을 인정한다. 그러나 진실한 사실을 적시한 모든 경우를 범죄로 처벌한다면 자유민주주의의 근간이 되는 비판활동과 언론・표현의 자유・국민의 알 권리를 극도로 제한하게 된다. 여기에 개인의 명예보호와 표현의 자유 보장을 조화・조정할 필요가 있다. 즉, 명예훼손죄는 사람에 대한 사회적 평가를 저해하는 것이면 그 진위에 관계없이 처벌해야 하지만 그것이 공공의 이익을 위해서 진실한 사실을 적시한 때에는 범죄평가에서 제외시킬 필요가 있다. 형법 제310조에서 "제307조 제1항의 행위가 진실한 사실로서 오로지 공공의 이익에 관한 때에는 처벌하지 아니한다"고 규정한 것은 바로 이러한 취지를 밝히고 있다. 이 규정은 제307조 1항의 죄에 한하여 적용되며,[38] 명예에 관한 다른 죄에는 적용되지 않는다.

나) 적용요건　제310조가 적용되기 위해서는 적시된 사실이 진실해야 하며, 그것이 오로지 공공의 이익에 관한 것이라야 한다.

(a) 진실성　적시된 사실은 진실한 사실임을 요한다. 진실한 사실은 세부내용에서 다소 진실과 합치되지 아니하거나 약간의 과장된 표현이 있어도 그 중요부분이 객관적 사실과 합치하여 전체로서 진실하다고 볼 수 있으면 충분하다.[39] 판례는 진실이라는 증명이 없어도 진실한 것으로 믿었고, 또 그렇게 믿을 만한 상당한 이유가 있는 때에는 위법성이 조각된다고 하고 있다.[40]

---

37) 유기천(상), 146면; 황산덕, 232면; 남흥우, 123면; 서일교, 104면; 정영석, 279면; 김종원, 160면; 정성근, 254면; 이형국, 251면; 강구진, 218면; 이재상, 193면; 배종대, 290면; 이정원, 237면; 임웅, 214면; 백형구, 362면; 박상기, 188면; 손동권, 191면; 정영일, 189면; 김성돈, 191면.

38) 대판, 1986. 5. 27, 85도785. 같은 취지: 대판, 1970. 7. 21, 70도1266; 대판, 1993. 4. 13, 92도234.

39) 대판, 1958. 9. 26, 4291형상323; 대판, 1998. 10. 9, 97도158; 대판, 2001. 10. 26, 2001도4546.

40) 대판, 1993. 6. 22, 92도3106; 대판, 1996. 8. 23, 94도3191; 대판, 1997. 4. 11, 97도88. 판례는 이 경우의 착오를 어떤 착오로 취급한 것인지 불명하다.

(b) 공익성 사실의 적시는 오로지 공공의 이익에 관한 것이라야 한다. 공공의 이익이란 국가·사회 기타 일반 다수인의 이익에 관한 것뿐만 아니라 "특정 사회집단이나 그 구성원 전체의 이익"이 되는 것을 말한다. 공공의 이익에 관한 것이 되기 위해서는 두 가지 요건이 필요하다.

aa) 객관적 요건 객관적으로 공공의 이익이 되는 것이라야 한다. 공적 생활에 관한 사실이든, 개인적 생활에 관한 사실이든 묻지 않는다. 다만 객관적으로 공공의 이익에 관한 것이 되기 위해서는 상당한 정도로 명백하여야 하며, 사실적시가 공공의 이익상 필요한 한도를 초월하지 않아야 한다.

bb) 주관적 요건 주관적으로 사실적시의 중요한 목적·동기가 공공의 이익을 위한 것이라야 한다. 법문에는 "오로지 공공의 이익"이라고 표현되어 있으나 중요한 목적·동기가 공공의 이익을 위한 것이면 부수적으로 사익 또는 다른 목적이 포함되어 있어도 무방하다.[41] 즉, 공익성이 인정되는 한 표현이 다소 과장되어도 무방하다. 따라서 사회일부의 이익에만 관계된 사항도 그 범위 내에서 공익성은 유지될 수 있다.[42] 그러나 사람을 비방할 목적이 있는 때에는 애당초 이 규정은 적용될 여지가 없다.

cc) 판례의 태도 대법원은 적시사실의 구체적 내용과 상대방의 범위, 표현방법, 훼손되는 명예침해 정도 등 제반사정을 고려하여 공익성 여부를 판단하고,[43] 적시된 사실이 공익에 관한 것인 때에는 특별한 사정이 없는 한 비방의 목적은 부정된다고 하고 있다.[44]

【판례】 회사의 대표이사에게 압력을 가하여 단체협상에서 양보를 얻어내기 위한 방법으로 "공소외 주식회사 사장은 체불임금 지급하고 단체교섭에 성실히 임하라", "노동임금 갈취하는 악덕 업주 사장은 각성하라"는 등의 내용이 기재된 현수막과 피켓을 들고 확성기를 반복해서 불특정 다수의 행인을 상대로 소리치면서 거리행진을 함으로써 위 대표이사의 명예를 훼손한 행위는 공공의 이익을 위하여 사실을 적시한 것으로 볼 수 없어 위법성이 조각되지 아니한다(대판, 2004. 10. 15, 2004도3912).

41) 대판, 1989. 3. 14, 88도899는 오로지 교단, 교회소속 신자들의 이익도 공익으로 본다. 대판, 1995. 11. 10, 94도1942; 대판, 1996. 4. 12, 94도3309; 대판, 1996. 10. 25, 95도1473; 대판, 1997. 4. 11, 97도88; 대판, 1998. 10. 9, 97도158.

42) 황산덕, 233면.

43) 대판, 1995. 11. 10, 94도1942, 같은 취지: 대판, 1996. 4. 12, 94도3309.

44) 대판, 2000. 2. 25, 98도2188.

다) 효 과

(a) 실체법상 효과 진실성과 공익성의 요건을 구비한 때에는 처벌하지 않는다. 처벌하지 않는 법적 성질에 대해서 독일[45]과 일본[46]에서는 처벌조각사유설도 있으나 우리 형법의 해석에서는 위법성조각사유설이 일치된 견해이다. 이 규정은 표현의 자유와 조화시키기 위해서 진실성과 공익성이 있는 때에 한하여 정당행위로 인정하자는 취지에서 나온 것이며, 제310조의 표제도 "위법성의 조각"이라고 명시하고 있기 때문이다.

위법성조각사유설에 따르면 사실의 진실성과 공익성을 인식하는 것은 주관적 정당화요소가 된다. 즉, 진실성과 공익성은 위법성조각사유의 전제사실이 된다. 따라서 행위자가 진실한 사실을 허위라고 오신하고 적시한 때에는 제307조 1항의 문제가 된다. 문제는 허위사실을 진실한 사실로 오신하고 공익을 위해서 적시한 경우이다. 엄격책임설에 따르면 이 착오는 위법성의 착오에 해당하므로 그 착오를 회피할 수 없는 때에는 책임이 조각되어 불가벌이고, 회피할 수 있었을 때에 한하여 책임이 감경될 뿐이다.[47] 이에 대해서 제한책임설에 따르면 구성요건착오와 같이 취급되어 과실범 또는 과실책임만 인정하게 되나 이 죄의 과실범처벌이 없으므로 불가벌이 된다.

【판례】 공연히 사실을 적시하여 사람의 명예를 훼손한 행위가 형법 제310조에 따라서 위법성이 조각되어 처벌받지 않기 위하여는 적시된 사실이 객관적으로 볼 때 공공의 이익에 관한 것으로서 행위자도 공공의 이익을 위하여 그 사실을 적시한 것이어야 될 뿐만 아니라, 그 적시된 사실이 진실한 것이거나 적어도 행위자가 그 사실을 진실한 것으로 믿었고 또 그렇게 믿을 만한 상당한 이유가 있어야 한다(대판, 1994. 8. 26, 94도237).[48]

(b) 소송법상 효과 사실의 진실성에 대한 거증책임은 누가 부담하느냐에 대해서, ① 위법성조각사유는 범죄요건에 관한 것이므로 그 부존재는 검사가 부담한다는 견해[49]와, ② 진실성의 증명은 소송법상의 문제로서 거증책임은

45) 독일 형법 제186조는 "타인의 명예를 훼손하는 사실을 주장하거나 유포한 자는 그 사실이 진실임이 증명되지 아니한 때에는 1년 이하의 자유형 또는 벌금에 처한다."고 규정하고 있다. 진실이 증명되면 처벌하지 아니하므로 독일 통설은 처벌조각사유로 해석한 것이다.

46) 일본 최고재판소의 태도이다. 日最判, 1959. 5. 7, 刑集 13. 5, 641.

47) 정성근, 257면; 진계호, 227면; 오영근, 220면.

48) 같은 취지: 대판, 1993. 6. 22, 92도3160; 대판, 1996. 8. 23, 94도3191; 대판, 1997. 4. 11, 97도88.

피고인이 부담한다는 거증책임전환설[50]이 대립하는데 판례는 거증책임전환설을 취하고 있다.[51] 형법 제310조의 법문은 독일·일본 형법처럼 "진실이라고 증명되지 아니한 때" 또는 "진실이라는 증명이 있으면"이라고 표현하지 않고 "벌하지 아니한다"라고 위법성조각의 요건만 정하고 있으므로 그 증명에 대해서는 in dubio pro reo 원칙에 따라 검사가 부담한다고 해야 한다.

(5) 반의사불벌죄

이 죄는 반의사불벌죄이므로 피해자의 처벌을 희망하는 의사표시가 없어도 공소를 제기할 수 있다. 공소제기 이후에 처벌을 희망하는 의사표시를 철회하였거나 처벌을 희망하지 않는 의사표시가 있으면 법원은 공소기각의 판결(형사소송법 제327조 6호)을 하여야 한다. 다만 그 의사표시의 철회는 제1심 판결 선고전에 하여야 한다.[52]

(6) 죄수·타죄와의 관계

(a) 죄 수 이 죄의 죄수는 피해자의 수를 기준으로 결정해야 한다. 따라서 1개의 문서로 2인 이상의 명예를 훼손한 때에는 상상적 경합이 된다. 신문지상에 동일 피해자의 명예를 훼손하는 사항을 연재한 경우에는 포괄일죄로 본다.

(b) 타죄와의 관계 이 죄와 모욕죄는 모두 외부적 명예를 보호법익으로 하므로 모욕적 언사를 섞어서 사실을 적시하여 명예를 훼손한 때에는 모욕죄는 명예훼손죄에 흡수된다(법조경합).[53] 허위사실을 적시하여 명예와 신용을 동시에 훼손하면 이 죄와 신용훼손죄의 상상적 경합이 된다. 진실한 사실을 적시하여 사람의 신용을 훼손하면 명예훼손죄만 성립한다. 이 죄와 공직선거법상의 후보자비방죄(제251조)는 보호법익과 구성요건이 다른 별개의 범죄로서 경합범이 된다.[54] 후보자비방죄도 진실한 사실로서 공공의 이익에 관한 때에는 처벌

---

49) 김종원, 159면; 강구진, 221면; 이형국, 254면; 이재상, 198면; 김일수/서보학, 199면; 진계호, 227면; 배종대, 294면; 박상기, 187면; 백형구, 361면; 이정원, 243면; 임웅, 211면; 오영근, 219면; 손동권, 197면; 정영일, 190면; 김성돈, 193면.

50) 유기천(상), 147면; 정영석, 289면; 황산덕, 234면; 서일교, 106면.

51) 대판, 1996. 10. 25, 95도1473.

52) 대판, 1962. 3. 8, 4293형상1.

53) 유기천(상), 147면; 정영석, 275면; 정성근, 258면; 진계호, 233면; 배종대, 301면; 백형구, 362면; 임웅, 215면; 오영근, 222면; 김성돈, 197면. 특별관계라는 견해는 김일수/서보학, 202면; 정영일, 194면.

하지 아니한다(동법 제251조 단서).

2. 사자명예훼손죄

【구성요건 · 법정형】 공연히 허위의 사실을 적시하여 사자의 명예를 훼손한 자는 2년 이하의 징역이나 금고 또는 500만원 이하의 벌금에 처한다(제308조). 이 죄는 고소가 있어야 공소를 제기할 수 있다(제312조 1항).

공연히 허위의 사실을 적시하여 사자(死者)의 명예를 훼손하는 범죄이다. 명예의 주체가 사자라는 점과 허위사실을 적시한 경우에만 성립한다는 점이 명예훼손죄와 구별된다. 그 외의 구성요건은 명예훼손죄의 그것과 같다. 보호법익은 역사적 존재로서의 사자의 인격적 가치이다. 허위사실에 대해서만 이 죄의 성립을 인정한 것은, 만일 진실한 사실을 적시한 것까지 이 죄가 성립한다면 역사적 인물에 대한 공정한 논평도 처벌받게 되어 역사의 정확성과 진실이 은폐될 것이기 때문이다.

이 죄의 고의는 사자의 명예를 훼손할 의사로 허위사실이라는 것을 확정적으로 인식함을 요하고 미필적으로는 부족하다. 사자로 오인하고 허위사실을 적시하였으나 상대방이 생존자인 경우에는 제15조 1항에 의하여 이 죄가 성립하고, 반대로 사자로 오인하고 진실한 사실을 적시하였을 경우에는 죄가 되지 않는다.

이 죄는 친고죄이다. 소추함으로써 피해자의 명예를 다시 침해할 염려가 있고, 친족 및 자손의 의사를 무시하면서까지 소추할 필요가 없기 때문이다. 고소권자는 사자의 친족 또는 자손이다(형사소송법 제227조). 이러한 고소권자가 없는 때에는 이해관계인의 신청에 의하여 검사가 10일 이내에 고소권자를 지정해야 한다(형사소송법 제228조).

3. 출판물에 의한 명예훼손죄

【구성요건 · 법정형】 ① 사람을 비방할 목적으로 신문 · 잡지 또는 라디오 기타 출판물에 의하여 제307조 1항(사실적시의 명예훼손)의 죄를 범한 자는 3년 이하의 징역이나 금고 또는 700만원 이하의 벌금에 처한다(제309조 1항).
② 제1항의 방법으로 제307조 2항(허위사실적시의 명예훼손)의 죄를 범한 자는

54) 대판, 1998. 3. 24, 97도2956.

7년 이하의 징역, 10년 이하의 자격정지 또는 1천500만원 이하의 벌금에 처한다(제309조 2항). 이 죄는 피해자의 명시한 의사에 반하여 공소를 제기할 수 없다(제312조 2항).

(1) 성 격

이 죄는 제307조의 명예훼손죄에 대하여 행위태양을 고려하여 불법이 가중되는 가중적 구성요건이다. 주관적 구성요건요소로서 고의 이외에 비방의 목적이 있고(목적범), 적시방법이 신문·잡지·라디오 기타 출판물에 의하고 있으므로 그 높은 전파성과 장기간 보존가능성 등으로 명예훼손의 위험성이 크기 때문에 별도로 공연성을 요구하지 않고 가중규정을 둔 것이다.

(2) 구성요건요소

사람을 비방할 목적으로 신문·잡지 또는 라디오 기타 출판물에 의하여 사실 또는 허위사실을 적시하여 사람의 명예를 훼손하는 것이다.

이 죄가 성립하기 위해서는 비방의 목적이 있어야 하고, 신문·라디오 등 출판물에 의해서 적시되어야 한다. 비방의 목적 없이 출판물에 의해서 적시하거나 비방의 목적은 있으나 출판물이 아닌 방법으로 적시하면 제307조에 해당함은 별론으로 하고 이 죄는 성립하지 않는다.

1) 비방의 목적 　사람의 명예를 훼손시키기 위해서 인격적 평가를 저하시키는 목적을 말한다. 타인의 비위사실을 신문지상에 게재하여도 비방의 목적이 없으면 이 죄는 성립하지 않는다.[55] 비방의 목적이 있으면 진실한 사실을 적시한 때에도 제310조의 규정이 적용될 여지가 없다.[56]

【판례】 ① 사람을 비방할 목적이란 가해의 의사 내지 목적을 요한 것으로서 공공의 이익을 위한 것과 서로 상반 관계에 있으므로 적시된 사실이 공공의 이익에 관한 것인 때에는 특별사정이 없는 한 비방의 목적은 부인된다(대판, 2000. 2.25, 98도2188).

② 비방의 목적이 있는지의 여부는 적시사실의 내용, 사실의 공표가 이루어진 상대방의 범위, 표현방법 등 제반사정을 감안함과 동시에 표현에 의해 훼손되거나 훼손될 수 있는 명예의 침해정도 등을 비교·고려하여 결정하여야 한다(대판, 2002. 12. 10, 2001도7095).

---

55) 대판, 1960. 3. 23, 4292형상1020.

56) 대판, 1970. 3. 31, 70도43; 대판, 1998. 10. 9, 97도158.

2) 적시방법 신문·잡지·라디오 기타 출판물에 의해야 한다. 신문·잡지·라디오의 개념에 대해서 문제될 것은 없다. "출판물"은 인쇄한 유인물(제본인쇄물)에 해당하는 것이라야 하고, 프린트나 손으로 쓴 유인물은 제외된다고 본다. 문제는 TV, 인터넷, PC통신 등이 여기의 출판물에 해당되느냐이다. 본죄의 출판물을 예시규정으로 보아 포함된다고 해석하는 견해[57]도 있다. 그러나 TV, 인터넷, PC통신 등이 본죄에 포함된다고 해석하는 것은 피고인에게 불리한 유추해석으로서 허용될 수 없다고 본다.[58] 다만 정보통신망이용촉진및정보보호등에관한법률 제70조[59]는 인터넷 등 정보통신망을 통한 명예훼손행위에 대하여 처벌규정을 두고 있지만, TV에 대해서는 명시적 규정이 없기 때문에 입법론적 해결이 요망된다.

판례는 출판된 제본인쇄물이나 제작물은 아니라도 적어도 그와 같은 정도의 효용과 기능을 가지고 사실상 출판물로 유통·통용될 수 있는 외관을 가진 인쇄물로 볼 수 있어야 한다고 한다.[60] 이에 따라 모조지에 싸인펜으로 기재한 삽입광고물,[61] 제본방법이 조잡한 2장에 기재된 최고서 사본,[62] 제호없이 낱장의 종이에 자기 주장을 광고하는 문안이 인쇄된 인쇄물,[63] 컴퓨터의 워드프로세스로 작성·프린트된 A4용지 7쪽 분량의 유인물[64]·개인용 비디오 녹화물[65]은 출판물에 해당하지 않는다고 판시하고 있다. 따라서 인쇄하지 않은 유인물의 배부는 이 죄가 아니라 제307조에 해당한다.

신문·잡지 등은 출판물과 같이 전파성이 높은 것을 예시한 것이며, 전파성이 높은 것이므로 별도로 공연성을 요건으로 하지 않는다. 이 죄는 출판물 등에 의하여 사실을 적시함으로써 불특정 또는 다수인이 직접 인식할 수 있는 상

57) 김일수/서보학, 204면; 박상기, 191면; 이정원, 244면; 김성천/김형준, 332면; 김성돈, 200면.
58) 임웅, 218면; 오영근, 225면; 정영일, 184면.
59) 동법 제70조 (벌칙) ① 사람을 비방할 목적으로 정보통신망을 통하여 공공연하게 사실을 드러내어 다른 사람의 명예를 훼손한 자는 3년 이하의 징역이나 금고 또는 2천만원 이하의 벌금에 처한다. ② 사람을 비방할 목적으로 정보통신망을 통하여 공공연하게 거짓의 사실을 드러내어 다른 사람의 명예를 훼손한 자는 7년 이하의 징역, 10년 이하의 자격정지 또는 5천만원 이하의 벌금에 처한다. ③ 제1항 및 제2항의 죄는 피해자가 구체적으로 밝힌 의사에 반하여 공소를 제기할 수 없다. 이와 관련된 문제는 박광민, 인터넷상의 명예훼손에 대한 형사법적 규제(형사법연구 제24호, 2005), 99면 이하 참조.
60) 대판, 1997. 8. 26, 97도1337; 대판, 1998. 10. 9, 97도158.
61) 대판, 1986. 3. 25, 85도1143.
62) 대판, 1997. 8. 26, 97도133.
63) 대판, 1998. 10. 9, 97도158.
64) 대판, 2000. 2. 11, 99도3408.
65) 대판, 1986. 3. 25, 85도1143.

태에 이르면 성립하고 현실적으로 인식하였거나 목적달성 여부는 묻지 않는다. 적시된 사실은 진실한 것이든 허위이든 묻지 않으며 허위인 때에는 형이 가중된다. 이 죄도 피해자는 특정되어야 하며 간접정범으로 범할 수도 있다. 정을 모르는 기자에게 허위기사를 신문에 보도케 한 경우가 이에 해당한다.[66] 피해자의 특정은 표현의 내용과 주위사정을 종합하여 누구에 대한 것인가를 알 수 있으면 족하다.[67] 이 죄도 반의사불벌죄이다.

【판례】 기사의 취재·작성과 직접적인 연관성이 없는 자에게 허위사실을 알려 준 때에는 기사화를 특별부탁 하였거나 상대방이 기사화할 것이 고도로 예상되는 특별사정이 없는 한 상대방이 언론에 공개하여 기사화 되었어도 이 죄는 성립하지 않는다(대판, 2002. 6. 28, 2000도3045).

Ⅲ. 모욕죄

【구성요건·법정형】 공연히 사람을 모욕한 자는 1년 이하의 징역이나 금고 또는 200만원 이하의 벌금에 처한다(제311조). 이 죄는 고소가 있어야 공소를 제기할 수 있다(제312조 1항).

1. 명예훼손과 모욕의 구별

구성요건상으로 두 죄는 모두 공연성을 요구한다. 그러나 명예훼손죄는 사실의 적시를 요구하는 데 대해서 모욕죄는 이를 요구하지 않는다. 보호법익에서 두 죄의 차이를 인정할 수 있는가에 관해서는 논의가 있다. 통설은 두 죄의 보호법익을 외부적 명예라고 하는데 대하여, 소수설은 명예훼손죄의 보호법익은 외부적 명예이지만 모욕죄의 보호법익은 명예감정이라고 한다. 소수설에 의하면 두 죄는 보호법익에서 구별되므로 사실의 적시 유무는 모욕죄의 성부와 관계없다. 그러나 명예감정은 사람마다 다르며, 보호대상의 객관적 기준이 없고 명예감정이 없는 어린이, 정신병자, 법인 등에 대한 모욕죄의 성립을 부인해야

66) 대판, 1960. 6. 8, 4293형상715; 대판, 2002. 3. 29, 2001도2624는 비방목적으로 허위사실 기사자료를 신문기자에게 제공하여 신문편집인이 신문지상에 게재한 때, 그 기사제공행위는 출판물에 의한 명예훼손이 된다고 하였다.

67) 대판, 1989. 11. 14, 89도1744.

하므로 보호법익은 모두 외부적 명예라고 해야 한다. 따라서 명예훼손죄와 모욕죄는 행위방법에서 사실의 적시가 있는가 없는가에 따라 구별해야 한다. 즉, 모욕죄는 사실의 적시없이 사람의 외부적 명예를 훼손하는 추상적 위험범이다.

2. 객관적 구성요건요소

공연히 사람을 모욕하는 것이다.

(1) 객 체

객체는 사람이다. 자연인은 물론, 법인, 법인격 없는 단체를 포함한다는 것은 명예훼손죄와 같다. 사자에 대한 모욕은 인정되지 않는다(이 점은 명예훼손죄와 다르다). 명예의 주체인 피해자도 특정되어 있어야 한다. 외국원수 · 외교사절에 대한 모욕에 대해서는 특별규정(제107조 2항, 제108조 2항)이 적용되며, 이 때에는 공연성을 요건으로 하지 않는다.

(2) 행 위

행위는 공연히 모욕하는 것이다.

1) 공연성 명예훼손죄에서와 마찬가지로 불특정 또는 다수인이 인지할 수 있는 상태를 말한다. 반드시 피해자의 면전일 필요가 없다.

2) 모 욕 모욕이란 구체적 사실을 적시하지 아니하고 경멸의 의사를 표시하는 것을 말한다. 추상적 관념을 사용하여, 사람의 인격을 경멸하는 가치판단을 표시하는 것이라 할 수 있다.

> 예컨대, 단순히 '도둑놈' · '죽일 놈' · '망할년'이라고 욕하거나,[68] '개놈의 새끼들',[69] '개같은 잡년, 창녀같은 년',[70] '빨갱이 무당년, 첩년'[71]이라 말한 경우가 여기에 해당한다.

가치판단의 진부는 묻지 않으며, 사실을 적시한 때에도 그것이 구체적 사실이 아니면 모욕죄에 해당한다. 표시의 내용은 타인의 능력 · 덕성 · 신분 · 신체 상황 등 인격적 가치를 저하시킬 수 있는 것이면 족하다. 표시방법은 제한이

---

68) 대판, 1961. 2. 24, 4293형상864; 대판, 1987. 5. 12, 87도739; 대판, 1990. 9. 25, 90도873.
69) 대판, 1960. 9. 21, 4293형상251.
70) 대판, 1985. 10. 22, 85도1629.
71) 대판, 1981. 11. 24, 81도2280.

없다. 직접적으로 언어·태도(거동)에 의하건 간접적으로 문서·도화를 배부하거나 공개연설을 이용하는 등 묻지 않는다. 모욕의 여부는 피해자의 주관적 감정이 아니라 구체적 상황을 고려하여 객관적 의미 내용에 따라 판단해야 한다. 이 죄는 표현범이므로 단순한 무례·불친절만으로 모욕이 되지 않으나 침을 뱉거나 뺨을 때리는 것은 거동에 의한 모욕이 될 수 있다(이 경우 폭행죄와 상상적 경합이 될 수 있다). 그러나 이 죄는 공연성을 요건으로 하므로 간통·추행은 모욕에서 제외된다. 부작위에 의한 모욕도 가능하다. 법률상 경의를 표시해야 할 작위의무자가 이를 표시하지 않은 경우가 이에 해당한다.

3) 추상적 위험범 이 죄는 추상적 위험범이므로 모욕으로 인하여 피해자의 외부적 명예가 현실적으로 훼손될 필요가 없고, 이를 저하시킬 만한 추상적 판단을 공연히 표시함으로써 범죄는 완성된다. 구체적 위험범이라는 견해에[72] 따르면 제3자가 모욕의 내용을 현실적으로 인식하여 결과 발생의 구체적 위험이 있어야 기수가 된다고 한다.

3. 주관적 구성요건요소

고의범이므로 공연히 모욕한다는 인식·의사가 있어야 한다. 공연성과 모욕은 규범적 구성요건요소이므로 의미의 인식이 있어야 한다. 미필적 고의로서 충분하고 가해의사나 경멸의 목적은 필요없다.[73]

4. 위법성조각사유

피해자의 동의가 있는 경우에 위법성이 조각된다는 것이 통설이지만 구성요건해당성이 없다고 본다. 모욕행위도 일반적 위법성조각사유(특히 제20조에 해당한 경우가 많다)에 의해서 정당화 될 수 있다. 채권자가 채권추심을 함에 있어서 모욕적 언사를 사용한 때에는 그것이 부정행위자에게 뉘우침을 갖게 하고 자기의 급박한 권리침해를 방어하는데 사용되는 정도의 언사라면 모욕죄가 되지 않는다.[74]

72) 배종대, 300면.
73) 유기천(상), 156면은 이 죄를 경향범으로 이해하여 가해의사, 경멸의 목적이 필요하다고 한다.
74) 대판, 1966. 7. 26, 66도469.

모욕죄에 대해서도 제310조의 규정을 적용할 수 있느냐에 대해서, 정치 · 학문 · 예술에 대한 공정한 논평을 하기 위한 때에는 어느 정도의 경멸적 판단을 표시하는 것이 통례라는 점을 들어 그것이 공익성을 가질 때에 한하여 제310조를 적용해야 한다는 견해가 있다.[75] 입법론적으로 타당한 주장이지만 현행법의 해석상 제310조는 적용할 수 없고, 이러한 경우에는 사회상규에 위배되지 않는 행위로서 위법성이 조각된다고 해석함이 타당할 것이다.[76]

5. 타죄와의 관계

(1) 명예훼손죄와의 관계

이 죄와 명예훼손죄는 외부적 명예를 보호한다는 점에서 성질이 같은 범죄이므로 하나의 문장에 모욕적 언사와 함께 사실도 적시하여 명예를 훼손하면 법조경합(흡수관계)에 의해서 명예훼손죄만 성립한다. 제310조에 해당하여 명예훼손죄가 성립하지 않을 경우에 모욕죄만 성립하느냐에 대해서 이 죄의 보호법익을 명예감정이라고 하는 견해에 따르면 이를 긍정할 수 있으나 부정하는 것이 타당하다.

(2) 폭행죄와의 관계

경멸의 의사로 뺨을 때리거나 얼굴에 침을 뱉는 폭행행위가 모욕행위에 해당하는 때에는 폭행죄와 이 죄는 죄질을 달리하므로 상상적 경합이 된다고 본다.

---

75) 서일교, 110면; 황산덕, 238면; 이재상, 202면; 임웅, 222면.

76) 정성근, 264면; 김일수/서보학, 208면; 박상기, 197면; 배종대, 300면; 진계호, 233면; 백형구, 368면; 오영근, 221면; 손동권, 207면; 정영일, 191면; 김성돈, 204면. 대판, 2003. 11. 28, 2003도3972(피고인이 방송국 홈페이지의 시청자 의견란에 작성·게시한 글 중 일부의 표현이 모욕적 언사이기는 하나, 형법 제20조의 사회상규에 위배되지 아니하는 행위로서 위법성이 조각된다고 한 사례).

제 2 절 신용·업무와 경매에 관한 죄

Ⅰ. 총 설

1. 의 의

신용·업무와 경매에 관한 죄는 사람의 신용을 훼손하거나 업무를 방해하거나 또는 경매·입찰의 공정을 침해 내지 위태롭게 하는 범죄이다.

자본주의 경제조직 하에서 경제적 활동의 자유와 안전은 사람의 생활수단을 확보하기 위한 전제가 되므로 그것은 사회생활과 개인적 생활을 영위해 나가는 기초가 된다. 그래서 형법은 이를 보호하기 위하여 신용·업무·경매에 관한 죄를 규정한 것이다.

> 【입법례】 형법 제34장에는 신용훼손죄(제313조), 업무방해죄(제314조 1항) 컴퓨터 등 이용업무방해죄(제314조 2항) 및 경매·입찰방해죄(제315조)를 함께 규정하고 있는데, 이는 일본 개정형법가안(제414조 내지 제416조)의 영향을 받은 것이다. 입법례로서 특색있는 태도라 할 수 있다. 독일 형법은 신용훼손죄를 명예에 관한 죄 속에 명예훼손죄와 같이 규정(제187조)하고, 업무방해죄는 특별법인 부정경쟁방지법에 규정(제15조)하고 있고, 일본형법은 신용과 업무에 관한 죄의 장에서 신용훼손죄(제233조)와 업무방해죄(제233조 후단, 제234조)를 규정하고, 공적인 경매·입찰에 한하여 공무집행을 방해하는 죄의 장에 별도로(제96조의 3) 규정하고 있다.

2. 본 질

(1) 재산죄설

이 장에 규정된 신용훼손, 업무방해, 경매입찰방해는 모두 재산죄의 일종이라는 견해로, 재산을 보호하기 위한 수단으로서 경제활동의 기초가 되는 신용·업무와 경매·입찰의 공정을 보호한다는 것이다. 이에 따르면 이 장의 죄는 광의의 재산죄로 파악해야 하고, 이를 명예훼손죄와 함께 인격적 법익에 대

한 죄로 규정한 것은 입법적으로 잘못된 것이라 한다.[77]

⑵ 재산 및 자유보호설

이 장의 죄는 사람의 경제적·사회적 활동의 안전과 자유를 확보하는데 본질이 있고 재산죄로서의 성질과 자유에 대한 죄로서의 성질을 포함하고 있는 독립범죄라는 견해로 우리나라 통설이다.[78]

⑶ 결 어

① 신용훼손이 있다고 해서 반드시 재산권이 침해되는 것은 아니며, 재산권과 상관없는 신용도 있으므로 신용과 재산은 구별해야 하며, ② 사람의 경제생활에 있어서의 신용도 사회적 평가에 속하므로 이것도 넓은 의미의 명예에 해당하며, ③ 업무방해죄에 있어서의 업무는 경제적 업무 외에 사회활동으로서의 업무도 포함하는 개념이므로 이를 재산적 업무로 한정해야 할 이유가 없고, ④ 경매·입찰 방해죄도 경매·입찰의 공정성이 침해되면 개인의 경제활동의 안전과 자유도 침해될 뿐만 아니라, 특히 행위수단으로 위계·위력을 사용하고 있으므로 재산죄의 성질 외에 자유에 대한 죄의 성질도 포함한다고 해야 한다. 따라서 신용·업무·경매에 관한 죄는 개인의 재산과 자유 모두 보호한다는 통설이 타당하다.

Ⅱ. 신용훼손죄

【구성요건·법정형】 허위의 사실을 유포하거나 기타 위계로써 사람의 신용을 훼손한 자는 5년 이하의 징역 또는 1천500만원 이하의 벌금에 처한다(제313조).

77) 유기천(상), 177면 이하; 백형구, 370면은 경매·입찰방해는 공무방해죄의 성질도 있다고 한다. 독일의 통설, Vgl. Sch/Sch/Lencker, StGB, §187. Rdn. 1.

78) 황산덕, 240면; 정영석, 279면; 권문택, 주석(하), 132면; 김종원, 164면; 정성근, 266면 이하; 강구진, 226면; 이재상, 205면; 진계호, 235면; 김일수/서보학, 209면; 배종대, 302면; 임웅, 223면; 오영근, 231면; 정영일, 196면. 다만, 박상기, 201면은 경매·입찰 방해죄에 대하여 사회적 법익에 대한 죄로 규정하는 것이 타당하다고 한다.

1. 의의 · 보호법익

(1) 의 의

신용훼손죄(Kreditgefährdung)는 허위사실을 유포하거나 기타 위계로써 사람의 신용을 훼손하는 범죄이다. 여기의 "신용"은 경제적 측면에서의 사람의 사회적 평가를 말한다. 사회적 평가라는 점에서 이 죄는 명예훼손죄와 성질이 같지만 사람의 인격적 가치에 대한 평가와 경제적 가치에 대한 평가는 반드시 일치하지 않으며, 인격적 가치가 낮은 사람도 경제적 신용은 높은 사람이 있을 수 있으므로 형법은 독립된 범죄로 처벌하기로 한 것이다.

(2) 보호법익

보호법익은 경제활동에 있어서의 사람의 신용이다. 이를 보호함으로써 개인의 재산과 경제생활의 안전 · 자유도 보호할 수 있다. 보호받는 정도는 추상적 위험범으로서의 보호이며 거동범이다.

2. 객관적 구성요건요소

(1) 객 체

객체는 사람의 신용이다.

1) 신 용 이 죄의 "신용"은 행위객체인 동시에 보호객체이다. 신용이란 사람의 경제적 활동에 대한 사회적 평가로서, 사람의 지불능력과 지불의사에 대한 사회적 신뢰를 의미한다(통설). 지불능력이 적으면 신용도 낮아지지만 지불능력이 있어도 지불의사가 없으면 지급이 실현될 수 없으므로 지불능력과 지불의사는 양자택일 관계가 아니라 모두 신용의 내용을 구성하는 요소가 된다. 그리고 신용은 재산 그 자체와 구별되므로 신용이 훼손되었다고 해서 반드시 재산적 손해가 생기는 것은 아니다.

2) 사 람 "사람"은 신용의 주체로서 행위자 이외의 모든 사람이다. 자연인뿐만 아니라 법인 · 법인격 없는 단체도 포함한다(통설). 다만 이 죄가 사람의 신용을 보호하므로 자연인 중에서도 애당초 신용의 주체라고 할 수 없는 어린아이는 제외된다고 해야 한다.

(2) 행 위

행위는 허위의 사실을 유포하거나 기타 위계로써 신용을 훼손하는 것이다. 형법은 신용훼손의 방법으로 허위사실의 유포와 기타 위계에 의한 것을 명시하고 있으나 "기타"라는 점을 강조하고 있음에 비추어 이에 한정할 이유가 없다.

1) 허위사실 "허위사실"이란 객관적 진실과 다른 내용의 사실을 말한다. 전부 허위이건 일부 허위이건 묻지 않으며, 범인 자신이 그 사실을 조작한 것임을 요하지 않고 타인으로부터 전문(傳聞)한 것이라도 무방하다. 전문한 허위사실은 그 출처 또는 근거가 명백해야 할 필요도 없다. 기본적 사실은 진실하더라도 여기에 허위를 부가시킴으로써 신용훼손의 정도를 증가시킬 수 있으면 허위가 있는 것이 된다. 또 허위사실 속에 악사(惡事) · 추행의 관념이 포함되어 있을 필요도 없다. 허위사실이면 현재의 사실에 한하지 않고 과거의 사실과 입증이 가능한 미래의 사실도 포함한다.[79]

2) 유 포 "유포한다"는 것은 불특정 또는 다수인에게 전파하는 것을 말한다. 사실적시 · 주장 · 발설 · 전파는 유포에 해당한다. 유포방법은 묻지 않는다. 언어 · 문서, 그리고 자신이 직접 고지하거나 불특정 또는 다수인에게 전파될 것을 예상하고 타인의 입을 통하여 순차로 수인에게 고지해도 상관 없다. 따라서 유포는 명예훼손죄의 공연성보다 넓은 개념이다. 또 신문에 게재하여도 유포가 된다. 그러나 단순한 의견진술이나 가치판단을 표시하는 것은 허위사실의 유포에 해당하지 않는다.[80]

3) 기타 위계 "위계"란 사람의 착오 또는 부지를 이용하거나 기망 · 유혹의 수단을 사용하는 일체의 행위를 말한다. "기타 위계"이므로 위계는 신용훼손의 포괄적 태양이다. 위계에 대하여 사람을 속이기에 족한 계략,[81] 또는 사람을 기망하든가 기타 음흉한 수단으로 사람을 착오에 빠뜨리는 것[82]이라는 견해도 있다. 전자는 지나치게 좁고 후자는 너무 넓은 개념이라고 생각된다.[83] 비밀로 행하든 공공연히 행하든 묻지 않으며, 위계의 상대방과 신용이 훼손되

79) 대판, 1983. 2. 8, 82도2486.
80) 대판, 1983. 2. 8, 82도2486.
81) 이건호, 302면.
82) 황산덕, 239면.
83) 유기천(상), 183면은 형법상의 기망의 개념에 관해서, ① 엄격한 의미에서의 위계(위계살인죄), ② 가장 경한 의미에서의 위계(미성년자간음죄), ③ 양자를 포함한 의미의 위계(신용훼손죄 · 업무방해죄)로 분류하고 있다.

는 자가 같은 사람일 필요가 없다.

4) **신용훼손** "신용을 훼손"한다는 것은 사람의 지불능력과 지불의사에 대한 사회적 신뢰를 저하시킬 우려가 있는 상태를 야기시키는 것을 말한다. 이 죄가 침해범의 형식으로 규정되어 있으나 침해범으로 본다면 신용훼손의 결과발생 여부를 확정하는 것이 극히 곤란하여 미수범을 처벌하지 않는 이 죄의 대부분은 처벌할 수 없게 되므로 추상적 위험범으로 보아야 한다. 따라서 신용을 훼손하는 결과가 현실적으로 발생하였음을 요하지 않으며, 신용을 훼손할 만한 허위사실을 유포하거나 기타 위계의 행사가 있으면 이 죄는 기수가 된다.

3. 주관적 구성요건요소

고의범이므로 허위사실을 유포 또는 위계에 의하여 신용을 훼손한다는 인식·의사가 있어야 한다. 허위사실유포·위계와 신용훼손사이의 인과관계에 대한 인식도 있어야 한다. 허위사실을 진실한 사실로 오인하고 유포한 때에는 구성요건 착오로서 고의가 조각되고 불가벌이 된다.

4. 죄수·타죄와의 관계

허위사실을 유포하고 또 위계를 사용하여 사람의 신용까지 훼손한 경우에는 포괄하여 신용훼손죄의 일죄가 성립한다. 공연히 허위사실을 적시하여 타인의 명예와 신용을 훼손한 경우에 법조경합(특별관계)에 의하여 신용훼손죄만 성립한다는 견해[84]가 있으나, 명예훼손죄와 이 죄는 공통된 성질을 가지고 있으면서 독립된 범죄이므로 상상적 경합으로 보는 다수설이 타당하다.[85] 다만 진실한 사실을 적시하여 명예와 동시에 신용을 훼손한 때에는 명예훼손죄만 성립한다. 1개의 행위로 신용훼손과 동시에 업무를 방해한 때에는 상상적 경합이 된다.

---

84) 강구진, 229면; 이형국, 267면; 이재상, 207면; 김일수/서보학, 212면; 배종대, 304면 이하; 임웅, 225면; 오영근, 235면; 정영일, 199면; 김성돈, 208면.

85) 유기천(상), 171면; 황산덕, 239면; 서일교, 112면; 이건호, 300면; 정영석, 279면; 정창운, 110면; 정성근, 270면; 진계호, 237면; 박상기, 203면; 백형구, 372면.

Ⅲ. 업무방해의 죄

1. 업무방해죄

【구성요건 · 법정형】 제313조(신용훼손)의 방법 또는 위력으로써 사람의 업무를 방해한 자는 5년 이하의 징역 또는 1천500만원 이하의 벌금에 처한다(제314조 1항).

(1) 의의 · 보호법익

업무방해죄는 허위사실을 유포하거나 위계 또는 위력으로써 사람의 업무를 방해하는 범죄이다. 본질은 사람의 사회적 · 경제적 활동의 안전과 자유를 보장하기 위한 인격적 성질을 가진 범죄이므로 보호법익은 인격적 활동의 자유와 사회적 · 경제적 활동으로서의 업무의 안전이며, 보호받는 정도는 추상적 위험범으로서의 보호이다.[86]

(2) 구성요건요소

1) 객 체 　객체는 사람의 업무이다.

가) 사 람 　여기의 사람은 업무의 주체로서 신용훼손죄에 있어서와 마찬가지로 자연인 · 법인 · 법인격 없는 단체를 포함한다.

나) 업 무 　이 죄에 있어서의 "업무"도 행위객체인 동시에 보호객체이다. 일반적 의미의 업무개념은 원칙적으로 이 죄에 타당하다. 즉, 사람의 사회생활상의 지위에 의하여 계속 반복적으로 종사하는 사무 또는 사업을 말한다.[87] 따라서 업무가 되기 위해서는 사회생활상의 지위, 계속성 및 사무라는 요건을 구비해야 한다. ① 사회생활상의 지위에 의하여 행하는 사무 · 사업이면 경제적 사무에 한하지 않으며, 정신적인 것도 포함한다. 또 보수나 영리 목적의 유무도 불문하며, 주된 업무 외에 부수적 업무도 포함한다.[88] ② 업무는 계속적으로 종사하는 사무이면 충분하고, 생명 · 신체에 대한 위험을 초래할 업무임을 요하지 않는다. 따라서 직장의 경비원이 상사의 명에 따라 직장의 업무를 일시 수

86) 구체적 위험범설은 배종대, 312면.
87) 대판, 1977. 3. 22, 76도2618; 대판, 1989. 3. 28, 89도110; 대판, 1995. 10. 12, 95도1589; 대판, 1996. 11. 12, 96도2214.
88) 대판, 1961. 4. 12, 4293형상769; 대판, 1985. 4. 9, 84도300.

행하는 경우에도 경비업무에 부수되는 업무에 해당한다.[89] ③ 업무는 계속 종사하는 사무라야 한다. 반드시 직업·영업일 필요가 없으며, 본무(本務) 이외의 겸무(兼務)라도 좋다.

【판례】 ① 계속하여 행하는 사무가 아닌 공장이전(대판, 1989. 9. 12, 88도1752)이나, 건물임대인이 구청장의 조경공사 촉구지시에 따라 행한 임대건물 앞의 1회적 조경공사(대판, 1993. 2. 9, 92도2929)는 이 죄의 업무에 해당하지 않으나, 종중 정기총회를 주재하는 종중 회장의 의사진행 업무 자체는 1회성이 있어도 본래의 업무수행의 일환으로 행한 것(대판, 1995. 10. 12, 95도1589)은 이 죄의 업무에 해당한다.

② 주식회사의 주주가 주주총회에서 의결권 등을 행사하는 것은 주식보유자의 자격에서 권리를 행사하는 것에 불과할 뿐이고, 그것이 직업 기타 사회생활상의 지위에 기하여 계속적으로 종사하는 사무 또는 사업에 해당하지 않는다(대판, 2004. 10. 28, 2004도1256).

(a) 보호객체로서의 업무　　이 죄의 업무는 보호객체로서의 업무라는 점에서 과실범에 있어서의 업무와 다르다. 따라서 이 죄의 업무는 반드시 생명·신체에 위험이 수반되는 업무, 또는 그 위험을 방지하는 업무에 한하지 않는다. 그러나 오락을 위한 일시적 업무(자동차운전, 수렵)와 형법상 보호할 가치가 없는 위법한 업무는 이 죄의 업무에서 제외된다.

보호할 가치가 있는 업무인가의 여부는 그 사무가 사실상 평온하게 이루어지는 사회적 활동의 기반을 이루고 있느냐에 따라 결정해야 하며, 반드시 그 업무가 적법하거나 유효함을 요하지 않는다.[90] 따라서 법령에 근거하지 않았거나 행정적 훈시규정에 위반한 것만으로 위법업무라 할 수 없다. 그러나 사무·활동 자체의 위법정도가 중하여 사회생활상 용인될 수 없는 정도의 반사회성을 띠는 경우에는 이 죄의 업무에 해당할 수 없다.[91]

【판례】 ① 토지의 실제 소유권자가 적법한 절차에 의하여 점유이전을 받지 못한 상태에서 본건 밭을 자경하겠다는 내용의 내용증명 우편을 현재의 점유자들에게 발송한 후 경작하였다 하더라도 이를 정당한 업무수행 행위로 볼 수 없다(대판, 1977. 10. 11, 77도2502). ② 정당한 권리없이 피고인들의 점포를 철거하려고 하므로 단지 점포철거만을 못하게 방해한 경우에는 업무방해죄가 성립된

89) 대판, 1971. 5. 24, 71도399.
90) 대판, 1986. 12. 23, 86도1372; 대판, 2006. 3. 9, 2006도382.
91) 대판, 2001. 11. 30, 2001도2015; 대판, 2002. 8. 23, 2001도5592.

다 할 수 없다(대판, 1967. 10. 31, 67도1086). ③ 의료인이나 의료법인이 아닌 자가 의료기관을 개설하여 운영하는 행위는 그 위법의 정도가 중하여 사회생활상 도저히 용인될 수 없는 정도로 반사회성을 띠고 있으므로 업무방해죄의 보호대상이 되는 '업무'에 해당하지 않는다(대판, 2001. 11. 30, 2001도2015). ④ 백화점 입주상인들이 영업을 하지 않고 매장 내에서 점거 농성만을 하면서 매장 내의 기존의 전기시설에 임의로 전선을 연결하여 각종 전열기구를 사용함으로써 화재위험이 높아 백화점 경영회사의 대표이사인 피고인이 부득이 단전조치를 취하였다면, … 정당한 권한 행사의 범위 내의 행위에 해당하므로 피고인의 단전조치가 업무방해죄를 구성한다고 볼 수 없다(대판, 1995. 6. 30, 94도3136). ⑤ 농지의 임대차는 농지개혁법상 무효라고 하더라도 그 임차한 농지의 경작행위를 방해하는 행위는 업무방해죄가 성립된다(대판, 1980. 11. 25, 79도1956). ⑥ 종중 정기총회를 주재하는 종중 회장의 … 의사진행업무도 형법 제314조 소정의 업무방해죄에 의하여 보호되는 업무에 해당한다(대판, 1995. 10. 12, 95도1589). ⑦ 법원의 직무집행정지 가처분결정에 의하여 그 직무집행이 정지된 자가 법원의 결정에 반하여 직무를 수행하는 경우는 업무방해죄의 보호대상이 되는 업무에 해당하지 않는다(대판, 2003. 8. 23, 2001도5592). ⑧ 회사 운영권의 양도 · 양수 합의의 존부 및 효력에 관한 다툼이 있는 상황에서 양수인이 비정상적으로 위 회사의 임원변경등기를 마친 것만으로는 회사 대표이사로서 정상적인 업무에 종사하기 시작하였다거나 그 업무가 양도인에 대한 관계에서 보호할 가치가 있는 정도에 이르렀다고 보기 어려워, 양도인의 침해행위가 양수인의 '업무'에 대한 업무방해죄를 구성하는 것으로 볼 수 없다(대판, 2007. 8. 23, 2006도3687).

(b) 공 무　공무도 이 죄의 업무에 포함하느냐에 대해서는 다양한 견해가 제시되고 있다.

aa) 공무포함설　공적 업무, 사적 업무 구별하지 않고 공무도 업무에 포함한다는 견해이다. 공무를 이 죄의 업무에서 제외하면 허위사실 유포 기타 위력에 의한 공무방해는 공무집행방해죄나 업무방해죄에도 해당되지 아니하여 공무가 일반업무보다 경시된다는 점을 이유로 한다. 이에 따르면 업무방해죄와 공무집행방해죄가 경합한 때에는 법조경합의 특별관계에 의해서 공무집행방해죄만 성립한다.[92]

bb) 공무제외설　공무는 이 죄의 대상에서 제외되어야 한다는 견해[93]로, 최근 대법원 전원합의체 판결[94]의 입장이기도 하다. 그 주된 이유는 이 죄와

92) 정영석, 281면 이하; 서일교, 112면; 이건호, 300면; 김일수/서보학, 215면; 임웅, 229면; 이정원, 256면; 정영일, 202면.

93) 유기천(상), 188면; 김종원, 168면; 이재상, 211면; 박상기, 207면; 배종대, 307면; 백형구, 374면; 오영근, 239면; 손동권, 216면; 김성돈, 211면.

94) 대판(전원합의체), 2009. 11. 19, 2009도4166.

공무집행방해죄가 그 보호법익과 보호대상이 상이하다는 점에 두고 있다.

【판례】 업무방해죄와 공무집행방해죄는 그 보호법익과 보호대상이 상이할 뿐만 아니라 업무방해죄의 행위유형에 비하여 공무집행방해죄의 행위유형은 보다 제한되어 있다. 즉, 공무집행방해죄는 폭행, 협박에 이른 경우를 구성요건으로 삼고 있을 뿐 이에 이르지 아니하는 위력 등에 의한 경우는 그 구성요건의 대상으로 삼고 있지 않다. 또한, 형법은 공무집행방해죄 외에도 여러 가지 유형의 공무방해행위를 처벌하는 규정을 개별적·구체적으로 마련하여 두고 있으므로, 이러한 처벌조항 이외에 공무의 집행을 업무방해죄에 의하여 보호받도록 하여야 할 현실적 필요가 적다는 측면도 있다. 그러므로 형법이 업무방해죄와는 별도로 공무집행방해죄를 규정하고 있는 것은 사적 업무와 공무를 구별하여 공무에 관해서는 공무원에 대한 폭행, 협박 또는 위계의 방법으로 그 집행을 방해하는 경우에 한하여 처벌하겠다는 취지라고 보아야 한다. 따라서 공무원이 직무상 수행하는 공무를 방해하는 행위에 대해서는 업무방해죄로 의율할 수는 없다고 해석함이 상당하다(대판 전원합의체, 2009. 11. 19, 2009도4166).

cc) 공무구별설(절충설) 업무 자체의 성질과 사회적 활동으로서의 업무 보호필요성에 따라 비권력적 공무(사기업성 공무, 국립대학 입학업무, 국철사업 등)와 폭행·협박·위계 이외의 수단으로 방해한 공무에 대해서는 업무에 포함시켜야 한다는 견해[95]이다.

dd) 결 어 모든 공무를 업무에 포함할 때에는 공무는 이중으로 보호하게 되며, 공무집행방해죄와 업무방해죄는 죄질이 다름에도 불구하고 두 죄의 법조경합을 인정하므로 공무포함설은 타당하지 않다. 공무제외설은 허위사실유포 기타 위력에 의한 공무방해에 대한 공무를 보호할 수 없다는 결함이 있다. 따라서 공무구별설이 타당하다고 본다.

2) 행 위 행위는 허위의 사실을 유포하거나 위계 또는 위력으로써 방해하는 것이다.

(a) 허위사실의 유포·위계 "허위사실의 유포"도 일종의 위계의 예시에 지나지 않는다. 그 의미에 대해서는 신용훼손죄에서 설명한 바와 같다.

【위계에 의한 업무방해의 예】 ① 타인 어장의 해저에 장애물을 집어넣어 어업을 못하게 한 경우, ② 상품의 품질을 악선전하는 내용의 인쇄물을 보내는 경우, ③ 동종 또는 유사한 상호나 상표를 사용하여 고객을 빼앗는 경우,

95) 황산덕, 241면; 권문택, 주석(하), 140면; 정성근, 274면; 진계호, 240면; 이형국, 270면; 김일수, 183면. 일본의 통설.

④ 종업원의 근무성적이 불량하니 해고하라는 내용의 편지를 사용주에게 우송한 경우, ⑤ 종업원들을 유혹하여 달아나게 하고 요정의 영업을 못하게 한 경우, ⑥ 법관을 기망하여 얻은 가처분명령으로 타인의 사옥을 점거하고 사원들을 퇴거시킨 경우, ⑦ 타인에 의해서 대작된 석사학위 청구논문을 제출한 경우,[96] ⑧ 대학 입학시험 문제와 그 답안을 입시 수험생에게 알려 준 경우,[97] ⑨ 입학시험 사정부를 허위작성하여 입학사정케 한 경우,[98] ⑩ 회사의 소방사업부장이 허위사실을 유포하여 직원들의 집단사표를 제출받아 소방업무의 경영 저해위험이 생긴 경우,[99] ⑪ 노조집행부가 일방적으로 휴무결정 유인물을 배포하여 공장가동을 불가능하게 한 경우,[100] ⑫ 노동운동을 할 목적으로 자신의 신분을 숨긴 채 타인 명의로 허위의 학력, 경력을 기재한 이력서와 생활기록부 등을 제출하여 채용시험에 합격한 경우[101] 등을 들 수 있다.

그러나 판례는 어장의 대표자가 후임자에게 어장에 대한 허위채권을 주장하면서 어장의 인도를 거절한 것은 위계에 의한 업무방해가 되지 않는다[102]고 하고 있다.

(b) 위 력 "위력"이란 사람의 의사를 제압할 만한 일체의 세력을 말한다.[103] 폭행 · 협박 등 유형적 방법, 사회적 · 경제적 · 정치적인 지위나 권세를 이용하는 무형적 방법을 포함하며, 직접적으로 업무에 종사하고 있는 사람에게 가해짐을 요하지 않는다. 범인의 위세, 인원수, 주위상황으로 보아 의사를 제압할 수 있는 세력이 있으면 족하고,[104] 현실로 의사가 제압되었음을 요하지 않는다.

【위력에 의한 업무방해의 예】 ① 음식점이나 다방에서 고함을 지르고 난동을 부린 경우,[105] ② 가옥을 명도받기 위하여 상점의 전면에 판자를 둘러치고 광선을 차단하여 점포안을 어둡게 하고 영업을 불능케 한 경우, ③ 피해자가 시장번영회를 상대로 잦은 진정을 하고 협조를 하지 않는다는 이유로 시장번영회 총회결의에 의하여 피해자 소유점포에 대하여 정당한 권한없이 단전조치를 한 경우,[106] ④ 회의 개최를 집단 폭언으로 방해한 경우,[107] ⑤ 옥외

---

96) 대판, 1997. 7. 30, 94도2780.
97) 대판, 1991. 11. 12, 91도2211.
98) 대판, 1993. 12. 28, 93도2669; 대판, 1993. 5. 11, 92도255.
99) 대판, 2002. 3. 29, 2000도3231.
100) 대판, 1992. 3. 31, 92도58.
101) 대판, 1992. 6.9, 91도2221. 그러나 이러한 위장취업의 경우, 학력 · 경력사칭 자체만 가지고 업무방해가 되지 않는다고 본다(김일수/서보학, 216면; 박상기, 211면; 배종대, 310면; 진계호, 241면; 백형구, 375면).
102) 대판, 1984. 7. 10, 84도638.
103) 대판, 1987. 4. 28, 87도453.
104) 대판, 1995. 10. 12, 95도1589.
105) 대판, 1961. 2. 24, 4293형상864.

집회에서 고성능 확성기 사용으로 사무실내에서 전화통화, 대화가 어렵고 인근상인들이 소음으로 인한 고통을 호소하는 정도인 경우,[108] ⑥ 임대인이 임차인의 물건을 임의로 철거·폐기해도 일체 책임을 묻지 않는다는 임대차계약조항에 따라, 영업 중인 임차인의 점포 간판을 철거하고 출입문을 봉쇄한 경우[109] 등이 위력에 의한 업무방해에 해당한다. ⑦ 최근 대법원 전원합의체는 "쟁의행위로서 파업(노동조합 및 노동관계조정법 제2조 제6호)도, 단순히 근로계약에 따른 노무의 제공을 거부하는 부작위에 그치지 아니하고 이를 넘어서 사용자에게 압력을 가하여 근로자의 주장을 관철하고자 집단적으로 노무제공을 중단하는 실력행사이므로, 업무방해죄에서 말하는 위력에 해당하는 요소를 포함하고 있다"고 하여 일정한 조건 하에서 파업도 업무방해행위가 된다고 보았다.[110]

(c) 업무방해 "업무를 방해한다"는 것은 업무의 집행 자체를 방해하는 경우뿐만 아니라 업무의 경영을 저해하는 것도 포함한다.[111] 업무방해의 결과를 초래할 위험이 있으면 충분하고[112] 현실적으로 방해의 결과가 발생하였음을 요하지 않는다. 그러나 애당초 업무방해의 결과발생의 염려가 없는 경우에는 업무방해죄가 성립하지 않는다.[113]

【판례】 ① 대학입시에 합격시켜 달라는 청탁을 받은 甲 교수가 수험생의 답안지에 비밀표시를 하도록 해놓고 채점위원으로 예상되는 乙 교수에게 부정채점토록 부탁했으나 丙 교수가 채점위원이 되었으므로 乙 교수가 다시 丙 교수에게 부탁하였으나 丙이 이를 거절하고 대학교 교무처장에게 신고하여 입시부정행위를 할 수 없게 되었다면 乙이 범행가담 이후에 입시관리 업무가 방해될 만한 행위가 없으므로 乙은 업무방해죄의 죄책을 부담하지 않는다(대판, 1994. 12. 2, 94도2510).

② 피고인이 피해자가 조경수 운반을 위하여 사용하던 피고인 소유 토지 위의 현황도로에 축대를 쌓아 그 통행을 막은 사안에서, 그 도로폐쇄에도 불구하고 대체도로를 이용하여 종전과 같이 조경수 운반차량 등을 운행할 수 있어 피해자의 조경수 운반업무가 방해되는 결과발생의 염려가 없었다는 이유로 업무방해죄의 성립을 부정하였다(대판, 2007. 4. 27, 2006도9028).

106) 대판, 1983. 11. 8, 83도1798.
107) 대판, 1991. 2. 12, 90도2501.
108) 대판, 2004. 10. 15, 2004도4467.
109) 대판, 2005. 3. 10, 2004도341.
110) 대판(전원합의체), 2011. 3. 17, 2007도482: 전국철도노동조합 집행부가 중앙노동위원회 위원장의 직권중재회부결정에도 불구하고 파업에 돌입할 것을 지시하여, 조합원들이 사업장에 출근하지 아니한 채 업무를 거부하여 사용자에게 손해를 입힌 사안임.
111) 대판, 1999. 5. 14, 97도3267.
112) 대판, 1960. 8. 3, 4293형상397; 대판, 1997. 3. 11, 96도2801.
113) 대판, 2005. 10. 27, 2005도5432; 대판, 2007. 4. 27, 2006도9028.

(3) 위법성조각사유

피해자의 승낙이[114] 있거나 자구행위에 의해서 위법성이 조각될 수 있다. 대지점유자의 의사에 반한 담장 축조를 다소의 위력을 과시하여 저지한 때에도 그 점유권을 보전하려는 행위가 사회통념상 인정되는 범위를 이탈하지 않는 한 위법성은 조각된다.[115] 그러나 임대차기간 만료 후 명도받기 위해서 실력으로 업무를 방해하면 위법이다. 노동쟁의 행위도 위력에 의한 업무방해에 해당하지만 그것이 근로자의 근로조건의 개선 기타 근로자의 정당한 이익을 주장하기 위한 상당한 수단인 경우에는 정당행위로서 위법성이 조각된다.[116] 또 시장번영회 회장이 이사회 결의와 시장번영회 관리규칙에 따라 관리비체납자의 점포에 대한 단전조치 등은 정당행위로서 업무방해죄를 구성하지 아니한다.[117]

(4) 죄수 · 타죄와의 관계

1개의 행위로 타인의 신용을 훼손함과 동시에 업무를 방해하면 상상적 경합이 된다. 업무방해행위가 공갈수단으로 사용된 때에는 이 죄와 공갈죄의 경합범으로 본다.

2. 컴퓨터 등 이용 업무방해죄

> **【구성요건 · 법정형】** 컴퓨터 등 정보처리장치 또는 전자기록 등 특수매체기록을 손괴하거나 정보처리장치에 허위의 정보 또는 부정한 명령을 입력하거나 기타 방법으로 정보처리에 장애를 발생하게 하여 사람의 업무를 방해한 자도 제1항(업무방해죄)의 형과 같다(제314조 2항).

(1) 의의 · 성격

컴퓨터 등 정보처리장치 또는 전자기록 등 특수매체기록을 손괴하거나 정보처리장치에 허위의 정보 또는 부정한 명령을 입력하거나 기타 방법으로 정보처리에 장애를 발생하게 하여 사람의 업무를 방해하는 범죄이다.

컴퓨터 보급에 따른 정보사회의 출현은 지금까지 사람의 신체동작으로 처리하던 업무에 비할 수 없을 만큼 대량 업무를 신속 · 정확하게 처리할 수 있게

---

114) 대판, 1983. 2. 8, 82도2486.
115) 대판, 1982. 6. 8, 82도805.
116) 대판, 1996. 2. 27, 95도2970; 대판, 1971. 5. 24, 71도399.
117) 대판, 2004. 8. 20, 2003도4732.

되었다. 그 결과 사람의 업무방해도 컴퓨터에 대한 사용방해 내지 가해행위로 가능하게 되었을 뿐만 아니라 이를 이용한 업무방해도 대량·신속·광범위하게 발생할 것에 대비하여 형법개정에서 신설한 것이다. 이 규정의 신설로 컴퓨터 등 정보처리장치를 이용한 업무방해행위가 업무방해죄를 구성할 수 있느냐에 대한 문제를 입법적으로 해결하고, 업무방해죄의 구성요건을 명확히 하였다고 할 수 있다.

컴퓨터 등 정보처리장치를 이용한 업무방해는 기업 전체나 전국적 범위의 업무에까지 광범위한 방해를 야기할 수 있다는 이유로 일반 업무방해죄보다 중하게 처벌하는 입법례(일본 형법 제234조의2)도 있다. 개정형법은 컴퓨터 등 정보처리장치를 이용한 업무방해가 다른 방법에 의한 업무방해보다 반드시 중대한 결과가 초래된다고 할 수 없다는 취지에서 일반 업무방해죄의 법정형과 동일하게 하였다. 그러나 업무처리가 전산망으로 일원화 되고 있음에 비추어 이로 인한 업무방해도 일시에 중대한 결과가 생길 수 있으므로 법정형을 높일 필요가 있다고 본다.

(2) 보호법익

보호법익은 사람의 사회적·경제적 활동인 업무의 안전과 자유이다. 경제적 업무에 한정하지 않으며, 사회활동으로서의 모든 업무를 포함한다. 따라서 공무도 포함한다고 해야 한다. 보호받는 정도는 추상적 위험범으로서의 보호이다.

(3) 객관적 구성요건요소

1) 객 체 행위 객체는 컴퓨터 등 정보처리장치 또는 전자기록 등 특수매체기록이다.

(a) 컴퓨터 등 정보처리장치 자동적으로 계산이나 테이터처리를 할 수 있는 전자장치를 말한다. 보통 전자계산기라고 한다. 전자계산기는 컴퓨터와 같은 의미로 사용된다. 하드웨어(범용컴퓨터, 미니콘컴퓨터, 오피스컴퓨터, 퍼스널마이크로컴퓨터, 제어용컴퓨터 등)가 그 대표적인 예이다. 소프트웨어도 포함시키는 것이 다수설이다.[118] 그러나 소프트웨어는 정보처리장치가 아니라 정보처리에 이용되는 전자기록에 해당하므로 특수매체기록에 포함한다고 본다.[119] 그리고 이 죄는

---

118) 김일수/서보학, 220면; 배종대, 315면; 진계호, 245면; 백형구, 377면; 손동권, 224면; 정영일, 210면.

전자계산기에 의하여 대량의 신속한 처리를 필요로 하는 업무를 방해하는 행위를 처벌하는 것이므로 여기의 정보처리장치는 전자계산기 자체가 업무에 대한 판단, 사무처리, 제어 등의 기능을 자동적으로 처리할 수 있고 독립성이 있는 것이라야 하며, 업무에 사용되는 것이라야 한다. 따라서 개인 또는 가정용 PC처럼 업무와 관계없는 오락용 컴퓨터는 이 죄의 객체가 아니다. 그것이 누구의 소유인가는 묻지 않는다.

따라서 마이컴내장의 가전제품, 마이크로컴퓨터를 부착한 자동카메라나 자동판매기 등은 자동적으로 정보처리를 하는 장치가 아니며, 업무판단, 업무처리, 제어기능을 할 수 없는 전자식 탁상계산기, 전자수첩, 전자사전 등도 이 죄의 정보처리장치에 해당하지 않는다.

(b) 전자기록 등 특수매체기록 "전자기록"이란 전자(電子)적 방식과 자기(磁氣)적 방식에 의하여 수록·보존되어 있는 기록 그 자체를 말한다.

전자적 방식이란 전자의 작용을 이용한 기록으로, 현재 기억소자의 주류가 되는 반도체기억집적회로(IC메모리)를 사용하는 기록이 대부분이다. 예컨대 전자계산기 내의 ROM(Read only Memory), RAM(Random Access Memory), IC카드 속의 기록, 소프트웨어에 수록된 정보와 프로그램 등이 여기에 해당한다. 자기적 방식이란 자기의 작용을 이용하는 방식을 말한다. 이 방식에 의한 기록에는 자기 드럼, 자기 디스크, 자기 테이프, 광자기 디스크 등을 사용한 기록이 있다. 이 방식에 의한 기록은 입력매체, 기억매체로서 현재 가장 널리 사용되고 있으며, 일상생활에서도 CD카드, 크레디트카드, 텔레폰카드, 오렌지카드, 승마투표권, 정기권, 승차권 등이 자기기록을 사용하고 있다.

aa) 특수매체기록 "특수매체기록"이란 전자기록 이외에 레이저광(光)이나 광(光)디스크를 이용한 기록(음반·콤팩트디스크에 기록된 음성신호·녹음테이프나 녹화테이프에 수록된 내용등)을 말한다. 장차 바이오메모리 등이 실용화 된다면 이것도 여기에 포함될 것이다. 전자기록은 특수매체기록의 예시에 불과하다.

bb) 기 록 "기록"이란 일정한 기록매체에 정보 또는 데이터가 수록·보존되어 있는 상태를 말하고, 정보 혹은 데이터 그 자체나 기록매체물 그 자체를 의미하는 것은 아니다. 또 기록은 어느 정도 영속성이 있어야 하므로 회선상으로 흘러가는 통신 중의 데이터나 중앙처리장치(C.P.U)에서 처리 중인 데이터는 기록에 포함되지 않는다.[120] 또 전자기록과 특수매체기록은 전자, 자

119) 박상기, 213면; 임웅, 232면; 오영근, 249면; 김성돈, 217면.

기, 레이저광(光)을 이용한 기록이므로 사람의 지각으로 인식할 수 없는 방법으로 제작되는 것이 특징이다.

이 죄의 전자기록과 특수매체기록은 업무용 컴퓨터 등 정보처리장치에 사용하는 기록에 한한다. 업무용이면 대기업·관공서의 업무에 한하지 않는다. 그러나 전자기록이나 특수매체기록이라도 단지 개인의 비밀을 장치한 개인용 녹음테이프, 녹화필름, 마이크로필름 등은 비밀침해죄(제316조 2항)의 객체가 될 뿐이고 이 죄의 객체는 아니다.

2) 행 위　이 죄의 행위태양은 세 가지이다. ① 컴퓨터 등 정보처리장치 또는 전자기록 등 특수매체기록 자체를 손괴하는 행위, ② 정보처리장치에 허위의 정보 또는 부정한 명령을 입력하는 행위, ③ 기타 방법으로 정보처리 그 자체에 장애를 일으키는 행위 등 방법으로 직접 가해행위를 하여 사람의 업무를 방해하는 것이다. 세 가지 행위태양은 업무를 방해하는 수단이므로 이 죄는 중첩적 다행위범에 속한다.

(a) 정보처리장치·특수매체기록의 손괴　업무용의 컴퓨터 등 정보처리장치 또는 전자기록 등 특수매체기록을 손괴하는 것이다. 손괴는 물질적으로 훼손하거나 멸실케 하여 그 효용을 해하는 행위뿐만 아니라 자기디스크에 기록된 내용 등 전자기록의 내용을 말소시키는 것도 포함한다.

(b) 허위정보 또는 부정한 명령의 입력　기계적 조작으로 진실에 반하는 정보를 전달하거나 프로그램을 조작하여 정보처리에 혼란을 야기시키고 그 본래의 효용을 저해하는 일체의 행위를 말한다.

aa) 허위정보　"허위정보"란 전자계산기의 시스템에 예정되어 있는 사무처리의 목적에 비추어 진실에 반하는 내용의 정보를 말하며, 은행에 입금이 없었음에도 있는 것으로 하거나 학교 성적전산기록을 변경·조작하는 것이 그 예이다.

bb) 부정한 명령　"부정한 명령"이란 사무처리 과정에서 주어서는 아니될 프로그램을 변경·삭제·추가하는 것을 말한다. 전자기록을 삭제·변경·추가하는 프로그램 조작, 컴퓨터 바이러스 침투가 대표적인 예이다. "입력한다"는 것은 허위정보나 부정한 프로그램을 정보처리장치에 기록하는 것을 말한다.

---

120) 김종원, 「컴퓨터범죄에 관한 비교법적 입법론적 연구」, 1988, 8면.

【판례】 대학의 컴퓨터시스템 서버를 관리하던 피고인이 전보발령을 받아 더 이상 웹서버를 관리 운영할 권한이 없는 상태에서, 웹서버에 접속하여 홈페이지 관리자의 아이디와 비밀번호를 무단으로 변경한 행위는 … 정보처리장치에 부정한 명령을 입력하여 정보처리에 현실적 장애를 발생시킴으로써 피해대학에 업무방해의 위험을 초래하는 행위에 해당하여 컴퓨터 등 장애 업무방해죄를 구성한다(대판, 2006. 3. 10, 2005도382).

(c) 기타 방법의 장애발생 정보처리장치나 특수매체기록의 손괴와 허위정보나 부정한 명령의 입력은 가해수단의 예시에 지나지 않고, 그 외에 정보처리장치의 작동에 직접 영향을 줄 수 있는 가해행위를 하여 그 사용목적에 부합하는 기능을 하지 못하게 하거나 사용목적과 다른 기능을 하게 하는 일체의 행위를 말한다. "작동"이란 전자계산기가 정보처리를 위하여 하는 입력 · 출력 · 검색 · 연산 등의 움직임을 말한다.

전자계산기의 전원을 절단하여 내장된 정보가 없어지게 하거나 통신회선의 절단, 입출력장치 등 부속설비의 손괴, 저압의 배전, 처리불능 데이터의 입력, 온도와 습도 등의 작동환경파괴 등이 그 예이다.

(d) 업무방해 업무방해 행위가 있어야 한다. 방해한다란 정보처리장치의 용역을 통해서 처리하려는 업무에 지장을 초래하는 일체의 행위를 말한다. 업무방해죄의 업무방해와 같다.

(e) 기 수 추상적 위험범이므로 방해의 결과가 발생할 필요가 없고, 업무를 방해할 위험이 있으면 기수가 된다. 일정시기에 활동하여 자료를 파괴하는 시한형 바이러스가 감염된 때 기수가 된다. 다만 이 죄는 전자계산기 등에 직접, 외형적으로 가해행위를 하여 정보처리를 하는 업무수행을 방해하는 행위만을 처벌하는 것이므로 어떤 행위로 인하여 전자계산기에 지장이 생겨도 업무수행상 개개의 판단을 잘못하도록 하는데 그친 때에는 업무방해가 있다고 할 수 없다.

업무방해의 구체적 예로, ① 현재 업무에 사용 · 가동 중인 전자계산기를 손괴하여 그 작동을 정지시키고 업무수행을 곤란하게 하는 행위, ② 야간에 휴지 중인 전자계산기를 손괴하여 그 다음 날 업무수행을 곤란하게 하는 행위, ③ 현재 업무에 사용 중이거나 업무에 사용하려는 전자적 기록을 파괴 말소시켜 전자계산기의 작동을 곤란하게 한 행위, ④ 업무에 예정되어 있지 않은 데이터나 지령을 주어 전자계산기의 작동을 정지시키거나 업무수행에 해로운 제어를 시켜 불량제품을 생산케 한 행위, ⑤ 전자계산기실의 온도를 급격히 상승시켜 전자계산기가 잘못 작동하도록 하여 업무수행에 지장을 초래케 하는 행위 등이 있다.

그러나 전자계산기의 기사를 협박 구속하거나 전자계산실을 점거하여 전자계산기에 의한 업무수행을 방해하는 행위는 그 행위가 단순히 사람에 대한 의사활동의 자유를 침해한 결과로 업무수행이 방해된 경우에는 이 죄에 해당하지 않는다. 또 타인의 패스워드를 사용하거나 정보를 부정하게 입수하거나 엿보는 행위 또는 자기의 정보처리를 위하여 타인의 전자계산기를 권한 없이 사용하는 행위도 이 죄의 업무방해가 아니다.

(4) 주관적 구성요건요소

이 죄의 고의는 컴퓨터 등 정보처리장치나 전자기록 등 특수매체기록을 손괴하여 정보처리장치에 허위정보나 부정명령을 입력하거나 기타 방법으로 정보처리에 장애를 발생시킨다는 사실과 타인의 업무를 방해한다는 사실에 대한 인식과 실현의사가 있어야 한다(이중고의).

(5) 죄수 · 타죄와의 관계

1개의 전자계산기에 수차 반복하여 허위정보를 입력하였어도 동일한 고의로 시간적으로 연속되었을 때에는 단순일죄가 된다.

이 죄는 업무방해죄에 대한 특별유형이므로 이 죄가 성립한 때에는 업무방해죄는 배제된다. 그러나 위력에 의한 업무방해가 개개 종업자의 업무집행에 대한 것인 때에는 이 죄와 업무방해의 상상적 경합이 될 수 있다. 이 죄에 해당하는 행위가 동시에 직무집행을 하는 공무원에 대한 폭행에 해당하여 공무집행방해죄에도 해당하는 때에는 이 죄와 상상적 경합이 된다. 전자계산기를 손괴하여 업무를 방해한 때에는 손괴죄는 이 죄에 흡수된다.[121] 이 죄의 업무방해가 동시에 배임에 해당하는 때에는 이 죄와 배임죄의 상상적 경합이 된다.

Ⅳ. 경매 · 입찰방해죄

【구성요건 · 법정형】 위계 또는 위력 기타 방법으로 경매 또는 입찰의 공정을 해하는 자는 2년 이하의 징역 또는 700만원 이하의 벌금에 처한다(제315조).

121) 정성근, 281면; 김일수/서보학, 224면; 배종대, 316면; 박상기, 215면 · 437면; 임웅, 233면; 오영근, 251면; 정영일, 212면; 김성돈, 219면. 이에 대하여 상상적 경합설은 이재상, 217면.

1. 의의 · 보호법익

위계 또는 위력 기타 방법으로 경매 또는 입찰의 공정을 해하는 범죄이다. 보호법익은 경매 또는 입찰의 공정이다. 경매 · 입찰의 공정을 보호함으로써 사람의 경제활동의 안전과 자유도 보장받을 수 있다. 보호받는 정도는 추상적 위험범으로서의 보호이다.

2. 구성요건요소

(1) 경매 · 입찰

"경매"란 매도인이 다수인으로부터 구두로 청약을 받고 그 중에서 최고가격의 청약자에게 승낙을 하여 매매를 성립(경락)시키는 것을 말한다. "입찰"이란 경쟁계약에 있어서 경쟁에 참가한 다수인으로부터 문서로 계약의 내용을 표시하게 하여 가장 유리한 청약자를 상대방으로 하여 계약을 체결(낙찰)하는 것을 말한다. 경매 · 입찰의 종류는 묻지 않으며 국가 · 공공단체가 행하는 경우는 물론, 개인이 행하는 경매 · 입찰도 포함한다.

(2) 행 위

행위는 위계 또는 위력 기타 방법으로 경매 또는 입찰의 공정을 해하는 것이다. 위계 또는 위력은 예시에 불과하므로 이 이외의 기타 방법으로 가능하다. 위계 · 위력은 신용훼손죄와 업무방해죄에서와 같다.

1) 공정을 해하는 행위 "공정을 해한다"는 것은 경매 또는 입찰이 적정한 가격을 형성하는 공정한 자유경쟁이 방해될 위험이 있는 상태를 발생시키는 것을 의미한다. "공정을 해하는 행위"는 경매 · 입찰 가격의 결정뿐만 아니라 공정한 경쟁방법을 해하는 행위도 포함한다. "적정한 가격"이란 객관적으로 산정되는 공정한 가격이 아니라 경매 · 입찰이 구체적 진행과정에서 얻어지는 가격을 말한다.[122] 따라서 낙찰가격이 입찰시행자의 예정가격에 달하였다 하더라도 그것이 공정한 자유경쟁에 의한 가격형성을 방해한 것이면 공정을 해한 것이 된다. 이 죄는 추상적 위험범이므로 경매 · 입찰의 공정을 해하는 행위가 있으면 족하고 현실적으로 공정이 침해된 결과가 발생하였음을 요하지 않는다.

---

122) 대판, 1971. 4. 30, 71도519.

【판례】 입찰방해죄는 입찰의 공정을 해할 행위를 하면 그것으로 족한 것이지 현실적으로 입찰의 공정을 해한 결과가 발생할 필요는 없는 것인바, 위력의 사용이 폭행·협박의 정도에 이르러야만 되는 것도 아니다. 이런 취지에서 피고인들이 공동하여 입찰장소의 주변을 에워싸고 사람들의 출입을 막는 등 위력을 사용하여 입찰참가자가 입찰에 참석하지 못하도록 한 행위는 입찰방해죄가 성립한다(대판, 1993. 2. 23, 92도3395).[123)]

2) 공정가격　공정(적정)가격의 기준에 대해서는, ① 자유경쟁의 구체적 진행과정에서 얻어지는 가격이라는 견해(경쟁가격설)[124)]와, ② 평균적인 시장가격을 기준으로 정해야 한다는 견해(시장가격설)[125)]가 대립한다. 판례는 경쟁가격설을 취하고 있다.[126)] 그러나 입찰제도라 하더라도 무한정하고 절대적인 자유경쟁이 허용되는 것은 아니므로 사회적으로 적정한 이윤이 고려되는 시장가격에 따르는 것이 무난하다고 본다.

3) 담합행위　"담합행위"란 경매·입찰의 경쟁에 참가하는 자 상호간에 통모하여 특정한 자에게 경락·낙찰되도록 하기 위해서 나머지 참가자는 일정한 가격 이상 또는 그 이하로 호가 또는 입찰하지 않을 것을 협정하는 것을 말한다. 입찰을 가장하거나 수인의 입찰자 중 1인만 입찰케 하고 나머지는 입찰을 포기할 것을 모의하는 것도 담합행위가 된다.

담합행위가 공정한 가격을 해하거나 부정한 이익을 얻을 목적으로 행하여진 이상 위계에 의한 경매·입찰방해죄가 성립한다고 해야 한다. 이 경우 반드시 입찰참가자 전원 사이에 담합이 이루어져야 하는 것은 아니고, 입찰참가자들 중 일부 사이에만 담합이 이루어진 경우라고 하더라도 그것이 입찰의 공정을 해하는 것으로 평가되는 이상 입찰방해죄는 성립한다.[127)] 그러나 담합행위는 일반거래의 관념상 정당한 행위로 인정되는 경우도 있을 수 있으므로 일률적으로 이 죄가 성립하는 것은 아니다. 담합의 목적이 주문자의 예정가격 범위 이내에서 적정한 가격을 유지하면서 무모한 출혈경쟁을 방지함에 있고, 낙찰가격

123) 같은 취지: 대판, 1990. 10. 30, 90도2022.
124) 유기천(상), 179면; 이재상, 218면; 박상기, 216면; 배종대, 317면; 진계호, 249면; 임웅, 234면; 손동권, 229면; 오영근, 252면; 정영일, 215면; 손동권, 230면; 김성돈, 222면.
125) 권문택, 주석(하), 145면; 강구진, 238면; 정성근, 283면; 김일수/서보학, 225면; 백형구, 380면.
126) 대판, 1971. 4. 30, 71도519.
127) 대판, 2006. 12. 22, 2004도2581; 대판, 2009. 5. 14, 2008도11361.

도 공정한 가격의 범위 내인 때에는 담합자간에 금품의 수수가 있었다 하더라도 입찰자체의 공정을 해하였다고 볼 수 없으므로 이 죄가 되지 않는다.[128] 다만 단독 입찰을 하면서 가장경쟁자를 조작하여 경쟁입찰을 가장하기로 모의를 한 때는 이 죄에 해당한다.[129]

한편 담합행위와 구별되는 이른바 신탁입찰(각자가 일부씩 입찰에 참가하면서 1인을 대표자로 하여 단독으로 입찰케 한 경우)은 이 죄에 해당하지 않는다.[130] 이 죄는 추상적 위험범이므로 담합으로 경매 · 입찰에 참가한 때에 기수가 되며,[131] 담합에 의한 현실적 행동이 있음을 요하지 아니한다.

【판례】 ① 한국전력공사 입찰에 참가할 수 있는 전기공사협회소속 회원들이 예정가에 훨씬 못 미치는 가격의 수주를 방지하고 소속회원 회사의 이익으로 돌리고자 추첨으로 순번을 정하여 단독응찰하고 나머지 회사는 들러리를 서는 방식으로 사실상 단독낙찰하게 했다면 위계에 의한 입찰방해에 해당한다(대판, 1991. 10. 22, 91도1961).

② 동업자 사이의 무모한 출혈경쟁을 방지하기 위한 수단으로 실질적으로 단독입찰하면서 경쟁 입찰한 것같이 가장하였다면 경쟁입찰방법을 해하는 것이다(대판 1994. 11. 8, 94도2142).

③ 입찰자들 상호간에 특정업체가 낙찰받기로 하는 담합이 이루어진 상태에서 … 일부 입찰자는 자신이 낙찰받기 위하여 당초의 합의에 따르지 아니한 채 오히려 낙찰받기로 한 특정업체보다 저가로 입찰하였다면, 이러한 일부 입찰자의 행위는 위와 같은 담합을 이용하여 낙찰을 받은 것이라는 점에서 … 입찰방해죄에 해당한다(대판, 2010. 10. 14, 2010도4940).

---

128) 대판, 1983. 1. 18, 81도824; 대판, 1982. 11. 9, 81도537; 대판, 1971. 4. 20, 70도2241.
129) 대판, 1994. 11. 8, 94도2142.
130) 대판, 1957. 10. 21, 4290민상368.
131) 대판, 1994. 5. 24, 94도600.

제 4 장 사생활평온에 대한 죄

제 1 절 비밀침해의 죄

Ⅰ. 총 설

1. 의의 · 보호법익

(1) 의 의

비밀침해의 죄는 개인의 사생활의 비밀(privacy)을 침해하는 범죄이다. 사람은 누구나 적든 많든 사회생활을 함에 있어 개인적인 비밀을 가지게 마련이고, 이를 부당하게 침해받게 되면 안정된 개인생활을 유지할 수 없을 뿐만 아니라 인격의 발전도 기대하기 어렵다. 헌법이 사생활의 비밀과 자유(헌법 제17조), 통신의 비밀(헌법 제18조)을 보장하고 있는 이유도 여기에 있다. 형법은 이러한 헌법의 취지를 보장하기 위해서 사생활의 비밀을 침해하는 행위를 범죄로 처벌하고, 개인의 사생활의 평온을 보호하기로 한 것이다.

(2) 보호법익

보호법익에 대해서 사생활의 평온이라는 견해도[1] 있으나 기본적으로 개인의 비밀이라 해야 한다(통설). 다만 업무상 비밀침해죄의 보호법익에 대해서는 개인의 비밀이라는 견해와[2] 개인의 비밀이 주된 법익이지만 업무자의 비밀유지에 대한 일반인의 신뢰 내지 이익도 부수적 법익이 된다는 견해가[3] 대립한다. 사회의 중요 직업에 종사하는 업무자가 알게 된 비밀을 지켜준다는 신뢰가 있을 때 개인이 숨김없이 비밀을 의논할 수 있으므로 후설이 타당하다(다수설). 국

1) 김일수/서보학, 229면.
2) 배종대, 329면 이하; 백형구, 408면; 오영근, 263면; 정영일, 218면.
3) 정성근, 294면; 이형국, 282면; 이재상, 220면 ; 김일수, 201면; 박상기, 220면, 226면; 진계호, 259면; 임웅, 236면; 이정원, 270면; 김성천/김형준, 355면.

가의 비밀을 보호하기 위한 범죄(간첩죄, 외교상 기밀누설죄, 공무상 비밀누설죄)와 구별되며, 사람의 사회적 · 경제적 평가를 보호하기 위한 명예 · 신용에 관한 죄와 성질을 달리 한다.

보호정도에 관해서 견해가 대립한다. 비밀침해죄 중에서 기술적 수단을 이용한 비밀침해죄(제316조 2항)가 침해범이라는 데는 이견이 없다. 문제는 편지 등 개봉죄(제316조 1항)와 업무상 비밀누설죄(제317조)가 추상적 위험범인가 구체적인 위험범인가에 있다. 편지 등 개봉죄와 업무상 비밀누설죄 모두 추상적 위험범이라는 견해,[4] 두 가지 모두 구체적 위험범이라는 견해,[5] 편지 등 개봉죄는 추상적 위험범이지만 업무상 비밀누설죄는 구체적 위험범이라는 견해가[6] 대립한다.

제316조 2항의 죄는 "그 내용을 알아 낸 자"라고 규정하고 있으므로 침해범이라고 해야 하지만, 편지등 개봉죄와 업무상비밀누설죄는 "개봉한 자" 또는 "누설한 때"라고 규정하고 있으므로 개봉 또는 누설행위가 있으면 곧 기수가 되는 추상적 위험범이라 해야 한다(다수설).

【입법례】 이 죄의 역사는 오래되었으나 그 죄질은 반드시 명확하지 않았다. 로마법과 게르만법은 타인의 문서개봉을 사기의 일종 또는 인격침해죄(injuria)의 일종으로 파악하였고, 독일 보통법은 편지 및 증서의 개봉을 위조죄로 처벌하였다.

1794년 프로이센 일반란트법은 편지개봉(제1370조, 1371조)을 재산죄의 일종으로 규정하면서 의사 · 조산원의 비밀누설(제505조 이하)을 국가적 범죄인 준공무원범죄로 규정하였는데, 1813년 바이에른 형법도 이에 따랐다. 그 후 사생활의 비밀은 형법이 보호해야 할 독립된 보호법익으로 하여야 한다는 주장에 따라 1871년 독일 형법은 가벌적 사리행위(私利行爲) 및 사람의 비밀침해(각칙 제25장)의 장에서 편지개봉죄(제299조)와 비밀침해죄(제300조)를 나란히 규정하였다. 현행 독일 형법도 제15장 사생활과 비밀침해의 죄에서 편지개봉죄(제202조)와 비밀누설죄(제203조)를 규정하고, 개인의 비밀보호를 강화하기 위해서 도청 · 녹음의 죄(제201조)와 기업비밀도용죄(제204조)까지 신설하였다.

프랑스 신형법은 공무원에 의한 주거평온침해(제432-8조)와 통신비밀침해(제432-9조)는 공무원의 권한남용죄의 일종으로, 개인에 의한 사생활침해(제226-1조), 사적 비밀이용(제226-2조), 주거침입(제226-4조)은 인격에 대한 죄 중 사생활 침해죄로 나누어 규정하고 있다. 이에 대해서 일본 형법은 편지개봉죄(제133조)와 비밀침해죄(제134조)를 비밀침해의 죄(제13장) 중에 함께 규정하면서 사회적 법익에 대한 죄 중에 규정하고 있다.

---

4) 정성근, 294면; 이형국, 282면; 진계호, 252면; 임웅, 244면; 백형구, 410면; 오영근, 264면.
5) 배종대, 323면 · 329면.
6) 유기천(상), 155면; 김일수/서보학, 229면 이하; 손동권, 237면 · 241면.

2. 구성요건체계 · 입법론

형법은 개인의 비밀과 국가적 비밀을 구별하고, 개인의 비밀을 보호하기 위해서 비밀침해죄(제316조)와 업무상 비밀누설죄(제317조)를 각각 독립된 구성요건으로 규정하고 모두 친고죄(제318조)로 하고 있다. 전자는 비밀탐지행위를, 후자는 비밀누설행위를 범죄로 한 것이다. 다만 형법상의 비밀보호는 모든 개인생활의 비밀을 보호하는 것이 아니다. 비밀침해죄는 비밀장치된 편지 · 문서 · 도화 등이 일정한 방법에 의하여 침해되는 때에만 처벌하고, 업무상 비밀누설죄는 사회생활 영역 중 개인의 비밀을 공개해서는 아니 될 업종에 종사하는 특수한 신분을 가진 자가 누설한 때에만 범죄로 하고 있다.

이외에 특별법으로 개인간의 대화를 녹음하거나 도청함으로써 개인의 비밀을 침해하는 행위는 통신비밀보호법(제3조, 제16조)에서 규제하고, 전보 · 전화의 통신비밀보호는 전기통신사업법(제83조)이 적용되며, 영업비밀누설은 부정경쟁방지및영업비밀보호에관한법률(제18조)이 적용된다. 이러한 행위도 형법에 규정함이 타당할 것이다.

또 비밀누설죄의 주체로서 변호사 아닌 변호인이나 소송대리인이 제외된 것은 입법의 불비이며,[7] 나아가서 타인의 비밀을 알 수 있는 업종으로 카운셀러(counsellor), 세무사, 공인된 흥신소에 종사하는 자도 이 죄의 주체에 포함시키는 입법이 마련되어야 할 것이다.[8]

Ⅱ. 비밀침해 · 누설의 죄

1. 비밀침해죄

> **【구성요건 · 법정형】** ① 봉함 기타 비밀장치한 사람의 편지, 문서 또는 도화를 개봉한 자는 3년 이하의 징역이나 금고 또는 500만원 이하의 벌금에 처한다(제316조 1항).

---

7) 유기천(상), 164면; 황산덕, 249면; 서일교, 89면; 강구진, 202면; 김일수/서보학, 236면; 이재상, 223면.

8) 형법개정법률안(제184조)은 이 죄의 주체를 "의료업무, 법률업무, 회계업무 기타 의뢰자와의 신뢰관계에 의하여 사람의 비밀을 알게 되는 업무에 종사하는 자나 그 직무상 보조자 또는 그러한 직에 있었던 자"로 규정하였다.

② 봉함 기타 비밀장치한 사람의 편지, 문서, 도화 또는 전자기록 등 특수매체기록을 기술적 수단을 이용하여 그 내용을 알아낸 자도 제1항의 형과 같다(제316조 2항). 고소가 있어야 공소를 제기할 수 있다(제318조).

(1) 의의 · 비밀보호범위

1) 의 의

비밀침해죄는 봉함 기타 비밀장치한 타인의 편지, 문서 또는 도화를 개봉하거나(제1항) 봉함 기타 비밀장치한 타인의 편지, 문서, 도화 또는 전자기록 등 특수매체기록을 기술적 수단을 이용하여 알아내는(제2항) 범죄이다. 전자기록 등 특수매체기록에 대하여 기술적 수단을 이용한 비밀침해죄는 형법개정에서 신설한 것이다.

2) 비밀보호범위

이 죄의 보호법익이 개인의 비밀이므로 비밀의 주체는 자연인, 법인, 법인격 없는 단체를 포함한다.[9] 나아가서 국가 또는 공공단체의 비밀도 여기에 포함할 수 있느냐가 문제된다. 긍정설은 이 죄가 비밀장치한 사람의 편지 · 문서 · 도화라고 규정하고 있을 뿐 비밀내용은 묻지 아니하며, 추상적 위험범이라는 점을 이유로 국가 · 공공단체의 비밀도 포함한다고 한다.[10] 그러나 이 죄는 친고죄이며, 개인적 법익인 신용 · 업무에 대한 죄와 주거침입죄 사이에 개인적 법익에 대한 죄로 규정하고 있음에 비추어 개인의 비밀이라 해야 한다. 개인적 비밀이면 편지의 발신인 · 수신인의 어느 하나가 국가 · 공공단체인가는 묻지 않으며,[11] 그 내용도 개인생활 · 공적 생활에 관한 것임을 불문한다.

(2) 객관적 구성요건요소

1) 객 체 봉함 기타 비밀장치한 편지, 문서, 도화 또는 전자기록 등 특수매체기록이다.

(a) 편지 · 문서 · 도화 "편지"란 특정인으로부터 다른 특정인에게 의사를 전달하는 문서를 말하고 우편물에 한하지 않는다. 의사를 전달하는 문서라야 하므로 소포우편물 · 도면 · 사진 · 원고 등은 편지가 아니다. 발송 전후는 묻지

9) 자연인에 한한다는 반대견해는 박상기, 220면; 임웅, 228면; 오영근, 258면; 김성돈, 227면.
10) 유기천(상), 151면; 정영석, 286면; 김종원, 147면; 이재상, 224면; 김일수/서보학, 230면; 박상기, 221면; 손동권, 236면; 김성돈, 227면.
11) 진계호, 254면.

않으나 수신인이 수령하여 읽고 난 다음에는 이 죄의 객체가 아니다. 다만 편지가 우편관서의 취급 중에 있을 때에는 우편법(제49조)이 적용되어 형이 가중되고, 이 죄의 적용은 배제된다. "문서"는 편지 이외의 것으로 문자 기타의 발음부호에 의하여 특정인의 의사를 표시한 것을 말하고 반드시 증명기능을 갖는 문서일 필요가 없다. 일기장, 메모장, 계산서, 유언서, 원고가 이에 해당한다. "도화"는 그림에 의하여 사람의 의사가 표시된 것을 말하며, 설계도, 안내도, 사진, 도표가 이에 해당한다. 그러나 사진, 도표라도 사람의 의사가 표시된 것이 아니면 여기의 도화는 아니다.

(b) 전자기록 등 특수매체기록 "전자기록 등 특수매체기록"이란 일정한 데이터에 관한 전자적 기록이나 광학적 기록을 말한다. "전자기록"은 전자적 기록과 자기적 기록을 포함하며, "광학기록"은 레이저 기술을 이용한 기록을 포함한다. 전자기록 등 특수매체기록은 사람의 지각으로 인식할 수 없는 방식에 의하여 제작된 기록의 비밀을 보호하기 위하여 기술적 수단으로 이를 탐지하는 행위를 처벌하는 데 있으므로 전자기록(소프트웨어에 수록된 프로그램, 컴퓨터 하드디스크 기록과 디스켓), 광기록 외에도 녹음테이프, 음반, 녹화필름, 마이크로필름을 포함한다.

(c) 봉함 기타 비밀장치 편지·문서·도화 또는 특수매체기록은 봉함 기타 비밀장치한 것에 한한다. "봉함"이란 봉투를 풀 기타 접착물로 붙인 것과 같이 그 외포를 훼손·무효로 하지 않고는 내용을 알아보지 못하게 만든 장치를 말한다. "비밀장치"는 봉함 이외의 방법으로 외포를 만들거나 기타 특수 방법으로 그 내용을 알아보지 못하게 하는 일체의 장치를 말한다.

편지 등을 비밀장치한 용기 속에 넣어 둔 경우에도 여기에 포함하느냐에 관해서 긍정설과[12] 부정설이[13] 대립하는데 긍정설이 통설과 판례[14]의 태도이다. "봉함"은 기타 비밀장치의 예시에 불과하므로 긍정설이 타당하다고 본다.

---

12) 유기천(상), 161면; 정성근, 291면; 이형국, 286면; 이재상, 225면; 김일수/서보학, 231면; 진계호, 255면; 박상기, 222면; 배종대, 323면; 백형구, 405면; 이정원, 266면; 김성천/김형준, 351면; 오영근, 259면; 정영일, 219면.

13) 황산덕, 247면; 정영석, 286면; 김종원, 242면.

14) 대판, 2008. 11. 27, 2008도907(서랍의 아래칸에 잠금장치가 되어 있는 경우, 비밀장치에 해당한다고 한 사례).

따라서 풀로 붙인 것, 봉인한 것, 끈으로 매어 놓는 것, 못을 박아두었거나 책상 서랍이나 금고에 넣고 열쇠로 잠가 두는 것, 컴퓨터 시동 방지를 위해 열쇠로 잠가 두거나 password(비밀문자)를 설정해 둔 것, 전자카드 판독·지문감식 장치가 설치된 것 등이 비밀장치에 포함된다.

그러나 봉함 기타 비밀장치를 하지 않은 편지·문서·도화·전자기록 등은 이 죄의 객체가 될 수 없으므로 무봉함우편엽서·무봉함서장(書狀)은 이 죄의 객체가 되지 않는다.

2) 행 위　행위는 개봉하거나 기술적 수단을 이용하여 그 내용을 알아내는 것이다.

(a) 개 봉　"개봉"이란 봉함 기타 비밀장치를 훼손 또는 무효로 하여 편지·문서 또는 도화의 내용을 알아 볼 수 있는 상태에 두는 것을 말한다. 개봉방법은 묻지 않으나 비밀장치를 제거하거나 손괴할 것까지 요하는 것은 아니다. 봉투에 붙인 부분을 뜯거나 열쇠로 열거나 묶어둔 끈을 풀어두는 것으로 족하다. 편지 등의 내용을 알아 볼 수 있는 상태에 두는 것으로 족하므로 그 내용을 인식하였음을 요하지 않는다. 따라서 개봉한 이상 그 내용을 읽지 못하였어도 이 죄는 기수가 된다.

개봉 또는 기술적 수단 이외의 방법으로 그 내용을 지득한 때에는 이 죄를 구성하지 않는다. 예컨대 햇빛이나 불빛에 투시하여 그 내용을 지득하였거나 봉함이 자연히 열린 경우에 그 내용을 알았다 하여도 개봉에 해당하지 아니한다. 개봉하지 않고 투시기에 의해서 기계적으로 편지 등의 내용을 알아보는 경우는 개봉에 해당하지 않고 신설된 기술적 수단을 이용한 탐지행위에 해당한다(제316조 2항). 또 우편관서의 취급 중에 있는 우편물을 정당한 이유없이 개봉·손괴·은닉·방기하거나 수취인 아닌 자에게 교부한 때에는 우편법(제48조 우편물개피·훼손죄)이 우선 적용된다.

(b) 기술적 수단이용의 내용탐지　봉함 기타 비밀장치한 타인의 편지·문서·도화 또는 전자기록 등 특수매체기록을 개봉하지 않고 기술적 수단을 이용하여 그 내용을 알아내는 것이다(제316조 2항). 자외선·투시용 판독기(광학기계)를 이용하거나 비밀소지자의 password(비밀문자) 또는 비밀번호를 이용하여 탐지해 내는 것이 대표적 예이다. 기술적 수단을 이용하여 탐지하는 경우에는 그 내용을 지득했을 때에 비로소 이 죄가 성립한다(침해범). 전자우편(E-mail)의

password를 알아내어 그 내용을 보는 행위는 기수에 해당한다. 그러나 타인의 전산망(컴퓨터)에 침입하여 전자기록(정보)을 소거 또는 교란(컴퓨터해커)하는데 그친 때에는 이 죄에 해당하지 않고 손괴죄 또는 컴퓨터 업무방해죄의 문제가 된다. 다만 전산망에 의하여 처리·보관·전송되는 타인의 정보를 훼손하거나 타인의 비밀을 침해·도용 또는 누설한 자에 대해서는 정보통신망이용촉진및정보보호등에관한법률(제49조, 제71조)이 우선 적용되므로 이 범위 내에서 형법의 적용은 배제된다.

(3) 주관적 구성요건요소

고의범이므로 봉함 기타 비밀장치된 타인의 편지·문서·도화를 개봉한다는 인식·의사 또는 기술적 수단을 이용하여 그 내용을 알아낸다는 인식·의사가 있어야 한다. 타인의 편지를 자기의 것으로 오인하고 개봉한 때에는 고의가 조각된다. 타인에게 온 편지임을 알면서 자기가 뜯어 볼 권한이 있다고 믿고 개봉한 때에는 고의는 존재하나 위법성의 착오로서 책임조각·감경의 문제가 된다.

(4) 위법성조각사유

비밀침해에 대한 피해자의 승낙이 있으면 구성요건해당성이 배제된다(양해). 편지 개봉 등 타인의 비밀을 지득할 권한이 법령에서 허용한 때에는 법령에 의한 정당행위가 된다. 수형자의 접견·서신수발에 참여·검열(형의집행및수용자의처우에관한법률 제41조, 제43조), 피고인의 우편물·전신에 대한 압수·제출명령(형사소송법 제107조, 제120조), 법규위반·환불불가능의 우편물개피(우편법 제28조, 제35조), 우편물 검열(통신비밀보호법 제3조), 우편물 압수(군사법원법 제147조) 등이다.

(5) 친고죄·고소권자

이 죄는 친고죄이다. 고소권자가 누구이냐에 대해서 발신자는 언제나 고소권자가 된다는 데에는 이견이 없다. 수신자에 대해서는 견해가 대립한다. ① 수신자도 항상 고소권을 갖는다는 견해(통설),[15] ② 수신자는 도달 이후부터 고소권자라는 견해,[16] ③ 수신자는 발신 이후부터 고소권자라는 견해[17] 등이 있다.

15) 정영석, 287면; 남흥우, 103면; 김종원, 148면; 정성근, 293면; 이형국, 288면; 강구진, 201면; 이재상, 227면; 김일수/서보학, 235면; 진계호, 257면; 배종대, 327면; 박상기, 226면; 임웅, 241면; 백형구, 407면; 오영근, 263면; 손동권, 239면; 정영일, 226면; 김성돈, 230면.

16) 이건호, 309면; 염정철, 352면; 이정원, 269면.

17) 황산덕, 248면 이하; 서일교, 89면.

발신 전후와 도달 전에도 편지의 내용에 수신자의 비밀이 포함되어 있으므로 발신자・수신자 모두 항상 고소권을 갖는다는 통설이 타당하다. 이 경우 그 어느 한 쪽이 고소하면 충분하고 쌍방이 고소할 필요는 없다.

2. 업무상 비밀누설죄

【구성요건・법정형】 ① 의사, 한의사, 치과의사, 약제사, 약종상, 조산사, 변호사, 변리사, 공인회계사, 공증인, 대서업자나 그 직무상 보조자 또는 차등의 직에 있던 자가 그 업무처리 중 지득한 타인의 비밀을 누설한 때에는 3년 이하의 징역이나 금고, 10년 이하의 자격정지 또는 700만원 이하의 벌금에 처한다(제317조 1항).

② 종교의 직에 있는 자 또는 있던 자가 그 직무상 지득한 사람의 비밀을 누설한 때에도 전항의 형과 같다(제317조 2항). 고소가 있어야 공소를 제기할 수 있다(제318조).

【특별법】 업무상 비밀누설죄를 별도로 처벌하는 특별법으로 부정경쟁방지및영업비밀보호에관한법률(제18조 1항), 금융실명거래및비밀보장에관한법률(제4조, 제6조), 우편법(제51조의2), 전기통신사업법(제83조 2항, 제94조 4호), 성폭력범죄의처벌등에관한특례법(제22조, 제39조), 공인중개사의업무및부동산거래신고에관한법률(제29조 2항, 제49조 1항 9호) 등이 있다.

(1) 의의・보호법익

의사・한의사 등 법문에 열거되어 있는 업무자가 업무처리 중 지득한 타인의 비밀 또는 직무상 지득한 사람의 비밀을 누설하는 범죄이다.

이 죄의 보호법익도 개인의 비밀이다. 다만 이 죄가 일정한 직업에 종사하는 자에 대해서만 성립하도록 한 취지에 비추어 일정한 직업에 종사하는 자가 그 업무처리 중에 지득한 타인의 비밀을 지켜줄 것이라는 일반인의 신뢰도 부차적인 보호법익으로 고려하였다고 본다.[18] 보호받는 정도는 추상적 위험범으로서의 보호이다.[19]

(2) 객관적 구성요건요소

1) 주 체 주체는 ① 의사・한의사・치과의사・약제사・약종상・조산사・변호사・변리사・공인회계사・공증인・대서업자 또는 그 보조자와 그 직

---

18) 정성근, 294면; 이형국, 282면; 이재상, 228면; 김일수/서보학, 235면; 진계호, 259면; 박상기, 227면; 임웅, 244면; 이정원, 270면; 정영일, 223면; 김성돈, 230면. 반대설은 배종대, 329면.

19) 구체적 위험범설은 김일수/서보학, 235면; 배종대, 329면; 손동권, 241면.

업에 종사하였던 자, ② 종교의 직에 있는 자와 그 직에 있던 자에 한하고, 여기에 열거되지 아니한 비신분자는 이 죄의 직접정범과 간접정범이 될 수 없는 진정신분범이다. 이 죄가 자수범이라는 견해가 다수설이다.[20] 그러나 행위주체가 그 정을 모르는 비신분자를 이용하여 간접정범으로 범할 수 있으므로 자수범은 아니라고 본다.[21]

공무원 또는 공무원이었던 자가 법령에 의한 직무상의 비밀을 누설한 때에는 공무상 비밀누설죄(제127조)가 성립하며, 외교상의 비밀을 누설한 때에는 외교상의 비밀누설죄(제113조)를 구성한다. 또 기업의 임·직원이었던 자가 기업에 유용한 기술상의 영업비밀을 누설한 때에는 부정경쟁방지및영업비밀보호에관한법률에 의해 처벌된다(동법 제18조). 그리고 이 죄의 주체로서 변호사 아닌 변호인(형사소송법 제31조) 또는 소송대리인(민사소송법 제88조)·세무사·공인된 카운슬러·신용정보회사 종업원을 규정하지 아니한 것은 입법의 불비라고 본다.

의사·한의사·치과의사는 의사면허 있는 자를 말하며, 수의사는 포함하지 않는다. 약제사·조산사도 면허 있는 자를 말하며, 약종상은 의약품 판매의 허가를 받은 자에 한한다. 변호사·변리사는 등록되어 있는 자에 한하며 공증인은 법무장관의 임명을 받은 자(공증인법 제11조)이다. 그 보조자란 의사의 조수, 변호사 사무소의 사무장 등을 말한다. 종교의 직은 승려·목사·전도사·신부 등 종교단체에서 사제(司祭)의 직무를 수행하는 자를 말한다.

2) 객 체　객체는 업무처리 중 또는 직무상 알게 된 타인의 비밀이다.

가) 비 밀　"비밀"이란 타인에게 알려지지 않은 사실 또는 특정인이나 제한된 범위의 사람에게만 알려져 있는 사실로서 타인에게 알려지지 않는 것이 본인의 이익이 되는 사실을 말한다. 경제적 이익임을 요하지 않는다. 이미 알려진 사실이라도 아직 알지 못하는 자에 대해서는 비밀이 된다. 공지의 사실은 비밀이라 할 수 없으나 세평(世評)에 올라 있더라도 아직 공지의 정도에 이르지 아니하면 비밀이 될 수 있다.[22]

---

20) 정성근, 294면; 이재상, 228면; 배종대, 329면; 임웅, 244면; 백형구, 408면; 정영일, 427면; 박상기, 227면.

21) 김일수/서보학, 236면; 오영근, 264면; 김성천/김형준, 356면; 손동권, 240면; 정영일, 223면; 김성돈, 231면.

22) 서일교, 90면; 김종원, 150면; 정성근, 295면; 이수성, 주석(하), 150면; 강구진, 202면; 이재상, 228면; 배종대, 330면 이하; 손동권, 240면; 정영일, 224면; 김성돈, 231면.

(a) 비밀의 주체 자연인 · 법인 · 법인격 없는 단체를 묻지 않으며, 자연인인 경우에는 생존자에 한한다.[23] 국가 또는 공공단체의 비밀은 제외된다. 개인의 비밀인 이상 그 내용은 문제되지 아니한다. 사생활은 물론 공적 생활에 관한 비밀도 상관없다.

(b) 비밀의 요건 비밀이 되기 위한 요건에 대해서 견해가 대립한다. ① 본인이 비밀로 하기를 원하는 의사가 있어야 한다는 주관설,[24] ② 객관적으로 비밀로 보호해야 할 이익이 있어야 한다는 객관설,[25] ③ 본인이 비밀로 할 것을 원할 뿐만 아니라 객관적으로 비밀로 할 이익이 있어야 한다는 절충설(통설)[26]이 있다.

이 죄는 사람의 비밀 자체를 보호하는 것이고, 가령 본인이 비밀로 할 것을 원하는 경우라도 그 사실이 타인에게 알려지지 않는데 대하여 객관적으로 상당한 이익이 없는 한 비밀로 보호할 가치가 없으므로 절충설이 타당하다고 해야 한다. 따라서 비밀유지의 이익은 주관적인 본인의 감정 · 의사를 제한하는 의미를 가진다고 해야 한다.

나) 업무처리중 · 직무상 지득한 비밀 비밀은 업무처리 중 또는 직무상 지득한 것에 한한다. 따라서 업무처리나 직무와 관계없이 알게 된 사실은 이 죄의 비밀에 해당하지 않는다. 그 지득한 기회나 방법 여하는 묻지 않는다. 본인의 명시 · 묵시의 고지에 의해서 지득하였건 자신의 실험 판단에 의하였건 상관없다. 또 비밀 전달자와 비밀 주체가 일치할 필요도 없다.

3) 행 위 행위는 누설하는 것이다.

가) 누 설 "누설"이란 비밀을 알지 못하는 사람에게 알게 하는 것을 말한다. 본인에게 알리는 것은 누설이 아니다. 상대방은 1인이건 다수인이건 상관없다. 방법 여하도 묻지 않는다. 구두고지, 서면통지, 서류열람에 의하든, 비밀을 기재한 서면을 방치하여 제3자가 열람하도록 부작위에 의한 누설도 가능하다. 공연히 비밀을 누설하여 사람의 명예를 훼손하면 이 죄와 명예훼손죄의 상

---

23) 황산덕, 249면.
24) 이건호, 307면; 정창운, 93면.
25) 남흥우, 104면.
26) 유기천(상), 163면; 황산덕, 250면; 서일교, 90면; 정영석, 301면; 김종원, 150면; 정성근, 296면; 이형국, 290면; 강구진, 203면; 이재상, 229면; 김일수/서보학, 237면; 진계호, 261면; 배종대, 330면; 박상기, 228면; 이정원, 272면; 임웅, 245면; 김성천/김형준, 357면; 오영근, 265면; 손동권, 240면; 김성돈, 231면.

상적 경합이 된다.

나) 기수시기 구체적 위험범설에 의하면 누설된 비밀이 상대방에게 도달한 때에 기수가 된다. 그러나 추상적 위험범설에 의하는 한 비밀을 누설한 때에 기수가 된다. 고지된 내용을 인식하였음을 요하지 않는다.

(3) 주관적 구성요건요소

고의가 있어야 한다. 신분에 대한 인식과 자기가 지득한 비밀을 누설한다는 인식・의사가 있어야 한다. 따라서 신분에 대한 착오가 있거나 지득한 사실이 타인의 비밀이 아니라고 오신한 때에는 구성요건적 착오로서 고의가 조각된다. 그러나 자기에게 누설할 권리가 있다고 믿고 누설한 때에는 위법성의 착오로서 제16조에 의해서 처리될 것이다.

(4) 위법성조각사유

누설행위에 대해서 정당한 이유가 있는 때에는 위법성이 조각된다.

1) 피해자의 동의 비밀의 주체가 누설에 대한 동의를 하면 위법성 조각이 아니라 구성요건해당성이 조각된다(양해)고 본다.

2) 정당행위 법령에 의하여 비밀의 고지가 의무로 되어 있는 경우(감염병의 예방및관리에관한법률 제11조 등) 기타 정당업무로 인한 경우(변호인의 변호권)에는 위법성이 조각된다.

3) 긴급피난・정당방위 생명・신체・자유에 대한 침해를 방위하거나 위난을 피하기 위해서 비밀을 누설한 때에도 위법성이 조각되는 경우가 있다.

4) 증언거부권 이 죄의 주체는 대부분 소송법상 증언거부권(형사소송법 제149조, 민사소송법 제286조)을 가지고 있으므로 증언거부권을 행사하지 아니하고 타인의 비밀에 관한 사항을 증언한 경우에 위법성이 조각되느냐에 대해서 견해가 대립한다. ① 증언거부권을 인정하는 소송법의 취지는 타인과 특수한 신뢰관계에 의하여 비밀을 털어 놓는 본인의 이익을 보호하는데 있으므로 거부할 수 있음에도 불구하고 자의로 증언하면 이 죄가 성립한다는 견해와[27] ② 소송법상의 이익과 비밀보호 이익을 형량하여 긴급피난이 되어 위법성이 조각된다는 견해가[28] 있다. 국법질서는 국민에게 모순되는 의무를 과할 수 없는 것이므로 증

27) 강구진, 204면; 이형국, 291면; 김일수/서보학, 240면.

28) 박상기, 229면; 이정원, 275면; 임웅, 247면, 오영근, 268면.

언거부권을 행사하지 아니하면 증언의무는 있으나 의무의 충돌이론에 의하여 위법성이 조각된다[29]고 본다.

제 2 절 주거침입의 죄

I. 총 설

1. 의의 · 보호법익

(1) 의 의

주거침입의 죄는 개인생활 또는 업무활동의 근거가 되는 일정한 구획된 장소의 평온과 안전을 침해하는 범죄이다. 주거는 개인생활의 본거(本據)로서 그 안전은 자유로운 인격발전과 행복추구를 위한 필수조건이므로 헌법은 기본권의 하나로 보장하고 있다(헌법 제16조). 형법은 헌법의 취지를 보장하기 위하여 주거 등의 평온과 안전을 침해하거나 위협을 주는 행위를 범죄로 처벌하기로 한 것이다.

> **【입법례】** 로마법과 게르만법은 주거의 안전을 침해하는 행위를 독립된 범죄로 인정하지 않았다. 1794년 프로이센 일반란트법이 개인의 주거에 불법침입하는 가택권침해죄(제525조 이하)를 규정함으로써 비로소 독립범죄로 인정받게 되었다. 그러나 1871년 독일 형법은 주거침입죄를 공공의 질서에 대한 범죄의 일종으로 소요죄(제125조)와 함께 규정(제123조)하여 현행 형법에 이르고 있다. 일본 형법도 이 죄를 사회적 법익에 대한 죄로 규정(제130조)하고 있는데, 독일과 일본의 통설은 개인적 법익에 대한 범죄로 파악하고 있다. 이에 대해서 프랑스 형법은 구형법 이래로 이 죄를 공무원의 직권남용죄(제432-8조)로 규정하고 있어 죄질이 애매한 범죄로 되어 있다. 그리고 영미법은 다른 범죄를 범할 목적으로 주거침입하는 경우에만 처벌한다.

---

29) 유기천(상), 165면; 황산덕, 250면; 서일교, 91면; 정영석, 289면; 김종원, 151면; 정성근, 298면; 이재상, 231면; 진계호, 263면; 배종대, 332면; 백형구, 412면; 정영일, 226면; 손동권, 242면; 김성돈, 233면.

(2) 보호법익

이 죄가 주거자의 인격적 법익을 보호하고 있다는데 대해서는 이견이 없다. 그러나 그 구체적 내용에 대해서는 견해가 대립한다.

1) **주거권설** 주거자의 주거권(Hausrecht)을 보호한다는 견해이다. 원래의 주거권설은 주거의 출입·수색에 대한 가장의 허가권의 의미로 이해하여, 가장의 주거권을 침해하는 범죄로 파악하였다(구주거권설). 그러나 이 의미의 주거권은 평등의 이념에 반하므로 구법하의 판례를 제외하고는 현재 주장자가 없다.

> **【판례】** 구법하의 판례는 처와 간통할 목적으로 처의 승낙을 받고 들어간 경우와[30] 처의 안내를 받고 그의 夫를 살해할 목적으로 주거에 들어간 경우[31]에 夫의 주거권을 침해하였다는 이유로 이 죄의 성립을 인정하였다.

현재의 주거권설은 사람이 주거 기타 생활영역의 공간을 확보하고 권한 없는 타인의 침해로부터 이를 방해받지 않을 권리(이익), 즉 주거 등 출입·체류에 대한 결정의 자유라는 인격적 자유권을 보호한다는 견해이다(신주거권설). 독일의 통설이고,[32] 우리나라 주거권설도[33] 이에 따른다. 이 견해는 주거권을 법적 권리의 일종으로 파악하여 사실상 주거를 관리하는 사람이나 공동주거자의 승낙을 받고 들어간 때에도 주거권자의 의사에 반한 주거권의 침해가 있으면 이 죄가 성립한다. 신주거권설에 대해서는 예컨대 임대차기간 만료 후에는 임차인이 주거 등을 사실상 평온하게 이용·관리·지배하고 있는 상태를 보호할 수 없고, 주거침입죄의 성부가 주거권자의 의사에 종속하여 다른 주거자의 승낙을 받고 들어간(사실상의 평온이 침해되지 않는) 경우에도 이 죄를 인정해야 하는 불합리성이 있다는 비판이 있다.

2) **사실상 평온설** 권리로서의 주거권이 아니라 그 주거를 지배하고 있는 공동생활자 모두의 사실상의 평온을 보호한다는 견해이다. 주거권은 권리로서의 성질이 불명하다는 점을 그 이유로 한다. 통설[34]과 판례[35]의 태도이다. 이

30) 朝高判, 1921. 6. 30. 총람 20. 1, 633면.
31) 朝高判, 1928. 11. 8, 총람 20. 1, 634면.
32) Vgl. Maurach/Schröder/Maiwald, BT 1, S. 303; Sch/Sch/Lenckner, StGB, §123 Rdn. 1.
33) 강구진, 189면; 이재상, 234면; 박상기, 232면; 이정원, 277면.
34) 유기천(상), 169면; 황산덕, 252면; 서일교, 92면; 정영석, 290면; 남흥우, 107면; 이건호, 271면; 김종원, 141면; 정성근, 302면; 이형국, 295면; 김일수/서보학, 242면; 배종대, 335면; 백형구, 394면; 김성천/김형준, 366면; 오영근, 272면; 손동권, 244면; 정영일, 230면; 김성돈,

견해에 대해서는 사실상의 평온을 향유한다는 의미는 단순한 사실관계만이 아니라 법적 관계일 수도 있고, 공동생활자 모두의 평온으로 파악하면 이 죄가 사회적 법익을 보호하는 것이 되어 부당하다는 비판이 있다.

3) 절충설 주거공간 내지 건조물에 대한 이용형태의 차이에 따라 개인의 사생활의 근거가 되는 주거공간(주택 · 연구실 · 하숙방 등)은 주거의 사실상의 평온을 보호하고, 공중이 자유로이 출입할 수 있는 영업장 등 공공장소(백화점 · 관공서 · 극장 · 음식점 등)는 업무상 비밀과 평온을 보호한다는 견해(구별설)이다.[36] 주거권과 사실상의 평온 모두 보호한다는 절충설(결합설)도 있다.[37]

구별설에 대해서는 주거의 기능이 혼용되는 경우가 많고, 이러한 구분 없어도 사실상의 평온을 보호함으로써 공공장소의 비밀도 보호되므로 구분의 필요가 없다. 결합설은 주거권설의 결함을 그대로 가진 것이라는 비판이 있다.

4) 결 어 주거를 지배하고 있는 사실관계가 법적 성질을 가졌다고 해서 주거권이라는 법적 권리가 바로 인정되는 것은 아니며, 주거침입죄는 주거 자체나 권리를 보호하는 것이 아니라 그 안에 사는 사람들의 사생활에 대한 사실상의 평온을 보호하려는 데에 입법의 취지가 있다고 해야 한다. 사생활의 평온을 보호하는 이상 사회적 법익이라 할 수 없다. 또 개인 주거와 공공장소의 사회적 기능을 규범적으로 명확히 구별하기 어렵고, 공공장소의 비밀은 사실상의 평온설에 의해서도 충분히 보호될 수 있으므로 양자 구별의 의미는 없다. 따라서 사실상 평온설이 타당하다. 보호받는 정도는 침해범으로서의 보호이며[38] 계속범이다.

2. 구성요건체계

주거침입의 죄는 두 가지 유형이 있다. ① 주거의 침입을 유형으로 하는 범죄로서 주거침입죄(제319조 1항)와 퇴거불응죄(제319조 2항)를 각각 독립범죄로 규정하고, 이에 대한 가중적 구성요건으로서 특수주거침입죄(제320조)를 규정하였고, ② 주거의 수색을 유형으로 하는 독립구성요건으로서 주거 · 신체수색죄(제

234면.

35) 대판, 1983. 3. 8, 82도1363; 대판, 1984. 4. 24, 83도1429; 대판, 1995. 9. 15, 94도2561.

36) 임웅, 249면.

37) 김일수, 한국형법Ⅲ, 472면; 진계호, 265면.

38) 위험범설은 이재상, 234면.

321조)를 규정하고 있다. 그리고 이상의 죄의 미수범은 처벌한다(제322조).

Ⅱ. 주거침입의 죄

1. 주거침입죄

> **【구성요건·법정형】** 사람의 주거, 관리하는 건조물, 선박이나 항공기 또는 점유하는 방실에 침입한 자는 3년 이하의 징역 또는 500만원 이하의 벌금에 처한다(제319조 1항). 미수범은 처벌한다(제322조).

(1) 의 의

단순 주거침입죄(Hausfreidensbruch)는 타인의 주거, 관리하는 건조물, 선박이나 항공기 또는 점유하는 방실에 침입하는 범죄이다. 침해범·계속범이다.

(2) 객관적 구성요건요소

1) 객 체 사람의 주거, 관리하는 건조물·선박·항공기 또는 점유하는 방실이다.

가) 사람의 주거 "주거"란 사람이 기거하고 침식에 사용되는 장소를 말한다(다수설).[39] 이에 대해서 사람이 일상생활을 영위하기 위하여 점거하는 장소이면 족하고, 반드시 침식에 사용하는 장소일 필요가 없다는 견해[40]도 있다. 그러나 형법은 점유하는 방실을 별도로 규정하고 있음에 비추어 다수설이 타당하다. 독일 형법 제123조가 점유하는 방실이 없고 주거라고 규정한 것과 다르다.

기거침식에 사용되는 것이면 별장, 선박, 차량, 토굴도 주거에 해당한다. 영구적으로 사용할 필요는 없으나 점유하는 방실과의 관계상 다소 시간적 계속성이 요구된다고 본다. 따라서 빌딩사무실, 실험실, 점포와 호텔·여관의 한 방과 같이 하룻밤 숙박이나 단시간의 휴식을 위해 사용되는 장소는 주거가 아니라 점유하는 방실에 해당한다. 주거에 항상 사람이 현존할 필요가 없으며, 주거의 설비·구조 여하도 묻지 않는다. 낮에만 기거하는 장소, 천막집, 판자집도 주거

---

39) 유기천(상), 171면; 황산덕, 252면; 서일교, 92면; 김종원, 141면; 정성근, 303면; 이형국, 296면; 김일수/서보학, 244면; 진계호, 266면 이하; 박상기, 233면; 임웅, 251면; 백형구, 395면; 오영근, 273면; 손동권, 246면; 정영일, 230면; 김성돈, 237면.

40) 정영석, 291면; 이건호, 272면; 강구진, 190면; 이재상, 235면; 배종대, 336면; 이정원, 280면.

에 해당한다. 그러나 주거라고 할 수 없는 야외의 토관, 가출실업자가 기거하고 있는 지하도는 주거가 아니다.

또 주거는 침식에 사용하는 건조물뿐만 아니라 구획된 일부, 부속된 정원도 주거에 포함된다.[41] 따라서 하숙집 · 고시원의 일실(一室), 주거용 차량(Wohnwagen), 건조물에 부속된 계단 · 복도 · 지하실도 주거에 포함된다. 건조물의 소유관계는 묻지 않으며, 적법하게 점거한 주거임을 요하지 않는다. 따라서 가옥임대차계약이 해지된 후에도 명도를 요구하기 위해서 임의로 들어가면 이 죄에 해당한다. 공동주거는 자신이 공동생활에서 이탈한 이후에는 타인의 주거가 되므로 가출한 자식이 강도의사로 아버지의 집에 침입하거나 별거중인 처가 남편의 아파트에 함부로 들어간 때에도 이 죄는 성립한다.

【판례】 주거침입죄에서 주거란 단순히 가옥 자체만을 말하는 것이 아니라 그 정원 등 위요지[42]를 포함한다. 따라서 다가구용 단독주택이나 다세대주택 · 연립주택 · 아파트 등 공동주택 안에서 공용으로 사용하는 계단과 복도는, 주거로 사용하는 각 가구 또는 세대의 전용 부분에 필수적으로 부속하는 부분으로서 그 거주자들에 의하여 일상생활에서 감시 · 관리가 예정되어 있고 사실상의 주거의 평온을 보호할 필요성이 있는 부분이므로, 특별한 사정이 없는 한 주거침입죄의 객체인 '사람의 주거'에 해당한다(대판, 2009. 8. 20, 2009도3452).[43]

나) 관리하는 건조물 · 선박 · 항공기

(a) 관 리 "관리"란 사실상 지배 보존하는 것을 말한다. 함부로 타인의 침입을 방지할 수 있는 인적(수위 · 경비원 · 관리인을 두는 것) · 물적(열쇠로 잠근 것, 못질해 둔 것) 설비가 있어야 한다. 반드시 출입 불가능 또는 곤란하게 할 설비임을 요하지 않으나 단지 출입금지의 입찰을 세워 둔 것만으로 관리라 할 수 없다. 또 근접한 장소에서 관리하고 있을 필요도 없다.

(b) 건조물 "건조물"이란 지붕이 있고 담 또는 기둥으로 받쳐져 토지에 정착한 것으로서 그 내부에 사람이 출입할 수 있는 주거 이외의 건축물을 말한

41) 대판, 1967. 12. 26, 67도1439.

42) 위요지가 되기 위하여는 건조물에 인접한 그 주변 토지로서 관리자가 외부와의 경계에 문과 담 등을 설치하여 그 토지가 건조물의 이용을 위하여 제공되었다는 것이 명확히 드러나야 한다(대판, 2005. 10. 7, 2005도535).

43) 다가구용 단독주택인 빌라의 잠기지 않은 대문을 열고 들어가 공용 계단으로 빌라 3층까지 올라갔다가 1층으로 내려온 사안에서, 주거침입죄를 구성하지 않는다고 본 원심판결을 파기한 사례.

다.[44] 빈집, 폐쇄된 별장, 창고, 공장, 관공서의 청사, 학교, 극장 등이 이에 해당한다. 건조물의 부속물과 정원도 포함한다. 청사의 출입구·복도, 본 건물과 지붕으로 연결된 역의 홈도 건조물에 해당한다. 그러나 사람이 출입할 수 없는 개집이나 토지에 정착되지 않은 캠핑 천막은 건조물이 아니다.

(c) 선 박 "선박"이란 수상교통의 수단으로 사용되는 제조물로서 그 크기는 묻지 않으나 이 죄의 성질상 사람의 주거에 상응하는 정도임을 요한다. 따라서 소형보트는 제외된다.

(d) 항공기 "항공기"란 사람의 조종에 의하여 공중을 운행하는 기기를 말한다. 비행기, 우주선, 우주왕복선 등이다.

다) 점유하는 방실 사실상 지배·관리하는 건조물 내의 구획된 장소나 축조물을 말하고 점포, 빌딩의 사무실·연구실, 투숙 중인 호텔이나 여관의 방·건축공사장의 임시가건물이 이에 해당한다. 가옥 일부의 방을 명도받은 경우 그 방도 점유하는 방실이라고 하는 판례가 있다.[45]

2) 행 위 행위는 침입이다.

가) 침 입 침입이란 주거자·관리자의 의사 또는 추정적 의사에 반하여 들어가는 것을 말한다. 공연히 또는 폭력적으로 침입하였는가는 묻지 않는다. 의사에 반해서 들어가면 평온·공연히 들어간 때에도 침입이 된다. 침입은 신체의 침입을 의미하므로 밖에서 돌을 던지거나 창문으로 들여다 보거나 전화를 계속 걸어오는 것은 침입이 되지 않는다. 학설 중 신체의 일부만 들어가도 침입이 된다는 견해[46]가 있고, 판례도 이 입장이다.[47] 독일의 통설은 일부침입설이다.[48] 그러나 미수범을 처벌하는 우리 형법의 해석상 신체의 전부가 들어간 때에 침입이 된다고 해야 한다(통설).[49] 침입은 외부로부터의 침입임을 요하고 처음부터 주거내에 있는 자는 그 후 범죄의사가 생긴 때에도 침입이 될 수 없다.[50] 따라서 죄수가 교도소 내의 다른 감방에 들어가거나 공무원이 권한없이

44) 대판, 1989. 2. 28, 88도2430.
45) 대판, 1965. 1. 25, 64도587.
46) 이건호, 274면; 남흥우, 111면; 김일수/서보학, 246면; 정영일, 232면.
47) 대판, 1995. 9. 15, 94도2561.
48) Maurach/Schröder/Maiwald, BT 1, S. 305; Bockelmann, BT 1, S. 156; Sch/Sch/Lenkner, StGB, §123, Rdn. 11.
49) 유기천(상), 174면; 정영석, 295면; 김종원, 114면; 정성근, 305면; 강구진, 195면; 이형국, 299면; 이재상, 236면; 박상기, 234면; 배종대, 338면; 백형구, 397면; 김성돈, 238면.
50) 대판, 1984. 2. 14, 83도2897.

상사의 방에 들어간 때에도 침입은 아니다.

나) 주거자 의사　침입은 주거자, 관리자의 의사 또는 추정적 의사에 반하여 들어가는 것이므로 주거자와 그 의사의 내용이 중요한 의미를 갖는다.

(a) 주거자　주거에 대한 출입과 체류를 허용할 수 있는 주거자, 관리자, 점유자를 말한다. 관리자는 현실로 감시하고 있는 경우뿐만 아니라, 예컨대 회사 사장은 퇴청후에도 관리자가 된다. 반드시 소유자이거나 직접 점유자일 필요가 없고, 사실상 주거, 점유, 관리하고 있으면 주거자이다. 주거자는 적법한 점유개시로 거주하면 족하고 계속 거주·점유할 권리가 있는가는 문제되지 않는다. 그러나 애당초 위법하게 주거를 점유한 자는 주거자라 할 수 없다. 주거자의 부탁으로 일시적으로 출입구를 지키고 있는 자도 원칙적으로 주거자에 포함되지 않는다. 이러한 자의 동의로 출입한 때에도 주거자의 의사에 반하면 침입이 된다. 주거자가 주거 출입을 타인에게 위탁한 때에는 위탁의 범위 내에서 이 죄는 성립하지 아니한다. 가정부에게 집을 맡긴 경우이다.

(b) 차가(借家)의 주거자　임대차 계약에 의하여 거주하는 자도 주거자가 된다. 임대차 기간이 종료하여 임차인의 점유권이 소멸한 때에도 임차인이 계속 거주하고 있으면 주거자가 된다. 이 경우 임차인이 계속 거주하고 있는 주거에 소유자가 마음대로 출입하면 주거침입이 되며, 반대로 임차인이 소유자가 폐쇄한 출입구를 뜯고 주택에 들어갔다 하여도 이 죄는 성립하지 않는다.[51] 다만 호텔·여관의 방실에 대하여는 투숙자·소유자 모두 제3자에 대해서 동의자가 될 수 있다.

(c) 수인의 주거자　같은 주거에 여러 사람이 함께 거주할 때에는 각자 모두 공동사용 부분에 대하여 동의할 수 있는 주거자가 된다. 같은 집에 거주하는 부부, 같은 방의 하숙생, 한 집에 여러 세대가 사는 경우이다. 다만 다른 공동 주거자의 평온을 해할 수 없으므로 다른 공동 주거자의 승낙 또는 추정적 승낙은 있어야 한다. 따라서 부부는 일방의 부재중에 손님을 초대하여도 추정적 승낙이 있다고 할 수 있지만, 처가 간통목적으로 타인을 들어오게 한 경우에는 남편의 추정적 승낙이 있다고 할 수 없으므로 주거침입죄가 성립한다고[52] 본다. 판례도 같은 태도이다.[53]

---

51) 대판, 1973. 6. 26, 73도460; 대판, 1985. 3. 26, 85도122.

52) 이재상, 238면; 박상기, 237면; 정영일, 234면. 이에 반하여 남편이 '부재중'인한 남편의 개인

(d) 의 사 　주거자·관리자의 의사는 명시적임을 요하지 않고, 주위사정으로 미루어 추정할 수 있으면 묵시적 승낙도 무방하다.[54] 다만 이 때의 의사표시는 자유로운 진의에 의한 것이어야 하므로 기망에 의한 승낙은 유효한 승낙이라고 할 수 없다(다수설).[55] 따라서 입장권 없는 출입, 대리시험을 치기 위한 고사장 출입,[56] 사무실에 몰래 도청장치를 설치하기 위한 출입[57]은 형식적인 승낙이 있어도 침입이 된다.

aa) 범죄목적 　평소 무상으로 출입할 수 있는 자가 절도,[58] 강도,[59] 폭행[60] 등 범죄의 목적으로 들어간 때에는 주거자의 승낙이 있다고 할 수 없으므로 침입이 된다(다수설). 그러나 진의에 의한 승낙이 있으면 침입이 아니다. 증뢰의 목적으로 공무원의 집을 방문한 경우가 그 예이다.

bb) 공공장소 　공중의 출입이 개방된 관공서 청사, 역, 백화점, 은행, 슈퍼마켓, 음식점, 호텔에 들어가는 경우에는 건물 소유자·관리인의 의사 또는 추정적 의사에 반하지 않는다. 공공장소에 범죄목적으로 들어간 경우에 주거침입이 되느냐에 대해서 이를 긍정하는 견해[61]가 있고, 판례도[62] 도청장치 설치목적으로 음식점에 들어간 경우에 주거침입죄를 인정한다. 그러나 일반적으로 출입의 자유가 허용된 장소가 목적이 불법하다는 이유만으로 침입이 되거나 평온을 해한다고 할 수 없으므로 주거침입은 아니라고 해야 한다(다수설).[63] 다만

적 주거의 '사실상의 평온'이 침해되지 않는다는 이유로 주거침입죄의 성립을 부정하는 견해가 다수설이다(정영석, 305면; 김종원, 143면; 이형국, 298면; 김일수/서보학, 247면; 배종대, 340면; 진계호, 270면; 임웅, 255~256면; 백형구, 396면; 오영근, 277면).

53) 대판, 1984. 6. 26, 83도685; 대판, 1969. 9. 23, 69도1130.

54) 대판, 1993. 3. 23, 92도4550; 대판, 1995. 9. 15, 90도3336; 대판, 2003. 5. 30, 2003도1256.

55) 황산덕, 250면; 정영석, 307면; 김종원, 143면; 이형국, 298면; 배종대, 341면; 백형구, 396면; 오영근, 278면; 손동권; 248면 이하. 이에 반하여 주거침입죄에서의 승낙은 구성요건해당성을 조각하는 '양해'이므로 위법성을 조각하는 승낙과는 달리 기망·착오와 같은 의사표시의 흠결은 그 효력에 영향을 미치지 않기 때문에 유효한 승낙이 된다는 견해도 있다(이재상, 241면; 임웅, 253면; 박상기, 235면; 이정원, 285면; 김성천/김형준, 376면; 김성돈, 239면).

56) 대판, 1967. 12. 19, 67도1281.

57) 대판, 1979. 10. 13, 79도1882.

58) 대판, 1983. 7. 12, 83도1394.

59) 대판, 1952. 5. 20, 4285형상80.

60) 대판, 1955. 12. 23, 4288형상25.

61) 서일교, 95면; 유기천(상), 174면; 정영석, 306면; 신동운, 주석(상), 670면; 김성돈, 240면.

62) 대판, 1997. 3. 28, 95도2674(소위 초원복국집 사건).

63) 정성근, 306면; 강구진, 194면; 이재상, 241면; 김일수/서보학, 249면; 박상기, 236면; 배종대, 342면; 진계호, 269면; 임웅, 254면; 백형구, 397면; 이정원, 286면; 김성천/김형준, 378면; 손동권, 250면; 정영일, 235면.

공중의 출입이 개방된 장소라도 출입이 금지된 시간·장소에 들어가거나 침입방법 자체가 복면 또는 흉기를 휴대하였거나 집단 난입이나 담벽을 넘어 창문을 통해[64] 들어가는 등 일반적 출입이 아닌 때에는 침입이 된다.[65]

다) 부작위에 의한 침입　부작위에 의해서도 침입이 가능하다.[66] 주거에 대한 보증인이 제3자의 침입을 방지하지 않거나 주거자의 의사에 반하여 침입하는 것을 알면서 그대로 방치하면 부작위에 의한 주거침입이 된다(다수설). 부작위에 의한 침입은 주거자의 퇴거요구가 없다는 점에서 퇴거불응죄와 구별된다.

라) 기수시기　판례는 신체의 일부만 주거에 들어가면 기수가 된다[67]고 하고 있으나 신체가 완전히 주거에 들어간 때에 기수가 된다고 본다(통설). 다만 이 죄는 계속범이므로 주거의 평온이 침해된 상태가 어느 정도 계속되어야 한다. 침입이 성립한 이상, 그 후 퇴거시키더라도 이 죄 이외에 퇴거불응죄는 성립하지 않는다. 신체의 일부만 들어간 경우, 침입하기 위해서 자물쇠를 파괴하였으나 들어가지 못한 경우, 담을 넘다가 붙들린 경우는 미수범이 된다.

【판례】 주거침입죄의 실행의 착수는 주거자, 관리자, 점유자 등의 의사에 반하여 주거나 관리하는 건조물 등에 들어가는 행위 즉 구성요건의 일부를 실현하는 행위까지 요구하는 것은 아니지만, 주거침입의 범의로 예컨대, 주거로 들어가는 문의 시정장치를 부수거나 문을 여는 등 침입을 위한 구체적 행위를 시작함으로써 범죄구성요건의 실현에 이르는 현실적 위험성을 포함하는 행위를 개시할 것을 요한다(대판, 2008. 3. 27, 2008도917).[68]

(3) 주관적 구성요건요소

고의가 있어야 한다. 주거자·관리자·점유자의 의사 또는 추정적 의사에 반하여 타인의 주거 등 공간에 들어간다는 인식·의사가 있어야 한다. 이 인식이 없으면 구성요건적 착오로 고의가 조각된다. 이에 대해서 주거에 들어갈 정당한 권리가 있다고 오인한 때에는 위법성의 착오가 된다.

---

64) 대판, 1990. 9. 13, 90도173.

65) 대판, 1995. 9. 15, 94도3336.

66) 반대설은 주거침입에 대한 방조범이 된다고 한다. 이정원, 287면; 백형구, 397면.

67) 대판, 1995. 9. 15, 94도2561(창문을 열고 얼굴을 들이민 때 기수인정).

68) 야간에 다세대주택에 침입하여 물건을 절취하기 위하여 가스배관을 타고 오르다가 순찰 중이던 경찰관에게 발각되어 그냥 뛰어내렸다면, 야간주거침입절도죄의 실행의 착수에 이르지 못했다고 한 사례.

(4) 위법성조각사유

주거침입행위는 일정한 요건하에서 구성요건해당성이 없거나 위법성이 조각된다.

1) 피해자의 동의 이 죄는 주거자의 의사 또는 추정적 의사에 반한 경우에만 구성요건에 해당할 수 있으므로 진의에 의한 동의 또는 추정적 승낙이 있으면 구성요건해당성이 부정된다(諒解). 외출 중인 이웃집의 화재진압을 위해서 그 집에 들어간 때에는 추정적 승낙이 있는 경우이다.

2) 정당행위 피해자의 의사에 반할지라도 법령에 의한 행위는 정당행위로서 위법성이 조각된다. 형사소송법과 민사집행법에 의한 강제처분 · 강제집행은 물론, 노동쟁의 중 단체교섭을 위해서 사무소에 들어가더라도 권한남용이 없는 한 정당행위가 된다. 은닉장물을 발견하기 위해서 함부로 주거에 들어가거나 개인이 현행범을 체포하기 위해서[69] 임의로 타인 주거에 들어가면 이 죄를 구성한다. 채권변제를 받기 위해 채무자의 집에 임의로 들어가는 경우도 위법이 되는 경우가 있다. 그러나 사회상규에 반하지 않으면 위법성이 조각된다. 판례는 시비를 따지기 위하여 동네 부녀 10명과 작당하여 야간에 주거에 들어간 경우에 주거침입죄를 인정한다.[70]

3) 긴급피난 맹견의 추적을 받고 있는 자가 타인의 가옥에 몸을 피한 경우는 위법성이 조각된다.

(5) 죄수 · 타죄와의 관계

1) 죄 수 이 죄는 주거에 침입함으로써 성립하고 퇴거한 때에 종료하므로 그 후 다시 침입하면 별도의 주거침입이 된다.

2) 타죄와의 관계 주거침입을 위한 수단으로 범한 손괴죄 · 폭행죄는 상상적 경합이 된다. 주거침입시에 범한 다른 범죄와 주거침입죄는 경합범이 된다. 따라서 살인 · 상해 · 절도 · 강도 · 강간을 위하여 주거침입하면 그 죄는 경합범이 된다. 다만 야간주거침입절도(제330조) 및 특수절도죄(제331조)의 경우는 주거침입이 구성요건요소이므로 별도로 주거침입을 논할 필요가 없다. 이 두 죄를 상습으로 범하여 특가법 제5조의4에 해당한 때에는 주거침입죄는 동 죄에 흡

69) 대판, 1965. 12. 21, 65도899.
70) 대판, 1983. 10. 11, 83도2230.

수되고 가중처벌된다.[71)]

3) 특별형법 상습으로 이 죄를 범하거나 2인 이상이 공동하여 이 죄를 범한 때에는 폭력행위등처벌에관한법률 제2조에 의하여, 단체나 다중의 위력을 보이거나 단체나 다중의 위력을 가장하여 또는 흉기 기타 위험한 물건을 휴대하여 주거침입죄(퇴거불응죄)를 범한 때에는 동법 제3조에 의하여 가중처벌된다.

2. 퇴거불응죄

> **【구성요건 · 법정형】** 전항(주거침입)의 장소에서 퇴거요구를 받고 응하지 아니한 자도 전항의 형과 같다(제319조 2항).

(1) 의 의

사람의 주거, 관리하는 건조물, 선박, 항공기 또는 점유하는 방실에서 퇴거요구를 받고 응하지 아니함으로써 성립하는 범죄이다.

주거자의 퇴거요구를 받고 이에 응하지 아니하는 행위를 처벌하기 위한 진정부작위범이며, 퇴거할 때까지 계속하는 계속범이고 침해범 · 거동범이다. 상습으로 이 죄를 범하거나 2인 이상이 공동하여 또는 단체 · 다중의 위력으로 범한 때에는 폭력행위등처벌에관한법률 제2조 및 제3조에 의해 가중처벌된다.

(2) 구성요건요소

1) 주체 · 객체 주체는 퇴거를 요구받고 퇴거하지 않는 자이다. 즉, 타인의 주거, 관리하는 건조물, 선박, 항공기 또는 점유하는 방실에 적법하게 또는 과실로 들어간 후 주거자 · 관리자 · 점유자의 퇴거요구에 불응하는 모든 자이다. 객체는 주거침입죄의 그것과 같다.

2) 행 위 행위는 퇴거를 요구받고 퇴거하지 아니하는 것이다.

퇴거요구를 받고 퇴거하지 않는 부작위 자체가 범죄로 되므로 애당초 주거자의 의사에 반하여 들어간 때에는 퇴거요구가 있어도 주거침입죄가 될 뿐이다.

(a) 퇴거요구자 퇴거요구는 주거자 · 관리자 · 점유자 또는 이러한 자의 위임을 받은 자에 한한다. 주거자인 이상 주거에 대한 법적 권한이 없는 자도 퇴거요구를 할 수 있다. 따라서 임대차계약해지 후 계속 주거하는 자도 퇴거요

---

71) 대판(전원합의체), 1984. 12. 26, 84도1573. 단 주거침입죄와 경합범이 된다는 견해는 김일수/서보학, 253면.

구자이다. 다만 권리자라도 사회관념상 합리성을 인정받을 수 없는 정도의 퇴거요구를 할 수 없다고 본다. 예컨대 채권자가 변제청구를 위하여 주거의 안전을 해하지 않는 정도에서 채무자의 주거에 머무는 경우에는 채무자의 퇴거요구가 있는 때에도 이 죄를 구성하지 않는다. 그러나 채권자가 장기간에 걸쳐 농성전술로 주거의 평온을 해할 때에는 이 죄를 구성한다.

판례는 예배방해의 목적으로 교회에 들어 온 자에 대한 교회 당회의 퇴거요구와[72] 폐쇄된 직장을 점거한 근로자에 대하여 사용자의 퇴거요구[73]에 불응한 때에 이 죄의 성립을 인정한다.

(b) 요 구　요구는 1회로써 충분하고 반복할 필요는 없으나 명시적임을 요한다고 본다.[74] 적극적인 침해가 아니므로 적법으로 들어간 자에 대해서는 퇴거의사가 분명해야 하기 때문이다. 퇴거요구가 공법상 또는 사법상의 권리에 의하여 제한되는 경우가 있다. 예컨대 음식점에서 식사하고 있는 사람은 식사를 마칠 때까지 퇴거요구에 응할 필요가 없다.

(c) 기수시기　퇴거요구를 받고 즉시 응하지 않음으로써 기수가 된다고 본다.[75] 이에 대하여 퇴거요구를 받고 이에 응하지 아니하는 것은 실행의 착수이며, 퇴거에 필요한 시간이 경과함으로써 기수가 된다는 견해도 있다.[76] 그러나 이 죄는 거동범이므로 미수범을 상상하기 어렵다(다수설). 따라서 이 장(章)의 미수범 처벌규정은 이 죄에 적용되지 않는다고 본다. 다만 이 죄는 부작위범이므로 퇴거에 응할 수 있어야 한다. 퇴거할 수 있는 상태에서 퇴거하지 않는 때에만 기수가 된다. 따라서 달리는 차에서 내리라고 하거나 해고된 노무자가 자기 물건을 정리하고 있는 동안, 또는 옷을 벗고 있는 사람에게 나가라고 해서 즉시 기수가 되지 않는다.

---

72) 대판, 1992. 4. 28, 91도2309.
73) 대판, 1991. 8. 13, 91도1324.
74) 정성근, 311면; 배종대, 346면; 임웅, 260면. 다수설은 묵시적으로 가능하다고 본다. 정영석, 295면; 강구진, 195면; 이재상, 244면 이하; 김일수/서보학, 254면; 진계호, 273면; 손동권, 256면.
75) 황산덕, 257면; 서일교, 69면; 정성근, 311면; 이형국, 302면; 강구진, 196면; 이재상, 244면; 진계호, 274면; 배종대, 347면; 박상기, 239면; 이정원, 288면; 손동권, 257면; 김성돈, 245면.
76) 이건호, 276면; 정창운, 90면; 김종원, 144면; 임웅, 261면(이 입장에서는 퇴거불응죄의 미수범성립을 인정한다); 오영근, 286면.

3. 특수주거침입죄

【구성요건 · 법정형】 단체 또는 다중의 위력을 보이거나 위험한 물건을 휴대하여 전조(주거침입 · 퇴거불응)의 죄를 범한 때에는 5년 이하의 징역에 처한다(제320조). 미수범은 처벌한다(제322조).

이 죄는 주거침입죄와 퇴거불응죄에 대하여 행위태양에서 불법이 가중되는 가중적 구성요건이다.

단체 또는 다중의 경우에는 그 모두가 주거에 침입할 필요가 없으며, 1인이 침입한 때에도 이 죄는 성립한다. 위험한 물건은 처음부터 휴대하였거나 침입한 후 그 집에 있는 위험한 물건을 휴대해도 상관없다. 또 위험한 물건을 상대방에 꺼내 보이거나 피해자가 인식하였음을 요하지 않는다.

이 죄에 대해서는 폭력행위등처벌에관한법률 제3조가 우선 적용된다. 폭력행위등처벌에관한법률은 이외에 단체나 집단을 가장하여 위력을 보이고 이 죄를 범하거나 상습으로 이 죄를 범한 때에도 가중처벌한다.

4. 주거 · 신체수색죄

【구성요건 · 법정형】 사람의 신체, 주거, 관리하는 건조물, 자동차, 선박이나 항공기 또는 점유하는 방실을 수색한 자는 3년 이하의 징역에 처한다(제321조). 미수범은 처벌한다(제322조).

이 죄는 주거의 평온뿐만 아니라 신체의 불가침성도 보호법익이 되는 독립구성요건이다. 적법하게 주거 등에 들어간 자가 불법하게 객체를 수색하는 경우에 성립하며, 애당초 위법한 침입일 때에는 이 죄와 주거침입죄의 경합범이 된다. 정당한 수색(형사소송법 제109조, 제137조 등)은 위법성이 조각되며, 피해자의 동의가 있으면 구성요건해당성이 부정된다. “수색”은 사람 또는 물건을 발견하기 위하여 사람의 신체 또는 일정한 장소를 조사하는 일체의 행위를 말한다. 절도나 강도의 목적으로 주거에 침입하여 금품을 물색하는 경우의 수색행위는 절취행위 또는 강취행위에 흡수된다. 이 죄의 미수범은 처벌한다. 수색을 개시한 때 실행의 착수가 있고 주거의 평온 · 신체안전이 침해된 때 기수가 된다.

제 3 편
재산적 법익에 대한 죄

재산적 법익에 대한 죄

재산적 법익에 대한 죄란 개인적 법익에 관한 죄 중에서 개인의 재산을 보호하기 위한 범죄를 말하며, 재산죄라고 한다. 국민의 재산권은 자본주의 경제질서의 근간인 동시에 국민이 인간다운 생활을 하기 위한 필수조건이다. 따라서 헌법은 국가뿐만 아니라 개개의 국민도 타인의 재산권을 함부로 침해하지 못하도록 이를 기본권(헌법 제23조 1항)으로서 보장하고 있다. 형법도 헌법의 취지를 담보하기 위해서 타인의 재산을 침해하는 행위를 범죄로 규정한 것이다.

재산적 법익에 대한 죄는 여러 관점에서 분류할 수 있으나, 형법은 행위객체와 행위태양에 따라 절도와 강도의 죄(제38장), 사기와 공갈의 죄(제39장), 횡령과 배임의 죄(제40장), 장물에 관한 죄(제41장), 손괴의 죄(제42장) 및 권리행사방해죄(제37장)를 규정하고 있다. 그리고 재산죄의 객체인 재산은 유형적 재산과 무형적 재산으로 대별할 수 있지만 형법은 '재물'과 '재산상의 이익'으로 나누어 보호하고 있다. 다만, 권리행사방해죄는 재물이라는 용어 대신에 '물건'이라는 표현을 사용하고 있다.

절도와 강도의 죄는 타인의 재물이나 재산상의 이익을 그 의사에 반하여 탈취하는데 특색이 있으며, 사기와 공갈의 죄는 상대방의 하자있는 의사에 의하여 재물을 교부받거나 또는 재산상의 이익을 취득(편취)한다는 점에 특색이 있고, 횡령과 배임의 죄는 신뢰관계에 위배하여 재물을 영득하거나 재산상의 이익을 취득한다는 점에 특색이 있고, 손괴죄는 재물을 취득하는 것이 아니라 재물 그 자체를 훼멸 내지 효용가치를 해하는 데에 특색이 있다. 장물죄는 장물을 취득・양도・운반・보관하거나 이러한 행위를 알선하는 범죄를 말하는데, 형법은 이를 독립된 재산범죄로 규정하고 있다. 그리고 권리행사방해죄는 소유권 이외의 재산권, 즉 제한물권과 채권을 보호하기 위한 범죄라는 점에서 일반의 재산죄와 구별되지만 광의의 재산죄에 속한다.

제 1 장 재산죄 일반론

제 1 절 재산죄의 기초이론

1. 재산죄의 의의

재산죄(Vermögensdelikte)란 개인의 재산적 법익을 침해하는 범죄를 말한다. 국민의 재산권은 자본주의 경제질서의 근간인 동시에 국민이 인간다운 생활을 하기 위한 필수조건이다. 따라서 헌법은 국가뿐만 아니라 개개의 국민도 타인의 재산을 함부로 침해하지 못하도록 이를 기본권(헌법 제23조 1항)으로서 보장하고 있다. 형법도 재산권 보장에 관한 헌법의 취지를 담보하기 위해서 타인의 재산을 침해하는 행위를 범죄로 규정하고 있다.

재산에 대한 형법적 보호는 주로 형법전의 재산죄에 관한 규정(제323조~제372조)을 통해서 이루어진다.[1] 형법에 규정되어 있는 재산죄를 유형별로 세분하면 절도의 죄 · 강도의 죄 · 사기의 죄 · 공갈의 죄 · 횡령의 죄 · 배임의 죄 · 장물의 죄 · 손괴의 죄 · 권리행사방해죄 등 9가지로 나눌 수 있다. 그리고 재산은 유형적 재산과 무형적 재산으로 대별할 수 있지만 형법은 "재물"과 "재산상의 이익"으로 나누어 보호하고 있다. 다만 광의의 재산죄인 권리행사방해죄에서는 재물이라는 용어 대신에 "물건"이라는 표현을 사용하고 있다.

---

1) 재산을 보호하는 형벌법규는 형법전 이외에도 특별형법, 행정형법 영역에 산재해 있다. 대표적 예로 특정범죄가중처벌등에관한법률상의 상습성 있는 절도 · 강도 · 강도상해(제5조의4 · 5), 특정경제범죄가중처벌등에관한법률상의 사기 · 공갈 · 횡령 · 배임(제3조), 상법상의 특별배임과 회사재산을 위태롭게 하는 행위(제622조 내지 제625조), 채무자회생및파산에관한법률의 사기파산(제650조), 무체재산권 보호를 위한 특허법(제225조), 실용신안법(제45조), 디자인보호법(제82조), 상표법(제93조), 저작권법(제136조 이하), 기업의 영업비밀보호에 관해서는 부정경쟁방지및영업비밀보호에관한법률(제18조), 신용카드 보호를 위한 여신전문금융업법(제70조 이하) 등을 들 수 있다.

2. 재산죄의 분류

재산죄는 여러 관점에서 분류할 수 있으나,[2] 일반적으로 행위의 객체, 영득의 유무, 침해방법에 따라 구별한다.[3]

(1) 재물죄와 이득죄

재산죄의 행위객체를 기준으로 한 구별이다. 재물죄(財物罪)는 개개의 재물을 객체로 하는 범죄이며, 절도죄·횡령죄·장물죄·손괴죄가 이에 속한다. 이득죄(利得罪)는 전체로서의 재산상의 이익을 객체로 하는 범죄로 이익죄라고도 한다. 배임죄가 그 전형이지만 컴퓨터등사용사기죄도 이득죄에 해당한다. 그리고 강도죄·사기죄·공갈죄는 재물과 재산상의 이익을 모두 객체로 하고 있으므로 재물죄인 동시에 이득죄이다.

(2) 영득죄와 훼기죄

행위자의 영득의 유무 또는 영득의 의사 유무에 따른 구별이다. 영득죄(領得罪)는 타인의 재물을 자기의 것으로 영득 또는 불법영득의 의사를 실현하는 범죄로, 절도죄·강도죄·사기죄·공갈죄·횡령죄·장물죄가 이에 속한다.[4] 훼기죄(毁棄罪)는 재물을 영득하는 것이 아니라 재물 자체 또는 그 효용가치를 훼손하는 범죄로 손괴죄가 이에 해당한다. 영득죄는 영득의 의사를 요건으로 한다는 것이 통설이지만 영득의 의사는 고의 내용에 포함된다는 부정설에서도 영득 유무로 영득죄와 훼기죄를 구별할 수 있다.

---

2) 재산죄를 개별재산에 대한 죄와 전체재산에 대한 죄로(김종원, 172면), 소유권 보호범죄와 재산 보호범죄(김일수, 222면 이하)로 구별하기도 한다.

3) 이 외에 보호법익에 따른 구분으로, ① 소유권을 보호하는 재산죄(절도죄, 횡령죄, 손괴죄), ② 소유권 이외의 물권·채권을 보호하는 재산죄(권리행사방해죄, 자동차등 불법사용죄, 점유강취죄, 강제집행면탈죄 등), ③ 전체로서 재산권을 보호하는 재산죄(강도죄, 사기죄, 배임죄, 장물죄, 부당이득죄 등)를 분류하기도 한다(김일수/서보학, 263면 이하; 배종대, 350면). 절도죄의 보호법익을 소유권이라는 전제에서만 소유권 침해범죄라고 할 수 있지만 소유권 외에 점유까지 절도죄의 보호법익으로 보는 입장에서는 타당한 분류라 할 수 없다. 그리고 이러한 구별 자체를 부정하는 견해(백형구, 118면)도 있다.

4) 영득죄의 범위에 대해서 장물죄를 영득죄에 포함시키지 않는 견해(정영석, 306면; 강구진, 255면; 이재상, 246면; 박상기, 242면; 임웅, 267면; 손동권, 260면)와 포함시키는 견해(이건호, 316면; 서일교, 130면; 정성근, 319면; 진계호, 278면; 김일수/서보학, 265면; 배종대, 349면 이하; 정영일, 248면)가 대립하고 있다.

(3) 탈취죄와 편취죄

재산죄의 침해방법에 따른 구별이다. 탈취죄(奪取罪)는 타인의 의사에 반하여 그 재산(재물 또는 재산의 이익)을 취득(또는 이전)하는 것으로 절도죄·강도죄·횡령죄·장물죄가 여기에 속한다. 그리고 탈취죄는 다시 그 객체가 타인의 지배하에 있는 재산죄(절도죄, 강도죄, 장물죄)와[5] 타인의 지배하에 있지 않는 횡령죄로 구별한다.

편취죄(騙取罪)는 타인의 하자 있는 의사에 의하여 재산(재물 또는 재산상의 이익)을 취득하는 것으로 사기죄와 공갈죄가 여기에 속한다.

> 이에 대해서 불법영득의 의사불요설에서는 재산에 대한 "지배상태 유무"에 따라 타인이 지배하는 재산을 취득하는 탈취죄(절도죄, 강도죄, 사기죄, 공갈죄, 장물죄)와 타인 지배가 없는 재물을 취득하는 횡령죄로 크게 구별하고, 탈취죄는 다시 타인의사에 반하여 취득하는 도취죄(절도죄, 강도죄, 장물죄)와 타인의사에 반하지 않고 하자 있는 의사에 의하여 취득하는 교부죄(사기죄, 공갈죄)로 구별하기도 한다.

제 2 절 재물과 재산상의 이익

재산에 대한 형법적 보호는 형법이 보호해야 할 재산을 어떠한 종류·성질을 가진 것으로 한정할 것인가라는 형태로 나타난다. 형법은 재산죄의 행위 객체를 규정함에 있어서 재물과 재산상의 이익을 구별하여 규정하고 있으므로, 재물과 재산상의 이익의 개념과 성질을 어떻게 파악할 것이냐는 재산죄를 이해하기 위한 출발점이라 할 수 있다.

---

5) 탈취죄의 범위에 대해서도 장물죄를 포함시키는 견해(정성근, 319면; 이재상, 247면; 김일수/서보학, 265면; 배종대, 350면; 박상기, 242면; 진계호, 278면; 정영일, 248면)와 포함시키지 않는 견해(정영석, 304면; 이건호, 316면; 임웅, 268면; 손동권, 260면; 오영근, 291면)가 있다.

Ⅰ. 재 물

형법상의 재물은 일반적으로 민법상의 물건과 같은 의미로 사용된다. 그러나 민법(제98조)은 "전기 기타 관리할 수 있는 자연력"을 당연히 물건이라 함에 대해서, 형법(제346조)은 "관리할 수 있는 동력은 재물로 간주한다"고 하고 있으므로 관리가능한 동력의 재물성 여부와 그 내용에 대해서 견해가 대립한다. 또 재산죄의 종류에 따라 재물의 개념을 상대적으로 파악하기도 하므로 재물의 개념을 확정할 필요가 있다.

1. 유체성설과 관리가능성설

(1) 유체성설

형법상의 재물은 일정한 공간을 차지하고 있는 물체, 즉 유체물에 한한다는 견해이다.[6] 따라서 전기 기타 에너지는 무체물이므로 재물이 아니라고 한다. 이 견해의 주요논거로, ① 형법 제346조에서 "간주한다"는 규정을 둔 것은 유체성설을 전제로 한 예외규정이라 해야 하고, ② 무체물에 대한 장물취득, 절취, 강취, 횡령은 불가능하므로 재물의 범위를 무체물에까지 확장하는 것은 죄형법정주의에 반한다는 점 등을 들고 있다.

(2) 관리가능성설

사람이 관리할 수 있는 것이면 유체물뿐만 아니라 전기 기타 에너지와 같은 무체물도 재물이 된다는 견해로, 우리나라 현재의 다수설이다.[7] 여기의 관리가능은 물리적 관리가능을 의미하며 채권과 같은 사무적·법률적 관리가능한 것은 제외된다. 이 견해의 주요논거로, ① 유체물은 그 물질성 때문에 재물이 되는 것이 아니라 사람이 관리가능한 것이기 때문에 재물성이 인정되는 것이고, ② 민법에서 관리가능한 자연력을 물건이라 하고 있음에도 불구하고 형법이 특

6) 이근상, 242면; 강구진, 243면; 김일수/서보학, 274면; 배종대, 355면; 박상기, 244면; 이정원, 295면; 정영일, 255면; 손동권, 265면. 독일 형법은 절도죄·강도죄의 객체를 동산(Beweglich)이라고 규정하고 있으므로 유체성설이 통설이다(Vgl. Sch/Sch/Eser, StGB, §242 Rdn. 9)

7) 서일교, 131면; 유기천(상), 184면; 황산덕, 270면; 정영석, 307면; 정성근, 324면; 이형국, 318면; 이재상, 251면; 진계호, 279면; 임웅, 268면; 백형구, 120면; 오영근, 294면.

별히 이를 제한하여 유체물로 한정할 이유가 없으므로 형법 제346조는 주의규정이라 해야 하고, ③ 유체성설도 제346조에 의하여 관리가능한 동력은 재물로 취급하여 형법의 보호범위를 확장하고 있으므로 관리가능성설만이 죄형법정주의에 반한다고 할 수 없다는 점 등을 들고 있다.

(3) 결 어

두 학설은 모두 관리가능한 무체물을 재물로 취급한다는 결론에는 차이가 없으므로 실무적 의미는 별로 없다. 그러나 제346조를 특별예외규정 또는 주의규정으로 파악하느냐에 따라 이 규정의 준용규정이 없는 권리행사방해죄의 물건과 장물죄의 장물개념에 관리가능한 동력이 포함되느냐에 대해서 견해의 차이가 생길 수 있다.

현행민법은 구민법과는 달리[8] "관리할 수 있는 자연력"까지 물건이라 명시하고 있으므로 현행 민법의 물건개념과 다른 재물개념을 인정할 이유가 없다. 따라서 제346조는 "간주한다"는 표현에도 불구하고 주의규정으로 재물을 예시한 것으로 파악하여도 죄형법정주의에 반한다고 할 수 없다("간주한다"는 규정은 관리가능한 무체물이 일상화되기 이전의 과도기 규정이다). 또 에너지와 같은 무체물에 대한 형법적 보호가 필수적이므로 이를 예외적으로 보호한다고 할 이유가 없다. 유체성설은 절도죄·강도죄의 객체를 동산이라고 규정한 독일 형법의 해석론에서 나온 것이나 동산과 우리 형법의 재물은 구별해야 한다. 따라서 재물개념은 관리가능성설에 따라 파악함이 타당하다. 판례도 같은 태도의 표현을 하고 있다.

【판례】 타인의 전화기를 무단으로 사용하여 전화통화를 하는 행위는 전기통신사업자가 전화가입자에게 음향의 송수신이 가능하도록 하여 줌으로써 상대방과의 통신을 매개하여 주는 역무, 즉 전기통신사업자에 의하여 가능하게 된 전화기의 음향 송신기능을 부당하게 이용하는 것으로서, 이러한 내용의 역무는 무형적인 이익에 불과하고 물리적 관리의 대상이 될 수 없어 재물이 아니라고 할 것이므로 절도죄의 객체가 되지 않는다(대판, 1998. 6. 23, 98도700).[9]

---

8) 구민법 제85조는 '物이라 함은 유체물을 말한다'고 규정하고 있었으므로 전력 등에 대한 재물 인정의 필요성에 따라 형법 제346조에 '간주한다'라는 규정을 둔 것이다.

9) 이 판례에 대해서 유체성설의 입장에서 예외적으로 관리가능한 동력을 인정한 것이라는 견해(박상기, 246면)도 있다. 그러나 무형적 이익인 역무는 물리적 관리대상이 아니므로 재물이 될 수 없다는 취지로 판시한 것이므로 관리가능성설의 판례라고 해야 한다.

2. 재물의 범위

관리가능성설에 따르면 재물은 유체물과 관리가능한 동력이다.

(1) 유체물

"유체물"이란 일정한 공간을 차지하고 있는 물체를 말한다. 고체뿐만 아니라 액체·기체도 포함되므로 물·가스·증기 등도 유체물에 해당한다. 현금도 유체물에 해당한다. 그러나 채권 기타의 권리는 유체물이 아니다. 다만 이러한 권리가 화체된 어음·수표·상품권·예금통장은 유체물인 재물이다. 유체물이라도 관리가능성이 없는 바닷물·공기와[10] 해·달과 같은 일월성신(日月星辰)은 재물이 될 수 없다. 또 관리할 수 있는 유체물이라도 권리의 "객체"가 될 수 없는 사람과 산사람의 인체 일부나 인체에 부착된 치료보조장치는 재물이 될 수 없다. 그러나 사체나 분리된 인체의 일부·치료보조장치·금이빨·혈액·장기는 재물이 될 수 있지만 그것이 소유권의 대상이 되느냐는 이와 별개의 문제이다.

(2) 관리할 수 있는 동력

관리가능한 동력도 재물이다. 여기의 "관리"는 물리적 관리에 한하며 사무적·법률적 관리는 제외된다. 사무적 관리까지 포함할 때에는 재물과 재산상의 이익을 구별할 수 없기 때문이다. 따라서 전기·수력·에너지·인공냉기·인공난기·인공압력·자기력은 물리적 관리가 가능한 재물이 된다. 그러나 채권과 같은 권리·전파·FAX의 송수신은 물리적 관리가 불가능하므로 재물이 될 수 없다. 사람의 노동력, 소·말의 견인력도 동력에 포함시키는 견해도 있다.[11] 그러나 관리가능한 동력은 자연적 에너지로서 유체물과 동일시 할 수 있어야 하고 무제한적으로 확대할 수 없다고 본다. 또 동력도 유체물도 아닌 정보는 재물이 될 수 없다. 따라서 디스켓·문서를 복사하여 원본은 두고 복사본만 가져간 때에도 절도죄가 될 수 없고,[12] 경우에 따라 비밀침해죄(제316조 2항) 또는 부정경쟁방지및영업비밀보호에관한법률(제18조 1항, 2항)이 적용된다.

---

10) 대판, 1964. 6. 23, 64도209.
11) 황산덕, 270면; 정영석, 322면; 이재상, 253면.
12) 대판, 1996. 8. 23, 95도192; 대판, 2002. 7. 12, 2002도745.

【판례】 절도죄의 객체는 관리 가능한 동력을 포함한 '재물'에 한한다 할 것이고, 또 절도죄가 성립하기 위해서는 그 재물의 소유자 기타 점유자의 점유 내지 이용가능성을 배제하고 이를 자신의 점유하에 배타적으로 이전하는 행위가 있어야만 할 것인 바, 컴퓨터에 저장되어 있는 '정보' 그 자체는 유체물이라고 볼 수도 없고, 물질성을 가진 동력도 아니므로 재물이 될 수 없다 할 것이며, 또 이를 복사하거나 출력하였다 할지라도 그 정보 자체가 감소하거나 피해자의 점유 및 이용가능성을 감소시키는 것이 아니므로 그 복사나 출력행위를 가지고 절도죄를 구성한다고 볼 수도 없다(대판, 2002. 7. 12, 2002도745).

3. 재물의 재산적 가치

재산죄의 객체인 재물은 경제적 재산가치(금전적 교환가치)가 있어야 하느냐가 문제된다. 일반적으로 재물은 객관적인 경제적 가치를 가지고 있다. 그러나 객관적인 경제적 가치가 있다고 해서 반드시 형법적 보호를 받는 것은 아니다. 예컨대 폐품수집소에 방치되어 있는 물건은 경제적 가치가 있는 것이라도 그 소유자가 소유·점유를 욕구하지 않으면 형법이 보호하는 재물이 될 수 없다. 따라서 재물의 재산적 가치는 반드시 객관적인 경제적 가치가 있어야 할 필요가 없고 소유자의 주관적 가치만 있으면 충분하다. 즉, 주관적 가치가 있는 것이면 객관적인 경제적 가치의 유무는 문제되지 않는다(통설). 따라서 애인의 편지, 별세한 부모의 사진, 일기장 등과 같이 주관적 가치만을 갖는 것도 재물에 해당한다. 다만 사기죄에 있어서는 경제적 재산 가치가 있어야 한다. 판례의 태도도 같다.

【판례】 ① 재산죄의 객체인 재물은 반드시 객관적인 금전적 교환가치를 가질 필요는 없고, 소유자·점유자가 주관적인 가치를 가지고 있음으로써 족하다고 할 것이고, 이 경우 주관적·경제적 가치의 유무를 판별함에 있어서는 그것이 타인에 의하여 이용되지 않는다고 하는 소극적 관계에 있어서 그 가치가 성립하더라도 관계없다 할 것이므로, 피고인이 절취한 백지의 자동차출고의뢰서 용지도 그것이 어떠한 권리도 표창하고 있지 않다 하더라도 경제적 가치가 없다고는 할 수 없어 이는 절도죄의 객체가 되는 재물에 해당한다(대판, 1996. 5. 10, 95도3057).

② 대법원은 위와 같은 전제에서 퇴직사원이 가져간 회사의 기술분야 문서 사본,[13] 주민등록증,[14] 인감증명서,[15] 주권포기각서,[16] 불상,[17] 찢어진 무효

13) 대판, 1986. 9. 23, 86도1205.
14) 대판, 1969. 12. 9, 69도1627.

의 약속어음,[18] 폐지로 소각할 도시계획구조변경계획서,[19] 법원으로부터 송달된 심문기일 소환장[20]도 재물로 인정한다.

4. 부동산의 재물성

부동산이 유체성이 있는 재물로서 사기죄·공갈죄·횡령죄의 객체가 된다는 점에 대해서는 이견이 없다. 문제는 부동산이 절도죄·강도죄(재물강취죄)의 객체가 될 수 있느냐에 있다. 독일 형법은 절도죄(제242조), 강도죄(제249조), 횡령죄(제246조)의 객체를 가동물(bewegliche Sache. 동산)로 규정하고 있으므로 부동산은 절도죄·강도죄의 객체가 될 수 없다. 우리 형법은 재물을 그 객체로 하고 있으므로 부동산 포함 여부에 대해서 견해가 대립한다.

(1) 부정설

절도죄, 강도죄(재물강취죄)의 객체인 재물은 동산에 한하고 부동산은 그 객체가 될 수 없다는 견해로 다수설이다.[21] 이 견해는, ① 절취·강취에 있어서 '취(取)'는 재물의 장소이전을 개념적 요소로 하므로 가동성이 없는 부동산은 점유침해가 불가능하며, ② 영구적 점유침탈이 불가능한 부동산에 대해서는 권리회복이 쉽고, ③ 부동산의 무단점거에 대해서는 경계침범죄(제370조)나 주거침입죄(제319조)로, 부동산 강취에 대해서는 강제이득죄(강도죄)로 처벌할 수 있으므로 부동산 절도·강도를 인정할 필요가 없다는 점을 그 이유로 한다.

(2) 긍정설

절도죄·강도죄의 객체가 재물로 되어 있는 이상 부동산도 당연히 그 객체가 된다는 견해이다.[22] 이 견해는, ① 절취·강취라는 "탈취" 개념은 점유를 배제

---

15) 대판, 1986. 9. 23, 85도1775.
16) 대판, 1996. 9. 10, 95도2747.
17) 대판, 1972. 1. 31, 71도2239.
18) 대판, 1979. 1. 27, 74도3442.
19) 대판, 1981. 3. 24, 80도2902.
20) 대판, 2000. 2. 25, 99도5775.
21) 유기천(상), 199면 이하; 서일교, 133면; 남흥우, 152면; 강구진, 247면; 이형국, 320면; 이재상, 255면; 진계호, 281면; 김일수/서보학, 279면; 박상기, 246면; 배종대, 359면; 이정원, 301면; 백형구, 120면; 김성천/김형준, 401면; 손동권, 268면; 김성돈, 254면.
22) 정창운, 126면; 황산덕, 279면; 정영석, 311면; 이건호, 320면; 김종원, 177면; 정성근, 327면; 임웅, 281면 이하; 오영근, 「재산범죄의 체계에 대한 한독 형법의 비교연구」(형사법 연구, 제

하고 새로운 점유설정을 의미하므로 독일 형법의 "가동물의 취거(取去)"(wegnehmen)처럼 반드시 장소적 이전이 그 요건이 아니며, ② 부동산 불법점거에 대한 권리회복도 소송지연과 많은 비용부담 등으로 권리회복이 쉽지 않다는 것은 동산과 다르지 않으며, ③ 경계침범죄와 주거침입죄는 영득죄와 죄질이 다를 뿐만 아니라, 구성요건적 행위태양도 다르다. 즉, 주거에 침입하거나 토지의 경계표를 손괴·이동·제거 또는 경계인식을 불가능케 하는 것과 경계와 관계없이 토지를 불법점거하거나 부동산 일부를 점거 취득하는 행위는 구별해야 하므로 후자의 경우를 영득죄보다 법정형이 낮은 경계침범죄 또는 주거침입죄로 처벌할 수 없으며, ④ 동일한 재물에 대해서 특별규정이 없음에도 불구하고 범죄에 따라 차이를 두는 것은 형법의 통일적 해석원칙에 반한다는 점 등을 논거로 한다.

(3) 결 어

부동산이라도 그것이 가동물(可動物)이 된 때에는 탈취죄의 객체가 된다. 예컨대 자갈·사토운반, 벌목된 나무 등을 들 수 있다. 학설대립의 요점은 재물의 장소적 이전 여부와 부동산 불법점거취득에 대해서 경계침범죄·주거침입죄로 해결할 수 있느냐에 있다.

① "가동물의 취거"와 "재물의 탈취(취득)"는 구별해야 하므로 탈취는 반드시 장소적 이전을 요구하는 것은 아니라고 해야 한다.[23] 따라서 취거와 탈취를 같은 개념으로 해석하는 부정설은 독일 형법의 해석론이라 해야 한다. ② 경계침범죄와 주거침입죄는 영득죄가 아니다. 경계표나 경계가 없는 부동산의 불법 점거·취득은 경계침범죄로 처벌할 수 없을 뿐만 아니라, 경계표나 경계가 있어도 이를 손괴·이동·제거나 경계인식 불가능이 없으면 이 죄로 처벌할 수 없다. 이 경우, ③ 주거침입이 없는 이상 주거침입죄도 되지 않으며, 주거침입 또는 경계침범이 인정된다고 하여도 절도죄보다 훨씬 경하게 처벌하는 것은 다른 재산죄의 처벌과 균형이 맞지 않으며 형법의 재산보호 취지에도 맞지 않는다. 일본 형법이 경계침범죄를 인정하면서도 별도로 부동산침탈죄를 규정하고 있는

11호, 1999. 5), 201면 이하; 동, 326면; 정영일, 257면.

23) 독일 형법의 wegnehmen(取去)은 weg(공간적·장소적 이동인 去)와 nehmen(取)의 합성어이므로 가동물의 장소이전을 전제로 하지만, 우리 형법의 탈취(절취·강취)는 의사에 반한 새로운 점유설정이면 족하므로 취거와 탈취는 개념상 구별해야 한다(오영근, 앞의 논문, 204면; 임웅, 282면).

이유도 이러한 취지라고 해야 한다. 따라서 우리 형법의 해석에서는 통일적 해석원칙에 따라 절도죄·강도죄의 재물개념에 부동산이 포함된다는 긍정설이 타당하다고 본다. 판례가 타인의 토지에 권원에 의하여 심어 놓은 대나무·감나무를 그 토지의 소유자가 벌채한 행위에 대하여 절도죄를 인정[24]한 취지도 부동산 절도를 인정한 것이라 할 수 있다.

5. 금제품의 재물성

법률에서 소유 또는 소지가 금지되어 있는 위조통화·마약·각성제·불법소지한 무기·음란물도 재물임에는 의문이 없다. 문제는 절도죄의 객체가 되느냐에 있다. ① 소유가 금지된 금제품도 개인소유만 금지할 뿐이고 국가가 소유권을 가지고 있으므로 절도죄의 객체가 된다는 긍정설,[25] ② 금제품은 경제적 이용가능성 또는 소유권의 대상이 될 수 없으므로 절도죄의 객체가 될 수 없다는 부정설,[26] ③ 소유가 금지된 금제품(위조통화·아편흡식기)은 절도죄의 객체가 될 수 없으나 점유만 금지된 것(군용알콜·불법 무기)은 절도죄의 객체가 될 수 있다는 제한적 긍정설(다수설)[27]이 대립한다.

소유가 금지된 금제품도 개인소유만 금지할 뿐이고 무주물이라 할 수 없으므로 국가가 소유권을 갖는다고 해야 하며, 원료를 가공하여 생산한 마약과 유실물로 습득한 금제품도 민법상 소유권을 취득할 수 있으므로 금제품도 절도죄의 객체가 된다고 본다.

---

24) 대판, 1980. 9. 30, 80도1874. 같은 취지: 대판, 1998. 4. 24, 97도3425. 이 판례는 권원없이 타인의 토지위에 식재한 감나무에서 감을 수확한 것은 절도죄에 해당한다고 하였다.

25) 이건호, 314면; 유기천(상), 187면; 정성근, 328면; 강구진, 248면; 김일수/서보학, 279면; 박상기, 246면; 임웅, 284면; 김성천/김형준, 403면; 오영근, 302면; 정영일, 251면; 김성돈, 256면.

26) 서일교, 134면.

27) 정영석, 324면; 황산덕, 272면; 김종원, 177면; 이형국, 314면; 이재상, 258면 이하; 김일수, 237면; 배종대, 358면; 백형구, 121면; 이정원, 303면; 손동권, 277면.

Ⅱ. 재산상의 이익

1. 재산상 이익의 개념

"재산상의 이익"이란 재물 이외의 일체의 재산적 가치·이익을 말한다. 재물도 재산상의 이익의 하나이지만 재물죄의 객체로서 독립된 의미를 가지므로 이득죄의 객체는 재물을 제외한 재산적 가치·이익만을 말한다. 재산상의 이익을 형법에서 어떻게 파악할 것인가에 대해서 세 가지 견해가 대립한다.

(1) 법률적 재산설

재산은 민법상으로 인정되는 재산상의 권리와 의무의 총체이므로 법적으로 승인된 재산만이 형법상의 재산이 되고 그 경제적 가치는 문제삼지 않는다. 이에 따르면 절도범의 도품(盜品), 무효인 청구권, 권리가 아닌 사실상의 이익과 노동력, 매춘부와의 정교(情交) 등은 민법적으로 승인된 것이 아니므로 재산에 포함되지 않는다. 이 견해는 경제적으로 가치있는 재산도 법적 권리가 인정되지 않으면 재산이 될 수 없으므로 재산상의 이익범위를 지나치게 제한한다. 현재 이 설을 취하는 자는 없다.

(2) 경제적 재산설

재산은 경제적 이익의 총체이므로 경제적 가치가 있으면 법적으로 승인된 권리가 아니라도 재산상의 이익이 된다고[28] 한다. 이에 따르면 정당한 재화 이외에 노동력·기대권·무효인 청구권·상인의 정보 등 경제적 가치가 있는 것은 물론, 불법한 이익·매춘부와의 정교도 재산상의 이익이 된다. 독일의 통설·판례가 취하고 있으며, 우리 판례도 이에 따른다. 즉, 법률행위의 유효·무효·취소 여부를 묻지 않고[29] 외견상 재산상의 이익을 얻는 것이라고 인정할 수 있는 사실관계만 있으면[30] 재산상의 이익이 된다. 이 견해에 대하여는 불법이익까지 재산상의 이익에 포함시켜 형법적 보호범위를 확대한다는 비판이 있다.

---

28) 정성근, 330면; 이재상, 299면; 진계호, 283면; 임웅, 272면; 오영근, 300면; 정영일, 278면; 손동권, 316면; 김성돈, 291면.

29) 대판, 1987. 2. 10, 86도2472.

30) 대판, 1994. 2. 22, 93도426; 대판, 1997. 2. 25, 96도3411.

【판례】 ① '재산상의 손해의 유무에 대한 판단은 본인의 전 재산상태와의 관계에서 법률적 판단에 의하지 아니하고 경제적 관점에서 파악하여야 하며, 따라서 법률적 판단에 의하여 당해 배임행위가 무효라 하더라도 경제적 관점에서 파악하여 배임행위로 인하여 본인에게 현실적인 손해를 가하였거나 재산상 손해발생의 위험을 초래한 경우에는 재산상의 손해를 가한 때에 해당되어 배임죄를 구성하는 것'이다(대판, 1999. 6. 22. 99도1095).[31]

② 피고인들이 폭행・협박으로 피해자로 하여금 매출전표에 서명을 하게 한 다음 이를 교부받아 소지함으로써 이미 외관상 각 매출전표를 제출하여 신용카드회사들로부터 그 금액을 지급받을 수 있는 상태가 되었는 바, 피해자가 각 매출전표에 허위 서명한 탓으로 피고인들이 신용카드회사들에게 각 매출전표를 제출하여도 신용카드회사들이 신용카드 가맹점 규약 또는 약관의 규정을 들어 그 금액의 지급을 거절할 가능성이 있다하더라도 그로 인하여 피고인들이 각 매출전표상의 금액을 지급받을 가능성이 완전히 없어져 버린 것이 아니고 외견상 여전히 그 금액을 지급받을 가능성이 있는 상태이므로 … 재산상의 이익을 취득하였다고 볼 수 있다(대판, 1997. 2. 25. 96도3411).

③ 부녀와의 성행위 자체는 경제적으로 평가할 수 없고 … 금품이나 재산상 이익을 받을 것을 약속하고 성행위를 하는 약속 자체는 선량한 풍속 기타 사회질서에 위반한 … 법률행위로서 무효이나, 사기죄의 객체가 되는 재산상의 이익이 반드시 사법(私法)상 보호되는 경제적 이익만을 의미하지 아니하고 … 성행위 … 대가는 사기죄의 객체인 경제적 이익에 해당하므로, 부녀를 기망하여 성행위 대가의 지급을 면하는 경우 사기죄가 성립한다(대판, 2001. 10. 23. 2001도2991).

(3) 법률적・경제적 재산설

재산은 법적 보호를 받는 경제적 이익의 총체이므로 경제적 가치가 있는 이익 중에서 법적으로 승인된 것만 재산상의 이익이 된다고[32] 한다. 경제적 재산설에서 출발하여 법질서가 인정하지 않는 것까지 재산상의 이익에 포함시킴으로써 생기는 법질서 전체의 충돌을 조절하려는 절충적 견해이다. 이에 따르면 물권・채권은 물론, 사회질서에 반하지 않는 노동력과 법적 근거가 있는 사실상의 수익가능성이 있는 이익은 재산상의 이익이 된다.

(4) 결 어

학설의 대립은 민법적으로 승인되지 않은 재산을 형법적으로 보호할 것이냐, 그리고 권리 이외에 경제적 가치가 있는 사실상의 이익도 재산상의 이익에 포

31) 같은 취지: 대판, 1995. 12. 22, 94도3013; 대판, 1992. 5. 26, 91도2963.
32) 이형국, 351면; 강구진, 250면; 김일수/서보학, 319면; 박상기, 249면; 배종대, 411~412면; 김성천/김형준, 454면.

함시킬 것이냐에 귀착한다. 형법의 재산보호와 민법적 권리는 그 취지가 다르므로 형법적 보호대상은 형법의 재산보호 취지에 따라 독자적으로 판단하여야 하며, 법질서 통일이 절대성을 갖는 것은 아니다. 절도범이 소지한 장물에 대한 절도죄·사기죄·공갈죄가 성립하고, 뇌물로 받은 재물에 대해 절도죄의 성립을 인정하는 것은 민법적으로 승인 또는 유효·무효와 관계없이 형법의 재산보호 취지에 따른 것이다. 또 민법적 권리가 아니라도 사실상 경제적 이익을 침해하는 행위에 대해서도 형법적 보호필요성이 있으므로 이를 제외시킬 이유가 없다. 따라서 경제적 재산설이 타당하다고 본다.

2. 재산상 이익의 내용

재산상 이익의 내용·종류의 여하는 묻지 않는다. 적극적 이익(재산증가), 소극적 이익(부채감소), 일시적 이익 모두 재산상의 이익이 된다. 반드시 사법상 유효한 재산상의 이익에 한하지 않고 외견상 재산상의 이익을 얻는 것이라는 사실관계가 인정되면 족하다(경제적 재산설). 소유권, 물권적·채권적 청구권, 경제적 이익이 확실시되는 사법상의 기대권·상승일로에 있는 주식의 가격상승 전망 등은 물론 무상의 노무제공, 채권취득, 채무면제, 권리포기, 채무이행의 연기, 기타 경제적 이익을 받는 것은 모두 재산상의 이익이 된다. 또 계수적(計數的)으로 산출할 수 있는 이익일 필요가 없다. 따라서 사기·강박으로 채무면제나 채무이행의 연기를 받거나 채권자를 기망하여 시효로 채권을 소멸시키는 것도 재산상의 이익이 된다. 또 경제적 재산설에 따르면 원인이 불법하여 법적으로 무효인 청구권(노름 빚 변제, 매음료 면탈)도 재산상의 이익이 된다(단 법률적·경제적 재산설에서는 부정). 그러나 환자가 병원에 대해 거짓말을 하여 도망한 경우는 지급채무를 면제받은 것이 아니며, 부재자의 재산관리인이 되었다는 것만으로는 재산적 이득을 하였다고 할 수 없다.

제 3 절 친족상도례

Ⅰ. 친족상도례의 의의 · 법적 성격

1. 친족상도례의 의의

친족 사이의 재산죄는 친족이라는 신분을 고려하여 그 범죄성이나 처벌에 있어 일반인의 범죄와 비교하여 범인을 유리하게 특별취급하는 특례를 강학상 친족상도례라고 한다. 형법이 이러한 특혜를 인정하는 이유는 친족간의 가족적 정의(情誼)를 존중하여 가급적 가정 내부에 법이 간섭하지 말자는 점에 근거하고 있다.

친족 사이의 재산죄에 대해서 불가벌로 하는 입법례도 있으나 우리 형법은 가까운 친족인가 먼 친족인가에 따라 형면제 또는 친고죄로 하는 입법형식을 따르고 있다. 즉, 강도의 죄와 손괴의 죄를 제외한 모든 재산죄와 권리행사방해죄 및 그 미수범이 피해자와 사이에, ① 직계혈족, 배우자, 동거친족, 동거가족 또는 그 배우자의 신분관계(근친족)가 있는 때에는 형을 면제하고, ② 그 이외의 친족(원친족)간에는 고소가 있어야 공소를 제기할 수 있도록 규정하고 있다(제328조 1항 · 2항, 제344조, 제354조, 제361조).

그리고 장물죄에 대해서는, ① 장물범과 피해자 사이에 가까운 친족인 때에는 형을 면제하며, 먼 친족관계인 때에는 친고죄로 하였고, ② 장물범과 본범 사이에 가까운 친족관계가 있는 때에는 그 형을 감경 또는 면제하도록 규정하였다(제365조). 친족상도례는 특정경제범죄가중처벌등에관한법률(제3조 1항) 등 특별법에도 그 적용을 배제한다는 명시규정이 없는 한 동일하게 적용된다.[33]

2. 친족상도례의 법적 성격

친족 사이의 범죄를 특별취급하는 법적 성질에 대해서는 인적 처벌조각(감경)

33) 대판, 2000. 10. 13, 99오1.

사유설이 통설이다. 즉, 친족의 재산침해행위도 재산죄인 범죄가 성립하지만 특수한 신분관계를 고려하여 형벌만 면제(감경)한다는 것이다. 이 밖에 친족 사이의 재산침해도 위법하지만 형벌로 처벌할 정도의 필요성이 없기 때문에 위법성이 조각된다는 견해와, 이러한 행위의 위법성은 변함이 없지만 친족 사이에는 타인의 재물이라는 의식이 약하여 행위동기에 대한 반대동기가 약하고 기대가능성이 없으므로 책임이 조각된다는 견해도 있었다. 형법은 친족상도례의 경우에 형면제 또는 형감경을 하거나 고소를 소추요건으로 하였을 뿐만 아니라 입법취지에 비추어 인적 처벌조각(감경)사유설이 타당하다고 해야 한다. 현재 위법성조각설과 책임조각설의 주장자도 없다.

Ⅱ. 친족과 친족관계의 존재범위

1. 친족의 범위

(1) 친족 · 가족

친족상도례가 적용되는 친족 · 가족의 정의와 범위는 민법에 따른다.[34] 친족은 배우자, 혈족 및 인척을 말하며(민법 제767조), 그 범위는 8촌 이내의 혈족, 4촌 이내의 인척, 배우자를 포함한다(민법 제777조). 가족은 배우자, 직계혈족 및 형제자매, 생계를 같이하는 직계혈족의 배우자, 생계를 같이하는 배우자의 직계혈족 및 배우자의 형제자매를 말한다(민법 제779조).[35] 계모자(繼母子)관계는 인척이지만 직계혈족인 아버지 생존시에 한하여 혈족의 배우자가 되어 가족에 포함된다. 판례는 외할머니의 친동생은 친족이 아니라고 하고 있다.[36]

(2) 직계혈족

자기의 직계존속과 직계비속을 말하고(민법 제768조), 동거 유무, 자연혈족, 법정혈족(양친자 관계)을 묻지 않는다. 혼인외 출생자는 인지한 후에만 친족상도례가 적용된다. 범인이나 피해자가 다른 집안에 입양한 후에도 생가를 중심으로

---

34) 대판, 1980. 4. 22, 80도485.

35) 다만 민법의 일부개정(2005. 3. 31, 법률 제7427호)으로 개정 민법이 시행됨에 따라 2008. 1. 1. 이후부터 호주제도가 폐지되고, 가족의 범위가 이와 같이 변경되었다(제779조).

36) 대판, 1980. 4. 22, 80도485.

한 종전의 친족관계는 변함이 없다.[37)]

(3) 배우자

배우자는 법률상의 배우자·준배우자에 한하고 동거 유무는 묻지 않는다. 따라서 내연의 처는 배우자에 포함되지 않는다(통설).[38)]

(4) 동거친족

직계혈족과 배우자를 제외하고 동일한 주거에서 일상생활을 함께 하는 방계혈족과 인척을 포함하는 친족을 말한다. 따라서 일시 숙박하는 친족, 가출한 친족, 셋방 사는 친족(借家親族)은 동거친족에 포함되지 않는다. 이와 같은 동거친족은 형이 면제되는데 반하여, 동거하지 않으면 친고죄에 해당하는 친족상도례가 적용된다(제328조 2항).

2. 친족관계의 범위

(1) 시간적 범위

친족관계는 행위시에 존재하면 족하고, 그 후에 소멸되어도 친족상도례는 적용된다. 혼인 외의 출생자에 대한 인지는 소급하여 효력이 발생하므로(민법 제860조) 범행 후에 인지되어도 친족상도례는 소급 적용된다는 것이 판례의 태도이다.[39)]

(2) 인적 범위

친족상도례가 적용되는 친족관계는 재물의 소유자 또는 점유자 어느 쪽에 존재해야 하느냐가 문제된다. ① 절도죄의 보호법익은 소유권이므로 친족관계는 행위자와 소유자 사이에 있어야 한다는 소유자관계설과,[40)] ② 재산죄는 소유권 및 점유를 보호하기 위한 것이고, 입법취지에 비추어 소유자와 점유자 쌍방이 친족관계가 있어야 한다는 소유자·점유자관계설이 대립하는 데 후자가 다수설

37) 대판, 1967. 1. 31, 66도1483. 다만 2005년 민법의 일부개정(시행 2008. 1. 1)으로 신설된 친양자제도(親養子制度)에 의하면 입양한 양친과의 친족관계만 인정하고 종전의 친족관계는 종료된다(제908조의3).

38) 반대설: 황산덕, 275면; 임웅, 311면; 오영근, 354면.

39) 대판, 1997. 1. 24, 96도1731.

40) 이재상, 293면; 김일수/서보학, 268면; 배종대, 407면; 이정원, 349면; 김성천/김형준, 433면; 정영일, 275면.

이며[41] 판례의[42] 태도이다.

친족상도례는, ① 가정 내부의 재산범죄에 대해서 가정에 일임하여 가급적 국가형벌권의 발동을 억제하려는 데에 그 취지가 있고, ② 법적 성질도 인적 처벌조각사유이므로 소유자·점유자 중 어느 한쪽이 친족이 아니면 친족상도례를 인정해야 하는 전제가 결여되며, ③ 소유권과 점유를 모두 보호한다는 결합설도 소유권 보호를 당연히 인정하고 있으므로 친족상도례는 재산죄의 보호법익을 어떻게 파악하느냐와 관계없이 재물의 소유자·점유자 쌍방에 친족관계가 있어야 한다는 다수설이 타당하다. 따라서 제3자가 친족의 재물을 점유하고 있거나, 친족이 제3자의 재물을 점유하고 있는 경우에는 친족상도례를 적용할 수 없다(소유자관계설에 의하면 전자에 대해서 적용한다). 재물의 소유자가 여러 사람이면 모두 친족관계가 있어야 하며, 친족과 제3자의 공유물에 대해서는 친족상도례를 적용할 수 없다.[43] 상하주종관계의 공동점유에서는 주된 점유자와 친족관계가 있어야 한다.

Ⅲ. 관련문제

1. 친족관계의 착오

친족관계는 인적 처벌조각사유이므로 객관적으로 존재하면 족하고, 고의의 인식대상이 아니다. 따라서 친족관계에 대한 착오는 고의성립에 영향이 없고, 범죄성립에 지장을 주지 않는다. 예컨대 아버지 소유물이라 믿고 절취하였는데 제3자의 것인 경우에는 친족상도례를 적용할 수 없다. 반대로 제3자 소유물로 알고 아버지 물건을 절취한 경우에는 친족상도례가 적용된다.

---

41) 유기천(상), 243면; 황산덕, 275면; 정영석, 321면; 서일교, 136면; 남흥우, 163면; 김종원, 189면; 정성근, 337면; 강구진, 291면; 이형국, 334면; 진계호, 294면; 박상기, 280면; 백형구, 125면; 임웅, 297면; 오영근, 355면; 손동권, 310면; 김성돈, 286면.

42) 대판, 1980. 11. 11, 80도131.

43) 대판, 1966. 1. 31, 65도1183.

2. 친족관계 없는 공범

친족상도례는 친족관계가 있는 범인에게만 적용되고, 친족관계가 없는 공범에 대해서는 적용되지 않는다(제328조 3항, 제365조 2항 단서). 친족관계는 일신적 성질을 가진 신분으로서 인적 처벌조각사유이므로 그 신분이 있는 사람에게만 적용되기 때문이다. 따라서 제3자가 친족상도에 공동정범 · 교사범 · 종범으로 가담하거나, 반대로 친족이 제3자를 교사 · 방조하여도 친족만이 친족상도례가 적용되고 제3자는 공범 또는 정범으로 처벌된다.

제 2 장 절도의 죄

제 1 절 절도의 죄 일반론

1. 의 의

절도죄(Diebstahl; larceny)는 타인의 재물을 절취하는 범죄로, 재산죄 중 가장 소박한 원시적 범죄형태이며, 순수한 재물죄이고 탈취죄에 속한다. 타인의 재물을 그 의사에 반하여 탈취한다는 점에서 강도죄와 같으나 강도죄는 재물 이외에 재산상의 이익도 행위객체로 하고, 폭행·협박을 수단으로 하는 강취라는 점에서 절도죄와 다르다. 또 절도죄는 타인이 점유하는 타인의 재물을 객체로 하므로 자기가 점유하는 타인의 재물을 객체로 하는 횡령죄와 다르며, 재물 점유자의 의사에 반한 절취라는 점에서 하자 있는 의사에 기인하여 재물과 재산상의 이익을 편취·갈취하는 사기죄·공갈죄와 구별된다.

2. 보호법익

절도죄의 보호법익에 대해서 견해가 대립한다.

(1) 소유권설

절도죄의 보호법익은 관념적 권리인 소유권이며, 점유는 행위객체에 불과하다는 견해이다.[1] ① 재물에 대한 소유자와 점유자가 다른 경우가 많다는 점에 비추어 절도죄는 타인의 소유권을 침해하는데 본질이 있고, ② 점유침해에 대해서는 권리행사방해죄(제323조)를 따로 마련하여 보호하고 있으므로 절도죄는 소유권만을 보호한다고 해야 하며, ③ 형법이 절도죄의 객체를 타인이 점유하는

---

1) 유기천(상), 202면; 황산덕, 272면; 남흥우, 159면; 이재상, 247면; 김일수/서보학, 272면; 박상기, 250면; 배종대, 351면; 진계호, 301면 이하; 이정원, 292면; 김성천/김형준, 394면; 정영일, 249면.

재물이라 하지 않고 "타인의 재물"이라고 규정한 것은 소유권보호를 명시하였다는 점을 그 논거로 한다.

(2) 점유설

절도죄의 보호법익은 관념적 권리인 소유권이 아니라 재물에 대한 사실상의 지배인 점유자체라고 한다.[2] ① 현대 사회는 재물에 대한 사실상의 지배가 경제질서의 기초가 되어 있으므로 소유권 보호에 앞서서 점유 그 자체를 보호할 때에 재물의 재산적 질서를 유지할 수 있고, ② "타인의 재물"은 원래 타인이 점유하는 재물을 의미하는 것이므로 타인의 소유물이라고 해석할 이유가 없으며, ③ 탈취죄는 타인의 점유침해에 본질이 있다는 점을 그 논거로 한다.

(3) 소유권 및 점유설

절도죄의 보호법익은 기본적으로 소유권이지만 부차적으로 점유 자체도 보호해야한다는 견해로,[3] 점유는 절도죄의 보호객체이면서 행위객체의 요소도 된다는 것이다. ① 절도죄의 보호법익은 궁극적으로 소유권이지만 소유권보호는 점유 또는 권원에 근거한 평온한 점유보호에서 출발해야 하며, ② 불법적 방법에 의해서도 점유를 상실한 소유권은 사실상 권리로서의 실효를 얻을 수 없으므로 소유권 외에 점유 자체도 보호할 필요가 있으며, ③ 횡령죄는 소유권을, 권리행사방해죄는 점유를 보호하고 있으므로 절도죄는 소유권과 점유를 보호한다는 것이 재산죄 체계에도 맞다는 점을 논거로 한다.

대법원 판례는 보호법익에 대해서 직접 판시한 것은 없으나 재물의 점유자와 소유자 모두 절도죄의 피해자라고 한 점에 비추어 소유권 및 점유설을 취한 것으로 보인다.

【판례】 ① 절도죄는 재물의 점유를 침탈함으로 인하여 성립하는 범죄이므로 재물의 점유자가 절도죄의 피해자가 되는 것이나 절도죄는 점유자의 점유를 침탈함으로 인하여 그 재물의 소유자를 해하게 되는 것이므로 재물의 소유자도 절도죄의 피해자로 보아야 할 것이다(대판, 1980. 11. 11, 80도131).

② 타인이 갈취한 재물을 그 타인의 의사에 반하여 절취하였다면 절도죄를

2) 정창운, 132면; 정영석, 316면.

3) 서일교, 138면; 이건호, 319면; 이회창, 주석(하), 182면; 김종원, 178면; 정성근, 353면; 이형국, 312면; 강구진, 260면; 임웅, 276면; 손동권, 262면; 김성돈, 250면. 단, 오영근, 322면은 민법상의 소유권·점유권이 아니라 재물을 사실상 사용·수익·처분할 수 있는 사실상의 소유상태라 하므로 내용에서는 소유권·점유의 의미도 포함하고 있다고 본다.

구성하고 장물취득죄가 되지 않는다(대판, 1966. 12. 20, 66도1437).

(4) 결 어

소유권설을 관철하면 소유가 금지된 금제품과 장물에 대한 절도죄의 성립을 인정하기 곤란하다. 또 점유설을 관철하면 절도범인이 점유하고 있는 자기 소유물을 탈환하는 때에도 절도죄를 인정해야 하므로 사리에 어긋난다.

자본주의 사유재산제도하의 재산권보호는 소유권보호에서 출발해야 한다. 즉, 형법의 재산권보호는 기본적으로 소유권이다. 그러나 소유권의 내용인 사용·수익·처분도 그 재물에 대한 점유 없이는 사실상 불가능하고 공허한 관념적 권리일 뿐이다. 따라서 재물에 대한 경제적 이용관계도 형법적으로 보호할 필요가 있을 뿐만 아니라 소유권보호를 위해서도 이러한 이용관계인 점유 자체도 보호되어야 한다. 권리행사방해죄는 타인이 점유하는 또 다른 "타인 소유물"에 대해서는 그 점유를 보호할 수 없으므로(타인이 임대하여 사용하는 물건을 취거하여 그 소유자에게 반환한 경우) 이 죄는 모든 점유를 보호하는 것이 아니다. 따라서 절도죄의 보호법익은 기본적으로는 소유권이지만 점유도 부차적인 법익으로 보호한다고 해야 한다. 다만 애당초 명백하게 위법한 점유까지 형법이 보호할 이유가 없으므로 보호할 필요가 있는 '평온한 점유'에 한정하는 것이 타당하다고 본다.

3. 보호정도

절도죄의 보호정도에 대해서 위험범이라는 견해가[4] 있다. 절취에 의해서 피해자가 민법상의 소유권이 상실되지 않는다는 것을 그 이유로 한다. 그러나 소유권에 대한 침해는 민법상의 소유권 상실을 의미하는 것은 아니다. 점유 침탈로 인하여 소유권의 내용인 사용·수익·처분이 침해되며, 소유권 실행이 곤란하게 되면 소유권이 침해되었다고 해야 한다. 또 소유권과 점유를 보호법익이라 하면 소유권뿐만 아니라 점유도 침해되므로 절도죄는 침해범이며 위험범은 아니다(통설). 소유권에 대해서는 위험범, 점유에 대해서는 침해범이라는 견해도[5] 있으나 마찬가지 취지로 타당하지 않다.

---

4) 유기천(상), 202면; 이재상, 248면.
5) 임웅, 276면.

4. 구성요건체계

기본적 구성요건은 (단순)절도죄(제329조)이다. 이에 대한 불법가중 구성요건으로서 야간주거침입절도죄(제330조)와 특수절도죄(제331조)가, 책임가중 구성요건으로서 상습절도죄(제332조)가 있다. 그리고 개정형법에서 신설한 자동차 등 불법사용죄(제331조의2)는 단순절도죄에 대해서 독립범죄유형이 된다. 이상의 각죄의 미수범을 처벌(제342조)하며, 동력규정(제346조)과 친족상도례(제344조)의 규정이 적용된다. 이 밖에 특별법에는 상습절도와 5인 이상의 공동절도(특가법 제5조의4)에 대해서, 그리고 야간주거침입절도, 특수절도의 죄를 범한 자가 강간·준강간·강제추행·준강제추행죄를 범한 때에(성폭력범죄의처벌등에관한특례법 제3조 1항) 특별가중규정이 있다.

제 2 절 절도의 죄 범죄유형

Ⅰ. 단순절도죄

【구성요건·법정형】 타인의 재물을 절취한 자는 6년 이하의 징역 또는 1천만원 이하의 벌금에 처한다(제329조). 유기징역에 처할 경우에는 10년 이하의 자격정지를 병과할 수 있다(제345조). 미수범은 처벌한다(제342조). 친족상도례(제344조)와 동력규정(제346조)이 적용된다.

1. 의 의

타인이 점유하는 타인의 재물을 절취함으로써 성립하는 재산죄의 대표적 범죄이다. 침해범·결과범·상태범, 재물죄·영득죄·탈취죄의 성격을 갖고 있다.

2. 객관적 구성요건요소

(1) 주 체

주체에는 아무런 제한이 없다. 친족이 주체인 때에는 친족상도례(제328조, 제344조) 규정이 준용된다.

(2) 객 체

행위객체는 "타인이 점유하는 타인의 재물"이다. 자기와 타인의 공유물도 타인의 재물에 포함된다.[6] 타인과 합유물(민법 제271조)·총유물(민법 제275조)도 같다. 무주물은 객체가 될 수 없다. 상속인이 없는 상속재산은 국가에 귀속하므로 무주물이 아니다.

> **【판례】** 타인의 토지상에 권원없이 식재(植栽)한 수목의 소유권은 토지소유자에게 귀속하고, 권원에 의하여 식재한 경우에는 그 소유권이 식재한 자에게 있으므로 권원없이 식재한 감나무에서 감을 수확한 것은 절도죄에 해당한다 (대판, 1998. 4. 24, 97도3425).

1) 타 인 　타인이란 행위자 이외의 자연인·법인·단체를 불문하며, 자연인은 의사능력·책임능력 유무는 묻지 않는다. 법인은 소유의 주체는 되지만 점유의 주체는 될 수 없다.

2) 점 유

가) 점유의 의의 　형법상의 점유(Gewahrsam)란 지배의사를 가지고 재물을 사실상 지배하는 것을 말한다. 사실상의 지배는 점유에 대한 권리 유무와 관계없이 현실적으로 소지·지배하고 있는 상태에 있으면 족하다. 즉, 형법상의 점유는 법적 개념이 아니라 재물지배에 대한 순수한 사실개념이다. 따라서 소유권이 없는 절도범인도 점유할 수 있다. 이 점에서 법적 개념인 민법상의 점유(Besitz)와 구별된다. 따라서 민법상 점유를 인정할 수 없는 점유보조자(민법 제195조, 타인 지시를 받아 사실상 지배하는 자)도 형법상의 점유를 할 수 있으나, 민법상의 간접점

---

6) 동업자가 공장을 타인에게 매도한 후 청산관계로 분쟁이 생겨 시설을 취거한 경우(대판, 1960. 3. 16, 4292형상885), 피해자가 점유·보관하여 처분하기로 되어 있는 물건을 공유자가 처분한 경우(대판, 1979. 10. 30, 79도1995), 동업관계로 수입된 금전을 일방이 임의 소비한 경우(대판, 1965. 1. 19, 64도536), 조합원의 1인이 공동점유에 속하는 합유물건(合有物件)을 다른 조합원의 승낙없이 단독점유로 옮긴 경우(대판, 1982. 12. 28, 82도2058)는 절도죄를 구성한다.

유(민법 제197조 1항)와 상속에 의한 점유(민법 제193조)는 형법상의 점유에서 인정되지 않는다.

【형법상의 점유 태양】 형법상의 점유는 구성요건의 기능과 내용에 따라 그 의미가 같지 않다. 형법상의 점유는 보호객체, 침해주체, 침해대상의 세 가지 형태로 나타난다.

a) 보호객체(법익)로서 점유 권리행사방해죄(제323조)에 있어서의 점유가 여기에 해당한다. 이 점유는 침해대상에 그치지 않고 이 죄의 보호법익이 된다. 보호법익이기 때문에 그 점유는 적법한 권원에 의한 것이어야 한다.

b) 침해주체로서 점유 횡령죄(제355조 1항)에 있어서의 점유로서, 그 점유는 행위주체를 한정하는 신분요소가 된다. 이 점유는 피해자의 위탁에 의한 것(위탁관계)이라야 하며, 사실상의 지배뿐만 아니라 법률상의 지배까지 포함하여 넓게 파악한다. 따라서 횡령죄에 있어서의 점유는 침해대상으로서의 점유와 구별하여 保管이라 하고 있다. 점유 자체가 평화적이고 영득의 유혹이 강하여 남용의 위험이 있는 점유라는 데에 특색이 있다.

c) 침해대상으로서 점유 절도죄를 포함한 탈취죄의 점유로서 그 점유는 침해(공격)의 대상이 된다. 즉, 절취·강취·편취·갈취의 대상은 "타인이 점유"하는 타인 소유물이다.

나) 점유의 개념요소 침해대상으로서의 점유에 있어 재물에 대한 사실상의 지배가 있다고 하기 위해서는 주관적·정신적 요소로서 지배의사와, 객관적·물리적 요소로서 지배사실이 있어야 하고, 이 외에 사회통념 내지 경험칙에 의하여 주관적 요소와 객관적 요소의 범위를 확대 또는 제한하는 사회적·규범적 요소가 있어야 한다.

(a) 주관적 요소(지배의사) 재물에 대한 지배의사는 점유의 전제요건이므로 이것이 없으면 애당초 점유란 생각할 수 없다.[7] "지배의사"란 재물을 자기의사에 따라 사실상 관리·처분하는 일반적(잠재적) 의사를 말한다. 반드시 소유의 의사나 영득의 의사일 필요가 없다. 이를 구체적으로 설명하면 다음과 같다.

aa) 지배의사는 순수한 사실상의 지배의사(자연적 사실상의 지배의사)이다. 법적 처분권이나 의사능력의 유무와 관계없이 사실상으로 처분·관리한다는 의사가 있으면 족하다. 따라서 자기를 위한 의사가 없거나 어린이·정신병자도 사실상의 지배의사는 인정할 수 있다. 그러나 법인은 지배의사를 인정할 수 없다. 법인의 지배의사를 긍정하는 견해도[8] 있으나 법인은 자연적 지배의사를 스스

7) 대판, 1972. 8. 31, 72도1499; 대판, 1981. 8. 25, 80도509.

8) 김일수/서보학, 281면; 임웅, 287면. 법인의 지배의사를 인정하면 회사대표이사가 회사재물을

로 가질 수 없고, 법인의 기관이 법인을 위해서 사실상의 지배를 한다고 해야 한다(통설). 법인이 절도죄의 피해자가 되는 것은 재물점유자가 아니라 재물소유자이기 때문이다.

bb) 지배의사는 특정재물에 대한 개별적·구체적 의사가 아니라 일반적·포괄적 의사가 있으면 족하다. 민법상의 점유가 개별적·구체적인 점유 내지 소유의 의사(민법 제197조 1항)가 필요한 것과 구별된다. 개개의 재물의 소재를 의식할 필요가 없고, 자기의 지배장소 내에 존재하는 재물 일반에 대한 포괄적 지배의사가 있으면 재물의 존재를 잊고 있어도 지배의사는 인정된다. 따라서 편지통에 들어 있는 우편물, 바다나 어장의 그물 속에 들어간 고기, 양식장에 투입된 조개, 자기 집 울타리 안에 있는 재물은 그 주인의 점유에 속한다. 또 지배의사는 계속적 의사가 있어야 할 필요가 없으므로 여행 중에 있어도 재물에 대한 적극적 포기의사가 없으면 점유는 인정된다.

cc) 지배의사는 현실적·적극적 의사임을 요하지 않고 잠재적 지배의사로 충분하다. 따라서 수면자·무의식자·일시 의식을 잃고 있는 자도 지배의사는 인정된다. 판례도 졸도하여 의식을 상실한 자가 현장에 떨어뜨린 물건,[9] 강간 피해자가 현장에 두고 간 손가방[10]도 피해자의 점유가 있다고 한다.

(b) 객관적 요소(지배사실) 지배사실이란 재물에 대하여 사실상으로 지배하고 있는 상태를 말한다. 재물에 대한 사실상의 지배는 세 가지 형태가 있다. ① 소지·감시 등 직접 물리적 지배가 있는 경우이다. ② 재물이 주거·사무실·공장·점포 등 배타적으로 관리·지배하는 장소 안에 있는 경우이다. ③ 시간적·장소적으로 밀접한 연관성이 있는 경우이다. 상점 앞 도로변이나 아파트 주차장에 세워 둔 자전거·오토바이·자동차에 대한 점유가 그 예이다. 사실상의 지배는 일시적으로 재물의 존재를 잊고 있어도 인정되며, 그 지배가 적법할 필요도 없다. 따라서 집안 어딘가에 잃어버린 물건이나 절도범인이 절취한 장물에 대해서도 그 점유는 인정된다.

(c) 사회적(규범적) 요소 점유는 사회적·규범적 평가에 의해서 인정될 수 있다. 점유의 사회적·규범적 요소는 사회통념 내지 경험칙에 따라 결정된다. 지

영득한 경우 절도죄를 인정해야 하지만 이 경우는 횡령죄가 된다고 해야 한다.

9) 대판, 1956. 8. 17, 4289형상170.

10) 대판, 1984. 2. 28, 84도38.

배의사와 지배사실도 사회적·규범적 요소에 의해서 그 범위가 달라진다.

aa) 일시적으로 시간적·장소적 지배관계의 이탈이 있어도 사회통념상 점유는 계속 인정될 수 있다. ① 여행이나 외출하여 빈집 안에 있는 물건, 농장에 두고 온 농기구나 쌓아 둔 곡물, 주차장이나 도로변에 세워둔 자동차는[11] 주인이 아무리 먼 곳에 가 있어도 그 점유를 상실하지 않는다. 또 ② 집으로 돌아오는 습성이 있는 가축, 화재나 재난시에 도로에 내어 놓은 가재 도구, 버스나 열차를 기다리는 승객이 화장실에 다녀오는 동안 대합실에 놓아둔 가방도 주인의 점유는 계속 된다. ③ 잘못 두고 오거나 잃어버린 재물도 원래의 점유자가 그 소재를 알고 이를 다시 찾을 수 있는 경우에는 점유가 상실되지 않지만[12] 어디에 두었는지 알 수 없는 때에는 점유를 인정할 수 없고 점유이탈물이 된다. ④ 방치장소를 알고 있어도 그 장소가 타인의 배타적 지배범위 안에 있는 경우에는 그 관리자의 점유가 개시된다. 따라서 여관·화장실·극장·목욕탕·당구장[13]에 놓고 온 물건은 그 주인이나 관리자의 점유에 속하며, 공중전화 박스에 들어있는 동전은 전화국장의 점유에 속한다. 그러나 고속버스 선반, 열차 선반, 지하철전동차 선반에[14] 두고 내린 물건은 운전자 또는 승무원이 이를 발견하지 못한 상태에서 다른 승객이 가져간 때에는 운전자의 점유가 개시되었다고 할 수 없다. 판례도 지하철 전동차 바닥이나 선반과 고속버스에 두고 내린 물건에 대해서 점유를 부정하고 점유이탈물횡령죄가 성립한다고 하였다.

【판례】 고속버스 운전사는 고속버스의 간수자로서 차내에 있는 승객의 물건을 점유하는 것이 아니라 승객이 잊고 내린 유실물을 교부받을 권능을 가질 뿐이므로 유실물을 현실적으로 발견하지 않는 한 이에 대한 점유를 개시하였다고 할 수 없고, 그 사이에 다른 승객이 유실물을 발견하고 이를 가져 갔다면 절도죄에 해당하지 아니하고 점유이탈물횡령죄에 해당한다(대판, 1993. 3. 16, 92도3170).[15]

bb) 사회적·규범적 요소에 의하여 지배의사와 지배사실이 있는 자의 점유가 부정되는 경우가 있다. 상품을 사기 위해 고객이 쥐고 있는 상품,[16] 호텔에

11) 대판, 1962. 11. 15, 62도149.
12) 이 경우도 점유이탈물이 된다는 견해는 오영근, 308면.
13) 대판, 2002. 1. 11, 2001도6158.
14) 대판, 1999. 11. 26, 99도3963.
15) 이 판결을 비판하고 버스운전자의 점유를 인정하면서 절도죄가 성립한다는 견해는 하태훈, 「형법상의 점유개념」(형사판례연구 3, 1995), 171면 이하.

서 제공되는 침구류 기타 비품, 음식점에서 손님에게 제공된 식기류, 가정부가 지키고 있는 그 집안의 물건 등은 현재 사용 또는 지배하고 있는 손님이나 가정부가 아니라 주인의 점유에 속한다. 판례는 예식장 축의금 접수대에서 접수인인 것처럼 행세하여 축의금을 교부받은 자에 대하여 그 축의금의 점유를 부정하고 절도죄를 인정한다.

【판례】 피해자가 결혼예식장에서 신부측 축의금 접수인인 것처럼 행세하는 피고인에게 축의금을 내어놓자 이를 교부받아 가로챈 사안에서, 피해자의 교부행위의 취지는 신부측에 전달하는 것일 뿐 피고인에게 그 처분권을 주는 것이 아니므로 이를 피고인에게 교부한 것이라고 볼 수 없고, 단지 신부측 접수대에 교부하는 것에 불과하므로 피고인이 그 돈을 가져 간 것은 신부측 접수처의 점유를 침탈하여 범한 절취행위라고 보는 것이 정당하다(대판, 1996. 10. 15, 96도2227).

다) 사자의 점유　재물에 대한 지배의사와 지배사실이 없는 죽은 사람의 점유를 인정할 수 있느냐가 문제된다. 상속에 의한 점유를 인정하지 않는 형법에서 죽은 자의 재물을 영득한 자에 대한 형법적 취급의 문제이다. 유형별로 나누어 보면 다음과 같다.

(a) 탈취의사로 살해 후 영득　재물을 탈취할 의사로 사람을 살해한 다음 그 재물을 영득한 경우에는 강도살인죄(제338조)가 성립한다. 살해라는 완전한 반항억압을 수단으로 재물을 강취한 것이고, 재물탈취 시기는 사망 전후에 관계없이 강도살인죄가 성립하기 때문이다. 문제는 이 경우에 죽은 사람의 점유를 인정할 수 있느냐이다.

【학설】 긍정설은 형법상의 점유는 민법상의 점유보다 일층 현실적 개념이므로 침해행위 전체의 형법적 효과를 종합적으로 평가하여, 사망자의 점유 보호가 현실적인 사회관념에 합치되는 경우에는 사망 후에도 그 점유는 계속된다고[17] 한다. 부정설은 지배의사와 지배사실이 없는 죽은 사람에 대해서는 점유의 주체성을 인정할 수 없으므로 이 경우에는 죽은 자가 생전에 가지고 있던 점유(생전점유)를 침해한다는 것이다. 우리나라 다수설이다.[18] 점유의 주체성이 없으면 '타인의 점유'라고 할 수 없고, 계속된 범행계획에 의해 살해를

16) 대판, 1983. 2. 22, 82도3115; 대판, 1994. 8. 12, 94도1487.

17) 이회창, 주석(하), 193면.

18) 서일교, 157면; 유기천(상), 241면; 남흥우, 159면; 정창운, 144면; 황산덕, 277면; 김종원, 206면 이하; 정성근, 361면; 김일수/서보학, 281면; 이기호, 「형법상 점유에 대한 연구」(경찰대 논문집, 1983), 174면.

수단으로 재물을 강취한 것이므로 생전점유(生前占有)를 침해한다는 부정설이 타당하다. 판례도 같은 입장이다.[19]

(b) 살해 후 탈취의사로 영득 살해한 다음 재물 탈취의사가 생겨 피해자의 재물을 영득한 경우에 살인죄(또는 치사) 외에 절도죄가 성립하느냐 점유이탈물 횡령죄가 성립하느냐가 문제된다. 이 경우는 살해를 재물 영득의 수단으로 이용한 것은 아니지만 살해 직후에, ① 시간적·장소적으로 근접한 상태에서, ② 행위자가 주관적으로 사망을 인식하면서 그 결과를 이용하여 영득한 것이므로 행위의 전후관계를 전체적으로 고찰하여 피해자의 생전점유를 침해한 절도죄가 성립한다고 본다.[20]

살해한 후 재물탈취에 대해서 학설이 대립한다. 점유이탈물횡령죄설은 사람의 사망과 동시에 지배의사를 상실하므로 죽은 사람의 점유를 인정할 수 없다는 이유로 이 경우는 점유이탈물횡령죄가 성립하고 살인죄와 경합범이 된다고[21] 한다. 절도죄설은 ① 죽은 사람의 점유는 인정할 수 없으나 피해자의 사망과 시간적·장소적으로 근접한 때에는 죽은 사람의 생전점유가 침해된다거나[22] ② 시간적·장소적 근접성이 인정되는 동안에는 죽은 사람의 점유도 인정된다는[23] 이유로 이 경우에 절도죄가 성립하고 살인죄와 경합범을 인정한다. 교통사고로 일가족 모두를 살해한 범인이 사고 직후 피해자 집에 들어가서 재물을 취득한 경우, 전자에 의하면 점유이탈물횡령죄가 성립한다고 하겠으나 이 경우에는 절도죄를 인정해야 한다. 판례는 죽은 자의 생전점유를 침해한 절도죄설을 취하고 있다.

【판례】 피해자를 살해한 방에서 사망한 피해자 곁에 4시간 30분쯤 있다가 그 곳 피해자의 자취방 벽에 걸려 있던 피해자가 소지하는 물건들을 영득의 의사로 가지고 나온 경우 피해자가 생전에 가진 점유는 사망 후에도 여전히 계속되는 것으로 보아야 한다(대판, 1993. 9. 28, 93도2143).[24]

(c) 사자 휴대품 영득 피해자의 사망과 관계없는 제3자가 죽은 사람의 휴대품을 영득한 경우에는 유족 기타 사람의 점유가 없는 한 점유이탈물횡령죄가 성립한다.[25] 다만 피해자 사망 직후에 이를 모르는 제3자가 피해자의 빈집에

19) 대판, 1968. 6. 25, 68도590.

20) 이에 관한 구체적 내용은 정성근, 「형법상의 점유」(법조, 1980. 8; 고시연구, 1979. 9); 「사자의 휴대품과 점유」(고시연구, 1979. 10) 참조.

21) 서일교, 143면; 황산덕, 294면; 정창운, 150면; 김종원, 207면; 이재상, 260면; 김일수, 240면; 손동권, 272면; 진계호, 306~307면; 김성돈, 260면.

22) 유기천(상), 241면 이하; 남흥우, 159면; 정성근, 362면; 임웅, 288면, 정영일, 253면.

23) 박상기, 255면; 배종대, 370면.

24) 같은 취지: 대판, 1963. 6. 25, 68도590; 대판, 1985. 10. 22, 85도1527.

들어가서 재물을 절취한 경우(교통사고로 일가족 모두 사망한 직후)에는 절도죄의 성립을 인정할 수 있다고 본다.

라) 공동점유 공동점유란 같은 재물에 대해서 다수인이 사실상의 지배를 하고 있는 상태를 말한다. 공동점유자 중 1인이 단독점유로 옮긴 경우 누구의 점유를 침해한 것이냐가 문제되는데, 이는 절도죄와 횡령죄의 한계를 정하는 것이기도 하다. 지배의 주종관계, 지배의 직접성, 지배의 배타성 등을 고려하여 대등관계의 공동점유와 상하관계의 공동점유로 구별하여 검토해야 한다.

(a) 대등관계의 공동점유 동업자·조합원·부부 사이와 같이 수인이 대등하게 재물을 점유하는 공유물·합유물은 공동점유자 상호간에 점유의 타인성이 인정되므로 그 중 1인이 다른 공동점유자의 점유를 배제하고 단독점유로 옮긴 때에는 절도죄가 성립한다(통설). 이 경우 공동소유의 여부는 묻지 않는다.[26] 판례도 이 경우 일관하여 절도죄를 인정한다. 반면에 공유물을 어느 1인이 단독점유하고 있다가 영득하면 횡령죄가 된다.

【판례】 ① 동업체에 제공된 물품은 동업관계가 청산되지 않는 한 동업자들의 공동점유에 속하므로 그 물품이 원래 피고인의 소유라거나 피고인이 다른 곳에서 빌려서 제공하였다는 사유만으로 절도죄의 객체가 됨에 지장이 없다(대판, 1995. 10. 12, 94도2076).[27]

② 피해자인 남편과 그 처는 사실상 별개 가옥에 별거중이면서 남편의 인장이 든 돈 궤짝을 남편이 그 거주가옥에 보관중이었다면 위 처가 돈 궤짝의 열쇄를 소지하고 있었다고 하여도 그 안에 든 인장은 위 처의 단독 보관하에 있는 것이 아니라 남편과 공동보관하에 있다고 보아야 할 것이므로 … 처가 … 남편의 동의없이 불법영득의사로 위 인장을 취거한 행위는 절도죄를 구성한다(대판, 1984. 1. 31, 83도3027).

③ 피해자와 동업자금으로 구입하여 피해자가 관리하고 있던 다이야 포크레인 1대를 그의 허락없이 다른 사람으로 하여금 운전하여 가도록 한 행위는 절도죄를 구성한다(대판, 1990. 9. 11, 90도1021).

(b) 상하관계의 공동점유

aa) 주인과 종업원의 점유 상점 주인과 종업원, 공장주인과 창고경비원,

---

25) 이 경우에도 재물영득과 피해자 사망이 시간적·장소적으로 근접하면 피해자 생전점유를 침해한 절도죄가 성립한다는 견해는 유기천(상), 221면; 박상기, 256면; 배종대, 370면; 임웅, 288면.

26) 대판, 1965. 1. 19, 64도568; 대판, 1987. 12. 8, 87도1831.

27) 같은 취지: 대판, 1982. 12. 28, 82도2058(조합원의 합유물에 대한 점유).

집주인과 가정부의 관계처럼 상하 주종관계가 있는 점유에 관해서 종업원도 주인과 함께 재물에 대한 공동점유를 인정하여 주인 몰래 상점의 물건을 영득하면 절도죄가 된다는 견해도[28] 있다. 그러나 종업원은 재물에 대해 사실상 지배·감시하고 있어도 그는 주인의 의사에 따라 기계적으로 보조하는 수족과 같은 지위에 불과하므로 상위에 있는 사용자의 단독점유만 인정되고, 종업원이 주인의사에 반하여 상점의 물건을 영득하면 주인의 점유를 침해한 절도죄가 성립한다는 다수설이[29] 타당하다.

【판례】 경리담당 직원의 요청으로 은행에 동행하여 경리직원이 은행에서 찾은 현금 200만원 중 50만원을 그의 부탁으로 사무실에 가져와서 그 일부를 영득하고 나머지를 교부한 사안에서 피고인이 50만원을 피해자를 위하여 운반하기 위해 소지하였다 하더라도 피해자의 점유가 상실된 것이라고 볼 수 없을 뿐더러 피고인의 운반을 위한 소지는 피고인의 독립적인 점유에 속하는 것이 아니고 피해자의 점유에 종속하는 점유의 기관으로서 소지함에 지나지 않으므로 … 이를 영득한 행위는 피해자의 점유를 침탈한 … 절도죄가 성립한다(대판, 1966. 1. 31, 65도1178).

bb) 신뢰관계 있는 상하관계의 점유 상하 주종관계가 고도의 신뢰관계를 가지고 종업원에게 어느 정도의 업무처리나 처분권이 위임된 경우에는 하위의 종된 지위에 있는 자가 점유를 하므로 횡령죄의 주체가 된다. 은행·백화점·회사·대형매장의 금전관리 출납직원, 영업관리를 위임받은 지배인, 민법상의 점유매개자(민법 제194조)의 지위에 있는 자가 여기에 해당한다. 점유매개자는 물건을 직접 점유하는 자가 된다. 독자적으로 지점을 운영하는 사용인도 본점과의 관계에서 단독점유를 가진다고 해야 한다.

【판례】 ① 점포주인이 종업원(점원)에게 금고와 오토바이 열쇠를 맡기고 금고 안의 돈도 배달될 가스 대금으로 지급할 것을 지시하고 외출한 다음 점원이 금고 안의 현금을 꺼내어 오토바이를 타고 도주한 사안에서 절도죄를 인정한 원심을 파기하고, 대법원은 피고인은 점원으로서 평소는 점포주인인 위 피해자의 점유를 보조하는 자에 지나지 않으나 위 범행당시는 위 피해자의 위탁을 받아 금고 안의 현금과 오토바이를 사실상 지배하에 두고 보관한 것이라고 보

28) 유기천(상), 192면.

29) 서일교, 131면; 황산덕, 261면; 정영석, 314면; 김종원, 183면; 정성근, 363면; 이형국, 316면; 이재상, 264면; 김일수, 242면; 배종대, 365면; 박상기, 256면; 오영근, 312면; 손동권, 275면; 정영일, 255면; 김성돈, 261면.

겠으니 … 타인의 재물을 영득한 횡령죄에 해당한다(대판, 1982. 3. 9, 81도3396)고 판시하였다.

② 동사무소 사환이 동직원의 시금고에 입금하라는 지시를 받고 현금과 도장이 날인된 예금청구서와 예금통장을 교부받은 후 현금을 시금고에 입금하지 않고 은행에서 예금까지 인출하여 도망간 사안에서, 대법원은 횡령죄에서 말하는 보관이라 함은 … 사실상의 지배를 가지고 있으면 족한 것으로서 점유보조자도 재물에 대한 사실상의 지배를 가지고 있는 이상 보관자라고 할 수 있는 바 … 교부받은 현금과 예금에서 찾은 돈은 … 타인의 재물을 보관하는 자에 해당한다(대판, 1968. 10. 29, 68도1222)고 하여 횡령죄를 인정하였다.[30]

(c) 화물운반자의 점유　화물의 운반을 의뢰한 경우에 위탁관계에 의한 단독점유를 인정하여 횡령죄를 인정하는 견해,[31] 의뢰자의 현실적인 지배・감독이 불가능한 경우에 한하여 운반자의 단독점유를 인정하여 횡령죄를 인정하는 견해,[32] 운반자의 점유를 부정하고 절도죄만 성립한다는 견해가[33] 나누어진다. 의뢰자의 현실적 지배가 불가능한 운반은 의뢰받은 자에게 화물의 운반을 위탁하였다고 보아야 하므로 이 경우에는 운반자의 단독점유를 인정함이 타당하다고 본다. 판례도 같다.

【판례】 ① 점포에 맡겨 놓은 물건을 찾아서 운반해 줄 것을 의뢰받은 짐꾼이 혼자서 그 물건을 찾아 용달차에 싣고 가버린 경우,[34] 화물자동차 운전자가 회사지시에 따라 화물운송 도중에 그 화물 중에서 커피 3상자를 매각 처분한 경우에[35] 횡령죄의 성립을 인정한 것도 같은 취지로 보인다.

② 이에 대하여 철도공무원 수인이 화차(貨車)에 운송 중인 수탁화물의 포장을 풀고 탁상시계 등을 영득한 사안에서, 판례는 운송 중의 화물은 철도청 기관이 점유 보관하는 것이고, 피고인들의 점유가 아니라 하여 특수절도죄를 인정하였다.[36] 이 경우도 횡령죄를 인정하는 견해도[37] 있다. 그러나 철도청의

30) 이 판례는 예금인출과 현금의 입금을 의뢰한 '보관'에 중점을 두었다고 보이나 판시 내용상 단순 보조자와 구별이 명백하지 않다는 비판이 가능하다. 이와 유사한 판례로서 경리담당직원의 요청으로 은행에 '동행한' 다른 부서 직원이 은행에서 인출한 현금의 일부를 영득한 사안에서 운반을 위한 소지는 종속하는 점유기관으로서의 소지에 지나지 않는다는 이유로 절도죄를 인정하였다(대판, 1966. 1. 31, 65도1178). 이 판례는 피해자와 동행관계가 있으므로 단순히 현금운반을 의뢰받은 경우와 구별하고 있다.

31) 배종대, 367면.

32) 정성근, 363면 이하; 이재상, 265면; 김일수, 243면; 오영근, 310면; 김성돈, 262면.

33) 박상기, 256면.

34) 대판, 1982. 11. 23, 82도2394.

35) 대판, 1957. 9. 20, 4290형상281.

36) 대판, 1969. 7. 8, 69도798.

37) 배종대, 367면.

수탁화물은 수탁자가 철도청이고 철도승무원은 화차 내에 있는 화물을 감시·운반하는데 불과하며, 특히 포장된 물건은 승무원 임의로 그 내용물을 사용할 수 없다고 해야 하므로 특수절도죄를 인정한 판례는 타당하다.

마) 봉함된 포장물의 점유 봉함된 포장물을 위탁받은 자가 그 내용물을 영득한 경우에 이에 대한 점유가 위탁자와 수탁자 어느 쪽에 있는가에 관해서 견해가 다양하다. 우편집배원이 배달 중인 우편물 속에서 현금(소액환)을 꺼내어 가진 경우를 교과서 예로 들고 있다.

포장물에 대해서는 포장물과 그 내용물을 각각 구별하여 형식적으로 판단하는 견해도 있으나, 위탁자와 수탁자 사이의 구체적 위탁관계의 태양과 업무상의 지위를 고려하여 실질적인 위탁관계 유무로 판단해야 한다. 즉, ① 봉함하여(열쇠로 잠구고) 위탁하면 위탁자에게 봉함물 전체에 대한 점유가 있으므로 포장물 전체이건 내용물이건 이를 영득하면 절도죄가, ② 봉함 조치없이 단순히 관리·의뢰하였으면 수취인의 점유가 되어 이를 영득하면 횡령죄가, ③ 관리·의뢰도 없이 단지 감시·운반만을 의뢰하였으면 위탁자의 점유가 되어 이를 영득하면 절도죄가 된다. 이 견해가 타당하며 다수설이다.[38] 따라서 우편집배원의 우편물 속의 현금(소액환) 영득은 타인 점유를 침해한 절도죄가 성립한다. 다만 열쇠가 잠긴 용기가 건물에 부착되어 있거나(은행·백화점의 보관함) 이동이 곤란한 대형 철제금고는 열쇠소지자의 단독 점유가 되며, 2인 이상이 열쇠를 소지하면 공동점유가 된다(다수설). 판례는 포장물 전체는 수탁자, 내용물은 위탁자가 점유한다고 하고 그 내용물만 영득한 자에게 절도죄를 인정한다.[39]

학설 중에는 ① 내용물뿐만 아니라 포장물 전체가 수탁자의 점유에 속하고 이를 영득하면 횡령죄가 성립한다는 견해,[40] ② 내용물뿐만 아니라 포장물 전체가 위탁자의 점유에 속하고 이를 영득하면 절도죄가 성립한다는 견해도[41] 있다. 그러나 판례에 따르면 포장물 전체를 영득하면 횡령죄가 되므로 전체를 영득한 경우가 내용물만 영득한 절도죄보다 오히려 경하게 처벌된다는 문제점이 있으며, ①설은 포장·봉함되어 있는 경우와 그렇지 않은 경우를 구별하지 않고 있으며,

38) 서일교, 143면; 남흥우, 170면; 이건호, 528면; 이회창, 주석(하), 196면; 정성근, 367면; 이형국, 317면; 진계호, 307면; 김일수, 244면; 박상기, 258면; 배종대, 371면; 정영일, 254면.

39) 대판, 1956. 1. 27, 4288형상375(보관중인 정부소유 쌀가마니에서 삭대를 사용하여 조금씩 쌀을 발췌한 사안).

40) 김종원, 183면; 이재상, 266면; 임웅, 293면 이하; 손동권, 275면; 백형구, 134면; 오영근, 312면.

41) 황산덕, 279면.

②설은 수탁자가 포장물 전부에 대해서 현실적 지배를 하고 있는 때에도 이를 전혀 고려하지 않는다는 결함이 있다.

3) 재 물 동산은 물론 부동산도 객체가 된다고 본다. 전기 기타 관리가능한 동력도 객체가 된다.[42] 재물에 대해서는 재산죄에 관한 일반론에서 설명한 바와 같다.

【판례】 타인의 전화기를 무단사용하여 전화통화를 하는 행위는 전기통신사업자가 제공하는 음향 송수신 기능을 부당하게 이용하는 무형적 이익이므로 절도죄의 객체인 재물이 될 수 없다(대판, 1998. 6. 23, 98도760).

(3) 행 위

행위는 절취이다.

1) 절 취 절취란 탈취를 의미한다. 즉, 폭행·협박에 의하지 않고 점유자의 의사에 반하여 재물에 대한 점유를 배제하고 자기 또는 제3자의[43] 지배하에 옮겨 영득하는 것을 말한다. 따라서 절취는 점유배제와 점유취득 외에 재물영득까지 그 내용으로 한다. 통설은 점유배제와 점유취득만 절취의 내용이 된다고 하고 재물영득은 인정하지 않는다. 그러나 절취는 단순한 취거와 다르고 취득하여 영득하는 것을 포함한다고 본다. 반드시 은밀하게 할 필요가 없으며, 타인 면전에서 절취해도 상관없다. 절취는 취거(Wegnahme, 점유취득)와 점유취득 외에 재물영득까지 포함하고 있으므로 점유배제만으로 부족하고 점유취득과 영득이 있어야 한다. 따라서 새장 속의 새를 날아가게 하거나 기르는 동물을 도망가게 하는 것만으로 절취가 되지 않는다.

(a) 점유배제 점유자의 의사에 반하여 그의 사실상의 지배를 제거하는 것을 말한다. 그 수단 방법은 묻지 않는다. 행위자가 직접 제거하거나 제3자나 동물을 이용하거나 상관없다. 따라서 정을 모르는 어린아이를 시켜 차용증서를 가져오게 한 때에도 절도의 간접정범이 된다. 점유자가 배제사실을 알고 있을 필요도 없다.

---

42) 다만 전기계량기의 지침을 역회전시켜서 전기요금의 지불을 면하는 행위는 전기절도가 아니라 사기죄를 구성한다.

43) 제329조에는 '제3자'의 지배하에 옮기는 것을 직접 규정하고 있지 않으나 강도죄(제333조)에서 '제3자'에게 취득하게 하는 것을 규정하고 있음에 비추어 제3자의 지배하에 옮기는 것도 포함한다고 보아야 한다.

점유배제는 점유자의 의사에 반한 것이라야 한다. 점유자의 동의가 있으면 절도죄의 구성요건해당성이 배제된다. 묵시적 동의,[44] 조건부 동의가 있어도 절취가 될 수 없다. 조건부 동의인 때에는 조건이 충족된 때에만 절취에 해당하지 않는다.

【판례】 굴삭기 매수인이 대금채무를 이행하지 아니하면 그 굴삭기를 회수하여 가도 좋다는 약정을 하고 양도증명서를 작성하였어도 그 소유권은 매수인에게 있고, 매수인의 의사표시 중에 자신의 동의·승낙없이 자신의 점유를 배제하고 그 굴삭기를 가져가도 좋다는 의사까지 포함되었다고 보기 어렵다고 할 것이므로 채무자의 채무불이행시에 매도자가 그 굴삭기를 취거하여 매도하면 절도죄를 구성한다(대판, 2001. 10. 26, 2001도4546).

점유배제 방법으로 기망방법을 사용해도 상대방이 착오로 교부하지 않는 한 절도죄가 성립한다. 이 경우 절취인가 사기인가의 구별은 피해자에게 점유이전의 의사가 있는가를 기준으로 판단해야 한다(다수설). 따라서 귀금속을 구입할 것처럼 가장하여 순금목걸이를 건네받은 후 화장실에 다녀 온다는 핑계를 대고 도주하거나[45] 옷가게에서 옷을 입어 본 후[46] 또는 자동차·자전거를 시운전하는 척하다가 그대로 도망간 때에도 절취에 해당한다(이른바 책략절도).

형사임을 가장하여 밀수보석을 압수하는데 속은 주인이 이를 묵인한 경우, 피해자의 재산처분행위가 없고 피해자로서 아무런 행위의 선택가능성이 없으므로 자의에 의한 점유이전이 아니라 점유침탈에 해당하는 절도죄가 된다는 견해가 있다.[47] 그러나 형사임을 가장한 묵시적 기망행위가 있고 주인은 압수권한 있는 자로 착오에 빠진 것이며, 밀수품 주인이 체념상태에서 압수물 수거를 묵인·수인한 것도 직접 교부행위는 아니라도 자의성있는 재산처분행위로 평가할 수 있으므로 사기죄가 된다고 본다.[48] 다만 압수를 거절함에도 불구하고 취거해 갔다면 피해자 의사에 반한 절도죄가 될 것이다.

도난·분실·위조된 타인 명의의 신용카드를 부정사용하여 현금자동인출기에서 현금을 인출한 경우에 판례는 여신전문금융업법상의 부정사용죄(제90조) 외에 절도죄를 인정한다.[49] 그러나 2001년 형법개정에서 컴퓨터사용사기죄의

44) 대판, 1990. 8. 10, 90도1211(밍크 50마리에 대한 권리가 있다는 허위주장임을 모르고 묵시적으로 가져가는 데 동의한 경우 절취에 해당하지 않는다).
45) 대판, 1994. 8. 12, 94도1487.
46) 대판, 1983. 2. 22, 82도3115.
47) 김일수(Ⅲ), 357면; 배종대, 372면.
48) 김일수/서보학, 289면; 이정원, 398면.

구성요건에 "권한 없이 정보를 입력·변경하는 행위"를 추가하였으므로 컴퓨터사용사기죄가 성립한다고 본다(후술하는 신용카드 부정사용과 사기죄 참조). 이에 대해서 판례는 반환의사로 몰래 가져온 현금카드로 현금 자동인출기에서 현금을 인출한 다음 곧바로 반환한 경우에는 현금카드 자체에 대해서는 불법영득의 의사가 없다는 이유로 절도죄의 성립을 부정한다.[50] 이 경우는 사용절도에 해당할 것이다.

ⓑ 점유취득 행위자 또는 제3자가 재물에 대한 사실상의 지배를 설정하는 것을 말한다. 이는 피해자의 점유배제로 새로운 점유가 취득된 것이라야 하며, 피해자측의 점유침탈에 대응한다. 취득자의 의사에 따라 지배할 수 있으면 족하고, 종국적·영구적이고 확실한 지배 설정일 필요가 없다. 점유취득은 점유배제와 시간적으로 일치할 필요도 없다. 따라서 달리는 자동차에서 재물을 떨어뜨린 다음 나중에 가져가면 그 때에 점유취득이 된다.

ⓒ 재물영득 영득이란 타인의 재물을 자기의 소유물처럼 사용·수익·처분할 수 있는 지위를 얻는 것을 말한다. 일반적으로 타인의 재물을 취거하여 점유를 취득하면 손괴의사로 취거하는 것 같은 특별사정이 없는 한 재물을 사용·수익·처분할 수 있는 영득도 동시에 있다고 해야 한다.

2) 실행의 착수시기 타인의 점유를 배제하는 행위가 개시된 때에 착수가 있다. 언제 배제 행위가 개시되었느냐는 실행의 착수에 관한 일반이론(주관설, 객관설, 절충설)에 따라 결정된다. 절충설이 다수설이고 타당하지만 절도죄에 있어서는 재물의 성질·형상·절취행위 상황을 고려하여 개별 판단해야 한다.

판례는 밀접행위설에 따라 점유침해의 밀접한 행위나 목적물을 물색한 때에 실행의 착수가 있다고 하고,[51] 주간에 주거침입만으로는 실행의 착수가 없지만 타인의 정원에 침입하여 정원에 있는 목적물에 접근한 때,[52] 피해자 집에 침입하여 회중전등으로 훔칠 물건을 물색한 때,[53] 소매치기가 호주머니 겉을 더듬을

---

49) 대판, 1995. 7. 28, 95도997. 또 판례는 타인의 명의를 모용하여 신용카드발급을 받아 현금을 인출한 때에도 절도죄를 인정하는데(대판, 2002. 7. 12, 2002도2134), 이 경우도 컴퓨터사용사기죄가 성립한다고 본다.

50) 대판, 1998. 11. 10, 98도2642.

51) 대판, 1986. 12. 23, 86도2256; 대판, 1992. 9. 8, 92도1650(주간주거침입은 절도미수죄도 성립하지 않는다); 대판, 2003. 6. 24, 2003도1985(다세대주택에 침입하여 물색 중 피해자와 마주치자 체포면탈 목적으로 상해한 사건).

52) 대판, 1965. 6. 22, 65도427.

53) 대판, 1984. 3. 13, 84도71; 대판, 1987. 1. 20, 86도2199; 대판, 1966. 9. 20, 66도1108.

때,[54] 담을 넘어 훔칠 물건을 찾기 위해 담에 붙어 걸어간 때,[55] 자동차 안의 물건을 훔치기 위하여 문잡이를 잡아 당긴 때,[56] 손가방의 열쇠만 열은 때에[57] 실행의 착수를 인정한다.

3) 기수시기　절도죄의 기수시기에 대하여 견해가 대립되어 왔다.

(a) 학설의 대립　① 행위자가 재물에 접촉한 때라는 접촉설, ② 타인의 점유를 배제하고 자기 또는 제3자의 지배하에 둔 때라는 취득설, ③ 재물을 피해자의 지배범위로부터 장소적으로 이전한 때라는 이전설, ④ 재물을 용이하게 발견할 수 없는 장소에 은닉한 때라는 은닉설 등이 있으나 통설·판례는[58] 취득설을 취하고 있다.

절취는 재물에 대한 점유를 배제하고 그 재물을 자기 또는 제3자의 점유하에 두는 것이므로 점유를 취득한 시점에서 기수가 된다는 취득설이 타당하다. 이 경우 소유권을 침해할 만한 실질적 지배설정이 있어야 한다. 따라서 실질적 점유취득이 있으면 기수가 되고, 처분할 수 있는 안전한 장소에 옮기거나 이용할 상태에 이를 필요가 없으며, 반드시 경계망을 완전히 이탈해야 하는 것도 아니다.

(b) 취득설에 의한 기수시기　취득설에 의하여 절도죄의 기수시기를 정한다 할지라도 언제 재물의 취득이 있다고 할 것이냐는 일률적으로 설명할 수 없다. 재물의 크기·점유형태(지배의 강약)·절취행위의 태양에 따라 개별적으로 판단해야 한다. 경우에 따라 장소이전이나 은닉이 있을 때 취득을 인정할 수 있다. 이를 구체적으로 살펴보면 다음과 같다.

① 귀금속·현금·옷·일상생활용품과 같이 휴대 또는 쉽게 운반할 수 있는 재물은 손안에 넣거나 호주머니·가방에 넣었을 때, 목욕탕에서 금반지를 발견하기 곤란한 틈바구니 사이에 은닉한 때 기수가 된다. ② 피아노·냉장고·가구·기계·쌀가마·철근·입목(立木)과 같이 쉽게 운반할 수 없는 크고 무거운 재물은 피해자의 지배범위를 벗어날 수 있는 상태가 되었을 때 취득했다고 할 수 있다. 운반을 위해 자동차에 적재를 완료한 상태가 여기에 해당한다. 따라서

---

54) 대판, 1984. 12. 11, 84도2524.
55) 대판, 1989. 9. 12, 89도1153.
56) 대판, 1983. 10. 25, 83도2432; 대판, 1986. 12. 23, 86도2256.
57) 대판, 1987. 1. 20, 86도2199.
58) 대판, 1964. 4. 22, 64도112; 대판, 1984. 2. 14, 83도3242; 대판, 1994. 9. 9, 94도1522.

벌채한 입목이나 피아노를 도로나 대문 밖까지 옮긴 것만으로 아직 기수라 할 수 없다. ③ 엄중하게 감시・관리되고 있는 구역에서는 그 경계를 벗어난 때 취득했다고 해야 한다.

【판례】 자동차를 절취할 생각으로 내리막 길에 주차되어 있는 자동차의 조수석 문을 열고 들어가 시동을 걸려고 시도하는 등 차 안의 기기를 이것 저것 만지다가 핸드브레이크를 풀게 되자 시동이 걸리지 않은 상태에서 약 10미터 전진하다가 가로수를 들이받는 바람에 멈추게 되었다면 절도의 기수에 해당한다고 볼 수 없다(대판, 1994. 9. 9, 94도1522). 자동차의 경우 피해자의 지배범위를 벗어날 수 있는 상태는 시동이 걸려 자동차가 달릴 수 있는 상태가 되어야 하므로 시동이 걸리는 시점이 기수시기라 해야 하고, 시동이 걸리지 않은 상태에서 10미터 전진한 것으로는 미수에 불과하다.

4) 절취의 사후행위 절도범인이 절취한 재물을 사후적으로 사용・처분・손괴하더라도 그 사후행위의 위법성은 절도죄의 위법평가에 포함되어 있으므로 절도죄 이외에 사후행위에 대한 다른 범죄가 성립하지 않는다. 다만 그 사후행위가 다른 사람의 새로운 법익을 침해한 때에는 범죄가 성립한다. 예컨대 예금통장과 인장을 절취한 후 이를 사용하여 은행으로부터 예금을 인출한 때에는 절도죄 외에 은행에 대한 사기죄(사문서위조・동행사죄도)가 성립한다.[59] 판례는 절도범인이 정을 모르는 사람에게 장물을 담보로 금원을 취득한 경우와,[60] 절취한 전당표를 전당포에 제시하여 전당물을 찾아간 경우에[61]도 사기죄를 인정한다.

【판례】 열차승차권은 권리가 화체(化體)되어 있는 무기명증권이므로 이를 곧 사용하여 승차하거나 권면가액으로 양도할 수 있고, 매입금액의 환불을 받을 수 있는 것으로서, 열차승차권을 절취한 자가 역직원으로부터 그 대금의 환불을 받음에 있어서 비록 기망행위가 수반된다고 하더라도 따로 사기죄로 평가할 만한 새로운 법익의 침해가 있다고 할 실익을 가지지 못하여 절도의 불가벌적 사후행위로 보아야 한다(대판, 1975. 8. 29, 75도1996).

---

59) 대판, 1974. 11. 26, 74도2817; 대판, 1980. 10. 14, 80도2155.
60) 대판, 1974. 11. 26, 74도2817.
61) 대판, 1980. 10. 14, 80도2155.

3. 주관적 구성요건요소

(1) 고 의

절도죄의 고의는 타인이 점유하는 타인의 재물에 대한 인식과 절취한다는 사실에 대한 인식·의사이다. 절취는 재물에 대한 점유취득뿐만 아니라 재물영득도 포함하므로 영득에 대한 인식·의사도 고의의 내용이 된다. 미필적 고의로 족하다. 재물의 타인성과 점유침해(절취)는 규범적 구성요건요소이므로 의미의 인식이 있어야 한다.

(2) 불법영득의 의사

절도죄를 포함한 영득죄에 있어서는 고의 외에 초과 주관적 요소로서 불법영득의 의사가 필요하다는 것이 통설이고[62] 판례의[63] 태도이다. 이에 대해서 재물탈취의 고의만 있으면 충분하고 불법영득의 의사는 필요로 하지 않다거나[64] 고의 내용으로 파악하면 족하다는 소수설이[65] 대립한다.

1) 불법영득의 의사의 의의 　필요설에 의하면 불법영득의 의사란 권리자를 배제하고 타인의 재물을 소유자와 같이 이용 또는 처분하려는 의사라고 하는 견해(소유자의사설)와,[66] 권리자를 배제하고 타인의 물건을 자기 소유물과 같이 경제적 용법에 따라 이용 또는 처분할 의사라고 하여 "경제적 용법"을 요구하는 견해(경제적 용법설)가[67] 대립한다. 판례의 대부분은 경제적 용법설에 따르고 있다.[68] 경제적 용법의 의미와 이를 요구하는 이유에 대해서 학설의 대부분은

---

62) 황산덕, 283면; 유기천(상), 197면; 이형국, 324면; 이재상, 271~272면; 김일수, 250면; 박상기, 260면; 배종대, 376면 이하(고의 내용으로 필요설 주장); 박양빈, 209면; 임웅, 299~300면; 손동권, 285면; 이정원, 324면; 정영일, 261~262면; 김성돈, 265면; 정태열, 「불법영득의사에 관한 연구」(조선대 대학원 박사학위 논문, 1998), 68면 이하.

63) 대판, 1961. 6. 28, 4294형상179; 대판, 1990. 5. 25, 90도573; 대판, 2000. 10. 13, 2000도3655; 대판, 2001. 10. 26, 2001도4546 등.

64) 이건호, 524면; 정영석, 330면.

65) 정성근, 378면 이하; 同, 「절도죄에 있어서의 불법영득의 의사」(저스티스 제34권 6호, 2001. 12), 150면 이하; 오영근, 320면; 同, 「절도죄의 불법영득의사와 사용절도」(형사판례연구 2, 1999), 175면.

66) 유기천(상), 198면; 남흥우, 161면; 김종원, 186면; 이재상, 272면; 배종대, 380면; 임웅, 301면; 이정원, 324면; 정영일, 261면; 김성돈, 262면.

67) 황산덕, 283면; 김일수, 249면; 박상기, 260면; 진계호, 287면; 백형구, 136면 이하.

68) 대판, 1961. 6. 28, 4294형상179; 대판, 1990. 5. 25, 90도573; 대판, 1996. 5. 10, 95도3057; 대판, 2000. 10. 13, 2000도3655. 다만 대판, 2002. 9. 6, 2002도3465는 경제적 용법을 요구하지 않고 소유자의사설에 따르고 있다.

언급이 없다. 판례는 경제적 용법을 경제적 이익획득의 의미로 파악하고,[69] 비경제적 처분인 손괴를 절도와 구별하려는 취지로 보인다.

그러나 영득죄의 객체인 재물은 경제적 가치를 불문하며, 절취한 재물을 어떤 용도로 사용하였느냐는 절도죄의 성립과 관계없다. 경제적 용법에 따른 이용은 소유자 의사에 포함되어 있으므로 필요설에 따른다 하여도 경제적 용법을 따로 요구할 필요가 없다.

2) 보호법익과 불법영득의 의사　　절도죄의 보호법익에 관한 소유권설에 의하면 점유는 사실상의 재물지배를 의미하는 순수한 사실개념이며, 절도죄에 있어서 행위객체로서의 기능을 가질 뿐이므로 소유권 침해를 인정하기 위해서는 소유권 침해의사인 불법영득의 의사가 있어야 함은 당연하다고 한다.[70] 이에 반하여 점유설은 절도죄도 궁극적으로 소유권 보호를 목적으로 고려하고 있지만 구성요건상으로 소지 자체를 보호하고 있고, 탈취는 점유침해에 중점이 있으므로 탈취의 고의만 있으면 족하고 불법영득의 의사는 필요치 않다고 한다.[71] 소유권 침해범죄에 대해서 소유권 침해의사로서 불법영득의 의사가 있어야 한다는 생각은 "위법하게 영득할 의사"를 목적범 형식으로 규정하고 있는 독일 형법의 절도죄(제242조) 규정에 따른 것으로 보인다.[72]

그러나 독일에서도 보호법익이 소유권이기 때문에 소유권 침해의사로서의 위법영득의 의사가 반드시 필요하다고 하지 않는다. 즉, 손괴죄도 소유권 침해범죄이지만 소유권 침해의사를 요구하지 않는다.[73] 동일한 소유권에 대한 범죄라도 손괴를 수단으로 재산을 침해하는 것과 영득을 하기 위해서 재산을 행위자에게 이전하는 것을 구별하여, 소유권 침해의 태양으로서의 영득을 목적(Absicht)이라는 형식으로 표현한 것이 독일 형법 제242조이다. 즉, 소유권 침해의 의사가 아니라 소유권 침해의 태양이 위법하게 영득한다(rechtswidrig zuzueignen)는 영득의 주관적 측면으로서의 위법영득의 의사를 인정하고 있다.[74]

---

69) 대판, 1961. 6. 28, 4294형상179 외에 대판, 1965. 7. 24, 64도795; 대판, 1981. 12. 8, 81도1761 등.
70) 이재상, 271면; 배종대, 377면; 박양빈, 209면; 임웅, 299면; 손동권, 285면.
71) 정영석, 316면.
72) 독일 형법 절도죄(제242조), 강도죄(제249조)의 직접적인 구성요건적 행위는 취거(Wegnehmen, 즉 점유이전)이고 취거만으로 소유권침해를 인정할 수 없으므로 위법하게 영득할 의사라는 초과주관적 구성요건요소를 명문으로 요구하고 있다. 한편 횡령죄와 배임죄에 대해서는 불법영득의 의사나 이득의 의사를 요구하지 않는다.
73) Vgl. Sch/Sch/Stree, StGB, Vor. §303 Rdn. 14.
74) Binding, Lehrbuch des gemeinen Strafrechts, BT. 1.~2. Aufl., 1902, S. 246, 264ff.; Hegler,

따라서 절도죄의 보호법익을 어떻게 파악할 것이냐의 문제와 그 법익을 어떤 수단·태양으로 침해하는 것이 절도죄로서 충분한가의 문제는 별개라고 해야 한다.

현재 소유권설과[75] 소유권 및 점유보호설[76]에서도 불요설을 주장하고 있고,[77] 점유설에서도 절도죄의 성립범위를 제한하기 위해서 필요설을 주장하고 있으므로 보호법익과 반드시 논리적 대응관계가 있는 것은 아니다. 따라서 소유권 침해의사는 불법영득의 의사, 점유 침해의사는 탈취의 고의라는 획일적 구별이 도출되는 것은 아니다.[78]

3) 영득의 대상　영득의 대상(객체)에 대해서 "영득의사" 또는 "불법영득의사"의 대상이 무엇이냐의 문제로 논의하는[79] 것이 일반적이다. 그러나 불법영득의 "의사"는 소유권 침해의 태양이 위법하게 영득한다는 "영득의 주관적 측면으로서의 의사"일 뿐이므로 영득의사의 대상이 아니라 "영득의 대상"이라 해야 한다.[80] 영득의 대상에 대해서는 견해가 대립한다.

(a) 물체설　영득의 본질은 물체에 대하여 소유자처럼 지배를 설정하는데 있으므로 영득의 대상은 소유자처럼 처분할 수 있는 성질의 "물체" 그 자체라고 한다. 물체설에 의하면 물체 자체는 가치가 없고 물체의 일시사용으로 간접적 이익만 취득하는 경우에는 절도죄를 인정할 수 없다. 따라서 예금통장을 훔친 후 예금만 인출하고 반환한 때에는 절도죄를 인정할 수 없다.

(b) 가치설　영득의 대상은 물체 그 자체가 아니라 "물체에 화체되어 있는 경제적 가치"이고, 그 가치는 물(物)의 처분권 설정에 의한 "이용가치"가 있으면 족하다고[81] 한다. 이에 따르면 예금인출한 예금통장에 대해서 절도죄 성립이 가능하다. 그러나 소유자가 가치 없는 물건으로 방치하거나 경제적 가치가

Die Systematik der Vermögensdelikte, Archiv für Rechts-und Wirtschafsphilosophie, Bd. 9, 1915~1916, S. 159, 284ff.

75) 오영근, 형사판례연구(2), 157면 이하; 동, 393면.

76) 정성근, 381면.

77) 일본에서는 최근에 불요설이 크게 증가하고 있는데 이에 대해서는 정성근, 「절도죄에 있어서의 불법영득의 의사」, 154면 이하 참조.

78) 보호법익과 불법영득 의사의 관련이 근거 없다는 견해는 김일수, 250면.

79) 이재상, 273면; 박상기, 261면; 배종대, 384면; 임웅, 303면; 또 이정원, 328면은 영득과 영득의사를 혼용하고 있다.

80) 같은 취지: 김종원, 187면; 김일수/서보학, 298면.

81) Frank, Das Strafgesetzbuch für das Deutsche Reich, 18. Aufl., 1931, Ⅶ 2a; Sauer, Der Zueignungsbegriff, GA. Bd. 63, 1917, S. 284.

없는 물건에 대해서는 영득을 인정할 수 없으며, 가치 자체는 절도죄의 대상이 될 수 없다.

(c) 결합설　물체설과 가치설의 결합을 시정하여 "물체"와 함께 물체가 지니고 있는 가치, 특히 "기능가치"가 영득의 대상이 된다는 견해로, 통설・판례의 태도이다.[82] 다만 결합설에도 물체 또는 물체의 가치를 택일적으로 영득한다는 견해[83]도 있으나 택일적 설명은 통일적인 영득개념을 얻을 수 없다는 이유로 "물체와 함께 그 가치"를 영득한다는 의미로 파악한다. 즉, 물체에 대한 지배를 통해서 그 가치도 영득한다. 이에 따르면 예금통장사례와 지하철정액권을 몇 번 사용하고 반납한 때에는 절도죄가 성립한다. 결합설도 물체에 대한 지배를 인정하고 있으나 가치 자체는 절도죄의 대상이 될 수 없고, 경제적 가치도 재물의 요건이 아니므로 그 기능가치도 인정할 이유가 없다.

(d) 수정물체설　영득은 소유자의 지배를 침해하여 物의 사용가능성을 취득하는 것이므로 영득의 대상은 물체 자체나 물체의 가치가 아니라 "물체에 대한 지배설정"이라는 견해이다.[84] 가치 자체는 절도죄의 대상이 될 수 없으므로 가치 영득을 배제하고 물체설을 수정하여 결합설과 같은 결론을 얻는다고 할 수 있다. 이에 따르면 예금통장・지하철 정액권 사례도 절도죄가 성립한다. 물체에 대한 지배설정은 물체의 취득으로 생기는 것이며, 가치는 절도죄의 객체가 될 수 없으므로 이 견해가 타당하다고 본다.

(e) 결　어　영득의 대상에 대한 학설들은 물체의 의미와 내용을 파악하는 관점만 다를 뿐 모두 물체에 대한 지배를 배제하는 것은 아니다. 형법은 "재물"의 "절취"를 명시하고 있으므로 가치를 절취한다고 할 수 없고 절취의 취(取)는 점유를 배제하는 취거가 아니라 취득하여 영득하는 것을 의미하므로 영득의 대상은 재물인 물체에 대한 지배설정이라 해야 한다.

4) 불법영득의 의사내용　필요설은 독일 통설에 따라 영득의 의사는 소극적

---

82) 황산덕, 274면; 유기천(상), 201면; 김종원, 187면; 이형국, 325면; 이재상, 274면; 김일수, 253면; 박상기, 262면; 배종대, 385면; 임웅, 304면; 손동권, 291면; 백형구, 138면; 정영일, 263면; 김성돈, 268면. 대판, 1965. 2. 24, 64도795; 대판, 1981. 10. 13, 81도2394; 대판, 1995. 7. 28, 95도997 등.

83) 이재상, 275면; 박양빈, 212면; 임웅, 305면.

84) Rudolphi, Der Begriff der Zueignung, GA. 65, 1965, S. 365; Welzel, StR, S. 341f.; Maurach/Schöder/Maiwald, BT 1, S. 336.; Samson, SK. §242 Rdn. 76; 성낙현, 「절도죄의 보호법익과 불법영득의 대상」(고시계 1999. 11), 74면.

요소로서 권리자를 배제(Enteigung)하는 배제의사와, 적극적 요소로서 소유자 유사의 지위를 획득(Aneigung)하는 향유의사의 두 가지를 요구한다.

가) 적극적 요소(절도죄와 손괴죄의 구별)

(a) 향유의사의 의의 · 내용 향유의사는 재물에 대하여 소유자와 유사한 지배를 하여 이용 또는 처분하는 의사이고, 그 목적 · 동기 여하와 일시적 · 영구적인가를 묻지 않는다. 즉, 재물에 대한 "소유자와 유사한 지배설정"의 의사가 적극적 요소의 내용이 되며, 이러한 지배설정의 의사 유무에 따라 절도죄와 손괴죄를 구별한다. 그리하여 절취한 음식물의 섭취와 소비, 매각, 증여, 선물 제공 등은 소유자 유사의 지배설정 의사가 있으므로 영득의사가 있는 절도죄가 되지만 손괴 · 파괴는 소유자 지배 설정이 아니라 소유권 훼멸이므로 영득의사가 없는 손괴죄가 된다고 한다.

(b) 소유권행사와 손괴 소유권은 손괴행위에 의해서 훼멸될 수 없으며, 훼멸되는 것은 물체인 재물일 뿐이다. 그리고 소유권은 제한 없는 지배권이므로 손괴 · 파괴 자체가 소유권 행사의 내용이라 해야 한다. 특히 취거행위가 소유권 행사의 의미를 갖는 경우(음식물 섭취, 충돌실험을 위한 자동차 취거)에 절도죄를 인정한다면 손괴행위도 절도죄가 될 수도 있다. 그리고 석유 절취의 경우 난방용으로 사용할 목적 · 동기라는 주관적 의사 · 심정이 있어야만 절도죄가 성립되는 것은 아니다. 목적 · 동기와 관계없이 불요설에서도 점유이전으로 인한 지배설정이 있으면 절도죄를 인정할 수 있다. 난방용 석유절취의 경우 경제적 가치를 얻기 때문에 영득이 된다는 견해[85]도 있다. 그러나 가치절도는 인정할 수 없으므로 점유이전으로 인한 지배설정 때문에 절도가 된다고 해야 한다. 이 경우 연료사용은 행위자의 이익이 되지만 실질에서는 연료를 태워 없애는 손괴와 차이가 없다. 따라서 소유자 유사의 지배설정을 불법영득의 의사 내용으로 인정할 때에는 손괴와 절도는 구별할 수 없고, 사실상 영득의사 불요설과 차이가 없게 된다.

(c) 절도죄가 손괴죄보다 중한 이유 필요설은 불법영득의 의사(향유의사)를 인정하지 않으면 손괴죄보다 절도죄의 법정형이 중한 이유를 설명할 수 없다고 한다.[86] 즉, 소유권 침해는 같으나 주관적 요소인 불법영득의 의사가 있기 때문

85) 김일수/서보학, 294면.

86) 이재상, 271면; 배종대, 377면 등.

에 절도죄의 불법이 손괴죄보다 크다는 것이다. 독일 형법은 위법영득의 의사를 목적범 형식으로 규정하고 있으므로 이를 초과 주관적 불법요소로 당연히 인정해야 한다. 그러나 이러한 규정이 없는 우리 형법의 해석에서 동일한 소유권 침해행위가 객관적 구성요건을 반영하지 않는 단순한 주관적 의도, 내심의 동기 때문에 불법(행위반가치)의 정도와 범죄성 여부가 달라질 수 없다. 결국 절도죄는 불법영득의 의사가 아니라 점유이전으로 소유자 유사의 지배설정을 불법으로 취득한다는 "재산이전적 성격" 때문에 재산이전이 없는 손괴죄보다 중하다고 해야 한다. 점유침해(점유침해에 의한 재산이전)가 없는 점유이탈물횡령죄가 재물영득의 의사가 있음에도 불구하고 손괴죄보다 경한 이유도 같은 취지라 해야 한다.

(d) 필요설의 문제점　영득의 적극적 요소를 강조할 때에는 실제로 해결하기 곤란한 문제가 생길 수 있다. 손괴의사로 취거한 후 생각이 바뀌어 소유의사로 이용·처분한 경우에 손괴행위가 없는 손괴죄를 인정할 수 없고, 사후적으로 생긴 영득의사를 소급하여 인정할 수 없으므로 절도죄도 인정할 수 없다. 또 범죄의사로 점유를 이전시킨 물건을 점유이탈물이라 할 수 없고, 위탁관계가 없는 횡령죄도 인정할 수 없다.

나) 소극적 요소(절도와 사용절도의 구별)

(a) 배제의사의 기능　필요설은 불법영득의사의 소극적 요소로서 배제의사를 요구하고 소유자지위 배제의사 유무에 따라 가벌적인 절도와 불가벌의 사용절도를 구별하여, 일시사용 후 반환하는 사용절도는 영속적인 배제의사가 없으므로 불가벌이라 한다.[87] 즉, 반환의사가 있는 사용절도는 배제의사라는 영득의 의사가 없다는 것이다.

(b) 반환의사　반환의사는 일시사용시 또는 사용 후에도 있을 수 있으며, 취거시에는 반환의사가 있었으나 그 후 반환하지 않는 경우도 있다. 만일 반환의사 유무로 사용절도 여부를 판단한다면 일시사용 전후를 묻지 않고 사용절도를 인정해야 하므로 사용절도와 절도는 구별할 수 없다. 그래서 필요설은, ① 반환의사도 영득의 의사와 마찬가지로 재물취거시에 있을 것을 요구한다. 그러

87) 대판, 1992. 4. 24, 92도118(자동차 일시사용의 사례). 다만, 개정형법은 자동차, 선박, 항공기, 원동기장치자전차(오토바이) 등의 일시사용은 자동차등 불법사용죄(제391조의2)가 성립하므로 사용절도의 문제는 생기지 아니한다.

나 반환의사로 일시사용한 후 사후적으로 다른 장소에 방치하면 절도죄를 인정하므로[88] 사후적 영득의 의사를 인정한다. 이는 사후적 영득의사를 부정하는 것과 모순되며, 행위자의 사후적 사정에 따라 소급하여 영득의 의사를 인정할 수 없다고 해야 한다. 그리고 ② 반환의사 유무만으로 불법영득의 의사(배제의사)를 확정하기 어려운 점을 보완하기 위해서 가치감소, 일시사용 후의 방치, 사용시간과 거리의 장단 등 또 다른 기준을 부가해서 불법영득의 의사(배제의사)를 인정한다.[89]

(c) 가치감소 일시사용 후 반환한 경우에도 그 재물의 가치가 현저히 감소 또는 소멸한 때에는 사용절도가 아니라 영득의 의사가 있는 절도죄가 된다고 한다. 즉, 재물사용에 수반되는 사용감소와 재물 본래의 경제적 목적을 충족시킬 수 없는 기능가치가 감소·소멸되는 소모(Verbrauch)를 구별하여, 일시사용이라도 사후적으로 기능가치가 소모된 때에는 불법영득의 의사가 있다 하고, 자동차 가솔린 소비, 타이어 마모, 밧데리 완전소모, 새책을 헌책으로 반환한 경우 등에 대해서 절도죄를 인정한다.[90]

그러나 ① 가치절도는 인정할 수 없을 뿐만 아니라 가치감소라는 사후적·객관적 사정이 사전적·주관적인 불법영득의 의사(배제의사)가 될 수 없으며, ② 가치가 감소되는 사용은 소유자가 아니면 할 수 없는 객관적인 처분(이용)행위이기 때문에 절도죄가 되는 것이고 사후적으로 영득의 의사를 인정해야만 절도죄가 성립되는 것은 아니다. 그리고 ③ 시동이 걸려 있는 승용차를 200미터 운전한 경우에는 가치감소가 거의 없음에도 불구하고 절도죄를 인정하고 있음[91]에 비추어 기능가치의 소모가 불법영득의 의사를 확정하는 표지도 될 수 없다고 해야 한다.

(d) 방치와 시간·거리의 장단 일시사용이라도 사용 후 다른 장소에 방치하거나 장시간 또는 장거리 사용한 때에는 불법영득의 의사가 있는(반환의사가 없

88) 이재상, 276면; 배종대, 382면 이하; 김성돈, 271면. 대판, 1981. 10. 13, 81도2394; 대판, 1984. 12. 26, 84감도392 등.

89) 대판, 1981. 10. 13, 81도2394(오토바이를 소유자의 승낙없이 약 1시간 30분 사용한 후 본래의 장소에서 약 7, 8미터 되는 장소에 갖다 둔 사례); 대판, 1984. 4. 24, 84도311(자동차를 10분간 2킬로미터 운행하고 원래 장소로 오던 중 검거된 사례) 등 참조.

90) 이재상, 275면; 배종대, 383면; 박양빈, 210면; 임웅, 304면; 김성돈, 272면. 대판, 1992. 4. 24, 92도118.

91) 대판, 1992. 9. 22, 92도1949(길가에 시동이 걸려있는 모르는 사람의 자동차를 200미터 운전하고 간 사례).

는) 절도죄가 된다고 한다. 그러나 ① 일시사용 후의 방치행위는 일시적으로 소유자의 이용가능성을 침해하였다고 할 수는 있지만 반환의사가 있는 방치자가 그 재물을 영득했다고 할 수 없으며, ② 사후적인 방치행위와 일시사용의 시간·사용거리의 장단은 사전적·주관적인 영득의 의사내용이 될 수 없으며, 이것이 소급하여 불법영득의 의사를 좌우할 수도 없다고 해야 한다. 결국 절도와 사용절도는 배제의사·불법영득의 의사라는 주관적 사정이 아니라 소유자가 아니면 할 수 없는 처분 내지 지배설정이라는 객관적 사정에 따라 구별해야 한다. 그리하여 소유자로서의 처분·지배설정을 판단함에는 추정적 승낙(소유자와의 친분관계)·반환여부·재물의 소모정도와 경미성 등 객관적 사정을 종합적으로 고려해야 할 것이다. 판례가[92] 사안에 따라 일시사용이나 사용거리에 관계없이 소유자와의 친분관계, 일시사용의 경위와 동기, 반환 여부, 재물의 소모 정도와 경미성 등 객관적 사정을 종합적으로 고려하여 절도와 사용절도를 구별하는 것도 이러한 취지로 이해할 수 있다.

5) 결 어 독일 형법은 재산죄의 행위태양에 대해서 권리행사방해죄와 절도죄·강도죄는 취거로, 횡령죄는 영득으로 규정하고 있다. 취거는 타인의 점유를 침해하여 그 점유를 취득하는 것이고, 점유를 취득하는 취거만으로 절도죄·강도죄의 소유권 침해를 인정할 수 없으므로 초과 주관적 요소로서 위법영득의 의사를 명문으로 요구하고, 횡령죄의 영득에 대해서는 이를 요구하지 않는다. 즉, 취거는 점유취득, 영득은 소유권을 침해하는 소유자 지위취득의 의미로 구별한 규정이라 할 수 있다.

우리 형법의 재산죄는 권리행사방해죄와 준점유강취죄에 대해서만 취거이고, 절도죄·강도죄·점유강취죄는 절취·강취, 횡령죄는 횡령이다. 횡령은 타인점유의 침해없이 (자기보관 또는 점유이탈한) 타인재물을 영득하는 것이고, 절취·강취는 단지 점유를 취득하는 취거가 아니라 타인점유 재물을 탈취(취득)하여 영득하는 것이다.[93] 즉, 탈취의 취득과 영득은 타인점유를 침해한 영득인가 점유침해 없는 영득인가에 따라 용어상 구별할 뿐이고 영득하여 타인의 소유권을 침해한다는 의미·내용은 같다. 또 영득의 대상을 재물에 대한 지배설정이라 한다면 이는 재물취득에 수반되는 필연적인 현상이므로 취득과 영득의 의미를 구

92) 대판, 1985. 3. 26, 84도1613; 대판, 1987. 12. 8, 87도1959 등.
93) 오영근, 320면.

별할 필요가 없다. 따라서 이에 대한 주관적 의사에 대해서 취득의사는 고의, 영득의 의사는 고의를 초과하는 목적으로 구별할 이유가 없다. 영득의 의사는 모두 탈취죄의 고의 내용에 포함된 것이라 해야 한다.[94] 그리고 횡령죄와 배임죄에 대해서는 독일 형법에서도 영득의 의사나 이득의 의사를 요구하지 아니하므로 우리 형법의 해석에서 특별히 이를 초과 주관적 요소로 인정할 이유가 없다. 사기죄, 공갈죄도 교부·취득이라 되어 있으므로 같은 취지라고 해야 한다.

4. 죄수·타죄와의 관계

(1) 죄 수

이 죄의 법익은 전속적 법익이 아니므로 죄수는 절취의 수에 따라 결정한다. 하나의 행위로 수인소유의 수개의 재물을 절취하면 절도죄의 단순일죄이다. 접속범인 경우에는 수개의 절취가 있어도 포괄일죄가 된다. 예컨대 오후 10시부터 다음날 오전 0시까지 3회에 걸쳐 같은 창고에서 합계 6개의 쌀가마니를 절취하여도 절도죄의 포괄일죄이다.[95] 그러나 같은 사람의 재물이라도 시간적·장소적 간격을 두고 여러 번 절취하면 원칙적으로 수개의 절도죄의 경합범이 된다.

(2) 타죄와의 관계

주간에 주거침입하여 절취하면 주거침입죄와 절도죄의 경합범이고, 야간이면 야간주거침입절도죄(제330조)가 된다. 절도를 교사한 후 피교사자로부터 절취 장물을 편취하면 절도교사죄와 사기죄의 경합범이 된다. 절도 교사자가 절취한 재물을 취득·보관하면 장물취득·보관죄와 경합범이 된다. 살인의 목적으로 총검을 절취한 경우에는 살인예비죄와 경합범이 된다.

절취한 재물의 소지가 금지되어 있으면 절도죄 외에 금지위반에 대한 범죄가 성립하고 경합범이 된다.[96] 따라서 신용카드를 절취하여 사용한 때에는 신용카드 부정사용죄와 절도죄의 경합범이 된다.[97]

---

94) 프랑스 신형법 제311-1조는 「절도라 함은 타인의 재물을 불법으로 영득하는 것을 말한다」고 규정하여 불법한 영득을 고의의 인식대상으로 규정하고 있다.

95) 대판, 1970. 7. 21, 70도1133.

96) 대판, 1964. 8. 27, 64도267.

97) 대판, 1996. 7. 12, 96도1181.

Ⅱ. 절도죄의 가중적 구성요건

1. 야간주거침입절도죄

【구성요건·법정형】 야간에 사람의 주거, 간수하는 저택, 건조물이나 선박 또는 점유하는 방실에 침입하여 타인의 재물을 절취한 자는 10년 이하의 징역에 처한다(제330조). 단, 10년 이하의 자격정지를 병과할 수 있다(제345조). 미수범은 처벌한다(제342조). 친족상도례가 준용되며(제344조), 동력규정(제346조)이 적용된다.

(1) 의의·성격

야간에 주거·간수하는 저택·건조물 등에 침입하여 타인의 재물을 절취하는 범죄이다. 개정형법은 특수강도죄의 규정을 개정하여 간수하는 저택은 관리하는 건조물로 바꾸고 항공기를 추가하였으므로 이 죄에서도 바꾸어야 할 것임에도 바꾸지 아니한 것은 입법의 착오라고 본다. 이 죄의 성격에 관해서는 견해가 대립한다.

1) 가중적 불법설 단순절도가 야간과 주거라는 시간적·장소적으로 제한된 행위상황에서 범하는 단순 절도죄의 불법 가중유형이라는 견해이다.[98] 이에 따르면 이 죄는 절취행위가 야간에 있어야 성립한다. 따라서 야간침입후 주간절취는 이 죄가 성립하지 않는다.

2) 결합범설 야간이라는 행위상황에서 범하는 주거침입죄와 단순절도죄의 결합범이라는 견해이다(통설).[99]

주거침입행위는 독립된 범죄유형이므로 이를 단순한 행위상황으로 볼 수 없다. 야간이라는 행위상황에서 이루어진 주거칩입죄와 절도죄의 결합범이라 해야 한다. 결합범이므로 주거침입과 절취 중 어느 하나가 야간에 이루어지면 이 죄가 성립하며, 주간에 주거침입하여 주간에 절취하면 절도죄와 주거침입죄의 경합범이 된다. 침해범·결과범·상태범이다.

98) 유기천(상), 213면. 경합범이 아니라 독자적 범죄라는 견해는 김일수, 260면.
99) 정영석, 320면; 이건호, 327면; 남흥우, 174면; 이회창, 주석(하), 213면; 김종원, 190면 이하; 정성근, 384면; 이재상, 280면; 진계호, 313면; 박상기, 267면; 임웅, 314면; 손동권, 297면; 이정원, 337면; 오영근, 339면; 김성돈, 274면.

(2) 객관적 구성요건요소

1) 행위상황(야간) 이 죄는 "야간"에 이루어져야 한다. 결합범이므로 야간이라는 행위상황은 주거침입과 절취 모두가 야간에 있는 경우는 물론, 어느 하나가 야간에 있으면 충분하다고 본다.[100] 절취행위가 야간에 있어야 한다는 견해와[101] 주거침입과 절취행위 모두가 야간에 있어야 한다는 견해,[102] 주거침입이 야간에 있어야 한다는 견해[103]도 있다. 그러나 이 죄는 야간이라는 시간적 제한을 받는 주거침입과 절도의 결합범으로서 주거침입이 절취에 선행하며, 주거침입은 계속범이므로 주거침입이 주간에 있어도 절취가 야간에 있으면 주거침입도 야간까지 계속되어 절취만 야간에 행해질 수 없다. 따라서 적어도 주거침입과 절취의 둘 중 하나가 야간에 이루어지면 족하다고 해야 한다.

야간의 의미에 대해서도 견해가 대립한다. ① 천문학적 해석설은 일몰 후 일출 전까지라고 하는데[104] 대하여, ② 심리학적 해석설은 사람의 심리상태와 휴식·평온을 깨뜨리는 불안정기간이라고 한다.[105] 통설과 판례는[106] 천문학적 해석설을 취하고 있다. 이 죄의 행위상황으로 야간을 규정한 취지는 심리적 불안상태를 고려하고 있음은 명백하다. 그러나 이러한 불안상태의 시점을 언제라고 할 것이냐는 결국 일몰 후 일출 전이라고 해야 한다. 심리적 불안상태는 주간에도 있을 수 있으므로 통설·판례의 태도가 타당하다.

2) 주거침입·재물절취 주거침입죄, 절도죄에서 설명한 내용과 같다.

3) 실행의 착수·기수시기

(a) 실행의 착수 주거침입죄와 절도죄의 결합범이므로 주거침입시에 실행

---

100) 황산덕, 285면; 남흥우, 174면; 김종원, 191면; 이회창, 주석(하), 213면; 정성근, 385면; 이형국, 336면; 진계호, 313면; 배종대, 391; 임웅, 315면; 백형구, 142면; 김성돈, 275면.

101) 유기천(상), 232면; 박상기, 267면; 김성천/김형준, 439면.

102) 김일수, 261면; 정영일, 225면; 손동권, 298면.

103) 이재상, 280면; 이정원, 338면; 오영근, 340면. 최근 판례(대판, 2011. 4. 14, 2011도300, 2011감도5)는 "형법은 야간에 이루어지는 주거침입행위의 위험성에 주목하여 그러한 행위를 수반한 절도를 야간주거침입절도죄로 중하게 처벌하고 있는 것으로 보아야 한다"는 이유로 이 견해를 따르고 있다.

104) 황산덕, 295면; 정영석, 305면; 서일교, 146면; 이건호, 531면; 김종원, 191면; 정성근, 385면; 강구진, 279면; 김일수, 260면; 진계호, 314면; 박상기, 267면; 배종대, 390면; 임웅, 314면; 손동권, 298면; 오영근, 341면; 정영일, 265면; 김성돈, 274면.

105) 유기천(상), 213면 이하.

106) 판례는 1967. 1. 7. 오후 6시 30분은 해가 진 후이므로 야간이라 하고(대판, 1967. 8. 29, 67도944), 1967. 4. 19. 오전 5시 30분도 야간이라 하였다(대판, 1968. 4. 23, 67도479). 또 일몰 15분 후도 야간이라고 한 판례(대판, 1972. 7. 25, 72도1273)도 있다.

의 착수가 있다.[107] 이 죄는 시간적으로 주거침입이 절취보다 먼저 있기 때문이다. 예컨대 절도범인이 주거에 침입하기 위하여 문 사이로 손을 넣어 빗장을 벗기다가 발각되어 목적을 달성하지 못하였거나, 침입하여 재물에 대한 물색행위가 없어도 이 죄의 미수가 된다. 그러나 점포 안에 있던 종업원이 주인의 돈을 야간에 훔친 때에는 야간주거침입절도죄가 성립하지 않는다.[108]

(b) 기수시기　기수시기는 절취행위가 종료한 때, 즉 재물취득시이다. 절취행위가 종료된 때에는 주거침입 자체의 미수·기수는 묻지 않는다. 따라서 야간에 길가에서 문을 열고 손을 넣어 방안의 물건을 절취한 때에도 재물을 취득한 것이므로 기수가 된다.[109] 판례는 야간에 카페 내실에 침입하여 정기적금 통장을 훔쳐 나오던 중 발각되어 돌려준 때에도 이 죄의 기수라 하였다.[110]

2. 특수절도죄

【구성요건·법정형】 ① 야간에 문호 또는 장벽 기타 건조물의 일부를 손괴하고 전조(제330조)의 장소(주거·건조물·점유하는 방실)에 침입하여 타인의 재물을 절취한 자는 1년 이상 10년 이하의 징역에 처한다(제331조 1항). ② 흉기를 휴대하거나 2인 이상이 합동하여 타인의 재물을 절취한 자도 전항의 형과 같다(제331조 2항). 10년 이하의 자격정지를 병과할 수 있다(제345조). 미수범은 처벌한다(제342조). 친족상도례(제344조)와 동력규정(제346조)을 준용한다.

(1) 의의·성격

야간에 문호·장벽 기타 건조물의 일부를 손괴하고 주거침입절도를 하는 범죄와, 단순절도가 흉기를 휴대하거나 2인 이상이 합동하여 재물을 절취하는 범죄이다. 전자는 폭력성과 범행의 강폭성(强暴性) 때문에, 후자는 행위의 위험성과 집단성 때문에 불법이 가중된 가중적 구성요건으로 규정한 것이다. 따라서

---

107) 대판, 1970. 4. 28, 70도507: 「절취의 목적으로 사람의 주거에 침입한 단계에서 야간주거침입절도라는 범죄행위의 실행에 착수한 것이라고 봄이 타당하므로 … 절도의 목적으로 월담 침입하여 동가(同家) 마루 밑에 숨어 있다가 목적을 달성하지 못한」 경우에 이 죄의 미수범으로 처벌하였다. 또 대판, 1972. 6. 27, 72도1028은 야간에 절도의 목적으로 상점 울타리를 침입하여 상점문 틈에 드라이버를 넣고 이를 비틀어 부수려 하였다면 야간주거침입절도죄의 실행에 착수한 것으로 볼 수 있다고 판시하였다. 같은 취지: 대판, 1983. 3. 8, 83도145; 대판, 1984. 12. 26, 84도2433; 대판, 2003. 10. 24, 2003도4417; 대판, 2006. 9. 14, 2006도2824 등.

108) 대판, 1976. 4. 13, 76도414.

109) 김종원, 192면; 이회창, 주석(하), 215면; 정성근, 386면; 김일수, 261면; 배종대, 391면; 김성돈, 275면. 이 경우 기수가 아니라는 견해는 유기천(상), 232면.

110) 대판, 1991. 4. 23, 91도476.

이 죄는 야간주거침입절도의 가중유형(제1항)과 단순절도의 가중유형(제2항)을 포함하고 있다.

(2) 객관적 구성요건요소

1) 손괴후 야간주거침입절도(제1항)

(a) 야 간 이 죄는 야간주거침입절도죄와 손괴죄의 결합범이다. 따라서 야간에 문호·장벽 기타 건조물의 일부를 손괴하고 주거침입하여야 한다. 주간에 문호 등을 손괴하고 주거침입하여 절취한 때에는 이 죄가 성립하지 않고, 손괴죄·주거침입죄·절도죄의 경합범이 되며, 야간에 주거침입한 후에 절취하고 나오면서 건조물 일부를 손괴한 때에도 야간주거침입절도죄와 손괴죄의 경합범이 된다.[111]

(b) 문호·장벽 기타 건조물의 일부 "문호·장벽"은 침입을 방지하기 위하여 설치된 모든 인위적 시설물을 말한다. "건조물"은 가옥 기타 이와 유사한 건축물로서 지붕과 주위 벽 또는 버팀기둥이 있고 그 내부에 사람이 출입할 수 있는 토지의 정착물을 말하며, 주위를 둘러싼 시설을 포함한다. "기타 건조물의 일부"라고 한 것은 문호·장벽·건조물을 예시한 것에 불과하므로 침입방지를 위한 잠금장치, 도랑 등 시설을 포함한다.

(c) 손 괴 문호 등 일부를 물질적으로 훼손하여 그 효용을 해하는 것이다. 손괴는 전부·일부를 묻지 않는다. 야간에 출입문의 환기창문을 열고 침입하거나[112] 야간에 출입문을 발로 걷어차 잠금고리의 아래쪽 부분이 떨어지면서 출입문이 열린 경우[113]와 잠금장치·방문고리를 뜯고 침입하면 이 죄가 성립하지만 열쇠로 잠금장치를 열고 들어가는 것은 야간주거침입절도에 해당한다.

(d) 주거침입·재물절취 주거침입죄, 절도죄의 그것과 같다.

(e) 실행의 착수·기수시기 착수시기는 야간에 건조물 등의 일부를 손괴하기 시작한 때이며,[114] 기수시기는 재물취득시이다.[115]

---

111) 대판, 1977. 7. 26, 77도1082.

112) 대판, 1986. 7. 8, 86도843.

113) 대판, 2004. 10. 15, 2004도4505.

114) 대판, 1986. 9. 9, 86도1273: 「야간에 절도목적으로 자물통고리를 절단하고 출입문을 손괴한 뒤 주거에 침입하려다가 발각되었으면 특수절도의 실행에 착수한 것이다.」

115) 대판, 1977. 7. 26, 77도1802: 「현실적으로 절취 목적물에 접근하지 못하였다 하더라도 야간에 타인의 주거에 침입하여 건조물의 일부인 방문고리를 손괴하였다면 형법 제331조의 특수절도죄의 실행에 착수한 것이다.」 특수절도죄의 기수에 관한 판례는 대판, 1964. 12. 8, 64도577.

2) 흉기휴대 및 합동절도(제2항)

가) 흉기휴대절도 흉기를 휴대하여 절취하는 특수절도이다.

(a) 흉 기 "흉기"란 원래 인명살상이나 물건의 손괴를 목적으로 제작되고 그 목적 달성에 적합한 성질의 물건(성질상 흉기)을 말하지만, 도끼·망치·철봉·곤봉과 같이 본래 다른 용도로 제작된 도구라도 사람의 살상에 이용될 수 있는 물건으로서 일반인이 위험을 느낄 수 있는 것(용법상 흉기)도 포함한다.[116] 흉기인가의 여부는 객관적인 성질에 따라 결정해야 하며, 휴대자의 주관에 따라 판단할 것은 아니다.

따라서 막대기, 돌덩이, 그히 작은 손칼, 새끼줄, 수건, 장난감 권총은 성질상으로나 용법상 흉기의 적합성을 갖지 않으므로 살상용으로 사용되어도 흉기가 아니다. 청산가리·염산 등 독극물과 독가스·맹견도 흉기에 포함시키는 견해가 있으나[117] 기구가 아니므로 휴기에 포함되지 않는다.

(b) 휴 대 "휴대"는 몸에 지닌다는 의미이다. 현장에서 범행에 사용할 의사로 몸에 지니고 있어야 한다. 손에 잡고 있거나 호주머니에 지니는 것도 무방하다. 다수설은 소지와 같은 의미로 해석하여 몸가까이 소지하는 것이라 한다. 그러나 형법이 휴대와 소지를 용어상 구별하고 있음에 비추어 휴대는 소지보다 좁은 개념이라 해야 한다. 몸에 지니고 있음을 상대방에게 인식시킬 필요가 없다. 다만 적어도 외부에서 인식가능한 방법으로 지니고 있어야 한다고 본다.

나) 합동절도 "합동절도"란 2인 이상이 합동하여 절취하는 특수절도 유형으로 보통 합동범이라 한다. 형법상의 합동범은 특수절도죄 외에도 특수도주죄(제146조), 특수강도죄(제334조 2항)와 성폭력범죄의처벌등에관한특례법 제4조의 합동에 의한 특수강간·특수강제추행·특수준강간·특수준강제추행이 있다. 집단범에 대한 형사정책적 고려와 현실적 위험성이 증가한다는 이유로 가중 규정을 둔 것이다. 2인 이상이 범죄를 실현한다는 점에서 공동정범(제30조)과 유사하다. 그래서 공동정범의 "공동하여"와 합동범의 "합동하여"를 어떻게 구별할 것인가가 문제된다. 합동범의 본질에 관한 문제로서 학설이 대립한다.

(a) 공모공동정범설 합동의 개념 속에는 공동정범과 공모공동정범의 두

116) 한편, 흉기는 일반개념인 위험한 물건에 포함되는 특수개념으로서 위험한 물건의 일종이다. 이에 관한 자세한 설명은 제2편 제2절 Ⅲ. 3. 특수폭행죄 참조.

117) 이재상, 283면; 진계호, 315면; 박상기, 269면; 손동권, 301면; 정영일, 269면; 오영근, 344면; 김성돈, 278면.

가지 내용이 함께 포함되어 있고, 형법상 공모공동정범을 인정할 수 있는 경우는 합동범에 한정된다[118]고 하는 견해이다. 그러나 합동과 공모를 같은 의미로 파악하여 합동범의 범위를 지나치게 확장시킨다는 비판이 있고, 현재에는 소멸된 이론이다.

(b) 가중적 공동정범설　합동범은 본질상 공동정범과 같지만 집단범 대책상 특별히 그 형을 가중하기 위해서 합동이라고 규정하였다는 견해[119]이다. 이 견해는 2인 이상의 "합동"과 공동정범의 2인 이상의 "공동"을 같은 의미로 해석하여, 현장에서 공동한 경우뿐만 아니라 현장 공동이 없는 경우까지 그 공동실행이 공동정범을 인정할 정도이면 합동범으로 가중할 수 있다고 한다.

그러나 ① 형법은 합동과 공동을 구별하여 사용하고 있으므로 이를 같은 의미로 해석해야 할 근거가 없으며, ② 공동정범에 대한 가중규정은 폭력행위등처벌에관한법률 제2조 2항에 "2인 이상이 공동하여"라고 하여 별도로 마련하고 있으므로 합동범을 가중적 공동정범이라고 해석할 필요가 없고, ③ 집단범 대책은 한정된 몇 개의 합동범에 한정되는 것이 아니라 오히려 대인범(對人犯) 일반에 대한 집단범 대책이 더 중요하다고 해야 하므로 집단범 대책 때문에 가중적 공동정범을 인정할 근거는 희박하다고 해야 한다.

(c) 현장성설　형법 부칙 제10조 10호에 의하여 폐지된 도범등방지및처벌에관한법률 제2조 2호의 "2인 이상 현장에서 공동하여 범한 때"를 "2인 이상이 합동하여"라고 바꾸어 형법에 규정된 것이 합동범이므로 2인 이상이 "현장에서 공동하여" 범한 자가 합동범이고,[120] 현장에서 시간적·장소적으로 합동하고 있는 경우에는 구체적인 위험성이 증가하므로 불법이 가중된 것이라는 견해[121]이다. 이에 따르면 합동범은 때와 장소를 같이 하여 현장에서 상호 협력·협동할 것이 요구되므로 현장에서 공동하지 아니한 공동정범은 합동범이 될 수 없다. 우리나라 통설이다.

---

118) 김종수, 「신형법상의 공모공동정범의 이론」(법정, 1955. 11), 11면; 김종수, 「공모공동정범」(법조, 14. 2, 1965), 20면; 김종수, 형사법연구(상)(1979), 123면 이하.

119) 황산덕, 287면; 김종원, 194면.

120) 서일교, 147면 이하.

121) 유기천(상), 235면; 정영석, 320면; 남흥우, 215면; 이건호, 328면; 정성근, 390면; 이형국, 340면; 강구진, 287면 이하; 박정근, 「합동절도」, 113면; 이재상, 286면; 진계호, 316면; 박상기, 270면; 배종대, 397면; 임웅, 319면; 손동권, 302면; 오영근, 347면; 정영일, 269면; 김성돈, 278면.

(d) 현장적 공동정범설　현장성설의 입장에서 가중적 공동정범설의 요소를 절충하여 현장의 공동정범을 넓게 파악하는 견해이다. 즉, 합동범도 주관적 요소(공모)와 객관적 요소(실행분담)가 요구되는 공동정범이지만 실행분담인 합동은 반드시 동시·동일 장소가 아니라도 협동관계를 인정할 수 있으면 족하고, 이러한 협동관계가 있는 자 중 정범표지(행위지배)를 갖춘 자만이 합동범이고, 그렇지 않으면 교사범·방조범이 된다는 것이다.[122] 합동범도 공동정범과 동일한 정범이고, 현장에 함께 있지 않은 자도 기능적 행위지배가 있는 범위 내에서 합동범의 공동정범을 인정하는 데에 특색이 있다.

그러나 ① 합동범은 현장에서 합동하는 위험성 때문에 공동정범보다 가중처벌하는 것이므로 현장성의 범위를 확대하는 것은 입법의 취지에 맞지 않을 뿐더러 가중적 공동정범설과 실질적 차이도 없으며, ② 합동의 위험성은 현장에 함께 있을 때에 인정된다고 해야 하므로 현장에 없는 합동범은 인정할 수 없고 합동범의 공동정범은 부정함이 옳다고 본다.

(e) 결　어　형법은 합동과 공동을 구별하고 있는 이상 그 의미도 합동은 함께 협동·공연(共演)하는 것이고, 공동은 전체로서 범죄완성에 기여하는 것이라고 구별해야 한다. 합동은 시간적·장소적 협동이 있어야 하므로 공동보다 일층 현실적 실행성이 요구되는 개념이라 해야 한다. 따라서 현장성설이 타당하다.

현장성설에 의하면 현장에서 의사연락이 되어 함께 공동실행하거나 의사연락을 한 후에 현장에서 함께 공동실행하는 때에도 합동범은 성립하므로[123] 본질에서는 공동정범의 일종이다. 즉, 의사연락을 하고 공동실행한다는 점에서는 양자는 같지만 공동정범은 반드시 현장 협동이 없어도 기능적 행위지배가 있으면 충분함에 반하여, 합동범은 반드시 범죄현장에서 협동하여 범죄를 실현하는 데에 차이가 있다. 따라서 합동범은 공동정범보다 성립요건이 엄격하여 현장에서 협동하는 경우에만 합동범이 된다고 해야 하고(현장제한적 공동정범), 이를 필요적 공범이라고 할 이유가 없다.

(f) 판례의 태도　판례는 처음에 현장성설을 부정하였으나[124] 그 후 태도를 바꾸어 "합동절도의 경우에는 주관적 요건으로서 공모 이외에 객관적 요건으로

---

122) 김일수, 264면; 同, 한국형법Ⅲ, 519면 이하.
123) 대판, 1988. 11. 22, 88도1557.
124) 대판, 1956. 5. 1, 4289형상35.

서 범행현장에서 실행의 분담이 있어야 할 것이고, 그 실행행위에 있어서는 시간적으로나 공간적으로 합동관계가 있다고 볼 수 있는 것이라야 할 것이다"[125] 고 하여 현장성설을 취하였는데 현재도 일관하여 유지하고 있다.[126] 한편 판례는 현장성설을 채택한 후 합동범의 공동정범을 명백하게 부인하였으나,[127] 최근 합동범에 대해서도 공동정범이 성립할 수 있다고 태도를 바꾸었다.[128] 그러나 현장 협동이 없는 합동범은 생각할 수 없으므로 부정하는 것이 타당하다.[129] 이에 반하여 합동범에 대한 교사·방조는 가능하다.

【판례】 ① 甲, 乙, 丙이 타인의 전축을 절취하기로 모의한 후 甲의 집으로 가서 모의한 바에 따라 전축을 절취하러 가자고 하자 甲은 자신이 없다고 하여 그 범행하는 것을 포기한 경우에는 乙, 丙만의 실행행위는 甲과는 전연 무관한 것이므로 실행행위의 분담까지 모의하였다고 볼 수 없고 甲에 대하여 특수절도죄(합동범)가 성립할 수 없다(대판, 1975. 10. 7, 75도2635).

② 3인 이상의 범인이 합동절도의 범행을 모의한 후 적어도 2인 이상의 범인이 범행 현장에서 시간적, 장소적으로 협동관계를 이루어 절도의 실행행위를 분담하여 절도 범행을 한 경우에는 공동정범의 일반 이론에 비추어 그 공모에는 참여하였으나 현장에서 절도의 실행행위를 직접 분담하지 아니한 다른 범인에 대하여도 그가 현장에서 절도 범행을 실행한 위 2인 이상의 범인의 행위를 자기 의사의 수단으로 하여 합동절도의 범행을 하였다고 평가할 수 있는 정범성의 표지를 갖추고 있다고 보여지는 한 그 다른 범인에 대하여 합동절도의 공동정범의 성립을 부정할 이유가 없다…[대판(전원합의체), 1998. 5. 21, 98도321].

③ 피고인 등이 …사전 모의에 따라 강간할 목적으로 심야에 … 야산으로 피해자들을 유인한 다음 곧바로 암묵적인 합의에 따라 각자 마음에 드는 피해자들을 데리고 불과 100m 이내의 거리에 있는 곳으로 흩어져 동시 또는 순차적으로 피해자들을 각각 강간하였다면 그 각 강간의 실행행위도 시간적으로나 장소적으로 협동관계에 있다고 보아야 할 것이므로 피해자 3명 모두에 대한 특수강간죄가 성립한다(대판 2004. 8. 20, 2004도2870). 이 판결의 원심은 각자 강간행위의 단독범이라 한 것을 대법원에서 성폭력특별법상의 합동범으로 인정한 것이다.

---

125) 대판, 1969. 7. 22, 67도1117; 대판, 1973. 5. 22, 73도480.

126) 대판, 1975. 10. 7, 75도2635; 대판, 1976. 7. 27, 75도2720; 대판, 1982. 1. 12, 81도2991; 대판, 1979. 9. 11, 79도1736; 대판, 1988. 11. 22, 88도1557; 대판, 1989. 3. 14, 88도837.

127) 대판, 1976. 7. 27, 75도2720.

128) 대판(전원합의체), 1998. 5. 21, 98도321.

129) 합동범의 공동정범을 부정하면 현장 이외의 장소에서 가공한 자는 기본범죄(단순절도)의 공동정범이 된다. 또 다수설은 합동범을 필요적 공범으로 보고 합동범의 공동정범은 부정한다. 합동범의 공동정범에 대해서는 정성근/박광민, 총론, 제2편 제9장 제4절 Ⅶ 합동범의 공동정범 참조.

(3) 죄수 · 타죄와의 관계

1) 포괄일죄 제1항과 2항의 범죄방법을 함께 사용한 경우에는 특수절도죄의 포괄일죄가 된다.

2) 주거침입 · 손괴와의 관계 제1항의 죄는 손괴 및 주거침입과 절도의 결합범이므로 손괴와 주거침입을 포괄하여 이 죄만 성립한다. 제2항의 죄는 주거침입과 손괴가 그 요건이 아니므로 주간에 건조물의 일부를 손괴하고 침입하여 제2항의 죄를 범한 때에는 주거침입죄 · 손괴죄는 이 죄와 경합범이 된다. 그러나 야간인 때에는 주거침입과 손괴 등은 포괄하여 포괄일죄(특수절도)가 된다. 야간에 공무소의 건조물을 파괴하고 이에 침입하여 절취한 때에는 행위형태(파괴)와 법익(공익건조물) 등에 비추어 공용물파괴죄(제141조 2항)와 이 죄의 경합범이 된다.

3. 상습절도죄

【구성요건 · 법정형】 상습으로 제329조 내지 제331조의2의 죄(절도죄 · 야간주거침입절도죄 · 특수절도죄 · 자동차등 불법사용죄)를 범한 자는 그 죄에 정한 형의 2분의 1까지 가중한다(제332조). 미수범은 처벌한다(제342조). 유기징역에 처할 경우에는 10년 이하의 자격정지를 병과할 수 있다(제345조). 친족상도례(제344조)와 동력규정(제346조)은 준용한다.

【특별형법】 ① 상습으로 제329조 내지 제331조의 죄 또는 그 미수죄를 범한 자는 무기 또는 3년 이상의 징역에 처한다(특가법 제5조의4 1항).

② 5인 이상이 공동하여 제1항의 죄를 범한 자는 무기 또는 5년 이상의 징역에 처한다(특가법 제5조의4 2항).

(1) 성 격

상습절도는 절취를 반복하는 습벽을 가진 범죄자유형으로서 상습성을 가진 행위자의 신분에 의해서 책임이 가중되는 부진정신분범의 일종이다.

(2) 구성요건요소

상습으로 절도죄 · 야간주거침입절도죄 · 특수절도죄를 범하는 것이므로 이 죄의 특수한 요건인 상습성을 설명하면 다음과 같다.

1) 상습성 같은 종류의 범행형태를 반복하는 습벽을 상습성이라 한다. 따라서 같은 종류의 범행형태가 아니면 상습성이 인정되지 않는다. 절도범인이 다시 사기죄를 범하여도 상습범은 아니다. 그러나 단순절도 · 야간주거침입절도 · 특수절도는 절취라는 같은 종류의 범죄형태(행위유형)이므로 이를 각각 반복한

때에는 상습성이 인정되며, 이 중에서 가장 중한 특수절도의 상습범으로 처단함이 타당하다.[130)]

a) 습 벽 상습성은 절취행위를 수회 반복한 사실만으로 결정할 수 없다. 범행의 반복을 통하여 절취의 습벽이 발현되어야 한다.[131)] 습벽의 발현이 없이, 예컨대 우발적 동기나 경제적 사정의 급박성으로 절취를 반복하여도 상습범은 아니다.[132)] 반면에 1회의 범행이라도 과거의 범행경력으로 보아 절도의 습벽이 인정되면 상습범으로 된다.[133)]

b) 판례상의 습벽 ① 단기간에 같은 종류의 절취행위를 반복한 경우에 습벽을 추인한 판례가 있다. 오전 5시경부터 6시 사이에 4회에 걸쳐 절취행위를 반복한 경우,[134)] 전과 7범이 2개월 사이에 10회에 걸쳐 절취행위를 반복한 경우,[135)] 22일 사이에 3회의 특수절도 · 2회의 특수절도미수 · 1회의 야간주거침입절도와 절도를 범한 경우[136)]에 상습성이 있다고 하였다. ② 1회의 범행에 대해서 과거의 경력을 고려하여 습벽을 인정하는 판례[137)]도 있다. 2회의 상습절도의 전과가 있는 경우,[138)] 2년 정도의 간격으로 2회의 야간주거침입절도와 특수절도를 범하고 형집행을 종료한 후 다시 약 2년 9개월만에 절취행위를 한 경우,[139)] 4회의 절도죄로 소년법상의 보호처분을 받은 자가 다시 절도행위를 한

130) 대판, 1983. 10. 11, 83도2137.

131) 대판, 1979. 4. 24, 79도218; 대판, 1982. 2. 23, 81도3151; 대판, 1983. 4. 26, 83도445; 대판, 1987. 9. 8, 87도1371.

132) 대판, 1976. 4. 13, 76도259; 대판, 1982. 1. 19, 31도3133은 절도전과 5범인 피고인이 최종 전과범죄 후 약 6년이 지나서 경제적 사정이 급박한 나머지 행한 절도행위를 상습범이 아니라고 판시하였다. 대판, 1982. 6. 8, 82도788은 「…피고인이 생업에 종사하면서 갱생하려고 노력하다가 실직하게 되어 단기간에 4회의 소매치기 범행을 하였다는 것만으로는 절도의 습벽이 있다고 단정하기 어렵다」고 판시하고 있다.

133) 대판, 1982. 10. 12, 82도2010은 「…그 여러번 행하여진 전과사실과의 관계에서 판시범행이 절도습성의 발현이라고 인정될 수 있는 경우에만 상습성의 인정이 가능한 것으로, 피고인의 범행이 최종 전과사실로 출소한 때부터 3년이 경과하였으나 상습특수절도 등으로 7차에 걸쳐 실형선고를 받은 전력과 범행의 동기, 수단, 결과에 비추어 보면 상습범으로 인정함이 상당하다」고 판시하였다.

134) 대판, 1966. 5. 24, 66도566.

135) 대판, 1969. 4. 29, 69도393. 대판, 1982. 5. 25, 82도611은 약 1개월 사이에 8회의 절도행위를 한 전과 1범인 경우와 45일에 걸쳐 13회의 절취행위를 한 전과 2범인 경우에 상습성을 인정하였다.

136) 대판, 1975. 5. 27, 75도1184; 대판, 1976. 5. 25, 76도1124.

137) 대판, 1983. 8. 23, 83도1506.

138) 대판, 1966. 2. 22, 66도3. 대판, 1980. 5. 27, 80도719는 절도 전과사실과 단기간 내에 특수절도 범행을 계속 반복한 경우에 대하여 상습특수절도죄를 인정하였다.

경우[140] 등에도 상습성을 인정한다. 이에 대해서 6년 전에 3회의 전과가 있고 그 형집행종료 3년 후 1회 범한 경우에는 상습성을 부인한다.[141] 그리고 상습절도의 범행을 한 자가 추가로 자동차 등 불법사용죄를 범한 경우에 그것이 절도습벽의 발현이라고 보이는 이상 자동차 등 불법사용은 상습절도에 흡수되어 1개의 상습절도(특가법 제5조의4 1항)만 성립한다.[142]

2) 상습범과 누범가중

상습범은 확정판결을 받은 범죄에 대해서 누행(累行)관계가 있는 누범과 다르다. 문제는 절도 상습범이 누범인 경우에 상습범가중 외에 다시 누범가중을 할 수 있느냐이다.

누범의 반복적 누행도 상습성의 일부를 형성하므로 상습범에 대해서 다시 누범가중을 할 수 없다는 견해도 있다. 그러나 상습범과 누범은 그 평가기준이 다르며, 상습범에 대해서 누범가중을 하지 않으면 단순절도의 누범이 상습절도보다 중하게 처단되는 불합리한 결과가 된다. 따라서 상습범도 다시 누범가중을 할 수 있다.[143]

(3) 공범과 죄수

1) 공범관계　　상습범은 부진정신분범이므로 상습자와 비상습자가 공범관계가 있는 때에는 형법 제33조 단서가 적용된다.

2) 죄　수　　통설과 판례는 상습범은 집합범이므로 범행이 수차 반복된 때에도 포괄일죄로 처단한다. 따라서 상습범의 수개 반복한 범죄에 대해서 경합범으로 처벌할 수 없다.[144] 단순절도·야간주거침입절도·특수절도·그 미수죄를 상습으로 반복한 때에는 가장 중한 상습특수절도죄만 성립하지만[145] 특가법 제

139) 대판, 1968. 10. 29, 68도1207.
140) 대판, 1973. 7. 24, 73도1255; 대판, 1983. 12. 13, 83도2418; 대판, 1986. 7. 8, 86도963.
141) 대판, 1987. 9. 8, 87도1371.
142) 대판, 2002. 4. 26, 2002도429.
143) 누범가중은 모든 상습범이 누범인 경우에 공통적으로 타당하다. 유기천(상), 63면; 남흥우, 292면; 서일교, 41면; 이회창, 주석(하), 225면; 김종원, 66면; 정성근, 398면; 배종대, 403면; 임웅, 325면; 판례도 같은 취지이다. 대판, 1987. 9. 8, 87도1371.
144) 대판, 1961. 5. 10, 4294형상111; 대판(전원합의체), 2004. 9. 16, 2001도3206.
145) 대판, 1975. 5. 27, 75도1184; 대판, 1976. 5. 25, 76도1124; 대판, 1979. 12. 11, 79도2371; 대판, 1980. 5. 27, 80도893은 「야간주거침입절도죄 및 절도행위가 다같이 피고인의 절도습벽에서 이루어진 것이면 실체법상 포괄일죄인 상습야간주거침입절도죄의 관계에 있다 할 것이다」라고 판시하였다.

5조의4의 가중규정이 우선 적용된다. 상습성은 행위요소가 아님에도 불구하고 상습범을 포괄일죄로 취급하는 것은 상습범에 대해서 특혜를 준다는[146] 비판이 있다.

Ⅲ. 독립범죄유형 : 자동차 등 불법사용죄

【구성요건 · 법정형】 권리자의 동의없이 타인의 자동차, 선박, 항공기 또는 원동기장치자전차를 일시 사용한 자는 3년 이하의 징역, 500만원 이하의 벌금, 구류 또는 과료에 처한다(제331조의 2). 미수범은 처벌한다(제342조). 친족상도례 규정(제344조)은 준용한다.

1. 의의 · 보호법익

(1) 의 의

자동차 등 불법사용죄는 권리자의 동의없이 타인의 자동차, 선박, 항공기 또는 원동기가 장치된 자전차를 일시 사용함으로써 성립하는 범죄이다. 타인의 재물을 일시 사용하는 사용절도는 불법영득의 의사와 관계없이 원칙적으로 절도죄로 처벌하지 않는다. 그러나 자동차, 선박, 항공기 또는 원동기자전차는 현대생활에서 필수적인 교통수단으로 이용되고 있고, 이에 따라 자동차 등 불법사용이 증가할 것으로 예상되므로 자동차 등의 사용절도를 독립된 범죄유형으로 처벌하기 위해서 개정형법이 신설한 것이다. 독일 형법(제248 b조)도 이와 유사한 규정을 두고 친고죄로 하고 있다.

(2) 보호법익

이 죄의 보호법익에 대해서 소유권이라는 견해와[147] 사용권이라는 견해가[148] 대립한다. 이 죄는 권리자의 동의 없이 자동차 등을 일시 사용하는 범죄이며, 사용권은 소유권과 관계없이 침해될 수 있으므로 이 죄는 소유권 침해가 아니라 사용권을 침해한다고 해야 한다. 따라서 소유자라 하더라도 사용권자의

146) 김성돈, 「상습범의 죄수」(법조 통권 545호, 2002. 2), 137면 이하.
147) 이재상, 290면; 진계호, 317면; 박상기, 274면; 배종대, 399면; 이정원, 346면; 정영일, 271면.
148) 정성근, 393면; 이형국, 343면; 김일수, 266면; 백형구, 148면; 임웅, 321면; 오영근, 351면; 손동권, 305면.

동의없이 무단사용하면 이 죄가 성립한다.[149] 보호받는 정도는 침해범으로서의 보호이다. 성질상 계속범, 상태범, 단일 행위범에 속한다.

2. 객관적 구성요건요소

(1) 객 체

행위객체는 자동차, 선박, 항공기, 원동기장치의 자전차이다. "자동차"란 철길 또는 가설된 선로에 의하지 않고 원동기를 이용하여 도로를 운행하는 차를 말한다. 가스·전동기로 움직이는 차도 포함한다. 승용차, 택시, 승합자동차, 화물자동차, 특수자동차, 2륜자동차 등이 그 예이다(도로교통법 제2조 17호, 자동차관리법 제3조).

"선박"이란 수면을 운항하는 교통수단을 말한다. 수중을 운항하는 잠수함은 포함되지 않는다. 수상비행기의 일종인 비행정이 교통수단으로 사용되는 경우에는 여기에 포함된다고 본다.

"항공기"란 사람의 조종에 의하여 공중을 운항하는 기기를 말하며, 크기는 묻지 않는다. 비행기, 비행선, 항공기, 글라이더, 우주선, 우주왕복선을 모두 포함한 개념이며, 교통수단으로 사용되는 항공기에 한정된다.

"원동기장치자전차"란 2륜·3륜을 묻지 않으나 원동기가 부착된 자전차를 말한다(도로교통법 제2조 18호). 원동기장치 자전차는 총배기량 125cc 이하의 2륜자동차(오토바이) 또는 50cc 미만의 원동기를 부착한 차를 말한다.

(2) 행 위

행위는 권리자의 동의없이 사용하는 것이다.

1) 권리자의 동의 권리자는 자동차 등의 소유자, 점유자, 관리자를 말한다. 권리자의 위임을 받은 사용권자도 포함한다. 동의는 승낙뿐만 아니라 양해도 포함한다. 권리자의 동의가 있으면 구성요건해당성이 배제된다. 동의는 사전에 있거나 적어도 사용시에 있어야 하고, 사후 동의는 이 죄의 성립에 영향이 없다. 동의는 반드시 명시적일 필요가 없으며, 객관적 사정을 종합하여 추정할 수 있으면 족하다고 본다.

---

149) 이 죄의 객체가 타인의 자동차라는 이유로 소유자의 불법사용은 이 죄가 성립하지 않는다는 견해는 오영근, 352면.

2) 일시사용 일시사용은 권리자의 지배를 일시적으로 배제하고 자동차 등을 통행수단으로 이용하는 것을 말한다. 반드시 기관의 동력에 의하여 통행하였음을 요하지 않으나 통행수단으로 이용하여야 한다. 따라서 자동차에 들어가서 시동만을 걸었거나 자동차 안에서 잠자거나 장물을 자동차 안에 은닉하였다는 것만으로 사용이라 할 수 없다. 일시사용은 권리자가 알고 있거나 없거나 불문하며, 평온·공연히 사용해도 상관 없다.

일시사용은 처음부터 불법하게 사용을 개시한 경우에 한정되느냐, 정당하게 사용하다가 동의의 범위를 초과하여 사용한 경우에도 포함되느냐가 문제된다. 후자의 경우까지 이 죄가 성립한다면 모든 계약위반이 이 죄에 해당한다는 부당한 결과가 되므로 이 죄의 사용은 불법하게 사용을 개시한 경우만을 의미한다고 해야 한다. 따라서 자동차를 빌린 사람이 처(妻)로 하여금 운전하게 하였다고 해서 이 죄가 성립하는 것은 아니다. 권리자의 동의 없이 무단으로 사용하는 것도 불법사용에 해당한다. 이 죄는 계속범이므로 일시사용의 의사로 자동차의 시동을 건 때 실행의 착수가 있으며, 자동차 등의 사용으로 사용권이 침해된 때 기수가 되고, 그 사용이 끝날 때까지 계속된다.

3. 주관적 구성요건요소

이 죄의 고의는 타인의 자동차, 선박, 항공기 또는 원동기장치자전차라는 사실의 인식과 권리자의 동의없이 일시사용한다는 의사이다. 이 죄는 사용절도에 해당하는 행위를 교통수단의 특수성을 고려하여 특별히 가벌대상으로 신설한 것이므로 불법영득의 의사는 애당초 필요하지 않다.[150] 미필적 고의로 족하다. 권리자의 동의가 있다고 오인한 때에는 구성요건적 착오로서 고의가 조각된다. 동의가 있음에도 불구하고 없다고 오인한 때에는 불능범이 된다.

이 죄는 절도죄에 대하여 보충관계에 있다. 따라서 이 죄는 절도죄가 성립하지 않는 경우에만 성립한다.

---

150) 판례도 자동차불법사용죄에 대하여 불법영득의 의사를 부정한다(대판, 2002. 9. 6, 2002도3465).

제3장 강도의 죄

제1절 강도의 죄 일반론

1. 의 의

강도의 죄는 폭행 또는 협박으로 타인의 재물을 강취하거나 재산상의 이익을 취득하거나 제3자로 하여금 취득하게 하는 행위 및 이에 준하는 행위를 내용으로 하는 범죄이다. 이 죄는 재산죄 중 재물죄 · 이득죄 · 영득죄 · 탈취죄에 속하고 부차적으로는 생명 · 신체 · 자유에 대한 죄의 성질도 갖는다.

(1) 절도죄와의 구별

강도죄도 타인의 재물을 그 의사에 반하여 탈취하는 탈취죄라는 점에서 절도죄와 성질이 같다. 그러나 강도죄는 재물 이외에 재산상의 이익도 그 객체로 하는 재물죄 · 이득죄이며, 행위수단으로 폭행 · 협박을 사용한다는 점에서 이를 사용하지 않는 순수한 재물죄인 절도죄와 다르다. 따라서 강도죄는 재산죄의 성질뿐만 아니라 피해자의 생명 · 신체 · 자유에 대한 죄의 성질도 포함한다(결합범). 친족상도례 규정을 준용하지 않는 이유도 여기에 있다.

(2) 공갈죄와의 구별

재물 이외에 재산상의 이익을 객체로 하고, 행위수단으로 협박 또는 폭행을 사용한다는 점에서 공갈죄도 강도죄와 유사하다. 그러나 강도죄는 피해자의 반항을 억압할 수 있는 정도의 폭행 · 협박(강취)임에 대해서 공갈죄의 폭행 · 협박은 반항억압에 이르지 않고 상대방에게 공포심을 주는 해악고지(갈취)로 충분하다는 점에 차이가 있다. 그 결과 강도죄의 폭행 · 협박은 물리적 · 심리적으로 상대방을 구속하지만, 공갈죄의 협박은 폭행을 사용하는 경우에도 단지 공포심을 생기게 할 정도로 충분하고 물리적 · 심리적 구속에 이르지 않아야 한다. 그리하여 재물강취·강제이득에 있어서는 상대방의 교부행위 또는 처분행위가 있어도 그 의사에 반한 것이므로 탈취적 성질이 있지만, 갈취에 있어서는 상대방의 하자있는 의사에 기인하지만 어느 정도 의사결정 내지 처분행위를 할 수 있다는 구조적 차이가 있다.

2. 보호법익

강도의 죄는 재물과 재산상의 이익을 행위객체로 하므로 재산을 주된 보호법익으로 한다. 즉, 주된 보호법익은 재물에 대한 소유권 및 평온점유와 재산상의 이익에 대한 재산 일반이다. 또 강도의 죄는 재산죄와 폭행죄 또는 협박죄의 결합범이므로 자유에 대한 침해의 성질도 있다. 따라서 의사결정과 의사활동에 대한 자유도 보호법익이 된다. 그리고 인질강도죄는 재산죄와 인질강요죄의 결합범이므로 인질에 대한 자유와 피강요자의 의사결정 및 의사활동의 자유도 보호법익이 된다.

3. 구성요건체계

단순강도죄(제333조)를 기본적 구성요건으로 하고, 특수강도죄(제334조)를 가중적 구성요건으로 하며, 준강도죄(제335조)와 인질강도죄(제336조)는 각각 단순강도와 특수강도에 대응하는 독립된 범죄유형이다. 그리고 강도상해(제337조), 강도살인(제338조), 강도강간죄(제339조), 해상강도죄(제340조 1항), 해상강도상해·치상죄(제340조 2항) 및 해상강도살인·치사·강간죄(제340조 3항)는 인신에 대한 침해가 크다는 점을 고려하여 불법가중유형으로 규정하였다. 그 밖에 상습범(제341조)은 책임가중유형이고, 강도치상죄(제337조)와 강도치사죄(제338조)는 결과적 가중범이다. 미수범(제342조)을 처벌하며, 범죄의 중대성을 고려하여 예비·음모행위도 처벌하고 있다(제343조). 이 외에도 특별형법은 형법 제341조의 상습범에 대해서 다시 가중하고(특가법 제5조의4 3항), 특수강도죄를 범한 자가 강간·준강간·강제추행·준강제추행죄와 강간등 상해·치상, 살해·치사를 범한 때에 가중처벌하는 특별규정을 두고 있다(성폭력범죄의처벌등에관한특례법 제3조, 제4조, 제8조, 제9조).

제 2 절 강도의 죄 범죄유형

Ⅰ. 단순강도죄

【구성요건·법정형】 폭행 또는 협박으로 타인의 재물을 강취하거나 기타 재산상의 이익을 취득하거나 제3자로 하여금 이를 취득하게 한 자는 3년 이상의 유기징역에 처한다(제333조). 유기징역에 처할 경우에는 10년 이하의 자격정지를 병과할 수 있다(제345조). 미수범은 처벌한다(제342조). 동력규정은 적용한다(제346조).

1. 의의·성격

단순강도죄는 폭행 또는 협박으로 타인의 재물을 강취하거나 기타 재산상의 이익을 취득하거나 제3자로 하여금 취득하게 함으로써 성립하는 범죄이다. 절도와 폭행죄 또는 협박죄의 결합범이며, 재물죄·이득죄, 침해범·결과범·상태범의 성격을 갖는다.

2. 객관적 구성요건요소

(1) 주 체

주체에는 아무런 제한이 없다. 직계혈족·기타의 친족이 주체인 때에도 친족상도례의 규정을 준용하지 않는다.

(2) 객 체

이 죄는 재물을 행위객체로 하는 재물강취죄와 재산상의 이익을 행위객체로 하는 강제이득죄를 포함한다.

1) 재물강취죄의 객체(재물) 재물강취죄의 객체는 타인이 점유하는 타인의 재물이다. 자기의 소유물은 타인이 점유하는 재물인 때에도 점유강취죄(제325조 1항)의 객체가 되며, 공무소의 명령에 의하여 타인이 관리하는 것이면 공무상 보

관물무효죄(제142조)의 객체가 된다. 재물의 개념은 절도죄의 그것과 같다. 부동산도 당연히 재물에 포함된다.[1] 찢어진 어음도 어음의 원인채권을 변제받기 위한 증거 내지 수단으로 사용할 수 있으므로 그 어음 조각은 강도죄의 객체인 재물에 해당한다.[2]

2) 강제이득죄의 객체　강제이득죄의 객체는 재산상의 이익이다. 재산상의 이익은 재물 이외의 재산적 이익을 말한다. 다만, 특허권·실용신안권·의장권·상표권·저작권 등 무체재산권도 재산적 이익이지만 이에 대한 침해는 각 특별법에서 처벌하므로 제외된다. 재산상의 이익은 적극적 재산의 증가이건 소극적 재산의 감소이건, 또 영구적 이익이건 일시적 이익이건 묻지 않는다. 부동산의 소유권이전등기를 하게 하는 것도 재산상의 이익이 된다. 재산상의 이익개념은 경제적 재산설에 따라서 파악해야 할 것이다. 따라서 재산상의 이익이면 민법상 유효·무효와 관계없다. 판례도 같은 입장이다.[3] 기타의 내용은 재산상의 이익에서 설명한 바와 같다.

【판례】 폭행·협박으로 피해자로 하여금 매출전표에 서명하게 한 다음 이를 교부받아 소지함으로써 … 신용카드회사들로부터 그 금액을 지급받을 수 있는 상태가 되었는 바 … 카드 회사들이 … 금액 지급을 거절할 가능성이 있다 하더라도 … 외견상 여전히 그 금액을 지급받을 가능성이 있는 상태이므로 … 재산상의 이익을 취득하였다고 볼 수 있다(대판, 1997. 2. 25, 96도3411).

(3) 행　위

행위는 폭행 또는 협박으로 강취하는 것(재물강취죄)과, 재산상의 이익을 취득하거나 제3자로 하여금 취득하게 하는 것(강제이득죄)이다.

1) 폭행·협박　여기의 폭행·협박은 최협의의 폭행·협박을 의미한다. 따라서 상대방의 반항을 억압할 정도임을 요한다.

(a) 폭　행　"폭행"이란 유형력의 행사를 말한다. 반드시 사람의 신체에 대한 것임을 요하지 않는다. 물건에 대한 유형력이 간접적으로 사람에 대한 것이

1) 부동산절도를 부정하는 입장에서도 부동산강도죄(이 경우는 재산상의 이익)를 인정하는 것이 다수설이다. 이재상, 297면; 김일수/서보학, 318면; 배종대, 410면; 진계호, 325면; 백형구, 153면; 이정원, 353면; 손동권, 315면; 정영일, 277면; 김성돈, 328면. 이에 반하여 부동산강도죄를 부정하는 견해는 박상기, 282면.

2) 대판, 1987. 10. 13, 87도1240.

3) 대판, 1992. 5. 26, 91도2963; 대판, 1994. 2. 22, 93도428.

라고 볼 수 있으면 여기의 폭행에 해당한다. 따라서 문을 걸어 잠가 피해자를 가두거나 피해자가 타고 가는 승용차를 전복시키는 것도 폭행이다. 살상행위, 마취약이나 수면제 복용, 술에 취하게 하여 혼수상태에 빠뜨리는 것도 폭행이 된다. 판례는 신경안정제를 우유에 타서 마시게 하여 졸음에 빠지게 하거나[4] 유효한 약제라고 속여 복용하게 하여도[5] 폭행이라 하였다. 들고 가는 핸드백을 날치기하는 것은 절도이지만 이를 강제로 빼앗을 때에는 강도죄가 성립할 수 있다.

서로 싸움을 하다가 혼수상태를 야기시킨 후 재물탈취의사가 생긴 때에는 혼수상태가 재물탈취의 방법으로 이루어진 것이 아니라는 이유로 이 죄의 폭행이 아니라는 판례[6]가 있다.

(b) 협 박 "협박"은 해악을 고지하여 공포심을 일으키는 것을 말한다. 해악의 내용은 제한이 없으며, 현실적으로 해악을 가할 의사나 실현가능성 유무도 묻지 않는다. 따라서 장난감권총으로 상대방을 협박하여 재물을 빼앗는 것도 강도죄에 해당한다. 또 이 죄의 협박은 협박죄에서의 협박에 해당하건 않건 묻지 않고 재물강취의 수단으로 상대방의 반항을 억압할 수 있는 정도이면 충분하다.

(c) 반항억압 폭행·협박은 상대방의 반항을 억압할 수 있는 정도라야 한다.[7] "반항억압"이란 폭행 또는 협박에 의하여 정신적 또는 신체적 자유를 상실 내지 저항을 심히 곤란하게 할 정도의 상태를 말한다. 현실적으로 반항능력·반항의사를 완전히 상실시킬 필요가 없으며, 예상되는 반항을 억압할 정도로 충분하다. 따라서 마취제·수면제·주류 등을 이용하여 혼수상태에 빠뜨리거나, 피해자의 머리를 때려 기절시킨 경우 등 피해자가 재산을 자의로 처분할 수 없는 상태이면 반항억압이 있다고 할 수 있다. 그러나 강취의 목적을 가졌어

---

4) 대판, 1979. 9. 25, 79도1735; 대판, 1984. 12. 11, 84도2324.

5) 대판, 1954. 6. 29, 4286형상1110.

6) "날치기와 같이 강력적으로 재물을 절취하는 행위는 때로는 피해자를 전도시키거나 부상케 하는 경우가 있고, 구체적인 상황에 따라서는 이를 강도로 인정하여야 할 때가 있다 할 것이나, 그와 같은 결과가 피해자의 반항업악을 목적으로 함이 없이 점유탈취의 과정에서 우연히 가해진 경우라면 이는 절도에 불과한 것으로 보아야 한다"(대판, 2003. 7. 25, 2003도2316). 이에 따라 "날치기 수법으로 피해자가 들고 있던 가방을 탈취하면서 가방을 놓지 않고 버티는 피해자를 5m 가량 끌고 감으로써 피해자의 무릎 등에 상해를 입힌 경우, 반항을 억압하기 위한 목적으로 가해진 강제력으로서 그 반항을 억압할 정도에 해당한다고 보아 강도치상죄의 성립을 인정"하였다(대판, 2007. 12. 13, 2007도7601).

7) 대판, 1986. 12. 23, 86도2203; 대판, 1993. 3. 9, 92도2884.

도 객관적으로 폭행·협박이 공갈의 정도에 그친 때에는 공갈죄가 된다.[8] 또 재물탈취시 폭행·협박하였어도 이로 인하여 피해자의 주의를 다른 데로 돌리게 하고 그 사이에 재물을 취거한 때에는 폭행죄 또는 협박죄와 절도죄가 성립하고 이 죄는 성립하지 않는다.

(d) 반항억압의 판단기준 폭행·협박이 반항을 억압할 정도인지를 판단하는 기준에 대해서는 행위자가 상대방의 반항을 억압할 수 있다고 예견하였는가에 따라 판단하는 견해(주관설)도 있었다. 이에 따르면 객관적으로 반항억압정도의 폭행·협박이 있고 상대방의 반항이 억압되어도 행위자가 예견하지 못하였으면 강취가 될 수 없으므로 타당하지 않다. 따라서 폭행·협박의 객관적 성질에 따라 사회통념상 반항이 억압되었는가를 객관적으로 판단해야 한다. 통설[9]·판례[10]의 입장이다.

폭행·협박의 객관적 성질에 따라 사회통념에 비추어 판단할 때에는, ① 행위자 및 피해자의 수·연령·성별·체격, ② 범행 시각·장소, 흉기사용 유무, ③ 폭행·협박의 행위태양을 종합적으로 고려하여 반항억압 여부를 판단해야 한다. 폭행·협박이 반드시 객관적으로 반항억압에 적합한 수단임을 요하지 않고 사실상 억압할 정도에 이르면 족하다.

【반항을 억압할 정도가 인정된다는 판례】 ① 수인이 피해자를 둘러싸고 폭행과 위협을 가하여 (피해자가 정신적으로는 항거불능으로 믿지 않았더라도) 현실적으로 도피나 항거가 불가능한 상태에서 시계를 탈취한 경우에는 특수강도죄가 성립된다(대판, 1960. 8. 30, 4293형상343). ② 택시 운전사에게 안면에 주머니 칼을 들이대고 금품을 강요한 사실이 피해자의 반항을 억압할 정도의 폭행, 협박이라고 인정된다(대판, 1967. 11. 28, 67도1283). ③ 피해자의 뒤를 따라가다가 그 등을 발로 세게 차서 상해를 입힌 후에 물건을 빼앗은 것이라면 비록 느닷없이 한 것이라 하더라도 피해자의 반항을 억압할 수 있을 정도의 폭력행위에 해당한다(대판, 1972. 1. 31, 71도2114). ④ 피해자가 맞은 편에서 걸어오고 있는 것을 발견하고 접근하여 미리 준비한 돌멩이로 안면을 1회 강타하여 전치 3주간의 안면부 좌상 및 피하출혈상 등을 입히고 가방을 빼앗은 것이라면 피해자의 반항을 억압할 수 있을 정도의 폭행행위에 해당한다(대판, 1986. 12. 23, 86도2203).

---

8) 대판, 1960. 2. 29, 4292형상997; 대판, 1961. 5. 12, 4294형상101.

9) 황산덕, 289면; 정영석, 323면; 서일교, 151면; 이건호, 331면; 김종원, 197면; 정성근, 401면; 이형국, 352면; 이재상, 302면; 김일수/서보학, 322면; 배종대, 414면; 진계호, 326면; 임웅, 328면; 백형구, 155면; 이정원, 360면; 오영근, 360면; 손동권, 318면; 정영일, 279면; 김성돈, 292면.

10) 대판, 1956. 5. 8, 4289형상50; 대판, 1993. 3. 9, 92도2884; 대판, 2001. 3. 23, 2001도359.

【반항을 억압할 정도가 부정된다는 판례】 ① 피고인이 범행시 비록 칼을 내 보이기는 하였으나 범행시간(주간)과 장소(노상) 및 불과 일·이백원 정도의 잔돈만을 소지하고 있는 15, 6세 정도의 소년만을 대상으로 범행한 점, 피해자가 '내 돈 돌려주어'라고 요구하였고, 피고인이 시계까지 벗어달라고 했으나 이를 못주겠다는 피해자의 진술이 있는 점 등의 사정으로 보아 그 협박의 정도가 피해자의 반항을 억압함에 충분한 협박이라고 볼 수 없는 경우에는 강도죄로 처단할 수 없다(대판, 1976. 8. 24, 76도1932). ② 다소의 강제력을 행사하여 사기도박으로 잃은 돈을 억지로 되돌려 받은 것은 강도죄에 있어서의 폭행·협박의 정도에 이르지 않는다(대판, 1993. 3. 9, 92도2884). ③ 도박자금으로 빌려준 돈을 변제 받기 위하여 대낮에 물리력을 행사하지 않고, 승합차에 태우고 공동묘지로 가서 '경찰서로 가자, 오늘 돈을 갚지 않으면 풀어 줄 수 없다. 돈을 더 주지 않으면 가만두지 않겠다'고 협박한 사안에서, 이 정도로는 「공갈죄의 폭행과 협박에 해당함은 별론으로 하더라도 사회통념상 객관적으로 상대방의 반항을 불가능 또는 억압할 정도에 이르렀다고 볼 수 없다」(대판, 2001. 3. 23, 2001도359)고 판시하고 특수강도죄를 인정한 원심을 파기하였다.

(e) 폭행·협박의 상대방 　폭행·협박의 상대방은 반드시 재물의 소유자 또는 점유자일 필요가 없고, 제3자라도 무방하다.[11] 이 경우에 폭행·협박을 받는 제3자는 재물강취에 장애가 될 수 있는 자이면 충분하다. 의사능력자임을 요하지 않으며, 10세 정도의 아동이라도 재물관리능력이 있으면 폭행·협박의 상대방이 될 수 있다.

2) 재물강취 　강취(强取)란 반항을 억압할 수 있는 폭행·협박에 의해서 피해자의 의사에 반하여 그 재물을 자기 또는 제3자의 지배하에 옮기는 것을 말한다. 강취의 "취(取)"도 취득하여 영득한다는 의미를 포함한다고 본다. 이를 재물강취죄라 한다. 행위자 자신이 피해자의 재물을 직접 탈취하거나 피해자가 교부하는 재물을 수령하여도 강취에 해당한다. 또 피해자의 반항이 억압되어 있는 사이에 재물취득을 피해자가 알지 못한 때에도 강취가 된다.

(a) 폭행·협박의 수단성 　폭행 또는 협박은 재물강취의 수단으로 사용된 것이라야 한다. 따라서 반항을 억압할 정도의 폭행·협박이 있어도 재물탈취의 수단으로 사용된 것이 아니거나 재물탈취의 수단으로 사용되었다고 인정할 수 없는 때에는 강취가 있다고 할 수 없다. 강취의 수단으로 사용되었다고 하기 위해서는 폭행·협박과 재물강취가 시간적·장소적 관련이 있어야 한다. 즉, 폭행·협박은 적어도 기수 이전에 있어야 하며, 재물취득이 기수에 이른 후에 폭

11) 대판, 1967. 6. 13, 67도610.

행・협박을 하면 준강도죄가 성립할 뿐이고, 열쇠를 강취한 다음날 아파트에 들어가서 재물을 취득하면 열쇠에 대한 강도죄만 성립하고 재물에 대해서는 절도죄가 성립할 뿐이다.

절취에 착수한 자가 저항하는 피해자를 폭행・협박으로 제압하고 재물을 탈취하거나, 절취하고 있는 재물의 배타적 지배를 확보하기 위하여 폭행・협박으로 피해자를 제압한 때에는 강도죄가 된다(표변강도). 사람을 살해(상해)한 직후에 재물영득의 의사가 생겨 재물을 영득한 때에는 살인죄(상해죄)와 절도죄의 경합범으로 본다. 부녀를 강간한 후 재물탈취의 고의가 생겨 반항이 억압되어 있는 상태를 이용하여 금품을 탈취한 경우, 판례는[12] 강간죄와 강도죄의 경합범을 인정한다. 그러나 이 경우에는 폭행・협박이 재물강취의 수단이 되었다고 할 수 없으므로 강간죄와 절도죄의 경합범이 된다고 본다.[13] 이에 대해서 강도가 실행을 착수한 후에 부녀를 강간하면 강도강간죄가 된다.[14]

(b) 인과관계 강취가 있다고 하기 위해서는 폭행・협박에 의한 반항억압과 재물탈취 사이에 인과관계가 있어야 한다. 따라서 반항을 억압할 수 있는 정도의 폭행・협박을 하였으나 피해자가 연민의 정에서 재물을 교부한 때와, 반항을 억압할 수 있는 정도의 폭행・협박을 하여 피해자가 공포심은 생겼으나 반항이 억압되지 않은 상태에서 재물을 교부한 때에는 강도미수이다(다수설).[15] 그러나 강도의사로 피해자의 반항을 억압시키고 재물을 탈취한 것으로 볼 수 있으면 탈취행위는 반항억압 정도의 폭행・협박 이전에 있어도 강도죄가 된다. 또 강도의사로 반항억압 정도의 폭행・협박을 가하자 피해자가 재물을 그대로 두고 도주하거나 범인의 재물취득을 묵인한 때에도 이를 바로 영득하면 강도죄가 된다.[16] 반항억압 정도에 이르지 않았다면 공갈죄가 될 것이다.

3) 강제이득 반항이 억압될 수 있는 정도의 폭행・협박에 의하여 재산상의 이익을 취득하거나 제3자로 하여금 취득하게 하는 것이다. 이를 강제이득죄라

12) 대판, 1977. 9. 28, 77도1350.

13) 이재상, 303면; 김일수/서보학, 313면; 배종대, 415면. 이에 반하여 임웅, 331면은 판례의 견해를 따른다.

14) 대판, 1988. 9. 9, 88도1240.

15) 이 경우 강도미수죄와 공갈죄의 상상적 경합이 된다는 견해는 유기천(상), 206면; 이정원, 362면; 백형구, 156면.

16) 한편, 판례는 강간피해자가 도피하면서 두고 간 손가방 속의 돈을 취득한 경우 사회통념상 피해자의 지배하에 있는 물건이라고 보아 강도죄 이외에 절도죄를 인정하였다(대판, 1984. 2. 28, 84도38).

한다. 폭행・협박은 재산상의 이익취득의 수단으로 사용되어야 하고 폭행・협박에 의한 반항억압과 인과관계가 있어야 함은 재물강취의 경우와 같다.

(a) 강제이득의 형태 강제이득은 세 가지 형태가 있다. ① 피해자에게 처분을 시켜 취득하는 경우(채무면제, 채무이행 연기, 서명된 신용카드 매출전표 교부), ② 정당한 대가 없이 피해자에게 의무 없는 일을 하게 하는 경우(노무제공, 무임승차용인), ③ 피해자에게 일정한 의사표시를 하게 하는 경우(소유권이전등기・저당권설정등기 말소의 의사표시)이다. 다만 재산상의 이익은 경제적 이익이라야 하므로 대가를 지급받을 수 없는 단순한 노무제공은 재산상의 이익이라 할 수 없다. 따라서 도망가던 절도범이 자가용 승용차를 정차시켜서 운행하게 하면 강요죄에 해당할 뿐이다.[17] 의사표시로 이익을 취득하는 경우, 그 의사표시가 민법상 무효 또는 취소할 수 있어도 강도죄는 성립한다.

(b) 이득과 처분행위 재물강취는 탈취・점유이전 행위가 있기 때문에 취득이 있다는 것이 객관적으로 명백하므로 피해자의 처분행위를 요건으로 하지 않는다. 그러나 재산상의 이익을 취득하는 강제이득에 있어서는 그 취득이 객관적으로 명백하지 않다. 여기에 피해자의 의사표시 등 일정한 처분행위의 외관을 갖춘 행위가 있어야 하느냐에 대해서 적극설과 소극설이 대립한다. 채무면탈목적이나 생명보험금 취득 목적의 살인행위가 강도살인이 되느냐에 관련된 문제이다.

aa) 적극설 재물강취죄의 강취가 점유이전이 있는 것처럼, 재산상의 이익취득에서도 일정한 이익이 행위자에게 이전하였다고 볼 수 있는 외부적 사실(의사표시)이 필요하다[18]고 한다. 이에 따르면 채무면탈목적의 채권자살해, 생명보험금 취득목적 살해, 후순위 상속자의 앞 순위자 살해는 살인죄만 성립한다.

bb) 소극설 재물강취에 있어서 교부・처분행위가 있었다 하여도 이는 억압상태하의 행위일 뿐이고, 처분행위라고 할 수 없으므로 재산상의 이익취득에서도 피해자의 의사표시나 처분행위가 필요치 않다고 한다. 우리나라 통설이다.[19] 이에 따르면 채무면탈목적의 살해와 후순위 상속자의 살해는 강도살인죄

---

17) 이재상, 305면.

18) 유기천(상), 225면은 강도의사로 객관적 구성요건에 해당하는 폭행・협박이 있고 이로 인해 이득의 이전이 있었는가는 구성요건해당성의 문제이므로 일률적인 결론을 내리는 것은 타당하지 않다고 한다. 김일수, 277면도 같은 태도이다.

19) 황산덕, 291면 이하; 서일교, 152면; 정영석, 339면; 김종원, 199면; 정성근, 407면; 이형국,

가 된다.

cc) 판례의 태도　판례는 처음에 단순히 채무를 면하게 되리라는 생각으로 채권자를 살해한 경우에 살인죄가 성립한다고[20] 하여 적극설처럼 판시하였으나, 그 후 택시를 타고 간 승객이 요금면탈의 의사로 운전수를 살해하려다가 도주한 사안에서, 소극설의 입장에서 강도살인미수죄를 인정하였다.[21] 이러한 취지의 판례는 술값을 요구하는 술집주인을 살해하고 피해자가 소지한 현금을 탈취한 사건에서도 피해자의 재산을 상속할 친척이 없고 채무자가 채무를 면한 것과 같은 입장에 있는 경우에 강도살인죄를 인정[22]하고 있다.

dd) 결 어　강도죄는 피해자가 반항억압 상태에서 전혀 의사표시나 처분행위를 할 수 없는 경우도 있으므로 이 경우에 재물강취죄를 부정할 수 없다. 또 외견상 피해자의 교부 또는 처분행위가 있는 때에도 그것은 반항억압상태하의 동작일 뿐이고 피해자 의사에 의한 것이 아니므로 법률상 처분행위라고 할 수 없다. 강제이득에 있어서도 이러한 사정은 같기 때문에 재산상의 이익취득에 대해서만 처분행위를 요구할 이유가 없다. 소극설이 타당하다. 다만 이득이 있다고 하기 위해서는 법률상·사실상 취득한다고 볼 수 있는 개연성은 있어야 한다. 채권자 살해의 경우에 상속인의 채권행사가 가능한 경우에는 일시적 채권추심이 곤란하다고 해서 이득이 있다고 볼 수 없다.[23] 그러나 택시요금·식사대금을 지급하지 않고 도주하는 경우에는 피해자의 채권청구가 사실상 불가능하므로 강제이득이 될 것이다.

4) 실행의 착수·기수시기

(a) 착수시기　① 재물강취는 강취의사로 폭행·협박이 개시된 때에 착수가 있다. 강도의사로 타인의 주거에 침입하거나 타인의 재물을 탈취하였어도 폭

353면; 강구진, 301면; 이재상, 305면; 김일수/서보학, 325면; 배종대, 417면; 박상기, 284면; 진계호, 328면; 임웅, 330면; 백형구, 156면; 이정원, 360면; 김성천/김형준, 406면; 오영근, 362면; 손동권, 320면; 정영일, 281면; 김성돈, 295면.

20) 대판, 1948. 6. 1, 4281형상42. 이 판결은 이익취득과 이를 취득하게 하는 외형적 사실이 없기 때문에 살인죄를 인정한 것이므로 반드시 적극설에 의한 것인지는 명백하지 않다.

21) 대판, 1964. 9. 8, 64도310.

22) 대판, 1971. 4. 6, 71도287; 대판, 1985. 10. 22, 85도1527.

23) 이러한 결론은 법률상 추정상속인이 다른 상속인을 살해하는 경우에도 동일하다. 장래의 상속을 기대하고 살해하는 것은 어디까지나 기대권만 취득할 뿐이므로 이로써 현실적으로 재산상의 이득이 있다고 할 수 없다. 그러나 상속개시된 이후에 자기의 상속분을 증가시키기 위해서 공동상속인을 살해한 때에는 피해자의 상속분이 실제로 상속될 가능성이 있으므로 재산상의 이익을 취득한 것으로 볼 수 있을 것이다.

행 · 협박으로 나아가지 않는 한 강도죄의 착수가 있다고 할 수 없다. 먼저 재물을 탈취하고 이를 확보하기 위해서 폭행 · 협박을 한 때에도 폭행 · 협박이 개시된 때에 강도죄의 착수가 있다. 절취한 후 다시 재물을 강취한 때에도 마찬가지이다. 그러나 폭행 · 협박으로 피해자를 제압한 후 탈취의사가 생긴 때에는 탈취의사가 생긴 때에 착수가 있다. ② 강제이득은 이득의 의사로 폭행 · 협박이 개시된 때에 착수가 있다.

(b) 기수시기　취득설에 따라 재물 또는 재산상의 이익을 취득한 때에 기수가 된다. 탈취한 후 이를 확보하기 위해서 폭행 · 협박을 가하는 때에는 재물취득이 확보된 때에 기수가 된다.

강도죄는 상태범이다. 기수로 된 후의 장물처분행위는 새로운 법익을 침해하지 않는 한 불가벌적 사후행위가 된다. 다만 예금통장을 강취한 후 예금자명의의 예금청구서를 위조하여 예금지급을 받았으면 강도, 사문서위조, 동행사, 사기의 경합범이 된다.

3. 주관적 구성요건요소

폭행 · 협박으로 타인이 재물 또는 재산상의 이익을 취득한다는 고의가 있어야 한다. 확정적 고의라야 한다는 견해도 있었으나 미필적 고의로 충분하다. 고의 외에 불법영득의사도 필요하다는 것이 통설이지만 불법영득의 의사는 고의의 내용으로 고려하면 충분하다고 본다.[24)]

4. 위법성

(1) 권리행사와 강취

재물을 취득할 수 있는 권리자가 권리실현을 위해서 폭행 · 협박을 가한 때에는 폭행죄 · 협박죄는 별론으로 하고 이 죄는 성립하지 않는다[25)]는 견해도 있

24) 불법영득의 의사와 관련하여 이른바 사용강도를 인정할 수 있는가의 문제가 있다. 예컨대 사진촬영을 한 신문기자의 촬영한 필름을 훼손할 의사로 폭행 · 협박을 가하여 일시 카메라를 자기 점유하에 옮기는 경우이다. 위력에 의한 업무방해죄를 구성함은 별론으로 하고 강도죄를 인정할 수 있느냐에 대해서 사용강도는 부정하지만 영득의 의사가 있다고 보고 강도죄를 인정한 외국판례가 있다(日最判, 昭 38. 7. 9).

25) 황산덕, 292면; 이회창, 주석(하), 246면; 임웅, 332면; 김성돈, 298면.

다. 그러나 권리행사도 사회통념상 용인되는 범위를 일탈하였거나 권리남용인 때에는 강도죄가 성립한다고 본다(권리행사와 공갈죄 참조). 판례도 외상물품대금채권의 회수를 의뢰받고 그 추심과정에서 폭행·협박을 하여 재물 또는 재산상의 이익을 취득하면 강도죄가 성립하다고 하였다.[26]

(2) 불법재물의 강취

재물의 점유 자체가 애당초 불법한 경우, 예컨대 도박에서 패한 자가 그 도금(賭金)을 강취하는 때에는 위법성이 조각되지 않고 이 죄가 성립한다. 불법원인급여물을 강취한 때에도 이 죄가 성립한다. 이에 반하여 법적·경제적 재산설에서는 이 경우 강도죄의 성립을 부정한다.[27]

5. 죄수·타죄와의 관계

(1) 죄 수

동일장소 동일기회에 1개의 협박으로 수인으로부터 재물을 강취한 때에는 단순일죄이다.[28] 강도가 가족 수인에게 폭행·협박하여 그 집안의 재물을 강취한 때에도 단순일죄이다.[29] 그러나 판례는 피해자 수를 기준으로 1회의 폭행·협박으로 수인의 재물을 강취하면 수개의 강도죄의 경합범이 된다고 한다.[30] 동일기회에 재물과 재산상의 이익을 취득한 때에는 이 죄의 포괄일죄가 된다(택시강도에서 요금면탈과 동시에 운전수의 수입금을 강취한 경우).

(2) 타죄와의 관계

강도죄는 결합범이므로 폭행과 협박은 포괄하여 강도죄의 1죄만 성립한다. 절취 후 계속해서 그 집안사람의 재물을 강취하거나 강취한 후 도주하면서 다시 절취한 때에도 이 죄의 일죄이다. 강취의사로 수족을 결박하여 재물을 강취하더라도 강도죄 일죄만 성립한다. 그러나 불법감금한 후 강취의사를 가지고 재물을 강취하면 감금죄와 이 죄의 경합범이 된다.

---

26) 대판, 1995. 12. 12, 95도2385.
27) 김일수/서보학, 320면.
28) 상상적 경합이라는 견해는 이재상, 307면; 임웅, 333면; 배종대, 419면; 김성돈, 298면.
29) 대판, 1996. 7. 30, 96도1285.
30) 대판, 1991. 6. 25, 91도643.

Ⅱ. 강도죄의 독립구성요건

1. 준강도죄

【구성요건 · 법정형】 절도가 재물의 탈환을 항거하거나 체포를 면탈하거나 죄적을 인멸할 목적으로 폭행 또는 협박을 가한 때에는 전2조(강도죄, 특수강도죄)의 예에 의한다(제335조). 미수범은 처벌한다(제342조). 동력규정은 적용한다(제346조).

(1) 의의 · 성격

준강도죄는 절도가 재물탈환을 항거하거나 체포를 면탈하거나 죄적을 인멸할 목적으로 폭행 또는 협박함으로써 성립하는 범죄로서, 절도죄와 폭행죄 또는 협박죄의 결합범이다. 사후강도죄라고도 한다. 준강도죄는 절도범인이 이 죄의 행위를 한 때 강도죄와 같이 취급하는 독립범죄이고, 절도죄의 가중적 구성요건이 아니다.[31] 강도죄는 먼저 폭행 · 협박을 한 후 재물을 탈취하는 것임에 대해서 준강도죄는 먼저 재물을 탈취한 후, 또는 그 실행 중에 폭행 · 협박을 사용한다는 점에 차이가 있고, 죄질에서는 차이를 인정하지 않는다.[32] 따라서 준강도죄의 규정이 적용될 때에는 절도죄의 적용은 배제된다.

이 죄의 취급은 "전2조의 예에 의한다". 형법상 모든 점에서 강도죄와 같이 취급한다는 취지이다. 처벌뿐만 아니라 이 죄에 해당하는 경우에는 강도상해치상죄(제337조)[33] · 강도살인치사죄(제338조) · 강도강간죄(제339조)의 적용에 있어서도 강도와 같이 취급된다. 다만 준강도의 행위태양에 따라 단순강도의 기수 · 미수 또는 특수강도의 기수 · 미수로 처단될 뿐이다. 그리고 이 죄는 절도범인이

31) 이에 대해서 준강도는 폭행 · 협박을 재물탈취의 수단으로 사용하는 것이 아니므로 절도죄의 가중적 구성요건이라는 견해(강구진, 303면)와, 강도죄의 특수유형이라는 견해(김종원, 201면; 임웅, 336면; 오영근, 370면; 정영일, 285면)도 있으나 특수유형은 강도죄의 독립범죄성을 설명한 것으로 본다.

32) 대판, 1973. 11. 13, 73도1553. 또 준강도에 해당하는 독일 형법 제252조 강도적 절도(räuberischer Diebstahl)는 "절취한 재물을 보유할 목적으로 사람에게 폭행하거나 신체 · 생명에 현실적 위험이 있는 협박을 한 자는 강도와 동일하게 처벌한다"고 규정하여 절도의 기수범을 전제로 강도의 일종으로 본다. 우리 형법처럼 체포면탈 · 죄적인멸에 관해서는 규정이 없으므로 우리 형법의 해석에서는 절도와 밀착성, 강도와 동일시할 수 있는 실질적 위법성을 구비할 것이 요구된다.

33) 대판, 1971. 1. 26, 70도2518(체포면탈의 목적으로 폭행을 가하여 상해의 결과를 발생시킨 경우에 제337조의 기수범이라고 한 판례).

현장에서 강도로 돌변하여 재물을 탈취하는 이른바 "표변강도"와 구별해야 한다. 표변강도는 처음부터 강도죄가 될 뿐이다.

(2) 객관적 구성요건요소

1) 주 체

가) 절도의 기수·미수범 주체는 절도범인, 즉 모든 절도죄(제329조 내지 제332조)의 실행에 착수한 자이다. 재물에 대한 탈환항거를 위해서 폭행·협박을 가하는 경우에는 절도기수인 경우가 많으나 절도의 기수·미수를 묻지 않는다(통설·판례).[34] 그러나 실행의 착수 이전의 예비단계에서 폭행·협박을 하더라도 이 죄는 성립하지 않는다. 따라서 절취의사로 야간에 타인의 주거에 침입하였다가 발각되어 폭행·협박을 하면 이 죄를 구성하지만 주간에 침입하여 폭행·협박을 하여도 절도죄의 착수가 없으므로 주거침입죄와 폭행죄의 경합범이 된다. 주체가 절도범에 한정되었다는 이유로 신분범이라는 견해도 있다.[35] 그러나 절도죄의 주체는 제한이 없으며 이 죄의 절도도 결합범의 내용일 뿐이고 일신적 성질인 신분이라 할 수 없으므로 신분범은 아니다.

준강도죄의 주체를 절도의 기수범에 한정하는 견해도 있다.[36] 절도미수단계에서 기수를 위한 폭행·협박은 그 자체가 강도에 해당한다는 것이 그 이유이다. 그러나 체포면탈과 증거인멸 목적의 폭행·협박은 재물절취와 관계없이도 가능하므로 타당하지 않다.

나) 강도의 주체성 강도도 이 죄의 주체가 된다는 견해가 주장된다(강도의 준강도).[37] 절도가 사후적으로 폭행·협박을 하면 준강도로 처벌되는 것과 비교하여 강도가 도품보존을 위해 사후적으로 폭행·협박한 경우를 단순폭행죄·협박죄로 취급하는 것은 균형이 맞지 않다는 것이 그 이유이다. 강도의 준강도를 인정하면 강도죄(특수강도죄)와 준강도죄의 실체적 경합이 되고,[38] 이를 부정하면 강도죄와 (특수)폭행죄·협박죄의 실체적 경합이 된다.[39] 그러나 이 죄의 주

---

34) 대판, 1971. 1. 26, 70도2518; 대판, 1968. 9. 6, 68도1014; 대판, 1966. 11. 29, 66도1387; 대판, 1964. 11. 24, 64도504; 대판 1968. 9. 6, 68도1014; 대판, 1990. 2. 27, 89도2532.

35) 김일수, 285면; 박상기, 288면.

36) 김일수, 282면. "절취한 재물을 보유할 목적"으로 폭행·협박하는 독일 형법 제252조는 절도기수를 전제로 하지만 우리 형법과 구별해야 한다.

37) 이형국, 357면; 이재상, 309면; 김일수, 282면; 배종대, 432면; 이정원, 367면; 김성천/김형준, 464면.

38) 김일수, 282면; 배종대, 432면.

체를 절도에 한정하고 있는 법문에 반할 뿐만 아니라 준강도는 폭행·협박을 사용한다는 불법 때문에 강도와 같이 취급하자는 데 취지가 있는 것이므로 애당초 폭행·협박을 수단으로 하는 강도죄에 대하여 다시 강도의 준강도를 인정할 실익도 없다고 본다.

다) 절도의 정범 절도죄의 교사범·종범도 이 죄의 주체가 되느냐의 문제가 있으나 교사범은 절도와 밀착성이 없고, 현장에서의 종범은 절도의 합동범이 되므로 이 죄의 주체는 절도의 정범(공동정범)에 한정된다고 해야 한다(통설).

2) 행 위 행위는 폭행·협박을 하는 것이다.

가) 폭행·협박의 정도 이 죄는 강도와 같이 취급하므로 강도죄의 폭행·협박과 원칙적으로 같다. 따라서 상대방의 반항을 억압할 수 있는 정도라야 한다. 폭행은 반드시 상해를 야기하는 정도일 필요가 없으며,[40] 협박도 가해자가 현실로 해악을 가할 능력을 가질 필요가 없다. 또 폭행·협박은 현실적으로 상대방의 반항을 억압하였는가, 현실적으로 억압할 수 있었는가도 묻지 않는다.[41]

다만 이 죄의 반항억압은 범인이 재물탈환이나 체포를 면하기 위해서 상대방의 적극적인 물리력을 방어하기 위한 것이므로 범인의 재물탈취로부터 소극적으로 보호하려는 강도죄의 그것과 차이가 있다. 따라서 탈환·체포하려는 구체적 상황을 고려하여 탈환·체포 행위를 억압하는데 충분한 정도인지를 결정해야 한다. 상황에 따라 강도죄의 그것보다 경한 정도로서 충분할 수 있다.

【준강도죄의 성립을 인정한 판례】 ① 피고인이 절도의 현장에서 발각되어 도주하다가 추격하여 온 피해자에 대하여 체포를 면할 목적으로 손전지로 피해자의 오른손을 구타한 경우(대판, 1961. 9. 20, 66도1108), ② 피고인이 절도의 목적으로 타인이 경영하는 자동차수리공장의 담을 넘으려다가 방범대원에게 발각되어 추격을 받자 체포를 면탈할 목적으로 주먹으로 동인의 안면을 1회 강타하여 지면에 전도케 한 경우(대판, 1968. 4. 23, 67도334), ③ 절도미수로 도망가던 중 피해자 집 대문에서 피해자에게 붙잡히자 체포를 면탈할 목적으로 양손으로 피해자의 안면 및 후두부 등을 수회 구타하고 엎치락 뒤치락 하는 등 폭행을 가한 경우(대판, 1964. 11. 20, 64도504), ④ 피고인들이 합동하여 절도범행을 하는 도중에, 사전에 구체적인 의사연락이 없었다고 하여도, 피고인이 체포를 면탈할 목적으로 피해자를 힘껏 떠밀어 콘크리트바닥에 넘어뜨려 상처를 입게 함으로써 추적을 할 수 없게 한 경우(대판, 1991. 11. 26, 91도2267) 등은 준강도죄

---

39) 김일수/서보학, 332면; 임웅, 337면; 정영일, 287면.
40) 대판, 1959. 11. 6, 4292형상438.
41) 대판, 1965. 2. 24, 64도56; 대판, 1981. 3. 24, 81도409.

의 폭행에 해당한다고 하였다.

【준강도죄의 성립을 부정한 판례】 ① 피고인이 옷을 잡히자 체포를 면하려고 충동적으로 저항을 시도하여 잡은 손을 뿌리친 정도의 폭행을 한 경우(대판, 1985. 5. 14, 85도619), ② 절도범인이 체포에 필요한 정도를 넘어 중상을 입힐 정도의 심한 폭력을 피하기 위하여 엉겁결에 솥뚜껑을 들어 위 폭력을 막아 내려다가 그 솥뚜껑에 스치어 피해자가 상처를 입게 된 경우(대판, 1990. 4. 24, 90도193) 등은 준강도죄의 폭행에 해당하지 않는다고 하였다.

나) 폭행・협박의 상대방 폭행・협박은 반드시 절도피해자에 대해서 행해질 필요가 없다. 목적 달성에 장애가 될 수 있는 사람이면 방범대원,[42] 체포하여 연행하는 야경원(夜警員),[43] 소리를 지르면서 추적하는 사람[44]에 대해서도 이 죄는 성립할 수 있다. 절도 공범자를 추격하는 사람에 대한 폭행・협박도 이 죄가 성립한다.

다) 절도의 기회 폭행・협박은 절도의 기회에 행해져야 한다. 준강도죄가 강도죄와 동일하게 평가되기 위한 조건이다. "절도의 기회"란 절도의 실행의 착수 후 절취와 시간적・장소적으로 밀접한 연관성이 있는 상태를 말하고, 시간적・장소적 밀착성과 절도사실과 관련성이 있어야 한다.

(a) 장소적 밀착성 폭행・협박은 절도 현장 또는 그 부근에서 행해져야 한다. 현장에서 계속 추적 중에 있는 때에는 현장의 계속적 연장으로 보아 다소 거리가 떨어져도 무방하다.[45]

(b) 시간적 밀착성 폭행・협박의 시간적 범위에 관하여, ① 절도의 착수 이후 절도의 종료 직후까지 행해져야 한다는 견해,[46] ② 절도의 착수 후 종료 전까지 행해져야 한다는 견해,[47] ③ 절도의 착수 후 기수 직후까지 행해져야 한다는 견해[48]가 대립한다. 체포면탈목적과 증거인멸 목적을 위한 폭행・협박은 절도미수 단계는 물론, 범행종료 후에도 가능하다는 것을 전제하고 있으므로 절도착수 후 종료 직후까지 폭행・협박이 있으면 밀착성이 있다고 본다(다수설).

42) 대판, 1968. 4. 23, 67도334; 대판, 1971. 4. 20, 71도441.
43) 대판, 1967. 1. 31, 67도1501.
44) 대판, 1964. 5. 12, 64도95.
45) 대판, 1982. 7. 13, 82도1352. 같은 취지: 대판, 1964. 5. 12, 64도95.
46) 정성근, 414면; 강구진, 305면; 배종대, 433면; 박상기, 290면; 임웅, 339면; 정영일, 288면; 김성돈, 304면.
47) 이형국, 358면; 김일수/서보학, 333면.
48) 이재상, 310면; 진계호, 342면.

판례도 같다.49) 다만 범행 종료 후의 시간의 길이는 사회통념에 따라 판단하는 것이 판례의 태도이다. 재물의 물색에도 나아가지 않고 폭행·협박을 하더라도 준강도는 아니다. 그러나 현행범의 상태에서 체포된 경우에는 밀착성이 있다고 본다. 따라서 절도범인이 체포되었으나 아직 신병확보가 확실치 않은 단계에서 체포상태를 면하기 위한 폭행도 준강도에 해당한다.50)

【판례】 ① (준강도의) 폭행 또는 협박은 절도의 실행에 착수하여 그 실행 중이거나 그 실행 직후, 또는 실행의 범의를 포기한 직후로서 사회통념상 범죄행위가 완료되지 아니하였다고 인정될 만한 단계에서 행하여 짐을 요한다(대판, 1984. 9. 11, 84도1398).

② 피해자의 집에서 절도범행을 마친 지 10분 가량 지나 피해자 집에서 200m 가량 떨어진 버스 정류장이 있는 곳에서 뒤쫓아 온 피해자에 붙잡혀 피해자의 집으로 돌아왔을 때 비로소 피해자를 폭행한 경우에 사회통념상 범행 완료 이후에 행해진 것이라 하여 준강도죄의 성립을 부정하였다(대판, 1999. 2. 26, 98도3321).

(c) 절도사실과 관련 폭행·협박은 그 절도사실과 연관된 것이라야 한다. 폭행·협박의 상대방이 피해자·목격자·현행범체포자·현장에 파견된 경찰관·현장에서 추적하고 있는 사람 등 절도사실과 관련을 가지고 있어야 한다. 따라서 범행 직후에 우연히 지나가던 경찰관의 직무질문에서 체포된 자가 폭행·협박을 하더라도 이 죄가 될 수 없다.

(3) 주관적 구성요건요소

1) 고 의 절취에 대한 고의와 폭행·협박에 대한 인식·의사가 있어야 한다. 불법영득의 의사는 고의의 내용일 뿐이다.

2) 목적범 이 죄는 재물탈환의 항거, 체포면탈, 죄적인멸 중 적어도 어느 하나의 목적을 가지고 있어야 하는 목적범이다. ① "재물탈환의 항거"는 탈취한 재물을 탈환 당하지 않기 위해서 대항하는 것이고, 절도 기수인 경우가 많을 것이다. ② "체포면탈"은 절도의 기수·미수를 묻지 않고 체포에서 이탈하는 것이고, 자기 이외에 공범자의 체포를 면탈하는 경우도 포함한다. ③ "죄적인멸"은 모든 인적·물적 증거를 인멸 또는 죄증을 무효로 하는 것이고, 절도의 기수·

49) 대판, 1987. 10. 26, 87도1662.
50) 대판, 2001. 10. 23, 2001도4142.

미수는 묻지 않는다. 증인을 살해하는 것도 죄적인멸이 된다. 목적 달성은 기수요건이 아니다. 또 피해자 기타의 자가 실제로 재물을 탈환하였는가, 범인을 체포하였는가는 이 죄의 성립과 관계없다.

(4) 미수와 기수의 구별

1995년 형법개정 이전에는 준강도죄의 미수범 처벌규정을 직접 명시하지 아니하였으므로 미수범 처벌 여부에 대해서 논의가 있었다. 그러나 개정형법은 미수범 처벌규정을 신설하였으므로 입법적으로 해결하였다. 문제는 미수범의 성립시기를 어느 시점으로 볼 것이냐와 관련하여 미수와 기수를 구별하는 기준에 대해서 학설이 대립한다.

1) 절취기준설 재물절취의 기수 미수에 따라 이 죄의 기수・미수를 구별하는 견해로 다수설이다.[51] 그 논거는, ① 이 죄는 결합범이므로 강도죄와 같이 기본행위인 재물절취 여부에 따라 기수와 미수를 구별해야 하고, ② 폭행・협박의 여부로 구별하면 절도미수에 그친 자도 준강도죄가 성립되어 강도죄 기수와 같이 처벌되는 반면에, 강도범이 폭행・협박을 했으나 재물강취를 하지 못하면 강도미수죄로 처벌하는 것과 불균형이 생긴다는 것을 들고 있다. 이 견해에 따르면 폭행・협박이 있어도 절도가 미수이면 준강도의 미수가 된다.

2) 폭행・협박기준설 절도죄의 기수・미수를 묻지 않고 폭행・협박의 기수・미수에 따라 이 죄의 기수・미수를 결정하는 견해[52]이다. 그 논거는, ① 강도살인죄(제338조 전단)와 강도상해죄(제337조)도 결합범이지만 재물취득 여부는 기수・미수에 영향을 주지 아니하므로 이와 균형상 준강도죄의 기수・미수도 재물취득과 관계없으며, ② 절취행위설에 따르면 절도미수 단계의 폭행・협박은 언제나 준강도 미수범이 되어 불합리하다는 것을 들고 있다. 이 견해에 따르면 절도가 기수라도 폭행・협박이 기수에 이르지 못하면 준강도의 미수가 된다.

3) 절충설(결합설) 재물탈취나 폭행・협박 중 어느 하나가 미수로 되면 이 죄의 미수가 된다[53]는 것이다. 재산죄의 기수시기는 재물취득 시이고, 준강도는 재물취득과 폭행・협박이 결합된 범죄이므로 두 가지 모두 기준이 된다는

51) 황산덕, 290면; 정영석, 310면; 서일교, 155면; 이건호, 537면; 남흥우, 182면; 김종원, 202면; 정성근, 417면; 이재상, 311면; 김일수/서보학, 336면; 김성돈, 304면.

52) 유기천(상), 228면; 권문택, 형법학연구(1983), 373면; 강구진, 308면; 김일수, 284면; 박상기, 291면; 배종대, 436면; 진계호, 343면; 손동권, 333면.

53) 이형국, 359면; 임웅, 341면; 이정원, 373면; 오영근, 375면; 정영일, 291면.

것을 그 논거로 한다. 이에 따르면 절도 기수범이 반항억압정도의 폭행·협박에 이르지 않은 때에 준강도의 미수가 된다.

4) 판례의 태도　대법원은 준강도에 대한 미수범 처벌규정이 없던 개정 전부터 일관하여 폭행·협박기준설을 취하였고,[54] 개정 후에도 그대로 종전 판례를 유지하였으나 최근 술집에서 양주를 훔치다가 발각되어 술집 종업원을 폭행한 사안에서 대법원 전원합의체는 준강도 미수죄를 선고한 원심을 확정하고 절도기준설로 변경하였다.[55]

5) 결　어　① 강도살인죄와 강도상해죄도 결합범이지만 준강도죄의 죄질과 구별해야 한다. 전자는 재산죄의 성격보다 생명·신체의 안전에 중점을 두고 있으므로 살상행위를 기준으로 하지만 재산침해에 중점을 두는 준강도죄는 재물취득 여부에 따라 재산침해를 판단해야 한다. ② 준강도죄는 형법상 모든 점에서 강도죄와 같이 취급하므로 재물취득이 없는 자에 대하여 준강도 미수범을 인정한다고 하여 불합리하다고 할 수 없고 오히려 "강도죄의 예"에 따른 당연한 것이라 해야 한다. ③ 재산죄 특히 영득죄의 기수시기는 재물을 취득한 취득설에 따라 결정한다는 데에 이견이 없으므로 준강도죄에 한하여 그 예외를 인정할 이유가 없다. ④ 폭행·협박은 이 죄의 성립요건일 뿐이고, 재산죄의 기수와 미수를 구별하는 기준이라 할 수 없다. 따라서 준강도죄의 기수·미수도 재물취득을 기준으로 하는 절취기준설이 타당하다고 해야 한다.

(5) 죄수·타죄와의 관계

1) 죄수·공범　절도가 체포면탈 목적으로 추격하여 온 수인에게 폭행·협박을 가하면 준강도죄의 포괄일죄이다. 이 경우 그 중의 한 사람에게만 상해를 입혀도 포괄하여 강도상해죄 일죄만 성립한다.[56] 판례는 특수절도의 범인들이 서로 다른 길로 도주하다가 그 중 1인이 체포면탈 목적으로 폭행하여 상해결과가 발생한 때에는 다른 범인도 이를 예견할 수 있는 것이라 하여 모든 범인에게 준강도·강도상해죄의 공동정범을 인정한다.[57] 그러나 공동정범은 공동실행의

54) 대판, 1964. 11. 24, 64도504; 대판, 1969. 10. 23, 69도1353.
55) 대판, 2004. 11. 18, 2004도5074.
56) 대판, 1966. 12. 6, 66도1392; 대판, 2001. 8. 21, 2001도3447.
57) 대판, 1984. 10. 10, 84도1887; 대판, 1984. 12. 26, 84도2552; 대판, 1988. 2. 9, 87도2460; 대판, 1989. 12. 12, 89도1991; 대판, 1991. 11. 26, 91도2267. 또 강도의 공동정범에 대해서 강도상해죄를 인정한 판례는 대판, 1990. 12. 26, 90도2362; 대판, 1990. 2. 23, 89도2426; 대판, 1990. 10.

사의 범위 내에서만 성립하며, 강도상해죄는 결과적 가중범이 아니므로 단순한 예견가능성만으로 공동정범을 인정할 수 없다고 본다.[58]

2) 타죄와의 관계

(a) 절도죄와의 관계 법조경합이 된다는 견해가 다수설이다.[59] 그러나 준강도죄는 절도죄와 폭행죄 또는 협박죄의 결합범이므로 결합범을 구성하는 모든 행위는 포괄하여 준강도죄만 성립한다고 해야 한다(포괄일죄).

(b) 공무집행방해죄와의 관계 절도범인이 체포면탈 목적으로 경찰관에게 폭행·협박을 한 때에는 준강도죄와 공무집행방해죄의 상상적 경합이 된다. 그러나 강도범인이 체포면탈 목적으로 경찰관에게 폭행을 가한 때에는 강도죄와 공무집행방해죄의 실체적 경합이 된다.[60]

2. 인질강도죄

> 【구성요건·법정형】 사람을 체포·감금·약취 또는 유인하여 이를 인질로 삼아 재물 또는 재산상의 이익을 취득하거나 제3자로 하여금 이를 취득하게 한 자는 3년 이상의 유기징역에 처한다(제336조). 미수범은 처벌한다(제342조). 동력규정은 적용한다(제346조).

(1) 의의·보호법익

인질강도죄는 사람을 체포·감금 또는 약취·유인하여 이를 인질로 삼아 재물 또는 재산상의 이익을 취득하거나 제3자로 하여금 취득하게 함으로써 성립하는 범죄이다. 체포·감금죄 또는 약취·유인죄와 공갈죄의 결합범이다. 개정 전에는 이 죄를 약취강도죄라 하여 약취죄와 공갈죄의 결합범으로 규정했으나 인질이라는 점에서 인질강요죄의 구성요건과 동일하므로 이와 행위태양을 같게 하기 위해서 개정형법에서는 체포·감금행위를 추가하고 죄명도 인질강도죄로 변경하였다.

이 죄의 보호법익은 1차적으로 타인의 재산이지만 부차적으로 인질의 자유와

12, 90도1887; 대판, 1992. 12. 22, 92도2462; 대판, 1998. 4. 14, 98도356.

58) 이형국, 360면; 이재상, 308면; 김일수/서보학, 337면; 배종대, 339면; 박상기, 292면; 임웅, 341면; 백형구, 163면; 오영근, 376면; 정영일, 293면.

59) 준강도죄가 성립하면 절도죄(폭행·협박)는 흡수된다는 견해(법조경합 흡수관계:김일수/서보학, 338면; 배종대, 442면; 백형구, 163면; 진계호 344면), 법조경합의 보충관계라는 견해(김성천/김형준, 470면), 법조경합의 특별관계라는 견해(이정원, 374면) 등 대립이 있다.

60) 대판, 1992. 7. 28, 92도917.

제3자의 의사결정 및 의사활동의 자유이다. 보호받는 정도는 침해범으로서의 보호이며, 중첩적 다행위범이다.

(2) 객관적 구성요건요소

1) 주 체 주체는 제한이 없다. 미성년자를 보호·감호하는 자도 이 죄의 주체가 될 수 있느냐가 문제될 수 있으나 개정형법에서는 주체가 될 수 있다고 본다. 다만 인질강도범이 미성년자를 약취·유인하고, ① 재물이나 재산상의 이익을 취득하거나 요구한 때, ② 재물·재산상의 이익을 취득할 목적이나 살해할 목적으로 미성년자 인질강도를 범한 때, ③ 유기·가혹행위를 가한 때에는 '특정범죄가중처벌에관한법률'에 의하여 가중처벌된다(특가법 제5조의2).

2) 객 체 이 죄는 중첩적 다행위범이며 결합범이므로 체포·감금 또는 약취·유인의 객체는 사람이며, 이 죄의 객체는 재물 또는 재산상의 이익이다. 따라서 인질은 재물 또는 재산상의 이익을 취득하기 위한 수단이다. 여기의 사람은 성년·미성년, 남녀를 묻지 않으며 체포·감금죄, 약취·유인죄의 객체와 같다.

3) 행 위 행위는 체포·감금 또는 약취·유인하여 이를 인질로 삼아 재물 또는 재산상의 이익을 취득하거나 제3자로 하여금 취득하게 하는 것이다.

(a) 체포·감금 체포·감금죄의 그것과 같다.

(b) 약취·유인 형법 개정전에는 약취만 약취강도죄의 행위태양으로 규정하고 있었으므로 유인도 포함하느냐의 논의가 있었으나 개정형법에서는 유인을 추가하여 입법적으로 해결하였다. 약취·유인죄의 그것과 같다. 이 죄도 강도죄의 일종이지만 그 성격이 인질을 미끼로 재물이나 재산상의 이익을 취득하는데 있으므로 약취의 단계에서 행사되는 폭행 또는 협박은 반드시 반항을 억압할 정도임을 요하지 아니한다.

(c) 인 질 "인질로 삼아"란 사람을 볼모로 하여 재물이나 재산상의 이익을 취득하기 위한 흥정의 대상으로 삼는 것을 말한다. 흥정은 볼모를 풀어주는 조건으로 재물이나 재산상의 이익을 취득하기 위한 것이므로 정치범이나 노동조합 간부를 석방하라는 조건은 이 죄가 아니라 인질강요죄(제324조의 2)가 문제된다.

형법 개정전에는 "석방의 대상(代償)"이라고 규정하였던 것을 "인질로 삼아"

라고 변경하였으나 그 취지는 같다. 따라서 볼모를 풀어주는 미끼로 일정한 대가를 요구한다는 일종의 협박적 수단을 사용하는 것이라 할 수 있다. 반드시 인질을 풀어주는 조건에 한정할 필요가 없다. 인질에 대한 살해나 학대를 중지하기 위한 조건으로 재물이나 재산상의 이익을 취득하는 경우에도 이 죄가 성립한다고 본다.

인질을 풀어주는 대가로 취득하는 것은 재물 외에도 일체의 경제적 이익을 포함한 재산상의 이익이면 족하다. 재물이나 재산상의 이익을 취득하는 자는 인질강도행위를 하는 자 이외의 제3자라도 무방하다.

재물이나 재산상의 이익을 취득한 때에 기수가 되며, 재물 또는 재산상의 이익을 취득할 목적으로 사람을 체포·감금 또는 약취·유인한 때에 실행의 착수가 있다고 본다. 다만 미성년자를 약취·유인한 인질강도인 경우에는 재물·재산상의 이익을 요구만 하여도 특가법 제5조의2 제2항 1호에 의하여 기수가 된다.

⑶ 주관적 구성요건요소

사람을 체포·감금 또는 약취·유인한다는 사실과 인질을 미끼로 재물 또는 재산상의 이익을 취득한다는데 대하여 인식·의사가 있어야 한다.

Ⅲ. 강도죄의 가중적 구성요건

1. 특수강도죄

> **【구성요건·법정형】** ① 야간에 사람의 주거, 관리하는 건조물, 선박이나 항공기 또는 점유하는 방실에 침입하여 제333조(강도)의 죄를 범한 자는 무기 또는 5년 이상의 징역에 처한다.
>
> ② 흉기를 휴대하거나 2인 이상이 합동하여 전조(강도)의 죄를 범한 자도 전항의 형과 같다(제334조).
>
> 유기징역에 처할 경우에는 10년 이하의 자격정지를 병과할 수 있다(제345조).미수범은 처벌한다(제342조). 동력규정은 적용한다(제346조).

제1항의 야간주거침입특수강도죄는 단순강도죄(제333조)와 주거침입죄(제319조 1항)의 결합범이고, 야간이라는 행위상황에서 이루어져야 하는 야간주거침입절

도에 상응한다. 강도와 관리하는 건조물, 항공기라는 점을 제외하면 야간주거침입절도죄에서 설명한 것과 같으며, 관리하는 건조물과 항공기에 대해서는 주거침입죄 참조. 다만, 야간주거침입특수강도죄의 실행의 착수는 야간주거침입이 아니라 폭행·협박이 개시된 때이다. 그러나 판례는 주거침입시에 실행의 착수가 있다는 것과[61] 주거침입만으로 실행의 착수를 부정한 것이 있다.[62]

제2항은 흉기휴대 및 합동강도를 규정한 것으로서 행위방법의 강폭성·집단성 때문에 단순강도죄보다 불법이 가중된 구성요건이다. 흉기휴대 및 합동범은 특수절도의 그것과 같다. 다만 절도범인이 처음에는 흉기를 휴대하지 않았으나 체포를 면탈할 목적으로 폭행·협박을 할 때 흉기를 사용하게 되면 준강도죄(제355조)가 된다.[63]

2. 강도상해·치상죄

【구성요건·법정형】 강도가 사람을 상해하거나 상해에 이르게 한 때에는 무기 또는 7년 이상의 징역에 처한다(제337조). 유기징역에 처할 경우에는 10년 이하의 자격정지를 병과할 수 있다(제345조). (강도상해죄의) 미수범은 처벌한다(제342조).

【특별형법】 본죄 또는 그 미수죄로 형을 받아 그 집행을 종료하거나 면제받은 후 3년 이내에 다시 이들 죄를 범한 자는 사형·무기 또는 10년 이상의 징역에 처한다(특가법 제5조의5).

(1) 의의·성격

강도가 사람을 상해하거나 상해에 이르게 한 범죄이다. 강도의 기회에 사람에 대한 사상(死傷)이 수반되기 쉽다는 점을 고려하여 강도죄의 가중유형으로 규정한 것이다.[64] 재산과 함께 특별히 피해자의 생명·신체의 안전보호에 중점을 둔 범죄이며, 강도상해죄는 강도죄와 상해죄의 결합범이고, 강도치상죄는 강도죄와 폭행치상죄의 결합범으로서 결과적 가중범이다.[65]

(2) 구성요건요소

1) 주 체 주체는 강도행위의 실행에 착수한 모든 강도범인이다. 단순강

61) 대판, 1992. 7. 28, 92도917.
62) 대판, 1991. 11. 22, 91도2296.
63) 대판, 1973. 11. 13, 73도1553.
64) 이 죄를 독자적 범죄라는 견해는 김일수, 288면.
65) 대판, 1946. 7. 30, 4279형상53.

도·특수강도·준강도[66]·인질강도의 범인도 포함한다. 강도의 기수·미수는 불문하나,[67] 강도의 예비·음모에 해당하는 자는 제외된다.[68]

2) 행 위 행위는 상해하거나 치상하는 것이다.

(a) 상 해 상해에 대한 인식·의사가 있어야 한다. 폭행의 고의로 상해의 결과를 발생시킨 때에는 강도치상죄가 성립한다. 절도가 그 실행 중 또는 실행 직후에 체포면탈의 목적으로 상해를 가한 때에도 강도상해가 된다.[69]

강도죄는 반항억압 정도의 폭행이 있어야 하므로 가벼운 찰과상 정도는 단순 강도의 폭행에 해당하고 이 죄의 상해라 할 수 없다. 사회통념상 간과할 수 없는 정도, 즉 의사의 치료처치를 요하는 정도의 상해라야 한다. 판례는 강도가 머리를 1회 때리고 넘어뜨린 후 발로 가슴을 1회 걷어차서 약 2주간의 치료를 요하는 상해를 입힌 경우에 강도상해죄를 구성한다고 하였다.[70]

【판례】 피고인의 폭행으로 인하여 입은 피해자의 상처는 이마 부분이 긁혀서 경도의 부종이 있는 정도에 불과하고, 굳이 치료를 받지 않더라도 일상생활을 하는 데 지장이 없으며, 시일이 경과함에 따라 자연적으로 치유될 수 있는 정도이고, 피해자도 그 상처로 병원에서 치료를 받지 아니하였다는 사실이 인정되므로, 상처의 정도 및 내용에 비추어 볼 때 그 상처로 인하여 피해자의 신체의 완전성이 손상되고 생활기능에 장애가 왔다거나 건강 상태가 불량하게 변경되었다고 볼 수는 없으므로 강도상해죄의 상해에 해당되지 않는다(대판, 2001.11. 2001도4389, 대판, 2003.7.11, 2003도2313).

(b) 치 상 상해의 고의 없이 상해의 결과를 발생시킨 경우이다. 결과적 가중범이므로 강도행위와 치상 사이에 인과관계가 있고 치상에 대한 예견가능성이 있어야 한다. 치상의 결과발생을 예견하지 못한 데 대한 과실도 없는 경우에는 이 죄는 성립하지 않는다. 치상의 결과는 적어도 폭행의 고의로 야기된 것이라야 한다(통설). 따라서 강도의 기회에 폭행의 고의도 없이 과실로 영아를 밟아 상처를 낸 경우에는 강도치상죄가 아니라 강도죄와 과실치상죄의 경합범이 된다.

---

66) 대판, 1971. 4. 20, 71도441; 대판, 1984. 1. 24, 83도3043.

67) 대판, 1971. 1. 26, 70도2518; 대판, 1986. 9. 23, 86도1526; 대판, 1988. 2. 9, 87도2492.

68) 같은 취지: 대판, 1962. 2. 8, 4294형상719(절도가 재물탈취를 위하여 폭행을 가한 때에는 곧 강도상해죄가 성립한다).

69) 대판, 1986. 4. 8, 86도264.

70) 대판, 2002. 1. 11, 2001도5925.

(c) 상해·치상의 상대방 강도피해자에 한하지 않고, 체포 추적하는 경찰관에게 상해·치상의 결과를 야기한 때에도 이 죄가 성립한다.[71]

(d) 상해·치상의 발생원인(강도의 기회) 상해·치상의 결과는 강도의 수단인 폭행·협박에서 직접 발생된 것임을 요하지 않고, 적어도 폭행의 고의가 있는 이상 강도의 기회에 범인의 행위에서 발생된 것이면 충분하다(통설). 강도의 기회는 실행에 착수하여 행위종료 직후까지 강도행위와 시간적·장소적으로 밀접한 연관성이 있는 범위를 의미한다. 준강도죄의 "절도의 기회"에 준해서 판단하면 족하다.

【판례】 ① 강도의 기회에 상해·치상이 생기면 족하다고 하고, 흉기로 협박하는 강도에게 저항하다가 상해를 입은 경우(대판, 1984. 6. 26, 84도970),[72] ② 강도가 피해자의 승용차에 타고 도주하다가 경찰관이 추적해오자 범행 후 1시간 20분이 경과한 때 피해자를 칼로 찔러 상해를 가한 경우(대판, 1992. 1. 21, 91도2727), ③ 택시강도가 소지한 과도로 운전수를 협박하자 이에 놀란 운전수가 급회전 하는 충격으로 과도에 찔려 상처를 입은 경우(대판, 1985.1.15, 84도2397)에 강도상해죄를 인정하였고, ④ 강도의 폭행·협박으로 극도의 공포심에 사로 잡힌 피해자가 창문으로 탈출하다가 상해를 입은 경우에도 상해 결과와 강도행위는 상당인과관계가 있고, 그 결과를 예견할 수 있다는 이유로 강도치상죄를 인정하였다(대판, 1996. 7. 12, 96도1142). 이에 대해서 ⑤ 체포과정에서 피해자의 적극적인 스스로의 행위로 상해가 생긴 때에는 강도상해죄의 성립을 부정한다(대판, 1985. 7. 9, 85도1109).

3) 미수·기수시기 강도상해는 강도의 기수·미수를 불문하고 상해가 미수에 그친 경우에 미수가 된다. 강도치상은 결과적 가중범이므로 치상의 결과가 발생한 때에 기수가 된다.

강도치상죄의 미수범도 인정할 수 있느냐에 대해서 1995년 개정형법에서 미수범 처벌규정을 두었으므로 견해가 대립한다. 통설은 결과적 가중범의 미수범을 인정할 수 없다는 데 반하여 이를 긍정하는 견해도 있다.[73] 고의범인 강도상해죄에 있어서는 강도의 기수·미수에 관계없이 상해가 발생하면 기수범이 된다고 보면서 결과적 가중범인 강도치상에서는 중한 결과가 발생했음에도 불구하고 강도가 미수이면 전체를 미수범으로 인정하는 것은 일관성이 없고 균형에

71) 대판, 1996. 7. 12, 96도1108(도주하던 강도범인이 체포되어 연행하는 경찰관을 칼로 찔러 사망케 한 사례).
72) 같은 취지: 대판, 1976. 12. 14, 76도3267; 대판, 1986. 4. 8, 86도264.
73) 김일수(Ⅲ), 608면; 임웅, 346면; 이정원, 377면 이하.

도 맞지 않는다. 상해의 고의범 과실범에 따라 강도의 기수・미수에 대한 평가가 달라질 수 없고, 과실범의 미수는 불가벌이므로 결과적 가중범의 미수범은 부정해야 한다. 개정형법이 강도상해와 치상을 포함하여 미수범 처벌규정을 둔 것은 입법의 실수라고 본다.[74] 강도상해죄는 재산죄보다 생명 신체보호에 중점이 있으므로 동일기회에 수인에게 상해를 입힌 때에는 강도상해죄의 경합범이 된다.[75]

3. 강도살인・치사죄

【구성요건・법정형】 강도가 사람을 살해한 때에는 사형 또는 무기징역에 처한다(제338조). 사망에 이르게 한 때에는 무기 또는 10년 이상의 징역에 처한다(제338조). 유기징역에 처할 경우에는 10년 이하의 자격정지를 병과할 수 있다(제345조). (강도살인죄의) 미수범은 처벌한다(제342조).

(1) 의의・성격

강도가 사람을 살해하거나 사망에 이르게 하는 범죄이다. 강도살인죄는 강도죄와 살인죄의 결합범이며, 강도치사죄는 강도죄와 폭행치사죄 또는 과실치사죄의 결합범으로서 결과적 가중범이다. 재산과 함께 특히 생명보호에 중점을 둔 범죄이다.

(2) 구성요건요소

1) 주 체 주체는 모든 강도범인이다. 강도죄의 실행에 착수한 단순강도죄・준강도죄・인질강도죄의 범인이며, 강도의 기수・미수는 묻지 않는다. 해상강도의 살해・치사에 대해서는 별도의 규정(제340조 3항)이 있으므로 해상강도범인은 제외된다.

2) 행 위 행위는 살해하거나 사망에 이르게 하는 것이다. 살해는 고의가 있는 경우이고, 치사는 살인의 고의 없이 사망의 결과를 발생시킨 경우이다. 강도가 폭행・상해의 고의로 사망에 이르게 한 때에도 강도치사죄가 성립한다. 사망 또는 치사는 반드시 강도의 수단인 폭행에 의해서 야기된 것임을 요하지 않으며, 강도의 기회에 일어나면 족하다. 따라서 강도범행 직후 경찰관에게 체포

---

74) 김일수/서보학, 342면; 배종대, 427면; 오영근, 382면; 김성돈, 312면.
75) 대판, 1991. 6. 25, 91도643.

되어 파출소로 연행되던 중 체포면탈의 의사로 경찰관을 칼로 찔러 사망케 하였으면 강도살인죄가 된다.[76]

(a) 탈취의사로 살해 후 재물탈취　처음부터 재물탈취 의사로 피해자를 살해한 후 재물을 탈취한 때에는 탈취가 사망의 전후에 있는가를 묻지 않고 강도살인이 된다.

(b) 살해 후 탈취의사로 재물탈취　살해한 직후에 재물탈취 의사가 생겨 이를 영득한 경우에는 살인죄와 점유이탈물횡령죄의 경합범이 된다는 견해가 있으나 살인죄와 절도죄의 경합범이 된다고 본다.[77] 또 판례는 강도가 살해의사로 현주건조물에 방화하여 사망케 하였으면 강도살인죄와 현주건조물방화치사죄의 상상적 경합이 된다고 한다.[78]

(c) 채무면탈목적 살해　채무면탈 목적으로 채권자를 살해한 때 단순살인죄만 성립한다는 견해도[79] 있으나, 강도살인죄가 성립한다고 해야 한다(통설). 다만 사실상 또는 법적으로 채무를 면하거나 이익취득이 가능한 사정이 있어야 하므로 상속인의 채권행사가 불가능해야 한다.[80]

(3) 미수범

강도살인의 미수범은 처벌한다. 강도의 기수·미수와 관계없이 살해행위가 미수에 그친 경우에 강도살인의 미수범이 된다. 강도치사죄의 미수에 대해서 강도의 미수가 과실로 사망의 결과를 야기한 때라는 견해도 있으나 강도치상죄의 미수에서 설명한 그대로 결과적 가중범의 미수는 부정하는 것이 옳다.

4. 강도강간죄

【구성요건·법정형】 강도가 부녀를 강간한 때에는 무기 또는 10년 이상의 징역에 처한다(제339조). 유기징역에 처할 때에는 10년 이하의 자격정지를 병과할 수 있다(제345조). 미수범은 처벌한다(제342조).

---

76) 대판, 1996. 7. 12, 96도1108.

77) 판례(대판, 1993. 9. 28, 93도2143)의 입장도 같다. 제3편 제2장 제2절 Ⅰ. 단순절도죄의 '사자의 점유' 참조..

78) 대판, 1998. 12. 8, 98도3416.

79) 유기천(상), 220면.

80) 제3장 제2절 I. 2. 단순강도죄 강도이득죄의 '이득과 처분행위' 참조.

(1) 의의 · 성격

강도가 부녀를 강간하는 범죄로서 일반의 강도나 강간보다 가중 처벌하는 강도죄와 강간죄의 결합범이다. 가중처벌의 이유는 강도가 항거불능의 상태에 있는 부녀를 강간하는 것은 폭행 · 협박의 정도가 클 뿐만 아니라, 재산침해와 신체의 완전성 또는 의사결정의 자유침해 외에 성적 자기결정의 자유까지 침해하고, 나아가서 수치심으로 말미암아 수사기관에 신고를 지연시킬 가능성도 있기 때문이다. 이 죄를 친고죄로 하지 않는 이유도 여기에 있다.

(2) 구성요건요소

1) 주 체 주체는 모든 강도범인이다. 단순강도 · 특수강도 · 준강도 · 인질강도 · 강도상해의 범인이며 실행에 착수한 자이면 충분하고, 그 죄의 기수 · 미수는 묻지 않는다. 해상강도의 강간에 대해서는 별도의 규정(제340조 3항)이 있으므로 이 죄의 주체에서 제외된다. 강도가 강간한 때에 성립하므로 강간범인이 강간한 후 재물탈취의 고의가 생겨 피해자의 재물을 탈취한 때에는 판례는 강간죄와 강도죄의 경합범이 된다고[81] 하고 이를 지지하는 견해도 있다.[82] 그러나 폭행 · 협박이 재물강취의 수단이 아닌 이상 강간죄와 절도죄의 경합범이 된다고 본다. 이와 달리 강간의 종료 전에 강도행위를 한 때에는 이미 강간종료 전에 강도의 착수가 있으므로 이 죄가 성립한다(다수설).[83]

2) 행 위 행위는 부녀를 강간하는 것이다.

(a) 강 간 강간은 협의의 강간(제297조)과 준강간(제299조 전단)을 포함한다. 강간은 반드시 폭행 · 협박의 방법으로 행해질 필요가 없고 강도의 기회에 행해지면 충분하며, 재물탈취의 전후를 묻지 않는다.[84] 즉, 강도의 실행착수가 있고 난 다음에 강간이 뒤따르는 범죄이다. 따라서 강도에 착수도 하지 않고 강간행위를 하여도 이 죄는 성립하지 않는다. 부녀가 강도피해자와 일치할 필요도 없다.[85]

---

81) 대판, 1977. 9. 28, 77도1350; 대판, 2002. 2. 8, 2001도6425(따라서 강간후 특수강도의 강취가 있어도 성폭력법 제5조 2항의 특수강도 강간죄로 처벌할 수 없다).

82) 김일수/서보학, 347면; 백형구, 173면; 이재상, 320면; 오영근, 389면; 손동권, 347면; 정영일, 295면; 박상기, 298면; 김성돈, 316면.

83) 대판, 1988. 9. 9, 88도1240.

84) 따라서 강도가 실행의 착수 후 강도행위를 완료하기 전에 강간한 경우에도 강도강간죄는 성립한다. 대판, 1986. 5. 27, 86도507; 대판, 1984. 10. 10, 84도1880.

85) 대판, 1991. 11. 12, 91도2241.

(b) 강도가 강간으로 치사(치상)케 한 경우 강도가 부녀를 강간하여 치사(치상)케 한 경우에, 종래의 다수설은 이 죄와 강도치사(치상)죄의 상상적 경합이 된다고 한다.86) 판례도 강도가 부녀를 강간하려다가 미수에 그치고 그 폭행으로 상해에 이르게 한 때에 강도강간미수죄와 강도치상죄의 상상적 경합범으로 처리하고 있다.87) 그러나 사상의 결과가 강도행위로 인한 것이면 이 죄와 강도치사(치상)죄의 상상적 경합이 되지만 강간으로 인한 것이면 이 죄와 강간치사(치상)죄의 상상적 경합이 된다고 해야 한다.88)

(c) 강도가 강간후 살해(상해)한 경우 강도가 강간한 후에 살해(상해)의 고의가 생겨 살해(상해)한 경우에, 강도강간죄와 강도살인죄(강도상해죄)의 경합범이라는 견해와,89) 강도강간죄와 강도살인죄(강도상해죄)의 상상적 경합이 된다는 견해가90) 대립한다. 판례는 강도미수에 그친 자가 항거불능의 부녀를 간음할 고의가 생겨 실행에 착수했으나 역시 미수에 그쳤지만 반항 억압을 위한 폭행으로 상해를 입혔으면 강도강간미수죄와 강도치상죄의 상상적 경합이 된다고 한다.91) 강도강간의 고의와 살해(상해)의 고의는 전후 별개이고 행위도 수개이므로 경합범설이 타당하다고 해야 한다.

(d) 미수 · 기수 · 죄수 강간행위가 완성됨으로써 기수가 되고, 미수는 강간행위가 미수에 그친 때이며 강도행위의 기수 · 미수는 상관없다.92) 부녀의 전속적 법익을 침해하는 죄이므로 죄수는 피해자의 수에 따라 결정된다.

(3) 특별형법

강도강간 또는 그 미수죄로 형을 받아 그 집행을 종료하거나 면제 받은 후 3년 내에 다시 이들 죄를 범한 때에는 사형, 무기 또는 10년 이상의 징역에 처한다(특가법 제5조의5). 그리고 특수강도(제334조) 또는 그 미수죄를 범한 자가 강간의

---

86) 유기천(상), 227면; 황산덕, 298면; 정영석, 329면; 서일교, 158면; 정성근, 428면.

87) 대판, 1988. 6. 28, 88도820.

88) 이형국, 367면; 이재상, 321면; 김일수/서보학, 348면; 진계호, 337면; 배종대, 429면; 박상기, 299면; 손동권, 348면; 김성돈, 317면; 정영일, 295면. 이에 대해서 강도강간죄, 강도치사죄, 강간치사죄의 상상적 경합이라는 견해는 임웅, 351면.

89) 서일교, 158면; 김종원, 208면; 강구진, 313면; 김일수, 294면; 박상기, 299면; 백형구, 173면; 임웅, 351면; 오영근, 388면.

90) 이형국, 367면; 이재상, 321면; 진계호, 337면; 배종대, 429면; 손동권, 348면; 김성돈, 317면.

91) 대판, 1988. 6. 28, 88도820.

92) 대판, 1986. 1. 28, 85도2416.

죄를 범한 때에도 같은 법정형이다(성폭력특례법 제3조 2항, 소위 특수강도강간죄). 특수강도강간죄는 특수강도(제334조)의 실행의 착수 이후에 성립하므로 그 실행의 착수가 없는 한 이 죄는 성립하지 않는다. 따라서 흉기를 휴대하고 재물강취의사로 집 마루까지 침입하여 혼자 있는 여자를 보고 갑자기 욕정을 일으켜 흉기로 위협하여 강간한 때에는[93] 특수강도강간죄가 성립할 수 없고, 특수강간죄(성폭력특례법 제4조 1항), 특수주거침입죄, 강도예비죄의 경합범이 된다.

5. 해상강도죄, 해상강도상해 · 치상 · 살인 · 치사 · 강간죄

【구성요건 · 법정형】 ① 다중의 위력으로 해상에서 선박을 강취하거나 선박 내에 침입하여 타인의 재물을 강취한 자는 무기 또는 7년 이상의 징역에 처한다.

② 제1항의 죄를 범한 자가 사람을 상해하거나 상해에 이르게 한 때에는 무기 또는 10년 이상의 징역에 처한다.

③ 제1항의 죄를 범한 자가 사람을 살해 또는 사망에 이르게 하거나 부녀를 강간한 때에는 사형 또는 무기징역에 처한다(제340조). 유기징역에 처할 경우에는 10년 이하의 자격정지를 병과할 수 있다(제345조). 미수범은 처벌한다(제342조).

(1) 의의 · 성격

해상강도죄는 다중의 위력으로 해상에서 선박 또는 선박 안의 재물을 강취하는 범죄이다. 해적죄의 일종이다. 특수강도의 일종이지만 그보다 현저하게 중하게 처벌한다. 해상에서의 강도행위는 육지에서의 강도행위보다 그 위험성이 현저하게 크기 때문이다.

공해상에서, ① 내국인이 범한 해적행위(제3조), ② 내국선박상에서 외국인이 범한 해적행위(제4조), ③ 외국선박상에서 외국인이 내국인에 대해서 범한 해적행위(제6조) 등은 이 조문에 의해서 처벌할 수 있다. 그러나 ④ 공해상의 외국선박상에서 외국인이 외국인에 대해서 범한 해적행위(국제법상 해적행위)는 처벌할 수 없다. 이 죄는 결합범이다. 또 상해 · 살인 · 강간의 행위는 고의범이지만 치상 · 치사의 행위는 과실범이고 결과적 가중범이다.

93) 대판, 1991. 11. 22, 91도2296.

(2) 구성요건요소

해상강도죄는 주체의 제한이 없으나 제2항·제3항의 주체는 해상강도범인이고, 강도행위의 기수·미수는 묻지 않는다. 해상강도가 부녀를 강간한 후에 그를 살해한 경우에는 제3항의 죄가 성립할 뿐이다.

해상강도죄(제340조 1항)의 객체는 해상에 있는 선박과 선박 내에 있는 타인의 재물이며, 제2항·제3항의 죄의 객체는 타인 또는 부녀이다.

해상은 영해와 공해를 묻지 않는다. 다만 이 죄의 성질상 육지의 지배력이 쉽게 미칠 수 있는 하천·호소·항만은 포함하지 않는다. 선박은 그 대소·종류 여하를 묻지 않으나 적어도 해상을 항행할 수 있어야 한다. 따라서 해상을 항행할 수 없는 보트는 제외된다.

6. 상습강도죄

【구성요건·법정형】 상습으로 제333조(단순강도죄), 제334조(특수강도죄), 제336조(인질강도죄) 또는 전조 제1항(해상강도)의 죄를 범한 자는 무기 또는 10년 이상의 징역에 처한다(제341조). 유기징역에 처할 경우에는 10년 이하의 자격정지를 병과할 수 있다(제345조). 미수범은 처벌한다(제342조).

【특별형법】 특가법 제5조의4는, ① 상습으로 형법 제341조에 규정된 죄 또는 그 미수죄를 범한 자는 사형·무기 또는 10년 이상의 징역에 처한다(제3항). ② 단순·특수·준·인질 등의 강도죄, 해상강도·상해·살인·치사·강간의 죄 또는 그 미수죄로 3회 이상 징역형을 받은 자로서 다시 이들 죄를 범하여 누범으로 처벌할 경우도 위 형과 같다(제5항).

이 죄는 상습으로 강도죄, 특수강도죄, 인질강도죄, 해상강도죄를 범함으로써 성립하고 행위자의 상습성 때문에 책임이 가중되는 부진정신분범이다. 판례는 전과사실이 없어도 3개월 사이에 16회에 걸쳐 특수강도행위를 반복하고 수인이 밤중에 칼로 협박하여 피해자를 묶어놓은 경우 등은 특수강도의 상습성을 인정한다.[94]

7. 강도예비·음모죄

【구성요건·법정형】 강도할 목적으로 예비 또는 음모한 자는 7년 이하의 징역에 처한다(제343조).

94) 대판, 1986. 6. 10, 85도778.

강도죄의 흉악성과 위험성을 고려하여 실행의 착수 이전의 예비·음모 그 자체를 독립된 범죄형태로 처벌하는 것이다. 예비죄는 강도죄와 독립된 범죄유형이라는 견해(독립범죄설)가 있으나 기본범죄의 발현형태인 강도죄의 수정형식이라고 본다(다수설).

이 죄는 주관적 요소로서 강도의 목적이 있어야 한다. 강도는 단순강도·특수강도·인질강도·해상강도를 포함하며 준강도는 제외된다.[95] 강도의 목적은 확정적임을 요한다.

객관적 요소로서 예비 또는 음모의 사실이 있어야 한다. 단순한 강도계획·강도의사의 표시는 예비·음모라 할 수 없고, 물적 준비행위가 있거나 이를 실현하기 위한 의사가 객관적으로 표명되고, 그것이 강도실행에 이바지할 수 있는 정도라야 한다. 따라서 강도목적으로 흉기를 구입하는 준비행위도 강도예비죄가 된다.

95) 김종원, 211면; 이회창, 주석(하), 282면; 정영일, 301면; 김성돈, 319면. 준강도 포함설은 김일수/서보학, 350면.

제 4 장 사기의 죄

제 1 절 사기의 죄 일반론

1. 의 의

사기(Betrug)의 죄는 사람을 기망하여 재물을 편취 또는 재산상의 불법한 이익을 취득하거나 제3자로 하여금 취득하게 하는 행위와 이에 준하는 미성년자의 지적 능력부족이나 심신미약의 상태를 이용하여 재물 또는 재산상의 이익을 취득하는 행위를 내용으로 하는 재산범죄이다. 이 죄는 재물과 재산상의 이익을 침해하는 재물죄인 동시에 이득죄의 성격을 갖는다. 형법은 이외에 부당이득행위, 편의시설부정이용행위와 컴퓨터등 정보처리장치를 부정사용하여 재산상의 이익을 취득하는 행위를 사기죄의 유형에 포함시키고 있다.

사기죄는 재물죄인 절도죄와 그 객체를 달리하나 강도죄의 객체와 같다. 그러나 절도죄와 강도죄는 상대방의 의사에 반하여 그 객체를 탈취하는 것임에 반하여 사기죄는 상대방의 하자 있는 의사에 의한 교부행위 내지 처분행위 기타 이에 준한 행위를 통해서 객체를 취득한다는 점에 차이가 있다(동기범죄). 또 사기죄는 타인이 점유하는 타인의 재물을 취득하는 범죄이므로 자기가 점유하거나 누구의 점유도 없는 타인의 재물을 영득하는 횡령의 죄와 구별된다. 그리고 상대방의 하자 있는 의사에 의한 재물교부행위 내지 재산처분행위가 있다는 점에서 공갈죄와 같지만 그 교부·처분행위가 사기의 죄는 기망 또는 이에 준한 수단에 의한 것임에 대해서 공갈죄는 공갈(폭행 또는 협박)을 수단으로 한다는 점이 다르다.

【입법례】 사기죄가 재산죄의 성격을 인정받기 시작한 것은 독일 보통법 이후의 일이다. 그 이전까지의 사기죄는 위조죄의 성격을 가진 문서죄와 위증죄가 결합된 범죄로 취급되어 그 성격이 명확하게 구별되지 않았다. 1851년 프로이센 형법(제241조)이 사기죄를 처음으로 재산죄로 인정하면서 재산죄의

성격이 일반화되었다.

2. 보호법익

사기의 죄는 개인의 재산적 법익을 침해하는 재산죄이므로 개인의 재산을 보호한다는 데에는 이견이 없다. 그러나 사기죄에서 보호하려는 재산의 의미·범위와 재산 외에 거래의 진실성 내지 신의성실성도 부차적 보호법익이 되느냐에 관해서 견해가 대립하므로 이에 대한 검토를 통해서 사기의 죄의 보호법익을 확정해야 한다.

(1) 개별재산설과 전체재산설

개별재산설은 사기의 죄에서 보호하는 재산은 침해되는 개개의 재산(개개의 재물이나 재산상의 이익)이라[1] 하는데 반하여, 전체재산설은 개개의 재산이 아니라 전체로서의 재산(재산가치의 총체)을 보호한다고[2] 한다. 두 견해는 대가를 지불하고 재산을 편취한 경우의 사기죄 성부에 대해서 차이가 나타난다. 개별재산설은 피해자의 재산상의 손해 유무와 관계없이 사기죄가 성립한다는 데 반하여, 전체재산설은 전체재산에 대한 손해가 없으므로 사기죄의 성립을 부정한다. 전체재산설이 현재의 통설이다.

독일 형법의 사기죄(제263조)는 "위법하게……재산상의 이익을 취득하게 할 의사로서……타인의 재산에 손해를 가한 자"라고 규정하여 재산상태를 침해하는 범죄로 되어 있으므로 전체로서의 재산을 보호한다고 할 수 있다. 그러나 우리 형법은 단지 "재물의 교부"를 받거나 "재산상의 이익을 취득"한다고 규정하였으므로 재산상의 이익취득은 재산상태에 대한 침해가 될 수 있지만 교부받은 개개 재물에 대해서 (전체)재산상태의 침해라 할 수 없다. 사기죄의 객체에 따라 재물을 편취하는 사기취재죄는 개개의 재물을, 재산상의 이익을 취득하는 사기이득죄는 전체로서의 재산상태를 보호한다고 해야 한다.[3] 그리고 사기취재죄의 객체인 재물에 대한 재산보호는 소유권 보호가 주된 내용이 될 것이다.

---

1) 오영근, 391면.

2) 정성근, 436면; 이형국, 374면 이하; 이재상, 325면; 김일수/서보학, 416면; 박상기, 302면; 이정원, 382면; 백형구, 175면; 손동권, 351면; 정영일, 305면; 김성돈, 321면.

3) 김일수/서보학, 418면; 임웅, 358면.

(2) 거래진실성(신의성실)의 법익성 여부

거래의 진실성(신의성실)도 사기죄의 부차적 보호법익이 되느냐에 대하여 견해가 대립한다.

1) 긍정설　긍정설은,[4] ① 사기죄가 모든 형태의 재산침해를 금지하는 것이 아니라 "기망을 수단"으로 한 행위만 금지하며, ② 사기죄와 죄질이 같은 공갈죄의 공갈행위가 개인의 자유를 침해하는 것과 마찬가지로 사기죄의 기망행위도 거래의 진실성을 침해한다고 해야 하며, ③ 거래의 진실성까지 보호할 때에 사기죄의 처벌 범위를 제한할 수 있으므로 형법의 보충성 원칙에 합치된다는 이유를 들고 있다.

2) 부정설　부정설은 ① 사기행위를 처벌함으로써 거래의 진실성과 신의성실이 보장되는 면은 있으나 그것은 사기죄가 처벌되는 반사적 효과로서 나타날 뿐이며, 기망행위에 포함되어 있는 거래의 진실성(신의성실)위반은 어디까지나 재산침해의 행위태양에 불과할 뿐이고 사기죄의 직접적 보호법익이 된다고 할 수 없으며, ② 공갈죄의 수단인 공갈(폭행·협박) 자체는 개인의 자유를 직접 침해하므로 그 자유도 부차적 보호법익이 되지만, 기망행위는 개인의 경제적 의사결정의 자유를 침해하는 것이 아니라 재산침해의 위험성을 유인하는 원인으로서 사기죄의 행위불법 내용을 구성할 뿐이라고 한다.[5]

3) 결　어　부정설의 논거가 타당하다. 사기죄는 기망이라는 행위의존적 결과범이고 기망이 없는 사기죄를 생각할 수 없으므로 거래의 진실성 보호는 형법의 보충성 원칙과 아무런 관계도 없는 자의적 해석이라 해야 한다.[6] 사기죄의 보호대상은 개인의 재산뿐이라고 해야 하며, 재물에 대한 개별재산과 재산상의 이익에 대한 전체로서의 재산을 보호한다고 본다. 사기죄에 있어서 재산상의 피해자와 피기망자(재산처분자)가 다른 때에는 피기망자는 피해자가 될 수 없다. 보호정도는 침해범으로서의 보호이다. 판례는 거래의 진실성도 보호해야 한다

---

4) 유기천(상), 253면; 서일교, 161면; 김종원, 212면; 진계호, 349면; 배종대, 445면; 임웅, 357면; 정영일, 305면; 김성돈, 321면.

5) 정성근, 436면; 이형국, 375면; 이재상, 325면; 김일수/서보학, 416면; 박상기, 302면 이하; 백형구, 175면; 이정원, 382면; 김성천/김형준, 486면; 손동권, 352면.

6) 거래의 진실성도 부차적 보호법익으로 보는 견해는 행위수단·태양·인적 관계까지 법익개념에 포섭한 메쯔거의 "법익개념의 정신화"에 근거한 것이나, 법익개념의 정신화·관념화는 법익개념을 애매하게 할 위험성이 있으므로 가능한 한 법익은 객체적인 것으로 제한할 때에 형법의 보충성 원칙에도 합치될 것이다.

는 취지로 판시하고 있다.

> **【판례】** 백화점이 신상품을 정상가격으로 판매하면서 마치 종전의 높은 가격을 세일기간 중에 특별히 할인가격으로 판매하는 것처럼 변칙세일한 사건에서, 대법원은 사기죄의 요건인 기망은 재산상의 거래에 있어 지켜야 할 신의와 성실의 의무를 저버리는 모든 적극적·소극적 행위로서 사람으로 하여금 착오를 일으키게 하는 것을 말하며… 일반적으로 상품의 선전·광고에 있어서 다소의 과장행위가 수반되는 것은 그것이 일반 상거래의 관행과 신의칙에 비추어 시인될 수 있는 한 기망이 없다고 하겠으나 거래에 있어 중요한 사항에 관하여 구체적 사실을 거래상의 신의성실의 의무에 비추어 비난받을 정도의 방법으로 허위로 고지한 경우에는 과장·허위광고의 한계를 넘어 사기죄의 기망행위에 해당된다. 현대산업사회, 정보사회에서 대형유통업체의 광고에 의하여 창출된 소비자의 기대와 신뢰는 보호되어야 하며 상술의 정도가 사회적으로 용인될 정도를 넘은 것이어서 사기죄의 기망행위를 구성한다(대판. 1992. 9. 14, 91도2994).

(3) 공공적 법익침해를 지향한 기망행위

사기죄는 개인의 재산을 보호하므로 직접 국가적·사회적 법익침해를 지향한 사기적 행위는 재산적 법익침해나 이익취득과 같은 행위의 정형성이 없으므로 사기죄가 성립하지 않는다. 따라서 기망수단으로 공과금을 면제받거나 관세를 포탈하여도 조세범처벌법 또는 관세법위반으로 처벌될 뿐이고 사기죄가 되지 않는다. 또 기망을 사용하여도 재산 이외의 법익에 대해서도 사기죄는 성립하지 않는다. 사기결혼[7]이나 공무원을 기망하여 인감증명·자동차운전면허증·여권을 교부받아도 사기죄는 아니다. 다만 공적 증명서류의 부정교부가 재산적 가치와 결부되어 재산적 이익취득이 있는 때에는 특별법상의 처벌규정이 없는 한 사기죄가 성립할 수 있다. 보조금사기·배급사기·생활보호비 부정수급사기 등이 그 예이다.

3. 구성요건체계

사기죄의 기본적 구성요건은 단순사기죄(제347조)이다. 준사기죄(제348조)와 개정형법이 신종범죄에 대처하기 위해서 신설한 컴퓨터등사용사기죄(제347조의 2)

---

7) 사기결혼 그 자체는 죄가 되지 않는다. 다만 이를 빙자하여 결혼비용 기타 증여 등의 명목으로 재물을 사취하면 사기죄가 된다.

및 편의시설부정이용죄(제348조의2)는 사기죄를 보충하기 위한 수정구성요건이다. 부당이득죄(제349조)는 엄격한 의미에서 사기죄와 구별되지만 사기죄의 하나의 태양으로 처벌하고 있다. 이상의 모든 사기죄의 책임가중 구성요건은 상습사기죄(제351조)이고, 특별형법은 단순사기죄와 그 상습범에 대하여 특별가중처벌규정을 두고 있다(특정경제범죄가중처벌등에관한법률 제3조). 부당이득죄를 제외한 죄의 미수범을 처벌하며(제352조), 자격정지를 병과할 수 있고(제353조) 동력규정이 준용된다(제346조).

4. 친족상도례

사기죄에도 친족상도례 규정이 준용된다(제354조). 이 경우 친족관계가 있어야 하는 피해자는 재산상의 손해를 받은 자이다. 피기망자와 재물교부자가 다른 때에는 피기망자와 친족관계는 필요치 않다.[8] 또 피해자 중에 형법 제328조 규정의 친족관계가 없는 타인이 있고, 모든 피해자가 불가분적으로 손해를 받은 때에도 친족상도례를 적용할 수 없다.

제 2 절 사기죄의 범죄유형

Ⅰ. 사기죄

【구성요건 · 법정형】 ① 사람을 기망하여 재물을 교부받거나 재산상의 이익을 취득한 자는 10년 이하의 징역 또는 2천만원 이하의 벌금에 처한다.
② 전항의 방법으로 제3자로 하여금 재물의 교부를 받게 하거나 재산상의 이익을 취득하게 한 때에도 전항의 형과 같다(제347조). 미수범은 처벌한다(제352조). 10년 이하의 자격정지를 병과할 수 있다(제353조).

【특별형법】 특정경제범죄가중처벌등에관한법률 제3조는 형법 제347조(사

8) 대판, 1976. 4. 13, 75도781. 또 피기망자를 피해자라고 하면 소송사기의 경우 피기망자인 법인에 대하여 친족상도례를 적용할 수 없다.

기)의 죄를 범한 자가 그 범죄로 인하여 취득하거나 제3자에게 취득하게 한 재물 또는 재산상의 이익의 가액이 5억원 이상 50억원 미만인 때에는 3년 이상의 유기징역에, 50억원 이상인 때에는 무기 또는 5년 이상의 징역에 처한다.

1. 의의 · 성격

단순사기죄는 사람을 기망하여 재물을 교부받거나 재산상의 이익을 취득하거나 또는 제3자로 하여금 재물을 교부받게 하거나 재산상의 이익을 취득하게 함으로써 성립하는 범죄이다. 재물죄인 동시에 이득죄이며, 침해범 · 결과범 · 상태범의 성격을 가진 범죄이다. 재산죄 중 이욕범 · 지능범의 성격이 보다 강한 범죄이다.

2. 객관적 구성요건요소

(1) 객 체

행위객체는 타인이 점유하는 타인의 재물 또는 재산상의 이익이다. 재물을 객체로 하는 사기죄를 사기취재죄, 재산상의 이익을 객체로 하는 사기죄를 사기이득죄라 한다.

1) 재 물 재물의 개념은 절도죄의 그것과 같다. 타인 소유의 타인 점유물이라야 하므로 자기 소유물이거나 공무소의 명령에 의하여 타인이 관리하는 물건은 기망에 의해서 취거하더라도 권리행사방해죄(제323조) 또는 공무상 보관물무효죄(제142조)의 객체가 될 수 있어도 사기죄는 성립하지 않는다. 부동산 · 유가증권 · 백지위임장 · 수출물품수령증 · 약속어음 · 공정증서 · 주권포기각서 · 권리이전관계를 증명하는 각서와 백지위임장 · 경락허가결정등본 등은 사기죄의 객체인 재물이다.

2) 재산상의 이익 재물 이외의 경제적 가치가 있는 일체의 재산상의 이익이다(경제적 재산설). 일시적 · 영구적 이익, 적극적 · 소극적 이익을 묻지 않는다. 그 이익이 사법상 유효한 것임을 요하지 않는다(반대 법률적 · 경제적 재산설). 채권취득, 채무보증, 담보제공,[9] 노무제공, 연고권 취득,[10] 근저당권설정취득, 피해자를 연대보증인으로 하는 것, 채권추심 승인받는 것은[11] 적극적 이익이다. 채

9) 대판, 1982. 10. 26, 82도2217; 대판, 1983. 2. 22, 82도2555.
10) 대판, 1972. 1. 31, 71도1193.

무면제, 채무변제 유예,[12] 부동산가압류의 해제,[13] 채무인수 승낙, 민사소송법상의 화해, 택시요금 면제는 소극적 이익이 된다. 재산상의 이익임을 요하므로 그 이외의 이익은 기망수단으로 취득하여도 사기죄가 성립하지 않는다. 따라서 부재자의 재산관리인으로 선임되거나[14] 교통사고특례법 제4조의 보험가입 사실증명은[15] 재산상의 이익이 될 수 없다. 기타 재산상의 이익에 대해서는 재산죄 일반론에서 설명한 것과 같다.

(2) 행 위

행위는 기망하여 교부받거나 취득하는 것이다. 기망행위에 의해서 사기죄가 성립하기 위해서는, ① "기망행위"가 있어야 하고, ② 상대방이 "기망으로 인하여" 착오에 빠져야 하며, ③ "그 착오로 인하여" 재산처분행위가 있어야 하고, ④ 재물을 교부받거나 재산상의 이익 취득이 있고, ⑤ 피해자에게 재산상의 손해발생이 있음을 요한다.

1) 기망행위

(a) 기망의 의의　"기망"이란 사람을 착오에 빠지게 하는 일체의 행위로서, 재산취득의 수단으로 사용된 것을 말한다. 판례는 "거래관계에서 지켜야 할 신의성실의무에 위반한 모든 적극・소극의 행위로서 착오를 일으키는 행위"라고 한다.[16] 이미 착오에 빠져 있는 자를 계속해서 착오에 빠지게 하는 것도 포함한다.

(b) 기망의 대상　기망행위의 대상(내용)은 상대방이 재산적 처분행위를 함에 있어서 판단의 기초가 되는 "사실"이다. 즉, 사실에 관한 기망임을 요한다. 사실은 객관적으로 증명할 수 있는 과거와 현재의 상태 또는 관계를 말한다. 외적 상태・관계뿐만 아니라 동기・목적・전문지식에 속하는 심리적・내적 상태도 포함한다. 재물의 성질・품질과 변제능력은 외부적・객관적 사실이며, 대금지불의사・변제의사는 심리적・내적 사실에 해당한다. 예컨대 대금지급능력없이 채무연기나 신용카드발급을 받았으면 외적 사실에 대한 기망이 되고, 대금지

11) 대판, 1983. 10. 25, 83도1520.
12) 대판, 1983. 11. 8, 83도1723.
13) 대판, 2007. 9. 20, 2007도5507.
14) 대판, 1973. 9. 25, 73도1080.
15) 대판, 1997. 3. 28, 96도2625.
16) 대판, 1983. 6. 28, 83도1013; 대판, 1998. 12. 8, 98도3263; 대판, 2002. 2. 5, 2001도5789.

불의사가 없었다면 내적 사실에 대한 기망이 된다. 또 용도를 속이고 돈을 빌린 경우에 만일 진정한 용도를 고지하였다면 상대방이 빌려주지 않았다는 관계가 있고 자금의 용도가 의사결정의 중요사실이면 심리적 사실에 관한 기망이 된다(소위 용도사기).[17)]

법적 효력에 관한 법률적 사실이나 법률행위의 중요부분임을 요하지 않으며 민법상 무효·취소가 되어 법률상 실현불가능한 사실도 기망의 대상이 된다.

aa) 장래의 사실 기망의 대상이 되는 사실은 장래의 사실도 포함하느냐에 대해서 일률적으로 부정하는 견해도 있다.[18)] 그러나 장래의 사실도 과거·현재의 사실과 관련되어 있으면 기망의 내용이 된다고 해야 한다(통설).[19)] 소비대차에 있어 지불능력은 장래의 사실이지만 이에 대한 채권자의 현재의 확신은 현재의 사실이 된다. 그리하여 돈을 마련할 가망이 없음에도 불구하고 며칠 안에 돈을 지급하겠다고 속이고 물건을 가져간 경우, 개인용도로 사용할 의사로 상대방을 위하여 수사기관에 대한 구명운동비에 쓰겠다고 속이고 돈을 받아낸 경우에도 사기죄는 성립한다.

bb) 가치판단·의견표시 사실 이외에 주관적 가치판단이나 의견진술도 기망의 대상(내용)이 될 수 있느냐에 대해서 견해가 대립한다.

i) 부정설 부정설은 가치판단과 의견진술은 개인의 주관적 의사를 표시하여 상대방의 판단에 암시를 주는데 불과하고, 객관적으로 확정(증명)할 수 있는 것이 아니므로 원칙적으로 기망의 대상이 될 수 없다고[20)] 한다.

ii) 긍정설 긍정설은 사실의 진술과 가치판단·의견진술의 한계가 명백하지 않고, 독일형법(제263조 1항)과 달리 기망의 내용을 사실에 한한다는 제한이 없다는 이유로 가치판단에 대한 기망도 이 죄를 구성한다고 한다.[21)]

iii) 결 어 사실의 진술과 가치판단·의견진술의 한계가 명백하지 않는 경우가 많다. 그러나 가치판단에도 사실주장이 포함될 수도 있고(예 감정전문가의

---

17) 대판, 1995. 9. 15, 95도707; 대판, 1996. 2. 27, 95도2828. 단, 반대견해 이재상, 333면 이하.
18) 이재상, 331면.
19) 황산덕, 301면; 정성근, 441면; 이형국, 378면; 김일수, 352면; 진계호, 352면; 박상기, 306면; 배종대, 451면; 백형구, 178면; 오영근, 405면; 김성돈, 325면.
20) 정창운, 156면; 이형국, 377면; 이재상, 331면; 김일수/서보학, 421면; 박상기, 306면; 배종대, 452면 이하; 임웅, 362면; 이정원, 385면; 정영일, 311면.
21) 유기천(상), 260면; 황산덕, 301면; 서일교, 165면; 이건호, 342면; 김종원, 213면; 강구진, 319면; 진계호, 353면; 백형구, 178면; 오영근, 405면; 김성돈, 352면.

고가품 판단), 주관적 의견진술이 사실의 주장으로 받아들일 수도 있다(예 증시분석가의 전망있는 주식이라는 의견). 따라서 순수한 가치판단이나 단순한 의견진술은 기망의 대상(내용)이 될 수 없으나 그것이 사실의 주요내용을 포함하고 있거나 진술자의 전문적 지식이 뒷받침되어 일반인이 사실을 오인할 수 있는 정도이면 기망이 된다고 본다.[22]

cc) 피해자의 과실경합 행위자의 거짓말에 피해자의 과실이 경합되어 판단을 그르친 때에도 기망이 될 수 있다. 예컨대 골동품을 진품이라고 속였더니 피해자가 자신의 감별을 과신하고 판단을 그르친 때에도 기망이 된다.

(c) 기망의 정도 일반인을 착오에 빠지게 할 가능성 있는 정도로 충분하고, 반드시 교묘한 방법을 사용할 필요가 없다. 누구라도 허위임을 알 수 있는 단순한 거짓말은 기망에 해당하지 않으나, 사정에 따라 준사기죄는 성립할 수 있다. 구체적으로 거래상황, 상대방의 지식・성격・경험・직업 등 행위시의 사정을 고려하여 객관적으로 결정해야 한다.

(d) 과장된 광고・선전 상품매매에서는 어느 정도의 과장된 광고・선전이 상관행상 시인되고 있으므로 이 정도의 광고・선전은 기망에 해당하지 않는다.[23] 그러나 이러한 정도를 넘어 구체적으로 증명할 수 있는 사실을 들어 허위광고 하는 것은 거래상의 신의칙에 반하므로 기망에 해당한다.[24] 과장된 광고가 기망에 해당하느냐는 신의칙에 반하는가에 따라 판단해야 한다. 판례도 같다.

【판례】 일반 상거래에 있어서 중요한 사항에 관하여 구체적 사실을 거래상의 신의성실의 의무에 비추어 비난받을 정도의 방법으로 허위로 고지한 경우에 사기죄의 기망행위에 해당한다고 하고, 백화점 변칙세일(대판, 1992. 9. 14, 91도2994)과 원산지표시와 다른 외국산 쇠고기판매 음식점(대판, 1997. 9. 9, 97도1561) 및 불분명한 종자를 뿌려 재배한 사실을 알면서 TV홈쇼핑 광고에서 자연산 산삼으로 광고 판매한 행위(대판, 2002. 2. 5, 2001도5789)에 대하여 사기죄를 인정한다.[25]

(e) 기망의 상대방 기망의 상대방(피기망자)은 재물에 대한 처분행위를 할

22) 정성근, 442면; 김일수/서보학, 422면; 박상기, 306면; 배종대, 451면 이하; 임웅, 362면; 김성돈, 325면.
23) 대판, 1960. 7. 6, 4293형상374.
24) 대판, 1982. 10. 26, 81도2531; 대판, 1983. 8. 23, 83도1447.
25) 같은 취지: 대판, 1995. 7. 28, 95도1157; 대판, 1996. 2. 13, 95도2121.

수 있는 지위에 있으면 불특정인도 무방하다. 따라서 주인을 대리하여 상품대금을 수수할 수 있는 상점점원과 사기광고에 속은 사람에 대하여는 사기죄가 성립할 수 있다. 그러나 등기공무원을 기망하여 소유권이전등기를 하거나[26] 병원의 경비원을 속이고 입원환자가 도주하여도 피기망자가 재산을 처분할 수 있는 지위에 있지 아니하므로 사기죄는 성립하지 않는다. 재산에 대한 처분권이 있는 미성년자·심신장애자도 기망의 상대방이 될 수 있으므로 "적극적인 기망수단을 사용"하면 이 죄가 성립한다.

타인의 예금통장을 사용하여 은행에서 예금인출을 하거나 타인의 신용카드를 부정사용하여 상품을 구입한[27] 때와, 신용카드 가맹점주인이 허위내용의 매출전표를 카드회사에 제출하여 대금청구를 한 때에[28]도 예금청구서, 카드매출전표에 대한 위조죄 또는 신용카드부정사용죄 이외에 각각 사기죄가 성립한다. 그러나 절취한 자기앞수표로 물건을 구입하거나 신용카드를 편취·갈취하여 카드사용권을 부여받은 경우에는 사기죄가 성립하지 않는다.

(f) 기망의 수단　기망행위의 수단·방법은 제한이 없다. 명시적·묵시적이건, 작위·부작위이건, 직접·간접적이건 묻지 않는다. 기망의 수단·방법은 천차만별이므로 구체적·개별적으로 검토할 문제이다.

aa) 작위에 의한 기망　작위에 의한 기망에는 명시적 기망행위와 묵시적 기망행위가 있다.

i) 명시적 기망행위　언어·문서·동작 등 표현수단을 사용하여 적극적으로 허위주장을 하는 것을 말한다. 기망의 대표적 형태이다.

【명시적 기망의 예】 판례는, 아직 미완성된 개간지를 토지대장상 대지로 변경한 것을 기화로 대지라고 속여 매각한 경우,[29] 채무이행기를 연장시키기 위하여 진의에 반한 선일자수표를 발행한 경우,[30] 변제를 면할 목적으로 허위로 수표분실을 신고한 경우,[31] 회사의 도산이 불가피한 상황에서 재력과시 방법으로 변제자력을 가장하여 대출, 지급보증, 어음할인을 받은 경우,[32] 도박당사자의 일방이 우연성을 배제하고 승패수를 조작한 경우(사기도박),[33] 타인

26) 대판, 1981. 3. 28, 81도528.
27) 대판, 1997. 1. 21, 96도2715.
28) 대판, 1999. 2. 12, 98도3549.
29) 대판, 1966. 9. 6, 66도931.
30) 대판, 1960. 5. 11, 4292형상830.
31) 대판, 1967. 8. 29, 67도660.
32) 대판, 1997. 2. 14, 96도2904.
33) 대판, 1960. 11. 16, 4293형상743.

을 기망하여 그 소유부동산을 저당 잡히고 융자받은 경우[34]에 사기죄를 인정한다.

ii) 묵시적 기망행위 묵시적 기망이란 언어·문서·동작에 의한 의사표시 없이 행위자의 전체적 태도가 설명가치가 있는 일정사항에 대해 암묵적으로 허위의 외관을 표시하는 것을 말한다. 암묵적 표시로 착오에 빠진 것이면 작위에 의한 기망이 된다.[35] 무전취식·무전숙박은 거동에 의한 묵시적 기망의 예이다. 그 태도 전체가 어떤 의미의 기망이 되느냐는 거래관행과 사회통념에 따라 결정된다.

【묵시적 기망의 예】 ① 대금지불의사나 능력이 없으면서 숙박 또는 음식을 먹고난 다음 도주하는 무전숙박·무전취식은 주문단계에서 언어 또는 태도로 지불의사에 대한 묵시적 기망이 있고, 주인은 손님을 신뢰하고 숙박 또는 음식제공이라는 처분행위를 하였으므로 사기죄가 성립한다. 그러나 숙박·음식을 먹고난 후 돈이 없음을 알고 뒷문으로 도주한 때에는 기망행위가 없으므로 사기죄는 성립하지 않는다. 이 경우 화장실에 다녀오겠다고 거짓말을 하고 도주한 때에는 기망행위와 주인의 처분행위가 있으므로 사기죄가 성립할 수도 있다. 판례는 ② 타인에게 등기이전해 준 부동산임을 숨기고 매도 또는 임대하고 대금을 받거나, ③ 압류사실을 고지하지 않고 양도담보로 제공한 때,[36] 또는 절취한 장물을 담보로 제공하고 돈을 빌리거나[37] 매매목적물의 하자를 숨기고 매도한 때에도[38] 묵시적 기망이 있는 사기죄의 성립을 인정한다. 다만 목적물의 하자가 계약 목적달성에 아무런 의미가 없는 때에는 기망이 있다고 하지 않는다.[39] 또 ④ 훔친 예금통장으로 예금인출하거나[40] 결제가망이 없는 어음·수표를 담보로 제공 또는 할인을 받고 재물을 취득한 때에는 사기죄를 구성한다고[41] 한다. 그러나 위 ③의 경우는 매도인이 압류·저당권 설정을 고지해야 할 작위의무가 있으므로 부작위에 의한 기망이라 해야 한다.

bb) 부작위에 의한 기망 부작위에 의한 기망이 가능하다는 데는 이견이 없다. 문제는 부작위에 의한 기망행위와 묵시적 기망행위의 구별이다. 행위자의

---

34) 대판, 1985. 11. 12, 84도984; 대판, 1986. 9. 9, 86도956.

35) 따라서 묵시적 기망행위는 부작위에 의한 기망행위와 구별해야 하며, 묵시적 기망행위가 되지 않을 때에만 부작위에 의한 기망행위가 될 수 있다(이재상, 332면).

36) 대판, 1980. 4. 8, 79도2888.

37) 대판, 1980. 11. 25, 80도2310.

38) 대판, 1971. 7. 27, 71도977.

39) 대판, 1979. 2. 13, 78도2211; 대판, 1983. 12. 27, 82도2497.

40) 대판, 1974. 11. 26, 74도2817.

41) 대판, 1971. 1. 26, 70도2495; 대판, 1997. 7. 25, 97도1095.

태도로 인하여 착오에 빠졌으면 작위의 묵시적 기망이고, 행위자의 태도와 무관하게 착오에 빠진 자의 착오를 제거해야 할 보증인 지위가 있는 경우는 부작위에 의한 기망이 된다(다수설).

i) 부작위 기망의 요건　부작위에 의한 기망이 성립하기 위해서는, ① 행위자와 상관없이 스스로 착오에 빠져 있어야 하고, ② 상대방의 착오를 제거해야 할 보증인적 지위에 있어야 한다. 나아가서 ③ 부작위에 의한 사기죄가 성립하기 위해서는 이 외에 착오제거를 위한 고지의무(작위의무)와 고지하지 않는 침묵·묵비가 작위에 의한 기망과 행위태양의 동가치성이 있어야 한다(행위의존적 결과범). 고지의무는 법령(상법 제651조 보험계약상의 고지의무)이나, 사실고지가 명시된 계약은 물론, 고의 없이 착오를 유발시킨 선행행위가 의사결정의 중요사항인 경우에도 발생할 수 있다.

ii) 고지의무 인정여부　단순한 계약·상거래에 있어서의 신의성실에 의한 고지의무를 인정할 수 있느냐에 대해서 견해가 대립한다.

학설은[42] 여관 숙박자가 외출하고 들어오겠다고 거짓말을 하고 도주한 경우, 지불능력이 없음을 알면서 계속 음식을 주문하여 먹는 행위, 거스름돈을 초과하여 내어주는 돈을 알면서 받아온 경우 등에 대해서 신의성실에 의한 고지의무 위반으로 부작위에 의한 기망을 인정한다.

대법원은[43] 상거래를 포함한 모든 거래에 있어서, ① 고지하지 아니하면 거래관계 효력이나 채무이행의 장애를 초래하여 계약상의 채권확보를 못할 위험이 있고, ② 상대방이 그 사정을 알았다면 거래(법률행위)를 하지 않았을 것이 경험칙상 명백하며, ③ 행위자가 이러한 사정을 알고 있었을 경우에 "신의칙에 근거한 고지의무"가 있다고 하고 부작위에 의한 사기죄를 인정한다.

【부작위기망 긍정판례】 판례는 저당권·가등기가 되어 있는 사실을 숨기고 매도한 경우(대판, 1981. 8. 20, 81도1638), 근저당권자로부터 근저당권에 기한 경매신청이 있을 것이라는 통고를 받고서도 이를 고지하지 않고 임대차계약을 체결한 경우(대판, 2004. 10. 27, 2004도4974), 다른 장소로 이전해야 가동할 수 있는 공장 사정을 고지하지 않고 매도한 경우(대판, 1991. 7. 23, 91도458), 도시계획 구획 내의 토지가 협의매수 또는 수용될 것이라는 사정을 고지하지 않고 매도한

42) 유기천(상), 239면; 황산덕, 302면; 정영석, 350면; 김종원, 214면; 백형구, 179면.
43) 대판, 1996. 7. 30, 96도1081; 대판, 1998. 12. 8, 98도3263; 대판 2002. 1. 28, 99도2884; 대판, 2004. 5. 27, 2003도4531.

경우(대판, 1993. 7. 13, 93도14), 경락허가결정된 부동산임을 묵비하고 전세놓은 경우(대판, 1974. 3. 12, 74도164), 토지소유명의자로 등기된 자가 자신이 진정한 소유자가 아님을 묵비하고 수용보상금으로 공탁된 공탁금 출급을 신청한 경우(대판, 1994. 10. 14, 94도1911), 임대목적물이 경매진행 중인 사실을 묵비하고 임대차계약을 체결한 경우(대판, 1998. 12. 8, 98도3263), 수표·어음이 지급기일에 결제되지 않을 것을 예견하면서 이를 묵비하고 할인받은 경우(대판, 1998. 12. 9, 98도3282), 시술받으면 아들을 낳을 수 있다고 믿고 있는 피해자에게 의사가 시술효과에 대해서 사실대로 고지하지 않고 아들을 낳을 수 있는 것처럼 시술과 처방을 한 경우(대판, 2000. 1. 28, 99도2884), 부동산 소유권귀속에 관한 재심소송 계속중에 이를 숨기고 매매계약을 체결한 행위(대판, 1986. 9. 9, 86도956), 다른 회사에서 같은 용도·성능·이름을 가진 제품이 판매되고 있음을 숨기고 독점판매계약을 체결한 경우(대판, 1996. 7. 30, 96도1081), 임차보증금에 대한 압류·전부명령이 있음을 숨기고 점포를 전대한 경우(대판, 1983. 2. 22, 82도3139)에 고지의무 위반으로 부작위에 의한 기망이 된다고 판시하고 있다.

【부작위기망 부정판례】 ① 자동차 할부금 채무를 묵비하고 중고자동차를 매각한 경우(자동차 할부채무는 매수인에게 당연히 승계되지 않으며, 할부채무의 고지여부와 관계없이 자동차 매수는 경험칙상 명백하다. 대판, 1998. 4. 14, 98도231), ② 부동산 이중매매에 있어 제2 매수인에게 제1 매매계약을 일방적으로 해제할 수 없는 처지에 있음을 고지하지 아니한 경우(제2 매수인과의 매매계약 효력이나 제2 매수인의 권리실현에 장애가 되지 않는다. 대판, 1991. 12. 24, 91도2698), ③ 채무담보로 대물변제예약이 된 자동차에 대해서 제3자와 매매계약을 체결한 경우(대물변제예약은 소유권이전 등록되기 전까지는 차용원리금을 변제하고 해제할 수 있다. 대판, 1989. 12. 24, 89도1397), ④ 아파트신축 분양자가 아파트준공 전에 자신의 채무변제에 대체하여 아파트를 분양한 후 소유권이전등기를 마쳐주기 전에 이 사실을 고지하지 않고 제3자에게 전세계약을 체결한 경우(소유권이전등기 전에는 아파트 신축자가 원시취득자로서 법률상 소유자이고 채무도 변제할 수 있다. 대판, 1987. 12. 8, 87도1839), ⑤ 부동산이 경매될 것을 알지 못하고 임대차 계약을 체결하여 보증금을 교부받은 경우(대판, 1985. 4. 9, 85도326), ⑥ 가등기담보사실을 묵비하고 임대차 계약을 체결하고 보증금을 수령하였으나 부동산의 시가가 임대차 보증금과 가등기담보 채무액의 합산을 훨씬 초과한 경우(대판, 1985. 4. 9, 85도326), ⑦ 회사정리절차를 신청예정인 부동산을 매수인에게 소유권이전 가등기를 설정한 후 회사정리절차를 신청한 경우(대판, 1984. 9. 25, 84도882), ⑧ 채권자가 타인에게 채권양도한 사실을 밝히지 않고 채권양도 통지 전에 채무자로부터 외상대금을 수령한 경우(채권양도 통지전에는 채무자는 채권자에게 채무변재하면 유효한 변제가 되고 특별사정이 없는 한 채권양수인의 채무지급요구를 거부할 수 있다. 대판, 1984. 5. 9, 83도2270), ⑨ 대지의 일부가 타인의 소유로 되어 있는 지상건물의 소유자가 대지인도 및 건물철거소송이 제거되어 확정되지 않은 상태에서 제3자에게 임대한 경우(대지 일부가 경락되어도 건물소유주는 계속 사용할 권리가 있다. 대판, 1979. 2. 13, 78도2211) 등은 고지의무가 없으므로 부작위에 의한 기망에 해당하지 않는다.

상거래에 있어서의 당사자는 자신의 영업상태와 대금지급 능력에 대해서 상대방에게 진실을 고지해야 할 의무가 있다고 할 수 없고, 거래당사자의 신용상태에 대해서 상관습 기타 특별사정이 없는 한 상거래 관행상 당사자의 책임이라 해야 한다. 따라서 자기의 신용상태를 고지하면 거래에 응하지 않을 것을 알면서 이를 고지하지 않았다거나 신의칙상의 고지의무가 있다는 것만으로 사기죄를 인정할 수 없다고 본다.[44] 법률 또는 계약상 작위의무가 명시적으로 인정되거나 계약당사자 사이에 특별한 신임관계(공동협력관계)가 있고, 고지의무가 계약상 의사결정의 중요사항에 속한다고 볼 수 있는 때에 한하여 부작위에 의한 기망을 인정함이 타당하다. 따라서 거스름돈 사기에 있어서 많은 거스름돈을 받은 자에게 확인해 달라는 부탁을 받고 이를 알면서 거짓말로 부인한 때에는 기망이 되지만 그렇지 않은 경우는 점유이탈물이라 해야 한다.

【판례】 사채업자가 대출희망자로부터 대출의뢰를 받고 대출희망자가 자동차의 실제구입자가 아니어서 자동차 할부금융의 대상자가 아님에 불구하고 할부구입하는 것처럼 그 명의의 대출신청서 등 관련서류를 작성한 후 이를 할부금융회사에 제출하여 자동차할부금융으로 대출금을 받은 경우, 사채업자로서는 신의성실의 원칙상 사전에 이러한 사정을 고지할 의무가 있음에도 불구하고 이를 묵비함으로써 할부금융회사를 기망한 것이 되어 사기죄를 구성한다(대판, 2004. 4. 9, 2003도7828).

【이른바 거스름돈 사기】 거스름돈 교부자가 착오로 더 많은 거스름돈을 교부하는 것을 그대로 수령하여 영득하는 것을 넓은 의미의 거스름돈 사기라고 하고, 부작위에 의한 기망이 되느냐의 문제로 논의된다. 여기에는 여러 가지 형태가 있다. ① 거스름돈 교부자가 만원권을 천원권으로 오인하고 있거나 더 많은 거스름돈에 대한 계산착오가 있음을 교부전에 알고 있으면서 영득한 경우, 부작위 기망이 된다는 견해도 있다.[45] 수령자가 수령자의 행위와 관계없이 이미 착오에 빠져 있음을 기화로 이를 알면서 고지하지 않은 사실은 인정되지만 단지 신의성실에 의한 고지를 하지 않았다는 것만으로 "보증인의 보증의무위반"이 있다고 할 수 없으므로 점유이탈물횡령죄가 될 뿐이다(보증의무의 기능설과 형식설의 결합설). ② 거스름돈 수령자가 수령하면서 천원권 속에 만원권이 있음을 알고 이를 묵비하고 영득한 경우, 수령자는 착오를 이용한 것으로 볼 수 있으나 단순한 묵비만으로 고지해야 할 보증인의 보증의무가 있다고 할 수 없고, 부작위에 의한 기망이 된다고 하여도 부작위 기망과 교부행위

---

44) 정성근, 446면; 이재상, 335면; 김일수/서보학, 425면; 박상기, 312면.

45) 과분의 거스름돈을 알고 받은 경우에는 부작위에 의한 기망, 교부받은 후에 알게 되고 영득하면 점유이탈물횡령이 된다는 견해는 진계호, 354면; 임웅, 366면; 오영근, 407면; 손동권, 358면; 정영일, 313면; 김성돈, 329면. 판례(대판, 2004. 5. 27. 2003도4531)도 이러한 입장을 따르고 있다.

사이의 인과관계를 인정할 수 없으므로 사기죄는 성립할 수 없고 점유이탈물 횡령죄가 된다. ③ 수령자가 수령한 후에 더 많은 거스름돈임을 알았을 경우에는 애당초 기망이 문제될 수가 없고, 교부자의 진의에 의한 교부도 아니므로 점유이탈물이 된다. ④ 교부자가 교부한 후에 더 많은 거스름돈을 내어 준 것을 알고 수령자에게 최고하였으나 수령자가 거짓말로 부인한 경우에는 거짓말을 함으로써 기망행위(작위)가 있고, 이에 따라 거짓말을 믿고 그대로 인정함으로써 착오가 있으며 청구권을 포기하였으면 착오로 인한 처분행위를 인정할 수 있으므로 작위에 의한 사기이득죄가 성립한다.

2) 피기망자의 착오

(a) 착오의 의의 사기죄는 기망행위로 인하여 상대방을 착오에 빠지게 하여야 한다. "착오"는 사실에 관한 관념과 현실의 불일치를 의미하므로 상대방에게 잘못된 관념을 갖게 하거나 이를 계속 유지하도록 해야 한다. 따라서 적극적 오인, 소극적 부지를 묻지 않는다. 그러나 기망적 방법을 사용해도 상대방이 착오를 일으키지 않았거나 전혀 모르고 있는 때에는 착오라고 할 수 없다. 즉, 착오는 반드시 구체적인 상황에 대한 인식이 있을 것을 요하지 않지만, 적어도 일반적인 관념은 있어야 한다. 이를 일반관념상의 착오라 한다.[46] 예컨대 차장이 차표없이 승차한 사람이 있느냐고 물었을 때 없다고 하거나 가만히 있으면 차장은 모든 승객이 차표를 가졌다고 착오를 일으킨 것이 된다. 착오는 주장한 사실을 상대방이 진실하다고 믿거나 확신할 것까지 요하지 않고, 단순히 가능하다고 생각하거나 의문을 가진 정도로 족하다.

그러므로 가짜 골동품을 진품으로 진열하였을 때 매수자가 반신반의하면서 구입했다면 착오가 성립할 수 있지만, 진품일 가능성이 희박하다고 생각하면서 요행을 바라고 구입했다면 착오가 있다고 할 수 없다. 역무원 몰래 무임승차하거나 입장권 없이 다른 사람 사이에 끼어 극장·공연장에 들어갔어도 역무원 등의 착오가 없으므로 사기죄는 성립하지 않는다. 그러나 유효기간이 경과한 식품에 부착된 포장을 벗겨 유효한 바코드를 부착한 백화점 판매행위와,[47] 변제의사와 변제능력 없이 신용카드를 발급받아 현금자동지급기의 현금서비스를 받거나 카드가맹점에서 물품을 구입한 때에는 상대방의 착오가 있으므로 카드회사에 대한 사기죄가 성립한다.[48]

---

46) 이재상, 338면; 배종대, 458면; 김성돈, 331면.

47) 대판, 1995. 9. 15, 85도707; 대판, 1997. 2. 13, 95도2121.

48) 대판, 1996. 4. 9, 95도2466. 이에 대한 자세한 설명은 후술하는 '자기명의 신용카드 부정사용과

【판례】 신용카드의 거래는 … 카드를 발급받은 사람(카드회원)이 신용카드를 사용하여 가맹점으로부터 물품을 구입하면 신용카드업자는 … 정당한 카드회원인 한 그 물품구입대금을 가맹점에 결제하는 한편, 카드회원에 대하여 … 금전채권을 가지는 것이고, 또 카드회원이 현금자동지급기를 통해서 현금서비스를 받아 가면 …신용카드업자는 카드회원에게 대출금채권을 가지는 것이므로, … 신용카드사용으로 인한 신용카드업자의 금전채권을 발생케 하는 행위는 카드회원이 … 대금을 성실히 변제할 것을 전제로 하는 것이므로, 카드회원이 일시적인 자금궁색 등의 이유로 그 채무를 일시적으로 이행하지 못하게 되는 상황이 아니라 이미 과다한 부채의 누적 등으로 … 변제할 의사나 능력이 없는 상황에 처하였음에도 불구하고 신용카드를 사용하였다면 사기죄에 있어서 기망행위 내지 편취의 범의를 인정할 수 있다(대판, 2005. 8. 19, 2004도6859).

(b) 기망과 착오의 인과관계　기망과 상대방의 착오 사이에는 인과관계가 있어야 한다. 즉, 기망 때문에 착오가 생긴 것이라야 한다. 기망이 있어도 착오에 빠지지 않거나 기망과 착오 사이에 인과관계가 없는 때에는 사기미수죄가 될 뿐이다. 기망행위가 착오에 대한 유일한 원인임을 요하지 아니하므로 피해자의 과실이 경합한 때에도 그 인과관계가 부정되지 아니한다. 그러나 피기망자가 행위자가 말한 사실의 진실 여부에 개의치 않겠다고 생각한 때에는 착오를 인정할 수 없다.[49] 이미 착오에 빠진 자의 착오를 계속 유지시키는 경우에는 상대방의 착오를 제거해야 할 보증인적 지위에 있어야 한다.

3) 재산처분행위

사기죄가 성립하기 위해서는 기망행위 외에 피기망자가 착오로 인하여 재산처분행위를 하여야 한다. 즉, 피기망자와 재산처분행위자가 같아야 처분행위가 성립할 수 있다. 상대방의 착오에 의한 처분행위로 재산을 취득하는 것을 편취(騙取)라 한다. 재산처분행위는 법문에 명시된 것은 아니지만 착오와 재산처분사이의 인과관계를 구체적으로 확정하고, 처분행위 없이 재물이 이전되는 절도죄와 구별하는 요소가 되므로 기술되지 아니한 구성요건요소가 된다.

판례도 피고인이 피해자에게 부동산매도용인감증명과 등기의무자 본인확인서면의 진실한 용도를 속이고 그 서류들을 교부받아 피고인명의의 소유권이전등기를 경료한 경우에 피해자의 부동산 처분행위가 없으므로 사기죄 성립을 부정한다.[50]

사기죄의 성부'(381면 이하) 참조.

49) 배종대, 459면.

(a) 처분행위의 의의 처분행위란 하자 있는 의사에 의하여 직접 재산상의 손해를 초래하는 작위·부작위 또는 수인을 말한다. ① 재물(사기취재죄)에 대한 처분행위는 점유를 이전하는 교부, 물건을 가져가는 것을 묵인 또는 수인, 청구권을 행사하지 않는 부작위이다. ② 재산상의 이익(사기이득죄)에 대한 처분행위는 이익을 취득하게 하는 일체의 행위이다. 계약체결·채무면제의사표시(법률행위), 노무제공·청구권불행사(사실행위)가 포함된다. ③ 부작위에 의한 처분행위는 착오에 빠진자가 재산을 유지·증가시킬 수 있음에도 불구하고 이러한 조치를 취하지 않는 것이다. 청구권·권리를 행사하지 않는 것이 그 예이다. ④ 처분행위는 민법상 개념이 아니라 순수한 사실개념이므로 법률행위뿐만 아니라 사실행위도 포함하며, 취소 또는 무효인 법률행위도 상관없다.

(b) 처분의사 처분행위는 피기망자의 처분의사가 있어야 한다.[51] 자신의 행위로 인하여 재물 또는 권리가 타인에게 이전되거나 채무부담 등이 자신에게 옮겨진다는 데에 대한 인식이다. 이에 대해서 처분행위로 인하여 객관적으로 손해가 초래될 수 있는 행위만 있으면 족하고 처분의사는 필요치 않다는 견해도 있다.[52] 그러나 하자 있는 의사로 인한 재산 이전과 의사에 반한 절도죄를 구별하기 위해서는 처분의사가 필요하다고 해야 한다. 판례도 필요설의 입장이다.[53] 따라서 청원서라고 속여 차용증서에 서명하게 하여도 서명자의 채무부담 인식이 없으면 재산처분행위라고 할 수 없고, 기망하여 주의를 다른데 돌린 후 그 사이 재물을 취득한 때에는 절도죄가 성립한다.

aa) 처분능력 처분의사는 처분능력을 전제로 한다. 처분능력은 책임능력과 일치하지 않으나 의사능력이 없는 유아·정신병자와 같은 심신상실자는 처분행위를 할 수 없다. 따라서 이들을 기망하여 재물을 취득하면 절도죄가 성립한다. 사람을 기망하여 재물을 포기시킨 후 이를 영득하면 포기라는 처분의사가 있으므로 사기죄가 성립한다(통설).[54]

bb) 자의성 처분의사는 하자있는 의사이긴 하지만 자의적인 것임을 요하

---

50) 대판, 2001. 7. 13, 2001도1289.

51) 정성근, 450면; 배종대, 468면; 임웅, 368면; 오영근, 412면; 김성돈, 333면. 이에 대해서 재물교부(사기취재)에 한하여 처분의사가 필요하다는 견해는 김일수/서보학, 431면; 진계호, 360면.

52) 이재상, 344면; 박상기, 315면.

53) 대판, 1987. 10. 26, 87도1042.

54) 황산덕, 286면; 정영석, 320면; 서일교, 167면; 남흥우, 194면; 김종원, 214면; 정성근, 451면.

고 강요된 경우에는 자의성을 인정할 수 없다. 수사관을 사칭하여 압수명목으로 취거해간 경우에, 피해자가 거부함에도 취거했다면 절도죄가 되지만 압수행위를 묵인하는 데 그쳤다면 점유이전의 자의성이 있는 사기죄가 성립한다고 본다.[55]

(c) 손해발생의 직접성 　사기죄가 성립하기 위해서는 재산처분행위가 손해발생에 대한 직접적인 원인이 되어야 한다(처분효과의 직접성). 직접성은 착오와 재산상의 손해를 연결시키는 데에 의의가 있다. 재산처분행위와 재산상의 손해발생 사이에 다른 추가적 행위가 개입하여 그 처분행위가 간접적 원인에 지나지 않으면 사기죄는 부정된다.[56] 예컨대, 보석반지를 손가락에 끼워보는 척 하다가 그대로 달아나거나 양복을 한번 입어 보겠다는 핑계로 이를 교부받아 그대로 달아나는 이른바 책략절도(策略窃盜)는 교부행위 이외의 탈취행위(도주)가 개입하여 재산상의 손해가 발생한 것이므로 사기죄가 아니라 절도죄가 성립한다. 판례[57]도 이와 유사한 사례에서 절도죄를 인정하였다.

【판례】 피고인이 피해자 경영의 금방에서 마치 귀금속을 구입할 것처럼 가장하여 피해자로부터 순금목걸이 등을 건네받은 다음 화장실에 갔다 오겠다는 핑계를 대고 도주한 것이라면 위 순금목걸이 등은 도주하기 전까지는 아직 피해자의 점유하에 있었다고 할 것이므로 이를 절도죄로 의율 처단한 것은 정당하다(대판, 1994. 8. 12, 94도1487).

(d) 피기망자와 처분행위자 　재산처분행위자는 피기망자와 같은 사람임을 요한다. 양자의 일치를 요구하는 이유는 기망행위 → 상대방의 착오 → 재산상의 처분행위 → 재물・재산상의 이익취득으로 이어지는 사기죄의 연쇄적인 인과관계를 인정할 수 있기 때문이다. 이에 반하여 재산처분행위자와 재산상의 피해자는 일치할 필요가 없다. 따라서 피기망자가 타인의 재물을 처분한 때에도 사기죄가 성립한다.

(e) 삼각사기와 재산처분권자의 지위

aa) 삼각사기의 의의 　피기망자인 처분행위자와 재산상의 피해자가 일치

55) 김일수/서보학, 428면; 이정원, 398면; 김성돈, 333면. 자의성을 부정하고 절도죄가 된다는 견해는 김일수, 한국형법Ⅲ, 721면 이하; 배종대, 468면.

56) 정성근, 457면; 김일수, 361면; 박상기, 316면; 배종대, 468면 이하; 진계호, 361면; 손동권, 374면; 김성돈, 332면.

57) 대판, 1994. 8. 12, 94도1487; 1983. 2. 22, 82도3115.

하지 않는 경우의 사기를 이른바 삼각관계의 사기라 한다. 기망자 · 피기망자(재산처분행위자) · 재산피해자의 세 사람 사이에 사기죄가 이루어진다는 의미에서 삼각사기(Dreiecksbetrug)라고 한다. 소송사기가 대표적인 예이다. 신용카드발행회사 · 카드사용회원 · 가맹점 사이에도 삼각사기가 된다. 삼각사기의 경우 재산처분자(피기망자)는 법원 · 카드가맹점이고 재산상의 피해자는 소송의 상대방(패소자) · 카드발행회사가 된다.

bb) 처분행위자와 재산피해자의 관계　처분행위자와 재산피해자가 일치하지 않는 경우에 양자 사이의 관계에 대해서, 피기망자가 재산을 처분할 수 있는 지위에 있느냐와 관계없이 피기망자의 재산처분행위와 기망자의 재산취득 사이에 인과관계만 있으면 삼각사기가 성립한다는 견해도[58] 있다. 형법이 피해자의 손해를 명문으로 요구하지 않는다는 점을 그 이유로 한다. 그러나 재산피해자와 처분행위자가 일치하지 않는 삼각사기와 (선의의 도구를 이용한) 절도죄를 구별하기 위해서는 처분행위자가 피해자의 재물을 처분할 수 있는 지위에 있어야 한다.[59] 문제는 처분행위자와 재산피해자가 어떤 관계가 있는 때에 처분할 수 있는 지위(삼각사기)가 인정되느냐이다.

i) **학설의 대립**　법적권한설은 처분행위자는 피해자의 재산을 유효하게 처분할 수 있는 법적 권한이 있어야 한다고 하고, 계약관계설은[60] 계약에 의해서 처분행위자가 피해자의 재산을 처분할 수 있는 권한이 있으면 족하다고 하는데 대해서, 사실적 지위설은[61] 법적 권한이 있는 경우뿐만 아니라 사실상 피해자의 재산을 처분할 수 있는 지위에 있으면 족하다고 한다. 판례는 사실적 지위설을 취한다.

【판례】 피해자를 위하여 그 재산을 처분할 수 있는 권능이나 지위라 함은 반드시 사법상의 위임이나 대리권의 범위와 일치하여야 하는 것은 아니고, 피해자의 의사에 기하여 재산을 처분할 수 있는 서류 등이 교부된 경우에는 피기망자의 처분행위가 설사 피해자의 진정한 의도와 어긋나는 경우라고 할 지라도 위와 같은 권능을 갖거나 그 지위에 있는 것으로 보아야 한다(대판, 1994. 10.

58) 유기천(상), 267면.

59) 정성근, 451면; 이재상, 345면; 김일수/서보학, 432면; 박상기, 319면 이하; 배종대, 471면; 오영근, 413면; 김성돈, 334면.

60) 배종대, 460면(계약관계가 있는 경우에만 처분권 인정).

61) 정성근, 451면; 이재상, 345면; 김일수/서보학, 432면; 박상기, 319면; 임웅, 368면; 이정원, 402면; 김성천/김형준, 510면; 오영근, 413면; 손동권, 372면; 정영일, 322면; 김성돈, 334면.

11, 94도1575).[62)]

ii) 결 어 법적 권한설과 계약관계설은 사기죄 성립범위의 확대를 방지하기 위하여 법률·계약 또는 최소한 묵시적 위임이 있는 경우로 한정한다. 그러나 사기죄의 처분행위는 법적으로 유효한 행위나 계약상 인정된 것에 한하지 않고 하자 있는 법률행위·사실행위도 포함하고 있으므로 처분행위자는 재산을 사실상 관리·보호하는 지위에 있으면 족하다고 해야 한다. 사실적 지위설이 통설이며 타당하다. 따라서 피기망자가 재물에 대한 아무런 지위에도 있지 않은 때에는 절도의 간접정범이 되고, 재물에 대한 처분지위에 있는 자가 피해자를 위하여 처분한 때에는 삼각사기에 해당한다.

(f) 처분행위의 인과관계 피기망자의 착오와 재산처분행위 사이에도 인과관계가 있어야 한다. 기망행위와 착오 사이뿐만 아니라 피기망자의 착오 때문에 재산처분이 있었다는 2단계적 인과관계가 있어야 사기죄가 성립한다. 처분행위가 있어도 그것이 기망에 의한 착오 때문이 아니라 다른 원인, 예컨대 연민의 정으로 교부한 때에는 이 죄의 미수범이 된다.

(g) 재산교부와 이익취득 피기망자의 재산처분행위에 의하여 재물을 교부받거나 재산상의 이익을 취득하여야 한다. 교부받거나 취득하는 것은 재산처분행위와 대응관계에 있다. 제3자에게 교부받게 하거나 취득하게 하여도 같다. 교부받거나 취득함으로써 사기행위가 완성되고 행위는 종료한다. 기수시기는 재산상의 손해가 발생한 때이다.

4) 재산상의 손해

(a) 재산상의 손해의 의의 재산상의 손해란 재산가치의 감소를 의미한다. 재산개념은 경제적 가치의 총체(경제적 재산설)를 말하므로 경제적 가치가 있는 사실상의 이익의 감소가 재산상의 손해라 할 수 있다.

(b) 손해발생의 요부 사기죄가 성립하기 위해서 재산상의 손해발생이 있어야 하느냐에 대해서 견해가 대립한다. ① 부정설은 기망에 의하여 재물·재산상의 이익제공이 있으면 사기죄가 성립하고 현실적인 손해발생은 요하지 않는다고[63)] 하는데 반하여, ② 긍정설은 피기망자의 재산처분행위로 현실적인 손해

62) 이 판례의 취지는 사실적 지위설임에는 틀림없으나 어느 범위까지 처분지위를 인정하였는지 반드시 명백하지 않다.

가 발생해야 사기죄가 성립한다고 하며,[64] ③ 이분설은 재물사기(사기취재죄)에 있어서는 재물의 교부·상실 자체가 재산상의 손해가 되므로 별도의 재산감소는 필요 없으나 이익사기(사기이득죄)에 있어서는 전체재산에 대한 감소가 필요하다고 한다.[65] 판례는 부정설을 취하고 있다.

우리 형법은 "재산침해"인 손해발생(독일 형법 제263조)이 아니라 "교부받는 것과 또는 이익취득" 이라는 행위자의 재산증가를 기준으로 규정한 점에 입법적 검토가 요구되지만 사기죄가 재산침해범죄라는 취지에 비추어 긍정설이 타당하다고 해야 한다.

【판례】 ① … 사기죄의 본질은 기망에 의한 재물이나 재산상의 이익취득에 있으므로 상대방에게 현실적으로 재산상의 손해발생을 그 요건으로 하지 아니한다(대판, 1997. 9. 9, 97도1561).[66]

② 재물편취를 내용으로 하는 사기죄에 있어서는 기망으로 인한 재물교부가 있으면 그 자체로서 피해자의 재산침해가 되어 이로써 곧 사기죄가 성립하는 것이고, 상당한 대가가 지급되었다거나 피해자의 전체 재산상에 손해가 없다 하여도 사기죄의 성립에는 그 영향이 없으므로 … 그 대가가 일부 지급된 경우에도 그 편취액은… 대가를 공제한 차액이 아니라 교부받은 재물전부라 할 것이다(대판, 1995. 3. 24, 95도203).[67]

③ 부동산을 편취한 경우에 '특정경제범죄가중처벌등에관한법률' 제3조의 적용을 전제로 그 부동산의 가액을 산정함에 있어서는, 그 부동산의 시가 상당액에서 근저당권 등에 의한 부담에 상당하는 금액을 공제한 실제의 교환가치를 그 부동산의 가액으로 보아야 한다[대판(전원합의체), 2007. 4. 19, 2005도7288].

(c) 손해판단 기준 재산상의 손해는 처분행위의 전후를 총결산하여 재산 전체의 가치가 감소되어야 한다. 피해자에게 달리 법적 구제수단이 있느냐는 손해산정에 고려되지 않는다.[68] 손해산정은 전체계산원칙에 따라 객관적·개별적으로 평가해야 한다. "객관적"이란 객관적 관찰자의 입장에서 경제거래의 관점에서 이성적 판단을 의미하고, "개별적"이란 피해자의 경제적 필요성과 목적달

63) 서일교, 168면; 유기천(상), 267면; 이건호, 346면; 정영석, 339면; 백형구, 184면; 오영근, 416면; 정영일, 308면.

64) 이형국, 383면; 강구진, 326면; 이재상, 346면; 김일수/서보학, 436면; 진계호, 362면; 박상기, 326면; 배종대, 473면; 임웅, 375면; 손동권, 375면; 김성돈, 335면.

65) 황산덕, 307면; 김종원, 216면; 정성근, 456면.

66) 같은 취지: 대판, 1985. 11. 26, 85도490; 대판, 1995. 3. 24, 95도20; 대판, 2004. 4. 9, 2003도7828.

67) 같은 취지: 대판, 1982. 6. 22, 82도777; 대판, 1991. 5. 28, 91도668; 대판, 1999. 7. 9, 99도1040.

68) 대판, 1978. 6. 18, 78도721.

성에 적합한가를 고려한다는 의미이다. 따라서 피해자가 교부한 재산과 취득한 가치가 객관적으로 일치하여도 반대급부의 내용이 피해자에게 이용가치가 없거나 미달한 때에는 재산상의 손해가 인정되며, 피해자가 부담한 의무이행이 경제적 부담을 주거나 본래의 처분행위가 가지고 있는 경제적·사회적 목적이 없어진 때에도 재산상의 손해를 인정할 수 있다. 예컨대 구걸사기·기부금사기·보조금사기와 같이 피해자의 처분행위의 의도인 구걸·기부·보조의 취지와 전혀 다르게 사용되어도 재산상의 손해가 있는 사기죄가 된다. 국유재산 매각에 있어 연고권에 대한 기망도[69] 같다.

재산상의 손해는 경제적 관점에서 재산상태의 악화로 볼 수 있는 재산가치의 구체적 위험이 있어도 손해를 인정할 수 있다. 따라서 승차권 없이 승차하거나 지불능력 없는 자와 금전대부계약체결만으로도 재산상의 손해를 인정할 수 있다.

5) 실행의 착수·기수시기

(a) 착수의 시기 　실행의 착수시기는 편취의사로 기망행위를 개시한 때이다. 기망행위가 개시되면 족하고, 상대방이 착오에 빠졌는가는 묻지 않는다. ① 화재보험금 편취의 목적으로 가옥에 방화한 때에는 보험회사에 보험금 지급을 청구한 때에 착수가 있다. ② 사기도박의 실행의 착수는 기망행위가 개시되면 충분하고 착오에 빠진 상대방이 이를 승낙하거나 재물의 교부행위를 개시할 필요는 없다. ③ 소송사기는 소를 제기한 때 실행의 착수가 있으므로 허위채권에 기하여 가압류를 한 때,[70] 소멸한 저당권에 의하여 경매신청을 한 때, 분실수표에 대하여 제권판결을 구하기 위한 공시최고신청을 한 때에 실행의 착수가 있다.

판례는 장애보상금 지급청구권자에게 보상금을 찾아 주겠다고 속여 보상금 지급 기관까지 유인하거나,[71] 부동산등기특별조치법에 의거하여 임야의 사실상 양수자가 확인서 발급신청을 하자 피고인이 소유자라고 허위주장하며 이에 이의신청을 하였다는 사실[72]만으로는 기망행위의 착수를 부인하였다.

---

69) 대판, 1972. 1. 31, 71도1193.

70) 다만, 대판, 1982. 10. 26, 82도1529는 가압류는 강제집행 보전방법에 불과하고 채권에 대한 현실적인 청구의사를 표시한 것으로 볼 수 없다는 이유에서 실행의 착수로 보지 않는다.

71) 대판, 1980. 5. 13, 78도2259.

72) 대판, 1982. 3. 9, 81도2767.

(b) 기수시기　재산상의 손해가 발생한 때에 기수가 되며, 반드시 행위자가 불법한 이익을 취득하였음을 요하지 않는다. 사기죄가 기수로 되기 위해서는 기망행위→착오→처분행위→재산상의 손해 사이에 연속적인 인과관계가 있어야 하며, 그 사이에 인과관계가 인정되지 않을 때에는 사기죄의 미수가 된다. 그리고 사기죄의 성립 여부는 재물을 교부받을 당시를 기준으로 판단하며, 그 이후 사정변경으로 계약불이행이 되어도 채무불이행이 될 뿐이다.[73]

① 유가증권을 편취한 경우에는 유가증권을 교부받았을 때에 기수가 된다.[74] ② 보험사기의 경우는 보험증권을 교부받은 때에 기수가 된다. 다만, 보험증권 취득 후 보험사기의사가 생긴 때에는 보험금 청구시에 실행의 착수가 있고, 보험금 취득시에 기수가 된다고 본다. ③ 부동산사기의 경우는 부동산을 현실로 지배하거나 소유권이전등기를 경료한 때 기수가 된다.[75]

판례도 "관재당국을 기망하여 부동산매매계약을 체결하고, 목적물인 가옥에 입주하여 그 점유를 보유하면 기수가 된다"[76]고 하고 있다.

3. 주관적 구성요건요소

사기죄가 성립함에는 고의가 있어야 한다. 즉, 기망행위, 피기망자의 착오, 처분행위, 손해발생과 이들 상호간의 인과관계를 인식하고 재산취득의 의사가 있어야 한다. 기망의 인식이 없거나 피기망자에게 처분하게 한다는 인식・의사가 없으면 사기죄는 성립하지 않는다. 미필적 고의로 충분하다. 따라서 대금지급이 불가능하게 될 가능성을 충분히 인식하면서 물품을 납품받은 경우에는[77] 미필적 고의에 의한 사기죄가 성립한다. 판례는 시세조정된 주식임을 알면서 이를 숨긴채 담보로 제공하였다면 대출당시 담보가치가 충분하다 하여도 편취의 고의가 있다고 한다.[78]

---

73) 대판, 1998. 1. 20, 97도2630; 대판, 1996. 3. 26, 95도3034.

74) 대판, 1984. 12. 26, 84도2303; 대판, 1985. 12. 24, 85도2317. 반대설은 재물・이익이 취득가능한 상태에 이르면 기수가 된다고 한다[유기천(상), 272면].

75) 황산덕, 297면; 유기천(상), 258면; 정영석, 333면; 서일교, 161면 이하; 남흥우, 191면; 진계호, 365면; 임웅, 378면; 정영일, 325면; 김성돈, 337면. 단, 점유이전에 필요한 서류일체를 교부받은 때 기수가 된다는 견해는 김일수/서보학, 441면.

76) 대판, 1961. 7. 14, 4294형상109.

77) 대판, 1983. 5. 10, 83도340.

78) 대판, 2004. 5. 28, 2004도1465.

사기죄의 고의는 범행전후의 범인의 재력, 환경, 범행의 내용, 거래의 이행과정 등 객관적인 사정을 종합하여 판단하여야 한다.79) 따라서 차용금 편취에 있어서는 차용당시를 기준으로 사기죄 성부를 판단해야 하고, 차용당시에 변제할 의사와 능력이 있었다면 그 후 경제사정의 변화로 변제할 수 없게 된 때에도 채무불이행이 될 뿐이고 사기죄는 성립하지 않는다.80) 그러나 애당초 변제의사가 없거나 변제능력이 없음에도 불구하고 금전을 차용하거나 물품 등을 구입한 경우에는 편취의 고의가 인정되어 사기죄가 성립한다.81)

불법영득(이득)의 의사는 고의의 내용에 포함되어 있으므로 별도로 인정할 필요가 없다고 본다.

4. 위법성(권리행사와 사기죄의 성부)

사기죄의 위법성과 관련하여 권리행사와 사기죄의 성부가 문제된다. 즉, 재물을 취득할 수 있는 권리자가 권리행사의 방법으로 기망행위를 사용한 때에 사기죄가 성립하느냐의 문제이다.

1) 학설의 대립 학설은 ① 기망행위자에게 영득의 의사가 없으므로 사기죄의 구성요건해당성이 없다는 견해,82) ② 권리행사가 자구행위의 요건을 구비한 때에만 위법성이 조각된다는 견해,83) ③ 권리행사도 사회통념상 용인할 수 없는 정도이면 권리남용이 되므로 위법성이 조각되지 않고 사기죄가 성립한다는 긍정설,84) ④ 기망으로 취득한 재물·재산상의 이익이 권리범위 내의 것이면 사기죄가 부정되지만 그 범위를 초과한 때에는 분리할 수 있는 객체이면 그 초과부분에 대해서, 분리할 수 없는 객체이면 그 전부에 대해서 사기죄가 성립한다는 차등설85)이 대립한다. 긍정설이 다수설이다.

2) 판례의 태도 대법원도 권리행사와 기망행위를 전체적으로 관찰하여 사

79) 대판, 1990. 11. 23, 90도1218.
80) 대판, 1996. 3. 26, 95도3034; 대판, 1997. 4. 11, 97도249; 대판, 1998. 1. 20, 97도2630.
81) 대판, 1986. 9. 9, 86도1227. 같은 취지: 대판, 1983. 8. 23, 83도1048; 대판, 1985. 9. 10, 84도2685; 대판, 1993. 1. 15, 92도2588 등.
82) 배종대, 496면 이하; 진계호, 366면; 임웅, 379면.
83) 유기천(상), 274면; 정영석, 340면 이하.
84) 김윤행, 주석(하), 370면; 정성근, 461면; 백형구, 186면 이하; 오영근, 419면; 정영일, 327면; 김성돈, 339면.
85) 서일교, 169면; 황산덕, 304면; 김종원, 217면; 이재상, 351면.

회통념상 권리행사의 수단으로서 용인할 수 없는 정도인 때에는 위법한 행위로서 사기죄를 구성한다고 판시하여[86] 긍정설을 취하고 있다.

> 【판례】 피고인이 피해자로부터 냉동오징어를 구입하더라도 그 잔대금을 지급할 의사 없이 계약금 명목으로 일부 금원을 지급하고 나머지 대금을 지급하지 않은 사안에서, 피고인이 위 잔대금채무를 이전에 피해자에 대하여 가지고 있었던 채권으로 상계할 의사를 가지고 있었다 하더라도 피해자가 위 채권의 존재 자체를 다투고 있는 상태에서 마치 현금으로 결제할 것처럼 기망하여 물품을 교부받은 것은 사회통념상 용인된다고 볼 수 없으므로, 사기죄가 성립한다(대판, 1997. 11. 11, 97도2220).

3) 결 어 사기죄의 객체가 분리가능한가의 여부는 반드시 명백한 것이 아니며, 그것이 가능하다 하여도 분리가능한가 아닌가에 따라 사기죄의 성립에 차이를 두는 것은 불합리하다고 해야 한다. 그리고 정당한 권리행사의 범위 내라 하여 범죄성을 일률적으로 부정한다면 권리실현을 위한 강취행위도 탈취죄의 범죄성을 부정해야 할 것이고, 타인의 재산을 편취한 자에게 영득의 의사가 없다고도 할 수 없다. 권리행사라도 신의칙에 반한 기망을 수단으로 재물·재산상의 이익을 편취하면 상대방에게 재산상의 손해도 생기는 것이므로 권리행사의 수단이 사회통념상 용인되는 범위를 이탈한 때에는 그 행위는 위법하다고 해야 한다. 따라서 긍정설이 타당하다고 본다(권리행사와 공갈죄 참조).

5. 죄수·타죄와의 관계

(1) 죄 수

1개의 기망행위로 같은 사람으로부터 수회에 걸쳐 재물을 편취한 때에는 포괄일죄이다.[87] 1개의 기망행위로 수인을 기망하여 각자로부터 재물을 편취한 때에는 사기죄의 포괄일죄로 보는 견해[88]도 있으나 수개의 점유를 침해하는 것이므로 상상적 경합이 된다고 본다.[89] 판례는 경합범으로 처리하고 있다.[90] 같

86) 대판, 1969. 12. 23, 68도1544; 대판, 1982. 9. 14, 82도1679; 대판, 1997. 10. 14, 96도1405; 대판, 1997. 11. 11, 97도2220; 대판, 2003. 6. 13, 2002도6410.

87) 대판, 1996. 1. 26, 95도2437.

88) 서일교, 170면.

89) 정영석, 338면; 김종원, 218면; 염정철, 404면; 정성근, 461면; 진계호, 367면; 김일수/서보학, 445면 이하; 임웅, 380면; 정영일, 328면.

90) 대판, 1997. 6. 27, 97도508; 대판, 1996. 2. 13, 95도2121; 대판, 1995. 8. 22, 95도594.

은 사람으로부터 수개의 기망행위로 재물을 편취한 경우에, 범죄목적과 범행방법이 같은 때에만 포괄일죄가 되며, 목적과 방법이 다르면 실체적 경합이 된다.[91] 1개의 기망행위로 같은 사람으로부터 재물과 재산상의 이익을 편취한 때에는 사기취재와 사기이득의 보호법익이 같고 객체만 달리할 뿐이므로 사기취재죄가 성립하면 사기이득죄는 성립할 여지가 없다.

(2) 타죄와의 관계

자기가 점유하는 타인의 재물을 기망수단을 사용하여 영득한 때에는 자기 점유재물에 대한 편취의 관념을 인정할 수 없고, 피해자의 처분행위도 없으므로 횡령죄만 성립한다.[92] 타인의 사무를 처리하는 자가 본인을 기망하여 재산상의 이익을 취득하고 본인에게 손해를 가한 경우에, 법조경합에 의한 사기죄설,[93] 배임죄설과[94] 사기죄와 배임죄의 상상적 경합설[95]이 대립한다. 두 죄는 그 구성요건이나 보호법익을 달리하는 별개의 범죄이므로 상상적 경합을 인정하는 것이 타당하다(통설). 사기죄가 배임죄보다 중하기 때문에 그 결과는 사기죄설과 같다. 판례도 종래의 사기죄설을[96] 변경하여 사기죄와 배임죄의 상상적 경합설로 바꾸었다.[97]

위조통화(위조문서)를 행사하여 재물을 편취한 때에는 위조통화행사죄(위조문서행사죄)와 사기죄의 상상적 경합이 된다는 견해와[98] 실체적 경합이 된다는 견해가 대립한다.[99] 위조통화행사와 기망행위는 단일행위이므로 상상적 경합설이 타당하다. 판례는 종래까지 실체적 경합설[100]을 취하였다.

91) 대판, 1997. 6. 27, 97도508; 대판, 1989. 11. 28, 89도1309.
92) 서일교, 170면; 유기천(상), 251면; 정성근, 462면; 강구진, 327면 이하; 김일수/서보학, 446면; 이재상, 353면; 배종대, 496면 이하; 진계호, 368면; 임웅, 381면; 김성돈, 341면. 대판, 1970. 9. 29, 70도1668; 대판, 1980. 12. 9, 80도1177.
93) 이건호, 345면; 백형구, 186면; 오영근, 422면.
94) 황산덕, 324면; 서일교, 190면; 남흥우, 218면.
95) 유기천(상), 249면; 정영석, 354면; 김종원, 244면; 정성근, 463면; 이형국, 385면; 강구진, 328면; 김윤행, 주석(하), 386면; 이재상, 353면; 김일수/서보학, 446면; 배종대, 496면; 진계호, 368면; 임웅, 381면; 박상기, 330면; 정영일, 328면; 김성돈, 341면.
96) 대판, 1983. 7. 12, 82도1910.
97) 대판(전원합의체), 2002. 7. 18, 2002도669.
98) 정영석, 338면; 이재상, 353면 이하; 김일수/서보학, 446면; 배종대, 496면; 임웅, 381면; 오영근, 422면; 김성돈, 341면.
99) 정성근, 463면; 진계호, 368면.
100) 대판, 1979. 7. 10, 79도840.

【판례】 업무상배임행위에 사기행위가 수반된 때의 죄수관계에 관하여 보면 … 양죄는 그 구성요건이나 보호법익을 달리하는 별개의 범죄이고 형법상으로도 각각 별개의 장(章)에 규정되어 있어, 1개의 행위에 관하여 사기죄와 업무상배임죄의 각 구성요건이 모두 구비된 때에는 양죄를 법조경합관계로 볼 것이 아니라 상상적 경합관계로 봄이 상당하다. 나아가 업무상배임죄가 아닌 단순배임죄라 하여 양죄의 관계를 달리 볼 이유도 없다[대판(전원합의체), 2002. 7. 18, 2002도669].

6. 관련문제

(1) 소송사기

소송사기란 법원에 허위사실을 주장하거나 허위증거를 제출하여 법원을 기망함으로써 승소판결을 받아 상대방으로부터 재산적 이익을 취득하는 것을 말한다. 피기망자는 법원이지만 피해자는 소송의 상대방이다. 소송사기도 사기죄에 해당한다는 것이 통설·판례[101]의 태도이다.

소송사기가 사기죄가 되느냐에 대해서 의문을 제기하는 견해도[102] 있다. ① 형식적 진실주의를 채택하고 있는 민사소송에서는 법원의 착오와 관계없이 당사자의 주장에 구속되므로 이를 이용하는 것은 기망이라 할 수 없고, ② 패소자가 부득이 재판에 승복하여 재산을 제공하거나 강제집행이 행해진 때에는 이를 교부행위로 볼 수 없다는 점을 이유로 한다.

그러나 ① 자유심증주의에 의한 법원의 자유판단도 허위주장·허위증거에 의해서 오신케 할 수 있으므로 법원도 기망의 상대방이 된다고 해야 하며, ② 패소자는 법원의 재판에 승복할 수밖에 없으므로 착오로 재물교부한 것과 동일하게 평가할 수 있으며, 법원의 재판 자체가 재산적 처분행위가 되므로 사기죄가 성립한다고 해야 한다.

1) 소송사기의 성립요건　① 법원에 대하여 허위사실을 주장하거나 증거조작을 하는 등 적극적 사술(기망)을 사용해야 한다. 단순한 부인이나 불리한 사실에 대한 묵비 정도는 기망이 되지 않는다. 매매계약서 위조, 변조공문서 제출, 허위의 준비서면과 진술서 제출, 허위 지급명령신청[103]은 기망에 해당한다. ② 기망에 의한 법원의 판결은 피해자의 처분행위와 같은 효력이 있어야 하고, 판

101) 대판, 1960. 6. 15, 4292형상633; 대판, 1973. 11. 27, 73도1301; 대판, 1980. 4. 22, 80도533; 대판, 1983. 4. 26, 83도188; 대판, 1990. 1. 23, 89도617; 대판, 2004. 3. 12, 2003도333 등.
102) 김종원, 215면 이하.
103) 대판, 2004. 6. 24, 2002도4151.

결 내용에 따른 효력이 생기지 않거나 기망자가 권리취득 또는 의무면제를 받는 것이 아니면 사기죄는 성립하지 않는다. 따라서 소유권자 아닌 자를 상대로 소를 제기하여 승소하였거나[104] 사자(死者)를 상대로 한 소송,[105] 또는 실제로 존재하지 아니한 자에 대한 소송[106] 및 타인과 공모하여 그를 상대로 의제자백을 받아 소유권 이전등기를 경료한 때에는[107] 판결에 따른 효력이 발생할 수 없으므로 사기죄를 구성하지 아니한다. ③ 고의가 있어야 한다. 즉, 제소 당시 권리가 존재하지 않은 사실을 알고 허위사실의 주장 또는 거짓증거제출로 유리한 재판을 받아 상대방의 재물 또는 재산상의 이익을 취득한다는 인식・의사가 있어야 한다.[108] 따라서 제소 당시 권리가 존재하지 않는다는 인식만으로 부족하고, 나아가서 허위주장을 하여 법원을 기망한다는 인식・의사가 있어야 한다. 단순히 사실을 잘못 인식하였거나 법률적 평가를 잘못하여 권리가 존재한다고 오신하였거나[109] 사실의 일부를 잘못 인식하여 청구사실의 기재가 사실과 다소 차이가 있는 것만으로는 사기의 고의를 인정할 수 없다.[110]

【소송사기죄 적용의 엄격성】 소송사기의 인정은 필연적으로 누구든지 자기에게 유리한 주장과 소송을 통해 구제받을 수 있다는 민사재판제도의 위축을 가져올 수밖에 없으므로 피고인이 그 범행을 인정한 경우 이외에는 소송상의 주장이 사실과 다름이 객관적으로 명백하거나 그 주장이 명백히 허위인 것을 인식하였거나 증거를 조작한 흔적이 있는 경우 외에는 쉽사리 유죄를 인정해서는 아니되고, 단순히 사실을 잘못 인식하였다거나 법률적 평가를 잘못하여 존재하지 않는 권리를 존재한다고 믿고 제소한 행위는 사기죄를 구성하지 아니하며, 소송상 주장이 다소 사실과 다르더라도 존재한다고 믿는 권리를 이유있게 하기 위한 과장표현에 지나지 아니하는 경우 사기의 범의가 있다고 볼 수 없고, 또한 소송사기에서 말하는 증거의 조작이란 처분문서 등을 거짓으로 만들어내거나 증인의 허위증언을 유도하는 등으로 객관적・제3자적 증거를 조작하는 행위를 말한다.[111]

2) 소송사기의 실행의 착수・기수 소송사기의 실행의 착수시기는 법원을

---

104) 대판, 1985. 10. 8, 84도2642.
105) 대판, 1987. 12. 22, 87도852; 대판, 1997. 7. 8, 97도632; 대판, 2001. 1. 11, 2000도1881.
106) 대판, 1992. 12. 11, 92도743.
107) 대판, 1997. 12. 23, 97도2430.
108) 대판, 1995. 4. 21, 95도357. 같은 취지: 대판, 1988. 9. 20, 87도964; 대판, 1993. 9. 14, 93도915.
109) 대판, 1993. 9. 28, 93도1941.
110) 대판, 1992. 4. 10, 91도2427.
111) 대판, 2004. 6. 25, 2003도7124. 같은 취지: 대판, 1998. 2. 27, 97도2786; 대판, 1998. 9. 8, 98도1949; 대판, 2002. 6. 28, 2001도1610; 대판, 2003. 5. 16, 2003도373.

기망할 의사로 소장을 제출한 때,[112] 또는 허위내용의 증거나 답변서·준비서면을 제출한 때이며,[113] 피해자에 대한 직접 기망이 있어야 하는 것은 아니다. 기수시기는 승소판결이 확정된 때이다.[114] 승소판결이 확정되면 재물 또는 재산상의 이익을 취득한 것으로 보아야 하며, 집행절차가 필요한 것은 아니다. 법원을 기망하여 유리한 판결을 받은 후 상대방의 재물을 취득한 것은 포괄일죄가 된다. 다만 확정판결에 의한 소유권 이전등기를 경료하였으면 이 죄와 공정증서원본부실기재죄의 경합범이 된다.[115]

(2) 불법원인급여와 사기죄

사람을 기망하여 반환청구를 할 수 없는 불법원인급여를 하게한 경우에 사기죄가 성립하느냐가 문제된다. 공무원에게 뇌물로 공여하겠다고 속이고 재물을 편취하거나 마약구입에 사용하겠다고 속이고 돈을 편취한 경우가 여기에 해당한다.

부정설은 재산상의 손해가 없고 피해자의 반환청구권도 없으므로 사기죄는 성립하지 않는다고 하는데 반하여, 긍정설은 민법상의 반환청구권은 사기죄의 성부와 관계가 없고, 기망을 수단으로 재물을 취득하는 행위태양이 위법할 뿐만 아니라 경제적 가치에 손해를 입힌 것도 부정할 수 없으므로 사기죄가 성립한다는 것이다. 통설, 판례[116]의 태도이다.

행위자는 기망수단에 의해서 재물을 편취하기 위하여 불법원인급여물을 이용한 것이므로 사기죄의 성립 여부는 민법상의 반환청구권과 관계없이 형법 독자적으로 판단해야 하며, 재물을 취득한 것도 명백하므로 사기죄의 성립을 인정하는 긍정설이 타당하다. 같은 취지로 절도범의 장물을 편취하거나 매음의사 없이 매음에 응할 것을 가장하여 매음료를 받아 도주한 때에도 사기죄는 성립한다.

(3) 금제품편취와 사기죄

금제품의 경제적 이용가능성이 법률상 부정되어 재산적 침해가 없다는 이유

---

112) 대판, 1993. 9. 14, 93도915. 같은 취지: 대판, 1974. 3. 26, 74도196; 대판, 1978. 4. 11, 77도3797; 대판, 1983. 4. 26, 83도183; 대판, 1988. 9. 20, 87도964.

113) 대판, 1998. 2. 27, 97도2786.

114) 대판, 1997. 7. 11, 95도1874.

115) 대판, 1983. 4. 26, 83도188.

116) 대판, 2004. 5. 14, 2004도677.

로 사기죄의 성립을 부정하는 견해, 소유가 금지된 금제품도 궁극적으로 국가소유이고 소지가 금지된 금제품은 타인 소유물이므로 기망수단으로 이를 편취하면 사기죄가 성립한다는 견해, 소지가 금지된 금제품에 한하여 사기죄가 성립한다는 견해가 대립한다.

그러나 재산가치는 법률상 인정 여부와 관계없이 경제적 관점에서 평가해야 하며(경제적 재산설), 소유금지의 금제품도 무주물이 아니라 궁극적으로 국가소유에 속하므로 점유금지의 금제품과 구별할 이유가 없다. 따라서 모든 금제품에 대한 사기죄가 성립한다고 해야 한다.

(4) 매음료면탈과 사기죄

여자를 기망하여 매음한 후 매음료지급을 면탈한 경우에 사기죄의 성립을 부정하는 것이 다수설(법률적·경제적 재산설)이다. 지급할 이익이 법률상 보호받을 수 없으므로 재산침해가 있다고 할 수 없고, 매음계약 자체는 공서약속에 반하여 무효이며, 간음행위 자체는 금전환산이 불가능하여 재산상의 이익이 될 수 없다는 것을 이유로 한다.

사기죄는 민법상의 재산보호와 그 유효 무효에 관계없이 경제적 가치가 있으면 이를 보호할 필요가 있으며, 매음료면탈도 요금지급을 유예한 재산상의 이익이라 할 수 있으므로 사기죄가 성립한다(경제적 재산설)고 본다. 판례도 사기죄의 객체인 재산상의 이익은 반드시 민법상 보호되는 경제적 이익만을 의미하지 않는다고 하고 사기죄의 성립을 인정하고 있다.[117)]

7. 신용카드 부정사용과 사기죄

타인의 신용카드[118)]를 절취·강취·편취·갈취·횡령하면 각각 그 해당범죄가 성립한다. 또 신용카드(자기띠 기타 부분)를 위조·변조하거나 위조·변조된 신용카드를 판매·사용하거나 분실·도난(갈취·편취·횡령도 포함)된 신용카드·직불카드를 판매 또는 사용하면 여신전문금융업법 제70조 1항 1·2·3호의 신용

---

117) 대판, 2001. 10. 23, 2001도2991.

118) 신용카드는 재물이지만 유가증권이라 할 수 없다(김일수, 550면; 임웅, 388면; 김성돈, 346면). 여신전문금융업법 제2조 3호 이하는 신용카드의 의의·종류(직불카드, 선불카드)를 규정하고 있다. 그리고 신용카드는 삼 당사자카드(비씨카드·국민카드 등)와 양 당사자카드(백화점카드)가 있는데 여기의 신용카드에 포함된다.

카드의 위조·변조죄, 부정판매죄 또는 부정사용죄로 7년 이하의 징역 또는 5천만원 이하의 벌금에 처한다. 그 밖에 사기죄와 관련하여 문제되는 유형은 아래와 같다.

(1) 신용카드 부정발급과 사기죄의 성부

신용카드 발급신청자가 발급자격요건·신용상태에 관하여 허위내용을 기재하고 대금결제의사와 결제능력을 가장하여 신용카드를 발급받는 것은 자기명의 신용카드발급이면 무형위조이지만 타인명의 신용카드발급이면 사문서위조·동행사죄가 된다. 이 경우에 카드발급에 대한 사기죄도 성립하느냐가 문제된다. 이 경우 카드부정발급에 대하여 신청자의 기망행위가 있고 카드발급회사의 착오와 처분행위가 있다는 점에는 의문이 없다. 문제는 재산상의 손해발생이 있느냐에 있다.

이에 대해서 신용카드를 발급받은 자는 카드를 사용할 적격이 있는 회원임을 증명할 뿐만 아니라 이를 악용하여 위법이득도 할 수 있으므로 카드 자체는 재물에 해당하고, 이를 편취하는 것도 재산상의 손해가 되어 사기죄가 성립한다는 긍정설도 있고,[119] 판례도 긍정적 태도처럼 판시하고 있다.[120]

그러나 신용카드 자체는 가치라고 할 수 없는 정도로 경미한 것이고 카드사용이 가능한 지위에 있다는 것만으로 침해범인 사기죄를 인정할 수 없으므로 사기죄의 성립을 부정하는 것이 타당하다고 본다.[121]

(2) 자기명의 신용카드 부정사용과 사기죄의 성부

유효하게 정상적으로 발급받은 카드회원이 대금결제의사나 능력도 없이 현금자동지급기에서 현금서비스를 받거나 가맹점에서 물품을 구입한 경우(정상발급후 부정사용)에 사기죄가 성립하느냐에 대해서 견해가 대립한다.

1) 긍정설 　자기명의 신용카드 부정사용도 사기죄가 성립한다는 견해이다.[122] 대금결제의사 없이 카드로 결제하는 것은 묵시적 기망으로 재산상의 이

119) 김일수/서보학, 447면; 박상기, 337면; 임웅, 391면; 오영근, 430면; 김성돈, 347면.

120) 대판, 1996. 4. 9, 95도2466(자기명의 신용카드의 부정발급후 사용한 경우, 현금인출·물품구입 등은 카드부정발급에 터잡아 이루어지는 일련의 사기의 포괄일죄이다).

121) 같은 취지: 배종대, 479면 이하.

122) 강구진, 324면; 김일수, 373면 이하; 박상기, 340면; 임웅, 401면; 이재상, 「불법영득의 의사와 크레디트카드사기」(고시계, 1994. 6), 199면; 장영민, 「자기명의의 신용카드 남용행위의 죄책」(고시연구, 1997. 6), 66면; 김성돈, 348면.

익을 취한다는 점을 이유로 한다. 이 경우 피기망자와 재산피해자가 누구인가에 관하여 견해가 대립하나, 카드 가맹점을 기망하여 카드회사에 손해를 입힌 소위 삼각사기에 해당한다는 견해가 많다.[123)]

2) 부정설 카드소지자는 자기의 신용상태를 가맹점에 고지할 의무가 없을 뿐만 아니라 가맹점은 카드에 대한 형식적 심사밖에 할 수 없으므로 카드의 부정사용이 가맹점에 대해서 기망행위가 될 수 없고, 카드회사의 손해발생에 대해서도 인과관계를 인정할 수 없다는 이유로 사기죄의 성립을 부정한다.[124)]

3) 판례의 태도 판례는 자기명의 신용카드 부정사용에 대해서 사기죄를 인정한다.

【판례】 신용카드사용으로 인한 신용카드업자의 금전채권을 발생케 하는 행위는 카드회원이 신용카드업자에 대하여 대금을 성실히 변제할 것을 전제로 하는 것이므로, 카드회원이 일시적인 자금궁색 등의 이유로 그 채무를 일시적으로 이행하지 못하게 되는 상황이 아니라 이미 과다한 부채의 누적 등으로 신용카드 사용으로 인한 대출금채무를 변제할 의사나 능력이 없는 상황에 처하였음에도 불구하고 신용카드를 사용하였다면, 사기죄에 있어서 기망행위 내지 편취의 범의를 인정할 수 있다(대판, 2006. 3. 24, 2006도282).

4) 결 어 자기명의 신용카드 부정사용은 두 가지 형태로 구별하여 판단해야 한다. ① 카드발급단계에서부터 대금결제의사와 결제능력이 없으면서 카드회사를 기망하여 현금대출과 물품을 구입하였다면(부정발급 후 부정사용) 애당초 카드회사에 손해를 입힐 고의가 있다고 해야 하므로 사기죄를 인정함이 타당하다.[125)] 이에 대해서 ② 카드발급당시에는 사기의 고의 없이 정당하게 발급받은 자가 사용할 시점에서 대금결제의사와 결제능력이 없음을 알면서 부정사용한 때(정상발급 후 부정사용)에는 현금자동지급기에 대한 기망이 있다고 할 수 없고, 가맹점에 대해서는 카드소지자가 자신의 재산상태를 고지해야 할 의무가 있다고 할 수 없으므로 단순한 채무불이행만이 문제될 뿐이고, 이른바 삼각사기에

---

123) 박상기, 338면; 이재상, 앞의 논문, 199면.

124) 김일수/서보학, 449면; 배종대, 480면; 오영근, 432면 이하; 김영환, 「신용카드 부정사용에 관한 형법해석론의 난점」(형사판례연구 3), 308면; 안경옥, 「신용카드 부정취득·사용행위에 대한 형사법적 고찰」(형사법연구 제11권, 1999), 262면 이하.

125) 김일수/서보학, 448면; 박상기, 340면; 임웅, 401면; 장영민, 앞의 논문, 72면. 단 부정설은 배종대, 483면; 오영근, 432면; 안경옥, 앞의 논문, 262면. 판례(대판, 1996. 4. 9, 95도2466)는 이러한 경우 사기의 포괄일죄를 인정한다.

의한 사기죄의 성립은 부정하는 것이 타당하다고 본다.

(3) 타인명의 신용카드 부정사용과 사기죄의 성부

1) 신용카드 불법영득 타인명의의 신용카드에 대한 영득과정이 범죄에 해당할 때에는 행위태양에 따라 절도죄[126] · 강도죄 · 사기죄 · 공갈죄 · 점유이탈물횡령죄가 성립한다는 데에 이견이 없다.

2) 신용카드 일시사용 타인의 신용카드(현금카드겸용)를 본인 모르게 부정사용한 후 바로 반환한 경우, 카드 자체에 대한 불법영득의 의사(기능가치의 소모)가 없다는 이유로 절도죄를 부정하는 것이 다수설과 판례의[127] 태도이다. 영득의 대상에 대한 결합설의 결론이라 할 수 있는데 결합설에서도 절도죄를 긍정하는 견해도[128] 있다. 그러나 수정물체설에 따를 때에는 불법영득의 의사가 아니라 애당초 카드 자체에 대한 영득이 있다고 할 수 없으므로 불가벌의 사용절도라 해야 한다.

3) 신용카드 부정사용 타인의 신용카드(직불카드 포함)를 습득하거나 절취한 후 카드가맹점에 대하여 정당한 카드명의인으로 가장하여 물품을 구입하거나 용역을 제공받은 경우에는 여신전문금융업법 제70조 1항의 "신용카드 부정사용죄" 외에 사기죄가 성립한다는 데에 이견이 없다.[129] 판례도 사기죄를 인정하고 신용카드 부정사용죄와 경합범을 인정한다.[130] 이 경우 피기망자와 재산처분행위자는 가맹점이고, 피해자는 카드회사 또는 카드의 도난분실을 해태(15일 이내에 신고하지 않는 한)한 카드회원이[131] 되므로 이른바 삼각사기에 해당한다.

다만 타인의 명의를 모용하여 발급받은 카드를 부정사용한 경우에는 여신전문금융업법상에 처벌규정이 없어 신용카드 부정사용죄는 성립할 수 없다.[132]

---

126) 대판, 1996. 7. 12, 96도1181.

127) 대판, 1999. 7. 9, 99도857; 대판, 1998. 11. 10, 98도2642.

128) 박상기, 343면 이하.

129) 최근 물품구입이나 용역의 제공의 경우에 홈쇼핑이나 인터넷쇼핑이 성행하고 있는데, 이 경우에는 인터넷이나 ARS의 특성상 기계에 대한 기망행위가 되어 사기죄가 성립할 수는 없고 다만 컴퓨터등사용사기죄의 성립이 문제될 수 있다.

130) 대판, 1997. 1. 21, 96도2715.

131) 배종대, 486면; 김성돈, 349면.

132) 대판, 2006. 7. 27, 2006도3126: 타인의 명의를 모용하여 발급받은 신용카드를 이용한 물품구매 행위(=사기죄), 현금자동지급기를 통한 현금대출 행위(=절도죄), ARS 전화서비스나 인터넷 등을 통한 신용대출 행위(=컴퓨터등사용사기죄)에 대하여 각각의 범죄성립을 인정하고 실체적 경합범의 관계에 있다고 한 사례.

【신용카드 부정사용죄의 "사용"의 의미】 여신전문금융업법상의 신용카드 부정사용죄(제70조 1항)의 "사용"의 의미에 대하여, 판례는 「신용카드 본래의 용도인 대금결제를 위하여 가맹점에 신용카드를 제시하고 매출표에 서명하여 이를 교부하는 일련의 행위를 가리키고, 단순히 신용카드를 제시하는 행위만을 가리키는 것은 아니라고 할 것이므로 위 매출표의 서명 및 교부가 별도로 사문서위조 및 동행사죄의 구성요건을 충족한다고 하여도 이 사문서위조 및 동행사죄는 위 신용카드 부정사용죄에 흡수되어 신용카드 부정사용죄의 일죄만이 성립되고, 별도로 사문서위조 및 동행사죄는 성립하지 않는다」고[133] 판시하고 있다. 따라서 신용카드를 가맹점에 제시하였으나 매출전표에 서명도 하지 않았다면 신용카드부정사용의 미수죄가 성립한다(동법 제70조 5항).

(4) 현금자동지급기의 부정사용

1) 자기명의 신용카드 부정사용　대금변제의사 내지 변제능력 없이 자기명의 신용카드를 사용하여 현금지급기에서 현금을 인출한 때에는 사기죄뿐만 아니라 절도죄, 컴퓨터사용사기죄(제347조의2)도 성립하지 않는다. 카드발급에 대한 기망이 없을 뿐만 아니라 정당하게 카드발급을 받은 자에게 항상 용역공급을 허용하고 있는 자동지급기 사용이 카드회사나 자동지급기 관리자(은행)의 의사에 반하는 탈취가 될 수 없으며, "허위정보나 부정한 명령의 입력 및 권한없는 정보의 입력·변경"을 요구하는 컴퓨터 사용사기죄의 구성요건에도 해당할 수 없기 때문이다.[134]

판례는 앞에서 언급한 바와 같이 대금결제의사와 능력을 속이고 부정하게 카드발급을 받아 현금서비스와 가맹점 물품구입을 한 경우 포괄하여 사기죄가 된다고 하였다.

2) 타인명의 신용카드 부정사용

(a) 신용카드 부정사용죄　카드취득 자체의 일시사용을 제외하면 위조·변조 또는 도난·분실된 것뿐만 아니라 갈취·편취·횡령한 것도 신용카드부정사용죄(여신전문금융업법 제70조 1항)의 불법취득이 되며,[135] 이를 현금자동지급기에 사용한 부정이용도 "사용"에 해당한다고[136] 해야 하므로 신용카드부정사용죄

133) 대판, 1992. 6. 9, 92도77.

134) 2001. 12. 29. 개정된 컴퓨터 등 사용사기죄는 '권한없이 정보를 입력·변경하여'란 구성요건이 추가되었으므로 이 죄의 성립 여부가 문제될 수 있다. 그러나 자기명의로 신용카드를 발급받은 자에게는 카드상 현금서비스를 받을 권리는 주어져 있다고 보아야 하므로 '권한 없는 정보의 입력·변경'에도 해당하지 않는다.

135) 배종대, 489면; 박상기, 337면.

136) 배종대, 489면; 박상기, 342면; 진계호, 373면; 대판, 1995. 7. 28, 95도997.

가 성립한다. 기계에 대한 기망과 착오는 있을 수 없으므로 사기죄는 성립할 여지가 없다.

(b) 컴퓨터 등 사용사기죄·절도죄의 성부 절취 등 불법취득한 타인명의 신용카드와 비밀번호를 사용하여 현금자동인출기에서 현금을 인출한 경우, 컴퓨터 등 사용사기죄와 절도죄 중 어느 죄가 성립하느냐에 대해서는 종래 견해가 대립하였다.[137] 이러한 견해의 대립은 1995년 형법 개정에서 컴퓨터 사용사기죄를 신설하면서 독일 형법(제263조의 a 컴퓨터사용사기죄)처럼 "권한 없는 정보사용 기타 정보처리과정에 대한 권한 없는 작용"에 의한 정보처리행위를 명시하지 않은 입법의 불비에서 생긴 결과라 할 수 있다.

2001년 형법의 일부개정에서는 이러한 불비를 입법적으로 해결하기 위해서 컴퓨터 등 사용사기죄의 행위태양에 "권한 없이 정보를 입력·변경하는" 행위를 추가하였으므로 이제는 컴퓨터 등 사용사기죄가 성립한다고 보아야 한다. 다만 컴퓨터 등 사용사기죄의 행위객체가 재산상의 이익으로 한정되어 있으므로 현금자동지급기를 부정사용하여 권한 없이 현금을 인출하는 행위까지 이견 없이 이 죄로 처벌하기 위해서는 "재물"도 행위객체에 추가하여야 한다. 그렇지 않은 현행법의 해석에서는 현금부정인출에 대해서 절도죄설이 설득력을 얻고 있다. 그러나 현금자체는 재물이라 하더라도 현금을 인출하여 취득하는 것도 전체로서의 재산이 증가한다고 할 수 있으므로 이러한 입법의 흠결은 보정적 해석을 통하여 재산상의 이익에 포함된다고 해석해야 한다.

판례는 인출한 현금은 재산상의 이익이 아니라는 이유로 아직까지 절도죄를 인정하고 있다.[138]

(c) 현금카드사용 계좌이체 절취한 현금카드를 사용하여 타인의 예금액을

---

137) 컴퓨터 등 사용사기죄가 성립한다는 견해는 김일수, 378면; 배종대, 491면 이하; 오영근, 435면; 손동권, 「형법중요판례평석」(고시연구 1996. 5.), 174면; 이재상, 372면; 정영일, 331면. 절도죄가 성립한다는 견해는 박상기, 341면; 장영민, 「개정형법의 컴퓨터범죄」(고시계 1996. 2), 46면; 강동범, 「절취한 현금카드의 부정사용행위에 대한 형사책임」(고시계 1996. 2), 76면 이하; 김성돈, 351면. 이에 대해서 컴퓨터 등 사용사기죄뿐만 아니라 절도죄의 성립도 부정하는 견해는 임웅, 353면.

138) 대판, 1995. 7. 28, 95도997. 같은 취지: 대판, 1986. 3. 25, 85도1572; 대판, 1999. 7. 9, 99도857. 개정후의 대판, 2002. 7. 12, 2002도2134는 타인의 명의를 모용하여 신용카드를 발급받은 자가 현금지급기에서 현금대출을 받은 경우에 컴퓨터사용사기죄의 객체는 재산상의 이익에 한정되어 있으므로 이 죄를 인정할 수 없고 인출한 현금은 재물이라는 이유로 절도죄를 인정한다. 같은 취지: 대판, 2003. 5. 13, 2003도1178; 대판, 2006. 7. 27, 2006도3126.

자기계좌에 이체한 때에는 컴퓨터 등 사용사기죄가 성립한다. 프로그램자체의 변경 없이 권한 없는 자가 명령을 입력하는 것은 2001년 형법개정에서 추가된 "권한 없이 정보를 입력"하는 것에 해당하며, 이로 인하여 재산상의 이익을 취득하였기 때문이다.

(5) 카드가맹점의 사기죄

카드가맹점이 매출전표를 허위 또는 초과 작성하여 자금을 융통하는 이른바 카드할인은 카드회사에 대한 사기죄가 성립한다.[139] 다른 가맹점명의로 매출전표를 작성하여 매출에 대한 채권을 행사하는 때에는 여신전문금융업법 제19조 4항 3호 위반죄로 2년 이하의 징역 또는 2천만원 이하의 벌금에 처한다(동법 제70조 2항 3호). 가맹점이 카드명의인 몰래 매출전표금액을 실거래액보다 많게 고치거나 매출전표를 중복하여 만들어 출금한 때에는 사문서위조·변조죄, 동 행사죄와 사기죄의 상상적 경합이 된다.

Ⅱ. 사기죄의 수정구성요건

1. 컴퓨터 등 사용사기죄

> 【구성요건·법정형】 컴퓨터 등 정보처리장치에 허위의 정보 또는 부정한 명령을 입력하거나 권한없이 정보를 입력·변경하여 정보처리를 하게 함으로써 재산상의 이익을 취득하거나 제3자로 하여금 취득하게 한 자는 10년 이하의 징역 또는 2천만원 이하의 벌금에 처한다(제347조의2). 미수범은 처벌한다(제352조). 상습범은 가중처벌하며(제351조), 10년 이하의 자격정지를 병과할 수 있다(제353조). 친족상도례와 동력규정은 준용한다(제354조).

(1) 의의·성격

컴퓨터 등 사용사기죄는 컴퓨터 등 정보처리장치에 허위의 정보 또는 부정한 명령을 입력하거나 권한 없이 정보를 입력·변경하여 정보처리를 하게 함으로써 재산상의 이익을 취득하거나 제3자로 하여금 취득하게 하는 범죄이다.

컴퓨터가 사람을 대신하여 재산권의 득실·변경에 관한 사무를 처리하는 기

139) 대판, 1999. 2. 12, 98도3549.

술이 확대됨에 따라 이를 악용하여 재산상의 불법한 이득을 얻는 행위가 증가하고 있다. 특히 은행업무를 비롯한 금전거래분야에서 자금의 관리 · 결제 · 이동은 컴퓨터 등 정보처리장치에 의하여 자동처리되고 있으므로 은행의 온라인 시스템의 단말기를 조작하여 허위의 입출금데이터를 입력하여 예금원장파일의 잔고를 증액시키거나 임의로 유용할 수도 있다. 이 경우 사람에 대한 기망행위가 없고, 재물에 대한 점유이전도 없으며, 행위자가 타인의 사무를 처리하는 자도 아니므로 절도죄 · 사기죄 · 배임죄 등 재산죄가 성립하지 아니하여 기존의 재산범에 관한 규정으로 처벌할 수가 없다.[140] 여기에 컴퓨터 등 정보처리장치를 이용한 불법이득행위를 규제하기 위해서 1995년 개정형법에서 신설한 것이다.

그러나 1995년 개정형법은 "허위정보나 부정한 명령을 입력하여 불법한 이득을 취하는 행위"만을 처벌하고 타인이 진실한 정보를 입력하여 불법하게 이득을 취하는 행위는 포함시키지 않았다. 이 때문에 절취한 타인의 신용카드와 비밀번호를 사용하여 현금을 인출하거나 다른 계좌로 이체하는 행위에 대하여 이 죄를 적용하지 못하는 결함과 논란이 있었다. 이를 입법적으로 해결하기 위하여 2001년 형법의 일부개정(2001. 12. 29. 공포, 2002. 6. 30.부터 시행)에서 이 죄의 구성요건에 "권한 없이 정보를 입력 · 변경하여"를 추가하였다. 이에 따라 추가된 구성요건은 단순히 현금자동지급기 부정사용의 사례를 입법적으로 해결하는 것뿐만 아니라 해킹을 통한 재산범죄 등 보다 확대된 재산범죄 영역에까지 규제할 수 있게 되었다.[141]

이 죄는 컴퓨터 등에 의하여 자동적으로 처리되는 재산권의 득실 · 변경에 대한 사기죄를 규정한 것이므로 기존의 사기죄와 행위태양만 다를 뿐이고 범죄의 성질은 사기죄와 같다. 따라서 사무처리과정에서 사람이 개입한 기망행위가 있으면 사기죄가 성립하고 이 죄는 성립하지 않는다. 즉, 이 죄는 사기죄에 대한 보충규정이라고 해야 한다. 이득죄이고, 기망을 수단으로 하지 않는다는 점에서 사기죄와 다르다.

---

140) 다만 허위정보를 컴퓨터에 입력하여 기업체에 손해를 주는 경우에는 배임죄에 해당할 가능성은 있다.

141) 개정조문의 내용을 긍정적으로 평가할 수 있다. 그러나 현금자동지급기 부정사용의 사례에서 현금을 인출하는 행위를 이 죄에 의하여 처벌할 수 있으려면 이 조문의 구성요건에 '재물'을 추가하여야 함에도 불구하고 이를 추가하지 않았으며, 개정조문상의 "권한 없이 정보를 변경하는" 행위가 컴퓨터 등 사용사기죄에 있어서 어떠한 의미를 가지는가가 명확하지 않아 해석론상 또 다른 문제점을 야기시키고 있다. 이는 형법과 같이 국민의 생활에 중요한 영향을 미치는 법률을 충분한 검토없이 의원입법의 형식으로 졸속으로 개정한 결과이다. 이에 대한 자세한 설명은 이정훈, 「최근 형법개정조문(컴퓨터등사용사기죄)의 해석론과 문제점」(형사법연구 제17호, 2002 여름), 131면 이하 참조.

(2) 보호법익

이 죄는 재산상의 이익을 객체로 하는 이득죄이므로 보호법익은 전체로서의 재산이고 보호정도는 침해범으로서의 보호이다.

(3) 객관적 구성요건요소

1) 주 체 주체는 제한이 없다. 프로그래머, 오퍼레이터(operator), 컴퓨터정보처리 담당자뿐만 아니라 정보처리 전산망에 연결되어 있는 외부인도 주체가 될 수 있다.

2) 객 체 객체는 재산상의 이익이다. 배임죄와 마찬가지로 순수한 이득죄이다. 다만 현금자동지급기를 부정사용하여 인출한 현금에 한하여 전체로서의 재산을 증가시키는 재산상의 이익에 포함된다고 보정해석해야 한다.[142)]

3) 행 위 행위는 컴퓨터 등 정보처리장치에 허위의 정보 또는 부정한 명령을 입력하거나 권한없이 정보를 입력·변경하여 정보처리를 하게 하고 재산상의 이익을 취득하는 것이다.

(a) 컴퓨터 등 정보처리장치 자동적으로 계산이나 데이터의 처리를 할 수 있는 전자장치(전자계산기)를 말한다.

> 범용컴퓨터, 오피스컴퓨터, 퍼스널컴퓨터, 제어용컴퓨터(이상 하드디스크)뿐만 아니라 다른 기기에 부착되어 자동적으로 정보처리를 행하는 네트워크 시스템 단말기도 전자장치에 포함된다.

재산죄의 성격에 비추어 정보처리장치의 범위도 재산적 이익의 득실·변경에 관련된 사무처리용 정보처리장치(전자계산기)에 한정된다고 해야 한다. 따라서 은행의 온라인시스템과 연결된 전자계산기, 현금자동지급기가 여기에 해당하고, 유료자동설비는 편의시설부정이용죄(제348조의 2)의 규제대상이다.

(b) 허위정보·부정명령 입력

aa) 허위정보 입력 "허위정보를 입력한다"는 것은 당해 사무처리시스템에 예정되어 있는 사무처리의 목적이나 진실에 반하는 자료를 정보처리장치에

---

142) 이재상, 357면; 김일수/서보학, 453면; 배종대, 491면; 오영근, 436면 독일의 통설이다. 부정한 현금인출을 재물이라고 하면 경한 절도죄가 성립하는데 반하여 직접 현금을 인출하지 않고 다른 계좌에 이체하여 취득하면 중한 컴퓨터사용사기죄가 성립하여 동일한 컴퓨터부정사용이 취득재산에 따라 다른 죄가 성립하고 형의 균형에도 맞지 않는다. 반대견해는 진계호, 371면; 박상기, 333면; 임웅, 384면; 이정원, 421면; 백형구, 187면; 정영일, 330면.

입력시키는 것을 말한다. 금융기관의 온라인시스템에 단말기를 통해 허위 입금데이터를 입력하여 예금원장(預金元帳) 파일의 잔고를 증액시키거나 범용단말기의 프로그램을 변경하여 예금을 인출하고서도 원장파일의 예금잔액이 감소하지 않도록 하는 것, 또는 다른 사람 계좌에 있는 예금을 단말기조작으로 자신의 계좌로 입금시키는 것(홈뱅킹서비스 불법이용)이 이에 해당한다.

bb) 부정명령 입력 "부정한 명령을 입력한다"는 것은 당해 사무처리시스템에 예정되어 있는 사무처리의 목적에 비추어 지시해서는 안될 내용을 입력하는 것을 말한다. 즉, 프로그램의 일부 또는 전부의 내용을 부정하게 변경·삭제·추가하여 프로그램을 조작하는 것이다. 예컨대 예금잔고를 부정하게 증액시키는 프로그램을 만들어 입력시키는 경우이다.

(c) 권한 없이 정보를 입력·변경

aa) 권한 없는 정보입력 "권한 없이 정보를 입력한다"란 타인의 진정한 정보를 사용할 수 있는 법적 자격이나 권한 없이 정보처리장치에 입력시키는 것을 말한다(진정한 정보의 무권한 사용). 예컨대, ① 비밀번호를 알고 있는 자가 타인의 신용카드를 일시 사용하여 현금을 인출하는 경우, ② 절취 또는 위조한 현금카드와 비밀번호를 사용하여 현금을 인출하거나 타인의 예금액을 자기계좌에 이체하는 경우, ③ 해킹·텔레뱅킹·인터넷 뱅킹을 이용하여 자신의 계좌로 예금을 이체시켜 재산상 이익을 취득하는 경우를 들 수 있다.[143]

컴퓨터 등 사용사기죄를 신설하던 1995년 형법개정 당시에는 이 죄의 행위태양이 "허위정보 또는 부정한 명령의 입력"만을 규정하였으므로 권한 없는 정보입력도 부정한 명령의 입력에 포함된다고 해석하는 견해와[144] 부정하는 견해가[145] 대립하였고, 대법원은 타인의 현금카드와 비밀번호를 사용하여 현금을 인출하는 것은 절도죄에 해당한다고 하였다. 그러나 애당초 부정한 명령을 입력하는 것과 정당한 정보를 권한 없이 사용하는 것은 구별해야 한다는 주장이 설득력을 얻게 되고, 현금카드의 현금인출을 은행의 의사에 반한 절취라고 하는 것은 유추해석이라는 비판이 제기되어 2001년 12월의 형법개정을 통해 "권한 없는 정보의 입력·변경"을 새로 추가하였다. 따라서 현금카드의 현금인출을 포함하여 진정한 정보의 권한 없는 사용은 부정한 명령에 포함되지 않는다는 것을 입법적

143) 대판, 2004. 4. 16, 2004도353: 권한 없이 인터넷 뱅킹으로 타인의 예금계좌에서 자신의 예금계좌로 돈을 이체한 것은 컴퓨터 등 사기죄에 해당한다.

144) 정성근, 468면; 김일수, 378면; 강동범, 앞의 논문, 80면. 또 '형법개정법률안 제안이유서'(동 182면)에서는 "진실한 자료를 부정하게 사용하는 경우도 부정한 명령을 입력하는 경우에 해당한다고 할 수 있다"라고 한다.

145) 장영민, 앞의 논문, 49면.

으로 해결하였다.

다만 대법원은 아직도 권한 없는 정보의 입력을 부정한 명령의 입력에 포함될 수 있다고 한다.[146] 그 이유는 이 죄의 행위객체에 재물을 포함시키지 않았으므로 현금카드를 부정사용한 현금인출을 절도죄로 인정할 수밖에 없다는 데에 있다. 따라서 현금인출이 이 죄의 재산상의 이익에 포함되느냐에 대해서는 해석상의 논의가 남아있으며, 판례는 이를 재물로 보아 절도죄를 인정하고 있음은 앞에서 본 바와 같다. 그런데 예금주인 현금카드 소유자로부터 일정액의 현금을 인출해 오라는 부탁과 함께 현금카드를 건네받아 그 위임받은 금액을 초과한 현금을 인출한 행위에 대해서는 '그 차액 상당액에 관하여 재산상의 이익을 취득'하는 행위로 보아 컴퓨터 등 사용사기죄를 인정한다.[147]

bb) 권한 없는 정보변경 "권한 없이 정보를 변경"하는 행위란 컴퓨터에 저장되어 있는 전자기록이나 처리 내지 전송 중인 데이터를 권한 없이 해킹을 통해 변경하거나 하드웨어 조작으로 정보를 변경시키는 행위를 말한다. 변경된 정보가 정보통신망에 의해 처리되는 것인 때에는 정보통신망이용촉진및정보보호등에관한법률(제44조의7 1항 4호)도 적용될 수 있다.

(d) 정보처리 "정보처리를 하게 한다"란 입력된 허위정보나 부정한 명령에 따라 데이터의 처리가 이루어지는 것을 말한다. 정보처리장치에 의한 재산처분행위라 할 수 있다. 이 행위는 구체적으로 프로그램조작 · 입력조작 · 처리과정의 조작으로 이루어진다. 허위정보나 부정명령의 입력과 정보처리 사이에는 인과관계가 있어야 한다.

4) 재산상의 손해

이 죄도 사기죄의 성격을 가진 침해범이므로 행위자의 재산취득으로 재산상의 손해가 발생하여야 한다. 재산상의 손해는 기술되지 아니한 구성요건요소이다. 정보처리와 재산상의 손해 사이에도 인과관계가 있어야 한다.

5) 미수 · 기수

컴퓨터에 허위정보나 부정명령을 입력시키는 때에 실행의 착수가 있고, 정보처리의 결과 재산상의 손해가 발생한 때에 기수가 된다.[148] 각 행위는 인과관계

146) 대판, 2003. 1. 10, 2002도2363.

147) 대판, 2006. 3. 24, 2005도3516.

148) 그러나 최근 판례(대판, 2006. 9. 14, 2006도4127)는 "금융기관 직원이 전산단말기를 이용하여 허위의 정보를 입력하는 방법으로 특정계좌에 돈이 입금되도록 한 경우, 이러한 입금절차를 완료함으로써 장차 그 계좌에서 이를 인출하여 갈 수 있는 재산상 이익을 취득하였으므로 컴퓨터 등 사용사기죄는 기수에 이르렀고, 그 후 그러한 입금이 취소되어 현실적으로 인출되지 못하였다고 하더라도 이미 성립한 이 죄에 어떤 영향이 있다고 할 수는 없다"고 판시하였다.

가 있어야 한다.

(4) 주관적 구성요건요소

컴퓨터 등 정보처리장치에 허위정보나 부정한 명령을 입력하거나 권한 없이 정보를 입력·변경하여 정보처리를 하게 한다는 사실과, 이로 인하여 재산상의 이익을 취득한다는 사실에 대한 인식·의사가 있어야 한다. 미필적 고의이면 족하다. 불법영득의 의사 필요설은 이득의 의사를 요구한다. 그러나 이득의 의사는 고의 내용에 포함되었다고 본다.

(5) 타죄와의 관계

이 죄와 사기죄는 법조경합의 보충관계에 있다. 허위의 입금데이터를 입력하여 자기의 예금잔고를 증가시킨 다음 이를 인출하면 은행에 대한 사기죄가 성립하므로 이 죄와 경합범이 된다. 재물보관자·타인사무처리자가 이 죄를 범한 때에는 횡령죄와 배임죄의 상상적 경합이 된다. 여신전문금융업법상의 부정사용죄와 이 죄는 법조경합의 흡수관계에 있다.

2. 준사기죄

【구성요건·법정형】 ① 미성년자의 지려천박 또는 사람의 심신장애를 이용하여 재물의 교부를 받거나 재산상의 이익을 취득한 자는 10년 이하의 징역 또는 2천만원 이하의 벌금에 처한다(제348조 1항).

② 전항의 방법으로 제3자로 하여금 재물의 교부를 받게 하거나 재산상의 이익을 취득하게 한 때에도 전항의 형과 같다(제348조 2항). 미수범은 처벌한다(제352조). 10년 이하의 자격정지를 병과할 수 있다(제353조). 친족상도례와 동력규정은 준용한다(제354조).

(1) 의의·성격

준사기죄는 미성년자의 지적 능력부족이나 사람의 정신장애의 상태를 이용하여 재물 또는 재산상의 이익을 취득하거나 제3자에게 취득하게 하는 범죄이다. 이러한 행위는 하자 있는 의사상태를 이용한다는 점에서 기망을 사용하는 사기죄와 유사하다. 사기죄에 준하여 취급하는 이유이다. 그러나 지적 능력 부족한 미성년자나 정신장애자에 대해서 처음부터 기망을 사용한 때에는 사기죄가 성립하고 이 죄는 성립하지 않는다. 따라서 이 죄는 사기죄의 보충적 구성요건이다. 이 죄는 위험범이라는 견해도[149] 있으나 사기죄와 마찬가지로 재산상의 손해가 발생하는 침해범이라고 해야 한다.[150] 그리고 특수한 위험의 경향을 지닌 경향범에 속한다.

(2) 구성요건요소

사기죄와 구별되는 구성요건요소 이외에는 사기죄와 같다.

1) 미성년자의 지려천박

(a) 미성년자 "미성년자"는 20세 미만자이다(민법 제4조).[151] 민법의 성년의제규정(민법 제826조의 2)은 이 죄에 적용할 이유가 없다. 사법상의 효과와 형법의 미성년자 재산보호는 입법취지를 구별해야 하기 때문이다. 모든 미성년자가 아니라 지적 능력이 부족한 미성년자만이 여기에 해당한다.

(b) 지려천박 "지려천박(智慮淺薄)"이란 지각과 사고능력이 부족한 것을 말한다. 심신장애와 대비하여 구체적 사항에 대해서 지각과 사고능력이 부족하면 충분하다고 본다. 기망을 사용하지 않고 유혹만 있으면 처분행위를 하게 할 수 있는 판단능력이라 할 수 있다.

2) 사람의 심신장애 여기의 "사람"은 지려가 천박하지 않는 미성년자에 한하지 않으며, 남녀를 구별할 필요도 없다. "심신장애"란 재산거래에 있어서 정신기능의 장애로 인하여 보통사람의 지능 · 판단능력이 없는 상태(재산상의 거래무능력)를 말한다.[152] 심신미약자와 일치하지 않으며 심신상실자도 포함될 수 있다. 따라서 형사책임능력(제10조 1 · 2항)에 관한 심신장애와 일치하지 않는다. 심신상실의 정도가 심하여 의사능력까지 없는 때에는 처분능력도 없으므로 이러한 자에 대해서는 이 죄가 아니라 절도죄가 성립한다.

3) 이용하여 "이용하여"란 유혹에 빠지기 쉬운 상태를 이용한다는 의미로서 기망행위에 해당하지 않는 정도라야 한다. 적극적인 유혹을 한 경우뿐만 아

149) 유기천(상), 279면; 김윤행, 주석(하), 390면; 이재상, 359면; 김일수, 381면.

150) 정성근, 471면; 이형국, 393면; 김일수/서보학, 460면; 진계호, 374면; 박상기, 347면; 배종대, 500면; 임웅, 403면; 이정원, 424면; 백형구, 189면; 손동권, 392면; 김성천/김형준, 531면; 오영근, 438면; 정영일, 335면, 김성돈, 359면.

151) 개정 민법(2011. 3. 7) 제4조는 성년연령을 19세로 하고 있으나, 이의 시행일은 2013. 7. 1.부터이다.

152) 김종원, 219면; 정성근, 470면; 강구진, 334면 이하; 김일수/서보학, 461면; 박상기, 346면; 배종대, 500면 이하; 임웅, 403면; 백형구, 189면; 오영근, 439면; 손동권, 392면; 정영일, 335면; 김성돈, 359면.

니라 스스로 재산처분행위를 하도록 하는 경우도 이용이 된다. 재물 또는 재산상의 이익취득은 지려천박한 미성년자 또는 심신장애자의 처분행위에 의한 것이라야 한다. "이용하여"는 법적 침해에 대하여 특별한 위험의 경향을 나타내는 표지로서 이에 대한 내심의 경향은 초과 주관적 불법요소가 된다(경향범).[153]

3. 편의시설부정이용죄

【구성요건 · 법정형】 부정한 방법으로 대가를 지급하지 아니하고 자동판매기, 공중전화 기타 유료자동설비를 이용하여 재물 또는 재산상의 이익을 취득한 자는 3년 이하의 징역, 500만원 이하의 벌금, 구류 또는 과료에 처한다(제348조의 2). 미수범은 처벌한다(제352조). 10년 이하의 자격정지를 병과할 수 있다(제353조). 친족상도례와 동력규정은 준용한다(제354조).

(1) 의의 · 성격

편의시설부정이용죄는 부정한 방법으로 대가를 지급하지 아니하고 자동판매기, 공중전화 기타 유료자동설비를 이용하여 재물 또는 재산상의 이익을 취득하는 범죄이다.

유료자동설비의 보급이 확대되면서 이에 대한 사회적 기능을 보호해야 할 필요성 때문에 개정형법에서 신설한 것으로, 사기죄와 절도죄로서 처벌할 수 없는 흠결을 보충하는 보충적 구성요건의 역할을 한다. 즉, 자동설비를 이용한 재산취득은 사람에 대한 기망행위가 없기 때문에 사기죄가 성립하지 아니하며, 기계설비를 이용만 하거나 이를 이용하여 재산상의 이익을 취득한 경우에 절도죄도 성립하지 아니하므로 이를 처벌할 수 없는 흠결을 이 규정의 신설로 보충할 수 있게 되었다. 그 밖에 자동판매기를 이용한 재물취득은 사안이 경미하여 절도죄의 법정형으로 처벌하기가 부적절하다는 것도 이 죄를 신설한 이유의 하나이다. 따라서 이 죄는 한편으로 사기죄의 성립범위를 확대하면서, 다른 한편으로 절도죄의 성립범위를 제한하는 의미를 가지고 있다.

이 죄의 보호법익도 사기죄와 마찬가지로 개인의 재산이며, 보호받는 정도는 침해범으로서의 보호이다.

(2) 객관적 구성요건요소

1) 객 체 객체는 재물 또는 재산상의 이익이다. 사기죄의 객체와 차이가 없다. 다만 이 죄의 성질상 유료자동설비를 이용하여 취득할 수 있는 재물 또는

153) 김일수/서보학, 462면.

재산상의 이익에 한정된다고 본다. 재물죄와 이득죄의 두 가지 성격을 지니고 있다.

2) 행 위 행위는 대가를 지급하지 아니하고 유료자동설비를 부정하게 이용하여 객체를 취득하는 것이다.

(a) 대가지급 물품구입가액이나 편의시설 이용료에 상당한 금전적 지급을 말한다. 자동편의시설은 지폐나 동전 또는 자기(磁氣)스트라이프(Stripe)로 된 가치증권의 투입에 의하여 편의시설 이용료를 미리 지급하게 되는 경우가 많으나 반드시 선불하는 자동시설일 필요가 없다. 이러한 이용료의 통상적인 지급이 대가지급이다. 이 죄는 이러한 통상적인 대가지급을 하지 않는 경우를 말한다. 절취한 전화카드를 통화에 이용하여도 "대가를 지급한 이용"에 해당하므로 이 죄를 구성하지 않는다.

【판례】 타인의 전화카드를 절취하여 전화통화에 이용한 때에는 카드피해자가 통신요금 납부책임을 부담하므로 '대금을 지급하지 아니하고' 공중전화를 이용한 경우에 해당하지 아니한다고 판시하고, 이 죄의 성립을 부정하고 있다 (대판. 2001. 9. 25, 2001도3625).

(b) 편의시설 부정이용의 대상은 자동판매기, 공중전화 기타 유료자동설비이다. 이를 총칭하여 편의시설이라 한다.

aa) 유료자동설비 "유료자동설비"란 지정 주입구에 대가를 지불하면 기계 또는 전자장치가 작동하여 일정한 물건이나 편익을 제공하는 기기를 말한다. 컴퓨터와 같은 정보처리장치와 구별된다. 유료자동설비는 불특정 다수인이 사용하는 것임을 요하고, 개인적으로 이용하는 유료자동설비는 포함하지 않는다. 따라서 공중전화 부정이용은 이 죄가 성립하지만 타인의 일반전화·휴대폰을 몰래 사용하여도 이 죄가 되지 않는다. 또 현금자동지급기도 유료자동설비나 편의시설에 해당하지 않는다. 자동판매기와 공중전화는 이러한 유료자동설비의 예시에 지나지 않는다.

bb) 자동판매기 "자동판매기"는 금전투입에 응하여 우표, 승차권, 담배, 음료수, 음식물 기타 물품을 제공하는 자동기계설비를 말한다. 자동설비는 대가를 받을 때에 작동한다는 전제에서만 이 죄에 해당할 수 있다. 따라서 예컨대 입장무료인 모임에 출입자를 제한하기 위한 자동설비를 부정이용하거나 회원만

출입이 가능한 카드용자물쇠 부착 출입문을 부정한 방법으로 열고 들어 갔어도 대가를 지불하는 자동설비가 아니므로 이 죄에 해당하지 않는다.[154]

> 유료자동설비는 자동판매기, 공중전화 외에도 동전을 넣어서 자동작동하는 자동보관함, 텔레비전시청기, 뮤직박스, 자동저울, 전자오락기, 자동놀이기구 등 편익을 제공하는 자동설비와 극장, 도서관, 박물관, 목욕탕 등의 자동유료시설에 출입하거나 공중교통기관의 자동유료개찰구도 그것이 무인화・자동화되어 있으면 유료자동설비에 해당한다.

(c) 부정이용 "부정한 방법의 이용"이란 정해진 대가지급 없이 또는 사용규칙에 위반하여 유료자동설비를 이용하는 것을 말한다. 그 방법은 제한이 없다. 동전 유사물 또는 위폐를 사용하거나 부정하게 만든 선급카드(pre-paid card), 변조한 IC카드・텔레폰카드・정액승차권을 자동설비에 주입하여 서비스를 제공받는 것이 그 예이다. 다만 여기의 "이용"은 정상적인 이용방법을 전제한 것이므로, 예컨대 고장난 자동판매기에서 동전을 넣지 않아도 나온 물건이나 자동설비를 파괴하고 그 속에 있는 현금이나 물품을 영득한 때에는 이 죄가 아니라 절도죄와 손괴죄와 경합범이 된다. 자동개찰구의 틈새로 빠져나가 승차하여도 정상적 이용방법이 아니므로 이 죄가 성립할 수 없고 형법상으로는 불가벌이다. 또 타인의 후불식 통신카드로 공중전화를 사용한 때에도 이용계약을 한 통신카드 주인이 요금납부 책임을 부담하므로 대가를 지급 않고 공중전화를 이용한 것이 아니다.[155] 이 경우는 사문서 부정행사죄를 구성할 수 있다. 판례도 같다.[156]

(d) 실행의 착수・기수 부정이용행위를 개시한 때에 실행의 착수가 있으며, 부정이용행위의 결과로 재물 또는 재산상의 이익을 취득한 때에 기수가 된다.

(e) 재산상의 손해 이 죄는 사기죄의 일종이므로 재산상의 손해가 발생하여야 한다. 기술되지 않은 구성요건요소이다. 부정이용행위와 재물 또는 재산상의 이익취득 및 재산상의 손해발생 사이에는 인과관계가 있어야 한다.

(3) 주관적 구성요건요소

대가를 지불하지 않고 편의시설을 이용한다는 사실과, 이로 인하여 재물 또

154) 이재상, 「개정형법각칙의 신설구성요건」(고시계 1996. 2), 39면.
155) 대판, 2001. 9. 25, 2001도3625.
156) 대판, 2002. 6. 25, 2002도461.

는 재산상의 이익 취득에 대한 인식·의사가 있어야 한다. 미필적 고의로 족하다. 재물에 대한 불법영득의 의사 또는 재산상의 이익에 대한 불법이득의 의사는 고의 내용에 포함된다고 본다. 그리고 "이용하여"는 내심적 경향을 나타내는 표지로서 초과 주관적 불법요소가 된다.

(4) 타죄와의 관계

자기띠를 변작하여 허위잔고가 기록된 IC카드나 선급카드를 유료작동설비에 사용하여 서비스를 받는 경우에 사전자기록변작죄(제232조의2)가 성립하고 상상적 경합이 되는 컴퓨터 등 사용사기죄와 편의시설부정이용죄는 실체적 경합이 된다는 견해,[157] 편의시설부정이용죄만 성립한다는 견해[158], 사전자기록변작죄와 편의시설부정이용죄의 상상적 경합이라는 견해가[159] 대립한다.

이 죄는 사기죄와 컴퓨터 등 사용사기죄의 보충규정이므로 컴퓨터 등 사용사기죄가 성립하면 이 죄의 성립은 배제된다. 그리고 자기띠의 금액변작은 사실증명에 관한 특수매체기록의 변작에 해당하므로 사전자기록변작죄도 성립한다. 즉, 사전자기록변작죄와 컴퓨터 등 사용사기죄(보충될 때는 편의시설부정이용죄)의 실체적 경합이라 본다.

4. 부당이득죄

> **【구성요건·법정형】** ① 사람의 궁박한 상태를 이용하여 현저하게 부당한 이익을 취득한 자는 3년 이하의 징역 또는 1천만원 이하의 벌금에 처한다(제349조 1항).
> ② 전항의 방법으로 제3자로 하여금 부당한 이익을 취득하게 한 때에도 전항의 형과 같다(제349조 2항). 10년 이하의 자격정지를 병과할 수 있다(제353조). 친족상도례와 동력규정은 준용한다(제354조).

(1) 의의·성격

부당이득죄는 사람의 궁박한 상태를 이용하여 현저하게 부당한 이익을 취득하거나 제3자로 하여금 취득하게 함으로써 성립하는 범죄이다. 이 죄는 기망을 사용하여 상대방의 하자 있는 처분행위로 이익을 취득하는 것이 아니므로 엄밀

---

157) 임웅, 408면. 같은 취지: 오영근, 442면; 김성돈, 362면.
158) 김일수/서보학, 465면; 진계호, 378면.
159) 박상기, 352면.

한 의미에서 사기죄는 아니다. 그러나 상대방의 절박한 상태를 이용하여 부당한 이익을 취득한다는 점에서 사기죄의 일태양으로 취급한 것이다. 즉, 궁박상태에 있는 자에 대해서는 기망을 사용하지 않더라도 부당한 이익을 취득하기가 용이하므로 이러한 상태에 있는 자의 재산을 보호하기 위해서 처벌규정을 둔 것이다. 따라서 이 죄는 특정개인을 대상으로 하는 개인적 폭리행위를 주된 대상으로 하며, 보호법익은 사기죄와 마찬가지로 개인의 재산이다.

이 죄를 위험범으로 보아 피해자에게 재산상의 위험을 초래하면 충분하다[160]는 견해도 있다. 그러나 부당이득을 취득하여야 완성되는 범죄이므로 사기죄와 같이 침해범이며 경향범이다.

(2) 객관적 구성요건요소

1) 사람의 궁박상태 "궁박상태(窮迫狀態)"는 반드시 경제적인 궁박상태에 한하지 않는다. 정신적 · 육체적인 것과 나아가서 명예에 대한 위난도 포함한다. 사회적 궁박상태(심각한 주택난 · 자금난)도 포함될 수 있다. 궁박상태를 초래하게 된 원인도 묻지 않는다. 본인 스스로 초래한 궁박상태도 상관없다. 궁박상태는 객관적으로 존재할 필요가 없고 상상한 궁박상태를 이용하는 것으로 족하다.

2) 현저하게 부당한 이익 "부당한 이익"은 급부와 이익 사이에 상당성이 없는 경우를 말한다. 현저하게 부당한가의 여부는 추상적 · 일반적 판단이 아니라 사회통념 또는 건전한 상식에 따라 구체적 · 개별적 · 객관적으로 결정하여야 하며,[161] 계약자유 및 신의성실의 원칙과 관련하여 신중하게 판단하여야 한다.

"현저하게 부당"이라는 표지는 위법성의 표지라는 견해가 있다.[162] 그러나 "정당한 이유없이"는 행위에 대한 평가이므로 위법성 표지이지만 "현저하게 부당"은 행위가 아니라 취득하는 이익이 지나치게 크다는 의미이므로 불법구성요건의 표지라 해야 한다. 따라서 현저하게 부당하지 않다는 착오는 구성요건적 착오이고 위법성의 착오는 아니다.

판례는 매도담보에 있어서 300만원의 변제에 갈음하여 시가 300만원 상당의 대지와 주택은행융자금 200만원 및 가옥매매대금 100만원 합계 600만원의 대물변제를 받은 것만으로는 현저하게 부당한 이익을 취득한 것이라고 보기 어렵

160) 유기천(상), 280면; 강구진, 336면; 이재상, 362면; 김일수, 387면; 정영일, 340면.

161) 김종원, 220면; 김윤행, 주석(하), 391면; 정성근, 475면; 강구진, 335면; 김일수/서보학, 467면; 임웅, 409면; 오영근, 444면; 손동권, 396면. 다만 행위자를 기준으로 판단하는 견해는 이재상, 363면; 배종대, 504면; 정영일, 341면.

162) 김일수/서보학, 467면.

다[163]고 판시하고 있다. 이에 대하여 병원에 갈 여유가 없는 위급환자에게 시가의 수배에 해당하는 가격으로 의약품을 매각하는 폭리매매, 위급환자가 병원에 가는 것을 기화로 현저하게 부당한 택시요금을 취득한 폭리대금, 입원료를 마련하기 위한 위급환자의 곤궁상태를 이용하여 그의 재산을 현저하게 염가로 매수하는 폭리매수, 기타 곤궁상태를 이용하여 불리한 계약승인을 하게 한 때에는 현저하게 부당이익을 취득한 것이 될 것이다.

3) 궁박상태의 이용

궁박상태를 이용하여 현저하게 부당한 이익을 취득해야 한다. "이용하여"란 상대방의 경제적·육체적·사회적 궁박상태를 이익취득의 기회로 삼는 것을 말하고, 일종의 착취행위라 할 수 있다. 행위자의 특수한 위험의 경향을 나타내는 표지이다.

(3) 주관적 구성요건요소

이 죄의 고의는 궁박상태를 이용한다는 것과, 현저하게 부당한 이익을 취득한다는 사실에 대하여 인식·의사가 있어야 한다. 이와 별도의 불법이득의 의사는 필요하지 않다. 현저하게 부당한 가격으로 매수하였어도 궁박상태를 이용한다는 인식·의사가 없으면 이 죄는 성립하지 않는다. 따라서 "이용하여"는 특수한 위험의 경향을 나타내는 표지로서 이에 대한 내심의 경향이 요구되는 초과주관적 불법요소가 된다.[164]

5. 상습사기(준사기·부당이득)죄

> **【구성요건·법정형】** 상습으로 제347조 내지 전조의 죄를 범한 자는 그 죄에 정한 형의 2분의 1까지 가중한다(제351조). 미수범은 처벌한다(제352조). 10년 이하의 자격정지를 병과할 수 있다(제353조).

상습으로 사기죄, 컴퓨터 등 사용사기죄, 준사기죄, 편의시설부정이용죄, 부당이득죄를 범한 경우에 상습으로 인하여 가중처벌하는 가중유형이다. 이 죄에 있어서 사기의 습벽은 범인이 저지른 사기의 범죄행위를 기초로 판단할 것이고, 반드시 전과사실이 있어야 하는 것은 아니다.[165] 단시일 안에 같은 범행을 반복한 때에는 상습성을 인정할 수 있다.[166] 이 죄는 특정경제범죄가중처벌법에 의

163) 대판, 1972. 10. 31, 72도1803.
164) 김일수/서보학, 468면.
165) 대판, 1966. 11. 22, 66도1288.

하여 가중처벌된다. 상습으로 사취한 재물 또는 재산상의 이익의 가액이 5억원 이상 50억원 미만인 때에는 3년 이상의 유기징역에, 50억원 이상인 때에는 무기징역 또는 5년 이상의 징역에 처한다(동법 제3조).

166) 대판, 1978. 7. 11, 78도1429.

제 5 장 공갈의 죄

제 1 절 공갈의 죄 일반론

1. 의 의

공갈의 죄는 사람을 공갈하여 재물을 교부받거나 재산상의 이익을 취득 또는 타인에게 취득시키는 범죄이다. 재물죄인 공갈취재죄와 이득죄인 공갈이득죄가 포함되어 있다. 공갈죄는 피해자의 하자 있는 의사에 의하여 재물 또는 재산상의 이익을 취득하는 재산죄라는 점에서 사기죄와 죄질이 같다. 다만 행위수단이 공갈행위(폭력적 요소)라는 점에서 기망을 수단으로 하는 사기죄와 구별된다. 때문에 피공갈자와 재물의 교부자가 다른 경우에는 피공갈자도 피해자가 되며, 재산상의 피해자는 자연인 외에 법인도 포함한다. 또 공갈죄는 피해자의 공포심을 이용하여 재물 또는 재산상의 이익을 취득한다는 점에서 강도죄와 유사하다. 다만 피해자의 반항을 억압할 정도에 이르지 않는 공갈행위를 수단으로 한다는 점에서 강도죄와 정도의 차이가 있다.[1)]

공갈죄는 후기 로마법의 Concussio(위협)에서 유래한다. 이는 직권남용 또는 고소할 것이라고 협박하여 재산상의 이익을 취득하는 것을 의미한다. 이 개념을 확장하여 공갈개념을 형성한 것은 게르만 보통법시대이다. 그러나 여기서도 공갈은 협박적·공안방해적 범죄로 이해되었고, 1851년 프로이센 형법전도 이득목적의 협박이라고 보았을 뿐, 재산죄로서의 공갈을 인정하지 않았다. 공갈죄의 재산죄로서의 성격을 명백히 한 것은 독일제국 형법전(1871년)이고, 강도죄와 완전히 독립하여 구별된 것은 1943년의 형법개정에서이다.

1) 독일 형법은 강도죄(제249조 이하)와 공갈죄(제253조)는 모두 폭행·협박을 수단으로 하고, 또 강도적 공갈(제255조)에서는 폭행·협박의 정도도 강도죄와 동일하다. 따라서 양자의 구별은 강도죄는 피해자의 결의가 배제되어 강제적으로 재물의 점유를 침해하는 것이고, 공갈죄는 행위자의 의사에 따른 피해자의 처분행위에 의하여 재산적 침해가 행해지는 데에 중점을 둔다.

2. 보호법익

공갈죄는 공갈을 수단으로 공포심을 갖게 하여 타인의 재산을 침해하는 재산죄이므로 주된 보호법익은 개인의 재산이다. 동시에 공갈행위로 사람의 의사결정 내지 활동의 자유를 침해하여 재산을 취득하는 것이므로 의사결정 및 신체활동의 자유도 부차적인 법익이 된다. 즉, 이 죄의 보호법익은 개인의 재산과 자유이다. 따라서 공갈죄에 있어서는 피공갈자와 재산상의 피해자 모두 이 죄의 피해자가 된다. 보호받는 정도는 사기죄와 마찬가지로 침해범으로서의 보호이다.

3. 구성요건체계

공갈죄(제350조)를 기본적 구성요건으로 하고, 상습범인 경우에 형을 가중하며(제351조), 미수범은 처벌한다(제352조). 상습공갈죄에 대해서는 폭력행위등처벌에관한법률상의 가중규정(동법 제2조 1항 3호)이 적용되어 상습범에 한하여 사실상 형법규정은 적용 여지가 없다. 친족상도례와 동력규정은 준용한다(제354조). 피공갈자도 공갈죄의 피해자이므로 재산상의 피해자 · 피공갈자 모두와 친족관계가 있는 때에 친족상도례가 적용된다.

제 2 절 공갈의 죄의 범죄유형

Ⅰ. 공갈죄

【구성요건 · 법정형】 ① 사람을 공갈하여 재물의 교부를 받거나 재산상의 이익을 취득한 자는 10년 이하의 징역 또는 2천만원 이하의 벌금에 처한다(제350조 1항).

② 전항의 방법으로 제3자로 하여금 재물의 교부를 받게 하거나 재산상의 이익을 취득하게 한 때에도 전항의 형과 같다(제350조 2항). 미수범은 처벌한다

(제352조). 10년 이하의 자격정지를 병과할 수 있다(제353조).

【특별형법】 폭력행위등처벌에관한법률은, ① 상습으로 또는 2인 이상이 공동하거나, ② 단체나 다중의 위력으로, 또는 단체나 집단을 가장하여 위력을 보이고 공갈죄를 범한 때(특수공갈) 가중규정을 두고 있으며(폭처법 제2조, 제3조), 특정경제범죄가중처벌등에관한법률 제3조는 공갈죄로 취득한 이익의 가액이 5억원 이상 50억원 미만인 때에는 3년 이상의 유기징역에, 50억원 이상인 때에는 5년 이상의 징역에 각각 처하는 가중처벌규정을 두고 있다.

1. 의의·성격

공갈죄는 사람을 공갈하여 재물의 교부를 받거나 재산상의 이익을 취득하거나 또는 제3자로 하여금 재물의 교부를 받게 하거나 재산상의 이익을 취득하게 함으로써 성립하는 범죄이다. 사기죄처럼 재물죄인 동시에 이득죄이다(통설). 이에 대해서 공갈취재죄와 공갈이득죄 모두 위법이득의 의사로 재산상의 손해를 가하는 전체로서의 재산에 대한 범죄라는 견해도 있다.[2] 그러나 사기죄의 보호법익에서 설명한 것 같이 재물을 객체로 하는 공갈취재죄는 개개의 재물을, 재산상의 이익을 취득하는 공갈이득죄는 전체로서의 재산상태를 보호한다고 해야 한다.

2. 객관적 구성요건요소

(1) 객 체

타인이 점유하는 타인 소유의 재물(공갈취재죄)과 재산상의 이익(공갈이득죄)이다.

1) 타 인　　법문에는 타인이라고 명시되어 있지 않으나 자기의 재물에 대해서는 권리행사방해죄가 성립하므로 타인의 재물·재산상의 이익에 한정된다.

타인은 자연인 외에 법인도 포함한다.[3] 재산상의 피해자는 자연인, 법인 구별할 필요가 없기 때문이다.

2) 재물·재산상의 이익　　재물과 재산상의 이익은 사기죄의 그것과 같다. "재물"은 타인이 점유하는 타인의 재물로서 부동산·관리할 수 있는 동력·장

2) 김일수/서보학, 469면.
3) 서일교, 173면; 김윤행, 주석(하), 394면; 정성근, 480면; 강구진, 337면; 김일수/서보학, 470면; 김성돈, 367면.

물 · 소지가 금지된 군수물자 · 불법원인급여물을 포함한다. "재산상의 이익"은 적극적 · 소극적, 영구적 · 일시적 이익 여부와 종류 · 태양은 묻지 않는다. 채무이행연기, 소유권이전의 의사표시, 사무위임의 보수계약체결도 재산상의 이익이다. 판례는 부녀를 공갈하여 정교를 맺은 사안에서 정교자체는 매음을 전제로 한 것이 아니면 경제적 이익이 없다는 이유로 재산상의 이익으로 볼 수 없다고[4] 하였다. 기타 상세한 것은 재산죄의 객체와 강도죄 · 사기죄의 객체에서 설명한 그대로이다.

(2) 행 위

행위는 공갈하여 재물 또는 재산상의 이익을 교부받거나 취득한 것 또는 제3자에게 교부받게 하거나 취득하게 하는 것이다.

1) 공 갈 "공갈"이란 재물을 교부받거나 재산상의 이익을 취득하기 위하여 폭행 또는 협박으로 상대방에게 공포심을 일으키게 하는 일체의 행위를 말한다. 위법이득의 의사로 공포심을 일으키는 것이라는 견해도[5] 있으나 공갈행위 자체에 위법이득의사는 필요없다. 원래 공갈죄는 협박을 그 내용으로 출발한 것이므로 폭행도 공갈수단이 되느냐에 대해서 독일 형법(제253조)과 같은 명문규정이 없으나 "사람을 협박하여"라고 하지 않고 "사람을 공갈하여"라고 규정한 점에 비추어 폭행도 포함한다고 해야 한다(통설). 따라서 예컨대 택시운전자에게 욕설을 하고 구타하여 택시요금의 일부를 면제받거나 피해자의 멱살을 흔들고 따귀를 때려 돈을 교부받는 때에는 폭행에 의한 공갈이 된다.

(a) 폭 행 "폭행"은 사람에 대한 일체의 유형력 행사를 말한다(廣義의 暴行). 물건에 대한 유형력의 행사도 이 죄의 폭행이 될 수 있다. 이 죄의 폭행의 형태에 대해서 사람의 의사결정과 의사활동에 영향을 주는 심리적 폭력(강제적 폭행)에 한하고 절대적 폭력(물리적 폭행)은 제외된다는 것이 다수설이다. 그러나 이 죄는 폭행의 형태가 중요한 것이 아니라 재산적 처분행위를 시킬 수 있는 폭행임을 요하므로 사람의 의사형성이 가능한 것이면 절대적 폭력도 포함한다고 해야 한다.[6] 따라서 강요죄의 폭행과 유사하다.

(b) 협 박 "협박"은 사람에게 공포심을 생기게 하는 해악의 고지로서 상

4) 대판, 1982. 2. 8, 82도2714.
5) 김일수/서보학, 471면.
6) 박상기, 357면.

대방이 현실적으로 공포심을 느낄 수 있는 것이라야 한다(협의의 협박).

고지되는 해악은 현재 또는 장래의 사항도 무방하며, 그 내용은 제한이 없다. 생명 · 신체 · 자유 · 명예 · 신용 · 재산뿐만 아니라 범죄사실을 수사기관에 신고하겠다고 고지하여 그 입막음으로 돈을 받거나 회사의 신용상태 또는 사람의 비밀을 신문에 게재하겠다고 고지하는 때에도 해악고지가 될 수 있다. 상대방이 공포심을 가지고 재물교부 또는 재산처분을 하게 할 수 있으면 협박이 되며, 고지 내용이 반드시 위법한 것임을 요하지 않는다.

【판례】 공갈죄의 수단으로서 협박은 구체적 사정을 참작하여 객관적으로 사람의 의사결정의 자유를 제한하거나 의사실행의 자유를 방해할 정도로 겁을 먹게 할 만한 해악을 고지하는 것을 말하고, 고지하는 내용이 위법하지 않은 것인 때에도 해악이 될 수 있으며, …반드시 명시의 방법에 의할 것을 요하지 않고 거동 또는 피해자와의 특수한 사정에 의하여 상대방으로 하여금 어떠한 해악에 이르게 할 것이라는 인식을 갖게 하는 것이면 족하다(대판, 2001. 2. 23, 2000도4415).

그리하여 판례는 부실공사에 대한 신문기사에 대하여 해당 건설업체의 반박광고가 있자 신문사 사주 및 광고국장이 그 업체 대표이사에게 반박광고에 대한 기자들의 격앙된 분위를 전하면서 자기회사 신문에 사과광고를 게재토록 하고 과다 광고료를 요구한 경우(대판, 1997. 2. 14, 96도1959), 방송사기자가 부실공사를 방송으로 보도하겠다고 위협하여 무마비조로 금품을 받은 경우(대판, 1991. 5. 28, 91도80), 취직한 종업원이 일은 하지 않고 주인을 협박하여 월급상당액을 교부받은 경우(대판, 1991. 10. 11, 91도1755), 피해자의 유혹으로 간통한 자에게 이를 미끼로 협박하여 금원을 교부받은 경우(대판, 1984. 5. 9, 84도573)에도 공갈죄를 인정한다.

(aa) 해악고지 방법 　해악고지 방법도 제한이 없다. 명시적 · 묵시적임을 묻지 않으며, 언어 · 문서 · 거동 · 동작에 의해서 위해를 가할 기세를 보여도 협박이 된다. 다만 거동에 의한 해악고지는 상대방에게 해악이 올 것임을 인식시킬 수 있어야 한다. 또 자신의 직업 · 지위 · 불량한 성행이나 경력 등 위세를 이용하거나 폭력배와 잘 알고 있다는 위세를 보여[7] 공포심을 줄 수도 있다. 해악의 구체적 내용은 알릴 필요가 없으며, 해악의 실현가능성과 실현의사 유무, 고지된 해악내용의 진실 여부[8]와 위법[9]도 묻지 않으며, 해악발생이 행위자의 의

7) 대판, 2003. 5. 13, 2003도709.
8) 대판, 1961. 9. 21, 4294형상385.
9) 대판, 1991. 11. 26, 91도2344.

사로 좌우할 수 있는 것으로 고지되면 족하다.[10]

(bb) 곤혹과 공갈 　불리한 사실을 고지하여 사람을 곤혹시키고, 사회적·경제적 신용실추나 손실을 방지하려는 타산적 심리상태에서 재물을 교부한 때에도 해악고지로서 공갈죄가 되느냐가 문제된다. 이른바 곤혹공갈(困惑恐喝)을 인정하는 견해도 있다.[11] 그러나 곤혹의 개념이 반드시 명백한 것이 아니므로 구체적 사정을 고려하여 공포심을 일으킬 만한 객관적 사정이 있는 때에만 공갈을 인정해야 할 것이다.

【판례】 홧김에 고소·구금하겠다는 농을 하여 채무변제를 받은 때(대판, 1957. 3. 29, 4290형상26), 범인으로 오인되어 경찰에 끌려가 구타당한 후 입원치료비 변상을 요구하면서 이에 불응하면 무고죄로 고소하겠다고 하여 치료비를 받은 때(대판, 1971. 11. 9, 71도1629)에는 권리행사로서 위법성이 조각된다고 하였다.

(cc) 경고와 공갈 　천재지변이나 길흉화복의 도래를 고지하고, 공포심이 생긴 상대방으로부터 재물을 교부받은 때에도 해악고지에 의한 공갈죄가 성립하느냐에 대해서 긍정설[12]과 부정설[13]이 대립한다. 천재지변·길흉화복의 고지가 단순한 경고에 그친 때에는 해악고지라 할 수 없다. 이에 대해서 행위자가 그 고지 내용을 사실상 지배하고 있는 것처럼 믿게 하거나 자신이 그 도래에 대해서 영향을 미칠 수 있는 것으로 믿게 하여 공포심을 생기게 한 때에는 공갈죄를 구성한다고 본다. 판례도 같은 태도이다.[14]

(dd) 해악고지의 주체 　해악고지는 제3자를 통해서 고지되어도 무방하다. 이 경우에 제3자에 대해서 공갈자가 영향을 줄 수 있는 지위에 있다는 것을 상대방에게 알리거나 상대방이 그러한 사정을 추측할 수 있는 상황이 있어야 한다.[15] 다만 공갈자와 제3자가 공동정범의 관계가 있는 때에는 제3자를 통한 해악고지가 되지 않는다.

---

10) 대판, 2001. 3. 23, 2001도359.
11) 황산덕, 291면.
12) 김윤행, 주석(하), 403면.
13) 황산덕, 307면; 이건호, 351면; 강구진, 338면.
14) 대판, 2002. 2. 8, 2000도3245: 조상천도제를 지내지 아니하면 좋지 않은 일이 생긴다는 취지의 해악의 고지가 공갈죄의 수단으로써 협박으로 평가될 수 없다고 한 사례.
15) 유기천(상), 283면; 황산덕, 307면; 정영석, 328면; 서일교, 174면; 김종원, 222면; 정성근, 484면; 김성돈, 369면.

(c) 폭행 · 협박의 정도　폭행 또는 협박은 사람의 의사결정과 활동의 자유를 제한하는 정도로서 충분하고, 반항억압의 정도에 이르지 않아야 한다.[16] 따라서 공갈죄의 폭행 · 협박과 강도죄의 그것은 질적 차이가 아니라 양적 차이에 불과하다.

반항억압 유무판단에 대해서 생명 · 신체에 위협을 가하겠다는 유형적 위협이면 강취이고, 재산침해 · 명예훼손 · 범죄폭로와 같은 무형적 위협이면 갈취가 된다는 견해도[17] 있다. 그러나 반항억압 여부가 유형적인가 아닌가에 따라 획일적으로 구별되지 않는다. 행위자와 피해자의 성별 · 신분 · 체격과 행위시의 시간과 장소 등 구체적 사정을 종합적으로 고려하여 객관적으로 판단해야 한다. 이러한 사정을 고려하여 객관적으로 공포심을 일으키기에 족한 것이면 상대방이 공포심을 느끼지 않았어도 공갈미수죄가 되며, 반대로 객관적으로 공포심을 일으킬 수 없는 행위에 대해서 상대방이 공포심을 느끼고 재물교부를 하여도 공갈죄는 성립할 수 없고, 경우에 따라 절도죄가 될 수 있다. 다만 어떤 행위가 그것만으로 공포심을 일으키기 부족하여도 다른 사정과 결합하여 공포심을 일으킬 수 있으면 공갈행위가 될 수 있다.

2) 공갈의 상대방　공갈행위의 상대방(피공갈자)은 재산상의 피해자와 같은 사람임을 요하지 않는다. 피공갈자와 재산상의 피해자가 다른 때에는 피공갈자는 피해자의 재산을 처분할 수 있는 권한이나 지위에 있어야 한다. 따라서 처를 공갈하여 그의 남편으로부터 재물을 교부받은 때, 회사의 이사를 협박하여 그로부터 회사의 금품을 교부받은 때, 타인의 사무를 처리하는 자를 협박하여 그로부터 본인의 금품을 교부받은 때에도 공갈죄는 성립한다.

3) 재산적 처분행위　공갈죄가 성립하기 위해서는 피해자의 재물교부나 재산상의 이익을 제공하는 처분행위가 있어야 한다. 처분행위는 사기죄의 그것과 같다. 처분행위는 작위 · 부작위 또는 묵인으로 할 수 있다. 통설 · 판례의[18] 태도이다. 재산처분행위자와 피공갈자는 같은 사람이라야 한다.

(a) 처분행위의 직접성　피공갈자의 재산처분행위로 인하여 직접 재산상의 손해가 발생해야 하느냐에 대해서 사기죄의 경우와 구별하여, 공갈죄에 있어서

16) 대판, 1960. 2. 29, 4292형상997; 대판, 1979. 7. 24, 79도1329; 대판, 1981. 2. 24, 81도73.
17) 정영석, 344면 이하.
18) 대판, 1960. 2. 29, 4292형상997.

는 이를 부정하는 견해도[19] 있다. 피해자의 묵인에 의한 처분행위가 인정된다는 점을 그 이유로 한다. 그러나 직접성에 관해서 사기죄와 공갈죄를 다르게 해석할 이유가 없다. 사기죄의 처분행위는 자의성이 강한 것임에 대해서 공갈죄의 처분은 타의성이 강하다는 실질성에 비추어 묵인에 의한 처분이 가능하기 때문이다.[20]

(b) 인과관계　　협박 또는 폭행과 공포심 야기 및 재산적 처분행위 사이에 연차적인 인과관계가 있어야 한다. 따라서 협박 또는 폭행을 원인으로 하지 않는 재산의 처분행위가 있어도 공갈죄는 성립하지 않는다. 다만 다른 사정으로 공포심을 가지고 있는 자에게 공포심을 유지·확실하게 하여 재산처분행위를 하게 하였을 때에는 공갈죄가 성립한다. 공갈하였으나 상대방이 공포심을 갖지 못하였거나 동정 때문에 재물을 교부하였다면 공갈미수죄가 성립한다. 피공갈자와 재물피해자는 같은 사람이 아니라도 무방하지만 피공갈자와 처분행위자는 같은 사람이라야 한다.

4) 재산상의 이익취득　　재물을 취득하는 공갈취재는 재물의 점유를 옮기는 피해자의 재물교부 또는 묵인에 의하여 취거할 수 있다. 재산상의 이익을 취득하는 공갈이득은 재산적 이익에 한하고 비재산적 이익인 때에는 폭력에 의한 권리행사방해죄(제324조)가 성립할 수 있다.[21] 판례는 매음의 대가지불을 약속하고 정교(情交)를 한 후 폭행·협박으로 매음료의 지급을 면한 때에 공갈죄를 인정한다.[22] 취득하는 불법이익은 이익취득의 수단·방법이 불법하다는 의미이고, 재산상의 이익 자체가 불법하다는 의미는 아니다. 처분행위는 부작위로서도 가능하다. 따라서 채권자의 지불청구를 협박으로 해태시키고 채무이행을 면한 때에도 공갈죄가 된다.

5) 갈취이득액　　공갈행위로 취득한 재산 중에 행위자가 취득할 수 있는 권리가 있는 때에도 그 재산의 가분·불가분을 묻지 않고 취득한 전부에 대해서 공갈죄가 성립한다. 이 경우 대가제공이 있어도 취득한 전부가 공갈이득액이 된다. 후일에 반환할 의사가 있거나 공갈자와 피해자 사이에 유효한 계약이 성립

---

19) 이재상, 380면.
20) 김일수/서보학, 473면; 배종대, 511면; 박상기, 358면 이하; 손동권, 402면.
21) 유기천(상), 223면; 서일교, 174면; 김종원, 223면; 정성근, 487면.
22) 대판, 1983. 2. 8, 82도2714. 그러나 창녀나 주점접대부가 아닌 부녀를 공갈수단으로 정교를 맺었다 하더라도 공갈죄가 되지 않는다.

하여도 공갈죄의 성립에 영향이 없다.

6) 재산상의 손해　공갈죄도 사기죄와 마찬가지로 피해자에게 재산상의 손해가 발생하여야 한다. 종래의 다수설은 공갈죄의 성립에도 손해발생을 요건으로 하지 않는다고 하여 상당한 대가를 지급하여 본인에게 손해가 없는 때에도 이 죄가 성립한다고 한다.[23] 그러나 이 죄는 재산침해범죄이므로 법률의 명시 여부를 불문하고 재산상의 손해발생은 필요하다고 해야 한다.[24] 현재의 다수설이다.

7) 실행의 착수 · 기수시기

(a) 착수시기　공갈의 의사로 폭행 또는 협박이 개시된 때에 실행의 착수가 있다. 상대방이 공포심을 일으켰는가는 묻지 않는다. 제3자를 통해서 해악고지를 전달시킨 때에는 피해자에게 전달된 때,[25] 간접정범의 형태로 공갈한 경우에도 해악고지가 상대방에게 도달한 때에 착수가 있다.

(b) 기수시기　공갈취재에 있어서는 피해자의 재산처분행위로 점유 또는 소유권 이전등기를 설정한 때에 기수가 된다. 공갈행위 · 공포심 야기 · 재산처분행위 사이에는 연차적인 인과관계가 있어야 한다. 공갈이득에 있어서는 재산상의 이익 내지 형식적 명의를 취득한 때에 기수가 된다. 채권도 이를 취득한 때에 기수가 된다.

3. 주관적 구성요건요소

고의가 있어야 한다. 이 죄의 고의는 사람을 공갈하여 재산을 취득한다는 인식 · 의사이다. 통설 · 판례는 고의 외에 불법이득의 의사가 있어야 한다고 한다. 그러나 불법이득의 의사는 고의 내용에 포함되었다고 본다. 공갈수단인 해악고지는 재산취득의 목적으로 한 것이라야 한다.

---

23) 유기천(상), 285면; 황산덕, 312면; 정영석, 346면; 김종원, 223면; 백형구, 199면; 오영근, 453면; 정영일, 347면.

24) 정성근, 488면; 이형국, 404면; 이재상, 381면; 김일수/서보학, 474면; 진계호, 388면; 박상기, 360면; 배종대, 512면; 임웅, 395면; 김성천/김형준, 546면; 손동권, 404면; 김성돈, 371면.

25) 대판, 1969. 7. 29, 69도984. 이 판결은 피해자의 고용인을 통해서 50만원을 주지 않으면 피해자가 경영하는 기업체의 경리비밀과 탈세사실을 국세청이나 정보부에 고발하겠다는 말을 피해자에게 전하라고 하여 고용인이 이를 전달한 때 실행의 착수가 있다고 하였다.

4. 위법성(권리행사와 공갈죄)

재산을 취득할 수 있는 권리자가 권리실행의 수단으로서 공갈수단을 사용한 때에 공갈죄가 성립하느냐에 대해서 견해가 대립한다. 구체적 사실관계에 따라 차이가 있으므로 이를 다음과 같이 나누어 살펴보아야 한다.

(1) 권리남용과 공갈죄

정당한 권리자가 권리실행의 의사 없이 권리행사를 빙자하여 재산을 갈취한 때에는 권리행사라 할 수 없으므로 공갈죄가 성립한다. 판례도 공갈죄를 인정한다.[26]

(2) 권리초월과 공갈죄

정당한 권리자가 권리의 범위를 초과하여 공갈수단으로 재산을 취득한 때에는 그 권리행사의 수단이 사회통념상 용인될 수 없는 경우에 한하여 취득한 재산의 가분, 불가분을 묻지 않고 그 전부에 대해서 공갈죄가 성립한다고 본다. 이에 대해서 그 재산이 가분이면 초과부분에 대하여, 불가분이면 전체에 대하여 공갈죄가 성립한다는 견해도[27] 있다. 그러나 권리행사와 사기죄에서 설명한 대로 가분인가 아닌가에 따라 범죄성립에 차이를 두는 것은 타당하지 않다.

(3) 권리행사와 공갈죄

정당한 권리자가 공갈수단을 사용하여 권리범위 내의 재산을 취득한 때에는 학설이 대립한다. 학설대립은 탈취죄의 보호법익과 불법영득(이득)의사의 필요성 여부와 관련하여 논의되고 있다.

1) 무죄설　사기죄와 공갈죄는 정당한 법률상의 원인 없이 불법으로 재산을 취득하는 범죄이므로 정당한 권리 있는 자의 편취・갈취는 죄가 성립하지 않는다고 한다.[28]

2) 공갈죄설　권리행사도 그 수단이 사회통념상 용인된 범위를 일탈한 때에는 위법하므로 공갈수단으로 재산을 취득하면 공갈죄가 성립한다는[29] 것이다.

---

26) 대판, 1961. 9. 21, 4294형상385; 대판, 1971. 7. 6, 71도712; 대판, 1996. 9. 24, 96도2151.
27) 서일교, 169면; 황산덕, 313면; 김종원, 223면; 이재상, 382면; 임웅, 418면.
28) 서일교, 168면 이하.
29) 유기천(상), 288면(자구행위요건을 구비한 때에만 위법성 조각으로 본다); 정영석, 331면; 이건호, 352면; 정성근, 492면; 백형구, 201면; 오영근, 455면; 손동권, 406면; 김성돈, 373면.

3) 협박(폭행 · 강요)죄설 재산죄는 정당한 재산권을 보호하는 것이므로 위법 수단을 사용한 때에도 정당한 권리행사에 대해서는 공갈죄가 성립할 수 없고, 단지 협박죄 또는 폭행죄(혹은 강요죄)만 성립한다는 견해로 두 가지 이론 구성방법이 있다. ① 공갈행위의 수단이 위법하므로 수단이 되는 폭행 · 협박은 폭행죄 또는 협박죄가 성립한다는 견해와[30] ② 정당한 권리행사는 불법영득(이득)의 의사가 없으므로 공갈죄의 구성요건해당성이 부정되고, 폭행죄 또는 협박죄[31]나 경우에 따라 강요죄[32]만 성립한다는 것이다.

4) 판례의 태도 판례는 "공갈행위로서 해악고지가 비록 정당한 권리의 실현수단으로 사용된 경우라고 하여도 그 권리실현의 수단 · 방법이 사회통념상 허용되는 정도나 범위를 넘는 것인 이상 공갈죄의 실행에 착수한 것으로 보아야 한다"고[33] 하고 일관하여 공갈죄설을 따르고 있다.

5) 결 어 소유권을 비롯한 모든 권리행사는 공익성 내지 의무도 수반하므로 합법적 권리행사만이 법의 보호를 받을 수 있다. 따라서 무죄설의 근거는 없다. 협박죄설은 이상의 취지를 고려하여 불법한 수단 그 자체에 대해서만 형법적 평가를 한다. 그러나 권리행사에 있어서는 상대방에게 의무 없는 일을 강요하는 것이 아니므로 강요죄는 성립할 수 없다.

불법영(이)득의 의사는 재산을 실질적으로 탈취하는 고의 내용에 포함되어 있다고 할 때에는 공갈죄의 고의가 있으면 영득의 의사도 있다고 할 수 있으며, 가령 불법영득의 의사 필요설에 따른다 하여도 불법영득의 의사는 "위법하게" 영득하는 영득행위의 주관적 측면에 불과하므로 권리행사와 관계없이 재산을 취득하는 갈취행위 자체가 영득행위에 해당하여 이에 대한 의사도 있다고 해야 한다. 그리고 공갈행위로 취득하는 불법이익은 이익 자체의 불법이 아니라 이익 취득의 수단 · 방법이 불법하다는 의미이므로 권리행사의 수단 · 방법이 사회통념상 용인된 범위를 일탈한 때에는 공갈죄가 성립한다고 본다.

---

30) 김종원, 233면.

31) 이형국, 404면; 이재상, 382면; 김일수/서보학, 476면 이하; 박상기, 361면; 진계호, 389면; 임웅, 418면; 배종대, 514면(강요죄도 성립한다).

32) 장영민, 「권리행사방해죄와 공갈죄의 성부」(형사판례연구 4), 405면.

33) 대판, 1996. 3. 22, 95도2801; 대판, 2001. 2. 23, 2000도4415. 같은 취지: 대판, 1985. 9. 10, 84도2644; 대판, 1990. 3. 27, 89도2036; 대판, 1991. 12. 13, 91도2127; 대판, 1993. 9. 14, 93도915; 대판, 1996. 9. 24, 96도2151.

5. 죄수 · 타죄와의 관계

(1) 죄 수

1) 공갈행위가 1개인 경우 1개의 공갈행위로 같은 피해자로부터 수회에 걸쳐 재물을 교부받은 때에는 포괄일죄가 된다. 1개의 공갈행위로 재물과 재산상의 이익을 취득한 때에도 공갈죄의 포괄일죄이다.

1개의 공갈행위로 수인으로부터 재물을 갈취한 때에는 단순일죄설,[34] 포괄일죄설[35]이 있으나 수개의 공갈죄의 상상적 경합이 된다고 본다. 그러나 1개의 공갈행위로 수인을 공갈하여 그 공동점유하는 재물을 갈취하면 1개의 점유를 침해한 단순일죄가 된다.

2) 공갈행위가 수개인 경우 같은 피해자에게 수회에 걸쳐 갈취하면 공갈죄의 경합범이다.[36] 피해자가 수인인 때에는 피해자의 수에 따라 수개의 공갈죄의 경합범이 된다.

(2) 타죄와의 관계

1) 사기죄와의 관계 협박과 기망이 하자 있는 의사형성에 우열을 가릴 수 없을 정도로 동질적으로 작용한 때에는 사기죄와 공갈죄의 상상적 경합이 된다.[37] 기망수단을 함께 사용해도 공포심 때문에 재산적 처분행위를 한 것이면 공갈죄가 된다.

2) 타재산죄와의 관계 타인의 소유물을 보관하는 자를 공갈하여 그 재물을 취득하면 공갈죄가 된다. 장물소지자를 공갈하여 그 정을 알면서 이를 교부받은 때에는 공갈자와 장물의 본범 사이에 내적 연관이 없으므로 공갈죄만 성립한다.

3) 수뢰죄와의 관계 공무원이 직무행위와 관련하여 상대방을 공갈하여 재물을 취득한 때에는, 공무원이 직무집행의 의사로 직무와 관련하여 갈취하였으면 수뢰죄와 공갈죄의 상상적 경합이 되고, 직무집행의 의사 없이 이를 빙자하여 갈취하였으면 공갈죄만 성립한다(다수설 · 판례).[38] 이 경우 피공갈자에게 증뢰

---

34) 서일교, 176면.

35) 황산덕, 310면.

36) 김일수/서보학, 478면; 대판, 1958. 4. 11, 4290형상360: 「피해자는 동일인이라도 협박의 일시 · 장소가 상이하므로 협박행위마다 1개의 공갈이 된다」. 이에 반해 포괄일죄설은 오영근, 456면.

37) 공갈죄만 성립한다는 견해는 오영근, 456면.

38) 유기천(상), 292면; 황산덕, 310면; 서일교, 322면; 정영석, 349면; 정성근, 495면; 강구진,

죄가 성립하느냐에 대해서 긍정설[39]이 있으나 피공갈자는 공갈죄의 피해자로 보아야 하므로 부정설이 타당하다. 판례도 증뢰죄의 성립을 부정하고 있다.[40]

4) 현금카드 갈취와 현금인출　현금카드 소지자를 협박하여 카드를 갈취하고, 피해자의 하자 있는 승낙하에 현금자동지급기에서 현금을 인출한 일련의 행위는 단일한 예금갈취의사에 의한 계속된 일련의 행위이므로 공갈죄만 성립한다는 것이 판례의 태도이다.[41]

5) 기타 죄와의 관계　공갈죄가 성립하는 때에는 협박・폭행은 이에 흡수된다. 영리목적으로 사람을 약취・유인하여 그 석방의 대가로서 금품을 요구한 때에는 인질강도죄만 성립한다. 공갈의 의사로 사람을 감금한 때에는 감금죄와 공갈죄의 경합범이 되며, 공갈수단으로 업무를 방해한 때에도 같다고 본다.

Ⅱ. 상습공갈죄

> 【구성요건・법정형】 상습으로 제350조(공갈)의 죄를 범한 자는 그 죄에 정한 형의 2분의 1까지 가중한다(제351조). 미수범은 처벌한다(제352조). 10년 이하의 자격정지를 병과할 수 있다(제353조).

상습성으로 형을 가중한 것이다. 상습에 대해서는 상습상해죄에서 설명한 바와 같다. 폭력행위등처벌에관한법률 제2조 1항 3호는 상습공갈죄에 대해서 3년 이상의 유기징역에 처한다. 친족상도례 및 동력규정은 준용한다(제354조). 또 특정경제범죄가중처벌등에관한법률 제3조는 5억원 이상의 이득액에 대해서 특별가중처벌한다. 통설・판례는 상습범을 포괄일죄로 취급하므로 상습공갈로 이득한 가액이 5억원 이상이면 이 특별가중규정이 적용될 것이다.

341면; 이재상, 384면; 진계호, 391면; 박상기, 362면; 배종대, 515면; 오영근, 457면; 정영일, 352면. 대판, 1966. 4. 6, 66도12; 대판, 1994. 12. 22, 94도2528.

39) 서일교, 323면; 정영석, 55면; 이재상, 385면; 진계호, 392면; 오영근, 457면; 정영일, 352면.

40) 대판, 1969. 7. 22, 69도1166.

41) 대판, 1996. 9. 20, 95도1728.

제6장 횡령의 죄

제1절 횡령의 죄 일반론

1. 의 의

횡령의 죄는 두 가지 유형이 있다. 하나는 타인의 위탁을 받아 보관하고 있는 타인의 재물을 위탁에 의한 신뢰관계를 배반하고 영득하는 위탁물횡령죄(횡령죄)이고, 다른 하나는 위탁관계 없이 타인이 유실 또는 그 점유를 떠난 타인의 재물을 영득하는 점유이탈물횡령죄이다. 행위객체가 재물이고 타인의 점유를 침해하지 않는 재산죄라는 점에서 두 가지 모두 횡령죄이지만 점유이탈물횡령죄는 위탁관계가 없고 신분범이 아니라는 점에 차이가 있다. 따라서 점유이탈물횡령죄는 단순한 재물취득죄의 성질을 가진 영득죄로서 가장 기본적인 재물죄라 할 수 있다. 독일 형법이 점유이탈물횡령죄를 횡령죄의 기본유형으로 하고, 위탁물횡령죄는 그 가중유형으로 하고 있는 이유도 이러한 취지라 할 수 있다. 우리 형법의 점유이탈물횡령죄는 자기가 점유하지 않는 재물도 그 객체로 하며, 재물보관자의 신분이 없는 비신분범이므로 위탁물횡령죄와 성질을 달리하는 별개의 범죄라고 해야 한다.

【횡령죄와 다른 재산죄와의 구별】 i) 위탁물횡령죄와 점유이탈물횡령죄는 타인점유가 없는 재물을 영득하는 순수한 재물죄이므로 타인이 점유하는 타인의 재물을 탈취 또는 교부받는 절도죄·강도죄·사기죄·공갈죄와 구별된다. 타인의 소유권을 침해하는 재물죄라는 점에서는 절도죄와 같다. 그러나 횡령죄는 타인의 점유침해가 없고, 범죄 수행방법이 평화적이며, 범행동기도 유혹적이므로 절도죄보다 가볍게 처벌하고 있다.

ii) 그리고 위탁물횡령죄와 배임죄는 타인에 대한 위임신뢰관계를 배반하는 진정신분범이라는 점에서 성질이 같은 범죄이다. 다만 위탁물횡령죄는 재물만을 그 객체로 하는 재물죄임에 대해서 배임죄는 재산상의 이익을 그 객체로 하는 순수한 이득죄라는 점에서 외견상 구별할 수 있다.[1] 그러나 위탁된재물에 대해서 권한을 남용하여 불법사용하는 때에도 배임죄가 성립하는 경우가 있으므로 재물에 대한 배임죄의 성립이 반드시 부정되는 것은 아니다.[2] 따라서 원칙적으로 그 객체가 재물인가 재산상의 이익인가에 따라 두 죄를 구별하되 위탁재물에 대한 권한초월(보관의무위반)의 처분이 있는 때에는 횡령죄, 권한의 범위내에서 권한남용의 처분이 있는 때에는 배임죄가 된다고 하는 것이 타당하다고 본다. 그러므로 배임죄와 횡령죄는 일반법과 특별법의 관계에 있다고 한다. 판례도 같은 태도이다.[3]

2. 본 질

위탁물 횡령죄의 본질, 즉 횡령행위의 성질을 어떻게 파악할 것이냐에 대해서 견해가 대립한다.

(1) 영득행위설

횡령죄는 위탁을 받아 보관하고 있는 타인의 재물을 위법하게 영득하는 데에 그 본질이 있다는 견해이다. 보관하는 재물에 대하여 불법영득의 의사를 실현하는 범죄가 횡령죄라는 것이다. 이에 따르면 보관하는 재물을 일시사용, 손괴, 은닉의 목적으로 배신적 처분을 하여도 불법영득의 의사가 없으면 횡령죄는 성립하지 않는다. 영득죄의 주관적 요소로서 불법영득의 의사가 필요하다는 통설의 태도이다.[4] 또 횡령죄는 위탁자의 신뢰관계를 배반하여 보관재물을 불법영득하는 데에 본질이 있다 하고, 불법영득 의사가 수반된 배신행위가 횡령죄가 된다는 주장(절충설)도[5] 같은 견해이다.

---

1) 횡령죄와 배임죄는 두 죄가 신뢰관계 위배라는 점에서 성질의 차이가 없고 객체가 재물인가 재산상의 이익인가에 따라서만 구별한다면 두 죄는 일반법과 특별법의 관계를 인정해야 하는데, 그렇게 되면 횡령죄가 성립하는 경우에는 배임죄의 구성요건도 충족하게 되고 다만 법조경합에 의해서 횡령죄만 적용한다고 생각할 수 밖에 없다. 그러나 이러한 결론은 타당하다고 할 수 없으므로 이 두 죄의 관계에 대해서는 재검토가 요망된다고 본다.

2) 질권자의 위탁을 받아 질물(質物)을 보관 중인 자가 임의로 질물소유자에게 교부한 경우 질권침해를 이유로 배임죄가 성립할 수 있다.

3) 대판, 1961. 12. 4, 4294형상371.

4) 유기천(상), 297면; 황산덕, 315면; 서일교, 181면; 남흥우, 204면; 김종원, 231면; 이형국, 411면; 강구진, 348면; 이재상, 387면; 김일수/서보학, 351면; 진계호, 395면; 임웅, 424면; 백형구, 205면; 이정원, 438면; 손동권, 411면; 정영일, 357면; 김성돈, 377면. 이외에 횡령의 경우는 영득행위설, 반환거부의 경우는 월권행위설이 타당하다는 이원설은 오영근, 463면 이하도 있다.

5) 배종대, 518면; 박상기, 366면 이하; 김성천/김형준, 557면.

(2) 월권행위설

횡령죄는 위탁을 받아 보관하는 재물에 대해서 위탁의 취지에 반하여 권한초월의 처분을 하여 신뢰관계를 배반하는 데에 그 본질이 있다는 견해로서[6] 불법영득의 의사 불요설에서 주장한다. 불법처분설 또는 배신행위설이라고도 한다. 이 견해를 그대로 관철하면 보관하는 재물을 위탁의 취지에 반하여 일시사용, 손괴, 은닉의 목적으로 처분한 때에도 배신적 권한일탈이 있으므로 횡령죄가 성립한다. 따라서 영득행위설보다 횡령죄의 성립범위가 확대된다.

(3) 평 가

횡령죄는 위탁을 받아 보관하는 재물에 대해서만 성립하는 재물죄이므로 배신설을 취하는 우리나라에서는 영득행위설이건 월권행위설이건 위탁에 의한 신뢰관계를 배반하는 배신행위가 없는 횡령죄를 인정하는 견해는 없다. 즉, 불법영득의 의사가 없는 횡령죄는 인정할 수 있어도 배신행위 없는 횡령죄는 생각할 수 없다. 영득행위설도 위탁관계에 의한 보관재물을 "영득한다는 배신성" 때문에 횡령죄를 인정한다.[7] 따라서 절충설 그 자체가 바로 영득행위설을 의미할 뿐이고, 이 견해가 영득행위설과 구별되는 새로운 학설은 아니다. 결국 영득행위설인가 월권행위설인가에 귀착할 뿐이다.

1) 영득행위설의 검토 영득행위설은 불법영득의 의사실현이 횡령죄의 본질이라 하고 있을 뿐이고, 횡령죄에서 요구되는 불법영득의 의사의 구체적 내용이 무엇인지 명백하지 않다. 그 내용이 "소유자 의사실현"이라고 한다면 일시사용·손괴·은닉의 목적도 소유자 의사에 포함되므로 월권행위설과 차이가 없다. 또 그것이 "용법에 따른 이용 또는 처분할 의사"라고 한다면 손괴목적을 제외한 이용 또는 처분은 소유자가 아니면 할 수 없는 처분이므로 이 처분은 재물보관자에 있어서는 권한 없는 처분을 의미한다. 그렇다면 일시사용·은닉목적의 처분도 불법영득의 의사를 실현하는 횡령죄가 된다고 해야 한다.[8] 즉, 영득행위설에 따른다 하여도 기껏해야 손괴목적의 처분만이 횡령죄의 성립 여부가 문제될 뿐이고, 나머지는 월권행위설과 차이가 없다. 따라서 영득행위설은 일시사용·은닉 목적의 행위에 대해서 횡령죄의 성립을 부정하는 근거가 불명확하

---

6) 이건호, 557면; 정영석, 356면.
7) 이재상, 392면.
8) 손괴·은닉도 횡령이 된다는 일본의 학설과 판례에 대해서 前田, 188면 이하, 300面 참조.

다고 할 수밖에 없다.

횡령죄에 있어서는 보관자가 재물을 점유하고 있으므로 횡령죄는 절도죄와 같은 점유침해가 없다. 따라서 횡령의 객관적 측면에 해당하는 횡령행위는 그 주관적 측면인 고의의 인식대상과 일치할 뿐이고 별도로 고의의 인식대상을 초과하는 객관적 사정은 존재하지 않는다. 이 점에서 독일 형법 제246조가 "동산을 위법하게 영득한 자"라고 규정한 것과 다르다. 불법영득의사 필요설에 따른다 하여도 횡령죄에 있어서의 불법영득의 의사는 고의의 내용이 될 뿐이고 고의를 초과하는 초과주관적 요소는 아니라고 해야 한다.

2) (배신적) 월권행위설의 타당성 따라서 횡령죄의 본질은 어디까지나 위탁에 의한 신뢰관계를 배반하여 권한을 초월한 배신적 처분에 있다고 해야 하고, 불법영득의 의사를 가지고 설명할 것은 아니다. 다만 횡령죄도 재물을 영득하는 영득죄이고 횡령 자체는 영득의 의미를 포함하고 있으므로 횡령죄는 위탁에 따른 권한을 초월하여 배신적 처분에 의한 영득이라 해야 한다. 배신적 영득이 있어야 하므로 보관물의 단순한 손괴행위는 횡령이 될 수 없으나 보관물의 은닉행위는 반환거부에 해당하므로 횡령이 될 수 있다. 보관물을 은닉한 횡령도 신뢰관계를 위반한 배신적 처분 때문에 단순한 손괴죄의 은닉보다 중하다고 할 수 있다.

종래의 월권행위설에 따르면 자기가 보관하는 재물에 대한 손괴가 타인 점유재물에 대한 손괴보다 중하게 처벌되므로 월권행위설은 불합리하다는 비판이 있다.[9] 그러나 가령 보관물에 대한 손괴가 횡령죄에 해당한다고 하더라도 그 손괴는 손괴죄처럼 단순한 손괴가 아니라 "보관의무위반이 있는 배신적 손괴"이므로 이를 손괴라는 외형만 가지고 손괴죄와 단순비교하는 그 자체가 횡령죄의 본질을 고려하지 않는 형식논리라고 해야 한다.

3. 보호법익·구성요건체계

(1) 보호법익

횡령죄의 보호법익은 소유권이다. 타인의 점유를 침해하지 않는다는 점에서 절도죄·강도죄와 구별된다. 따라서 절도죄의 보호법익에 대해서 소유권 및 점유라고 하는 입장에서도 횡령죄에 있어서는 소유권만이 보호법익이 된다고 해

9) 이재상, 387면; 임웅, 424면.

야 한다. 위탁물횡령죄·점유이탈물횡령죄 모두에 공통되는 보호법익이다. 보호의 정도는 침해범이다.[10] 이에 대해서 위험범이라는 견해도[11] 있다. 판례도[12] 위험범설의 입장이다. 그러나 횡령행위로 인하여 소유자의 소유권행사가 침해되며, 미수범도 처벌하고 있으므로 침해범설이 타당하다고 본다.

(2) 구성요건체계

횡령의 죄는 단순횡령죄(제355조 1항), 업무상 횡령죄(제356조), 점유이탈물횡령죄(제360조)의 세 가지 유형이 있다. 기본적 구성요건은 단순횡령죄이고, 타인의 재물을 보관하고 있는 자만이 이 죄의 주체가 될 수 있는 진정신분범이다. 업무상 횡령죄는 단순횡령죄에 대하여 업무자라는 신분으로 책임이 가중되는 가중적 구성요건이며 이중신분범이다. 점유이탈물횡령죄는 위탁관계에 의한 보관이 없는 비신분범으로서 위탁물횡령죄와 성질을 달리하는 독립된 구성요건이다. 이 외에 특정경제범죄가중처벌등에관한법률은 횡령죄와 업무상 횡령죄에 대하여 법정형을 다시 가중하는 특별규정을 두고 있다.

횡령의 죄에 대해서도 친족상도례와 동력규정이 준용된다(제361조). 친족관계는 행위자와 재물의 소유자 사이에 존재해야 한다. 재물 소유자와 위탁자가 다른 경우에도 위탁자와 친족관계는 요하지 않는다고 본다.[13]

---

10) 정성근, 498면; 이형국, 411면; 김일수/서보학, 351면; 진계호, 394면; 배종대, 517면; 이정원, 437면; 백형구, 204면; 오영근, 461면; 김성돈, 376면.

11) 유기천(상), 299면; 이재상, 386면; 박상기, 365면; 임웅, 422면; 손동권, 410면; 김성천/김형준, 558면; 정영일, 355면.

12) 대판, 1975. 4. 22, 75도123; 대판, 2002. 11. 13, 2002도2219.

13) 이에 대해서 소유자·위탁자 쌍방과 친족관계가 있어야 한다는 견해는 정영석, 360면; 김일수/서보학, 268면; 임웅, 455면; 백형구, 126면.

제 2 절 횡령죄의 범죄유형

Ⅰ. 단순횡령죄

【구성요건 · 요소】 타인의 재물을 보관하는 자가 그 재물을 횡령하거나 그 반환을 거부한 때에는 5년 이하의 징역 또는 1천500만원 이하의 벌금에 처한다(제355조 1항). 미수범은 처벌한다(제359조). 10년 이하의 자격정지를 병과할 수 있다(제358조). 친족상도례와 동력규정은 준용한다(제361조).

【특별형법】 특정경제범죄가중처벌등에관한법률 제3조는 횡령죄를 범한 자의 재물취득가액이 ① 50억원 이상인 때에는 무기 또는 5년 이상의 징역에, ② 5억원 이상 50억원 미만인 때에는 3년 이상의 유기징역에 처한다. ③ 이득가액 이하에 상당하는 벌금을 병과할 수 있다.

1. 의의 · 성격

단순횡령죄는 타인의 재물을 보관하는 자가 재물을 횡령하거나 반환을 거부함으로써 성립하는 범죄이다. 침해범 · 상태범의 성격을 가진 범죄이고 진정신분범 · 의무범의 일종이다. 의무범적 진정신분범이므로 의무없는 자는 공동정범 · 간접정범은 될 수 없으나 협의의 공범은 될 수 있다. 신분자는 간접정범이나 부작위범의 형태로 이 죄를 범할 수 있다.

2. 객관적 구성요건요소

(1) 주 체

주체는 위탁관계에 의하여 타인의 재물을 보관하는 자이다(진정신분범). 타인의 재물은 타인의 소유물을 의미하므로 타인의 소유물을 보관하는 자만이 주체가 된다. 공동소유도 타인의 재물에 해당한다. 재물의 보관은 법률상의 지배도 포함하므로 자연인은 물론 법인도 보관자가 될 수 있다. 보관자는 위탁관계에 의한 보관의무가 있으므로 의무범의 성질을 갖는다.

1) 보 관 "보관"이란 위탁관계에 의하여 타인이 맡긴 재물을 사실상 또는

법률상 지배·관리하는 것을 말한다. 타인이 맡긴 재물을 자기가 보관하고 있어야 하므로 타인이 보관하는 재물은 절도죄(탈취죄), 보관 없이 우연히 자기 지배에 들어 온 재물은 점유이탈물횡령죄의 대상이 될 뿐이다. 보관은 "위탁관계"에 의한 "지배·관리"라는 점유가 그 본질적 내용이 된다.

가) 점유(지배·관리) 횡령죄에 있어서 보관의 내용이 되는 점유도 재물에 대한 사실상의 지배를 의미하므로 절도죄의 점유와 기본에서는 같다. 그러나 보관이라는 점유는 위탁관계가 있는 점유이므로 단순한 사실상의 지배인 절도죄의 점유와 다르다. 또 횡령죄에 있어서의 점유는 침해의 주체로서의 신분요소가 되는 점유이므로 배타력 있는 타인의 사실상의 지배를 침해하는 절도죄의 점유와 그 기능에서도 차이가 있다. 횡령죄에 있어서의 점유는 배타력 있는 점유가 아니라 보관자 자신이 영득의 유혹과 남용의 위험이 강한 점유라는 데에 특색이 있다. 사실상의 지배뿐만 아니라 법률상의 지배도 보관의 내용에 포함시키는 이유도 여기에 있다.

【판례】 횡령죄에 있어서의 재물보관은 재물에 대한 사실상 또는 법률상의 지배를 뜻한다. 따라서 그 보관이 위탁관계에 기인하여야 함은 물론이나 그것이 반드시 사용대차, 임대차, 위임 등의 계약에 의하여 설정되는 것임을 요하지 않고 사무관리, 관습, 조리, 신의칙에 의해서도 성립된다(대판, 1987. 10. 13, 87도1778). 이 판례는 횡령죄 주체의 범위를 확대하고 있다.

(a) 사실상 보관자

aa) 점유보조자 민법상 점유권은 없으나 가사(家事)·영업관계에 의하여 타인의 지시를 받아 물건을 사실상 지배하는 점유보조자(민법 제195조)도 위탁관계가 있으면 이 죄의 주체인 보관자가 된다. 판례는 화물자동차 운전자가 단독으로 위탁받아 운반 중인 화물의 일부를 영득한 경우와,[14] 주인의 심부름으로 오토바이 열쇠를 받은 점원이 오토바이를 타고 도주한 경우에도[15] 위탁관계에 따른 보관자라고 하였다.[16]

bb) 점유매개자 제한물권이나 임대차 기타 위임·고용관계로 타인의 물건을 직접점유(민법 제194조)하게 된 점유매개자도 위탁관계가 있는 보관자가 될

14) 대판, 1957. 9. 20, 4290형상281.
15) 대판, 1986. 8. 19, 86도1093.
16) 대판, 1970. 5. 12, 70도649; 대판, 1982. 11. 23, 82도2394.

수 있다. 회사・은행의 직원이 회사의 공금을 보관하고 있는 때, 사환에게 단독으로 은행에 돈을 입금시키도록 한 때, 지게꾼에게 단독으로 물건운반을 위탁한 때, 소유권 보존등기가 없는 건물의 건축허가명의를 수탁한 때[17]에는 그 돈, 물건, 건물의 보관자가 된다. 판례는 양도한 어업면허권이 아직 자기명의로 되어 있음을 틈타서 어업권손실보상금을 수령한 경우에도 횡령죄를 구성한다고 하였다.[18]

cc) 공동점유자 공동점유에 있어서의 대등관계의 점유는 상호 타인점유가 되고, 상하주종관계가 있는 때에는 상위점유자만 자기점유가 된다.

dd) 봉함물의 점유 봉함물의 점유는 실질적인 위탁관계가 있으면 내용물을 포함한 봉함물 전체가 수탁자의 점유가 된다고 본다(다수설, 절도죄의 "점유"참조). 판례는 오래전에 포장물 전체에 대해서는 수탁자가, 내용물에 대해서는 위탁자가 점유한다고 하여, 내용물만 영득한 경우에 절도죄를 인정하였다.[19]

(b) 법률상 보관자

aa) 유가증권의 점유 창고증권・선하증권・화물상환증 등 물권적 유가증권은 이를 인도함으로써 재물에 대한 물권적 효력이 생기므로 그 소지인은 재물에 대한 사실상의 지배는 없지만 임치물을 자유롭게 처분할 수 있는 지위에 있게 되어 재물에 대한 법률상 보관자가 된다.

bb) 은행예금의 점유 금전을 위탁받아 그 보관방법으로 은행 기타 금융기관에 예금한 때에는 수탁자는 그 예금에 대한 법률상 지배자가 된다는 것이 통설・판례[20]이다. 이 경우의 법률상 지배는 불특정물에 대한 점유라고 해야 한다.

cc) 매도담보 매도담보는 담보목적물을 채권자에게 매각하여 소유권을 이전시키고 채무자는 일정한 채무변제 기간 동안 그 목적물을 사용할 수 있는 보관자가 되는 일종의 환매약관부매매 약정이다. 이 약정에 의하면 채무자는 목적물의 보관자가 된다. 그러나 '가등기담보등에관한법률'(1984. 1. 1. 시행)은, 부동산과 등기・등록이 가능한 동산의 양도담보・매도담보 채권자는 목적물의 청산기간 경과 후 등기 경료한 목적물의 "환가청산금을 채무자에게 지급한 때에 소

17) 대판, 1990. 3. 23, 89도1911.
18) 대판, 1993. 8. 24, 93도1578.
19) 대판, 1956. 1. 27, 4288형상375.
20) 대판, 1983. 9. 13, 82도75; 대판, 1984. 2. 14, 83도3207; 대판, 2000. 8. 13, 2000도1855.

유권을 취득한다"(동법 제4조 2항)고 규정하였으므로 청산 때까지 채무자가 소유권자이고 채권자는 소유권을 취득하지 못하고 목적물의 보관자가 된다. 따라서 채무자가 청산 전에 처분하면 배임죄가 성립하고, 채권자가 청산전에 처분하면 횡령죄가 성립한다. 판례는[21] 이 경우에 배임죄를 인정하였는데 가등기담보법을 고려하지 않은 판결이라 해야 한다.

dd) 양도담보　양도담보의 경우에는 특약이 없는 이상, 그 목적물을 점유하는 채무자에게 소유권이 유보되어 있으므로 채무변제 이전에 채무자가 임의로 매각·처분하면 배임죄가 성립할 뿐이다.[22] 그러나 양도담보 물권만 취득한 채권자가 다른 사유로 그 동산을 보관한 때에는 타인 소유물의 보관자가 된다.[23]

ee) 보통의 동산에 대한 양도담보　가등기담보등에관한법률이 직접 적용되지 않는 보통의 동산을 양도담보·매도담보한 경우에는 양도담보에 관한 민법상의 법률관계(담보물권설·신탁적 소유권이전설)에 따라 결론이 달라진다.

> ① "담보물권설"(가등기담보법유추적용설)에 의하면 양도담보·매도담보 모두 담보부동산 등기의 경우와 같이 채무자가 소유권자이고 채권자는 동산 보관자가 된다. ② 담보권자(채권자)가 소유권을 취득하고 담보목적을 초과하여 권리행사를 할 수 없다는 "신탁적 소유권이전설"에 의하면 양도담보의 경우 채무자가 소유권을 보유하므로 채무자는 배임죄의 주체, 채권자는 동산 보관자로서 횡령죄의 주체가 된다. 판례도 같다.[24] ③ 매도담보의 경우에 "신탁적 소유권이전설"에 따르면 채권자가 소유권자이고 채무자는 동산을 사용만 하는 보관자가 되어 횡령죄의 주체가 된다. 채권자가 변제기 도과 전에 동산을 처분하면 환매권 침해로서 배임죄가 성립하고 변제기 도과 후 처분은 불가벌이다.

ff) 환매약관부매매　환매약관부매매에 있어서는 소유권은 매수인에게 귀속하므로 매수인이 환매 특약에 위반하여 제3자에게 매각한 때에는 매도인의 환매권을 침해하여 재산상의 손해를 입힌 배임죄가 성립하고 횡령죄는 성립하지 않는다.

나) 부동산의 점유　횡령죄의 객체인 재물은 동산뿐만 아니라 부동산도 포

---

21) 대판, 1989. 11. 28, 89도1309.
22) 대판, 1980. 11. 11, 80도2097.
23) 대판, 1989. 4. 11, 88도966.
24) 대판, 1989. 7. 25, 89도350(채무자의 배임죄); 대판, 1989. 4. 11, 88도906(채권자의 횡령죄).

함하므로 부동산 보관(점유)자의 지위가 문제된다. 부동산의 경우에는 점유의 유무가 아니라 부동산을 제3자에게 유효하게 처분할 수 있는 권능의 유무에 따라 부동산 보관자를 판단한다(통설, 판례).

【판례】 ① 부동산을 공동으로 상속한 자들 중 1인이 부동산을 혼자 점유하던 중 다른 공동상속인의 상속지분을 임의로 처분한 경우(대판, 2000. 4. 11, 2000도565), ② 구분소유자 전원의 공유에 속하는 공용부분인 지하주차장 일부를 그 중 1인이 임대하고 수령한 임대료를 임의로 소비한 경우(대판, 2004. 5. 27, 2003도6988), ③ 원인무효인 소유권이전등기의 명의자(대판, 2010. 6. 24, 2009도9242) 등은 그 처분권능이 없어 타인의 재물을 보관하는 자에 해당할 수 없다고 한다.

따라서 ① (보존)등기 있는 부동산은 원칙적으로 등기부상의 명의인이 점유자가 된다. 그러나 부동산 등기서류만 보관한 자는 부동산 보관자가 아니라 타인의 사무를 처리하는 자의 지위가 있을 뿐이다. ② 등기명의인이 아니라도 그 부동산을 법률상의 권한에 의하여 사실상 관리 또는 유효하게 처분할 수 있는 지위에 있으면 부동산 보관자가 된다. 미성년자의 법정대리인이나 후견인 및 법인의 부동산을 사실상 관리하는 법인의 대표이사가 그 대표적 예이다. ③ 부동산의 명의수탁자의 지위를 포괄승계한 상속인도 부동산 보관자가 될 수 있다. 그러나 그 등기가 무효인 때에는 등기명의인이 유효하게 부동산을 처분할 수 있는 지위에 있다고 할 수 없으므로 부동산 점유자가 아니다.[25] ④ 미등기 부동산은 이를 사실상 관리·지배하는 자가 점유자가 된다. ⑤ 명의신탁 받은 자도 부동산 보관자가 된다. 다만 횡령죄의 성립 여부는 부동산실권리자명의등기에관한법률과 관련하여 타인 소유물인가를 판단해야 하므로 별도로 검토한다.

2) 위탁관계 횡령죄의 본질은 위탁에 의한 신뢰관계를 배반하여 그 권한을 초월한 배신적 처분에 있으므로 재물의 점유는 위탁관계에 의한 것임을 요한다.[26] 보관은 위탁관계에 의한 점유만을 의미한다. 따라서 횡령죄의 주체는 위탁관계에 의하여 타인의 재물을 점유하는 보관자의 신분을 갖게 된다.

위탁관계에 대해서 형법(횡령죄)은 아무런 언급이 없다. 그러나 재물에 대한 지배관계 설정은 점유이탈물 습득과, 타인재물을 탈취하는 경우를 제외하면 위탁관계에 의한 점유 이외에는 생각할 수 없다. 점유이탈물은 누구의 점유에 속하지 않거나 우연히 자기점유에 속하게 된 점유이므로 위탁관계의 점유에서 제외되며,

25) 대판, 1966. 5. 24, 66도519; 대판, 1962. 1. 31, 4294형상432.
26) 대판, 1994. 11. 25, 93도2404.

탈취죄는 본인의 의사에 반한 상태범이므로 탈취로 점유를 취득한 행위는[27] 불가벌적 사후행위가 되어 그 점유로 인하여 횡령죄가 성립할 여지가 없다. 또 횡령한 후 다시 횡령죄가 성립한다는 것도 생각할 수 없다. 이와 같이 횡령죄의 점유는 위탁관계에 의한 점유 이외에는 존재할 수 없으므로 횡령죄는 신뢰관계배반 내지 보관의무위반의 성격을 가진 범죄라 할 수 있다.

가) 사실적 위탁관계　위탁관계는 사실상의 위탁관계가 있으면 족하다. 위탁자와 수탁자가 위탁할 권한이나 수탁할 권한이 있느냐는 묻지 않는다. 따라서 소유자와 관계없이 사무관리에 의해서도 위탁관계가 성립할 수 있고, 절도범과 같은 불법점유자도 위탁할 수 있다. 또 위탁관계가 법률상 무효·취소된 때에도 이미 인도된 재물의 점유에 대해서 사실상의 위탁관계는 존재한다. 다만 위탁관계는 객관적으로 존재해야 하므로 행위자가 위탁관계가 있다고 주관적으로 오신하고 재물을 처분해도 이 죄는 성립하지 않는다. 절도·사기·공갈에 의해 점유한 재물은 사실상의 위탁관계가 인정될 여지가 없으므로 범인이 이를 처분하여도 불가벌적 사후행위가 될 뿐이다.

나) 위탁관계 발생원인　위탁관계는 사용대차·임대차·위임·고용 등 계약에 의해서 발생하는 경우가 보통이지만 후견인·주식회사의 이사와 같이 법률의 규정이나 사무관리와 같은 법률행위, 나아가서 조리·신의칙에 의해서 위탁관계가 발생할 수 있다. 또 타인의 부동산을 보관하는 자가 임의로 저당권설정을 한 후 자기채무를 변제하고 저당권등기를 말소하여 횡령행위 이전의 상태로 회복된 때에는 그때부터 다시 재물보관자가 된다. 위탁관계는 반드시 소유자에 의해서 이루어질 필요가 없고, 소유자의 의사에 반하지 않으면 제3자에 의하여 이루어져도 무방하다.

【판례】 ① 채무자가 채무총액에 관한 지불각서를 써 줄 것으로 믿고 채권자가 채무자에게 그 액면금을 확인할 수 있도록 가계수표들을 교부하였다면 채권자와 채무자 사이에는 만약 합의가 결렬되어 채무자가 지불각서를 써주지 아니하는 경우에는 곧바로 그 가계수표들을 채권자에게 반환하기로 하는 조리에 의한 위탁관계가 발생한다(대판, 1996. 5. 14, 96도410).

② 횡령죄에 있어서 타인을 위하여 재물을 보관하게 된 원인을 반드시 소유자의 위탁행위에 기인한 것임을 필요로 하지 아니하므로… 피고인이 ○○○회사로부터 피해자 등을 대신하여 그들의 공동지분이 있는 대리점개설보증금을

---

27) 절도·강도·사기로 취득한 점유에 대해서 횡령죄를 부정한 판례는 대판, 1971. 5. 24, 71도694가 있고, 공갈죄에 대해서 부정한 판례는 대판, 1986. 2. 12, 85도2513이 있다.

반환받아 은행에 예금하고 있었다면 피고인은 피해자를 위하여 그 지분상당의 금원을 보관중이었다 할 것이므로 이를 임의로 인출·소비한 소위를 횡령죄로 의율하였음은 정당하고……(대판, 1985. 9. 10, 84도2644).

다) 위탁매각대금　　타인의 부탁으로 물품을 매각한 물품매각대금은 특약 또는 특별사정이 없으면 수령과 동시에 위탁금의 성질을 갖게 되므로 그 매각대금 수령자는 위탁자를 위한 보관자가 된다.[28] 다만 판매대금에서 각종 비용이나 수수료 등을 공제한 이익을 분배하기로 하는 등 대금처분에 관한 특약이 있는 경우에는 이에 관한 정산관계가 밝혀지지 않는 한 위탁물을 판매하여 소비하거나 인도를 거부하였다하여 곧바로 횡령죄가 성립한다고 할 수 없다.[29] 채권추심을 위하여 신탁에 의한 채권양도를 받아 추심한 물품대금도 특별사정이 없는 한 채권양도인의 소유에 속하므로 이를 임의소비하면 횡령죄를 구성한다.[30]

따라서 매각 의뢰를 받고 매각한 다이아몬드 판매대금,[31] 토지의 매각대금 3분의 2를 받은 매도인이 매수인의 의뢰를 받고 제3자에게 매도한 매각대금,[32] 채권추심을 위하여 신탁적으로 채권양도를 받아 추심한 물품대금,[33] 상품납품 주문을 받아오기로 한 자가 수령한 물품대금,[34] 극장 경영자가 입장료에 포함하여 징수한 문화예술진흥기금[35]은 수령과 동시에 위탁금의 보관자가 되므로 이를 임의 처분하면 횡령죄가 성립한다. 동업재산의 매각대금도 동업자 일방이 임의처분할 수 없으므로 이를 보관 중 임의 소비하면 횡령죄가 성립한다.[36]

라) 불법원인급여와 횡령죄　　불법한 위탁관계를 원인으로 하여 급여자가 급여한 재물의 반환을 청구할 수 없는 불법원인급여물(민법 제746조)을 점유하는 자도 이 죄의 보관자가 되느냐에 대해서 소극설과 적극설이 대립한다. 예컨대 뇌물로 공여하도록 재물을 교부하였더니 이를 교부받은 자가 착복한 때에 횡령죄가 성립하느냐의 문제이다. 밀수품, 장물매각대금, 도박자금, 마약구입 자금을 일시 보관하는 경우도 같은 문제이다.

---

28) 대판, 1982. 2. 23, 81도2619; 대판, 1982. 3. 9, 81도572.
29) 대판, 1990. 3. 27, 89도213.
30) 대판, 1970. 12. 29, 70도2387.
31) 대판, 1990. 8. 28, 90도1019.
32) 대판, 1995. 11. 24, 95도1923.
33) 대판, 1968. 5. 21, 68도364; 대판, 1970. 12. 29, 70도2387.
34) 대판, 1990. 5. 25, 90도578.
35) 대판, 1997. 3. 28, 96도3155.
36) 대판, 1996. 3. 22, 95도2824.

(a) 소극설 불법원인급여물에 대해서는 횡령죄가 성립할 수 없다는 견해로 현재의 다수설이다.[37] ① 불법원인급여물에 대해서 급여자는 반환청구권을 상실하기 때문에 수급자는 급여자에게 반환할 의무가 없고, 이를 임의로 처분할 수 있으므로 횡령죄가 성립할 여지가 없으며, ② 반환청구권이 상실되면 형법이 보호해야 할 소유권도 존재하지 아니하므로 타인의 재물이라 할 수 없으며, ③ 민법상 반환의무 없는 자에게 횡령죄를 인정하여 형벌로 그 반환을 강제하는 것은 법질서 전체의 통일성 원칙에 반한다는 것을 이유로 들고 있다.

(b) 적극설 불법원인급여물에 대해서도 횡령죄의 성립을 인정하는 견해로[38] 종래의 다수설이다. ① 민법상 반환청구권이 인정되지 않는다고 하여 급여자의 소유권까지 상실되는 것은 아니므로 수급자는 여전히 타인의 재물을 보관하는 자가 되며, ② 범죄성립은 민법적 보호 유무와 관계없이 형법 독자적으로 보호필요성에 따라 판단해야 하므로 반환청구권과 관계없이 수급자의 범죄를 인정할 수 있고, ③ 위탁관계는 원인의 불법과 관계없이 성립할 수 있으므로 불법원인급여에 있어서도 위탁관계를 인정할 수 있으며, ④ 불법원인급여의 경우에도 수급자에게 일종의 자연채무는 존재한다는 점을 이유로 한다.

(c) 절충설 불법원인급여의 경우를 급여자에게 소유권 이전의사가 있는 점유이전(불법원인급여)과, 소유권 이전의사가 없는 점유이전(불법원인위탁)을 구분하여 횡령죄의 성립을 논한다. 전자의 경우(예컨대 뇌물제공, 선거권자 매수용 금품제공, 도박채무변제금)에는 재물의 타인성이 상실되어 횡령죄가 성립할 수 없다. 그러나 후자의 경우(예컨대 절도범의 위탁장물, 마약구입자금)에 대해서는, ① 불법원인위탁은 보호가치가 없는 위탁신뢰관계이므로 횡령죄의 기수범은 될 수 없지만 보호가치 없는 신뢰관계 배반도 법익평온상태의 교란 정도의 결과반가치와 행위반가치가 인정되므로 횡령죄의 불능미수로 취급해야 한다는 견해와,[39] ② 불법원인위탁은 횡령죄의 전제가 되는 보호가치 있는 신뢰관계를 인정할 수 없으므로 횡령죄가 성립하지 않는다는 견해,[40] ③ 소유권은 여전히 위탁자에게 있고 법

---

37) 서일교, 179면 이하; 이건호, 356면; 남흥우, 205면; 황산덕, 313면; 김종원, 229면; 정성근, 510면; 이형국, 414면; 이재상, 394면; 진계호, 400면; 박상기, 386면; 배종대, 524면; 이정원, 447면; 오영근, 457면 이하; 손동권, 418면; 김성돈, 390면.

38) 유기천(상), 301면; 정영석, 354면; 염정철, 415면; 강구진, 354면; 임웅, 445면 이하; 백형구, 208면; 정영일, 364면.

39) 김일수/서보학, 357면.

40) 강동범, 「불법원인에 의한 위탁과 횡령죄의 성부」, 현대형사법론(죽헌 박양빈교수 화갑기념논

이 보호하는 신뢰관계도 존재하므로 횡령죄를 구성한다는 견해[41]가 대립한다.

(d) 판례의 태도 대법원은 기본적으로 소극설의 태도를 취하고 있다. 즉, 불법원인급여의 의미에 대해서 '급여한 사람은 그 원인행위가 법률상 무효임을 내세워 상대방에게 부당이득 반환청구를 할 수 없고, 또 급여한 물건의 소유권이 자기에게 있다고 하여 소유권에 기한 반환청구도 할 수 없어서 결국 급여한 물건의 소유권은 급여받은 상대방에게 귀속된다'(반사적 소유권귀속론)고 하고, 뇌물로 전달해 달라고 교부받은 금원의 소유권은 수급자에 있다는 이유로 불법원인급여와 불법원인위탁을 구별하지 않고 이를 소비한 수급자의 횡령죄를 부정하였다.[42] 다만 최근 대법원은 불법원인급여에 있어서도 수급자의 불법성이 급여자의 그것보다 현저히 큰 때에는 예외적으로 급여자의 반환청구를 인정하여 (불법성 비교형량론) 수급자의 횡령죄를 인정하였다.[43]

【판례】 포주가 윤락녀와 사이에 윤락녀가 받은 화대를 포주가 보관하였다가 절반씩 분배하기로 약정하고도 보관 중인 화대를 임의로 소비한 경우, 포주와 윤락녀의 사회적 지위, 약정에 이르게 된 경위와 약정의 구체적 내용, 급여의 성격 등을 종합해 볼 때 포주의 불법성이 윤락녀의 불법성보다 현저히 크므로 화대의 소유권이 여전히 윤락녀에게 속하는 것이어서 포주가 이를 임의로 소비한 행위는 횡령죄를 구성한다(대판, 1999. 9. 17, 98도2036).

(e) 결 어 불법원인급여물에 대한 횡령죄의 성립 여부는 그 급여물에 대한 소유권이 누구에게 귀속하느냐, 그리고 불법한 위탁관계까지 형법이 보호할 필요가 있느냐에 관련되어 있다.

불법원인급여물에 대해서 ① 반환청구를 금지한 민법의 취지는 수급자가 자의로 반환하는 것까지 금지하는 것은 아니지만, 급여자의 부도덕한 불법행위는 법질서가 보호해 줄 필요가 없다는 데에 있다. 따라서 형법의 독자성을 이유로 이를 반환하도록 강제할 이유는 없다. 수급자가 반환하지 않을 때에는 급여자는 소유권 행사를 할 수 없으므로 사실상 소유권은 상실된다고 보아야 한다.

문집, 1996), 36면.

41) 김성천/김형준, 573면.

42) 대판, 1999. 6. 11, 99도275; 대판, 1988. 9. 20, 86도628. 같은 취지: 대판(전원합의체), 1979. 11. 13, 79다483. 종래의 대법원 민사판례는 불법원인급여물에 대한 소유권은 급여자에게 있다고 판시하였으나(대판, 1977. 6. 28, 77다728) 이 판결에서 수급자에게 소유권이 귀속한다고 변경하였다.

43) 대판, 1999. 9. 17, 98도2036.

또 ② 당사자 사이의 위탁관계는 반드시 적법할 것을 요하지 않는다. 그렇지만 범죄수단으로 이용되는 위탁까지 법이 보호할 만한 신뢰관계가 있다고 할 수 없으므로 그러한 배신행위에 대해서 형법이 관여할 필요가 없다고 본다. 따라서 반드시 법적·경제적 재산설을 동원하지 않아도 불법원인급여물에 대한 횡령죄의 성립은 부정해야 할 것이다. 최근 판례와 같이 수익자의 불법성이 급여자의 그것보다 현저히 크다고 하여 사회적 약자를 보호하려고 한 취지는 이해할 수 있다. 그러나 이러한 사정의 불법형량은 자의적 해석에 의하여 법적 안정성을 해할 우려가 있으므로 횡령죄의 성립을 부정함이 타당하다.

긍정설의 논거 중에는 장물에 대한 절도·강도·사기의 죄가 성립한다는 것을 이유로 횡령죄의 성립도 인정해야 한다는 주장이 있다. 그러나 그러한 범죄는 본범 피해자의 소유권침해와 점유침탈이 있음에 반하여 횡령죄에 있어서는 이러한 침해가 없으므로 두 가지 경우를 같은 것으로 비교할 수 없다. 그리고 절충설에 대해서는 민법 제746조의 급여는 반드시 소유권이전을 전제한 것이 아니므로 불법원인급여와 불법원인위탁을 구별할 이유가 없으며, 법익평온상태의 교란은 독립된 법익이라 할 수 없고, 그것이 불능미수의 위험성 판단기준도 될 수 없다.[44]

(2) 객 체

객체는 자기가 점유하는 "타인의 재물"이다.

1) 재물의 타인성　타인의 재물에 대해서만 이 죄가 성립한다. 타인의 재물은 타인소유의 재물을 말한다. 자기재물은 애당초 이 죄가 성립할 수 없다. 타인은 자기 이외의 자연인·법인·법인격 없는 단체도[45] 포함한다. 조합의 합유물,[46] 공유물도[47] 구성원 한 사람이 보관 중에 착복하면 이 죄가 성립한다. 1인 회사도 그 대표자에 대해서 타인이다. 재물의 타인성 여부는 민법에 의해서 결정된다.

【판례에 나타난 재물의 타인성】 ① 피해자의 요청으로 그의 토지를 담보로 제공하여 수령한 대출금은 피해자 소유에 귀속하고,[48] 복권당첨이 되면 분배하기로 묵시적 합의하에 복권 4장을 각자 골라잡아 그 중 2인이 당첨된 경

44) 이재상, 395면.
45) 대판, 1955. 2. 11, 4287형상169.
46) 대판, 1966. 7. 5, 66도38; 대판, 1975. 5. 27, 75도1014; 대판, 1984. 1. 24, 83도940.
47) 대판, 1957. 10. 4, 4290형상216(공유물의 등기명의자가 근저당권 설정사례). 같은 취지: 대판, 1983. 8. 23, 80도1161; 대판, 1996. 3. 22, 95도2824.
48) 대판, 1996. 6. 14, 96도106.

우 당첨금은 공유에 속하며,[49] 동업 중인 지입택시를 폐차하고 새 차를 구입하여 계속 공동사업하기로 합의되었다면 동업자 1인이 단독으로 구입한 새 차도 동업자 합유에 귀속한다.[50] 그러나 ② 익명조합원이 영업을 위해서 출자한 금전 기타 재산은 영업자의 재산이 되며,[51] 지입차주(持入車主)가 자동차회사에 지입한 차량과[52] 납부한 지입료는 회사의 소유이고,[53] 계주가 계원들로부터 수금한 계불입금(稧拂入金)은 계주에게 소유권이 있으며,[54] 신입사원의 입사보증금도 사용자에게 소유권이 이전되고,[55] 이른바 프랜차이즈 계약(가맹점 계약)으로 가맹점 주인이 판매한 물품판매 대금은 가맹점 주인의 소유이며,[56] 채권지급담보를 위해서 채무자가 수표를 발행 교부한 때에는 수표상의 권리가 교부받은 채권자에게 귀속하므로[57] 소유권의 귀속주체가 임의처분하여도 횡령죄는 성립하지 않는다.

2) 재 물 횡령죄의 객체는 재물에 한정된다. 재물죄이며, 재산상의 이익은 배신적 처분이 있어도 배임죄의 객체가 될 뿐이고 횡령죄의 객체는 될 수 없다. 재물은 물리적으로 관리할 수 있는 것을 말하며, 절도죄의 그것과 같다. 부동산·관리가능한 동력도 재물에 포함된다. 판례도 같다.[58] 권리 자체는 재물이 아니므로 이 죄의 객체가 될 수 없다. 따라서 광업권은 횡령죄의 객체가 아니다.[59] 그러나 권리가 화체된 문서는 재물에 속한다. 따라서 채권증서 자체를 보관 중에 취득하면 횡령죄가 되지만 그 증서의 채권을 행사하여 채무자로부터 돈을 변제받으면 배임죄가 성립하고 횡령죄는 성립하지 않는다. 타인의 재물과 관련하여 이 죄의 객체가 문제되는 것은 다음과 같다.

가) 대체물의 위탁 금전·쌀과 같이 종류·품질·수량에 대해서 같은 종류의 다른 것과 대체할 수 있는 위탁물은 특별조치가 없는 한 원칙적으로 수탁자의 소유에 귀속한다. 다만 소유권 귀속은 그 대체물에 대한 위탁의 내용에 따라 달라질 수 있으므로 구체적 경우를 나누어 검토해야 한다.

(a) 특정물의 위탁 대체물이라도 공탁금과 같이 특정물로 위탁받아 수탁

---

49) 대판, 2000. 11. 10, 2000도4335.
50) 대판, 1983. 2. 22, 82도2467.
51) 대판, 1973. 1. 30, 72도2704.
52) 대판, 2002. 1. 11, 2001도3932.
53) 대판, 1973. 5. 22, 73도550; 대판, 1997. 9. 5, 97도1592.
54) 대판, 1976. 5. 11, 76도730.
55) 대판, 1979. 6. 12, 79도656.
56) 대판, 1996. 2. 23, 95도2608; 대판, 1998. 4. 14, 98도292.
57) 대판, 2000. 2. 11, 99도4979.
58) 대판, 1994. 3. 8, 93도2272.
59) 대판, 1994. 3. 8, 93도2272.

자가 임의처분을 할 수 없는 경우는 위탁자의 소유에 속하므로 이를 수탁자가 임의처분하면 횡령죄가 성립한다. 다만 봉함된 금전은 위탁자의 소유물이지만 그 점유에 대해서는 "포장물의 점유" 참조.

(b) 불특정물의 위탁 불특정물의 위탁도 용도·목적이 지정되었느냐에 따라 다시 구별할 필요가 있다.

aa) 용도·목적이 지정된 불특정물 일정한 용도·목적이 지정되어 수탁자가 그에 따라 사용하도록 위탁된 대체물, 특히 금전을 임의로 소비한 경우에 횡령죄와 배임죄 어느 것이 성립하느냐에 대해서 견해가 대립한다.

i) **배임죄설** 금전 기타 대체물은 고도의 유통성, 대체성, 교환수단성 때문에 점유이전이 있으면 동시에 소유권도 이전한다고 해야 하고, 이러한 대체물은 물건으로서가 아니라 가치에 중점이 있으므로 전체재산에 대한 배임죄가 성립한다는 것이다.[60)]

ii) **횡령죄설** 용도·목적이 지정된 금전 기타 대체물은 재산상의 이익이 아니라 재물이며, 수탁자가 정해진 용도에 사용할 때까지는 이에 대한 소유권이 위탁자에게 유보되어 있으므로 횡령죄가 성립한다는 것이다.[61)]

iii) **판례의 태도** 판례는 일관하여 용도·목적이 지정된 금전 기타 대체물을 수탁자가 임의로 소비한 행위는 횡령죄가 성립한다고 판시하고 있다.[62)]

> 따라서 목적·용도를 정하여 위탁된 금전은 정해진 목적·용도에 사용할 때까지는 이에 대한 소유권이 위탁자에게 유보되어 있고,[63)] 환전 부탁을 받고 교부받은 돈을 위탁자에 대한 채권에 상계충당하는 것은 특별약정이 없는 한 위탁취지에 반하는 횡령죄가 성립하고,[64)] 증권회사 간부가 은행에 예치된 고객의 신주청약증거금을 증권회사 당좌구좌에 자의로 대체시킨 경우,[65)] 빌딩관리회사가 구분소유자들로부터 특별수선충당금으로 징수한 충당금을 위탁받아 집행하면서 제한된 용도 이외의 일반경비로 임의 사용한 경우[66)]에도 횡령

60) 김종원, 228면; 이형국, 415면; 이재상, 403면; 배종대, 528면; 임웅, 446~447면(배임죄 또는 채무불이행이 된다); 오영근, 474면.

61) 황산덕, 317면; 정영석, 355면; 정성근, 501면; 강구진, 351면; 김일수/서보학, 363면; 박상기, 379면; 백형구, 208면; 이정원, 451면; 손동권, 422면; 정영일, 359면; 김성돈, 385~386면.

62) 대판, 1980. 10. 14, 79도671; 대판, 1987. 5. 26, 86도1946; 대판, 1997. 4. 22, 96도8; 대판, 1999. 7. 9, 98도4088; 대판, 2002. 8. 23, 2002도366 등.

63) 대판, 1995. 10. 12, 94도2076.

64) 대판, 1997. 9. 26, 97도1520; 대판, 2002. 9. 10, 2001도3100; 대판, 2003. 6. 24, 2003도1741.

65) 대판, 1980. 9. 30, 78도2100.

66) 대판, 2004. 5. 27, 2003도6988. 같은 취지: 대판, 2004. 12. 24, 2003도4570(사립학교에서의 교

죄를 인정한다.

이에 반하여 이미 책정된 예산항목의 유용은 일정한 절차를 거치면 필요경비로 지출이 허용될 수 있었고 항목유용이 엄격히 제한되어 있지 않은 때에는 불법영득의 의사가 없으므로 횡령죄는 성립하지 않는다.[67] 또한 당사자 사이에 별도의 채권, 채무가 존재하여 수령한 금전에 관한 정산절차가 남아 있는 등 위임자에게 반환하여야 할 금액을 쉽게 확정할 수 없는 사정이 있다면, 정산절차를 거쳐 그 나머지 금액만큼 피해자들에게 지급할 의무를 부담하므로 채무불이행에 지나지 않고 횡령죄는 성립하지 않는다.[68]

iv) 결 어 금전은 금액·가치에 중점이 있다고 하여도 돈 기타 대체물은 재물이라 해야 하고 재산상의 이익이 될 수 없다. 만약 가치에만 중점을 둔다면 모든 재물은 재산적 이익이 될 것이고, 돈을 절취한 자에 대해서도 금액가치절도를 인정해야 할 것이다. 용도지정의 특정재물은 그 사용용도뿐만 아니라 특정이라는 위탁자의 신뢰관계도 함께 고려해야 하므로 횡령죄설이 타당하다고 본다.

bb) 용도·목적이 지정되지 않은 불특정물 소비임치(민법 제702조)와 같이 용도의 지정과 특정 없이 위탁된 때에는 임치물의 소유권은 수치인에게 귀속하므로 횡령죄를 구성하지 않고 채무불이행이 될 뿐이다.

나) 채권담보로 받은 수표 채무자로부터 채권담보로 교부받은 당좌수표는 그 수표상의 권리가 적법하게 채권자에게 귀속하므로 채권자는 재물보관자가 아니다.[69] 그러나 채권담보가 아닌 방법으로 수표를 보관한 때에는 재물보관자에 해당한다.

다) 소유권유보부매매(할부판매) 할부판매는 일정기간 분할하여 매매대금을 지불하는 조건으로 매수인이 목적물을 인도받는 것이므로 약관에 따라 대금완납까지는 매도인의 소유가 된다. 따라서 매수인이 대금완납 이전에 임의처분하면 횡령죄가 성립한다. 다만 소유권 귀속에 관한 약관이 없는 경우에는 목적물의 인도와 함께 소유권도 매수인에게 이전된다.

라) 기부금·징수세금, 위탁유가증권 ① 장학기금·건축헌금·불우이웃돕기성금(공동모금)과 같은 증여는 수증자에게 소유권이 이전하고, 수증자는 타인

비회계자금의 유용사례).

67) 대판, 2002. 2. 5, 2001도5439(법인의 대표자가 법인의 예비비를 전용하여 기관운영판공비, 회의비 등으로 사용한 사례).

68) 대판, 2005. 11. 10, 2005도3627.

69) 대판, 2000. 2. 11, 99도4979.

의 사무를 처리하는 지위에 있는 것이 아니므로 그 본래의 용도와 다르게 사용하여도 횡령죄・배임죄의 문제는 생기지 않는다. 그러나 ② 징수한 세금은 징수와 동시에 국가 기타 세금부과권자에게 귀속하며,[70] ③ 위탁된 유가증권(선하증권・창고증권 등)은 위탁자에게 소유권이 유보되어 있으므로 타인을 위하여 증권에 화체되어 있는 재물을 담보로 수탁자 명의로 금전을 차용하여도 이에 대한 소유권은 위탁자에게 귀속하고[71] 이를 소비하면 (업무상)횡령죄가 성립한다.

마) 채권양도 채권양도에 있어서 양도인이 양도통지 전에 채무자로부터 채권을 추심하여 수령한 돈을 양수인에게 인도하지 않고 자기를 위하여 소비한 경우, 횡령죄가 성립한다.[72] 채권양도는 채권 자체가 그 동일성을 잃지 아니한 채 양도인으로부터 양수인으로 바로 이전하는 처분행위이고, 양도통지는 대항요건에 불과하므로 채권양도 자체로서 양수인이 채권자가 된다. 즉, 채권양도인과 양수인 사이에서는 통지전이라도 양수인이 채권자이고 양도인은 수령위임이 없는 한 변제수령권능이 없으므로 양도인이 변제받은 금전은 양수인의 소유에 속한다. 대법원의 다수의견도 그 돈은 양수인의 소유에 속한다고 하고 횡령죄를 인정한다.[73] 이와같은 법리는 유효한 장래채권의 양도의 경우에 있어서도 동일하다.[74]

사) 이중매매 물권변동에 관하여 형식주의를 취하는 민법에 의하면 부동산은 등기, 동산은 인도하기 전까지는 그 소유권은 매수인에게 이전되지 아니하므로 동산 이중매매와, 중도금까지 받은 부동산 이중매매는 제1 매수인에 대한 배임죄만 성립하고 횡령죄는 성립하지 않는다. 이 경우 이중매매 부동산은 재산상의 이익이므로 장물도 될 수 없다. 판례도 같다.[75]

---

70) 대판, 1996. 3. 22, 95도2824.

71) 대판, 1995. 11. 24, 95도1923.

72) 이에 반해 배임죄설은 이재상, 403면; 오영근, 474면; 김성돈, 386면.

73) 대판(전원합의체, 다수의견), 1999. 4. 15, 97도666. 이 전원합의체 판결의 소수의견은 채무자가 채권양도인에게 채무변제로서 교부한 금전을 양수인에게 넘겨 주어야 할 의무가 있다고 볼 수 있는 법률상 근거가 없다는 이유로 횡령죄의 성립을 부정한다.

74) 대판, 2007. 5. 11, 2006도4935.

75) 대판, 1970. 4. 28, 70도480. 대판, 1986. 12. 9, 86도1112는 부동산 이중매매의 경우 매도인이 선매수인에게 소유권 이전의무를 이행하였다고 해서 그를 후매수인에 대한 임무위배가 있다고 할 수 없다. 같은 취지: 대판, 1988. 12. 13, 88도750.

(3) 행 위

행위는 횡령하거나 반환을 거부하는 것이다.

1) 횡령행위의 의의 "횡령행위"란 위탁의 취지에 반한 배신적 처분으로 영득하는 것을 말한다. 횡령행위의 본질에 대해서 통설은 불법영득의사의 발현(불법영득의 의사를 표현)이라고 하고, 재산권침해에 중점을 둔다(영득행위설). 그러나 횡령죄는 점유침해 없이 자기가 점유하고 있는 재물을 영득(횡령)할 뿐이고, 횡령행위의 주관적 측면인 고의와 그 객관적 측면인 영득행위가 대응관계에 있으므로 불법영득의 의사는 고의를 초과하는 초과주관적 요소가 될 수 없다. 따라서 영득행위설을 취하더라도 고의 외에 불법영득의 의사라는 주관적 요소는 요하지 않는다고 해야 한다.

횡령행위는 위탁에 의한 신뢰관계를 배신하는 배신적 영득에 그 본질이 있으므로 월권행위설도 재산침해적 성격을 부정하지 않는다. 따라서 횡령행위는 위탁에 의한 신뢰관계를 배신하여 권한초월적 처분을 함으로써 재물을 영득하는 행위라고 해야 한다. 다만 그 권한초월의 배신적 처분이 경제적 측면에서 처벌할 필요가 있는 중요한 것에 한하여 배신적 영득을 인정해야 한다.

2) 횡령행위의 태양 "횡령행위"는 법률적 처분행위·사실적 처분행위를 묻지 않는다. 법적 처분은 매매·증여·대여[76]·교환·입질(入質)·저당권설정·가등기설정·양도담보설정·채무변제 충당[77]·예금인출·소유권 주장의 소송제기 등이고, 사실적 처분은 소비[78]·착복·억류·은닉[79]·반출·대출·휴대도주[80]·공유물 독점·점유부인·용법에 따른 임의사용[81] 등이다.

---

76) 대판, 1980. 5. 27, 80도132.

77) 대판, 2004. 3. 12, 2004도134. 이에 반하여 회사에 대하여 개인적인 채권을 가지고 있는 대표이사가 회사를 위하여 보관하고 있는 회사 소유금전으로 이사회 승인없이 자기의 채권변제에 충당하는 행위는 대표이사의 권한내에서 회사채무의 이행행위이므로 횡령죄를 구성하지 않는다(대판, 2002. 7. 26, 2001도5459).

78) 대판, 1986. 9. 9, 86도280.

79) 대판, 1999. 9. 17, 99도2889는 회사비자금을 타인이 발견하지 못하도록 장부상 분식(粉飾)한 경우는 횡령행위의 한 태양인 은닉에 해당하지만 그것만으로 불법영득의 의사를 인정할 수 없다는 이유로 횡령죄를 부정하였다.

80) 대판, 1986. 8. 19, 86도1093.

81) 대판, 2000. 12. 8, 99도214: 「수개의 학교법인을 운영하는 자가 각 학교법인의 금원을 다른 학교법인을 위하여 사용한 경우, 각 학교법인은 별개의 법인격을 가진 소유주체이고, 단순한 예상항목 유용이나 장부상의 분식 또는 이동이라 할 수 없으므로 다른 학교로부터 전출한 금원보다 더 많은 금원을 유입하였다 해도 횡령죄가 성립한다.」

저당권설정・예금인출・은닉・대출・대여 등은 일시사용도 횡령이 된다. 그러나 단순한 손괴와 가장매매는 횡령이 아니다. 전질(轉質)도 질권범위를 초과하여 질권설정자에 대하여 불리한 결과가 생기게 되면 횡령이 된다. 법적 처분에서는 그것의 유효・무효・취소가능성 여부는 이 죄의 성립에 영향이 없다. 판례는 처분행위가 당연무효인 때에는 횡령죄의 성립을 부정한다.[82] 애당초 처분행위의 실현가능성이 없으므로 소유권침해를 인정할 수 없기 때문이다.

횡령죄는 행위자가 점유를 취득하고 있으므로 소유권에 대해서 침해를 줄 수 있는 때에만 이 죄가 성립한다고 해야 한다. 따라서 질권자의 부탁으로 질물(質物)을 보관하는 자가 임의로 그 질물을 소유자에게 교부한 때에도 배임죄는 별론으로 하고 횡령죄는 성립하지 않는다. 소유권침해는 소유자의 권리행사를 불가능 또는 곤란하게 할 정도로 족하며, 반드시 소유권을 이전시킬 필요가 없다.

횡령행위는 부작위로도 가능하다. 사법경찰관이 착복의 의사로 피의자가 두고 간 물건에 대하여 영치절차를 밟지 않거나 압수물을 영치한 채 책상서랍에 그대로 두고 검사에게 송부하지 않은 때에도 횡령죄가 성립한다.

3) 반환거부　형법은 횡령행위의 별도의 행위태양으로 반환거부를 규정하고 있다. "반환거부"는 소유자의 반환요구에 대하여 정당한 사유 없이 소유자의 권리를 배제하는 의사표시이다.[83] 반환거부는 단순히 반환을 거부하였다는 사실만으로 부족하고, 반환거부의 이유・주관적 의사 등을 종합하여 반환거부행위가 횡령행위와 같다고 볼 수 있어야 한다. 따라서 반환거부에 대해서 정당한 사유(동시이행의 항변, 유치권행사 등)가 있으면 횡령죄는 성립하지 않는다. 이에 대해서 소유권을 주장하여 민사소송을 제기한 때에는 반환거부가 명백한 횡령죄가 된다.

【판례】 ① 피해자가 피고인 소유점포 1개를 임차하여 식품대리점을 운영하다가 경영난으로 임차기간 만료하기 훨씬 전에 점포를 제3자에게 세를 놓아 달라고 부탁하고 위 점포를 비우면서 그 곳에 두고 나온 것들을 피고인이 보관하고 있던 것으로서 피고인은 피해자가 그때까지 연체한 2개월분의 월세를 지급받기 전까지는 … 보관중인 … 물건들을 반환할 수 없다고 거부하였다는 것이니 … 반환거부의 이유 및 그 주관적인 의사 등을 종합하여 볼 때 피고인이 불법영득의 의사를 가지고 그 물건의 반환을 거부한 것이라고는 할 수 없다(대

82) 대판, 1978. 3. 14, 77도2869; 대판, 1978. 11. 28, 75도2713.
83) 대판, 1986. 10. 28, 86도1516; 대판, 1998. 7. 10, 98도126.

판, 1992. 11. 27, 92도2079).[84)]

② 市로부터 벽돌제조기 1대를 무상으로 대여받아 사용 중 반환기일에 반환하지 아니하고 여러 차례 연기원을 제출하고 사용하여 오다가 이를 타인에게 사용료를 받고 대여한 것이라면 달리 정당한 이유가 있었다는 점이 인정되지 아니하는 한 이는 반환을 거부하는 행위로 횡령죄가 성립한다(대판, 1968. 2. 20, 67도1456).

4) 횡령죄의 미수와 기수

가) 표현설과 실현설 횡령죄는 자기가 보관하는 재물을 영득하는 것이므로 점유이전 내지 점유침해가 없다. 따라서 자기 점유물에 대하여 횡령이 있다고 인정할 수 있는 외부적인 상태가 필요하다. 표현설은 불법영득의 의사가 외부적으로 인식할 수 있도록 표현된 때(영득행위설),[85)] 또는 권한초월의 처분의사가 객관적으로 명백히 표시된 때(월권행위설)[86)] 기수가 된다고 한다. 이에 대하여 실현설은 불법영득의 의사가 실현된 때(영득행위설),[87)] 또는 배신적 행위에 의하여 권한초월의 처분의사가 객관적으로 실현된 때(월권행위설)[88)] 기수가 된다고 한다. 판례의 대부분은 표현설을 취하고 있다.[89)]

표현설에 의하면 매매계약 체결이나 매매의사표시(청약)만으로 기수가 된다. 횡령죄가 침해범이라고 하는 한 영득죄의 성질상 영득이 실현된 때 기수가 된다고 해야 하고, 점유침해가 없는 횡령죄는 객관적 표현만으로 부족하다고 해야 한다. 특히 미수범 처벌규정을 두고 있다는 점에서 더욱 그러하다.

나) 횡령죄의 미수 현행 형법은 횡령죄의 미수범을 처벌한다. 그러나 행위자가 처음부터 재물을 보관하고 있으므로 사실상 미수를 인정할 수 있느냐에 대해서 견해가 대립한다. 횡령죄의 미수를 부정하는 때에는 이 죄를 위험범으로

84) 같은 취지: 대판, 1993. 6. 8, 93도874; 대판, 1998. 7. 10, 98도126; 대판, 2006. 2. 10, 2003도7487.

85) 유기천(상), 342면; 황산덕, 315면; 남흥우, 209면; 이재상, 399면; 배종대, 537면 이하; 임웅, 453면; 박상기, 390면; 정영일, 376면.

86) 정영석, 356면.

87) 김종원, 232면; 김일수/서보학, 377면; 진계호, 405면; 백형구, 208면; 오영근, 487면, 김성돈, 393면.

88) 정성근, 516면.

89) 대판, 1981. 5. 26, 81도673; 대판, 2004. 12. 9, 2004도5904. 판례 중에 실현설로 보이는 것도 있다. 「회사의 경영자가 자금을 지출함에 있어 그 자금의 용도가 엄격히 제한되어 있는 경우, 그 용도 외의 사용은 그것이 회사를 위한 것이라도 그 사용행위 자체로서 불법영득의 의사를 실현하는 것이다」(대판, 1997. 4. 22, 96도8. 같은 취지: 대판, 2002. 8. 23, 2002도366).

이론구성을 하거나 표현설에 접근할 수밖에 없다.

(a) 부정설　표현설의 입장에서 불법영득의 의사 또는 권한초월의 의사가 외부적으로 표현되면 횡령죄는 기수가 되므로 미수는 이론상 가능하여도 실제상 인정하기 어렵다고 한다. 이에 따르면 매매계약체결, 매매청약신청만 있어도 기수가 된다.

(b) 긍정설　실현설의 입장에서 불법영득의 의사 또는 배신적 권한초월의 의사가 객관적으로 실현된 때 기수가 된다는 것이다. 이에 따르면 매매신청 또는 계약만 한 때, 주인의 심부름으로 수금한 돈을 가지고 도주하던 중에 되돌아오거나 역에서 차표를 사다가 발각된 때 미수가 된다.

(c) 결 어　횡령죄에 있어서는 보관재물에 대한 객관적 처분행위가 개시되면 그 완료를 기다리지 않고 기수가 되는 경우가 많다. 그러나 미수범 처벌규정이 있을 뿐만 아니라 이 죄도 소유권 침해범으로 인정하는 이상 실행의 착수와 기수 사이에 시간적 간격이 있는 경우에는 횡령미수죄를 인정할 수 있다고 본다. 따라서 일률적으로 미수범을 부정할 것이 아니라 실현설의 입장에서 개별사안에 따라 기수와 미수의 한계를 판단해야 할 것이다.

구체적으로 물건을 매매하는 경우에는 매매의사 표시 또는 매매예약만 했거나 예금청구를 했으나 지급이 정지되어 돈을 찾지 못했다면 미수이고, 목적물의 인도가 있으면 기수라고 해야 한다. 대여물반환에 있어서는 수차의 독촉에도 반환하지 않는 때 기수가 된다. 부동산매매는 계약체결이나 소유권이전을 신청한 단계에서는 미수이고, 소유권 이전등기가 경료된 때 기수가 된다.

(4) 횡령액

대체물에 대한 횡령죄는 현실로 횡령한 액수에 대해서 성립한다. 그러나 특정하여 위탁된 대체물은 다른 대체물과 바꾼 수탁물 전부에 대해서 횡령죄가 성립한다. 공유하는 공유금은 각자 지분에 따른 분할 전에 소비하면 소비한 금액의 전부에 대해서 횡령죄가 성립한다. 횡령자가 위탁자에 대해서 채권을 가진 때에도 특별 사정이 없는 한 착복금의 전액에 대해서 횡령죄가 성립한다.[90] 그러나 채권자단의 대표가 채무자로부터 채권자에게 분배한다는 취지로 교부받은 돈을 모두 자기의 채권액에 충당하였어도 채권비율에 따른 분배초과금액만 횡령액이

---

90) 대판, 1986. 9. 23, 86도1478.

된다.[91] 보관 중의 수표를 임의처분한 때에는 그 금액의 일부가 위탁의 취지에 따라 지출하였어도 한 장의 수표액수 모두를 횡령한 것이 된다.[92]

(5) 재산상의 손해

횡령죄를 위험범으로 파악하고 횡령행위도 표현설에 따라 기수 여부를 결정하는 입장에 의하면 재산상의 손해발생은 횡령죄의 요건이 될 수 없다. 그러나 이 죄를 침해범으로 파악할 때에는 횡령행위 또는 반환거부에 의하여 소유자에게 재산상의 손해발생이 있어야 한다. 재산죄인 영득죄의 성질상 당연하다고 해야 한다. 영득행위설에서 표현설에 따르면 불법영득의 의사만 강조하여 그 표현만 있으면 횡령죄가 성립하므로 이 죄의 재산죄로서의 성격이 오히려 모호해진다. 월권행위설에서도 배신적 권한초월의 영득행위로 인하여 피해자에게 재산상의 손해발생을 요구하므로 재산죄의 성격을 명백히 한다고 해야 한다. 재산상의 손해는 횡령 또는 반환거부 행위와 인과관계가 있어야 한다.

3. 주관적 구성요건요소

(1) 고 의

객관적 구성요건요소에 대한 인식·의사가 있어야 한다. 재물보관자의 지위를 인식하고 보관재물에 대한 횡령 또는 반환거부를 한다는 의사가 있어야 한다. 미필적 고의로 족하다. 보관자의 지위는 수반인식으로 족하다.

(2) 불법영득의 의사

불법영득의 의사 필요설에서는 횡령죄에 있어서도 고의 외에 초과주관적 요소로서 불법영득의 의사가 있어야 한다는 것이 일반적이다. 그러나 필요설 중에도 영득행위설의 입장에서 이 의사는 고의의 내용이 될 뿐이고, 초과주관적 요소를 부정하는 견해도 있다.[93]

영득행위설에 의하면 이 죄의 불법영득의 의사를 판례와 같이 "자기 또는 제3자의 이익을 꾀할 목적으로 위탁의 임무에 위배하여 정당한 권원 없이 자기소유인 경우와 같이 처분할 의사"라 하고, 반드시 자기 스스로 영득해야 하는

---

91) 대판, 1985. 2. 13, 84도2521.
92) 대판, 1983. 11. 8, 83도2346.
93) 배종대, 538~539면; 임웅, 451면; 박상기, 388~389면; 오영근, 484면; 김성돈, 394면.

것은 아니라고 하고 있다.[94] 이에 따르면 위탁임무에 위배한다는 의사가 있어야 불법영득의 의사를 인정할 수 있다. 그러나 "위탁임무에 위배하는" 배신의사는 고의의 내용이라 해야 한다. 또 "자기소유인 경우와 같이 처분할 의사"라는 개념은 권한 없이 처분한다는 것을 의미한다. 횡령은 점유침해 없는 영득을 의미하므로 횡령죄에 있어서는 고의와 별개의 초과주관적 요소가 있을 수 없다. 여기의 불법영득의 의사는 고의의 내용을 구성할 뿐이고, 고의와 별도로 불법영득의 의사는 요하지 않는다고 본다.

4. 명의신탁부동산의 임의처분과 횡령죄

(1) 명의신탁의 법리와 그 규제

1) 명의신탁의 의의 부동산 명의신탁이란 대내적 관계에서는 신탁자가 소유권을 보유하여 이를 관리·수익하면서 등기부상의 소유명의만 수탁자로 하여 둔 것을 말한다. 즉, 종래 우리 판례에서 인정되어 온 명의신탁의 법리는 대외적으로는 수탁자가 부동산에 대한 소유자이지만 대내적으로는 신탁자가 실질적 소유자라고 하는 사고(소유권의 관계적 귀속론)를 기반으로 하고 있다. 명의신탁에 있어서 수탁자가 자기명의로 되어 있는 부동산을 신탁취지에 반하여 제3자에게 임의로 매각(저당권설정)하였을 때 그 제3자에 대한 관계에서 수탁자의 소유라고 할 수 있느냐에 따라 횡령죄의 성립이 문제된다. 종래의 판례는 대외적 관계에서 수탁자의 소유를 인정하여 횡령죄의 성립을 부정하였으나[95] 그 후 태도를 변경하여 수탁자는 타인의 재물을 보관하는 자에 해당한다고 하여 횡령죄의 성립을 긍정하였다.[96]

【판례】 타인의 명의신탁을 받아 보관 중이던 토지를 명의신탁자의 승낙 없이 제3자에게 근저당 설정등기를 경료하여 주었다면 … 그 토지에 대한 횡령

94) 대판, 1986. 7. 8, 85도2212; 대판, 1983. 9. 13, 82도75; 대판, 1998. 2. 13, 97도1962; 대판, 1999. 7. 9, 98도4088; 대판, 2000. 3. 14, 99도4923; 대판, 2000. 12. 27, 2000도4005.

95) 대판, 1970. 8. 31, 70도1434.

96) 대판(전원합의체), 1971. 6. 22, 71도740(종중 소유 부동산에 대한 명의수탁자가 그 부동산을 임의매각한 사례에서 횡령죄를 인정하고 종전 판례를 폐기하였다). 그 후 대판, 1987. 2. 10, 86도1607; 대판, 1987. 12. 8, 87도1690; 대판, 1989. 12. 8, 89도1220 등 이 취지의 판결이 계속 유지되어, 부동산보관자라 함은 「부동산에 대한 점유를 기준으로 할 것이 아니고 그 부동산을 제3자에게 유효하게 처분할 수 있는 권능의 유무를 기준으로 하여 결정하여야 할 것이다」라 하여 명의수탁자에 대한 보관자의 지위를 인정하고 있다.

죄가 성립한다. 만일 그 후 피해자의 승낙 없이 또 다시 제3자에게 근저당 설정등기를 경료하여 주었다 하여도 불가벌적 사후행위로서 별도의 횡령죄는 구성하지 않는다.[97] 이에 대해서 토지명의 수탁자가 토지보상금 일부를 받아 소비한 후 나머지 부동산에 대한 반환거부에 대해서 새로운 법익침해가 있다고 하여 별개 횡령죄를 인정한 판례도 있다.[98]

2) '부동산실권리자명의등기에관한법률'에 의한 규제

명의신탁제도는 원래 종중재산과 같이 다수인 소유재산을 특정인의 명의로 등기하여 매매 등 부동산관리 처분의 편의를 목적으로 인정되었으나, 점차 본래의 목적과는 달리 조세포탈·부동산은닉·부동산투기·불법상속 등 탈법수단으로 악용되는 경향이 많았다. 이를 규제하기 위하여 '부동산등기특별조치법'(1990. 8. 1. 법률 제4244호)이 제정되기도 하였으나 탈법적인 명의신탁에 대한 규제가 제대로 이루어지지 않았다.[99] 그래서 부동산등기특별조치법의 미비점을 보안하고 탈법적인 부동산 명의신탁에 대한 보다 강력한 규제를 위하여 '부동산실권리자명의등기에관한법률'(1995. 3. 30. "부동산실명법"이라고 함)을 제정하여 1995. 7. 1.부터 시행하고 있다.

부동산실명법은 부동산물권을 수탁자 명의로 등기하는 명의신탁약정은 무효이며, 금지하는 명의신탁 약정에 따라 행하여진 부동산 물권변동도 무효라고 규정하고 있다(동법 제4조). 그리고 이에 위반한 자에 대하여 5년 이하의 징역 또는 2억원 이하의 벌금에 처하도록 하였으며(동법 제7조), 일정한 경우 명의신탁자에게 과징금과 이행강제금을 부과하고 있다(동법 제5조, 제6조). 또한 이 법 시행전에 명의신탁약정에 의하여 명의신탁된 부동산은 이 법 시행일로부터 1년 이내에 실명등기를 해야 하고(동법 제11조), 다만 등기를 신청하지 못할 정당한 사유 등이 있는 때에는 예외로 한다(동법 제10조 1항 단서 참조).[100] 따라서 이 법 시행 이후에도 명의수탁자의 임의처분행위가 횡령죄를 구성하느냐가 문제되는데 명의신탁의 유형에 따라 부동산실명법과 연관해서 검토해야 한다. 다만 이 법에서

97) 대판, 1999. 1. 29, 98도3626.

98) 대판, 2001. 11. 27, 2000도3463.

99) 이에 관하여는 박광민, 「명의신탁부동산의 임의처분행위에 대한 형사책임」(성균관법학 제14권 제1호, 2002), 61면 참조.

100) 대판, 2002. 2. 26, 2000도2168: 「부동산실명법 제10조 1항 단서의 "등기를 신청하지 못할 정당한 사유"가 있는 경우란 장기미등기자에게 책임지울 수 없는 법률상 또는 사실상의 장애로 인하여 등기가 불가능한 경우를 말하고, 부동산 매수인이 매매대금을 전부 지급하였음에도 그가 부담키로 한 양도소득세부담금액을 지급하지 아니한다는 이유로 매도인으로부터 소유권 이전등기절차이행을 거절당한 경우에는 등기불능사유에 해당하지 않는다」.

허용하는 명의신탁(동법 제8조)은 여전히 유효하므로 종중보유 부동산과 배우자 명의로 등기하는 부동산에 대하여는 명의수탁자의 임의처분행위는 신탁자에 대한 횡령죄가 된다. 즉, 명의신탁의 법리상 수탁자는 신탁자와의 관계에서 "자기가 보관하고 있는 타인소유의 재물"을 임의처분한 것이 된다.[101]

(2) 부동산명의수탁자의 횡령죄의 성부

1) 명의수탁자의 보관자 지위　횡령죄는 타인소유물을 보관하는 자만이 이 죄의 주체가 되는 진정신분범이므로 보관자의 지위 여부가 문제된다.

보관자의 지위는 위탁계약의 무효·취소와 관계없이 사실상 위탁관계가 있으면 족하므로 부동산실명법이 명의신탁에 의한 부동산 물권변동을 무효라고 하였어도 명의수탁자는 신탁자에 대하여 부동산 보관자가 된다고[102] 해야 한다. 이에 대하여 부동산 명의신탁을 무효로 하고 이에 대한 처벌을 규정한 부동산실명법의 취지에 비추어 명의수탁자는 보관자가 될 수 없고, 부동산실명법 위반으로 처벌될 뿐이라는 견해도[103] 있다.

그러나 부동산실명법에 의하더라도 등기명의 수탁자로부터 매수한 제3자에 대한 대외적 효력은 유효하며(동법 제4조 3항), 이 법 제4조의 취지도 소유권귀속에 대해서 무효로 한 것이고, 위탁관계까지 무효로 한 것이 아니므로 부정설은 타당하다고 할 수 없다. 명의수탁자가 보관자의 지위에 있다면 그는 동시에 명의신탁계약에 따라 타인의 사무를 처리하는 지위에 있게 된다.[104] 이 경우 그 부동산의 소유권이 명의수탁자에게 있느냐 신탁자에게 있느냐에 따라 횡령죄 또는 배임죄가 성립한다. 따라서 명의신탁 부동산의 소유권귀속 여부에 대해서 유형별로 검토해야 한다.

2) 2자간 명의신탁의 경우

가) 2자간 명의신탁의 개념　2자간 명의신탁이란 부동산의 실권리자인 신탁

---

101) 이재상, 399면; 손동권, 「명의신탁 부동산을 임의처분한 경우의 형사책임」(형사법연구 제15호, 2001), 164면; 박광민, 앞의 논문, 61면; 오영근, 478면. 이에 반하여 임웅, 430면은 부동산실명법은 대내관계 대외관계로 소유권귀속을 나누는 것을 인정하지 아니하므로 횡령죄는 성립할 수 없고 배임죄의 성립이 가능할 뿐이라고 한다. 그러나 부동산실명법에서 예외로 허용되는 명의신탁은 종래의 법률관계를 인정하는 취지이므로 횡령죄가 성립한다고 해야 한다.

102) 임웅, 430면; 장영민, 「명의신탁된 부동산 영득행위의 죄책」(고시계 1997. 12.), 38면; 손동권, 앞의 논문, 172면.

103) 박상기, 380면(각주 3).

104) 임웅, 430면.

자가 수탁자와 명의신탁 약정을 맺고 그 약정에 의하여 신탁자로부터 수탁자 명의로 등기를 이전하는 경우를 말한다. 이 경우 명의수탁자가 임의로 제3자에게 부동산을 매각(저당권 설정)한 때 부동산실명법과 관련하여 횡령죄의 성립 여부에 대해서 견해가 대립한다.

나) 횡령죄의 성부

(a) 부정설 두 사람 사이의 명의신탁은 신탁자가 수탁자에게 부동산실명법에 위반한 불법원인급여를 한 것이므로 수탁자에게 소유권이 귀속하여 횡령죄는 성립하지 않고 부동산실명법 제7조의 벌칙규정으로 처벌된다고 한다.[105] 민법상의 불법원인급여에 기반을 둔 견해로, 신탁자에게 소유권을 인정하는 것은 부동산실명법의 입법정신에 반한다는 것이 그 이유이다.

(b) 긍정설 명의신탁 부동산은 부동산실명법에 불구하고 그 소유권은 신탁자에게 있으므로 수탁자가 이를 임의처분하면 횡령죄가 성립한다고 한다. 민법상의 부당이득설에 기반을 둔 견해로 다수설이다.[106] 부동산실명법은 소유권이전등기가 무효라고 하고 있으므로 그 부동산의 소유권은 당연히 신탁자에게 귀속한다고 해야 하고, 수탁자는 부동산 보관자에 해당한다는 것이 그 이유이다. 대법원 판례도 같은 태도이다.

【판례】 부동산을 소유자로부터 명의신탁을 받아 소유권이전등기를 경료한 후 이를 임의처분하면 명의신탁자에 대한 횡령죄가 성립하며, 그 명의신탁이 부동산실권리자명의등기에관한법률 시행전에 이루어졌고, 같은 법이 정한 유예기간 이내에 실명등기를 하지 아니함으로써 그 명의신탁 약정 및 이에 따라 행하여진 등기에 의한 물권변동이 무효로 된 후에 처분행위가 이루어졌다고 하여 달리 볼 것이 아니다(대판, 2000. 2. 22, 99도5227).[107]

(c) 결 어 부동산실명법 제4조는 명의신탁 부동산등기이전이 무효라고 하였을 뿐이고, 같은 법 제6조 1항은 수탁자 명의등기를 신탁자(소유자) 명의로 등기하도록 강제규정을 두고 있으므로 급여자의 반환청구를 금지한 민법상의 불법원인급여와 성질이 다르다고 해야 한다. 또 이 법은 모든 부동산 명의신탁

105) 박상기, 380~381면; 또 박상기, 「부동산 명의신탁과 횡령죄」(형사판례연구 6), 266면 이하; 오영근, 480면.

106) 이재상, 399면; 김일수/서보학, 369면 이하; 배종대, 531면; 임웅, 431면; 장영민, 앞의 논문, 38면; 손동권, 앞의 논문, 175면; 손동권, 427면; 백형구, 207면; 김성천/김형준, 565면; 정영일, 372면; 김성돈, 399면.

107) 같은 취지: 대판, 2001. 11. 27, 2000도3463; 대판, 1999. 10. 12, 99도3170.

을 무효로 하지 않을 뿐만 아니라(동법 제8조), 무효가 되는 명의신탁도 무효가 되면 부동산 소유권은 당연히 원래의 실권리자인 신탁자에게 돌아가는 것이므로 횡령죄를 인정하는 다수설이 타당하다. 대법원도 부동산실명법의 취지는 명의신탁을 금지하여 부동산거래의 투명성을 확보하는데 있고 수탁자가 소유권을 취득할 수 있다는 의미가 아님을 명백히 하고 있다.[108] 그리고 수탁자는 횡령죄 외에 부동산실명법 위반죄(동법 제7조 2항)도 성립하고 경합범이 된다.

3) 3자간 등기명의신탁의 경우

가) 3자간 등기명의신탁의 의의 3자간 등기명의신탁이란 甲과 乙이 명의신탁계약을 체결하고 명의신탁자(甲)가 원권리자(매도인, A)와 부동산매매계약을 체결하면서 매도인(A)으로부터 매수한 부동산을 직접 수탁자(乙)의 명의로 등기이전하도록 하고, 신탁자인 甲으로의 등기이전을 생략한 유형을 말한다. 이를 중간생략등기형 명의신탁이라고도 한다. 중간생략 등기의 경우 매도인은 甲과 乙 사이의 명의신탁관계가 있음을 알게 되는 것이 일반적이다.

나) 횡령죄의 성부 중간생략 명의신탁에 있어서도 부동산실명법에 따라 甲과 乙의 명의신탁약정은 무효이고, 수탁자 乙앞으로의 소유권이전 등기도 무효가 되므로 부동산의 소유권은 여전히 원권리자인 매도인(A)에게 있다. 이 경우 명의수탁자(乙)가 제3자에게 부동산을 매도한 경우 명의신탁자에 대한 배임죄만 성립한다는 견해[109]도 있다. 그러나 부동산은 타인의 소유이고 신탁에 대한 신뢰관계를 배반한 것이므로 수탁자의 임의처분행위는 횡령죄가 성립한다고 해야 한다(통설). 문제는 이 경우 횡령죄의 피해자를 명의신탁자로 볼 것인가, 매도인으로 볼 것인가에 있다. 즉, 누구에 대한 횡령죄가 성립하느냐가 문제된다.

(a) 명의신탁자에 대한 횡령죄설 매도인은 매매대금을 수령하였으므로 사실상 피해가 없고, 실질적 피해자는 매매대금을 지급하였으나 신탁부동산은 제3자에게 처분되어 반환받을 수 없는 명의신탁자(甲)이므로 명의신탁자에 대한 횡령죄가 성립한다는 견해이다.[110] 판례도 같은 태도이다.[111]

(b) 매도인에 대한 횡령죄설 명의신탁약정이 무효이기 때문에 소유권은 여전히 매도인에게 남아 있으므로 소유자인 매도인에 대한 횡령죄가 성립한다

108) 대판, 2002. 12. 26, 2000도2123.
109) 김일수/서보학, 371면.
110) 배종대, 532면; 장영민, 앞의 논문, 38면; 정영일, 372면; 오영근, 481면; 김성돈, 400면.
111) 대판, 2001. 11. 27, 2000도3463; 대판, 2002. 2. 22, 2001도6209; 대판, 2002. 8. 27, 2002도2926.

는 견해이다.[112)]

(c) 명의신탁자·매도인에 대한 횡령죄설 3자간의 법률관계를 종합적으로 파악하여 부동산매도인(원소유자)은 소유권을 회복하여 신탁자에게 이전시켜야 하지만 수탁자로부터 매수한 제3자에 대해 소유권주장을 할 수 없고, 명의신탁자도 매도인의 소유권주장이 불가능함에 따라 역시 소유권을 주장할 수 없으므로 매도인과 신탁자 모두가 횡령죄의 피해자가 된다는 견해이다.[113)]

(d) 결 어 중간생략등기 명의신탁의 경우는, ① 신탁자와 수탁자의 명의신탁약정 자체가 무효이므로 소유권은 원래대로 매도인에게 돌아간다고 해야 하고, ② 매도인과 신탁자의 매매계약이 유효하지만 소유권을 취득할 수 없는 신탁자에 대한 횡령죄를 인정할 수 없고, ③ 수탁자는 이미 임의처분 때 횡령죄가 성립하므로 그 후의 반환청구나 대위청구는 횡령죄의 성립과 관계없다. ④ 위탁관계는 소유자와 관계없이도 성립할 수 있고 법률상 무효가 되어도 사실상의 위탁관계는 존재하므로 소유권명의등기를 취득한 수탁자에 대한 신뢰관계를 부정할 이유가 없다. 따라서 원권리자인 매도인에 대한 횡령죄가 성립한다는 견해가 타당하다.[114)]

4) 3자간 계약명의신탁의 경우

가) 3자간 계약명의신탁의 의의 3자간 계약명의신탁이란 신탁자(甲)와 수탁자(乙)가 명의신탁약정을 맺고(매수위임), 수탁자(乙)가 부동산매매계약의 당사자가 되어 원소유자(매도인, A)와 부동산매매계약을 체결하고 그 등기도 수탁자(乙)의 명의로 하는 유형을 말한다. 이를 매수위임형 명의신탁이라고도 한다. 매도인(A)은 신탁자(甲)와 수탁자(乙) 사이의 명의신탁사실을 알고 있는 경우(악의)도 있고 모르는 경우(선의)도 있으므로 경우를 나누어 살펴본다.

나) 매도인이 악의인 경우 매도인(A)이 甲·乙 사이의 명의신탁 사실을 알고 있는 경우에는 신탁자와 수탁자의 명의신탁약정뿐만 아니라 이 약정에 따라

112) 이재상, 400면; 박상기, 382면; 백재명, 「부동산명의신탁과 횡령죄」(형사판례연구 7, 1999), 377면.

113) 손동권, 앞의 논문, 176면; 손동권, 429면. 한편 기본적으로는 매도인에 대한 횡령죄가 성립하지만, 명의신탁자가 매도인을 상대로 매매계약에 기한 소유권이전등기청구를 함으로써 이 부동산을 반환받을 수 있으므로 이 경우에는 명의신탁자에 대한 횡령죄가 성립한다고 한다는 견해(박상기, 382면)도 있다.

114) 실제로 누구에 대한 횡령죄가 성립하는가는 형법상 중요하지 않으나, 친족상도례규정(제328조, 제361조)의 적용과 관련하여 피해자가 누구인가가 문제될 뿐이다.

행하여진 수탁자의 소유권 이전등기도 무효(동법 제4조)가 되므로 해당 부동산의 소유권은 매도인에게 복귀된다. 이 경우 수탁자가 해당 부동산을 임의처분한 때 횡령죄가 성립한다는 견해와,[115] 신탁자에 대한 관계에서 배임죄가 성립한다는 견해가[116] 대립한다. 매도인은 이미 매매대금의 수령과 소유권 이전등기가 완료된 상태에서 피해자가 될 수 없고, 신탁자와 수탁자 사이의 명의신탁약정은 무효라도 사실상의 신임관계는 여전히 존재하므로 수탁자는 신탁자에 대한 배임죄만 성립한다고 본다.

다) 매도인이 선의인 경우 매도인이 명의신탁임을 모르고 매매계약을 체결한 경우는 명의신탁 약정은 무효가 되지만 부동산 소유권 이전등기는 유효하다(동법 제4조 2항 단서). 따라서 수탁자는 원소유자인 매도인뿐만 아니라 신탁자에 대한 관계에서 유효하게 부동산을 취득하였다고 해야 한다. 즉, 수탁자는 부동산 보관자가 아니므로 횡령죄가 성립할 여지가 없다. 판례도 같은 취지이다.

【판례】 부동산실권리자명의등기에관한법률 제2조 1호 및 제4조에 의하면 신탁자와 수탁자가 명의신탁약정을 맺고 이에 따라 수탁자가 당사자가 되어 명의신탁약정이 있다는 사실을 알지 못하는 소유자와 사이에 부동산 매매계약을 체결한 후 … 수탁자 명의로 소유권 이전등기를 경료한 경우에는 … 부동산 물권변동은 유효하고, 한편 신탁자와 수탁자 사이의 명의신탁약정은 무효이므로 결국 수탁자는 (전) 소유자인 매도인뿐만 아니라 신탁자에 대한 관계에서도 유효하게 그 부동산의 소유권을 취득한 것으로 보아야 할 것이고, 따라서 수탁자는 타인의 재물을 보관하는 자라고 볼 수 없다(대판, 2000. 3. 24, 98도4347).

문제는 신탁자에 대한 배임죄가 성립하느냐에 대해서 긍정설[117]과 부정설[118]이 대립한다. 부정설은 배임죄를 인정하면 부동산실명법이 인정하지 않는 명의신탁약정을 사실상 인정하게 된다는 이유로 횡령죄뿐만 아니라 배임죄까지 부정한다. 이에 따르면 신탁자는 부동산실명법 제7조 2항 위반으로만 처벌된다. 그러나 명의신탁 약정의 무효가 신탁자와 수탁자의 사실상의 신임관계까지 무

115) 박상기, 382면; 박재명, 앞의 논문, 382면; 임웅, 432면; 김성천/김형준, 566면; 김성돈, 402면.
116) 이재상, 401면; 김일수/서보학, 371면; 배종대, 533면; 장영민, 앞의 논문, 39면; 최상욱, 「명의신탁 부동산의 처분과 형사책임」(형사법연구 13, 2000. 6), 199면; 손동권, 431면; 정영일, 373면.
117) 이재상, 401면; 배종대, 534면; 장영민, 앞의 논문, 40면; 최상욱, 앞의 논문, 201면; 임웅, 433면; 박광민, 앞의 논문, 67면 이하; 김성돈, 402면.
118) 김일수/서보학, 372면; 박상기, 383면; 손동권, 앞의 논문, 178~9면; 오영근, 482면; 손동권, 429면; 정영일, 373면.

효로 만드는 것은 아니므로 수탁자는 신탁자의 사무를 처리하는 자로서 배임죄가 성립한다고 본다.

최근의 판례는 수탁자는 유효하게 부동산소유권을 취득한 것이고 그 부동산을 처분한 대금도 당연히 수탁자에 귀속하므로 신탁자는 수탁자에 대하여 부당이득반환청구권을 행사하는 것은 별론이고 부동산과 처분대금의 반환이나 불법행위로 인한 손해배상청구도 할 수 없으며, 수탁자는 타인의 재산을 보전·관리라는 지위에 있다고 볼 수 없다고 하여 배임죄의 성립까지 부정하고 있다.[119)]

라) 원매도자의 책임과 공범 계약명의신탁에서 원소유자인 매도자는 악의인 경우에 부동산실명법위반으로 처벌된다. 수탁자의 처분행위에 가담하지 않는 이상 배임죄의 공범은 부정된다. 이 경우 수탁자의 매도에 응한 제3의 매수자는 그 사실을 알고 있는 때에 한하여 배임죄의 공범이 될 수 있다(제33조 본문).

선의인 경우 원소유자인 매도인은 아무런 책임을 부담하지 않는다. 명의신탁약정을 알면서 수탁자의 매도에 응한 제3의 매수자는 배임죄의 공범이 될 수 있다(제33조 본문).

5. 공범·죄수·타죄와의 관계

(1) 진정신분범과 공범

횡령죄는 위탁관계에 의하여 타인의 재물을 보관하는 자만이 정범이 될 수 있는 진정신분범이다. 따라서 비신분자는 단독으로 이 죄를 범할 수 없다. 다만 제33조 본문에 의해서 그 공동정범·교사범·종범이 될 뿐이다. 점유이탈물횡령죄는 횡령죄와 성질을 달리하는 독립범죄이므로 횡령죄의 비신분자인 공범에 대해서 점유이탈물횡령죄로 처벌할 수 없다.

(2) 부동산이중매매와 악의의 매주(買主)

부동산이중매매에 있어서 등기를 경료한 제2의 매수자가 악의인 경우에도 소유권이전등기 자체는 유효하므로 그 부동산은 장물이 될 수 없다. 그러나 제2 매수자가 매도인을 교사하여 이중매매하게 한 때에는 배임죄의 교사범이 된다.

---

119) 대판, 2001. 9. 25, 2001도2722; 대판, 2004. 4. 27, 2003도6994; 대판, 2007. 3. 29, 2007도766.

(3) 횡령 후의 처분행위와 공범

공모자의 1인이 횡령한 후 다른 공모자와 공동하여 그 재물을 처분한 때에는 횡령행위 종료 이후의 횡령적 처분행위는 불가벌적 사후행위가 되므로 처분행위에 가담한 자만 장물죄가 된다. 판례도 같은 취지이다.[120)]

(4) 죄 수

횡령죄의 죄수는 위탁관계의 수를 기준으로 판단해야 한다.[121)] 따라서 1개의 행위로 수인으로부터 위탁받은 재물을 횡령한 때에는 수죄의 상상적 경합이 된다. 1개의 위탁관계로 보관하는 재물을 수개의 행위로 횡령한 때에는 수죄의 경합범이 된다. 그러나 수개의 횡령행위가 위탁관계와 소유자가 같고 하나의 범의가 계속되어진 같은 행위태양이 이어진 때에는 포괄일죄가 된다.[122)]

횡령죄는 상태범이므로 횡령행위가 종료된 후에 행하여진 횡령물의 처분행위는 불가벌적 사후행위가 되므로 다시 다른 죄를 구성하지 않는다.[123)] 최근의 판례는 명의신탁 부동산의 일부에 대하여 수탁자가 토지보상금 중 일부를 착복하고, 이어서 수용되지 않은 나머지 부동산에 대한 반환거부를 한 때에 나머지 부동산에 대한 새로운 법익침해가 있다고 하여 별개의 횡령죄가 성립하고 불가벌적 사후행위가 아니라고 하였다.[124)]

(5) 타죄와의 관계

1) 업무상 횡령죄와의 관계　업무상 보관하는 금전과 개인적 위탁에 의한 보관금을 혼합하여 점유하던 중 이를 횡령한 때에는 양자가 혼합되어 식별 불가능한 상태의 보관관계는 혼합된 금액 전부에 미치고, 금전관리 직무를 수행하는 자는 항상 총금액에 대해서 보관의 직무가 있으므로 총액 중 어느 부분을 임의소비하여도 업무상 횡령죄만 성립한다.

2) 점유이탈물횡령죄와의 관계　점유이탈물횡령으로 생긴 장물이라는 정을 알지 못하고 운반의 위탁을 받아 이를 점유한 자가 그 후 장물임을 알고 영득한

---

120) 대판, 1979. 11. 27, 79도2410; 대판, 1983. 10. 25, 83도2027; 대판, 1985. 6. 25, 85도1077.

121) 대판, 1979. 8. 28, 79도161.

122) 대판, 1960. 8. 3, 4293형상64.

123) 대판, 1971. 11. 30, 71도1542; 대판, 1978. 11. 28, 78도2175; 대판, 1996. 11. 29, 96도1755; 대판, 1998. 2. 24, 97도3282.

124) 대판, 2001. 11. 27, 2000도3463.

때에는 단순횡령죄만 성립한다.

3) 사기죄와의 관계 재물의 보관자가 영득의 의사로 상대방을 기망하여 영득행위를 완성한 때에는 상대방에게 재산적 처분행위를 시킨 것이 아니므로 횡령죄만 성립한다. 횡령한 재물을 이용하여 타인을 기망하고 타인의 재물을 편취한 때에는 횡령죄 외에 새로운 사기죄가 성립하고 경합범이 된다.

4) 장물죄와의 관계 장물보관을 위탁받은 자가 이를 영득한 때에는 장물보관죄만 성립한다.[125] 장물보관죄의 성립으로 소유자의 추구권침해도 평가되었고 그 후의 횡령행위는 불가벌적 사후행위가 되기 때문이다. 판례도 같은 태도이다.[126] 횡령으로 영득한 장물의 정을 알면서 취득한 경우에 장물취득죄가 성립한다는 견해와[127] 횡령죄의 공범이 성립한다는 견해가[128] 대립한다. 공범은 공범의 요건을 갖추어야 하므로 단지 장물취득의사로 영득한 행위자를 신분범의 공범이라 할 수 없다. 장물취득과 동시에 장물취득죄만 성립한다고 해야 한다.

Ⅱ. 업무상 횡령죄

【구성요건 · 법정형】 업무상의 임무에 위배하여 제355조(횡령)의 죄를 범한 자는 10년 이하의 징역 또는 3천만원 이하의 벌금에 처한다(제356조). 미수범은 처벌한다(제359조). 10년 이하의 자격정지를 병과할 수 있다(제358조). 친족상도례와 동력규정은 준용한다(제361조).

【특별형법】 특정경제범죄가중처벌등에관한법률 제3조는 업무상 횡령죄를 범한 자의 재물취득가액이, ① 50억원 이상인 때에는 무기 또는 5년 이상의 징역에, ② 5억원 이상 50억원 미만인 때에는 3년 이상의 유기징역에 처한다. ③ 이득액 이하에 상당하는 벌금을 병과할 수 있다.

1. 의의 · 성격

업무상 횡령죄는 업무상의 임무에 위배하여 자기가 보관하는 타인의 재물을

125) 이에 반해 장물보관죄와 횡령죄의 경합범이 된다는 견해는 백형구, 211면; 임웅, 454면.
126) 대판, 1976. 11. 26, 76도3067.
127) 서일교, 194면; 황산덕, 329면; 정성근, 566면; 김일수/서보학, 384면; 배종대, 543면; 백형구, 211면 이하.
128) 이형국, 422면; 이재상, 411면; 김성돈, 397면.

횡령하는 범죄이다. 위탁관계가 업무로 되어 있기 때문에 횡령죄에 대하여 책임이 가중되는 가중적 구성요건이다. 보관자라는 신분과 업무자라는 신분이 복합된 이중신분범(二重身分犯)이다. 업무관계에 의한 보관물의 횡령행위는 다수인의 신뢰관계를 배반하는 것이 보통이며, 법익침해의 범위도 넓고, 또 빈발하게 일어날 우려가 많기 때문에 형을 가중한 것이다. 기타의 성격은 단순횡령죄와 같다.

2. 구성요건요소

(1) 주 체

주체는 업무상 타인의 재물을 보관하는 자이다. 타인의 재물을 보관할 뿐만 아니라 업무상 보관하고 있어야 한다(이중신분범).

1) 업 무

(a) 업무의 의의 "업무"란 사회생활상의 지위에서 계속 또는 반복하여 행하는 사무를 말한다. 사회생활상의 지위와 계속성이 요구되는 사무라는 점에서 업무상 과실치사상죄의 업무와 같다. 다만 사람의 생명·신체에 위험을 수반하지 않고 타인의 재물을 보관하는 내용의 사무라는 점에 차이가 있다. 반드시 직무·직업 또는 영업과 같이 생계유지를 위한 것임을 요하지 않고, 타인을 대신해서 사실상 행하는 사무도 무방하다.[129] 본무·겸무뿐만 아니라 본래의 업무수행과 밀접한 관련성이 있는 부수적 사무도 이 업무에 속한다.

(b) 업무의 근거 법령·계약·관례에 의한 업무도 상관없다.[130] 사실상 위탁관계에 의하여 타인의 재물을 보관·점유하는 지위에 있으면 족하다.

(c) 업무의 내용 업무의 내용은 공적·사적인 것을 묻지 않으며, 직접 재물보관을 주된 업무로 하는 것임을 요하지 않는다. 관례상 타인의 재물을 보관하고 있으면 족하다. 그러나 일정한 업무에 종사하는 자도 업무와 관계없이 타인의 재물을 보관하는 때에는 업무상 보관이 아니다.

따라서 창고업자·운송업자·수선업자·세탁업자뿐만 아니라 손님 귀중품을 예치받은 목욕탕 주인, 부동산 매매대금을 보관하고 있는 중개인, 유류품

129) 대판, 1959. 5. 25, 4292형상84. 같은 취지: 대판, 1982. 1. 12, 80도1970.
130) 대판, 1988. 11. 22, 88도1523.

보관센터 직원, 적십자회비를 수금한 동직원도 업무자가 된다.

업무상 보관의 객체는 점유이탈물도 상관 없으므로 유실물·유류품을 보관하는 자가 이를 횡령하여도 이 죄가 성립한다. 허가·면허를 받지 않은 것과 같이 절차상 부적법한 것도 행위 자체의 본질상 위법한 것이 아니면 이 업무에 해당한다. 그러나 사회질서에 반하거나 강행법규에 위반하는 등 금지된 행위는 이 업무에 포함되지 않는다.

(d) 업무자의 지위상실 업무자의 지위는 그 주된 직무상의 지위상실과 동시에 당연히 소멸되지 않는다. 공무원·회사의 직원이 면직되거나 고용관계가 소멸된 후에도 사무인계가 종료할 때까지는 업무상 보관자가 된다(통설).[131] 공무원·고용관계의 신분은 업무자인 신분과 완전히 일치하는 것이 아니므로 잔무는 업무의 연장으로서 이 업무에 포함된다.

2) 위탁관계 업무상 보관은 업무자가 위탁관계에 의하여 타인의 재물을 보관하는 것이라야 한다. 즉, 타인의 재물에 대한 위임신뢰관계와 보관자의 업무상 지위가 결합하여 성립한다. 업무상의 지위로 인하여 당연히 재물을 보관하게 되는 경우도 있고, 위탁자의 위탁행위에 의해서 보관하게 되는 경우도 있다. 전자의 경우 업무자는 일정한 사무에 대해서 임명·위촉하는 자 사이에 포괄적인 신뢰관계가 존재한다.

(2) 행위·고의

행위는 횡령하거나 반환을 거부하는 것이고, 주관적 구성요건요소로서 고의가 있고, 불법영득의 의사는 고의 내용이 된다는 것은 횡령죄의 그것과 같다. 업무자의 지위는 수반인식으로 족하다.

업무자가 업무상 보관하는 공금을 본래의 목적 외에 유용한 때에 이 죄가 성립하느냐가 문제된다. 전혀 유용할 수 없는 용도에 지출한 때에는 이 죄가 성립한다고 해야 한다.

공금을 소속장관·차관의 취임기념식·환영기념식 비용 또는 선물대금으로

---

131) 대판, 1957. 6. 22, 4289형상428. 이 판결은 타인소유재산을 관리하는 자가 그 직에서 해임된 후에도 계속 그 재산을 관리하던 중 이를 매각처분한 행위에 대해서 횡령행위라고 하였고, 대판, 1982. 1. 12, 80도1970은 회사의 대표이사를 사임한 후 계속하여 대표이사의 업무를 수행한 경우에 회사소유 금전에 대해서 업무상 보관자라고 하고 있다.

사용하거나[132] 법적 근거가 없는 상사의 출장여비보조비, 직원들의 후생비로 소비한 때,[133] 또 타인에게 대여한 때에는 이 죄가 성립한다.

그러나 보관금 유용이 보관자의 권한범위 내에 있거나 사회통념상 시인되는 경우에는 이 죄가 성립하지 않는다. 판례도 사찰재산에 대한 관리처분권이 있는 운영책임자가 보수지급 대신 병원치료비 등 생활비로 사용케 한 경우[134]와 타인으로부터 금원을 차용하여 주금을 납입한 후 이를 인출하여 그 타인에 대한 차용금변제에 사용한 경우, 상법상 납입가장죄, 불실기재죄 및 동행사죄는 성립하지만 이와 별도로 업무상 횡령죄는 성립하지 않는다[135]고 하였다.

3. 공범관계

업무상 보관자와 단순보관자가 공동점유하는 타인의 재물을 횡령한 때에는 형법 제33조 단서를 적용하여 업무상 횡령죄와 단순횡령죄의 공동정범이 된다. 보관자도 업무자도 아닌 자가 이 죄에 가공한 경우, 업무자는 업무상 횡령죄가 성립하지만 비신분자는 제33조의 본문을 적용하여 단순횡령죄의 공범이 성립하고, 제33조 단서를 다시 적용하여 단순횡령죄의 형을 과한다는 통설과,[136] 비신분자는 제33조 본문을 적용하여 업무상 횡령죄의 공범이 성립하고, 과형에 있어서만 제33조 단서에 의하여 단순횡령죄의 형을 과해야 한다는 소수설·판례가[137] 대립한다. 이중신분범에 있어서는 먼저 제33조 본문을 적용한 다음, 비신분자에 대해서만 죄명과 과형 모두 개별작용하는 제33조 단서를 적용해야 하므로 통설이 타당하다.

132) 대판, 1956. 2. 7, 4288형상291.
133) 대판, 1970. 4. 28, 69도1880.
134) 대판, 2001. 5. 8, 99도4699.
135) 대판(전원합의체), 2004. 6. 17, 2003도7645.
136) 유기천(상), 316면; 김종원, 234면; 정성근, 527면; 김일수, 318면; 임웅, 456면; 박상기, 391면; 배종대, 541면; 이재상, 409면; 김성돈, 405면.
137) 정영석, 362면; 대판, 1961. 10. 5, 4294형상396.

Ⅲ. 점유이탈물횡령죄

【구성요건 · 법정형】 ① 유실물 · 표류물 또는 타인의 점유를 이탈한 물건을 횡령한 자는 1년 이하의 징역이나 300만원 이하의 벌금 또는 과료에 처한다(제360조 1항).
② 매장물을 횡령한 자도 전항의 형과 같다(제360조 2항). 친족상도례와 동력규정은 준용한다(제361조).

1. 의의 · 성격

점유이탈물횡령죄는 유실물 · 표류물 · 매장물 기타 타인의 점유를 이탈한 타인의 재물을 횡령하는 범죄이다. 소유자의 점유침해 없이 재물을 영득한다는 점에서 위탁물횡령죄와 같지만 위탁관계에 의한 신뢰배반이 없다는 점에서 성질을 달리하는 독립된 범죄이며, 그 때문에 위탁물횡령죄보다 경하게 처벌한다. 침해범 · 결과범 · 상태범 · 비신분범이다.

2. 구성요건요소

(1) 객 체

객체는 타인의 점유를 이탈한 타인의 재물이다. 형법은 유실물 · 표류물 · 매장물을 예시하고 있을 뿐이므로 이에 한정되는 것은 아니다. 타인의 점유를 이탈한 것이면 충분하고, 그것이 자기의 점유하에 있는가는 묻지 않는다.[138] 따라서 우연히 자기 점유하에 들어온 재물도 점유이탈물이 된다.

1) 점유이탈물 "점유이탈물"이란 점유자의 의사에 의하지 않고 그 점유를 벗어난 타인 소유물, 또는 아직 누구의 점유에도 속하지 않는 타인 소유물을 말한다. 유실물 · 표류물은 그 예시이다. 유실물법상의 착오로 점유한 물건(잘못 배달된 우편물 · 잘못 인도된 물건 · 잘못 계산된 거스름돈), 타인이 놓고 간 물건(전동차 · 버스 안에 놓고 간 휴대품),[139] 점유자의 지배를 벗어난 가축과 같은 준유실물(유실물법 제

---

138) 그러므로 자기의 점유하에 있는 타인 소유물도 위탁관계 없이 자기 지배하에 들어와 있으면 점유이탈물이 된다.

139) 여객선 · 차량 · 극장 등의 관리자는 유류(遺留)한 물건의 점유자가 아니라 관리자로 본다(유실물법 제10조 참조). 또 버스 · 전동차 · 열차와 같이 일반인의 출입이 가능하고 관리자가 배

12조)도 점유이탈물이다.

> 잘못 인도된 재물, 바람에 날아 들어온 이웃집 세탁물과 같이 우연히 자기 점유하에 들어온 재물, 술에 취하여 어디에 두었는지 모르는 자동차·자전거, 절도범인이 승차 후 방치한 자동차, 범인이 절취하여 공도상의 모래 속에 은닉한 재물도 점유이탈물이다.

타인의 점유를 이탈한 것이면 행위자 자신이 점유하고 있는가 없는가는 묻지 않는다. 따라서 행위자가 경찰서에 제출할 의사로 습득하여 보관 중인 유실물도 점유이탈물이다. 점유이탈물은 타인의 소유라고 인정될 수 있으면 충분하고, 그 소유권의 귀속이 명백할 필요가 없다. 그러나 무주물(쓰레기통에 버려진 물건)은 점유이탈물이라도 재산죄의 객체가 될 수 없다. 타인의 실력지배가 미치는 장소에 방치된 재물은 그 장소를 지배하는 자의 점유에 속하므로 점유이탈물이 아니다. 예컨대 숙박객이 여관의 화장실·탈의장에 두고 온 시계·지갑은 여관주인의 점유에 속한다. 그 밖의 점유이탈물 여부는 단순 절도죄의 점유참조.

2) 유실물·표류물·매장물

(a) 유실물 "유실물"이란 잃어버린 물건(분실물)으로서 점유자의 의사에 의하지 아니하고 그 점유를 이탈하여 아직 누구의 점유에도 속하지 아니하는 물건을 말한다. 부동산은 유실물이 될 수 없다. 유실물법상의 유실물과 반드시 일치하지 않는다. 판례는 은행계좌로 잘못 입금된 송금을 영득한 경우에 횡령죄를 인정하고 있으나[140] 잘못 인도된 점유이탈물이라 해야 한다.

(b) 표류물 "표류물"이란 점유를 이탈하여 바다나 하천에 떠서 흐르고 있는 물건을 말한다. 수중에 가라앉아 있는 물건도 표류물인가에 대하여 부정하는 견해도[141] 있다. 수난구호법(제2조 5호, 6호)은 표류물과 침몰품을 구별하고 있으나 이 죄의 표류물은 이에 구애받을 필요없이 넓은 개념이라 본다.[142] 따라서 수중에 있는 물건도 사실상 지배 또는 지배가능한 상태에 있지 않으면 표류물이라 해야 한다. 해난(海難)이나 항공기추락사고로 바다에 떨어진 승객의 휴대품·화물은 수색 중에 있어도 표류물이 된다.

(c) 매장물 "매장물"이란 토지·해저 또는 건조물 속에 묻혀 있는 물건으

타적인 실력관리를 할 수 없는 장소에 유류한 재물은 관리자의 점유로 볼 수 없다.

140) 대판, 1968. 7. 24, 66도1705.

141) 이재상, 414면; 임웅, 460면.

142) 이명희, 주석(하), 513면; 정성근, 530면; 강구진, 366면; 김일수, 326면.

로서 점유이탈물에 준하는 것을 말한다. 고분 내에 매장되어 있는 보석·거울·칼 등이 그 예이다(매장문화재에 대해서는 문화재보호법이 적용된다). 해저에 묻혀있는 보물도 같다. 매장물은 과거 누군가가 소유하고 있었고, 현재에도 그 소유가 상속인들에 의해서 계속성이 있으면, 그 소유자가 판명되었음을 요하지 않는다.

(2) 행 위

1) 횡 령 이 죄의 횡령에 대해서, 다수설은 불법영득의 의사를 실현하는 것이라 한다. 그러나 횡령 자체가 점유침해 없는 영득을 의미하므로 여기에 다시 불법영득의사를 덧붙일 필요가 없다. 이 죄는 위탁에 의한 신뢰관계를 배반하는 것이 아니므로 위탁물횡령죄에 있어서의 횡령행위와 일치하지 않는다. 점유이탈물에 대한 불법적 영득이 있으면 횡령하였다고 본다. 유실물·준유실물·매장물은 유실물법에, 표류물·침몰품은 수난구호법에 일정한 절차를 규정하고 있는데, 그 절차를 밟지 않은 것만으로 이 죄가 성립하는 것은 아니다. 부작위로도 취득할 수 있다. 취득의사로 법이 정한 절차를 상당기간 내에 밟지 않으면 이 죄가 성립한다. 이 죄는 상태범이므로 습득한 자기앞수표를 현금과 교환하는 행위는 불가벌적 사후행위가 되어 사기죄를 구성하지 않는다.[143)]

> 판례는 자전거를 습득하여 소유자가 나타날 때까지 보관을 선언하고 수일간 보관한 때,[144)] 유실물인 줄 알면서 당국에 신고하지 않고 친구집에 운반한 사실만으로는[145)] 이 죄가 성립하지 않는다고 하였다.

2) 기 수 불법으로 재물을 영득하면 바로 기수가 된다. 따라서 이 죄의 미수범은 처벌하지 않는다. 점유를 이탈한 물건이 도품(盜品)이라는 것을 알고 영득하여도 이 죄만 성립하고 장물취득죄는 성립하지 않는다. 당초에는 반환 또는 경찰서에 제출할 의사로 습득하였으나 그 후에 영득의사가 생겨 은닉·사용 등 고의를 실현하는 행위를 한 때에는 이 시점에서 기수가 된다.

143) 대판, 1980. 1. 15, 79도2948.
144) 대판, 1957. 7. 12, 4290형상104.
145) 대판, 1969. 8. 19, 69도1078.

제 7 장 배임의 죄

제 1 절 배임의 죄 일반론

1. 의 의

배임의 죄에는 배임죄와 배임수증재죄의 두 가지 독립된 범죄유형이 포함되어 있다. 배임죄는 타인의 사무를 처리하는 자가 그 임무에 위배하는 행위로써 재산상의 이익을 취득하거나 제3자로 하여금 이를 취득하게 하여 본인에게 손해를 가함으로써 성립하는 범죄이다. 전체로서의 재산상태를 보호법익으로 하는 재산죄이며, 재물 외에 재산상의 이익만을 객체로 하는 순수한 이득죄이다.[1)]

배임수증재죄는 타인의 사무를 처리하는 자가 임무에 관하여 부정한 청탁을 받고 재물 또는 재산상의 이익을 취득하거나(배임수재) 이러한 자에게 부정한 청탁을 하고 재물 또는 재산상의 이익을 공여(배임증재)함으로써 성립하는 범죄이다. 배임수재와 배임증재는 필요적 공범관계에 있으며 재물죄·이득죄의 성질을 갖는다.

【입법례】 배임죄가 독립된 재산범죄로 형성된 것은 근세 독일법이고 그 이전에는 고유의 배임죄란 존재하지 않았다. 1794년 프로이센 일반란트법은 배임도 기망을 수반하는 사기죄에 유사한 범죄로 취급하여 가중적 사기죄로 규정하였다. 1810년 프랑스 형법(제407조 이하)은 신뢰남용죄를 규정하였으나 그것은 배임죄라기보다는 위탁물횡령죄(제408조)의 범죄유형에 지나지 않았다. 성실의무위반으로서의 배임죄는 1851년 프로이센 형법(제246조)이 후견인·중매인과 같이 특별한 업무상 신뢰관계가 있는 자의 배신을 사기죄의 한 태양으로 규정하면서 비로소 독립범죄로 인정되기 시작하였다.

1871년 독일 제국형법은 프로이센 형법을 기초로 '사기 및 배임'의 장에서 배

---

1) 구형법(현행 일본 형법)은 독일 형법(제266조)의 영향을 받아 배임죄를 사기죄와 같은 장(章)에 규정하고 있었다 그러나 배임죄는 상대방의 하자 있는 재산처분행위를 요건으로 하지 않고, 신뢰관계를 배반하는 배신행위를 본질로 한다는 점에서 현행법은 횡령죄와 같은 조문에 규정하고 법정형도 같게 하였다.

임죄의 구성요건을 규정하고(제266조), 성실의무위반 모두를 배임죄로 처벌할 수 있게 하였다(동조 제1항 1, 2, 3호). 현행 독일 형법과 이에 영향을 받은 일본 형법은 배임죄를 사기죄와 같은 성질의 범죄로 취급하였는데, 독일의 배임죄(제266조)는 본인에게 손해만 가하면 성립할 수 있고, 일본의 배임죄는 본인에게 손해를 가할 목적이라는 목적범 형식의 가해범죄로서의 성질을 갖는다. 따라서 횡령죄와 배임죄 모두 신임관계를 배신하는 재산죄로 규정한 우리 형법과 그 취지가 다르다.

2. 본 질

배임죄의 본질을 어떻게 파악할 것이냐에 대해서는 학설이 대립하고 있는데, 어느 입장을 취하느냐에 따라 배임죄와 횡령죄의 성립범위가 달라진다.

(1) 권한남용설

권한남용설은 타인의 사무를 처리할 법적 처분권한을 가진 자가 그 권한을 남용하여 타인에게 재산상의 손해를 가하는 데에 배임죄의 본질이 있다는 견해이다. 이에 따르면 배임죄는 제3자에 대해서 대외적으로 타인의 재산을 처분할 법적 권한을 가진 자가 대내적으로 권한을 남용하여 본인에게 재산상의 손해를 가한 경우에 성립한다. 이에 따르면 타인의 재산을 처분할 수 있는 법적 대리권이 있는 자만이 배임죄의 주체가 되며, 또 법률행위에 대해서만 배임죄가 성립한다. 따라서 법적 대리권이 없거나 순수한 사실행위에 대해서는 신임관계 배신이 있어도 배임죄는 성립할 수 없다. 이 견해는 법적 권한을 남용하는 배임죄와 권한초월의 사실행위인 횡령죄는 본질적으로 차이가 있으므로 두 죄는 택일관계에 있다고 한다.

권한남용설은 사실행위에 대한 배임죄의 성립을 제한하고, 법적 처분권남용에 대해서만 배임죄를 인정하여 사실행위에 의한 권한초월의 횡령죄와 구별함으로써 재산죄로서의 배임죄의 독립범죄성을 인정하였다는 장점이 있다.

그러나 법적 대리권이 없거나 사실행위에 의한 배임행위 모두를 배제하여 배임죄의 성립범위를 지나치게 제한함으로써 배신적 사실행위 모두를 처벌할 수 없다는 결함을 가질 수밖에 없고,[2] 형법은 “그 임무에 위배하는 행위”에 대해

2) 예컨대 대리권 없이 장부에 허위사실을 기재하는 배임행위, 대리권소멸 후 또는 대리권 없는 감독기관의 배임행위, 간접대리인의 배임행위, 사법상 무효인 법률행위에 의한 배임행위를 제외하므로 이러한 행위가 횡령죄에도 해당하지 않을 경우에는 배신적 행위의 다수가 가벌성에서 제외된다. 그래서 독일은 1943년의 일부개정 이후로 권한남용적 배임죄와 배신행위적 배

서 배임죄를 인정하고 있으므로 이를 법적 대리권남용의 의미로 제한적 해석을 해야 할 근거가 없으며, 현재 이 견해를 주장하는 학자는 찾을 수 없다.

(2) 사무처리설

사무처리설은 타인의 재산을 관리할 법률상의 의무에 위배하여 타인에게 재산상의 손해를 가하는 데에 배임죄의 본질이 있다는 견해이다.[3] 타인의 재산을 관리할 법적 의무위배에서 본질을 파악하므로 기본적으로 배신설에 근거를 두고 있다. 재산관리의무는 법률상의 재산관리의무에 한하고, 사무처리의 근거도 법령·계약에 의해서 성립되는 경우에 한정하여 재산관리의무자만이 배임죄의 주체가 된다는 데에 특색이 있다. 따라서 권한남용설보다는 배임죄의 성립범위가 넓으나 배신설보다는 그 범위가 좁다.

(3) 배신설

배신설은 신의성실의무에 위배 내지 신뢰를 배반하여 타인에게 재산상의 손해를 가하는 데에 본질이 있다는 견해로, 우리나라의 통설이다. 권한남용설처럼 대외적인 법적 권한을 가진 자의 권한남용이 아니라 대내적으로 본인에 대한 신뢰관계를 배신하여 손해를 끼친 의무위반성에서 배임죄의 본질을 찾는다고 할 수 있다. 이에 따르면 법률행위뿐만 아니라 신뢰관계를 배신하는 사실행위에 대해서도 배임죄가 성립하며, 대외관계에서 대리권을 요구하지 아니하므로 대리권 없는 자의 배임행위도 인정할 수 있다. 이 견해는 신뢰관계 배반이라는 점에서 배임죄와 횡령죄는 같은 성질의 범죄라 하므로 재산 일반에 대한 배임죄와 보관하는 개개 재물에 대한 횡령죄는 일반법과 특별법의 관계가 된다.

(4) 결 어

타인의 사무를 처리하는 신뢰관계는 당사자 사이의 특별한 주관적 신뢰관계뿐만 아니라 사무처리자를 사실상 보조하는 자와 같이 신의성실의 원칙에 따라 객관적으로 신뢰관계가 존재하는 경우도 있으므로 사실행위에 의한 배임행위를 제외할 이유가 없다. 또 형법은 배임죄를 횡령죄와 같은 장에 규정하면서 "임무

임죄를 병합하여 규정하였다. 따라서 현행 독일 형법 제266조 1항의 배임죄는 "타인의 재산을 처분할 권한의 남용"과 "타인의 재산적 이익을 관리할 의무위반"의 두 가지를 구성요건으로 하고 있다.

3) 허일태, 「부동산이중매매와 배임죄」, 형사법연구 15호(2001), 31면; 문형섭, 「배임죄의 본질」, 법조, 통권 544호(2002. 1), 20면.

에 위배하는 행위"라고 하였을 뿐, 이를 법적 대리권으로 제한적 해석을 해야 할 이유도 없다. 그리고 형법은 독일 형법(제266조 제1항)처럼 배임죄의 주체를 "법률 · 관청의 위임 · 법률행위"에 의한 재산관리의무로 한정하지 않고 있으므로 사무처리의 범위를 법률 · 법률행위에 의한 재산관리의무로 한정할 근거도 없다. 따라서 배신설이 타당하다고 해야 하며, 판례도[4] 같은 태도이다.

【판례】 배임죄에 있어서 타인의 사무를 처리하는 자라 함은 양자간의 신임관계에 기초를 둔 타인의 재산보호 내지 관리의무가 있음을 그 본질적 내용으로 하는 것이므로 배임죄의 성립에 있어 행위자가 대외관계에서 타인의 재산을 처분할 적법한 대리권이 있음을 요하지 아니한다(대판, 1999. 9. 17, 97도3219).

배신설을 관철하면 신뢰관계의 근거가 제한이 없으므로 단순한 채무불이행까지도 배임행위를 인정할 위험이 있고 배임죄의 한계가 애매해진다. 이를 제한하기 위해서는 신뢰관계와 사무처리자의 범위를 제한할 필요가 있다. 즉, ① 신뢰관계는 단순한 계약이행에서 요구되는 일반적 의무가 아니라 거래상 중요한 신뢰관계로 한정해야 하고 신뢰관계의 본질적 내용도 재산관리의무라야 한다. ② 사무처리를 직접 위탁받은 자와 그 사무를 대행하는 자, 위탁받은 자와 그 대행자의 위탁에 의해 보조하는 자 등 독립적으로 활동할 수 있는 사무처리자에 대해서만 배임죄를 인정해야 한다(제한적 배신설).

3. 보호법익 · 구성요건체계

(1) 보호법익

배임죄의 보호법익은 사기이득죄와 마찬가지로 전체로서의 재산이다. 재산의 내용은 재산상의 이익이다. 따라서 재물에 대한 소유권을 보호법익으로 하는 횡령죄와 구별된다.

보호받는 정도에 대해서는 침해범설과 위험범설이 대립한다. 재산상의 손해발생의 위험만 있으면 족하다는 위험범설은[5] 배임죄의 구성요건이 "본인에게 손해를 가한 때"라고 규정한 문언에 반하며, 배신설의 범위를 제한할 필요가 있

---

4) 대판, 1976. 5. 11, 75도2245; 대판, 1995. 12. 22, 95도3013; 대판, 1999. 3. 12, 98도4704.
5) 추상적 위험범설은 유기천(상), 332면; 강구진, 378면; 이재상, 415면. 구체적 위험범설은 박상기, 397면; 정영일, 390면.

다는 취지에 비추어 침해범설이[6] 타당하다고 본다. 우리나라 다수설이다. 판례는 위험범설을 취하고 있다.[7] 배임수증재죄의 보호법익에 대해서는 배임수재죄 참조.

(2) 구성요건체계

배임의 죄는 크게 배임죄와 배임수증재죄로 구별된다. 배임죄의 기본적 구성요건은 단순배임죄(제355조 2항)이며, 업무라는 신분으로 인하여 책임이 가중되는 업무상 배임죄(제356조)는 가중적 구성요건이다.

배임수증재죄(제357조)는 배임수재죄와 배임증재죄를 포함한 범죄로서 각각 법정형이 다른 필요적 공범관계에 있으며, 배임죄에 대해서는 독립된 구성요건이다. 이상의 모든 범죄의 미수범을 처벌한다(제359조).

이 외에 특정경제범죄가중처벌등에관한법률 제3조는 배임죄와 업무상 배임죄의 법정형을 가중하는 특별규정이 있으며, 상법 제622조, 623조는 회사의 발기인·업무집행사원·이사·감사·이상의 직무대행자·지배인·회사청산인·사채권자집회의 대표자 등 임직원의 특별배임에 대해서 가중규정을 두고 있다.

---

6) 정성근, 533면; 이형국, 432면; 김일수/서보학, 481면; 진계호, 416면; 백형구, 223면; 임웅, 462면; 이정원, 460면; 김성천/김형준, 592면; 오영근 498면; 손동권, 447면; 김성돈, 408면.

7) 대판, 1973. 11. 13, 72도1366; 대판, 1975. 12. 23, 74도2215; 대판, 1993. 5. 27, 93도169; 대판, 1995. 11. 21, 94도1375; 대판, 1999. 4. 27, 99도883(업무상 배임죄); 대판, 2000. 4. 11, 99도334.

제 2 절 배임죄의 범죄유형

Ⅰ. 단순배임죄

【구성요건 · 법정형】 타인의 사무를 처리하는 자가 그 임무에 위배하는 행위로써 재산상의 이익을 취득하거나 제3자로 하여금 이를 취득하게 하여 본인에게 손해를 가한 때에도 전항(횡령)의 형과 같다(제355조 2항). 미수범은 처벌한다(제359조). 10년 이하의 자격정지를 병과할 수 있다(제358조). 친족상도례와 동력규정은 준용한다(제361조).

【특별형법】 배임죄를 범한 자가 재산상의 이익을 취득한 이득액이, ① 50억원 이상인 때에는 무기 또는 5년 이상의 징역에, ② 5억원 이상 50억원 미만인 때에는 3년 이상의 유기징역에 처한다. ③ 이득액 이하에 상당하는 벌금을 병과할 수 있다(특정경제범죄가중처벌등에관한법률 제3조).

1. 의의 · 성격

단순배임죄는 타인의 사무를 처리하는 자가 임무에 위배하는 행위로써 재산상의 이익을 취득하거나 제3자로 하여금 취득하게 하여 본인에게 재산상의 손해를 가함으로써 성립하는 범죄이다. 전체로서의 재산을 보호하는 순수한 이득죄이며 침해범이고, 상태범 · 의무범 · 진정신분범이다.

2. 객관적 구성요건요소

배임죄의 객관적 구성요건은, ① 타인의 사무를 처리하는 자가, ② 임무에 위배하는 배임행위를 하여, ③ 재산상의 이익을 취득하고, ④ 본인에게 재산상의 손해를 가해야 충족된다.

(1) 주 체

타인의 사무를 처리하는 자만이 이 죄의 주체가 되는 진정신분범이다. 신분은 행위시에 있으면 충분하고, 재산상의 손해발생은 그 신분의 소멸 후라도 무방하다. "타인의 사무를 처리하는 자"란 타인과의 관계에서 신의성실에 따라 그 사무를 처리할 신뢰관계가 있는 자를 말한다. 회사의 발기인 · 이사 · 업무집행사원 · 감사 · 기타 직무대행자 · 지배인 등의 배임행위에 대해서는 특별배임죄가 성립한다(상법 제622조, 623조). 배신설의 확대제한과 관련하여 이 죄의 주체가 문제되는 점은 다음과 같다.

1) 사무의 타인성　타인의 사무처리자라 할 때의 "타인"은 신의성실에 따라 그 사무를 처리할 신뢰관계가 있는 자연인, 법인, 법인격 없는 단체도 포함한다. 자기의 사무는 타인을 위해서 처리하여도 이 죄의 주체가 될 수 없다. 따라서 매매계약 당사자와 같이 단순한 채권적 급부의무를 부담하는데 그치는 경우에는 각자 자기의 사무일 뿐이고, 타인의 사무를 처리하는 자가 아니다.[8] 자기의 사무이면서 동시에 타인의 사무가 본질적 내용이 되는 경우(이중매매의 매도인, 이중저당의 저당권설정자)에는 타인의 사무라고 해야 한다. 화물상환증을 발행하여 타인의 화물을 수취 · 보관 · 인도하는 것은 운송인 자신의 영업사무이지만 화물상환증의 소지인을 대신하여 그의 운송품을 보관하는 행위는 타인의 사무가 된다. 법인이 타인의 사무를 처리해야 할 의무를 부담하는 경우에도 법인은 배임죄의 주체가 될 수 없으므로 법인을 대표하여 사무를 처리하는 법인의 대표기관이 이 죄의 주체가 된다.[9] 1인 회사의 대표자도 회사에 대한 관계에서는 타인이므로 회사의 사무를 처리하는 자가 된다.[10] 타인 사무처리자는 임무에 따라 성실하게 처리해야 할 의무가 있어야 한다.

【타인의 사무를 부정한 판례】 ① 임대차계약에 따른 임차인의 임대료 지급의무(대판, 1971. 7. 20, 17도1116), ② 구두로 약정한 증여의 이행의무(대판, 1976. 5. 11, 76도679), ③ 월부상환 중인 자동차를 매도하면서 연체된 중도금을 지급기일에 완납하겠다는 채무변제의무(대판, 1983. 11. 18, 83도2493) 등은 물론, ④ 약사를 고용하여 약사명의로 약국개설과 사업자등록을 한 후 약사가 고용계약 해소를 요구하자 후임자를 구하지 못하여 계속한 영업행위는 약사 자신의 사무에 속하며(대판, 1986. 2. 11, 85도2435), ⑤ 양품점의 임차권 양도계약을 체결한 양도인의 명도의무는 민사상 채무에 불과하고(대판, 1990. 9. 25, 90도1216), ⑥ 청산회사의 대표청산인의 채무변제 · 재산환가처분 등 회사의 청산업무는 청산인 자신의 사무 또는 청산회사의 업무에 속하고 회사 채권자들의 사무처리자가 아니며(대판,

8) 대판, 1976. 5. 11, 75도2245; 대판, 1982. 9. 14, 80도1816; 대판, 1987. 4. 28, 86도2490; 대판, 1991. 12. 10, 91도2184.
9) 대판, 1997. 1. 24, 96도524; 대판(전원합의체), 1984. 10. 10, 82도2596.
10) 대판(전원합의체), 1983. 12. 13, 83도2330.

1990. 5. 25, 90도6), ⑦ 자금투자와 공사시공 및 거래행위를 각각 담당키로 한 동업계약이 완료된 후 그 정산과정에서 공사 및 거래 담당 동업인이 제3자에게 채권양도한 행위는 타인의 사무에 속하지 않으며(대판, 1992. 4. 14, 91도2390), ⑧ 국토관리 이용관리법 제21조의2 소정의 규제구역 내에 있는 토지를 같은 법에 정해진 거래허가 없이 매도한 경우에 매도인은 매수인에게 소유권 이전등기에 협력할 의무가 생겼다고 볼 수 없으므로 타인의 사무처리자에 해당하지 않으며(대판, 1996. 2. 9, 95도2891; 대판, 1996. 8. 23, 96도1514), ⑨ 양도담보가 처분정산형의 경우이건 귀속정산형의 경우이건 양도담보권자의 정산의무불이행은 타인인 채무자의 사무처리에 속하는 것이라 볼 수 없으며[대판(전원합의체), 1985. 11. 26, 85도1493; 대판, 2004. 6. 25, 2004도1751 등]. ⑩ 부동산매매에서 미리 소유권을 이전받은 매수인이 목적물을 담보로 제공하는 방법으로 매매대금을 마련하여 매도인에게 제공하기로 약정한 경우, "대금의 지급은 어디까지나 매수인의 법적 의무로서 행하여지는 것이고, 그 사무의 처리에 관하여 통상의 계약에서의 이익대립관계를 넘는 신임관계가 당사자 사이에 발생한다고 할 수 없으므로" 위 매수인은 배임죄상 '타인의 사무를 처리하는 자'에 해당하지 않는다(대판, 2011. 4. 28, 2011도3247)고 하였다.

【타인의 사무를 인정한 판례】 ① 양도담보가 설정된 동산을 점유하는 채무자는 양도담보권자가 담보의 목적을 달성할 수 있도록 그 담보물을 담보목적의 범위 안에서 관리해야 할 의무를 부담하고(대판, 1989. 7. 25, 89도350; 대판, 1983. 3. 8, 82도1829), ② 수입업자가 신용장 개설은행에 대해서 양도담보로 제공한 수입물품이 통관되어 들어온 경우에 신의칙상 양도담보권자인 개설은행이 담보목적을 달성할 수 있도록 대금변제시까지 보관할 의무가 있고, 이 의무는 개설은행에 대하여 타인의 사무에 해당하며(대판, 1998. 11. 10, 98도2526; 대판, 1989. 7. 25, 89도350), ③ 채권담보를 위해서 부동산에 가등기를 해 둔 가등기권리자나 소유권이전등기 서류를 임치받은 채권자는 채무자가 채무를 변제할 때까지 목적 부동산이나 해당서류를 보전해야 할 타인의 사무처리자이고(대판, 1990. 8. 10, 90도414; 대판, 1973. 3. 13, 73도181), ④ 부동산 매도담보의 채권자는 변제기일까지 채무자가 채무변제하면 채무자에게 그 소유명의를 환원시켜 주어야 할 의무가 있는 타인의 사무처리자이며(대판, 1992. 7. 14, 92도753), ⑤ 계주는 계금징수 및 순번이 돌아 온 계원에게 계금을 지급해야 할 타인의 사무처리자이며(대판, 1995. 9. 29, 95도1176), ⑥ 증권회사와 고객 사이에 매매거래 위탁계약이 있기 이전에는 증권회사는 고객의 예탁금을 고객의 주문 없이 무단매매하여 고객의 계좌에 손해를 가하지 아니하여야 할 의무를 부담하고, 고객의 재산관리에 관한 사무를 대행하는 타인의 사무처리자의 지위에 있으며(대판, 1995. 11. 21, 94도1598), ⑦ 중소기업진흥기금은 중소기업진흥이라는 특정한 목적에만 사용하도록 용도가 법정되어 있으므로 기금관리자는 이를 위한 타인의 사무를 처리하는 자이며(대판, 1997. 10. 24, 97도2042), ⑧ 기업의 영업비밀을 사외로 유출하지 않기로 서약한 회사직원은 경제적 대가 등을 이유로 경쟁업체에 영업비밀을 유출하지 않아야 할 의무가 있는 타인의 사무처리자이고(대판, 1999. 3. 12, 98도4704), ⑨ 예금통장에서 돈의 인출을 의뢰받은 자가 의뢰인 의사에 반하여 의뢰받은 돈보다 많은 돈을 인출한 때(대판, 1972. 3. 28, 72도297), 그리고 ⑩ 부동산매

매에 있어 매도인의 등기의무는 자기의 사무이지만 매수인의 소유권이전등기에 협력할 의무는 타인의 사무를 처리하는 지위에 있으며[대판, 1975. 12. 23, 73도3012. 다만 계약 자체가 공서양속에 반하여 무효인 때에는 그 등기협력의무는 타인의 사무처리에 해당하지 않는다(대판, 1986. 9. 9, 86도1382)], ⑪ 미성년자와 친생자 관계는 없으나 호적상 친모로 되어 있는 이상 자기와 공동상속인인 미성년자의 상속재산분에 대해서는 타인의 사무를 처리하는 지위에 있으므로(대판, 2002, 6. 14, 2001도3534) 배임죄를 구성한다고 하였다.

2) 사무의 재산관련성

(a) 학설의 대립 타인의 사무는 재산관리사무임을 요하는가에 대해서 견해가 대립한다. ① 형법은 사무의 내용에 대해서 아무런 제한이 없다는 이유로 재산관리사무임을 요하지 않는다는 견해,[11] ② 배임죄는 재산죄이고, 배신설의 확대를 제한하기 위해서는 재산 관리사무로 한정해야 한다는 견해(다수설),[12] ③ 반드시 재산적 사무임을 요하지 않으나 적어도 재산적 이해관계가 있는 사무임을 요한다는 견해가[13] 있다.

(b) 판례의 태도 대법원은 "타인의 재산관리에 관한 사무의 전부 또는 일부를 대행하는" 경우와, "타인의 재산보전에 협력하는" 경우라고 하여[14] 다수설과 같은 입장을 취하고 있다.

(c) 결 어 이 죄는 재산상의 이익을 취득하여 본인에게 손해를 가하는 재산죄이므로 재산과 아무런 관계도 없는 사무는 제외해야 한다. 독일 형법은 타인의 "재산상의 이익을 관리할 의무위반"이라고 규정하고 있으므로 재산관리사무설이 통설이다. 우리 형법은 "사무를 처리하는 자"라고 하고 있지만 배신설의 확대를 방지한다는 취지에서 재산관리사무설이 타당하다고 해야 한다. 따라서 의사가 환자에게 재산적 손해를 가할 의사로 부적절한 수술을 하거나 형사사건의 변호인이 담당한 변호업무는 배임죄의 사무처리라 할 수 없다.

3) 사무처리의 독립성 타인의 사무처리는 행위자가 일정한 범위에서 스스로 판단하여 처리할 수 있는 사무처리의 독립성과 책임이 있을 때에 한하여 신

---

11) 이건호, 562면; 염정철, 418면; 임웅, 468면; 오영근, 503면.

12) 유기천(상), 330면; 남흥우, 215면; 김종원, 238면; 이형국, 434면; 강구진, 375면; 이재상, 420면; 김일수/서보학, 484면; 박상기, 400면; 배종대, 551면; 진계호, 420면; 백형구, 221면; 이정원, 465면; 손동권, 451면; 김성돈, 412면.

13) 서일교, 187면; 황산덕, 326면; 정영석, 366면; 이명희, 주석(하), 487면; 정성근, 540면; 정영일, 393면.

14) 대판, 1984. 12. 26, 84도2127; 대판, 1983. 2. 8, 81도3137; 대판, 1987. 4. 28, 86도2490.

뢰관계의 배신을 인정하여야 한다. 이는 사무처리에 관한 권한이 있음을 요하지 않는 배신설 본래의 내용을 제한하는 의미를 갖는다. 사무처리에 대한 독립성의 정도는 사무의 종류와 내용, 시간적 계속성 등을 종합하여 판단해야 한다. 본인의 지시에 따라 단순한 기계적 사무에 종사하는 자는 독립적 사무처리를 할 수 없으므로 이에 해당하지 않는다고 해야 한다. 다만 그 사무를 고유한 권한에 의하여 단독으로 처리할 수 있는 자임을 요구할 필요가 없다. 본인의 위탁을 받거나 사무를 대행하는 자는 물론, 위탁받은 자·그 대행자의 위탁에 의해 보조하는 자로서 어느 정도의 재량권을 가지고 있는 사실상의 사무담당자이면 사무처리자에 해당한다.[15]

4) 사무의 내용　타인의 사무는 공적·사적인 사무를 묻지 않으며, 공적 사무의 처리자가 반드시 공무원임을 요하지 않는다. 계속적·일시적인 사무도 상관 없으며, 반드시 법률적 사무일 필요가 없고 사실상의 사무라도 무방하다. 따라서 도급 맡은 일의 완성, 준위임에 의한 사무도 여기의 사무가 될 수 있다. 다만 재산적 이익을 본질적 내용으로 하는 포괄적 사무라야 한다. 따라서 법원의 집행관, 등기공무원, 민사소송대리를 맡은 변호사는 타인의 중요한 재산적 이익에 관련하는 사무처리자라 할 수 있다.

5) 사무처리의 근거　타인의 사무처리는 타인과 사무처리자 사이에 일정한 신뢰관계가 있어야 한다. 신뢰관계에 기초한 사무처리의 근거는 두 가지 유형으로 구별할 수 있다.

(a) 법적 신뢰관계　신뢰관계가 법률(친권자·후견인·파산관재인·집행관·회사대표), 계약 또는 법률행위(위임·고용·임차계약·도급)에서 생기는 경우이다. 이 경우의 배임은 사무처리자가 자신의 권한을 남용하는 데에 특색이 있다.

(b) 신의칙상 신뢰관계　신뢰관계가 신의성실의 원칙에 의해서 생기는 경우이다. 사회윤리적 신뢰관계 또는 순수한 사실상의 신뢰관계가 인정되는 경우라 할 수 있다. 다만 사회윤리적 신뢰관계는 지나치게 확대될 위험이 있으므로 일정한 지위에서 의무를 부담하는 범위로 한정해야 한다. 즉, 사실상의 신뢰관계는 타인의 재산상의 이익을 보호해야 할 보증인적 지위에 있는 자의 사무처리에 한하여 인정해야 한다. 따라서 관습·사무관리에 의한 신뢰관계는 일정한 지위에서 의무를 부담하는 경우에만 사무처리자의 지위에 있고, 우연히 자기점

15) 대판, 1982. 7. 27, 81도203.

유에 들어온 타인의 재물(점유이탈물)이나 민법상의 사무관리규정에 위반한 모두가 사무처리자의 지위에 있다고 할 수 없다.

불륜관계 지속의 대가로 부동산을 증여하기로 한 계약은 선량한 풍속과 사회질서에 반하여 무효이므로 소유권 이전등기의무는 사무처리라 할 수 없다.[16] 이에 대하여 대리권 소멸 후 그 사무처리와, 사무처리직에서 해임된 후 사무인계 이전의 사무처리,[17] 그리고 학교 경영을 주도하고 학교자금을 보관·관리하는 학교법인 이사가 학교재산에 대한 임대차계약을 체결하는 것은[18] 타인의 사무처리가 된다.

(2) 행 위

행위는 임무에 위배하는 행위로써 재산상의 이익을 취득하거나 제3자로 하여금 취득하게 하여 본인에게 손해를 가하는 것이다. 임무위배행위, 재산상의 이익취득, 손해발생의 세 가지 요건 모두 충족하여야 한다.

1) 배임행위　임무에 위배하는 행위로써 법률상 또는 사실상의 신뢰관계를 배반하는 행위를 말한다. 대리권 또는 위임받은 권한을 남용하거나 법률상·사실상의 신뢰관계에 의한 임무위반이 있는 경우가 이에 해당한다.

본인에 대해서 어떤 임무를 가진 자가 그 임무범위 밖의 행위를 하여 본인에게 재산상의 손해를 가하더라도 배임죄를 구성하지 않는다. 그러나 임무의 범위 내에서 신의성실의무에 위배하여 이를 일탈하면 배임행위가 된다. 그리고 법률행위인 경우에는 그 행위의 유효·무효를 묻지 않는다.

【판례】 임무에 위배하는 행위라 함은 사무의 내용, 성질 등 구체적 상황에 비추어 법률의 규정, 계약의 내용 혹은 신의칙상 당연히 할 것으로 기대되는 행위를 하지 않거나 당연히 하지 않아야 할 것으로 기대되는 행위를 함으로써 본인과 사이의 신임관계를 저버리는 일체의 행위를 포함하는 것이다(대판, 1999. 3. 12, 98도4704).[19]

16) 대판, 1986. 9. 9, 86도1382.
17) 대판, 1999. 6. 22, 99도1095.
18) 대판, 2000. 3. 14, 99도457.
19) 종전의 판례(대판, 2004. 6. 24, 2004도520; 대판, 2008. 5. 29, 2005도4640 등)는 임무위배행위의 개념을 이와 같이 파악하였다. 그런데, 최근 대판(전원합의체), 2009. 5. 29, 2007도4949(삼성에버랜드 사건)은 "배임죄에 있어서 임무위배행위라 함은 형식적으로 법령을 위반한 모든 경우를 의미하는 것이 아니고, 문제가 된 구체적인 행위유형 또는 거래유형 및 보호법익 등을 종합적으로 고려하여 경제적 실질적 관점에서 본인에게 재산상의 손해가 발생할 위험이 있는 행위를 의미한다"고 판시하여, 종전의 개념정의에 '손해발생의 위험'이라는 새로운 요소를 추

단순한 채무불이행은 배임행위가 될 수 없다. 타인의 재산적 이익이 자기의 반대이익과 상호 급부관계가 있는 채무자(담보물권설정자, 양도계약·임대차계약의 일방, 고용계약·공급계약 일방)는 채무불이행이 될 뿐이고 배임행위가 되지 않는다. 판례는 동산에 대한 점유개정 방법으로 이중 양도담보를 설정한 경우에 뒤의 양도담보권자인 제3자는 처음의 담보권자인 피해자에 대하여 배타적으로 자기의 담보권을 주장할 수 없으므로 배임죄를 구성하지 않는다고[20] 하였다.

(a) 배임행위의 판단기준 배임행위는 행위자가 처리하여야 할 사무의 성질·내용 등 행위당시의 구체적 사정을 고려하여 그 행위가 신의칙에 비추어 통상의 사무집행의 범위(거래상의 통념)를 일탈하였는가에 따라 판단해야 한다. 즉, 먼저 사무처리의 성질·내용을 결정하는 법령·법률행위·관습·업무집행규정·정관·위임계약 등을 검토하여 그 사무의 성질·내용을 명백히 하고, 그 다음 처리해야 할 사무의 성질·내용에 따라 신의칙에 의한 통상의 업무집행을 일탈했느냐의 여부를 판단하여 배임행위를 결정하여야 한다.

【배임행위의 예】 회사의 직원이 기업의 영업비밀을 경쟁업체에 유출하는 경우(대판, 1999. 3. 12, 98도4704), 계주가 계금을 순번에 해당하는 계원에게 지급하지 않고 자의로 소비한 경우(대판, 1995. 9. 28, 95도1176), 공무원이 부당하게 저렴한 가격으로 불하가격(拂下價格)을 결정하는 경우(대판, 1979. 6. 26, 76도1127), 은행지점장이 무담보로 회수의 가망이 없는 불량대부를 하는 경우(대판, 1980. 9. 9, 79도2637), 중도금까지 받은 부동산 매도인이 제3자에게 이중매매한 경우(대판, 1986. 7. 8, 85도1873), 채권담보 목적으로 소유권이전등기를 한 채권자가 채무자의 변제기일 전에 제3자에게 소유권이전청구보전가등기를 해 준 경우(대판, 1989. 11. 28, 89도1309), 양도담보 채권자가 채무자의 변제기일 전에 제3자의 채권담보로 근저당권을 설정해 준 경우(대판, 1995. 5. 12, 95도283), 부동산 매도인이 대금수령 후 등기협력의무에 위배되는 행위를 한 경우(대판, 1985. 11. 12, 84도984), 전세권설정등기 의무자가 이 의무에 위배하여 제3자에게 채권담보를 위한 가등기를 해 준 경우(대판, 1993. 9. 28, 93도2206), 교회재산관리자가 교회채무변제를 위하여 채무액을 초과하는 액수의 교회재산을 소유권이전시킨 경우(대판, 1986. 6. 10, 84도2015), 회사의 대표가 회사에서 지급의무 없는 돈을 지급한 경우(대판, 1984. 2. 28, 83도2928), 특정목적을 위하여 조성된 기금을 부적격업체에 부당지출한 경우(대판, 1997. 10. 24, 97도2042) 등은 배임행위가 된다.

(b) 모험적 거래 투자·주식매매와 같이 거래가 본인에게 이익 또는 손해

가하고 있다. 이에 대한 보다 자세한 설명은 황정인, "전환사채의 저가발행과 배임죄", 형사판례연구 18호, 2010, 174면 이하 참조.

20) 대판, 1990. 2. 13, 89도1931; 대판, 2007. 2. 22, 2006도6686.

가 될 것인지의 전망이 명확하지 않는 투기적 거래를 모험적 거래라 한다. 모험적 거래로 회사에 손해를 입힌 경우에 배임죄가 성립하느냐가 문제된다.

모험적 거래가 당사자 내부관계에서 금지되어 있는 경우는 배임행위가 될 수 있다. 그렇지 않은 경우에는 사무의 성질·내용에 따라 구별해야 한다. 친권자·후견인은 미성년자·피후견인의 재산에 대하여 원칙적으로 모험거래를 할 수 없다. 회사의 경영담당 이사는 거래의 통념상 어느 정도의 모험거래를 할 수 있다. 특히 증권회사는 이러한 경향이 현저하다. 이 경우의 모험적 거래도 사회생활상 일반통념에 따른 업무집행의 범위를 일탈하지 않을 때에만 허용된다고 해야 한다. 따라서 증권회사 직원이 고객이 맡긴 돈으로 임의로 주식을 매입하여 고객에게 손해를 입힌 때에는 배임행위가 된다.[21] 그러나 자금부족으로 부진한 기업의 자금회수가 곤란한 경우에도 그 회수불가능을 피하기 위한 구제로서 재차 자금대출한 때에는 그 정황에 비추어 상당한 회수방법으로 볼 수 있으면 모험적 거래도 허용될 수 있다.

(c) 낙지배당 회사의 이사가 가공(架空)의 이익을 계상하여 이익배당을 하는 이른바 "낙지배당"의 경우, 행위 자체는 배신적 성질을 가지고 있으나 현행법상으로는 상법상(상법 제625조 3호) 회사재산을 위태롭게 하는 죄에 해당한다.

(d) 배임행위의 수단 작위는 물론 부작위에 의해서도 배임행위를 할 수 있다. 사무처리자가 고의로 채권행사를 하지 않음으로써 소멸시효에 걸리게 하거나 소송제기를 의뢰받은 자가 고의로 소를 제기하지 아니하여 소멸시효가 완성된 때에는 부작위에 의한 배임이 된다. 그리고 지급능력 없는 타인의 약속어음에 회사명의로 배서하거나[22] 변제능력을 상실한 자에게 회사자금을 대여한 때에는[23] 작위에 의한 배임이 된다.

2) 이익취득 배임행위로 인하여 재산상의 이익취득이 있어야 한다. 이익취득이 없으면 재산상의 손해가 있어도 배임죄는 기수가 되지 않는다.[24] 취득의 직접대상은 재산상의 이익이다. 경제적 가치가 있는 모든 재화이면 족하고(경제적 재산설), 재산상의 이익의 향유주체는 행위자이건 제3자이건 상관없다. 사회적 지위, 신분상의 이익은 재산상의 이익이 아니다. 이익취득은 제3자로 하여금 취

21) 대판, 1995. 11. 21, 94도1598.
22) 대판, 2000. 5. 26, 99도2781.
23) 대판, 2000. 3. 14, 99도4923.
24) 대판, 1982. 2. 23, 81도2601.

득하게 하여도 이 죄는 성립한다.[25] 배임행위와 이익취득 사이에 인과관계가 있을 필요는 없다. 재산상의 이익을 취득한 이상 그 후 변상하였어도 이 죄는 성립한다.[26] 따라서 배임행위의 결과로써 본인이 손해배상청구권 또는 원상회복청구권을 취득하였다 하여도 이 죄의 성립에 영향이 없다.

3) 재산상의 손해

(a) 재산상 손해의 의의 배임행위로 인하여 본인에게 재산상의 손해가 발생해야 한다. 배임행위와 재산상의 손해 사이에 인과관계가 있어야 한다. 재산상의 손해는 본인의 전체재산상태의 감소를 말한다(전체계산원칙).[27] 손해에 상응하는 반대급부가 있고 전체재산에 대한 감소가 없으면 재산상의 손해는 인정되지 않는다.[28] 기존재산의 감소(적극적 손해)이건 장래 취득할 수 있는 이익의 상실(소극적 손해)이건 묻지 않는다. 재산상의 손해가 있는가는 경제적 관점에서 판단해야 한다(경제적 재산설). 배임행위 자체가 법률상 유효한가는 묻지 않는다. 따라서 회사의 대표이사가 행한 회사재산의 처분행위가 법률상 당연무효가 되어도 경제적 관점에서 회사에 대하여 재산상의 손해를 가한 때에 해당할 수 있다.[29]

(b) 손해발생의 위험 본인에게 '손해를 가한 때'의 의미에 대해서, ① 재산상의 손해가 발생하여야 한다는 견해와,[30] ② 현실적으로 재산상의 손해가 발생한 경우뿐만 아니라 손해발생의 위험이 있는 경우도 포함한다는 견해가[31] 대립한다. 판례는 위험범설의 입장에서 손해발생의 위험으로 족하다고 한다.[32] 이 죄를 침해범으로 파악할 때에는 전자의 입장을, 위험범으로 파악할 때에는 후자의 입장을 취하는 것이 논리적 귀결처럼 보인다.

그러나 이 죄에 있어서의 손해발생의 위험은 침해범·위험범과 연관시킬 필

25) 대판, 1977. 4. 12, 76도952.
26) 대판, 2000. 12. 8, 99도3338; 대판, 1986. 8. 19, 86도584.
27) 대판, 1981. 6. 23, 80도2934.
28) 대판, 1981. 6. 23, 80도2934.
29) 대판, 1992. 5. 26, 91도2963.
30) 김종원, 243면; 정성근, 546면; 임웅, 474면; 백형구, 223면; 오영근, 412면; 김성돈, 420면.
31) 배임죄를 위험범이라는 입장에서의 주장은 유기천(상), 332면; 강구진, 378면; 이재상, 426면; 박상기, 405면; 정영일, 407면. 침해범이라는 입장에서의 주장은 정영석, 368면; 서일교, 188면 이하; 이명희, 주석(하), 493면; 김일수/서보학, 492면; 배종대, 566면.
32) 대판, 2000. 4. 11, 99도334. 같은 취지: 대판, 1982. 11. 23, 82도2215; 대판, 1993. 5. 27, 93도169; 대판, 1995. 11. 21, 94도1375; 대판, 1997. 6. 24, 96도1218; 대판, 1997. 10. 24, 97도2042.

요가 없다. "손해를 가한 때"란 행위의 한 태양을 표현한 것이므로 손해가 발생한 경우뿐만 아니라 재산권 실행을 불가능하게 할 상태를 초래한 경우도 포함한다고 해야 한다. 따라서 손해발생의 단순한 위험만 있고 손해발생이 없는 때에는 미수가 될 뿐이다.

【손해발생의 예】 판례는 회사 임원이 부당하게 발행한 어음의 이행청구가 없어 손해가 구체적으로 발생하지 않은 때(대판, 1983. 3. 8, 82도2873), 위조문서에 근거하여 부정대출한 경우(대판, 1983. 2. 8, 81도3190), 신용금고 대표가 예금이 입금된 것처럼 허위거래원장을 작성하고 예금통장을 작성 교부한 경우(대판, 1996. 9. 6, 96도1606), 건축인의 피고용인이 공사기성고(工事旣成高)를 초과하는 공사대금을 지급한 경우(대판, 1969. 7. 22, 65도1166), 부동산 매도인이 차용금 담보조로 그 부동산에 대하여 가등기 또는 근저당권 설정등기를 경료한 때(대판, 1982. 2. 23, 81도3146),[33] 금융기관 직원이 대출을 함에 있어 담보를 제공받는 등 상당하고도 합리적인 채권회수조치를 취하지 아니한 경우(대판, 2006. 4. 27, 2004도1130)[34]에도 손해발생이 있다고 하였다.

판례는 위험범설의 입장에서 손해발생의 위험만 있어도 배임죄를 인정하므로 재산적 손해액은 구체적으로 확정할 필요가 없다고 한다.[35]

4) 미수 · 기수

(a) 실행의 착수시기 배임의 고의로써 배임행위를 개시한 때에 실행의 착수가 있다. 부동산 이중매매의 경우는 매도인이 다시 제3자와 매매계약을 체결하고 계약금과 중도금을 수령한 때에 실행의 착수가 인정된다.[36] 즉, 부동산 이중매매에 있어서는 두 번째 매수인으로부터 계약금만 지급받고 중도금 수령이 없으면 배임죄의 실행의 착수도 인정되지 않는다.[37] 실행에 착수했으나 재산상의 손해 발생이 없거나 이익취득행위를 종료하지 못한 때, 또는 배임행위와 손해발생 사이에 인과관계 및 객관적 귀속관계가 없으면 미수가 된다.

(b) 기수시기 배임행위의 결과로서 재산상 손해가 발생한 때 기수가 된다.

---

33) 같은 취지: 대판, 1982. 11. 23, 82도2215; 대판, 1989. 11. 28, 89도1309; 대판, 1998. 2. 10, 97도2919.

34) 이와 같은 부실대출에 의한 업무상배임죄가 성립하는 경우 담보물의 가치를 초과한 금액이나 실제로 회수가 불가능하게 된 금액만이 아니라 손해발생의 위험이 있는 '대출금 전액'을 손해액으로 본다(대판, 2000. 3. 24, 2000도28 등).

35) 대판, 1983. 12. 27, 83도2602(재산상의 손해가 추상적으로 적시되어도 배임죄 성립); 대판, 1999. 4. 27, 99도883.

36) 대판, 1983. 10. 11, 83도2057.

37) 대판, 2003. 3. 25, 2002도7134.

행위자에게 손해를 배상할 자격 유무나 후일에 손해를 배상하였느냐는 기수성립에 영향이 없다. 부동산 이중매매의 경우는 제3자에게 부동산 소유권이전등기를 경료한 때에 기수가 된다. 수표·어음을 발행하는 경우는 제3자에게 이를 교부한 때에 기수가 된다.

3. 주관적 구성요건요소

주관적 구성요건요소로서 고의가 있어야 한다. 자기행위가 임무에 위배된다는 것과 본인에게 재산상의 손해를 가한다는 것, 그리고 자기 또는 제3자가 이익을 취득한다는 인식·의사가 있어야 한다. 이익취득의 의사도 고의에 포함되므로 고의와 별도로 불법이득의 의사는 필요치 않다고[38] 본다. 판례는 불법이득의 의사를 요구한다.[39] 고의는 미필적 고의로 족하다. 이득의 목적, 가해의 목적은 필요치 않다. 판례는 본인의 이익을 위한 의사가 있어도 그 의사는 부수적이고 가해의사가 주된 것인 때에는 배임죄의 고의를 인정한다.[40]

4. 이중저당·이중매매와 배임죄

이중저당이란 甲이 乙로부터 돈을 빌리고 (1번)저당권을 설정하기로 약속하였으나 아직 등기가 경료하지 않았음을 이용하여 丙에게 다시 돈을 빌리고 (1번)저당권설정등기를 경료한 경우를 말한다. 이중매매는 甲이 乙에게 부동산을 매도하였으나 아직 소유권 이전등기를 해 주지 않은 상태에서 이를 丙에게 다시 매도하여 丙에게 그 이전등기를 경료해 준 경우를 말한다. 후순위 저당권자 또는 제2 매수자에게 등기해 준 경우라야 하므로 甲이 乙에게 저당권 설정등기 또는 소유권 이전등기를 해 준 때에는 이중저당·이중매매의 문제가 생기지 않는다. 이 경우 금전편취의 의도로 丙으로부터 일정액의 대금을 수령하였다면 丙에 대한 사기죄가 성립할 뿐이다.[41] 이중저당과 이중매매의 경우에 乙에 대

38) 불법영득의 의사 필요설에서도 불법이득의 의사는 필요치 않다는 견해는, 유기천(상), 335면 이하; 서일교, 189면.

39) 대판, 1960. 5. 18, 4292형상755. 같은 취지: 대판, 1997. 6. 27, 97도163; 대판, 1983. 7. 26, 83도819.

40) 대판, 2000. 12. 8, 99도3338.

41) 대판, 1977. 10. 11, 77도1116.

한 배임죄가 성립하느냐가 문제된다. 각각 나누어 검토하기로 한다.

(1) 이중저당과 배임죄

저당권은 여러 사람에게 순번에 따라 설정해 줄 수 있으므로 이중저당 자체는 법적으로 유효하다. 문제는 선순위저당권자가 되어야 할 乙이 후순위저당권자가 됨으로써 충분한 채권변제를 받지 못할 위험이 있기 때문에 甲은 乙에 대해서 어떤 형사책임을 부담하느냐에 있다. 이에 대해서 구형법(현행 일본 형법) 시대에는 사기죄의 성립을 인정하는 견해도 있었다. 사기죄는 피기망자와 재산상의 피해자가 일치할 필요가 없으므로 甲이 丙에게 저당권 설정계약을 고지하지 아니하는 기망을 하여 乙에게 손해를 가했다는 것을 이유로 한다.

그러나 ① 丙에 대한 기망과 乙의 손해발생 사이에는 인과관계가 없을 뿐만 아니라 유효하게 저당권을 취득한 丙을 기망하였다고 할 수 없고, ② 피기망자와 피해자가 일치하지 않은 경우에는 피기망자가 피해자재산을 처분할 수 있는 지위에 있는 때에만 사기죄가 성립하므로 乙과 아무관계도 없는 丙은 이러한 지위에 있다고 할 수 없다. 따라서 애당초 사기죄의 문제는 생길 수 없고, 甲은 乙에 대한 배임죄의 성립이 문제될 뿐이다.

이중저당이 배임죄가 성립하기 위해서는 甲이 타인의 사무를 처리하는 지위에 있어야 한다. 甲의 저당권 설정계약 이행은 자기사무이지만 동시에 乙의 저당권 설정등기에 협력해야 할 의무는 타인사무의 성질을 갖는다. 따라서 甲은 乙의 저당권설정 사무를 처리하는 자에 해당하고, 신의칙상 성실하게 이에 협력해야 함에도 불구하고 丙에게 등기해 줌으로써 乙에게 재산상의 손해를 가한 배임죄가 성립한다.

(2) 이중매매와 배임죄

이중매매, 특히 부동산 이중매매에 있어서 물권변동의 형식주의를 채택하고 있는 민법 아래에서는 甲은 타인의 재물보관자가 아니므로 횡령죄의 문제는 생길 수 없고, 유효하게 등기를 경료하여 소유권을 취득한 丙에 대하여 사기죄도 성립할 수 없다. 결국 甲은 乙에 대한 배임죄의 성립만 문제된다.[42] 다만 甲은

42) 한편 동산의 이중매매, 예컨대 매도인이 매수인으로부터 중도금을 수령한 이후에 매매목적물인 '동산'을 제3자에게 양도하는 행위가 배임죄에 해당하느냐도 문제된다. 최근 대법원 전원합의체(대판, 2011. 1. 20, 2008도10479) 다수의견은 "매도인은 매수인에게 계약에 정한 바에 따라 그 목적물인 동산을 인도함으로써 계약의 이행을 완료하게 되고 그때 매수인은 매매목

매매계약이 이행되는 과정의 어느 시점부터 타인의 사무를 처리하는 자가 되느냐, 또 그 사무처리의 내용이 무엇이냐가 문제의 핵심이 된다.

1) 매도인의 등기협력의무 부동산매매에 있어서 매도인은 대금수수와 동시에 등기의무를 이행해야 하므로 이 등기의무는 매도인 자신의 재산처분행위로서 자기사무의 성질을 갖는다. 한편 매수인은 매도인의 등기협력이 없으면 소유권취득이 불가능하므로 매도인은 매수인이 소유권을 취득할 수 있도록 등기협력의무가 발생한다(부동산매매에 관한 표준계약서식 제2조). 이 의무는 매수인의 소유권취득을 위한 타인의 사무에 해당한다. 판례도 같은 태도이다.[43)]

2) 등기협력의무발생시기 모든 매매거래는 사적자치원칙에 따른다. 부동산거래 당사자 사이의 계약 내용에 따라 계약금, 중도금, 잔금으로 나누어 지급하는 것이 관행으로 되어 있다.

(a) 계약금 수령단계 매도인이 계약금을 받은 단계에서는 언제든지 계약금의 배액을 상환하고(민법 제565조) 계약을 해제할 수 있으므로 매도인은 계약이행의무자에 지나지 않고, 타인의 사무를 처리하는 자가 아니다. 따라서 이 단계의 이중매매는 배임죄가 성립할 수 없다. 일치된 견해이며 판례도[44)] 같다.

(b) 중도금·잔금수령단계 중도금을 받은 매도인은 매수인이 응하지 않으면 계약해제를 할 수 없고 계약이행에 착수해야 한다. 따라서 매도인은 매수인의 소유권취득에 협력해야 할 신의칙에 따른 신뢰관계도 발생하므로 매수인의 사무를 처리하는 지위에 있게 되고, 이중매매는 선매수인에 대하여 배임죄가 성립한다. 판례도 같은 태도이다.[45)]

적물에 대한 권리를 취득하게 되는 것이므로, 매도인에게 자기의 사무인 동산인도채무 외에 별도로 매수인의 재산의 보호 내지 관리 행위에 협력할 의무가 있다고 할 수 없다. 동산매매계약에서의 매도인은 매수인에 대하여 그의 사무를 처리하는 지위에 있지 아니하다"고 하여 배임죄의 성립을 부정하였다. 이에 반하여 소수의견은 "배임죄의 본질에 비추어 동산매매의 경우와 부동산매매의 경우를 달리 취급해야 할 합리적 이유가 없으며, 재산권의 이중매매 또는 이중양도의 전반에 걸쳐 배임죄의 성립을 인정함으로써 거래상 신뢰관계의 보호에 기여하여 온 (종래의) 대법원판례의 의미를 크게 퇴색시키는 것이다."는 것을 주된 논거로 하여 배임죄의 성립을 긍정한다.

43) 대판, 1975. 12. 23, 74도2215.

44) 대판, 1980. 5. 27, 80도290; 대판, 1984. 5. 15, 84도315. 또 동산의 이중양도(이중담보)에 대해서 대판, 1989. 4. 11, 88도1586. 임차권 이중양도에 대해서 대판, 1990. 9. 25, 90도1216; 대판, 1991. 12. 10, 91도2184. 동산의 점유개정방법으로 이중양도 담보설정에 대해서 대판, 1989. 4. 11, 88도1586 등은 배임죄 성립을 부정한다.

45) 대판, 1986. 7. 8, 85도1873. 같은 취지: 대판, 1986. 10. 28, 86도936; 대판, 1984. 5. 15, 84도315.

이 경우 배임죄의 착수시기에 관해서 판례는 제3자(후매수인)와 매매계약을 체결하고 계약금・중도금을 수령한 때라고 한다.[46] 그러나 후매수인이 먼저 등기한 때에는 중도금수령시라고 해야 하지만 중도금수령 후의 이중매매는 등기착수시라고 함이 타당하다. 기수시기는 소유권 이전등기가 완료된 때이다.

선매수인과의 계약이 무효이거나 해제된 때에는 애당초 배임죄의 문제는 생기지 않는다. 그러나 그 계약해제가 무효이거나 매수인의 잔대금지급을 고의로 할 수 없게 하여(매도인이 잔대금수령을 고의로 회피하여) 계약을 해제한 때에는 배임죄가 성립한다. 이중매매의 취지는 가등기, 근저당설정, 전세권등기[47]에도 그대로 타당하다. 또 잔금수령 후 이중매매도 당연히 배임죄가 성립한다.

(c) 악의의 매수인 죄책　이중매매의 후매수자가 그 정을 알고 매수한 경우의 죄책에 대해서, 배임죄로 취득한 재산상의 이익은 장물이 될 수 없으므로 장물취득죄는 성립할 수 없다. 배임죄의 공범으로 처벌할 수 있느냐가 문제된다. 그러나 후매수자가 단순히 정을 알고 있다는 것만으로 공범은 성립할 수 없다. 공범이 성립하기 위해서는 공범의 성립요건을 구비해야 한다. 즉, 이중매매를 적극적으로 교사 또는 가담하는 사실이 있는 때에 한하여 배임죄의 공범이 된다고 해야 한다. 판례도 같은 취지이다.[48]

5. 타죄와의 관계

1) 사기죄와의 관계　기망적 방법으로 배임행위를 한 때, 즉 타인의 사무처리자가 임무에 위배하여 본인을 기망함으로써 본인에게 손해를 끼친 경우가 문제된다. 이에 대해서는 사기죄만 성립한다는 견해,[49] 배임죄만 성립한다는 견해,[50] 배임죄와 사기죄의 상상적 경합이라는 견해[51]가 대립한다.

---

46) 대판, 1983. 10. 11, 83도2057; 대판, 1984. 8. 21, 84도691.

47) 대판, 2001. 1. 11, 2001도5790: 다만 전세권설정의무자가 제3자에게 근저당설정을 해 준 때에 배임죄가 되기 위해서는 부동산시가 및 선순위 담보권의 피담보채권액을 계산하여 그 행위로 인하여 당해 부동산 담보가치가 상실되어야 한다.

48) 대판, 1975. 6. 10, 74도2455; 대판, 1983. 7. 12, 82도180(공동정범인정 판례).

49) 이건호, 345면; 오영근, 523면.

50) 황산덕, 324면; 서일교, 190면; 남흥우, 218면.

51) 유기천(상), 249면; 정영석, 354면; 김종원, 244면; 정성근, 549면; 강구진, 328면; 이명희, 주석(하), 501면; 이재상, 434면; 김일수/서보학, 497면; 박상기, 413면; 배종대, 568면 이하; 진계호, 426면 이하; 임웅, 381면; 백형구, 227면; 손동권, 463면; 정영일, 328면; 김성돈, 423면.

사기죄의 기망은 거래상 일반적 신뢰를 배반하는 경우가 많고, 배임행위도 본인에 대한 기망이 포함되기 쉽다. 그러나 배임죄의 요건인 신뢰관계는 사기죄에 있어서의 일반적 신뢰와 구별해야 하고, 기망을 수반하지 않는 배임행위도 있기 때문에 상상적 경합설이 타당하다.[52] 판례도 배임죄와 사기죄의 상상적 경합을 인정한다.[53]

다만, 타인의 사무를 처리하는 자가 본인을 기망하여 본인으로부터 별도의 재물을 교부받는 경우에는 사기죄만 성립하며,[54] 배임행위가 본인 이외의 제3자에 대한 사기죄를 구성하는 경우에는 사기죄와 별도로 배임죄가 성립하고 두 죄는 실체적 경합이 된다.[55]

2) 손괴죄와의 관계 　배임행위에 의하여 본인의 재물을 손괴한 때에는 신뢰관계를 배반하는 배임죄와 개개의 재물에 대한 손괴죄는 성질이 다르므로 상상적 경합이 된다고 본다.

3) 장물죄와의 관계 　채무자가 채권자에게 양도담보로 제공한 물건을 임의로 타인에게 양도하면 배임죄가 성립하지만, 그 물건은 배임행위에 제공된 물건이고 배임행위로 인하여 취득한 재산상의 이익은 아니므로 장물이 아니다. 따라서 이러한 사정을 알면서 그 물건을 취득하여도 장물취득죄가 되지 않는다.[56] 부동산 이중매매에 있어서 배임행위에 제공된 부동산을 정을 알면서 취득하거나 전득(轉得)한 자도 같다.

【판례】 배임죄의 실행으로 이익을 얻게 되는 수익자인 제3자를 배임실행자와 공동정범으로 인정하기 위해서는 배임실행자의 행위가 피해자 본인에 대한 배임행위에 해당하는 것을 알면서도 소극적으로 배임행위에 편승하여 이익을 취득한 것만으로 부족하고 배임행위를 교사하거나 배임행위 전 과정에 관여하는 등 적극 가담해야 한다(대판, 2005. 3. 11. 2004도4142).

---

52) 다만 기망을 수단으로 한 배임행위가 있어도 본인의 처분행위가 있는 때에는 편취가 있다고 할 수 없으므로 배임죄가 성립한다.

53) 대판(전원합의체), 2002. 7. 18, 2002도669.

54) 대판, 1983. 7. 12, 82도1910.

55) 대판, 2010. 11. 11, 2010도10690: 건물관리인이 건물주로부터 월세임대차계약 체결업무를 위임받고도 임차인들을 속여 전세임대차계약을 체결하고 그 보증금을 편취한 사례.

56) 대판, 1981. 7. 28, 81도618; 대판, 1983. 11. 8, 82도2119.

Ⅱ. 업무상 배임죄

【구성요건 · 법정형】 업무상의 임무에 위배하여 제355조(배임)의 죄를 범한 자는 10년 이하의 징역 또는 3천만원 이하의 벌금에 처한다(제356조). 미수범은 처벌한다(제359조). 10년 이하의 자격정지를 병과할 수 있다(제358조). 친족상도례와 동력규정은 준용한다(제361조).

【특별형법】 특정경제범죄가중처벌등에관한법률 제3조는 업무상 배임죄를 범한 자의 재산상의 이득액이, ① 50억원 이상인 때에는 무기 또는 5년 이상의 징역에, ② 5억원 이상 50억원 미만인 때에는 3년 이상의 유기징역에 처한다. ③ 이득액 이하에 상당하는 벌금을 병과할 수 있다.

업무상 타인의 사무를 처리하는 자가 그 임무에 위배하는 행위로써 재산상의 이익을 취득하여 본인에게 손해를 가하는 범죄이다. 타인의 사무처리를 업무로 하는 자는 배임행위를 할 가능성이 높기 때문에 사회의 신뢰를 확보할 목적에서 가중구성요건으로 규정하였다. 사무처리자라는 신분(진정신분범)과 업무자라는 신분(부진정신분범)이 요구되는 이중신분범이다. 특정경제범죄가중처벌등에관한법률 제3조는 배임행위로 취득한 이득액이 5억원 이상인 때에는 이를 더욱 가중처벌하고 있다. 다만 업무상 배임행위로 인하여 재산상의 손해가 인정되어도 그 가액을 구체적으로 산정할 수 없는 경우에는 이득액을 기준으로 가중처벌하는 특경범죄가중법 위반의 배임죄로 처벌할 수 없다.[57]

【판례】 판례는 이 죄가 위험범이라는 입장에서, ① 타인을 위하여 도급계약을 체결할 임무가 있는 자가 부당하게 높은 도급계약을 체결하여 본인에게 부당하게 많은 채무를 부담시킨 때에는 곧바로 이 죄가 성립하고(대판, 1999. 4. 27, 99도134), ② 신용조합 이사장이 자기 또는 제3자의 이익을 도모하여 대출한도액을 초과하거나 무자격자에게 대출하였다면 조합여신위원회의 심사 · 결의를 거쳤다고 해도 이 죄가 성립하며(대판, 2001. 11. 30, 99도4587),[58] ③ 비상장법인의 대표이사가 시세차액을 얻을 의도로 주식시가보다 현저히 낮은 금액을 전환가격으로 한 전환사채를 발행하고, 제3자 이름을 빌려 이를 인수한 후 전환권을 행사하여 인수주식 일부를 직원들에게 전환가격 상당에 배분한 경우에 이 죄가 성립한다고 하였다(대판, 2001. 9. 28, 2001도3191).

이에 반하여 ④ 보험계약 모집인이 회사로부터 자기가 모집한 보험계약이 지급위험성이 크다는 이유로 해약지시를 받았으나 해약전에 보험사고가 발생

57) 대판, 2001. 11. 13, 2001도3531.

58) 또 부실담보대출에 있어 대출한도 거래약정을 체결한 때에도 그 한도금액 범위 내에서 1개의 업무상 배임죄가 성립한다(대판, 2001. 2. 9, 2000도5000).

하여 보험금을 지급한 때에도 그 모집인이 보험계약을 해약시켜야 할 법적 의무가 없으므로 이 죄가 성립하지 않는다고 하였다(대판, 1986. 8. 19, 85도2144).

Ⅲ. 배임수증재죄

1. 배임수재죄

【구성요건 · 법정형】 타인의 사무를 처리하는 자가 그 임무에 관하여 부정한 청탁을 받고 재물 또는 재산상의 이익을 취득한 자는 5년 이하의 징역 또는 1천만원 이하의 벌금에 처한다(제357조 1항). 10년 이하의 자격정지를 병과할 수 있다(제358조). 범인이 취득한 제1항의 재물은 몰수한다. 그 재물을 몰수하기 불능하거나 재산상의 이익을 취득한 때에는 그 가액을 추징한다(제357조 3항). 미수범은 처벌한다(제359조). 친족상도례와 동력규정은 준용한다(제361조).

(1) 의의 · 성격 · 보호법익

배임수재죄는 타인의 사무를 처리하는 자가 그 임무에 관하여 부정한 청탁을 받고 재물 또는 재산상의 이익을 취득하는 범죄이다. 공무원의 수뢰죄에 상응하는 것으로 사적 사무를 처리하는 자의 수재적 행위(收財的 行爲)를 처벌하기 위해서 규정한 것이다. 배임죄에 대해서는 독립된 구성요건이다.

이 죄의 보호법익에 대해서 거래의 청렴성이라는 견해와,[59] 타인의 재산과 사무처리의 공정성 내지 청렴성이라는 견해가[60] 대립한다. 판례는[61] 전자의 입장이다. 이 죄는 타인의 사무를 공정하고 성실하게 처리하여 타인의 재산을 보호하도록 하는 데에 그 취지가 있다고 해야 하므로 후자가 타당하다고 본다. 그리고 보호정도에 대해서 위험범이라는 견해도[62] 있으나 재물 또는 재산상의 이익 취득이 있어야 하는 침해범이라 해야 한다. 진정신분범 · 상태범이다.

---

59) 이재상, 435면; 김일수/서보학, 500면; 박상기, 415면; 배종대, 569면; 임웅, 485면; 손동권, 473면; 김성돈, 430면.
60) 정성근, 551면; 이형국, 440면; 진계호, 432면; 오영근, 526면; 정영일, 414면.
61) 대판, 1984. 10. 23, 84도1906; 대판, 1987. 11. 24, 87도1560; 대판, 1988. 12. 20, 88도167.
62) 유기천(상), 338면; 오영근, 526면; 김성돈, 430면.

(2) 구성요건요소

1) 주체・객체

주체는 타인의 사무를 처리하는 자이다(진정신분범). 타인의 사무처리를 업무로 하는가는 묻지 않는다. 사무처리자의 구체적 내용은 기본적으로 단순배임죄의 그것과 같다. 다만, 이 죄는 재산만을 보호법익으로 하지 않기 때문에 재산상의 사무에 국한시킬 필요가 있다. 점포의 임대와 관리를 담당하는 자,[63] 주식회사의 이사[64] 및 방송국 가요담당 프로듀서[65]도 이 죄의 주체가 될 수 있다. 또 판례는 감정평가법인의 지점을 독립채산제로 운영하기로 계약한 자가 감정평가업무를 수주하여 그 업무를 처리한 자도 이 죄에 있어서의 타인(감정평가 법인)의 사무를 처리하는 자에 해당한다고 하였다.[66] 그러나 학교법인 재단상무가 대학편입학과 관련하여 돈을 받은 경우[67]는 입학 사무를 처리하는 자에 해당하지 않는다.

객체는 재물과 재산상의 이익이다. 재산상의 이익을 객체로 하는 배임죄와 구별된다.

2) 임무관련・부정청탁

(a) 임무에 관하여 "임무에 관하여"란 본래의 위탁사무와 밀접한 관계가 있는 행위에 관하여라는 의미이다.[68] 따라서 교사가 교장의 명령을 받아 교복판매점을 지정하는 행위는 본래의 교육사무는 아니지만 그 사무에 관한 임무가 된다. 교사가 교복판매점의 지정에 있어서 부정한 청탁을 받고 재물이나 재산상의 이익을 취득하면 이 죄가 된다.

(b) 부정한 청탁 이 죄는 임무에 관하여 "부정한 청탁"을 받을 것을 요건으로 한다. 부정한 청탁을 요건으로 하지 않는 수뢰죄와 다르다. "부정한 청탁"이란 사무처리자에 대해서 그 임무상 사회상규와 신의칙에 반하는 행위를 해줄 것을 의뢰하는 것을 말하고,[69] 배임이 되는 내용의 부정한 청탁이 아니다.

---

63) 대판, 1984. 8. 21, 83도2447.
64) 대판, 2002. 4. 9, 99도2165.
65) 대판, 1991. 6. 7, 91도688.
66) 대판, 2004. 10. 27, 2003도7340.
67) 대판, 1982. 4. 13, 81도2646.
68) 대판, 1982. 2. 9, 80도2130.
69) 대판, 1978. 11. 1, 78도2081; 대판, 1968. 10. 22, 67도1666; 대판, 1988. 12. 20, 88도167; 대판, 1987. 11. 24, 87도1560; 대판, 1996. 3. 8, 95도2930.

청탁이 있어도 그것이 부정한 청탁이 아니면 이 죄는 성립하지 않는다.[70] 따라서 직무권한 범위 안에서 편의를 보아 달라고 하거나 선처를 바란다는 내용의 부탁만으로 부정한 청탁이라 할 수 없다.[71] 부정한 청탁이 있으면 족하고, 현실적으로 그 임무를 담당하고 있음을 요하지 않는다.[72] 청탁은 재산취득시에 묵시적으로 의뢰의 취지가 표시되어 있어도 무방하다.[73] 부정한 청탁을 "받고"란 의뢰를 승낙하는 것을 의미하며 묵시적 승낙도 상관없다.

【부정한 청탁의 예】 판례에 따르면, ① 신문사 지국장이 무허가 벌채사건의 기사를 발송하지 않을 것을 청탁받은 때(대판, 1970. 9. 17, 70도1355), ② 보험회사 지부장이 피보험자의 사망원인에 대한 의심이 있어 내사 중에 있음에도 보험금을 빨리 타게 해 달라는 청탁을 받은 때(대판, 1978. 11. 1, 78도2081), ③ 특정인을 일정 직위에 우선적으로 추천을 해달라는 청탁을 받은 때(대판, 1989. 12. 12, 89도495), ④ 은행장이 회수불능이 예상되는 회사로부터 불량대출을 청탁받은 때(대판, 1983. 3. 8, 82도2873), ⑤ 건설회사 대표이사가 자기회사의 발주공사에 파산직전의 회사를 공사입찰경쟁업체로 지명해 달라는 청탁을 받은 때(대판, 1983. 12. 13, 82도735), ⑥ 종합병원 의사가 의료품 수입업자로부터 특정의약품이 본래 적응용도 외에 다른 모든 병에 잘 듣는 약이라는 원외처방의 청탁을 받은 때(대판, 1991. 6. 11, 91도413), ⑦ 방송국 프로듀서가 특정가수의 노래만 자주 방송하여 달라는 청탁을 받은 때(대판, 1991. 1. 15, 90도2257), ⑧ 대학교 부총장이 대학 부속병원 시설의 운영권 인수자로 우선 추천해 달라는 청탁을 받은 때(대판, 1991. 12. 10, 91도2543), ⑨ 국회의원이 중앙당 당기위원(장)에게 지구당 공천비리를 조사하지 말라고 청탁한 때(대판, 1998. 6. 9, 96도837)에는 부정한 청탁이라 하였다.

(c) 취 득 재물 또는 재산상의 이익을 "취득"하여야 한다. "취득"은 청탁과 관련성이 있어야 하며, 현실로 취득해야 한다. 청탁의 대가 또는 그 사례조로 교부받아야 한다. 단순한 약속 · 요구만으로 이 죄가 성립하지 않는다(다만, 상법 등 특별법상의 죄는 요구 · 약속만으로 성립한다).[74] 취득 당시에 수재(收財)와 관련임무를 담당하고 있음을 요하지 않는다.[75] 부정한 청탁을 받은 후 사직한 다음에 재물을 수수하여도 이 죄가 성립한다.[76] 반드시 배임행위에까지 나아갈 필요도

70) 대판, 1979. 6. 12, 79도708 참조.
71) 대판, 1980. 4. 8, 79도3108; 대판, 1985. 10. 22, 85도465.
72) 대판, 1984. 10. 23, 84도1906; 대판, 1987. 4. 28, 87도414.
73) 대판, 1988. 12. 20, 88도167.
74) 대판, 1999. 1. 29, 98도4182
75) 대판, 1984. 10. 23, 84도1906.
76) 대판, 1997. 10. 24, 97도2042.

없다. 청탁 후 배임행위를 하면 배임죄와 경합범이 된다. 판례는 대학교수가 특정 출판사의 교재를 채택해 달라는 청탁을 받고 교재판매대금의 일부를 받은 때에도 이 죄를 인정하고 있다.[77)]

【판례】 학교공사에 관하여 관계 규정에 따른 공개입찰을 하지 아니하는 대신 특정 공사업자와 수의계약을 체결하면서 공사업자에게 공사대금 중 국고지원 부분만을 지급하기로 하고, 학교법인 부담부분은 면제받은 것으로 볼 것이고, …이를 면제받는 것은 학교법인의 이익으로 되는 것일 뿐 실질적으로 학교법인 이사장 직무를 수행하는 자가 면제받은 대금 상당의 이익을 취득하였다고 볼 수는 없고, 따라서 위와 같은 행위는 공개입찰을 하지 아니하고 수의계약을 체결한 것에 대하여 행정상의 책임 등을 묻는 것은 별론으로 하고 타인의 사무를 처리하는 자가 그 임무에 위배하여 부정한 청탁을 받고 재물 또는 재산상의 이익을 취득한 경우에 해당한다고 할 수 없다(대판, 2001. 2. 9, 2000도4700).

(3) 몰수 · 추징

범인이 취득한 재물은 몰수한다. 그 재산을 몰수하기 불능하거나 재산상의 이익을 취득한 때에는 그 가액을 추징한다. 몰수 · 추징은 필요적이므로 제48조 1 · 2항에 대한 특칙이다. 수재자가 반환하였어도 추징해야 한다.[78)] 수인이 공모하여 수수한 때에는 각자가 수수한 금품을 몰수 또는 추징해야 하며 개별적 몰수 또는 추징이 불가능한 때에는 평등하게 몰수 또는 추징해야 한다.

(4) 특별형법

1) 특정경제범죄가중처벌등에관한법률

동법 제5조는 금융기관의 임 · 직원이 그 직무에 관하여 ① 금품 기타 이익을 수수 · 요구 또는 약속한 때, ② 부정한 청탁을 받고 제3자에게 금품 기타 이익을 공여하게 하거나 공여요구 또는 공여약속한 때, ③ 지위를 이용하여 소속 금융기관 또는 다른 금융기관의 임 · 직원의 직무에 속한 사항의 알선에 관하여 금품 기타 이익을 수수 · 요구 · 약속한 때에 5년 이하의 징역 또는 10년 이하의 자격정지에 처한다. ④ 수수 · 요구 · 약속한 금품 기타 이익의 가액이 3천만원 이상 5천만원 미만인 때에는 5년 이상의 유기징역에, 5천만원 이상 1억원 미만인 때에는 7년 이상의 유기징역에, 1억원 이상인 때에는 무기 또는 10년 이상의

77) 대판, 1996. 10. 11, 95도2090.
78) 대판, 1983. 8. 23, 83도406.

징역에 처한다.

또 동법 제7조는 금융기관의 임·직원의 직무에 속한 사항의 알선에 관하여 금품 기타 이익을 수수·요구 또는 약속한 자 또는 제3자에게 이를 공여하게 하거나 공여요구, 공여 약속한 자는 5년 이하의 징역 또는 5천만원 이하의 벌금에 처한다. 여기의 "금융기관 임·직원의 직무에 속한 사항"이란 자기 자신을 제외한 모든 자의 사건 또는 사무를 말하고, 청탁을 명목으로 법인을 위해 로비활동을 하던 자가 그 후 그 법인 이사가 되어 이사 직함을 이용하면서 청탁명목으로 금원을 교부받았다면 이는 피고인 자신의 사무라고 볼 수 없다.[79]

2) 채무자회생및파산에관한법률

채무자회생및파산에관한법률 제655조는, ① 파산관재인 또는 감사위원이 그 직무에 관하여 뇌물을 수수·요구 또는 약속한 경우와, ② 파산채권자, 파산채권자의 대리인 또는 이사가 채권자 집회의 결의에 관하여 뇌물을 수수·요구 또는 약속한 때에는 5년 이하의 징역 또는 5천만원 이하의 벌금에 처하는 파산수뢰죄를 규정하고 있다.

(5) 미수·기수

1) 미 수

이 죄의 미수범은 처벌한다. 공무원의 수뢰죄(제129조 이하)는 미수범을 따로 규정하지 아니하고 그 구성요건이 기수·미수의 형태를 포함하여 요구·약속·공여의 의사표시가 있으면 동일조문에 의해서 처벌된다. 이와 균형상 이 죄의 미수범을 인정할 수 있느냐가 논의된다.

(a) 부정설 공무원 수뢰죄의 미수범 처벌규정이 없는 것과 균형상 이 죄의 미수범은 상상하기 곤란하다는 이유로 미수범은 인정할 수 없다[80]고 한다. 이에 따르면 이 죄는 취득이 있어야 하므로 요구·약속하는 것은 죄가 될 수 없다.

(b) 긍정설 공무원의 수뢰죄처럼 동일조문에 기수(수수, 공여)와 미수(요구, 약속, 공여의사표시)의 형태를 규정하지 않고 취득만 규정하고 있으므로 재물을 요구·약속하는 것은 이 죄의 미수가 된다[81]는 것이다.

---

79) 대판, 2002. 6. 11, 2000도357.
80) 황산덕, 325면; 서일교, 192면; 남흥우, 219면.
81) 유기천(상), 338면; 정영석, 375면; 김종원, 246면; 정성근, 553면; 이형국, 442면; 강구진,

이 죄의 미수범을 처벌하는 규정을 두고 있고, 취득만 구성요건적 행위로 규정하였으므로 긍정설이 타당하다(통설).

2) 기 수

부정한 청탁을 받고 재물 또는 재산상의 이익을 취득한 때에 기수가 된다. 본인에게 재산상의 손해발생 여부는 이 죄의 성립에 영향이 없다.[82)]

2. 배임증재죄

【구성요건 · 법정형】 제1항(배임수재죄)의 재물 또는 이익을 공여한 자는 2년 이하의 징역 또는 500만원 이하의 벌금에 처한다(제357조 2항). 10년 이하의 자격정지를 병과할 수 있다(제358조). 미수범은 처벌한다(제359조). 친족상도례와 동력규정은 준용한다(제361조).

【특별형법】 금융기관 임 · 직원에 대한 증재에 대해서도 특정경제범죄가중처벌등에관한법률 제6조는 금품 기타 이익을 약속 · 공여 · 공여의 의사표시를 한 자에 대하여 5년 이하의 징역 또는 3천만원 이하의 벌금에 처한다. 부정한 청탁을 요건으로 하지 않고, 공여의사표시와 약속을 공여와 같이 처벌하는 데 특색이 있다. 또 채무자회생및파산에관한법률 제656조는 파산관재인, 감사위원, 파산채권자나 그 대리인 또는 이사에게 뇌물을 약속 · 공여하거나 공여의 의사표시를 한 자에 대하여 3년 이하의 징역 또는 3천만원 이하의 벌금에 처하는 파산증뢰죄를 규정하고 있다.

타인의 사무를 처리하는 자에게 그 임무에 관하여 부정한 청탁을 하고, 재물 또는 재산상의 이익을 공여하는 범죄이다. 배임수재죄와 필요적 공범관계에 있다. 그러나 수재죄와 증재죄가 같이 처벌받아야 하는 것은 아니다. 재물 · 재산상의 이익의 공여가 증재자에 의해 일방적으로 행해진 때에는 증재죄만 성립한다. 수재자에 대하여는 부정한 청탁이 되어도 증재자에게 부정한 청탁이라고 볼 수 있는 사정이 없으면 이 죄는 성립하지 않는다.[83)] 타인의 사무를 처리하는 자가 아닌 사람에게 재물공여가 있어도 이 죄는 성립하지 않는다.

공여는 현실적으로 있어야 하며, 공여의 의사표시나 약속만으로는 이 죄의 미수가 된다. 공여가 있는 이상 상대방의 취득 여부는 이 죄의 성립에 영향이 없다. 공여자는 그 신분 여하를 묻지 않으나 사무처리자인 상대방에게 그 임무

338면; 이재상, 437면; 김일수/서보학, 502면; 배종대, 572면; 박상기, 419면; 백형구, 232면; 임웅, 489면; 오영근, 530면; 손동권, 477면; 정영일, 417면; 김성돈, 433면.

82) 대판, 1980. 10. 14, 79도190.

83) 대판, 1979. 6. 12, 79도708; 대판, 1980. 8. 26, 80도19.

에 관한 부정한 청탁이 있어야 한다.[84] 공여된 재물을 상대방이 취득한 때에는 필요적 몰수 또는 추징하여야 하며(제357조 3항), 취득하지 않은 때에는 임의적 몰수의 대상이 된다(제48조 1항 1호).[85] 이 죄와 업무상 배임죄는 별개의 범죄이므로 이 죄를 범한 자도 업무상 배임죄의 공범이 될 수 있다.[86]

84) 대판, 1979. 6. 12, 79도708.
85) 유기천(상), 339면; 서일교, 192면; 이건호, 367면; 정성근, 554면; 진계호, 436면; 김성돈, 435면.
86) 대판, 1999. 4. 27, 99도134.

제 8 장 장물에 관한 죄

제 1 절 장물의 죄 일반론

1. 의 의

장물의 죄란 장물(贓物, Hehlerei)을 취득·양도·운반·보관하거나 이를 알선하는 범죄와, 업무상 과실 또는 중대한 과실로 이상의 장물죄를 범하는 경우를 말한다. 장물은 재산죄 중 영득죄에 의하여 영득한 재물을 의미한다. 즉, 장물죄는 재산죄 중에서 재물만 객체로 하는 재물죄이며, 영득죄 그 자체 또는 그 범인을 본범(本犯)이라 한다.

형법은 장물에 관한 죄를 독립한 재산범죄로 규정하고 있다. 연혁적으로 장물죄는 범인은닉죄 또는 사후종범의 한 형태로 발전되어 왔다. 오늘날 영미법은 물론 독일 형법도 장물죄를 범인은닉죄와 함께 같은 장에 규정하고 있는 이유도 여기에 있다. 장물죄는 본범에 의하여 행하여진 범죄의 위법상태를 유지시키는 범인비호적 성격이 있다는 점에서 증거인멸죄·범인은닉죄와 유사한 성질을 가지고 있다. 그러나 장물죄는 재산죄이며, 국가의 사법작용을 보호하는 증거인멸죄·범인은닉죄와 성질을 달리한다.[1]

형법은 장물죄를 절도죄나 횡령죄보다 무겁게 처벌한다. 이는 절도범·횡령범·강도범이 장물범을 통하여 장물을 처분할 수 있으며, 장물범은 재산죄의 실행을 유발한다는 특수한 위험성 때문이다. 즉, 장물범은 절도범의 보호자이며, 절도보다 사악하다.[2] 따라서 장물죄는 본범과 독립된 재산죄이고, 본범에 대한 공범이 아니다. 형법이 장물죄를 범인은닉죄·증거인멸죄와 분리하여 독립된 재산죄로 규정하고 있는 것은 타당한 입법태도라 하겠다. 다만 장물죄가 재산죄

---

1) 장물죄를 범인은닉죄와 함께 규정하고 있는 독일 형법의 해석에서도 장물죄가 재산범죄라는 데는 이견이 없다. Maurach/Schröder/Maiwald, S. 408; Sch/Sch/Stree, §259 Rdn.1.

2) Sch/Sch/Stree, StGB, §259. Rdn.3; Maurach/Schröder/Maiwald, BT 1, S. 408; Samson, SK. §259 Rdn. 2.

라고 하여 장물죄의 범인비호적 성격이 완전히 부정되는 것은 아니다. 그것은 장물죄와 친족간의 범죄의 특칙에서 나타난다. 장물범과 피해자 사이에 친족상도례 규정을 적용하는 것은 장물죄의 재산죄적 성격을, 그리고 장물범과 본범 사이에 친족관계가 있을 때에 형을 감경 또는 면제하도록 규정한 것은 범인비호적 성격을 고려한 것이라 할 수 있다.[3]

【입법례】 후기 로마법은 장물죄를 도범(盜犯)이 취득한 재물을 수수·은닉하는 행위와 범인은닉행위를 포함한 범죄비호죄의 일환으로 비재산죄의 일종으로 처벌하였다. 중세 독일법은 도범의 피해물(장물)을 소지하는 자를 도범자로 보아 도범과 동일하게 처벌하였다. 17세기 말경 보통법시대에 와서 장물죄는 범인비호와 함께 사후종범으로 이해하였다. 그 후 공범이론이 발전함에 따라 사후종범설도 점차 그 근거를 상실하게 되었다.

장물죄가 범인비호죄와 구별되는 독립된 재산죄로 구성된 것은 19세기 이후 영국(1827년 입법)·독일(1851년 프로이센 형법)의 입법에서 시작되었다. 다만 독일에서는 독립된 재산죄로 인정하면서도 '범죄비호 및 장물죄'의 장에 규정하였는데 현행 독일 형법도 그대로 유지되고 있다.

한편 프랑스는 1791년의 입법에서 중죄 또는 경죄의 공범으로 처벌했으나 본범의 범죄가 종료한 후에 공범을 인정하는 것은 이론적으로 타당하지 않다는 이유로 1915년 5월 22일의 법률에서 비로소 독립죄로 인정하였고, 현행 형법도 재산에 대한 독립범죄(제2편 제1장 제1절, 제321-1조 내지 5조)로 규정하고 있다.

2. 본 질

(1) 추구권설

장물죄는 본범의 피해자가 점유를 상실한 재물에 대해서 추구·회복하는 것을 곤란하게 하는 데에 본질이 있다는 견해[4]이다. 여기의 추구란 소유권 기타 물권에 의한 반환청구권행사를 말한다. 본범의 피해자가 본범에 의해서 행하여진 불법한 점유로부터의 권리회복이 장물범에 의해서 방해된다는 점에 착안한 견해로 종래까지의 통설이다.

그리하여, ① 본범의 피해자에게 추구권이 없으면 장물성도 상실되므로 불법원인급여물(민법 제746조), 피해자가 취소(민법 제146조) 또는 해지(상법 제651조)할 수

3) 유기천(상), 321면; 정성근, 555면; 강구진, 390면; 이재상, 440면; 오영근, 534면; 김성돈, 436면.

4) 황산덕, 327면; 정영석, 375면; 이건호, 368면; 남흥우, 220면; 정창운, 187면; 염정철, 425면; 김종원, 248면.

없는 경우, 시효가 완성된 물건(민법 제246조)은 장물이 될 수 없으며, ② 장물인 재물과 교환된 대체장물(수표와 환금된 현금)도 장물 그 자체가 아니므로 이에 대한 추구권행사가 어렵게 된다.

추구권설의 근거는, ① 장물에 대하여 독일 형법(제259조)처럼 "재산에 대한 위법한 행위로 인하여 영득한 물건"이라 하지 않고 단지 "장물"이라고 규정하고 있는 점에 비추어 장물은 재산범죄에 의하여 영득한 재물 그 자체를 의미하므로 추구권설을 취할 수밖에 없고, ② 형법이 장물양도죄를 신설한 것은 피해자의 반환청구권을 곤란하게 하는 행위를 처벌하기 위한 것이므로 우리 형법은 추구권설을 취한 것이라 한다.

그러나 민법상의 반환청구권은 타인의 불법한 침해가 있는 때에만 가능하므로 추구권설에 따르면 장물죄의 본범은 반드시 재산죄일 필요가 없고, 불법한 점유취득 모두에 대해서 장물성을 인정할 수 있다. 이는 장물죄의 재산범죄성을 애매하게 만들 뿐만 아니라 그 본범이 재산죄라고 해서 추구권설을 취해야 한다는 결론은 근거없다. 또 추구권설은 민법상 반환청구권이 없는 불법원인급여물은 물론, 일체의 대체장물에 대한 장물성을 부정하므로 형법 개념의 독자성을 부정한다.

(2) 위법상태유지설

장물죄는 본범의 침해에 의하여 이루어진 위법한 재산상태를 본범 또는 장물점유자와 합의하여 계속 유지·존속시키는 데에 본질이 있다는 견해이다.[5] 즉, 장물죄는 피해자의 추구권과 관계없이 본범에 의해서 침해된 위법한 재산상태를 유지·존속시킨다는 형법 독자적 기준으로 판단한다는 점에 특색이 있다. 독일의 통설과 판례의 태도이다.[6]

이에 따르면, ① 위법한 재산상태에 한정하므로 본범의 불법한 점유를 전제한 추구권설보다 장물죄의 재산죄적 성격을 강조할 수 있고, ② 불법원인급여물도 장물이 된다. 다만 ③ 대체장물에 대해서는 장물성을 부정하는 것이 일반적이지만 이를 긍정하는 견해도[7] 있으며, 뇌물죄·도박죄·통화위조죄에 의해 취

5) 이근상, 294면; 심재우, 「장물죄의 범죄성」(고시계 1979. 12), 50면; 이정원, 483면 이하; 임웅, 472면; 김성천/김형준, 633면.

6) Blei, II, S. 249; Welzel, StR, S. 396; Sch/Sch/Stree, StGB, §259. Rdn. 1; Samson, SK. Rdn. 1; BGHSt, 7. 137; BGHSt, 27. 45.

7) 심재우, 앞의 논문, 49면.

득한 재물에 대해서까지 장물죄의 성립을 확대하는 견해도[8] 있다.

위법상태유지설은, ① 추구권과 관계없이 형법 독자적 입장에서 장물죄를 인정하고, 불법원인급여물은 물론 일정한 대체장물까지도 장물성을 인정할 수 있으므로 추구권설의 결함을 보완할 수 있고, ② 장물죄의 재산죄적 성격을 명백히 할 수 있다. 즉, 본범의 재산죄적 성격과 재산죄로 한정하는 것은 추구권설이 아니라 위법상태유지설이다. 따라서 재산죄 이외의 범죄에 의해 취득한 재물까지 장물성을 인정할 수 없다고 해야 한다.

(3) 공범설

장물죄는 본범이 취득한 범죄적 이익에 사후적으로 참여·가담하는 데에 본질이 있다는 견해로 간접영득죄설[9] 또는 이익관여설이라고도 한다. 장물범을 본범의 불가벌적 사후행위에 관여하여 이익을 취득하는 공범으로 파악한 것이다. 추구권설과 유지설은 보호법익의 침해에 중점을 두고 장물죄의 본질을 파악하는 데 반하여 공범설은 이익을 추구하는 이욕범적 성격을 강조하는 점에 특색이 있다고 할 수 있다.

이에 따르면 장물죄의 요건으로서, ① 주관적으로 이득의 의사가 있어야 하며,[10] ② 추구권과 관계없이 본범의 피해자와 직접적 관련성이 있는 재물이면 대체장물뿐만 아니라 장물을 매각하여 받은 돈(대가장물)이나 가공으로 본범이 소유권을 취득한 재물에 대해서까지 장물성을 인정한다. 다만 ③ 장물범이 본범으로부터 직접 취득하지 않고 제3자가 개입하여 취득한 때에는 장물성을 부정한다.

그러나 우리 형법은 장물죄의 주관적 요건으로서 이득의 의사를 요구하지 않으며, 장물죄의 행위태양 중 양도·운반·알선은 장물을 직접 영득하는 행위가 아니므로 그 행위로 인한 간접영득도 할 수 없다. 그리고 사후종범설은 사후종범이라는 개념 자체가 공범이론에 부합할 수 없을 뿐만 아니라 본범의 범죄가 완성된 후 사후적으로 예정된 장물관여행위는 오히려 예비종범적 성격이므로[11] 이를 사후종범이라고 할 수도 없다. 따라서 공범설의 타당성을 인정할 수

---

8) 심재우, 앞의 논문, 49면.

9) 이수성, 「장물죄」(고시연구 1975. 8), 51면.

10) 독일 형법 제259조 1항은 "절취 또는 재산에 대한 위법한 행위로 인하여 타인이 영득한 물건을 자기 또는 제3자의 '이익을 위하여' 매입, 취득하거나 제3자로 하여금 취득하게 하거나 매각 또는 매각을 방조한 자"라고 규정하여 주관적인 이득의 의사를 요구하고 있다.

없다.

(4) 결 어

형법은 장물양도죄를 신설하여 피해자의 반환청구권행사를 곤란하게 하는 행위를 규제하고 있으므로 이 점에서 추구권설의 취지는 고려하고 있다. 한편 장물의 취득 · 운반 · 보관 · 알선은 위법재산상태를 유지시키는 전형적 행위태양이므로 장물죄는 위법상태유지를 기본으로 한다고 해야 한다. 즉, 장물죄의 본질은 위법상태유지설을 기본으로 하여 추구권설도 고려한 결합설에 의해서 파악해야 한다.[12] 위법한 재산상태를 유지 · 존속시키면 동시에 피해자의 추구 · 회복도 곤란하게 되므로 두 가지는 서로 대립관계가 아니라 표리관계에 있다고 할 수 있고, 이를 피해자측에서 보면 추구권이 되고, 장물범측에서는 위법상태유지가 된다고 해야 한다. 다만 장물은 재산죄에 의해서 취득한 재물에 한정해야 하고, 재산죄 이외의 범죄로 취득한 재물은 장물성을 부인해야 한다. 판례도 결합설을 취하고 있다.

【판례】 종래의 판례는 「영득죄에 의하여 취득한 물건 그 자체만이 장물이고, 피해자에게 그 회복청구권이 없어진 경우에는 장물성을 상실한다」고 하여 추구권설을 취하였으나(대판, 1975. 12. 9, 74도2804; 대판, 1972. 2. 22, 71도2296), 그 후 「장물인 정을 모르고 보관하던 중 장물인 정을 알게 되었고, 위 장물은 반환하는 것이 불가능하지 않음에도 불구하고 계속 보관함으로써 피해자의 정당한 반환청구권을 어렵게 하여 위법한 재산상태를 유지시킨 경우에는 장물보관죄에 해당한다」고(대판, 1987. 10. 13, 87도1633) 판시하여 추구권설과 위법상태유지설을 결합한 결합설을 취하고 있다.

3. 보호법익

이 죄의 보호법익에 대해서 본범의 피해자가 장물에 대해서 가지고 있는 추구권이라는 견해도 있다.[13] 추구권도 재산권의 일환이므로 넓게 재산권을 보호

---

11) 장물죄는 예비종범적 성격이 있다고 하여도 방조범으로서의 유형성이 없으며, 정범(본범)에 대해서 방조의 인과관계도 없으므로 공범으로서의 예비적 종범도 아니다.

12) 유기천(상), 348면; 김종원, 248면; 정성근, 560면; 이형국, 450면; 강구진, 392면; 이재상, 436면; 오도기(7인 공저), 414면; 김일수/서보학, 508면; 진계호, 440면; 박상기, 425면; 배종대, 576~577면; 백형구, 237면; 손동권, 483면; 정영일, 426면; 김성돈, 438면; 이진록, 「형법상의 장물」(고시계 1984. 11), 57면.

13) 김종원, 248면; 강구진, 389면; 오도기(7인 공저), 411면.

한다고 할 수 있다.

문제는 재산권의 구체적 내용이 무엇이냐에 있다. 소유권의 내용인 재산에 대한 지배·이용·처분권은 이미 본범에 의해서 침해된 것이므로 이 죄는 재산권 자체의 침해보다 그 침해에 따르는 사실상의 이익의 지배가능한 상태를 일층 악화 내지 심화시키는 데에 특색이 있다. 따라서 이 죄의 보호법익은 재산권 자체가 아니라 재산권의 안전이라고 해야 한다. 보호정도는 침해범으로서의 보호라고 본다. 이에 대해서 위험범설과[14] 장물알선죄만 추상적 위험범이고 나머지는 침해범이라는 견해도 있다.[15]

4. 구성요건체계

기본적 구성요건은 장물을 취득·양도·운반·보관하는 행위(제362조 1항)와 이러한 행위를 알선하는 행위(제362조 2항)를 처벌하는 장물죄이다. 상습범에 대한 가중적 구성요건을 두고, 이에 대해서는 자격정지나 벌금형을 병과할 수 있도록 하였다(제363조). 이 외에 업무상 과실·중과실 장물죄(제364조)를 처벌하는 진정신분범을 규정하였고, 친족간의 범행에 대해서는 다른 재산죄와 구별하여 특별규정을 두고 있다(제365조). 동력규정의 준용에 관해서는 언급이 없으므로 해석상 논의가 있다.

제 2 절 장물죄의 범죄유형

Ⅰ. 장물취득·양도·운반·보관·알선죄

【구성요건·법정형】 ① 장물을 취득·양도·운반 또는 보관한 자는 7년 이하의 징역 또는 1천500만원 이하의 벌금에 처한다.

---

14) 유기천(상), 350면; 이재상, 441면; 임웅, 493면; 오영근, 534면; 정영일, 424면.
15) 김일수/서보학, 506면; 박상기, 422면.

② 전항의 행위를 알선한 자도 전항의 형과 같다(제362조).

1. 의의 · 성격

장물을 취득 · 양도 · 운반 또는 보관하거나 이상의 행위를 알선함으로써 성립하는 범죄이다. 재물죄 · 영득죄의 일종이며 본범조장적 · 본범비호적 성격을 가진 범죄이고 직업범 · 영업범의 특성을 갖는 경우가 많다.

2. 객관적 구성요건요소

(1) 주 체

주체는 본범인 정범, 그 공동정범과 합동범을 제외한 모든 자이다. 이 죄는 본범이 영득한 재물(장물)의 처분에 관여하는 범죄이므로 자기의 범죄로 영득한 재물의 처분행위는 불가벌적 사후행위가 되어 이 죄를 구성하지 않는다. 그러나 본범의 교사자나 방조자는 이 죄의 주체가 될 수 있다.

(2) 객 체

객체는 장물이다.

1) 장물의 개념　형법은 장물에 대해서 아무런 개념규정을 두지 않았으므로 그 개념에 대해서 견해가 대립한다.[16]

가) 학 설　① 재산죄에 의해서 영득한 재물로서 피해자가 법률상 추구할 수 있는 것이라는 견해,[17] ② 재산죄뿐만 아니라 재산권을 침해하는 범죄에 의해서 영득한 재물로서 본범이 야기한 위법재산상태를 유지 · 존속시키는 것이라는 견해,[18] ③ 재물죄에 의하여 영득한 재물을 말하고, 피해자의 반환청구권을 개념요소로 할 필요가 없다는 견해[19]가 대립한다.

---

16) 장물의 개념에 대하여 '타인이 절취하거나 타인의 재산에 대한 위법한 행위로 인하여 취득한 물건'(독일형법 제259조), 정을 알면서 '중죄 또는 경죄로 인하여 생긴 物'(프랑스형법 제321-1조), 또는 '절도의 정을 알면서 수령한 타인의 가동재산'(미국 모범형법 제223-6조)이라고 규정한 입법도 있다.

17) 정영석, 376면; 황산덕, 328면; 서일교, 193면; 김종원, 249면; 강구진, 393면; 진계호, 441면; 정영일, 427면.

18) 심재우, 앞의 논문, 48면 이하.

19) 정성근, 562면; 이재상, 444면; 김일수/서보학, 509면; 배종대, 579면; 임웅, 498면; 김성돈, 438면.

장물의 개념은 장물죄의 본질과 요건을 어떻게 파악하느냐에 따라 그 내용이 달라질 수 있다. 그러나 개념과 성질·요건은 관념상 구별해야 하므로 장물의 개념정의에 반환청구권 또는 위법한 재산상태유지라는 성질까지 포함할 필요가 없다. 또 장물은 재물에 한정되므로 모든 재산이 장물이 되는 것은 아니다. 따라서 장물은 재물죄에 의하여 영득한 재물이라 해야 한다.

나) 판례의 태도　판례는 "영득죄에 의하여 취득한 물건 그 자체"[20] 또는 "재산죄인 범죄행위에 의하여 영득한 물건"[21]으로 피해자가 추구권을 행사할 수 있는 것이라 하여 ①설에 따른 것이 많다. 그러나 "재산상의 침해를 가져올 위법행위로 인하여 영득한 물건"으로서 피해자가 반환청구권을 행사할 수 있는 것[22]이라 하여 본범의 범죄를 다소 넓힌 것도 있다.

2) 장물의 요건

가) 재물성　장물은 재물임을 요한다. 재산상의 이익이나 채권·무체재산권 등 권리는 장물이 될 수 없다.[23] 다만 권리가 화체된 증권(유가증권, 어음, 수표, 화물상환증, 기차승차권)은 재물이므로 장물이 될 수 있다. 형법은 재물에 대한 장물죄만 인정하고 가치장물(Werthehlerei)은 인정하지 않는다. 재물인 이상 동산·부동산은 묻지 아니하며, 반드시 경제적 가치(교환가치)를 가질 것도 요하지 않는다. 다만 장물운반죄는 성질상 가동물에 한하므로 부동산은 운반죄의 객체에서 제외될 것이다. 관리할 수 있는 동력도 장물이 될 수 있느냐에 관해서는 장물죄에 대해 제346조를 준용하는 규정이 없으므로 관리할 수 있는 동력은 장물이 될 수 없다는 견해도 있다.[24] 그러나 형법 제346조는 주의규정이므로 준용규정의 유무와 관계없이 관리할 수 있는 동력도 장물이 된다고 해석해야 한다.[25] 판례도 같다.[26]

나) 본범의 성질　장물은 타인의 재산범죄에 의하여 영득한 재물임을 요한다. 자기의 재산범죄로 영득한 재물은 별도로 장물죄를 구성하지 않는다. 자기

20) 대판, 1972. 2. 22, 71도2296; 대판, 1972. 6. 13, 72도971.
21) 대판, 1975. 9. 23, 74도1804; 대판, 2004. 12. 9, 2004도5904.
22) 대판, 1975. 12. 9, 74도2804.
23) 대판, 1971. 2. 23, 70도2589:「전화가입권은 채권적 권리로서 일종의 재산상의 이익은 되지만 물리적 관리가능성이 있는 재물이 아니므로 장물이 될 수 없다」.
24) 황산덕, 331면; 박상기, 425면; 배종대, 580면; 손동권, 486면; 정영일, 428면; 김성돈, 439면.
25) 정성근, 563면; 이형국, 452면; 이재상, 445면; 김일수/서보학, 510면; 임웅, 499면; 백형구, 238면; 오영근, 539면. 서울지판, 1965. 5. 6, 65고3528.
26) 대판, 1972. 6. 13, 72도971.

와 공동정범 관계가 있는 자가 영득한 재물은 자기의 범죄로 영득한 재물이 된다. 따라서 평소 본범과 수차 합동절도를 범하여 실질적 범죄집단을 이루고 있었다 하여도 당해 범죄의 정범자가 되지 않는 이상 자기 범죄라 할 수 없으므로 본범으로부터 그 장물을 취득하면 장물취득죄가 성립한다.[27]

(a) **재산범죄** 본범은 재산범죄임을 요한다. 즉, 장물은 재산범죄에 의해서 영득한 재물이어야 한다.

> 따라서 수뢰죄에 의하여 수수한 뇌물, 도박죄에 의하여 취득한 도금(賭金), 통화위조죄・문서위조죄에 의하여 작출된 위조통화・위조문서,[28] 복제한 CD・비디오, 탈세로 취득한 재물, 범죄수단으로 사용된 흉기, 사체등영득죄에 의하여 영득한 사체・관내장치물, 행정법규 특히 수렵법이나 수산업법에 위반하여 포획한 조수나 어획물,[29] 임산물단속에관한법률위반죄에 의하여 취득한 임산물[30] 등은 장물이 아니다. 다만 광업법위반으로 채굴한 광물, 장제(葬祭)・신앙의 대상이 아닌 실습용의 사체나 유발(遺髮)은 예외로 장물이 될 수 있다. 또 리프트 탑승권 발매기를 전산 조작하여 위조탑승권을 발매기에서 뜯어간 경우[31], 회사자금으로 주식매각대금조로[32] 지급한 경우(횡령행위로 영득)는 장물이 된다.

장물죄의 본범이 될 수 있는 재산죄는 절도・강도・사기・공갈・횡령죄 등 형법상의 재산죄뿐만 아니라 특별법상의 재산죄(산림법 제116조, 제117조 위반)도 포함한다.[33] 장물죄도 재산죄이므로 장물죄의 본범이 될 수 있다. 이를 연속장물(Kettenhehlerei)이라 한다. 배임죄와[34] 컴퓨터등 사용사기죄[35]도 재산죄이지만 그 객체가 재물이 아니고 재산상의 이익이므로 제외된다. 배임수증죄의 객체가 재물인 때에는 장물죄의 본범이 된다. 손괴죄는 재물의 영득이 없으므로 장물죄

---

27) 대판, 1986. 9. 9, 86도213.

28) 위조문서행사죄에 의해서 취득한 재물은 위조문서의 행사가 사기행위를 포함하여 행사죄 외에 사기죄가 성립할 때에는 장물이 된다. 위조통화행사죄에 의하여 취득한 재물에 대해서는, ① 위화(僞貨)의 행사가 사기행위를 포함하는 경우에 사기죄의 성립을 인정하는 입장에서는 장물성을 인정하지만(대판, 1971. 11. 23, 71도1735), ② 이 경우에 사기죄는 행사죄에 흡수된다고 보는 입장에서는 장물성을 부정하는 것이 논리적이다.

29) 유지설에서 장물이 된다는 견해도 있다. 심재우, 앞의 논문, 48면.

30) 대판, 1975. 9. 23, 74도1804.

31) 대판, 1998. 11. 24, 98도2967.

32) 대판, 2004. 12. 9, 2004도5094.

33) 유기천(상), 351면; 정영석, 377면; 김종원, 250면; 정성근, 564면; 이재상, 445면; 진계호, 442면; 임웅, 499면; 배종대, 581면; 박상기, 427면; 손동권, 485면; 정영일, 427면; 김성돈, 440면.

34) 대판, 1983. 11. 8, 82도2119.

35) 대판, 2004. 4. 16, 2003도4257.

의 본범이 될 수 없다.

(b) 재산범죄로 영득 장물은 "재산죄로 영득"한 재물임을 요하므로 재산범죄에 의해서 작성된 물건이나 재산범죄의 수단으로 사용된 재물은 장물이 될 수 없다. 따라서 절취한 물감으로 그려진 그림은 장물이 될 수 없다. 또 배임죄에 있어서 배임행위로 취득한 것은 재산상의 이익이고, 재산은 배임죄에 제공된 것에 불과하므로 이중매매된 부동산[36]이나, 양도담보로 제공된 부동산[37]은 장물이 아니다. 본범이 재산죄에 의하여 영득한 재물은 반드시 타인의 재물일 필요가 없다. 타인점유의 자기물건을 절취한 본범으로부터 그 정을 알면서 증여받은 때에도 장물취득죄는 성립한다.

(c) 본범의 범죄실현단계 장물은 본범의 구성요건에 해당하고 위법한 행위에 의하여 영득한 것임을 요한다.[38] 즉, 본범의 행위는 구성요건에 해당하고 위법하면 족하고 책임까지 있을 필요가 없다.[39] 구성요건은 객관적 구성요건요소뿐만 아니라 주관적 구성요건요소도 포함한다. 따라서 본범은 고의가 있어야 하고, 과실로 족한 때(본범이 업무상 과실장물인 때)에는 과실이 있어야 한다(제364조 참조). 본범의 행위는 유책하거나 가벌성 내지 처벌요건·소추요건을 구비할 필요가 없다.

따라서 본범이 책임무능력자이거나 회피할 수 없는 위법성의 착오인 때에도 장물성은 잃지 않는다. 본범의 행위가 친고죄에 해당하여 고소가 없거나, 공소시효가 완성되어 소추할 수 없는 경우, 친족상도례의 적용으로 형이 면제되는 경우, 재판권이 미치지 않는 외교관이나 외국인의 국외범인 때에도 장물죄의 성립에 영향이 없으며, 본범이 기소되었거나 확정판결로 처벌되었음도 요하지 않는다.

(d) 본범과 시간적 관계 본범과 장물죄 사이의 시간적 관계는 장물죄가 성립하기 이전에 적어도 본범은 종결되어 있어야 한다. 나아가서 장물죄가 성립하기 위해서 본범은 기수가 되어 있어야 하느냐에 대해서 통설은 이를 긍정한다.[40] 이에 대해서 본범에 의한 재물의 영득이 시간적으로 끝났느냐를 기준으

36) 대판, 1975. 12. 9, 74도2804.
37) 대판, 1983. 11. 8, 82도2119; 대판, 1981. 7. 28, 81도618.
38) 유기천(상), 351면; 황산덕, 329면; 정영석, 377면; 서일교, 194면; 김종원, 249면; 정성근, 565면; 강구진, 394면; 이재상, 440면; 김일수/서보학, 512면; 진계호, 443면; 박상기, 428면; 배종대, 582면; 임웅, 500면; 오영근, 541면; 손동권, 485면; 정영일, 427면; 김성돈, 441면.
39) 대판, 1975. 12. 9, 74도2804.
40) 황산덕, 329면; 정영석, 396면; 서일교, 194면; 김종원, 250면; 정성근, 565면; 강구진, 394면; 진계호, 443면; 김일수/서보학, 512면; 배종대, 583면; 손동권, 485면; 정영일, 427면; 김성돈,

로 해야 하고, 그것이 기수인가 종료인가에 따라 좌우될 성질은 아니라는 견해도[41] 있다.

그러나 본범이 미수상태에 있을 때에는 본범의 공범이 될 뿐이므로 본범은 기수가 되어 있어야 한다는 통설이 타당하다. 즉, 장물의 선재성이 장물죄의 요건이 된다. 따라서 절도의 실행을 결의한 자의 부탁을 받고 장차 절취하여 올 재물의 매각을 알선하면 절도방조죄가 될 뿐이다. 다만 강도살인죄와 같은 결합범은 재물죄 쪽이 기수에 달하면 충분하다.[42]

(e) 보관물의 악의매수자 　타인의 재물을 보관하는 자가 그 보관물을 불법매도하는 횡령행위에 그 정을 알면서 매수한 자가 횡령죄의 공범이 되느냐 장물취득죄가 되느냐가 문제된다. 장물취득죄설,[43] 횡령죄의 종범과 장물취득죄의 경합범설,[44] 횡령죄의 종범설[45]이 대립한다. 이는 횡령죄의 기수시기에 대해서 영득의사의 표현설인가 실현설인가에 따라 차이가 생길 수 있다. 그러나 공범(종범)이 성립하려면 공범의 요건(이중고의, 방조행위)을 갖추어야 하므로 단지 장물취득의사로 영득만 한 자를 신분범의 공범이라 할 수 없다. 또 월권행위설에 의하면 위탁의 취지에 반하여 권한초월의 처분의사가 객관적으로 실현된 때에 기수가 되므로 매도가 실현된 때 횡령죄는 기수가 된다. 따라서 매수와 동시에 재물은 장물이 되므로 장물취득죄만 인정함이 타당하다.

판례는 횡령죄의 기수에 달하는 것과 동시에 횡령행위의 객체는 장물이 된다고 보므로[46] 장물취득설을 따르고 있다.

만약 장물취득죄(7년 이하의 징역)의 성립을 긍정하면 단순횡령죄(5년 이하)의 죄

442면.

41) 이재상, 448면; 임웅, 500면; 오영근, 543면. 독일의 통설, Maurach/Schröder/Maiwald, BT 1, S. 413; Samson, SK. §259 Rdn. 13.

42) 황산덕, 329면; 서일교, 194면; 김종원, 250면; 정성근, 566면; 강구진, 394면; 진계호, 444면.

43) 황산덕, 329면; 서일교, 194면; 정성근, 566면; 김일수/서보학, 513면; 박상기, 431면; 배종대, 584면; 백형구, 239면.

44) 김종원, 250면; 진계호, 444면.

45) 이재상, 448면; 임웅, 501면; 이정원, 491면 이하; 오영근, 543면; 손동권, 486면; 김성돈, 442면. 만약 장물취득죄(7년 이하의 징역)의 성립을 긍정하면 단순횡령죄(5년 이하)의 죄책을 지는 본범과의 죄질의 경중이 불합리하게 되는 문제점이 있다고 한다.

46) 대판, 2004. 12. 9, 2004도5904: 甲이 회사 자금으로 乙에게 주식매각 대금조로 금원을 지급한 경우, 그 금원은 단순히 횡령행위에 제공된 물건이 아니라 횡령행위에 의하여 영득된 장물에 해당한다고 할 것이고, 나아가 설령 甲이 乙에게 금원을 교부한 행위 자체가 횡령행위라고 하더라도 이러한 경우 甲의 업무상횡령죄가 기수에 달하는 것과 동시에 그 금원은 장물이 된다고 한 사례.

책을 지는 본범과의 죄질의 경중이 불합리하게 되는 문제점이 있다고 한다.

다) 위법상태의 유지 장물은 본범에 의해서 이루어진 위법한 재산상태가 계속되는 때에만 인정된다. 추구권설은 피해자가 법률상 추구(반환청구)할 수 있는 재물만이, 유지설은 위법한 재산상태가 유지·존속되는 동안에만 장물이라 한다. 두 견해 모두 본범 또는 제3자가 그 재물에 대하여 하자 없이 소유권을 취득한 때에는 장물성을 상실한다.[47]

그리하여 피해자가 본범의 처분에 동의한 경우, 본범이 상속받은 경우에는 장물성이 상실된다. 본범이 대외관계에서 소유자로서의 처분권을 가지고 처분한 재물도 장물이 아니다. 예컨대 명의신탁 받은 부동산을 임의로 처분한 때에도 그 부동산은 장물이 아니다.[48] 민법상 제3자가 선의취득(민법 제249조)한 재물도 장물성이 상실된다. 다만 도품·유실물인 때에는 도난 또는 유실한 날로부터 2년간은 장물이 된다(민법 제250조 참조). 가공(加工)에 의하여 소유권이 가공자에게 귀속한 때(민법 제259조)에도 장물성은 상실한다. 그러나 다소 가공한 사실이 있다고 할지라도 재물의 동일성이 유지되어 가공자의 소유로 귀속되지 아니한 때에는 장물성은 상실되지 않는다. 예컨대 시가 20만원의 금반지를 가공료 1만원에 그 형태를 변형한 경우가 이에 해당한다.[49] 부합(附合, 민법 제256조 이하)·혼화(混和, 민법 제258조)에 의하여 소유권이 상실된 경우, 시효취득으로 제3자가 소유권을 취득한 경우도 장물성을 상실한다. 그리고 장물의 추구·회복이 곤란한 때에도 그 행위가 본범의 의사에 반하면(본범과 합의가 없는 때) 장물죄는 성립하지 않는다. 따라서 본범으로부터 장물을 절취·편취·갈취하는 때에는 절도죄, 사기죄, 공갈죄 등 재산죄가 성립할 뿐이다.

(a) 민법상 취소할 수 있는 경우 본범이 재물을 사기·공갈로 취득하여 피해자가 민법상 취소할 수 있는 경우(민법 제110조의 착오·사기·강박에 의하여 취득한 재물)에도 장물이 된다. 그 이유에 대해서 취소전이라도 장래의 추구권을 미리 보전할 필요가 있다거나[50] 취소할 수 있는 재물의 점유도 위법한 재산상태가

---

47) 유지설을 관철하면 소유권을 상실하는가 않는가는 민법적 판단이고 형법적 판단에서는 소유권의 상실 여부와 관계 없이 재산범죄로 인하여 취득한 재물에 대해서 위법한 재산상태를 유지시키는 것이면 장물이라고 한다. 심재우, 앞의 논문, 49면 이하.

48) 대판, 1958. 7. 11, 4291형상215; 이형국, 453면.

49) 대판, 1958. 7. 11, 4291형상215.

50) 정영석, 379면 이하; 서일교, 195면; 김종원, 250면; 강구진, 395면; 정영일, 428면.

유지되고 있기 때문이라[51] 한다.

취소전의 행위가 민법상으로 적법이라고 하여도 사기·공갈 등 범죄수단을 사용한 때에는 위법한 재산상태가 되므로 장물성도 인정된다고 해야 한다. 그러나 피해자가 취소기간을 경과하여 취소할 수 없게 되었거나 소유권을 포기한 때에는 장물성이 상실된다.

(b) 불법원인급여물 불법원인급여물(민법 제746조)의 장물성 인정에 대해서 추구권설과 유지설은 결론을 달리한다. 추구권설에서는 피해자의 반환청구권이 인정되지 아니한다는 이유로 장물성을 부정하는 견해가 많으나,[52] 불법원인급여물에 대한 사기죄·공갈죄·강도죄(학설에 따라 횡령죄)의 성립을 인정하면서 장물성을 부정하는 것은 불합리하다는 이유로 장물성을 긍정하는 견해도 있다.[53] 유지설에서는 불법원인급여물을 취득·양도·운반하는 행위도 위법한 재산상태를 유지·존속시키는 것이므로 반환청구권 유무와 관계없이 장물성을 인정한다. 불법원인급여물에 대해서 사기죄·공갈죄·강도죄(횡령죄)를 인정한다면 이를 영득한 재물의 장물성도 당연히 인정해야 한다.[54] 이러한 취지는 금제품에 대해서도 그대로 타당하다.

라) 재물의 동일성 장물은 재산범죄에 의해서 영득한 재물 그 자체이거나 그것과 동일성이 인정되어야 한다. 재물의 원형만 변형된 경우에는 장물성에 변함이 없으나 복사물, 대가물, 환전통화, 수표와 교환된 현금 등 대체장물(Ersatzhehlerei)에 대해서는 장물성 여부가 문제된다.

(a) 원형의 변경 어느 정도의 원형을 변경하여도 재물의 동일성을 잃지 않은 경우에는 여전히 장물이 된다. 예컨대 귀금속의 원형을 변경하여 금괴로 만든 때, 도벌한 목재를 제재·반출한 때, 아말감(Amalgam)에 화력을 가하여 금·은괴를 만든 때, 자동차 부속품을 빼내어 다른 자동차에 끼운 때에도 장물성을 잃지 않는다. 그러나 장물을 저당잡힌 전당표는 장물 그 자체가 아니며, 장물과 동일성도 없으므로 장물이 될 수 없다.[55]

---

51) 정성근, 567면; 이재상, 447면; 김일수/서보학, 513면; 진계호, 445면; 배종대, 583면 이하; 임웅, 504면.

52) 황산덕, 330면; 김종원, 251면; 강구진, 395면.

53) 정영석, 379면.

54) 특히 밀수품이나 도박에서 취득한 재물을 기망수단으로 편취한 경우에 사기죄의 성립을 인정하면서 장물성을 부정하는 것은 불합리하다.

55) 대판, 1973. 3. 13, 73도58.

(b) 복사물의 장물성 절취한 기업비밀문서 · 입시문제 · 영화필름 · 녹음테이프를 복사한 복사물 · 복사문서는 장물이 아니다. 산업스파이행위는 개정형법이 신설한 전자기록 등 특수매체기록을 기술적 수단을 이용하여 그 내용을 알아낸 경우에 한하여 비밀침해죄(제316조 2항)에 해당할 수 있다.

(c) 대가장물 장물의 대가로서 얻은 재물에 대해서는 공범설은 장물성을 인정할 수 있다. 그러나 추구권설에 의하면 반환청구권이 없으므로 장물이 될 수 없고, 유지설에 의하면 위법상태의 유지 · 존속은 본범에 의해서 영득된 재물에 한정하므로 대가장물의 장물성을 부인한다.[56] 장물은 본범이 영득한 재물 그 자체와 동일성이 있어야 하므로 대가장물은 장물이 아니라고 해야 한다.

그러므로 장물의 매각대금,[57] 장물인 금전으로 매입한 물건(예컨대 라디오 · 시계)은 재산범죄에 의해서 취득한 재물 그 자체가 아니므로 장물이 아니다. 다만 대가물이라도 별개의 재산범죄로 취득한 때에는 장물이 될 수 있다. 예컨대 절취한 재물을 처분한 대가로 받은 돈은 절도죄에 의하여 영득된 장물은 아니지만 그 처분행위가 사기죄를 구성하는 때에는 사기죄에 의하여 취득한 장물이 된다.

(d) 환전통화 장물인 통화를 다른 통화와 환전한 경우(예컨대 절취한 달러를 한국돈으로 환전, 1만원권을 천원권으로 교환)에 장물성을 인정할 수 있느냐가 문제된다. ① 긍정설[58]은 통화를 환전하여도 그것은 통화의 변경이라 할 수 없으므로 동일성이 유지되며, 통화는 그 액면가액에 중요성이 있고 대체성이 인정된다는 이유로 장물성을 인정한다. ② 부정설[59]은 유지설에 의하지 않는 한 장물의 범위를 확대한다는 이유로 장물성을 부정한다.

금전을 영득하는 것은 물체 그 자체보다 가치취득의 성질이 강하고, 행위자가 취득한 가치총액은 그 금전을 환금한 때에도 동일성을 유지할 수 있으므로 장물성을 인정하는 것이 타당하다. 자기앞수표를 현금과 교환하거나[60] 절취한 돈을 은행에 예금하였다가 찾는 경우에도 장물성을 인정해야 한다.

56) 다만 위법상태유지설에서 장물성을 인정하는 견해는 심재우, 앞의 논문, 49면.
57) 대판, 1972. 2. 22, 71도2296; 대판, 1972. 6. 13, 72도971.
58) 유기천(상), 353면; 서일교, 196면; 정영석, 379면; 황산덕, 335면; 이건호, 369면; 정창운, 189면; 이회창, 주석(하), 530면; 정성근, 570면; 강구진, 396면; 이재상, 449면 이하; 진계호, 446면; 손동권, 487면; 김성천/김형준, 640면; 정영일, 429면; 김성돈, 440면.
59) 남흥우, 226면; 김종원, 251면; 이형국, 454면; 김일수/서보학, 515면; 배종대, 581면; 박상기, 426면; 백형구, 240면; 임웅, 502면; 이정원, 490면; 오영근, 544면.
60) 대판, 1993. 11. 23, 93도213.

판례도 현금과 자기앞수표를 예금하였다가 현금으로 인출한 경우에 장물성을 인정한다. 그러나 컴퓨터등사용사기죄의 범행으로 예금채권을 취득한 다음 자기의 현금카드를 사용하여 현금자동지급기에서 현금을 인출한 경우, 그 인출된 현금은 장물이 될 수 없다고 한다.

【판례】 ① 장물인 현금을 금융기관에 예금의 형태로 보관하였다가 이를 반환받기 위하여 인출한 경우에 예금계약의 성질상 인출된 현금은 당초의 현금과 물리적으로 동일성은 상실되었지만 액수에 의하여 표시되는 금전적 가치에는 아무런 변동이 없으므로 장물로서의 성질은 그대로 유지된다고 봄이 상당하고, 자기앞수표도 그 액면금을 즉시 지급받을 수 있는 등 현금에 대신하는 기능을 가지고 거래상 현금과 동일하게 취급되고 있는 점에서 금전의 경우와 동일하게 보아야 한다(대판, 2000. 3. 10, 98도2579).

② 컴퓨터등사용사기죄의 범행으로 예금채권을 취득한 다음 자기의 현금카드를 사용하여 현금자동지급기에서 현금을 인출한 경우, 현금카드 사용권한 있는 자의 정당한 사용에 의한 것으로서 현금자동지급기 관리자의 의사에 반하거나 기망행위 및 그에 따른 처분행위도 없었으므로, 별도로 절도죄나 사기죄의 구성요건에 해당하지 않는다 할 것이고, 그 결과 그 인출된 현금은 재산범죄에 의하여 취득한 재물이 아니므로 장물이 될 수 없다(대판, 2004. 4. 16, 2004도353).

(e) 수표와 교환된 현금 절취·편취한 수표를 은행에 제시하여 현금지급을 받은 경우에 장물이 되느냐에 대해서도 긍정설과[61] 부정설이[62] 대립한다. 편취한 수표를 다시 환금하는 행위는 단순한 사후처분이 아니라 새로운 사기행위로 보아야 하므로 새로운 기망행위(현금교환)에 의하여 편취한 재물로서 장물이 된다고 해석해야 한다. 판례도 같은 태도이다.[63] 절취한 예금통장을 이용하여 현금을 인출한 때에도 새로운 사기죄에 의한 장물이 된다.

(3) 행 위

행위는 장물을 취득·양도·운반·보관하거나 이러한 행위를 알선하는 것이다.

---

61) 유기천(상), 314면; 서일교, 196면; 정영석, 360면; 황산덕, 330면; 정영일, 429면, 김성돈, 440면.

62) 남흥우, 226면; 김종원, 251면; 이회창, 주석(하), 530면; 진계호, 447면; 김일수/서보학, 515면 이하; 박상기, 427면; 배종대, 581면; 오영근, 544면.

63) 대판, 1999. 9. 17, 98도2269.

1) 취 득

(a) 취득의 의의 "취득"이란 점유이전에 의하여 재물에 대한 사실상의 처분권을 얻는 것(영득)을 말한다. 취득이 있다고 하기 위해서는 점유이전과 사실상의 처분권을 획득해야 한다.

(aa) 점유이전 취득은 점유이전을 필요로 한다. 약속이나 계약의 성립만으로 취득이 있다고 할 수 없다. 현실적으로 장물의 인도가 있어야 한다. 대금지급의 유무는 상관없다. 현실적 인도는 장물 자체의 직접 인도뿐만 아니라 장물을 임의처분할 수 있는 간접적 점유취득도 인도가 된다. 따라서 열쇠가 잠겨진 금고의 열쇠를 취득하거나 위탁물의 상환증을 인도받아도 취득이 된다.

(bb) 사실상의 처분권 취득은 점유이전 외에 사실상의 처분권을 획득해야 한다. 사실상의 처분권을 획득한다는 점에서 운반·보관과 구별된다. 매도담보·소비대차·증여로 취득한 때에도 취득이 된다. 그러나 보관·손괴·임대차·사용대차로 인도받거나 본범을 위하여 일시 사용목적으로 장물을 건네 받은[64] 때에는 취득이라 할 수 없다.

(b) 취득방법 취득은 유상·무상을 묻지 않는다. 유상취득의 예로는 매수·교환·채무변제·대물변제·이자부 소비대차·매도담보의 명의를 취득하는 것이 있고, 무상취득은 증여를 받거나 무이자 소비대차로 교부받은 경우가 그 예이다. 장물인 음식물을 같이 먹는 것은 독자적인 처분권을 취득한 것이 아니라는 이유로 취득이 아니라는 견해도 있다.[65]

취득은 본범으로부터 직접 취득할 필요가 없다. 제3자를 통해서 전매에 의하여 취득하여도 장물이라는 정을 알면서 취득하면 취득죄가 된다. 지정(知情)은 장물을 수수할 때에 있으면 충분하고, 계약 당시에 알고 있어야 하는 것은 아니다.[66] 그러나 취득 후에 장물이라는 정을 안 때에는 취득죄는 물론, 보관죄도 성립하지 않는다.[67] 취득은 본범이 기수가 된 후가 아니면 성립하지 아니하므로, 예컨대 절도현장에서 탈취하고 있는 재물의 일부를 무상으로 얻었다 하여도 절도죄의 공범이 될 뿐이다.

---

64) 대판, 2003. 5. 13, 2003도1366.

65) 이재상, 450면; 김일수/서보학, 516면; 임웅, 505면; 정영일, 430면; 박상기, 428면; 김성돈, 446면.

66) 대판, 1960. 2. 17, 4292형상496.

67) 대판, 1971. 4. 20, 71도468.

2) 양 도

(a) 양도의 의의 "양도"란 장물인 정을 알지 못하고 취득한 후 그 정을 알면서 제3자에게 수여하는 것을 말한다. 양도는 유상·무상을 묻지 않는다.

(b) 성립시기 양도의 의사표시나 계약성립만으로 부족하고 현실적으로 점유이전이 있어야 하는 것은 취득의 경우와 같다. 이 경우 양도의 상대방(讓受人)이 장물인 정을 알고 있었는가는 문제되지 않는다.

(c) 취득자의 양도 장물인 정을 알고 취득한 자가 이를 제3자에게 양도한 경우에 취득죄 외에 다시 양도죄도 성립한다는 견해도 있다. 그러나 취득죄가 성립하면 양도행위는 불가벌적 사후행위가 되므로 장물취득죄만이 성립한다(통설). 판례도 같은 태도이다.[68] 그러므로 양도죄는 장물인 정을 알지 못하고 취득하였다가 그 후 정을 알고 제3자에게 양도하는 경우에만 성립한다.[69]

3) 운 반

(a) 운반의 의의 "운반"이란 장물의 소재를 장소적으로 이전하는 것을 말한다. 장소적 이전은 반드시 먼거리일 필요가 없으나 장물에 대한 피해자의 추구·회복 또는 본범의 위법상태를 유지·존속하는 데 영향을 미칠 정도의 것임을 요한다. 유상·무상을 묻지 않으며, 반드시 본범의 위탁을 받아 운반할 필요가 없다.[70] 운반은 적어도 본범 또는 장물취득자의 양해 또는 추정적 승낙에 의한 것임을 요한다. 본범 또는 장물취득자의 의사에 반하여 또는 그 몰래 운반한 경우에는 절도죄 등 다른 범죄가 성립한다.

(b) 성립시기 운반을 약속하거나 운반을 위한 인수계약만으로 부족하고, 사실상 운반행위가 있는 때에 운반죄가 성립한다. 의뢰받고 운반할 경우에는 본범으로부터 직접 의뢰받았을 필요가 없다. 장물의 정을 알지 못한 자가 운반 도중에 그 정을 알고 계속하면 계속 이후의 운반행위만이 운반죄를 구성한다. 운반죄는 운반의 목적을 달성했을 때 기수가 된다는 견해도 있다.[71] 그러나 운반죄는 계속범의 성질을 가지고 있으므로 운반이 계속되는 동안 법익침해도 계속

68) 대판, 1993. 11. 23, 93도213.

69) 양도죄는 애당초 장물인 정을 알고 있어도 상관없다는 견해는 임웅, 505면.

70) 강구진, 398면 이하는 장물죄의 사후종범적 성질에 비추어 본범으로부터 위탁받은 운반만 운반죄가 성립한다고 한다. 그러나 장물죄의 사후종범적 성격을 인정하더라도 운반행위 자체는 법률행위가 아니므로 반드시 위탁관계를 전제로 할 필요가 없다고 본다.

71) 배종대, 587면.

되므로 중도에서 불심검문으로 목적지까지 가지 못해도 운반죄의 기수가 된다고 해야 한다.

(c) 운반방법 운반의 방법은 제한이 없다. 장물을 스스로 소지하거나 적재한 트럭에 동승할 필요가 없다. 정을 모르는 타인으로 하여금 운반하게 하면 이 죄의 간접정범이 된다. 절취한 자동차임을 알면서 운전해 준 때에도 장물운반죄가 성립한다.[72] 그러나 절취한 자동차의 뒷좌석에 편승하는데 그쳤거나[73] 피해자에게 반환하기 위하여 피해자의 집에 운반하는 경우에는 운반죄가 되지 않는다. 본범의 이익을 위해서 피해자의 집으로 운반하는 때(장물반환 조건의 금품수수)에도 같다.

(d) 불가벌적 사후행위 장물취득자가 이를 다른 장소로 운반하는 것은 불가벌적 사후행위가 되어 운반죄를 구성하지 않는다. 본범 스스로가 장물을 운반하는 때에도 같다. 그러나 제3자가 본범과 공동하여 장물을 운반하면 제3자는 운반죄를 구성한다. 또 재산범죄의 공동정범·합동범이 그 장물을 운반하는 때도 불가벌적 사후행위가 된다.[74]

4) 보 관

(a) 보관의 의의 "보관"이란 위탁을 받아 타인을 위하여 재물을 자기의 점유하에 두는 것을 말한다. 유상·무상을 묻지 않는다. 질물(質物) 또는 임금의 담보로 받았거나, 임대차·사용대차·임치를 위해서 받은 때에도 보관이 된다. 보관의 위탁자는 반드시 본범일 필요가 없다.

(b) 성립시기 보관을 인수하는 계약 성립만으로 부족하고 현실적으로 수취하여야 한다. 장물인 정을 모르고 보관하였다가 후에 그 정을 알고 보관을 계속하면 그 때부터 보관죄가 된다.[75] 그러나 중도에서 반환이 불가능하거나 질권 등 선의취득의 효력으로 점유할 권한을 가진 때에는 보관죄는 성립하지 않는다.[76] 장물보관자가 취득한 때에는 장물취득죄만 성립한다. 장물보관자가 횡령한 때에는 횡령행위는 불가벌적 사후행위가 되므로 장물보관죄만 성립한다.[77] 타인의 증거를 인멸하기 위해 장물을 은닉한 때에는 장물보관죄와 증거

72) 대판, 1999. 3. 26, 98도3030.
73) 대판, 1983. 9. 13, 83도1146.
74) 대판, 1986. 9. 9, 86도1273.
75) 대판, 1987. 10. 13, 87도1633.
76) 대판, 1986. 1. 21, 85도2472.

인멸죄의 상상적 경합이 된다.

5) 알 선

(a) 알선의 의의 "알선"이란 장물의 취득·양도·운반·보관의 행위를 매개·주선하는 것을 말한다. 매개·주선의 대상은 매매·교환·질입 등 법률상의 처분은 물론, 운반·보관 등 사실상의 처분도 포함한다. 어느 경우이건 본범 또는 장물취득자와 합의가 있거나 그의 추정적 승낙이 있어야 한다. 알선행위의 유상·무상을 묻지 않으므로 이익을 수반할 필요가 없다.

(b) 알선방법 알선은 직접 또는 타인을 개입시켜 간접적으로 해도 상관없다. 그러므로 직접 매수인에 대하여 교섭하지 않고 제3자에게 위촉하여 교섭시켜도 알선이 된다. 매매 등 법률행위를 알선하는 경우에는 알선자 자신의 명의로 하든 본인 명의나 그 대리인 명의로 하든 상관없다.

(c) 성립시기 알선에 있어서는 장물을 현실적으로 인도할 필요가 없다. 알선에 있어서는 행위자의 주선으로 계약은 성립하지만 장물의 인도 여부는 알선자와 관계없이 계약당사자에게 일임되어 있기 때문이다. 알선한 사실만 있으면 매매계약(처분행위의 완결)이 성립하지 아니한 때에도 알선죄가 성립하느냐에 대해서, ① 알선행위만 있으면 기수가 된다는 알선행위설,[78] ② 알선만으로 부족하고 매매계약이 성립하여야 기수가 된다는 계약성립설,[79] ③ 알선의 결과 점유이전이 있어야 한다는 점유이전설[80]이 대립한다.

① 알선죄는 거동범이나 위험범이 아니므로 계약성립이나 처분행위의 완결도 없는 단계에서 알선만으로 회복·추구를 곤란하게 하는 행위라고 보기 어렵고, ② 취득죄·양도죄가 인도·수수를 요구하는 것과 균형상 적어도 알선에 의한 계약성립이 필요하다고 해야 하며, ③ 점유이전까지 가지 않아도 계약성립(알선완료)만 있어도 위법상태를 유지시키거나 피해자의 추구권행사를 곤란하게 하는 것이며, ④ 알선의 개념은 어디까지나 매개·주선하는 것을 의미하므로 점유이전을 요건으로 하지 않는다고 해야 한다. 따라서 알선의 결과인 계약성립이

---

77) 대판, 1976. 11. 26, 76도3067.

78) 황산덕, 332면; 남흥우, 227면; 서일교, 191면; 김종원, 254면; 김일수/서보학, 521면; 박상기, 430면; 김성천/김형준, 646면; 정영일, 431면.

79) 정영석, 383면; 유기천(상), 360면; 정성근, 576면; 이형국, 457면; 임웅, 484면.

80) 이재상, 453면; 배종대, 588면; 진계호, 449면; 백형구, 248면 이하; 이정원, 496면; 오영근, 551면; 손동권, 492면; 김성돈, 449면.

나 알선행위의 완결로서 이 죄는 기수가 된다고 본다.

3. 주관적 구성요건요소

(1) 고 의

장물죄는 고의범이므로 객관적 구성요건요소에 대한 고의가 있어야 하고 다시 장물이라는 정을 인식하고 있어야 한다.

1) 지정의 정도　장물이라는 인식(지정)은 확정적 인식일 필요가 없고, 장물이 아닌가를 의심하는 정도의 미필적 인식으로 충분하다.[81] 지정(知情)은 어떤 재산범죄에 의해서 취득한 재물이라는 인식으로 족하고, 본범의 종류,[82] 본범의 범행일시, 피해품목 등 상세히 알 필요가 없다. 장물소지자의 신분, 재물의 성질, 거래가격 기타 사정을 참작하여 지정을 인정할 수 있다. 본범의 행위가 친족상도례에 해당한다는 인식을 하고 있어도 이 죄는 성립한다. 판례는 인적 사항을 확인하고 적정가격으로 귀금속을 매입한 때에는 장물인 정을 알았다고 볼 수 없다고 하였다.[83]

2) 지정의 시기　원칙적으로 실행행위시에 지정이 있어야 하지만 개별적으로 행위의 성질에 따라 판단해야 한다. 계속범적 성질을 가진 운반죄 · 보관죄에 있어서는 행위시에 지정이 없어도 행위개시 이후에 지정이 생기면 그때부터 고의는 성립한다. 알선죄에 있어서는 주선행위시에 지정이 있어야 하고, 주선으로 장물수수시에 비로소 지정이 생긴 때에는 알선죄가 되지 않는다. 취득죄에 있어서는 취득시에 지정이 있어야 한다. 따라서 매수에 의한 인도나 증여받은 뒤에 지정이 생긴 때에는 취득죄가 되지 않는다.[84] 다만 취득 후에 정을 알고 이를 타인에게 양도하면 양도죄가 되며, 매매계약시에는 그 정을 몰랐으나 그 후 인도받을 때에 정을 알고 취득하면 그 때부터 취득죄가 된다.[85]

---

81) 대판, 1961. 10. 26, 4294형상342; 대판, 1959. 9. 11, 4292형상126; 대판, 2004. 12. 9, 2004도5904.
82) 대판, 1969. 1. 21, 68도1474.
83) 대판, 1984. 2. 14, 83도3014.
84) 대판, 1971. 4. 20, 71도468.
85) 대판, 1960. 2. 17, 4292형상496.

(2) 불법이득의사의 문제

고의 외에 불법영득의 의사가 필요하다는 필요설에서도 장물죄에 대해서는 이를 부정하는 것이 일반적이다. 이에 대해서 이 죄도 영득죄이므로 당연히 필요하다는 견해도[86] 있으나 그 내용에 대해서는 견해가 일치하지 않는다. 그러나 추구권행사의 곤란화 내지 위법상태의 유지라는 본질에 비추어 필요설은 의문이 아닐 수 없다.

4. 타죄와의 관계

(1) 본범과의 관계

장물죄는 타인이 불법하게 영득한 재물에 대해서만 성립하므로 자기의 범죄에 의하여 영득한 재물에 대해서는 다시 장물죄를 구성하지 않는다(불가벌적 사후행위). 본범의 공동정범 상호간에 장물을 운반·보관·알선·매수하여도 본범 외에 장물죄는 성립하지 않는다. 그러나 본범의 교사자·방조자는 교사죄·방조죄 외에 장물죄가 성립한다. 이 경우 본범의 교사범(방조범)과 장물취득죄는 경합범이 된다.[87]

(2) 본범 이외의 재산죄와의 관계

① 장물인 정을 알면서 이를 절취·강취한 경우에 절도죄·강도죄만 성립하고 본범과 의사합의가 없는 장물취득죄는 성립하지 않는다. ② 정을 알면서 장물을 편취·갈취하거나 장물인 점유이탈물을 취득하여도 사기죄·공갈죄·점유이탈물횡령죄만 성립한다. ③ 장물보관자가 그 장물을 횡령한 때에는 새로운 법익침해가 없으므로 장물죄만 성립한다.[88] 장물을 알선하여 정을 모르는 매수인으로부터 대금을 수취한 때에는 알선죄만 성립한다(代金詐欺는 알선행위의 당연한 결과이다)는 견해도[89] 있으나 알선죄와 사기죄의 경합범설이 타당하다고 본다.

---

86) 김일수, 434면; 김일수/서보학, 523면은 장물취득죄는 불법영득의 의사가 있어야 하고, 양도·운반·보관·알선죄는 이득의사가 필요하다고 하는데 대하여, 배종대, 589면; 진계호, 450면; 이정원, 497면은 자기 또는 제3자를 재산상 이롭게 하는 이득의 의사가 필요하다고 하고 있다.

87) 정영석, 384면; 황산덕, 332면 이하; 이회창, 주석(하), 542면; 정성근, 578면; 강구진, 402면; 이재상, 455면; 김일수/서보학, 524면; 진계호, 451면; 임웅, 509면; 박상기, 431면; 김성돈, 450면. 대판, 1969. 6. 24, 69도692.

88) 대판, 1976. 11. 26, 76도3076.

89) 정영석, 384면.

5. 친족간의 특례

(1) 장물범과 본범의 피해자

장물죄를 범한 자와 본범의 피해자 사이에 직계혈족·배우자·동거친족·동거가족 또는 그 배우자인 신분관계가 있는 때에는 그 형을 면제하고, 그 이외의 친족인 신분관계가 있을 때에는 고소가 있어야 공소를 제기할 수 있다(제365조 1항, 제328조 1항·2항).

(2) 장물범과 본범

장물죄를 범한 자와 본범 사이에 직계혈족·배우자·동거친족·동거가족 또는 그 배우자인 신분관계가 있는 때에는 그 형을 감경 또는 면제한다(제365조 2항, 제328조 1항). 단 신분관계가 없는 공범에 대해서는 예외로 한다(제365조 2항 단서).

Ⅱ. 상습장물취득·양도·운반·보관·알선죄

> **【구성요건·법정형】** ① 상습으로 전조(장물취득·양도·운반·보관·알선)의 죄를 범한 자는 1년 이상 10년 이하의 징역에 처한다.
> ② 제1항의 경우에 10년 이하의 자격정지 또는 1천500만원 이하의 벌금을 병과할 수 있다(제363조).
> **【특별형법】** 형법 제363조(상습장물취득 등)의 죄를 범한 자는 무기 또는 3년 이상의 징역에 처한다(특가법 제5조의4 4항).

이 죄는 장물죄의 본범조장적 성격을 고려하여 상습적으로 범하는 자에게 형을 가중한 것이며 현행법에서 규정한 것이다. 상습성에 대해서는 상습절도죄의 그것과 같다. 장물알선의 전과 없이 단 2번의 장물알선 사실만으로 장물알선의 상습범이 될 수 없다.[90] 대법원은 상습범을 포괄일죄로 취급하므로 장물취득죄도 상습장물알선죄와 포괄일죄가 된다.[91] 이 죄도 친족상도례가 적용된다.

---

90) 대판, 1972. 8. 31, 72도147.
91) 대판, 1975. 1. 14, 73도1848.

Ⅲ. 업무상 과실·중과실 장물죄

【구성요건·법정형】 업무상 과실 또는 중대한 과실로 인하여 제362조(장물취득·알선 등)의 죄를 범한 자는 1년 이하의 금고 또는 500만원 이하의 벌금에 처한다(제364조).

1. 의의·성격

업무상 과실 또는 중과실에 의하여 장물을 취득·양도·운반·보관 또는 알선함으로써 성립하는 범죄이다. 형법은 업무상 과실 또는 중과실에 의하여 제326조의 죄를 범한 자라고 규정하여 양도의 경우까지 포함하고 있다. 그러나 양도는 정을 모르고 취득한 후에 그 정을 알면서 처분하는 것이므로 업무상 과실에 의한 장물양도죄는 사실상 생각할 수 없다. 재산죄 중 유일한 과실범 처벌규정이다. 업무자만이 과실장물죄의 불법을 행할 수 있으므로 진정신분범이 된다.

이 죄의 입법취지에 관해서는 과실범 자체의 처벌보다 오히려 고의범으로서의 지정의 입증이 곤란한 경우에 과실범으로 처벌하기 위한 정책적 고려(단속의 효과)에 있다는 견해[92]가 있다. 그러나 이 규정은 업무상 과실과 중과실만 처벌하고 있음에 비추어 전당포나 고물상과 같이 중고품 취급업무에 종사하는 자는 장물을 취급하기 쉽다는 점을 고려하여 그 업무처리상의 주의의무를 요구하고 일반인의 중과실과 같이 취급한 것이라 본다.[93] 업무상 과실로 장물을 보관하고 있다가 처분한 행위는 업무상 과실장물보관죄의 불법평가에 포함되고 별도로 횡령죄는 구성하지 않는다.[94] 이 죄도 친족간의 특례(제365조)가 적용된다.

2. 주의의무 내용

판례에 나타난 업무상 주의의무의 내용은 다음과 같다. ① 고물상의 점원이 고물매입을 할 때에는 매도인의 신분·직업·연령·거동·원매가격·물품내용·고물출처·현시가 등에 관하여 신중한 주의를 다하여야 하고, 매도인이 지

92) 김종원, 256면 이하; 강구진, 404면; 오영근, 555면.
93) 정영석, 404면; 이재상, 458면; 배종대, 592면; 박상기, 432면; 손동권, 496면; 김성돈, 452면.
94) 대판, 2004. 4. 9, 2003도8219.

시하는 가주소·가성명을 기재하는 것은 업무상 주의의무에 위반한 것으로 본다.[95] ② 카메라상이 그 물건의 출처와 매도인의 신분을 확인하기 위하여 매도인의 주소·주민등록번호·직업·연령·카메라의 특징·매입가격 등을 기입 확인하여 매입한 후 매수인의 성명·주소·직업·연령·매도가격·매입매도 경로를 세밀하게 기재하고 매도한 것이면 그 이상 확인하여야 할 주의의무는 없다.[96] ③ 군수용 외래품을 구입하는 상인은 구매시에 그 출처 또는 유출경로 등을 밝혀 적법성 여부를 다짐하여 볼 업무상 주의의무가 있다.[97] ④ 전당포는 다이아반지를 전당 잡음에 있어서 상대방으로부터 15년 전 혼인시 시집에서 사 준 것이고 보증서는 분실하였다는 대답을 들었으면 그 이상 전당물의 출처·소지경위에 관한 진부까지 확인하여야 할 업무상의 주의의무는 없다.[98] ⑤ 우표상이 우표매입시 매도인의 신상을 파악하기 위하여 주민등록증의 제시를 요구하여 성명, 주소, 주민등록번호를 확인 기재하고 매입가격도 평소 일반인으로부터 매입하던 가격으로 매입하였다면 업무상 요구되는 주의의무를 게을리하였다고 할 수 없다.[99] ⑥ 영업 중 택시운전자가 승객의 소지품에 대하여 장물 여부를 따져보아야 할 업무상의 주의의무는 없다.[100]

일반인에게 중과실이 있느냐의 여부는 구체적인 경우에 사회통념에 따라 결정해야 한다.[101] 중과실은 인식있는 과실, 인식없는 과실을 묻지 않는다. 업무종사자의 중과실은 업무상 과실에 포함된다.

95) 대판, 1960. 9. 14, 4293형상316.
96) 대판, 1970. 8. 31, 70도1489; 대판, 1984. 2. 14, 83도2982.
97) 대판, 1961. 5. 10, 4294형상7.
98) 대판, 1978. 9. 26, 78도1902; 대판, 1984. 9. 25, 84도1488; 대판, 1985. 2. 26, 83도1215.
99) 대판, 1986. 6. 24, 86도396; 대판, 1986. 8. 19, 84도704; 대판, 1986. 8. 19, 86도1174.
100) 대판, 1983. 6. 28, 83도1132.
101) 대판, 1980. 10. 14, 79도305.

제 9 장 손괴의 죄

제 1 절 손괴의 죄 일반론

1. 의 의

손괴(Sachbeschädigung)의 죄는 타인의 재물, 문서 또는 전자기록 등 특수매체기록을 손괴 또는 은닉, 기타의 방법으로 그 효용을 해하는 범죄가 전형이지만 이 외에 공익건조물을 파괴하거나 토지의 경계표를 손괴 · 제거 또는 경계를 인식불가능하게 하는 것도 포함하고 있다. 행위의 성질상 재물(또는 문서 · 특수매체기록)을 대상으로 하는 순수한 재물죄이며, 재산상의 이익은 포함하지 않는다. 그리고 이 죄는 재물을 취득(영득)하는 것이 아니라 재물 그 자체를 훼멸 내지 효용가치를 해하는 데에 특색이 있다. 따라서 같은 재산죄이지만 영득죄와 구별되며, 상해죄와 친근성을 갖는다.

재물에 대한 손괴행위는 다른 범죄를 실행하는 수단으로 사용되는 경우가 있다. 이 경우의 손괴는 그 범죄의 구성요건적 행위태양이므로 이 죄를 구성하지 않는다. 즉, ① 재물에 대한 손괴행위가 일정한 목적을 위해서 행해진 경우(제96조, 제106조, 제109조, 제327조), ② 특수한 객체에 대해서 행해진 경우(제141조, 제161조, 제187조), ③ 일정한 구성요건을 실현하기 위한 불법가중적 행위수단이 된 경우(제331조 제1항, 제195조, 제146조), ④ 결과에 대해서 특수한 위험성이 있는 경우(제185조, 제186조)에는 각각 그 죄를 구성한다.

【입법례】 로마법과 중세 독일법은 공공물의 손괴행위만 처벌하였고, 사유물에 대한 손괴행위는 1794년 프로이센 일반란트법이 처음으로 처벌하였다. 1871년 독일제국 형법은 재물손괴죄를 재산범죄와 분리하여 공공위험죄의 일종으로 취급하였는데 현행 독일 형법도 이러한 전통을 그대로 계수하고 있다.
한편 1810년의 프랑스 형법은 재물손괴죄의 기본적 구성요건을 규정하지 않고 건조물 등 파괴로서의 방화가 포함되는 재화손괴 · 파괴 · 훼기를 처벌하는 태도를 취하고 있었으나 1995년 신형법은 재물손괴죄를 독립구성요건으로 규정한 외에 과실폭발 · 화재에 의한 손괴 · 파괴와 경미한 손괴 · 훼손을 처벌하는 규정을 두고 있다.

2. 보호법익

모든 손괴의 죄에 공통되는 보호법익은 재물의 효용 내지 이용가치이다. 재물의 효용과 이용가치도 소유권의 내용이 되므로 넓게 소유권을 침해하는 범죄라 할 수 있다. 그러나 이 죄는 소유권 자체를 직접 보호하는 것이 아니라는 점에서 다른 재산죄와 구별되는 특색이 있다. 다만 손괴의 죄는 재물손괴죄, 공익건조물파괴죄, 경계침범죄의 세 가지 독립범죄가 구별되어 각각 행위객체를 달리하고 있으므로 그 개별범죄의 구체적인 보호법익도 차이가 있다.

(1) 재물손괴죄의 보호법익

재물손괴죄는 타인의 소유권을 침해하는 범죄이지만 소유권 자체를 취득하는 영득죄가 아니라 소유권의 이용가치를 해하는 범죄이다. 즉, 점유침해에 의한 재물영득이 없다는 점에서 영득죄와 구별된다. 따라서 이 죄의 보호법익은 "소유권의 이용가치"이다. 순수한 용익물권 기타 점유침해는 손괴죄를 구성하지 않는다는 견해도[1] 있다. 이에 대한 침해는 권리행사방해죄에 의해서 보호된다는 것이 그 이유이다. 그러나 권리행사방해죄는 자기 소유인 경우에 한하고 타인 소유물에 대한 용익물권 · 점유까지(타인이 임대하여 사용하는 물건을 취거하여 그 소유자에게 반환한 경우) 보호할 수 없다. 이 경우에는 손괴죄를 인정할 수 있다고 본다. 중손괴죄(제368조)는 소유권의 이용가치 외에 생명 · 신체도 보호법익이 된다.

(2) 공익건조물파괴죄의 보호법익

공익건조물파괴죄는 자기의 소유물에 대해서도 성립하므로 소유권 침해범죄라 할 수 없다. 공익에 제공되어 있는 건조물의 이용가치를 침해하는 데에 중점을 두고 있는 범죄라 할 수 있다. 따라서 이 죄의 보호법익은 "공익건조물의 효용에 대한 공공의 이용가치"라 해야 한다.

(3) 경계침범죄의 보호법익

경계침범죄의 보호법익에 대해서는 부동산 소유권의 이용가치라는 소수설[2]

---

1) 이재상, 460면.

과 "토지경계의 명확성"이라는 통설이 대립한다. 소수설은 우리 형법이 부동산 절도를 인정하지 않고, 부동산을 직접 보호하는 규정이 없기 때문에 이 죄에 의해서 부동산 소유권을 보호해야 한다는 것이 그 이유이다. 그러나 형법이 부동산 절도를 인정하지 않는다는 근거는 어디에도 없으므로 자의적 해석일 뿐이고, 경계침범죄는 영득죄가 아니므로 부동산 절도와 경계침범을 동일시 할 수 없다. 그리고 토지의 경계를 인식 불가능케 한 때에도 토지 자체의 이용가치에는 영향이 없으므로 통설이 타당하다고 해야 한다.

(4) 보호정도

손괴의 죄 모두의 보호받는 정도에 대해서 추상적 위험범으로서의 보호라는 견해[3)]도 있다. 그러나 이 죄 모두는 결과범 형식으로 규정하고 있으므로 침해범이라 해야 한다(통설). 다만 중손괴죄의 제1항(생명 · 신체의 위험발생)은 구체적 위험범이고, 제2항(사상의 결과발생)은 침해범이다.

3. 구성요건체계

손괴의 죄는 세 가지 독립 구성요건으로 구별하여 규정하고 가중유형을 두고 있다. 재물(문서)손괴죄(제366조)와 공익건조물파괴죄(제367조)를 각각 독립된 기본적 구성요건으로 하고, 두 죄의 결과적 가중범으로서 손괴치사상죄(제368조 2항)와, 두 죄에 대한 가중적 구성요건으로서 중손괴죄(제368조 1항)와 특수손괴죄(제369조 1 · 2항)를 규정하고 있다. 그리고 제368조(중손괴 · 손괴치사상)의 죄를 제외한 이상의 모든 죄의 미수범을 처벌한다(제371조). 이 외에 경계침범죄(제370조)를 독립구성요건으로 규정하고 있다. 이 장의 죄에도 동력규정은 준용하지만(제372조), 친족상도례규정은 준용하지 않는다. 과실범은 처벌하지 않는다. 다만 도로교통법 제151조는 차의 운전자가 업무상 필요한 주의를 게을리하거나 중대한 과실로 다른 사람의 건조물이나 그 밖의 재물을 손괴한 때에는 2년 이하의 금고나 500만원 이하의 벌금형에 처한다.

---

2) 유기천(상), 367면; 강구진, 421면; 김일수/서보학, 395면(경계명확성과 소유권의 이용가치를 함께 보호한다고 한다).

3) 유기천(상), 368면 · 376면.

제 2 절 손괴의 죄의 범죄유형

Ⅰ. 재물 · 문서 등 손괴죄

【구성요건 · 법정형】 타인의 재물, 문서 또는 전자기록 등 특수매체기록을 손괴 또는 은닉 기타 방법으로 그 효용을 해한 자는 3년 이하의 징역 또는 700만원 이하의 벌금에 처한다(제366조). 미수범은 처벌한다(제371조). 동력규정은 준용한다(제372조).

【특별형법】 폭력행위등처벌에관한법률(제2조 내지 제4조)은 상습적으로 또는 2인 이상이 공동하여, 그리고 단체나 다중의 위력으로써 또는 단체나 집단을 가장하여 위력을 보임으로써 이 죄를 범한 자와, 이 법에 규정된 범죄를 목적으로 한 단체 또는 집단을 구성하거나 이에 가입하거나 그 구성원으로 활동한 자는 수괴, 간부, 그 외의자로 구별하여 그 형을 현저하게 가중처벌한다.

1. 의의 · 성격

타인의 재물, 문서 또는 전자기록 등 특수매체기록을 손괴 · 은닉하거나 기타 방법으로 그 효용을 해함으로써 성립하는 범죄이다. 1995년 형법개정에 의하여 전자기록 등 특수매체기록을 이 죄의 객체로 추가하였다. 컴퓨터정보의 경제적 가치와 업무에서 차지하는 기능을 고려하여 재물과 문서로 취급할 수 없는 컴퓨터에 수록된 정보까지도 손괴죄로 처벌할 수 있도록 길을 열어둔 것이다. 침해범, 상태범, 결과범의 성격을 가진 범죄이다.

2. 객관적 구성요건요소

(1) 객 체

객체는 타인의 재물, 문서 또는 전자기록 등 특수매체기록이다.

1) 재 물 "재물"은 유체물뿐만 아니라 물리적으로 관리가능한 동력도 포함한다(제372조). 동산 · 부동산을 불문하므로 건조물이나 공익건조물도 포함한다.[4] 다만 공익건조물을 파괴한 때에는 공익건조물파괴죄(제367조)가 성립한다.

공무소에서 사용하는 공용물(건조물 · 선박 · 기차 · 항공기)에 대해서는 파괴정도에 이르지 않으면 이 죄의 객체가 된다는 견해도 있으나[5] 공용서류 · 물건에 대해서는 제141조에 별도의 규정이 있으므로 공용서류 · 물건무효죄(제141조 1항)가 성립한다고 해야 한다. 이 죄의 재물은 물건의 종류 · 성질 · 경제적 교환가치를 불문한다. 다만 이용가치 내지 효용가치가 전혀 없는 것은 제외된다. 따라서 재물 본래의 효용가치는 상실되었어도 다른 용도에 사용할 수 있는 경우에는 이용가치가 있으므로 이 죄의 객체가 된다.[6] 타인의 동물 · 가축도 재물에 포함된다.

2) 문 서 이 죄의 "문서"는 공용서류 · 물건 등 무효죄(제141조 1항)의 서류 · 문서에 해당하지 않는 모든 문서를 말한다. 사문서는 물론 공문서도 공무소에서 사용하는 공용서류에 해당하지 않으면 이 죄의 객체가 된다. 사문서는 사문서위조죄(제231조)와 달리 반드시 권리 · 의무나 사실증명에 관한 것임을 요하지 않는다. 자기명의의 사문서도 타인소유이면 이 죄의 객체가 된다. 특정인에게 의사를 전달하는 편지는 물론 도화[7] · 유가증권도 포함한다.

3) 특수매체기록 "특수매체기록"이란 전자기록 외에도 레이저光이나 光디스크를 이용한 기록을 말한다. 전자기록은 전자방식에 의한 기록과 자기방식에 의한 기록을 포함하며 특수매체기록의 예시에 불과하다(컴퓨터 업무방해죄 참조).

"특수매체기록"은 전자기록을 포함한 특수매체기록 그 자체, 즉 데이터의 기록이며 그 기록을 담고 있는 매체물이 아니다. 기록을 파기하거나 데이터를 말소시키는 행위 자체를 손괴에 준하여 처벌하는 것이고, 컴퓨터 디스켓이나 레이저 디스크와 같은 기록을 담은 매체물을 손괴하거나 컴퓨터 하드웨어를 파손한 때에는 특수매체기록의 손괴가 아니라 재물손괴에 해당한다. 또 마이크로필름 기록은 문자축소 내지 기계적 확대에 의한 재생에 불과하므로 문서의 일종이며, 영상기록 · 사진은 재물의 일종이므로 이를 손괴하면 문서손괴 또는 재물손괴에 해당한다.

---

4) 김종원, 260면; 정성근, 585면; 강구진, 411면; 이재상, 462면; 김일수/서보학, 397면; 임웅, 515면; 정영일, 438면; 오영근, 560면; 김성돈, 456면.

5) 유기천(상), 368면.

6) 대판, 1979. 7. 24, 78도2138: 포도주 원액이 부패하여 포도주 원료로서의 효용가치는 없으나 식초원료로 사용할 수 있는 경우에는 재물손괴죄의 객체가 될 수 있다.

7) 도화는 문서가 아니라 이 죄의 재물에 해당한다는 견해는 임웅, 516면; 오영근, 561면.

4) 타 인 이 죄의 재물 · 문서 · 특수매체기록은 타인의 소유물이라야 한다. 타인은 국가 · 법인 · 법인격 없는 단체 · 개인을 포함한다. 실재하지 않는 단체나 허무인은 소유권을 향유할 수 없으므로 타인에 해당하지 않는다. 따라서 이러한 자의 명의를 신탁한 실질적 소유자가 없으면 그 재물은 무주물이 되고, 이 죄의 객체가 될 수 없다. 자기의 소유물은 제외되므로 타인의 권리 또는 점유의 목적이 된 자기의 소유물을 손괴하는 때에는 권리행사방해죄(제38장)나 공무상보관물무효죄(제142조)가 성립할 뿐이다. 타인의 소유물이면 반드시 타인이 점유함을 요하지 아니하므로 자기가 점유하는 타인의 재물 · 문서 · 특수매체기록도 객체가 된다. 자기가 소유하는 부동산에 부합된 물건도 타인소유에 속하면 이 죄의 객체가 된다.

자기소유토지에 타인이 권원 없이 경작한 농작물(묘목, 立稻)도 타인 소유물이므로 그 농작물을 파헤친 때에는 이 죄가 성립한다.[8] 적법한 행정관청의 허가를 얻지 아니한 설치물도 타인소유에 속하면 이 죄의 객체가 된다.

타인소유의 문서는 작성명의가 자기이든 타인이든 상관없이 타인의 문서가 된다.[9] 따라서 타인에게 교부한 자기명의의 영수증 · 약속어음 · 문서를 찢거나[10] 문서의 내용을 고치면 이 죄가 성립한다. 공유의 재물 · 문서는 공유자 상호간에 타인의 재물 · 문서로 취급한다.

【문서손괴죄의 판례】 ① 전세금을 받고 영수증을 작성교부한 후 전세금을 반환하겠다고 말하여 영수증을 교부받고 나서 전세금 반환하기도 전에 이를 찢어버린 경우(대판, 1984. 12. 26, 84도2290), ② 타인(타기관)에게 접수되어 있는 자기명의 문서를 함부로 무효화시켜 그 용도에 사용하지 못하게 한 경우(대판, 1987. 4. 14, 87도197), ③ 약속어음 수취인이 차용금담보로 받은 약속어음을 은행에 보관시키는 데 은행지점장이 발행인의 부탁을 받고 그 지급기일의 날짜를 지운 경우(대판, 1982. 7. 27, 82도223), ④ 약속어음 발행인이 어음액면과 지급기일을 개서하여 주겠다고 하여 소지인으로부터 교부받은 후 어음 수취인란에 타인의 이름을 추가 기입하여 어음배서의 연속성을 상실하게 한 경우(대판, 1985. 2. 26, 84도2802), ⑤ 자기명의로 작성된 허위내용의 확인서를 그 소지자의 의사에 반하여 손괴한 경우(대판, 1982. 12. 28, 82도1807)에는 문서손괴죄에 해당한다.

---

8) 대판, 1970. 3. 10, 70도82; 대판, 1968. 3. 19, 67다2729; 대판, 1969. 2. 18, 68도906.
9) 대판, 1957. 7. 5, 4290형상138.
10) 대판, 1977. 2. 22, 76도4396; 대판, 1987. 4. 14, 87도177.

(2) 행 위

행위는 손괴 또는 은닉 기타 방법으로 그 효용을 해하는 것이다.

1) 손 괴 "손괴"란 재물, 문서 또는 특수매체기록의 전부나 일부에 유형력을 행사하여 물질적 훼손을 하거나 매체기록의 전부 또는 일부를 소거·변경하여 그 본래의 효용을 해하는 일체의 행위[11]를 말한다. 반드시 중요부분을 훼손할 필요가 없고 간단히 수리할 수 있는 정도의 경미한 것이라도 상관없다. 물체자체의 멸실이 없어도 본래의 목적에 따라 사용할 수 없도록 하는 것도 손괴에 해당한다.[12] 그러나 유형력 행사가 있어도 효용을 증대시키거나 효용감소 없이 재물의 기능을 방해한 것만으로는 손괴라 할 수 없다.

그리하여 문서에 첨부된 인지를 때어 내는 것, 장부의 일부를 뜯어 버리는 것, 타인의 금반지로 자기의 금이빨을 만든 것, 사법경찰관이 참고인과 피해자의 진술을 일치시키기 위해서 이미 작성된 참고인 진술조서를 찢어버리는 것(대판, 1978. 6. 27, 76도2196), 사육의뢰를 받은 자가 가축에게 사료를 주지 않아 굶어 죽게 한 것, 우물속에 오물을 넣은 것, 벽에 광고를 붙여 더럽히는 것, 자동차 타이어 바람을 빼어 버리는 것, 약속어음의 발행인이 어음을 교부받아 수취인란에 타인의 이름을 기재하는 것(대판, 1985. 2. 26, 84도2802), 광고물 위에 다른 광고물을 부착하거나 페인트로 도색하여 광고문을 지워버린 것(대판, 1991. 10. 22, 91도2090), 명도받은 토지에 설치해 놓은 철조망과 경고판을 치워버린 것(대판, 1982. 7. 13, 82도1057)은 모두 손괴가 된다. 그러나 경리장부를 이기하는 과정에서 누계가 잘못된 부분을 찢은 경우(대판, 1989. 10. 24, 88도1296)에는 손괴가 되지 않는다.

전자기록 등 특수매체기록의 손괴는 기록 그 자체를 없애버리거나 변경하는 것을 말한다. 기록매체물을 파손하는 것은 재물손괴가 된다.

2) 은 닉 "은닉"이란 재물, 문서, 전자기록 등 특수매체기록의 소재를 불명하게 하여 그 발견을 곤란 또는 불가능케 함으로써 그 효용을 해하는 것을 말한다. 은닉은 반드시 범인의 점유로 이전함을 요하지 않는다. 따라서 피해자가 점유하는 장소에 숨겨두고 발견하기 곤란하게 하는 것도 은닉이 된다. 피해자가 범인의 점유하에 은닉하고 있음을 알고 있어도 구체적 소재의 발견이 곤란하면 은닉이 된다. 따라서 문서(매출계산서)의 반환을 거부함으로써 그 용도에 따라 사

11) 대판, 2007. 6. 28, 2007도2590: 해고노동자 등이 복직을 요구하는 집회를 개최하던 중 래커 스프레이를 이용하여 회사 건물 외벽과 1층 벽면 등에 낙서한 행위는 건물의 효용을 해한 것으로 볼 수 있으나, 이와 별도로 계란 30여 개를 건물에 투척한 행위는 건물의 효용을 해하는 정도의 것에 해당하지 않는다.

12) 대판, 1989. 1. 31, 88도1592; 대판, 1992. 10. 22, 91도2090.

용할 수 없는 상태를 만드는 것도 은닉에 해당한다.[13] 재물·문서에 대한 은닉은 점유침해에 의한 영득이 없다는 점에서 절도죄와 구별되며, 배신적 영득이 없다는 점에서 횡령죄와 구별된다.

【판례】 자기의 종중소유라고 믿고 있는 임야에 대해서 타인명의로 된 등기권리증을 그 소지인이 제시하자 이를 가지고 가서 스스로 종중의 원고가 되어 그 말소등기를 구하는 민사사건의 증거로 제출한 행위는 문서은닉죄에 해당하지 않는다(대판, 1997. 8. 28, 79도1266).

3) 기타 방법의 효용침해　손괴·은닉 이외의 방법으로 재물, 문서 또는 전자기록 등 특수매체기록의 이용가치·효용을 해하는 일체의 행위이다. 사실상 또는 감정상 그 물건 본래의 용법에 따라 사용할 수 없는 상태에 이르게 한 일체의 행위를 포함한다. 일시 이용할 수 없는 상태도 포함한다.[14]

예컨대 음식용의 남비·술병에 방뇨하여 기분상 다시 사용할 수 없게 한 경우, 잉어를 양어장 밖으로 유출시키거나 새장 안의 새가 날아가게 한 경우, 타인의 간판을 떼어내거나 화물에 부착된 짐표를 떼어 버린 경우, 우물물을 송수하는 고무호스에 물이 통하지 못하게 한 경우(대판, 1971. 1. 26, 70도2378), 문서의 내용을 변경하지 않고 마음대로 명의인을 첨가하는 경우(대판, 1967. 7. 4, 67도416), 배를 떠내려가게 하거나 자동차에 주차단속용 자물쇠를 채워놓거나 자동차 열쇠구멍에 성냥개비를 꽂아 열쇠가 들어가지 못하게 하는 경우 등이 이에 속한다.

기타의 방법으로 특수매체기록의 효용을 해하는 행위는 새로운 프로그램을 입력하여 본래의 정보를 사용할 수 없게 하는 것과, 기록에 다른 내용을 추가하거나 삭제하여 기록내용을 변경하는 것, 컴퓨터를 사용 못하게 전원을 단전시키거나 바이러스를 감염시켜 전산자료를 사용할 수 없도록 하는 것을 그 예로 들 수 있다.

3. 주관적 구성요건요소

고의가 있어야 한다. 타인의 문서·재물이나 특수매체기록에 대한 이용가치의 전부 또는 일부를 해한다는 인식·의사가 있으면 고의가 인정된다. 미필적 고의로 족하다. 판례는 고장난 공중전화기라 생각하고 파출소에 신고하기 위하

13) 대판, 1971. 11. 23, 71도1576.
14) 대판, 1993. 12. 7, 93도2701.

여 전화선코드를 빼고 이를 떼어버린 것은 손괴의 고의가 없다고 판시하고 있다.[15] 과실재물손괴는 원칙적으로 불가벌이지만 도로교통법 제151조(운전자 건조물손괴), 군형법 제73조(과실로 군용시설방화, 폭발물파열, 군용시설 손괴, 노획물훼손, 함선·항공기 전몰·손괴)에 예외가 있다.

4. 위법성

정당화사유가 있으면 위법성이 조각된다. 타인의 사주로 공격해 오는 맹견을 사살한 때에는 정당방위가 된다. 농경지의 침수피해를 막기 위해 부득이 다른 제방을 절단한 때에는 긴급피난이 된다. 피해자의 승낙에 의한 재물·문서·특수매체기록의 손괴는 구성요건해당성이 배제될 수 있다. 그러나 토지소유자가 타인이 심어둔 나무나 채소를 함부로 뽑아버리거나 관할관청의 허가 없이 가설한 위법시설물을 적법한 절차 없이 임의로 제거하는 것은 위법성이 조각되지 않는다. 노동쟁의 중에 회사의 기물을 손괴하는 경우도 위법성이 조각되지 않는다.

5. 타죄와의 관계

(1) 문서변조죄와의 관계

"타인명의"의 문서의 효력과 내용을 변경하면 문서변조죄, "자기명의"의 타인점유 문서의 효력만 일부 또는 전부를 훼손시키면 문서손괴죄가 된다. 연명의 문서를 명의자 중의 1인의 서명을 말소하거나 명의인을 추가하면 문서손괴가 된다.

(2) 기타 죄와의 관계

타인의 사무처리자가 위탁 중인 재물을 손괴하면 배임죄와 이 죄의 상상적 경합이 된다. 증거인멸이 동시에 재물손괴가 되면 증거인멸죄와 이 죄의 상상적 경합이 된다. 편지개봉 후에 이를 은닉하면 비밀침해죄와 이 죄의 상상적 경합이 된다. 컴퓨터 등 정보처리장치나 특수매체기록을 손괴하여 업무를 방해한 때에는 손괴죄는 컴퓨터업무방해죄에 흡수된다(법조경합의 흡수관계).

---

15) 대판, 1986. 9. 23, 86도941.

Ⅱ. 손괴죄의 파생구성요건

【구성요건 · 법정형】 공익에 공하는 건조물을 파괴한 자는 10년 이하의 징역 또는 2천만원 이하의 벌금에 처한다(제367조). 미수범은 처벌한다(제371조). 동력규정은 준용한다(제372조).

1. 공익건조물파괴죄

(1) 의의 · 성격

공익에 사용되는 건조물을 파괴함으로써 성립하는 범죄이다. 형법은 "공용"의 건조물 · 선박 · 기차 또는 항공기의 파괴에 대해서는 제141조 2항(공용물파괴죄)에 별도로 규정하고, "공익"건조물 파괴에 한하여 재물손괴죄의 독립구성요건으로 규정하였다. 건조물 이외의 공익에 공하는 선박 · 기차 · 항공기 등을 제외한 이유는 분명하지 않다. 따라서 이러한 객체에 대한 파괴는 사람이 현존하는 때에는 제187조(기차 등 전복죄)에 의해서 처벌되는 경우를 제외하고는 재물손괴죄를 적용할 수밖에 없다고 본다. 침해범 · 상태범 · 결과범이다.

(2) 구성요건요소

1) 객 체

객체는 공익에 공하는 건조물이다. "건조물"이란 가옥 기타 이에 유사한 건축물을 말한다. 지붕이 있고 담벼락 또는 기둥으로 지지되고 토지에 정착하여 그 내부에 사람이 출입할 수 있는 것임을 요한다. 기둥 위에 마룻대만 올려놓은 것, 지붕 또는 담벼락이 없는 것, 제방 · 교량 · 전선주 · 기념비 · 분묘 등은 건조물이 아니다. 그러나 건조물의 요건을 갖춘 것이면 공사중인 미완성의 건물도 건조물에 해당한다.

"공익에 공"하는 건조물이란 공공의 이익을 위하여 사용되는 건조물을 말하며 그 소유자는 국가 · 공공단체 · 개인소유(자기소유)라도 상관없다. 국가소유도 국유재산대부계약에 의해서 개인이 사용하는 건조물은 여기에 해당하지 않는다. 이에 대하여 개인소유라도 교회당과 같은 것은 공익건조물이 된다. 공익건조물이라고 하기 위해서는 건조물의 사용목적이 공익을 위한 것이고 현실적으로 일반인의 공익에 사용하고 있어야 한다. 공설실내체육관, 공원과 고속도로의 휴게소, 마을회관, 공회당, 사립학교 건물, 정거장 대합실, 지하철 승강장 등이 그 예이다. 건조물에 사람이 현존하는 여부는 묻지 않는다. 일반인의 공익에 사용되는 건조물이면 입장권 소지자에 한하여 출입이 허용되어도 공익건조물이 된다(시민극장·공공실내수영장). 공무소에서 사용하는 건조물은 공용물파괴죄(제141조)의 객체가 되므로 제외된다. 국회도서관·법원도서관은 한정된 사람만이 이용할 수 있는 공무소 사용의 건조물이다. 문화재보호법(제63조)에서 지정된 건조물을 손괴한 때에도 이 죄의 규정이 준용될 것이다.

2) 행 위

행위는 파괴이다. "파괴"도 물질적으로 훼손하여 재물의 효용을 해한다는 점에서 손괴와 같으나 손괴보다 훼손의 정도가 큰 것이다. 즉, 건조물의 중요 구성부분을 훼손하여 용도에 따라 사용할 수 없게 하거나 간단히 수리할 수 없을 정도로 사용불가능하게 하는 것을 말한다. 파괴의 방법 여하는 묻지 않는다. 다만 화력을 사용하여 파괴한 때에는 공익건조물방화죄(제165조), 일수(溢水)의 방법으로 파괴한 때에는 공익건조물일수죄(제178조)가 성립하므로 화력·일수의 방법 이외의 모든 방법으로 파괴할 수 있다. 공익건조물을 파괴할 의사로 행위하였으나 파괴에 이르지 못했거나 단순한 손괴정도에 그쳤다면 재물손괴죄가[16] 아니라 이 죄의 미수범이 된다.

2. 중손괴죄·손괴치사상죄

> **【구성요건·법정형】** ① 전2조(재물손괴·공익건조물파괴)의 죄를 범하여 사람의 생명 또는 신체에 대하여 위험을 발생하게 한 때에는 1년 이상 10년 이하의 징역에 처한다.
> ② 제366조(재물손괴) 또는 제367조(공익건조물파괴)의 죄를 범하여 사람을 상해에 이르게 한 때에는 1년 이상의 유기징역에 처한다. 사망에 이르게 한 때에는 3년 이상의 유기징역에 처한다(제368조). 동력규정은 준용한다(제372조).

일반재물손괴죄와 공익건조물파괴죄를 범하여 사람의 생명 또는 신체에 위험을 발생하게 하거나 사상의 결과를 일으킴으로써 성립하는 범죄이다.

16) 재물손괴죄가 성립한다는 견해는 이재상, 468면; 이정원, 508면; 백형구, 257면; 오영근, 569면; 임웅, 522면. 공익건조물파괴죄의 미수범이 된다는 견해는 김일수/서보학, 406면; 배종대, 600면; 정영일, 445면; 김성돈, 462면.

이 죄의 성격에 관해서 ① 재물손괴죄와 공익건조물파괴죄의 결과적 가중범이라는 견해와, ② 중손괴죄는 사람의 생명·신체에 대한 위험성 있는 손괴·파괴의 고의로 한 행위가 사회적 견지에서 위험성이 크기 때문에 가중규정을 둔 것이고, 손괴치사상죄만 결과적 가중범이라는 견해가 대립한다. 애당초 중손괴의 위험성이 있는 고의를 가지고 이 죄를 범한 경우는 중손괴죄의 성립을 부정할 이유가 없고, 고의있는 결과적 가중범을 부정하는 입장에서는 후자가 타당하다고 해야 한다(중상해죄 참조). 중손괴의 고의로 재물손괴·공익건조물파괴를 하였으나 생명·신체에 대한 위험이 발생하지 아니한 때에는 재물손괴죄·공익건조물파괴죄(또는 그 미수범)가 성립하므로 이 죄의 미수범 처벌규정이 없다고 해서 부진정결과적 가중범을 인정할 필요는 없다.

주체는 재물·문서손괴죄, 공익건조물파괴죄를 범한 자 또는 그 미수범이다. 중손괴죄의 생명·신체에 대한 위험은 구체적 위험을 의미한다(구체적 위험범). 그러나 생명·신체에 대한 위험이 신체상해로 인하여 야기된 때(치명상을 가한 때)에는 상해의 결과가 이미 발생한 것이므로 중손괴죄가 아니라 손괴치상죄에 해당한다. 중손괴죄는 손괴의사 외에 생명·신체에 대한 위험유발을 인식한 때에도 성립한다. 손괴치사상죄는 결과적 가중범이므로 손괴의 고의와 사상의 결과에 대한 예견가능성, 즉 과실이 있어야 하고 손괴행위와 결과 사이의 인과관계와 객관적 귀속관계가 있어야 한다. 개정형법은 치상과 치사의 법정형을 각각 구별하여 규정하고 있다.

3. 특수손괴죄

【구성요건·법정형】 ① 단체 또는 다중의 위력을 보이거나 위험한 물건을 휴대하여 제366조의 죄(재물·문서손괴죄)를 범한 때에는 5년 이하의 징역 또는 1천만원 이하의 벌금에 처한다.
② 제1항의 방법으로 제367조의 죄(공익건조물파괴죄)를 범한 때에는 1년 이상의 유기징역 또는 2천만원 이하의 벌금에 처한다(제369조). 미수범은 처벌한다(제371조). 동력규정은 준용한다(제372조).

이 죄는 행위태양의 위험성 때문에 재물손괴죄 또는 공익건조물파괴죄에 대하여 불법이 가중된 가중적 구성요건이다.

단체·다중의 위력을 보이거나 위험한 물건휴대에 관해서는 특수폭행죄(제261

조)의 그것과 같다. 또 폭처법 제3조는 특수손괴죄에 해당하는 행위와 단체나 집단을 가장하여 위력을 보이거나 상습으로 이 죄를 범한 때에는 다시 가중규정을 두고 있으므로, 이 법이 우선 적용되며 형법의 적용은 배제된다.

4. 경계침범죄

【구성요건 · 법정형】 경계표를 손괴 · 이동 또는 제거하거나 기타 방법으로 토지의 경계를 인식불능하게 한 자는 3년 이하의 징역 또는 500만원 이하의 벌금에 처한다(제370조). 동력규정은 준용한다(제372조).

(1) 의의 · 성격

토지의 경계를 손괴 · 이동 또는 제거하거나 기타 방법으로 토지의 경계를 인식불능하게 하여 토지에 관한 권리관계의 안정을 해하는 범죄이다. 토지에 관한 권리관계의 안정을 확보하는 것은 사회질서를 유지하는 방법도 되지만 주로 사권(私權)을 보호하는 데에 필요한 것이므로 손괴죄의 일종으로 규정하여 토지경계의 명확성을 보호하고 있다. 침해범 · 상태범의 성격을 가진 범죄이며, 미수범은 처벌하지 않는다.

재물손괴죄가 그 재물에 대한 권리 자체(특히 그 이용가치)를 보호하는 것임에 대하여, 경계침범죄는 토지에 대한 권리범위의 명확성을 보호한다는데 차이가 있다.[17] 그러므로 토지 매각시에 일시적으로 경계표를 이동하여 자기의 토지를 넓게 보여서 유리하게 매각하려고 한 때에는 인접토지 자체에 대한 손괴죄는 성립하지 않으나 경계침범죄는 성립한다.

(2) 객관적 구성요건요소

1) 주 체 　주체는 제한이 없다. 반드시 경계에 인접하고 있는 일방의 토지권리자 또는 그 이해관계자일 필요가 없고 제3자도 무방하다.

2) 객 체 　객체는 토지의 경계이다. 경계표를 손괴 · 이동 또는 제거하는 것은 토지의 경계를 인식불능하게 하는 행위를 예시한 것이다(통설).[18]

(a) 토 지 　여기의 "토지"는 지상의 토지뿐만 아니라 하천 · 호수와 늪도

---

17) 따라서 이 죄는 재물손괴죄에 유사하지만, 경계표가 타인의 것이 아닌 때에는 이에 대한 손괴가 바로 토지의 손괴를 의미하는 것은 아니다.

18) 이에 반하여 이 죄의 객체를 경계표에 한정하는 견해와(정영석, 409면; 박상기, 440면) 경계표와 토지의 경계 두 가지라는 견해(김일수/서보학, 409면)도 있다.

포함하며, 해역도 어업권의 구획이 문제되는 때에는 이에 포함된다고 본다.

(b) 경 계 "경계"란 권리자를 달리하는 토지의 경계선(토지에 대한 권리의 장소적 범위를 구분하는 선)을 의미한다. ① 권리는 소유권에 한하지 않으며, 지상권·저당권 등 물권과 임차권과 같은 채권도 포함한다. ② 사법상의 토지경계뿐만 아니라 도·시·군·읍·면의 공법상의 경계도 포함한다. 따라서 장래 분할상속받게 될 토지의 경계도 무방하다. ③ 경계는 법률상 정당한 경계가 아니라 사실상의 경계를 의미하므로[19] 관습상 일반적으로 승인된 경계, 권한 있는 기관에 의하여 확정된 경계, 당사자의 명시·묵시의 합의에 의해서 정해진 경계는 법률상 권리와 일치하지 아니하여도 상관없다.[20] 그러나 ④ 경계는 객관적으로 경계로서 통용될 수 있는 것이라야 하고, 단지 주관적으로 경계라고 생각한 것은 이 죄의 경계가 아니다.[21] 다만 재판에 의해서 확정된 경계위치로 경계표를 이동하는 때에는 이 죄를 구성하지 않는다. ⑤ 토지의 경계는 경계표 또는 이에 준하는 것에 의하여 인식할 수 있는 것이라야 하고, 인위적 경계이건 자연적 경계(自然木, 流水)이건 묻지 않는다.

3) 행 위 행위는 경계표를 손괴·이동 또는 제거하거나 기타 방법으로 경계를 인식불능케 하는 것이다.

(a) 경계표 "경계표"란 권리자를 달리하는 토지의 경계를 표시하기 위해서 토지에 설치된 공작물·입목(立木) 등의 표지를 말한다. ① 토지에 현출된 것이건 땅속에 매몰된 것이건 묻지 않으며, 자기가 설치하였건 아니건 상관없고, 무주물이라도 무방하다. 처음부터 경계표로 설치된 것은 물론, 기존의 물건을 경계표로 사용하는 것도 무방하다. ② 경계설정의 권한 없는 자가 설치한 경계표도 어느 정도 객관적으로 경계로서 통용되어 사실상 경계를 표시하는 것이면 경계표가 된다. 종래부터 존재하는 경계표 시설이 실제 경계선과 다소 상이한 점이 있어도 경계표가 된다.[22] ③ 경계표는 토지에 정착하여 그 위치에서 경계를 표시하는 물건임을 요하므로 단순한 도면은 이에 해당하지 않으나 부동이거나 땅속에 박혀 있을 필요는 없다.

따라서 중량이 있는 물건이 지상에 놓여 있는 경우, 또는 일시적인 것이라도

19) 대판, 1976. 5. 25, 75도2564; 대판, 1991. 9. 10, 91도856; 대판, 1992. 12. 8, 92도1682.
20) 대판, 1976. 5. 25, 75도2564; 대판, 1999. 4. 9, 99도480.
21) 대판, 1986. 12. 9, 86도1492.
22) 대판, 1956. 12. 7, 4289형상272; 대판, 1991. 9. 10, 91도856.

어느 정도 내구성이 있는 물건이면 경계표가 될 수 있다. 경계표의 재료・구조・상태 여하는 묻지 않는다. 그러나 용이하게 변질・붕괴되거나 용해되어 원형을 보존하지 못하는 물건은 경계표가 될 수 없다. 경계표는 반드시 그 표시하는 경계선상에 있어야 할 필요도 없다. 예컨대 어느 지점에서 일정한 거리에 있는 지점을 경계선으로 정하고 그 기준지점에 경계표를 설치하여도 무방하다.

(b) 손괴・이동・제거 이 행위는 토지경계를 인식불능케 하는 전형적인 경우를 예시한 것이다.[23] "손괴"는 경계표를 물질적으로 훼손하는 것이며, "이동"은 원래의 위치로부터 다른 장소로 옮기는 것이고, "제거"는 원래의 설치된 장소로부터 취거해 버리는 것을 말한다. 손괴・제거는 경계 자체에 대한 물리적 변경임에 대해서 이동은 새로운 경계를 만들어 기존의 경계를 인식할 수 없게 하는 것이다.[24]

(c) 기타 방법 손괴・이동・제거하는 이외의 방법으로 이에 준하는 것을 말한다. 반드시 경계표에 대한 것임을 요하지 않으나 경계표에 준하는 것에 대한 행위가 있어야 한다. ① "경계표에 준하는 것"이란 토지에 정착하여 경계를 나타내는 것으로서 어느 정도 항구적이고 가시적인 대상물을 말한다. 경계에 흐르는 유수의 방향을 바꾸어 놓거나 경계로 되어 있는 도랑(溝)을 매립하는 경우, 고저로 되어 있는 토지의 경계를 깎아내려 같게 만들거나 언덕을 깎아내려 인접토지에 석축을 쌓은 경우,[25] 타인의 토지경계에 임의로 건축물을 설치하는 경우가 기타 방법에 해당한다. 그러나 이미 설치된 담벽의 연장선상에 추가로 담벽을 설치하여 경계를 보다 확실하게 한 경우의 신축건물의 2층 처마가 옆집의 지붕위로 나오게 한 경우는 이 죄가 되지 않는다.[26] 또 경계를 표시하는 도면을 파손하더라도 문서손괴죄는 별론으로 하고 이 죄는 되지 않는다. ② 손괴・이동・제거에 준하는 행위가 있어야 한다. 물리적 방법에 한하며, 심리적 방법은 포함하지 않는다. 예컨대 경계표의 위치가 잘못되었다고 주장하는 것은 이 죄에 해당하지 않으나, 본래의 경계표를 그대로 두고 그와 동일한 경계표를 다른 위치에 설치하여 어느 것이 기존의 경계표인지 식별곤란하게 하는 것도 이 죄를 구성한다.

23) 대판, 1968. 9. 17, 68도967.
24) 대판, 1980. 10. 27, 80도225.
25) 대판, 1980. 10. 27, 80도225.
26) 대판, 1992. 12. 8, 92도1682.

(d) 경계의 인식불가능 이 죄가 성립하기 위해서는 토지의 경계를 인식불능케 하여야 한다(통설).[27] 따라서 경계표를 손괴·이동·제거하는 행위가 있어도 그 결과로 경계를 인식불가능케 하지 않는 한 재물손괴죄에 해당하는 것은 별문제로 하고 이 죄는 성립하지 않는다.

경계를 인식불가능케 하는 것은 종래의 사실상의 경계에 관한 것이므로 등기부의 조회·지적도의 열람·측량의 방법으로 정확한 경계인식이 가능하다 할지라도 이 죄의 성립에는 영향이 없다. 또 종래의 사실상의 경계를 인식할 방법이 전혀 없어야 하는 것은 아니며, 새로운 인식방법을 사용하지 않고는 그 경계를 확정할 수 없는 정도로 족하다. 따라서 토지의 경계 전부에 대해서 인식불가능케 할 필요가 없고 그 일부에 대해서도 이 죄는 성립한다.

(3) 주관적 구성요건요소

이 죄가 성립하기 위해서는 토지의 경계를 인식불가능케 한다는 인식·의사가 있어야 한다. 토지의 경계라는 것을 알지 못한 때에는 재물손괴죄가 성립하는 것은 별문제로 하고 이 죄는 성립하지 않는다. 또 정당한 경계가 아니라고 믿고서 원래의 경계를 인식불가능하게 하고 새로운 경계를 설치하더라도 고의는 조각되지 않는다. 이 죄는 영득죄가 아니므로 영득의사는 물론, 이득의사나 타인에게 손해를 가할 의사는 필요없다.

(4) 죄수·타죄와의 관계

1) 죄 수 이 죄가 성립하면 재물손괴는 이 죄에 흡수된다(다수설).[28] 이 죄의 죄수는 경계의 수를 표준으로 결정한다. 그리고 경계의 수를 정할 때에는 인접하는 토지 경계의 한쪽 끝에서 다른 쪽 끝까지를 1개의 경계로 본다. 따라서 경계가 1개이면 수개의 계표를 손괴하여도 일죄가 되며, 경계가 수개이면 1개의 계표를 이동하여도 죄수가 된다.

2) 타죄와의 관계 타인소유의 인접토지를 영득할 의사로 이동·제거하여 경계를 인식불가능케 하고 불법점거한 경우에 절도죄설,[29] 경계침범죄설,[30] 이

27) 대판, 1972. 2. 29, 71도2293; 대판, 1991. 9. 24, 91도856.

28) 이에 대하여 재물손괴죄와 경계침범죄의 상상적 경합이라는 견해는 김일수/서보학, 414면; 임웅, 527면; 김성돈, 466면.

29) 황산덕, 341면; 오영근, 574면.

30) 유기천(상), 377면; 서일교, 139면; 이재상, 472면 이하; 김일수/서보학, 414면; 진계호, 469

죄와 절도죄의 상상적 경합설[31])이 대립한다. 부동산절도를 인정하는 입장에서는 절도죄설 또는 상상적 경합설을, 이를 부정하는 입장에서는 경계침범죄설을 주장하는 것이 논리적이다. 부동산절도를 인정하는 것이 타당하므로 보호법익이 다른 이 죄는 상상적 경합이라고 본다.

면; 배종대, 603면; 박상기, 442면; 김성돈, 466면.

31) 정영석, 390면; 김종원, 267면; 이회창, 주석(하), 570면; 정성근, 597면; 임웅, 527면; 정영일, 448면.

제10장 권리행사를 방해하는 죄

제 1 절 권리행사방해의 죄 일반론

1. 의 의

권리행사를 방해하는 죄는 타인의 점유 또는 권리의 목적이 된 자기의 물건 또는 전자기록등 특수매체기록에 대한 권리자의 권리행사를 방해하거나, 공권력에 의한 강제집행을 면할 목적으로 재산을 은닉, 손괴, 허위양도 또는 허위의 채무를 부담하여 채권자를 해하는 범죄이다. 따라서 이 장의 죄는 소유권 이외의 재산권, 즉 제한물권과 채권을 보호하기 위한 범죄라는 점에서 일반의 재산죄와 구별되지만 광의의 재산죄에 속한다.

구형법(제242조)은 자기의 재물이라 할지라도 타인의 점유에 속하거나 공무소의 명(命)에 의하여 타인이 관리하는 것일 때에는 타인의 재물로 간주하여 이를 절취하거나 강취한 때에는 절도죄(이른바 점유절도 Besitzdiebstahl) 또는 강도죄가 성립하도록 하고, 이 규정을 사기죄·공갈죄·횡령죄 및 손괴죄에 준용하여 각각 그 범죄가 성립하도록 하였다. 이와 별도로 강제집행면탈죄는 국가의 강제집행의 기능을 보호하는 죄로서 공무집행을 방해하는 죄로 규정하고 있었다.

현행 형법은 자기의 물건이라도 공무소로부터 보관명령을 받거나 공무소의 명령을 받아 타인이 관리하는 경우에 이를 손상·은닉 기타의 방법으로 그 효용을 해한 때에 공무상 보관물무효죄(제142조)에 해당하게 하고, 소유권 이외의 제한물권·채권 등 재산권을 보호하는 형벌법규를 묶어서 권리행사를 방해하는 죄로 규정하였다.

2. 구성요건체계

권리행사를 방해하는 죄는 세 가지 유형의 독립된 기본적 구성요건이 있다. 권리행사방해죄(제323조), 점유강취죄·준점유강취죄(제325조), 강제집행면탈죄(제327조)가 그것이다. 그리고 점유강취죄와 준점유강취죄의 가중적 구성요건으로서 중권리행사방해죄(제326조)를 규정하고 있다. 권리행사방해죄에 대하여는 친족상도례가 적용되며(제328조), 점유강취죄·준점유강취죄에 한하여 미수범을 처벌한다(제325조 3항).

3. 입법론상 문제점

형법은 제37장 권리행사를 방해하는 죄 속에 강요죄(인질강요, 인질상해·치상, 인질살해·치사)도 함께 규정하고 있다. 그러나 강요죄와 권리행사방해죄의 죄질이 다르다는 것은 강요죄에서 설명한 바와 같다. 강요죄의 체계상의 지위 외에도 입법론상 검토되어야 할 문제점이 있다.

(1) 법정형의 불균형

권리행사방해죄(제323조)는 타인의 점유 또는 권리의 목적이 된 자기의 물건을 취거·은닉 또는 손괴하는 행위를 처벌함으로써 자기 물건에 대한 취거(절도)와 손괴가 함께 포함되어 있다. 자기 물건의 취거는 타인 재물의 절취보다 경하게 처벌되므로 문제가 없으나 자기 물건을 손괴한 경우가 타인 재물을 손괴한 경우보다 중하게 처벌하는 것은 부당하다고 해야 한다. 따라서 타인의 점유물에 대한 취거행위와 그 이외의 경우를 구별하여 법정형의 균형을 이루도록 해야 할 것이다.[1] 또 타인이 점유하는 자기 물건을 강취하면 점유강취죄가 되지만, 이를 편취·갈취하면 사기죄·공갈죄로 취급할 수밖에 없는데, 강취의 경우(7년 이하의 징역)가 사기·공갈의 경우(10년 이하의 징역)보다 경하게 처벌되는 것도 불합리하다. 사기·공갈의 경우를 처벌하는 입법도 마련해야 할 것이다.[2]

(2) 객체의 확대필요성

형법은 권리행사방해죄에서 타인이 점유 또는 권리의 목적이 된 자기의 물건에 대해서만 범죄를 인정하고, 제3자가 소유자를 위하여 타인의 점유 또는 권리

---

1) 자기의 소유물에 대한 취거행위가 반드시 점유의 취득을 목적으로 하지 않기 때문에 절도죄에 있어서의 절취와 동일한 의미가 아니고 권리행사를 방해하면 충분하므로 절도죄와 비교하는 것은 반드시 타당하지 않으나 법정형은 불합리하다고 해야 한다. 그리고 이 죄를 독일 형법 제289조처럼 절취만을 처벌하는 것이 타당하다는 견해(이재상, 473면)도 있으나, 점유를 수반하지 않는 권리의 목적이 된 물건에 대해서는 처벌할 수 없으므로 본문과 같이 구별하는 것이 타당하다고 본다.

2) 서일교, 118면.

의 목적이 된 물건을 취거・은닉 또는 손괴하는 행위는 포함하지 않고 있다.[3] 그러나 이러한 경우도 권리행사를 방해하는 죄임에는 틀림없고, 소유자보다 제3자가 이러한 행위를 하는 경우가 죄질로 보아 일층 가벌성이 요구된다고 해야 하므로 이에 대한 입법도 필요하다고 본다.[4]

제 2 절　권리행사방해죄의 범죄유형

Ⅰ. 권리행사방해죄

【구성요건・법정형】 타인의 점유 또는 권리의 목적이 된 자기의 물건 또는 전자기록 등 특수매체기록을 취거, 은닉 또는 손괴하여 타인의 권리행사를 방해한 자는 5년 이하의 징역 또는 700만원 이하의 벌금에 처한다(제323조).

【친족간의 범행】 ① 직계혈족, 배우자, 동거친족, 동거가족 또는 그 배우자간의 제323조(권리행사방해)의 죄는 그 형을 면제한다. ② 전항 이외의 친족간에 제323조의 죄를 범한 때에는 고소가 있어야 공소를 제기할 수 있다. ③ 전2항의 신분관계가 없는 공범에 대하여는 전2항을 적용하지 아니한다(제328조).

1. 의의・보호법익

권리행사방해죄는 타인의 점유 또는 권리의 목적이 된 자기의 물건 또는 전자기록등 특수매체기록을 취거・은닉・손괴함으로써 성립하는 범죄이다. 자기의 재물을 취거・은닉・손괴한다는 점에서 타인의 재물을 절취・손괴・은닉하는 절도죄・손괴죄와 구별된다. 이 죄의 보호법익은 용익물권・담보물권 등 제한물권 또는 채권(임차권・사용대차권)이다. 제한물권이나 채권도 재산권의 일종이므로 광의의 재산죄에 해당하지만 소유권 또는 재산일반을 보호하는 일반의 재산죄와 구별된다. 보호받는 정도는 추상적 위험범으로서의 보호이다.[5] 상태

3) 대판, 1984. 6. 26, 83도2413.

4) 유기천(상), 380면; 이재상, 473면.

5) 정성근, 600면; 이재상, 477면; 김일수/서보학, 530면; 진계호, 470면; 임웅, 530면; 김성돈,

범·거동범의 성격을 지닌 범죄이다.

2. 객관적 구성요건요소

(1) 주 체

자기의 물건을 타인에게 제한물권 또는 채권의 목적물로 제공한 소유자이다. 자기의 물건을 타인에게 제공한 자가 주체가 된다는 점에서 이 죄를 진정신분범이라는 견해도 있다.[6] 그러나 자기물건을 타인에게 제공한 것만으로 "일신적 성질을 가진 신분이라 할 수 없고, 재물 소유자는 누구라도 자기물건을 담보물로 제공할 수 있으므로 범죄의 주체를 한정하는 신분범의 취지와 다르다고 해야 한다. 따라서 이 죄는 신분범이 아니라고 해야 한다.

(2) 객 체

객체는 타인의 점유 또는 권리의 목적이 된 자기의 물건 또는 전자기록 등 특수매체기록이다.

1) 자기의 물건 자기의 물건이나 전자기록 등 특수매체기록에 대해서만 성립한다. "자기의 물건"이란 자기의 소유물을 말한다. 타인의 소유물은 일반 재산죄의 객체가 될 뿐이다. 자기와 타인이 공동점유하는 자기 소유물과[7] 공범자와 공동소유하는 물건은 자기 물건이 되므로 이 죄의 객체가 된다.[8] 회사대표이사가 대표이사 지위에서 직무집행으로 타인이 점유하는 회사물건을 취거하거나[9] 렌트카 회사가 대여차량을 강제회수한 때에는[10] 이 죄가 성립한다. 그러나 자기와 공범자가 아닌 타인의 공동소유물은 타인 물건으로 취급되므로 이 죄의 객체가 되지 않는다.[11] 판례는 매도담보로 제공한 재물과[12] 본인 소유의 특약 없이 택시회사에 지입(持入)한 자동차는[13] 타인소유 또는 택시회사 소유에 속하

468. 구체적 위험범설은 박상기, 443면; 배종대, 605면. 침해범설은 오영근, 577면.

6) 김일수/서보학, 530면; 진계호, 472면; 배종대, 606면.

7) 대판, 1992. 1. 21, 91도1170.

8) 유기천(상), 384면; 김종원, 164면; 정성근, 600면; 강구진, 429면; 김성돈, 469면.

9) 대판, 1992. 1. 21, 91도1170.

10) 대판, 1989. 7. 25, 88도410.

11) 대판, 1984. 6. 26, 83도2413.

12) 대판, 1983. 3. 8, 82도1829: 매도담보한 재물은 담보채권자소유로 되어 있고 담보물을 채무변제시까지 보관사용하는 법률관계에 있으므로 이를 제3자에 대한 채무변제에 제공하여도 권리행사방해죄는 성립하지 않는다.

므로 이 죄는 성립하지 않는다고 하였다. 공무소의 명령으로 타인이 관리하는 자기 물건에 대해서는 공무상 보관물무효죄(제142조)가 적용되므로 이 죄의 객체에서 제외된다.

【판례】 선박이 회사명의로 소유권등기가 경료된 것이면 회사의 과점주주·부사장이라도 자기 소유라 할 수 없으므로 타인의 점유 중인 위 선박을 취거하여도 권리행사방해죄를 구성하지 않는다(대판, 1984. 6. 26, 83도2413).

물건은 재산죄에 있어서 재물과 같은 의미로서 부동산도 포함한다(통설). 다만 은닉은 성질상 동산에 한정해야 할 것이다.

2) 전자기록 등 특수매체기록　"전자기록 등 특수매체기록"은 형법개정에서 추가한 것이며, 자기소유에 한한다. "전자기록"은 전기적 기록·자기적 기록을 포함하며, "특수매체기록"에는 전자적 기록 외에 광기술이나 레이저기술을 이용한 기록도 포함한다. 그러나 마이크로필름과 디스크 자체는 물건의 일종이고 기록에 해당하지 않는다.

3) 관리가능동력　이 죄에 대해서 동력규정의 준용규정이 없으므로 관리할 수 있는 동력은 이 죄의 물건에 해당하지 않는다는 견해[14]도 있다. 그러나 여기의 물건도 재물과 같은 의미이며, 동력규정은 주의규정에 지나지 아니 하므로 이를 제외해야 할 이유는 없다고 본다.[15]

4) 타인의 점유

(a) 타 인　"타인"은 자기 이외의 모든 사람을 말한다. 자연인 외에 법인·법인격 없는 단체도 포함한다.

(b) 점 유　"점유"는 물건에 대한 사실상의 지배를 말한다. 사실상의 지배가 없는 간접점유(민법 194조)는 여기의 점유가 될 수 없다. 그리고 이 죄의 점유는 보호객체로서의 점유이므로 침해대상 및 침해주체로서의 점유와 구별된다. 이 죄의 점유는 적법한 권원(權原)에 의한 점유에 제한된다는 것이 통설·판례의[16] 태도이다. 이 죄의 점유가 보호법익으로서의 기능을 가지고 있고, 권리행사를 보호하는 데에 본질이 있으므로 불법한 점유는 보호할 필요가 없다는 것

13) 대판, 1971. 1. 26, 70도2591; 대판, 1974. 11. 12, 74도1632; 대판, 2003. 5. 30, 2000도5767.
14) 강구진, 429면; 김일수, 443면; 손동권, 515면; 정영일, 454면; 김성돈, 469면.
15) 황산덕, 260면; 남흥우, 139면; 서일교, 120면; 이건호, 279면; 김종원, 270면; 정성근, 601면; 이재상, 475면; 진계호, 473면; 임웅, 531면; 오영근, 577면.
16) 대판, 1994. 11. 11, 94도343. 같은 취지: 대판, 1977. 9. 13, 77도1672.

이 그 이유이다. 원칙적으로 타당하다.

다만 적법한 권원에 의한 것인지는 항상 명백한 것은 아니며, 처음에 적법한 것도 후에 부적법할 수 있고, 권리의 존부에 대해서 다툼이 있는 경우에는 오랜 시일이 소요되는 민사재판에서 확정될 수밖에 없다. 이러한 경우 적법한 권원임이 확정되지 않았다고 해서 그 점유를 방치하여 형법적 보호에서 제외할 이유가 없다. 따라서 애당초 적법한 권원에 의한 점유는 물론, 적어도 평온한 점유 내지 이유 있는 점유가 개시되었으면 일단 이 죄에 의해서 보호되어야 한다.[17] 즉, 권원 또는 평온한 점유가 개시된 이상 후에 소유자에게 반환하여야 할 사정 때문에 부적법한 점유가 되었다 하여도 적법한 절차에 따라 반환할 때까지는 이 죄의 점유로 보호해야 한다.[18] 그러나 이러한 점유도 될 수 없는 절도범인의 점유는 애당초 이 죄의 점유에 해당할 수 없다.

【판례】 ① 무효인 경매절차에서 경매목적물을 경락받아 이를 점유하고 있는 낙찰자의 점유는 적법한 점유로서 그 점유자는 권리행사방해죄에 있어서의 타인의 물건을 점유하고 있는 자이다(대판, 2003. 11. 28, 2003도4257).

② 렌트카회사의 공동대표이사 중 1인이 회사 보유 차량을 자신의 개인적인 채무담보 명목으로 피해자에게 넘겨 주었는데 다른 공동대표이사가 위 차량을 몰래 회수하도록 한 경우, 위 피해자의 점유는 권리행사방해죄의 보호대상인 점유에 해당한다(대판, 2006. 3. 23, 2005도4455).

점유의 원인은 묻지 않는다. 법적 근거가 있음을 요하지 않고, 계약 또는 유언의 효과로서 점유가 개시되어도 상관없다. 또 질권, 저당권, 유치권, 용익물권 등 물권에 기하거나 임차권·사용대차권과 같은 채권에 기하거나 묻지 않는다.

5) 권리의 목적　권리의 목적이 된 자기 물건이라야 한다. "권리의 목적이 된" 것이란 자기 소유물이 타인의 제한물권(질권, 저당권, 유치권, 용익물권)이나 채권(임차권, 사용대차권)의 목적이 되어 있는 것을 말한다. 채권의 목적이 된 물건은 반드시 점유를 수반함을 요하지 않고, 타인의 점유가 없는 경우도 포함된다.[19] 따라서 정지조건부 대물변제예약이 되어 있는 물건,[20] 가압류된 물건[21]도 객체

17) 정성근, 601면; 김일수/서보학, 532면.
18) 대판, 1960. 9. 14, 4293형상448; 대판, 1977. 9. 13, 77도1672.
19) 대판, 1991. 4. 26, 90도1958.
20) 대판, 1968. 6. 18, 66도616.
21) 대판, 1960. 9. 14, 4292형상537.

가 된다. 그러나 점유를 수반하지 않는 순수한 채권·채무관계는 여기에 포함되지 아니한다.[22)]

(3) 행 위

행위는 취거, 은닉 또는 손괴하여 타인의 권리행사를 방해하는 것이다.

1) 취거·은닉·손괴 "취거"란 점유자의 의사에 반하여 점유자의 지배를 배제하고 자기 또는 제3자의 지배로 옮기는 것을 말하고, 절도죄에 있어서의 절취(취득)에 대응하는 것이다. 다만 취거는 취득과 구별해야 한다. 즉, 취거는 점유침해가 있으면 족하고 영득하는 것까지 요하지 않는다. 점유자의 의사에 반해야 하므로 점유자의 하자 있는 의사(편취·갈취)에 의한 교부는 취거가 되지 않는다.[23)] 그러나 기망에 의한 경우에도 상대방이 착오에 빠져있는 틈을 타서 그 물건을 가져가면 취거가 된다. "은닉"이란 물건의 소재의 발견을 불가능하게 하거나 현저하게 곤란한 상태에 두는 것을 말한다. "손괴"란 물건의 전부 또는 일부에 대하여 물질적으로 훼손·멸각시키거나 기타 방법으로 그 효용(용익적·가치적 효용)을 해하는 것을 말한다. 이 죄의 행위는 취거·은닉·손괴에 제한되므로, 예컨대 타인의 권리의 목적이 된 자기의 소유토지를 제3자에게 소유권이전등기한 것은 이 죄에 해당하지 아니한다.[24)]

2) 권리행사방해 권리행사를 방해한다는 것은 타인의 권리행사가 방해될 우려가 있는 상태에 이른 것을 말하며, 현실로 권리행사가 방해되었음을 요하지 않는다. 즉, 이 죄는 방해의 위험이 있는 상태에 이르면 완성되는 추상적 위험범이고, 그 미수는 불가벌이다.

"권리행사를 방해한다"는 이 죄의 행위 태양으로 보는 것이 통설이다. 이에 대하여 취거·은닉·손괴만이 행위태양이고 권리행사방해는 (부진정)객관적 처벌조건이라는 일부소수설이 있다.[25)] 그러나 이 죄는 권리행사를 방해하는 범죄이므로 권리행사방해도 이 죄의 성립요건으로서 행위태양이라 해야 한다.

---

22) 대판, 1971. 6. 29, 71도926: 변소의 사용권은 점유권이라기보다 채권적인 사용관계라고 보아지는 만큼 피고인이 위 사용자들에게 그 변소의 사용중지를 통고한 후, 위 변소를 손괴하였다 하더라도 권리행사방해죄가 성립할 수 없다.
23) 대판, 1988. 2. 23, 87도1952.
24) 대판, 1972. 6. 27, 71도1071.
25) 김일수/서보학, 534면.

【판례】 공장근저당권이 설정된 선반기계를 이중담보로 제공하기 위하여 다른 장소로 옮긴 행위는 공장저당권행사를 방해할 우려가 있는 행위로서 권리행사방해죄가 성립한다(대판, 1994. 9. 27, 94도1439).

3. 주관적 구성요건요소

이 죄의 고의는 타인의 점유 또는 권리의 목적이 된 자기의 물건 또는 전자기록 등 특수매체기록이라는 인식과 이를 취거, 은닉 또는 손괴하여 권리행사를 방해한다는 인식·의사가 있어야 한다. 미필적 고의로 족하다. 불법영득의 의사는 애당초 필요없다. 이 죄의 행위는 점유자·권리자의 의사에 반한 경우에만 구성요건에 해당하므로 피해자의 동의가 있으면 구성요건해당성이 없다(諒解)고 본다.

4. 친족간의 특례

이 죄에는 친족간의 특례가 적용된다(제328조). 친족간의 정의(情誼)를 고려하여 국가의 형벌권개입을 억제한 것이다.

Ⅱ. 점유강취죄

1. 점유강취죄·준점유강취죄

【구성요건·법정형】 ① 폭행 또는 협박으로 타인의 점유에 속하는 자기의 물건을 강취한 자는 7년 이하의 징역 또는 10년 이하의 자격정지에 처한다(제325조 1항).

② 타인의 점유에 속하는 자기의 물건을 취거함에 당하여 탈환을 항거하거나 체포를 면탈하거나 죄적을 인멸할 목적으로 폭행 또는 협박을 가한 때에도 전항의 형과 같다(제325조 2항). ③ 전2항의 미수범은 처벌한다(제325조 3항).

(1) 의의·성격·보호법익

점유강취죄는 폭행 또는 협박으로 타인의 점유에 속하는 자기의 물건을 강취함으로써 성립하는 범죄이고, 준점유강취죄는 타인의 점유에 속하는 자기의 물건을 취거함에 당하여 탈환을 항거하거나 체포를 면탈하거나 죄적을 인멸할 목적으로 폭행·협박함으로써 성립하는 범죄이다. 재산죄와 폭행죄 또는 협박죄의 결합범으로서 자기 소유물에 대한 강도죄·준강도죄라 할 수 있다.

이 죄는 폭행 또는 협박을 수단으로 하므로 신체의 안전 또는 의사결정의 자유를 침해할 뿐만 아니라 그 객체가 타인의 점유에 속하는 자기의 물건이므로 타인의 제한물권을 침해하는 재산죄로서의 성질을 가지고 있다. 따라서 이 죄의 보호법익은 사람의 자유(신체의 건재성 또는 의사결정의 자유)와 제한물권이다. 보호정도는 침해범으로서의 보호이다.

(2) 구성요건요소

1) 점유강취죄(제1항)　폭행 또는 협박으로 타인의 점유에 속하는 자기의 물건을 강취하는 범죄이므로 행위객체는 타인이 점유하는 자기의 물건에 한한다. 자기의 소유물에 대한 강도죄(강도취재죄)라 할 수 있으므로 폭행·협박·강취는 강도죄의 그것과 같다. 따라서 폭행·협박은 상대방의 반항을 억압할 정도에 이를 것을 요한다. 영득죄가 아니기 때문에 애당초 불법영득의 의사는 문제되지 않는다.

공무소의 명령으로 타인이 관리하는 자기의 물건을 폭행 또는 협박으로 강취한 경우에도 이 죄가 성립한다. 형법 제142조는 폭행·협박을 수단으로 한 경우를 포함하지 않기 때문이다. 이 죄를 범하여 사람에게 사상의 결과를 발생시킨 경우에는 강도치상죄에 해당하는 규정이 없으므로 이 죄와 폭행치상죄 내지 폭행치사죄의 경합범이 될 것이다. 이 죄의 미수범도 강도미수범에 대응한다. 입법론적으로 점유강취치사상죄를 규정해야 할 것이다. 그 밖의 구성요건요소는 폭행죄 또는 협박죄와 권리행사방해죄의 그것과 같다.

2) 준점유강취죄(제2항)　타인의 점유에 속하는 자기의 물건을 취거함에 당하여 그 탈환을 항거하거나 체포를 면탈하거나 죄적을 인멸할 목적으로 폭행·협박을 가하는 것이다. 준강도죄에 대응하는 자기의 물건에 대한 준강도죄라 할 수 있으므로 폭행 또는 협박도 준강도의 그것과 같이 반항을 억압할 정도임을 요한다. 다만 폭행·협박은 취거함에 당하여 행하여져야 한다. 즉, 취거행위와 폭행 또는 협박은 시간적·장소적으로 근접성이 인정되어야 한다. 따라서 취거현장이나 추적 중에 행해지면 충분하다. 그러나 폭행·협박을 받은 자와 점유자

가 일치할 필요는 없다. 이 죄는 목적범이다. 준강도죄의 그것과 같다. 목적의 달성 여부는 이 죄의 성립에 영향이 없다.

3) 미수범 이 두 죄의 미수범은 처벌한다. 기수·미수를 정하는 기준에 대해서도 준강도죄의 경우와 같이, ① 취거의 기수·미수를 기준으로 결정해야 한다는 견해,[26] ② 취거의 기수·미수와 관계없이 폭행 또는 협박을 기준으로 결정해야 한다는 견해,[27] ③ 취거의 기수 여부와 폭행·협박의 기수 여부를 모두 기준으로 결정해야 한다는 견해[28]가 대립한다.

형법은 폭행미수를 벌하지 않고 협박미수만 벌하고 있으므로 ②설 따르면 협박이 미수에 그친 경우에만 이 죄의 미수를 생각할 수 있다. 그러나 재물을 취거한 자에 대해 미수범을 인정할 수 없고, 폭행미수는 애당초 예상할 수도 없다. ③설에 따르면 재물취거가 기수에 이른 후 폭행·협밥이 있었으나 상대방의 반항억압이 없으면 이 죄의 미수를 인정한다. 그러나 재물취거의 기회에 반항억압 정도의 폭행·협박이 있으면 족하고 반드시 반항이 억압되어야 이 죄가 성립하는 것은 아니다. 폭행·협박은 이 죄의 행위 태양으로서 성립요건일 뿐이고 기수·미수를 구별하는 기준은 아니라고 해야 한다. 결국 준강도죄의 기수·미수와 같이 취거의 기수·미수를 기준으로 결정해야 한다. 따라서 체포를 면하기 위해서 폭행을 가했으나 물건을 취거하지 못한 때에 이 죄의 미수가 된다.

2. 중권리행사방해죄

> 【구성요건·법정형】 제324조 또는 제325조(점유강취 또는 준점유강취)의 죄를 범하여 사람의 생명에 대한 위험을 발생하게 한 자는 10년 이하의 징역에 처한다(제326조).

점유강취죄·준점유강취죄를 범하여 생명에 대한 위험을 발생하게 한 경우에 불법과 책임이 가중되는 가중적 구성요건이다. 이 죄에는 폭력에 의한 권리행사방해죄를 범하여 생명에 대한 위험을 발생시킨 경우도 포함되지만 이 경우는 강요죄에서 설명하였다.

---

26) 정영석, 302면; 정성근, 605면; 이재상, 479면; 김일수/서보학, 538면; 배종대, 612면; 김성돈, 473면.

27) 이형국, 482면; 김일수(Ⅲ), 842면; 진계호, 478면; 박상기, 444면; 백형구, 271면; 정영일, 457면.

28) 임웅, 534면; 오영근, 581면.

이 죄의 성격에 관해서는 결과적 가중범으로 보는 견해가 다수설이다. 그러나 고의 있는 결과적 가중범을 인정하지 않는 입장에서는 생명에 대한 위험발생을 인식하고 있었거나 점유강취·준점유강취의 고의가 있는 때에 이 죄가 성립하는 고의범으로 본다. 보호법익은 생명·신체의 안전과 제한물권이며, 보호받는 정도는 구체적 위험범으로서의 보호이다.

이 죄는 점유강취·준점유강취의 고의로 폭행·협박하여 생명에 대한 위험을 발생시킨 경우에 성립하므로 단순한 폭행으로 중상해의 결과를 발생시킨 경우보다 죄질이 나쁘다. 그럼에도 불구하고 법정형에서 전자가 경하게 되어 있음은 균형을 잃은 것으로 본다. 또 점유강취·준점유강취로 인하여 사상의 결과가 발생한 경우에 대해서는 규정하고 있지 않은 점도 입법의 불비라고 본다. 현행법의 해석에서는 이 경우에 점유강취죄(또는 준점유강취죄)와 폭행치상죄 또는 폭행치사죄의 경합범이 될 것이다. 사람의 생명에 대한 위험발생은 중상해죄를, 그 밖의 구성요건요소에 대해서는 점유강취죄·준점유강취죄를 참조.

Ⅲ. 강제집행면탈죄

> **【구성요건 · 법정형】** 강제집행을 면할 목적으로 재산을 은닉, 손괴, 허위양도 또는 허위의 채무를 부담하여 채권자를 해한 자는 3년 이하의 징역 또는 1천만원 이하의 벌금에 처한다(제327조).

1. 의의 · 보호법익

강제집행면탈죄는 강제집행을 면할 목적으로 재산을 은닉·손괴·허위양도 또는 허위의 채무를 부담하여 채권자를 해함으로써 성립하는 범죄이다.

구형법은 공무집행을 방해하는 죄에 포함하여 국가의 강제집행기능을 보호하는 데에 중점을 두었으나 현행법은 채권자를 해한다는 요건을 추가하여 개인의 재산권 중 채권자의 채권보호에 중점을 두고 있다. 그러나 이 죄는 채권자의 채권일반을 보호하는 것이 아니라 국가의 강제집행권이 발동될 단계에 있는 "채권자의 채권"을 보호법익으로 한다. 국가의 강제집행기능은 부차적 법익으로 고려될 뿐이다. 보호정도는 추상적 위험범이며, 거동범·목적범이다.

2. 객관적 구성요건요소

(1) 주 체

이 죄는 채권자의 채권을 보호하므로 채무자가 주체가 된다는 데는 이견이 없다. 이 외에 제3자도 주체가 될 수 있느냐에 대해서, ① 채무자(채무자와 동일시할 수 있는 법정대리인·대리인) 이외의 제3자는 공범의 형식으로 처벌의 대상이 될 뿐이고 주체가 될 수 없다는 견해(진정신분범설)[29]와, ② 채무자에 한하지 않고 제3자도 이 죄의 주체가 될 수 있다는 견해(다수설)[30]가 대립한다. 독일 형법은 "자기의 재산"에 대해서 이 죄의 성립을 인정하므로 채무자로 한정하여야 하지만, 우리 형법은 이러한 제한이 없으며, 일신적 성질인 신분의 대리도 인정할 수 없으므로 이 죄를 채무자로 한정하여 진정신분범으로 취급할 이유가 없다. 따라서 채무자의 법정대리인·채무자인 법인의 기관·채무자의 대리인과 재산관리인은 물론, 기타 채무자의 처나 가족, 채무자인 회사의 경리담당직원 등 채권·채무와 관련있는 제3자도 주체가 될 수 있다. 따라서 이 죄는 신분범이 아니다. 판례도 같다.[31] 그리고 이 죄는 자수범이 아니므로 타인을 이용한 간접정범과 채무자 아닌 자와 공동정범도 가능하다.

(2) 객 체

객체는 재산이다. 여기의 "재산"은 강제집행의 대상이 될 수 있는 것이면(다만 압류금지물은 민사집행법 제246조 참조) 동산·부동산·채권(임차권) 기타 무체재산권(특허권·실용신안권 등)·권리(기대권·특허·실용신안을 받을 수 있는 산업재산권)도 포함한다.[32] 채무자의 재산에 한한다는 견해(주로 진정신분범설)도[33] 있으나 채무자 명의의 재산·재산권에 한정할 이유가 없다고 본다.

(3) 행 위

1) 은닉·손괴·허위양도·허위의 채무부담

(a) 은 닉 "은닉"이란 강제집행권자에 대해서 재산의 발견을 불가능하게

29) 유기천(상), 389면; 김일수/서보학, 540면; 박상기, 445~446면; 임웅, 536면; 이정원, 516면.
30) 황산덕, 265면; 정영석, 303면; 이건호, 284면; 김종원, 273면; 정성근, 607면; 이형국, 483면; 이재상, 481면; 진계호, 479면; 배종대, 612면; 백형구, 281면; 오영근, 584면; 손동권, 521면; 정영일, 459면.
31) 대판, 1983. 5. 10, 82도1987.
32) 대판, 2001. 11. 27, 2001도4759.
33) 김일수/서보학, 541면; 임웅, 537면; 오영근, 584면; 손동권, 522면; 김성돈, 475면.

하거나 곤란하게 하는 것을 말하고,[34] 재산소재를 불명하게 하는 경우뿐만 아니라 그 소유관계를 불명하게 하는 경우도 포함한다. 판례는 강제집행을 면할 목적으로 선순위 가등기권자 앞으로 소유권이전 본등기를 한 때,[35] 채무자 소유동산을 타인소유로 사칭하고 제3자 이의의 소를 제기하여 강제집행정지결정을 받아 그 집행을 저지한 때에도[36] 은닉에 해당한다고 하였다. 은닉은 비밀리에 행할 필요가 없고, 집달관의 면전에서 반출하여 그 소유관계를 불명케 한 때에도 은닉이 된다.

(b) 손 괴 "손괴"란 재물을 물질적으로 훼손하거나 재산의 가치를 감소시켜 그 효용을 해하는 일체의 행위를 말한다.

(c) 허위양도 "허위양도"란 실제로 양도의 진의가 없음에도 불구하고 양도한 것처럼 가장하여 소유명의를 변경하는 것을 말한다(가장매매). 유상·무상은 묻지 않는다. 가옥대장상의 소유자명의를 허위로 변경,[37] 임대권명의를 제3자에게 허위로 이전,[38] 허위채권의 담보로서 부동산 소유권이전등기[39]하는 것이 여기에 해당한다. 허위양도에 한하므로 진실한 양도인 때에는 강제집행을 면할 목적이 있어도 이 죄를 구성하지 않는다.[40] 따라서 공동명의로 신탁된 토지가 공동명의자 일방의 채권자로부터 강제집행의 우려가 있자 이를 면하기 위하여 신탁계약을 해지하고 제3자의 공동명의로 다시 명의신탁하여 소유권이전등기를 경료한 경우 그 소유권이전등기는 신탁자의 정당한 권리행사가 되므로 허위양도가 되지 않는다.[41]

(d) 허위채무부담 "허위의 채무를 부담한다"란 채무가 없음에도 불구하고 제3자에게 채무를 부담하는 것처럼 가장하는 것을 말한다. 진실한 채무부담인 때에는 이 죄가 성립하지 않는다. 제3채무자에게 가등기를 해준 것만으로 허위채무라 할 수 없고,[42] 장래 발생할 조건부채권담보로 근저당설정을 하여도[43]

34) 대판, 2001. 11. 27, 2001도4759.
35) 대판, 1983. 5. 10, 82도1987; 대판, 2000. 7. 28, 98도4558.
36) 대판, 1992. 12. 8, 92도1653.
37) 대판, 1968. 7. 31, 68도677.
38) 대판, 1971. 4. 20, 71도319.
39) 대판, 1982. 12. 14, 80도2403.
40) 대판, 1982. 7. 27, 80도382; 대판, 1986. 8. 19, 86도1191; 대판, 1998. 9. 8, 98도1949; 대판, 2001. 11. 27, 2001도4759.
41) 대판, 1983. 7. 26, 82도1524.
42) 대판, 1987. 8. 18, 87도1260.

이 죄에 해당하지 않는다.

2) 채권자의 권리침해 채권자를 해하는 것이라야 한다. 이 죄의 본질이 채권자의 권리보호에 있으므로 "채권자를 해한다"는 의미는 채권자의 권리를 해할 일반적 위험이 있으면 충분하고 현실적으로 침해되었음을 요하지 않는다(추상적 위험범, 통설·판례).[44] 채권자를 해할 위험이 있느냐는 행위시를 기준으로 구체적 상황을 고려하여 판단해야 하며, 채무자에게 채권확보를 할 수 있는 충분한 재산이 있으면 채권자를 해한 것으로 볼 수 없다.[45] 그러나 허위양도로 인하여 약간의 잉여재산이 남아 있는 것만으로 이 죄의 성립에 영향이 없다.[46] 미수는 처벌하지 않는다. 추상적 위험범이므로 실행(종료)미수는 이 죄의 기수가 된다.

(4) 강제집행을 받을 객관적 상태

이 죄가 성립하기 위해서는 강제집행을 면할 목적으로 재산을 은닉·손괴·허위양도·허위채무 부담이 있다는 것만으로 부족하고, "강제집행을 받을 객관적 상태"가 존재하여야 한다.[47] 이는 기술되지 않은 구성요건표지라고 할 수 있다. 강제집행을 받을 객관적 상태는 민사집행에 의한 강제집행·가압류·가처분 등의 집행을 받을 염려있는 상태를 의미한다.[48] 예컨대 채권확보를 위하여 소송(본안 또는 보전소송·가압류신청)을 제기할 기세를 보이거나[49] 피해자가 치료비청구를 하면서 관계기관에 진정을 하고 있을 때에는[50] 강제집행을 할 우려있는 객관적 상태가 있다고 할 수 있다.

【판례】 약 18억원 정도의 채무초과 상태에 있는 피고인 발행의 약속어음이 부도가 난 경우, 강제집행을 당할 구체적인 위험이 있는 상태에 있다(대판, 1997. 1. 24, 96도2091).

43) 대판, 1996. 10. 25, 96도1531.
44) 대판, 1998. 9. 8, 98도1949; 대판, 1996. 1. 26, 95도2526. 다만 구체적 위험범설은 배종대, 615면. 침해범설은 오영근, 588면.
45) 대판, 1968. 3. 26, 67도1577.
46) 대판, 1990. 3. 23, 89도2506.
47) 대판, 1979. 9. 11, 79도436은 주관적인 강제집행을 면탈하려는 의도가 객관적으로 강제집행을 당한 급박한 상태하에서 나타나야 한다고 판시하고 있다. 같은 취지: 대판, 1996. 10. 25, 96도1531.
48) 대판, 1981. 6. 23, 81도588; 대판, 1986. 10. 28, 86도1553.
49) 대판, 1996. 1. 26, 954도2526.
50) 대판, 1979. 4. 10, 78도2370.

1) 민사소송개시의 유무　강제집행을 받을 염려 있는 객관적 상태가 되는 시기에 대하여, 판례는 처음에 채권자가 가압류·가처분을 신청하거나 민사소송을 제기하고 있어야 한다[51]고 하였으나 그 후 태도를 바꾸어 채권자가 강제집행이나 가압류·가처분을 하거나 소송제기 또는 지급명령의 신청을 한 사실이 없더라도 채권확보를 위하여 소송을 제기할 기세를 보이는 이상 강제집행을 받을 상태가 된다고 판시[52]하고 이를 일관하여 유지하고 있다.[53] 이 죄는 채권자의 권리보호에 본질이 있으므로 현실적으로 민사소송의 제기나 강제집행의 개시가 있느냐는 중요하지 않다고 해야 한다.

2) 민사상 권리(채권)　이 죄는 채권자의 채권보호에 본질이 있으므로 강제집행의 전제가 되는 채권이 존재하지 않으면 안 된다.[54] 법문에는 명시하지 않았으나 재산권을 보호하는 이 죄는 채권의 존재를 당연히 예정하고 있다고 해야 하며, 만일 채권이 존재하지 않을 때에는 보호법익도 없으므로 이 죄는 성립하지 않는다.

3. 주관적 구성요건요소

(1) 고　의

고의가 있어야 한다. 고의는 강제집행을 받을 우려가 있는 객관적 상태를 예견하면서 재산을 은닉, 손괴, 허위양도 또는 허위의 채무를 부담하여 채권자를 해한다는 인식·의사가 있어야 한다. 미필적 고의로 족하다.

(2) 목적범

이 죄는 강제집행을 면할 목적이 있어야 한다. 강제집행을 면할 목적이란 강제집행의 실효를 거둘 수 없게 하려는 목적을 말한다. 목적이 있으면 족하고 목적달성 여부는 묻지 않는다.

(3) 강제집행의 범위

목적의 내용은 강제집행을 면하려는 것이다. 이 죄의 강제집행의 의미에 대

---

51) 대판, 1970. 5. 12, 70도643.
52) 대판, 1973. 10. 31, 73도384.
53) 대판, 1981. 6. 23, 81도588; 대판, 1982. 5. 25, 82도311; 대판, 1984. 3. 14, 84도18; 대판, 1996. 1. 26, 95도2526; 대판, 1998. 9. 8, 98도1949.
54) 대판, 1982. 10. 26, 82도2157.

해서, ① 민사집행법상의 강제집행(민사집행법 제24조 이하, 제276조 이하)에 한한다는 통설[55]과, ② 민사집행법상의 강제집행은 물론, 이를 준용하는 형사소송법상의 벌금·과료·몰수·추징·과태료·소송비용·비용배상 또는 가납(假納)의 재판에 의한 집행도 포함한다는 견해[56]가 대립한다. 이 죄를 공무집행방해죄의 일종으로 규정하였던 구형법상으로는 형사소송법상의 집행도 포함한다는 해석이 가능하지만 채권자의 채권보호를 위해서 광의의 재산죄로 취급하고 있는 현행법 해석으로는 민사집행법상의 강제집행에 한정해야 한다. 판례도 같은 취지이다.[57]

따라서 벌금·몰수 등 재판집행은 물론, 국세징수법에 의한 체납처분이나 경매법에 의한 경매도 이 죄의 강제집행에 포함되지 않는다. 국세징수법에 의한 체납처분에 대해서는 조세범처벌법 제12조가 적용될 것이며, 경매법에 의한 강제집행에 대해서는 경우에 따라 공무집행방해죄(제136조, 제137조)가 성립할 수 있다. 민사집행법에 의한 강제집행이면 금전채권에 관한 강제집행이건 소유권이전등기[58]에 관한 강제집행이건 묻지 않으며, 신분적 재산권인 부양료청구권의 실현을 위한 강제집행도 무방하다.

4. 공범관계

강제집행을 면할 목적으로 허위양도하거나 허위채무를 부담시키려는 자로부터 그 사정을 알면서 허위양도를 받거나 허위의 채권자가 된 자는 이 죄의 공범 또는 공동정범이 된다.

55) 황산덕, 266면; 남흥우, 145면; 이건호, 284면; 김종원, 273면; 염정철, 370면; 정성근, 610면; 강구진, 435면; 이재상, 481면; 김일수/서보학, 543면; 진계호, 482면; 임웅, 538면; 오영근, 585면; 손동권, 521면; 정영일, 459면; 박상기, 447면; 배종대, 613면; 김성돈, 476면.
56) 서일교, 127면; 정영석, 303면; 이근상, 240면.
57) 대판, 1972. 5. 31, 72도1090.
58) 대판, 1983. 10. 25, 82도808.

제 4 편
사회적 법익에 대한 죄

사회적 법익에 대한 죄

인간은 개인으로서 존재하고 있어도 그 개인이 유일적으로 존재하고 있는 것이 아니라 사회라는 공동체를 구성하여 그 속에서 갈등과 충돌을 조정하면서 살아가는 존재이다. 즉, 개인은 사회를 떠나서는 존재할 수가 없다. 여기에서 개별적 존재로서의 개인을 보호하기 위한 범죄가 개인적 법익에 대한 범죄라고 한다면, 공동체로서의 사회 내에서 개인의 사회생활의 평온과 안전을 보호하기 위한 범죄를 사회적 법익에 대한 죄라고 한다. 또 사회적 법익에 대한 죄는 국가적 법익에 대한 죄와 함께 널리 공공적 법익에 대한 범죄에 속하지만 국가 자체의 존립과 기능을 보호하기 위한 국가적 법익에 대한 죄와 구별된다. 사회적 법익에 대한 죄를 유형별로 분류하면, ① 공공의 안전과 평온에 대한 죄, ② 공공의 신용에 대한 죄, ③ 공중의 건강에 대한 죄, ④ 사회도덕에 대한 죄로 나눌 수 있다.

첫째, 공공의 안전과 평온에 대한 죄란 공공의 안전과 평온을 해하는 것을 내용으로 하는 범죄를 말한다. 형법이 규정하고 있는 공안을 해하는 죄(제5장), 폭발물에 관한 죄(제6장), 방화와 실화의 죄(제13장), 일수와 수리에 관한 죄(제14장) 및 교통방해의 죄(제15장)가 여기에 해당한다.

둘째, 공공의 신용에 대한 죄는 통화·유가증권·문서 또는 인장의 진정에 대한 공공의 신용을 해하여 경제적·법적 거래의 안전을 해하는 것을 내용으로 하는 범죄이다. 통화에 관한 죄(제18장), 유가증권·우표와 인지에 관한 죄(제19장), 문서에 관한 죄(제20장) 및 인장에 관한 죄(제21장)가 여기에 해당한다. 그런데 이 중에서 가장 기본이 되는 것은 문서에 관한 죄이므로 이 책은 형법전의 규정 순서와는 달리 문서에 관한 죄를 먼저 설명하기로 한다.

셋째, 공중의 건강에 대한 죄는 일반공중의 생존과 건강을 위태롭게 하는 범죄를 말한다. 여기에는 음용수에 관한 죄(제16장)와 아편에 관한 죄(제17장)가 있다.

넷째, 사회도덕에 관한 죄란 사회일반인의 성생활·경제생활 또는 종교생활상의 도덕적 질서 내지 공공의 미풍양속을 보호하기 위한 범죄를 말한다. 성풍속에 관한 죄(제22장), 도박과 복표에 관한 죄(제23장) 및 신앙에 관한 죄(제12장)가 여기에 해당한다.

제 1 장 공공의 안전과 평온에 대한 죄

제 1 절 공안을 해하는 죄

Ⅰ. 총 설

1. 의 의

공안을 해하는 죄는 사회공공의 안전과 평온을 해하는 범죄이다. 안전한 사회생활을 유지하기 위해서는 사회 평온이 전제되어야 하므로 이를 위태롭게 하는 행위를 범죄로 처벌하기로 한 것이다. 형법은 범죄단체조직죄(제114조), 소요죄(제115조), 다중불해산죄(제116조), 전시공수계약불이행죄(제117조) 및 공무원자격사칭죄(제118조) 등을 공안을 해하는 죄로 규정하고 있다. 그러나 전시공수계약불이행죄와 공무원자격사칭죄는 사회공공의 안전·평온과는 직접 관계가 없는 범죄이고 오히려 국가의 기능을 보호하기 위한 국가적 법익에 대한 죄로 보는 것이 타당하다.[1] 따라서 공안을 해하는 죄의 본질에 대해서는 범죄단체조직죄, 소요죄 및 다중불해산죄의 보호법익을 중심으로 검토하여야 한다.

2. 본질·보호법익

형법은 공안을 해하는 죄를 국가적 법익에 대한 죄 가운데 배열하고 있다. 그래서 이 죄의 본질은 국가의 기능을 보호하기 위한 국가적 법익을 침해한다는 견해(국가적 법익침해설)[2]도 있다. 그러나 이 죄는 국가권력에 대한 반항이나 국가기능의 적정 내지 공정을 위태롭게 하는 범죄가 아니라, 일정한 지역에 살고 있

---

1) 정성근, 615면; 이형국, 492면; 이재상, 487면; 박상기, 453면; 배종대, 607면; 임웅, 522면; 오영근; 595면; 진계호, 628면; 정영일, 467면; 김성돈, 481면.

2) 유기천(하), 257면. 이에 의하면 이 죄의 보호법익은 한 지방에 있어서의 법질서의 안전이다(같은 책, 260면).

는 불특정 또는 다수인의 사회공동생활의 평온과 안전을 위태롭게 하는 사회적 법익을 보호하기 위한 범죄(사회적 법익침해설)[3]라고 해야 한다. 따라서 범죄단체조직죄·소요죄·다중불해산죄의 보호법익도 사회공공의 평온과 안전이다. 우리나라의 통설이다.

보호의 정도에 관해서도 구체적 위험범이라는 견해[4]와 추상적 위험범이라는 견해[5]가 대립한다. 범죄단체조직이나 다중의 폭행·협박·손괴는 그 행위 자체만으로 사회공공의 평온을 해할 위험성이 있으며, 공공의 위험발생은 구성요건요소가 아니며, 공공의 위험발생에 대한 행위자의 인식도 요하지 아니하므로 추상적 위험범설이 타당하다(통설).

【입법론】 전시공수계약불이행죄와 공무원자격사칭죄를 공안을 해하는 죄 중에 포함시키는 것은 체계상 타당한 입법이 아니다. 특히 전시공수계약불이행죄는 일종의 채무불이행을 범죄로 규정한 것으로 나치하의 독일 형법 제92조 a에서 유래한 것이다. 그러나 단순한 채무불이행이 형법적 규제대상이 될 수 없을 뿐만 아니라 2차대전의 종료와 동시에 독일에서 이미 폐지되었음에도 불구하고 우리 형법이 이를 무비판적으로 계수하였다는 비판을 받고 있다.[6] 당연히 삭제되어야 할 것이다.

또 범죄단체조직죄는 구성요건적 행위가 개별화되어 있지 않고 막연하게 범죄를 목적으로 하는 단체를 조직 또는 이에 가입하는 행위를 처벌하고 있고, 처벌에 있어서도 범죄단체의 조직이나 이에 가입하는 행위는 범죄실행의 예비·음모에 불과함에도 불구하고 목적한 범죄의 기수범과 같이 처벌하는 것은 죄형법정주의에 위배되는 위헌규정이라는 비판이 있다.[7] 이 죄의 구성요건적 행위는 범죄를 목적으로 한 단체를 조직하거나 이에 가입하는 것이므로 반드시 불명확한 구성요건요소라 할 수 없고, 이 죄는 범죄단체 형성을 미연에 방지하려는 취지이므로 예비·음모단계에 있는 행위를 기수범처럼 처벌한다는 불합성 때문에 보충성원칙에 반한다[8]고 할 수 있으나 죄형법정주의에 반한다고는 할 수 없다. 따라서 구성요건을 개별화 하거나 범죄단체 조직내부의 역할에 따라 법정형을 차별화하는 입법이 요망된다.[9]

---

3) 이건호, 102면; 서일교, 276면; 정영석, 105면; 이형국, 492면; 이재상, 488면; 진계호, 628면; 김일수/서보학, 550면; 배종대, 620면; 박상기, 453면; 백형구, 455면; 임웅, 545면; 오영근, 595면; 손동권, 530면; 정영일, 467; 김성돈, 481면.

4) 서일교, 278면; 배종대, 620면.

5) 유기천(하), 261면; 정영석, 106면; 진계호, 628면; 임웅, 545면; 백형구, 455, 458면; 오영근, 595면; 김성돈, 482면.

6) 유기천(하), 257면; 진계호, 629면; 이재상, 489면; 김일수/서보학, 550면; 배종대, 619면; 오영근, 596면.

7) 유기천(하), 259면.

8) 김일수/서보학, 551면; 오영근, 597면.

9) 황산덕, 33면; 이형국, 497면; 이재상, 489면; 김일수, 459면; 배종대, 621면; 임웅, 547면; 오

Ⅱ. 범죄단체조직죄

【구성요건 · 법정형】 ① 범죄를 목적으로 하는 단체를 조직하거나 이에 가입한 자는 그 목적한 죄에 정한 형으로 처단한다. 단, 형을 감경할 수 있다(제114조 1항).
② 병역 또는 납세의 의무를 거부할 목적으로 단체를 조직하거나 이에 가입한 자는 10년 이하의 징역이나 금고 또는 1,500만원 이하의 벌금에 처한다(동조 2항). 전 2항의 죄를 범하여 유기의 징역이나 금고 또는 벌금에 처한 자에 대하여는 10년 이하의 자격정지를 병과할 수 있다(동조 3항).

1. 의의 · 성격

범죄단체조직죄는 범죄를 목적으로 하는 단체를 조직하거나 또는 이에 가입하거나, 병역 또는 납세의무를 거부할 목적으로 단체를 조직하거나 이에 가입함으로써 성립하는 범죄이다. 일종의 조직범죄라 할 수 있고 다수의 행위자가 같은 목표를 향하여 같은 방향에서 공동작용하는 필요적 공범(집단범)이다.

범죄를 목적으로 하는 단체를 조직하거나 이에 가입하는 자체는 일종의 예비행위 또는 음모행위에 불과하다. 최근 점점 증가하는 조직범죄의 특수한 범죄적 위험성을 사전에 제거하기 위하여 특별히 처벌하기로 한 것이다. 다만 이 죄는 범죄단체를 조직 또는 이에 가입하는 범죄예비단계의 행위에 대해서 일률적으로 그 목적한 죄에 정한 형으로 처단하는 것은 타당한 입법이라 할 수 없다.

2. 객관적 구성요건요소

(1) 범 죄

"범죄를 목적"으로 한다고 할 때의 범죄는 원칙적으로 법적 구성요건을 실현하는 모든 범죄를 의미한다. 따라서 형법전에 규정된 범죄뿐만 아니라 특별법에 규정된 범죄도 포함한다. 다만 이 죄는 범죄목적의 단체조직 · 가입을 처벌대상으로 하므로 특정단체조직과 가입 자체를 범죄시하는 집단범죄(예컨대, 국가보안법상의 반국가단체구성 · 가입죄)와 경범죄처벌법이 적용되는 경범죄는 제외해야 한

영근, 597면. 참고로 독일형법 제129조는 범죄목적의 단체조직이나 가입을 5년 이하의 자유형 또는 벌금형으로 정하고 있다.

다.[10]

(2) 단 체

"단체"란 공동목적을 가진 특정다수인의 계속적인 결합체를 말한다. 공동목적을 가진 단체가 되기 위해서는 단체를 주도하는 개인의 지시에 따라 상호통일된 의사로 행동한다고 느끼는 최소한도의 조직화된 통솔체계를 갖추고 있어야 한다(예: 선·후배, 형·아우로 뭉쳐 그들 특유의 규율에 따른 통솔이 이루어진 경우[11]). 따라서 조직적 통솔체계를 갖추지 못한 다중의 집합과는 성질이 다르며, 범죄실행을 공모하였다는 것만으로 단체가 될 수 없다. 판례도 소매치기를 목적으로 그 실행행위를 분담하기로 약정한 경우,[12] 4명이 도박개장을 공모한 경우,[13] 어음사기를 목적으로 위장회사를 만들어 업무를 분담한 정도[14]는 통솔체계를 갖춘 계속적인 결합체에 이른 것이 아니므로 이 죄에 해당하지 않는다고 하였다.

【판례】 ① 형법 제114조 제1항 소정의 범죄를 목적으로 하는 단체라 함은 특정다수인이 일정한 범죄를 수행한다는 공동목적 아래 이루어진 계속적인 결합체로서 그 단체를 주도하는 최소한의 통솔체제를 갖추고 있음을 요한다(대판, 1985. 10. 8, 85도1515).[15]

② 피고인으로부터 단체생활에 필요한 자금 등을 제공받고 싸움에 대비하여 수시로 단체 및 개인훈련을 실시하여 왔고, 피고인의 사주를 받거나 고향선배들을 괴롭히는 자들을 응징한다는 명목으로 단체를 구성한 후 10개월동안 16회의 강도상해 및 폭력행위를 자행하였다면 폭력을 목적으로 하는 범죄단체를 구성 또는 이에 가입한 죄에 해당한다(대판, 1987. 10. 13, 87도12340).

③ 자가용 유상운송 회원(18명)으로 가입되어 있는 "독수리회" 회원들이 자신들의 구내에서 영업하는 다른 자가용 운전자를 위협하여 쫓아낸 사실은 인정되나, 그 회의 회장과 총무는 회원들이 돌아가면서 맡고, 회원의 입회비와 월회비로 회원들의 경조사·회식비·교통사고 처리비 지출을 주된 업무로 하고 있다면 회원들의 결합정도가 낮고 조직원 사이에 지휘·명령·복종체계를 갖춘 결합체로 인정하기 어렵고 친목단체에 불과하다(대판, 1991. 12. 10, 91도2569).

---

10) 이재상, 490면; 임웅, 547면; 정영일, 468면; 오영근, 598면; 배종대, 621면; 손동권, 532면; 김성돈, 483면; Sch/Sch/Lenckner, StGB, §129 Rdn. 6.
11) 대판, 1981. 11. 24, 81도2608; 대판, 2001. 9. 28, 2001도3472.
12) 대판, 1981. 11. 24, 81도2608.
13) 대판, 1977. 12. 27, 77도3463.
14) 대판, 1985. 10. 8, 85도1515.
15) 같은 취지: 대판, 1976. 4. 13, 76도340; 대판, 1977. 5. 24, 77도1015; 대판, 1977. 12. 27, 77도3463.

(3) 조직 · 가입

"조직"이란 특정 · 다수인이 의사연락에 의하여 집합체를 형성하는 것을 말하며, "가입"이란 이미 조직된 단체의 구성원으로 참가하는 것을 말한다. ① 조직 · 가입하는 방법에는 제한이 없다. 구두 · 문서에 의하거나 적극적으로 자진하여 조직 · 가입하거나 권유에 의하여 수동적으로 가입해도 상관이 없다. ② 범죄를 목적으로 하는 단체를 조직하거나 이에 가입함으로써 이 죄는 성립하며, 그 후 목적한 범죄를 실행하였는가의 여부는 이 죄의 성립에 영향이 없다.[16]

이 죄는 계속범이므로 단체의 해산이나 단체로부터 탈퇴시까지 계속된다. 이에 대하여 판례는 이 죄를 즉시범으로 보고 범죄단체의 조직과 동시에 공소시효가 진행된다고[17] 하고 있으나 타당하지 않다.

3. 주관적 구성요건요소

범죄를 목적으로 하는 단체를 조직하거나 이에 가입한다는 데에 대한 고의가 있어야 하며, 가입의 경우에는 범죄를 목적으로 하는 단체인 정을 알고 가입해야 한다. 이외에 특별한 주관적 불법요소로서 범죄를 범할 목적(제1항) 병역 또는 납세의 의무를 거부할 목적(제2항)이 있어야 한다(목적범).

4. 특별법과의 관계

(1) 폭처법과의 관계

폭력행위등처벌에관한법률은 이 법에 규정된 범죄(상해죄, 폭행죄, 체포 · 감금죄, 협박죄, 주거침입 · 퇴거불응죄, 강요죄, 공갈죄, 손괴죄)를 목적으로 하는 단체를 구성하거나 이에 가입한 자를 그 지위에 따라 처벌하는 특별규정(동법 제4조)을 두고 있으므로 이 법에 해당하는 범죄단체조직에 대해서는 폭처법이 우선하여 적용된다(법조경합 특별관계).

(2) 특가법 · 국가보안법과의 관계

특정범죄가중처벌등에관한법률은 타인의 재물을 절취할 목적으로 단체 또는

16) 대판, 1975. 9. 23, 75도2321.
17) 대판, 1992. 2. 25. 91도3192

집단을 구성한 자를 그 지위에 따라 처벌하고 있고(제5조의 8) 국가보안법은 반국가단체를 구성하거나 이에 가입한 자를 그 지위에 따라 처벌하고 있으므로 여기에 해당하는 경우에는 형법상의 범죄단체조직죄는 그 적용이 배제된다(특별관계).

(3) 병역법과의 관계

병역법 제86조는 병역의무를 기피하거나 도망 또는 행방을 감추거나 신체를 손상한 자를 처벌하지만 병역의무를 거부할 목적으로 단체를 조직 또는 이에 가입하는 행위에 대해서는 병역법에 특별규정이 없으므로 형법 제114조 2항에 의해서만 처벌된다.

Ⅲ. 소요죄

> **【구성요건 · 법정형】** 다중이 집합하여 폭행 · 협박 또는 손괴의 행위를 한 자는 1년 이상 10년 이하의 징역이나 금고 또는 1,500만원 이하의 벌금에 처한다(제115조).

1. 의의 · 성격

소요죄(Landfriedensbruch)는 다중이 집합하여 폭행 · 협박 또는 손괴의 행위를 함으로써 사회공동생활상의 평온과 안전을 위태롭게 하는 범죄이다.[18] 소요죄는 내란죄와 같이 성질상 다중의 집합을 요건으로 하는 전형적인 군집범죄(집단범)[19]이며 필요적 공범의 일종이다. 추상적 위험범이고 계속범의 성격을 가진 범죄이다.

이 죄는 다중에 의하여 폭행 · 협박 또는 손괴를 한다는 특수한 위험성 때문에 불법이 가중된 것이므로 단순한 폭행 · 협박 · 손괴죄와 구별되며, 또 다중에 의한 폭행 · 협박 · 손괴가 적어도 한 지방의 안전 · 평온을 해할 정도에 이르러

18) 광의의 소요죄는 소요죄(제115조) 외에 다중불해산죄(제116조)도 포함하지만 보통 소요죄라 할 때에는 전자만을 가리키고 이를 특히 협의의 소요죄라 한다.

19) 군집범죄는 일정한 지역에 있는 다중의 집합(군집)이 심리적 일체감에 의하여 비합리적 행동을 할 수 있다는 점에 특색이 있다. 군집범죄에 대해서는 정성근, 「소요죄」(월간고시, 1976. 10), 66면 이하 참조.

야 한다는 점에서 특수폭행죄(제261조), 특수협박죄(제284조), 특수손괴죄(제369조)와도 구별된다.

【연혁】 소요죄는 로마법의 평화파괴적 폭력죄(crimen vis)와 게르만법의 지방의 평화침해(Landfriedensbruch)를 기본으로 발전한 범죄이다. 그러나 연혁적으로 이 죄가 공공위험범죄이냐 치안방해죄 내지 공무방해죄 또는 개인의 재산침해적 성질도 가진 범죄이냐에 대해서는 명백하지 않다. 우리 형법상의 소요죄는 일본 형법가안 제252조의 영향을 받아 국가적 법익에 대한 죄 중에 규정하였고, 구형법에서 소요행위에 가담한 형태에 따라 처벌의 차이를 두었던 것을 폐지하고 단일화하였다. 입법론적으로는 이 죄를 사회적 법익에 대한 죄로 규정함이 타당할 것이다.

2. 객관적 구성요건요소

(1) 주 체

주체는 집합한 다중의 구성원 개인이고 다중 자체는 아니다.[20] 따라서 집합한 다중이면 누구든지 이 죄의 주체가 될 수 있다.

1) 다 중 "다중"이란 다수인의 집합을 말한다. 어느 정도의 다수인이 다중이 되느냐에 대해서는 일률적으로 말할 수 없으나 이 죄의 본질 내지 보호법익에 비추어 인원수뿐만 아니라 집단구성원의 성질(남녀, 성년, 소년, 조직적인 훈련을 받았느냐 등), 집단의 목적 · 시기 · 장소, 흉기류 소지 여부, 폭행 · 협박의 정도 등을 종합적으로 고려하여 한 지방의 평온 · 안전을 해할 수 있는 정도의 폭행 · 협박 · 손괴를 함에 적당한 다수인이라고 해야 한다(통설: 규범적 평가기준설).[21]

2) 집 합 "집합"이란 다수인이 일정한 장소에 모여 집단을 형성하는 것을 말하며, 반드시 일정한 장소적 결합을 본질로 한다. 그러나 내란죄의 경우와 달리 반드시 조직적일 필요가 없고, 단순한 오합지졸이거나 주모자가 없어도 무방하며, 애당초 폭행 · 협박 · 손괴를 할 목적으로 집합할 필요도 없으며, 공동의

20) 정성근, 624면; 이재상, 492면; 김일수/서보학, 554면; 배종대, 624면; 이정원, 524면; 임웅, 551면; 김성천/김형준, 697면; 오영근, 601면; 정영일, 472면; 손동권, 534면; 김성돈, 486면. 이에 대하여 소요죄의 주체는 "집합한 다중"이라는 견해는 서일교, 277면; 황산덕, 34면; 정영석, 108면; 이형국, 499면; 박상기, 459면; 진계호, 634면; 백형구, 459면.

21) 유기천(하), 261면; 남흥우, 237면; 서일교, 277면 이하; 정영석, 104면; 이건호, 102면; 이형국, 499면; 오성환, 주석(상), 75면; 진계호, 634면; 이재상, 493면; 김일수/서보학, 556면; 배종대, 624면; 박상기, 459면; 백형구, 459면; 임웅, 551면; 손동권, 534~535면; 오영근, 601면; 정영일, 473면.

목적 유무나 집합의 동기·목적 여하도 묻지 않는다.

(2) 행 위

행위는 폭행·협박 또는 손괴의 행위를 하는 것이다.

1) 폭행·협박·손괴의 의의 이 죄의 폭행·협박은 최광의의 의미이다. 즉, "폭행"은 사람 또는 물건에 대한 일체의 유형력의 행사를 말한다.[22] "협박"은 공포심을 생기게 할 의사로 해악을 고지하는 일체의 행위를 말한다. 해악의 성질·내용, 해악고지의 방법, 상대방이 공포심을 가졌느냐 등은 묻지 않으며, 해악고지의 상대방도 개인, 공중, 특정인, 불특정인임을 가리지 않는다. "손괴"는 타인의 재물에 대한 물질적 훼손 또는 효용가치를 해하는 일체의 행위이다. 물리적인 훼손뿐만 아니라 본래의 용법에 따라 사용할 수 없게 하는 상태도 손괴가 된다. 다만 여기의 폭행·협박·손괴는 공격적이고 적극적인 행위를 할 것을 요한다. 따라서 단순한 소극적인 저항이나 연좌농성, 바리케이트 설치 정도는 이 죄의 폭행·협박에 해당하지 않는다.[23]

폭행·협박·손괴는 다중의 집합에 의한 합동력(vereinte Kräfte)으로써 행해져야 한다.[24] "합동력"이란 집단 그 자체의 행위로 인정되는 것을 말하고 다중 속의 개개인의 단순한 행위는 아니다. 따라서 다중 속의 개인의 행위가 합동력을 이용한 것이 아니라 각자 독립하여 폭행·협박 또는 손괴의 행위를 하여도 이 죄는 성립하지 않는다. 이 경우에는 개인적 법익을 침해하는 폭력행위등처벌에관한법률위반이나 특수폭행죄, 특수협박죄, 특수손괴죄 등이 성립할 것이다. 집합한 다중의 전부 또는 일부가 합동력을 이용한 것이면 처음부터 이러한 행위를 하였거나 중도에서 하게 되었거나를 묻지 않으며, 다중에 참가한 자 모두가 이러한 행위를 하여야 하는 것도 아니다.[25]

다중에 합류하였으나 폭행·협박·손괴행위에 가담하지 않는 자는 이 죄에 해당하지 않는다는 견해도[26] 있으나 이 죄는 필요적 공범이므로 다중의 일부가 폭행·협박·손괴하여도 다중 모두가 이 죄가 성립한다.

---

22) 대판, 1957. 3. 8, 4289형상341.

23) Rudolphi, SK, §125 Rdn. 6; Sch/Sch/Lenckner, StGB, §125 Rdn. 6.

24) 서일교, 279면; 유기천(하), 262면; 정영석, 105면; 이재상, 494면; 배종대, 625면; 임웅, 552면; 정영일, 473면; 오영근, 602면, 손동권, 535면; 김성돈, 486면.

25) Sch/Sch/Lenckner, StGB, §125 Rdn. 13; Dreher/Tröndle, §125 Rdn. 7.

26) 김일수, 463면.

2) 폭행 · 협박 · 손괴의 정도 폭행 · 협박 · 손괴는 다중의 합동력에 의하여 적어도 한 지방의 평온 · 안전을 해할 정도의 위험성이 있으면 충분하고 현실로 그러한 결과가 발생됨을 요하지 않는다(추상적 위험범).[27] 위험성이 있는 정도에 이르지 않으면 이 죄의 미수가 되지만 불가벌이다. 구체적으로 한 지방의 평온을 해할 수 있는 정도에 이르렀느냐의 판단은 그 당시의 상황, 인원, 행위태양 등을 참작하여 개별적으로 판단할 문제이다.

3. 주관적 구성요건요소

이 죄의 고의가 있다고 하기 위해서는 다중이 집합하여 다중의 합동력으로 폭행 · 협박 · 손괴하려는 공동의사가 있어야 한다(공동의사필요설).[28] 이에 반하여 다중의 합동력으로 공공의 안전을 해한다는 인식과 다중에 가담한다는 인식만 있으면 족하고 공동의사는 요하지 않는다는 견해도[29] 있다. 구성요건요소인 폭행 · 협박 · 손괴는 소요의사에 포함된다고 본다. 공동의사는 다중의 합동력을 믿고 스스로 폭행 · 협박 등을 할 의사 내지 다중으로 하여금 이를 하게 하는 의사와, 이와 같은 폭행 · 협박 · 손괴에 가담하는 의사를 포함한다.[30] 따라서 공동의 의사없이 다중이 집합한 때에 폭행 · 협박하는 것은 다수인의 행위라 하여도 특수폭행죄 또는 특수협박죄가 성립할 뿐이다. 그리고 공동의 의사는 군중속의 각자 개인의 의사로서 소요죄의 고의에 해당하므로 반드시 확정적일 필요가 없고 미필적 공동의사로 충분하다. 따라서 다중의 합동력에 의한 폭행 · 협박 · 손괴에 대하여 예견을 하고 있으면 공동의 의사는 있다고 할 수 있다.

공동의 의사는 공모 내지 통모와 같은 의미가 아니므로 반드시 의사의 연락 · 교환이나 사전의 모의 · 계획이 있을 필요가 없으며, 평온하게 집합한 다중이 집합 후에 이러한 고의를 가지게 되어도 공동의사는 인정된다.[31] 또 공동의

---

27) 유기천(하), 279면; 황산덕, 34면; 정영석, 103면; 이형국, 499면; 이재상, 492면; 진계호, 635면; 김일수/서보학, 554면; 박상기, 458면; 백형구, 459면; 임웅, 551면; 이정원, 524면; 정영일, 472면; 오영근, 601면; 손동권, 534면; 김성돈, 485면. 대판, 1947. 3. 25, 4280형상678.

28) 정영석, 105면; 이건호, 103면; 유기천(하), 262면; 황산덕, 36면; 이형국, 500면; 이재상, 494면; 진계호, 636면; 배종대, 625면; 오영근, 602면; 김성돈, 487면. 이러한 통설적인 입장에 반하여 공동의사불요설도 주장되고 있다(김일수/서보학, 557면; 박상기, 460면). 공동의사불요설에 대한 비판은 정성근, 627면 참조.

29) 김일수/서보학, 557면; 박상기, 460면; 백형구, 460면;

30) 日最判, 1960. 12. 8, 刑集 14. 13, 1818面.

의사는 공동의 목적과 일치하지 않는다. 소요자가 더 나아가서 공동목적이 있었느냐 없었느냐는 묻지 않으며, 다중이 집합한 목적이 적법한 경우에도 이 죄는 성립할 수 있다. 다만 그 목적이 국헌을 문란할 목적이나 국토참절의 목적인 경우에는 내란죄만 성립한다.

4. 공범규정의 적용문제

1) 집단구성원　이 죄는 군중범죄의 성질상 애당초 다수인의 행위를 예정하고 있는 필요적 공범이므로 집단을 형성한 구성원 상호간에는 총칙상의 공범규정을 적용할 여지가 없다. 따라서 군집의 구성원은 각자가 현실적으로 폭행·협박·손괴의 행위를 직접 분담하지 않았어도 다른 구성원의 소요행위가 있는 이상 이 죄의 정범으로 처벌되며, 이 죄의 공동정범·교사범·종범이 되는 것은 아니다. 이러한 의미에서 형법이 예외적으로 단일정범개념을 인정한 것이다.[32)]

2) 집단외에서 관여한 자　단순히 모의에만 참여한 자, 타인을 권유하여 집단에 참가하게 한 자, 자금이나 정보를 제공하여 소요행위를 집단 밖에서 도와주는 관여자에 대해서는 공범규정을 적용할 수 있느냐가 문제된다. 이에 관해서는, ① 군집범죄는 집단행동에 관여한 자를 필요적 공범으로 처벌하므로 총칙상의 공범규정을 적용할 수 없다는 견해와,[33)] ② 필요적 공범은 집단의 내부에서 군집을 형성하는 구성원 사이에만 인정되므로 구성원 아닌자에 대해서는 공범규정을 적용해야 한다는 견해가[34)] 있다.

필요적 공범은 다수인에 의해서만 구성요건을 실현할 수 있으므로 소요행위의 집단 밖에서 집단에 관여하는 경우까지 필요적 공범으로 처벌할 이유가 없다. 집단 밖에서 관여한 교사·방조에 한하여 총칙상의 공범규정을 적용하고, 공동정범규정은 적용할 수 없다고[35)] 해야 한다. 공모공동정범을 인정하는 경우에는 이 죄의 공모공동정범이 될 수 있겠으나 공모공동정범개념은 인정할 필요

31) 황산덕, 36면; 정영석, 105면; 서일교, 276면; 진계호, 636면; 이재상, 494면; 임웅, 552면; 배종대, 625면; 손동권, 535면; 오영근, 603면; 김성돈, 487면.

32) 이재상, 495면; 배종대, 626면; 손동권, 536면.

33) 서일교, 280면.

34) 황산덕, 36면; 정영석, 106면; 이형국, 500면; 김일수/서보학, 558면; 손동권, 536면.

35) 유기천(하), 263면; 남흥우, 239면; 정성근, 629면; 이재상, 495면; 진계호, 637면; 배종대, 626면; 백형구, 460면; 임웅, 553면; 이정원, 525면; 김성천/김형준, 699면; 오영근, 603면; 정영일, 474면.

가 없는 개념이다.

5. 타죄와의 관계

(1) 본죄에 흡수되는 폭행·협박·손괴

폭행죄·협박죄·손괴죄가 이 죄에 흡수된다는 점에는 이견이 없다. 이들 범죄 이외에 어느 범죄까지 이 죄에 흡수되느냐에 대해서 견해가 대립한다.

1) 상상적 경합설 특수폭행죄(제261조), 특수협박죄(제284조), 특수손괴죄(제369조)만 법조경합에 의하여 이 죄에 흡수되고, 그 밖의 범죄는 이 죄와 상상적 경합이 된다는 견해이다.[36]

2) 법조경합설 이 죄의 형보다 중한 죄에 해당하는 경우에만 이 죄와 상상적 경합이 되고, 그 외에는 법조경합에 의하여 이 죄에 흡수된다는 견해이다(다수설). 이에 의하면 살인, 방화, 강도의 죄와 이 죄 사이에는 상상적 경합이 되지만 공무집행방해죄, 건조물손괴죄, 주거침입죄는 법조경합에 의하여 이 죄에 흡수된다.

소요죄의 내용에 대해서 범죄의 성질상 당연히 예상하는 행위이냐 아니냐에 따라 흡수 여부를 판단해야 한다. 대체로 군집범죄의 특성으로 보아 소요행위를 하는 경우에는 주거침입, 공무집행방해, 재물손괴 등이 충분히 예상되는 행위이므로 특수폭행, 특수협박·특수손괴뿐만 아니라 공무집행방해, 주거침입, 건조물손괴 등도 법조경합에 의하여 이 죄에 흡수된다는 다수설이 타당하다고 본다.

(2) 내란죄와의 관계

내란죄는 국헌문란, 국토참절의 목적으로 국가존립의 안전을 위태롭게 하는 범죄로서 구성요건적 행위인 폭동은 국가존립의 안전을 위태롭게 할 정도의 강력한 것이라야 한다. 다만 내란죄의 폭동도 한 지방의 평온을 해할 정도는 되어야 하므로 이 죄에 해당하는 행위가 동시에 내란죄에도 해당될 경우에는 이 죄는 내란죄에 흡수된다(법조경합).

---

36) 유기천(하), 263면; 이재상, 496면; 박상기, 461면; 김성천/김형준, 699면; 손동권, 536면; 정영일, 475면.

(3) 특별죄와의 관계

이 죄와 포고령위반죄는 1개의 행위가 동시에 수개의 죄에 해당하는 상상적 경합이 된다.[37)]

Ⅳ. 다중불해산죄

> 【구성요건 · 법정형】 폭행 · 협박 또는 손괴의 행위를 할 목적으로 다중이 집합하여 그를 단속할 권한이 있는 공무원으로부터 3회 이상의 해산명령을 받고 해산하지 아니한 자는 2년 이하의 징역이나 금고 또는 300만원 이하의 벌금에 처한다(제116조).

1. 의의 · 성격

다중불해산죄는 폭행 · 협박 또는 손괴의 행위를 할 목적으로 다중이 집합하여 이를 단속할 권한이 있는 공무원으로부터 3회 이상의 해산명령을 받고 해산하지 아니함으로써 성립하는 진정부작위범이다. 다중이 폭행 · 협박 또는 손괴의 행위를 할 목적으로 집합하였지만 아직 그 실행이 없는 소요죄의 예비단계의 행위를 독립범죄로 규정한 것이다. 따라서 집합한 다중이 나아가서 폭행 · 협박 또는 손괴의 행위를 한 때에는 소요죄만 성립하며, 이 죄의 적용은 배제된다(법조경합의 보충관계). 공공의 평온과 안전을 보호법익으로 하며, 보호의 정도는 추상적 위험범으로서의 보호이다. 목적범이고 계속범 · 거동범의 성질을 갖는다.

2. 객관적 구성요건요소

(1) 주 체

주체는 폭행 · 협박 또는 손괴의 행위를 할 목적으로 집합한 다중을 구성한 구성원이다. 이 죄도 폭행 · 협박 또는 손괴의 행위를 할 목적으로 다중이 집합할 것을 전제로 하므로 필요적 공범인 군집범에 속한다. 다만 목적을 가지고 다중이 집합하였을 뿐 아직 그 실행이 없다는 점에서 소요죄와 다르다. 집합 이전부터 폭행 · 협박 · 손괴의 행위를 할 목적을 가졌음을 요하지 않으며, 행위 도중

---

37) 대판, 1983. 6. 14, 83도424.

에 이러한 목적을 가지게 된 경우도 포함한다. 그러나 적어도 해산명령을 받기 이전까지는 이러한 목적이 존재하여야 한다

(2) 행 위

행위는 단속할 권한이 있는 공무원으로부터 3회 이상의 해산명령을 받고 해산하지 아니하는 것이다.

1) 단속권한이 있는 공무원 "단속할 권한이 있는 공무원"이란 해산명령권을 가진 공무원을 말한다. 해산명령권은 법령에 근거를 가질 것을 요한다. 예컨대 경찰관직무집행법 제6조에서 규정하고 있는 "범죄예방을 위한 제지"에는 해산명령을 포함하고 있다고 본다.[38)]

2) 3회 이상의 해산명령

(a) 해산명령 "해산명령"은, ① 권한있는 공무원의 적법한 명령임을 요한다. 그 명령의 방식·형식 여하는 묻지 않으나 집합한 다중에 대해서 발해야 하며, 다중의 구성원이 인식할 수 있는 상황에서 전달된 것임을 요한다. 구성원이 그 공무원으로부터 직접 들어서 알게 되었건 타인의 고지로 간접적으로 알게 되었건 상관없다. ② 해산명령은 "3회 이상" 받아야 한다. 3회 이상이란 최소한 3회 이상임을 의미하며, 각 회의 명령 사이에는 해산에 필요한 시간적 간격을 두어야 한다. 따라서 시간적 간격을 두지 않고 계속하여 해산명령을 3회 하여도 1회의 해산명령이 될 뿐이다.[39)]

(b) 해 산 "해산"이란 집합한 다중의 임의적인 분산을 의미한다. 그러므로 다중이 집합한 채로 장소를 이동하거나 퇴거하는 것은 해산이 아니다. 또 해산은 임의적인 분산을 의미하므로 범죄가 성립한 후에 체포를 면하기 위하여 도주하더라도 해산이 될 수 없다. 다중 중의 일부만이 해산한 때에는 해산하지 않는 자에 대해서만 이 죄가 성립한다. 다만 대부분이 해산하고 나머지 소수로 다중이라 할 수 없는 상태(한 지방의 평온을 해할 정도의 다수가 아닌 때)에 이른 때에는 모두 해산한 것으로 보아야 한다.[40)]

---

38) 유기천(하), 264면; 서일교, 281면; 오성환, 주석(상), 79면; 이재상, 497면; 김일수/서보학, 559면; 진계호, 638면; 임웅, 555면; 백형구, 462면; 김성천/김형준, 700면; 오영근, 605면; 김성돈, 488면.

39) 유기천(하), 264면; 황산덕, 38면; 서일교, 281면; 정영석, 113면; 이형국, 502면; 이재상, 497면; 진계호, 638면; 김일수/서보학, 559면; 배종대, 628면; 임웅, 555면; 오영근, 605면; 정영일, 476면; 김성돈, 489면.

3) 기수시기 해산명령을 3회 이상 받고 해산하지 아니함으로써 기수가 된다. 즉, 해산하지 않는 부작위 그 자체가 기수로 되는 진정부작위범이므로 미수범은 성립할 수 없다.

4회 이상의 해산명령을 받고 해산한 경우에 이 죄가 성립하느냐에 대해서는, 3회의 해산명령을 받고 해산하지 않으면 기수가 된다는 이유로 이 죄가 성립한다는 견해도[41] 있다. 그러나 3회째의 명령으로 해산하지 않았어도 이 죄의 완성은 최종의 해산명령시를 기준으로 판단해야 하므로 4회째의 명령에 따라 해산하였다면 이 죄는 성립하지 않는다는 다수설[42]이 타당하다. 따라서 5~6회의 해산명령을 받고 결국 평온하게 해산하였다면 이 죄는 성립하지 않는다고 해야 한다.

3. 주관적 구성요건요소

이 죄의 고의는 다중이 집합하고 있다는 사실과 공무원의 해산명령을 받고 있음을 인식하고 있어야 하며, 해산하지 않는다는 의사가 있어야 한다. 그리고 고의 이외에 폭행·협박 또는 손괴의 행위를 할 목적이 있어야 하는 목적범이다. 목적달성 여부는 묻지 않는다. 목적은 다중이 집합할 당시부터 있음을 요하지 않으나 최소한 해산명령 이전까지는 있어야 한다.

V. 전시공수계약불이행죄

【구성요건·법정형】 ① 전쟁·천재 기타 사변에 있어서 국가 또는 공공단체와 체결한 식량 기타 생활필수품의 공급계약을 정당한 이유 없이 이행하지 아니한 자는 3년 이하의 징역 또는 500만원 이하의 벌금에 처한다(제117조 1항).
② 전항의 계약이행을 방해한 자도 전항의 형과 같다(제117조 2항). 전2항의 경우에는 그 소정의 벌금을 병과할 수 있다(제117조 3항).

---

40) 같은 취지: 이재상, 497면; 임웅; 555면; 정영일, 476면, 오영근, 605면; 배종대, 628면; 김성돈, 489면.

41) 서일교, 281면; 정영석, 113면; 김성천/김형준, 701면.

42) 황산덕, 38면; 남흥우, 240면; 오성환, 주석(상), 79면; 이형국, 502면; 이재상, 497면; 진계호, 638면; 김일수/서보학, 560면; 배종대, 628면; 박상기, 462면; 백형구, 462면; 임웅, 555면; 오영근, 606면; 김성돈, 489면.

1. 의의 · 성격

전쟁 · 천재 기타 사변에 있어서 국가 또는 공공단체와 체결한 식량 기타 생활필수품의 공급계약을 정당한 이유없이 이행하지 아니하거나 이러한 계약이행을 방해함으로써 성립하는 범죄이다. 국가비상사태 아래에서 국민의 곤궁상태를 악용하는 모리행위(謀利行爲)를 방지하고 생활필수품의 원활한 공급으로 국민생활의 안정을 도모하려는 데에 입법의 취지가 있다. 이러한 취지로 보면 이 죄는 공안을 해하는 죄의 장에 규정하고 있지만 국가 또는 공공단체의 기능을 보호법익으로 한다. 다만 사법상의 계약불이행의 일종을 범죄로 규정하였다는 점에서 입법적으로 의문시된다. 그리고 이 조문 1항은 진정부작위범, 의무범이다.

2. 구성요건요소

주체는 국가 또는 공공단체와 식량 기타 생활필수품의 공급계약을 체결한 자 또는 그 계약이행을 고의로 방해한 자이다. 여기의 국가는 제103조의 정부보다 넓은 개념이며, 공공단체와 지방조합도 포함한다.

행위는 전쟁 · 천재 기타 사변이라는 국가비상시라는 행위상황에서 정당한 이유 없이 공급계약의 이행을 않거나(부작위) 그 이행을 방해하는 것이다. 계약불이행 또는 계약이행의 방해가 있으면 결과발생 유무와 관계없이 범죄는 완성된다. "정당한 이유"는 계약이행을 기대할 수 없는 경우를 의미하고, 그 유무는 구체적인 경우에 사회통념에 따라 판단해야 한다. 계약이행을 방해하는 방법 여하는 묻지 않는다.

Ⅵ. 공무원자격사칭죄

> **【구성요건 · 법정형】** 공무원의 자격을 사칭하여 그 직권을 행사한 자는 3년 이하의 징역 또는 700만원 이하의 벌금에 처한다(제118조).

1. 의의 · 성격

공무원의 자격을 사칭하여 그 직권을 행사함으로써 성립하는 범죄이다. 이 죄는 공안을 해하는 죄와 성격이 다르고 오히려 공무방해적 성격을 갖는다. 따라서 보호법익은 공직으로 수행되는 국가기능의 진정성에 대한 신뢰라고 본다. 추상적 위험범, 거동범이다. 이 죄를 공무원자격 사칭행위와 직권행사행위의 결합범이라는 견해도[43] 있으나 공무원자격 사칭과 직권행사 그 자체는 각각 독립범죄가 될 수 없으므로 결합범은 아니다.

2. 객관적 구성요건요소

공무원의 자격을 사칭하고 다시 그 직권을 행사하는 두 가지 요건을 구비하여야 한다.

(1) 공무원의 자격사칭

여기의 "공무원"은 국가 또는 지방공무원과 특별법상의 공무원을 포함한다. 공무원임용령(제43조)에 의하여 임용권자가 채용한 임시직원도 여기의 공무원에 해당한다.[44] 다만 여기의 공무원은 어떤 직권을 행사할 수 있는 공무원임을 요한다.

"자격을 사칭하여"란 자격 없는 자가 공무원의 자격을 가진 것처럼 타인을 오신시키는 일체의 행위를 말한다. 비공무원이 공무원이라고 사칭하는 경우는 물론, 공무원이 다른 공무원의 자격을 사칭하는 경우도 포함한다. 자격사칭의 방법에는 제한이 없다. 자기자신이 스스로 사칭하였음을 요하지 않으며, 부작위에 의한 사칭도 가능하다.

(2) 사칭한 직권행사

"직권을 행사한다"란 그 사칭한 공무원의 직무에 관한 권한을 행사하는 것을 말한다. 직권행사를 한 것이 사칭한 그 공무원의 직권에 속하지 않을 때에는 이 죄는 성립하지 않는다. 단순한 사칭에 그치고 직권행사가 없는 때에는 경범죄에 해당할 뿐이다(경범죄처벌법 제1조 8호).

【판례】 ① 청와대 민원비서관을 사칭하여 전화국장에게 시외전화선로의 고장수리를 하라고 한 경우(대판, 1972. 12. 26, 72도2552), ② 중앙정보부 직원을 사

43) 임웅, 557면.
44) 대판, 1975. 5. 22, 73도884.

칭하여 대통령의 사진액자가 파손된 사실에 자인서를 작성·제출하라고 한 경우(대판, 1977. 12. 13, 77도2750), ③ 합동수사반원을 사칭하여 채권을 추심하는 경우(대판, 1981. 9. 8, 81도1955) 등에 대해서 사칭한 그 공무원의 직권을 행사한 것이 아니라고 하여 이 죄의 성립을 부정하였다.

3. 주관적 구성요건요소

고의는 공무원의 자격 없이 그 자격을 사칭하고 직권을 행사한다는 인식과 의사이다.

4. 타죄와의 관계

사기죄, 절도죄, 문서위조죄 등과 공무원자격사칭죄는 상상적 경합이 된다. 따라서 순경의 자격을 사칭하여 운전자로부터 범칙금을 받은 때에는 이 죄와 사기죄의 상상적 경합이 된다. 공무원이 자기의 직권과 관계없는 타인의 직권을 행사하여 금품을 수수한 때에는 공무원자격사칭죄만 성립하고, 수뢰죄는 성립하지 않는다. 경우에 따라 공무원자격사칭죄와 사기죄의 상상적 경합이 되는 경우가 있을 것이다.

제 2 절 폭발물에 관한 죄

I. 총 설

1. 의의·본질

폭발물에 관한 죄는 폭발물을 사용하여 공중의 생명·신체 또는 재산을 침해하거나 위태롭게 하여 사회 공공생활의 안전을 해하거나 질서를 문란케 하는 범죄이다. 형법은 이 죄를 국가적 법익에 대한 죄로 규정하고 있으나,[45] 이 죄는 폭발물을 사용하여 사회 공공생활의 안전과 질서를 해하는 전형적인 공공위험죄이므로 사회적 법익에 대한 죄에 속한다.[46] 최근에는 핵에너지의 폭발과 방사선의 남용을 별도로 규정하는 입법례가 늘고 있다.[47] 우리 형법도 이러한 추세에 따라 1995년 형법개정에서 방화와 실화의 장에 가스·전기 등 방류죄(제172조의 2)를 새로 신설하였다. 핵에너지의 남용과 원자핵을 이용한 폭발의 경우는 특수한 위험이 수반되므로 폭발물의 폭발과 동일시할 수 없다는 점에서 타당하고 시의적절한 입법이다.

2. 보호법익

이 죄의 본질을 폭발물 사용으로 인하여 사회 공공생활의 안전과 질서를 해하는 공공위험죄로 본다면 이 죄의 보호법익도 사람의 생명·신체 또는 재산의 안전과 사회 공공의 질서(평온)라고 해야 한다. 법익이 보호받는 정도에 대해서 추상적 위험범으로서의 보호라는 견해도 있다.[48] 공공위험죄의 대부분이 추상적 위험범이지만 이 죄는 구성요건요소로서의 사람의 생명·신체·재산을 해하거나 공안을 문란케 할 것임을 요구하고 있고 이러한 내용은 결국 공공의 위험발생을 의미한다고 해석해야 하므로 구체적 위험범이라고 해야 한다.[49]

45) 이 죄를 헌법에서 위임된 법질서일반을 보호하기 위한 국가적 법익을 해하는 범죄라는 견해는 유기천(하), 268면.

46) 서일교, 283면; 이건호, 107면; 정영석, 111면; 남흥우, 242면; 이형국, 511면; 이재상, 500면; 김일수/서보학, 564면; 배종대, 630면; 백형구, 441면; 임웅, 559면; 손동권, 539면; 정영일, 482면; 오영근, 610면; 박상기, 465면; 김성돈, 492면. 입법적으로 독일형법 제311조, 스위스형법 제224조 이하, 오스트리아형법 제173조 및 일본 개정형법초안 제170조 이하도 이 죄를 공공위험죄로서 사회적 법익에 대한 죄로 규정하고 있다.

47) 독일 형법 제310조의 b, 제311조의 a, 오스트리아 형법 제171조, 일본 개정형법초안 제172조.

48) 유기천(하), 268면.

49) 이재상, 501면; 김일수/서보학, 564면; 배종대, 630면; 박상기, 465면; 진계호, 643면; 손동권, 541면; 백형구, 450면; 이정원, 529면; 김성천/김형준, 704면; 정영일, 482면; 김성돈, 493면. 이에 대해서 침해범설은 오영근, 696면. 사람의 생명·신체·재산에 대해서는 침해범, 공공의 평온은 구체적 위험이라는 견해는 임웅, 559면.

Ⅱ. 폭발물사용의 죄

1. 폭발물사용죄

【구성요건 · 법정형】 폭발물을 사용하여 사람의 생명 · 신체 또는 재산을 해하거나 기타 공안을 문란한 자는 사형 · 무기 또는 7년 이상의 징역에 처한다(제119조 1항). 미수범은 처벌한다(제119조 3항).

(1) 의 의

폭발물을 사용하여 사람의 생명 · 신체 또는 재산을 해하거나 기타 공안을 문란케 함으로써 성립하는 전형적인 공공위험죄이다. 다른 공공위험죄와 달리 폭발물의 위험성을 이용하여 공공의 안전과 평온을 해한다는 점에 특색이 있다. 보호받는 정도에 관해서 추상적 위험범설도[50] 있으나 구체적 위험범이라 해야 한다(통설).

(2) 객관적 구성요건요소

1) 폭발물의 사용 "폭발물"이란 점화나 일정한 자극을 가하면 급격한 팽창에 의하여 폭발작용을 하는 고체 · 액체 또는 가스 등의 물체로서, 이 죄의 성질상 그 파괴력이 적어도 공공의 안전을 해할 정도의 위력을 가진 물체를 말한다. 예컨대, 다이나마이트 · 니트로글리세린 · 아세틸렌가스 등 폭발물로 사용되는 화약과 수류탄 · 지뢰 · 시한폭탄과 같은 폭발물이 여기에 해당한다. 다만 여기의 폭발물은 법적 · 규범적 개념이므로 이화학적(理化學的) 개념에 의존할 필요는 없다. 따라서 오락용 폭약이나 화염병은 여기의 폭발물이 아니며,[51] 소총의 실탄발사도 여기의 폭발물이 아니다.[52] 소총발사로 사람을 살해하면 보통 살인죄가 성립할 뿐이다. 원자핵의 폭발도 여기의 폭발물 사용이라 할 수 있느냐에 대해서는 일반의 폭발물과 구별해야 되지만 별도의 규정이 마련될 때까지는 여기에 포함시켜야 한다는 견해도 있다.[53] 그러나 핵에너지는 핵분열과 핵융합에

50) 유기천(하), 268면.
51) 대판, 1968. 3. 5, 66도1056. 화염병은 「화염병사용등의처벌에관한법률」의 적용을 받는다.
52) 황산덕, 40면; 서일교, 283면; 이재상, 502면; 김일수/서보학, 565면; 진계호, 644면; 박상기, 466면; 손동권, 540면; 임웅, 561면; 정영일, 483면; 오영근, 612면.
53) 이형국, 511면; 임웅, 561면; 오영근, 612면.

의해 발생하는 것이므로 이 죄의 폭발물과 구별하는 것이 타당하다.[54] 그리고 이에 따른 방사선 또는 방사선 물질은 제172조의2의 적용대상이 된다.

"폭발물을 사용하여"란 폭발가능성 있는 물체를 그 용법에 따라 폭발시키거나 폭발할 수 있는 상태에 두는 것을 말한다.

2) 공안의 문란 "공안을 문란하게 한"다란 폭발물을 사용하여 한 지방의 법질서를 교란케 할 정도에 이른 것을 말한다. 사람의 생명·신체·재산을 해하는 것은 공안문란의 예시로 볼 수 있다. 여기의 재산은 재물과 같은 의미이다.

3) 기수시기 폭발물을 폭발시켜 사람의 생명·신체·재산을 해하였거나 공안을 문란케 하였을 때에 기수가 된다. 폭발물을 사용하였으나 폭발되지 않았거나, 폭발되었어도 공안을 문란케 하지 못한 때에는 이 죄의 미수범이 된다.

(3) 주관적 구성요건요소

고의가 있어야 한다. 폭발물을 사용한다는 사실과 생명·신체 또는 재산을 해하고 공안을 문란케 한다는 사실에 대한 인식·의사가 있어야 한다. 구체적 위험범이므로 생명·신체·재산에 대해 구체적 위험결과의 발생이나 공안문란의 구체적 위험결과의 발생에 대한 고의도 있어야 한다.[55]

(4) 죄 수

고의로 폭발물을 사용하여 사람이 사망하거나 상해·손괴(건조물 소회)의 결과가 발생한 경우에 이 죄와 상상적 경합이 된다는 견해도[56] 있으나 폭발물사용죄(제119조1항)만 성립한다고 본다(법조경합의 보충관계).

2. 전시폭발물사용죄

> **【구성요건·법정형】** 전쟁·천재 기타 사변에 있어서 전항(폭발물 사용)의 죄를 범한 자는 사형 또는 무기징역에 처한다(제199조 2항). 미수범은 처벌한다(제119조 3항).

전쟁·천재 기타 사변에 있어서 폭발물사용죄를 범한 경우에 "전쟁·천재·

54) 유기천(하), 270면; 오성환, 주석(상), 84면; 이재상, 502면; 김일수/서보학, 565면; 손동권, 540~541면; 진계호, 644면; 배종대, 631면; 김성돈, 494면.
55) 대판, 1969. 7. 8, 69도832.
56) 김일수/서보학, 566면.

기타 사변에 있어서"라는 행위상황으로 인하여 불법이 가중된 범죄이다. 휴전 중이라도 전시에 해당한다는 판례가 있다.[57] 기타의 구성요건요소는 폭발물사용죄 참조.

Ⅲ. 폭발물사용예비 · 음모 · 선동 등의 죄

1. 폭발물사용예비 · 음모 · 선동죄

【수정 구성요건 · 법정형】 ① 전조 제1항 · 제2항의 죄(폭발물사용 · 전시폭발물사용)를 범할 목적으로 예비 또는 음모한 자는 2년 이하의 유기징역에 처한다. 단, 그 목적한 죄의 실행에 이르기 전에 자수한 때에는 그 형을 감경 또는 면제한다(제120조 1항).

② 전조 제1항 · 제2항의 죄를 범할 것을 선동한 자도 전항의 형과 같다(제120조 2항).

폭발물사용죄와 전시폭발물사용죄를 범할 목적으로 예비 · 음모 또는 선동함으로써 성립하는 범죄이다. 피해의 중대성과 행위의 위험성을 고려하여 예외적으로 처벌규정을 둔 것이다. 또 자수의 경우에는 임의적 감면사유로 함이 보통이나 이 죄에서는 필요적 감면사유로 하고 있음이 특색이다.

수정 구성요건요소는 폭발물사용죄를 범할 목적으로 예비 · 음모 또는 선동하는 것이다. ① "예비"란 폭발물을 사용하기 위한 준비행위로서 제119조의 죄의 실행의 착수에 이르지 아니한 행위이며, ② "음모"는 위의 죄를 실행하기 위한 2인 이상의 모의를 말한다. ③ "선동"이란 타인의 정당한 판단을 잃게 하여 범죄실행의 결의를 하게 하거나 이미 결의한 자의 결의를 조장하도록 자극을 주는 것을 말한다. 상대방의 결의를 조장 · 자극하기만 하면 되고 이에 따라 결의하였음을 요하지 않는다는 점에서 교사와 구별된다.[58] 선동의 방법은 구두 · 문서 · 도서 기타 행동으로도 가능하다. 폭발물사용죄를 범할 목적으로 예비 · 음모를 하도록 외부에서 이를 교사 또는 방조한 경우에 총칙상의 교사 · 방조의 규정을 적용할 수 있느냐에 대해서 부정설과[59] 긍정설이[60] 대립하나, 부정설이

57) 대판, 1965. 11. 30, 4289형상217.
58) 유기천(하), 272면; 황산덕, 40면; 서일교, 284면; 이형국(7인 공저), 456면; 이재상, 503면; 손동권, 542면; 진계호, 648면; 배종대, 633면; 임웅, 564면; 오영근, 613면; 김성돈, 496면.

타당하다. 판례도 부정하고 있다.[61]

2. 전시폭발물제조·수입·수출·수수·소지죄

> 【구성요건·법정형】 전쟁 또는 사변에 있어서 정당한 이유없이 폭발물을 제조·수입·수출·수수 또는 소지한 자는 10년 이하의 징역에 처한다(제121조).

전시 또는 사변에 있어서 정당한 이유 없이 폭발물을 제조·수입·수출·수수 또는 소지함으로써 성립하는 범죄이다. 폭발물 제조·수입·수수 등의 행위도 원래 폭발물사용죄의 예비행위에 해당하지만 형법은 이를 독립된 범죄로 규정한 것이다.[62]

"정당한 이유없이"란 법률의 규정에 의하지 아니하거나 국가기관의 허가 없이 임의로 하였다는 의미이다. "제조·수입·수출"에 관해서는 위조통화행사죄(제207조 4항) 참조. "수수"란 주고 받는 행위를 말하며, 유상·무상임을 묻지 않는다. "소지"는 목적물을 자기의 사실상의 지배하에 두는 것으로 점유보다 넓은 개념으로 본다. 따라서 반드시 자신이 사실상 소지함을 요하지 않는다. 소지의 원인은 묻지 않으며 타인을 위한 소지도 가능하다.

59) 이재상, 503면; 배종대, 633면; 김성돈, 496면.
60) 유기천(하), 290면; 진계호, 648면; 김일수/서보학, 567면.
61) 대판, 1976. 5. 25, 75도1549.
62) 이재상, 504면; 임웅, 565면; 손동권, 542면; 배종대, 634면, 김성돈, 496면. 독일의 다수설; Vgl. Sch/Sch/Cramer, StGB. §311 b Rdn. 8; Dreher/ Tröndle, StGB. §311 b Rdn. 2.

제 3 절 방화와 실화의 죄

I. 총 설

1. 의 의

방화죄(Brandstifungsdelikte)란 고의로 불(火)을 놓아 사람의 주거에 사용하거나 사람이 현존하는 건조물, 공용·공익에 공하는 건조물 기타 일반건조물이나 물건을 소훼하는 공공위험죄를 말하며, 실화죄(fahrlässige Brandstiftungsdelikte)란 과실로 인하여 이상의 건조물·물건을 소훼하는 공공위험죄를 말한다. 형법은 이와 같은 협의의 방화죄 이외에 진화를 방해하거나, 폭발성 있는 물건을 파열하거나, 가스·전기 등을 방류하거나, 가스·전기 등의 공작물을 손괴하는 죄도 방화죄에 준하여 처벌하고 있다. 따라서 광의의 방화죄에는 이러한 준방화죄도 포함된다고 할 수 있다.

【입법례】 연혁적으로 로마법에서는 방화죄를 살인죄의 일종으로 처벌하였으며, 게르만법에서는 생명과 재산에 대한 침해범으로 파악하고 있었으므로 공공위험죄의 성격은 중요시하지 않았다. 그러나 1794년의 프로이센 일반란트법(동법 제1511조)과 1851년의 프로이센 형법전을 거치면서 방화죄는 공공위험죄의 실질을 갖게 되었다.[63] 독일 형법(제306조 이하), 오스트리아 형법(제169조), 스위스 형법(제221조) 등도 이러한 입법태도를 따르고 있다. 한편 일본구형법(제402조 이하)과 미국 모범형법전(제2201조)은 방화죄를 개인적 법익에 대한 재산죄의 일종으로 취급하고 있으며, 프랑스 형법(제435조 이하)도 재산을 파괴·손괴하는 재산죄의 일종으로 취급하고 공공위험죄의 성질은 특히 문제삼지 않는다.

우리 형법은 일본 개정형법가안(제16장)을 거의 그대로 받아들이면서 구형법(현행 일본형법)에 비하여 처벌을 다소 완화하였고(현주건조물방화에 있어서 결과적 가중범을 제외하고는 사형을 삭제) 방화행위의 결과인 「燒燬」(소훼)를 「燒毁」(소훼)로 바꾸어 독립연소설적 견해를 시정하여 효용상실설 내지 일부손괴설적 해석을 할 수 있도록 용어를 정리하였다.[64]

---

63) Maurach/Schröder/Maiwald, BT 2, S. 13.
64) 유기천(하), 16면 이하 참조.

2. 보호법익

방화죄의 본질과 보호법익이 무엇이냐에 대하여 견해가 대립한다.

1) 공공위험죄설 방화죄는 공공의 안전을 보호하기 위해서 처벌하는 것이고, 재산범죄 특히 손괴죄와 아무런 관계가 없다는 견해이다.[65] 방화죄는 일반 재산범죄와 구별하여 사회적 법익에 대한 죄로 규정하였고, 자기소유물에 대한 방화도 처벌한다는 점을 그 근거로 한다.

2) 이중성격설 방화죄는 공공의 안전이라는 사회전체의 이익을 보호하지만 부차적으로 개인의 재산도 보호한다는 견해이다(통설).[66] 형법은 자기소유물에 대한 방화죄와 타인소유물에 대한 방화죄에 대해서 법정형에 차이를 두고 있고, 재산에 대한 소훼라는 재산적 침해의 결과를 요구하고 있다는 것이 그 근거이다.

3) 결 어 형법은 방화죄를 손괴죄의 가중유형으로 규정하지 않고 별도로 사회적 법익에 관한 죄로 규정하고 있으며, 자기 소유물에 대한 소훼도 처벌하며(제166조 2항, 제167조 2항), 일정한 경우에는 공공위험의 발생을 요구하고 있다. 따라서 방화죄의 기본적 성격이 공공위험죄라는 점에는 의문이 없다. 반면에 방화죄는, ① 일반의 위험범처럼 단순히 공공의 위험만 있으면 처벌하는 것이 아니라 소훼에 의한 재산의 훼손이라는 결과발생을 요구하고 있으며, ② 모든 방화죄를 일률적으로 동일하게 처벌하지 않고 공공의 위험이 발생한 경우에도 방화행위의 목적물이 누구의 소유물이냐에 따라 구성요건과 법정형을 달리하고 있으므로 재산죄의 성격도 동시에 가진 것으로 보아야 한다.[67] 따라서 방화죄는 기본적으로는 공공위험죄이지만 부차적으로는 재산죄의 성격도 가진 이중적 성격의 범죄로 보는 것이 타당하다. 그러므로 이 죄는 기본적으로 공공의 안전을 보호하지만 부차적으로 목적물의 재산도 보호한다고 해야 한다. 판례의 입장도 이와 같다.

---

65) 이재상, 507면; 김성천/김형준, 713~714면.

66) 유기천(하), 19면; 황산덕, 103면; 정영석, 112면; 서일교, 285면; 이건호, 109면; 이형국, 519면; 진계호, 652면; 김일수/서보학, 576면; 배종대, 636면; 박상기, 472면; 백형구, 419면; 임웅, 568면; 손동권, 544면; 오영근, 616면; 정영일, 487면; 김성돈, 497면.

67) 다만 형법 제176조는 "자기의 소유에 속하는 물건이라도 압류 기타 강제처분을 받거나 타인의 권리 또는 보험의 목적물이 된 때에는 본장의 규정의 적용에 있어서 타인의 물건으로 간주한다"고 규정하고 있으므로 재산의 소유권 귀속에 따른 차등취급은 제164조의 적용에 있어서는 무의미하고 오직 제166조와 제167조의 적용에서만 그 의미를 갖는다.

【판례】 형법 제164조 전단의 현주건조물에의 방화죄는 공중의 생명, 신체, 재산 등에 대한 위험을 예방하기 위하여 공공의 안전을 그 제1차적인 보호법익으로 하고 제2차적으로는 개인의 재산권을 보호하는 것이라고 할 것이다(대판, 1983. 1. 18, 82도2341).

4) 보호의 정도

방화죄는 기본적으로 공중의 생명·신체·재산에 대한 위험한 행위를 처벌하는 공공위험죄이므로 위험범에 속한다. 다만 제164조(현주건조물방화죄), 제165조(공용건조물방화죄) 및 제166조 1항(타인소유의 일반건조물방화죄)은 추상적 위험범으로서 보호되며, 제166조 2항(자기소유의 일반건조물방화죄)과 제167조(일반물건 방화죄), 제172조 1항(폭발성물건파열죄)은 구체적 위험범으로서 보호된다.[68] 이에 따르면 추상적 위험범에 있어서의 공공의 위험은 구성요건적 요소가 아니라 입법이유(입법상 의제)에 불과하므로 방화로 인한 소훼가 있으면 위험발생과 관계없이 범죄는 기수가 되며, 행위자가 공공의 위험에 대한 인식도 필요없다. 이에 대해서 구체적 위험범에 있어서는 구체적인 위험발생이 구성요건적 요소이므로 위험발생의 여부가 방화죄의 성립 여부를 결정하게 되며 행위자는 이를 인식하고 있어야 한다.[69]

【공공위험죄의 본질】 방화죄와 실화죄는 형법이 규정하고 있는 대표적인 공공위험죄이므로 여기서 공공위험죄와 관련한 문제점을 살펴보기로 한다.

1) 공공의 위험의 의의　공공위험죄는 공공의 위험을 내용으로 하는 범죄이고, 공공의 위험은 공중의 생명·신체·재산에 대한 위험 또는 이에 대한 예측할 수 없는 위험을 의미한다. 여기의 "공중"이란 불특정 또는 다수인을 의미한다.[70]

2) 공공위험의 판단기준　공공의 위험이라 할 때의 "위험"은 법익침해의 가능성을 말한다. 그리고 여기의 위험은 행위의 위험성이며 행위자의 위험성이 아니므로 공공의 위험의 판단기준도 행위자의 주관을 기초로 할 것이 아니

68) 우리나라의 통설이다. 유기천(하), 18면; 정영석, 113면; 황산덕, 103면; 이형국, 517면; 진계호, 652면; 배종대, 637면; 백형구, 419면; 이재상, 508면; 임웅, 568면; 정영일, 487면; 오영근, 616면; 김성돈, 498면.

69) 이와는 달리 방화죄의 이중적 성격을 근거로 침해범의 성질도 있다는 견해도 있다(瀧川, 42면; 江家, 88면; 山岐界, 「放火罪について」 東北大 法學 제29권 1호, 55면). 또 제164조 내지 제166조의 방화죄에서는 방화에 의하여 대부분 구체적 위험도 발생하므로 원칙적으로 구체적 위험범이고 예외적으로 개인적 법익을 침해하는 침해범이 된다는 견해도 있다(山岐, 前掲論文, 66면). 이에 대해서는 정성근, 644면 참조.

70) 우리나라의 통설이다. 유기천(하), 20면; 황산덕, 105면; 정영석, 128면; 서일교, 290면; 이형국(7인 공저), 465면; 이재상, 508면; 진계호, 650면; 배종대, 636면; 임웅, 567면.

라 구체적 사정을 고려하여 일반 경험칙상 결과발생의 가능성이 있느냐에 따라 객관적으로 판단해야 한다. 즉, 위험판단은 객관적 · 사후적 판단이다.[71] 객관적 판단은 물리적 위험성이 아니라 심리적 위험성을 대상으로 한다. 즉, 일반인이 심리적으로 공공의 위험이 있다고 느끼게 되었는가에 따라 판단해야 한다. 따라서 일반인이 일정한 목적물에 연소할 우려가 있다고 생각할 수 있는 상태이면 공공의 위험은 있다고 해야 한다.(옆집에 불이 난 경우에 강풍이 자기 집 반대 방향으로 불고 있는 경우에도 물리적 위험성은 없으나 심리적 위험성은 있으므로 공공의 위험도 있다).

3. 구성요건체계

형법상의 방화와 실화의 죄는 방화죄, 준방화죄, 실화죄로 대별된다. 첫째, 방화죄의 기본적 구성요건은 일반물건방화죄(제167조)이고, 현주건조물방화죄(제164조), 공용건조물방화죄(제165조), 일반건조물방화죄(제166조 1항)는 이에 대하여 불법이 가중된 가중적 구성요건이다. 그리고 자기소유의 일반물건방화죄(제167조 2항), 자기소유의 일반건조물방화죄(제166조 2항), 연소죄(제168조)에 대해서는 형을 감경하며, 현주건조물치사상죄는 결과적 가중범이다.

둘째, 준방화죄는 진화방화죄(제169조), 폭발성물건파열죄(제172조), 가스 · 전기 등 방류죄(제172조의 2), 가스 · 전기 등 공급방해죄(제173조)가 있다.

셋째, 실화죄에 있어서는 실화죄(제170조)를 기본적 구성요건으로 하여 업무상 실화 · 중실화죄(제171조)를 이에 대한 가중적 구성요건으로 규정하고 있다. 이 밖에도 결과적 가중범으로서 폭발성물건파열치사상죄, 가스 · 전기 등 방류치사상죄, 가스 · 전기등 공급방해치사상죄와 과실 폭발성 물건파열죄가 있다. 그리고 현주건조물방화, 공용건조물방화, 일반건조물방화, 폭발성물건파열, 가스 · 전기등 방류, 가스 · 전기등 공급방해의 미수범과 예비 · 음모도 처벌한다. 특별규정으로서 자기소유에 속하는 물건이라도 압류 기타 강제처분을 받거나 타인의 권리 또는 보험의 목적물이 된 때에는 타인의 물건으로 간주하는 규정을 두고 있다(제176조).

---

71) 이재상, 509면; 진계호, 650면; 배종대, 636면; Sch/Sch/Cramer, StGB, §306 Rdn. 5; Maurach/Schröder/Maiwald, BT 2, S. 8.

Ⅱ. 방화죄

1. 현주건조물 등 방화죄

【구성요건 · 법정형】 불을 놓아 사람이 주거로 사용하거나 사람이 현존하는 건조물 · 기차 · 전차 · 자동차 · 선박 · 항공기 또는 광갱을 소훼한 자는 무기 또는 3년 이상의 징역에 처한다(제164조 1항). 미수범은 처벌한다(제174조). 예비 · 음모도 처벌한다(제175조). 제176조(타인의 권리대상이 된 자기의 물건)의 특별규정 적용.

(1) 의 의

불을 놓아 사람이 주거로 사용하거나 사람이 현존하는 건조물 · 기차(전차 · 자동차 · 선박 · 항공기 · 광갱) 등을 소훼함으로써 성립하는 추상적 공공위험죄이다. 일반건조물 등에 대한 방화보다 사람의 생명 · 신체 · 재산에 대한 위험성이 크다는 점을 고려하여 중한 형으로 처벌하기로 한 것이다. 즉시범 · 거동범의 일종이다.

(2) 객관적 구성요건요소

1) 행위의 객체 객체는 사람이 주거로 사용하거나 사람이 현존하는 건조물 · 기차 · 전차 · 자동차 · 선박 · 항공기 또는 광갱이다.

가) 사 람 사람이란 범인 이외의 모든 자연인을 말한다.[72] 범인의 가족 · 동거인도 공범자가 아닌 이상 여기의 사람에 포함된다. 그 건조물의 소유권이 누구에게 있는가는 묻지 않는다. 범인만이 사용하는 경우에는 제166조의 건조물에 해당한다. 그러나 자기의 처와 같이 살고 있는 집에 방화한 때에도 이 죄가 성립한다.

나) 주거로 사용 "주거"의 의미에 대해서는 사람의 기와침식(起臥寢食)의 장소로서 일상 사용하는 장소라는 견해와[73] 사람이 일상생활을 영위하기 위하여 점거하는 장소이면 충분하고 반드시 기와침식에 사용하는 장소일 필요가 없다는 견해[74]가 대립하는데, 후자가 다수설이다. 주거침입죄처럼 주거와 관리하는

72) 대판, 1948. 3. 19, 4281형상5.

73) 유기천(하), 28면; 손동권, 548면; 오영근, 618면.

74) 정영석, 121면; 이형국, 521면; 이재상, 506면; 김일수/서보학, 577면.; 배종대, 638면; 임웅,

건조물, 점유하는 방실을 구별하지 아니하므로 다수설이 타당하다. 주거는 그 용도가 반드시 주택으로 사용될 목적으로 건조되었음을 요하지 않는다. 토굴이나 차량도 어느 정도의 주거로서의 설비가 있으면 주거가 된다(이른바 주거차량 Wohnwagen). 주거사용이란 사실상 주거로 이용하고 있는 상태를 말한다. 동일인이 계속해서 현존할 필요도 없다. 일정한 계절에만 사용하는 별장, 학교나 공장의 숙직실, 술집의 객실 등도 주거사용에 해당한다. 주거사용은 건조물의 전부일 필요가 없고, 그 일부에 주거사용 부분이 있으면 그 건조물 전체가 주거사용이 된다. 따라서 교사(校舍) 내의 한 방을 숙직원의 야간숙박 장소로 사용하는 때에는 교사 전체가 주거성을 갖게 된다.[75] 이러한 건조물의 주거에 사용하지 않는 부분만을 소훼할 의사로 방화한 때에도 이 죄가 성립한다.[76] 주거로 사용하는 건조물이면 방화 당시에 건조물 내부에 사람이 현존할 필요가 없으며, 주거사용 자체가 적법하지 않은 경우에도 주거에 해당한다.

다) 사람이 현존 주거사용 이외의 건조물(전차 · 자동차 · 선박 · 항공기 · 광갱)은 방화당시에 사람이 현존해야 한다. "사람이 현존한다"란 범인 이외의 자가 방화당시에 건조물 등의 내부에 있음을 말한다. 건조물의 일부에 사람이 있으면 전체에 사람이 현존한다고 할 수 있고, 사람이 존재하면 주거사용 여부는 문제되지 않으며, 사람이 현존하게 된 이유도 묻지 않는다.[77] 따라서 주거로 사용하지 않는 빈집에 방화당시에 사람이 있으면 사람이 현존하는 건조물이 된다. 또한 주거자가 모두 살해된 직후(주거자가 연탄가스로 모두 사망한 직후)에 이를 모르고 방화한 경우에는 그 건조물 등은 이 죄가 아니라 제166(일반건조물방화죄)조의 목적물에 해당한다고 본다. 그러나 범인이 가족 모두를 살해하고 방화한 경우에는 이 죄에 해당한다고 본다.[78]

라) 건조물 건조물이란 가옥 기타 이에 유사한 공작물로서 지붕이 있고, 담벼락 또는 기둥으로 지지되어 사람이 그 내부에 출입할 수 있는 구조를 말한다.

570면; 김성돈, 500면.

75) 대판, 1967. 8. 29, 67도925.

76) 「가옥의 일부로 되어 있는 牛舍(외양간)에 대한 방화는 현주건조물 방화에 해당한다」(대판, 1967. 8. 29, 67도925).

77) 남흥우, 245면; 이건호, 338면; 이형국, 521면; 이재상, 514면; 배종대, 638면; 오영근, 619면; 손동권, 549면, 김성돈, 500면.

78) 유기천(하), 29면; 진계호, 654면; 배종대, 638면; 손동권, 548면. 반대설: 김일수/서보학, 577면; 김성돈, 500면.

① 그 구조나 규모의 대소, 재료의 종류 여하는 묻지 않는다. ② 방화죄의 건조물은 주거침입죄의 건조물과 일치하지 않는다. 주거침입죄의 건조물에는 주택을 포함하지 않지만 이 죄의 건조물에는 주택은 물론, 점포 · 창고 · 학교 · 관공서 · 사무소 · 공화당 등도 포함되므로 토막굴도 건조물이 된다.[79] ③ 건조물은 어느 정도 지속성을 가지고 토지에 정착된 것임을 요한다. 건조물의 용도는 묻지 않으며 사람이 현존할 수 있으면 족하다. 건축공사 사무실, 임시지휘소, 토목공사가건물, 관광지의 방갈로, 천막집도 건조물에 해당한다.[80] 그러나 레저용 텐트, 동물사육용 우리, 쓰레기 헛간, 공중전화 박스는 일반 건조물(제166조 1항)에 해당한다. ④ 건조물과 불가분의 일체를 형성하여 이를 파괴하지 않고는 뜯어낼 수 없는 부속물에 대한 방화도 이 죄의 건조물에 해당한다.

마) 기차 · 전차　"기차"란 증기기관, 가솔린 · 디젤기관 등의 동력으로 궤도 위를 진행하는 차량을 의미한다. "전차"란 전기를 동력으로 하여 궤도 위를 진행하는 차량을 말하고, 전동차 · 모노레일이 그 예에 속한다. 또 케이블카와 여기의 가선(加線)에 의해서 운행되는 것도 이에 포함된다. 주거로 사용하거나 사람이 현존하는 때 한하여 이 죄의 객체가 된다. 주거용이 아니고 사람이 현존하지도 않으면 제166조 1항의 객체가 된다.

바) 자동차 · 선박 · 항공기　"자동차"는 원동기를 이용하여 궤도나 가선 아닌 육상에서 운행되는 차량을 말하며, 그 동력은 휘발유 · 경유 · 축전지 · 알코올 · 태양열 등 묻지 않는다.[81] "선박"은 수면에서 운행되는 교통기관으로서 그 선적 · 용도 · 형상 · 대소는 묻지 않는다. "항공기"는 사람의 조종에 의하여 공중을 항행하는 기기로서 비행기 · 비행선 · 글라이더 등이 이에 해당하며, 용도와 형상 여하는 묻지 않는다. 주거용이거나 사람이 현존할 때에만 이 죄의 객체가 된다.

사) 광 갱　"광갱(鑛坑)"이란 광물을 채취하기 위한 지하설비를 말하고 광물은 금광 · 은광 · 동광 · 연광 · 석탄 기타 광업법이 적용되는 광물이 여기에 해당한다. 광업법(제4조)상 채굴권이 없는 자의 불법채굴을 위한 지하설비도 포함

---

79) 유기천(하), 30면.
80) 유기천(하), 30면; 진계호, 655면; 이재상, 514면; 배종대, 639면; 임웅, 571면; 손동권, 549면; 오영근, 619면; 김성돈, 500면. 단, 황산덕, 106면과 이형국, 521면은 제167조의 일반물건에 해당한다고 본다.
81) 박보무, 주석(상), 253면; 이형국, 522면.

되며 그 설비의 적법 여부를 묻지 않는다. 행위당시 사람이 현존해야 한다.

2) 행 위　불을 놓아(방화) 소훼하는 것이다.

가) 방 화　"방화(放火)"란 화력을 이용하여 일정한 목적물을 소훼시키기 위한 원인을 주는 행위를 지칭한다. 그 방법에는 제한이 없다. 직접적으로 목적물에 방화하거나 매개물을 이용해서 방화할 수 있으며, 소극적인 부작위의 방법으로도 가능하다. 예컨대, 소화의무자가 용이하게 소화(消火)할 수 있는데도 그대로 방치하여 목적물을 소훼시키는 경우에도 방화행위에 해당할 수 있다. 다만 부작위에 의한 방화가 성립하려면 소화에 대한 보증인적 지위에 있는 자의 보증의무위반이 있어야 한다. 따라서 단순한 소화의무나 소화협력의무의 위반(경범죄처벌법 제1조 36호, 소방기본법 제20조) 또는 진화방해 정도는 부작위에 의한 방화가 되지 않는다.

나) 착수시기　일반적으로 실행의 착수시기는 목적물 또는 매개물에 발화 또는 점화한 때이다(다수설).[82] 현주건조물방화의 목적으로 빈집 기타의 물건에 점화하여 이를 소훼한 이상 건조물에 연소(延燒)되지 아니한 때에도 현주건조물방화죄의 미수범이 된다. 그러나 실행의 착수에 관한 절충설에 따를 때에는 반드시 발화 또는 점화까지 나아가지 않고 방화의 직접적 위험이 있는 행위가 있는 때에도 실행의 착수가 인정될 수 있다. 예컨대 인화물질이 있는 곳에 시한폭발물을 장치하는 경우에도 실행의 착수를 인정해야 한다.

【판례】 피고인이 불을 아직 방화목적물 내지 그 도화물체에 점화하지 아니한 이상 이를 즉시 방화의 착수로 논단하지 못할 것이다(대판, 1960. 7. 22, 4293형상213).

다) 소 훼　방화죄와 실화죄의 구성요건적 결과는 소훼이다. 소훼의 결과가 발생함으로써 기수가 된다. 소훼란 일반적으로 화력에 의한 건조물·물건의 훼손을 의미하지만 구체적으로 어느 정도의 훼손이 소훼로 되느냐에 대해서는 견해가 대립한다.

(a) 독립연소설　불이 방화의 매개물을 떠나서 목적물에 옮겨져 독립하여 연소(燃燒)할 수 있는 상태에 이르게 된 때에 소훼가 있고 기수가 된다는 견해이

82) 유기천(하), 27면; 정성근, 651면; 진계호, 655면; 박상기, 473면; 배종대, 639면; 이형국, 522면; 백형구, 424면; 임웅, 571면; 정영일, 490면; 김성돈, 501면과 판례도 같다. 대판, 1960. 7. 22, 4293형상213; 대판, 2002. 3. 26, 2001도6641.

다.[83] 소훼를 요건으로 하지 않는 독일 형법에서는 이 설이 통설[84] · 판례[85]이며 우리 판례의 일부[86]도 이에 따른 것이 있다. 방화죄가 공공위험범죄이므로 기수시기도 공공위험이 야기되는 독립연소시로 결정해야 한다는 것을 이유로 한다. 이에 의하면 목적물 자체(건물의 지붕 · 천정 · 벽 · 창틀 · 마루)에 불이 붙은 때에는 기수가 되지만 가구 · 카페트에 불이 붙은 때에는 아직 독립연소가 있다고 할 수 없다.

【판례】 방화죄는 화력이 매개물을 떠나 스스로 연소할 수 있는 상태에 이르렀을 때에 기수가 된다(대판, 1970. 3. 24, 70도330).

(b) 효용상실설　독립연소로는 부족하고 목적물의 중요부분이 소실되어 그 본래의 효용을 상실한 때에 소훼가 있고 기수가 된다는 견해이다. 종래의 우리나라와[87] 일본의[88] 다수설이다. 이 견해는 방화죄의 재산죄적 성질을 중시하여, ① 우리 형법은 독일 형법과 달리 불을 놓는 외에 소훼를 다시 요구하고 있고, ② 목조건물이 대부분인 생활환경에서 독립연소설을 채택하면 기수의 성립범위가 확대되어 처벌에서 중하게 되며, ③ 동일한 공공위험죄인 일수죄(제177조 이하)와 폭발성물건파열죄(제172조)의 기수요건으로 요구하는 "침해(浸害)" 또는 "손괴"도 효용상실을 의미하므로 이와 균형상 방화죄의 소훼도 효용상실의 의미로 이해해야 한다는 것이 그 이유이다.

(c) 중요부분연소개시설　목적물의 중요부분에 연소가 개시된 때에 소훼가 있고 기수가 된다는 견해이다.[89] 독립연소설에서 출발하면서 기수시기를 너무 이른 시점에서 인정하는 독립연소설의 단점을 보완하여 목적물의 중요부분에 대한 연소시까지 늦추어 수정한 것이다. 목적물의 중요부분에 연소가 개시되면(예컨대, 처마에 불이 붙으면) 효용상실이 없더라도 공공의 위험을 인정할 만한 소훼

83) 이재상, 515면; 박상기, 474면; 이정원, 538면; 김성천/김형준, 719면; 손동권, 551면.
84) Welzel, StR, S. 454; Maurach/Schröder/Maiwald, BT 2, S. 16; Sch/Sch/Cramer, StGB, §306 Rdn. 9.
85) BGHSt. 7. 37; 18, 363; 20. 246; 34. 115.
86) 대판, 1970. 3. 24, 70도330; 대판, 1983. 1. 18, 82도2341.
87) 서일교, 290면; 유기천(하), 24면; 정영석, 121면; 백형구, 421면.
88) 瀧川, 216면; 牧野(上), 85면; 木村, 189면; 香川, 148면; 日高, 「放火罪における燒毁の概念」 現代刑法論爭(Ⅱ), 253면.
89) 남흥우, 247면; 이건호, 111면; 황산덕, 108면; 이형국, 524면; 정영일, 492면.

가 있다고 하여 소훼시기와 공공의 위험발생 시기를 일치시키는 데에 특색이 있다.

(d) 일부손괴설 목적물의 중요부분이 소훼될 필요는 없고, 손괴죄에 있어서의 손괴의 정도로, 일부손괴가 있는 때에 소훼가 있고 기수가 된다는 견해이다.[90] 효용상실설에서 출발하면서 효용상실까지 요하지 않고 일부손괴의 정도로 충분하다고 수정한 견해로, 공공의 위험발생과 소훼시기를 일치시킬 필요가 없고, 방화죄의 재산범적 성격을 도외시할 수 없다는 것을 이유로 한다.

(e) 이분설 현주건조물방화죄와 같은 추상적 위험범의 소훼(기수시기)는 독립연소설로 파악하고, 자기소유 일반건조물방화죄와 같은 구체적 위험범의 소훼(기수시기)는 중요부분연소개시설로 파악하는 견해이다.[91] 방화죄가 공공의 위험을 초래할만한 전형적인 특성을 지닌 행위태양으로서 소훼가 있는지의 여부는 추상적 위험범과 구체적 위험범의 유형에 따라 달리 평가해야 한다는 것을 논거로 한다.

(f) 학설의 검토 첫째, 주택구조가 대부분 석조건물인 서구와 특히 방화죄의 행위태양이 불을 놓은 것으로 충분한 독일 형법(제360조 이하)의 해석에서는 독립연소설이 합리적이다. 그러나 ① 목조로 된 건물에서는 방화 직후에 곧 독립연소가 되는 것이 보통이므로 독립연소설을 취하게 되면 미수범의 성립 범위가 협소하여 사실상 중지범을 인정하기 곤란하고, ② 방화죄의 재산죄적 성질을 전혀 고려할 수 없으며, ③ 형법은 방화 이외에 소훼의 결과발생을 요구하고 있고,[92] ④ 소훼와 공공의 위험발생이 반드시 일치되는 것도 아니므로[93] 우리 형법의 해석에서는 독립연소설은 타당하지 않다.

둘째, 효용상실설은, ① 방화죄의 재산죄적 성질을 강조하여 공공위험죄의 성질을 경시하고 있고, ② 재산죄적 성질을 중시하면 재물손괴죄의 손괴 정도로 족함에도 불구하고 화력을 사용한 경우에 한하여 특별히 중요부분의 소실을 요

90) 정성근, 654면; 同, 「방화죄」(법정 1977. 1), 84면; 임웅, 573면 이하; 오영근, 621면; 김성돈, 502면.

91) 김일수/서보학, 581면; 진계호, 657면; 배종대, 642면.

92) 구형법에서는 燒燬(燬는 불이 이글거린다는 뜻)라고 하였던 것을 현행법에서는 燒毁(毁는 무너지다의 뜻)라고 바꾸었는데 이는 독립연소설을 포기한 것이라는 견해도 있다[유기천(하), 24면].

93) 구체적 공공위험범(제166조 2항, 제167조, 제170조 2항)에 있어서는 소훼가 있어도 구체적 위험발생이 없는 경우를 예정하고 있고, 추상적 공공위험죄에 있어서는 공공위험이 인정되는 경우에도 소훼되지 않는 경우(현주건조물방화 목적으로 비현주건조물 소훼)도 있다.

구하는 이유가 불분명하며, ③ 목적물 본래의 효용 내지 중요부문의 소실이 없는 경우에도 공공의 위험은 발생할 수 있으므로 이러한 경우에는 구체적 공공위험죄도 성립할 수 없게 되며, ④ 특히 최근의 새로운 건축자재로 된 건물[94]에서는 내부자재의 일부 소실만으로도 중대한 공공의 위험이 발생할 수 있으므로 이러한 경우에 목적물의 중요부분이 상실되지 않았다고 해서 기수범으로 처벌할 수 없다는 것은 타당하지 않다.

셋째, 중요부분연소개시설은 방화죄의 이중적 성격을 고려하고 있다는 점은 타당하다. 그러나 실제에 있어서는 독립연소설과 결론에서 차이가 없다. 공공의 위험발생은 기수·미수를 묻지 않고 방화죄의 전제조건이며, 공공의 위험발생과 관계없이 목적물이 소훼되는 경우도 있으므로 소훼시기와 공공의 위험발생이 일치하는 것도 아니므로 타당하지 않다.

넷째, 이분설은 독립연소설과 중요부분연소개시설의 결함 외에도 우리 형법의 방화죄가 위험범(공공의 안전)과 결과범(소훼)형식의 두 가지 성질을 갖는 범죄라는 점을 간과하고 있다.

(g) 결 어 침해범 또는 결과범은 법익침해 또는 결과발생의 유무로 기수와 미수를 명백하게 구별할 수 있다. 이에 대해서 공공위험범죄인 방화죄는 그 주된 법익인 공공의 안전에 대한 위태화를 기준으로 기수와 미수를 구별할 수 없고 방화죄의 행위결과인 소훼를 기준으로 구별할 수밖에 없다. 소훼는 "불에 타서 훼손된 것"을 의미하므로 적어도 목적물이 훼손되거나 그 일부의 손괴가 없이는 생각할 수 없다.[95] 독일 형법과 달리 소훼라는 결과를 요구하고 미수범을 처벌하는[96] 형법의 취지에 비추어 목적물의 훼손 내지 일부 손괴가 있는 때에 소훼가 있다고 해야 한다.

일부손괴설에 대해서는 같은 공공위험범죄인 일수죄의 "침해(浸害)"와 균형이 맞지 않는다는 비판이[97] 있다. 그러나 침해는 물에 잠기어 해를 입는 것이므로 목적물의 훼손 내지 일부 손괴를 당연히 수반한다고 해야 한다. 또 일부손괴

---

94) 최근의 건조물에서는 철근·콘크리트·난연재·불연재 사용이 증가하고 이러한 건조물에 대한 방화는 대부분 유독가스나 연기에 질식하거나 산소 결핍 등에 의한 뇌장애 등이 대부분이다.

95) 임웅, 573면 이하.

96) 방화죄 중에서 추상적 위험범(제164조, 제165조, 제166조 1항 등)에 대해서는 미수범을 처벌하지만 구체적 위험범에 대해서는 폭발성물건파괴죄(제172조 1항)를 제외하고는 미수범을 처벌하지 않는다.

97) 유기천(하), 24면.

는 공공위험범죄의 소훼 여부를 판단하는 기준이므로 공공위험범죄의 성격에 반한다고 할 수 없다. 방화죄의 기수시기는 방화죄의 공공위험죄의 기본적 성격을 유지하면서 재산죄적 성격도 고려하고 있는 일부손괴설이 타당하다고 본다. 판례중에도 이 설에 따른 것이 있다.

【판례】 방화죄의 기수시기인 소훼는 화력에 의하여 목적물의 일부가 손괴된 때를 말하는 것이고 반드시 목적물의 전부가 손괴되거나 그 본질적 효용을 상실한 때를 말하는 것이 아니라 할 것이다(대판, 1961. 5. 15, 4294형상89).

(3) 주관적 구성요건요소

1) 고 의　방화죄의 고의는 자기의 행위에 의해서 목적물을 소훼한다는 인식·의사와 목적물이 주거에 사용되거나 사람이 현존한다는 사실을 인식하고 있어야 한다. 미필적 인식으로 충분하다.

【판례】 ① 절취한 물건의 용기에 점화한 목적이 절도의 증거인멸에 있다 할지라도 인화력이 강한 석유를 사용하여 건물을 연소케 한 경우에는 점화당시 연소될 것을 인식하였다고 보는 것이 타당하므로 건조물방화로 볼 것이다(대판, 1954. 1. 16, 4287형상47).

② 피고인이 동거하던 공소외인과 가정불화가 악화되어 헤어지기로 작정하고 홧김에 죽은 동생의 유품으로 보관하던 서적 등을 뒷마당에 내어놓고 불태워 버리려 했던 점이 인정될 뿐 피고인이 위 공소외인 소유의 가옥을 불태워 버리겠다고 결의하여 불을 놓았다고 볼 수 없다면 피고인의 위 소위를 가리켜 방화의 범의가 있었다고 할 수 없다(대판, 1984. 7. 24, 84도1245).

2) 착 오　① 방화의 목적물이 형법에 규정된 목적물에 해당하지 않는다고 오신한 경우(토굴은 주거가 될 수 없다고 오신한 경우)에는 위법성의 착오로 고의는 조각되지 않는다(책임설). ② 목적물인 건조물이 주거사용 또는 사람이 현존하지 않는다고 오신한 경우에는 제15조 1항에 의하여 일반건조물방화죄의 죄책을 부담한다. ③ 건조물의 일부를 주거로 사용하는 경우에 주거로 사용하지 않는 다른 부분만을 소훼할 의사로 방화한 때에도 건물 전부에 대한 고의범이 된다.

(4) 위법성

위법성에 관한 일반원칙이 그대로 타당하다. 다만 방화죄의 이중적 성격으로 인하여 피해자의 승낙이 있는 범위내에서 재산죄 부분에 대한 위법성을 조각시킬 수 있다(목적물의 법적 의미만 달라진다). 따라서 현주건조물의 주거자(주거자 모두)의 승낙을 받고 방화한 때에는 일반건조물방화죄(제166조)가 될 것이며, 재물 소유자의 승낙을 받고 방화한 경우에는 자기소유물방화죄(제166조 2항, 제167조 2항)가 될 것이다.[98]

⑸ 특별규정

이 장의 규정의 적용에 있어서 자기 소유의 물건이라도 압류·강제처분을 받거나 타인의 권리 또는 보험의 목적물이 된 때에는 타인의 물건으로 간주한다(제176조).

⑹ 죄수·타죄와의 관계

1) 죄 수 공공위험죄의 죄수는 행위객체의 수가 아니라 공공의 안전이라는 보호법익을 기준으로 결정해야 한다. 따라서 ① 1개의 방화 행위로 수개의 (현주)건조물을 소훼한 때에도 1개의 (현주건조물)방화죄가 성립한다. 이 경우 건조물이 수인의 소유에 속한 때에도 같다. ② 동일구역 내의 수개의 건조물에 대하여 차례로 방화한 때에도 1개의 방화죄만 성립한다. ③ 1개의 방화행위로 적용 법조를 달리하는 건조물과 물건을 소훼한 때에는 가장 중한 죄의 포괄일죄가 된다. ④ 동일한 취지에서 현주건조물을 소훼할 목적으로 이에 인접한 비현주건조물에 방화한 때에는 현주건조물방화의 착수가 있는 것이므로 가령 현주건조물에 연소되지 않은 때에도 현주건조물방화죄의 미수범이 되고 비현주건조물에 대한 방화는 별도로 처벌하지 아니한다. ⑤ 방화에 수반된 재물손괴는 불가벌적 수반행위로서 방화죄에 흡수된다.

2) 타죄와의 관계

(a) 내란죄와의 관계 내란의 실행으로 방화한 때에는 이 죄는 내란죄에 흡수된다는 견해[99]도 있으나 불가벌적 사전행위로서 내란죄와 보충관계에 있다고 본다.

---

98) 유기천(하), 19면; 서일교, 291면; 정영석, 125면; 정성근, 655면; 김일수/서보학, 582면; 진계호, 651면. 이에 반하여 피해자의 승낙이 영향을 줄 수 있는 것은 일반건조물방화죄(제166조)와 일반물건방화죄(제167조)에 한정된다는 견해도 있다, 이형국, 525면; 이재상, 509면; 김일수, 486면; 백형구, 425면. 주거자가 동의했다고 하여 현주건조물방화죄가 규정하고 있는 사람이 현존하는 것이 아니라고 할 수 없을 뿐만 아니라, 공중의 생명·신체에 대한 위험은 처분할 수 있는 법익이 아니라는 것을 그 논거로 한다.

99) 황산덕, 111면; 진계호, 658면; 배종대, 643면.

(b) 소요죄와의 관계 소요죄의 실행 중에 방화한 때에는 이 죄와 소요죄의 상상적 경합이 된다.[100] 그러나 소요의 기회를 이용하여 집단행동과 관계없이 방화한 때에는 실체적 경합이 된다.

(c) 사체손괴죄와의 관계 건조물 내에서 사람을 살해한 후 죄적인멸의 의사로 방화한 때에는 보호법익이 다르고 별개의 고의로 실행한 것이므로 이 죄와 살인죄・사체손괴죄의 경합범이 된다.[101]

(d) 보험사기와의 관계 보험금을 편취할 목적으로 건조물에 방화한 때에는 보험금 청구를 하였으면 사기죄(또는 그 미수범)와 이 죄는 경합범이 되며, 보험금 청구전이면 방화죄만 성립한다.

2. 현주건조물 등 방화치사상죄

> 【구성요건・법정형】 제1항의 죄(현주건조물등 방화죄)를 범하여 사람을 상해에 이르게 한 때에는 무기 또는 5년 이상의 징역에 처한다. 사망에 이르게 한 때에는 사형, 무기 또는 7년 이상의 징역에 처한다(제164조 2항). 제176조(타인의 권리대상이 된 자기의 물건)의 특별규정 적용.

(1) 의의・성격

현주건조물등 방화죄를 범하여 사람을 사상에 이르게 한 때에 성립하는 결과적 가중범이다(제164조 2항). 형법 개정전에는 방화치상죄와 방화치사죄를 구별하지 않았으나 개정형법에서는 치상과 치사의 결과를 나누어 각각 법정형을 다르게 규정하였다. 공공의 안전 외에 사람의 생명・신체도 보호하는 침해범이다.

1) 학설의 대립 사상의 결과에 대하여 고의가 있는 경우에도 이 죄가 성립하느냐에 대해 견해가 대립한다. 다수설은 이 죄의 부진정결과적 가중범을 인정하여,[102] 상해 또는 살해의 고의로 방화하여 상해・살인의 결과가 발생한 때에도 방화치상죄 또는 방화치사죄가 성립하고, 상해죄・살인죄는 각각 방화치상죄와 방화치사죄에 흡수된다고 한다. 이에 대하여 부진정결과적 가중범의 관념을 부정하는 입장에서는 이 죄는 사상의 결과에 대해서 과실이 있는 경우에만

---

100) 황산덕, 111면; 진계호, 658면; 배종대, 643면.
101) 진계호, 659면; 배종대, 643면.
102) 유기천(하), 31면; 이재상, 517면; 진계호, 660면; 김일수/서보학, 583면; 배종대, 643면; 박상기, 475면; 임웅, 577면; 이정원, 543면; 오영근, 623면; 손동권, 553면; 정영일, 492; 김성돈, 505면.

성립하는 결과적 가중범이고, 사상의 결과에 대해서 고의가 있는 때에는 결과적 가중범 개념과 관계없는 범죄경합으로 처리한다. 이에 의하면 사상의 결과에 대해서 고의가 있는 때에는 방화죄(또는 방화치사죄)와 살인죄 또는 상해죄의 상상적 경합이 된다.[103)]

2) 결 어 이 죄의 부진정 결과적 가중을 인정하는 이유는 살인죄의 법정형 하한이 방화치사죄의 법정형 하한보다 낮기 때문에 위 예의 경우를 상상적 경합으로 처리하면 형의 균형이 유지될 수 없다는데 있다. 그러나 ① 개정형법은 중한 결과에 대하여 고의가 있는 경우에 결과적 가중범(예컨대 강도치상죄, 강도치사죄, 인질치상죄, 인질치사죄, 강간치상죄, 강간치사죄)이 아니라, 고의범과 고의범의 결합범(예컨대 강도상해죄, 강도살인죄, 인질상해죄, 인질살해죄, 강간상해죄, 강간살인죄)이 성립한다는 것을 밝히고 있고, ② 방화치사죄의 법정형 하한이 살인죄의 법정형 하한보다 높다는 점이 사람을 살해할 의사로 방화한 고의범까지 방화치사죄가 성립한다는 논거가 될 수 없으며, ③ 제164조 2항은 상해한 때 또는 살해한 때라고 규정하지 않고, "상해에 이르게 한 때" 또는 "사망에 이르게 한 때"라고 규정하고 있으므로 이 죄는 중한 결과에 대해 과실이 있는 경우에만 결과적 가중범이 된다고 해야 한다.[104)] 부진정 결과적 가중범 긍정설도 살해(상해)가 미수에 그치면 이 죄의 미수범 처벌규정이 없기 때문에 현주건조물방화죄와 살인(상해)미수범의 상상적 경합을 인정하고 있으므로 살인(상해)이 기수로 된 때에도 상상적 경합으로 처리해야 한다. 다만 형의 불균형이 문제될 때에는 현주건조물방화죄와 살인죄의 상상적 경합으로 처리하되 중한 결과가 고의범임을 감안하여 그것이 과실인 경우와 형평에 맞게 처단형의 범위를 조정하면 될 것이다.

3) 판례의 태도 대법원은 이 죄를 부진정결과적 가중범으로 해석하여 이 경우에는 현주건조물방화치사죄로 의율해야 한다고 하고, 존속살해죄[105)]나 강도살인죄[106)]가 경합한 경우에는 이 죄와 상상적 경합을 인정하여 고의범의 범죄경합으로 처리하고 있다.

---

103) 박보무, 주석(상), 261면; 백형구, 427면. 부진정결과적 가중범을 부정하고 범죄경합으로 처리하는 견해가 일본의 통설이다(丸山雅夫. 結果的 加重犯, 1990, 258면 이하).

104) 백형구, 418면; 오영근, 623면은 치사상죄의 문언을 고의로 사상의 결과를 발생시킨 것으로 해석하면 유추해석의 위험이 있다고 한다.

105) 대판, 1983. 1. 18, 82도2341; 대판, 1996. 4. 26, 96도485.

106) 대판, 1998. 12. 8, 98도3416.

【판례】 ① 형법 제164조 후단이 규정하는 현주건조물방화치사상죄는 그 전단이 규정하는 죄에 대한 일종의 가중처벌 규정으로서 과실이 있는 경우뿐만 아니라, 고의가 있는 경우에도 포함된다고 볼 것이므로 사람을 살해할 목적으로 현주건조물에 방화하여 사망에 이르게 한 경우에는 현주건조물방화치사죄로 의율하여야 하고 이와 더불어 살인죄와의 상상적 경합범으로 의율할 것은 아니며, 다만 존속살인죄와 현주건조물방화치사죄는 상상적 경합범 관계에 있으므로, 법정형이 중한 존속살해죄로 의율함이 타당하다(대판, 1996. 4. 26, 96도485). → 이 죄를 진정결과적 가중범으로 보면 현주건조물방화죄와 존속살해죄가 성립하고 양죄는 상상적 경합관계라고 해석하여야 한다.

② 피고인들이 피해자들의 재물을 강취한 후 그들을 살해할 목적으로 현주건조물에 방화하여 사망에 이르게 한 경우, 피고인들의 행위는 강도살인죄와 현주건조물방화치사죄에 모두 해당하고 그 두 죄는 상상적 경합범관계에 있다(대판, 1998. 12. 8, 98도3416).

(2) 구성요건요소

여기의 사람은 범인(행위자와 그 공범) 이외의 사람을 의미한다. 따라서 방화의 공동정범이 방화로 인한 사상의 결과가 발생된 때에도 이 죄가 성립하지 않는다. 이 죄는 결과적 가중범이므로 결과적 가중범의 성립요건을 구비하여야 한다. 즉, 사상의 결과와 인과관계가 있어야 하며, 그 결과에 대한 예견가능성이 있어야 한다. 사상의 결과는 소사(燒死)한 경우뿐만 아니라 연기로 질식사하거나 붕괴되는 건조물에 압사나 화재쇼크로 인한 때에도 인과관계는 인정된다.[107]

【판례】 ① 피고인을 비롯한 30여명의 공범들이 화염병 등 소지 공격조와 쇠파이프 소지 방어조로 나누어 이 사건 건물을 집단방화하기로 공모하고 … 공격조 일인이 방화대상 건물 내에 있는 피해자를 향하여 불붙은 화염병을 던진 행위는, 비록 그것이 피해자의 진화행위를 저지하기 위한 것이었다고 하더라도, 공격조에게 부여된 임무 수행을 위하여 이루어진 일련의 방화행위 중의 일부라고 보아야 할 것이고, 따라서 피해자의 화상은 이 사건 방화행위로 인하여 입은 것이라 할 것이므로 피고인을 비롯하여 당초 공모에 참여한 집단원 모두는 위 상해 결과에 대하여 현존건조물방화치상의 죄책을 면할 수 없다. 가사 피해자의 상해가 이 사건 방화 및 건물소훼로 인하여 입은 것이라고 보기 어렵다고 하더라도 … 피고인을 비롯한 집단원들이 당초 공모시 쇠파이프를 소지한 방어조를 운용하기로 한 점에 비추어 보면 피고인으로서는 이 사건 건물을 방화하는 집단행위의 과정에서 상해의 결과가 발생하는 것도 예견할 수 있었다고 보이므로, 이 점에서도 피고인을 현존 건조물방화치상죄로 의율할 수 있다(대판, 1996. 4. 12, 96도215).

---

107) 이재상, 516면; Sch/Sch/Cramer, StGB, §307 Rdn. 5.

② … 피고인의 방화로 인하여 실험칙에 따라 피해자가 피동적으로 입은 화상이 아니고 유리창쪽 벽에 붙어 의자를 밖으로 들어내는 등 적극적으로 진화작업에 열중한 나머지 입게 된 화상(일 경우) … 일반인도 그와 같이 화상을 입어가면서 진화작업에 열중할 것이라는 것은 이례에 속하는 일로서 방화를 하면 반드시 그와 같은 결과가 발생하는 것도 아니므로 이는 형법상의 인과관계의 범위외에 속하는 것이므로 … 방화치상죄의 성립을 부정한 원심의 판결은 정당하다(대판, 1966. 6. 28, 66도1).

3. 공용건조물 등 방화죄

【구성요건 · 법정형】 불을 놓아 공용 또는 공익에 공하는 건조물 · 기차 · 전차 · 자동차 · 선박 · 항공기 또는 광갱을 소훼한 자는 무기 또는 3년 이상의 징역에 처한다(제165조). 미수범은 처벌한다(제174조). 예비 · 음모도 처벌한다(제175조). 제176조(타인의 권리대상이 된 자기의 물건)의 특별규정 적용.

이 죄는 불을 놓아 공용 또는 공익에 공하는 건조물 등을 소훼함으로써 성립하는 추상적 위험범이다.

이 죄의 목적물은 사람의 주거에 사용하지 않거나 사람이 현존하지 않는 것이라야 한다. 현주건조물등 방화죄(제164조)와 균형상 당연한 결론이다. 제164조의 목적물과는 택일관계에 있으며, 공용 · 공익에 공하는 건조물도 사람의 주거에 사용하거나 사람이 현존하면 이 죄가 아니라 현주건조물등 방화죄가 성립한다. "공용에 공한다"는 것은 국가 또는 공공단체에서 사용되는 것을 말하며, "공익에 공한다"는 것은 일반 공중의 이익을 위하여 사용되는 것을 말한다. 공용 · 공익에 공하는 이상 소유자가 누구인가는 문제되지 않는다. 건조물 기타의 목적물에 대해서는 현주건조물등 방화죄 참조.

4. 일반건조물 등 방화죄

【구성요건 · 법정형】 ① 불을 놓아 전2조(현주건조물등방화죄, 공용건조물등방화죄)에 기재한 이외의 건조물 · 기차 · 전차 · 자동차 · 선박 · 항공기 또는 광갱을 소훼한 자는 2년 이상의 유기징역에 처한다(제166조 1항).

② 자기소유에 속하는 제1항의 물건을 소훼하여 공공의 위험을 발생케 한 자는 7년 이하의 징역 또는 1천만원 이하의 벌금에 처한다(제166조 2항). 제1항 죄의 미수범은 처벌한다(제174조). 제1항의 죄를 범할 목적으로 예비 또는 음모한 자는 5년 이하의 징역에 처한다. 단, 그 목적한 죄의 실행에 이르기 전에 자수한 때에는 형을 감경 또는 면제한다(제175조). 제176조(타인의 권리대상이 된 자

기의 물건)의 특별규정 적용.

불을 놓아 현주건조물과 공용건조물에 해당하지 않는 일반건조물 등을 소훼함으로써 성립하는 범죄이다.

이 죄는 목적물이 타인의 소유에 속하는 일반건조물방화죄(제166조 1항)와 범인의 소유에 속하는 자기소유 일반건조물방화죄(제166조 2항)로 구분된다. 전자는 제167조 1항의 불법이 가중된 형태로 추상적 위험범이고, 후자는 제167조 2항의 불법이 가중된 형태로 방화로 인하여 "공공의 위험이 발생"하여야 하는 구체적 위험범이다. 어느 것이나 사람의 주거에 사용하지 않거나 사람이 현존하지 않아야 하고, 공용·공익에 공하지 않아야 한다.

자기소유 일반건조물방화죄에서 "자기소유에 속한다"란 범인의 소유에 속하는 것을 말하며, 공범자의 소유에 속하는 것도 이에 해당한다. 소유자가 방화시에 동의한 경우와 무주물인 경우에는 자기 소유에 준한 것으로 본다.[108] 이 규정은 재산적 침해의 성질도 고려하여 죄책을 감경하고 있기 때문이다. 한편 자기 소유에 속하는 건조물 등이라도 압류 기타 강제처분을 받거나 타인의 권리 또는 보험의 목적물이 된 때에는 타인의 물건으로 간주된다(제176조). "강제처분에는 제한"이 없으므로 국세징수법에 의한 체납처분, 강제경매절차에서의 압류 및 형사소송법에 의한 몰수물의 압류 등도 포함한다. "타인의 권리 목적물"이란 저당권·전세권·질권 또는 임차권의 목적이 된 물건을 말한다. 자기소유일반건조물방화죄의 미수범은 처벌하지 않는다.

5. 일반물건방화죄

【구성요건·법정형】 불을 놓아 전3조에 기재한 이외의 물건을 소훼하여 공공의 위험을 발생하게 한 자는 1년 이상 10년 이하의 징역에 처한다(제167조 1항). 제1항의 물건이 자기소유에 속한 때에는 3년 이하의 징역 또는 700만원 이하의 벌금에 처한다(제167조 2항). 제176조(타인의 권리대상이 된 자기의 물건)의 특별규정 적용.

불을 놓아 제164조 내지 제166조에 기재된 이외의 일반물건 등을 소훼하여

108) 유기천(하), 33면; 황산덕, 111면; 서일교, 291면; 이형국, 529면; 이재상, 519면; 손동권, 555면; 진계호, 662면; 정영일, 495면; 오영근, 627면; 김성돈, 508면.

공공의 위험을 발생케 함으로써 성립하는 범죄이다.

이 죄는 현주·공용·일반 건조물 등 방화죄의 보충적 규정으로서 제164조 내지 제166조의 목적물을 제외한 일체의 물건이 목적물로 된다. 이에 대한 방화는 공공의 위험이 발생해야 하는 구체적 위험범이다. 이 조문에 해당하는 죄는 미수범 처벌이 없으므로 목적물을 소훼하였어도 공공의 위험 발생이 없으면 이 죄는 성립하지 않고, 다만 타인 소유물에 대한 소훼이면 재물손괴죄가 성립한다.[109] 자기 소유물에 대한 소훼는 재산적 침해의 성질이 없는 것이므로 타인소유물에 대한 경우보다 법정형이 경하다. 자기소유의 개념 등에 관해서는 자기소유 일반건조물방화죄 참조.

6. 연소죄

【구성요건·법정형】 ① 제166조 제2항(자기소유 건조물방화죄) 또는 전조 제2항(자기소유 물건방화죄)의 죄를 범하여 제164조(현주건조물방화), 제165조(공용건조물방화) 또는 제166조 제1항(일반건조물방화)에 기재한 물건에 연소한 때에는 1년 이상 10년 이하의 징역에 처한다(제168조 1항). 제176조의 특별규정 적용.

② 전조 제2항의 죄(자기소유 물건방화)를 범하여 전조 제1항(일반물건방화)에 기재한 물건에 연소한 때에는 5년 이하의 징역에 처한다(제168조 2항).

자기소유 건조물이나 자기소유 일반물건에 대한 방화가 예상외로 확대되어 현주·공용 또는 타인소유 건조물이나 타인소유 일반물건에 연소한 경우를 중하게 처벌하는 결과적 가중범이다. ① "연소(延燒)"란 행위자가 예견하지 않았던 물체에 불이 옮겨서 이를 소훼하게 하는 것을 말한다. ② 이 죄는 자기소유 건조물방화죄나 자기소유 물건방화죄가 성립함을 전제로 인정되므로 이 죄가 성립하기 위해서는 자기소유의 건조물·물건 등이 소훼되었을 뿐만 아니라 이로 인하여 공공의 위험이 발생하여야 한다. ③ 또한 결과적 가중범이므로 중한 결과에 대하여 과실이 있는 경우에만 이 죄가 성립하며, 고의가 있는 때에는 애당초 제164조 내지 165조의 죄와 제166조 1항 또는 제167조 1항의 죄가 성립한다.

---

109) 정영석, 124면; 이형국, 530면; 이재상, 519면; 진계호, 663면; 배종대, 646면; 백형구, 430면; 임웅, 582면; 손동권, 556면; 김성돈, 508면.

7. 방화예비 · 음모죄

【수정 구성요건 · 법정형】 제164조 제1항, 제165조, 제166조 제1항, 제172조 제1항, 제172조의 2 제1항, 제173조 제1항과 제2항의 죄를 범할 목적으로 예비 또는 음모한 자는 5년 이하의 징역에 처한다. 단 그 목적한 죄의 실행에 이르기 전에 자수한 때에는 형을 감경 또는 면제한다(제175조).

현주건조물방화죄(제164조), 공용건조물방화죄(제165조), 타인소유 일반건조물방화죄(제166조 1항), 폭발성물건파열죄(제172조 1항), 가스 · 전기 등 방류죄(제172조의2 1항)와 가스 · 전기 등 공급방해죄(제173조 1항 · 2항)를 범할 목적으로 예비 · 음모하는 행위를 처벌하는 범죄이다. 예비 · 음모한 후 실행에 착수한 때에는 기수 또는 미수죄만 성립한다(불가벌적 사전행위).

Ⅲ. 준방화죄

1. 진화방해죄

【구성요건 · 법정형】 화재에 있어서 진화용의 시설 또는 물건을 은닉 또는 손괴하거나 기타 방법으로 진화를 방해한 자는 10년 이하의 징역에 처한다(제169조).

(1) 의의 · 성격

화재시에 진화용의 시설 또는 물건을 은닉 또는 손괴하거나 기타 방법으로 진화를 방해함으로써 성립하는 범죄이다. 이 죄의 성격에 관해서는 이를 방화죄로 보는 견해[110]도 있으나, 이 죄의 실행행위는 진화방해이고 방화 그 자체는 없는 것이므로 준방화죄로 보는 것이 타당하다.[111] 추상적 위험범이고 거동범의 일종이다.

(2) 객관적 구성요건요소

1) 행위상황　　이 죄는 "화재에 있어서"라는 행위상황하에서만 성립한다.

---

110) 서일교, 294면.

111) 황산덕, 130면; 이형국, 532면; 이재상, 521면; 김일수/서보학, 589면; 진계호, 666면; 배종대, 647면; 백형구, 435면; 임웅, 584면; 오영근, 635면; 김성돈, 510면.

"화재에 있어서"란 공공의 위험이 발생하였거나 그 위험이 발생할 정도의 연소상태가 있는 것을 말하며, 화재가 이미 발생한 경우는 물론 화재가 발생하고 있는 경우를 포함한다. 화재의 발생원인은 묻지 않는다. 따라서 방화·실화·천재임을 묻지 않는다.

2) 객 체 행위객체는 진화용의 시설 또는 물건이다. ① "진화용의 시설 또는 물건"이란 소화활동에 사용되는 기구를 말한다. 예컨대, 화재경보기·소화전·소화용저수시설·소화기·소화용망루·소방자동차·소화용호스 등 소방용으로 마련된 시설과 기구이다. ② 본래 소방용으로 제작된 물건에 한하며, 일반공중용의 통신시설이나 수도와 같이 일시적으로 소방용으로 사용된 시설·기구는 포함되지 않는다.[112] ③ 진화용의 시설·물건은 소방기관의 소유이건 범인 또는 타인의 소유이건 묻지 않는다. 따라서 범인의 소유도 객관적으로 소화활동에 사용될 수 있는 상태에 있으면 객체가 된다.

3) 행 위 은닉 또는 손괴하거나 기타 방법으로 진화를 방해하는 것이다. ① "은닉"이란 진화용의 시설이나 물건의 발견을 불가능 또는 곤란하게 하는 행위를 말하고, "손괴"란 물질적 훼손에 의하여 그 효용을 해하는 일체의 행위를 말한다. 소화용호스에 구멍을 뚫거나 절단하는 행위가 그 예이다. ② "기타 방법에 의한 진화방해"란 은닉·손괴 이외의 방법으로 소화활동을 방해하는 일체의 행위를 말한다. 진화용시설·물건을 은닉·손괴하는 것은 진화방해의 예시에 불과하다. 작위에 의한 방해가 많으나(소방관에 대한 폭행, 소방차의 발진·진로방해 등) 부작위에 의해서도 방해할 수 있다. 소방관·경찰관 등 법률상 진화의무가 있는 자가 화재보고를 하지 아니하여 진화를 방해한 경우가 그 예이다.[113] 그러나 단순한 진화협력요구에 불응한 것으로는 부작위에 의한 진화방해가 되지 않는다(다만 경범죄처벌법 제1조 36호에 해당할 수 있다). ③ 이 죄는 추상적 위험범·거동범이므로 진화의 방해가 될 만한 은닉·손괴 기타 방법의 행위가 있으면 곧 기수가 되며, 현실로 진화방해의 결과가 발생할 것을 요하지 않는다. 따라서 미수범은 처벌하지 않는다.

112) 박보무, 주석(상), 270면; 이재상, 522면; 김일수/서보학, 589~590면; 진계호, 666면; 배종대, 647면; 백형구, 435면; 임웅, 585면; 오영근, 635면; 김성돈, 510면.

113) 부작위에 의한 진화방해는 화재시에만 성립하고 소화활동에 종사해야 할 보증의무에 위반하여 진화를 방해하는 것이므로, 소화관리자로서 소화해야 할 보증의무에 위반하여 방화를 이용하여 소훼케 하는 부작위에 의한 방화와 구별된다.

(3) 주관적 구성요건요소

고의범이므로 행위자는 화재시라는 행위상황을 인식하고 진화를 방해한다는 사실에 대한 고의가 있어야 한다.

2. 폭발성물건파열죄

> **【구성요건 · 법정형】** 보일러, 고압가스 기타 폭발성있는 물건을 파열시켜 사람의 생명, 신체 또는 재산에 대하여 위험을 발생시킨 자는 1년 이상의 유기징역에 처한다(제172조 1항). 미수범은 처벌한다(제174조). 예비 · 음모도 처벌하며 자수한 때에는 필요적 감면사유가 된다(제175조).

(1) 의의 · 성격

보일러, 고압가스 기타 폭발성 있는 물건을 파열시켜 타인의 생명 · 신체 또는 재산에 대하여 위험을 발생시킴으로써 성립하는 범죄이다. 공안을 해하는 공공위험범의 일종이며, 폭발성 있는 물건의 파괴력은 화력에 의한 파괴력에 준한다는 이유로 방화죄의 예로 처벌하고 있다. 그러나 폭발성 있는 물건의 파열은 방화와 성격이 다르다. 오히려 이 죄는 폭발물의 사용과 유사성이 있으므로 폭발물에 관한 죄의 장(제6장)에 함께 규정하는 것이 타당할 것이다.

보호법익은 폭발물사용죄(제119조)와 마찬가지로 공공의 안전과 개인의 생명 · 신체 및 개인과 공공의 재산이며, 보호받는 정도는 구체적 위험범으로서의 보호이다.

(2) 객관적 구성요건요소

1) 객 체 폭발물 파열행위의 객체는 보일러, 고압가스 기타 폭발성 있는 물건이다. "보일러"는 밀폐된 강판제의 용기 안에서 물을 끓여 높은 온도와 압력의 증기를 발생시키는 장치이다. 가정용 보일러와 공장에서 사용하는 보일러를 포함한다. "고압가스"는 고압에 의하여 압축 또는 액화된 기체를 말한다. 압축가스, 액화가스, 아세틸렌가스 등이 고압가스에 속한다(고압가스안전관리법시행령 제2조). "기타 폭발성 있는 물건"이란 급격한 파열에 의하여 사람의 생명 · 신체 · 재산 등을 파괴하는 성질을 가진 물질을 말하고, 폭발물사용죄에 있어서의 폭발물에 해당하지 않는 것을 말한다. 석유탱크, 가스탱크, 도시가스, 폭약 기타

인화성 내지 폭발성 있는 화학물질 등이 그 예이다. 그러나 총포는 그 자체의 폭발에 의하여 파괴력을 갖는 것이 아니므로 여기에 해당하지 않는다. 이상의 모든 폭발성 물질의 소유관계는 문제되지 않는다.

2) 행 위 행위는 파열이다. 파열이란 물체의 급격한 팽창력을 이용하여 폭발에 이르게 하는 것을 말하고, 폭발에 의한 화력이나 폭음으로 파괴력이 나타난다.

이 죄는 구체적 위험범이므로 행위로 인하여 사람의 생명·신체 또는 재산에 대한 위험이 발생한 때 기수가 된다. 공공의 위험발생은 이 죄의 구성요건요소가 아니다. 폭발성 있는 물건을 파열시키는 행위를 직접 개시한 때에 실행의 착수가 있다.

(3) 주관적 구성요건요소

이 죄의 고의는 폭발성 있는 물건을 파열하여 사람의 생명·신체·재산에 대한 위험을 발생시킨다는 인식·의사를 말한다. 미필적 고의로 충분하다.

(4) 죄수·타죄와의 관계

1개의 파열행위로 여러 종류의 목적물을 손괴한 때에는 가장 중한 형을 정한 1개의 죄로 처단한다. 폭발물파열행위로 사람의 생명·신체·재산을 침해한 때에는 폭발물사용죄(제199조)만 성립한다(법조경합의 보충관계). 고의로 폭발물을 파열시켜 목적물을 손괴하고 현주건조물을 소훼한 때에도 폭발물사용죄만 성립한다.

3. 폭발성물건파열치사상죄

> 【구성요건·법정형】 제1항(폭발성물건파열)의 죄를 범하여 사람을 상해에 이르게 한 때에는 무기 또는 3년 이상의 징역에 처한다. 사망에 이르게 한 때에는 무기 또는 5년 이상의 징역에 처한다(제172조 2항).

폭발성물건파열죄를 범하여 사람을 상해에 이르게 하거나 사망에 이르게 하는 결과적 가중범이다. 개정형법에서 신설한 조항이며, 치상과 치사에 따라 법정형을 다르게 규정하였다. 부진정 결과적 가중범을 인정하는 입장에서는 치사는 진정 결과적 가중범이지만 치상은 부진정 결과적 가중범이라고 한다.

4. 가스 · 전기 등 방류죄

【구성요건 · 법정형】 ① 가스 · 전기 · 증기 또는 방사선이나 방사성물질을 방류, 유출 또는 살포시켜 사람의 생명, 신체 또는 재산에 대하여 위험을 발생시킨 자는 1년 이상 10년 이하의 징역에 처한다(제172조의2 1항). 미수범을 처벌하며(제174조), 예비 · 음모한 자도 처벌한다(제175조).

② 제1항(가스 · 전기 등 방류)의 죄를 범하여 사람을 상해에 이르게 한 때에는 무기 또는 3년 이상의 징역에 처한다. 사망에 이르게 한 때에는 무기 또는 5년 이상의 징역에 처한다(제172조의2 2항).

(1) 의의 · 성격

제1항은 가스 · 전기 등 방류죄이고 제2항은 제1항 죄의 결과적 가중범인 가스 · 전기 등 방류치사상죄이다.

가스 · 전기 등 방류죄는 가스 · 전기 · 증기 또는 방사선이나 방사성물질을 방출, 유출 또는 살포시켜 사람의 생명 · 신체 또는 재산에 대한 위험을 발생시킴으로써 성립하는 구체적 위험범이다. 현대 산업화 사회에서 폭발물류의 사용범위가 확대되면서 이에 따른 위험성도 증가하고 있을 뿐만 아니라 방사선이나 방사성물질의 사용에 대한 형법적 규제가 불가피하므로 개정형법에서 신설하였다.

(2) 구성요건요소

객체는 가스 · 전기 · 증기 또는 방사선이나 방사성물질이다. "방사선"이란 전자파 또는 미립자선 중 직접 또는 간접으로 공기를 전이하는 능력을 가진 것을 말한다(원자력법 제2조 7호). "방사성물질"이란 핵연료물질, 핵연료, 방사선동위원소, 원자핵분열생성물을 말한다(원자력법 제2조 5호).

행위는 방출, 유출 또는 살포하는 것이다. "방출"이란 전기 · 방사선 등 이온화물질을 외부로 노출시키는 것을 말하며, "유출"이란 가스 · 증기 등 기체를 밀폐된 용기 밖으로 새어 나가게 하는 것을 말한다. "살포"는 분말상태나 미립자상태의 방사성물질을 흩어 뿌리거나 방사성물질을 방치하여 분말 또는 미립자가 자연히 흩어지도록 버려두는 것을 말한다.

이 죄는 구체적 위험범이므로 행위로 인하여 사람의 생명 · 신체 또는 재산에 대한 위험이 발생하여야 한다. 구체적인 공공의 위험까지 발생해야 하는 것은 아니다. 생명 · 신체 재산에 대한 위험이 발생한 때에 기수가 되며, 방출 · 유출 등의 행위를 개시한 때에 실행의 착수가 있다.

가스·전기 등 방류치사상죄는 결과적 가중범이므로 방류의 고의가 있고 사상에 대한 예견가능성만 있으면 족하다. 다만 다수설은 치상죄에 한하여 부진정결과적 가중범이라 하고 있다.

5. 가스·전기 등 공급방해죄

【구성요건·법정형】 ① 가스·전기 또는 증기의 공작물을 손괴 또는 제거하거나 기타 방법으로 가스·전기 또는 증기의 공급이나 사용을 방해하여 공공의 위험을 발생하게 한 자는 1년 이상 10년 이하의 징역에 처한다(제173조 1항).
② 공공용의 가스·전기 또는 증기의 공작물을 손괴 또는 제거하거나 기타 방법으로 가스·전기 또는 증기의 공급이나 사용을 방해한 자도 전항의 형과 같다(제173조 2항).
③ 제1항 또는 제2항의 죄를 범하여 사람을 상해에 이르게 한 때에는 2년 이상의 유기징역에 처한다. 사망에 이르게 한 때에는 무기 또는 3년 이상의 징역에 처한다(제173조 3항). 제1항·제2항의 미수범(제174조)과 예비·음모도 처벌한다(제175조).

가스·전기 또는 증기의 공작물을 손괴 또는 제거하거나 기타 방법으로 가스·전기 또는 증기의 공급이나 사용을 방해함으로써 성립하는 범죄이다. 이 죄는 화력에 의한 것은 아니나 파괴력에 있어 폭발성물건파열죄에 준하는 위력을 가진 가스·전기·증기 등의 공작물을 손괴·제거하여 그 사용을 방해하는 공공위험죄이다.

① 제1항의 죄는 객체가 비공용의 가스·전기 또는 증기의 공작물이며 공공의 위험이 발생하여야 하는 구체적 위험범이다. ② 제2항의 죄는 그 객체가 공공용의 가스·전기 또는 증기의 공작물로 한정되어 있고 추상적 위험범이다. ③ 제3항의 죄는 1항과 2항의 죄를 범하여 사상의 결과가 발생한 때에 성립하는 결과적 가중범이다. 치사죄는 진정결과적 가중범이고, 상해에 이르게 한 때에는 부진정결과적 가중범이라는 견해가[114] 있으나 부진정결과적 가중범을 부인하는 입장에서는 고의에 의한 결과적 가중범을 부인하게 될 것이다.[115]

---

114) 유기천(하), 39면; 이형국, 537면; 이재상, 526면; 김일수/서보학, 573면; 진계호, 673면; 박상기, 480면; 임웅, 594면; 손동권, 561면; 오영근, 643면; 정영일, 502면; 김성돈, 513면.
115) 정성근, 667면; 백형구, 432면.

6. 과실폭발성물건파열 등 죄

> **【구성요건 · 법정형】** ① 과실로 제172조 제1항(폭발성물건파열), 제172조의2 제1항(가스 · 전기 등 방류), 제173조 제1항(가스 · 전기 등 공급방해)과 제2항(공용가스 전기등 공급방해)의 죄를 범한 자는 5년 이하의 금고 또는 1천500만원 이하의 벌금에 처한다(제173조의2의 1항).
> ② 업무상 과실 또는 중대한 과실로 제1항의 죄를 범한 자는 7년 이하의 금고 또는 2천만원 이하의 벌금에 처한다(제173조의2의 2항).

과실로 폭발성물건파열죄, 가스 · 전기 등 방류죄, 가스 · 전기 등 공급방해죄, 공공용의 가스 · 전기 등 공급방해죄를 범한 과실범이며, 이상의 범죄들을 업무상 또는 중대한 과실로 범한 경우에 다시 책임을 가중한 업무상과실, 중과실범이다. 폭발물 범죄가 대부분 기계조작 미숙이나 기술자의 안정감 소홀로 야기되는 경우가 많다는 이유로 개정형법에서 신설한 규정이다.

Ⅳ. 실화죄

1. 단순실화죄

> **【구성요건 · 법정형】** ① 과실로 인하여 제164조 또는 제165조에 기재한 물건 또는 타인의 소유에 속한 제166조에 기재한 물건을 소훼한 자는 1천500만원 이하의 벌금에 처한다(제170조 1항).
> ② 과실로 인하여 자기의 소유에 속하는 제166조 또는 제167조에 기재한 물건을 소훼하여 공공의 위험을 발생하게 한 자도 전항의 형과 같다(제170조 2항).

(1) 의의 · 성격

과실로 인하여 현주건조물, 공용건조물 등, 또는 타인소유의 일반건조물 등을 소훼하거나(1항), 자기소유의 일반건조물 또는 일반물건 등을 소훼하여 공공의 위험을 발생하게 함으로써(2항) 성립하는 범죄이다. 이 죄도 공공위험죄이며, 제1항의 실화죄는 추상적 위험범이고, 제2항의 실화죄는 구체적 위험범이다. 실화에 의한 소훼가 많이 발생할 뿐만 아니라 그 피해도 예측할 수 없을 정도로 손실이 크다는 점을 고려하여 과실방화도 처벌하기로 한 것이다.

(2) 구성요건요소

1) 객 체

제1항 죄의 객체는 방화죄의 그것과 같다. 제2항 죄의 자기 소유의 일반건조물 및 일반물건 등이 객체가 된다는 데는 이견이 없다. 타인소유의 일반물건 등도 제2항의 객체가 될 수 있느냐에 대해서 견해가 대립한다.

(a) 긍정설 대법원의 다수의견은[116] 제2항의 "제167조에 기재된 물건"은 "자기의 소유에 속하든 타인의 소유에 속하든 불문하고 제167조에 기재된 물건"을 의미한다고 해석하여 타인소유의 일반물건도 이 죄의 객체가 된다고 한다. 타인소유일반물건방화죄는 자기소유일반물건방화죄보다 무겁게 벌함에도 불구하고(제167조 1항, 2항 참조) 실화죄에서 타인소유일반물건을 제외하면 타인소유일반물건실화죄를 처벌할 수 없게 되어 불합리하다는 것이 그 이유이다. 처벌규정의 흠결은 보정적 해석을 통해 타인소유일반물건을 포함한다고 하여 다수의견을 지지하는 견해도 있다.[117]

(b) 부정설 대법원의 소수의견은 제2항의 "자기의 소유에 속하는"이라는 수식어는 제166조와 제167조에 기재한 물건을 모두 수식하는 것이므로 법개정 없이 처벌을 확대해석하는 것은 유추적용이 된다고 한다. 소수의견을 지지하는 견해도 있다.[118]

(c) 결 어 ① 일반 건조물실화죄는 자기소유·타인소유를 구별하지 아니하므로 경한 자기소유일반물건실화만 처벌하고 중한 타인소유일반물건실화를 제외한다고 할 수 없고, ② 제170조 실화규정은 추상적 위험범은 1항에, 구체적 위험범은 2항에 구별하여 규정한 것이므로 제166조는 자기소유건조물만이, 그리고 제167조는 자기물건·타인물건 모두 구체적 위험범을 규정하였다고 해야 한다. 따라서 긍정설이 타당하다고 본다.

이 죄는 과실범이므로 주의의무를 위반하여 목적물의 소훼의 결과(추상적 위험범) 또는 소훼의 결과와 공공의 위험발생(구체적 위험범)을 인식하지 못하였거나 인용이 없어야 한다. 즉, 1항의 실화는 소훼의 결과가, 2항의 실화는 소훼의 결과와 공공의 위험이 발생해야 한다. 과실이 화재발생의 조건이 된 이상 타인의

---

116) 대결(전원합의체), 1994. 12. 20, 94모32. 이 결정의 다수의견·소수의견에 대해서는 정성근/박광민, 총론 제1편 제1장 "형법의 해석"(확장해석과 유추적용의 구별) 참조.

117) 김일수/서보학, 592면; 박상기, 483면; 정영일, 505면; 배종대, 650면; 김성돈, 516면.

118) 김성천/김형준, 731면; 백형구, 433면; 오영근, 632면.

과실과 경합하여 화재발생이 촉진된 때에도 이 죄의 책임을 면할 수 없다. 실화는 작위뿐만 아니라 부작위로서도 가능하다.

【판례】 함께 술을 마신 후 만취된 피해자를 촛불이 켜져 있는 방안에 혼자 눕혀 놓고 촛불을 끄지 않고 나오는 바람에 화재가 발생하여 피해자가 사망한 경우 과실치사책임을 인정한 사례(대판, 1994. 8. 26, 94도1291).

2. 업무상 실화·중실화죄

【구성요건·법정형】 업무상 과실 또는 중대한 과실로 인하여 제170조(실화)의 죄를 범한 자는 3년 이하의 금고 또는 2천만원 이하의 벌금에 처한다(제171조).

업무상 또는 중대한 과실로 인하여 실화죄를 범함으로써 성립하는 범죄이다. 업무상 실화는 일반인에 비하여 업무자의 예견가능성이 크기 때문에 그 책임이 가중된 것(부진정 신분범)임에 대하여, 중실화는 과실, 즉 주의의무위반의 정도가 현저하여 불법이 가중된 것이다.[119]

여기의 업무란 이 죄의 성질상 화재의 위험이 수반되는 업무를 말한다. 따라서 주유소와 같이 화재의 위험이 많은 업무, 화기를 취급하는 사람과 같이 화재를 일으키지 않도록 특히 주의해야 할 의무, 화재방지 그 자체를 업무내용으로 하는 업무 등에 한정된다.[120] 중대한 과실이란 조금만 주의를 하였다면 결과발생을 예견할 수 있었음에도 불구하고 부주의로 이를 예견하지 못한 경우를 말한다.[121] 중실화의 경우에는 형사책임 이외에 민사상 손해배상책임도 부담한다(업무상 과실·중과실치사상죄 참조).

【판례】 ① 피고인이 성냥불로 담배를 붙인 다음 그 성냥불이 꺼진 것을 확인하지 아니한 채 휴지가 들어 있는 플라스틱 휴지통에 던진 것은 중대한 과실이 있는 경우에 해당한다(대판, 1993. 7. 27, 93도135).

② 호텔오락실의 경영자가 그 오락실 천정에 형광등을 설치하는 공사를 하면서 그 호텔의 전기보안담당자에게 아무런 통고를 하지 아니한 채 무자격 전기기술자로 하여금 전기공사를 하게 하였더라도, 전기에 관한 전문지식이 없

119) 정성근, 670면; 이재상, 527면, 임웅, 587면; 오영근, 633면.

120) 황산덕, 114면; 유기천(하), 37면; 서일교, 297면; 이재상, 527면; 진계호, 676면; 임웅, 588면; 정영일, 506면; 배종대, 653면; 오영근, 633면; 손동권, 559면; 김성돈, 516면.

121) 대판, 1960. 3. 9, 4292형상761; 대판, 1980. 10. 14, 79도305.

는 오락실경영자로서는 … 그로 인하여 전선의 합선에 의한 방화가 발생할 것 등을 쉽게 예견할 수 있었다고 보기는 어려우므로 위 오락실경영자에게 위와 같은 과실이 있었더라도 사회통념상 이를 화재발생에 관한 중대한 과실이라고 평가하기는 어렵다(대판, 1989. 10. 13, 89도204).

③ 약 2.5평 넓이의 주방에 설치된 간이온돌용 새마을 보일러에 연탄을 갈아 넣음에 있어서 연탄의 연소로 보일러가 가열됨으로써…주변의 가열접촉물에 인화될 것을 쉽게 예견할 수 있음에도 불구하고…보일러부터 5 내지 10센티미터쯤 거리에 가연물질을 그대로 두고 신문지를 구겨서 보일러 공기조절구를 막아 놓은 채 그 자리를 떠나버렸기 때문에 화재가 발생하였다면 중과실에 해당한다(대판, 1988. 8. 23, 88도855).

제 4 절 일수와 수리에 관한 죄

I. 총 설

1. 의의 · 본질

일수와 수리에 관한 죄는 일수죄(溢水罪)와 수리방해죄(水利妨害罪)로 대별할 수 있다. 일수죄는 수력의 파괴적 작용을 이용하여 공공의 안전을 해하는 공공위험죄라는 점에서 방화죄와 본질이 같다. 따라서 방화죄와 같이 공공위험죄이면서 부차적으로 재산죄적 성격도 가지고 있다.[122] 다만 방화죄가 화력에 의한 파괴력을 이용하는 것임에 대하여 일수죄는 수력의 파괴력을 이용한다는 점이 다르다. 수리방해죄는 제방결궤(決潰 물에 밀려 터져 무너짐), 수문파기 기타 수리를 방해하는 수리권 침해범죄로서 반드시 공공위험죄는 아니다. 그러나 수리방해죄도 물을 이용한 범죄이고, 수리권은 대부분 다수인의 공유에 속하며, 수리방해위가 일수의 위험을 수반하는 경우도 있기 때문에 일수에 관한 죄와 함께 규정한 것이다.

122) 박보무, 주석(상), 284면; 정성근, 671면; 백형구, 443면; 임웅, 595면; 오영근, 644면; 김성돈, 518면.

2. 보호법익

일수죄의 기본적인 보호법익은 공공의 안전이지만 부차적으로는 개인의 재산도 보호한다. 보호받는 정도는 추상적 위험범으로서의 보호이고, 자기물건 일수죄는 구체적 위험범으로서의 보호이다.[123] 수리방해죄의 보호법익은 수리권이며 추상적 위험범으로서의 보호라고 본다.

3. 구성요건체계

이 죄의 구성요건은 방화죄의 그것과 유사하다. 즉, 일수죄에 있어서도 객체가 현주건조물인가 공용건조물 또는 일반건조물인가에 따라 처벌에서 차이를 두고 있다. 그리하여 일수죄의 기본적 구성요건으로서 일반건조물 일수죄(제179조)를 규정하고 현주건조물등일수죄(제177조)와 공용건조물일수죄(제178조)를 가중적 구성요건으로 규정하였다. 다만 일반건조물이 범인의 소유인 때에는 공공의 위험발생을 요건으로 하는 구체적 위험범으로 하였다. 그리고 현주건조물 일수로 인하여 사람을 사상에 이르게 한 때에는 형을 가중한다(제177조 후단). 이 이외에도 진화방해죄에 대응하는 방수방해죄(제183조)와 실화죄에 대응하는 과실일수죄(제181조)를 별도로 규정하였다. 제177조 내지 제179조 1항의 죄에 대해서는 미수범(제182조)과 예비・음모(제183조)도 처벌하기로 하였다. 그리고 수리에 관한 죄로서는 수리방해죄(제184조)를 별도로 규정하고 있다. 일반건조물 등 일수죄(제172조 1항, 2항)에 대해서도 자기의 소유에 속하는 물건이라도 압류기타 강제처분을 받거나 타인의 권리 또는 보험의 목적물이 된 때에는 타인의 물건으로 간주한다(제179조 3항).

---

123) 유기천(하), 43면; 이형국, 543면; 이재상, 528면; 김일수/서보학, 594면; 진계호, 678면; 임웅, 595면; 정영일, 508면; 박상기, 485면; 김성돈, 518면.

Ⅱ. 일수죄

1. 현주건조물 등 일수죄 · 일수치사상죄

> 【구성요건 · 법정형】 ① 물을 넘겨 사람의 주거에 사용하거나 사람이 현존하는 건조물 · 기차 · 전차 · 자동차 · 선박 · 항공기 또는 광갱을 침해한 자는 무기 또는 3년 이상의 징역에 처한다.
> ② 제1항의 죄를 범하여 사람을 상해에 이르게 한 때에는 무기 또는 5년 이상의 징역에 처한다. 사망에 이르게 한 때에는 무기 또는 7년 이상의 징역에 처한다(제177조). 미수범은 처벌한다(제182조).

제1항의 죄는 물을 넘겨 사람의 주거에 사용하거나 사람이 현존하는 건조물 · 기차 · 전차 · 자동차 · 선박 · 항공기 또는 광갱을 침해(浸害 물에 잠기게 하여 손괴 · 훼손)하는 범죄로서 침해의 결과가 있어야 하는 추상적 위험범이다. 제2항의 죄는 현주건조물등 일수로 인하여 사람을 사상에 이르게 한 결과적 가중범이다. 부진정결과적 가중범을 인정하는 입장에서는 사상 · 치사의 결과에 대하여 과실이 있는 경우뿐만 아니라 고의가 있는 때에도 일수죄의 결과적 가중범이 된다고 하거나 일수치상죄에 대해서만 부진정결과적 가중범을 인정한다. 그러나 부진정 결과적 가중점을 부인할 때에는 모두 진정결과적 가중범이 된다. 즉, 상해 · 사망에 대해서 과실이 있을 때에만 치사상죄가 성립하며, 상해 · 사망에 대한 고의가 있는 때에는 제177조의 일수죄(또는 일수치사상죄)와 상해죄 또는 살인죄의 상상적 경합이 된다(현주건조물등 방화치사상죄, 교통방해치사상죄 참조). 개정형법은 치상과 치사의 법정형을 다르게 규정하고 있다.

객체는 현주건조물 등 방화죄의 객체와 같다. 행위는 물을 넘겨(溢水) 현주건조물 등을 침해(浸害)하는 것이다. ① "물을 넘겨"란 제한되어 있는 물의 자연력을 해방시켜 그 경계 밖으로 범람하게 하는 것을 말한다. 그 물이 유수이건 저수이건 묻지 않으며, 물을 넘기는 수단 · 방법도 제한이 없다. 따라서 제방을 결궤하거나 수문을 파괴하는 것도 일수에 해당한다. ② "침해(浸害)"의 의미에 대해서는, 물에 잠기어 목적물의 중요부분의 효용이 상실될 정도에 이르러야 한다는 견해와[124] 물에 잠기어 목적물의 전부 또는 일부에 대한 효용의 상실 또는

124) 유기천(하), 43면; 정영석, 135면; 서일교, 301면.

감소를 의미한다는 견해가[125] 대립하고 있다. 이 죄는 방화죄에 대응하는 것이며, 보호법익도 공공의 안전 외에 재산을 보호하므로 침해의 의미도 이를 고려하여 소훼와 상응하게 해석해야 한다. 즉, "침(浸)"은 물에 잠기게 하는 것이고 "해(害)"는 훼손 또는 손괴를 의미하므로 소훼의 개념과 같이 적어도 목적물의 훼손 내지 일부 손괴 정도에 이르러야 한다고 본다. 반드시 전부 손괴나 중요부분의 효용상실임을 요하지 않으며 목적물이 유실되었을 필요도 없다.

침해의 의미에 대해 일부효용상실이 방화죄의 독립연소설에 상응한다는 견해도[126] 있으나 일부효용설은 일부손괴를 의미하는 것이고 방화죄의 독립연소에 상응하는 것은 침해(浸害)라고 하는 것이 더 타당할 것이다.[127]

물을 넘기는 행위와 목적물의 침해 사이에는 인과관계와 객관적 귀속이 인정되어야 하며, 이것이 부정될 때에는 이 죄의 미수범이 된다. 물을 넘기는 행위시에 실행의 착수가 있고 목적물이 물에 잠기어 훼손 또는 일부손괴가 있는 때 기수가 된다. 침해결과가 발생하지 않으면 미수범이 된다.

고의범이므로 물을 넘긴다는 사실과 목적물을 침해한다는 인식·의사가 있어야 한다. 공공의 위험발생은 인식할 필요가 없다.

2. 공용건조물 등 일수죄

【구성요건·법정형】 물을 넘겨 공용 또는 공익에 공하는 건조물·기차·전차·자동차·선박·항공기 또는 광갱을 침해한 자는 무기 또는 2년 이상의 징역에 처한다(제178조). 미수범은 처벌한다(제182조).

물을 넘겨 공용 또는 공익에 공하는 건조물·기차·전차·자동차·선박·항공기 또는 광갱을 침해(물에 잠기게)함으로써 성립하는 추상적 위험범이다. 공용건조물 방화죄에 대응하는 일수죄이다(공용건조물방화죄 참조).

---

125) 황산덕, 116면; 박보무, 주석(상), 285면; 이형국, 544면; 이재상, 529면; 김일수/서보학, 595면; 진계호, 679면; 박상기, 486면, 임웅, 597면; 손동권, 565면; 정영일, 509면; 김성돈, 519면.

126) 이재상, 529면.

127) 오영근, 646면.

3. 일반건조물 등 일수죄

> **【구성요건 · 법정형】** ① 물을 넘겨 전2조(현주건조물 일수 · 공용건조물 일수)에 기재한 이외의 건조물 · 기차 · 전차 · 자동차 · 선박 · 항공기 또는 광갱 기타 타인의 재산을 침해한 자는 1년 이상 10년 이하의 징역에 처한다(제179조 1항).
> ② 자기의 소유에 속하는 전항의 물건을 침해하여 공공의 위험을 발생하게 한 때에는 3년 이하의 징역 또는 700만원 이하의 벌금에 처한다(제179조 2항).
> ③ 제176조(타인의 권리대상이 된 자기물건)의 규정은 본조의 경우에 준용한다(제179조 3항). 제1항의 미수범은 처벌한다(제182조).

물을 넘겨 현주건조물 · 공용건조물 이외의 건조물 · 기차 · 자동차 등이나 기타의 물건을 침해(물에 잠기게 하여 일부손괴 또는 훼손)함으로써 성립하는 범죄이다. 제1항의 죄는 제166조 1항(일반건조물등 방화)에 대응되는 추상적 위험범이며, 제2항의 죄는 제166조 2항(자기소유건조물등 방화)에 대응되는 공공의 위험발생이 있어야 하는 구체적 위험범이다. 소유자가 없거나 소유자가 침해에 동의한 때에는 자기물건과 같이 취급해야 한다. 1항, 2항의 객체가 자기의 소유에 속하는 물건이라도 압류 기타 강제처분을 받거나 타인의 권리 또는 보험의 목적물이 된 때에는 타인물건으로 간주한다(제179조 3항, 제176조). 타인소유의 일반건조물 등 일수죄에 한하여 미수범을 처벌한다.

4. 방수방해죄

> **【구성요건 · 법정형】** 수재에 있어서는 방수용의 시설 또는 물건을 손괴 또는 은닉하거나 기타 방법으로 방수를 방해한 자는 10년 이하의 징역에 처한다(제180조).

수재에 있어서 방수용의 시설 또는 물건을 손괴 또는 은닉하거나 기타 방법으로 방수를 방해함으로써 성립하는 범죄로서 진화방해죄에 대응하는 것이다. 따라서 이 죄의 본질과 구성요건도 진화방해죄의 그것과 동일하게 해석해야 한다. 다만, 두 죄는 행위상황을 달리하고 객체가 방수용이라는 점에 차이가 있을 뿐이다.

"수재(水災)"란 물로 인한 사람의 생명, 신체, 재산에 대한 재해를 말하고, "수재에 있어서"란 ① 수재가 이미 발생한 때뿐만 아니라 수재발생의 위험이 있는 상태를 포함한다. 예컨대, 홍수로 하천이 범람하거나 제방이 결궤되어 침해(浸

害)의 위험이 발생한 경우이다. 이 죄의 행위상황이다. ② 수재발생의 원인 여하는 묻지 않으며, 자연재해 · 인재는 물론 과실일수나 불가항력적 수재로 인한 경우도 포함한다.

행위는 방수용의 시설 또는 물건을 손괴 또는 은닉하거나 기타 방법으로 방수를 방해하는 것이다. ① "방수용의 시설 또는 물건"이란 방수(防水)하기 위하여 제작된 일체의 시설 · 물건을 말하며, 그것이 석조 · 목조 · 철조 · 천 등 재료나 구조 여하는 묻지 않는다. 또 소유관계도 문제되지 않으므로 사유 · 공유이건 자기 또는 타인의 소유이건 가리지 않는다. ② "방수"란 수재를 예방하거나 이미 발생한 수재를 약화 · 방지하는 것을 말하고, 방수활동뿐만 아니라 방수시설이나 기구에 의해서도 방수는 가능하다. 방수활동은 수재를 감퇴시키려는 활동뿐만 아니라 수재로 인하여 발생한 손해, 예컨대 건조물의 파괴나 교량의 유실 등을 방지하는 활동도 포함된다.[128] ③ "방수의 방해"는 현실로 방해의 결과가 발생하였음을 요하지 않으며, 방수활동을 방해하는 행위가 있음으로써 족하다. ④ 방해방법으로는 손괴 · 은닉을 예시하고 있으나 이에 한하지 않으며 폭행 · 협박 · 위력 · 유혹 등 기타 방법의 제한은 없다. 방수의무 있는 자의 부작위에 의한 방수방해도 가능하다. ⑤ 공무원 등의 방수활동에 대한 원조요구에 응하지 않는 협력의무위반은 이 죄가 아니라 경범죄처벌법(제1조 36호)의 처벌대상이 될 뿐이다.

추상적 위험범이므로 손괴 · 은닉 기타 방법으로 방수방해만 있으면 족하고 방해의 결과발생이나 공공위험의 발생까지 요하지 않는다(통설). 방해행위가 종료하면 기수가 되며 미수는 불가벌이다.

5. 과실일수죄

【구성요건 · 법정형】 과실로 인하여 제177조(현주건조물 일수) 또는 제178조(공용건조물 일수)에 기재한 물건을 침해한 자 또는 제179조(일반건조물 일수)에 기재한 물건을 침해하여 공공의 위험을 발생하게 한 자는 1천만원 이하의 벌금에 처한다(제181조).

과실로 인하여 현주건조물 또는 공용건조물 등의 일수죄에 기재된 물건을 침

128) 유기천(하), 45면; 이재상, 531면; 진계호, 683면; 이형국, 547면; 임웅, 601면; 배종대, 656면; 오영근, 650면; 정영일, 512면.

해(浸害)하거나 일반건조물등 일수죄에 기재한 물건을 침해하여 공공의 위험을 발생하게 함으로써 성립하는 범죄이다. 전단은 추상적 위험범이고, 후단은 구체적 위험범이다. 단순실화죄에 대응하는 과실범이다. 형법은 과실에 의한 재물손괴죄는 처벌하지 않지만 실화처럼 일수에 있어서는 수력의 파괴력이 크다는 점을 고려하여 과실일수도 공공의 위험이 있다고 보아 처벌하기로 한 것이다. 이 죄의 행위는 과실로 인하여 물을 넘겨 건조물·물건 등을 침해하는 것이다. 과실도 실화죄의 그것과 같다.

6. 일수예비·음모죄

> **【수정 구성요건·법정형】** 제177조 내지 제179조 제1항의 죄를 범할 목적으로 예비 또는 음모한 자는 3년 이하의 징역에 처한다(제183조).

현주건조물등 일수죄, 공용건조물등 일수죄 또는 타인소유의 일반건조물등 일수죄를 범할 목적으로 예비 또는 음모함으로써 성립하는 범죄이다. 수력의 위험이 크다는 점을 고려하여 처벌키로 한 것이다. 다만 방화죄의 경우와 구별하여 자수자에 대한 감면규정을 두지 않은 점은 입법의 불비라 하겠다.

Ⅲ. 수리방해죄

> **【구성요건·법정형】** 제방을 결궤하거나 수문을 파괴하거나 기타 방법으로 수리를 방해한 자는 5년 이하의 징역 또는 700만원 이하의 벌금에 처한다(제184조).

1. 의의·보호법익

(1) 의 의

제방을 결궤(決潰)하거나 수문을 파괴하거나 기타 방법으로 수리(水利)를 방해함으로써 성립하는 범죄이다. 보호법익은 수리권이고, 보호의 정도는 침해범이라는 견해도[129] 있으나 추상적 위험범이라 본다(통설).

---

129) 오영근, 652면.

이 죄는 수리권을 직접 보호법익으로 하므로 일수죄와 죄질이 같지 않다. 그러나 수리권은 다수 경작자의 이해와 관련되어 있고 경우에 따라 이 죄로 인하여 일수의 위험도 수반될 수 있으므로 일수죄와 같은 장에 규정한 것이다.

(2) 보호법익

보호법익은 수리권이므로 피해자에게 수리권, 즉 현존하는 수리의 이익이 있을 것을 전제로 해서만 이 죄가 성립한다.130) ① 수리란 관개·목축·수차·발전 등 일체의 물의 이용을 말한다. ② 물은 자연유수·인공유수를 묻지 않으며, 그 이용의 방법과 종류 여하도 가리지 않는다. 다만 교통상으로 이용되는 수로는 일반교통방해죄(제185조)의 객체가 되며, 수도에 의한 음용수의 이용도 이 죄의 수리가 아니라 수도불통죄(제195조)에 의하여 보호될 뿐이다. 그러나 수도 이외의 음용수의 이용은 이 죄의 수리에 포함된다. ③ 수리권의 근거는 법령·계약 외에 관습에 의한 경우도 포함한다.131) 관습에 반하는 상류수리권자의 이용행위에 대해서는 경우에 따라 하류수리권자는 정당방위·긴급피난을 할 수 있다.

【판례】 원천 내지 자원으로서의 물의 이용이 아니라, 하수나 폐수 등 이용이 끝난 물을 배수로를 통하여 내려보내는 것은 형법 제184조 소정의 수리에 해당한다고 할 수 없고, 그러한 배수 또는 하수처리를 방해하는 행위는, 특히 그 배수가 수리용의 인수(引水)와 밀접하게 연결되어 있어서 그 배수의 방해가 직접 인수에까지 지장을 초래한다는 등의 특수한 경우가 아닌 한, 수리방해죄의 대상이 될 수 없다(대판, 2001. 6. 26, 2001도404).132)

2. 구성요건요소

(1) 객 체

객체는 제방 또는 수문이다. "제방"이란 물의 일출(溢出 넘쳐 흐름)이나 유출을 막기 위해 축조된 토목 건축물을 말하고, "수문"은 저수지·댐 등에 저장된 물의 유입·유출량을 조절하기 위해 설치된 시설물을 말한다.

---

130) 대판, 1960. 9. 21, 4293형상522.
131) 대판, 1968. 2. 20, 67도1677.
132) 농촌주택에서 배출되는 생활하수의 배수관(소형 PVC관)을 토사로 막아 하수가 내려가지 못하게 한 경우, 수리방해죄에 해당하지 아니한다고 본 사례.

(2) 행 위

행위는 제방을 결궤(決潰)하거나 수문을 파괴하거나 기타 방법으로 수리를 방해하는 것이다. 제방의 결궤와 수문의 파괴는 수리방해행위의 예시에 지나지 않는다. ① "결궤"는 제방을 헐어 물이 나오도록 하는 것을 말한다. ② "파괴"란 수문의 담수량 조절기능을 상실·감소시키는 일체의 손괴행위를 말한다. ③ "기타 방법의 수리방해"는 수로를 폐쇄 또는 변경하거나 저수를 유출시키는 등 수리를 방해하는 일체의 행위를 말한다. 그러나 삽으로 흙을 떠올려 유수의 물줄기를 막는 것으로는 수리방해가 있다고 할 수 없다.[133] ④ 이 죄에 해당하지 않는 개천·도랑 그 밖의 물길의 흐름에 방해될 행위를 한 자는 경범죄처벌법 제1조 22호에 의해 처벌된다. ④ 수리방해가 있으면 기수가 되며, 방해의 결과가 현실로 발생하였음을 요하지 않는다.

제 5 절 교통방해의 죄

Ⅰ. 총 설

1. 의의·본질

교통방해죄(Verkehrsstraftaten)는 교통로·교통기관 등 공공의 교통설비를 손괴 또는 불통하게 하여 교통을 방해하는 범죄이다. 교통의 안전은 사회생활을 유지·발전시키기 위하여 필요한 전제조건인 동시에 경제와 산업발전에 중요한 기여를 하고 있다. 특히 교통기관이 대형화·고속화됨에 따라 공중교통의 안전을 해하는 행위는 불특정 다수인의 생명·신체·재산에까지 대량의 피해를 초래할 위험이 있다. 교통방해죄가 방화죄·일수죄와 마찬가지로 공공위험죄로서의 성격을 가졌다는 이유도 여기에 있다. 그러므로 이 죄의 본질도 공공의 교통

133) 대판, 1975. 6. 24, 73도2594.

안전을 해할 뿐만 아니라 나아가서 이로 인하여 불특정 또는 다수인의 생명·신체 또는 재산에 위험까지 야기시키는 이중의 위험을 야기하는 범죄라고 할 수 있다.

2. 보호법익

보호법익에 대해서는 ① 공공 또는 공중의 교통안전이라고 하는 견해와,[134] ② 기본적으로는 공공의 교통안전을 보호하지만 부차적으로 불특정 또는 다수인의 생명·신체 또는 재산의 안전도 보호한다는 견해가[135] 대립한다.

이 죄의 본질은 공공위험죄로서 이중의 위험을 야기시키는 범죄이므로 공공의 교통안전과 공중의 생명·신체·재산에 대한 안전을 동시에 보호한다고 해야 하며, 주로 교통의 안전만을 보호하기 위한 도로교통법과 이 죄는 그 성질과 입법취지가 다르다고 해야 하므로 ②설이 타당하다. 그리고 보호받는 정도는 추상적 위험범으로서의 보호이다(통설).

3. 구성요건체계

형법은 교통방해죄를 일률적으로 추상적 위험범의 형태로 규정하면서 일반교통방해죄(제185조)를 기본적 구성요건으로 하고, 기차·선박등 교통방해죄(제186조)와 기차등 전복죄(제187조)는 불법이 가중되는 가중적 구성요건으로 규정하였다. 전자는 객체의 특수성으로 인해 공공의 위험이 증가한다는 이유로, 후자는 행위태양에서 위험성이 크다는 이유로 각각 불법이 가중된 것이다. 그리고 이상의 세 가지 죄를 범하여 사람을 사상에 이르게 한 때에는 결과적 가중범으로 교통방해치사상죄(제188조)를 규정하였다. 이 외에도 결과적 가중범을 제외한 이상의 세 가지의 죄에 대한 과실범·업무상과실범·중과실범(제189조)과 미수범(제190조)을 처벌하며, 불법이 가중되는 제186조와 제187조의 죄를 예비·음모

134) 정영석, 138면; 황산덕, 117면; 김성천/김형준, 740면; 오영근, 654면; 정영일, 515면. 또 대판, 1984. 9. 11. 83도2617은 일반교통방해죄에 대해서 일반공중의 교통안전을 그 보호법익으로 한다고 하고 있다.

135) 유기천(하), 49면; 서일교, 303면; 정성근, 677면; 이형국, 550면; 이재상, 533면; 진계호, 687면; 김일수/서보학, 600면; 박상기, 489면; 배종대, 658면; 임웅, 604면; 이정원, 555면; 손동권, 570면; 김성돈, 524면.

한 자도 처벌키로 하였다(제191조).

【입법론】 ① 제186조 후단의 객체를 기차 · 전차 · 자동차 · 선박 · 항공기로 한정하고 있다. 그러나 기차 · 전차에 유사한 모노레일 · 케이블카도 교통수단으로 대중화되고 있으므로 이를 포함시키도록 입법화하는 것이 타당하다.[136] ② 교통방해치사상죄를 결과적 가중범으로 규정하고 있다. 그러나 결과적 가중범의 중한 결과는 기본범죄의 전형적인 불법이 실현된 경우에 한하여 제한되어야 한다. 단순한 교통방해만으로 반드시 사상의 결과가 발생하는 것은 아니므로 이를 결과적 가중범으로 규정한 것은 입법론적으로 재검토되어야 한다.[137] ③ 항공교통과 해상교통도 형법의 교통방해죄에 포섭할 필요가 있다. 오늘날 항공교통과 해상교통은 국제교류의 증대에 따라 대중화되었고, 이에 편승한 항공기 · 선박에 대한 납치 · 강탈 등이 빈발하고 있으므로 탑승자의 생명 · 신체 · 재산에 대한 안전을 특히 보호할 입법이 요망되기 때문이다.[138]

Ⅱ. 교통방해죄

1. 일반교통방해죄

【구성요건 · 법정형】 육로 · 수로 또는 교량을 손괴 또는 불통하게 하거나 기타 방법으로 교통을 방해한 자는 10년 이하의 징역 또는 1천500만원 이하의 벌금에 처한다(제185조). 미수범은 처벌한다(제190조).

(1) 의 의

육로 · 수로 또는 교량을 손괴 또는 불통하게 하거나 기타 방법으로 교통을 방해함으로써 성립하는 범죄이다. 교통방해죄의 기본적 구성요건이다. 추상적 위험범, 거동범이다.

136) 김기춘, 형법개정시론, 567면.

137) 이재상, 534면; 배종대, 659면. 독일 형법(제315조, 제361조)의 교통방해죄에는 결과적 가중범에 관한 규정이 없으며, 일본 개정형법초안(제197조)에는 사망의 경우에 한하여 결과적 가중범을 인정하고 있다.

138) 항공기운항안전법(1974. 12. 26)에는 항공기납치죄(동법 제8조)를 규정하고 있으나, 이 죄는 항공교통의 안전뿐만 아니라 탑승자의 생명 · 신체 · 재산까지 보호하는 데에 있으므로 죄질로 보아 형법의 교통방해의 죄에서 함께 규정함이 바람직하다(정성근, 679면; 이재상, 535면; 김기춘, 550면 이하). 참고로 독일 형법은 항공기교통침해죄(제316조의 c)를, 오스트리아 형법은 항공기약탈죄(제185조, 제186조)를 교통방해죄와 함께 규정하고 있으며, 형법개정안에서는 선박 · 항공기납치죄(제271조)와 선박 · 항공기운항방해죄(제272조)를 신설하였으나 반영되지 못하였다.

(2) 객관적 구성요건요소

1) 객 체 객체는 육로·수로 또는 교량이다.

가) 육 로 "육로"란 공중의 왕래에 사용되는 육상도로를 말한다. ① 반드시 도로법의 적용을 받는 도로임을 요하지 않고 사실상 공중이나 차마(車馬)가 자유롭게 왕래에 사용되고 있는 공공성을 지닌 육상의 도로이면 족하다.[139] 따라서 농가의 경운기·리어카가 통행하는 농로도 이 죄의 육로에 해당한다.[140] 그러나 인근주민들이 공터로 있는 땅을 일시 도로에 이르는 지름길로 사용하였다는 것만으로는 육로라 할 수 없다.[141] ② 공중의 왕래에 사용되는 도로이면 그 관리자나 소유자가 누구인가는 묻지 않으며,[142] 공유·사유를 가릴 필요도 없다. 그러나 개인의 저택 내의 통로와 같이 방문객의 통행은 허용되더라도 개인의 사용에만 이용되는 통로는 포함되지 않는다. ③ 노면의 광협이나 통행인의 많고 적음은 불문하며 사실상 공중의 왕래에 공용되고 있으면 육로가 된다.[143] 따라서 학교법인의 소유토지에 무단출입하여 불법통행하였거나 소수인의 통행에 불과하였어도 공중이 왕래하는 도로이면 이 죄의 객체가 될 수 있다.[144] ④ 육로에는 터널도 포함되지만 철로는 제186조와의 관계상 제외해야 한다.

나) 수 로 "수로"란 선박의 항해에 사용되고 있는 하천·운하·해협·호소 등을 말한다. 공해상의 해로도 여기에 포함되느냐에 대해서는, 해로 중에서 좁은 해협만 여기에 포함된다는 견해[145]도 있다. 그러나 교통방해의 대상이 될 수 있는 이상 공해상의 해로도 포함해야 한다.[146]

다) 교 량 "교량"이란 하천·호소(호수와 늪)·계곡 등에 가설한 시설물로서 공중의 왕래에 사용되는 다리를 말하며, 교량의 형태·대소·재질과 소유자 여하는 묻지 않는다.[147] 육교도 여기에 포함되지만 궤도의 일부가 되는 철교는

---

139) 대판, 1984. 9. 11, 83도2617; 대판, 1988. 5. 10, 88도262.

140) 대판, 1995. 9. 15, 92도1475.

141) 대판, 1984. 11. 13, 84도2192.

142) 대판, 1960. 9. 21, 4293형상588; 대판, 1987. 4. 14, 87도393; 대판, 1988. 4. 25, 88도18.

143) 대판, 1971. 3. 9, 71도152.

144) 대판, 1979. 9. 11, 79도1761.

145) 박보무, 주석(상), 297면; 진계호, 689면.

146) 유기천(하), 52면; 이재상, 536면; 정성근, 680면; 김일수/서보학, 601면; 박상기, 488면; 배종대, 660면; 백형구, 471면; 임웅, 582면; 김성천/김형준, 742면; 오영근, 657면; 정영일, 517면; 손동권, 572면; 김성돈, 526면.

147) 대판, 1959. 3. 13, 4291형상562.

제외된다.

2) 행 위　행위는 손괴 또는 불통하게 하거나 기타 방법으로 교통을 방해하는 것이다.

가) 손괴 · 불통행위　"손괴"란 교통을 방해할 수 있는 정도의 물질적 훼손을 말하며, 반드시 전부의 손괴일 필요가 없다. "불통하게" 하는 것은 유형의 장애물을 사용하여 왕래를 방해하는 일체의 행위를 말한다. 장애물로 도로를 차단하거나 교통을 불가능하게 하는 것이면 그 방법은 묻지 않는다.

나) 기타 방법　형법은 기타 방법에 의한 교통방해를 포괄적으로 규정하고 있으므로 손괴 · 불통에 의한 교통방해는 그 예시에 지나지 않는다. "기타 방법"의 의의에 대해서는, ① 손괴 또는 불통에 준하는 행위에 의한 것이라야 한다는 견해와,[148] ② 이에 준하는 행위로 한정할 필요가 없고 교통방해가 초래될 수 있는 방법이면 족하다는 견해가[149] 대립한다. 두 견해의 차이는 권한 없는 자가 허위의 교통표지를 세우거나 폭력으로 통행을 차단하여 교통을 방해한 행위가 기타 방법에 의한 교통방해가 되느냐에서 차이가 나타난다(①설에서는 부정하고, ②설에서는 긍정한다). 손괴 · 불통 등의 방법 이외의 기타 방법으로 교통을 방해할 수 있는 대표적인 예가 폭력으로 통행을 차단하거나 허위표지를 세워 통행을 못하게 하는 것이므로 손괴 · 불통에 준한 방해로 제한할 이유가 없다.

【판례】 ① 피고인 등 약 600명의 노동조합원들이 차도만 설치되어 있을 뿐 보도는 따로 마련되어 있지 아니한 도로 우측의 편도 2차선의 대부분을 차지하면서 대오를 이루어 행진하는 방법으로 시위를 하고 이로 인하여 나머지 편도 2차선으로 상, 하행차량이 통행하느라 차량의 소통이 상당히 더디어 진 정도로는 일반교통방해죄를 적용할 수 없다(대판, 1992. 8. 18, 91도2771).

② 주민들에 의하여 공로로 통하는 유일한 통행로로 오랫동안 이용되어 온 폭 2m의 골목길을 자신의 소유라는 이유로 폭 50 내지 70㎝가량만 남겨두고 담장을 설치하여 주민들의 통행을 현저히 곤란하게 하였다면 일반교통방해죄를 구성한다(대판, 1994. 11. 4, 94도2112).

③ 적법한 신고를 마치고 도로에서 집회나 시위를 하는 경우 도로의 교통이 어느 정도 제한될 수 밖에 없으므로, 그 집회 또는 시위가 신고된 범위 내에서 행해졌거나 신고된 내용과 다소 다르게 행해졌어도 신고된 범위를 현저히 일

148) 유기천(하), 54면; 박보무, 주석(상), 298면; 백형구, 471면.

149) 정영석, 139면; 서일교, 304면; 남흥우, 259면; 이건호, 122면; 정성근, 680면; 이재상, 537면; 김일수/서보학, 602면; 박상기, 488면; 배종대, 661면; 진계호, 690면; 이정원, 558면; 임웅, 606면; 오영근, 658면; 정영일, 549면; 손동권, 572면; 김성돈, 526면.

> 탈하지 않는 경우에는, 그로 인하여 도로의 교통이 방해를 받았다고 하더라도 특별한 사정이 없는 한 형법 제185조의 일반교통방해죄가 성립한다고 볼 수 없다(대판. 2008. 11. 13, 2006도755).

다) 교통방해 이상의 방법으로 교통을 방해하여야 한다. "교통방해"란 교통을 불가능하게 하거나 현저히 곤란하게 하는 것을 말한다. 추상적 위험범이므로 방해상태가 있으면 기수가 되며, 현실로 방해의 결과가 발생하였거나 공공의 위험이 발생하였음을 요하지 않는다. 교량 등을 손괴 내지 불통행위에 착수하였으나 이를 완성하지 못한 때에는 미수범이 된다.

(3) 주관적 구성요건요소

교통을 방해할 수 있는 정도의 사실을 인식하고 방해행위를 한다는 데에 대한 고의가 있어야 한다. 미필적 고의로서 족하다. 공공의 위험발생에 대한 인식은 할 필요가 없다.

2. 기차 · 선박 등 교통방해죄

> **【구성요건 · 법정형】** 궤도 · 등대 또는 표지를 손괴하거나 기타 방법으로 기차 · 전차 · 자동차 · 선박 또는 항공기의 교통을 방해한 자는 1년 이상의 유기징역에 처한다(제186조). 미수범은 처벌한다(제190조).
>
> 본죄를 범할 목적으로 예비 또는 음모한 자는 3년 이하의 징역에 처한다(제191조).

(1) 의 의

이 죄는 궤도 · 등대 또는 표지를 손괴하거나 기타 방법으로 기차 · 전차 · 자동차 · 선박 또는 항공기의 교통을 방해함으로써 성립하는 범죄로서 불법이 가중된 구성요건이며, 추상적 위험범이다.

(2) 객관적 구성요건요소

1) 객 체 객체는 궤도 · 등대 또는 표지이다. ① "궤도"란 여객 또는 화물수송을 위해 지상에 부설한 궤도줄(軌條, 레일)을 말하며(궤도운송법 제2조), 철도산업발전기본법(제3조)상의 철의 궤도는 물론, 궤조(軌條)와 구조상 불가분의 관계에 있는 침목(枕木) · 궤조의 이음쇠판 · 철교나 궤도터널도 궤도에 포함된다(철도보다 넓은 개념이다). ② "등대"란 선박의 안전한 항해를 위하여 항해로의 방향을

판단하도록 시설한 등화를 말하며, 그 소유 여하는 묻지 않는다. ③ "표지"란 교통의 신호 기타 안전교통을 위하여 제작된 설치물로서 공설·사설임을 묻지 않는다.

2) 행 위 손괴하거나 기타 방법으로 기차·전차·자동차·선박 또는 항공기의 교통을 방해하는 것이다.

(a) 손괴 기타 방법 ① 여기의 "손괴"란 물건에 대한 물질적 훼손을 의미한다. 일반교통방해죄에 있어서와 같이 교통을 방해할 수 있는 정도의 손괴라야 한다.[150] 따라서 물건 자체의 훼손이 없이 부표(浮漂)나 검은 천으로 표지를 가림으로써 그 효용을 발휘치 못하게 하는 것은 손괴가 되지 않는다.[151] ② "기타 방법"이란 손괴 이외의 방법으로 궤도차·선박·항공기 등의 교통을 방해할 수 있는 일체의 행위를 말한다. 궤도상에 석괴·목재 등 장애물을 놓아 두는 행위, 등대의 등화를 끄는 행위, 교통신호를 가리거나 신호등의 불을 끄거나 허위 등대를 만드는 것을 예로 들 수 있다.[152]

(b) 교통방해 일반교통방해죄와 같이 교통을 불가능하게 하거나 현저히 곤란하게 하는 것을 말한다. 다만 보행자·자전거·오토바이·우마차의 교통방해는 일반교통방해죄가 성립할 뿐이다. 이러한 상태가 발생하면 기수가 되며, 현실로 교통방해의 결과가 발생하였거나 공공의 위험이 발생할 필요는 없다.

(c) 교통방해의 내용 교통방해의 구체적인 내용은 기차·전차·자동차·선박 또는 항공기의 교통을 방해하는 것이다. 이 죄의 교통은 주로 궤도교통기관이고 위험성도 그만큼 크기 때문에 중하게 처벌하므로 자동차·선박도 이에 준하는 정도일 것을 요한다고 해석하는 견해도 있다.[153] 그러나 반드시 그렇게 해석할 필요는 없으므로 자동차·소형의 선박·모터보트도 여기에 포함된다. 또 육상교통기관으로서 디젤 엔진·케이블카·모노레일·트롤리 버스(trolley bus)는 열거되어 있지 않으나 전차·자동차의 대용교통으로서 여기에 포함된다고 본다.[154]

---

150) 유기천(하), 55면; 이재상, 537면; 오영근, 657면; 정영일, 519면.

151) 유기천(하), 55면; 박보무, 주석(상), 300면; 진계호, 691면.

152) 이러한 통설의 입장에 반하여, 교통신호를 가리거나 신호등의 불을 끄거나 허위 등대를 만드는 것은 기타방법에 해당하지 않는다는 견해도 있다[유기천(하), 55면]. 그러나 기차·선박·항공기 등은 신호등을 끄거나 허위 등대의 표시로 인하여 대량사고가 발생할 수 있음을 고려할 때에 이를 제외해야 할 이유가 없다고 본다.

153) 유기천(하), 57면.

(3) 주관적 구성요건요소

이 죄의 고의는 객체를 손괴하거나 기타 방법으로 기차·자동차·항공기 등의 교통을 방해한다는 인식·의사이다. 미필적 고의로 족하나 교통방해의 결과발생이나 공공의 위험발생에 대한 인식은 요하지 않는다.

3. 기차 등 전복죄

【구성요건·법정형】 사람이 현존하는 기차·전차·자동차·선박 또는 항공기를 전복·매몰·추락 또는 파괴한 자는 무기 또는 3년 이상의 징역에 처한다(제187조). 미수범은 처벌한다(제190조).

본 죄를 범할 목적으로 예비 또는 음모한 자는 3년 이하의 징역에 처한다(제191조).

(1) 의 의

사람이 현존하는 기차·전차·자동차·선박 또는 항공기를 전복·매몰·추락 또는 파괴함으로써 성립하는 범죄이다. 사람이 현존하는 기차 등을 전복·매몰·추락·파괴한 때에는 공공의 위험을 해하는 정도가 현저히 증가되므로 기차·선박 등 교통방해죄보다 특히 형을 가중키로 한 것이다.

이 죄의 행위태양이 전복·매몰·추락·파괴로 한정하고 있으므로 이러한 제한없이 손괴 기타 방법으로 교통을 방해하는 기차·선박등 교통방해죄와 다르다. 따라서 이 죄는 기차·선박등 교통방해죄에 대한 특별법의 관계에 있으며, 이 죄에 해당하지 않을 때에 기차·선박등 교통방해죄에 해당하고, 이에도 해당하지 않으면 일반교통방해죄(제185조)의 문제가 된다.[155]

(2) 객관적 구성요건요소

1) 객 체　　객체는 사람이 현존하는 기차·전차·자동차·선박 또는 항공기이다.

(a) 사람의 현존　　"사람이 현존하는"이란 행위 당시에 범인 이외의 사람이 기차·전차 등의 내부에 현존하고 있는 것을 말한다. 현주건조물등 방화죄에 있어서의 '사람의 현존'과 같은 의미이다. ① 여기의 사람도 범인 이외의 모든 자연인을 말하며, 인원의 다소와 사람이 현존하게 된 이유 여하는 묻지 않는다.

---

154) 유기천(하), 57면; 정영석, 140면; 이형국, 553면; 이재상, 539면; 김일수/서보학, 604면; 진계호, 691면; 배종대, 662면; 임웅, 607면; 정영일, 519면.

155) 유기천(하), 58면.

현존하는 사람이 반드시 승객일 필요가 없으며, 기관차에 기관사만 타고 있어도 사람이 현존하는 기차 · 전차가 된다. 또 열차의 1량에만 사람이 현존하면 그 전체가 사람의 현존이라는 것이 된다. ② 사람이 현존하는 시기에 대해서는 결과 발생시에 현존함을 요하지 않고 실행행위를 개시할 때에 사람이 현존하고 있으면 족하다.[156]

(b) 기차 · 전차 · 자동차 · 선박 · 항공기 객체는 방화죄의 그것과 같다. 현재 운행중인 기차 · 전차 · 자동차 등은 물론, 교통기관으로서의 기능이 유지되는 이상 일시적으로 그 기능이 정지된 경우에도 이 죄의 객체가 된다. 따라서 차고에 들어가 있거나 정차 · 정박 중인 기차 · 선박도 포함한다.

2) 행 위 행위는 전복 · 매몰 · 추락 또는 파괴하는 것이다. ① "전복"이란 기차 · 전차 등 궤도차를 탈선시켜 뒤집어 엎거나 넘어가게 하는 것이다. 단순히 탈선시킨 것만으로는 아직 전복이라 할 수 없다. ② "매몰"이란 흙더미에 묻히게 하거나 선박을 수중에 침몰시키는 것을 말하고, 좌초시킨 것은 매몰이라 할 수 없다. 그러나 매몰의 의사로 좌초케 한 때에는 이 죄의 미수가 되고, 좌초로 인하여 선박이 파괴된 때에는 파괴죄에 해당한다. ③ "추락"이란 자동차나 항공기가 높은 곳에서 아래로 떨어지는 것을 말한다. 추락으로 인하여 파괴되었을 필요는 없다. ④ "파괴"란 교통기관으로서의 기능의 전부 또는 일부를 불가능케 할 정도로 그 중요부분을 훼손하는 것을 의미하고 단순한 손괴보다 좁은 개념이다(통설).[157] 반드시 공중의 생명 · 신체 · 재산에 위험이 생길 정도의 손괴임을 요하지 않는다. 판례도 같은 취지이다.[158] 따라서 유리창을 깨뜨리거나 차체의 도료를 벗기거나 철판이 일부 찌그러지게 하는 등 경미한 손괴는 파괴에 해당하지 않는다.

【판례】 형법 제187조에 정한 "파괴"의 뜻은 기차, 전차, 자동차, 선박 또는 항공기 등의 교통기관으로서의 용법의 전부 또는 일부를 불가능하게 할 정도의 파손을 의미하는 것이고 경미한 손괴를 포함하지 않는다고 해석함이 상당

156) 유기천(하), 59면; 서일교, 305면; 정영석, 141면; 박보무, 주석(상), 302면; 이형국, 554면; 이재상, 540면; 김일수/서보학, 604면; 진계호, 693면; 배종대, 662면; 백형구, 473면; 임웅, 584면; 오영근, 662면; 정영일, 520면.

157) 유기천(하), 60면; 황산덕, 118면; 서일교, 305면; 정영석, 141면; 이형국, 555면; 이재상, 541면; 진계호, 693면; 박상기, 490면; 배종대, 663면; 백형구, 474면; 임웅, 609면; 오영근, 662면; 정영일, 521면; 김성돈, 529면.

158) 대판, 1970. 10. 23, 70도1611. 同旨: 대판, 1983. 9. 27, 82도671.

하다(대판, 1970. 10. 23, 70도1611).

(3) 주관적 구성요건요소

이 죄의 고의로서 행위시에 기차・전차 등에 사람이 현존한다는 것을 인식하고 그 객체를 전복・매몰・추락・파괴한다는 인식・의사가 있어야 한다. 추상적 위험범이므로 공공의 위험발생은 인식할 필요가 없다.

(4) 타죄와의 관계

열차를 향하여 돌이나 위험물을 던진 자는 철도안전법(제48조 2호, 제78조 2항)에 의하여 처벌된다. 업무상 과실자동차파괴죄와 이 죄는 보호법익・객체・행위태양을 달리하므로 일반법과 특별법의 관계가 아니라 각각 독립된 범죄로 보아야 한다.[159] 보험금사취의 목적으로 보험에 가입된 선박을 침몰시킨 때에는 사기죄 이외에 선박매몰죄도 성립하고 경합범이 된다.

4. 교통방해치사상죄

【구성요건・법정형】 제185조 내지 제187조(일반교통방해, 기차・선박등 교통방해, 기차등 전복)의 죄를 범하여 사람을 상해에 이르게 한 때에는 무기 또는 3년 이상의 징역에 처한다. 사망에 이르게 한 때에는 무기 또는 5년 이상의 징역에 처한다(제188조).

일반교통방해죄(제185조), 기차・선박등 교통방해죄(제186조), 기차등 전복죄(제187조)를 범하여 사람을 사상에 이르게 함으로써 성립하는 범죄이다. 이 죄의 성격에 대해서는, ① 사상의 결과발생에 대하여 과실이 있는 때에만 성립되는 (진정)결과적 가중범이라는 견해와,[160] ② 치사죄는 진정결과적 가중범이지만 치상죄는 부진정결과적 가중범이라는 견해가 대립한다.[161] 후자에 의하면 살인의 고의가 있으면 교통방해죄(제185조 내지 제187조의 죄)・살인죄의 상상적 경합이 되고, 상해의 고의가 있으면 교통방해치상죄와 상해죄의 상상적 경합이 된다고 한다.[162]

---

159) 대판, 1983. 9. 27, 82도671.

160) 서일교, 305면; 정영석, 136면; 이건호, 353면; 황산덕, 118면; 백형구, 475면.

161) 유기천(하), 61면; 이형국, 555면; 이재상, 542면; 김일수/서보학, 606면; 진계호, 694면; 박상기, 493면; 배종대, 664면; 임웅, 610면; 정영일, 521면; 김성돈, 530면.

162) 이재상, 542면; 김일수/서보학, 606면.

그러나 ① 제188조는 상해한 때가 아니라 "상해에 이르게 한 때"라고 규정하고 있고, ② 교통방해치상죄와 교통방해치사죄를 다르게 해석할 이유가 없으며, ③ 교통방해치상죄가 부진정결과적 가중범이라고 한다면 상해의 고의가 있는 때에도 교통방해치상죄가 성립한다고 해야 하고, 상상적 경합으로 취급할 이유도 없다. 따라서 교통방해치사죄뿐만 아니라 교통방해치상죄도 진정 결과적 가중범이라고 해야 하며, 살인 또는 상해의 고의가 있으면 살인죄 또는 상해죄와 교통방해죄(객체의 대상에 따라 제185조 내지 제187조의 죄)의 상상적 경합이 된다고 하여야 한다(현주건조물 방화치사상죄 참조).

결과적 가중범이므로 사망·상해의 결과발생에 관해서 과실이 있음을 요한다. 기본범죄가 기수로 된 경우뿐만 아니라 미수행위로 인하여 치사·치상의 결과가 발생하여도 이 죄가 성립한다. 즉, 전3조의 죄에는 그 미수범도 포함한다. "사람의 사상"은 교통기관 내에 현존하는 사람뿐만 아니라 보행자나 부근에서 일하던 사람, 공범자가 사상한 때에도 이 죄에 해당한다.

Ⅲ. 과실에 의한 교통방해죄

1. 과실교통방해죄

【구성요건·법정형】 과실로 인하여 제185조(일반교통방해) 내지 제187조(기차 등 전복죄)의 죄를 범한 자는 1천만원 이하의 벌금에 처한다(제189조 1항).

과실로 인하여 일반교통방해죄(제185조), 기차·선박등 교통방해죄(제186조), 기차등 전복죄(제187조)를 범함으로써 성립하는 과실범이다. 교통방해죄의 공공위험성이 크다는 점을 고려하여 과실범을 처벌키로 한 것이다. 과실범이므로 과실범의 일반적 성립요건을 구비하여야 한다.

2. 업무상 과실·중과실 교통방해죄

【구성요건·법정형】 업무상 과실 또는 중대한 과실로 인하여 제185조 내지 제187조의 죄를 범한 자는 3년 이하의 금고 또는 2천만원 이하의 벌금에 처한다(제189조 2항).

업무상 과실 또는 중과실로 인하여 교통을 방해함으로써 성립하는 범죄로, 그 행위자가 업무자이거나 중대한 과실 때문에 과실교통방해에 비하여 형을 가중하였다. 여기의 업무도 사람의 사회생활의 지위에서 계속 또는 반복하여 종사하는 사무로서 업무상 과실치사상죄의 그것과 같다. 다만 이 죄의 성질상 직접 또는 간접으로 기차·전차·자동차·선박 등의 교통에 종사하는 자의 업무라고 해야 한다. 또 업무상 과실로 자동차파괴죄(제187조)를 범한 경우에 그 객체인 자동차는 피고인 이외의 사람이 현존하는 자동차를 지칭한다.[163] 중과실의 의미에 관해서도 업무상 중과실치사상죄(제268조) 참조.

과실의 유무는 개별적으로 판단해야 하나 선박충돌사고의 경우 한쪽에 과실이 있다 하여 반드시 다른 쪽에는 과실이 없다고 단정할 수 없으며,[164] 피해자 측에 과실이 있다는 이유만으로 자기의 과실책임을 면할 수 없다. 또 공동 과실자가 있는 때에도 자기의 업무상의 주의의무위반에 대한 책임을 면할 수 없다.

【판례】 구 형법(1995. 12. 29, 법률 제5057호로 개정되기 전의 것) 제189조 제2항에서 말하는 '업무상과실'의 주체는 기차, 전차, 자동차, 선박, 항공기나 기타 일반의 '교통왕래에 관여하는 사무'에 직접·간접으로 종사하는 자이어야 할 것인 바, 성수대교는 차량 등의 통행을 주된 목적으로 하여 건설된 교량이므로, 그 건설 당시 제작, 시공을 담당한 자도 '교통왕래에 관여하는 사무'에 간접적으로 관련이 있는 자에 해당한다. 업무상과실로 인하여 교량을 손괴하여 자동차의 교통을 방해하고 그 결과 자동차를 추락시킨 경우에는 구형법 제189조 제2항, 재185조 소정의 업무상과실일반교통방해죄와 같은 법 제189조 제2항, 제187조 소정의 업무상과실자동차추락죄가 성립하고, 위 각 죄는 형법 제40조 소정의 상상적 경합관계에 있다(대판, 1997. 11. 28, 97도1740).[165]

3. 교통방해예비·음모죄

【구성요건·법정형】 제186조(기차·선박등 교통방해) 또는 제187조(기차등의 전복등)의 죄를 범할 목적으로 예비 또는 음모한 자는 3년 이하의 징역에 처한다(제191조).

---

163) 대판, 1970. 9. 17, 70도1665.

164) 대판, 1972. 2. 22, 71도2386.

165) 이 판례(대판, 1997. 11. 28, 97도1740)는 한강상에 건설된 11번째 다리인 성수대교의 중간부분이 붕괴되어(1994. 10. 21) 32명의 귀중한 목숨을 앗아간 소위 '성수대교 붕괴사건'으로 성수대교 교량건설회사의 트러스 제작 책임자, 교량공사 현장감독, 발주관청의 공사감독 공무원 등에게 업무상과실치사상, 업무상과실일반교통방해, 업무상과실자동차추락죄 등의 유죄를 인정한 사례이다.

교통방해의 죄 중에서 기차・전차・자동차・선박・항공기의 교통을 방해하는 죄(제186조)와, 사람이 현존하는 기차・전차・자동차・선박・항공기를 전복・매몰・추락・파괴하는 죄(제187조)를 범할 목적으로 예비 또는 음모함으로써 성립한다(살인예비・음모죄 참조).

제 2 장 공공의 신용에 대한 죄

제 1 절 문서에 관한 죄

Ⅰ. 총 설

1. 형법에 있어서의 문서의 보호

문서는 관념 내지 의사를 표현하는 수단으로서의 확실성과 영속성 때문에 현대생활에 있어서 경제거래나 권리·의무관계를 비롯한 사회생활 관계의 중추적인 역할을 수행하고 있다. 최근에는 컴퓨터의 발달에 따라 전자기록 등 특수매체기록이 문서의 기능을 대신하거나 보완하게 되면서 이 기록들도 문서와 마찬가지의 사회적 기능을 맡고 있다. 문서에 관한 죄는 문서와 특수매체기록이 사회생활에서 갖는 위와 같은 역할을 중요시하여 문서에 대한 법적 거래의 확실성과 공공적 신용을 확보하기 위해 이를 범죄로 규정한 것이다. 다만 형법은 모든 문서를 형법적 보호대상으로 하는 것이 아니라, 법률적·경제적 측면에서 특히 권리·의무 또는 사실증명에 관련되는 사문서·사전자 기록과 직무에 관련된 공문서·공전자 기록에 한정하여 규제대상으로 하고 있다.

> **【입법례】** 문서에 관한 죄는 타인명의의 문서를 위조하거나 이를 전제로 하여 불법한 재산상의 이익을 얻는 경우가 많기 때문에 재산죄와 함께 규정하거나(독일 형법 제23장),[1] 재산죄에 포함하여 규정하기도 한다(영미법).[2] 그러나 문서에 관한 죄는 사회적 법익을 보호하기 위한 범죄이고, 재산을 보호하기 위한 재산범죄는 아니다. 독일 형법의 해석에서도 문서위조죄에 의하여 재산이 보호받는 것은 아니라고 하여 재산죄에 대한 문서위조죄의 독자성을 인정하고

1) 독일형법은 문서의 죄를 제22장(사기·배임죄)과 제24장(파산죄)의 사이에 규정하고 있으며, 문서죄의 기본적 구성요건(제267-269조)에 "법적 거래에 있어서 기망하기 위하여"(Zur Täuschung im Rechtverkehr)라는 요건을 명시함으로써 문서죄의 기망수단으로서의 성격을 인정하고 있다.

2) 미국 모범형법전은 제224장에서 위조죄와 사기죄를 함께 규정하고 있다.

있다.[3)]

형법은 공공의 신용에 대한 죄를 통화에 관한 죄, 유가증권·우표와 인지에 관한 죄, 문서에 관한 죄의 순서로 규정하고 있다. 그러나 문서에 관한 죄는 모든 위조죄의 기본적 구성요건이므로 문서에 관한 죄를 먼저 규정하는 것이 타당하다고 본다. 이 책에서도 문서에 관한 죄를 다른 위조죄에 앞서 먼저 설명한다.

2. 의의·본질

(1) 의 의

문서에 관한 죄(Urkundenstraftaten)는 행사할 목적으로 문서를 위조 또는 변조하거나, 허위내용의 문서를 작성하거나, 위조·변조·허위작성된 문서를 행사 또는 부정행사하거나, 전자기록 등 특수매체기록을 위작·변작하는 것을 내용으로 하는 범죄이다.

(2) 보호법익

문서에 관한 죄의 보호법익은 기본적으로 문서의 진정에 대한 공공의 신용이다.[4)] 판례의 입장도 이와 같다.[5)] 이를 좀더 구체적으로 한정하여 표현하면 문서에 대한 보호법익은 "문서를 통한 법적 거래 내지 문서의 증명력에 대한 확실성과 신용성"이다.[6)] 그리고 그 보호받는 정도는 추상적 위험범으로서의 보호이다. 따라서 문서에 관한 죄로 인하여 피해자가 현실적으로 손해를 입었거나 구체적인 위험이 생길 필요가 없다.

【판례】 문서위조죄는 문서의 진정에 대한 공공의 신용을 그 보호법익으로 하는 것이므로, 피고인이 위조하였다는 국제운전면허증이 그 유효기간을 경과하여 본래의 용법에 따라 사용할 수는 없게 되었다고 하더라도 이를 행사하는 경우 그 상대방이 유효기간을 쉽게 알 수 없도록 되어 있거나 위 문서 자체가 진정하게 작성된 것으로서 피고인이 명의자로부터 국제운전면허를 받은 것으로 오신하기에 충분한 정도의 형식과 외관을 갖추고 있다면 피고인의 행위는 문서위조죄에 해당한다(대판, 1998. 4. 10, 98도164).

3) Sch/Sch/Cramer, StGB, §267, Rdn. 1; Tröndle, LK, Rdn. 12; Welzel, StR, S. 402.
4) 황산덕, 132면; 정영석, 160면; 서일교, 246면; 손해목, 주석(상), 378면; 정성근, 693면; 임웅, 643면.
5) 대판, 1970. 11. 24, 70도1791; 대판, 1998. 4. 10, 98도164.
6) 문서에 대한 보호법익을 '문서에 대한 거래의 안전과 신용'으로 파악하는 견해(이재상, 569면; 김일수/서보학, 717면; 배종대, 686면; 박상기, 518면; 백형구, 525면; 손동권, 620면; 정영일, 576면; 김성돈, 574면)와 내용상의 차이가 없다.

(3) 문서위조죄의 본질

문서에 관한 죄는 허위성이 있는 문서의 위조행위를 처벌함으로써 문서의 증명력에 대한 확실성과 신용성을 보호한다. 여기서 두 가지 본질적인 문제가 제기된다. 하나는 여기의 허위란 구체적으로 문서의 어떤 부분에 대한 "허위"를 의미하느냐이고, 다른 하나는 문서에 대한 위조행위를 처벌하는 경우 위조는 문서의 어떤 부분에 대한 "위조"를 의미하느냐라는 위조의 개념이다. 전자에 대해서는 형식주의와 실질주의가 나눠어져 있고, 후자에 대해서는 유형위조와 무형위조가 나누어져 있는데, 이 두 가지 관점의 문제는 상호 관련되어 논의되고 있다.

1) 형식주의와 실질주의

(a) 형식주의 문서위조죄는 문서의 성립의 진정(Echtheit)을 보호대상으로 하는 것이고, 문서의 작성명의에 허위가 있으면 이를 처벌해야 한다는 입법형식을 형식주의라 한다. 즉, 문서명의인과 문서작성자가 일치하지 않는 부진정문서만을 문서위조죄로 인정하려는 입법형식으로 독일 형법(제267조)이 취하고 있는 태도이다. 이에 의하면 문서의 작성명의에 허위(자격모용·자격도용)가 없으면 그 내용이 진실하지 않아도 문서내용에 대한 책임은 명의인에게 물을 수 있으므로 문서위조죄가 되지 않으며, 작성명의에 허위가 있으면 내용이 진실하여도 문서위조죄가 성립한다.

(b) 실질주의 문서위조죄는 문서에 표시된 내용의 진실(Wahrheit)을 보호대상으로 하므로, 문서의 내용을 허위로 작성하는 행위를 처벌하려는 입법형식을 실질주의라 한다. 즉, 내용이 진실한 문서는 형법에서 문제삼지 않고 허위문서만 문서위조죄로 인정하려는 입법형식으로 프랑스 형법(제441-1조)이 취하고 있는 태도이다. 이에 의하면 문서에 표시된 사실이 객관적 진실과 일치할 때에는 문서의 성립(작성명의)에 허위가 있어도 사실의 진상을 저해할 위험은 없으므로 문서위조죄가 되지 않는다.[7)]

(c) 형법의 태도 형식주의와 실질주의는 문서위조죄를 입법화하는데 반드시 서로 배척·대립하는 관계에 있는 것은 아니다. 문서의 작성명의의 진실과 내용의 진실은 모두 문서에 대한 증명력과 신용성을 높여 주기 때문이다. 문제

---

7) 연혁적으로 문서위조죄의 본질은 허위의 죄(crimen falsi)로 이해하고 허위내용으로 인하여 생기게 될 사회적 손실을 중요시하는 태도에 연유한다고 할 수 있다.

는 어느 원칙을 기본으로 하느냐에 있다. 우리 형법은 작성명의에 허위가 있는 경우는 공문서와 사문서를 묻지 않고 모두 처벌한다(제225조, 제231조). 그러나 작성명의에는 허위가 없으나 내용이 허위인 경우에는 공문서에 한하여 처벌하고(제227조), 사문서에 대하여는 예외적으로 허위진단서작성죄(제233조)만 처벌하고 있다. 따라서 형법은 형식주의를 원칙으로 하면서 실질주의를 예외적으로 인정하고 있다고 해야 한다.[8] 판례도 사문서를 위조 또는 변조한 때에는 문서내용의 진실 여부는 문제되지 않는다고 판시하고 있다.[9]

【판례】 사문서변조에 있어서 그 변조 당시 명의인의 명시적, 묵시적 승낙없이 한 것이면 변조된 문서가 명의인에게 유리하여 결과적으로 그 의사에 합치한다 하더라도 사문서변조죄의 구성요건을 충족한다(대판, 1985. 1. 22, 84도2422).

2) 유형위조와 무형위조

(a) 유형위조 유형위조란 정당한 작성권한이 없는 자가 타인명의의 문서를 작성하는 것을 말한다(명의위조). 즉, 문서의 의사표시의 주체인 명의인과 그 문서를 작성한 자가 일치하지 않는 "부진정한 문서"를 불법적으로 작성하는 것이다. 따라서 유형위조는 문서의 작성 자체를 문서위조의 문제로 삼는다고 할 수 있다.

(b) 무형위조 무형위조란 문서의 작성명의에는 거짓이 없으나 진실에 반하는 허위내용의 문서를 작성하는 것을 말한다(내용위조). 즉, 명의인과 작성자는 일치(본인이 자기명의로 작성)하지만 허위문서를 작성하는 것이 무형위조이다. 따라서 무형위조는 문서에 기재된 의사·관념의 내용이 진실하냐 아니냐를 문서위조의 문제로 삼는 것이다.

(c) 형법의 태도 형식주의를 원칙으로 하는 우리 형법에서는 유형위조를 문서의 "위조", 무형위조를 문서의 "작성"이라 표시하여 양자를 용어적으로 구별한다. 그리고 유형위조는 공문서·사문서를 묻지 않고 모두 처벌하고 있으나, 무형위조에 대해서는 문서내용의 진실성을 특히 보호할 필요가 있는 사정이 있는 경우에만 예외적으로 범죄로 하고 있다. 즉, 공무원이 그 직무에 관한 사항

8) 유기천(하), 137면; 손해목, 주석(상), 381면; 정성근, 696면; 이형국, 595면; 이재상, 571면; 진계호, 575면; 김일수/서보학, 720면; 배종대, 687면; 박상기, 518면; 임웅, 645면; 백형구, 525면; 오영근, 721면; 김성돈, 576면.

9) 대판, 1985. 1. 22, 84도2422.

에 대해서 허위문서를 작성하는 경우(허위공문서작성죄, 제227조)와 의사가 진단서·검안서·생사에 관한 증명서에 허위내용을 기재한 경우(허위진단서작성죄, 제233조)에만 무형위조를 범죄로 하고 있을 뿐이다. 따라서 우리 형법의 입법태도로 보면 무형위조는 공문서를 제외하고는 원칙적으로 이를 위조개념에서 제외하고 처벌하지 않는다는 취지로 이해할 수 있다.

다만 구형법(현행 일본형법)에는 자격모용에 의한 문서작성죄를 처벌하는 명문규정이 없었으므로 이를 무형위조로 볼 것이냐 유형위조로 볼 것이냐에 대해서 해석상 논의가 있었다. 그러나 현행 형법(제226조, 제232조)은 이를 문서의 '작성'이라고 표시하면서도 유형위조에 해당하는 것으로 입법적으로 해결하였다.

(3) 구성요건체계

문서에 관한 죄는 문서위조·변조죄, 허위문서작성죄, 위조등 문서행사죄, 문서부정행사죄, 전자기록위작·변작죄의 다섯 가지 유형으로 구별할 수 있다. ① 문서위조·변조죄의 기본적 구성요건은 사문서위조·변조죄(제231조)이고, 공문서위조·변조죄(제225조)는 이에 대한 불법이 가중된 구성요건이다. 그리고 ⓐ자격모용에 의한 사문서작성죄(제232조), 자격모용에 의한 공문서작성죄(제226조) 와 ⓑ 사전자기록위작·변작죄(제232조의2)와 공전자기록위작·변작죄(제227조의2)는 문서위조죄의 특수한 행위태양을 규정한 것이며, 각각은 전자가 기본적 구성요건이고 후자는 이에 대한 불법이 가중된 구성요건이다. ② 허위문서작성죄는 허위진단서작성죄(제233조)를 기본적 구성요건으로 하며, 허위공문서작성죄(제227조)는 이에 대한 불법가중적 구성요건이다. 공정증서원본 등 부실기재죄(제228조)는 허위공문서 작성죄의 간접정범 형태에 해당하며, 허위진단서작성죄에 대하여는 불법가중의 구성요건이다. ③ 위조 등 문서행사죄는 위조사문서행사죄(제234조)를 기본적 구성요건으로 하고, 위조공문서행사죄(제229조)를 불법가중적 구성요건으로 한다. ④ 문서부정행사죄는 사문서부정행사죄(제236조)를 기본적 구성요건으로 하며, 불법가중적 구성요건으로서 공문서부정행사죄(제230조)를 규정하고 있다.

이상의 범죄 중 사문서부정행사죄를 제외한 모든 범죄의 미수범을 처벌하며, 복사문서와 도화의 사본에 대하여 문서성을 인정하는 특별규정(제237조의2)을 두고 있다.

3. 문서의 개념

(1) 문서의 의의

문서(Urkunde)[10]란 문자 또는 이를 대신하는 일정한 부호를 사용하여 사람의 관념 또는 의사가 화체되어 표현된 물체를 말한다. 광의의 문서에는 문자로 표현된 협의의 문서 외에 문자 이외의 상형적 부호로 표현된 도화가 있다. 문서위조죄는 법적 거래 내지 문서의 증명력에 대한 확실성과 신용성을 보호법익으로 하므로, 여기의 문서도 일정한 법률관계 또는 사회생활상 중요성이 있는 사실을 증명할 수 있는 문서로 한정해야 한다(통설).[11] 이러한 의미의 문서는 그 개념적 요소로서 영속적 기능, 증명적 기능 및 보장적 기능을 요구한다.

> **【판례】** 형법상 문서에 관한 죄에 있어서 문서라 함은 문자 또는 이에 대신할 수 있는 가독적 부호로 계속적으로 물체상에 기재된 의사 또는 관념의 표시로서 그 내용은 법률상, 사회생활상 주요 사항에 관한 증거로 될 수 있는 것을 말한다(대판, 1985. 6. 25, 85도758).

(2) 문서의 개념요소

1) 영속적 기능 문서는 사람의 관념 또는 의사가 물체에 화체되어 외부적으로 표시된 것으로서 어느 정도 영속성을 가질 수 있어야 한다. 이를 문서의 영속적 기능이라 한다.

(a) 관념・의사의 표시 문서는 사람의 관념 또는 의사를 외부적으로 표시하는 물체이다. ① 여기의 "관념・의사"는 사법상의 효과의사보다 의미가 넓은 개념으로서 단순한 관념・의사를 말한다. 즉, 사법상의 의사표시를 포함하여 널리 사람의 관념・의사 또는 감정을 표시한 물체는 모두 문서가 된다. ② 문서는 그 자체로부터 타인이 그 관념 또는 의사를 객관적으로 인식할 수 있는 것이라야 한다. 즉, 문서의 본질은 문서의 존재 그 자체에 있는 것이 아니라 그 속에

---

10) 여기의 문서는 문서위조죄의 행위객체인 문서를 말한다. 형법에서 문서를 행위의 객체나 그 수단으로 사용하는 범죄는 문서위조죄 외에도 음란문서죄(제243조), 문서손괴죄(제366조), 비밀침해죄(제316조), 공무상 비밀침해죄(제140조 2항) 등이 있고, 유가증권(제214조)도 일종의 문서에 속한다. 각 범죄에서의 문서의 개념은 범죄의 본질과 보호법익에 따라 달리 해석된다.

11) 정성근, 700면; 이재상, 572면; 김일수/서보학, 721면; 박상기, 521면; 임웅, 646면; 배종대, 690면; 손동권, 624면; 오영근, 722면; 정영일, 577면; 김성돈, 577면. 대판, 1995. 9. 5, 95도1269; 대판, 1985. 6. 25, 85도758.

화체되어 있는 관념 또는 의사의 표시에 있다. 그러므로 물체의 존재 자체나 그 형상이 증명의 대상이고 의사의 외부적 표시라고 할 수 없는 검증의 목적물이나 단순한 증거기호물에 불과한 번호표, 인물이나 사물의 동일성만을 표시하는 명찰·문패·물품예치표, 신발표, 제조상품의 일련번호, 상품포장에 찍힌 회사표시 등은 문서가 아니다. ③ 텔레타이프나 전자적 기계에 의해서 자동적으로 외적 상황이 기록되는 기계적 기록은 직접 사람의 관념이나 의사를 표시한 것이 아니므로 문서에 해당하지 않는다.12)

그리고 필름·마이크로필름·비디오테이프·환등기필름·컴퓨터 입력자료와 같이 시각영상을 통해 스크린에 상영되는 의사표시는 아직 문서가 아니다.13) 그러나 그것이 프린트기에 의하여 기록인쇄물로 출력된 경우에는 문서가 될 수 있다.

(b) 관념·의사표시의 방법과 정도 관념 또는 의사의 표시방법은 반드시 문자에 의할 것을 요하지 않으며 부호에 의한 표시도 무방하다. ① 문자에 의한 경우에는 외국의 문자를 사용해도 무방하며, 반드시 문장의 형식을 갖추고 있어야 할 필요도 없다. 따라서 생략문서(省略文書)14)도 그 자체로부터 일정한 관념 또는 의사를 해득할 수 있으면 문서가 된다.15)

현재 사용하는 문자뿐만 아니라 과거에 사용했던 문자(예컨대 설형문자)를 사용한 경우도 읽을 수 있는 것이면 문서가 된다. ② 부호는 문자에 대신하여 뜻을 나타낼 수 있고 시각을 통해 읽을 수 있는 기호를 말하고 반드시 발음적 부호일 필요는 없다.16) 판례도 같은 취지이다.17) 따라서 전신부호, 속기용부호, 맹인의

12) 자동차의 주행미터기·택시요금미터기·전기·수도·전화통화료의 사용미터기, 환경오염전광판, 고속도로 상황안내판에 있어서의 기록이 그 예이다.

13) 다만, 형법은 독일 형법(동법 제268조)과 마찬가지로 전자기록 등 특수매체기록에 대한 변조를 문서위조죄와는 별도로 처벌하는 규정(제227조의2, 제232조의2)을 신설하였으므로 이 죄의 객체는 될 수 있다.

14) 대판, 1995. 9. 5, 95도1269(생략문서도 사람의 동일성을 나타내는데 그치지 않고 그 외의 사항도 증명·표시하는 것이면 인장·기호가 아니라 문서로서 취급해야 한다.

15) 그리하여 백지위임장, 입장권, 수하물인환증, 우편물 수령시각증명서, 우체국 일부인(日附印), 등기필증, 전세계약서 확정일자인, 은행의 지불전표나 출금표, 신용장에 날인된 접수일부인(대판, 1979. 1. 30, 77도1879)도 문서에 해당한다(다수설).

16) 유기천(하), 127면; 황산덕, 135면; 정성근, 701면; 이형국, 599면; 이재상, 573면; 김일수/서보학, 722면; 배종대, 689면; 진계호, 577면; 김성돈, 578면. 이에 반하여 부호에 의한 문서는 발음적 부호에 의한 경우에만 문서가 되고 단순한 가독적 부호는 도화에 해당한다는 견해[정영석, 162면; 손해목, 주석(상), 382면]도 있으나 가독적 부호이면 족하다.

17) 대판, 1985. 6. 25, 85도758.

점자 등을 사용한 것도 문서이다. ④ 관념 또는 의사의 표시정도는 구체적으로 표시된 것이라야 한다. 따라서 단순히 추상적인 사상을 표시한 시·소설 등 예술작품이나 저작물은 문서가 아니다(저작권법의 보호대상). 그러나 ⑤ 반드시 법률상의 형식이 완비되어 있음을 요하지 않으므로 차용인이나 금액의 기재가 없는 보증서도 문서에 해당하며, 무효인 의사표시를 기재한 것도 문서가 된다.

【서명과 낙관의 문서성】 예술작품에 표시된 예술가의 서명(署名)과 낙관(落款)이 문서에 해당하느냐에 관해서는 견해가 대립한다. 통설은 인장위조죄의 객체가 될 뿐 문서는 아니라고 하는데[18] 대해서, 소수설은 예술가의 서명과 낙관도 자기의 작품이라는 의사를 표시한 생략(약식)문서에 해당한다고 한다.[19] 우리 형법에서는 인장과 서명을 인장에 관한 죄의 객체로 명시하고 있을 뿐만 아니라, 낙관 그 자체는 사실을 증명하는 것이 아니므로 문서에는 해당하지 않는다고 해야 한다.

(c) 관념·의사표시의 영속성 문서는 관념 또는 의사가 물체상에 표시되어 어느 정도 영속적인 상태에 있어야 하며, 그 내용을 시각적으로 이해할 수 있는 것이라야 한다. ① 영속성이 없는 것은 법적 거래에 있어서 문서로서의 기능을 할 수 없기 때문이며,[20] 반드시 영구적일 필요는 없다. 따라서 모래나 눈(雪) 위에 쓴 문자, 판자 위에 수서(水書)로 쓴 문자, 흑판에 백묵으로 쓴 문자 등은 문서에 해당하지 않는다. ② 영속성이 인정되는 이상 물체에 표시하는 방법에는 제한이 없으며, 물체도 반드시 종이(紙)일 필요가 없다.[21]

영속성이 있는 것이라도 그 내용을 시각적으로 해득할 수 있는 것이라야 한다. 따라서 음반, 레코드, 녹음테이프 등과 같이 청각에 의하여 내용을 파악할 수 있는 것은 문서가 아니다.

2) 증명적 기능 문서에 의하여 표시된 내용은 법률관계 내지 사회생활상

---

18) 유기천(하), 135면; 황산덕, 134면; 서일교, 256면; 정성근, 704면; 이형국, 599~600면; 손해목, 주석(상), 383면; 김일수/서보학, 723면; 진계호, 578면; 박상기, 521면; 배종대, 689면; 임웅, 648면; 오영근, 722면; 김성돈, 578면.

19) 이재상, 574면; 김성천/김형준, 788면. 독일 형법에는 인장위조에 관한 규정이 별도로 없으므로 이 견해가 통설이다. Vgl. Sch/Sch/Cramer, StGB, §267 Rdn. 27; Dreher/Tröndle, StGB, §267 Rdn. 10; Wessels, BT 1, S. 157; Bockelmann, BT 3, S. 95; Blei, Ⅱ, S. 313.

20) 이재상, 574면; 김일수/서보학, 724면 이하; 배종대, 689면; 김성돈, 578면; Sch/Sch/Cramer, StGB, §267 Rdn. 27; Dreher/Tröndle, StGB, §267 Rdn. 10; Wessels, BT(1). S. 157.

21) 따라서 연필·잉크·먹으로 쓰여지거나, 타자기·컴퓨터·인쇄기 등을 사용하여 표시하거나, 염료를 사용하여 천·피혁에 글씨를 염색하거나, 실(糸)을 사용하여 자수를 놓거나, 약품을 사용하여 목재·금속판을 태워 글씨를 현출시킨 것도 문서가 된다.

중요한 사항을 증명할 수 있는 것이라야 한다. 이를 문서의 증명적 기능이라 한다. 따라서 문서의 증명적 기능은 객관적 증명능력과 주관적 증명의사가 있어야 하며,[22] 사문서뿐만 아니라 공문서도 그 개념요소가 된다.[23]

(a) 증명능력　문서의 내용은 법률관계 내지 사회생활상 중요한 사항을 증명할 수 있어야 하므로 현재 존재하는 법률관계의 증명에 적합한 것이어야 한다. ① "법률관계"란 권리의무의 발생·유지·변경·소멸·확정에 관련되어 있는 것을 말하고, 관념·의사가 단독으로 또는 다른 증명수단과 결합하여 법률관계를 증명할 수 있으면 충분하다. 그리고 공법관계인가 사법관계인가를 불문한다.[24]

② "사회생활상 중요한 사항"이란 권리의무 이외의 사항으로서 사실증명에서 사용될 수 있는 것을 말한다.[25]

그러나 단지 사상만을 표시하고 있는 소설, 시가와 단순한 예술작품인 서화나 개인의 일기장·연애편지·축하편지·단순한 메모나 비망록, 강의초안 등은 권리 의무나 사실증명에 관한 것이 아니므로 문서가 아니다.

> **【진정문서에 대한 증명성】** 문서의 증명능력은 문서의 명의인과 작성자가 일치하는 진정문서에서만 인정되는가에 관해서 견해가 대립한다. 다수설은 문서의 증명능력은 진정문서를 전제로 한다는데[26] 반하여, 소수설은 부진정문서도 장래의 소송절차에서 위조·변조사실의 입증에 사용될 수 있으므로 증명능력이 전혀 없는 것은 아니라고 한다.[27]

---

22) 황산덕, 134면; 이재상, 575면; 진계호, 579면; 배종대, 689면; 임웅, 650면; 이정원, 597면; 오영근, 725면; 박상기, 521면; 정영일, 579면; 김성돈, 579면. 이에 반하여 이 둘 중 선택적으로 하나가 존재하면 충분하다는 견해는 김일수/서보학, 724면.

23) 황산덕, 134면; 정성근, 703면; 이재상, 575면; 김일수/서보학, 724면; 진계호, 579면; 배종대, 689면; 김성돈, 579면; Sch/Sch/Cramer, StGB, §267 Rdn. 2; Dreher/Tröndle, StGB. §267 Rdn. 8. 이에 반하여 형법이 사문서에 대해서만 "권리의무 또는 사실증명에 관한 타인의 문서"라고 규정하고 있음을 근거로 사문서에 한하여 증명적 기능을 인정하는 견해도 있다[유기천(하), 133면]. 그러나 공문서는 항상 법률상 중요한 의미를 가지고 있는 것이므로 공문서도 증명적 기능을 갖는다고 해야 한다. 형법이 공문서에 대해서는 공문서일반을 보호하고, 사문서에 대해서는 권리의무 또는 사실증명에 관한 문서만을 보호하고 있는 취지도 문서의 증명력 때문이라 할 수 있다.

24) 그 예로 매매신청서·매매계약서·은행출금표·인감증명교부신청서·주민등록발급신청서·유언서·매도증서·예금청구서·고소장·고발장 등을 들 수 있다.

25) 그 예로 신분증명서·추천서·안내장·인사장·이력서·유언장·광고의뢰서·계산서·영수증·현금보관증·이사회의 회의록과 결의서·업무일지 등을 들 수 있다.

26) 정성근, 704면; 이재상, 575면; 진계호, 580면; 박상기, 522면; 배종대, 690면; 이정원, 599면; 정영일, 579면.

27) 김일수/서보학, 727면; 임웅, 651면; 오영근, 726면; 김성돈, 583면.

문서의 명의인과 작성자가 일치하지 않는 부진정문서를 작성하는 것은 문서에 관한 범죄로서 증거자료는 될 수 있지만, 부진정한 문서 그 자체는 문서위조죄의 객체가 될 수 없으므로 다수설의 견해가 타당하다. 판례도 허위로 작성된 공문서는 공문서변조죄의 객체가 될 수 없다고 판시하고 있다.[28)]

(b) 증명의사 문서는 법률관계 내지 사회생활상의 중요한 사실관계를 증명하기 위해 작성되는 것이므로 증명의사가 있어야 한다. "증명의사"는 확정적 의사여야 하고(다수설), 작성자의 서명 유무와 관계없다.[29)] 시한부로 작성한 것도 증명의사는 있다.[30)]

"증명의사의 발생시기"에 따라 목적문서와 우연문서를 구별할 수 있다. "목적문서"는 애당초 증명의사를 가지고 작성된 문서(모욕·명예훼손이 기재된 범죄문서)를 말하며, "우연문서"는 사후에 증명의사가 생기게 된 문서(범죄사실 입증용으로 압수 또는 법원에 제출된 개인편지·비망록)를 말한다. 공문서는 항상 목적문서에 해당하며, 사문서는 양자 모두 포함될 수 있다. 목적문서는 애당초 증명의사가 있는 문서이므로 이를 변조한 때 변조가 된다. 이에 대해서 아직 증명의사도 없는 우연문서는 법적 거래에 사용할 의사없이 변경하여도 형법상 문제되지 않으나, 법적 거래에 사용할 의사로 변경했다면 증명의사가 있는 부진정문서를 창출한 변조가 된다.

3) 보장적 기능 문서에는 관념 또는 의사를 표시한 주체, 즉 名義人(작성 명의인)이 있어야 하고 명의인이 없으면 문서가 될 수 없다. 문서는 그 명의인이 문서에 나타나 있는 의사표시의 내용을 보증·담보하는 기능을 한다. 이를 문서의 보장적 기능이라 한다. 따라서 투서나 전단 등과 같은 익명의 사상표현은 문서가 아니다.

(a) 명의인 명의인은 문서에 표시된 의사표시의 주체를 말하므로 문서의 작성자와 반드시 일치하는 것은 아니다. 명의인은 자연인에 한하지 않고 법인, 법인격 없는 단체도 무방하다. 명의인은 특정되어야 한다. 명의인이 불특정하면

---

28) 대판, 1986. 11. 11, 86도1984: "공문서변조라 함은 권한없이 이미 진정하게 성립된 공무원 또는 공무소 명의의 문서내용에 대하여 그 동일성을 해하지 아니할 정도로 변경을 가하는 것을 말한다 할 것이므로 이미 허위로 작성된 공문서는 형법 제225조 소정의 공문서변조죄의 객체가 되지 아니한다"

29) Sch/Sch/Cramer, StGB, §267 Rdn. 14; Tröndle, LK, §267 Rnd. 48; Maurach/Schröder, BT 2, S. 103; Bockelmann, BT 3, S. 94.

30) 따라서 확정적 의사가 없는 초안·초고는 문서가 아니며, 가계약서·가영수증도 본계약서·본영수증을 작성할 때까지 확정적 의사가 있는 것이므로 문서가 된다.

보장적 기능을 할 수 없으므로 보호할 실익이 없기 때문이다. 특정된 이상 반드시 문서 자체에 명의인 성명이 표시되어 있을 필요는 없으며, 문서의 내용·형식·필적 등으로부터 누가 명의인인지를 판별할 수 있으면 족하다(예: 수험번호, 당사자 사이에 사용하는 아내·아들 등).[31] 그러므로 문서의 명의인의 서명·날인이 있어야 할 필요도 없다.[32]

【판례】 사문서의 작성명의자의 인장이 압날되지 아니하고 주민등록번호가 기재되지 않았더라도, 일반인으로 하여금 그 작성명의자가 진정하게 작성한 사문서로 믿기에 충분할 정도의 형식과 외관을 갖추었으면 사문서위조죄 및 동행사죄의 객체가 되는 사문서라고 보아야 한다(대판, 1989. 8. 8, 88도2209).

(b) 사자·허무인명의의 문서　명의인은 실재함을 요하는가, 즉 사자나 허무인명의의 문서도 문서위조죄의 객체가 되느냐가 문제된다.

통설은 사자나 허무인명의의 문서라도 일반인에게 진정한 문서로 오신케 할 염려만 있으면 문서의 진정에 대한 공공의 신용은 저해될 수 있으므로 공문서·사문서를 묻지 않고 모두 명의인은 실재해야 할 필요는 없다고 한다.[33] 대법원은 종래까지 공문서에는 명의인의 실재를 요하지 않지만,[34] 사문서에는 명의인의 실재를 요건으로 하며,[35] 다만 사자명의의 사문서에 대해서는 문서의 작성일자가 생존 중의 일자로 되어 있는 경우에 한하여 사문서위조죄가 될 수 있다[36]는 태도를 취하고 있었다.

그러나 최근 대법원은 전원합의체판결[37]로서 통설과 같은 태도로 변경하였다. 즉, 그 명의인이 실재하지 않는 허무인이거나 또는 문서의 작성일자 전에 이미 사망하였다고 하여도 그러한 문서 역시 일반인으로 하여금 공공의 신용을

31) 대판, 1973. 9. 29, 73도1765; 대판, 1992. 5. 26, 92도353.
32) 대판, 1975. 6. 24, 73도3432; 대판, 1989. 8. 8, 88도2209.
33) 유기천(하), 137면; 황산덕, 133면; 정영석, 164면; 서일교, 249면; 손해목, 주석(상), 384면; 정성근, 706면; 이형국, 604면; 이재상, 577면; 김일수/서보학, 728면; 진계호, 581면; 박상기, 523면; 배종대, 692면; 백형구, 541면; 임웅, 653면; 김성돈, 580면.
34) 대판, 1965. 6. 29, 64도428; 대판, 1967. 4. 4, 67도264; 대판, 1968. 9. 17, 68도981; 대판, 1969. 1. 21, 68도1570; 대판, 1976. 9. 14, 76도1707
35) 대판, 1959. 3. 20, 4291형상591; 대판, 1977. 2. 22, 72도2265; 대판, 1991. 1. 29, 90도2542.
36) 대판, 1960. 8. 10, 4292형상658; 대판, 1969. 10. 14, 69도1480; 대판, 1970. 11. 30, 70도2231; 대판, 1973. 10. 23, 73도1138; 대판, 1993. 9. 28, 93도2143; 대판, 1994. 9. 30, 94도1787; 대판, 1997. 7. 25, 97도605.
37) 대판(전원합의체), 2005. 2. 24, 2002도18.

해할 위험성이 있으므로 문서위조죄가 성립하며, 이는 공문서뿐만 아니라 사문서의 경우에도 마찬가지라고 판시하였다.

문서의 보장적 기능은 공문서 사문서를 구별할 이유가 없으므로 통설과 최근 판례의 태도가 타당하다고 해야 한다. 다만 누가 보아도 허무인명의의 문서임이 애당초 명백한 경우(예컨대, 세종대왕 명의를 사용한 문서)에는 문서위조죄에 해당하지 아니한다고 해야 한다.

【판례】 문서위조죄는 문서의 진정에 대한 공공의 신용을 그 보호법익으로 하는 것이므로 행사할 목적으로 작성된 문서가 일반인으로 하여금 당해 명의인의 권한 내에서 작성된 문서라고 믿게 할 수 있는 정도의 형식과 외관을 갖추고 있으면 문서위조죄가 성립하는 것이고, 위와 같은 요건을 구비한 이상 그 명의인이 실재하지 않는 허무인이거나 또는 문서의 작성일자 전에 이미 사망하였다고 하더라도 그러한 문서 역시 공공의 신용을 해할 위험성이 있으므로 문서위조죄가 성립한다고 봄이 상당하며, 이는 공문서뿐만 아니라 사문서의 경우에도 마찬가지라고 보아야 한다[대판(전원합의체), 2005. 2. 24, 2002도18].

(c) 복본·등본·초본·사본의 문서성　문서는 명의인의 관념 또는 의사를 표시한 물체 그 자체라야 하고 원본임을 요한다. 문서는 현재 존재하는 법적 거래를 증명하는 데에 적합한 것이라야 하고, 증명의사는 확정적 의사임을 요하기 때문이다. 따라서 사본(寫本, Abschrift)·등본(謄本)·초본(抄本)은 사본·등본·초본이라는 취지의 인증문이 없는 한 문서라고 할 수 없다(통설).[38)]

복본(複本, Druchschrift)은 명의인이 일정한 증명을 위하여 애당초 수통의 문서로 작성한 것이기 때문에 법적 거래에서 의사표시 자체로서의 기능이 있는 한 문서라고 해야 한다(예: 음식점의 음식차림표, 호텔숙박요금표, 상품구입안내서 등). 그러나 법적 거래에서 애당초 원본의 복제라고 할 수 없는 것은 문서가 아니다(예:신문에 기재된 결혼광고, 사죄광고, 입장표명 등). 신문사 광고국에 제출된 광고문 자체는 문서이지만 신문에 기재된 공고문은 의사표시의 원본성을 상실하기 때문이다.

(d) 사진복사본의 문서성　복사기나 사진기, 모사전송기(Facsimile) 등을 사용하여 기계적 방법으로 원본을 복사한 사진복사문서(Fotokopie)가 문서위조죄의 객체인 문서에 해당하느냐에 대해서 통설은 직접 의사표시를 한 것이 아니라 의사표시의 재현에 불과한 사본이고, 그 사본의 작성자를 인식할 수 없다는 이

---

38) 황산덕, 133면; 정성근, 707면; 이재상, 577면; 오도기(7인 공저), 526면; 임웅, 649면.

유로 문서성을 부인해 왔다.

판례는 종래까지 통설과 같이 사진복사본의 문서성을 부인해 왔으나,[39] 전원합의체판결로 태도를 바꾸어 사본이 원본과 동일한 내용을 보유하고 증명수단으로서 원본과 같은 사회적 기능과 신용을 가지고 있으면 문서에 해당한다고[40] 하여 사진복사본의 문서성을 인정한 후 일관하여 유지하고 있다.

【판례】 사진기나 복사기 등을 사용하여 기계적인 방법에 의하여 원본을 복사한 문서, 이른바 복사문서는 사본이더라도 필기의 방법 등에 의한 단순한 사본과는 달리 복사자의 의식이 개재될 여지가 없고, 그 내용에서부터 규모, 형태에 이르기까지 원본을 실제 그대로 재현하여 보여주므로 관계자로 하여금 그와 동일한 원본이 존재하는 것으로 믿게 할 뿐만 아니라 그 내용에 있어서도 원본 그 자체를 대하는 것과 같은 감각적 인식을 가지게 하고, 나아가 오늘날 일상거래에서 복사문서가 원본에 대신하는 증명수단으로서의 기능이 증대되고 있는 실정에 비추어 볼 때 이에 대한 사회적 신용을 보호할 필요가 있으므로 복사한 문서의 사본은 문서위조 및 동 행사죄의 객체인 문서에 해당한다[대판, 1989. 9. 12, 87도506(전원합의체 판결 다수의견)].[41]

그러나 1995년의 형법개정에서 "전자복사기, 모사전송기 기타 이와 유사한 기기를 사용하여 복사한 문서 또는 도화의 사본도 문서 또는 도화로 본다"라는 특별규정(제237조의2)을 신설함으로써 이에 대한 논의는 더 할 필요가 없게 되었다. 오늘날 복사기술의 발달로 인하여 원본과 똑같이 복사한 문서의 사본이 사회에서 중요한 기능을 수행하고 있는 실정에 비추어 이에 대한 사회적 신용을 보호할 필요가 있기 때문에 입법에 의하여 해결한 것이다. 현재 판례는 사본을 다시 복사한 재사본의 문서성도 인정하고 있다.[42]

(3) 도 화

도화란 문자 이외의 상형적(象形的) 부호에 의하여 기재자의 관념 내지 의사가 물체에 화체되어 표현된 것을 말한다. 예컨대 지적도나 상해의 부위를 명백히 하기 위한 인체도가 여기에 해당한다. 도화도 광의의 문서이므로 협의의 문

39) 대판, 1978. 5. 9, 78도709; 대판, 1982. 3. 9, 81도2107; 대판, 1983. 11. 8, 83도1943; 대판, 1984. 4. 24, 83도3355.
40) 대판(전원합의체), 1989. 9. 12, 87도506. 같은 취지: 대판, 1995. 12. 26, 95도2389; 대판, 1996. 5. 14, 96도785.
41) 이 판례에 대한 평석은 하태훈, 「복사문서의 문서성」(형사판례연구 1), 207면 이하 참조.
42) 대판, 2000. 9. 5, 2000도2855.

서와 같이 영속적 기능·증명적 기능·보장적 기능이 있어야 한다. 그리고 사람의 관념 내지 의사가 화체되어 표현될 것을 요하므로 단순한 미술작품으로서의 회화는 도화에 해당하지 않는다.[43] 화가의 낙관을 위조하여 쓰거나 가짜 인장을 날인한 회화를 작성한 경우에는 인장·서명위조죄에 해당하고, 문서·도화위조죄는 되지 않는다. 그러나 도면까지 삽입한 신문광고는 사문서에 해당한다고 해야 한다.[44]

4. 문서의 종류

형법은 문서를 공문서와 사문서로 구별하여 처벌규정을 두고 있다. 학문상으로는 이 이외에도 문서의 특수형태로서 ① 개별문서·전체문서·결합문서, ② 목적문서와 우연문서, ③ 진정문서·부진정문서·허위문서, 그리고 ④ 완전문서와 생략문서로 분류할 수 있다. 이 중에서 ②와 ③ 및 ④에 대해서는 관련부분에서 설명한 바 있으므로 나머지만 설명하기로 한다.

(1) 공문서와 사문서

1) 공문서 "공문서"란 공무소 또는 공무원이 그의 직무에 관하여 작성한 문서를 말한다. 즉, 작성명의인이 공무소 또는 공무원인 문서이다. "공무소" 또는 "공무원"은 우리나라의 공무소 또는 공무원을 말하며 외국의 공무소·공무원이 작성한 문서는 공문서가 아니다. 공무원 명의의 개인적 매매계약의 의사표시문서는 공문서가 아니다. 직무권한은 반드시 법률상 근거가 있음을 요하지 않고 명령·내규 또는 관례에 의한 경우도 포함되며,[45] 일반인으로 하여금 공무원 또는 공무소의 권한 내에서 작성된 것이라고 오신할만한 형식·외관을 구비하면 족하다. 따라서 공무원 또는 공무소의 직인이 없더라도 공문서가 될 수 있으며,[46] 공증사무 취급이 인가된 공증인·공증인가법무법인·합동법률사무소

43) 유기천(하), 131면; 황산덕, 135면; 서일교, 250면; 정영석, 165면; 정성근, 710면; 이재상, 578면; 진계호, 581면; 배종대, 693면; 김성돈, 581면.

44) 황산덕, 136면; 정성근, 710면; 진계호, 582면.

45) 대판, 1981. 12. 8, 81도943: "허위공문서작성죄에 있어서의 직무에 관한 문서라 함은 그 직무권한내에서 작성하는 문서를 말하고, 그 문서는 대외적인 것이거나 내부적인 것을 구별하지 아니하며, 그 직무권한이 반드시 법률상 근거가 있음을 필요로 하는 것이 아니고 널리 명령·내규 또는 관례에 의한 권한으로써 작성하는 경우를 포함한다."

46) 대판, 1958. 9. 26, 4291형상359; 대판 1992. 10. 13, 92도1067.

명의로 작성된 공증에 관한 문서는 공문서에 해당한다.[47] 그러나 지방세 수납업무 일부를 담당하는 시중은행이나 은행직원은 공무소·공무원이 아니므로 세금영수증도 공문서가 아니다.[48]

2) 사문서 "사문서"란 사인(私人)의 명의로 작성된 문서를 말한다. 형법은 모든 사인명의의 문서를 사문서위조죄의 객체로 하지 않고 그 중에서 권리의무에 관한 사문서와 사실증명에 관한 사문서에 한정하고 있다. 사문서의 명의인은 내국인·외국인을 불문한다.

(2) 전체문서·결합문서·개별문서

1) 전체문서 "전체문서"란 하나하나의 독립된 의사표시의 문서가 계속적으로 다수 결합하여 그 전체가 통일된 독자적 의사표시의 내용을 가지게 되는 문서를 말한다. 예컨대, 예금통장·상업장부·우편저금통장·형사기록 등이 여기에 해당한다. 전체문서는 이에 대한 위조나 죄수를 논함에 있어 그 전체를 기준으로 판단하는 데에 특색이 있다.

2) 결합문서 "결합문서"란 의사표시를 내용으로 하고 있는 문서가 검증의 목적물과 결합되어 하나의 통일된 증명내용을 가지는 문서를 말한다. 예컨대, 사진을 첨부한 증명서나 기존 문서에 대한 인증 등이 이에 해당한다. 결합문서도 결합된 범위 내에서 그 전체가 하나의 문서로 취급된다.

그리고 1통의 용지 또는 수통의 용지에 2개 이상의 다른 문서가 병존되어 있는 경우를 "복합문서"라 한다. 일부는 권리 의무에 관한 문서이고 일부는 사실증명에 관한 문서(차용증서·전세계약서에 제3자의 입회인 서명·날인), 공문서와 사문서가 결합된 문서(사적인 사실확인서에 공증인의 인증)가 복합문서이다. 각각 그 일부의 성질에 따라 권리의무에 관한 문서와 사실증명에 관한 문서의 성격을 가지며 공문서와 사문서의 성격을 갖지만, 공증이 된 사실확인 부분을 변조하면 공문서변조죄가 된다.

3) 개별문서 "개별문서"란 전체문서나 결합문서에 대하여 개별적으로 의사표시를 내용으로 하는 독립된 문서를 말한다. 보통의 문서는 대체로 개별문서라 할 수 있다.

---

47) 대판(전원합의체 다수의견), 1977. 8. 23, 74도2715.

48) 대판, 1996. 3. 26, 95도3073

Ⅱ. 문서위조 · 변조죄

1. 사문서위조죄 · 변조죄

【구성요건 · 법정형】 행사할 목적으로 권리 · 의무 또는 사실증명에 관한 타인의 문서 또는 도화를 위조 또는 변조한 자는 5년 이하의 징역 또는 1천만원 이하의 벌금에 처한다(제231조). 미수범은 처벌한다(제235조). 내국인의 국외범도 처벌한다(제5조).

(1) 의 의

행사할 목적으로 권리 · 의무 또는 사실증명에 관한 타인의 문서 또는 도화를 위조 또는 변조함으로써 성립하는 범죄이다. 문서에 관한 죄 중에서 가장 기본적인 범죄라고 할 수 있다. 이 죄의 법정형은 공문서위조 · 변조죄보다 가볍다. 이는 사문서에 대한 일반적 신용성이 공문서에 비하여 낮다는 점을 고려한 것이다. 추상적 위험범 · 거동범이다.

(2) 객관적 구성요건요소

1) 주 체 주체는 제한이 없으므로 공무원도 주체가 될 수 있다.

2) 객 체 객체는 권리 · 의무 또는 사실증명에 관한 타인의 문서 또는 도화이다. 사문서 중에서도 권리 · 의무 또는 사실증명에 관한 문서(진정문서)에 한정된다. 모든 위조죄의 위조문서는 범행의 결과로 만들어진 행위자의 작품에 불과할 뿐이므로 위조문서가 이 죄의 객체가 되는 것은 아니다. 엄밀히 말하면 변조죄의 진정문서만이 행위객체가 된다.

가) 권리 · 의무에 관한 문서 권리 · 의무의 발생 · 존속 · 변경 · 소멸의 효과가 생기게 함을 의사표시의 내용으로 하는 문서(또는 도화)를 말한다. 여기서 권리 · 의무는 사법상의 것이든 공법상의 것이든 묻지 않으며, 반드시 법률상의 문서에 국한하지 않는다.

예컨대, ① 재산관계에 관한 계약서 · 청구서 · 진정서 · 증서 · 위임장, ② 신분관계(혼인 · 출생 · 입양)에 관한 신고서, 여권발급[49] · 주민등록발급 · 인감증명 교부 등의 신청서,[50] ③ 민사 · 형사소송에 관한 변론재개신청서 · 지급명령이

49) 대판, 1970. 5. 12, 70도708.

의신청 취하서,[51] 등기신청서류[52] 등을 들 수 있다. ④ 그 외에 영수증·전보의뢰서·은행출금표·예금통장·예금청구서·보험증서·주식회사의 보고서와 결의서·회사의 촉탁사령서 등도 이에 속한다.

나) 사실증명에 관한 문서 권리·의무에 관한 문서 이외의 문서로서 사회생활상 거래의 중요한 사실을 증명하는 문서를 말한다.[53] 그것은 직접 법률적 관계가 있는 것이 아닐지라도 적어도 법률적으로 관련을 가질 가능성이 있으면 족하다. 목적문서·우연문서를 불문한다.

예컨대 추천장·인사장·안내장·이력서·단체의 신분증·광고의뢰서·후보자 추천의 신문광고·기부금 찬조자의 방명록·신용장에 날인된 은행의 접수일부인[54]·세금영수필 통지서에 날인된 소인,[55] 사립학교 발행의 각종 증명서[56]·회사의 상업장부·각종 영수증 등을 들 수 있다. 그러나 사상 또는 관념이 표시되지 않고 사물의 동일성만 표시하는 명함·문찰·신발표 등은 이 죄의 객체가 아니다.

3) 행 위 행위는 위조 또는 변조하는 것이다.

가) 위 조 위조(Falschen)란 작성권한 없이 "타인명의를 모용"(거짓사용)하여 함부(불법)로 타인 명의의 문서를 작성하는 것을 말한다. 즉, 부진정한 문서를 작성하는 유형위조 중 변조를 제외한 의미이다.[57] 이를 분설하면 다음과 같다.

(a) 작성권한 없는 자 위조는 작성권한 없는 자가 타인명의의 문서를 함부(불법)로 작성하는 것이므로 작성권한이 있는 경우에는 위조가 아니다. "권한없는 자"란 타인명의의 문서를 작성할 정당한 권한이 없는 자를 말하며, 정당한 권한의 유무는 법규·계약·관례에 따라 당사자의 의사를 고려하여 개별적으로 판단해야 한다.

---

50) 대판, 1975. 5. 13, 74도2916.
51) 대판, 1970. 9. 22, 70도1623.
52) 대판, 1970. 9. 22, 70도1509: "등기신청 대리인인 사법서사가 위 민법 조문에 맞추기 위하여 계약서에 기재된 기간을 30년으로 고쳤다면 사문서위조죄의 죄책을 면할 수 없다."
53) 이를 "거래상 중요한 사실을 증명하는 문서"(이재상, 579면; 진계호, 584면; 배종대, 696면)라고 하여도 대체로 같은 의미이다. 한편 "법률상 의미있는 사항을 증명할 수 있는 문서"(이건호, 195면; 임웅, 657면)라는 견해도 있으나, 우리 형법은 독일 형법 제267조와 같이 "법률상의 거래에 있어서"라는 명시가 없기 때문에 제한적으로 해석할 필요가 없다.
54) 대판, 1979. 10. 30, 77도1879.
55) 대판, 1995. 9. 5, 95도1269.
56) 대판, 1983. 4. 12, 83도154.
57) 위조의 개념을 최광의·광의·협의·최협의로 구분하는 견해에 의하면, 이는 최협의의 위조에 해당한다. 이에 관하여는 정성근, 715면 이하 참조.

aa) 명의인의 승낙 명의인의 유효한 승낙을 받은 경우에는 이 죄의 구성요건해당성이 부정된다(양해).[58] 승낙은 명시·묵시임을 묻지 않으나 사전에 있어야 하며, 사후 승낙인 때에는 위조가 된다.[59]

bb) 포괄적 위임 문서작성에 대하여 포괄적인 위임을 받아 위임의 취지에 따라 본인명의로 허위내용의 사문서를 작성한 때에도 위조가 아니다. 이 경우는 무형위조에 해당한다.

따라서 채권의 변제책임을 부담하는 대신으로 가등기담보권을 양수한 자가 양도인 명의의 가등기말소신청서를 작성하거나,[60] 대금수령을 위임받아 예금청구서를 작성한 경우,[61] 연대보증인으로 승낙한 자를 돈빌린 차주로 기재한 경우,[62] 이사회의 출석 및 의결에 관한 권한을 위임하고 불참한 이사들이 이사회에 참석하여 의결권을 행사한 것처럼 이사회회의록을 작성한 경우[63] 등은 위조가 아니다.

cc) 위임범위의 초월 위임의 범위를 초월하여 본인명의로 문서를 작성하면 위조가 된다.

위임된 권한을 초월하여 의사에 반한 위임자 명의의 사문서를 작성하거나,[64] 문서기안자가 작성권한의 위임이나 결재 없이 권한을 초월하여 작성권자 명의의 문서를 작성한 경우,[65] 위탁의 취지에 위배하여 선순위자를 후순위자로 한 저당권설정에 관한 본인명의의 문서를 작성하거나,[66] 백지위임의 취지에 반하여 임의로 본인명의의 보충문서를 작성한 경우(백지위조),[67] 혼인할 의사로 사실혼관계에 있던 상대방이 동거관계를 청산한 후 혼인신고 용지에 미리 도장 찍혀 있음을 기화로 일방적으로 혼인신고서를 작성 제출한 경우(관련 법조의 범죄 외에)[68]는 위조에 해당한다.

58) 대판, 1988. 1. 12, 87도2256: "전세계약서를 작성함에 있어 그 명의자가 명시적이거나 묵시적인 승낙이 있는 것이라면 이는 사문서위조에 해당한다 할 수 없다."
59) 대판, 1970. 11. 24, 70도1981; 대판, 1999. 5. 14, 99도202.
60) 대판, 1984. 2. 14, 83도2650.
61) 대판, 1984. 3. 27, 84도115.
62) 대판, 1984. 10. 10, 84도1566.
63) 대판, 1985. 10. 22, 85도1732.
64) 대판, 1983. 10. 25, 83도2257. 같은 취지: 대판, 1982. 10. 12, 82도2023; 대판, 1997. 3. 28, 96도3191.
65) 대판, 1997. 2. 14, 96도2234.
66) 대판, 1982. 11. 9, 81도2501; 대판, 1984. 6. 12, 83도2408.
67) 대판, 1984. 6. 12, 83도2408.
68) 대판, 1987. 4. 14, 87도 399.

【판례】 ① 이사회를 개최함에 있어 공소외 이사들이 그 참석 및 의결권의 행사에 관한 권한을 피고인에게 위임하였다면 그 이사들이 실제로 이사회에 참석하지도 않았는데 마치 참석하여 의결권을 행사한 것처럼 피고인이 이사회 회의록에 기재하였다 하더라도 이는 이른바 사문서의 무형위조에 해당할 따름이어서 처벌대상이 되지 아니한다(대판, 1985. 10. 22, 85도1732).

② 신축상가건물의 명목상 건축주의 포괄적 승낙하에 분양에 관한 모든 업무를 처리하던 실제 건축주가 실제 분양되지도 않은 상가에 대하여 명목상의 건축주 명의로 분양계약서 및 입금표를 작성하고 그 분양계약서 및 입금표를 이용하여 대출을 받는 식으로 금원을 편취(하는) … 행위는 포괄적으로 위임받은 분양업무에 속하는 것이라고 볼 수 없으므로 사문서위조 및 동행사의 죄가 성립한다(대판, 1997. 3. 28, 96도3191).

dd) 대리권·대표권과 문서작성　대리권·대표권자가 권한의 범위 내에서 본인명의 문서를 작성하는 것은 위조가 아니다. 대리권 또는 대표권의 유무와 관련하여 문제되는 것은 다음과 같다. ① 대리권 또는 대표권이 없는 자가 대리인 대표자임을 표시하여 본인명의의 문서를 작성하는 경우(무권대리)에는 이 죄가 성립한다는 견해도 있으나,[69] 자격모용에 의한 문서작성죄(제226조, 제232조)에 해당한다고 본다(통설). ② 대리권 또는 대표권 있는 자가 권한을 초월하여 권한 밖의 사항에 대하여 본인의 문서를 작성한 경우(월권대리)에 본인 명의의 작성이면 이 죄가 성립한다는 견해와,[70] 자격모용에 의한 문서작성죄가 성립한다는 다수설이[71] 대립한다. 권한초월의 사항에 대해서 작성권의 대리권·대표권이 없이 그 자격을 모용한 것이지만 대리인·대표자 명의로 작성하였을 때에만 자격모용(資格冒用)에 의한 문서작성죄에 해당하고, 본인의 명의로 작성한 때에는 사문서위조죄가 성립한다고 해야 한다. 판례는 권한초월의 문서작성은 작성권한을 일탈한 사문서위조죄에 해당한다고 하였다.[72] ③ 대리권자 또는 대표권자가 그 권한의 범위 내에서 권한을 남용하여 문서를 작성한 경우(권한남용)에 대해서도 이 죄의 위조가 된다는 견해와,[73] 문서작성으로 본인에게 손해를 끼치거나 문서의 성격에 따라 배임죄 또는 허위공문서작성죄가 성립할 수 있음은

69) 김일수/서보학, 733면.
70) 서일교, 253면; 이건호, 182면; 황산덕, 140면; 김일수/서보학, 734면; 오영근, 737면; 김성돈, 587면.
71) 유기천(하), 136면; 손해목, 주석(상), 389면; 정성근, 717면; 이재상, 582면; 진계호, 585면; 김일수, 624면; 박상기, 527면; 배종대, 697면; 임웅, 658면; 백형구, 534면.
72) 대판, 1997. 3. 28, 96도3191; 같은 취지: 대판, 1984. 6. 12, 83도2408.
73) 손해목, 주석(상), 389면.

별문제로 하고 이 죄의 위조가 될 수 없다는 통설이[74] 대립한다. 이 경우는 권한의 범위 내의 무형위조에 해당하므로 문서위조죄는 될 수 없다고 해야 한다. 판례도 이 죄의 성립을 부정한다.[75]

> **【판례】** 타인의 대표자 또는 대리자가 그 대표명의, 대리명의 또는 직접본인의 명의를 사용하여 문서를 작성할 권한을 가지는 경우에 그 권한을 남용하여 단순히 자기 또는 제3자의 이익을 도모할 목적으로 마음대로 그 대표자, 대리명의 또는 직접 본인 명의로 문서를 작성한 때에는 문서위조죄는 성립하지 아니한다(대판, 1983. 10. 25, 83도2257).

(b) 타인명의의 모용 위조는 타인의 명의를 모용(거짓사용)하는 데에 본질이 있다. ① "타인의 명의를 모용"한다는 것은 타인(명의인)의 명의를 사칭하여 마치 그 명의인이 작성한 것처럼 허위로 꾸미는 것을 말한다. 즉, 명의인에 대한 동일성의 사칭을 의미한다. ② 타인명의를 사칭하였으면 족하고 문서의 기재내용이 진실인가의 여부는 문제가 되지 않는다(유형위조).[76] 실제로 작성자의 이름이 문서에 표시되어 있느냐도 상관없다. ③ 명의인은 반드시 실재인임을 요하지 않는다. 공문서·사문서의 구별없이 일반인에게 진정문서로 오신케 할 염려가 있으면 사자·허무인명의의 문서도 문서위조죄의 객체가 된다. 대법원 판례도 종래까지 사문서의 실재명의인을 요구한 태도를 변경하여 허무인·사자명의의 문서도 이 죄의 객체가 된다고 하였다.[77] ④ 명의인의 성명은 반드시 문서에 기재되어 있을 필요는 없다. 그러나 작성자가 가명이나 별명을 기재한 경우에도 타인명의를 모용한 것이 아니면 문서위조가 되지 않으며, 반대로 자신의 성명을 기재한 경우에도 타인명의를 모용한 것이면 이 죄의 위조가 된다.[78] ⑤ 타인이 작성한 문서에 공란으로 되어 있는 작성일자를 기재하거나,[79] 단독명의로 신청할 수 있는 증명확인원의 매도인란에 타인의 이름을 기재한 경우[80]에도 타인명

74) 유기천(하), 136면; 황산덕, 140면; 정영석, 167면; 서일교, 154면; 정성근, 717면; 이재상, 582면; 김일수/서보학, 734면; 오도기(7인 공저), 529면; 진계호, 586면; 배종대, 697면; 임웅, 658면; 박상기, 527면, 김성돈, 586면.
75) 대판, 1983. 4. 12, 83도332; 대판, 1983. 10. 25, 83도2257.
76) 대판, 1957. 6. 7, 4290형상102; 대판, 1983. 10. 25, 83도2257.
77) 대판(전원합의체), 2005. 2. 24, 2002도18.
78) 대판, 1979. 6. 26, 79도908.
79) 대판, 1983. 4. 26, 83도520.
80) 대판, 1986. 9. 23, 86도1300.

의의 모용이 없으므로 허위공문서작성죄가 될 수 있음은 별론으로 하고 사문서위조는 되지 않는다.

【판례】 작성명의자의 승낙이나 위임없이 그 명의를 모용하여 토지사용에 관한 책임각서를 작성하면서 작성명의인의 서명이나 날인없이 단지 피고인 자신의 이름으로 보증인란에 서명 · 날인한 경우에 사문서위조죄가 성립하기 어렵다(대판, 1997. 12. 26, 95도2221).

(c) 문서의 작성 위조는 타인의 명의를 모용하는 것으로는 부족하고 문서를 작성하여야 한다. "문서의 작성"이란 작성자가 명의인의 의사에 반하여 문서를 만들어 내는 것을 말한다(위조문서 조작).

aa) 문서작성의 방법 문서작성의 방법은 제한이 없다.

i) 새로운 문서작성 날인이 없는 예금청구서를 권한 없이 작성하는 경우와[81] 같이 "새로운 문서를 작출(作出)"하는 것이 위조의 기본 형태이다. 사진복사 과정을 조작하여 원본과 다른 복사본을 만든 경우는 복사본 자체가 위조문서이고 새로운 문서작성이 된다.[82] 이에 대하여 위조문서 원본을 전자복사한 경우는 새로운 문서 창출이 아니라 위조문서의 단순한 재현에 불과하므로 원본위조만 문서위조이고 그 복사는 불가벌적 사후행위가 된다. 그러나 위조복사본을 행사하면 행사죄는 성립한다(제237조의2 참조).

ii) 기존문서이용위조 기존문서를 이용하는 위조(문서작성)는 세 가지 형태가 있다. ① 기존의 미완성문서에 가공하여 그 문서를 완성시키는 경우이다. 위탁의 취지에 반하여 백지를 보충하는 이른바 백지위조(白紙僞造)가[83] 이에 해당한다. ② 기존의 진정문서(眞正文書)를 변경(變改)하는 경우이다. 기존문서의 본질적 부분을 변경하여 변경전의 문서와 동일성을 상실시키는 정도에 이르러야 한다. 증명서의 성명을 고쳐 별개의 문서를 작성하였다고 볼 수 있는 경우,[84] 졸업증명서에 누락된 성명을 기재한 경우,[85] 타인의 주민등록증에 붙어

81) 대판, 1984. 10. 23, 84도1729: "예금청구서에 작성명의자의 기명만 있고 날인이 빠져있다 하여도 일반인이 그 작성명의자에 의하여 작성된 예금청구서라고 오신할 만한 형식과 외관을 갖추고 있는 이상 권한없이 위 예금청구서를 작성한 행위는 사문서위조죄에 해당하고 날인이 없다 하여 이를 미완성문서로 볼 수는 없다." 같은 취지: 대판, 1975. 6. 24, 73도3432; 대판, 1982. 10. 12, 81도3176; 대판, 1987. 1. 20, 86도1867.

82) 대판(전원합의체), 1989. 9. 12, 87도506.

83) 대판, 1984. 6. 12, 83도2408.

84) 대판, 1962. 12. 20, 62도183.

있는 사진을 떼어내고 자기의 사진을 붙인 경우[86] 등이 이에 해당한다. ③ 무효가 된 문서에 가공하여 새로운 증명력을 가진 문서를 작출하는 경우이다. 학원수강증의 일자를 유효기간 내로 변경한 경우, 유효기간이 경과한 문서의 발행일자를 정정한 경우[87] 등이 이에 해당한다.

문서의 작성은 간접정범에 의해서도 가능하다. 예컨대, 기망자가 명의인을 이용하여 진의에 반한 그 명의의 문서를 작성시킨 경우, 명의인이 내용을 오신하고 있음을 이용하여 그의 의사와 다른 내용의 문서를 작성하게 한 경우[88]이다.

bb) 문서작성의 정도　문서작성(위조)의 정도는 문서의 형식과 내용면에서 반드시 완전할 것을 요하지 않으며, 일반인이 진정문서로 오신할만한 정도의 형식과 외관을 갖추고 있으면 충분하다.[89] 진정문서로 오신하기에 충분한 정도인가의 여부는 문서의 형식과 외관, 문서작성 경위와 내용, 일반거래에 있어서 그 문서가 가지는 기능 등을 종합적으로 고려하여 판단해야 한다.

대법원은 외국에서 발행되어 유효기간이 경과한 국제운전면허증에 첨부된 사진을 바꿔 붙인 경우도 유효기간을 쉽게 알아 볼 수 있거나 면허증이 진정하게 작성된 것으로 오신하기에 충분한 정도의 형식과 외관을 갖추고 있다면 사문서위조죄에 해당한다고[90] 하였다.

【판례】 사문서위조죄는 그 명의자가 진정으로 작성한 문서로 볼 수 있을 정도의 형식과 외관을 갖추어 일반인이 명의자의 진정한 사문서로 오신하기에 충분한 정도이면 성립하는 것이고, 반드시 그 작성명의자의 서명이나 날인이 있어야 하는 것은 아니나, 일반인이 명의자의 진정한 사문서로 오신하기에 충분한 정도인지 여부는 그 문서의 형식과 외관은 물론 그 문서의 작성경위, 종류, 내용 및 일반거래에 있어서 그 문서가 가지는 기능 등 여러 가지 사정을 종합적으로 고려하여 판단하여야 한다(대판, 1997. 12. 26, 95도2221).[91]

---

85) 대판, 1962. 9. 27, 62도113.

86) 대판, 1991. 9. 10, 91도1610; 대판, 2000. 9. 5, 2000도2855. 종래의 판례(대판, 1957. 4. 12, 4290형상52)는 이 경우에 변조가 된다고 하였으나, 판례가 변경되었다.

87) 대판, 1980. 11. 11, 80도2126.

88) 대판, 1970. 9. 29, 70도1759.

89) 대판, 1975. 6. 24, 73도3432; 대판, 1982. 10. 22, 81도3176; 대판, 1987. 1. 20, 86도1867; 대판, 1988. 3. 22, 88도3; 대판, 1997. 12. 26, 95도2221.

90) 대판, 1998. 4. 10, 98도164.

91) 작성명의자의 승낙이나 위임이 없이 그 명의를 모용하여 토지사용에 관한 책임각서 등을 작성하면서 작성명의자의 서명이나 날인은 하지 않고 다만 피고인이 자신의 이름으로 보증인란에 서명·날인한 경우, 사문서위조죄가 성립되기 어렵다고 본 사례.

(d) 미수·기수 위조의사를 확정적으로 문서에 표시하는 위조행위(문서작성)의 개시가 있는 때 실행의 착수가 있고, 일반인으로 하여금 진정문서라고 오신할 정도의 가짜문서가 작출된 때 기수가 된다. 공공의 신용이 침해되거나 명의인에게 구체적인 손해가 발생할 것을 요하지 않는다.[92]

나) 변 조 "변조"(Verfalschen)란 정당한 권한 없이 이미 진정하게 성립된 타인명의의 문서내용을 그 동일성을 해하지 않을 정도로 변경을 가하는 것을 말한다. 이를 분설하면 다음과 같다.

(a) 권한없는 자 변조는 기존의 진정문서에 변경을 가할 권한 없는 자의 행위라야 한다. 문서작성의 권한이 없는 자의 행위라는 점에서 위조와 같다. 권한 있는 자가 위임의 범위를 넘어서 임의로 변경하는 경우에도 변조가 된다.[93] 그러나 위임의 범위 내에서 권한 있는 자의 문서변경은 변조가 아니다.[94]

(b) 타인명의의 진정문서 변조의 대상이 되는 문서는 이미 진정하게 성립된 타인명의의 문서(진정문서)라야 한다. 이미 성립되어 있는 것이라도 부진정문서나 위조문서는 변조의 대상이 될 수 없으며,[95] 타인소유의 자기명의 문서에 변경을 가하는 행위도 변조가 아니라 문서손괴죄만이 문제될 뿐이다.[96] 변조의 대상이 되는 문서의 내용은 반드시 진실에 합치되거나 적법·유효한 것일 필요는 없으며, 내용이 무효인 경우에도 변조의 대상이 될 수 있다.

(c) 동일성을 해하지 않을 정도의 변경 변조는 기존문서의 동일성을 해하지 않을 정도의 변경을 가하는 것이라야 한다. 즉, 비본질적 부분 또는 중요하지 않은 부분을 변경해야 한다. 본질적 부분(명의인의 표시)이나 중요부분을 변경하여 새로운 증명력을 가진 별개의 문서를 작출하면 변조가 아니라 위조가 된다.[97]

따라서 인감증명서의 사용용도란의 기재를 변경한 경우,[98] 결재받은 문서에 새로운 사항을 첨가 기재한 경우,[99] 문서에 첨부된 도면을 떼어내고 새로 작

92) 대판, 1967. 3. 28, 67도253.
93) 대판, 1983. 3. 22, 82도2300.
94) 대판, 1986. 8. 19, 86도544.
95) 대판, 1986. 11. 11, 86도1984; 대판, 2006. 1. 26, 2005도4764.
96) 대판, 1987. 4. 14, 87도177.
97) 대판, 1991. 9. 10, 91도1610.
98) 대판, 1985. 9. 24, 85도1490.
99) 대판, 1970. 12. 29, 70도116.

성한 도면을 가철한 경우,[100] 작성된 계약서의 일자나 새로운 문구를 삽입하거나 일부(日附)·금액을 변경하는 경우,[101] 민사소송에서 사실입증에 사용할 목적으로 보관 중인 영수증 위의 "할부금" 기재부분 옆에 임의로 부동산 표시로서 "733-19 번지"라고 써 넣은 경우[102]는 변조가 된다. 이에 대해서 미완성 서면에 가필하여 문서를 완성시키거나 백지위임장의 취지에 반하여 백지보충을 한 경우, 추천장에 기재된 피추천인의 성명을 바꾸는 것은 위조가 된다.

명의인의 승낙이 없이 명의인에게 유리하게 변경하거나,[103] 법규에 어긋나는 기재내용을 법규에 맞도록 변경 기재한 경우는[104] 문서변조가 된다. 그러나 문서의 내용이 아닌 자구수정이나 문서내용에 영향을 미치지 않는 사실을 기재하는 것만으로는 변조가 되지 않는다.[105]

(d) 변조의 방법 변조방법은 제한이 없다. 기존문서의 문자나 부호를 삭제하거나 삭제부분에 다른 문자나 부호를 기입하는 것, 임의로 명의인에게 유리하게 변경한 것도 변조가 된다.

(e) 미수·기수 변조의사가 확정적으로 문서에 표시하는 변조행위의 개시가 있는 때 실행의 착수가 있고, 문서에 변경을 가하여 일반인이 종전의 기존문서와 다른 증명력을 가진 문서로 오신할 수 있는 변조행위가 완료 된 때에 기수가 된다.[106]

(3) 주관적 구성요건요소

이 죄는 행사할 목적으로 타인의 문서를 위조 또는 변조하는 것이므로 고의외에 행사할 목적이 있어야 하는 목적범이다.

1) 고 의 타인명의의 문서라는 인식을 하고, 권리·의무 또는 사실증명에 관한 문서를 위조 또는 변조한다는 인식과 실현의사가 있어야 한다.

2) 목 적 행사할 목적이란 위조 또는 변조한 문서를 진정문서로서 효력을 발생시킬 목적을 말하며, 여기의 행사는 위조문서행사죄의 "행사"와 반드시 같은 의미는 아니다. 따라서 행사라고 할 수 없는 경우에도 행사할 목적은 인정될

---

100) 대판, 1982. 12. 14, 81도81.
101) 대판, 1991. 1. 11, 90도1862.
102) 대판, 1995. 2. 24, 94도2092.
103) 대판, 1985. 1. 22, 84도2422; 대판, 1995. 2. 24, 94도2092.
104) 대판, 1970. 9. 22, 70도1509.
105) 대판, 1971. 3. 23, 71도329; 대판, 1981. 10. 27, 81도2055.
106) 대판, 1970. 6. 17, 70도1096.

수 있으며,[107] 본래의 용법에 따른 진정문서로 사용할 목적이 없더라도 진정문서로서의 효용을 가지도록 할 목적이 있으면 충분하다. 행사할 목적은 미필적·조건부 인식으로 충분하다는 견해도 있다.[108] 그러나 목적을 고의와 같은 의미로 해석할 수는 없으며, 초과주관적 구성요건요소인 행사의 목적은 적어도 확정적·직접적인 인식이 있어야 한다.[109]

(4) 죄수·타죄와의 관계

1) 죄 수 문서에 관한 죄의 죄수를 결정하는 기준에 관해서는, ① 문서에 기재된 명의인의 수에 따라 결정하는 판례,[110] ② 문서의 수에 따라 결정하는 견해,[111] ③ 문서작성의 의사의 수에 따라 결정하는 견해,[112] ④ 보호법익의 개수에 따라 결정하는 견해,[113] ⑤ 보호법익을 기준으로 하면서 문서작성 행위와 의사도 고려하여 결정하는 견해[114] ⑥ 사회적 의미의 위조행위 수를 기준으로 하고 보호법익도 부차적 기준으로 하는 견해[115] 등이 대립한다.

그러나 위조행위·문서·문서작성의사·보호법익은 그 모두가 문서위조의 죄수를 결정함에 있어 불가분의 의미를 갖는다고 해야 하므로 위조행위를 기본으로 하면서 이 모두를 고려하여 죄수를 결정함이 타당하다고[116] 하겠다. 따라서 하나의 행위로 수인의 1개 사문서를 위조하면 단순일죄, 1개의 사문서에 위조와 변조를 함께하면 포괄일죄, 1개의 문서에 공문서위조와 사문서위조가 동시에 행해진 때에는 공문서위조 일죄만 성립한다고 함이 타당하다.

이 죄와 위조사문서행사죄와의 관계에 대해서는, ① 두 죄의 경합범이 된다는 견해(다수설, 판례),[117] ② 상상적 경합이 된다는 견해,[118] ③ 원칙적으로 법조

---

107) 정성근, 723면; 이재상, 585면; 배종대, 701면; 오영근, 734면; 김성돈, 592면.
108) 서일교, 254면; 오도기(7인 공저), 532면; 진계호, 589면; 김성돈, 592면; 大塚 仁, 「文書僞造の罪」, 注釋刑法(4), 95면.
109) 정성근, 723면; 이재상, 585면; 김일수/서보학, 740면; 배종대, 701면; 오영근, 741면; 정영일, 590면.
110) 대판, 1956. 3. 2, 4283형상343; 대판, 1987. 7. 21, 87도564.
111) 정영석, 181면; 손해목, 주각(상), 393면; 백형구, 544면.
112) 황산덕, 141면; 이건호, 137면.
113) 서일교, 260면.
114) 정성근, 724면; 이재상, 586면; 진계호, 589면; 배종대, 701면; 이정원, 617면.
115) 임웅, 662면.
116) 같은 취지: 김일수/서보학, 742면.
117) 다수설과 판례의 입장이다. 정영석, 181면; 황산덕, 141면; 손해목, 주석(상), 394면; 이형국, 611면; 진계호, 589면; 박상기, 530면; 이정원, 617면; 백형구, 544면; 김성돈, 593; 대판,

경합 중 보충관계로 보아 위조문서행사죄만이 성립한다는 견해[119] 등이 대립한다. 그러나 위조는 행사를 위한 수단이 되는 경우도 있으나 두 죄는 독립범죄로 각각 성립한다고 해야 하므로 경합범설이 타당하다고 본다.

【판례】 ① 문서에 2인 이상의 작성명의인이 있을 때에는 각 명의자마다 1개의 문서가 성립되므로 2인 이상의 연명으로 된 문서를 위조한 때에는 작성명의인의 수대로 수개의 문서위조죄가 성립하고 또 그 연명문서를 위조하는 행위는 자연적 관찰이나 사회통념상 하나의 행위라 할 것이어서 위 수개의 문서위조죄는 형법 제40조가 규정하는 상상적 경합범에 해당한다(대판, 1987. 7. 21, 87도564).

② 피고인이 예금통장을 강취하고 예금자명의의 예금청구서를 위조한 다음 이를 은행원에게 제출행사하여 예금인출금 명목의 금원을 교부받았다면 강도, 사문서위조, 동행사, 사기의 각 범죄가 성립하고 이들은 실체적 경합관계에 있다 할 것이다(대판, 1991. 9. 10, 91도1722).

2) 타죄와의 관계 ① 명의인에게 문서의 내용을 오신시켜서 문서를 작성케 한 경우(문맹인 명의인을 이용한 경우도)에는 이 죄(간접정범)가 성립한다. 그러나 문서의 내용을 진실한 것으로 오신시켜 작성하게 하고 이를 취득한 경우에는 사기죄를 구성한다. ② 자기명의의 문서에 대하여는 이 죄가 성립할 수 없으므로 타인의 수중에 있는 자기명의문서의 내용을 임의로 변경하는 경우에는 문서손괴죄만 성립한다. ③ 타인명의의 문서나 타인의 성명을 모용한 위조문서를 만들어 수사기관에 무고한 때에는 위조행사죄와 무고죄의 상상적 경합이라는 견해도[120] 있으나 이 죄와 무고죄의 상상적 경합이 된다는 통설이 타당하다. ④ 위조사문서에 다시 위조인장을 사용한 때에는 인장위조죄는 사문서위조죄에 흡수된다(불가벌적 수반행위). ⑤ 타인이 등록상표를 같은 종류의 상품에 사용할 목적으로 위조한 경우에는 상표법에 의하여 처벌될 뿐이고 사문서위조죄는 성립하지 않는다.[121] ⑥ 도난·분실 또는 위조된 신용카드를 사용하여 물품을 구입하면서 매출전표에 서명하여 교부한 때에는 여신전문금융업법의 신용카드 부정사용죄(동법 제70조 1항)에 해당하고, 사문서위조 및 동행사죄는 동 죄에 흡수되어

1991. 9. 10, 91도1722.

118) 이재상, 586면; 배종대, 702면.

119) 임웅, 662면; 오영근, 742면 이하.

120) 김일수/서보학, 743면; 임웅, 664면; 손해목, 661면.

121) 대판, 1957. 2. 22, 4289형상310.

별도로 성립하지 않는다(불가벌적 수반행위).122)

(5) 몰 수

위조·변조된 문서는 공문서 사문서 모두 임의적 몰수의 대상이 된다(제48조 1항). 즉, 위조 또는 변조된 문서(허위기재의 문서도 같다)는 "범죄행위로 인하여 생하였거나 이로 인하여 취득한 물건"(동조 1항 2호)에 해당하므로 몰수할 수 있다. 그러나 위조문서라 할지라도 선의의 제3자를 보호하기 위하여 그 효력을 인정할 필요가 있을 때에는 몰수할 수 없다.123) 문서 또는 도화의 일부가 몰수의 대상인 때에는 그 부분을 폐기한다(제48조 3항). 그러나 문서의 주된 부분이 위조 또는 변조된 경우에 진정한 부분만으로는 독립하여 효력을 가지지 못할 때에는 그 전부를 몰수할 수 있다.124)

2. 자격모용에 의한 사문서작성죄

> 【구성요건·법정형】 행사할 목적으로 타인의 자격을 모용하여 권리·의무 또는 사실증명에 관한 문서 또는 도화를 작성한 자는 5년 이하의 징역 또는 1천만원 이하의 벌금에 처한다(제232조). 미수범은 처벌한다(제235조).

행사할 목적으로 타인의 자격을 모용하여 권리·의무 또는 사실증명에 관한 문서 또는 도화를 작성함으로써 성립하는 범죄이다. 대리권 또는 대표권이 없는 자가 타인의 대리자격 또는 대표자격이 있는 것처럼 가장하여 그 자격의 자기명의로 문서 또는 도화를 작성하는 경우를 처벌하기 위한 것이다. 예컨대, 대리권이 없는 甲이 乙의 대리인으로서 자기의 성명을 부기한 문서, 즉 "乙 대리인 甲"의 문서를 작성하는 경우가 자격모용의 문서이다. 대리자격·대표 "자격만 모용"하여 그 자격의 자기명의로 작성한다는 점에서, 문서작성의 권한 없이 "타인명의를 모용"하여 그 타인명의의 문서를 작성하는 사문서위조죄와 구별된다. 자격과 명의까지 모용한 경우는 이 죄가 아니라 사문서위조죄가 된다. 자격모용도 작성명의인의 자격이 진정한 것이 아니므로 유형위조에 해당한다.

구형법에서는 이에 관한 규정이 없었기 때문에, ① 자격을 모용하여 대리인

122) 대판, 1992. 6. 9, 92도77.
123) 유기천(하), 175면; 정성근, 725면; 이재상, 586면; 배종대, 702면.
124) 정성근, 725면; 이재상, 586면; 진계호, 590면; 배종대, 702면.

甲이라고 기재한 것은 甲 명의의 문서로서 사문서의 무형위조에 해당하여 처벌할 수 없다는 견해와,[125] ② 문서작성자는 대리인 甲이지만 그 문서에 의한 법적 효과가 귀속되는 명의인은 乙이므로 사문서의 유형위조로서 처벌되어야 한다는 견해가[126] 대립하고 있었다. 현행형법은 이를 유형위조에 해당하는 것으로 입법적으로 해결하였다.

"타인의 자격을 모용"한다란 대리권 또는 대표권이 없는 자가 타인(본인)의 대리인 또는 대표자의 자격을 사칭하는 것을 말한다. 자격모용의 유형으로, ① 대리권 또는 대표권이 없는 자가 타인의 대리자격을 표시하여 그 타인의 문서를 작성하는 경우(무권대리), ② 대리권·대표권자가 그 권한을 초월하여 대리(대표)인 표시의 본인의 문서를 작성하는 경우(월권대리), ③ 대리권 소멸 후 대리인 자격을 모용하여 본인의 문서를 작성하는 경우(대리권소멸 후의 표현대리)는 모두 이 죄에 해당한다. 그러나 대리인(대표자)이 그 대리인(대표자)명의 또는 본인명의의 문서를 작성할 권한을 가지고 있으면서 그 권한을 남용하여 문서를 작성한 때(권한남용)에는 무형위조이므로 처벌하지 않는다.[127]

3. 사전자기록위작·변작죄

【구성요건·법정형】 사무처리를 그르치게 할 목적으로 권리·의무 또는 사실증명에 관한 타인의 전자기록 등 특수매체기록을 위작 또는 변작한 자는 5년 이하의 징역 또는 1천만원 이하의 벌금에 처한다(제232조의2). 미수범은 처벌한다(제235조).

(1) 의의·성격

사무처리를 그르치게 할 목적으로 권리·의무 또는 사실증명에 관한 타인의 전자기록 등 특수매체기록을 위작(僞作) 또는 변작(變作)함으로써 성립하는 범죄이다. 보호법익은 전자기록 등 특수매체기록의 진실성에 대한 공공의 신용이다. 전자기록 등 특수매체기록 내용의 진정에 대한 공공의 신용을 침해하는 데에 그 특색이 있다.[128] 보호받는 정도는 추상적 위험범으로서의 보호이며 목적범이다.

125) 이건호, 170면; 황산덕, 139면 이하.
126) 유기천(하), 141면; 정영석, 150면.
127) 대판, 1983. 4. 12, 83도332; 대판, 2007. 10. 11, 2007도5838.
128) 장영민, 「개정형법의 컴퓨터 범죄」(고시계 1996. 2), 45면.

이 죄는 공전자기록의 위작·변작죄와 함께 컴퓨터조작에 의한 새로운 범죄형태에 대응하기 위하여 1995년의 형법개정에서 신설된 것이다. 전자기록 등 특수매체기록은 문자나 부호에 의하여 의사를 표시하는 물체가 아니므로 시각적으로 지각할 수 없고, 명의인이 없거나 불분명한 경우도 많다. 전통적인 문서개념에 의하면 문서위조·변조죄의 객체가 될 수 없지만 현대의 정보화사회에서는 기존의 문서와 같이 중요한 사회적 기능을 담당하고 있으므로 문서와 마찬가지로 전자적 기록 등의 증명기능을 보호할 필요성이 증대하였기 때문이다.

(2) 객관적 구성요건요소

1) 객 체 　객체는 권리·의무 또는 사실증명에 관한 타인의 전자기록 등 특수매체기록이다. 권리·의무와 사실증명에 대해서는 사문서위조·변조죄의 그것과 같다. 다만 사문서위조·변조죄에서의 타인은 문서의 작성명의인을 의미하지만, 이 죄에 있어서의 "타인"은 행위객체의 특성상 작성명의인에 한정하지 않고 소유자·소지자를 포함한 넓은 의미로 해석해야 한다.[129]

(a) 전자기록 　"전자기록"이란 일정한 기록매체에 전자적·자기적 방식으로 수록 또는 보존되어 있는 기록을 말하며,[130] 기록매체 그 자체를 의미하는 것은 아니다. 따라서 기록된 디스크 그 자체를 파손하면 재물손괴죄를 구성할 뿐이다. 이 죄의 객체가 되는 전자기록(電磁記錄)에는 전자방식의 반도체 기억직접회로(IC메모리)·IC카드·CD-Rom·RAM(Random Access Memory) 등에 수록된 기록이 있고, 자기방식의 자기 테이프·자기 디스크·광자기디스크 등에 수록되어 있는 데이터를 들 수 있다.

(b) 특수매체기록 　전자기록 이외의 "특수매체기록"은 광기술이나 레이저기술을 이용하여 광디스크에 수록된 기록을 말한다. 그러나 기록은 어느 정도 영속성을 가져야 하므로 모니터에 화상형태로 존재하는 데이터나 통신 중의 데이터와 중앙처리장치(CPU)에 의하여 처리중인 데이터는 여기에 포함되지 않는다.[131] 또 전자기록이 아닌 음반(LP)이나 콤팩트디스크 등에 기록된 음성신호도 여기의 기록이 아니다. 그리고 마이크로필름 기록은 문자를 축소하여 재생한

---

129) 김일수/서보학, 746면; 임웅, 670면; 김성돈, 599면.

130) 일본형법 제7조의2에는 "전자적 기록이란 전자적 방식, 자기적 방식 기타 사람의 지각으로 인식할 수 없는 방식에 의하여 만들어진 기록으로서 전자계산기에 의한 정보처리용에 제공되어진 것을 말한다"라고 정의규정을 두고 있다.

131) 통신중의 데이터와 처리중인 데이터는 정보통신망이용촉진및정보보호등에관한법률 제49조 및 제71조의 보호대상이다.

것이므로 일반 문서의 일종으로 본다.

2) 행 위 행위는 위작 또는 변작이다.

(a) 위작·변작 위작·변작은 문서위조죄의 위조 또는 변조에 상응하는 용어인데, 전자기록은 가시성과 가독성이 없고 작출과정도 문서작성과 다르기 때문에 용어를 달리하였다. "위작"이란 권한 없이 기록을 만들어 저장·기억시키는 행위(유형위작)를 말하고, "변작"이란 디스크에 수록되어 있는 기존의 기록 내용을 동일성을 해하지 않는 범위내에서 부분적으로 말소하거나 고쳐서 변경된 기록을 현출시키는 행위(유형변작)를 말한다. 타인의 전산망에 침입하여 저장된 기록을 조작하는 컴퓨터해커(hacker)도 위작 변작이 될 수 있다.

(b) 권한 없는 무형위조 사전자기록 위작·변작에 대해서 권한 없는 자의 유형위조(유형위작)를 처벌한다는 데는 이견이 없다. 권한 없는 자의 무형위조(무형위작)도 이 죄에 포함되느냐에 대해서 견해가 대립한다. 부정설은 사문서위조의 무형위조를 원칙적으로 처벌하지 않는 것과의 균형상 무형위조에 포함되지 않는다고 한다.[132] 긍정설은 전자기록에는 작성자 명의가 표시되지 않으며, 그 제작이 고도의 기술성·전문성을 요하는 작업이고, 이 죄의 입법취지가 무형위조를 처벌하는 데 있으므로 무형위조도 포함한다고 한다.[133]

사전자기록의 무형위조를 처벌할 필요성이 있는 경우는 기록작성권자가 업무주의 사무처리를 그르치게 할 목적으로 위작·변작하는 경우 외에는 없다. 기록의 작성·입력의 표시주체에 의한 보장적 기능이 없는 전자기록의 특성상 예외적인 경우에 무형위조를 인정할 수 있다고 본다.

(c) 미수·기수 기수시기는 기록에 대한 위작·변작을 종료한 때이다. 전자기록은 가시성·가독성이 없으므로 일반인이 진정한 것으로 오신할 정도에 이른 때가 아니라, 행위자가 주관적으로 허위기록을 작출하거나 기존의 기록내용과 다른 내용의 기록변경을 종료한 때라고 하여야 한다. 위작·변작행위를 종료하지 못한 때 미수범이 된다. 사전자기록의 위작·변작은 특수매체기록의 손괴도 수반되지만, 이 죄에 흡수된다고 본다(법조경합 흡수관계).

132) 박상기, 532면.
133) 임웅, 671면; 김성돈, 599면.

(3) 주관적 구성요건요소

1) 고 의 권리·의무 또는 사실증명에 관한 타인의 전자기록 등 특수매체기록을 위작 또는 변작하는데 대한 인식과 의사가 있어야 한다. 미필적 고의로 족하다.

2) 목 적 이 죄는 목적범이므로 사무처리를 그르치게 할 목적이 있어야 한다. "사무처리를 그르치게 할 목적"이란 부정작출된 전자적 기록을 사무처리 전산시스템에 사용함으로써 정상적인 사무처리 이외의 하자 있는 처리를 하게 할 목적을 말한다.

문서위조죄의 행사의 목적에 상응하는 것이다. 다만 문서위조죄와는 달리 사무처리를 그르치게 할 목적이라 한 것은 전자기록의 특성상 단순한 사용·행사의 목적을 넘어 "증명작용에 실해(實害)를 발생시킬 목적"이 있는 경우로 한정하려는 취지이다.[134] 따라서 데이터를 기존의 방식과 다른 방식으로 저장하기 위하여 기존 데이터에 수정·변경을 가하거나 기존의 데이터 처리방식보다 능률적인 사무처리를 위하여 데이터에 변경을 가한 경우는 사무처리를 그르치게 할 목적이 없으므로 이 죄에 해당하지 않는다.

4. 공문서위조·변조죄

【구성요건·법정형】 행사할 목적으로 공무원 또는 공무소의 문서 또는 도화를 위조 또는 변조한 자는 10년 이하의 징역에 처한다(제225조). 미수범은 처벌한다(제235조). 10년 이하의 자격정지를 병과할 수 있다(제237조). 내국인·외국인의 국외범도 처벌한다(제5조, 제3조).

(1) 의의·성격

행사할 목적으로 공무원 또는 공무소의 문서 또는 도화를 위조 또는 변조함으로써 성립하는 범죄이다. 사문서위조·변조죄에 비하여 객체가 공문서이기 때문에 불법이 가중된 가중적 구성요건이다. 공무원 또는 공무소가 직무상 그의 명의로 작성한 공문서는 사문서에 비하여 신용성과 증명력이 강할 뿐만 아니라 피해정도도 크기 때문에 이를 가중처벌하기로 한 것이다. 공문서에 대해서는 형식의 위조(유형위조)와 내용의 위조(무형위조) 모두를 처벌하면서 사문서에 대해서

134) 법무부 형사법특별심의위원회, 일본형법 개정작업 경과와 내용, 1989, 559면; 장영민, 「개정형법의 컴퓨터 범죄」, 47면; 김일수, 637면.

는 원칙적으로 유형위조를 처벌하고 무형위조는 허위진단서 · 검안서 · 생사에 관한 증명서(제233조) 이외에는 처벌하지 않는 이유도 이상의 취지를 고려한 것이다. 그 밖에는 사문서위조 · 변조죄의 성격과 같다.

(2) 객관적 구성요건요소

1) 주 체 주체는 아무런 제한이 없으므로 공무원 · 비공무원을 불문한다. 공무원이라도 그 권한 밖의 공문서를 임의로 작성하거나 자신의 집무집행과 관계없는 다른 공무원 명의의 공문서를 작성하면 이 죄가 성립한다. 공문서 작성을 보조하는 공무원[135] 또는 보충기재의 권한만 위임받은 공무원이[136] 작성권자 결재없이 임의로 작성권자 명의의 허위내용 공문서를 작성한 때에도 이 죄가 성립한다.

【판례】 어느 문서의 작성권한을 갖는 공무원이 그 문서의 기재 사항을 인식하고 그 문서를 작성할 의사로써 이에 서명날인하였다면, … 그 문서의 성립은 진정하며 여기에 하등 작성명의를 모용한 사실이 있다고 할 수는 없으므로, 공무원 아닌 자가 관공서에 허위내용의 증명원을 제출하여 그 내용이 허위인 정을 모르는 담당공무원으로부터 그 증명원 내용과 같은 증명서를 발급받은 경우 공문서위조죄의 간접정범으로 의율할 수는 없다(대판, 2001. 3. 9, 2000도938).

2) 객 체 객체는 공무소 또는 공무원이 그의 명의로 작성하여야 할 문서 또는 도화이다. 즉, 공문서와 공도화이다.

가) 공문서 "공문서"란 공무소 또는 공무원이 자기명의로 직무에 관하여 작성한 문서를 말한다. 즉, 작성명의인이 공무소 또는 공무원인 문서이고, 직무권한 내에서 직무와 관련하여 작성한 목적문서이다.

(a) 공무소 "공무소"란 공무원이 직무를 수행하는 관청 · 관서를 말한다. 그러나 장소나 물적 시설인 건조물이 아니라 국가 또는 공공단체의 의사를 결정하는 기관, 즉 "관청으로서의 공무소"를 의미한다.

공무소는 공법상의 행정관청이나 행정청과 같은 행정기관보다 넓은 개념이다. 모든 국가기관과 공공단체, 특별법상의 공사 · 국책은행 등 공무에 관해 의사를 결정하고 표시할 수 있는 기관을 포함한다. 다만 공문서의 작성주체인 공

135) 대판 1996. 4. 23, 96도424; 대판, 1990. 10. 12, 90도1790; 대판, 1984. 9. 11, 84도368; 대판, 1981. 7. 28, 81도898.
136) 대판, 1991. 9. 10, 91도1610; 대판, 1984. 9. 11, 84도368.

무소는 특별히 관청의 의사표시에 관한 문서작성권을 가진자(예: 기관의 장, 의장, 의원장, 문서작성 서기 등)에 한정된다(국회의원당선통지서, 사법시험합격통지서 등).

(b) 공무원 "공무원"은 국가 또는 공공단체의 공무담당자 또는 공법상 근무관계에 있는 자로서 공직을 수행하는 지위에 있는 공무담당자를 말한다.[137]

【공무소·공무원 이외의 공문서작성명의인】 형법은 공무소·공무원만 공문서 작성명의인으로 규정하고 있으나 검사직무를 수행하는 변호사(형소법 제265조), 공증인·집행관, 각종 중재의원, 법무법인·합동법률사무소 등도 특별법상 인정된 공문서 작성의 주체가 된다. 판례도 간이절차에 의한 민사분쟁사건처리특례법에 의하여 공증인가 합동법률사무소가 작성한 사서증서에 관한 인증서는 공문서라고 하였다.[138] 이에 반하여 지방세의 수납업무 일부를 관장하는 시중은행의 직원이나 은행은 공무원 또는 공무소가 되는 것이 아니고 세금수납영수증도 공문서가 아니라고 한다.[139]

(c) 직무상 작성문서 "직무에 관하여 작성한 문서"란 직무권한 내에서 직무와 관련하여 작성한 문서를 말한다. ① 공문서의 작성권한은 법령, 내규 또는 관례에 의한 경우도 포함되며,[140] 일반인으로 하여금 공무원 또는 공무소의 권한 내에서 작성된 것이라고 오신할만한 형식·외관을 구비하면 족하다. ② 직무상 작성된 문서이면 관공서 외부나 내부자에 대한 것(징계결정문·훈시보고서) 또는 공법관계·사법관계로 작성된 것임을 묻지 않는다. 그러나 공무소·공무원이 작성한 것이라도 직무권한 내에서 직무에 관하여 작성된 것이 아니면 공문서가 아니다. 따라서 사직의 의사를 표시한 공무원의 사직원은 공문서가 아니다. ③ 문서작성이 법령상 일정한 방식이 요구되는 경우 그 중요한 방식을 결한 때에는 공문서라 할 수 없다. 그러나 경미한 하자가 있는 정도로는 공문서로서의 성질에 영향이 없다. 따라서 허위신청에 의한 부실기재로 등기공무원이 작성한 등기필증도 공문서이다.

aa) 허무인 명의·폐지된 공무소의 공문서 작성명의인은 실재함을 요하지 않는다. 공무원·공증인이 작성한 것으로 믿을만한 형식·외관을 갖추었으

137) 구체적으로 대통령, 국회의원, 지방의회의원, 국가공무원법과 지방공무원법상의 공무원, 특별법상의 준 공무원(공사·국책은행의 임직원 별정 우체국장 등) 등을 예시할 수 있다(대통령의 훈장증, 판사의 구속영장).

138) 대판, 1992. 10. 13, 92도1064.

139) 대판, 1996. 3. 26, 95도3073.

140) 대판, 1995. 4. 14, 94도3401.

면 사자·허무인 명의라도 상관없다.[141] 또 공무소 또는 공무원이 작성한 문서이면 그 공무소가 폐지되거나 공무원의 지위가 상실된 이후에도 공문서로서의 성질을 잃지 않는다.

bb) 외국공무소의 문서　외국의 공무소 또는 공무원이 작성한 문서는 공문서가 아니다. 홍콩에서 발행된 국제운전면허증은 사문서이다.[142] 그러나 국제협약·조약에 의해 국내에서도 동일한 효력을 갖는 외국 공문서는 이 죄의 객체가 된다고 본다(미국 발급의 국제운전면허증).[143]

cc) 공·사병존문서　하나의 문서에 개인과 공무원이 각각 작성한 복합문서(소위 공·사병존문서), 예컨대 등기설정계약서에 "등기필"의 공인(公印)을 날인한 경우는 등기설정을 공인한 내용을 증명하는 것이므로 그 내용을 변조하면 공문서변조죄가 된다. 개인이 작성 신청한 인감증명의 내용변경도 같다.[144] 그러나 공립학교 교사가 자신의 인적사항과 전출 희망사항을 기재한 교원실태조사카드에 학교장 의견이 첨가된 경우에는 교사 명의부분은 전출희망의 개인의 사표시이므로 이 부분은 공문서위조가 되지 않는다.[145]

【공문서의 예】 주민등록증, 주민등록표등본, 인감증명서, 면장명의 주거표·주거표이송부, 한국은행국고 잔액증명서, 호적등본, 토지대장, 증인신문조서, 교도소 의무과장 명의의 진단서, 경찰서 명의로 전문을 기입한 전보의뢰서, 우체국의 금전출납부, 공립학교장 발행의 저금수령증, 철도청 역직원 발행의 화물통지서, 납세증명서, 시재산 처분의 대가로 작성한 시장명의의 영수증, 지방의회 의사록, 전과 회답서, 가옥대장, 전출증명서, 외국인등록증명서, 선거투표통지서 및 투표통지 재교부서, 우체국의 일부인(日附印), 검사발행의 피의자출석요구서 등을 들 수 있다. 그러나 지방세 수납업무를 담당하는 은행발행의 세금수납영수증은 공문서가 아니며,[146] 우편환증서는 유가증권에 해당한다. 국 ·공립병원장 발행의 진단서(국·공립학교장 발행의 졸업장·학위증명서도), 공무소의 사경제적 사무관련 문서에 대해서 판례는 공문서라고 하고 있으나[147] 사문서라는 견해도[148] 있다.

141) 대판, 1976. 9. 16, 76도1707; 대판, 2005. 2. 24, 2002도18.
142) 대판, 1998. 4. 10, 98도164.
143) 김일수/서보학, 751면; 진계호, 594면.
144) 대판, 1985. 9. 24, 85도1490.
145) 대판, 1991. 9. 24, 91도1733.
146) 대판, 1996. 3. 26, 95도3073.
147) 대판, 1987. 9. 22, 87도1443.
148) 김일수/서보학, 753면.

나) 공도화 공무소 또는 공무원이 그 명의로 직무권한 내에서 작성한 도화이다. 그 의의와 요건은 공문서에 준해서 생각하면 된다. 공무소가 발행한 지적도, 도시계획도, 임시환지를 표시한 경리정리확정지구 원도 등이다. 판례는[149] 인락조서(認諾調書)에 첨부된 도면도 공도화라 하였다.

3) 행 위 행위는 위조 또는 변조이다. 구체적 내용은 사문서위조·변조죄에서와 같다.

【판례】 타인의 주민등록증에 붙어 있는 사진을 바꿔 붙인 경우와(대판, 1991. 9. 10, 91도1610; 대판, 2000. 9. 5, 2000도2855), 공문서의 유효기간과 발행일자를 정정하고 그 부분에 작성권자의 직인을 찍은 경우(대판, 1980. 11. 11, 80도2126)에는 공문서위조죄를, 발급된 인감증명의 사용용도기재를 고친 경우와(대판, 1985. 9. 24, 85도1490), 건축허가서에 첨부된 설계도면을 바꿔치기 한 경우에는(대판, 1982. 12. 14, 81도81), 공문서변조죄를 각각 인정하였다. 한편 자신의 주민등록증 비닐커버 위에 검은색 볼펜으로 주민등록번호를 덧기재하고 출생연도만 "71"을 "70"으로 고쳐 투명테이프를 붙인 경우는 주민등록증 자체를 변경한 것이 아니며 변조방법도 조잡하여 공공의 위험도 없다고 하였다(대판, 1997. 3. 28, 97도30).

(3) 주관적 구성요건요소

주권적 구성요건요소로서 고의 이외에 다시 행사할 목적이 있어야 한다.

5. 자격모용에 의한 공문서작성죄

【구성요건·법정형】 행사할 목적으로 공무원 또는 공무소의 자격을 모용하여 문서 또는 도화를 작성한 자는 10년 이하의 징역에 처한다(제226조). 미수범은 처벌한다(제235조). 본조의 죄를 범하여 징역에 처할 경우에는 10년 이하의 자격정지를 병과할 수 있다(제237조).

행사할 목적으로 공무원 또는 공무소의 자격을 모용하여 문서 또는 도화를 작성함으로써 성립하는 범죄이다. 자격모용에 의한 사문서작성죄에 비해 불법이 가중되는 가중적 구성요건이다.

"자격을 모용하여 공문서를 작성한다"란 특정 공무원 또는 공무소의 자격·지위만 모용(사칭)하여 직무상 작성된 공문서의 외관을 가진 문서를 만든 것을 말한다. 작성권한이 없는 자가 그 권한을 사칭하여 작성하였다는 점에서는 공문서위조죄(제225조)와 동일하나, 공문서위조죄는 타인의 명의를 모용한 것임에 대

149) 대판, 2000. 11. 10, 2000도 3033.

하여 이 죄는 타인의 자격만을 모용한다는 점에서 다르다. 예컨대, 비공무원 甲이 자기 명의로 모지방법원 판사라는 자격·지위를 사칭하여 구속영장을 작성하는 경우, 甲구청장이 乙구청장으로 전보된 후 甲구청장의 권한에 속하는 건축허가에 관한 기안용지 결재란에 사칭한 자격의 자기 명의로 서명 한 경우[150]이다. 공무원의 자격뿐만 아니라 그 명의까지 모용하여 공문서를 작성한 때에는 이 죄가 아니라 공문서위조죄가 성립한다.[151] 기타의 요건은 공문서위조·변조죄와 같다.

6. 공전자기록위작·변작죄

【구성요건·법정형】 사무처리를 그르치게 할 목적으로 공무원 또는 공무소의 전자기록 등 특수매체기록을 위작 또는 변작한 자는 10년 이하의 징역에 처한다(제227조의2). 미수범은 처벌한다(제235조). 10년 이하의 자격정지를 병과할 수 있다(제237조).

사무처리를 그르치게 할 목적으로 공무원 또는 공무소의 전자기록 등 특수매체기록을 위작 또는 변작함으로써 성립하는 범죄이다. 사전자기록위작·변작죄에 대한 불법가중 구성요건에 해당한다. 행위의 객체가 공무원 또는 공무소의 전자기록 등 특수매체기록이라는 점을 제외하면, 입법취지나 전자기록 등 특수매체 기록의 내용과 목적 등은 사전자기록위작·변작죄와 같다.[152]

---

150) 대판, 1993. 4. 27, 92도2688.

151) 유기천(하), 147면; 손해목, 주석(상), 396면; 정성근, 733면; 이재상, 589면; 진계호, 597면; 김일수/서보학, 757면; 박상기, 537면; 배종대, 705면; 임웅, 668면; 정영일, 596면, 김성돈, 598면.

152) 최근 판례(대판, 2011. 5. 13, 2011도1415)는 자동차등록 담당공무원이 관련법상 차량충당 연한규정에 위배되어 영업용으로 변경 및 이전등록을 할 수 없는 차량인 것을 알면서도 자동차등록원부 용도란에 '영업용'이라고 입력하였지만, 변경 및 이전등록에 관한 구체적 등록내용인 최초등록일 등은 사실대로 입력한 경우, "그 전제 또는 관련된 사실관계에 대한 내용에 거짓이 없다면 허위의 정보를 입력하였다고 볼 수 없다"고 하여 공전자기록등위작죄의 '위작'에 해당하지 않는다고 하였다.

Ⅲ. 허위문서작성죄

1. 허위진단서 등 작성죄

【구성요건 · 법정형】 의사 · 한의사 · 치과의사 또는 조산사가 진단서 · 검안서 또는 생사에 관한 증명서를 허위로 작성한 때에는 3년 이하의 징역이나 금고, 7년 이하의 자격정지 또는 3천만원 이하의 벌금에 처한다(제233조). 미수범은 처벌한다(제235조).

(1) 의의 · 성격

의사 · 한의사 · 치과의사 또는 조산사가 각종의 진단서 · 검안서 또는 생사(출생증명서 · 사망확인서)에 관한 증명서를 허위로 작성함으로써 성립하는 범죄이다. 즉, 사문서의 무형위조를 처벌하는 것이다. 형법은 사문서의 무형위조는 원칙적으로 처벌하지 않는다. 그러나 의사 등이 작성하는 위의 문서는 전문직에 종사하는 자가 그 경험에 따라 작성하는 문서이므로 다른 사문서에 비하여 신빙성이 높은 증명력을 갖고 있다는 점을 고려하여 작성권한 있는 자의 사문서 무형위조를 예외적으로 처벌하기로 한 것이다. 진정신분범, 의무범, 추상적 위험범, 거동범이고 목적범은 아니다.

(2) 객관적 구성요건요소

1) 주 체 주체는 의사 · 한의사 · 치과의사 · 조산사에 한정된다. 이러한 신분자가 진단서 등을 작성한 때에만 성립하는 진정신분범이다. 또 형법 이전의 특별의무자만이 범할 수 있는 의무범의 일종이다.

이 죄는 신분자가 비신분자나 다른 신분자를 이용하여 간접정범으로 범할 수 있으나, 비신분자가 신분자를 도구로 이용한 간접정범이 될 수 없다는 이유로 부진정자수범[153] 또는 진정자수범이라는 견해도 있다.[154] 그러나 의사가 정을 모르는 다른 의사나 간호사를 이용하여 허위의 진단서를 작성하게 하는 간접정범이 될 수 있으므로 소위 진정자수범은 아니다. 또 의사 아닌 자가 의사를 도구로 이용한 간접정범이 될 수 없음은 명백하지만, 그것은 이 죄가 진정신분범이기 때문이고 범죄 자수성 때문은 아니다. 즉, 비신분자의 간접정범 성립이 불

153) 진계호, 598면; 임웅, 674면; 백형구, 546면; 정영일, 597면.
154) 유기천(하), 150면; 손해목, 주석(상), 403면; 이재상, 590면; 배종대, 707면.

가능 때문에 자수범을 인정하는 것은 타당하지 않다. 이 죄는 자수범이 아니라고 해야 한다.[155]

의사·한의사·치과의사·조산사는 사인으로서 자격을 가진 자만을 의미한다. 그러므로 국립의료원에 근무하는 공무원인 의사가 그 공무원의 자격에서 진단서·검안서 등에 허위내용을 기재한 때에는 이 죄와 허위공문서작성죄(제227조)가 각각 성립하고 상상적 경합이 된다(통설).[156] 종래의 판례도 통설과 같았으나,[157] 최근의 판례는 공무원인 의사가 공무소 명의로 허위진단서를 작성한 때에는 허위공문서작성죄만 성립한다고 하였다.[158] 의사 아닌 자가 사인인 의사의 명의를 모용하여 허위의 진단서·검안서 등을 작성한 때에는 사문서위조죄를 구성하고 이 죄가 되지 않는다. 반면 의사 아닌 자가 의사의 자격과 칭호를 사칭하여 자기 명의로 허위진단서를 작성한 때에는 자격모용에 의한 사문서작성죄가 성립한다.

2) 객 체　객체는 진단서·검안서 또는 생사에 관한 증명서이다. 이러한 문서는 공무소에 제출하는 것에 한하지 않는다.

(a) 진단서　의사·한의사·치과의사 등이 진찰의 결과에 대한 판단을 표시하여 사람의 건강상태를 증명하기 위하여 작성하는 문서이다. 건강진단서·상해진단서가 일반적이지만, 명칭은 불문하므로 소견서로 표시되어도 무방하다.[159]

(b) 검안서　의사가 사체에 대해서 사망의 사실(死因, 死期, 사망장소 등)을 의학적으로 확인한 결과를 기재한 문서를 말한다. 변사체의 검시에 참여한 의사가 작성한 사체검안서, 사체를 해부한 의사가 작성한 사망원인 등에 관한 감정서가 이에 해당한다. 생체에 대한 검안의 결과를 기재한 것도 여기에 해당한다는 견해도 있으나,[160] 이는 진단서에 해당한다고 본다.[161]

---

155) 김일수/서보학, 758면; 오영근, 768면.

156) 정성근, 735면; 이재상, 597면; 박상기, 538면; 배종대, 715면; 임웅, 647면; 김성천/김형준, 832면; 백형구, 547면. 단 사문서위조죄가 된다는 견해는 김일수/서보학, 759면. 허위공문서작성죄만 성립한다는 견해는 오영근, 768면.

157) 대판, 1955. 7. 15, 4288형상74.

158) 대판, 2004. 4. 9, 2003도7762.

159) 대판, 1990. 3. 27, 89도2083.

160) 황산덕, 147면 이하; 이재상, 590면; 배종대, 707면.

161) 정성근, 736면; 이형국, 616면; 김일수/서보학, 760면; 진계호, 598면; 백형구, 547면; 김성돈, 603면.

(c) 생사에 관한 증명서　사람의 출생 또는 사망에 관한 사실 또는 사망의 원인을 증명하는 일종의 진단서를 말한다. 사망진단서가 대표적인 예이다.

3) 행 위　행위는 허위로 작성하는 것이다. 즉, 작성권한 있는 자가 허위내용을 기재하여 허위문서를 작성하는 무형위조이다.

(a) 허위작성　여기의 "허위"란 실질적으로 진실에 반하는 것을 말한다. 주관적으로 허위라고 생각하였어도 객관적으로 진실한 내용이면 허위가 아니다.[162] 허위작성은 사실에 관한 것이건 판단에 관한 것이건 묻지 않고 진실에 반한 내용을 기재하는 것을 말한다.[163] 따라서 타살로 인정되는 사체에 대해 자살로 기재하거나, 진찰결과 안정가료의 필요가 없다고 인식하면서도 안정가료를 요한다고 기재하거나 단순한 타박상을 골절상이라고 기재하는 것은 허위작성에 해당한다. 또 의사가 진찰한 사실이 없음에도 불구하고 진단서를 작성하는 경우도 이 죄에 해당한다. 그러나 진찰을 소홀히 하였거나 착오를 일으켜 오진함으로써 진실과 다른 진단서를 작성한 때에는 이 죄가 성립하지 않는다.[164]

(b) 기수시기　진단서 · 검안서 또는 생사에 관한 증명서가 작성됨으로써 기수가 되고, 그 후 이를 공무소 기타에 제출하였느냐의 여부는 이 죄의 성부에 영향이 없다. 이 죄의 미수범은 처벌한다.

(3) 주관적 구성요건요소

이 죄의 고의에는 의사 · 한의사 · 치과의사 등이 자신의 신분(수반인식)과 진단서 · 검안서 · 생사증명서를 작성한다는 사실을 인식할 뿐만 아니라, 허위내용을 기재한다는 인식과 의사가 있어야 한다. 미필적 고의도 무방하다. 행사할 목적이 있음을 요하지 않는다. 오진으로 인하여 실제 진실에 반하는 내용을 기재한 때에는 고의가 있다고 할 수 없다.

2. 허위공문서 등 작성죄

【구성요건 · 법정형】 공무원이 행사할 목적으로 그 직무에 관하여 문서 또

---

162) 따라서 의사가 주관적으로 허위라고 생각하고 작성하였지만 객관적으로 진실한 내용의 진단서라면 이 죄의 구성요건해당성이 부정된다. 이 죄의 허위는 위증죄에서 '허위의 진술'이라 할 때의 허위와 다르다는 것이 통설이다.

163) 대판, 1990. 3. 27, 89도2083; 대판, 1978. 12. 13, 78도2343; 대판, 1976. 2. 10, 75도1888.

164) 대판, 1976. 2. 10, 75도1888; 대판, 1978. 12. 18, 78도2343.

는 도화를 허위로 작성하거나 변개한 때에는 7년 이하의 징역 또는 2천만원 이하의 벌금에 처한다(제227조). 미수범은 처벌한다(제235조). 징역에 처할 경우에는 10년 이하의 자격정지를 병과할 수 있다(제237조).

(1) 의의·성격

공무원이 행사할 목적으로 그 직무에 관한 허위의 문서 또는 도화를 작성하거나 변개(變改)함으로써 성립하는 범죄이다. 공문서는 사문서에 비하여 사회적 신용성과 증명력이 크기 때문에 사문서와 다르게 허위공문서의 작성(무형위조)까지도 처벌하기 위한 규정이다. 이 죄는 공무원이 문서의 작성권한을 남용하여 허위내용의 공문서를 작성하는 것이므로 공무원범죄인 직권남용죄의 일종으로 파악하는 입법례도[165] 있으나 우리 형법에서는 문서에 관한 죄로 이해하여야 한다. 진정신분범, 의무범, 목적범이다.

(2) 보호법익

이 죄도 공문서의 증명력에 대한 확실성과 신용성(공문서의 진정에 대한 공공의 신용)을 보호한다는 점은 공문서위조죄와 같다. 다만 이 죄는 공문서를 작성할 직무상 권한이 있는 공무원이 자기명의로 허위내용의 공문서를 작성하는 것이므로 문서성립의 진정은 문제될 여지가 없다. 따라서 이 죄의 보호법익은 공문서의 "내용의 진실"에 대한 공공의 신용이라 해야 한다.[166] 보호정도는 추상적 위험범이다.

(3) 객관적 구성요건요소

1) 주 체 주체는 직무상 공문서 또는 공도화를 작성할 권한이 있는 공무원이다. 즉, 진정신분범이다.[167] 비공무원은 제33조 본문에 의해서 공범이 될 뿐이다. 비신분자는 신분자를 이용하여 간접정범이 될 수 없다는 이유로 이 죄를 부진정자수범이라는 견해도[168] 있으나 허위진단서 작성죄와 마찬가지로 자수범은 아니라고 해야 한다.

공무원이라 할지라도 문서의 작성권한이 없는 자는 이 죄의 주체가 될 수 없

---

165) 독일 형법 제348조는 이 죄를 직권남용죄의 일종으로 규정하고 있다.

166) 정성근, 738면; 이재상, 591면; 김일수, 650면; 배종대, 708면; 임웅, 676면; 오영근, 750면; 대판, 1970. 11. 24, 70도1791.

167) 대판, 1984. 3. 13, 83도3152; 대판, 1962. 5. 17, 4293형상297.

168) 임웅, 676면.

다. 따라서 사법경찰리의 권한이 없는 일반 행정서기보가 피의자신문조서를 작성하거나,[169] 동사무소 임시직원이 소재증명을 작성하는 경우[170]에는 이 죄가 성립할 수 없다. 그러나 작성권한이 있는 공무원이 권한의 범위 내에서 자기명의로 허위공문서를 작성하였다면 다소의 권한남용이 있어도 이 죄가 성립하고 공문서위조죄는 아니다.[171]

작성권한 있는 공무원과 문서의 명의인은 반드시 일치하는 것은 아니다. 명의인이 따로 있어도 그를 대리하여 전결권을 위임받은 때에는 이 죄의 주체가 되며,[172] 증명서 작성권을 위임받은 말단공무원이 원본과 대조함이 없이 원본대조필을 날인한 때에도 이 죄가 성립한다.[173] 그러나 공문서에 보충기재할 권한만 위임받은 공무원 또는 말단 공무원이 작성권자의 직인을 사용하여 허위의 공문서를 작성한 때에는 이 죄가 아니라 공문서위조죄가 성립한다.[174] 또 작성권 있는 공무원이 권한 밖의 사항에 대해서 허위 내용을 작성한 때에도 공문서위조죄가 된다.

【판례】 ① 소방서장 명의로 작성발급되는 화재증명의 발급사무가 민원실장의 전결사항으로 되어있고 민원실장의 부재중에는 방호과장이 대리 전결하도록 위임되어 있는 경우에 방호과장이 허위의 화재증명을 전결하여 발행한 것은 허위공문서작성죄에 해당한다(대판, 1977. 1. 11, 76도3884).

② 공무원인 피고인이 그 직무에 관하여 이 건 문제로 된 사문서 사본에 "원본 대조필 토목기사 안○○"이라 기재하고 도장을 날인하였다면 그 기재 자체가 공문서로 되고, 이 경우 피고인이 실제로 원본과 대조함이 없이 "원본 대조필"이라고 기재한 이상 그것만으로 곧 허위공문서작성죄가 성립하는 것이고, 피고인이 위 문서작성자에게 전화로 원본과 상이 없다는 사실을 확인하였다거나 객관적으로 그 사본이 원본과 다른 점이 없다고 하더라도 위 죄가 성립한다(대판, 1981. 9. 22, 80도3180).

2) 객 체 객체는 공문서 또는 공도화이다. 즉, 공무소 또는 공무원이 직무에 관하여 작성한 문서 또는 도화이다. "직무에 관한 문서·도화"란 공무원이 직무권한의 범위 내에서 직무권한에 속하는 사항을 공무소 또는 공무원의 명의

169) 대판, 1974. 1. 29, 73도1854.
170) 대판, 1976. 10. 26, 76도1682.
171) 이 점이 사문서의 경우와 다르다. 유기천(하), 151면; 진계호, 600면.
172) 대판, 1977. 1. 11, 76도3884.
173) 대판, 1981. 9. 22, 80도3180.
174) 대판, 1984. 9. 11, 84도368; 대판, 1996. 4. 23, 96도424.

로 작성한 문서·도화를 말하며, "직무권한"은 법률에 근거를 가질 것을 요하지 않는다. 명령·내규 또는 업무관례에 따라 직무권한의 범위가 정해진 것도 포함한다.[175] 따라서 합동법률사무소 명의로 작성된 공증서,[176] 사법경찰관작성의 피의자신문조서,[177] 건축사무기술검사원으로 위촉된 건축사가 작성한 준공검사조서,[178] 노동청장의 위촉을 받은 검정위원이 작성한 기능검정시험의 실기채점표[179] 등은 모두 공문서에 해당한다. 직무에 관한 문서이면 대외적인 문서이건 대내적인 품의서이건 묻지 않는다.[180]

3) 행 위 행위는 허위내용의 문서 또는 도화를 작성 또는 변개하는 것이다.

가) 허위문서 작성 "허위문서의 작성"이란 작성권한 있는 자가 그 권한의 범위 내에서 진실에 반하는 허위 내용을 기재하는 것을 말한다. 따라서 작성권 있는 공무원이 공정증서원본에 허위내용을 기재한 때에는 공정증서원본부실기재(제228조 1항)가 아니라 이 죄의 허위문서 작성이 된다. ① 작성권한 없는 자의 문서작성은 위조문서(부진정문서·유형위조)이며, 이 경우 그 내용이 허위인 때에도 허위문서의 작성이 아니라 공문서위조가 된다. ② 작성권한자가 작성한 허위문서이면 명의는 누구라도 상관없다. 예컨대 대리권 또는 대표권을 가진 자가 본인명의로 허위문서를 작성하면 이 죄가 성립한다. 또 권한의 범위 내에서 문서를 작성한 것이면 권한을 남용한 경우에도 허위문서의 작성이 된다.[181]

(a) 허 위 "허위"란 내용이 진실(객관적 사실)에 합치되지 않는 것을 말하며,[182] 허위내용도 사실에 관한 것뿐만 아니라 의견과 판단에 관한 것도 불문한다. 기재내용이 법규에 위반하여 법률상 효력이 없는 경우에도 그 내용이 진실에 합치되는 한 허위는 아니다.[183] 또 기재내용은 객관적 사실과 일치되어도 실제로 검사하지 않고 검사한 것처럼 기재하였다면 허위문서작성이 된다.[184]

---

175) 대판, 1978. 12. 13, 76도3467; 대판, 1975. 3. 25, 74도2855; 대판, 1981. 12. 8, 81도943.
176) 대판(전원합의체), 1977. 8. 23, 74도2715.
177) 대판, 1975. 3. 25, 74도2855.
178) 대판, 1980. 5. 13, 80도177.
179) 대판, 1976. 10. 12, 76도2522.
180) 대판, 1981. 12. 8, 81도943.
181) 대판, 1983. 4. 12, 83도332; 대판, 1983. 10. 25, 83도2257.
182) 대판, 1976. 10. 26, 76도1682; 대판, 1974. 1. 29, 73도1854.
183) 대판, 1996. 5. 14, 96도554; 대판, 2000. 6. 27, 2000도1858.
184) 대판, 1983. 12. 27, 82도3063.

(b) 작성방법 허위문서의 작성방법에는 아무런 제한이 없다. 작위뿐만 아니라 부작위에 의해서도 허위문서를 작성할 수 있다. 예컨대, 출납부에 고의로 수입사실을 기재하지 않거나[185] 의사록에 회의전말의 일부를 기재하지 않음으로써 회의의 전후내용을 가장하는 것은 부작위에 의한 것이 된다.

【판례】 ① 가옥대장에 무허가건물을 허가받은 건물로 기재한 경우(대판, 1983. 12. 13, 83도1458), ② 가옥대장의 기재와 다른 내용을 기재한 가옥증명서를 발행한 경우(대판, 1973. 10. 23, 73도395), ③ 준공검사를 하지 않고 준공검사조서에 준공검사를 하였다고 기재한 경우(대판, 1983. 12. 27, 82도3063),[186] ④ 인감증명서를 발부하는 공무원이 대리인에 의한 신청임에도 본인이 직접신청하는 것으로 기재한 경우(대판, 1985. 6. 25, 85도758),[187] ⑤ 경찰서 보안과장이 일련번호가 동일한 음주운전 적발보고서에 다른 사람의 음주운전사실을 기재하게 한 경우(대판, 1996. 10. 11, 95도1706), ⑥ 소유권이전등기와 근저당권설정등기의 신청이 동시에 이루어진 경우 고의로 근저당권설정등기를 기입하지 않은 채 소유권 이전등기기재에 대한 등기부등본을 발급한 경우(대판, 1996. 10. 15, 96도1669) 등이 여기에 해당한다.

그러나 ① 고의로 법령을 잘못 적용하여 공문서를 작성하였으나 그 법령적용의 전제가 된 사실관계에 대한 내용에 거짓이 없는 경우(대판, 2000. 6. 27, 2000도1858), ② 당사자로부터 뇌물을 받고 적용해서는 안되는 조항을 적용하여 과세표준을 결정하고 세금을 산출하였으나 허위내용의 기재가 없는 경우(대판, 1996. 5. 14, 96도554), ③ 뇌물을 받고 적용해서는 안될 조항을 적용하여 과세표준과 세금액을 산출하였어도 세액계산에 허위내용의 기재가 없는 경우(대판, 1996. 5. 14, 96도554)에는 이 죄가 성립하지 않는다.

나) 신고에 의한 허위문서작성 공문서의 내용이 비공무원(또는 작성권한 없는 공무원)의 허위신고에 의하여 기재되는 경우에는 두 가지로 나누어 판단해야 한다.

(a) 실질적 심사권 있는 경우 가옥대장·토지대장 등과 같이 공무원이 신고내용에 대해서 실질적 심사권을 가진 경우에는 그 신고내용이 허위임을 알면서도 이를 기재하였다면 당연히 이 죄가 성립한다.

(b) 형식적 심사권 있는 경우 등기부·호적부 등의 경우와 같이 공무원에게 형식적 심사권만 인정되는 경우 허위신고의 정을 알면서 그대로 기재한 때에는 견해가 대립한다. ① 부정설은[188] 일정한 형식과 요건을 구비한 신고만 있

---

185) 대판, 1960. 5. 18, 4293형상125.
186) 같은 취지: 대판, 1995. 6. 13, 95도491.
187) 같은 취지: 대판, 1992. 10. 13, 92도2060; 대판, 1997. 7. 11, 97도1082.

으면 담당 공무원은 문서를 작성해야 할 직무상의 의무가 있으므로 허위신고 그대로 기재하더라도 이 죄가 성립하지 않는다고 한다. ② 긍정설은[189] 형식적 심사권만 있는 경우에도 신고내용이 허위임을 알았을 때에는 공무원은 서류접수 그 기재를 거부할 수 있고, 허위내용이 기재되면 공문서에 대한 공공의 신용은 저해되는 것이므로 이 죄가 성립한다고 한다(다수설). ③ 구별설은[190] 신고인과 공모하여 자기의 직무상의 의무를 불법하게 이용한 때에는 이 죄가 성립하지만, 우연히 신고사실이 허위임을 알고서 기재한 때에는 이 죄가 되지 않는다고 한다.

등기는 개인재산에 대한 국가의 공증(公證)행위이므로 등기공무원은 등기내용이 실질적 권리관계와 부합되도록 해야 할 직무가 있다고 해야 하고, 공부의 기재내용이 진실에 부합한다고 믿고 있는 일반인의 공공의 신뢰를 보호하기 위해서도 형식적 심사권만 있는 공무원도 허위내용을 알았다면 그 기재를 거부해야 하므로 긍정설이 타당하다고 본다. 종래의 판례는 호적공무원이 허위신고임을 알면서 허위기재한 경우에 이 죄를 인정하였다.[191] 다만 최근의 판례는 공부기재 사항이나 사실의 확인·증명이 아닌 허가사항에 대해서는 이 죄의 성립을 부정하고 있다.

【판례】 건축 담당 공무원이 건축허가신청서를 접수·처리함에 있어 건축법상의 요건을 갖추지 못하고 설계된 사실을 알면서도 기안서인 건축허가통보서를 작성하여… 군수의 결재를 받아 건축허가서를 작성한 경우, 건축허가서는 그 작성명의인인 군수가 건축허가신청에 대하여 이를 관계 법령에 따라 허가한다는 내용에 불과하고 위 건축허가신청서와 그 첨부서류에 기재된 내용(건축물의 건축계획)이 건축법의 규정에 적합하다는 사실을 확인하거나 증명하는 것은 아니라 할 것이므로 군수가 위 건축허가통보서에 결재하여 위 건축허가신청을 허가하였다면 … 위 건축허가서를 작성한 행위를 허위공문서작성죄로 처벌할 수는 없다(대판, 2000. 6. 27, 2000도1858).

다) 수사·공판기록과 허위진술　　검찰·법원의 서기가 진술자의 허위진술임을 알면서 수사기록·공판기록에 그대로 기재한 것은 진술 그대로 기재한 적

---

188) 정영석, 174면; 손해목, 주석(상), 397면; 오도기(7인 공저), 534면.

189) 유기천(하), 166면; 이형국, 620면; 이재상, 594면; 김일수/서보학, 765면; 진계호, 601면; 배종대, 710면; 백형구, 532면; 임웅, 679면; 이정원, 626면; 오영근, 754면; 김성돈, 608면.

190) 서일교, 262면; 정성근, 742면; 牧野(上), 221면 이하; 大塚, 注釋刑法(4), 132면.

191) 대판, 1977. 12. 27, 77도2155.

법한 조사서 작성이므로 이 죄에 해당하지 않는다. 그러나 사법경찰관이 진술자를 교사하여 진실을 은폐하는 허위진술의 청취서를 작성한 때에는 이 죄를 구성한다.[192]

라) 변 개 변개(變改)란 작성권한 있는 공무원이 진정하게 작성된 기존문서의 내용을 허위로 고치는 것(변경)을 말한다. 진정문서에 대한 변개이므로 허위공문서·부진정공문서 등 위조문서는 변개대상이 될 수 없다. 진정하게 작성된 기존문서의 내용을 변경한다는 점에서는 유형위조의 변조와 유사하지만 작성권한 있는 자의 변경이라는 점에서 변조와 구별된다. 즉, 유형위조의 변조에 상응한 개념을 무형위조에서는 변개라고 하고 있다. 가필, 정정(訂正), 수정 등 그 방법에는 제한이 없으나 적어도 문서내용이 허위로 고쳐져야 한다.

마) 기수시기 작성권한 있는 자가 허위내용을 기재한 때(작성의 경우), 그리고 기존의 진정문서의 내용을 허위로 변경한 때(변개의 경우)에 기수가 된다. 문서로서의 형식과 요건을 구비하고 있는 이상 명의인의 날인이 있음을 요하지 않으며,[193] 이로 인한 실해(實害)의 발생 유무도 묻지 않는다.[194] 그리고 하나의 공문서에 작성자가 2인 이상 있는 때에는 그 중 1인의 작성행위가 완료되면 공문서작성행위도 기수가 되며, 다른 사람의 서명·날인이 있을 필요는 없다.[195] 공문서에 허위기재는 하였으나 아직 작성명의인을 표시하지 못한 때에는 이 죄의 미수범이 된다.

(4) 주관적 구성요건요소

고의 외에 행사할 목적도 있어야 한다(목적범). 이 죄의 고의는 작성 또는 변개한 공문서의 내용이 허위라는 것과, 그 직무에 관한 것이라는 인식과 작성 또는 변개할 의사가 있어야 한다. 허위사실임을 인식한 이상 상사나 상급관청의 양해 또는 지시가 있었다고 해서 고의가 부정되는 것은 아니다.[196] 다만 단순한 잘못기재나 부주의로 기재를 누락한 경우,[197] 선례나 업무상의 관행에 따라 기재한 경우,[198] 잘못기재가 보통 있을 수 있는 사소한 차이에 불과한 경우[199]에

192) 정성근, 742면; 김일수/서보학, 766면; 정영일, 603면.
193) 대판, 1973. 9. 29, 73도1765.
194) 대판, 1995. 11. 10, 95도1395.
195) 대판, 1973. 6. 26, 73도733.
196) 대판, 1970. 6. 30, 70도1122; 대판, 1971. 11. 9, 71도177.
197) 대판, 1978. 4. 11, 77도3781; 대판, 1982. 12. 28, 82도1617.

는 허위작성의 고의가 있다고 할 수 없다.

(5) 간접정범의 성부

공문서를 작성할 권한 있는 공무원이 권한 없는 자를 이용하거나 작성권한 있는 다른 공무원을 이용하여 허위공문서를 작성하게 한 때에는 모두 이 죄의 간접정범이 성립한다는 데에 이견이 없다. 문제는 작성권한 없는 자가 작성권자를 이용한 경우에 이 죄의 간접정범이 될 수 있느냐에 있다.

1) 비공무원이 작성권자를 이용하는 경우　비신분자인 일반인은 간접정범 형식으로 이 죄를 범할 수 없다는데 학설은 일치한다. 이 죄는 진정신분범·의무범이므로 비신분자는 이 죄의 정범적격이 없을 뿐만 아니라, 형법은 공정증서원본 등 부실기재죄(제228조)에 대해서만 이 죄의 간접정범을 인정하면서 이 죄보다 경하게 처벌하고 있으므로 이와 별도로 간접정범의 성립을 인정할 수 없다고 해야 한다. 판례는 처음에 공무원에게 허위사실을 기재한 증명원을 제출하여 그 정을 모르는 공무원으로부터 증명을 받은 사안에서 이 죄의 간접정범을 인정하였으나,[200] 그 후 대법원 전원합의체 판결로[201] 태도를 변경한 이래 부정설의 태도를 일관하고 있다.[202]

한편 대법원은 공문서 기안담당공무원이 이 죄의 간정정범인 때 그와 공모한 사인에 대해서 간접정범의 공범(공동정범)이 성립한다고 하여 공동간접정범을 인정하였는데[203] 비신분자에 대한 처벌을 확대한 것이라 할 수 있다.

【판례】 … 공문서의 무형위조에 관하여서도 동법 제227조 이외에 특히 … 동법 제228조의 경우의 처벌규정을 만들고 더구나 위 제227조의 경우의 형벌보다 현저히 가볍게 벌하고 있음에 지나지 아니하는 점으로 보면 공무원이 아닌 자가 허위의 공문서 위조의 간접정범이 되는 때에는 동법 제228조의 경우 이외에는 이를 처벌하지 아니하는 취지로 해석함이 상당하다(대법원, 1961. 12. 14, 4292형상645 전원합의체 판결).

2) 공문서작성보조자가 작성권자를 이용하는 경우　공문서의 기안을 담당하

198) 대판, 1982. 7. 27, 82도1026.
199) 대판, 1985. 5. 28, 85도327.
200) 대판, 1955. 2. 25, 4286형상39.
201) 대판(전원합의체), 1961. 12. 14, 4292형상645.
202) 대판, 1962. 1. 31, 4294형상595; 대판, 1970. 7. 28, 70도1044; 대판, 1976. 8. 24, 76도151.
203) 대판, 1992. 1. 17, 91도2837.

는 보조공무원이 허위공문서를 기안·작성하여 그 정을 모르는 상사의 결재를 받아 공문서를 완성한 경우에 이 죄의 간접정범의 성립을 긍정하는 견해와 부정하는 견해가 대립한다.

(a) **긍정설** 간접정범이 성립한다는 것이 통설[204]과 판례[205]의 입장이다. 다만, 그 논거에 대해서는, ① 이 죄는 공무원이라는 신분자의 권한남용을 방지하려는 데에 본질이 있는 신분범이고 자수범이지만, 이 죄의 신분은 공무원 일반의 신분이 아니라 그 직무에 관하여 문서를 작성할 수 있는 공무원 신분을 의미하므로 반드시 작성권한 있는 공무원에 국한할 필요가 없고 기안공무원에 의한 간접정범도 성립한다는 견해(특수신분·부진정자수범설),[206] ② 기안담당 보조자는 문서작성 명의인이 아니므로 직접정범은 될 수 없지만, 사실상 또는 실질적으로 공문서를 작성하고 있으므로 단순한 비공무원과 동일하게 취급할 수 없고 간접정범이 될 수 있다는 견해(사실상·실질적 작성설)[207]가 있다.

(b) **부정설** 간접정범의 성립을 부정하는 견해로, 그 논거는 다음과 같다. ① 이 죄는 공무원의 직권남용 때문에 처벌하는 것이 아니라 공문서의 진정에 대한 공공의 신용을 보호하기 위하여 처벌하는 데에 본질이 있으며, ② 이 죄의 주체는 작성권한 있는 공무원으로 엄격히 제한하는 진정신분범이므로 비신분자가 신분자를 이용하는 진정신분범의 간접정범은 있을 수 없으며,[208] ③ 이 죄는 의무범에 속하는 행위자관련 신분범이므로 작성권한 있는 공무원 이외의 모든 사람은 간접정범이 성립할 수 없고[209] 이로 인하여 생기는 처벌의 흠결은 입법에 의하여 보완하거나,[210] 기안담당 공무원을 위계에 의한 공무집행방해죄나[211] 직무유기죄 또는 이 죄의 교사범 또는 종범으로 처벌해야 한다고[212] 한다.

(c) **결 어** 이 죄의 공무원을 작성권한 있는 명의인(또는 행위자관련신분범)으

204) 유기천(하), 157면; 황산덕, 143면; 서일교, 263면; 정성근, 745면; 손해목, 주석(상), 397면; 오도기(7인 공저), 535면; 진계호, 604면; 배종대, 712면; 백형구, 533면; 손동권, 642면.
205) 대판, 1963. 6. 20, 63도138; 대판, 1977. 12. 13, 74도1900; 대판, 1981. 7. 28, 81도898; 대판, 1986. 8. 19, 85도2728; 대판, 1990. 2. 27, 89도1816; 대판, 1992. 1. 17, 91도2837.
206) 유기천(하), 156면 이하.
207) 황산덕, 143면; 정성근, 745면; 진계호, 604면; 배종대, 713면; 백형구, 523면.
208) 이형국, 621면; 이재상, 597면; 박상기, 542면; 임웅, 683면.
209) 김일수/서보학, 769면.
210) 이재상, 597면.
211) 임웅, 683면; 오영근, 758면; 김성돈, 611면.
212) 김일수/서보학, 769면.

로 엄격하게 한정하거나 자수범이라 한다면 작성보조자는 이 죄를 범할 수 없고, 비신분자의 간접정범도 부정해야 한다. 그러나 ① 신분범과 자수범은 구별해야 하며, 이 죄는 자수성이 요구되는 자수범이 아니며, ② 진정신분범을 행위자관련이냐 결과관련[213]이냐에 따라 구별할 이유도 없다.

기안담당 공무원은 공문서의 명의인은 아니지만 사실상 또는 실질적으로 공문서를 작성하는 직무담당자이므로 이를 비공무원과 동일하게 취급할 수 없다. 즉, 문서의 기안·작성은 보조자가 하고 여기에 상사가 서명·날인함으로써 완전한 공문서로서의 효력이 생기며, 작성권한도 반드시 법규에 근거할 필요가 없고 업무관례에 따라 직무집행의 권한으로 작성되면 족하다. 따라서 이 죄의 '공무원'을 반드시 작성권한 있는 명의인이라고 좁게 해석해야 할 필요는 없다. 다만, 무형위조가 성립하기 위해서는 문서의 작성자가 동시에 명의인이라야 하므로 작성보조자는 이 죄의 직접정범은 될 수 없고 그 정을 모르는 상사를 이용한 간접정범이 성립한다고 해야 한다.[214] 긍정설이 타당하다고 본다.

(d) 판례의 태도 대법원은 기안담당 공무원의 간접정범을 일관하여 인정하고 있다.[215] 다만 아래 ②의 판례는 상사의 판단에 필요한 소명자료 제출없이 기안담당 공무원이 적극적으로 상사의 착오를 일으켜 결재받은 것이고, 상사의 결재는 허위공문서 작성에도 해당하지 아니하므로 기안담당자에 대해 위계에 의한 공무집행방해죄(제137조)를 인정한 것이고 기안담당자의 간접정범을 부정한 것은 아니다.

【판례】 ① 공문서의 작성권한이 있는 공무원의 직무를 보좌하는 자가 그 직위를 이용하여 행사할 목적으로 허위의 내용이 기재된 문서 초안을 그 정을 모르는 상사에게 제출하여 결재하도록 하는 등의 방법으로 작성권한이 있는 공무원으로 하여금 허위의 공문서를 작성하게 한 경우에는 간접정범이 성립되고 이와 공모한 자 역시 그 간접정범의 공범으로서의 죄책을 면할 수 없는 것이고, 여기서 말하는 공범은 반드시 공무원의 신분이 있는 자로 한정되는 것은 아니라고 할 것이다(대판, 1992. 1. 17, 91도2837).

② 출원에 대한 심사업무를 담당하는 공무원이 출원인의 출원사유가 허위라는 사실을 알면서도 결재권자로 하여금 오인, 착각, 부지를 일으키게 하고 그

213) 행위자관련신분범과 결과관련신분범의 구별은 제33조 본문에 의한 비신분자의 공동정범성립범위를 제한하기 위한 해석에 지나지 않는다고 본다.

214) 이와는 달리 직무상 보조자라도 상사의 지시에 의하지 않고 함부로 상사의 명의를 사용하여 문서를 작성하였다면 이 죄의 간접정범이 아니라 공문서위조죄를 구성한다.

215) 대판, 1996. 10. 11, 95도1706; 대판, 1990. 2. 27, 89도1816; 대판, 1963. 6. 20, 63도138 등.

오인, 착각, 부지를 이용하여 인·허가처분에 대한 결재를 받아낸 경우에는 출원자가 허위의 출원사유나 허위의 소명자료를 제출한 경우와는 달리 더 이상 출원에 대한 적정한 심사업무를 기대할 수 없게 되었다고 할 것이어서 그와 같은 행위는 위계로써 결재권자의 직무집행을 방해한 것에 해당하므로 위계에 의한 공무집행방해죄가 성립한다(대판, 1997. 2. 28, 96도2825).

(6) 타죄와의 관계

공무원인 의사가 허위진단서를 발행한 때에는 이 죄와 허위진단서작성죄의 상상적 경합이 된다(통설).[216] 또 허위공문서를 작성하는 행위가 동시에 직무유기에 해당하는 때에는 법조경합에 의하여 직무유기죄는 이 죄에 흡수되어 별도로 성립하지 않는다.[217] 이에 대해서 기존의 직무위배의 위법상태를 은폐하기 위한 것이 아니라 그와 관련된 다른 권리를 노려 허위공문서를 작성한 때에는 이 죄와 직무유기죄의 경합범이 된다.[218]

3. 공정증서원본 등 부실기재죄

【구성요건·법정형】 ① 공무원에 대하여 허위신고를 하여 공정증서원본 또는 이와 동일한 전자기록 등 특수매체기록에 부실의 사실을 기재 또는 기록하게 한 자는 5년 이하의 징역 또는 1천만원 이하의 벌금에 처한다(제228조 1항).
② 공무원에 대하여 허위신고를 하여 면허증, 허가증, 등록증 또는 여권에 부실의 사실을 기재하게 한 자는 3년 이하의 징역 또는 700만원 이하의 벌금에 처한다(제228조 2항). 미수범은 처벌한다(제235조).

(1) 의의·성격

공무원에 대하여 허위신고를 하여 공정증서원본이나 이와 동일한 전자기록 등 특수매체기록 또는 이에 준하는 공문서인 면허증·허가증·등록증·여권 등에 부실의 사실을 기재 또는 기록하게 함으로써 성립하는 범죄이다.

이 죄의 성격에 대해서, ① 공무원을 이용한 간접적인 허위공문서작성죄(간접적 무형위조)라는 견해도[219] 있으나, ② 허위공문서작성죄의 간접정범 중 특수한

216) 대판, 1955. 7. 15, 4288형상74. 다만 대판, 2004. 4. 9, 2003도7762는 이 죄만 성립한다고 하며, 김일수/서보학, 770면은 의사진단서는 사문서이므로 허위진단서작성죄만 성립한다고 본다.
217) 대판, 1971. 8. 31, 71도1176; 대판, 1982. 12. 28, 82도2210.
218) 대판, 1993. 12. 24, 92도3334.
219) 서일교, 263면; 황산덕, 144면; 이건호, 191면; 이형국, 622면; 손해목, 주석(상), 398면; 진계호, 605면; 배종대, 715면.

경우를 독립범죄로서 규정한 것이라는 견해[220]가 타당하다(두 견해의 본질상 차이는 없다). 허위공문서작성죄는 작성권한 있는 공무원만을 주체로 하는 진정신분범이므로 이러한 신분이 없는 자를 간접정범으로 처벌할 수 없다. 한편 비공무원이라도 간접정범 형태로 공무원을 이용하여 특수한 신빙력을 가진 공정증서원본과 같은 중요한 공문서에 부실의 사실을 기재하게 한 행위까지 불문에 붙일 수도 없으므로 그 처벌의 필요성 때문에 특별규정을 두어 처벌하기로 한 것이고, 단지 처벌에서만 허위공문서작성죄(제227조)보다 법정형을 경하게 한 것이라 해야 한다(특수한 간접적 무형위조). 이 죄는 신분범도 목적범도 아니라는 점만 제외하면 허위공문서작성죄와 성격이 같다. 그리고 공정증서원본의 특수성에 비추어 부실기재가 행하여진 경우에도 이를 몰수할 수는 없다고 본다.

(2) 보호법익

보호법익은 공정증서원본, 이와 동일한 특수매체기록 · 면허증 · 허가증 · 등록증 · 여권 등의 내용의 진실성에 대한 공공의 신용이며, 추상적 위범범으로서의 보호이다.

(3) 객관적 구성요건요소

1) 주 체 　주체는 제한이 없다. 따라서 공무원도 주체가 될 수 있다. 그러나 그 신청을 받은 작성권한 있는 공무원은 이 죄의 주체가 될 수 없다(정을 알면서 부실기재한 공무원은 허위공문서작성죄의 주체이고 허위신고자는 그 교사범이 된다).

2) 객 체 　객체는 공정증서원본 · 이와 동일시되는 전자기록 등 특수매체기록 · 면허증 · 허가증 · 등록증 또는 여권이다.

(a) 공정증서원본

aa) 공정증서의 개념 　"공정증서"의 개념에 대해서는 ① 공무원이 직무상 작성하는 문서로서 권리 · 의무에 관한 사실을 증명하는 공문서라는 통설과,[221] ② 반드시 권리 · 의무에 관한 사실일 필요가 없고 어떤 사실을 증명하는 효력을 가진 공문서이면 족하다는 소수설이[222] 대립한다.

---

220) 유기천(하), 158면; 정영석, 167면; 정성근, 749면; 이재상, 598면; 임웅, 685면; 정영일, 604면; 김성돈, 613면.

221) 서일교, 246면; 황산덕, 145면; 정영석, 176면; 정성근, 750면; 이형국, 623면; 이재상, 599면; 진계호, 606면; 박상기, 543면; 배종대, 715면; 임웅, 686면; 백형구, 535면; 이정원, 634면; 오영근, 744면; 김성천/김형준, 814면; 정영일, 605면; 손동권, 647면; 김성돈, 613면.

그러나 이 죄는 원래 처벌할 수 없는 간접정범 형태의 허위공문서작성 중에서 특히 처벌할 필요가 있는 행위에 한하여 특별규정을 두어 처벌하려는 것이다. 이 죄의 객체도 모든 공문서가 아니라 특히 중요한 증명력을 가진 공문서에 한정하고 있고, 제1항은 제2항보다 중하게 처벌함에 비추어 공정증서도 권리·의무에 관한 사항을 증명하는 공문서로 제한하여 해석하는 것이 타당하다. 판례도 같은 태도이다.[223]

bb) 권리·의무관계의 증명 "권리·의무"는 공법상·사법상의 것을 묻지 않으며, 사법상의 권리 의무는 재산상의 권리·의무 외에 신분상의 그것도 포함한다. 예컨대 화해조서, 가족관계등록부, 부동산등기부, 선박등기부, 상업등기부 등이 공정증서원본에 해당한다. 그러나 권리·의무관계를 증명하는 것이 아니라 단순히 사실증명을 목적으로 작성된 주민등록부[224]·인감대장[225]·토지대장[226]·가옥대장·임야대장[227]·선박원부·선거인 명부 등의 원본은 이 죄의 공정증서원본에 속하지 아니한다.[228] 또 도민증[229]·시민증[230]·주민등록증 등도 공정증서원본은 아니다. 그리고 간이절차에 의한 민사분쟁사건처리 특례법에 의하여 합동법률사무소 명의로 작성된 공정증서는 공정증서원본에 해당하지만,[231] 공증인법상의 공증인이 인증한 사서증서(私書證書)는 단순히 사실을 증명하는 증서에 불과하므로 공정증서원본이 아니다.[232]

【판례】 공증인법에 따르면 공정증서가 증명하는 사항은 단순히 채권양도의 법률행위가 진정으로 이루어졌다는 것일 뿐 양도되는 채권이 진정하게 존재한다는 사실까지 증명하는 것이 아니므로 채권 양도인·양수인의 허위신청 내용을 기재하여도 이 죄가 성립하지 않는다(대판, 2004 1. 27, 2001도5414).

---

222) 유기천(하), 162면; 오도기(7인 공저), 536면.

223) 대판, 1970. 12. 29, 69도2059; 대판, 1971. 1. 29, 69도2238; 대판, 1988. 5. 24, 87도2696.

224) 대판, 1968. 11. 19, 68도1231; 대판, 1969. 3. 25, 69도163.

225) 대판, 1969. 3. 25, 69도163.

226) 대판, 1988. 5. 24, 87도2696.

227) 대판, 1971. 4. 20, 71도359.

228) 다만 이 죄의 객체를 사실증명에 관한 공정증서이면 족하다는 입장에서는 이러한 문서도 공정증서원본으로 된다.

229) 대판, 1962. 1. 31, 4294형상595: 도민증은 공정증서원본이나 면허장, 감찰 또는 여권의 어느 것에도 해당하지 않는다.

230) 대판, 1962. 1. 11, 4294형상193.

231) 대판(전원합의체), 1977. 8. 23, 74도2715.

232) 대판, 1975. 9. 9, 75도331; 대판, 1984. 10. 23, 84도1217; 대판, 2004. 1. 27, 2001도5414.

cc) 공정증서의 원본　공정증서는 원본만이 이 죄의 객체가 된다. 여기의 "원본"이란 공정증서 자체를 말한다. 따라서 공정증서의 정본,233) 등본·사본·초본·전자복사 한 복사본은 이 죄의 객체가 될 수 없다. 공정증서원본은 허위신고에 의하여 부실사실을 그대로 기재할 수 있는 성질의 증서라야 한다. 따라서 신고내용의 채택 여부가 재량에 속하는 수사기관의 각종 진술조서·감정인의 감정서·소송상의 각종 조서 등은 이 죄의 객체가 될 수 없다. 법원의 판결원본과 지급명령원본은 공정증서이지만 증명을 직접목적으로 하지 않고 주로 처분문서의 성격을 가지므로 이 죄의 객체에 속하지 않는다.234)

(b) 공정증서원본과 동일한 전자기록 등 특수매체기록　전자적 기록 또는 광기술을 이용한 특수매체기록으로서 공정증서원본과 동일한 효력과 기능을 가진 것을 말한다. 예컨대 공무소에서 보관하는 것으로서 전산화한 부동산등기파일, 자동차등록 파일, 가족관계등록부(호적) 파일, 국세청의 세무자료 파일, 특허원부 등이 이에 해당한다.

(c) 면허증　"면허증"이란 특정된 기능을 가진 특정인에게 그 기능을 수행할 수 있는 권리를 부여하기 위하여 공무소 또는 공무원이 작성하여 교부하는 증명서를 말한다. 예컨대, 의사면허증·약사면허증·침사자격증235)·수렵면허증·자동차운전면허증 등이 여기에 해당된다. 그러나 단순히 일정한 자격이 있음을 표시함에 불과한 시험합격증·교사자격증은 면허증에 포함되지 아니한다.

(d) 허가증　특정인에게 일정한 영업이나 사업을 허가하였다는 사실을 증명하는 공문서로 공무소가 작성하여 교부하고 이를 교부받은 자가 비치하거나 휴대해야 하는 것을 말한다. 고물상이나 요식업 또는 주류판매의 영업허가증, 자동차·선박 등의 영업허가증이 여기에 해당한다.

(e) 등록증　"등록증"이란 일정한 자격을 취득한 자에게 그 활동에 상응하는 권능을 부여하기 위하여 공무원 또는 공무소가 작성하는 증서를 말한다. 예컨대 변호사·변리사·공인회계사·법무사·공인중개사·전문의·세무사·감정평가사·통관사 등의 등록증이 여기에 해당한다.

---

233) 대판, 2002. 3. 26, 2001도6503: 부실의 사실이 기재된 공정증서의 정본을 정을 모르는 법원직원에게 교부한 행위는 부실기재공정증서원본행사죄에 해당하지 아니한다.

234) 이형국, 623~624면; 김일수/서보학, 772면; 진계호, 607면; 배종대, 716면; 임웅, 686면; 오영근, 760면; 정영일, 605면; 김성돈, 614면.

235) 대판, 1976. 7. 27, 76도1709.

(f) 여 권 공무소가 여행자를 위하여 발행하는 여행허가장을 말한다. 예컨대, 외국여행자를 위하여 작성 교부하는 여권이나 가석방된 자에 대한 여행허가증이다. 여권법에는 이 법에 위반한 자를 처벌하고 있으므로 허위사실을 기재한 여권신청서를 제출하여 여권을 발급받은 때에는 이 죄와 여권법위반죄의 상상적 경합이 된다.[236]

3) 행 위 공무원에 대하여 허위신고를 하여 부실의 사실을 기재하게 하는 것이다. 이 죄는 허위공문서작성죄의 간접정범에 해당하므로 허위신고는 신고자의 이용행위, 부실기재는 피이용자(공무원)의 실행행위에 해당한다.

(a) 공무원 여기의 공무원은 공정증서의 원본 등에 신고사항을 기재 또는 특수매체기록할 수 있는 권한을 가진 공무원을 말한다. ① 신고를 접수하는 민원창구의 접수계원에게 허위신고서를 접수시킨 때에도 공무원에 신고한 것이 된다. ② 공무원은 기재사실이 부실임을 알지 못해야 한다. 만일 공무원이 그 정을 알면서 부실의 사실을 기재한 때에는 허위공문서작성죄가 성립하고 허위신고자는 그 공범으로 처벌된다(제33조 본문). ③ 우연히 허위신고임을 알고 부실의 기재를 한 때에도 그 신고에 대해 실질적 심사권 또는 형식적 심사권이 있느냐와 관계없이 허위공문서작성죄가 성립한다.[237]

(b) 허위신고 허위신고는 일정한 사실의 존부에 대해서 진실에 반하는 신고를 말한다. 신고내용이 허위인 경우뿐만 아니라 신고인의 자격을 사칭하는 경우도 포함한다.

> 【허위신고의 예】 등기명의인이 아닌 자가 명의인의 자격을 모용하여 명의이전등기를 신청한 경우, 타인의 대리인이라고 사칭하여 공무원에게 일정한 기재사항을 신청한 경우, 사자명의로 소유권보존등기를 신청한 경우,[238] 주금(株金)을 가장납입하고 마치 주식인수인이 납입을 완료한 것처럼 신고한 경우,[239] 소유권이전의 의사 없이 매도한 것처럼 등기신청을 한 경우,[240] 타인의 부동산을 자기 또는 제3자의 소유라고 허위신고 한 경우,[241] 허위내용의 주식납입금 보관증서를 첨부하여 주식발행총수에 관한 변경등기를 신청한 경우,[242] 해외이주의 목적으로 위장결혼의 혼인신고를 한 경우[243]는 모두 허위

---

236) 대판, 1970. 7. 28, 70도837; 대판, 1974. 4. 9, 73도2334.
237) 이형국, 625면; 김일수/서보학, 774면; 임웅, 689면; 김성돈, 615면.
238) 대판, 1969. 1. 28, 68도1596.
239) 대판, 1987. 11. 10, 87도2072; 대판, 1986. 8. 19, 85도2158; 대판, 1986. 9. 9, 85도2297.
240) 대판, 1966. 10. 19, 4293형상685.
241) 대판, 1997. 7. 25, 97도605.

신고에 해당한다.

신고의 방법에는 제한이 없다. 행위자가 직접 또는 대리인을 통하여 하든지, 구두나 서면, 자기명의 또는 타인명의의 신고이든 불문한다. 반드시 신고 또는 기재사항이 불법한 것일 필요도 없다. 법원을 기망하여 확정판결을 받고 이에 기하여 등기신청을 하는 경우,[244] 화해조서의 내용이 허위임을 알면서 등기신청 하는 경우에도[245] 허위신고에 해당한다.

(c) 부실사실의 기재·기록 "부실의 사실을 기재 또는 기록"하게 한다고 함은 중요한 점에서 객관적 진실에 반하는 사실을 기재 또는 기록하게 하는 것을 말한다. 공정증서원본 등에 기재된 사항이 부존재하거나 외관상 존재한다고 하더라도 무효에 해당하는 하자가 있는 경우가 대표적 예이다.[246] 그러나 기재절차에 하자가 있다 하여도 기재 또는 기록 내용의 중요부분이 당사자의 의사나[247] 실체권리관계와 부합하는 때에는[248] 부실기재·기록이 아니며, 기재·기록된 사실이 진실과 합치되는 것이면 그 기재에 이르기까지 허위가 있었다 해도[249] 부실기재·기록이라 할 수 없다.

> 예컨대, 사망자 상대의 승소판결을 받고 소유권이전등기하여도 실체권리관계가 부합하거나[250] 해외이주의 목적으로 일시 이혼하기로 하고 이혼신고를 하여 기재된 때에도 일시적으로 법률상의 부부관계를 해소하려는 의사의 합치가 있으므로 이 죄가 성립하지 않는다.[251] 또 기망에 의한 이혼의사표시로 이혼신고된 경우도[252] 같다. 그러나 해외이주목적의 가장결혼으로 혼인신고한 경우는 실질적 혼인합의가 없으므로 부실기재가 된다.[253] 통모허위표시에 의하여 가등기한 경우도 이 죄가 성립하지 않는다.[254]

242) 대판, 1982. 2. 23, 80도2303.
243) 대판, 1985. 9. 10, 85도1481; 대판, 1996. 11. 22, 96도2049.
244) 대판, 1965. 12. 21, 65도938; 대판, 1983. 4. 26, 83도188.
245) 대판, 1981. 2. 24, 80도1584.
246) 대판, 2007. 5. 31, 2006도8488; 대판, 2006. 3. 10, 2005도9402.
247) 대판, 1972. 3. 28, 71도2417(가장매매). 같은 취지: 대판, 1971. 3. 9, 68도234; 대판, 1972. 10. 31, 72도1971.
248) 대판, 2000. 3. 24, 98도105(부동산 소유권 이전등기와 실체권리관계 부합); 대판, 1976. 1. 13, 74도1959; 대판, 1987. 3. 10, 86도364; 대판, 1982. 1. 12, 81도1702; 대판, 1995. 11. 7, 95도898.
249) 대판, 1980. 12. 9, 80도1323; 대판, 1985. 5. 14, 85도488.
250) 대판, 1982. 1. 12, 81도1702.
251) 대판, 1976. 9. 14, 76도1074.
252) 대판, 1997. 1. 24, 95도448.
253) 대판, 1996. 11. 22, 96도2049.
254) 대판, 1968. 4. 2, 67도1408; 대판, 1967. 12. 29, 67도1166; 대판 1970. 5. 12, 70도643; 대판,

【부실의 기재를 긍정한 판례】 ① 부동산 매수인이 매도인과 사이에 부동산의 소유권이전에 관한 물권적 합의가 없는 상태에서, 소유권이전등기신청에 관한 대리권이 없이 단지 소유권이전등기에 필요한 서류를 보관하고 있을 뿐인 법무사를 기망하여 매수인 명의의 소유권이전등기를 신청하게 한 경우(대판, 2006. 3. 10, 2005도9402), ② 당초부터 진실한 주금납입으로 회사의 자금을 확보할 의사 없이 형식상 또는 일시적으로 주금을 납입하고 이 돈을 은행에 예치하여 납입의 외형을 갖추고 주금납입증명서를 교부받아 설립등기나 증자등기의 절차를 마친 다음 바로 그 납입한 돈을 인출한 경우(대판, 2004. 6. 17, 2003도7645), ③ 타인의 부동산을 자기 또는 제3자의 소유라고 허위의 사실을 신고하여 소유권이전등기를 경료한 후 그 부동산에 관하여 자기 또는 당해 제3자 명의로 채권자와의 사이에 근저당권설정등기를 경료한 경우(대판, 1997. 7. 25, 97도605), ④ 부부관계를 설정할 의사 없이 중국 내 조선족 여자들의 국내 취업을 위한 입국을 목적으로 형식상 혼인신고를 한 경우(대판, 1996. 11. 22, 96도2049),[255] ⑤ 공동대표이사로 법인등기하기로 그 절차를 위임받아 단독대표이사로 법인등기한 경우(대판, 1994. 7. 29, 93도1091) 등에 대해서는 부실기재를 긍정하였다.

【부실의 기재를 부정한 판례】 ① 주식회사의 신주발행이 판결로써 무효로 확정되기 이전에 그 신주발행사실을 담당 공무원에게 신고하여 법인등기부에 기재하게 한 경우(대판, 2007. 5. 31, 2006도8488), ② 판결 재건축조합 임시총회의 소집절차나 결의방법이 법령·정관에 위반되어 임원개선결의가 사법상 무효라고 하여도 실제로 총회에서 임원개선결의가 있었고 이에 따라 임원변경등기를 마친 경우(대판, 2004. 10. 15, 2004도3584), ③ 양도인이 허위의 채권에 관하여 그 정을 모르는 양수인과 실제로 채권양도의 법률행위를 하고 공증인에게 그러한 채권양도의 법률행위에 관한 공정증서를 작성하게 한 경우(대판, 2004. 1. 27, 2001도5414), ④ 소유권이전등기나 보존등기에 절차상 하자가 있거나 등기원인이 실제와 다르다 하더라도 그 등기가 실체적 권리관계에 부합하는 유효한 등기인 경우(대판, 2000. 3. 24, 98도105),[256] ⑤ 1인 주주회사에 있어서 1인주주가 상법 소정의 형식적 절차를 거치지 않고 특정인을 이사의 지위에서 해임하였다는 내용을 법인등기부에 기재케 한 경우(대판, 1996. 6. 11, 95도2817), ⑥ 당사자간의 합의에 의하여 가장매매계약을 원인으로 가등기를 한 경우(대판, 1991. 9. 24, 91도1164; 대판, 1970. 5. 12, 70도643), ⑦ 기타 해외이주의 목적으로 일시 이혼하기로 하고 이혼신고를 한 경우(대판, 1976. 9. 14, 76도1074), 권리·의무와 관계없

1991. 9. 24, 91도1164.

255) 판례는 이와 같이 실질적 혼인합의가 없는 경우는 이 죄가 성립한다고 하였다. 그러나 해외이주의 목적으로 일시 이혼하기로 하고 이혼신고를 한 경우(대판, 1976. 9. 14, 76도1074)와 기망에 의한 이혼의사표시로 이혼신고를 하여 호적에 그 협의상 이혼사실이 기재된 경우(대판, 1997. 1. 24, 95도448)에는 일시적으로 법률상의 부부관계를 해소하려는 의사의 합치가 있다고 보아 이 죄가 성립하지 않는다고 하였다.

256) 같은 취지: 공동상속인 중의 1인이 다른 상속인들과의 합의 없이 법정상속분에 따른 공동상속등기를 마쳤다고 하더라도 그것이 실체적 권리관계에 부합되는 경우(대판, 1995. 11. 7. 95도898), 사망자 상대의 승소판결을 받고 소유권이전등기하여도 실체권리관계가 부합하는 경우(대판, 1982. 1. 12, 81도1702).

는 예고등기를 말소한 경우(대판, 1972. 10. 31, 72도1966), 명의신탁에 의한 등기원인을 매매라고 기재하는 경우(대판, 1967. 7. 11, 65도592) 등에 대해서는 부실기재를 부정하였다.

중간생략등기가 이 죄에 해당하느냐에 대해서 긍정설과[257] 부정설이[258] 대립한다. 중간생략등기는 부동산등기특별조치법에 의해 금지(동법 제2조 제2항, 3항, 벌칙 제8조 제1호)되고 있으나 사회관례상 성행하고 있을 뿐만 아니라 민사상으로 등기 자체는 유효하다고 인정되고 있으며, 등기부의 기재내용은 당사자의 의사 및 실체법률관계와 합치되므로 특별법 위반죄의 성립은 별론으로 하고 이 죄의 성립은 부정해야 한다(다수설). 판례도 같은 태도이다.[259]

(d) 인과관계 공무원에 대한 허위신고와 부실사실의 기재・기록 사이에는 인과관계가 있어야 한다. 공무원이 부실기재에 대한 주의의무 위반이 있으면 인과관계와 객관적 귀속을 인정할 수 있다. 따라서 허위신고에 의하지 않고 법원의 촉탁으로 부실의 등기가 이루어진 때에는 이 죄가 성립할 수 없다.[260]

(e) 실행의 착수・기수시기 착수시기는 공무원에게 허위신고를 한 때이며, 공무원이 허위신고에 의하여 공정증서원본 등에 부실의 기재・기록을 한 때에 기수가 된다. 허위신고를 하였으나 기재・기록되지 아니한 때에는 이 죄의 미수범이 된다. 부실의 기재・기록이 있으면 기수가 되고, 그 후 이해관계인의 추인이 있거나 기록내용이 객관적 권리관계와 일치하게 되어도 이 죄는 성립한다.[261]

(4) 주관적 구성요건요소

고의가 있어야 한다. 고의는 신고사실이 허위임을 인식하고 이를 신고하여 부실의 기재를 하게 한다는 인식・의사가 있어야 한다. 객관적으로 부실의 기재기록이 있는 때에도 이에 대한 인식이 없으면 성립은 부정된다. 고의로써 족하고 행사할 목적은 필요없다.

---

257) 황산덕, 146면; 박상기, 545면; 임웅, 692면; 오영근, 766면.
258) 유기천(하), 161면; 오도기(7인 공저), 536면; 정성근, 755면; 이형국, 626면; 이재상, 602면; 김일수/서보학, 777면; 진계호, 610면; 배종대, 720면; 김성천/김형준, 819면; 이정원, 638면; 정영일, 610면.
259) 대판, 1967. 9. 29, 67도1090; 대판, 1967. 11. 28, 66도1682; 대판, 1970. 5. 26, 69도826.
260) 대판, 1983. 12. 27, 83도2442; 대판, 1976. 5. 25, 74도568.
261) 대판, 1976. 1. 13, 74도1959; 대판, 1998. 4. 14, 98도16.

【판례】 ① 부친이 적법하게 취득한 토지로 알고 실체관계 부합을 위해 소유권보존등기를 경료한 경우(대판, 1996. 4. 26, 96도2468), ② 사망한 남편과 동명이인의 부동산을 상속을 원인으로 한 소유권이전등기를 경료한 경우(대판, 1995. 4. 28, 94도2679), ③ 임시주주총회를 개최하여 절차에 따라 임기만료 전의 대표이사의 해임을 결의하고 임기만료로 인한 퇴임으로 변경등기한 경우(대판, 1994. 11. 4, 93도1033)는 부실기재의 고의가 없다.

(5) 타죄와의 관계

등기부에 부실의 사실을 기재하게 하고 그 부실기재등기부를 등기소에 비치하게 하면 이 죄와 동 행사죄의 경합범이 된다. 법원을 기망하여 승소판결을 받고 그 확정판결에 의한 허위신고로 소유권이전등기를 경료한 때에도 사기죄와 이 죄 및 동 행사죄의 경합범이 된다.[262]

Ⅳ. 위조·변조 등 문서행사죄

1. 위조·변조·작성 등 사문서행사죄

【구성요건·법정형】 제231조 내지 제233조의 죄(사문서위조·변조죄, 자격모용에 의한 사문서작성죄, 사전자기록위작·변작죄, 허위진단서 등 작성죄)에 의하여 만들어진 문서, 도화 또는 전자기록 등 특수매체기록을 행사한 자는 그 각죄에 정한 형에 처한다(제234조). 미수범은 처벌한다(제235조).

(1) 의의·성격

사문서위조·변조죄에 의하여 위조 또는 변조되거나 자격모용에 의한 사문서작성죄로 작성된 사문서·사도화 또는 의사 등에 의하여 작성된 허위진단서·검안서 그리고 위작·변작된 특수매체기록 등을 행사함으로써 성립하는 범죄로서 문서행사죄의 기본적 구성요건이다. 추상적 위험범이며, 거동범의 성격을 가진 범죄이다.

(2) 객관적 구성요건요소

1) 주 체　주체는 제한이 없다. 반드시 사문서를 위조·변조·작성 또는 위작·변작한 범인이 행사함을 요하지 않는다. 위조·변조, 위작·변작 또는 작성

262) 대판, 1983. 4. 26, 83도188; 대판, 1996. 5. 31, 95도1967.

된 사문서임을 인식하면서 행사하면 범인이 아니라도 이 죄를 구성한다. 사문서를 위조・변조, 위작・변작 또는 작성한 범인이 행사한 때에는 위조・변조죄, 위작・변작죄 또는 작성죄와 이 죄의 경합범이 된다.

2) 객 체 위조・변조 또는 자격모용에 의하여 작성된 사문서・사도화와 허위로 작성된 허위진단서・검안서・생사에 관한 증명서 또는 위작・변작된 전자기록 등 특수매체기록이다. 행사할 목적 없이 위조・변조・작성・위작・변작된 사문서 또는 전자기록도 이 죄의 객체가 된다.(이들은 엄밀한 의미에서 행위객체라기보다 행위수단에 불과하다.)

3) 행 위 행위는 행사하는 것이다.

(a) 행사의 의의 문서의 행사란 위조・변조 또는 작성된 사문서 등을 진정문서 또는 내용이 진실한 기록인 것처럼 사용하는 것을 말한다.[263] 특수매체기록의 행사는 위작・변작된 기록을 진정한 기록으로 정보처리할 수 있는 상태에 두는 것이며, 입력, 출력, 수정할 수 있는 상태에 두면 행사가 된다. 그러므로 위조문서를 위조문서로, 허위문서를 허위문서로 사용하는 행위는 행사라 할 수 없다. 예컨대, 문서위조 여부를 증명하는 자료로 위조문서를 수사기관에 증거로 제출하는 때에는 행사가 아니다. 이러한 의미에서 행사는 문서 등의 기능적 이용이라 할 수 있다.

(b) 행사의 방법 행사의 방법은 제한이 없으며, 제시・교부・송부・비치・열람 등 상대방이 그 내용을 인식할 수 있는 상태에 두는 것이면 족하다. 따라서 상대방이 현실로 문서내용을 보았음을 요하지도 않으며, 행사의 결과 현실로 실해가 발생하거나 실해 발생의 위험이 있을 필요도 없으므로 문맹자・맹인에게 교부하거나 위조된 차량통행증을 승용차에 붙이고 주차장으로 들어가는 것도 행사가 된다. 뿐만 아니라 위조된 문서를 모사전송의 방법으로 제시하거나 컴퓨터에 연결된 스캐너(scanner)로 읽어들여 이미지화한 다음 이를 전송하여 컴퓨터 화면상에서 보게 하는 경우도 행사가 된다.[264]

반드시 문서 그 본래의 용법에 따라 사용할 필요가 없고 진정문서・진실문서

263) 대판, 1986. 2. 25, 85도2798.

264) 대판, 2008. 10. 23, 2008도5200: 휴대전화 신규 가입신청서를 위조한 후 이를 스캔한 이미지 파일을 제3자에게 이메일로 전송한 사안에서, 이미지 파일 자체를 문서에 관한 죄의 '문서'에 해당하지 않으나(대판, 2007. 11. 29, 2007도7480 참조), 이를 전송하여 컴퓨터 화면상으로 보게 한 행위는 위조사문서행사죄가 성립한다고 하였다.

로서의 효용을 갖게 할 목적으로 사용하면 족하다. 이 점은 위조통화의 행사가 그 제조된 본래의 목적으로 사용하는 것과 구별된다. 행사는 행위자 자신의 행위로서 할 수 있을 뿐만 아니라 타인의 행위를 이용하는 간접정범의 형태로도 가능하다. 예컨대, 정을 모르는 등기공무원의 직무상의 행위를 이용하여 부실기재한 등기부를 등기소에 비치하게 하는 경우도 행사가 된다.

(c) 행사의 상대방 행사의 상대방도 특별한 제한이 없다. 일반인에게 제시·교부하건 우연히 교통경찰에게 제시하건 상관없다. 다만, 행사의 상대방은 위조문서·허위문서의 정을 알지 못하는 자임을 요한다. 따라서 위조문서를 공범자에게 제시·교부하더라도 행사는 아니며,[265] 위조문서임을 밝혀서 제시한 때에도 행사라 할 수 없다.

(d) 원본의 사용 행사는 위조문서·허위문서의 원본을 직접 사용하는 것이 원칙이다. 판례도 같은 취지에서 위조사문서의 사본을 제시하는 것은 행사죄가 되지 않는다고 하였다.[266] 그러나 1995년의 형법개정으로 "전자복사한 문서의 사본"도 문서로 간주되므로(제237조의 2), 사진복사·전자복사한 사본을 사용하는 것은 행사가 된다.

종래의 대법원 판례는 기계적 방법에 의하여 복사된 사본은 원본과 같이 볼 수 없다는 이유로 행사가 아니라고 하여 왔으나,[267] 1995년의 형법개정 전에 이를 변경하여 매매계약서를 복사하여 소장에 첨부하여 교부하는 것은 행사에 해당한다고 하였다.[268]

(e) 기수시기 행사는 제시·교부·비치 등에 의하여 상대방이 그 내용을 인식할 수 있는 상태에 둠으로써 기수가 되며, 그 후 범인이 문서를 철회하였거나 열람할 수 없도록 하였더라도 행사죄의 성립에는 영향이 없다. 상대방이 문서의 내용을 현실로 인식하였거나 문서에 대한 신용이 침해되었음도 요하지 않는다. 그러나 위조된 운전면허증을 소지하고 자동차를 운전한 것만으로는 행사가 있다고 할 수 없다.[269] 또 위조문서를 우편발송하는 경우에는 도달된 때에

265) 대판, 1959. 12. 4, 4291형상105; 대판, 1986. 2. 25, 85도2798.
266) 대판, 1969. 11. 26, 69도85; 대판, 1981. 12. 22, 81도2715.
267) 대판, 1982. 5. 25, 82도715; 대판, 1983. 11. 8, 83도1948; 대판, 1984. 2. 14, 83도2812; 대판, 1985. 11. 26, 85도2138.
268) 대판, 1988. 4. 12, 87도2709; 대판(전원합의체 판결), 1989. 9. 12, 87도506; 대판, 1994. 9. 30, 94도1787.
269) 대판, 1956. 11. 2, 4289형상240.

기수가 된다. 비치에 의한 행사는 열람이 가능한 일정한 장소에 비치함과 동시에 기수가 되며, 반드시 공개장소에 비치할 필요는 없다.

(3) 주관적 구성요건요소

위조·변조·위작·변작·작성된 문서 또는 허위작성된 진단서 등에 대한 인식과 이를 행사한다는 점에 대한 고의가 있어야 한다. 행사하는 동기 여하는 묻지 않으며, 행사할 목적이 필요한 것도 아니다.

2. 위조·변조·작성 등 공문서행사죄

【구성요건·법정형】 제225조 내지 제228조(공문서위조·변조, 자격모용에 의한 공문서작성, 허위공문서작성, 공전자기록 위작·변작, 공정증서원본등 부실기재)의 죄에 의하여 만들어진 문서, 도화, 전자기록 등 특수매체기록, 공정증서원본, 면허증, 허가증, 등록증 또는 여권을 행사한 자는 그 각 죄에 정한 형에 처한다(제229조). 미수범은 처벌한다(제235조). 징역에 처할 경우에는 10년 이하의 자격정지를 병과할 수 있다(제237조).

위조·변조한 공문서, 공도화, 자격모용에 의하여 작성한 공문서, 허위로 작성한 공문서, 부실기재한 공정증서원본·면허증·허가증·등록증·여권, 위작·변작된 공전자기록 등을 행사함으로써 성립하는 범죄이다. 위조 등 사문서행사죄에 상응하는 것으로서 특별한 증명력을 가진 공문서라는 점에서 사문서행사죄에 대하여 불법이 가중된 구성요건이다.

주체에는 제한이 없으므로 공무원, 일반인 모두 주체가 될 수 있다. 객체는 위에 열거한 공문서, 공도화, 공정증서원본 등이며, 반드시 위법·유책한 행위에 의해서 만들어진 것임을 요하지 않고 구성요건에 해당하는 행위에 의하여 만들어진 것이면 족하다. 따라서 미수에 그친 행위나 불가벌의 과실불법행위에 의하여 만들어진 것이라도 무방하다. 기타의 구성요건요소에 대해서는 위조·변조·작성 등 사문서행사죄 참조.

V. 문서 부정행사죄

1. 사문서 부정행사죄

> 【구성요건 · 법정형】 권리 · 의무 또는 사실증명에 관한 타인의 문서 또는 도화를 부정행사한 자는 1년 이하의 징역이나 금고 또는 300만원 이하의 벌금에 처한다(제236조).

권리 · 의무 또는 사실증명에 관한 타인의 문서 또는 도화를 부정행사함으로써 성립하는 범죄이다. 문서부정행사죄의 기본적 구성요건이다.

주체는 제한이 없다. 객체는 권리 · 의무 또는 사실증명에 관한 타인의 진정문서 · 도화이다(이 점이 위조 · 변조 사문서행사죄와 다르다). "부정행사"란 진정하게 성립된 타인의 사문서 · 사도화를 사용할 권한 없는 자가 문서명의자로 가장하여 사용하는 것을 말한다. 사용할 권한 있는 자가 본래의 사용목적 이외의 다른 사실을 직접 증명하는데 사용하는 경우도 부정행사가 되느냐에 대해서 긍정설[270]과 부정설[271]이 대립하는데 판례[272]는 긍정설을 취한다. 타인의 학생증이나 신분증을 도서관 출입용에 사용하는 경우는 부정행사가 되지만 보관하고 있는 현금보관증이 자기 수중에 있다는 사실 자체를 증명하기 위한 증거로 법원에 제출하는 것은 부정행사에 해당하지 않는다.[273] 부정행사방법은 행위자 스스로 하건 제3자를 이용하여 하건 묻지 않는다. 이 죄의 미수는 처벌하지 않는다.(공문서 등 부정행사죄가 미수범을 처벌하는 것과 대조된다.)

> 【판례】 사용자에 관한 각종 정보가 전자기록되어 있는 자기띠가 카드번호와 카드발행자 등이 문자로 인쇄된 플라스틱 카드에 부착되어 있는 전화카드의 경우 그 자기띠 부분은 카드의 나머지 부분과 불가분적으로 결합되어 전체가 하나의 문서를 구성하므로, 전화카드를 공중전화기에 넣어 사용하는 경우 비록 전화기가 전화카드로부터 판독할 수 있는 부분은 자기띠 부분에 수록된 전자기록에 한정된다고 할지라도, 전화카드 전체가 하나의 문서로서 사용된 것으로 보아야 하고 그 자기띠 부분만 사용된 것으로 볼 수는 없으므로 절취한

---

270) 정성근, 761면; 진계호, 616면; 배종대, 722면; 백형구, 539면; 정영일, 615면.
271) 이형국, 630면; 김일수/서보학, 783면; 박상기, 549면; 임웅, 698면; 이정원, 642면; 오영근, 778면; 손동권, 671면; 김성돈, 623면.
272) 대판, 1978. 2. 14, 77도2645.
273) 대판, 1985. 5. 28, 84도2999.

전화카드를 공중전화기에 넣어 사용한 것은 권리의무에 관한 타인의 사문서를 부정행사한 경우에 해당한다(대판, 2002. 6. 25, 2002도461).

2. 공문서 부정행사죄

【구성요건 · 법정형】 공무원 또는 공무소의 문서 또는 도화를 부정행사한 자는 2년 이하의 징역이나 금고 또는 500만원 이하의 벌금에 처한다(제230조). 미수범은 처벌한다(제235조).

(1) 의 의

공무원 또는 공무소의 문서 또는 도화를 부정행사함으로써 성립하는 범죄이다. 사문서부정행사죄에 비하여 행위객체가 공문서라는 이유로 불법이 가중된 구성요건이다.

(2) 객관적 구성요건요소

1) 주 체 　주체는 제한이 없으므로 공무원 · 비공무원 모두 주체가 될 수 있다.

2) 객 체 　객체는 이미 진정하게 성립된 공문서 · 공도화이다. 위조 또는 변조된 공문서 · 공도화를 부정행사한 때에는 이 죄가 아니라 위조 · 변조공문서행사죄(제229조)에 해당한다.

자신의 사진과 지문이 찍힌 타인명의의 주민등록증을 발급받아 소지하다가 검문경찰관에게 제시한 경우, ① 공문서부정행사죄(제230조)가 성립한다는 견해,[274] ② 허위작성공문서행사죄(제229조)가 성립한다는 견해,[275] ③ 위조공문서행사죄(제229조)가 성립한다는 견해[276]가 대립한다. 판례는 공문서부정행사죄라 하고 있다.[277] 그러나 문제된 주민등록증은 작성공무원이 허위임을 모르고 작성하였으므로 제227조의 허위작성공문서라 할 수 없고, 주민등록증 자체는 공정증서나 제228조 2항의 등록증도 아니므로 제228조의 부실기재공정증서원본(또는 등록증)이라 할 수 없다. 또 공문서부정행사죄는 진정하게 성립된 공문서의 부정행사이므로 위조주민등록증은 이 죄에도 해당할 수 없다. 주민등록증을 공

---

274) 정성근, 762면; 이형국, 631면; 배종대, 724면; 임웅, 699면.
275) 진계호, 617면; 백형구, 533면.
276) 김일수/서보학, 784면; 이정원, 647면; 오영근, 774면; 박상기, 550면; 김성돈, 624면.
277) 대판, 1982. 9. 28, 82도1297.

문서라고 보는 한 위조공문서행사죄에 해당한다고 해야 한다.

3) 행 위 행위는 부정행사이다. 여기의 "부정행사"는 사용목적이 특정되어 있는 공문서를, ① 사용권한이 없는 자가 사용권한이 있는 것처럼 가장하여 부정한 목적으로 행사하는 경우와, ② 사용권한이 있는 자가 그 정당한 용법에 반하여 부정하게 행사하는 경우로 나누어 볼 수 있다.

(a) 사용권 없는 자의 행사 사용권한 없는 자가 용도에 따라 사용한 경우에 이 죄가 성립한다는 데에는 이견이 없다. 예컨대 타인의 여권이나 운전면허증,[278] 주민등록증을 출입국관리공무원이나 검문경찰관에게 자기 것인 양 제시하여 사용하는 경우이다.

(b) 사용권 있는 자의 용도외 사용 사용권한 있는 자의 용도외 사용이 이 죄에 해당하는가에 대하여는 긍정설[279]과 부정설[280]이 대립한다. 부정설에 의하면 긍정설은 사용권한 없는 자의 용도외 사용에 대해서 이 죄의 성립을 부정하면서 사용권 있는 자의 용도외 사용이 이 죄에 해당한다고 해석하는 것은 균형이 맞지 않는다는 것을 이유로 한다. 그러나 공문서는 사문서와는 달리 그 사용용도가 사회일반인에게 주지되어 있으므로 공문서의 용법에 대한 공공의 신용을 보호할 필요가 있고, 사용권한 있는 자가 공문서를 용도 이외의 용법으로 악용하는 행위를 처벌할 필요성이 있으므로 긍정설이 타당하다고 본다.

판례도 긍정한다.[281] 그리고 판례는 긍정설의 입장에서 주민등록표등본, 인감증명서나 등기필증과 같이 사용권한자가 "특정되어 있지 않고" 그 용도도 다양한 공문서를 문서 "본래의 취지에 따라 사용"하거나,[282] 화해조서경정결정신청기각결정문을 화해조서정본인 것처럼 등기서류로 제출하더라도[283] 이 죄에 해당하지 않는다고 한다.

(c) 사용권 없는 자의 용도외 사용 사용권한 없는 자의 용도외 사용이 이 죄에 해당하는가에 대하여도 긍정설[284]과 부정설[285]이 대립한다. 사용권한 있

278) 대판, 1998. 8. 21, 98도1701: 자동차를 임대하기 위해(렌트카) 타인의 운전면허증을 제시한 것은 단순히 신분확인용이라 할 수 없고 공문서부정행사에 해당한다.

279) 정영석, 170면; 정성근, 762면; 이재상, 598면; 진계호, 619면; 배종대, 723면; 백형구, 539면; 임웅, 700면.

280) 김일수/서보학, 786면; 박상기, 550면; 이정원, 644면; 손동권, 654면; 오영근, 775면; 이재상, 608면; 정영일, 616면; 김성돈, 625면.

281) 대판, 1999. 5. 14, 99도206; 대판, 1998. 8. 21, 98도1701; 대판, 1981. 12. 8, 81도1130.

282) 대판, 1983. 6. 28, 82도1985; 대판, 1981. 12. 8, 81도1130; 대판, 1999. 5. 14, 99도206.

283) 대판, 1984. 2. 28, 82도2851.

는 자의 용도외 사용이 이 죄가 된다면, 그 보다도 불법의 정도가 더 심한 사용권한 없는 자의 용도외 사용도 이 죄로 처벌하는 것이 타당하다고 해야 한다.[286)]

판례는 종래 "신분확인을 위해 주민등록증의 제시를 요구받고 타인의 운전면허증을 제시한 때에도 그 면허증의 사용 목적에 따른 행사가 아니므로 공문서부정사용죄가 되지 않는다"고 하여 부정설의 입장이었다.[287)] 그러나 최근 대법원은 태도를 변경하여 위와 같은 경우 이 죄를 인정하고 있다.[288)]

【판례】 ① 공문서부정행사죄는 사용권한자와 용도가 특정되어 작성된 공문서 또는 공도화를 사용권한 없는 자가 사용권한이 있는 것처럼 가장하여 부정한 목적으로 행사하거나 또는 권한 있는 자라도 정당한 용법에 반하여 부정하게 행사하는 경우에 성립되는 것인 바, 주민등록표등본은 … 그 사용권한자가 특정되어 있다고 할 수 없고, 또 용도도 다양하며, 반드시 본인이나 세대원만이 사용할 수 있는 것이 아니므로, 타인의 주민등록표등본을 그와 아무런 관련 없는 사람이 마치 자신의 것인 것처럼 행사하였다고 하더라도 공문서부정행사죄가 성립되지 아니한다(대판, 1999. 5. 14, 99도206).

② 운전면허증은 운전면허를 받은 사람이 운전면허시험에 합격하여 자동차의 운전이 허락된 사람임을 증명하는 공문서로서, 운전면허증에 표시된 사람이 운전면허시험에 합격한 사람이라는 '자격증명'과 이를 지니고 있으면서 내보이는 사람이 바로 그 사람이라는 '동일인 증명'의 기능을 동시에 가지고 있다. … 그럼에도 불구하고 운전면허증을 제시한 행위에 있어 동일인 증명의 측면은 도외시하고 그 사용목적이 자격증명으로만 한정되어 있다고 해석하는 것은 합리성이 없다. … 한편 … 현실적으로 운전면허증은 주민등록증과 대등한 신분증명서로 널리 사용되고 있다. 따라서 제3자로부터 신분확인을 위하여 신분증명서의 제시를 요구받고 다른 사람의 운전면허증을 제시한 행위는 그 사용목적에 따른 행사로서 공문서부정행사죄에 해당한다(대판, 2001. 4. 19, 2000도1985).[289)]

---

284) 박상기, 553면; 백형구, 538면; 임웅, 7016면; 진계호, 618면; 오영근, 776면.

285) 정성근, 762면; 이재상, 608면; 김일수/서보학, 786면; 정영일, 617면; 김성돈, 625면.

286) 임웅, 701면.

287) 대판, 2000. 2. 11, 99도1237; 대판, 1996. 10. 11, 96도1733; 대판, 1992. 11. 24, 91도3269; 대판, 1991. 7. 12, 91도1052; 대판, 1989. 3. 28, 88도1593.

288) 대판(전원합의체 다수의견), 2001. 4. 19, 2000도1985.

289) 이 판결의 소수의견은 "운전면허증의 부수적 기능에 불과한 '동일인 증명'의 기능을 본래의 사용목적에 포함된다고 본다면 그 부정행사로 인한 처벌범위가 확대될 것이고, 이는 죄형법정주의의 원칙에 따라 공문서부정행사죄의 행위객체와 행위태양을 제한적으로 해석함으로써 그 처벌범위를 합리적으로 제한하여 온 종전 판례들과 실질적으로 저촉된다"하여 공문서부정행사죄가 성립하지 않는다고 한다.

제 2 절 통화에 관한 죄

Ⅰ. 총 설

1. 의 의

통화에 관한 죄(Geldfälschung)란 행사할 목적으로 통화를 위조·변조하거나 위조·변조한 통화를 행사·수입·수출 또는 취득하거나 통화유사물을 제조하는 행위를 처벌하는 범죄를 말한다. 오늘날 모든 경제생활과 유통거래는 통화를 중심으로 영위되고 있다고 해도 좋다. 따라서 경제적 질서를 유지하고 유통거래의 안전을 확보하기 위해서는 통화에 대한 공공의 신용이 법적으로 보장되지 않으면 안된다. 형법에서 통화의 진정에 대한 공공의 신용을 위태롭게 하는 행위를 다른 위조·변조죄에 비하여 비교적 무겁게 처벌하는 이유도 여기에 있다. 그리고 통화발행권은 국가가 독점하고 있으므로 통화위조죄에 있어서는 오직 그 성립의 진정에 관한 위조·변조만이 가능하고 그 내용의 허위 여부는 문제될 수 없다.

공공의 신용에 관한 죄의 기본형태는 문서에 관한 죄이므로 통화에 관한 죄는 유가증권에 관한 죄와 함께 문서에 관한 죄의 특수한 경우에 해당한다. 따라서 통화에 관한 죄가 성립하는 경우에는 문서에 관한 죄는 별도로 성립하지 않는다(법조경합의 특별관계).

> 【연혁】 통화에 관한 죄는 1871년의 프로이센 일반란트법에 이르기까지 위조범죄의 일종으로 발전하여 왔으나, 그 이후 점차 지폐와 유가증권의 중요성이 인정되면서 유가증권위조죄와 함께 규정하는 입법형식을 취하게 되었다(현행 독일 형법 제146조 이하, 오스트리아 형법 제232조 이하). 그러나 유가증권위조죄를 통화에 관한 죄와 함께 취급하는 것은 양자의 기능이 다르다는 점에 비추어(통화는 지불수단임에 대해 유가증권은 지불의 증명수단이므로) 처벌의 범위가 확대된다는 비판이 있다.[290] 우리 형법은 일본형법가안(제294조 1항)의 영향을 받아 통화에 관한 죄와 유가증권위조죄를 각각 장을 달리하여 규정하고 있고, 내국통화와

---

290) Maurach/Schröder/Maiwald, BT 1, S. 169; Dreher/Tröndle, StGB, §146 Rdn. 1.

외국통화를 구별하여 전자를 중하게 처벌하고 있다.

2. 보호법익

이 죄의 보호법익에 대해서는 ① 통화에 대한 거래상(공공)의 신용과 안전이라는 사회적 법익으로 파악하는 견해(통설),[291] ② 국가의 통화발행권(통화고권)이라는 국가적 법익과 통화의 진정에 대한 공공의 신용이라는 사회적 법익을 포함하는 것으로 파악하는 견해,[292] ③ 국가의 통화발행권과 통화의 진정에 대한 공공의 신용뿐만 아니라 불특정인의 재산상태에 대한 위험도 보호한다는 견해[293] 등이 있다.

국가의 통화발행권도 보호법익으로 된다는 견해는 외국통화의 위조를 처벌하는 이유를 설명하기 곤란하다. 그리고 재산적 손해 발생의 위험은 통화에 대한 거래상의 신용력이 저해됨으로써 생기는 부수적 효과일 뿐이고, 통화에 관한 죄가 직접 개인의 재산권 그 자체를 보호하기 위한 범죄는 아니다. 따라서 이 죄의 보호법익은 어디까지나 통화에 대한 거래상(공공)의 신용과 안전이라 해야 한다. 보호받는 정도는 추상적 위험범으로서의 보호이다. 다만 위조통화의 취득죄는 결과범으로 본다.

3. 구성요건체계

형법은 통화를 위조·변조·행사하는 죄를 기본적 구성요건으로 하되, 내국통화·국내유통 외국통화·외국통용 외국통화로 구별하여(제207조 1항, 2항, 3항) 처벌에 차이를 두고 있다. 그리고 독립적 구성요건으로 위조통화취득죄(제208조), 위조통화취득후 지정행사죄(제210조) 및 통화유사물제조등죄(제211조)를 규정하고 있다. 제210조의 죄를 제외한 모든 죄의 미수범(제212조)과 제207조 1항 내지 3항의 죄의 예비·음모(제213조)도 처벌한다. 다만 실행에 착수하기 전에 자수한 때

291) 유기천(하), 201면; 정영석, 143면; 이건호, 154면; 오도기(7인 공저), 497면; 정성근, 765면; 이형국, 559~560면; 이재상, 544면; 진계호, 547면; 김일수/서보학, 678면; 박상기, 495면; 배종대, 667면; 백형구, 496면; 임웅, 612면; 김성천/김형준, 750면; 이정원, 562면; 오영근, 688면; 손동권, 593면; 정영일, 542면; 김성돈, 547~548면.

292) 서일교, 231면.

293) 황산덕, 122면.

에는 형을 감경 또는 면제한다(제213조 단서). 통화에 관한 죄에 있어서는 외국인의 국외범도 처벌되며(제5조), 형법의 장소적 적용범위에 있어서는 세계주의를 채택하고 있다는 견해[294]도 있으나 보호주의(제5조)라고 본다. 따라서 행위자의 국적이나 주소는 이 죄의 처벌에 영향이 없다. 한편 특정범죄가중처벌등에관한법률 제10조는 형법 제207조의 죄를 범한 자를 가중처벌하고 있다.

Ⅱ. 통화위조죄와 위조통화행사죄

1. 내국통화위조·변조죄

【구성요건·법정형】 행사할 목적으로 통용하는 대한민국의 화폐·지폐 또는 은행권을 위조 또는 변조한 자는 무기 또는 2년 이상의 징역에 처한다(제207조 1항). 이 죄를 범하여 유기징역에 처할 경우에는 10년 이하의 자격정지 또는 2천만원 이하의 벌금을 병과할 수 있다(제209조). 미수범은 처벌한다(제212조). 이 죄를 범할 목적으로 예비 또는 음모한 자는 5년 이하의 징역에 처한다. 단 그 목적한 죄의 실행에 이르기 전에 자수한 때에는 그 형을 감경 또는 면제한다(제213조).

(1) 의 의

행사할 목적으로 통용하는 대한민국의 화폐·지폐·은행권을 위조 또는 변조함으로써 성립하는 범죄이다. 목적범·추상적 위험범·거동범이다. 특가법(제10조)에 의해 가중처벌된다.

(2) 객관적 구성요건요소

1) 객 체 객체는 통용하는 대한민국의 화폐·지폐 또는 은행권이다. 이를 총칭하여 통화라 한다. 위조통화는 통용될 수 없으므로 엄밀히 말하면 행위객체라 할 수 없다.

가) 통 화 "통화"란 국가 또는 발행권한이 부여된 기관에 의해 발행된 것으로 금액이 표시된 지불수단으로서 강제통용력이 인정된 교환의 매개물을 말한다. 따라서 금액이 표시되지 않았거나 강제통용력이 인정되지 아니한 것은 통화가 아니다.

294) 김일수/서보학, 677면.

형법은 통화의 종류를 화폐·지폐·은행권으로 열거하고 있다. ① "화폐"(Metallgeld)란 금속화폐인 경화(硬貨)를 말한다. 제조한 재료에 따라 금화·은화·백동화·청동화·니켈화 등이 있으나, 우리나라에서 통용되는 화폐는 주화(동전)가 있을 뿐이다. 명목가치에 가까운 실가(實價)를 가진 것(兌換)이 보통이지만 반드시 그러한 것은 아니다. ② "지폐"(Papiergeld)란 정부 기타 발행권자에 의해 발행되고 그 신용에 의하여 화폐에 대용되도록 법으로 특정된 증권(법정화폐)을 말한다. ③ "은행권"(Banknoten)이란 정부의 인허를 받은 특정 은행이 발행하는 화폐대용의 증권을 말하며, 넓은 의미에서 지폐의 일종이다. 우리나라는 한국은행만이 은행권을 발행할 수 있다(한국은행법 제47조). 현재 대한민국의 통화에는 한국은행권과 주화밖에 없다.

통화는 "통용하는 화폐"를 의미하므로 화폐는 통화보다 넓은 개념이고, 지폐·은행권은 화폐의 예시에 불과하다는 견해도[295] 있으나 근거 없는 주장이다. 통화는 강제통용력이 인정된 교환의 매개물을 말하며, 화폐는 통화의 일종일 뿐이고 통화보다 넓은 개념이 아니다. 또 형법은 통화의 종류로서 화폐·지폐·은행권을 병렬적으로 규정하고 있으므로 지폐·은행권을 화폐의 예시라 할 수 없다. 그리고 "지폐"는 재료가 종이라는 데서 붙여졌지만 같은 종이재료인 은행권과 구별해야 한다. 우리나라 통화는 은행권과 주화밖에 없으므로 현실과 맞지 않는다. 그러나 외국통화에는 화폐와 지폐가 있을 수 있으므로 통화를 세 가지로 구분하였다고 해서 반드시 불합리하다고 할 수 없다. 다만 교환의 매개물이라는 뜻에서 통화라고 통칭할 수 있을 것이다.

나) 통 용 통용하는 것이란 법률에 의하여 강제통용력(강제에 의한 교환의 매개물로서의 효력)이 인정되어 있는 것을 말한다. 강제통용력 없이 사실상 국내에서 사용되고 있는 유통과 구별된다. 고화(古貨)나 폐화(廢貨)는 사실상 유통되고 있어도 통용력이 상실된 것이므로 통화가 아니다. 또 수집대상이 되는 기념주화가 통용하는 통화에 해당하느냐에 대해서 긍정하는 견해도 있다.[296] 기념주화라도 강제통용력이 인정된 것이면 통화에 해당하지만, 그렇지 않고 단지 판매용으로 제작된 것(한국조폐공사법 제11조 1항)은 통용하는 통화라 할 수 없다고 본다. 통용기간이 경과하여 교환기간 중에 있는 구화도 통화라는 견해가[297] 있으나, 통용기

295) 오영근, 691면.
296) 이재상, 546면; 오영근, 692면; Rudolphi, SK. §146 Rdn. 11a.
297) 정영석, 145면; Maurach/Schröder/Maiwald, BT 2, S. 171; Sch/Sch/Stree, StGB, §146 Rdn. 3.

간이 경과한 것은 강제통용력이 없으므로 통화가 아니라고 해야 한다(통설).[298]

2) 행 위 행위는 위조 또는 변조하는 것이다.

가) 위 조 "위조"란 통화를 발행할 권한이 없는 자가 진정통화(眞正通貨)의 외관을 가진 물건을 만드는 것을 말한다. 통화발행권은 정부 또는 법률로 정한 발행권자에 제한되어 있으므로 그 이외의 권한 없는 자가 진정통화로 오인할 만한 유사한 물건을 제작하는 것이 위조이다. 통화위조는 오직 성립의 진정에 대해서만 위조가 있을 뿐이고 내용의 허위는 문제되지 아니하므로 문서위조죄·유가증권위조죄의 위조와 같은 의미가 아니다. 따라서 자동판매기에 동전대용으로 사용할 수 있는 금속물체를 만들었어도 동전의 외관을 갖지 못하면 화폐위조가 아니다.

(a) 위조방법 위조의 방법은 제한이 없다. 고화나 폐화를 이용하여 새로운 통화를 제작하건, 필서(筆書)·사진·인쇄 또는 복사의 방법에[299] 의하여 진화(眞貨)에 유사한 물건을 제작하건 묻지 않는다. 진화를 재료로 사용하는 경우에도 작출한 것이 진화와 동일성이 없는 때에는 위조가 된다.

(b) 진화의 존부 위조라고 하기 위해서는 위조의 대상이 되는 진화가 존재하여야 한다는 견해도[300] 있으나, 통화발행이 있을 것으로 예정되어 있는 경우에는 위화를 진화로 오인할 염려가 있으므로 반드시 진화의 존재를 요하지는 않는다고 해야 한다(통설).[301]

(c) 위화의 가치 통화위조죄는 통화의 실질적 가치 여하와 관계없이 통화에 대한 공공의 신용을 보호하는 것이므로 진화보다 높은 가치를 가진 위화를 만들어내는 것도 위조가 된다.

(d) 위조의 정도 위조의 정도는 일반인이 진정통화로 오신할 수 있는 정도의 외관을 가지고 있으면 충분하고[302] 반드시 진화와의 식별이 불가능할 정도

298) 서일교, 232면; 정성근, 767면; 이형국, 565면; 이재상, 546면; 김일수/서보학, 679면; 박상기, 495면; 배종대, 668면; 진계호, 548면; 임웅, 614면; 김성천/김형준, 751면; 이정원, 564면; 정영일, 544면; 손동권, 595면.

299) 대판, 1986. 3. 25, 86도255.

300) 이건호, 157면; 김성천/김형준, 752면; 정영일, 545면.

301) 황산덕, 124면; 서일교, 233면; 정영석, 145면; 정성근, 768면; 이형국, 565면; 이재상, 547면; 김일수/서보학, 680~681면; 진계호, 549면; 배종대, 669면; 임웅, 615면; 손동권, 596면; 오영근, 693면; 김성돈, 550면.

302) 대판, 1961. 8. 23, 4294형상257; 대판, 1979. 8. 28, 79도639; 대판, 1985. 4. 23, 85도570; 대판, 1986. 3. 25, 86도255.

로 정교하게 만들 것을 요하지 않는다. 진화와 혼동할 수 있는 위험성이 있느냐에 따라 위조 여부를 판단해야 한다.[303] 진화로 혼동할 수 있는 정도이면 지질(紙質), 크기, 문자, 색채, 인장·기호가 진화와 유사해야 하는 것도 아니다.[304] 그러나 10원짜리 주화의 표면에 백색의 약칠을 하여 100원짜리 주화와 색채를 같도록 변경만 하거나,[305] 일만원권 지폐의 앞뒷면을 흑백색으로 전자복사하여 비슷한 크기로 자른 정도로는[306] 객관적으로 진화로 오신시킬 정도에 이른 것이라 할 수 없다. 은행권의 중간 일부를 세로로 잘라내고 그 부분을 이어서 완전한 1매의 은행권과 같이 제작한 때에는 새 은행권과 교환이 가능하고 진화와 차이도 없으므로 위조도 변조도 아니라고 해야 한다. 위조의 정도에 이르지 아니한 때에는 모조로서, 판매의 목적이 있는 경우에 한하여 통화유사물제조죄(제211조)에 해당하거나[307] 이 죄의 미수가 될 수 있다.

나) 변 조 변조란 진정통화에 가공하여 그 가치를 변경하는 것을 말한다. ① 변조는 기존의 진정통화에 가공하여 진화의 외관이나 동일성이 상실되지 않을 정도로 변경해야 한다.[308] 이 점에서 위조와 구별된다. 따라서 폐화를 용해하여 진화와 같은 위화를 만든 때에는 변조가 아니라 위조가 되며, 진화를 재료로 사용하여 새로운 별개의 위화를 만들면 변조가 아니라 위조가 된다(2개의 100원 동전으로 500원 동전을 만든 경우).[309] 즉, 변조는 같은 종류의 화폐(같은 가액의 주화, 같은 가액의 지폐) 사이에서만 인정되며, 다른 종류의 화폐 사이에는 위조가 있을 뿐이다. 위조와 변조는 죄질이 같고 같은 구성요건에 규정된 선택적 행위태양이며, 법정형도 같으므로 구별의 실익은 적다.

(a) 변조의 방법 변조의 방법에는 ① 통화의 모양과 문자를 고쳐서 그 가액(名價)을 변경하는 경우와, ② 명가는 변경하지 않고 진화의 주변이나 일부를

---

303) 이재상, 547면; Sch/Sch/Stree, StGB, §1467 Rdn. 5.

304) 대판, 1946. 8. 20, 4279형상64.

305) 대판, 1979. 8. 28, 79도639.

306) 대판, 1986. 3. 25, 86도255.

307) 황산덕, 125면; 정영석, 139면; 서일교, 233면; 이건호, 156면; 정성근, 769면; 이형국, 565면; 배종대, 669면; 진계호, 549면; 임웅, 616면; 백형구, 498면.

308) 유기천(하), 205면; 황산덕, 125면; 서일교, 233면; 정영석, 140면; 정성근, 769면; 이재상, 547면; 진계호, 549면; 배종대, 670면; 임웅, 616면; 정영일, 546면; 오영근, 694면; 김성돈, 550면.

309) 위조와 변조는 죄질이 동일할 뿐만 아니라 동일구성요건에 규정되어 법정형도 동일하므로 양자의 구별실익은 크지 않다. 판결에서 위조에 해당하는 것을 변조라고 했어도 상고심에서 파기이유가 되지 않는다.

손괴하여 그 실가(實價)를 삭감시키는 두 가지 경우가 있다. 예컨대 한국은행권 1,000원짜리 숫자를 고쳐 5,000원으로 변경하는 경우는 전자에, 금화를 감량하여 그 실질적 가치를 감소시키는 경우는 후자에 해당한다.

(b) 변조의 정도　변조의 정도는 위조와 마찬가지로 일반인으로 하여금 진정통화로 오신케 할 정도로 족하다. 판례는 일본국 자동판매기에 투입하여 사용할 목적으로 500원짜리 주화의 표면일부를 깎아낸(크기와 모양, 대부분의 문양이 그대로 남아있는 정도) 행위는 일본국 500￥주화로 오신케 할 정도의 새 화폐를 만들어 낸 것이라고 볼 수 없다고 하여 통화변조에 해당하지 않는다고 하였다.[310]

다) 미수 · 기수　위조 · 변조행위를 개시한 때 실행의 착수가 있고, 진화로 오인케 할 정도에 이르지 못한 때에 미수가 된다. 추상적 위험범이므로 위조 · 변조행위가 종료한 때 기수가 된다(실제상으로 종료미수는 기수가 된다). 이 죄의 예비 · 음모도 처벌한다. 다만 자수자의 필요적 감면규정이 있다(제213조).

(3) 주관적 구성요건요소

통용하는 대한민국의 화폐 · 지폐 또는 은행권을 위조 또는 변조한다는 고의가 있어야 하며, 초과주관적 불법요소로서 행사할 목적이 있어야 한다(목적범). 행사할 목적이란 위조 · 변조한 통화를 진화로서 유통하게 하려는 목적을 말한다. 그러므로 단지 신용을 돋보이는 과시용의 의도만 있거나 학교의 교재로 사용 또는 진열용의 표본으로 사용할 목적으로 통화를 위조 · 변조한 때에는 이 죄를 구성하지 않는다. 자기 스스로 유통에 두는 경우뿐만 아니라 타인을 개입시켜 진정통화로 유통에 놓게 할 목적인 때에도 행사할 목적이 된다.

(4) 죄수 및 타죄와의 관계

여러 종류의 통화를 각각 다른 기회에 위조한 때에는 각 종류마다 통화위조가 성립한다. 그러나 동일기회에 인쇄기 등으로 수개의 통화를 위조한 때에는 포괄하여 1개의 통화위조죄가 성립한다. 통화를 위조한 후 이를 행사한 때에는 이 죄와 위조통화행사죄의 경합범이 된다는 통설과,[311] 목적범에 있어서는 목적달성시까지 하나의 행위가 된다는 이유로 이 죄와 행사죄의 상상적 경합이

310) 대판, 2002. 1. 11, 2000도3950.

311) 유기천(하), 210면; 정영석, 151면; 오도기(7인 공저), 501면; 정성근, 770면; 이형국, 566~567면; 진계호, 550면; 박상기, 502면; 백형구, 490면; 이정원, 569면; 김성천/김형준, 760면; 손동권, 598면; 김성돈, 552면.

된다는 견해가[312] 대립한다. 위조·변조행위가 종료하면 기수가 되며, 목적범의 목적달성 여부는 범죄기수·완성에 아무런 영향을 주지 못하므로 경합범설이 타당하다고 해야 한다.

2. 내국유통 외국통화위조·변조죄

【구성요건·법정형】 행사할 목적으로 내국에서 유통하는 외국의 화폐·지폐 또는 은행권을 위조 또는 변조한 자는 1년 이상의 유기징역에 처한다(제207조 2항). 유기징역에 처할 경우에는 10년 이하의 자격정지 또는 2천만원 이하의 벌금을 병과할 수 있다(제209조). 미수범은 처벌한다(제212조). 예비·음모도 처벌한다(제213조).

행사할 목적으로 내국에서 유통하는 외국의 화폐·지폐 또는 은행권을 위조 또는 변조함으로써 성립하는 범죄이다. 내국통화위조·변조의 성격과 같고, 특가법(제10조)에 의해 가중처벌된다.

객체는 내국에서 유통하는 외국의 화폐·지폐 또는 은행권이다. 즉, 내국유통의 외국통화이다. "내국"이란 대한민국의 영역내를 말한다(헌법 제3조). 한국전쟁 전 판례는 북한에서 유통하는 소련군표도 내국유통으로 보고 있다.[313] "유통"이란 사실상 거래의 지급수단으로 사용되는 것을 말하며,[314] 통용과 구별되는 개념이다. 본국에서 강제통용력을 가질 필요도 없다. 유통의 범위는 대한민국영역 전체에서 유통됨을 요하지 않고 일부 지역에서 유통하는 것으로 족하다. 사실상 유통되고 있으면 족하므로 국내에서 그 사용이 금지되어 있는가는 문제되지 않는다. 따라서 국내에서 미군 기타 군속 사이에서만 유통되는 미군표도 여기에 해당한다. 그리고 "외국"은 국제법상 승인된 국가이거나 우리나라와 국교가 수립된 것임을 요하지는 않는다. 외국통화는 외국의 통화고권에 의해 발행되었거나 본국에서 강제통용력을 가질 필요도 없다.

---

312) 이재상, 548면; 배종대, 671면.

313) 대판, 1948. 3. 24, 4281형상10; 대판, 1949. 2. 22, 4281형상5.

314) 대판, 2003. 1. 10, 2002도3340(신권과 교환가능한 스위스 구권화폐인 진정화폐는 국내 은행에서 환전할 수 있어도 이는 지급수단이 아니라 외국환매매거래의 대상인 상품과 유사한 것이므로 내국에 유통하는 화폐라 볼 수 없다).

3. 외국통용 외국통화위조 · 변조죄

【구성요건 · 법정형】 행사할 목적으로 외국에서 통용하는 외국의 화폐 · 지폐 또는 은행권을 위조 또는 변조한 자는 10년 이하의 징역에 처한다(제207조 3항). 유기징역에 처할 경우에는 10년 이하의 자격정지 또는 2천만원 이하의 벌금을 병과할 수 있다(제209조). 미수범은 처벌한다(제212조). 예비 · 음모도 처벌한다(제213조).

행사할 목적으로 외국에서 통용하는 외국의 화폐 · 지폐 또는 은행권을 위조 또는 변조함으로써 성립하는 범죄이다. 특가법에 의해 가중처벌된다(同 제10조).

객체는 외국에서 통용하는 외국의 통화이다. "외국에서 통용한다"란 외국에서 강제통용력을 가진 것을 말한다. 외국통화라도 그 본국에서 강제통용력을 잃었을 때에는 이 죄의 객체가 될 수 없고[315] 내국유통외국화폐 위조 · 변조죄에 해당할 수는 있다.

4. 위조 · 변조통화행사 등 죄

【구성요건 · 법정형】 위조 또는 변조한 전3항(내국통화위조 · 변조, 내국유통 외국통화, 외국통용 외국통화위조 · 변조) 기재의 통화를 행사하거나 행사할 목적으로 수입 또는 수출한 자는 그 위조 또는 변조의 각 죄에 정한 형에 처한다(제207조 4항). 유기징역에 처할 경우에는 10년 이하의 자격정지 또는 2천만원 이하의 벌금을 병과할 수 있다(제209조). 미수범은 처벌한다(제212조).

(1) 의 의

위조 또는 변조한 내국통화 · 외국통화를 행사하거나 행사할 목적으로 수입 또는 수출함으로써 성립하는 범죄이다. 이 죄 중에서 수입 · 수출죄는 목적범이다. 추상적 위험범이고 거동범의 성격을 갖는다.

(2) 객관적 구성요건요소

1) 객 체 　객체는 위조 또는 변조한 전3항 기재의 통화(내국통화, 내국유통 및 외국통용의 외국통화)이다. 내 · 외국의 모든 위조통화(위화)이다 객관적으로 일반인으로 하여금 진정통화로 오신케 할 정도에 이른 것이면 족하고 그 위조의 정도가 반드시 진정통화와 흡사하거나 일반인이 쉽게 그 진부를 판별하기 불가능한 정도의 것임을 요하지 않는다.[316] 위화는 재물의 일종이므로 재산죄의 객체도

315) 대판, 2004. 5. 14, 2003도3487.

될 수 있다.

2) 행 위 행위는 행사 · 수입 또는 수출이다.

(a) 행 사 "행사"란 위조 또는 변조된 통화를 진정통화로 유통되도록 하는 것을 말한다. ① 통화를 유통시킬 것을 요하므로 단순히 진열장에 비치하거나 자기의 신용력을 보이기 위하여 제시 또는 열람시키는 것만으로는 행사가 되지 않는다. ② 통화로 유통시키는 이외의 목적으로 교부하는 것도 행사라 할 수 없다. 따라서 위조통화를 명가(名價) 이하의 상품으로 매매하는 것도 진화로 유통시킨 것이 아니므로 행사가 아니다.[317] 그러나 위조통화를 진정통화로 화폐수집상에게 판매하는 것은 행사에 해당한다. 이 경우는 수집상이 진화로서 유통시킬 수 있기 때문이다.[318] ③ 진정통화로 유통시킨 이상 유상 · 무상임을 묻지 않는다. 물품대금 지불, 채무변제, 진화와 교환은 물론, 위화를 증여 · 기부하는 것도 행사가 된다. ④ 위화의 사용방법이 위법하여도 유통시킨 이상 행사가 된다. 강도나 인질범에게 위화를 주거나 도박자금으로 사용한 때에도 행사가 된다. ⑤ 유통시킴에 있어 상대방에게 진정통화임을 알릴 필요는 없고 진정통화인양 사용하면 족하다. 공중전화기나 자동판매기에 투입하거나 정을 모르는 심부름꾼에게 물건을 사오라고 교부하는 것도 행사에 해당한다.

(b) 수입 · 수출 "수입"이란 외국에서 국내로 반입하는 것을 말하며, "수출"은 국내에서 국외로 반출하는 것을 말한다. 수입은 양륙(揚陸)시(육로로 국경선을 넘은 때, 해로는 양륙한 때, 공로로 항공기에서 하역한 때)를,[319] 수출은 이륙시를 기준으로 기수시기를 결정해야 한다.[320] 일시 우리나라를 통과하는 경우에도 일단 양륙된 이상 수입이 된다.

---

316) 대판, 1985. 4. 23, 85도570.

317) 유기천(하), 207면; 황산덕, 126면; 서일교, 233면; 오도기(7인 공저), 504면; 이재상, 551면; 진계호, 553면; 배종대, 672면; 백형구, 501면; 임웅, 620면; 김성돈, 554면.

318) 이재상, 551면; Sch/Sch/Stree, StGB, §147 Rdn. 7.

319) 정영석, 149면; 황산덕, 126면; 서일교, 235면; 오도기(7인 공저), 504면; 정성근, 773면; 이형국, 569면; 이재상, 551면; 박상기, 501면; 배종대, 672면; 진계호, 553면; 백형구, 503면; 임웅, 621면; 김성돈, 555면.

320) 정영석, 149면; 정성근, 773면; 이형국, 570면; 이재상, 551면; 진계호, 553면; 김일수/서보학, 688면; 박상기, 501면; 임웅, 621면; 손동권, 601면. 다만 영해 · 영공이탈시설은 서일교, 235면; 오영근, 696면.

(3) 주관적 구성요건요소

행사죄에 있어서는 위조 또는 변조한 통화를 유통에 둔다는 고의가 있어야 하며, 수입·수출죄에 있어서는 고의 이외에 다시 행사할 목적이 있어야 한다.

(4) 죄수·타죄와의 관계

1) 죄 수 수개의 위화를 일괄 행사한 경우에는 1개의 행사죄만 성립한다. 수개의 위화를 일괄하여 수입 또는 수출한 경우에도 같다.

2) 타죄와의 관계

(a) 통화위조와의 관계 통화위조·변조죄와 행사죄는 실체적 경합관계로 본다(다수설). 위조통화수입·수출과 행사도 실체적 경합관계이다. 이에 대해서 행사죄는 불가벌적 사전행위(보충관계)가 된다거나[321] 불가벌적 사후행위(흡수관계)가 된다는 견해[322]도 있다.

(b) 사기죄와의 관계 위조 또는 변조된 통화를 행사하여 재물을 취득한 때에는 이 죄 외에 사기죄의 구성요건도 충족되므로 위조통화행사죄와 사기죄의 관계가 문제된다. 이에 관해서, ① 위조통화행사 자체는 언제나 기망적 요소를 포함하고 있고 행사죄의 법정형도 가중되어 있으므로 사기죄는 행사죄에 흡수된다는 견해(흡수관계설),[323] ② 두 죄의 법익이 다르므로 이 죄와 사기죄가 성립하고, 상상적 경합이[324] 된다는 견해(다수설)가 대립한다. 판례는 실체적 경합이 된다고 판시하고 있다.[325] 두 죄는 보호법익이 다를 뿐만 아니라 행사와 기망행위는 하나의 동일한 행위로 행한 것이므로 상상적 경합설이 타당하다. 위조통화를 자동판매기에 투입하여 재물을 취득한 때에도 편의시설부정이용죄와 상상적 경합이 된다.

---

321) 임웅, 621면.
322) 김일수/서보학, 689면.
323) 유기천(하), 211면; 황산덕, 127면; 서일교, 235면; 남흥우, 296면; 이정원, 570면; 오영근, 697면.
324) 정영석, 149면; 오도기(7인 공저), 505면; 정성근, 774면; 이형국, 570면; 이재상, 552면; 김일수/서보학, 689면; 진계호, 554면; 박상기, 502면; 배종대, 672면; 백형구, 502면; 임웅, 621면; 손동권, 602면; 김성돈, 556면.
325) 대판, 1979. 7. 10, 78도480.

Ⅲ. 통화위조죄의 독립구성요건

1. 위조 · 변조통화취득죄

【구성요건 · 법정형】 행사할 목적으로 위조 또는 변조한 제207조(내국통화, 내국유통 외국통화 및 외국통용 외국통화 위조 · 변조, 동행사죄) 기재의 통화를 취득한 자는 5년 이하의 징역 또는 1천500만원 이하의 벌금에 처한다(제208조). 유기징역에 처할 경우에는 10년 이하의 자격정지 또는 2천만원 이하의 벌금을 병과할 수 있다(제209조). 미수범은 처벌한다(제212조).

(1) 의 의

행사할 목적으로 위조 또는 변조된 대한민국의 통화나 외국의 통화를 취득함으로써 성립하는 범죄이다. 목적범이고 결과범이다.

(2) 구성요건요소

1) 객 체 객체는 제207조에 기재된 위조 또는 변조된 통화이다. 즉, 위조 또는 변조된 대한민국의 화폐 · 지폐 · 은행권과 외국의 화폐 · 지폐 · 은행권이다.

2) 행 위 행위는 취득하는 것이다. ① "취득"이란 자기의 점유로 옮겨 처분권을 획득하는 일체의 행위를 말하며, 유상 · 무상임을 묻지 않는다. 대금을 지불하고 구입하였거나 교환 · 증여에 의하여 취득한 경우도 포함한다. ② 취득의 방법 · 원인 여하도 묻지 않는다. 선물 · 사례비조로 취득한 경우는 물론, 절취 · 편취 · 도박 등 위법적 방법 내지 범죄행위로 취득한 경우에도 위화의 정을 알고 있는 한 취득죄가 성립한다(정을 모르고 취득하면 제210조의 죄가 될 수 있다). 그러나 공범자 사이에 위화를 수수하는 것은 취득에 해당하지 않는다.[326]

횡령도 취득에 해당하느냐가 문제된다. 점유이탈물횡령이 취득에 해당한다는 데는 이론이 없다. 문제는 위탁물횡령도 취득에 해당하느냐이다. 이에 대해서 행사할 목적이 있는 때에는 취득이라고 해야 한다는 견해도[327] 있으나, 횡령은 점유이전이 수반되지 않는 것이므로 취득이 될 수 없다고 해야 한다(다수설).[328]

---

326) 유기천(하), 209면; 서일교, 235면; 남흥우, 297면; 이건호, 160면; 이재상, 553면; 임웅, 622면; 김성돈, 557면.

327) 유기천(하), 126면; 김일수/서보학, 690면; 김성천/김형준, 761면; 정영일, 552면.

위화를 취득하기 위한 행위를 개시한 때에 실행의 착수가 있고, 점유이전으로 취득한 때 기수가 된다.

3) 주관적 구성요건요소 고의와 행사할 목적이 있어야 한다. 위조 또는 변조된 통화임을 알면서 취득하면 고의가 인정된다. 미필적 고의로 족하다. 타인을 위해 단순한 보관의사・운송의사만으로 행사할 목적이 있다고 할 수 없다. 고의와 행사할 목적은 늦어도 취득시에 있어야 한다.

(3) 죄수・타죄와의 관계

1) 죄 수 동일한 기회에 수개의 위조통화를 취득하면 전체로서 1개의 취득죄가 성립한다. 위조통화를 취득한 후 이를 행사한 경우, 법조경합의 보충관계로 위조통화행사죄 1죄만 성립한다는 견해[329]도 있으나 취득죄와 행사죄의 실체적 경합이 된다[330]고 본다(다수설).

2) 위조통화의 절취 위조통화임을 알면서 이를 절취(또는 편취)한 경우에 취득죄와 절도죄(또는 사기죄)의 상상적 경합이 된다는 견해와,[331] 금제품은 재산죄의 객체가 될 수 없다는 이유로 취득죄만 성립한다는 견해가[332] 대립한다. 위조통화는 소유가 금지된 금제품이고 금제품의 재물성을 인정할 수 있느냐에 따라 결론이 달라지겠으나, 취득죄와 절도죄의 상상적 경합이 된다고 본다.

2. 위조통화취득후 지정행사죄

> **【구성요건・법정형】** 제207조 기재의 통화(위조・변조된 내국통화・외국통화)를 취득한 후 그 정을 알고 행사한 자는 2년 이하의 징역 또는 500만원 이하의 벌금에 처한다(제210조).

위조 또는 변조된 통화(내국통화・외국통화)임을 알지 못하고 취득한 후에 그 정을 알고 행사한 때에 성립하는 범죄이다. 이 죄는 취득죄에 비하여 경하게 처벌

328) 황산덕, 126면; 정영석, 150면; 정성근, 775면; 이재상, 553면; 진계호, 555면; 박상기, 503면; 배종대, 673면; 백형구, 505면; 임웅, 622면; 오영근, 698면; 손동권, 602면.
329) 김일수/서보학, 692면; 임웅, 622면; 오영근, 699면.
330) 유기천(하), 210면; 정성근, 776면; 박상기, 503면; 백형구, 505면; 김성천/김형준, 761면; 손동권, 603면; 김성돈, 557면.
331) 박보무, 주석(상), 342면; 정성근, 776면; 김일수/서보학, 692면; 임웅, 622면; 오영근, 698면; 손동권, 603면.
332) 진계호, 555면; 백형구, 505면; 배종대, 673면.

하고 있는데, 이는 그 동기가 유혹적이고 기대가능성이 적다는 점을 고려한 것이다. 이 죄를 결과범이라는 견해[333]도 있으나 다른 행사죄와 같이 추상적 위험범이라 해야 한다.

행위는 정을 모르고 취득한 후에 행사하는 것이다. 애당초 정을 알고 취득한 후에 행사한 때에는 위조통화취득죄(제208조)와 위조통화행사죄(제207조 4항)가 성립하고 두 죄는 실체적 경합이 된다. 이 죄의 "취득"은 적법한 취득임을 요하느냐에 대해서 이를 긍정하는 견해도[334] 있으나, 정을 알지 못하고 취득하면 족하고 적법·위법은 문제되지 않는다고 본다(통설).[335] "행사"란 위조통화행사죄의 그것과 마찬가지로 진정한 통화로서 유통하게 하는 것을 말하고 유상·무상임을 묻지 않는다.

지정행사로 인하여 재물을 편취한 경우에는 이 죄를 특히 경하게 처벌하는 취지에 비추어 이 죄만 성립하고 사기죄는 성립하지 않는다는 견해가 있다.[336] 그러나 이 죄를 사기행위까지 경하게 처벌하는 취지로 볼 수 없으므로 사기죄도 성립하고 두 죄는 상상적 경합관계에 있다고 본다(통설).[337]

주관적 요소로서 위조·변조한 내·외국의 "통화라는 사실"과 이를 "취득·행사한다는 인식과 의사"가 있어야 한다. "위조통화에 대한 확실한 최고도의 인식"을 요한다는 이유로 지정고의라는 견해도[338] 있다. 그러나 위조통화라는 인식만으로 이 죄의 고의라 할 수 없고 취득·행사에 대한 인식과 의사까지 있어야 고의가 인정되므로 지정고의라는 개념을 사용할 필요가 없다.

3. 통화유사물제조 등 죄

> **【구성요건·법정형】** ① 판매할 목적으로 내국 또는 외국에서 통용하거나 유통하는 화폐·지폐 또는 은행권에 유사한 물건을 제조·수입 또는 수출한 자는 3년 이하의 징역 또는 700만원 이하의 벌금에 처한다(제211조 1항).

333) 김일수/서보학, 692면.
334) 정영석, 114면; 김일수/서보학, 693면.
335) 유기천(하), 228면; 서일교, 237면; 정성근, 777면; 이재상, 553면; 진계호, 556면; 배종대, 674면; 백형구, 502면; 임웅, 623면; 이정원, 574면; 손동권, 603면; 정영일, 553면.
336) 정영석, 144면; 서일교, 237면.
337) 정성근, 777면; 이재상, 554면; 김일수/서보학, 694면; 배종대, 674면; 임웅, 624면; 백형구, 502면; 손동권, 603~604면; 이정원, 574면; 박상기, 504면; 김성돈, 558면. 또 사기죄만 성립한다는 견해(오영근, 700면)도 있다.
338) 김일수/서보학, 693면.

② 전항의 물건을 판매한 자도 전항의 형과 같다(제211조 2항). 미수범은 처벌한다(제212조).

(1) 의의 · 성격

판매할 목적으로 내국 또는 외국에서 통용 · 유통하는 통화에 유사한 물건을 제조 · 수입 또는 수출하거나 이를 판매함으로써 성립하는 범죄이다. 이 죄는 진정통화에 대한 공신력을 침해할 위험성이 적다는 점을 고려하여 위조 · 변조의 경우보다 경하게 처벌한다. 목적범이고, 거동범, 추상적 위험범이다.

(2) 구성요건요소

1) 객 체　객체는 내국 또는 외국에서 통용하거나 유통하는 화폐 · 지폐 또는 은행권에 유사한 물건이다. 이를 총칭하여 통화유사물이라 한다. "유사한 물건"이란 함은 통화와 유사한 외관을 갖추었으나 일반인으로 하여금 진정통화로 오인케 할 정도에 이르지 않는 모조품을 말한다. 진정통화로 오인케 할 정도에 이르면 위조가 되며, 이러한 정도에 이르지 않을 때에만 통화유사물이 된다.

2) 행 위　행위는 제조, 수입 · 수출 또는 판매하는 것이다. ① "제조"란 통화발행권이 없는 자가 위조의 정도에 이르지 않는 통화유사물을 만드는 것을 말한다. ② "판매"란 불특정 또는 다수인에게 유상으로 양도하는 것을 말한다. 특정 다수인 또는 불특정 소수인을 상대로 한 것도 판매가 될 수 있으며, 불특정 다수인을 상대로 할 의사가 있는 때에는 1인에 대한 1회의 유상양도도 판매에 해당한다. ③ "수입 · 수출"에 관해서는 위조 · 변조통화 등 행사죄(제207조 4항)의 그것과 같다.

3) 주관적 구성요건요소　이 죄도 고의범이므로 통화유사물을 제조 · 수입 · 수출 또는 판매한다는 인식 · 의사가 있어야 하며, 다시 초과주관적 불법요소로서 판매할 목적이 있어야 한다.

(3) 죄수 · 타죄와의 관계

동일기회에 다수의 통화유사물을 제조하거나 수개의 통화유사물을 일괄하여 수입 · 수출 또는 판매한 경우에는 포괄일죄가 된다. 일정한 기간 사이에 반복하여 판매한 때에도 포괄일죄가 된다. 통화유사물의 제조와 수출 · 판매(또는 수입 · 판매)와는 실체적 경합관계에 있다.

4. 통화위조 · 변조의 예비 · 음모죄

【수정구성요건 · 법정형】 제207조 제1항 내지 제3항(내국 및 외국통화 위조 · 변조)의 죄를 범할 목적으로 예비 또는 음모한 자는 5년 이하의 징역에 처한다. 단 목적한 죄의 실행에 이르기 전에 자수한 때에는 그 형을 감경 또는 면제한다(제213조).

내국통화위조 · 변조죄(제207조 1항), 내국유통 외국통화위조 · 변조죄(제207조 2항) · 외국통용 외국통화위조 · 변조죄(제207조 3항)를 범할 목적으로 예비 또는 음모하는 행위를 특별히 처벌하는 것이다. 이 죄의 성격에 관해서 예비 · 음모를 독립된 구성요건으로 규정한 것이라는 견해(독립범죄설)도 있다.[339] 그러나 우리 형법은 예비의 행위태양을 명시하지 않고 있으므로[340] 독립된 구성요건으로 이해할 수 없고, 기본범죄의 발현형태에 불과한 기본적 구성요건의 수정형식이라 함이 타당하다.[341]

"예비"란 범죄에 대한 물적 준비행위로서 실행의 착수에 이르지 못한 것을 말하며, "음모"란 2인 이상이 범죄를 실현하기 위하여 모의 · 합의하는 것을 말한다. 위조할 통화를 사진 찍어 원판과 인화지를 만드는 것은 예비가 된다.[342] 예비 · 음모행위는 반드시 예비 · 음모가 완성되었음을 요하지는 않는다. 이 죄의 방조범도 처벌할 수 있다는 견해(긍정설)도[343] 있으나, 처벌할 수 없다는 견해(부정설)가[344] 타당하다.

이 죄가 성립하기 위해서는 고의 이외에 초과주관적 불법요소로서 통화위조 · 변조죄를 범할 목적이 있어야 한다(목적범). 통화위조 · 변조죄를 범할 목적으로 예비 · 음모한 자가 실행의 착수에 이르기 전에 자수한 때에는 그 형을 감경 또는 면제한다. 형법 제52조 1항(자수자의 임의적 감면)과 다르게 필요적 감면으로 한 것은 위조 · 변조통화의 유통을 사전에 방지하기 위한 형사정책적 고려 때문이라고 할 수 있다.

---

339) 유기천(하), 212면; 오도기(7인공저), 510면; 김일수/서보학, 696면; 배종대, 663면.

340) 독일 형법 제149조와 일본 형법 제153조는 예비에 해당하는 구체적인 행위태양을 특별히 규정하고 있으므로 통화위조의 예비행위를 독립된 구성요건으로 이해하는 것이 통설이다. Sch/Sch/Stree, StGB. §149 Rdn. 1; Dreher/Tröndel, StGB. §149 Rdn. 1; Rudolphi, SK. §149 Rdn. 3; 牧野(上), 147면; 小野, 93면; 木村, 238면; 大塚(下), 824면 참조.

341) 정성근/박광민, 총론, 제2편 제6장 제1절 Ⅱ예비죄 참조; 이재상, 547면; 박상기, 503면.

342) 대판, 1966. 12. 6, 66도1317.

343) 유기천(하), 212면; 오도기(7인 공저), 510면; 진계호, 558면; 김일수/서보학, 697면.

344) 이형국, 576면; 이재상, 555면; 박상기, 505면; 배종대, 675면; 임웅, 625면; 정영일, 556면.

제 3 절 유가증권 · 우표와 인지에 관한 죄

Ⅰ. 총 설

1. 의의 · 보호법익

유가증권에 관한 죄는 행사할 목적으로 유가증권을 위조 · 변조 또는 허위작성하거나 위조 · 변조 · 허위작성한 유가증권을 행사 · 수입 또는 수출하는 범죄이다. 유가증권의 일종인 우표와 인지를 위조 · 변조하거나 위조 · 변조한 우표 · 인지를 행사하는 죄도 여기에 함께 규정되어 있다.

유가증권은 본래 권리 의무에 관한 문서의 일종이므로 이에 관한 죄는 문서위조죄의 특별죄에 해당한다. 반면에 유가증권은 경제거래의 중요한 교환 · 지급수단으로 사용되어 유통성에 있어서 통화에 유사한 성질도 가지고 있으므로 이 죄는 통화위조죄에 준하는 범죄라고 할 수 있다. 따라서 이 죄의 보호법익도 유가증권의 진정에 대한 신용과 법적 거래의 안전이며, 보호받는 정도는 추상적 위험범으로서의 보호이다. 다만, 위조인지 · 우표취득죄와 인지 · 우표유사물판매죄는 결과범으로 본다.

2. 구성요건체계

유가증권에 관한 죄는 유가증권위조죄(제214조, 제215조), 허위유가증권작성죄(제216조), 위조 · 변조 등 유가증권행사죄(제217조) 및 우표와 인지에 관한 죄(제218조, 제219조, 제221조, 제222조)의 네 가지 유형으로 대별된다. 이 중에서 유가증권위조죄는 다시 유가증권위조 · 변조죄(제214조 1항)와 기재사항의 위조 · 변조죄(제214조 2항) 및 자격모용 유가증권작성죄(제215조)로 구성되어 있다. 우표와 인지에 관한 죄는 우표 · 인지의 위조 · 변조죄(제218조 1항), 동행사죄(제218조 2항), 위조 · 변조의 우표 · 인지 취득죄(제219조), 우표 · 인지의 소인말소죄(제221조) 및 우표 등의 유사물제조 · 판매죄(제222조)로 구성되어 있다.

이상의 죄 중에서 제221조와 제222조의 죄를 제외한 모든 죄에는 자격정지 또는 벌금을 병과할 수 있고(제220조), 제221조의 죄를 제외한 모든 죄의 미수범을 처벌한다(제223조). 그리고 특히 제214조, 제215조 및 제218조 1항의 죄에 대한 예비 · 음모를 처벌한다(제224조). 또한 유가증권의 유통성과 경제적 기능이 국제화되면서 유가증권의 위조 · 변조행위에 대한 단속도 국제적으로 필요하게 됨에 따라, 형법은 외국의 유가증권도 대한민국의 그것과 동일하게 보호하기 위해서 이를 처벌함과 동시에(제214조 1항) 외국인의 국외범에 대해서도 형법을 적용하고 있다(제5조 5호).

3. 특별형법

유가증권에 관한 죄의 특별법으로 부정수표단속법이 있다. 이 법은 부정수표를 발행하거나 수표를 발행 또는 작성한 자가 수표발행 후에 예금부족, 거래정지처분이나 수표계약의 해제 · 해지로 인하여 제시기일에 지급되지 아니하게 한 때에는 5년 이하의 징역이나 수표금액의 10배 이하의 벌금에 처하며(동법 제2조 1항, 2항), 고의범 이외에 이에 대한 과실범도 처벌한다(동법 제2조 3항). 또 수표를 위조 또는 변조한 자에 대하여는 1년 이상의 유기징역과 수표금액의 10배 이하의 벌금에 처하고 있다(동법 제5조). 이 법은 형법의 유가증권에 관한 죄의 특별규정이므로 수표를 위조 · 변조하거나 부정수표를 발행한 때에도 형법전의 규정은 적용될 여지가 없다.

Ⅱ. 유가증권위조죄

1. 유가증권위조 · 변조죄

【구성요건 · 법정형】 행사할 목적으로 대한민국 또는 외국의 공채증서 기타 유가증권을 위조 또는 변조한 자는 10년 이하의 징역에 처한다(제214조 1항). 이 죄를 범하여 징역에 처하는 경우에는 10년 이하의 자격정지 또는 2천만원 이하의 벌금을 병과할 수 있다(제220조). 미수범은 처벌한다(제223조). 이 죄를 범할 목적으로 예비 또는 음모한 자는 2년 이하의 징역에 처한다(제224조).

(1) 의 의

행사할 목적으로 대한민국 또는 외국의 공채증서 기타 유가증권을 위조 또는 변조함으로써 성립하는 범죄이다. 유가증권위조죄의 기본적 구성요건이다. 목적범, 추상적 위험범, 거동범이다.

(2) 객관적 구성요건요소

1) 객 체 객체는 대한민국 또는 외국의 공채증서 기타의 유가증권이다.

가) 공채증서 "공채증서"란 국가 또는 지방자치단체에서 발행하는 국채, 공채 또는 지방채의 증권으로서 유가증권의 일종이다. 형법은 유가증권의 일종으로 공채증서를 예시한 것이므로 그 성질과 내용은 유가증권에 준해서 판단해야 한다.

나) 유가증권 형법상 "유가증권"(Wertpapier)이란 권리가 표시된 증권으로서 증권상에 표시된 권리의 행사나 처분을 하기 위해서는 그 증권의 점유를 필요로 하는 것을 말한다.[345] 즉, ① '권리가' 증권에 화체(化體)되어 있어야 하고, ② 그 권리의 행사와 처분에 있어 증권의 점유를 필요로 한다는 두 가지 요건을 갖추고 있어야 한다.[346]

(a) 개념요소

aa) 권리의 화체증권 유가증권은 증권에 권리가 화체되어 있어야 한다. 유가증권에 화체된 재산권은 채권·물권·사원권 기타의 권리임을 묻지 않으며, 기명식·무기명식·지시식 증권이라도 무방하다. ① 권리가 아닌 공법상의 지위·권한을 표시한 단순한 자격증서(국적증서, 경로우대증, 임명장, 영업허가장)와, ② 법률관계의 존부·내용을 증명하는 증거증권(물품구입증,[347] 영수증, 차용증서, 매매계약서)은 유가증권이 아니다. 다만 우편·수표와 공채는 발행인과 상대방 사이의 권리 또는 채권·채무관계를 내용으로 하는 유가증권이라 할 수 있다. ③ 권리가 문서화되어 작성된 증권이 아니라 증권자체가 금전가치를 가지는 가치증권도 유가증권이 아니다.

345) 상법상의 유가증권은 "재산적 가치가 있는 사권(私權)"에 한정하여 유통성을 요건으로 하지만 형법상의 유가증권은 권리의 화체성(化體性)을 중요시하여 거래질서유지를 위해 증권의 진실성에 대한 신뢰보호라는 보호필요성에 따라 개념을 정립하므로 상법상의 개념과 완전히 일치하지 않는다.

346) 대판, 1972. 12. 26, 72도1668; 대판, 1984. 11. 27, 84도1862; 대판, 2001. 8. 24, 2001도2832.

347) 대판, 1972. 12. 26, 72도1688.

bb) 증권의 점유 권리행사나 처분을 하기 위해서는 증권의 점유가 있어야 한다. 증서의 점유가 권리행사의 요건이 되지 않는 면책증권(공중접객업소발행의 신발표, 물품보관증, 철도수화물상환증, 정기예탁금증서, 우편예금통장, 무기명정기예금증서)은[348] 유가증권이 아니다.

cc) 신용카드의 유가증권성 신용카드가 유가증권인가에 대하여는 긍정설[349]과 부정설[350]이 대립한다. 판례는 종래 신용카드는 신용구매의 권리가 화체되어 있는 유가증권이라고 하였으나,[351] 최근 견해를 바꾸어 재산권이 화체된 것이 아니므로 유가증권이 아니라고 한다.[352] 신용카드는 이를 소지함으로써 신용구매를 할 수 있고 금융의 편의를 받을 수 있는 경제적 가치가 있지만, 그 자체에 재산권이 화체되어 있는 것이 아니므로 유가증권이 아니라고 해야 한다.

dd) 사법상의 무효불문 유가증권은 민·상법상 유효한 것임을 요하지 않고 유가증권으로서 요건의 흠결로 무효라도 일반인으로 하여금 유효한 유가증권이라고 오신시킬 수 있는 정도의 외관을 갖추고 있으면 이 죄의 객체가 된다. 따라서 발행일자가 기재되지 않은 수표나[353] 대표자의 날인이 없는 株券[354]과 같이 필요적 기재사항이 결하여 상법상 무효인 것도 유가증권에 포함된다. 위조된 유가증권도 이 죄의 유가증권에 해당하므로 위조 약속어음을 구입하여 그 약속어음을 완성하면 이 죄를 구성한다.[355]

【판례】 ① 정기예탁금증서는 예탁금반환채권의 유통이나 행사를 목적으로 작성된 것이 아니고 채무자가 그 증서 소지인에게 변제하여 책임을 면할 목적으로 발행된 이른바 면책증권에 불과하여 위 증서의 점유가 예탁금반환채권을 행사함에 있어 그 조건이 된다고 볼 수 없는 것이라면 위 증권상에 표시된 권리가 그 증권에 화체되었다고 볼 수 없을 것이므로 위 증서는 형법 제216조, 제217조에서 규정된 유가증권에 해당하지 아니한다(대판, 1984. 11. 27, 84도2147).

348) 대판, 1984. 11. 27, 84도2147.
349) 박상기, 506면.
350) 이형국, 581면; 이재상, 558면; 김일수/서보학, 702면; 배종대, 678면; 임웅, 630면; 이정원, 580면; 정영일, 559면; 손동권, 610면; 김성돈, 562면.
351) 대판, 1984. 11. 27, 84도1862.
352) 대판, 1999. 7. 9, 99도857.
353) 대판, 1959. 7. 10, 4290형상355; 대판, 1973. 6. 12, 72도1769(수표요건을 결하여 실체법상 무효인 것도 위조죄는 성립한다).
354) 대판, 1974. 12. 24, 74도294.
355) 대판, 1982. 6. 22, 82도677.

> ② 신용카드업자가 발행한 신용카드는 이를 소지함으로써 신용구매가 가능하고 금융의 편의를 받을 수 있다는 점에서 경제적 가치가 있다 하더라도, 그 자체에 경제적 가치가 화체되어 있거나 특정의 재산권을 표창하는 유가증권이라고 볼 수 없고, 단지 신용카드회원이 그 제시를 통하여 신용카드회원이라는 사실을 증명하거나 현금자동지급기 등에 주입하는 등의 방법으로 신용카드업자로부터 서비스를 받을 수 있는 증표로서의 가치를 갖는 것…(대판, 1999. 7. 9, 99도857).
>
> ③ 공중전화카드는 문자로 기재된 부분과 자기기록 부분이 일체로써 공중전화 서비스를 제공받을 수 있는 재산상의 권리를 화체하고 있고, 이를 카드식 공중전화기의 카드 투입구에 투입함으로써 그 권리를 행사하는 것으로 볼 수 있으므로, 공중전화카드는 형법 제214조의 유가증권에 해당한다(대판, 1998. 2. 27, 97도2483).

(b) 유가증권의 종류　법률상의 유가증권과 사실상의 유가증권이 있다. 전자는 수표·어음·주권·사채권·화물상환증·선하증권·창고증권·질입증권과 같이 법률상 일정한 형식을 필요로 하는 유가증권을 말하며, 후자는 기차승차권(개찰 전의 기차승차권은 유가증권이나 개찰 후는 증거증권이다)·지하철승차권·공중전화카드[356]·할부구매전표[357]·경마투표권·백화점 등의 상품권·극장의 입장권·관람권·증권에 의해 신용구매권리가 인정된 신용판매회사의 쿠폰과 같이 법률상의 형식을 요구하지 않는 유가증권을 말한다. 그러나 신용조합의 출자증서·보험증권은 유가증권이 아니다.

이 죄의 유가증권은 국내에서 발행 또는 유통되는 것에만 한한다는 견해도[358] 있으나 제214조의 규정에 비추어 이에 한정할 이유가 없다. 따라서 국내외에서 발행 또는 유통되는 모든 유가증권은 이 죄의 유가증권에 포함된다.[359]

(c) 유가증권의 발행자　유가증권의 발행자는 사인(자연인, 법인) 국가 또는 공공단체이건 묻지 않는다. 유가증권의 명의인이 실재해야 하느냐가 문제된다. 그러나 통설과[360] 판례는[361] 허무인명의라도 외형상 일반인으로 하여금 진정

---

356) 대판, 1998. 2. 27, 97도2483.

357) 대판, 1995. 3. 14, 95도20.

358) 황산덕, 129면.

359) 유기천(하), 183면; 서일교, 241면; 정영석, 241면; 이재상, 558면; 김일수/서보학, 701면; 배종대, 679면.

360) 유기천(하), 187면; 황산덕, 129면; 서일교, 240면; 정성근, 784면; 이재상, 559면; 김일수/서보학, 702면; 진계호, 562면; 배종대, 679면; 임웅, 630면; 정영일, 560면; 오영근, 706면; 손동권, 610면; 김성돈, 563면.

361) 대판, 1971. 7. 27, 71도905; 대판, 1974. 12. 24, 74도294; 대판, 1979. 9. 25, 79도1980.

하게 작성된 것이라고 오신시키기에 충분한 정도이면 이 죄의 유가증권이라고 한다. 통설도 같은 입장이다. 유가증권에 대한 일반인의 신용 여부는 명의인의 실재와 관계 없으므로 통설·판례의 태도가 타당하다. 명의인이 있는 경우에는 반드시 특정되어 있을 필요가 없으며, 유가증권에 사용한 명칭이 본명이 아니라 별명 기타 거래상 본인으로 인식되는 칭호를 사용하여도 무방하다.[362)]

【판례】 유가증권위조죄에 있어서의 유가증권이라 함은 형식상 일반인으로 하여금 유효한 유가증권이라고 오신할 수 있는 정도의 외관을 갖추고 있으면 되는 것이므로, 그것이 비록 허무인명의로 작성되었거나 또는 유가증권으로서의 요건의 흠결 등 사유로 법률상 무효인 것이라고 하더라도 유가증권위조죄의 성립에는 아무런 영향이 없다(대판, 1979. 9. 25, 79도1980).

(d) 유통성의 유무 유가증권은 통화에 유사한 성질 때문에 통화와 같이 유통성이 있어야 하느냐가 문제된다. 유가증권의 대부분은 유통성을 가지고 있다. 그러나 유가증권이 문서위조보다 특별취급을 받는 이유는 유통성 때문이 아니라 재산권이 화체된 증권이라는 점에 있으므로 유통성은 유가증권의 필요요건이 될 수 없다고 해야 한다(통설).[363)] 판례도 같다.[364)] 따라서 유통성이 없는 철도·지하철승차권이나 승마투표권도 유가증권에 해당한다.

2) 행 위 행위는 위조 또는 변조하는 것이다. 여기의 위조·변조는 기본적 증권행위에 대한 것이므로 배서·인수 등의 부수적 증권행위의 기재사항을 위조·변조하는 제214조 2항의 위조·변조와 구별해야 한다.

가) 위 조 "위조"란 작성권한 없는 자가 타인명의를 모용하여 유가증권을 작성하는 것을 말하며, 문서위조죄의 유형위조에 해당한다.

(a) 작성명의인 유가증권을 작성할 권한 없이 타인명의를 사칭하여 타인명의의 증권을 발행하는 것이므로 명의인이 있어야 한다. 유가증권의 작성명의인은 반드시 법인격이 있는 자일 필요가 없으며 명의인의 실재함도 요하지 않는다.[365)] 따라서 허무인·사자명의의 작성도 이 죄의 위조가 된다. 증권에 사용

362) 대판, 1982. 9. 28, 82도294; 대판, 1996. 5. 10, 96도527.

363) 유기천(하), 202면; 황산덕, 129면; 서일교, 239면; 정영석, 153면; 정성근, 785면; 이재상, 559면; 김일수/서보학, 700면; 진계호, 562면; 박상기, 506면; 배종대, 677면; 임웅, 629면; 백형구, 511면; 이정원, 581면; 김성천/김형준, 767면; 오영근, 704면; 정영일, 560면; 손동권, 610면; 김성돈, 563면.

364) 대판, 1995. 3. 14, 95도20; 대판, 2001. 8. 24, 2001도2832.

365) 대판, 1971. 7. 27, 71도905.

한 명칭은 별명 기타 본인으로 인식할 수 있는 칭호이면 족하다.[366)]

(b) 작성권한의 모용 유가증권의 작성은 명의인 본인명의 또는 작성권자의 위임을 받은 대리인이 그 대리명의나 본인명의로 작성한 때에는 유효한 증권행위가 된다. 작성권 없는 자가 본인명의의 증권을 발행한 때에는 작성명의의 모용이 되어 유가증권위조죄가 성립한다. 작성권이 없으면 정당한 대리권 있는 자의 이름을 모용(대리방식)하거나 허무인을 정당한 대리권자로 표시하여 증권을 작성하여도 이 죄가 성립한다. 그러나 회사의 대표이사가 전대표이사의 명의를 모용하여 유가증권을 작성하여도 이 죄의 위조가 되지 않는다.[367)]

【판례】 타인의 대리 또는 대표자격으로 문서를 작성하는 경우 그 대표자 또는 대리인은 자기를 위하여 작성하는 것이 아니고 본인을 위하여 작성하는 것으로서 그 문서는 본인의 문서이고 본인에 대하여서만 효력이 생기는 것이므로 회사를 대표하여 문서를 작성할 권한이 있는 대표이사가 은행과의 당좌거래계약정이 전대표이사 명의로 되어 있어 당좌거래명의를 변경함이 없이 그대로 전대표이사 명의를 사용하여 회사발행명의의 수표를 발행하였다 하더라도 그 대표이사는 회사명의의 수표를 발행할 권한이 있으니 유가증권위조죄가 성립되지 아니한다(대판, 1975. 9. 23, 74도1684).

(c) 대리권한초월·권한남용 대리인·대표권자가 그 대리권·대표권의 범위를 초월하여 유가증권을 작성하는 경우 이 죄의 위조가 된다는 견해와[368)] 자격모용유가증권작성죄(제215조)가 성립한다는 다수설이[369)] 대립한다. 대리인·대표인 자격모용인가 타인명의 모용인가에 따라 구별해야 하므로 대리인·대표자명의로 작성하였다면 자격모용유가증권작성죄, 본인명의로 작성하였으면 유가증권위조죄가 성립한다(문서위조죄의 대리권초월 참조). 따라서 일상의 경비지출상 수표발행업무담당 경리과장이 자기의 용도를 위해 회사대표자명의의 수표를 작성하면 이 죄가 아니라 자격모용유가증권작성죄가 성립한다. 이에 대해서 대리권·대표권의 포괄적 권한범위 내에서 그 위임의 취지에 위배하는 유가증권을 작성하여 본인의 이익을 해하였을 때에는 권리남용으로서 배임죄 또는 허위유가증권작성죄(제216조)가 성립함은 별문제로 하고 이 죄의 위조는 아니다.[370)] 포

366) 대판, 1996. 5. 10, 96도527.
367) 대판, 1975. 9. 23, 74도1684.
368) 유기천(하), 216면; 황산덕, 128면; 진계호, 562면; 김일수/서보학, 703면.
369) 정성근, 790면; 이형국, 581면; 이재상, 560면; 박상기, 508면; 배종대, 679면; 임웅, 631면; 김성천/김형준, 768면; 이정원, 585면; 오영근, 707면; 정영일, 562면.

괄적으로 위임을 받은 자가 위임사무처리를 위하여 위임자명의로 약속어음을 발행한 때에도 약속어음위조나 사기행위가 되지 않는다.[371]

(d) 위조의 방법 위조의 방법에는 제한이 없다. 예컨대 찢어진 타인의 약속어음을 조합하거나,[372] 약속어음의 액면란에 보충권의 범위를 초월한 금액을 기입하거나,[373] 타인이 위조한 백지의 약속어음을 완성하거나,[374] 폐공중전화카드의 자기기록 부분에 전자정보를 기록하여 사용가능한 공중전화카드를 만드는 것[375] 등은 유가증권위조가 된다. 또 간접정범의 방법으로도 위조는 가능하다. 따라서 기망에 의하여 타인으로 하여금 약속어음 용지에 발행인으로 서명·날인케 한 후에 마음대로 어음요건을 기재하여 어음을 완성한 때에는 간접정범에 의한 위조가 된다.[376] 그러나 발행권자를 기망하여 이미 금액 기타 내용을 기재한 수표용지에 날인케 하여 이를 취득한 때에는 수표발행 자체에 착오가 없으므로 유가증권의 위조가 아니라 수표를 편취한 사기에 해당한다.

나) 변 조 "변조"란 이미 진정하게 성립된 타인명의의 유가증권의 내용에 권한 없이 증권의 동일성을 해하지 않는 범위에서 변경을 가하는 것을 말한다.

(a) 진정하게 성립된 유가증권 변조는 이미 진정하게 성립된 유가증권을 전제로 한다. 예컨대 진정하게 성립된 유가증권의 발행일자·액면·지급인의 주소 등을 임의로 변경하는 것이 변조에 해당한다. 변경된 내용이 진실이건 아니건 묻지 않으며, 변경된 기재가 법률상 유효한가도 묻지 않는다. 이에 대해서 유가증권의 용지에 필요사항을 임의로 기재하여 새로운 유가증권을 만들거나, 이미 실효된 유가증권에 가공하여 다시 유효한 유가증권으로 작성하는 것은 변조가 아니라 위조에 해당한다.

(b) 타인명의의 유가증권 내용변경 변조는 타인명의의 유가증권의 내용을 권한 없이 변경하는 것이다. 타인이 소유한 자기명의의 유가증권에 대하여는 변조는 있을 수 없고, 허위유가증권작성죄나 문서손괴죄에 해당할 뿐이다.[377] 그

370) 황산덕, 130면; 서일교, 241면; 이재상, 552면; 김일수/서보학, 703면; 진계호, 562면; 배종대, 679면; 박상기, 509면; 임웅, 631면; 이정원, 584면. 대판, 1980. 4. 22, 79도3034.

371) 대판, 1960. 5. 31, 4294형상558.

372) 대판, 1976. 1. 27, 74도3442.

373) 대판, 1972. 6. 13, 72도897.

374) 대판, 1982. 6. 2, 82도677.

375) 대판, 1998. 2. 27, 97도2483.

376) 유기천(하), 187면 이하; 이형국, 581면; 이재상, 561면; 진계호, 563면; 배종대, 679면; 임웅, 632면; 손동권, 612면; 박상기, 509면; 오영근, 707면; 김성돈, 564면.

러나 자기명의의 유가증권이라도 타인이 배서한 후에 증권의 문언을 변경하는 것은 제214조 2항(기재사항의 변조죄)의 변조에 해당한다(이 점에서 문서위조죄의 변조와 다르다). 간접정범에 의한 변조도 가능하다.[378]

(c) 위조와의 구별　　변경을 가함으로써 유가증권의 동일성이 유지되는 한 변조가 된다. 따라서 변경으로 인하여 동일성이 유지되지 않을 때에는 위조로 되며 변조는 아니다.

(3) 주관적 구성요건요소

유가증권을 위조 또는 변조한다는 점에 대한 고의가 있어야 한다. 또 이 죄는 목적범이므로 초과 주관적 불법요소로서 행사할 목적도 있어야 한다. 여기의 행사할 목적이란 진정한 유가증권으로 행사할 목적을 말한다. 반드시 유가증권 본래의 용법에 따른 목적일 필요가 없으며, 유통시킬 목적임을 요하지도 않는다.

(4) 죄수 · 타죄와의 관계

1) 죄　수　　이 죄의 죄수는 원칙적으로 위조된 유가증권의 수를 기준으로 결정한다.[379] 따라서 1통의 유가증권에 수개의 위조 또는 변조가 있는 때에도 포괄 1죄가 된다. 그러나 동일한 일시와 장소에서 수통의 유가증권을 위조한 때에는 수죄가 성립하며 상상적 경합이 된다.[380] 1통의 유가증권의 기본적 증권행위(제214조 1항)와 부수적 증권행위(제214조 2항)에 대한 위조 또는 변조가 있는 때에는 유가증권 위조 또는 변조죄만 성립하고 제2항의 기재 위조 · 변조죄의 적용은 배제된다(법조경합 보충관계).

2) 타죄와의 관계　　타인의 인장 · 기명 · 서명 등을 사용하여 유가증권을 위조 또는 변조 · 행사한 때에는 인장위조죄 · 행사죄는 이 죄에 흡수된다. 절취 또는 횡령한 유가증권의 용지를 이용하여 이를 위조한 때에는 절도죄 또는 횡령죄와 이 죄의 실체적 경합이 된다. 수표를 위조 또는 변조한 때에는 특별법인 부정수표단속법(제5조)이 우선 적용될 것이므로 이 죄는 적용될 여지가 없다. 다만 수표 내용의 기재사항(부수적 증권행위)의 위조 · 변조는 부정수표단속법이 아

---

377) 대판, 1978. 11. 14, 78도1904.
378) 대판, 1984. 11. 27, 84도1862.
379) 대판, 1981. 6. 9, 81도1039; 대판, 1983. 4. 12, 82도2938.
380) 유기천(하), 198면; 정영석, 149면; 이재상, 562면; 김일수/서보학, 705면; 진계호, 564면; 배종대, 680면; 손동권, 614면; 김성돈, 566면.

니라 제214조 2항이 적용된다.

2. 기재사항의 위조 · 변조죄

【구성요건 · 법정형】 행사할 목적으로 유가증권의 권리 · 의무에 관한 기재를 위조 또는 변조한 자도 전항(유가증권위조 · 변조죄)의 형과 같다(제214조 2항). 본조의 죄를 범하여 징역에 처하는 경우에는 10년 이하의 자격정지 또는 2천만원 이하의 벌금을 병과할 수 있다(제220조). 미수범은 처벌한다(제223조). 이 죄를 범할 목적으로 예비 또는 음모한 자는 2년 이하의 징역에 처한다(제224조).

유가증권의 권리 · 의무에 관한 기재사항을 위조 또는 변조함으로써 성립하는 목적범이다.[381] "유가증권의 권리 · 의무에 관한 기재"란 배서 · 인수 · 보증 기타에 관한 부수적 증권행위의 기재사항을 말한다. 따라서 이 죄의 위조는 기본적 증권행위가 진정하게 성립된 후에 그 부수적 증권행위에 대하여 작성명의를 모용하는 것이다. 예컨대, 자기가 발행한 수표에 대하여 배서를 위조하거나 진정하게 작성된 어음에 타인명의를 모용하여 배서 또는 지급일을 변경하는 경우가[382]가 여기에 해당한다.

변조도 진정하게 성립된 유가증권에 대해서 그 부수적 증권행위에 속한 사항의 내용을 변경하는 것이다. 따라서 진정하게 성립된 유가증권의 타인의 배서부분에 변경을 가하면 변조가 된다. 자기명의의 유가증권에 타인이 배서한 다음에 증권의 기재사항 중 발행일자나 수취일자 등을 변경하는 것도 변조에 해당한다.

3. 자격모용에 의한 유가증권작성죄

【구성요건 · 법정형】 행사할 목적으로 타인의 자격을 모용하여 유가증권을 작성하거나 유가증권의 권리 또는 의무에 관한 사항을 기재한 자는 10년 이하의 징역에 처한다(제215조). 본조의 죄를 범하여 징역에 처하는 경우에는 10년 이하의 자격정지 또는 2천만원 이하의 벌금을 병과할 수 있다(제220조). 미수범은 처벌한다(제223조). 이 죄를 범할 목적으로 예비 또는 음모한 자는 2년 이하의 징역에 처한다(제224조).

---

381) 구 형법상 유가증권위조죄(제162조)의 허위기입(유가증권허위기입죄)에 해당하는 것을 유형위조의 일종으로 보아 제214조 2항에 규정한 것이다.

382) 대판, 1984. 2. 28, 83도3284.

(1) 의 의

행사할 목적으로 타인의 자격을 모용하여 유가증권을 작성하거나 유가증권의 권리 또는 의무에 관한 사항을 기재함으로써 성립하는 범죄이다.

(2) 구성요건요소

1) 객 체 객체는 유가증권이다.

2) 행 위 행위는 타인의 자격을 모용하여 유가증권을 작성하거나 유가증권의 권리 또는 의무에 관한 사항을 기재하는 것이다.

(a) 타인자격의 모용 "타인의 자격을 모용하여"란 타인의 대리·대표자격 없는 자가 대리·대표자격을 사칭하여 본인명의의 유가증권을 작성하는 것을 말한다(유형위조).[383]

이 죄는 대리·대표자격이 없는 경우에만 성립한다. 자격있는 자도 권한초월이 있거나 권한 밖의 행위에 대해서는 대리·대표자격이 없다고 본다. 따라서 대리권 또는 대표권이 있는 자가 권한을 남용하여 본인 또는 회사명의의 유가증권을 발행한 때에는 이 죄가 성립하지 않는다. 또 작성권한 있는 회사의 대표이사가 은행과 당좌거래약정이 되어 있는 전대표이사 명의로 수표를 발행하였거나,[384] 타인의 명칭을 거래상 자기를 표시하는 명칭으로 사용하여 온 경우 그 타인명의로 어음을 발행한 때에는 자기의 어음행위이므로 모두 이 죄를 구성하지 않는다.[385] 그러나 대리권·대표권이 없는 자이면 처음부터 무권한자인 경우뿐만 아니라 권한을 상실한 자도 포함된다. 따라서 이사직 사임 후에 아직 사임등기가 되지 않았음을 기화로 이사의 서명을 모용하여 유가증권을 작성하면 이 죄에 해당한다.[386] 또 직무집행정지 가처분결정으로 직무집행의 권한이 없게 된 대표이사가 그 권한 밖의 사항을 대표이사 명의로 유가증권을 작성한 때에도 이 죄를 구성한다.[387]

판례는 실질적으로 대표이사 권한을 행사하는 전임대표이사가 후임대표이사의 승낙을 받고 자기 명의의 명판을 사용하여 약속어음을 발행한 때에도 이 죄

383) 유기천(하), 191면; 정영석, 150면; 이형국, 585면; 이재상, 563면; 김일수/서보학, 707면; 진계호, 566면; 배종대, 681면; 임웅, 635면; 박상기, 511면; 오영근, 711면; 김성돈, 568면.

384) 대판, 1975. 9. 23, 74도1684.

385) 대판, 1982. 9. 28, 82도296.

386) 대판, 1991. 2. 26, 90도577.

387) 대판, 1987. 8. 18, 87도145.

의 성립을 인정한다.[388)]

(b) 유가증권의 작성　유가증권을 작성한다는 것은 유가증권을 발행하는 것과 같이 기본적 증권행위를 한다는 의미이다.

(c) 유가증권의 권리 · 의무에 관한 사항기재　이는 배서 · 인수 · 보증과 같은 부수적 증권행위를 말한다.

3) 주관적 요소　고의 이외에 행사할 목적이 있어야 한다.

Ⅲ. 허위유가증권작성죄

【구성요건 · 법정형】 행사할 목적으로 허위의 유가증권을 작성하거나 유가증권에 허위의 사항을 기재한 자는 7년 이하의 징역 또는 3천만원 이하의 벌금에 처한다(제216조). 징역에 처하는 경우에는 10년 이하의 자격정지 또는 2천만원 이하의 벌금을 병과할 수 있다(제220조). 미수범은 처벌한다(제223조).

1. 의　의

행사할 목적으로 허위의 유가증권을 작성하거나 유가증권에 허위의 사항을 기재함으로써 성립하는 범죄이다. 문서에 관한 죄에 있어서의 무형위조에 해당하는 경우를 규정한 것이다. 기재권자가 기존의 진정 유가증권에 허위사항을 기재하는 것을 말한다.

2. 구성요건요소

(1) 행　위

허위의 유가증권을 작성하거나 유가증권에 허위의 사항을 기재하는 것이다. ① "허위의 유가증권을 작성"한다란 작성권한 있는 자가 명의를 모용함이 없이 유가증권에 허위내용을 기재하는 것을 말한다. 유령회사 명의의 약속어음 발행이나, 발행일자를 실제보다 소급기재하는 것이 그 예이다. 대리인 · 대표자가 권한의 범위 내에서 권한을 남용하여 본인 명의로 허위 유가증권을 발행한 때에도 이 죄가 성립한다. ② "허위의 사항을 기재"한다란 기재권한 있는 자가 진정

388) 대판, 1991. 2. 26, 90도577.

하게 성립된 기존의 유가증권에 진실에 반하는 사항을 기재하는 것을 말한다. ③ 허위기재 사항은 기본적 증권행위에 속하거나 부수적 증권행위(배서 · 인수 · 보증)에 속하거나 상관없으며, 또 기존의 유가증권에 허위의 기재를 하거나 자기 명의로 새로운 유가증권을 작성하면서 허위의 기재를 하는 것임을 묻지 않는다. 다만 배서인의 주소만을 허위기재하는 등 허위의 기재가 권리관계에 아무런 영향을 미치지 않는 사항인 때에는 이 죄에 해당하지 않는다.[389] ④ 작성권한자를 기망하여 허위내용의 유가증권(화물상환증, 창고증권 등)을 작성케 하여 이를 교부받는 것과 같이 간접정범의 방법으로도 이 죄를 범할 수 있다.

【판례】 ① 지급은행과 전혀 당좌거래사실이 없거나 과거의 거래가 정지되었음에도 불구하고 이러한 사유가 없는 것으로 가장하여 수표를 발행한 경우,[390] ② 실재하지 아니함에도 불구하고 실재하는 회사로 가장하여 그 회사명의로 약속어음을 발행한 경우,[391] ③ 주권발행의 권한을 위임받은 자가 그 발행일자를 소급하여 주권을 발행한 경우,[392] ④ 약속어음의 작성을 위임받은 자가 위탁자인 발행인 이름 아래 자기의 인장을 날인한 경우,[393] ⑤ 화물을 인수하거나 확인하지도 아니하고 수출면장만을 확인한 채 실제로 선적한 사실이 없는 화물을 선적하였다는 내용의 선하증권을 발행한 경우 등에는 [394]이 죄의 성립을 인정하였다.

그러나 ① 당좌거래은행에 잔고가 없음을 알면서 수표를 발행한 경우,[395] ② 원인채무관계가 존재하지 않으면서 약속어음을 발행한 경우,[396] ③ 주권발행전에 주식을 양도받은 자에게 주권을 발행한 경우[397] 등에는 권리의 실체관계에 허위가 없으므로 이 죄가 성립할 수 없다고 판시하고 있다.

(2) 주관적 요소

고의 이외에 행사할 목적이 있어야 한다.

389) 대판, 1986. 6. 24, 84도547.
390) 대판, 1956. 6. 26, 4289형상128.
391) 대판, 1970. 12. 29, 70도2389.
392) 대판, 1974. 1. 15, 73도2041.
393) 대판, 1975. 6. 10, 74도2594.
394) 대판, 1995. 9. 29, 95도803.
395) 대판, 1960. 11. 30, 4293형상78.
396) 대판, 1977. 5. 24, 76도4132.
397) 대판, 1982. 6. 22, 81도1935.

3. 타죄와의 관계

타인명의를 모용하여 약속어음을 위조한 후 바로 그 어음에 자기명의로 부수적 증권행위를 하면서 위조사실을 기재한 때에는 포괄하여 1개의 유가증권위조죄를 구성한다. 그러나 약속어음을 위조한 수일 후에 그 어음에 새로운 허위사실을 기재한 때에는 유가증권위조죄 이외에 다시 이 조문 후단의 허위사항기재죄가 성립한다.

Ⅳ. 위조 등 유가증권행사죄

> **【구성요건 · 법정형】** 위조 · 변조 · 작성 또는 허위기재한 전3조(유가증권위조 · 변조 · 기재사항의 위조 · 변조, 자격모용에 의한 유가증권작성, 허위유가증권작성) 기재의 유가증권을 행사하거나 행사할 목적으로 수입 또는 수출한 자는 10년 이하의 징역에 처한다(제217조). 징역에 처하는 경우에는 10년 이하의 자격정지 또는 2천만원 이하의 벌금을 병과할 수 있다(제220조). 미수범은 처벌한다(제223조).

1. 의의 · 성격

이 죄는 위조 · 변조 · 작성 또는 허위기재한 유가증권을 행사하거나 행사할 목적으로 수입 또는 수출함으로써 성립하는 범죄이다. 수입 · 수출죄는 목적범이다. 위조통화행사죄에 상응하는 것으로 추상적 위험범이고, 거동범의 성격을 갖는다.

2. 구성요건요소

(1) 객 체

객체는 제214조 내지 제216조의 객체인 위조 · 변조 · 작성 또는 허위기재된 유가증권이다. 복사한 위조유가증권에 대해서 판례는 이 죄의 유가증권은 위조 또는 변조된 유가증권의 원본을 말하며 전자복사기 등을 사용하여 기계적으로 복사한 사본은 이에 해당하지 않는다고 하였다.[398] 그러나 복사문서의 문서성

398) 대판, 1998. 2. 13, 97도2922.

을 인정한 판례와[399] 개정형법 제237조의 2(복사문서·도화사본)규정에 비추어 복사한 위조유가증권도 유가증권으로서의 외관을 갖춘 경우에는 이 죄의 객체를 인정하는 것이 옳을 것이다.

(2) 행 위

행위는 행사하거나 수입 또는 수출하는 것이다.

1) 행 사 "행사"란 위조·변조·작성 또는 허위기재한 유가증권을 진정하게 작성·기재된 진실한 내용의 유가증권으로 사용하는 것을 말한다. 반드시 유가증권 본래의 용법에 따라 유통시킬 것을 요하지 않는다(위조통화행사죄보다 범위가 넓고, 위조문서행사죄와 같다). 따라서 유가증권을 친족에게 보여주기 위해서 진정한 것으로 "교부"하거나, 타인에게 어음 할인의뢰를 위하여 "열람"시키거나, 자기의 자산·영업상태에 대한 신용을 얻기 위하여 타인에게 "제시·우송"하거나, 증거자료로서 법원에 "제출·송부"하거나, 위조유가증권의 정을 알고 행사할 목적이 있는 자에게 교부하는 경우[400]는 모두 행사에 해당한다. 타인이 진정한 유가증권으로 인식·열람할 수 있는 상태에 둠으로써 기수가 된다.

【판례】 ① 위조유가증권행사죄에 있어서의 유가증권이라 함은 위조된 유가증권의 원본을 말하는 것이지 전자복사기 등을 사용하여 기계적으로 복사한 사본은 이에 해당하지 않는다(대판, 1998. 2. 13, 97도2922).

② 위조유가증권임을 알고 있는 자에게 교부하였더라도 피교부자가 이를 소통시킬 것임을 인식하고 교부하였다면 그 교부행위 그 자체가 유가증권의 유통질서를 해할 우려가 있어 위조유가증권행사죄가 성립한다(대판, 1983. 6. 14, 81도2492).

2) 수입·수출 이에 관해서는 위조통화행사죄의 그것과 같다.

(3) 주관적 요소

행사의 경우에는 고의로서 족하지만, 수입 또는 수출의 경우에는 고의 이외에 다시 행사할 목적이 있어야 한다.

399) 대판, 1989. 9. 12, 87도506.
400) 대판, 1966. 9. 27, 66도1011; 대판, 1970. 2. 10, 69도2070; 대판, 1983. 6. 14, 81도2492.

3. 죄수 및 타죄와의 관계

(1) 죄 수

수통의 위조유가증권을 일괄하여 행사한 때에는 수죄의 상상적 경합이 된다. 1통의 위조어음을 할인하기 위해 수인에게 제시·열람시키는 때에는 포괄일죄이다.

(2) 타죄와의 관계

유가증권을 위조·변조하거나 허위·작성한 후 이를 행사한 때에는 상상적 경합이 된다는 견해와[401] 행사할 목적으로 행사하면 행사죄만 성립한다는 견해도[402] 있으나, 실체적 경합이 된다고 본다.[403] 위조유가증권을 행사하여 재물을 편취한 때에는 사기죄와 이 죄의 상상적 경합이 된다.[404]

V. 인지·우표에 관한 죄

1. 인지·우표의 위조·변조죄

> **【구성요건·법정형】** 행사할 목적으로 대한민국 또는 외국의 인지, 우표 기타 우편요금을 표시하는 증표를 위조 또는 변조한 자는 10년 이하의 징역에 처한다(제218조 1항). 징역에 처하는 경우에는 10년 이하의 자격정지 또는 2천만원 이하의 벌금을 병과할 수 있다(제220조). 미수범은 처벌한다(제223조). 이 죄를 범할 목적으로 예비 또는 음모한 자는 2년 이하의 징역에 처한다(제224조).

행사할 목적으로 대한민국 또는 외국의 인지·우표 기타 우편요금을 표시하는 증표를 위조 또는 변조함으로써 성립하는 범죄이다. 우표·인지도 유가증권의 일종이나 유가증권보다는 통화에 가깝다는 특수성을 고려하여 별도의 규정을 둔 것이다. 추상적 위험범, 목적범이고 거동범의 성격을 갖는다.

---

401) 이재상, 566면; 배종대, 684면.
402) 임웅, 638면; 오영근, 710면.
403) 정영석, 145면; 정성근, 795면; 진계호, 570면; 박상기, 515면; 백형구, 507면; 이정원, 587면; 손동권, 618면; 김성돈, 571면.
404) 정영석, 156면; 이형국, 588면; 이재상, 566면; 김일수/서보학, 712면; 진계호, 570면; 배종대, 684면; 임웅, 638면; 손동권, 618면; 박상기, 514면; 손동권, 618면; 김성돈, 571면; 정영일, 575면.

객체는 대한민국 또는 외국의 인지·우표 기타 우편요금을 표시하는 증표이다. "인지"란 인지법이나 인세법이 정한 바에 따라 일정한 수수료 또는 인지세를 납부하는 방법으로 첨부·사용하게 하기 위하여 정부 기타의 발행권자가 일정한 금액을 권면에 표시하여 발행한 증표를 말한다. "우표"란 정부 기타의 발행권자가 일반인에게 우편요금의 납부용으로 첨부·사용하게 하기 위하여 일정한 금액을 액면에 표시하여 발행한 증표를 말한다. "우편엽서"도 여기에 포함된다. "기타 우편요금을 표시하는 증표"는 우편법 제20조의 규정에 의하여 우표 이외의 우편요금을 표기하는 스탬프형 증표(요금별납 표지)가 여기에 해당한다. 우표 이외의 증표가 우표의 기능을 대신하고 있는 추세에 비추어 1995년의 개정형법에서 새로 추가한 것이다. 행위는 위조 또는 변조하는 것이며, 유가증권 위조·변조죄의 그것과 같다. 주관적 불법요소로서 고의 외에도 행사할 목적이 있어야 한다.

2. 위조·변조인지·우표행사 등 죄

【구성요건·법정형】 위조 또는 변조된 대한민국 또는 외국의 인지·우표 또는 우편요금을 표시하는 증표를 행사하거나 행사할 목적으로 수입 또는 수출한 자도 제1항(인지·우표 위조·변조죄)의 형과 같다(제218조 2항). 징역에 처하는 경우에는 10년 이하의 자격정지 또는 2천만원 이하의 벌금을 병과할 수 있다(제200조). 미수범은 처벌한다(제223조).

위조 또는 변조된 대한민국 또는 외국의 인지·우표 기타 우편요금을 표시하는 증표를 행사하거나 행사할 목적으로 수입 또는 수출함으로써 성립하는 범죄이다. 위조·변조유가증권행사죄(제217조)에 상응하는 범죄이고, 수입·수출죄는 목적범이다. 여기서 행사란 위조 또는 변조된 대한민국 또는 외국의 우표를 진정한 우표로 사용하는 것을 말한다. 반드시 우편요금의 납부 등으로 사용하는 것뿐만 아니라 우표수집의 대상으로 매매하는 경우도 포함한다.[405)]

3. 위조·변조인지·우표취득죄

【구성요건·법정형】 행사할 목적으로 위조 또는 변조된 대한민국 또는 외국의 인지·우표 기타 우편요금을 표시하는 증표를 취득한 자는 3년 이하의

405) 대판, 1989. 4. 11, 88도1105.

징역 또는 1천만원 이하의 벌금에 처한다(제219조). 징역에 처하는 경우에는 10년 이하의 자격정지 또는 2천만원 이하의 벌금을 병과할 수 있다(제220조). 미수범은 처벌한다(제223조).

행사할 목적으로 위조 또는 변조된 대한민국 또는 외국의 인지·우표 기타 우편요금을 표시하는 증표를 취득함으로써 성립하는 범죄이다. 위조·변조통화취득죄(제208조)에 상응하는 범죄라 할 수 있다. 위조 또는 변조한 우표·인지·우편요금을 표시하는 증표라는 정을 알고 취득하여야 하며(결과범), 행사할 목적이 있어야 한다.

4. 인지·우표의 소인말소죄

【구성요건·법정형】 행사할 목적으로 대한민국 또는 외국의 인지, 우표 기타 우편요금을 표시하는 증표의 소인 기타 사용의 표지를 말소한 자는 1년 이하의 징역 또는 300만원 이하의 벌금에 처한다(제221조).

행사할 목적으로 대한민국 또는 외국의 인지·우표 기타 우편요금을 표시하는 증표의 소인(消印) 기타 사용의 표지를 말소함으로써 성립하는 범죄이다. "소인을 말소하게 한다"는 것은 인지·우표에 진정하게 찍혀 있는 소인의 흔적을 소멸시켜서 그 인지·우표를 다시 진정한 것으로 사용할 수 있게 하는 일체의 행위를 말하며, 그 방법 여하는 묻지 않는다. 고의 외에 행사할 목적이 있어야 하는 목적범이다.

5. 인지·우표 유사물제조죄

【구성요건·법정형】 ① 판매할 목적으로 대한민국 또는 외국의 공채증서·인지, 우표 기타 우편요금을 표시하는 증표와 유사한 물건을 제조·수입 또는 수출한 자는 2년 이하의 징역 또는 500만원 이하의 벌금에 처한다(제222조 1항).

② 전항의 물건을 판매한 자도 전항의 형과 같다(제222조 2항). 미수범은 처벌한다(제223조).

판매할 목적으로 대한민국 또는 외국의 공채증서·인지, 우표 기타 우편요금을 표시하는 증표와 유사한 물건을 제조·수입 또는 수출하거나 이를 판매함으로써 성립하는 범죄이다.

공채증서·인지·우표·우편요금표시의 증표에 유사한 물건이란 일반인으로 하여금 진정한 공채증서·인지·우표라고 오신케 할 정도의 외관을 구비하지 못한 모조품을 말한다. 행위는 제조·수입 또는 수출하거나 판매하는 것이다. 제조는 공채증서·인지·우표에 유사한 물건을 만드는 것이고, 판매는 불특정 또는 다수인에게 유상양도하는 것이다. 수익의 유무는 묻지 않는다. 판매할 목적이 있어야 하는 목적범이다.

Ⅵ. 유가증권위조·변조죄 등의 예비·음모죄

> **【구성요건·법정형】** 제214조(유가증권위조·변조, 기재사항위조·변조), 제215조(자격모용 유가증권작성)와 제218조 제1항(인지·우표위조)의 죄를 범할 목적으로 예비 또는 음모한 자는 2년 이하의 징역에 처한다(제224조).

유가증권위조·변조죄(제214조 1항), 기재사항위조·변조죄(제214조 2항) 및 자격모용에 의한 유가증권작성죄(제215조)와 인지·우표위조·변조죄(제218조 1항)를 범할 목적으로 예비 또는 음모함으로써 성립한다. 유가증권에 관한 죄 중에서 유형위조에 해당하는 죄에 대해서만 예비·음모를 처벌하고 있다. 통화에 관한 죄의 경우와 달리 자수에 대한 특별규정이 없는데, 이는 입법론상 재고되어야 한다.[406)]

406) 서일교, 245면; 정성근, 798면; 이재상, 569면; 박상기, 517면; 배종대, 685면; 임웅, 639면.

제 4 절 인장에 관한 죄

I. 총 설

1. 의 의

인장에 관한 죄(Siegelfalschung)는 행사할 목적으로 인장·서명·기명 또는 기호를 위조 또는 부정사용하거나 위조 또는 부정사용한 인장·서명·기명 등을 행사하는 범죄이다. 인장·서명 등은 특정인의 인격을 상징하므로 문서 기타의 물건과 특정인 사이에 연결을 맺게 하여 그 동일성을 증명하는 기능을 갖는다. 그러므로 인장·서명 등의 진정을 해하거나 이를 부정사용할 때에는 사회경제활동에 있어서의 신용과 거래의 안전을 해하게 됨은 물론, 간접적으로 문서와 유가증권의 진정에 대한 신뢰성을 해할 염려가 생긴다. 형법에서 인장에 관한 죄를 독립범죄로 특별히 규정한 이유도 여기에 있다.

인장에 관한 죄는 문서나 유가증권을 위조하는 수단으로 인장·서명 등을 위조 또는 부정사용하는 경우가 많기 때문에 문서 및 유가증권에 관한 죄와 밀접한 관련이 있다. 그러므로 문서위조죄 또는 유가증권위조죄가 성립할 때에는 인장에 관한 죄는 여기에 흡수되어 이 죄를 구성하지 않는다. 반면에 인장·서명 등은 문서나 유가증권과 관계 없이 그 자체 독립적으로 존재의의를 갖는 경우도 많다. 사실증명이나 인증에 있어서 인장·서명만 사용하는 경우가 그 예이다. 따라서 인장에 관한 죄는, ① 인장·서명 등을 이용한 문서·유가증권의 위조·변조가 범죄로 되지 않는 경우, ② 인장·서명 등을 위조·부정사용한 자와 문서 또는 유가증권을 위조한 자가 서로 다른 경우, ③ 인장·서명 등이 문서·유가증권과 관계없이 독자적 의의를 가지는 경우에 한하여 독립하여 성립한다.407)

---

407) 정영석, 86면; 오도기(7인 공저), 546면; 정성근, 799면; 이재상, 613면; 김일수/서보학, 787면.

2. 보호법익

인장에 관한 죄의 보호법익은 인장·서명·기명·기호 등의 진정에 대한 공공의 신용이다. 인장·서명 등의 성립의 진정(위조와 부정사용)만 보호하고 그 내용의 진실 여부는 묻지 아니한다. 이 점에서 내용의 진실까지도 보호하는 문서 및 유가증권에 관한 죄와 그 취지가 다르고 통화위조죄와 같다.[408] 보호받는 정도는 추상적 위험범으로서의 보호이다.

3. 구성요건체계

이 장의 죄는 인장·서명 등의 성립의 진정만을 보호하므로 위조(부정사용 포함)와 행사의 두 가지만 처벌하고 변조는 제외한다. 즉, 사인 등 위조·부정사용죄(제239조 1항)와 위조사인 등 행사죄(제239조 2항)를 기본적 구성요건으로 하여 공인 등 위조·부정사용죄(제238조 1항)와 위조공인 등 행사죄(제238조 2항)를 각각 불법이 가중되는 가중적 구성요건으로 하였다. 그리고 모든 미수범을 처벌하며(제240조), 공인 등 위조·부정사용죄와 위조공인 등 행사죄에 한하여 자격정지를 병과할 수 있고, 외국인의 국외범도 처벌한다(제5조 7호).

Ⅱ. 사인(私印) 등 위조·행사죄

1. 사인(私印) 등 위조·부정사용죄

> **【구성요건·법정형】** 행사할 목적으로 타인의 인장·서명·기명 또는 기호를 위조 또는 부정사용한 자는 3년 이하의 징역에 처한다(제239조 1항). 미수범은 처벌한다(제240조).

(1) 의 의

행사할 목적으로 타인의 인장·서명·기명 또는 기호를 위조 또는 부정사용함으로써 성립하는 범죄이다. 위조와 부정사용은 성립의 진정을 보호하기 위한 구

408) 인장위조죄에서 내용의 진실을 보호하지 않는 이유는 유가증권·공문서·의사진단서 등의 중요한 사항에 한하여 허위작성을 예외적으로 처벌하려는 형법의 취지에 비추어 이보다 법적 중요성이 미약한 인장·서명·기명 등의 허위내용까지 반드시 처벌할 필요가 없기 때문이다.

성요건적 행위태양이다. 목적범·추상적 위험범이고, 거동범의 성질을 갖는다.

(2) 구성요건요소

1) 객 체　객체는 타인의 인장·서명·기명 또는 기호이다.

가) 타 인　타인이란 공무원·공무소 이외의 사인(私人)을 의미하며, 자기와 그 공동정범자를 제외한 사람을 말한다. 자연인뿐만 아니라 법인·법인격 없는 단체도 포함한다. 사자·허무인도 여기의 타인에 해당하느냐, 즉 명의인이 실재하여야 하는가에 대해서는 문서위조죄에서와 동일한 법리가 적용된다. 따라서 일반인으로 하여금 진정한 인장으로 오신케 할 정도로 유사한 인장을 사용할 때에도 인장에 대한 공공의 신용은 해할 수 있으므로 명의인의 실재는 요하지 않는다고 해야 한다. 즉, 사자·허무인도 여기의 타인에 포함된다고 본다(통설). 판례[409]는 인장 등의 명의인이 실재하여야 한다는 전제에서 이를 부정하고 있으나, 이 판례는 사자·허무인 명의의 문서위조·변조를 인정한 판결 이전의 판례이다.

나) 인 장　"인장"이란 특정인의 인격(주체)과 그 동일성을 증명하기 위하여 사용되는 일정한 상형(象形)을 말한다. 보통 이러한 상형으로서 문자를 사용하거나 성명을 쓰고 있는 경우가 많으나 반드시 문자 또는 성명일 필요가 없다. 특정인격의 동일성을 증명하는 것이면 별명·약칭·도형을 사용해도 무방하며, 지장(指章) 또는 무인(拇印)도 인장에 해당된다. 인장의 의미와 관련하여 문제되는 것은 다음과 같다.

(a) 인영과 인과　"인영"(印影)이란 일정한 사항을 증명하기 위하여 물체상에 현출시킨 문자 기타 부호의 영적(影跡)을 말하며, "인과"(印顆)란 인영을 현출시키는 데 필요한 문자 기타 부호를 조각한 물체(도장)를 말한다. 인장이란 인영만을 의미한다는 견해가 있으나,[410] 인영뿐만 아니라 인과를 포함한다는 견해가 타당하다(통설).[411] 형법은 인장의 부정사용(이 때의 인장은 인과를 의미)과 부정사용한 인장의 행사(이 때의 인장은 인영을 의미)를 구별하고 있으며, 인과의 위조

409) 대판, 1984. 2. 28, 82도2064.
410) 유기천(하), 216면 이하.
411) 황산덕, 149면; 서일교, 272면; 정영석, 183면; 이건호, 199면; 남흥우, 333면; 손해목, 주석(상), 406면; 오도기(7인 공저), 545면; 정성근, 802면; 이형국, 639면; 이재상, 614면; 김일수/서보학, 789면; 진계호, 621면; 박상기, 555면; 배종대, 728면; 임웅, 705면; 백형구, 553면; 오영근, 780면; 손동권, 675면; 이정원, 647면; 정영일, 627면; 김성돈, 627면.

그 자체로서도 진정한 인영에 대한 공공의 신용을 해할 위험성이 있기 때문이다. 따라서 위조의 인영만을 현출한 때뿐만 아니라 위조의 인과를 제작한 때에도 이 죄의 기수가 된다. 인영만이 인장이라는 견해에 의하면 위조의 인과작출은 이 죄의 미수가 된다.

(b) 생략문서와의 구별 생략문서라도 일정한 관념 또는 의사를 해독할 수 있는 것이면 문서가 된다. 따라서 물체에 찍힌 인장이 인격의 동일성 이외에 다른 사항까지 증명할 수 있으면 문서라고 해야 한다(백지위임장, 입장권, 수하물인환증, 우편물수령시각증명서, 은행의 출금표와 지급전표, 등기필증, 임대차 확정일자인, 택배배달증명서).[412]

aa) 우체국 일부인 우편물에 찍힌 우체국 일부인(日附印)이 문서인가 인장인가가 문제된다. 우체국 일부인은 공무소의 인장이라는 견해와,[413] 우체국의 서명이 있는 문서로 보는 견해가[414] 대립한다. 우체국의 일부인은 일정한 년·월·일에 우편물을 인수하였음을 증명하는 것이고, 동시에 우편물에 부착된 우표의 효력을 무효화시키는 의사표시이므로 우체국의 서명이 있는 공문서라 함이 타당하다. 같은 취지로 신용장에 날인된 은행의 접수일부인도 생략문서(사문서)라고 해야 한다.

판례도 신용장에 날인된 은행의 접수일부인[415]과 구청 세무계장명의의 소인[416]을 인장이나 기호가 아니라 생략문서의 일종으로 본다.

【판례】 이른바 생략문서도 그것이 사람 등의 동일성을 나타내는 데에 그치지 않고 그 이외의 사항도 증명, 표시하는 한 인장이나 기호가 아니라 문서로서 취급하여야 한다. … 구청 세무계장 명의의 소인을 세금 영수필 통지서에 날인하는 의미는 은행 등 수납기관으로부터 그 수납기관에 세금이 정상적으로 입금되었다는 취지의 영수필 통지서가 송부되어 와서 이에 기하여 수납부 정리까지 마쳤으므로 이제 그 영수필 통지서는 보관하면 된다는 점을 확인함에 있는데, 소인이 가지는 의미가 위와 같은 것이라면 이는 하나의 문서로 보아야 한다(대판, 1995. 9. 5, 95도1269).

bb) 서화의 낙관 서화에 표시된 예술가의 낙관·아호인·서명 등이 문서

412) 유기천(하), 217면; 이재상, 615면; 김일수/서보학, 789면; 박상기, 555면; 배종대, 728면; 진계호, 621면; 임웅, 705면; 오영근, 780면; 손동권, 675면; 정영일, 627면; 김성돈, 627면.
413) 유기천(하), 217면; 서일교, 272면; 團藤, 257면; 小野, 122면.
414) 황산덕, 134면; 이재상, 615면; 진계호, 621면; 정영일, 627면.
415) 대판, 1979. 10. 30, 77도1879.
416) 대판, 1995. 9. 5, 95도1269.

인가 인장·서명인가도 문제된다. 예술가의 낙관·아호인·서명도 자기의 작품이라는 의사를 표시한 생략문서에 해당한다는 견해도 있으나,[417] 통설은 인장위조죄의 객체가 될 뿐 문서는 아니라고 한다.[418] 우리 형법은 인장과 서명을 인장위조의 객체로 별도로 명시하고 있고, 낙관·아호인 그 자체는 예술가의 인격의 동일성을 표시함으로써 부수적으로 자기 작품을 확인하기 위한 것이므로 통설이 타당하다.

(c) 인장의 범위　인장 특히 사인은 그 위조 또는 부정사용에 의하여 공공의 신용을 해할 염려가 있는 것이라야 하므로 반드시 권리·의무의 증명에 관한 것임을 요하지 않으나, 적어도 거래상 의미있는 사실증명을 위하여 사용된 것이라야 한다.[419] 따라서 사원·명승지의 기념스탬프는 인장이 될 수 없다.

다) 서 명　"서명"이란 특정인이 자기를 표시한 문자로서 성명 기타의 호칭을 표기한 것을 말한다. 성명을 표기하는 것이 보통이지만 단지 성 또는 이름만을 표기하거나 상호 또는 거래상 사용되는 약호·옥호·아호 기타 부호문자를 사용하여 본명과 동일한 지칭을 한 것이면 모두 서명에 해당한다. 다만 형법은 서명과 기명을 구별하고 있으므로 서명은 자필서명(自署)에 한한다고 해야 한다. 자필서명을 조각한 고무도장 나무도장을 사용해도 서명이다. 서명도 반드시 권리·의무에 관한 것임을 요하지 않으나 법률상·거래상 의미있는 것이라야 한다. 따라서 운동선수 영화배우의 싸인은 여기의 서명에 해당하지 않으나 서도(書圖)의 서명은 서명에 해당한다.

라) 기 명　"기명"이란 서명과 같이 특정인이 자기를 표시한 문자로서 자서(自署) 이외의 것을 말한다. 대필이나 인쇄 등에 의하여 특정인의 성명·호칭을 표시한 것이 기명에 해당한다.

마) 기 호　"기호"란 물건에 압날하여 그 동일성을 증명하는 문자 또는 부호라는 점에서 넓은 의미의 인장에 속한다. 기호와 협의의 인장과의 구별에 관해서는, ① 사용되는 물체를 기준으로 하여, 문서에 압날하여 증명에 사용하는

---

417) 이재상, 574면; 이정원, 647면; 김성천/김형준, 788면. 독일 형법에는 인장위조죄의 규정이 별도로 없으므로 이를 문서에 포함시키는 것이 통설이다(문서개념 참조).

418) 유기천(하), 135면; 황산덕, 134면; 서일교, 256면; 정성근, 804면; 김일수/서보학, 790면; 진계호, 621면; 박상기, 521면 이하; 배종대, 689면; 임웅, 706면; 오영근, 781면; 김성돈, 628면; 정성근, 「문서위조죄에 있어서의 문서개념」(월간고시 1990. 2), 60면.

419) 유기천(하), 218면; 황산덕, 150면; 서일교, 275면; 정성근, 804면; 이재상, 615면; 김일수/서보학, 790면; 진계호, 621면; 배종대, 728면; 정영일, 626면; 김성돈, 628면.

것은 인장이고 상품·생산물·서적 등에 압날하는 것은 기호라고 하는 견해와,[420] ② 증명하는 목적을 기준으로 하여, 사람의 동일성을 증명하는 것은 인장이고 기타의 사항을 증명하는 것은 기호라고 하는 견해(통설)가[421] 대립한다.

인장은 특정된 사람과 그 인격의 동일성을 증명하는 데에 본질이 있으므로 증명의 목적을 기준으로 구별하는 통설이 타당하다. 따라서 사람·인격의 동일성 이외의 기타사항을 증명하기 위하여 상품·생산물·서적 등에 압날된 것이 기호이며, 검인·장서인 등이 그 예에 해당한다. 다만 형법은 인장과 기호의 위조를 동일한 법정형으로 처벌하고 있으므로 해석상 논쟁의 실익은 없다고 하겠다.

2) 행 위 　행위는 위조 또는 부정사용이다. 즉, 형법은 인장위조에 대해서는 유형위조만을 처벌한다.

가) 위 조 　위조란 권한없이 타인의 인장·서명·기명 또는 기호를 작출하거나 물체상에 현출 내지 기재하는 것을 말한다. 유형위조에 한하고 무형위조나 변조는 포함하지 않는다. ① 위조의 정도는 문서위조죄의 그것과 같이 일반인으로 하여금 명의인의 진정한 인장·서명·기명·기호로 오신케 할 정도의 것이면 족하다. ② 권한 없는 경우뿐만 아니라 대리권 또는 대표권을 가진 자가 그 권한 이외의 무권대리행위로 서명·압날하는 경우도 위조가 된다(문서부정행사에서 권한없는 자의 부정사용과 구별된다).[422] ③ 방법 여하도 묻지 않는다. 따라서 인과 또는 영적을 현출시키는 물체를 제조하거나 직접 묘사에 의하여 인영 또는 영적을 작출하거나 또는 기존의 진정한 인영을 재료로 하여 전혀 새로운 증명력을 가진 인영을 현출시키는 것(전자복사)도 위조가 된다. 서명위조에는 펜, 필묵, 연필을 사용하거나 카본지를 사용하여 기재하여도 상관없다. ④ 위조의 의미는 문서위조의 그것과 동일하므로 인장·서명·기명·기호 등의 주체(명의인)는 실재인일 필요가 없고 일반인으로 하여금 실재인의 인장·서명이라고 오신시킬 정도의 형식·외관을 구비한 것이면 허무인(虛無人)·사자(死者)의 인장·서명이라도 무방하다. 따라서 위조된 인장·서명·기명·기호는 진정한 것과 반드시 비슷함을 요하지 않으며, 그 명의인의 성명·호칭과 일치할 필요도 없다.

---

420) 서일교, 273면; 정영석, 183면; 남흥우, 334면; 오도기(7인 공저), 545면.

421) 유기천(하), 219면; 황산덕, 150면; 손해목, 주석(상), 407면; 정성근, 805면; 이재상, 616면; 김일수/서보학, 791면; 진계호, 622면; 박상기, 556면; 배종대, 728면; 임웅, 706면; 이정원, 648면; 김성천/김형준, 837면; 오영근, 782면; 정영일, 627면; 김성돈, 628면.

422) 대판, 1981. 5. 6, 81도721.

【판례】 선거무효로 노동조합 지부장직을 상실한 자가 동 조합지부인과 지부장인을 동 지부장 직무대리에게 인계하지 아니하므로, 이에 대한 대응책으로 동 지부의 문서에 사용할 목적으로 동 지부장 직무대리의 승인하에 동 지부인과 지부장인을 조각한 행위는 부정한 방법으로 정당한 인장인 양 가장하기 위하여 직인등을 위조한 것이라고 할 수 없다(대판, 1981. 5. 6, 81도721).

나) 부정사용 부정사용이란 진정한 인장・서명 등을 권한 없이 사용하거나(무권행위) 권한 있는 자가 그 권한을 남용하여(월권행위) 부당하게 사용하는 것을 말한다.[423] 즉, 부정사용은 진정하게 만들어진 인장・서명 등을 부정하게 사용하여 그 사용의 진정을 해하는 것이다(문서의 부정행사와 다르다). ① 부정사용이 있으면 타인이 현실로 열람하였거나 권한 있는 사용이라고 오신하였을 필요는 없다. 또 이로 인하여 타인에게 재산 기타의 손해가 발생하였거나 발생할 위험이 인정될 필요도 없다. ② 인장・기호의 경우 인영 또는 영적을 물체상에 현출시킨 것으로는 아직 사용이 있다고 할 수 없다. 예컨대, 타인의 영수증을 위조・행사할 목적으로 백지에 그의 인장을 몰래 날인한 것으로는 인장부정사용의 예비에 지나지 않는다. 그러나 인영을 타인이 열람할 수 있는 상태에 두게 되면 부정사용이 된다.

3) 주관적 요소 고의와 초과 주관적 불법요소로서 행사할 목적이 있어야 한다. 이 죄의 고의는 타인의 인장・서명・기명・기호라는 것과 그 사용이 자기의 권한에 속하지 않고 사용의 진정을 거짓한다는 것을 인식하고 위조・부정사용의 의사가 있어야 한다. 행사할 목적에는 행위자 자신의 행사할 목적뿐만 아니라 타인으로 하여금 행사시킬 목적도 포함된다.

(3) 타죄와의 관계

인장・서명의 위조 또는 부정사용이 유가증권위조 또는 문서위조의 수단으로 행해진 때에는 유가증권위조 또는 문서위조에 흡수된다(법조경합 흡수관계). 그러나 문서위조죄가 성립하지 않는 때에는 인장위조죄는 성립한다. 절취한 인장을 매각・양도・손괴하는 행위는 불가벌적 사후행위가 되지만 절취한 인장을 부정사용하면 각각 별죄를 구성한다. 인장・서명 등의 위조죄와 그 행사죄도 각각 별죄를 구성하고 두 죄는 실체적 경합이 된다.

---

423) 대판, 1997. 7. 8, 96도3319.

2. 위조사인 등 행사죄

【구성요건 · 법정형】 위조 또는 부정사용한 타인의 인장 · 서명 · 기명 또는 기호를 행사한 때에는 전항(사인등 · 부정사용죄)의 형과 같다(제239조 2항). 미수범은 처벌한다(제240조).

위조 또는 부정사용한 타인의 인장 · 서명 · 기명 또는 기호를 행사함으로써 성립하는 범죄이다. 행위는 행사하는 것이다. "행사"란 위조된 인장 · 서명 · 기명 또는 기호 등을 진정한 것처럼 그 용법에 따라 사용하는 것을 말한다. 공범자 이외의 자에게 사용해야 한다. 따라서 위조된 인영 · 서명 · 기명 · 기호 등을 타인이 열람할 수 있는 상태에 두거나 인과를 날인하여 일반인이 열람할 수 있는 상태에 이른 때에 행사가 있다고 하게 된다.[424] 열람할 수 있는 상태에 두면 족하고 타인이 현실로 열람하였거나 인식하였음을 요하지 않는다.

Ⅲ. 공인 등 위조 · 행사죄

1. 공인 등 위조 · 부정사용죄

【구성요건 · 법정형】 행사할 목적으로 공무원 또는 공무소의 인장 · 서명 · 기명 또는 기호를 위조 또는 부정사용한 자는 5년 이하의 징역에 처한다(제238조 1항). 7년 이하의 자격정지를 병과할 수 있다(제238조 3항). 미수범은 처벌한다(제240조).

행사할 목적으로 공무원 또는 공무소의 인장 · 서명 · 기명 또는 기호를 위조 또는 부정사용 함으로써 성립하는 범죄이다. 행위의 객체가 공무원 또는 공무소의 인장 · 서명 등이라는 이유로 사인위조 · 부정사용죄에 대하여 불법이 가중된 구성요건이다. 그 밖의 성격은 사인위조죄와 같다.

공무원 또는 공무소의 인장 · 서명 · 기명 · 기호란 공무원이 공무상 사용하는 모든 인장 · 서명 · 기명 · 기호와 공무소가 그 사무와 관련하여 문서에 사용하는 인장 · 서명 · 기명 · 기호를 말한다. ① 청인(廳印) · 서인(署印) · 직인(職印) · 계인(契印) 등은 공무소의 인장에 해당한다. ② 공무원이 공무상 사용하는 인장이면

---

424) 대판, 1984. 2. 28, 84도90.

사인(私印)·인인(認印)을 묻지 않는다. ③ 공무원의 서명은 공무원이 신분을 명시한 서명을 말한다. 서명에는 직명을 병기하는 것이 일반적이다. 서명은 자서에 한하지 않는다는 입장에서는 공무소의 서명도 인정할 수 있으나, 자서에 한한다는 입장에서는 공무소의 서명이란 생각할 수 없다. ④ 공기호는 공무원 또는 공무소가 대상물의 동일성을 증명하기 위하여 사용하는 문자 또는 부호를 말한다. 전매청의 명의의 기호,[425] 자동차의 차량번호표,[426] 택시미터의 검정납봉의 봉인[427] 등이 공기호에 해당한다.

【판례】 택시미터기의 수리는 계량법시행규칙에 의하여 검정의무가 면제되는 간이수리에 해당하나, 택시미터기에 적법하게 부착된 검정납봉의 봉인철사를 일단 절단한 후에는 소관 검정기관만이 이를 다시 부착할 수 있는 것이므로 피고인이 임의로 한 검정납봉 재봉인 부착행위는 형법 제238조 제2항 소정의 공무소기호 부정사용에 해당한다(대판, 1982. 6. 8, 82도138).

2. 위조공인 등 행사죄

【구성요건·법정형】 위조 또는 부정사용한 공무원 또는 공무소의 인장·서명·기명 또는 기호를 행사한 자도 전항(공인등 위조·부정사용죄)의 형과 같다(제238조 2항). 7년 이하의 자격정지를 병과할 수 있다(제238조 3항). 미수범은 처벌한다(제240조).

위조 또는 부정사용한 공무원 또는 공무소의 인장·서명·기명 또는 기호를 진정한 것처럼 그 용법에 따라 사용함으로써 성립하는 범죄로서, 위조사인 등 행사죄에 대하여 가중적 구성요건이다. 행사는 공범자 이외의 자에게 사용하는 것이라야 한다. 판례는 절취한 타인의 차량등록 번호판을 렌트카에 부착하고 운행한 경우에 공기호부정사용죄와 부정사용공기호행사죄의 실체적 경합이 성립한다고 한다.[428]

【판례】 부정사용한 공기호를 공범자 이외의 자에게 보이는 것도 행사죄에 해당한다(대판, 1981. 12. 22, 80도1472).

---

425) 대판, 1957. 11. 1, 4290형상294: 「전매청 명의의 기호를 사용하여 "파랑새" 포장지를 제조한 것은 본조에 해당한다.」

426) 대판, 1983. 10. 25, 83도2073; 대판, 1997. 7. 8, 96도3319.

427) 대판, 1982. 6. 8, 82도138.

428) 대판, 1997. 7. 8, 96도3319.

제 3 장 공중의 건강에 대한 죄

제 1 절 음용수에 관한 죄

Ⅰ. 총 설

1. 의 의

모든 생물은 물(水) 없이는 생존할 수 없으며, 특히 일상식용(음용)에 사용되는 물은 사람의 건강유지를 위해서 뿐만 아니라 인간생활에서 하루라도 없어서는 안 될 필수적 요소가 아닐 수 없다. 따라서 양질의 정수(淨水)를 보존하고 이를 사용할 수 있도록 하는 것은 일반공중의 생존과 건강을 위해 가장 중요한 문제라 하겠다. 깨끗한 음용수를 확보하기 위해서는 무엇보다도 강, 호수 등 수원(水源)의 수질오염을 방지하고 이를 규제할 필요가 있다. 수질보존에 대해서는 현행 형법이 직접 규제하지 않고 특별법인 수질환경보존법, '환경범죄의단속에관한특별조치법' 등 소위 환경형법의 규제대상으로 하고, 형법은 음용수에 대해서만 규제하고 있다. 즉, 음용수에 관한 죄는 사람의 음용에 공하는 정수 또는 그 수원에 오물·독물 기타 건강을 해하는 물건을 혼입하거나 수도 기타의 시설을 손괴 기타의 방법으로 불통하게 하여 안전한 정수의 보존과 공중의 음용수의 이용을 위태롭게 하는 행위를 처벌하고 있다.

2. 보호법익

음용수에 관한 죄는 일반공중의 생존과 건강을 위태롭게 하는 공공위험죄로서 공중의 건강(또는 보건)을 보호법익으로 하며, 보호받는 정도는 결과적 가중범을 제외하고는 추상적 위험범으로서의 보호이다.[1)]

---

1) 형법전 외에도 공중건강에 관한 특별법 중 보건범죄단속에관한특별조치법, 공중위생법, 전염

3. 구성요건체계

음용수에 관한 죄는 오물을 혼합하는 행위를 행위객체에 따라 음용수사용방해죄(제192조 1항)와 수도음용수 사용방해죄(제193조 1항)로 구별하여 전자를 기본적 구성요건으로 하고 후자는 객체가 제한되어 불법이 가중되는 가중적 구성요건으로 하였으며, 이 두 가지 범죄에 대하여 다시 행위방법이 유해물을 혼입하는 유해물혼입죄(제192조 2항, 제193조 2항)를 불법이 가중되는 각각의 가중적 구성요건으로 규정하였다. 그리고 음용수혼독치사상죄(제194조)는 유해물혼입죄(제192조 2항, 제193조 2항)를 범하여 사상에 이르게 한 결과적 가중범이다. 이 밖에도 객체와 행위방법 때문에 불법이 가중되는 수도불통죄(제195조)를 독립된 범죄유형으로 규정하고 있다.

【입법론】 형법은 공중의 건강을 보호하기 위한 일반적 범죄로서 음용수에 관한 죄만을 규정하고 있다. 그러나 고도로 산업화된 현대사회에서 공중의 건강을 해하는 행위는 다양화되었고 특히 유해식품과 환경오염에 의한 피해는 단순한 행정적 단속의 한계를 벗어나 국민의 건강일반에 큰 위협이 되었다고 할 수 있다. 여기에 공중건강에 대한 위험을 예방하기 위한 형법적 규제의 필요성이 강조되고 있다. 이에 관한 규제를 위하여 현재 특별형법으로서 '보건범죄단속에관한특별조치법'(법률 제2137호)과 '환경범죄의단속에관한특별조치법'(법률 제6094호)이 있고, 소위 행정형법으로서 식품위생법, 대기환경보전법, 소음·진동규제법, 수질환경보전법, 유해화학물질관리법, '오수·분뇨및축산폐수의처리에관한법률' 등의 환경관련 특별법이 있다. 그러나 대부분의 특별법들은 주로 행정법적인 사전규제에 치중하고 있으므로 실효성 있는 국민건강보호와 환경보호를 위해서는 이러한 행위의 사회적 유해성과 범죄로서의 성격을 명확히 하여, 유해식품범죄와 기본적인 중요한 환경범죄를 유형화하여 형법전에 편입할 필요가 있다고 본다.[2)]

병예방법, 결핵예방법은 국민보건을, 후천성면역결핍증예방법은 국민건강을 보호법익으로 명시하고 있는데 용어는 다르지만 모두 공중의 건강을 보호한다.

2) 이에 관해서는 정성근, "환경범죄규제에 관한 비교법적 고찰"(성균관법학 제9호, 1998), 135~165면 참조; 이재상, 620~621면; 손동권, 579면; 김성권, 533면 이하; 김일수/서보학, 600면. 한편 이러한 범죄의 형법전 신설을 반대하는 견해는 배종대, 732~733면 이하; 임웅, 715면.

Ⅱ. 음용수 범죄의 유형

1. 음용수 사용방해죄

【구성요건 · 법정형】 일상 음용에 공하는 정수에 오물을 혼입하여 음용하지 못하게 한 자는 1년 이하의 징역 또는 500만원 이하의 벌금에 처한다(제192조 1항).

(1) 의 의

사람의 일상음용에 공하는 정수(淨水)에 오물을 혼입하여 사용하지 못하게 함으로써 성립하는 범죄로서 음용수에 관한 죄의 기본적 구성요건이다. 추상적 위험범, 거동범이다.

(2) 구성요건요소

1) 주 체 주체는 제한이 없다. 사람의 일상 음용에 공하는 정수이면 그 소유자도 주체가 될 수 있다.

2) 객 체 객체는 일상 음용에 공하는 정수(淨水)이다.

① "정수"란 사람의 음용에 적합할 정도의 청결한 물을 말한다. 정수의 소유자 관리자가 누구인가는 문제되지 않으며, 자연수 · 인공수 · 유수 · 저수도 묻지 않는다. 수질검사나 수질적합판정 여부와 관계없다. 다만 청량음료수는 여기의 정수에 해당하지 않는다(식품위생법 제4조, 제7조 참조).[3] 음용에 공하는 정수이면 공업용 기타의 용도에 사용되고 있어도 무방하다. ② "일상음용에 공"한다란 불특정 또는 다수인이 계속 반복하여 음용에 사용하는 것을 말한다. 불특정 또는 다수인은 특정할 수 있는 소수 이외의 모든 사람을 의미한다. 가정의 음료저장용기나 사무실 음료저장기에 담겨진 음용수도 객체가 된다. 특정인의 음용에 공할 목적으로 컵 · 찻잔에 담아둔 정수는 여기에 해당하지 않는다. 여기의 다수인은 수도음용수 사용방해죄(제193조)와 같이 공중의 음용임을 요하지 아니하므로 상당한 다수일 필요가 없고 어느 정도의 다수인이면 족하다. 따라서 일가족의 음용에 공하기 위한 물통의 정수도 객체가 된다.[4] 또한 음용에 공하는 정수라

---

3) 황산덕, 119면; 김석휘, 주석(상), 312면; 정성근, 815면; 진계호, 531면.

4) 황산덕, 119면; 서일교, 235면; 정영석, 181면; 김석휘, 주석(상), 311면; 이형국, 649면; 이재상, 621면; 박상기, 562면; 배종대, 733면; 백형구, 480면; 임웅, 717면; 이정원, 654면; 정영

야 하므로 관개용수·공업용수·세탁이나 목욕에만 전용된 것은 제외되며, 계속 반복하여 일상 음용에 사용하는 정수라야 하므로 산속 옹달샘이나 계곡에 흐르는 물과 같이 일시적으로 이용되는 정수는 포함되지 않는다.[5)]

3) 행 위　오물을 혼입하여 음용하지 못하게 하는 것이다.

① "오물"이란 정수를 더럽혀 음용에 지장을 줄 수 있는 독물 이외의 일체의 물질을 말한다. 대소변·동물의 배설물·쓰레기·비누 세숫물 등을 혼입하는 것이 그 예이다. ② "혼입"이란 어떤 물질을 섞어 넣는 것을 말하지만 반드시 적극적인 물질혼입뿐만 아니라 우물바닥의 흙을 들추어 물을 흐리게 하여 먹지 못하게 하는 것도 포함한다. ③ "음용하지 못하게 한다"란 음용수로서 이용할 수 없게 하는 것을 말한다. 사용할 수 없게 되는 정도는 보통인의 감정을 기준으로 판단하여 음용에 장애를 받는 정도로 족하다. 음용하지 못하게 할 것을 요하므로 오물을 혼입하였으나 음용할 수 없는 정도에 이르지 않은 때에는 경범죄처벌법(동법 제1조 14호)에 해당할 뿐이다. 음용할 수 없게 된 이유는 물리적·화학적으로 혼탁하게 하였건 감정적·심리적으로 불결한 느낌을 갖게 하였건 불문한다. 따라서 약수물에 냄새나는 음식찌꺼기를 버리거나 유색 식음료를 풀어 우물물을 불쾌한 색으로 만들거나 소변을 보아 불쾌감을 느끼게 하여 음용수로 이용할 수 없게 하는 경우도 이 죄에 해당할 수 있다.

이 죄는 추상적 위험범이고 거동범의 성질을 갖기 때문에 오물 혼입으로 일반적 위험성만 있으면 기수가 되고 음용하지 못하게 된 결과의 발생은 기수요건이 아니다. 미수범은 처벌하지 않는다.

4) 주관적 구성요건요소　이 죄의 고의는 정수에 오물을 혼입하여 음용하지 못하게 하는 것에 대한 인식과 그 의사이다. 미필적 고의로 족하다.

2. 음용수 유해물혼입죄

【구성요건·법정형】 전항(음용수 사용방해)의 음용수에 독물 기타 건강을 해할 물건을 혼입한 자는 10년 이하의 징역에 처한다(제192조 2항). 미수범은 처벌한다(제196조).

일, 526면; 김성돈, 535면. 다른 의견: 오영근, 671면.

5) 김석휘, 주석(상), 311면; 명형식(7인 공저), 482면; 이형국, 650면; 이재상, 621면; 김일수/서보학, 610면; 진계호, 531면; 박상기, 562면; 배종대, 734면; 임웅, 717면; 백형구, 480면; 정영일, 526면; 손동권, 581면; 김성돈, 535면.

본죄를 범할 목적으로 예비 또는 음모한 자는 2년 이하의 징역에 처한다(제197조).

일상 음용에 공하는 정수에 독물 기타 건강을 해할 물건을 혼입함으로써 성립하는 범죄이다. 독물 등 유해물을 혼입한다는 행위방법의 위험성 때문에 불법이 가중된 것이며, 음용수 사용방해죄에 대하여는 특별법의 관계에 있다.[6] 따라서 이 죄에 정한 행위방법에 해당하지 않을 때에는 일반규정인 음용수 사용방해죄가 적용된다. 추상적 위험범·거동범이다.

행위는 독물 기타 건강을 해하는 물건을 혼입하는 것이다. "독물"이란 적은 양이 인체에 흡수되어도 그 화학적 작용으로 사람의 건강을 해할 수 있는 물질을 말한다. 청산가리·염산·비소·불화수소산·농약 등을 예로 들 수 있다. "기타 건강을 해할 물건"이란 사람이 음용하면 건강에 장애를 줄 만한 유해물을 말한다. 방사능·산업폐기물·석유화학물질이 그 예이다. 병균과 같은 생물체를 혼입하여도 여기에 해당한다.

3. 수도음용수 사용방해죄

【구성요건·법정형】 수도에 의하여 공중의 음용에 공하는 정수 또는 그 수원에 오물을 혼입하여 음용하지 못하게 한 자는 1년 이상 10년 이하의 징역에 처한다(제193조 1항).

(1) 의의·성격

수도를 통해 공중의 음용에 공하는 정수 또는 그 수원에 오물을 혼입하여 음용하지 못하게 함으로써 성립하는 범죄이다. 수도를 통한 정수는 공급의 대상과 음용의 범위가 넓고 음용성에 대한 공중의 신뢰도 크기 때문에 여기에 오물을 혼입할 때에는 공중건강에 미치는 위험도 크다는 점을 고려하여 불법이 가중되는 구성요건으로 규정한 것이다. 추상적 위험범·거동범이다.

(2) 구성요건요소

1) 객 체 객체는 수도(水道)에 의하여 공중의 음용에 공하는 정수 또는 그 수원이다. 일상 음용에 공하는 정수에 비하여 객체가 제한되어 있다. "수도"란 음용정수를 공급하기 위한 인공적 설비를 말한다. 공공적 설비인가 사설인가를

6) 유기천(하), 69면; 이재상, 623면; 김성돈, 537면.

묻지 않는다. 반드시 설비 모두가 인공적임을 요하지 않고 천연수로를 이용하여 인공설비를 한 것도 수도에 해당하지만 단지 자연유수를 이용하는 것은 여기에 포함되지 않는다. 따라서 대나무관이나 비닐호스를 통해 자연유수만을 공급하는 것은 일반음용수에 해당한다. 반드시 영구적인 설비임을 요하지 않고 일시적 목적으로 시설된 것도 수도로 될 수 있다.[7] 수도는 인공설비에 의한 물의 유통로를 말하므로 저수지 또는 정수지에 이르는 수로는 수도라 할 수 없고 수원(水原)에 해당한다. 수도인 이상 반드시 적법절차를 밟아 가설되었음을 요하지 않으며, 법령·관습에 의하여 수도로 용인되어 있어야 하는 것도 아니다.

"공중의 음용에 공하는 정수"란 인공설비에 의하여 불특정 또는 다수인이 음용할 수 있도록 현재 공급 중에 있는 정수를 말하므로, 이미 공급이 끝나 개인집의 물통에 담겨진 정수는 이 죄의 객체가 아니다. 여기의 공중도 불특정 또는 다수의 사람을 말하고 상당한 다수의 사람을 의미한다고 해야 한다.[8] 따라서 자기의 가족만이 이용하는 전용수도는 음용수사용방해죄(제192조 1항)에 해당하고 이 죄의 객체는 아니다.

"수원(水源)"이란 수도에 유입되기 이전의 수류 또는 저수지·정수지의 물을 말한다. 취수장으로부터 저수지·정수장에 이르는 수로의 물은 수원에 해당하지만, 취수장에 이르는 물과 상수원 보호구역의 물은 이 죄의 객체가 아니다.

2) 행 위 오물을 혼입하여 음용하지 못하게 하는 것이다. 음용수 사용방해죄의 행위와 같다. 추상적 위험범이므로 음용하지 못하게 하면 족하고 사람의 건강에 장애를 주었는가는 범죄의 성립에 영향이 없다.

4. 수도음용수 유해물혼입죄

【구성요건·법정형】 전항(수도음용수 사용방해)의 음용수 또는 수원에 독물 기타 건강을 해할 물건을 혼입한 자는 2년 이상의 유기징역에 처한다(제193조 2항). 미수범은 처벌한다(제196조).

본죄를 범할 목적으로 예비 또는 음모한 자는 2년 이하의 징역에 처한다(제197조).

---

7) 이 점에서 수도법 제2조의 '수도'와 반드시 일치하지 않으며 일시적 목적의 시설물까지 포함하는 넓은 개념이다.

8) 유기천(하), 70면; 김석휘, 주석(상), 314면; 명형식(7인 공저), 485면; 정성근, 818면; 이형국, 652면; 이재상, 624면; 김일수/서보학, 613면; 진계호, 533면; 배종대, 735면; 임웅, 719면; 이정원, 655면; 오영근, 674면.

수도에 의하여 공중의 음용에 공하는 정수 또는 그 수원에 독물 기타 건강을 해할 물건을 혼입함으로써 성립하는 범죄이다. 이 죄는 음용수 사용방해죄(제192조 1항)에 대하여 행위객체의 위험성이 크다는 이유로 불법이 가중되었을 뿐만 아니라 수도음용수 사용방해죄(제193조 1항)에 대하여 행위방법이 독물 기타 유해물을 혼입하는 것이므로 이중으로 불법이 가중된 것이다. 수도음용수 사용방해죄의 성격과 같다.

5. 음용수혼독치사상죄

> 【구성요건·법정형】 제192조 제2항 또는 제193조 제2항의 죄를 범하여 사람을 상해에 이르게 한 때에는 무기 또는 3년 이상의 징역에 처한다. 사망에 이르게 한 때에는 무기 또는 5년 이상의 징역에 처한다(제194조).

음용수 유해물혼입죄와 수도음용수 유해물혼입죄를 범하여 사람을 사상에 이르게 한 때에 성립하는 결과적 가중범이다. 다만 1995년 개정형법은 치상과 치사를 구별하여 각각 법정형을 다르게 규정하였다. 이 죄의 성격에 관해서 중한 결과에 대해서 과실이 있는 경우에만 성립하는 진정결과적 가중범이라는 견해와[9] 사망의 결과가 발생한 때에는 진정결과적 가중범이지만 상해의 결과가 발생한 때에는 부진정결과적 가중범이라는 견해가[10] 대립한다. 전설에 의하면 사상의 결과에 대해서 고의가 있으면 제192조 2항 또는 제193조 2항의 죄와 살인죄(또는 미수)·상해죄(또는 상해치사죄)의 상상적 경합이 되고, 후설에 의하면 상해의 고의가 있는 경우에 한하여 이 죄와 상해죄의 상상적 경합이 된다. 부진정결과적 가중범을 인정하지 않을 때에는 중한 결과발생에 대해서 과실이 있는 경우에만 결과적 가중범이라 하게 된다. 사상의 결과가 발생하면 제192조 2항과 제193조 2항의 기본범죄가 미수에 그친 때에도 이 죄는 성립한다.(다수설)[11]

---

9) 김석휘, 주석(상), 315면; 명형식(7인 공저), 486면; 백형구, 483면.

10) 유기천(하), 72면; 이재상, 625면; 김일수, 517면; 진계호, 535면; 박상기, 565면; 배종대, 736면; 임웅, 720면; 정영일, 529면; 오영근, 675면; 김성돈, 538면.

11) 기본범죄가 기수에 이른 때에 이 죄가 성립한다는 이견은 김일수/서보학, 615면; 백형구, 483면; 오영근, 675면.

6. 수도불통죄

【구성요건 · 법정형】 공중의 음용수를 공급하는 수도 기타 시설을 손괴 기타 방법으로 불통하게 한 자는 1년 이상 10년 이하의 징역에 처한다(제195조). 미수범은 처벌한다(제196조).

본죄를 범할 목적으로 예비 또는 음모한 자는 2년 이하의 징역에 처한다(제197조).

공중의 음용수를 공급하는 수도 기타 시설을 손괴 기타 방법으로 불통하게 함으로써 성립하는 범죄이다. 객체가 수도 기타 시설이고 행위태양이 손괴 기타 방법으로 불통하게 한다는 점에서 음용수 사용방해 행위의 특별한 경우로서 이중으로 불법이 가중된 것이다. 그리고 정수를 공급하는 시설의 효용을 해하여 간접적으로 사람의 음용을 방해한다는 점에 특색이 있다. 추상적 위험범 · 거동범이다.

객체는 공중의 음용수를 공급하는 수도 기타 시설이다. ① "수도"는 음용수를 공급하는 인공적 시설을 말하며 수도음용수 사용방해죄의 객체와 같은 의미이다. 사인이 절차를 밟지 않고 임의로 가설한 수도도 객체가 된다.[12] 사설특수가압 수도시설은 공중의 음용수를 공급하는 수도가 아니다.[13] ② "기타 시설"은 수도 이외에 공중의 음용수를 공급하는 시설로서 공중이 이용하는 우물도 포함된다.

행위는 손괴 기타 방법으로 불통하게 하는 것이다. "손괴"는 불통방법의 예시에 지나지 않는다. "불통하게 한다"란 손괴 이외의 방법으로 수도의 유통을 방해하여 음용수의 공급을 불가능하게 하는 것을 말한다. 급수단절도 불통의 방법이 된다. 공급이 불가능하게 할 정도에 이르지 않은 때에는 경범죄처벌법 또는 수도법의 적용을 받을 수 있다. 수도관을 단절해 가는 것은 절도죄와 이 죄의 상상적 경합이 된다. 사설수도를 설치한 시장번영회가 수도요금을 체납한 회원에게 사전경고까지 하고 단수하였다면 위법성이 조각된다.[14]

---

12) 대판, 1957. 2. 1, 4289형상317.
13) 대판, 1971. 1. 26, 70도2654.
14) 대판, 1977. 11. 22, 77도103.

7. 특별형법

환경범죄의단속에관한특별조치법은 사람의 생명・신체, 상수원 또는 자연생태계 등에 유해한 환경오염 또는 환경훼손을 초래하는 다음의 범죄에 대해서 가중처벌하고 있다.

1) 오염물질 불법배출죄(제3조 1항)　오염물질을 불법배출함으로써 공중의 생명 또는 신체에 위험을 발행시키거나 상수원 오염을 초래하여 공중의 식수사용에 위험을 발생시킨 자는 3년 이상의 유기징역에 처한다(구체적 위험범).

2) 오염물질 불법배출치사상죄(제3조 2항)　제1항의 죄를 범하여 사람을 사상에 이르게 한 자는 무기 또는 5년 이상의 유기징역에 처한다(결과적 가중범).

3) 토지 바다등 오염 및 어패류폐사죄(제3조 3항)　① 오염물질을 불법배출한 자로서 다음 각 호의 1에 해당하거나, ② 토사를 배출한 자로서 제3호에 해당하는 자는 1년 이상 7년 이하의 징역에 처한다(환경재에 대한 침해범).

i) 농업・축산업・임업 또는 원예업에 이용되는 300제곱미터 이상의 토지를 당해용도로 이용할 수 없게 한 자.

ii) 바다・하천・호소 또는 지하수를 별표1에서 정하는 규모 및 기준 이상으로 오염시킨 자.

iii) 어패류를 별표2에서 정하는 규모 이상으로 집단폐사에 이르게 한 자.

4) 업무상 과실・중과실죄(제5조)　업무상과실 또는 중대한 과실로 인하여 ① 제3조 1항의 죄를 범한 자는 7년 이하의 징역이나 금고 또는 1억원 이하의 벌금에, ② 제3조 2항 또는 제4조 3항의 죄를 범한 자는 10년 이하의 징역이나 금고 또는 1억5천만원 이하의 벌금에, ③ 제3조 3항의 죄를 범한 자는 3년 이하의 징역이나 금고 또는 3천만원 이하의 벌금에 처한다.

5) 그 밖에 누범가중(제8조), 단체・집단의 폐기물불법처리의 가중(제7조), 사업자의 불법배출과 위험발생 사이의 인과관계 추정(제11조) 규정을 두고 있다.

제 2 절 아편에 관한 죄

Ⅰ. 총 설

1. 의의・보호법익

아편에 관한 죄는 아편을 흡식하거나 아편 또는 아편흡식기구를 제조・수입·판매 또는 소지하는 범죄이다. 아편[15]은 한편으로는 의학상의 치료약으로 사용되기도 하지만, 다른 한편으로는 이를 함부로 사용하게 되면 아편의 무서운 습관성과 마비적 쾌감성으로 인하여 중독성을 띄게 한다. 이에 중독되었을 때에는 금단현상으로 말미암아 사람의 건강뿐만 아니라 정신까지 마비시키게 되며, 나아가서 국민의 건전한 생활까지 퇴폐하게 하여 각종 범죄를 일으키는 원인이 되기도 한다. 법에서 이를 규제하는 취지도 일반공중의 건강보호와 국민생활의 퇴폐방지 때문이라 하겠다. 따라서 이 죄는 공중의 건강을 보호법익으로 하며, 보호받는 정도는 추상적 위험범으로서의 보호이고 아편흡식장소제공죄는 결과범이다.

다만 아편에 관한 죄는 행정단속적 성격을 가진 범죄로서 이를 형법에 규정하기보다는 특별법에 일임하는 것이 입법적으로 타당하다. 아편에 관한 죄를 형법전에 규정한 입법은 우리나라와 일본·중국에 한정되어 있으며, 독일·프랑스·오스트리아의 형법과 미국의 모범형법전도 아편범죄를 비범죄화하여 특별법에서만 규제하고 있다.

2. 구성요건체계

아편에 관한 죄의 기본적 구성요건은 아편흡식죄(제201조 1항)이며, 아편소지죄(제205조)는 그 예비행위를 독립범죄로 규정한 감경적 구성요건이며, 아편 등 제조·수입·판매 또는 판매목적소지죄(제198조)와 아편흡식기구 제조·수입·판매 또는 판매목적소지죄(제199조)는 불법이 가중된 가중적 구성요건이다. 그리고 아편흡식장소제공죄(제201조 2항)는 아편흡식죄를 방조하는 행위를 독립범죄로 규정한 것이며, 세관공무원의 아편 등 수입·수입허용죄(제200조)와 이상의 죄의 상습범(제203조)은 가중적 구성요건이다. 이 이외에 본장의 죄에는 미수범 처벌(제202조)과 자격정지 또는 벌금의 병과(제204조)와 몰수 및 추징 규정(제206조)이 있다.

3. 특별형법

아편에 관한 죄에 대해서는 형법의 규정 외에 특별법인 마약류관리에관한법률(2000. 1. 12, 법률 제6146호)이[16] 적용된다. 이 법률은 아편을 마약의 일종으로 분

15) 아편·몰핀은 대표적인 마약의 하나로서 향정신성 의약품, 대마와 함께 마약류에 속한다.

류하고(동법 제2조 2호) 있으며, 형법에 비하여 가중처벌의 규정을 두고 있다. 그리고 이 법률은 형법에 우선 적용되므로 형법의 규정은 사실상 거의 실효성을 상실하고 있다.

'마약류관리에관한법률'에 의하면, ① 마약이나 향정신성의약품 또는 그 물질을 함유하는 향정신성의약품을 제조·수출입·매매·매매알선하거나 이상의 목적으로 소지·소유한 자(제58조 1항 1, 3, 6호), ② 마약 또는 향정신성의약품을 제조할 목적으로 그 원료가 되는 물질을 제조·수출입하거나 이상의 목적으로 소지·소유한 자(동 2호), ③ 향정신성의약품의 원료가 되는 식물에서 그 성분을 추출하거나 그 식물 또는 대마를 수출입하거나 수출할 목적으로 소지·소유한 자(동 4, 5호), ④ 미성년자에게 마약 또는 향정신성의약품을 수수·조제·투약·교부한 자(동 7호)는 무기 또는 5년 이상의 징역에 처하고, 이를 영리목적 또는 상습으로 행위한 자는 사형·무기 또는 10년 이상의 징역에 처한다(동 2항). 또 ⑤ 마약취급자 아닌 자의 마약 소지·소유·관리·수수(제59조 1항 1호), 마약원료가 되는 식물재배와 그 성분을 함유하는 원료·종자 등 소지·소유자 또는 관리·수수자(동 3, 4호), 제조목적의 원료가 되는 물질을 매매·알선·수수 또는 그 목적의 소지·소유자(동 5호), 향정신성의약품 또는 그 물질을 함유하는 향정신성의약품의 소지·소유·사용·관리자(동 6호), 수출·매매·제조목적의 대마초재배자(동 11호), 미성년자에게 대마 교부·수수·흡연·섭취하게 한 자(동 13호) 등은 1년 이상 유기징역에 처한다.

그 밖에 미수범과 예비·음모(제58조 3, 4항, 제59조 3, 4항)를 처벌하며, 이 법에 규정된 죄에 제공한 마약류·시설·장비·자금·운반수단과 그로 인한 수익금은 몰수하고 몰수할 수 없는 때에는 그 가액을 추징한다(제67조). 그리고 특정범죄가중처벌등에관한법률은 마약류관리에관한법률 제58조 중 마약과 관련된 범죄에 한하여 무기 또는 10년 이상의 징역에 처하는(동 제11조) 가중규정을 두고 있다.

Ⅱ. 아편범죄의 유형

1. 아편흡식죄

【구성요건·법정형】 아편을 흡식하거나 몰핀을 주사한 자는 5년 이하의 징

16) 이 법률은 종전의 마약법·향정신성의약품관리법·대마관리법으로 구분하여 시행되고 있던 마약류관계법률을 통합하여 제정한 것으로 2000. 7. 1.부터 시행되고 있다. 또한 마약류범죄에 대한 국제적 연대강화를 위하여 1988. 12. 20. 빈(Wien)에서 '마약 및 향정신성물질의 불법거래방지에 관한 국제연합협약'이 체결되었으며, 이 협약은 우리나라에서도 1999. 3. 28.부터 발효되고 있다. 이 협약을 효율적으로 시행하기 위한 법률로서 '마약류불법거래방지에관한특례법'(1995. 12. 6, 법률 제5011호)이 있다.

역에 처한다(제201조 1항). 미수범은 처벌한다(제202조). 10년 이하의 자격정지 또는 2천만원 이하의 벌금을 병과할 수 있다(제204조). 본죄에 제공한 아편·몰핀이나 그 화합물 또는 아편흡식기구는 몰수한다. 몰수하기 불능한 때에는 그 가액을 추징한다(제206조).

(1) 의의·구성요건요소

아편을 흡식하거나 몰핀을 주사함으로써 성립하는 범죄로 아편에 관한 죄의 기본적 구성요건이다.

객체는 아편 또는 몰핀이다.[17] 여기의 "아편"은 양귀비의 액즙이 응결된 것과 흡식할 수 있도록 가공된 제조아편(아편연)과 그 원료인 생아편(아편연토)을 포함한 것으로 의약품 이외의 것을 말한다.[18] "아편을 흡식"한다란 아편을 호흡기 또는 소화기를 통하여 신체 내에 소비하는 것을 말하며, 흡식 또는 주사의 목적이 쾌락을 위한 것인가의 여부는 묻지 않는다. 의학적인 약용으로 흡식 또는 주사한 때에도 의사의 적법한 처방에 의한 것이 아니면 이 죄가 성립한다. "몰핀"은 양귀비·아편·코카 잎에서 추출되는 알카로이드(마약류관리에관한법률 제2조 2호 나목, 동시행령 제2조) 계통의 합성물을 말한다.

(2) 타죄와의 관계

아편을 흡식하거나 몰핀을 주사하기 위해서는 이를 소지하는 것이 당연히 예상되므로 아편흡식죄만 성립하고 소지죄는 이에 흡수된다(다수설). 그러나 아편·몰핀 또는 아편흡식기구를 소지하고 있었던 자가 그 후에 흡식·주사한 때에는 이 죄와 소지죄의 경합범이 된다(통설). 한편 '마약류관리에관한법률'은 아편흡식행위를 5년 이하의 징역 또는 5천만원 이하의 벌금으로 가중처벌하고 있다(동법 제61조 1항 2호).

2. 아편흡식장소제공죄

【구성요건·법정형】 아편흡식 또는 몰핀 주사의 장소를 제공하여 이익을 취한 자도 전항의 형과 같다(제201조 2항). 미수범은 처벌한다(제202조). 자격정

17) '아편'이란 양귀비의 액즙이 응결된 것과 이를 가공한 것(의약품으로 가공한 것은 제외)을 말한다(마약류관리에관한법률 제2조 3호 나목).

18) 유기천(하), 75면; 황산덕, 120면; 이건호, 129면; 김석휘, 주석(상), 319면; 서일교, 228면; 이재상, 629면; 명형식(7인 공저), 489면; 진계호, 539면; 오연근, 680면; 임웅, 724면; 박상기, 567면; 손동권, 587면; 김성돈, 541면.

지 또는 벌금병과(제204조). 몰수 · 가액추징(제206조).

아편흡식 또는 몰핀 주사의 장소를 제공하여 이익을 취득함으로써 성립하는 범죄이다. 성질상 아편흡식죄의 방조에 해당하는 행위를 독립범죄로 규정한 것이고 결과범, 상태범의 성질을 갖는다.

이 죄는 장소제공에 의하여 이익취득의 결과가 발생하였음을 요한다. 여기의 "이익"은 장소사용과 관련하여 계산되는 대가적 성질을 가진 일체의 적극적 · 소극적 이익을 말한다.[19] 따라서 반드시 재산상의 이익에 한하지는 않는다. 이익 취득이 있는 때 기수가 된다. 그런데 '마약류관리에관한법률'은 마약사용을 위한 장소제공행위를 10년 이하의 징역 또는 1억원 이하의 벌금으로 가중처벌하고 있으므로(동법 제60조 1항 2호), 아편흡식장소 제공죄의 이익취득이라는 요건은 전혀 무의미하게 되었다.[20]

3. 아편 등 소지죄

【구성요건 · 법정형】 아편 · 몰핀이나 그 화합물 또는 아편흡식기구를 소지한 자는 1년 이하의 징역 또는 500만원 이하의 벌금에 처한다(제205조). 몰수 · 추징.

아편 · 몰핀이나 그 화합물 또는 아편흡식기구를 소지함으로써 성립하는 범죄이다. 이 죄는 기본적 구성요건인 아편흡식이나 몰핀의 주사를 하기 위한 예비행위를 독립된 구성요건으로 규정한 감경적 구성요건이다.

객체는 아편 · 몰핀이나 그 화합물 또는 아편흡식기구이다. 판매의 목적 없이 소지한 때에만 이 죄가 성립하며, 판매목적이 있으면 제198조와 제199조의 죄가 성립한다. 따라서 단순한 소지 그 자체로서 이 죄는 성립하며, 반드시 소지자 자신이 흡식하기 위하여 소지함을 요하지는 않는다. '마약류관리에관한법률' 제59조 1항 1호는 판매할 목적없는 단순한 마약소지행위를 1년 이상의 유기징역으로 가중처벌하고 있다.

19) 대판, 1960. 4. 6, 4292형상844.
20) 임웅, 726면; 김성돈, 543면.

4. 아편 등 제조 · 수입 · 판매 · 판매목적 소지죄

【구성요건 · 법정형】 아편 · 몰핀 또는 그 화합물을 제조 · 수입 또는 판매하거나 판매할 목적으로 소지한 자는 10년 이하의 징역에 처한다(제198조). 미수범처벌, 자격정지 · 벌금병과, 몰수 · 가액추징.

(1) 의 의

아편 · 몰핀 또는 그 화합물을 제조 · 수입 또는 판매하거나 판매할 목적으로 소지함으로써 성립하는 범죄이다. 아편흡식 · 몰핀주사 등의 근원적 행위에 대하여 가중처벌을 한 것이다. 추상적 위험범이고 소지죄는 목적범이다.

(2) 구성요건요소

객체는 아편 · 몰핀 또는 그 화합물이다. "그 화합물"이란 아편 몰핀 이외의 모든 화학적 합성물인 마약류를 말한다. 헤로인도 그 화합물에 포함된다고 본다.

행위는 제조 · 수입 · 판매 또는 판매할 목적으로 소지하는 것이다. ① "제조"란 아편 · 몰핀 또는 그 화합물을 만드는 것이고, ② "수입"이란 국외로부터 국내에 반입하는 것이다. 육로의 경우에는 국경선을 넘은 때에 기수가 된다. 해로의 경우에는 세관을 통과한 때에 기수가 된다는 견해도 있으나[21] 육지에 양륙되었을 때에 기수가 된다는 통설이[22] 타당하다. 항공기에 의한 경우에도 세관의 통관절차가 끝난 때에 기수가 된다는 견해도 있으나[23] 항공기에서 지상에 운반된 때에 기수가 된다.[24] ③ "판매"란 계속 반복의 의사로 유상양도하는 것을 말하며, 이로 인하여 현실적으로 수익이 있었음을 요하지 않는다. 1회의 판매행위도 계속 · 반복의 의사가 있으면 이 죄에 해당한다. ④ "소지"란 자기의 사실상의 지배하에 두는 것을 말한다. 반드시 몸에 지닐 필요가 없고, 저장 · 은닉 · 진열 등 소지의 형태와 원인 여하는 묻지 않는다. 따라서 타인을 위하여 소지하건 불법으로 탈취하여 소지하건 모두 여기에 해당된다. 다만 이 죄의 소지

---

21) 유기천(하), 78면; 김석휘, 주석(상), 320면.

22) 정영석, 193면; 서일교, 228면; 이재상, 630면; 명형식(7인 공저), 490면; 진계호, 541면; 박상기, 568면; 배종대, 739면; 백형구, 488면; 임웅, 726면; 이정원, 660면; 정영일, 536면; 김성돈, 543면.

23) 유기천(하), 83면; 김석휘, 주석(상), 320면.

24) 정영석, 185면; 서일교, 228면; 이건호, 130면; 이재상, 630면; 진계호, 541면; 박상기, 568면; 배종대, 739면; 백형구, 488면; 임웅, 726면; 이정원, 660면; 정영일, 536면; 김성돈, 543면.

는 판매할 목적을 가지고 소지해야 하므로 판매할 목적 없이 소지한 때에는 아편소지죄(제205조)가 성립할 뿐이다. 제조·수입·판매 등이 계속하여 순차로 행하여진 때에는 포괄일죄가 된다.

주관적 구성요건요소로서 아편·몰핀 또는 그 화합물임을 인식하고, 이를 제조·수입·판매 또는 소지한다는 점에 대한 고의가 있어야 한다. 그리고 이 죄의 소지의 경우에는 고의 이외에 다시 판매할 목적이 있어야 하는 목적범이다.

> 마약류관리에관한법률(제58조 1항)은 이 죄를 범한 자에 대해서 무기 또는 5년 이상의 처하고, 특정범죄가중처벌등에관한법률(제11조 1항)은 마약류관리법 제58조 1항의 이죄에 대해서 무기 또는 10년 이상의 징역으로 다시 가중처벌하고 있다. 또한 마약류관리에관한법률은 이 죄의 예비·음모를 10년 이하의 징역에 처하고(제58조 4항), 영리의 목적 또는 상습으로 이 죄를 범한 자를 사형·무기 또는 10년 이상의 징역에 처한다(동조 2항). 그리고 이 죄에 제공된 물건·장비·자금뿐만 아니라 그로 인한 불법수익금까지도 몰수·추징한다(제67조).

5. 아편흡식기 제조·수입·판매·매매목적 소지죄

> **【구성요건·법정형】** 아편을 흡식하는 기구를 제조·수입 또는 판매하거나 판매할 목적으로 소지한 자는 5년 이하의 징역에 처한다(제199조). 미수범 처벌. 자격정지·벌금병과. 몰수·추징.

(1) 의 의

아편을 흡식하는 기구를 제조·수입·판매하거나 판매할 목적으로 소지함으로써 성립하는 범죄이다. 이 죄는 아편을 흡식하기 이전의 행위이지만 아편흡식에 사용되는 기구를 제조·수입·판매하면 결국 아편흡식을 조장하게 되므로 그 위험성이 크다는 점에서 아편소지죄 보다 가중처벌을 하기로 한 것이다. 추상적 위험범이고, 판매목적 아편흡식기소지죄는 목적범이다.

(2) 구성요건요소

객체는 아편을 흡식하는 기구이다. 아편 그 자체가 아니라는 점에서 아편 등 제조·수입·판매죄와 구별된다. "아편을 흡식하는 기구"란 특별히 아편흡식에 사용하기 위하여 제조된 기구를 말한다. 흡식을 위해 제조된 기구이므로 아편흡식에 사용되더라도 이를 위해 제조된 것이 아니면 여기에 포함되지 않는다. 따라서 아편을 주사하기 위한 주사기는 아편흡식기구가 아니다. 그러나 생아편을 흡식할 수 있는 기구는 여기에 해당할 수 있다.

행위는 제조·수입·판매 또는 판매할 목적으로 소지하는 것이다.

6. 세관공무원의 아편 등 수입·수입허용죄

【구성요건·법정형】 세관의 공무원이 아편·몰핀이나 그 화합물 또는 아편흡식기구를 수입하거나 그 수입을 허용한 때에는 1년 이상의 유기징역에 처한다(제200조). 미수범 처벌. 자격정지·벌금병과. 몰수·추징.

(1) 의 의

세관의 공무원이 아편·몰핀이나 그 화합물 또는 아편흡식기구를 수입하거나 그 수입을 허용함으로써 성립하는 범죄이다. 수입죄는 일반인의 수입죄(제198조, 제199조)에 대하여 세관공무원이라는 신분으로 인하여 불법이 가중된 부진정신분범이라는 것이 다수설이다.[25] 수입허용죄는 일종의 방조행위를 독립구성요건으로 규정한 것이므로 총칙상의 공범규정이 적용되지 않고, 수입자만 수입죄로 처벌된다. 이에 반하여 수입죄는 부진정신분범이지만 수입허용죄는 세관공무원만이 가능하므로 진정신분범이라는 견해도 있다.[26]

(2) 구성요건요소

주체는 세관공무원이다. 여기의 세관공무원은 세관에 있는 공무원 중 수입에 관한 사무에 종사하는 공무원만을 말한다.

객체는 아편·몰핀이나 그 화합물 또는 아편흡식기구이다. 행위는 수입하거나 그 수입을 허용하는 것이다. "수입을 허용"한다란 명시적 또는 묵시적으로 수입을 허가·승인·묵인하는 것을 말한다. 작위뿐만 아니라 부작위로 행할 수 있다. 수입이 기수가 된 때에 수입허용도 기수가 된다.

7. 상습아편흡식·아편제조·수입·판매죄

【구성요건·법정형】 상습으로 전5조의 죄를 범한 때에는 각조에 정한 형의

25) 이재상, 632면; 김일수/서보학, 622면; 박상기, 569면; 배종대, 740면; 백형구, 489면; 임웅, 728면; 손동권, 589면; 정영일, 537면; 김성돈, 544면.

26) 김석휘, 주석(상), 322면; 진계호, 543면; 오영근, 685면.

2분의 1까지 가중한다(제203조). 자격정지 · 벌금병과(제204조).

상습으로 이상의 모든 아편에 관한 죄(제198조, 제199조, 제200조, 제201조, 제202조)와 그 미수범을 범함으로써 성립하는 가중적 구성요건이다.

제 4 장 사회의 도덕에 대한 죄

제 1 절 성풍속에 관한 죄

I. 총 설

1. 성범죄와 성풍속범죄

성풍속에 관한 죄는 성생활에 관련되는 성도덕 내지 성풍속을 해하는 범죄로서 풍속범이라고도 한다. 인간의 성과 관련된 범죄를 총칭하여 강학상 성범죄라고 한다(광의의 성범죄). 형법은 이러한 성범죄를 크게 세 가지로 나누어 보호한다고 할 수 있다.[1] 하나는 애정을 기초로 하는 개인의 성생활의 자유를 침해하는 행위로부터 개인의 성적 자기결정의 자유를 보호하는 협의의 성범죄로서, "강간과 추행의 죄"라 하여 개인적 법익에 대한 죄로 규정하고 있다. 성폭력범죄의처벌등에관한특례법도 같다. 그 둘은 사회일반의 성도덕 내지 성풍속을 해하는 성풍속 범죄로서 "성풍속에 관한 죄"라 하여 사회적 법익에 대한 죄로 규정하고 사회일반의 건전한 성풍속과 성도덕을 보호하고 있다. 성매매알선등행위의처벌에관한법률도 여기에 해당한다. 그 셋은 미성년자를 성욕의 객체나 도구로 이용하는 행위로부터 건전한 성적 발육을 보호하는 범죄로서 개별적으로 규정하고 있다. 미성년자 의제강간·추행죄(제305조)와 아동·청소년의성보호에관한법률, 청소년보호법, 아동복지법 등에서 청소년의 성적매매·알선, 미성년자에 대한 음란물죄, 청소년 이용 음란물제작·배포 등을 처벌하고 있다.

성풍속·성도덕은 시대나 민족에 따라 차이가 있고, 인간의 성윤리에 속하는 부분이기도 하다. 그러나 아무리 부도덕하고 반윤리적 성관련 행위라도 도덕적 비난성 때문에 형벌권이 개입할 수 없다. 성풍속 성도덕이라는 윤리적 가치는

1) 임웅, 709면; 「성범죄의 비범죄화론」(비범죄화의 이론, 1999), 66면 이하.

인간본성에서 존중해야 하지만 그것이 사회의 평화로운 공존질서를 깨뜨릴만한 사회유해성이 있는 때에 한하여 형법의 규제대상으로 해야 한다(형법의 탈윤리화).

2. 구성요건체계

형법이 규정하는 성풍속범죄는 간통죄(제241조), 음행매개죄(제242조)와 음란물죄(제243조, 제244조) 및 공연음란죄(제245조)의 세 가지로 구성되어 있다.[2] 이러한 죄는 성생활의 질서가 문란하게 되면 개인의 인격적 자유는 물론, 가정과 사회생활질서까지 파괴되며, 음란물 등에 의한 성적 자극은 여기에 편승하거나 이를 더욱 조장하는 역할을 하기 때문에 이를 규제하기 위해서 범죄로 규정한 것이라 할 수 있다.[3] 한편 군형법은 동성애[계간(鷄姦)·추행]를 처벌하는 규정을 두고 있다(동법 제92조의5).

Ⅱ. 간통과 음행매개의 죄

1. 간통죄

> **【구성요건·법정형】** 배우자 있는 자가 간통한 때에는 2년 이하의 징역에 처한다. 그와 상간한 자도 같다(제241조 1항). 전항의 죄는 배우자의 고소가 있어야 공소를 제기할 수 있다. 단 배우자가 간통을 종용 또는 유서한 때에는 고소할 수 없다(제241조 2항).

(1) 의의·성격

간통(Ehebruch; adultery)이란 배우자 있는 자가 배우자 아닌 자와 성교관계를 갖는 것을 말하고, 이를 처벌하는 범죄를 간통죄라 한다. 형법은 배우자 있는 자의 간통과 그와 상간(相姦)한 자를 간통죄로 처벌하고 있다.

이 죄는 법률상의 배우자 있는 자의 간통행위만을 처벌하는 진정신분범이며,

---

2) 서일교, 205면; 김종원(7인 공저), 549면; 이재상, 635면; 임웅, 731면. 한편, 유기천(하), 84면은 성도덕에 관한 죄(간통죄·음행매개죄)와 성풍속에 관한 죄(음란물죄·공연음란죄)로 이분한다.

3) 성풍속의 보호를 위한 입법례를 보면 근친상간(독일 형법 제173조, 스위스 형법 제213조, 오스트리아 형법 제213조, 미국 모범형법 제230. 2조), 계간(스웨덴 형법 제194조, 오스트리아형법 제290조)을 처벌하고 있다.

이와 상간한 자는 배우자가 있은 경우(소위 이중간통죄)이건 없는 경우이건 동시에 처벌하는 대향범으로서의 필요적 공범이다. 따라서 간통자 상호간에는 공범에 관한 총칙규정(제30조 내지 제33조)이 적용되지 아니한다. 그리고 이 죄는 타인을 이용하여 죄를 범할 수 없으므로 자수범이다.[4)]

(2) 보호법익

보호법익의 구체적 내용에 대해서는, ① 건전한 성도덕 또는 성생활에 관한 선량한 풍속이라는 견해,[5)] ② 혼인제도에서 유래하는 부부간의 성적 성실의무라는 견해,[6)] ③ 대내적으로는 부부간의 성적 성실의무이고 대외적으로는 제도로서 혼인(가정)이라는 견해,[7)] ④ 민법이 채택한 일부일처제도로서의 혼인이라는 견해,[8)] ⑤ 주된 보호법익은 건전한 성도덕·성풍속이고 부차적으로는 배우자에 대한 성적 성실의무라는 견해[9)] 등이 대립한다.

간통죄를 처벌함으로써 성도덕(성생활의 선량한 풍속)과 부부간의 성적 성실의무가 유지될 수 있는 것은 사실이다. 그러나 비밀로 행해지는 간통행위는 어디까지나 개인적인 성도덕의 문제이며, 이를 범죄로 규정해야 한다면 비배우자간의 간음도 처벌해야 할 것이다. 그리고 부부간의 성적 성실의무도 사적 성생활에 관한 성윤리의 문제이므로 이를 형법에서 보호한다고 할 수 없다. 따라서 간통죄를 처벌함으로써 성풍속이나 성적 성실의무가 유지되는 것은 어디까지나 반사적 효과에 지나지 않으며, 일부일처제도로서의 혼인(내지 가정)을 보호한다고 함이 타당하다고 본다.[10)] 보호받는 정도는 침해범으로서의 보호이다.

---

4) 유기천(하), 91면; 차용석, 「간통죄에 관한 고찰」(고시계, 1987. 3), 23면; 이형국, 676면; 이재상, 639면; 진계호, 489; 김일수/서보학, 630면; 박상기, 572면; 배종대, 745면; 임웅, 734면; 백형구, 560면; 손동권, 689면; 김성돈, 635면. 단, 자수범의 성질을 부정하는 견해는 오영근, 791면.

5) 서일교, 206면; 정영석, 196면; 박상기, 569면; 김성천/김형준, 857~858면; 오영근, 791면; 정영일, 634면.

6) 차용석, 앞의 논문, 17면; 백형구, 561면.

7) 김종원(7인공저), 550면; 김일수/서보학, 629면; 진계호, 488면; 헌재결, 1990. 9. 10, 89헌마82.

8) 유기천(하), 86면; 정성근, 831면; 이재상, 636면; 이정원, 665면; 김성돈, 634면.

9) 임웅, 736면.

10) 비교법적으로도 간통죄를 처벌하고 있는 오스트리아와 스위스 형법은 이를 혼인과 가족에 대한 죄로 규정하고 있고, 개정 전의 독일 형법이 간통죄(제173조, 이 규정은 1969년의 형법개정법률에 의해서 폐지되었다)를 풍속에 관한 죄와 분리하여 혼인과 가정에 대한 가벌행위(제9장)에서 규정하고 있었던 점도 참고가 된다.

(3) 입법형식

간통죄에 대한 입법형식은 다양하다. ① 처의 간통만을 처벌하는 불평등주의,[11] ② 처의 간통은 항상 처벌하지만 부(夫)에 대하여는 축첩만을 처벌하는 차별주의,[12] ③ 부부 모두의 간통을 평등하게 처벌하는 쌍벌주의,[13] ④ 간통을 범죄로 인정하지 않는 불벌주의[14] 등이 있다. 이 중에서 불평등주의와 차별주의는 국민평등의 원칙에 반하므로 허용될 수 없음이 명백하다. 따라서 입법론으로서는 쌍벌주의를 유지할 것이냐 간통행위를 비범죄화하여 불벌주의로 나아가야 할 것이냐의 문제가 남는다(간통죄 존폐론).

(4) 간통죄 존폐론

1) 존치론 간통죄는 존치하여야 한다는 견해로 우리나라 소수설이다.[15] 존치론의 주요논거는, ① 성도덕에 대한 국민적 전통은 간통죄를 불벌시할 정도로 일반화되었다고 보기 어렵고, ② 이혼의 무절제한 남용이나 고유한 정조관념을 부정하는 것은 전통 그 자체에 대한 반가치이므로 사회의 선량한 성풍속·성도덕을 유지하기 위해서는 존치해야 하며, ③ 간통도 그 배우자에 대한 침해 내지 모욕이 되므로 개인의 부도덕만을 문제삼는 피해자 없는 범죄라 할 수 없고,[16] ④ 우리나라의 특수한 이유로서 경제적 약자인 여성들이 위자료를 받아낼 수 있는 방편의 하나로 고소권을 이용하는 현실을 무시할 수 없으므로 여성보호적 측면에서도 존치되어야 한다는 점을 그 이유로서 들고 있다.

2) 폐지론 간통죄는 비범죄화해야 한다는 견해로 우리나라의 통설이다.[17]

---

11) 구형법 제183조.

12) 이탈리아 형법 제599조 이하와 다수의 라틴아메리카 제국 및 1975년 7월 11일 폐지된 프랑스 형법 제337조(현행 형법은 간통불벌).

13) 우리 형법 제241조, 스위스 형법 제214조, 오스트리아 형법 제194조, 미국의 일부 주법.

14) 현재 간통죄 불벌국가로는 독일, 영국, 프랑스(종래까지 처의 간통일반과 정부를 가정에 숙박시킨 부의 간통에 한하여 처벌하였으나 1975. 7. 11에 폐지되었음), 스웨덴, 노르웨이, 핀란드, 덴마크, 폴란드, 일본, 미국 모범형법전 등이 있다.

15) 이수성, 「형법적 도덕성의 한계에 관하여」(형법개정의 제논점), 107면; 김일수, 536면; 백형구, 552면; 정영일, 636면.

16) The American Law Institute, Model Penal Code and Commentaries, Part Ⅱ, Vol. 1, 1980, 438.

17) 서일교, 207면; 정영석, 198면; 유기천(하), 91면; 황산덕, 152면; 김종원(7인 공저), 551면; 정성근, 830면; 김기춘, 형법개정시론, 543면; 차용석, 형법총론강의(Ⅰ), 32면; 이재상, 638면; 손동권, 690면; 진계호, 490면; 임웅, 737면; 박상기, 575면; 배종대, 745면; 이정원, 667면; 오영근, 799면; 김성돈, 635면.

폐지론의 주요논거는, ① 형벌권은 궁극적으로 법익보호를 위해서 최후수단으로 행사해야 하므로 개인의 성윤리나 성도덕을 강제하기 위해 형벌권을 발동할 수 없고, ② 부부의 성실의무는 형법적 보호대상이 아니므로 이에 대한 배반은 이혼이나 민사적 방법으로 해결해야 하며, 혼인의 순결과 부부간의 애정도 애당초 형벌이 개입할 성질이 아니므로 간통죄는 개인의 부도덕성만을 문제삼는 이른바 피해자 없는 범죄라 할 수밖에 없으며, ③ 간통으로 상처받은 배우자가 과도한 위자료를 받아내거나 복수심 만족을 위해 형벌권을 일종의 합법적인 공갈수단으로 악용 내지 사용하고 있고, 이로 인하여 선량한 배우자보다 복수심을 가진 자를 보호하는 불평등한 법집행이 되며, ④ 형사정책적으로 범죄억지나 재사회화의 효과도 거의 없다는 점을 그 이유로 들고 있다.

3) 결 어 간통죄는 형법의 법익보호사상과 보충성의 원칙에 위배되며, 오히려 이 제도가 악용됨으로써 건전한 성도덕의 보호와 발전에도 저해되므로 여성의 사회적 지위향상과 더불어 폐지(비범죄화)되어야 할 것이다. 헌법재판소는 간통죄처벌규정을 합헌이라고 한다.[18)]

(5) 객관적 구성요건요소

1) 주 체 주체는 배우자 있는 자와 그와 상간한 자이다. ① 여기의 "배우자"는 법률상의 배우자를 말한다. 사실상 부부생활을 하고 있는 자(사실혼 부부, 동거자)라도 법률상 배우자가 아니면 이에 포함되지 않는다. 법률상의 배우자이면 사실상 동거 여부는 이 죄의 성립에 영향이 없다.[19)] 다만 외국에서 그 외국법이 정한 방식에 따라 유효하게 성립된 혼인을 한 자는 우리나라 가족관계의등록등에관한법률에 따른 신고가 없어도 배우자에 해당한다.[20)] ② 혼인이 무효인 때에는 배우자 있는 자에 해당하지 않는다.[21)] 그러나 법률상의 배우자로 되어 있으면 혼인취소사유(민법 제816조)가 있어도 판결로 혼인이 취소될 때까지는 배우자 있는 자에 해당한다. ③ 배우자는 생존한 배우자를 의미하므로 그 일방

18) 헌재결, 1990. 9. 10, 89헌마82; 헌재결, 2001. 10. 25, 2000헌바60. 또한 1992년의 형법개정안도 국민의 여론조사결과를 중시하여 간통죄를 존치하되 2년 이하의 징역을 1년 이하의 징역으로 완화하고 선택형으로 벌금형을 추가하는 절충안을 채택하였다(형법개정법률안 제안이유서, 236면).

19) 대판, 1980. 4. 8, 79도1848.

20) 대판, 1983. 12. 13, 83도41. 이 경우의 구호적법 제40조에 따른 신고는 창설적 성질을 띠는 것은 아니고 다만 보고적 의미를 갖는 데 불과하다.

21) 대판, 1982. 6. 22, 82도826.

이 사망하면 여기에 해당하지 않는다. ④ "상간자"는 배우자가 있을 필요가 없다. 만일 상간자에게 배우자가 있으면 이른바 이중간통(Doppelehebruch)이 된다.

2) 행 위 행위는 간통하는 것이다. "간통"이란 자기의 배우자 이외의 자와 성교하는 것을 말한다. 성교관계를 필요로 하므로 성교 이외의 부정한 행위를 하더라도 간통이 될 수 없다. 또 성교관계는 반드시 합의로 이루어졌음을 요하지 않는다. 따라서 배우자 있는 자가 배우자 아닌 자를 강간한 때에는 강간죄만 성립한다는 견해도 있으나[22] 강간죄와 이 죄가 성립한다(상상적 경합)고 본다.[23] 이중간통의 경우에는 간통자 쌍방 모두 제241조 1항의 전문과 후문에 해당하게 된다.[24]

기수시기는 남녀성기가 결합한 때이며 반드시 사정을 요하지는 않는다.

(6) 주관적 구성요건요소

고의가 있어야 한다. 행위자는 자기 또는 상대방에게 배우자가 있다는 사실을 인식하고 간통에 대한 의사가 있어야 한다. 자기 또는 상간자에게 배우자가 있음을 인식하지 못한 때에는 구성요건적 착오로서 고의가 조각되어 이 죄는 성립하지 않는다.[25]

(7) 죄수 · 소송법상의 문제

1) 죄 수 간통죄의 죄수는 원칙적으로 개개의 성교행위를 기준으로 결정한다. 따라서 성교행위마다 1개의 간통죄가 성립한다. ① 상대방을 달리하는 수회의 성교가 있는 때에는 수개의 간통죄의 경합범이 된다. ② 동일 상대방과 반복하여 성교한 때에도 수개의 간통죄가 성립하고 경합범이 된다고 해석하는 것이 종래의 통설[26]이며 판례[27]의 일관된 태도이다.

이에 대해서 현재의 다수설은 수개의 간통행위가 연속범의 요건을 충족하는

---

22) 김일수/서보학, 630면; 김성천/김형준, 860면; 오영근, 793면; 손동권, 693면; 정영일, 639~640면.

23) 정성근, 833면; 이형국, 678면; 이재상, 639면; 배종대, 747면; 진계호, 492면; 임웅, 740면; 백형구, 563면; 김성돈, 636면.

24) 대판, 1990. 1. 25, 89도1317.

25) 대판, 1966. 1. 25, 65도1107.

26) 정영석, 197면; 김종원(공저), 552면; 진계호, 492면; 이정원, 668면; 백형구, 562면; 정영일, 639면.

27) 대판, 1977. 9. 13, 77도1780; 대판, 1981. 10. 13, 81도2133; 대판, 1982. 12. 14, 82도2448; 대판, 1985. 11. 12, 84도2971.

때에는 포괄일죄가 된다고[28] 한다. 연속범을 포괄일죄로 파악할 때에는 타당하다. 그러나 연속범을 경합범으로 파악할 때에는 이 경우도 경합범이라고 해야 한다. 연속범과 접속범은 구별해야 하고, 수회반복의 의사로 동일기회에 동일장소에서 수회 계속하여 간통한 때에만 접속범으로서 포괄일죄가 되고, 시간과 장소를 달리하여 간통한 때에는 연속범으로서 수죄가 된다고 함이 타당하다고 본다. 이중간통의 경우에는 간통행위의 쌍방 모두 제241조 1항의 전문과 후문에 해당하므로 상상적 경합이 된다.[29]

【판례】 ① 간통죄는 성교행위마다 1개의 간통죄가 성립한다(대판, 1982. 12. 14, 82도2448).

② 형법 제241조 전문과 후문은 주관적 구성요건으로서의 고의의 내용을 달리하므로 배우자 있는 자들이 상대방에게도 배우자가 있음을 인식하면서 서로 간통하는 이른바 이중간통의 경우에는 쌍방 모두 위 전문과 후문에 해당하게 되고, 이는 처분상의 일죄인 상상적 경합의 관계에 있다(대판, 1990. 1. 25, 89도1317).

2) 친고죄의 고소 이 죄는 친고죄이므로 배우자의 고소가 있어야 공소를 제기할 수 있다(제241조 2항 본문).

(a) 고소의 요건 이 죄는 혼인이 해소되거나 이혼소송을 제기한 후가 아니면 고소할 수 없다. 이 경우에 다시 혼인하거나 이혼소송을 취하한 때에는 고소는 취소된 것으로 간주한다(형사소송법 제299조). 이 취지에 비추어 간통죄의 고소는 혼인관계의 불존속 또는 이혼소송의 계속을 유효조건으로 한다. 그리고 고소는 범인을 알게 된 날로부터 6월을 경과하면 할 수 없게 된다(형사소송법 제230조 1항).

【판례】 ① 간통죄로 고소당시 이혼조정신청만이 있었고 그것이 가사심판법 제21조 제4항에 의하여 이혼조정신청을 한 때에 이혼심판청구가 있는 것으로 간주되었다고 인정할 만한 자료가 없다면 간통죄의 고소는 그 효력이 없다(대판, 1966. 9. 6, 66도790).

② 간통죄에 대한 제1심 판결선고 후 고소인이 이혼심판청구를 취하하였다면 취하의 소급효로 인하여 간통고소 역시 소급하여 그 효력을 상실하므로, 간통죄의 공소 또한 소추조건을 결한 것을 공소제기절차가 법률의 규정에 위반

---

28) 유기천(하), 97면; 차용석, 앞의 논문, 26면; 이재상, 640면; 배종대, 747면; 박상기, 573면; 임웅, 740면; 김성천/김형준, 863면; 오영근, 793면; 손동권, 693면; 김성돈, 637면.

29) 대판, 1990. 1. 25, 89도1317.

하여 무효인 때에 해당한다(대판, 1981. 10. 13, 81도1975).
③ 고소는 서면 또는 구술로써 검사 또는 사법경찰관에게 하여야 하는 것이므로 피해자가 피고인을 심리하고 있는 법원에 대하여 간통사실을 적시하고 피고인을 엄벌에 처하라는 내용의 진술서를 제출하거나 증인으로서 증언하면서 판사의 신문에 대해 피고인의 처벌을 바란다는 취지의 진술을 하였다 하더라도 이는 고소로서의 효력이 없다(대판, 1984. 6. 26, 84도709).

(b) 간통의 종용과 유서 배우자가 간통을 종용 또는 유서한 때에는 고소할 수 없다(제241조 2항 단서). "종용"이란 간통에 대한 사전승낙을 말하고, "유서(宥恕)"란 사후의 승낙을 말한다. 간통에 대한 피해자의 사전·사후의 승낙은 이 죄의 성립에 영향을 미치지 못하며, 고소권의 발생을 저지시키는 데에 지나지 않는다.[30]

【판례】 ① 배우자 사이에 합의이혼서를 작성하려고 하였거나(대판, 1983. 11. 22, 83도2504), ② 협의이혼의 확인만 있고 아직 협의이혼신고가 없거나(대판, 1986. 6. 24, 86도482), ③ 간통사실을 안 후에 일시 동침한 사실이 있다는 것(대판, 1973. 3. 13, 73도227)만으로는 간통을 유서하였다고 할 수 없다고 하였다. 그러나 ④ 협의이혼신고서에 서명 날인하였거나(대판, 1977. 10. 11, 77도2701 등), ⑤ 혼인관계를 지속할 의사가 없고 이혼의사의 합치가 있는 경우에는(대판, 1997. 11. 11, 97도2245 등) 다른 이성과의 간통을 종용하는 의사표시가 그 속에 포함되어 있다고 하고 있다.

2. 음행매개죄

【구성요건·법정형】 영리의 목적으로 미성년 또는 음행의 상습 없는 부녀를 매개하여 간음하게 한 자는 3년 이하의 징역 또는 1,500만원 이하의 벌금에 처한다(제242조).

(1) 의의·보호법익

영리의 목적으로 미성년 또는 음행의 상습 없는 부녀를 매개하여 간음하게 함으로써 성립하는 범죄이다. 보호법익은 주로 사회일반의 성풍속 내지 건전한 성도덕이지만 미성년자의 원만한 성적 성숙과 음행의 상습 없는 부녀의 성적 자유도 부차적인 보호법익이 된다.[31] 보호받는 정도는 침해범으로서의 보호이

30) 정영석, 198면; 김종원(7인 공저), 552면; 정성근, 835면; 이재상, 640면; 진계호, 494면; 김성돈, 637면.
31) 유기천(하), 91면; 서일교, 206면; 김종원(7인 공저), 553면; 이재상, 642면; 김일수/서보학,

다.[32] 결과범, 목적범이고 풍속범, 영리범의 성격을 갖는다.

【특별법】 아동·청소년의성보호에관한법률은 ① 폭행·협박으로 아동·청소년(19세 미만자)으로 하여금 성을 사는 행위의 상대방이 되게 한 자, ② 위계, 선불금, 채무를 이용하여 곤경에 빠뜨려 아동·청소년으로 하여금 성을 사는 행위의 상대방이 되게 한 자, ③ 업무·고용관계로 자신의 보호·감독을 받는 것을 이용하여 아동·청소년으로 하여 성을 사는 행위의 상대방이 되게 한 자, ④ 영업으로 아동·청소년으로 하여금 아동·청소년의 성을 사는 행위의 상대방이 되도록 유인·권유한 자는 5년 이상의 유기징역에 처한다(동법 제11조). 아동복지법은 18세 미만인 아동에게 음행을 시키거나 음행을 매개한 때에는 10년 이하의 징역 또는 5천만원 이하의 벌금에 처한다(동법 제29조 6호, 제40조). 성매매알선등행위의처벌에관한법률은 성매매를 알선, 권유 또는 강요하는 행위와 성매매의 장소를 제공하는 행위 및 성매매에 제공되는 사실을 알면서 자금, 토지 또는 건물을 제공하는 행위를 한 사람은 3년 이하의 징역 또는 3천만원 이하의 벌금에 처하며, 위의 행위를 영업으로 한 사람은 7년 이하의 징역 또는 7천만원 이하의 벌금에 처한다(동법 제4조, 제19조).

(2) 구성요건요소

1) 주 체　주체는 제한이 없다. 남녀를 불문하며, 미성년 또는 음행의 상습 없는 부녀의 부모나 남편 또는 업무·고용 기타 관계로 보호·감독자의 지위에 있는 자도 주체가 될 수 있다. 보호·감독자의 지위를 이용하여 성매매나 성매매알선등행위를 시키면 가중 처벌한다(아동·청소년의성보호에관한법률 제11조 1항 3호, 성매매알선등행위의처벌에관한법률 제18조 1항 3호). 매개되어 간음행위를 한 부녀와 그 상대방은 일종의 필요적 공범이므로 총칙상의 공범규정이 적용되지 않으며, 이 죄의 주체가 될 수 없다. 형법은 매개자만 처벌하기 때문이다.[33]

2) 객 체　객체는 미성년 또는 음행의 상습 없는 부녀이다.

(a) 미성년의 부녀　"미성년의 부녀"는 20세 미만의 부녀를 의미한다. 다만 13세 미만의 부녀에 대해서는 의제강간죄(제305조)가 성립하므로 여기의 미성년자는 13세 이상 20세 미만의 부녀라고 해야 한다.[34] 미성년자인 부녀가 음행의

635면; 진계호, 488면; 박상기, 576면; 배종대, 750면; 임웅, 742면; 손동권, 694면; 정영일, 643면.

32) 이재상, 642면; 김일수/서보학, 635면; 배종대, 750면; 정영일, 643면. 추상적 위험범으로 보는 견해는 임웅, 742면; 김성돈, 638면.

33) 유기천(하), 93면; 김종원(7인 공저), 554면; 정성근, 836면; 이재상, 642면; 김일수/서보학, 636면; 진계호, 494면; 배종대, 751면; 백형구, 565면; 임웅, 743면; 오영근, 801면; 정영일, 644면.

34) 유기천(하), 91면; 황산덕, 153면; 정성근, 836면; 이재상, 642면; 김일수/서보학, 636면; 진계

상습이 있거나 음행에 동의하였어도 이 죄의 성립에 영향이 없다.[35)]

(b) 음행의 상습 없는 부녀 "음행의 상습 없는 부녀"란 불특정 남자를 상대로 성생활을 하는 자 이외의 부녀를 말한다. 반드시 미혼녀나 가정주부에 한하지 않으며, 과거에 직업적 매춘부였거나 특정 남자를 상대로 사통관계(私通關係)에 있는 첩도 음행의 상습 없는 부녀에 해당한다.

3) 행 위 행위는 부녀를 매개하여 간음하게 하는 것이다.

(a) 매 개 "매개"란 부녀를 간음에 이르도록 알선하는 일체의 행위를 말한다. 간음 알선이 아니라 미팅 주선이나 파티를 개최하는 것만으로는 매개라 할 수 없다. 반드시 총칙상의 교사행위일 필요가 없다. 따라서 부녀에게 간음의 의사가 있었는가는 문제되지 않는다. 매개행위에는 폭행 또는 협박은 포함되지 않는다. 만일 폭행·협박이 수반된 매개일 때에는 강간과 추행의 죄(제32장)에 해당한다(경우에 따라 강간죄 또는 위력에 의한 간음죄가 된다).

(b) 간 음 "간음"이란 혼인(또는 결혼)한 배우자(사실혼관계 포함) 이외의 자와의 성교행위를 말한다. 여기의 간음은 매개에 의해서 이루어져야 한다. 간음 이외에 추행케 하였어도 여기에 해당하지 않는다. 매개하여 간음하게 하여야 하므로 간음을 매개하였지만 부녀가 응하지 않았거나 간음은 결의시켰으나 실행에 이르지 않은 때에는 미수가 되어 처벌되지 않는다. 또 여기의 간음은 매춘행위임을 요하지 않으며, 타인의 첩이 되도록 매개하는 것도 포함한다.[36)] 간음을 함으로써 기수가 된다.

4) 주관적 구성요건요소 목적범이므로 고의 이외에 영리의 목적이 있어야 한다. 고의는 미성년 또는 음행의 상습 없는 부녀임을 인식하고 이를 매개하여 간음하게 한다는 인식·의사이다. "영리의 목적"이란 재산적 이익을 취득할 목적을 말한다. 일시적·영구적 이익임을 묻지 않으며, 제3자에게 취득하게 할 목적이 있어도 상관없다. 영리의 목적을 가짐으로써 족하며 현실로 이익을 취득하였느냐의 여부는 이 죄의 성립에 영향이 없다.

호, 495면; 박상기, 577면; 배종대, 751면; 김성천/김형준, 866면; 이정원, 672면; 오영근, 801면. 이에 대해서 13세 미만의 부녀도 포함한다는 전제하에 음행매개죄와 의제강간죄(공범)의 상상적 경합이 된다는 견해는 임웅, 744면; 정영일, 644면; 김성돈, 639면.

35) 대판, 1955. 7. 8, 4288형상37.

36) 유기천(하), 93면; 진계호, 495면; 김일수/서보학, 637면; 김성돈, 639면.

(3) 죄수 · 타죄와의 관계

1) 죄 수 1회의 간음이 있을 때마다 1죄가 성립한다. 시간과 장소를 달리하여 수회의 간음이 있으면 경합범이 된다. 다만 접속범에 해당하는 때에는 포괄일죄로 본다.

2) 타죄와의 관계 폭행 · 협박이 수반된 매개행위로 간음한 때에는 경우에 따라 강간죄 또는 미성년자간음죄(위력에 의한 간음죄)에 해당한다. 전술한 아동 · 청소년의성보호에관한법률 제11조 1항, 아동복지법 제29조 6호 및 성매매알선등행위의처벌에관한법률 제4조에 해당될 때에는 이에 의하여 처벌된다.

Ⅲ. 음란물죄와 공연음란죄

1. 음화 등 반포 · 판매 · 공연전시죄

【구성요건 · 법정형】 음란한 문서 · 도화, 필름 기타 물건을 반포 · 판매 기타 임대하거나 공연히 전시 또는 상영한 자는 1년 이하의 징역 또는 500만원 이하의 벌금에 처한다(제243조).

(1) 의의 · 보호법익

음란한 문서 · 도화 · 필름 기타 물건을 반포 · 판매 기타 임대하거나 공연히 전시 또는 상영함으로써 성립하는 범죄이다. 음란물죄에는 이 죄 이외에 음화 등 제조 · 소지 · 수입 · 수출죄(제244조)가 있다. 다만 이 죄는 제244조(음란물건 제조 · 소지 · 수출입죄)의 행위와 비교하여 좀더 직접적인 행위라는 점에서 구별된다. 그리고 이 죄는 범죄의 성격상 이욕범적 · 영업범적 색채가 강하다고 할 수 있다.

보호법익은 사회일반의 선량한 성도덕 내지 성풍속이며, 보호받는 정도는 추상적 위험범으로서의 보호이며 경향범의 일종이다(반포 · 판매 · 임대행위는 침해범, 공연전시는 추상적 위험범으로 구별하는 견해는 타당하지 않다). 반포 · 판매 · 임대행위는 즉시범, 공연전시 · 상영행위는 계속범이다.

(2) 구성요건요소

1) 객 체 객체는 음란한 문서 · 도화 · 필름 기타 물건이다. 즉, 음란성이

있는 문서·도화·필름 또는 물건이 객체가 된다. 이를 통틀어 음란물이라 한다. 문서·도화·필름은 기타 음란물건의 예시이다.

가) 음란성 "음란성"의 개념은 시대와 사회에 따라 다르지만 규범적 구성요건요소이므로 그 시대의 지배적인 성문화 가치관에 따라 법적으로 음란성의 여부를 판단해야 한다.

(a) 음란의 개념 "음란"이란 그 내용이 일반 보통사람의 성욕을 자극하여 성적 흥분을 유발하고 정상적인 성적 수치심을 해하여 선량한 성적 도의관념에 반하는 것을 말한다(통설).[37] 판례도 같은 취지로 판시하고 있다.[38]

【판례】 형법 제243조에 규정된 '음란한 도화'라 함은 일반 보통인의 성욕을 자극하여 성적 흥분을 유발하고 정상적인 성적 수치심을 해하여 성적 도의관념에 반하는 것을 가리킨다고 할 것이다(대판, 1997. 8. 22, 97도937).

형법은 강간과 추행의 죄에서는 추행이라는 표현을 사용하고 이 장의 죄에서는 음란이라는 용어를 사용하고 있다. 강제추행죄를 경향범의 일종으로 파악하는 입장에서는 추행은 성욕을 자극·흥분시킨다는 행위자의 주관적 의욕을 요구하는데 반하여, 음란은 이러한 주관적 의욕을 요하지 않고 대상물이 일반인의 성욕을 자극 흥분시키기에 적합한 객관적인 인상표현을 중요시 한다고 하고 양자를 구별한다.[39] 그러나 강제추행죄를 경향범으로 파악하지 않을 때에는 추행은 "성적 수치심이나 혐오감을 일으키는 행위"이면 족한데 반하여 음란은 그 대상물의 "성욕을 자극·흥분시키기에 적합한 객관적 인상표현"에 중점이 있다는데서 양자를 구별해야 한다. 어느 견해이건 음란성의 유무는 행위자의 주관적인 목적·의도와 관계없이 객관적으로 판단해야 한다는 점에서는 같다. 판례도 같은 취지이다.[40]

37) 유기천(하), 88면; 서일교, 209면; 정영석, 201면; 황산덕, 154면; 김종원(7인 공저), 555면; 이재상, 644면; 김일수/서보학, 638면; 진계호, 498면; 박상기, 581면; 배종대, 755면; 이정원, 676면; 손동권, 696면; 정영일, 647면; 오영근, 804면; 김성돈, 640면.

38) 대판, 1982. 2. 9, 81도2281; 대판, 1987. 12. 22, 87도2331; 대판, 1991. 9. 10, 91도1550; 대판, 1994. 7. 13, 94도2413; 대판, 1996. 6. 11, 96도980; 대판, 1997. 8. 22, 97도937.

39) 유기천(하), 88면; 김일수, 631면; 김일수/서보학, 639면. 임웅, 751면은 추행은 행위자의 주관적 의도가 행위의 속성을 이루는 개념이고 음란은 행위객체에 대한 객관적 평가라고 구별한다.

40) 대판, 1970. 10. 30, 70도1879; 대판, 1982. 2. 9, 81도2281; 대판, 1995. 2. 10, 94도2266.

【판례】 음란성은 그 제작자, 판매자의 주관적 의사에 좌우되는 것이 아니라 객관적으로 일반 보통인의 성욕을 자극하여 성적 흥분을 유발하고 정상적인 성적 수치심을 해하여 성적 도의관념에 반하는 것이다(대판, 1995. 2. 10, 94도2266).

(b) 음란성 판단기준 음란성은 행위자의 주관과 관계없이 객관적으로 판단해야 한다면 그 판단기준은 사회 일반의 성인에 두어야 한다.[41] 그러므로 도덕적으로 타락하여 수치심이 없거나 수치감정이 지나치게 예민한 자를 기준으로 판단해서는 안된다.

(c) 음란성 판단방법 판단방법은 문서·작품에 대한 전체적 판단방법에 따라야 한다. 즉, 문서·작품의 일부분만을 떼어서 판단할 것이 아니라 전체적 흐름의 내용과 표현방법, 독자나 관람자에게 준 전체적 인상, 표현된 사상과 서술형식, 예술성, 사상성에 의한 성적 자극의 완화 등 전체를 관련시켜서 판단해야 한다.

【판례】 문서의 음란성의 판단에 있어서는 당해 문서의 성에 관한 노골적이고 상세한 묘사·서술의 정도와 그 수법, 묘사·서술이 문서 전체에서 차지하는 비중, 문서에 표현된 사상 등과 묘사·서술과의 관련성, 문서의 구성이나 전개 또는 예술성·사상성에 의한 성적 자극의 완화의 정도, 이들의 관점으로부터 당해 문서를 전체로서 보았을 때 주로 독자의 호색적 흥미를 돋구는 것으로 인정되느냐의 여부 등의 여러 점을 검토하는 것이 필요하다(대판, 1995. 6. 16, 94도2413 - 소설 '즐거운 사라' 사건[42]).

나) 예술작품·학술서와 음란성 예술작품·학술서 등의 음란성에 대해서 논의가 많다. 이와 관련하여 상대적 음란개념을 먼저 검토할 필요가 있다.

(a) 상대적 음란성 이론 상대적 음란성(relative Unzüchtichkeit)이란 빈딩(Binding)에 의해서 주장된 것으로, 문서나 작품의 내용뿐만 아니라 작가나 출판자의 의도, 광고·선전·판매의 방법, 독자·관람자의 제한성 등의 부수 사정에 따라 음란성에 대한 평가가 달라진다는 내용을 말하며, 이러한 사정을 고려하여 음란성 여부를 상대적으로 판단해야 한다는 이론을 상대적 음란성이론이라 한

41) 황산덕, 156면; 김종원(7인 공저), 555면; 서일교, 210면; 이재상, 644면; 김일수/서보학, 640면; 임웅, 750면; 정영일, 647면; 오영근, 804면; 배종대, 755면; 손동권, 696면; 김성돈, 640면; 대판, 1996. 6. 11, 96도980.

42) 대판, 1995. 6. 16, 94도434. 같은 취지: 대판, 1997. 8. 22, 97도937.

다.[43] 판례도 고야의 작품 "나체의 마야" 사건에서 명화집에 실린 그림을 성냥갑에 복사하여 제조·시판한 경우 일반인의 성적 정서와 선량한 사회풍습을 해칠 가능성이 있는 때에는 음화제조·판매죄가 성립한다고 하여 상대적 음란개념에 따르고 있다.[44]

【판례】 침대 위에 비스듬히 위를 보고 누워 있는 천연색 나체화 카드 사진이 비록 명화집에 실려 있는 그림이라 하여도 이것을 예술·문학·교육 등 공공의 이익을 위하여 이용하는 것이 아니고 이 건과 같이 성냥갑 속에 넣어서 시판할 목적으로 이를 복사·제조하거나 시판한 경우 그 그림을 보는 사람으로 하여금 성욕을 자극하여 흥분케 할 뿐만 아니라 일반인의 성적 정서와 선량한 사회풍습을 해칠 가능성이 있는 때에는 음화제조·판매죄가 성립한다고 보아야 한다(대판, 1970. 10. 30, 70도1879).

그러나 동일한 작품이 학자·미술가에 한정하여 공개되었느냐 일반에게 보여 주었느냐에 따라 음란성이 달라진다는 그 자체가 불합리할 뿐만 아니라[45] 지각하는 사람의 자격범위에 따라 대상물의 음란성을 증감시킬 수도 없으며, 이 이론은 문서·작품의 예술성이라는 객관적·사회적 가치를 고려하지 않고 있으므로 음란성 여부를 이에 따라 인정할 수 없다고 본다.[46] 다만 음란성 판단은 사회 윤리적 가치관에 따라 다를 수 있고, 전체적 판단방법에 따르면 음란하지 않더라도 음란부분만 분리하여 복사·제작한 때에는 음란성이 인정될 수 있다는 의미에서 음란은 상대적 개념이라 할 수 있으나 이것과 상대적 음란성 이론은 구별해야 한다.

(b) 학술서·예술작품　　헌법은 학문과 예술의 자유(제22조 1항)를 보장하고 있으므로 학술서·예술작품 등도 음란성 평가의 대상이 될 수 있느냐가 문제된다. ① 통설은 학술성(과학성)·예술성과 음란성은 그 구별의 차원을 달리하는 개

---

43) 긍정하는 견해는 서일교, 210면; 유기천(하), 96면; 정영석, 200면; 이정원, 676면.
44) 대판, 1970. 10. 30, 70도1879.
45) 김종원(7인 공저), 557면.
46) 정성근, 840면; 이형국, 684면; 이재상, 646면; 김일수/서보학, 640면; 진계호, 500면; 배종대, 758면; 백형구, 570면; 정영일, 648면; 김성돈, 642면. 한편 임웅, 752면은 "(기본적으로) 거부론의 주장은 타당하나, 다만 작품이 전체적 관점에서는 음란하지 않으나 음란한 부분만을 분리하여 별도로 복제·제작하는 경우에는 그 복제품이 음란성을 띨 수 있다는 의미에서는 '음란개념의 상대성'이 긍정된다. 그리고 음란개념은 가부의 판단뿐만 아니라 강약의 차이를 부여할 수 있다는 의미에서 상대적 개념에 속한다"고 한다. 같은 취지: 박상기, 586면; 오영근, 806면; 김성천/김형준, 874면.

념이며, 학술서 · 예술작품도 공중에게 음란성을 제공할 수 있는 특권을 가질 수 없으므로 당연히 음란성이 부정되는 것은 아니라고[47] 한다. 이에 반하여 ② 소수설은 학술서 예술작품을 음란문서(음란물)라고 할 수 없고,[48] 학문과 예술은 기존관념을 깨뜨리고 발전해 나가는 데에 본질이 있으므로 성풍속이라는 기존관념으로 법관이 이를 평가할 성질이 아니라는 이유로[49] 음란성을 부정한다.

대법원은 도화의 구성이 예술성보다 선정적 측면을 강조하여 호색적 흥미를 돋구는 것은 음란도화에 해당한다고 하여 긍정설을 취하고 있다.[50]

학문 · 예술의 불가침을 강조하여 학술서 · 예술작품의 음란성을 일체 배제한다면 그러한 저서 · 작품이 법적 문제가 되었을 때에 학문성 · 예술성의 존부까지 법관에 의해서 판단되어 오히려 학문 · 예술의 불가침을 손상하게 된다. 또 긍정설이라 해서 순수 교육목적의 성에 대한 교육서 · 과학교재(생식기도해) · 예술잡지 · 순수한 예술작품까지 일률적으로 음란성을 인정하는 것도 아니다. 결국 성적 표현이 원초적으로 묘사되어 관능적 쾌락을 추구하는 등 일반인의 지배적 사회윤리의식에 현저히 반하여 선량한 풍속을 위태롭게 할 만한음란문서만이 형법적 평가의 대상이 된다고 해야 한다.

다) 문서 · 도화 · 필름 기타 물건 "문서 · 도화 · 필름"은 비밀침해죄(제316조)와 문서위조죄(제225조 이하)의 그것과 원칙적으로 같은 개념이다. 다만 이들 범죄의 문서 · 도화는 문서보호라는 측면에서 제한이 있으나 음화반포 등의 죄에서는 음란한 것이면 족하다는 점에 차이가 있다. 문서 · 도화 · 필름은 예시에 불과하며, 성행위의 장면을 찍은 사진과 필름 또는 이러한 장면을 그린 그림도 도화에 해당한다.

"기타 물건"에는 성적 행위를 표현하는 조각품 · 음반 · 녹음테이프 · 비디오테이프 · 컴퓨터프로그램(디스켓) 등이 있다. 성기모조품도 기타 물건에 포함한다는 견해가 있고,[51] 판례도 모조여성성기는 음란물건에 해당한다고 한다.[52] 그러나 모조성기는 성행위를 묘사하는 것이 아니며 그 자체가 성욕자극 또는 흥

47) 황산덕, 155면; 서일교, 120면; 김종원(7인 공저), 556면; 정성근, 842면; 김일수/서보학, 641면; 진계호, 500면; 손동권, 697면.
48) 이재상, 645면; 박상기, 585면; 배종대, 758면; 정영일, 648면.
49) 임웅, 「성범죄의 비범죄화」, 비범죄화의 이론, 98면; 同, 753면.
50) 대판, 1995. 6. 16, 94도1758.
51) 임웅, 753면.
52) 대판, 2003. 5. 16, 2003도988.

분시키는 것이 아니므로 선량한 성도의 관념에 반한다고 할 수 없다. 또 사람의 신체는 물건이 아니므로 음란한 자세를 취하여도 이 죄의 객체가 되지 않으며 공연음란죄가 문제될 뿐이다.

컴퓨터프로그램 파일은 전자적 부호, 음성정보와 같이 유체성이 없으므로 음란물이라 할 수 없다.[53] 컴퓨터 등 통신매체를 통하여 음란한 파일을 송신하는 행위는 정보통신망이용촉진및정보보호에관한법률(제74조 1항 2호), 성폭력범죄의처벌등에관한특례법(제12조)에 의하여 처벌할 수밖에 없다.

2) 행 위 행위는 반포·판매·임대 또는 공연히 전시 또는 상영하는 것이다.

(a) 반포·판매·임대 "반포"란 불특정 또는 다수인에게 무상으로 교부하는 것을 말한다. 따라서 특정 다수인 또는 불특정 소수인에게 교부하여도 반포가 되므로 불특정 또는 다수인에게 교부될 것을 예견하고 특정인에게 교부한 때에도 반포가 된다. 이에 반하여 특정인의 의뢰를 받고 음란사진을 복제하여 그 의뢰자에게 교부한 때에는 반포(유상이라면 판매죄)에 해당하지 않는다. 반포는 현실로 인도되어야 하므로 우송하였으나 아직 도달하지 않았으면 반포죄가 되지 않는다.

"판매"란 불특정 또는 다수인에게 유상으로 양도하는 것을 말한다. 반드시 매매·교환에 의할 필요가 없고, 술값 대신으로 음화를 주거나 회원에게 기관지 기타 자료로 배부한 때에도 대가관계가 인정되면 판매죄에 해당한다. 판매도 매매계약만으로는 부족하고 현실로 인도되어야 한다. 영리의 목적으로 판매할 필요가 없으므로 계속·반복의 의사 없이 1회의 양도행위도 이 죄는 성립한다.[54]

"임대"란 유상으로 대여하는 것을 말한다. 반드시 영업적으로 행할 것을 요하지 않는다.

(b) 공연전시·공연상영 "공연히 전시"하는 것은 불특정 또는 다수인이 관람할 수 있는 상태에 두는 것을 말한다.[55] 반드시 동시에 다수인에게 보일 필요는 없으며 순차로 관람케 하여도 무방하다. 그러나 특정 소수인만이 관람할 수 있는 장소에 전시하는 것은 공연전시라 할 수 없다. 유상·무상임을 묻지 않

53) 대판, 1999. 2. 24, 98도3140.
54) 황산덕, 155면.
55) 대판, 1973. 8. 21, 73도409.

으며, 현실로 불특정 또는 다수인이 관람하였음도 요하지 않는다. 전람회에 전시하거나 영화·비디오테이프를 방영하는 것은 물론, 녹음테이프를 재생하여 방송하는 것도 여기에 해당한다.[56] 음란한 부호 등이 전시된 웹페이지에 대한 링크(link)행위는 모든 사정을 종합하여 볼 때, 그 실질에 있어서 음란한 부호 등을 직접 전시하는 것과 다를 바 없다고 평가되고 이에 따라 불특정 다수인이 이러한 링크를 이용하여 별다른 제한없이 음란한 부호 등에 바로 접할 수 있는 상태가 실제로 조성되었다면 공연전시에 해당한다.[57]

"공연상영"이란 필름 등 영상자료를 화면에 비추어 불특정 또는 다수인에게 보여주는 것을 말한다. 영사기, 환등기, 투사기, VTR 등을 이용하여 상영하면 족하다. 그러나 실물전시는 상영이 아니며 특정소수인 앞에서의 상영도 공연상영에 해당하지 않는다.

3) 주관적 구성요건요소　객관적 구성요건요소에 대한 인식·의사, 즉 고의가 있어야 한다. 따라서 문서·도화 기타 물건을 반포·임대·전시한다는 사실에 대한 인식·의사가 있어야 한다.

"공연히"는 행위상황이므로 이에 대한 인식도 있어야 한다. 음란성은 규범적 구성요건요소이므로 의미의 인식이 있어야 한다. 다만 문외한으로서의 소박한 의미의 인식으로 족하다.

(3) 공범·죄수

1) 공　범　반포·판매에는 교부·양도의 상대방이 있어야 하지만 형법은 이들을 처벌하지 않으므로 이 죄의 공범(교사범·방조범)으로 처벌되지 않는다. 음란문서를 번역하여 출판한 때에는 번역자와 출판자는 이 죄의 공동정범이 되는 경우가 많을 것이다.

2) 죄　수　동일한 의사로 수회 반복하여 행한 때에는 포괄일죄가 된다.

2. 음화 제조·소지·수입·수출죄

【구성요건·법정형】 제243조(반포·판매·공연전시)의 행위에 공할 목적으로 음란한 물건을 제조·소지·수입 또는 수출한 자는 1년 이하의 징역 또는 500

56) 서일교, 210면; 김종원(7인 공저), 559면; 정성근, 843면; 이재상, 647면; 진계호, 501면; 배종대, 759면; 임웅, 755면; 정영일, 650면.
57) 대판, 2003. 7. 8, 2001도1335.

만원 이하의 벌금에 처한다(제244조).

(1) 의의 · 보호법익

반포 · 판매 · 임대 또는 공연히 전시할 목적으로 음란한 물건을 제조 · 소지 · 수입 또는 수출함으로써 성립하는 범죄이다. 이 죄는 사실상 음화 등 반포 · 판매 · 공연전시죄의 예비단계에 해당하는 행위를 독립된 범죄로 규정한 것이다. 또 음화 등의 반포 · 판매 · 공연전시의 목적이 있어야 하는 목적범이므로 목적범의 일반원칙이 그대로 적용된다. 따라서 목적 없는 단순한 소지는 죄가 되지 않으며, 목적이 있는 이상 반드시 휴대할 필요가 없고 자택에 두고 있어도 소지죄가 된다.

이 죄의 보호법익도 사회일반의 선량한 성도덕 내지 성풍속이며, 추상적 위험범으로서의 보호이며 거동범 · 경향범의 일종이다.

(2) 구성요건요소

1) 객 체 행위객체는 음란한 물건이다. 여기의 "음란한 물건"은 제243조의 물건보다 넓은 개념으로 음란한 문서 · 도화 · 필름까지 포함한 개념이다. 판례는 성기확대기로 제조된 '해선체비대기'는 원통으로 되어 있어 남자의 음경을 연상케 하지 않으며, 성에 관련된 어떤 뜻이 나온다고도 인정할 수 없으므로 성욕을 자극 · 흥분시키는 음란물건이 아니라고 하였으나[58] 남성용 자위기구인 모조여성성기는 음란물건이라 하였다.

2) 행 위 제조 · 소지 · 수입 또는 수출하는 것이다. "제조"는 음란한 물건을 만드는 것이고, "소지"는 자기의 사실상의 지배 하에 두는 것을 말한다. 반드시 휴대일 필요가 없다. 수입은 국외에서 국내로 반입하는 것이다.

3. 공연음란죄

【구성요건 · 법정형】 공연히 음란한 행위를 한 자는 1년 이하의 징역 또는 500만원 이하의 벌금 · 구류 또는 과료에 처한다(제245조).

(1) 의의 · 보호법익

공연히 음란한 행위를 함으로써 성립하는 범죄이다. 음란물죄(제243조, 244조)가

58) 대판, 1978. 11. 14, 78도2327.

음란한 물건에 대한 일정한 행위태양을 처벌하는 범죄임에 대하여, 이 죄는 음란한 행위 그 자체를 처벌하는 거동범이며, 행위상황으로 공연성을 요구한다는 점에 특색이 있다.

보호법익은 사회일반의 선량한 성도덕 내지 성풍속이라는 사회일반의 이익이다. 추상적 위험범이며 거동범의 일종이다.

(2) 구성요건요소

1) 행 위 공연히 음란한 행위를 하는 것이다.

(a) 공연성 "공연히"란 불특정 또는 다수인이 인식할 수 있는 상태를 말한다(명예훼손죄의 공연성 참조). 따라서 내부적으로 결합된 수인 사이에서 음란행위를 하는 것은 포함되지 아니한다. 또 반드시 공중의 면전임을 요하지 않으므로 불특정 또는 다수인이 음란행위가 행해지는 장소에 있어야 할 필요가 없다. 그러나 집안에서의 음란행위라도 외부에서 쉽게 볼 수 있도록 개방되어 있으면 공연성은 인정되며, 반대로 거리에서 행해진 경우라도 숨어서 또는 한적한 오솔길에서 음란행위를 한 때에는 공연성이 있다고 할 수 없다. 인식할 수 있는 가능성이 있음으로써 족하고 현실적으로 불특정 또는 다수인이 이를 인식하였는가는 묻지 않는다.

(b) 음란행위 사람의 성욕을 자극 또는 흥분시키는 것으로 보통인의 성적 수치심을 해하고 선량한 성적 도의관념에 반하는 행위를 말한다(제243조의 음란개념 참조).

음란행위는 이성간에 행해지는 것이 보통이나 동성간 또는 남성이나 여성이 단독으로 할 수 있다. 따라서 반드시 남녀간의 성행위일 것을 요하지 않는다.[59] 부부간의 성행위도 공연히 행하면 음란행위가 된다. 음란성 자체가 그 사회의 성문화가치관에 따라 달라지므로 일률적으로 판단할 수 없다. 대체로 단순히 나체를 보여주는 것만으로는 음란행위가 되는 것은 아니다. 또 유방의 노출이나 키스하는 것 또는 목욕탕에 들어가거나 그림의 나체 모델이 되는 것으로는 음란행위라 할 수 없다. 다만 신체의 과다노출이 음란의 정도에 이르지 아니하면 경범죄처벌법(동법 제1조 41호)에 해당한다. 음란한 말(음담)이 이 죄의 음란행위가

59) 이 죄의 음란행위를 성행위, 즉 성교행위나 자위행위에 한정하는 견해는 이재상, 640면; 김일수/서보학, 649면; 배종대, 761면; 박상기, 588면; 진계호, 504면.

되느냐에 대해서 이를 긍정하는 견해도 있으나,[60] 언어는 일과성이 있을 뿐만 아니라 언어와 행위는 구별해야 하므로 부정하는 것이 타당하다.[61] 밝은 무대에서 아무 것도 몸에 걸치지 않은 부녀가 성행위를 묘사하는 자세를 보여 주는 것(스트립쇼)은 음란행위가 될 수 있다.[62] 판례는 공중 앞에서의 성기노출도 공연음란행위라고 한다.

【판례】 ① 연극 공연행위의 음란성의 유무는 그 공연행위 자체로서 객관적으로 판단해야 할 것이고, 그 행위자의 주관적인 의사에 따라 좌우되는 것은 아니다(대판, 1996. 6. 11, 96도980).[63]

② 고속도로에서 승용차를 손괴하거나 타인에게 상해를 가하는 등의 행패를 부리던 자가 이를 제지하려는 경찰관에 대항하여 공중 앞에서 알몸이 되어 성기를 노출한 경우, 음란한 행위에 해당하고 그 인식도 있다(대판, 2000. 12. 22, 2000도4372).

2) 주관적 구성요건요소 이 죄의 고의는 공연히 행한다는 인식뿐만 아니라 음란한 행위를 한다는 사실에 대한 인식과 그 실현의사이다. 음란에 대한 의미의 인식도 있어야 한다. 미필적 고의로 족하다. 공연성에 대한 착오는 구성요건적 착오로 고의가 조각된다. 이 죄를 경향범으로 보는 견해에[64] 의하면 고의 외에 주관적으로 육욕적 욕구충족의 음란경향이 있어야 한다고 한다. 그러나 이 죄는 고의로 족하고 특별한 내적 경향은 요하지 않는다고 본다(다수설).[65]

(3) 공범 · 죄수 및 타죄와의 관계

1) 공 범 음란행위의 공연(公演)이 있을 것을 알면서 극장이나 무대를 제공

60) 김종원(7인 공저), 561면; 木村, 208면; 大塚(下), 1022면; 平野, 概說, 271면.
61) 황산덕, 156면; 서일교, 212면; 이건호, 144면; 남흥우, 282면; 이재상, 650면; 김일수/서보학, 649면; 진계호, 504면; 배종대, 761면; 백형구, 568면; 이정원, 680면; 임웅, 758면; 손동권, 700면; 정영일, 653면.
62) 유기천(하), 96면; 황산덕, 156면; 진계호, 504면; 김일수/서보학, 649면; 임웅, 758면.
63) 연극 '미란다사건'에 관한 이 판례는 「… 성에 관한 묘사, 연출의 정도가 지나치게 상세하고 노골적일 뿐만 아니라, 위 나체상태의 연기가 상당 기간 지속되어 위 성의 묘사, 연출이 작품 전체에서 차지하는 비중이 결코 작지 않은 점 등을 고려하면 위 공연행위는 정상인의 성욕을 자극하여 성적 흥분을 유발하거나 그 호색적 흥미를 돋구기에 충분한 것이라고 할 수 있고 … 위 장면들의 연출이 위 주제를 표현하기 위하여 필요불가결하였다고 보기 어려울 뿐만 아니라, … 무대 위의 조명 정도 또는 작품의 사상성, 예술성에 의한 성적자극의 완화 정도가 그로 인하여 관객들의 성에 관한 건전한 관념을 해하지 않게 할 정도라고는 볼 수 없(다)」등의 이유로 공연음란죄의 성립을 인정하였다.
64) 김일수/서보학, 650면; 손동권, 701면; 김성돈, 646면.
65) 정성근, 846면; 이재상, 650면; 임웅, 758면.

한 자는 이 죄의 방조범이 된다.[66)]

2) 죄 수 이 죄의 죄수는 음란행위를 기준으로 판단한다. 그러나 1회의 출연 중에 여러 번 음란행위를 하였어도 포괄일죄가 된다. 예컨대, 각각 다른 다수의 관객 앞에서 수차례의 음란행위(국부노출)를 하여도 영업범에 해당할 때에는 포괄일죄라 함이 타당하다.[67)]

3) 타죄와의 관계 ① 강제추행죄를 공연히 범한 때에는 강제추행죄와 이 죄는 죄질을 달리하므로 두 죄의 상상적 경합이 된다(다수설).[68)] ② 같은 취지로 행하여진 강간죄·준강간죄·준강제추행죄도 상상적 경합이 된다. ③ 여러 사람의 눈에 뜨이는 곳에서 함부로 알몸을 지나치게 내놓거나 속까지 들여다보이는 옷을 입거나 또는 가려야 할 곳을 내어놓아 다른 사람에게 부끄러운 느낌이나 불쾌감을 준 때에는 경범죄처벌법(제1조 41호)에 해당한다.

제 2 절 도박과 복표에 관한 죄

Ⅰ. 총 설

1. 의의·보호법익

(1) 의 의

도박과 복표에 관한 죄는 우연한 사정에 의하여 재물의 득실을 다투는 것을 내용으로 하는 범죄로, 도박하거나 도박을 개장하거나 또는 복표를 발매·중개 또는 취득함으로써 성립하는 범죄이다. 따라서 광의의 도박죄에는 복표에 관한 죄도 포함된다.

---

66) 황산덕, 156면.

67) 정성근, 847면; 임웅, 758면; 오영근, 812면; 손동권, 702면; 이재상, 650면.

68) 유기천(하), 97면; 황산덕, 221면; 김종원(상), 133면; 이재상, 650면; 김일수/서보학, 651면; 진계호, 505면; 임웅, 759면; 정영일, 654면; 박상기, 588면. 이에 대해서 강제추행죄만 성립한다는 견해는 오영근, 793면; 김성돈, 647면.

이 죄에 해당하는 행위는 사람에게 사행심을 조장하게 하여 건전한 근로생활의 도덕심을 퇴폐시키고, 나아가 이로 인하여 폭행·협박·상해·살인·절도·강도 등 다른 범죄까지 유발시키는 원인이 된다는 이유로 사회적 법익에 대한 죄로 처벌하여 온 것이다(통설).[69]

(2) 보호법익

보호법익은 국민일반의 건전한 근로관념과 공공의 미풍양속 내지 사회의 경제적 도덕이라 해야 한다.[70] 판례도 같은 취지로 판시하고 있다.[71] 보호받는 정도는 추상적 위험범으로서의 보호라고 본다.

2. 구성요건체계

도박에 관한 죄와 복표에 관한 죄로 나눌 수 있다. 도박에 관한 죄의 기본적 구성요건은 단순도박죄(제246조 1항)이고, 상습도박죄(제246조 2항)는 상습성 때문에 책임이, 도박개장죄(제247조)는 영리의 목적으로 인하여 불법이 각각 가중되는 가중적 구성요건이다. 그리고 복표에 관한 죄는 복표발매죄(제249조 1항)를 기본적 구성요건으로 하고 복표발매중개죄(제249조 2항)와 복표취득죄(제249조 3항)를 감경적 구성요건으로 규정하고 있다.

3. 입법론

(1) 단순도박죄의 비범죄화

도박에 관한 죄는 국민일반의 근로관념과 공공의 미풍양속 내지 사회의 경제적 도덕질서를 보호하여 주로 경제생활상의 윤리를 강제하기 위해서 범죄로 규정한 것이다. 그러나 사행심 내지 모험심은 누구에게나 내재하는 본능이라 할 수 있고, 이 죄의 보호법익인 근로관념과 미풍양속은 사기도박이나 직업적 도박

69) 우리나라와 달리 독일 형법(제284조)은 도박죄를 자기 또는 타인의 재산을 위태롭게 하는 특수한 형태의 재산죄로 이해하며(Dreher/Tröndle, StGB. §284 Rdn. 1; Samson. SK. §284 Rdn. 1.), 프랑스 형법(제410조의 규칙위반죄)은 도박장의 질서유지를 위한 공중의 도덕을 해하는 죄로 규정하고 있다.

70) 유기천(하), 104면 이하; 권문택, 주석(상), 434면; 김종원(7인 공저), 561면; 정성근, 848면; 이재상, 651면; 진계호, 506면; 박상기, 589면; 배종대, 763면; 임웅, 760면; 손동권, 702면; 오영근, 813면; 정영일, 655면; 김성돈, 647면.

71) 대판, 1983. 3. 22, 82도2151; 대판, 1984. 7. 10, 84도1043.

내지 상습도박에 의해서만 침해될 수 있으며, 현실적으로도 각종의 도박행위가 자행되고 있는 실정에 비추어 단순도박죄는 형법에서 삭제하는 것이 타당하다.[72] 비교법적으로 볼 때에도 독일 형법이 공연히 행하는 도박(제284조의 a)만을, 오스트리아 형법은 명문으로 금지된 도박과 영업적 도박(제168조)만을, 그리고 프랑스 형법은 도박개장(제410조)만을 범죄로서 처벌하고 있다.

(2) 복표에 관한 죄의 삭제

복표는 이미 국가적·사회적으로 사실상 시인되고 있는 것이 많다. 예컨대 한국마사회법이 승마투표권의 발매를 허용하고 있고, 증권거래법이 증권거래를 인정하고 있으며 로또복권·주택복권·올림픽복권 등이 국가적으로 허용되고 있을 뿐만 아니라, 사회적으로도 각종 생산품에 첨부된 추첨권이 널리 일반화되었다. 특히 복권당첨 여부를 TV나 신문에서 광고로 널리 홍보하여 일반국민이 이에 대한 죄의식을 사실상 거의 가지지 못하는 실정에 비추어 복표에 관한 죄도 형법에서 삭제함이 타당하다.[73] 비록 이를 단속·규제할 필요성이 있는 때에도 특별법인 '사행행위등규제법'의 규제대상으로 하면 충분하다고 본다. 입법례로 독일 형법이 관청의 허가 없이 공연히 복표를 발행한 자를 처벌하고 있고(제286조), 일본 형법은 우리의 그것과 유사한 규정(제187조)을 두고 있다.

Ⅱ. 도박죄

1. 단순도박죄

【구성요건·법정형】 재물로써 도박한 자는 500만원 이하의 벌금 또는 과료에 처한다. 단, 일시 오락정도에 불과한 때에는 예외로 한다(제246조 1항).

72) 서일교, 215면; 김기춘, 형법개정시론, 546면; 이재상, 652면; 배종대, 763면; 진계호, 507면; 임웅, 762면; 오영근, 814면; 김성돈, 648면; 형사법개정자료(Ⅷ), 형법개정요강, 427면 이하. 반대설은 백형구, 576면; 김일수/서보학, 652면; 박상기, 590면.

73) 황산덕, 156면; 서일교, 213면; 권문택, 주석(상), 435면; 이재상, 643면; 진계호, 507면; 김일수/서보학, 652면; 박상기, 590면; 배종대, 763면; 정영일, 663면; 형사법개정자료(Ⅷ), 형법개정요강, 433면 이하. 또한 임웅, 762면은 건전한 사회기풍을 진작하기 위하여 공법인의 복표발매행위도 금지하는 것이 타당하다고 한다.

(1) 의의 · 구성요건요소

재물로 도박함으로써 성립하는 범죄이며, 도박죄의 기본적 구성요건이다.

1) 주 체 주체에는 제한이 없다. 도박은 성질상 2인 이상의 사이에서만 행하여질 수 있으므로 이 죄는 필요적 공범이며 대향범에 해당한다.

2) 행 위 행위는 재물로써 도박하는 것이다.

가) 재물로써 "재물로써"란 재물을 걸고서란 의미이다. "재물을 걸고서"란 일정한 재물을 승자에게 제공할 것을 약속하는 것을 말한다. ① 이 죄에 있어서의 재물은 도박행위의 수단으로서 재산죄의 그것과 동일하지 않으며, 재물뿐만 아니라 재산상의 이익도 포함한다.[74] 따라서 반드시 금전일 필요가 없고 부동산과 채권도 포함하며, 가액의 다소나 교환가치의 유무도 묻지 않는다. ② 도박현장에 재물이 있을 것도 요하지 않으며, 재물의 액수가 애당초 확정되어 있을 필요도 없다. 승패가 결정된 경우에 확정할 수 있는 것이면 족하다. 또 ③ 패자가 반드시 재물만을 교부해야 하는 것은 아니고, 여비를 대신 지불하는 경우와 같이 재물의 대용물을 제공하거나 승자가 부담해야 할 어떤 비용을 대신 지불하여도 무방하다.

나) 도박행위 "도박"이란 당사자가 서로 재물을 걸고 우연한 승부에 의하여 그 재물의 득실을 결정하는 것을 말한다. 도박의 방법 · 태양의 여하는 묻지 않으나 다음의 세 가지 관점에서 도박의 개념을 검토해야 한다.

(a) 우연성 "도박"은 재물의 득실이 우연에 의해서 결정되는 것이라야 한다. "우연"이란 필연에 대립되는 개념으로서 당사자가 확실히 예견하였거나 자유로이 지배할 수 있는 사정이 아닌 것을 말한다. 따라서 우연은 당사자에게 주관적으로 불확실하면 족하고 객관적으로 불확실할 필요는 없다.[75] 주관적으로 불확실한 인식을 가진 것이면 장래의 사실에 한하지 않고 과거 또는 현재의 사실에 대해서도 우연성을 가지고 도박할 수 있다. 우연성에 의하여 결정되는 재물의 득실은 경제적으로 정당한 이익이 아니라야 한다. 따라서 생명과 화재 또

---

74) 유기천(하), 104면; 황산덕, 157면; 이건호, 146면; 정영석, 196면; 서일교, 214면; 권문택, 주석(상), 435면; 이형국, 693면; 이재상, 653면; 진계호, 508면; 김일수/서보학, 653면; 배종대, 764면; 이정원, 684면; 임웅, 763면; 손동권, 704면; 정영일, 656면; 김성돈, 649면.

75) 유기천(하), 101면; 황산덕, 157면; 서일교, 213면; 정영석, 203면; 권문택, 주석(상), 436면; 김종원(7인 공저), 562면; 정성근, 851면; 이재상, 653면; 김일수/서보학, 654면; 진계호, 508면; 배종대, 764면; 손동권, 704면; 정영일, 657면; 오영근, 815면; 김성돈, 649면.

는 교통사고에 대비한 보험가입계약은 도박이 될 수 없다.

(b) 편면적 도박　우연성이 당사자 일방에게만 있는 경우를 편면적 도박이라 하고, 사기도박의 경우에도 도박죄가 성립하느냐의 문제로 논의된다. 편면적 도박을 인정하여 사기도박을 한 자는 사기죄가, 그 상대방은 도박죄가 각각 성립한다는 견해도 있다.[76] 그러나 도박은 민법적으로 계약 또는 합동행위이고 단독행위가 아니며, 사기도박의 경우에는 도박에 필요한 우연성이 결여되어 있으므로 편면적 도박을 인정할 수 없다고 본다. 따라서 사기도박자만이 사기죄가 성립하고 그 상대방은 범죄를 구성하지 않는다. 이 견해가 통설이며[77] 판례의 태도이다.

【판례】 도박이란 2인 이상의 자가 상호간에 재물을 도(賭)하여 우연한 승패에 의하여 그 재물의 득실을 결정하는 것이므로, 이른바 사기도박과 같이 도박 당사자의 일방이 사기의 수단으로써 승패의 수를 지배하는 경우에는 도박에서의 우연성이 결여되어 사기죄만 성립하고 도박죄는 성립하지 아니한다(대판, 2011. 1. 13, 2010도9330).

(c) 경기의 도박성　"경기"란 우연성에 의한 것이 아니라 당사자의 육체적·정신적 능력이나 기능·기량과 숙련의 정도에 따라 그 승패가 결정되는 것을 말한다. 당구, 골프, 씨름 등 운동경기나 장기·바둑·화투·마작 등이 그 예이다. 경기에 의한 도박을 인정할 것이냐에 대해서, ① 통설은 우연한 승패라고 해서 그 승패가 완전히 우연에 의해서 결정될 필요는 없고, 당사자의 기능·기량이 승패에 다소의 영향을 미치는 경우에도 우연성이 지배되고 있으면 도박에 해당한다고[78] 함에 반하여, ② 소수설은 우연성에 의해서 승패가 결정되는 경우에만 도박이 되므로 당사자의 기능·기량에 의해서 승패가 결정되는 경우는 도박이 아니라고 한다.[79] 당사자의 기능·기량이 승패의 결정에 다소의 영향을

76) 정창운, 292면; 염정철, 252면; 김일수/서보학, 654면; 손동권, 702면; 정영일, 657면.
77) 유기천(하), 103면; 서일교, 214면; 정영석, 204면; 권문택, 주석(상), 437면; 김종원(7인 공저), 562면; 이형국, 694면; 이재상, 654면; 진계호, 509면; 박상기, 590면; 배종대, 765면; 임웅, 764면; 김성돈, 649면.
78) 유기천(하), 102면; 황산덕, 157면; 정영석, 203면; 권문택, 주석(상), 438면; 김종원(7인 공저), 563면; 정성근, 852면; 김일수/서보학, 655면; 진계호, 509면; 박상기, 590면; 백형구, 577면; 이정원, 684면.
79) 이재상, 653~654면; 배종대, 765면; 임웅, 764면; 손동권, 704면; 김성천/김형준, 882면; 정영일, 657면; 김성돈, 650면.

미치는 경우의 모두를 도박에서 배제한다면 사실상 도박은 거의 있을 수 없다고 해야 하므로 통설이 타당하다고 본다. 다만 승패의 결정이 기능·기량에 의해서 좌우되는 경우에만 도박이 아니라고 해야 한다.

판례도 "당사자의 능력이 승패의 결과에 영향을 미친다고 하더라도 다소라도 우연성의 사정에 의하여 영향을 받게 되는 때에는 도박죄가 성립할 수 있다"며 통설의 입장을 따르고 있다.[80)]

다) 기수시기 추상적 위험범·거동범이므로 도박행위의 착수가 있으면 바로 기수가 된다. 따라서 예컨대, 화투도박에서 화투장을 배부하기 시작한 때 기수가 된다. 승패가 결정되거나 현실로 재물의 득실이 있음을 요하지 않는다. 재물로 도박한다는 고의가 있어야 한다.

(2) 위법성조각사유

1) 일시오락 도박행위가 일시오락의 정도에 불과한 때에는 이 죄가 성립하지 않는다(제246조 1항 단서). 일시오락의 정도에 그친 때에는 사회상규에 위배되지 아니하는 행위(제20조)로서 위법성이 조각되어 범죄가 될 수 없다는 취지이다. 문제는 어느 정도를 일시오락으로 볼 것인가이다.

(a) 일시오락의 정도 어느 정도를 일시오락이라고 할 것이냐에 대해서 견해가 대립한다. ① 재물의 경제적 가치가 근소하여 이를 방임해도 사회에 큰 영향을 미치지 않을 정도의 것이라야 한다는 견해와,[81)] ② 일률적으로 판단할 것이 아니라 도박의 시간과 장소·재물의 가액·도박자의 사회적 지위(직업)와 재산정도·도박의 동기·도박재물의 용도와 그 흥미성 등 여러 사정을 종합적으로 참작하여 객관적으로 결정해야 한다는 견해[82)]가 있다. 가치의 근소성과 소비목적이 있으면 대체로 일시오락인 경우가 많으나 그렇지 않은 경우라고 해서 항상 도박이 되는 것은 아니므로 종합적으로 참작하여 객관적으로 결정하는 후설이 타당하다고 본다. 통설이며 판례의 일관된 태도이다.[83)]

80) 대판, 2008. 10. 23, 2006도736: 피고인들이 각자 핸디캡을 정하고 홀마다 또는 9홀마다 별도의 돈을 걸고 총 26 내지 32회에 걸쳐 내기골프를 한 행위가 도박에 해당한다고 한 사례.

81) 유기천(하), 113면; 황산덕, 157면; 정영석, 204면; 박상기, 592면.

82) 김종원(7인 공저), 563면; 정성근, 852면; 이재상, 655면; 김일수/서보학, 656면 이하; 진계호, 510면; 배종대, 766면; 백형구, 578면; 이정원, 689면; 임웅, 765면; 김성천/김형준, 885면; 손동권, 704면; 정영일, 659면; 오영근, 817면; 김성돈, 650면.

83) 대판, 1969. 7. 22, 69도802; 대판, 1983. 6. 28, 83도1055; 대판, 1983. 12. 27, 83도2545; 대판, 1984. 4. 10, 84도194; 대판, 1984. 7. 10, 84도1043; 대판, 1985. 11. 12, 85도2096; 대판, 1990.

(b) 금전도박의 오락성　재물이 금전인 때에도 일시오락이 되느냐에 대해서, ① 금전을 거는 것은 성질상 일시오락이라 할 수 없으므로 금전 자체를 목적으로 하는 때에는 액수의 다과를 묻지 않고 이 죄가 성립한다는 견해와,[84] ② 금전을 거는 때에도 그것이 승패결정의 흥미를 북돋우기 위한 방법인 경우에는 일시오락으로 보아야 한다는 통설이[85] 대립하고 있다. 원래 일시오락은 당사자가 재물로 보존할 의사없이 단순히 오락만을 위한 것이므로 통설이 타당하다고 해야 한다. 판례도 금전으로 음식이나 술값을 낸 경우에는 당연히 일시오락이라 하고 있다.[86]

2) 승마투표권 · 복표 등의 거래　마권 · 복표 · 승마투표권의 매매와 증권거래행위도 법률로써 인정되는 범위내에서 위법성이 조각된다.

(3) 죄수 및 타죄와의 관계

같은 일시에 동일한 장소에서 동일한 도박을 계속한 때에는 도박참가자의 변동이 있어도 1개의 도박죄가 된다. 도박개장자가 스스로 도박에 가담한 때에는 도박개장죄만 성립한다는 견해도[87] 있으나 도박죄와 도박개장죄의 경합범이 된다.[88]

2. 상습도박죄

【구성요건 · 법정형】 상습으로 제1항(단순도박)의 죄를 범한 자는 3년 이하의 징역 또는 2천만원 이하의 벌금에 처한다(제246조 2항). (징역형을 과하는 경우에는) 500만원 이하의 벌금을 병과할 수 있다(제249조).

---

2. 9, 89도1992.

84) 정영석, 205면.

85) 서일교, 214면; 권문택, 주석(상), 440면; 김종원(7인 공저), 563면; 정성근, 854면; 이재상, 655면; 김일수/서보학, 656면; 진계호, 511면; 배종대, 766면; 백형구, 578면; 손동권, 705면; 정영일, 659면; 김성돈, 650면.

86) 대판, 1966. 12. 27, 66도1510; 대판, 1974. 3. 12, 74도582; 대판, 1979. 11. 13, 79도1715; 대판, 1983. 12. 27, 83도2545.

87) 황산덕, 159면.

88) 유기천(하), 112면; 이건호, 150면; 정영석, 198면; 권문택, 주석(상), 445면; 정성근, 854면; 이형국, 698면; 이재상, 658면; 진계호, 512면; 박상기, 594면; 배종대, 766면; 임웅, 766면; 손동권, 707면; 김성돈, 651면.

(1) 의의 · 구성요건요소

상습으로 재물을 걸고 도박함으로써 성립하는 범죄이다. 단순도박죄에 대하여 상습성 때문에 책임이 가중되는 가중적 구성요건이며 부진정신분범이다. 이 죄는 단순도박죄의 성립을 전제로 하여 상습성 여부를 판단해야 하며, 그것이 일시오락의 정도에 불과한 때에는 위법성이 조각되어 이 죄가 성립하지 않는다. 요컨대, 이 죄의 주체는 도박상습자이며 행위는 상습으로 재물로써 도박하는 것이다.

(2) 상습성과 누범가중

1) 상습성의 의의　여기의 상습이란 반복하여 도박행위를 하는 습벽을 말한다. 반드시 동종 · 동일방법에 속한 도박을 하는 습벽일 필요가 없다. 이러한 습벽이 있는 한 회수, 기간의 장단, 영업성의 유무는 묻지 않는다. 그러나 습벽이 없으면 우연히 수차례의 도박을 반복하였어도 단순도박죄의 경합범이 될 뿐이고 상습도박은 아니다.

2) 상습성의 판단　도박의 전과와 도박 사실의 반복, 시간적 간격 등 제반사정을 종합적으로 고려하여 상습성을 판단해야 한다. 전과가 있으면 상습성이 인정되는 경우가 많으나[89] 전과가 없는 때에도 단시일내에 수차에 걸쳐 도박을 하였다면 상습성은 인정될 수 있다.[90] 반대로 1주일에 수십회의 도박을 하였어도 그 이후에는 도박행위에 가담하지 않았다면 상습성은 부정된다.[91] 요컨대, 상습성은 반복이 있다는 것만으로는 부족하고 습벽이 있어야 한다. 따라서 전과나 회수는 상습성을 인정하는 중요한 자료가 될 뿐이다.[92] 또 직업적으로 도박하는 도박꾼임을 요하지 않으며 따로 직업이 있어도 상습도박이 될 수 있다.[93]

【판례】 상습도박죄에 있어서의 상습성이라 함은 반복하여 도박행위를 하는 습벽으로서 행위자의 속성을 말하는데, 이러한 습벽의 유무를 판단함에 있어서는 도박의 전과나 도박횟수 등이 중요한 판단자료가 되나 도박전과가 없다 하더라도 도박의 성질과 방법, 도금의 규모, 도박에 가담하게 된 태양 등의 제

89) 대판, 1978. 2. 28, 77도3999; 대판, 1994. 3. 8, 93도3608.
90) 대판, 1983. 10. 25, 83도2448; 대판, 1995. 7. 11, 95도955.
91) 대판, 1985. 9. 24, 85도1272. 같은 취지: 대판, 1991. 10. 8, 91도1894.
92) 대판, 1989. 4. 11, 88도2493; 대판, 1995. 7. 11, 95도955.
93) 김종원(7인 공저), 565면; 김일수/서보학, 658면.

반 사정을 참작하여 도박의 습벽이 인정되는 경우에는 상습성을 인정하여도 무방하다(대판, 1995. 7. 11, 95도955).

3) 누범과의 관계 상습성과 누범가중은 그 근거가 다르다. 누범가중은 일정기간 내의 전과를 기준으로 형을 가중하는 것이므로 범죄의 습벽을 기준으로 하는 상습성과 일치하지 않는다. 따라서 전과없는 비누범적 상습범도 있을 수 있다.

상습도박자가 누범에 해당하는 경우에 누범가중의 규정을 적용할 수 있느냐에 대해서, ① 누범적 반복도 상습성의 내용을 형성한다는 이유로 다시 누범가중을 할 수 없다는 소극설과,[94] ② 상습범에 대한 형의 가중과 누범에 대한 형의 가중은 그 근거가 다르다는 이유로 다시 누범가중을 할 수 있다는 적극설이[95] 대립하는데 후설이 통설이다. 상습성과 누범가중은 전혀 그 취지가 다르고, 누범이라 하여 반드시 상습범이 되는 것도 아니며, 누범인 상습범과 전과없는 상습범을 동일하게 처벌하는 것도 누범제도의 취지에 반하므로 통설이 타당하다고 해야 한다.

(3) 공범관계

상습성은 행위자의 속성이며, 책임이 가중되는 부진정신분범이므로 상습자와 비상습자가 공범관계에 있는 경우에는 제33조 단서가 적용된다. 따라서 상습자가 비상습자와 같이 도박한 때에는 상습자만에게만 이 죄가 성립하고 비상습자는 단순도박죄에 해당된다. 또 비상습자가 상습자의 도박을 교사 또는 방조한 때에는 단순도박죄의 교사범 또는 종범이 된다.

(4) 죄 수

상습도박죄는 구성요건이 처음부터 수개의 행위를 예상하고 있는 집합범이므로 상습자가 1회의 도박을 한 때에 이 죄가 성립함은 물론이고, 수회에 걸쳐서 도박한 때에도 전체를 포괄하여 1개의 상습도박죄만 성립한다(통설).[96] 판례도

---

94) 황산덕, 158면.

95) 서일교, 216면; 권문택, 주석(상), 443면; 정성근, 856면; 이재상, 656면; 진계호, 513면; 김일수/서보학, 658면; 배종대, 768면; 백형구, 580면; 임웅, 767면; 정영일, 660면.

96) 유기천(하), 110면; 황산덕, 155면; 정영석, 206면; 서일교, 215면; 김종원(7인 공저), 563면; 진계호, 514면; 김일수/서보학, 659면; 배종대, 766면; 백형구, 579면; 임웅, 767면; 손동권, 705면; 오영근, 820면; 정영일, 660면. 한편, 실체적 경합범이 된다는 견해로서는 이재상, 656

같은 태도이며,[97] 상습성 있는 자가 도박과 도박방조를 한 때에도 상습도박죄만을 인정하고 있다.[98]

3. 도박개장죄

【구성요건 · 법정형】 영리의 목적으로 도박을 개장한 자는 3년 이하의 징역 또는 2천만원 이하의 벌금에 처한다(제247조). (징역형을 과하는 경우에는) 500만원 이하의 벌금을 병과할 수 있다(제249조).

(1) 의의 · 성격

영리의 목적으로 도박을 개장함으로써 성립하는 범죄이다. 이 죄는 성질상 도박행위를 교사하거나 준비시키는 예비행위에 불과하지만 형법은 이를 독립범죄로 하여 단순도박죄보다 가중처벌하고 있다. 도박개장죄는 재물상실의 위험을 부담하지 않으면서 인간의 사행본능을 이용하여 도박을 유인하거나 이를 촉진시킴으로써 영리를 도모하는 것은 도박행위자보다 일층 반도덕성이 크다는 이유 때문에 가중처벌하기로 한 것이다.[99] 추상적 위험범이고 목적범 · 계속범이다.

(2) 구성요건요소

1) 행 위　　도박을 개장하는 것이다.

(a) 도박개장　　"도박을 개장"한다는 것은 스스로 도박의 주재자가 되어 그 지배하에 도박의 장소를 개설하는 것을 말한다. 주체는 제한이 없으므로 상습자임을 요하지 않으며 임시적 개설도 무방하다. 또 설비의 정도는 묻지 않으며 방실(房室)일 필요도 없다. 도박의 주재자가 되어 그 장소에 대한 지배권을 가져야 하므로 주재자가 되지 않고 단순히 도박장소를 제공함에 그친 때에는 도박죄의 방조범이 될 뿐이다. 판례는 인터넷에서 고스톱 대회를 개최한 것도 도박장개장에 해당한다고 하였다.[100] 도박을 개장하면 족하고 도박을 유인하거나 자신이 도박행위를 할 필요는 없다.

면; 박상기, 593면.

97) 대판, 1982. 9. 28, 82도1669.

98) 대판, 1984. 4. 24, 84도195.

99) 유기천(하), 111면; 이재상, 657면; 진계호, 514면.

100) 대판, 2002. 4. 21. 2001도5802.

(b) 기수시기 영리의 목적으로 도박을 개장하면 기수가 되며, 현실로 도박이 행해짐을 요하지 않는다. 따라서 판례는 "피고인이 가맹점을 모집하여 인터넷 도박게임이 가능하도록 시설 등을 설치하고 도박게임 프로그램을 가동하던 중 문제가 발생하여 더 이상의 영업으로 나아가지 못한 경우, 실제로 이용자들이 도박게임 사이트에 접속하여 도박을 한 사실이 없더라도 도박개장죄는 이미 '기수'에 이르렀다"[101]고 본다.

2) 영리의 목적 이 죄가 성립하기 위해서는 고의 이외에 영리의 목적이 있어야 한다(목적범). 영리의 목적이란 재산상의 이익을 얻을 목적을 말한다. 여기의 재산상의 이익은 도박을 하는 자로부터 입장료·수수료 등의 명목으로 도박장 개장의 대가를 얻는 것을 말하며, 도박을 통해서 얻게 되는 것을 의미하지 않는다. 영리의 목적이 있으면 족하고 현실로 이득을 얻었는가, 징수한 대가를 술값 등에 소비하여 이득이 남지 않았는가는 이 죄의 성립에 영향이 없다.

(3) 죄 수

도박을 개장한 자가 수회 연속하여 손님으로부터 수수료를 징수하여도 일죄가 된다. 그러나 별개의 의사로 일시·장소를 달리하여 개장한 때에는 경합범이 된다. 도박개장을 방조한 자는 이 죄의 방조범이 되며, 따로 도박방조죄는 성립하지 않는다.

Ⅲ. 복표발매·중개·취득죄

1. 복표발매죄

【구성요건·법정형】 법령에 의하지 아니한 복표를 발매한 자는 3년 이하의 징역 또는 2천만원 이하의 벌금에 처한다(제248조 1항). (징역형을 과하는 경우에는) 500만원 이하의 벌금을 병과할 수 있다(제249조).

(1) 의 의

법령에 의하지 아니한 복표를 발매함으로써 성립하는 범죄이다. 복표의 발행·취득도 우연성에 의하여 그 승패가 결정된다는 점에서 광의의 도박에 해당

101) 대판, 2009. 12. 10, 2008도5282.

하지만 형법은 이를 별도로 규정하여 처벌하기로 한 것이다. 그러나 실제로는 복표를 발행한 때에 특별법인 '사행행위등규제및처벌특례법'(동법 제2조 1항 2호 가목, 제30조 1항)이 적용되므로 형법상의 이 죄가 적용되는 경우는 거의 없다.

(2) 구성요건요소

1) 객 체 법령에 의하지 아니한 복표이다.

(a) 복 표 "복표"란 발매자가 미리 특정한 표찰을 발매하여 다수인으로부터 금품을 모은 다음 추첨 기타의 방법으로 당첨자에게 재산상의 이익을 제공하고 다른 참가자에게 손실을 가져오게 하는 것을 말한다(사행행위등규제및처벌특례법 제2조 1항 2호 가목 참조). 다른 참가자의 손실없이 상품구매에 부가하여 이익을 제공하는 경품권·사은권은 추첨으로 당첨자를 결정하여도 복표가 아니다.

> 도박과 복표는 다음과 같은 세 가지 기준을 종합하여 판단하는 것이 일반적이다.[102] ① 도박은 추첨 이외의 우연한 방법에 의해서 재물의 득실을 결정하는 것임에 반하여, 복표는 추첨에 의하여 손익을 결정하는 것이고, ② 도박에서는 재물의 소유권이 승패가 결정될 때까지 승자에게 이전되지 않음에 반하여, 복표에서는 재물제공이 있으면 그 소유권이 발행자에게 이전되는 것이며, ③ 도박에서는 당사자 모두가 재물득실의 위험을 부담하는 것임에 반하여, 복표에서는 구매자만이 위험을 부담한다.

(b) 법령에 의하지 않을 것 복표는 법령에 의하지 아니한 것일 때에만 이 죄의 객체가 된다. 따라서 사회에서 공인된 복표는 제20조의 정당행위에 해당하여 위법성이 조각된다.

2) 행 위 행위는 발매하는 것이다.

'발매'는 구매자로 하여금 추첨 기타 방법으로 요행의 이익을 얻게 하려고 복표를 유상으로 양도하는 것을 말한다.

2. 복표발매중개·취득죄

> 【구성요건·법정형】 전항의 복표발매를 중개한 자는 1년 이하의 징역 또는 500만원 이하의 벌금에 처한다(제248조 2항). 제1항의 복표를 취득한 자는 500만

102) 원래 이 기준은 일본 판례(日大判, 大正 3. 7. 28, 刑錄 20, 1548면)에서 나왔으나 우리나라도 이를 따르는 것이 일반적이다. 서일교, 218면; 정영석, 207면; 권문택, 주석(상), 446면; 정성근, 859면; 이재상, 659면; 김일수/서보학, 661면; 박상기, 595면; 배종대, 770면; 백형구, 582면; 임웅, 771면; 손동권, 708면; 오영근, 823면; 정영일, 664면; 김성돈, 654면.

원 이하의 벌금 또는 과료에 처한다(제248조 3항).

법령에 의하지 아니한 복표발매를 중개하거나 발매한 복표를 취득하는 것이다. 발매중개죄는 성질상 방조행위에 해당하지만 형법은 독립된 범죄유형으로 규정한 것이다.

"중개"는 발매자와 구매자의 중간에서 매매를 알선하는 것이다. 직접적·간접적이건, 보수가 있건·없건 묻지 않는다. 취득죄는 점유이전뿐만 아니라 소유이전도 포함하며 유상·무상을 묻지 않는다.

제 3 절 신앙에 관한 죄

Ⅰ. 총 설

1. 종교·신앙에 대한 형법적 보호

신앙에 대한 죄는 공중의 종교생활의 평온과 종교감정을 침해하는 범죄이다. 종교·신앙을 형법에서 어느 정도로 보호할 것이냐의 문제는 국가와 종교의 관계를 어떻게 정립하느냐에 따라 달라진다. 정교(政教)가 일치된 국가에서는 종교에 대한 범죄는 곧 국가에 대한 범죄가 되어 중하게 처벌되고, 국교 이외의 다른 종교는 형법적으로 보호될 수 없다. 우리나라는 국교가 인정되지 않고 헌법상 종교의 자유가 보장되어 있다(동법 제20조). 따라서 국가는 모든 종교 내지 신앙의 자유를 인정할 뿐만 아니라 일정한 범위내에서 종교생활의 평온과 종교감정도 형법적으로 보호한다. 우리 형법도 이에 따라 신앙에 관한 죄를 규정하고 있다. 다만 우리 형법에는 신에 대한 모독죄를 인정하지 않고 있으므로 종교 그 자체는 형법적으로 보호하지 않는다.

2. 보호법익

신앙에 관한 죄의 보호법익에 대해서는, ① 사회풍속 내지 선량한 풍속으로 되어 있는 종교감정이라는 견해와,[103] ② 사회풍속으로서의 종교감정과 종교생활의 평온을 모두 보호한다는 견해가[104] 대립한다. 종교적 행사·의식이 침해되면 동시에 종교감정도 침해되는 것이 보통이므로 원칙적으로는 후설이 타당하다고 해야 한다. 그러나 장례식 등 방해죄는 자유로운 종교행사·의식을 보장함으로써 종교생활의 평온을 보호하려는 데에 주된 취지가 있음에 반하여, 사체 등 오욕죄, 분묘발굴죄, 사체 등 영득죄는 종교생활의 평온을 보호하는 것이 아니라 사체에 대한 일반인의 숭경(崇敬)의 감정을 보호하려는 데에 있다. 따라서 신앙에 관한 죄의 모두가 종교생활의 평온과 종교감정을 동시에 보호하는 것이 아니라, 제158조의 죄는 종교생활의 평온을[105] 그리고 제159조 내지 제161조의 죄는 종교감정을 보호한다고 해야 한다.[106] 보호받는 정도에 대해서 장래식 등 방해죄와 사체오욕죄는 추상적 위험범으로서의 보호이고 거동범이며, 분묘발굴죄와 사체영득죄는 침해범이다. 그리고 변사자검시방해죄는 추상적 위험범·거동범·형식범이다.[107]

3. 구성요건체계

형법은 신앙에 관한 죄로서 장례식 등 방해죄(제158조), 사체 등 오욕죄(제159조), 분묘발굴죄(제160조), 사체 등 손괴·영득죄(제161조) 및 변사자검시방해죄(제163조)를 규정하고 그 중 분묘발굴죄와 사체 등 손괴·영득죄의 미수범을 처벌한다(제162조). 그리고 변사자검시방해죄는 사체에 관련된 것이라 하여 편의상 신앙에 관한 죄에 규정하고 있다. 그러나 이 죄는 종교생활의 평온이나 종교감정과는 아무런 관련이 없으며, 오히려 범죄수사를 방해하는 공무방해죄로서의 의미를 갖는다. 따라서 이 죄는 형법에서 삭제하거나 공무방해죄의 장에서 규정

103) 황산덕, 102면; 서일교, 219면; 김종원(7인 공저), 567면.
104) 이건호, 133면; 정영석, 208면; 김석휘, 주석(상), 239면; 정성근, 861면; 이재상, 661; 배종대, 770면; 진계호, 518면.
105) 대판, 1982. 2. 23, 82도2691도 같은 취지이다.
106) 유기천(하), 4면; 김석휘, 주석(상), 239면; 정성근, 861~2면; 이재상, 661면; 진계호, 518면; 임웅, 773면.
107) 유기천(하), 6면; 김일수/서보학, 663면.

하는 것이 입법적으로 타당하다.[108]

Ⅱ. 신앙범죄의 유형

1. 장례식 등 방해죄

【구성요건 · 법정형】 장례식, 제사, 예배 또는 설교를 방해한 자는 3년 이하의 징역 또는 500만원 이하의 벌금에 처한다(제158조).

(1) 의의 · 성격

장례식 · 제사 · 예배 또는 설교를 방해함으로써 성립하는 범죄이다. 자유로운 종교적 행사를 방해하는 행위를 처벌하여 종교행사의 자유와 종교생활의 평온(종교적 평온)을 보호하기 위한 추상적 위험범이다.

(2) 구성요건요소

1) 객 체　객체는 장례식 · 제사 · 예배 또는 설교이다. 장례식 · 제사 · 예배 또는 설교에 한하므로 교회 내에서의 종교단체의 회합이라도 정치적 · 학술적 강연을 위한 집회나 바자회 · 결혼식은 이 죄의 객체가 되지 않는다.[109] 이 규정 이외의 의식에 대한 방해행위는 경우에 따라 업무방해죄나 경범죄처벌법(제1조 18호)에 의하여 처벌될 수 있다.

"장례식"이란 사자(死者)를 장사지내는 의식을 말한다. 반드시 종교적 의식일 필요가 없으며(민간 습속도 장래의식), 사체가 존재할 것도 요하지 않는다. 그러나 사자에 대한 장례식임을 요하므로 사태(死胎) 기타 동물에 대한 의식은 포함되지 않는다.

"제사"란 사자에 대한 추모 등의 의식을 말한다. 윤리적 관습에 의한 의식(문중시제, 마을의 서낭당제)뿐만 아니라 종교적 의식(석존대제, 종묘대제)도 여기에 포함된다.[110] 그러나 단오제, 율곡제, 춘향제 등 문화행사는 제사가 아니다.

---

108) 유기천(하), 4면; 이재상, 662면; 임웅, 773면; 배종대, 771면; 오영근, 825면, 정영일, 665면.
109) 유기천(하), 7면; 김석휘, 주석(상), 240면; 이재상, 662면; 진계호, 519면; 김일수/서보학, 663면; 백형구, 586면; 임웅, 775면; 정영일, 667면; 김성돈, 656면.
110) 유기천(하), 7면; 김석휘, 주석(상), 240면; 김종원(7인 공저), 568면; 이재상, 662면; 진계호, 519면; 정영일, 666면; 김성돈, 656면.

"예배"란 종교단체의 관례와 형식에 따라 신이나 교조(教祖)에게 기도하고 숭경하는 종교적 의식을 말한다. 예배의 장소는 문제되지 않는다. 따라서 교회·불당에서의 예배뿐만 아니라 기도원·선박에서의 예배 또는 야외예배·옥외의 감사절예배도 포함된다.[111] 예배라고 하기 위해서는 다수인이 참여하여야 하므로 혼자서 보고 있는 예배는 포함되지 않는다.[112] 결혼예배, 영결예배도 종교적 관례와 형식에 따라 진행되면 예배에 속한다. 판례는 정식절차를 밟지 아니하여 설교가 거부된 위임목사가 행하는 설교와 예배인도를 방해한 때에도 예배 또는 설교방해죄가 성립한다고 하였다.[113] 사교단체도 종교단체에 해당하느냐에 대해서 긍정설이[114] 있으나 제외함이 옳다고 본다.[115]

"설교"란 종교상의 종지(宗旨)·교의(教義)를 해설하거나 설명하는 것을 말한다. 종교행정·종교정치·종교학술에 관한 연설이나 강연과 전도행위는 제외된다고 본다.

2) 행 위 행위는 방해하는 것이다.

"방해"란 장례식·제사·예배 또는 설교의 평온과 진행에 지장을 주는 일체의 행위를 말한다. 방해의 방법은 묻지 않는다. 폭행·협박에 의한 방해뿐만 아니라 소음을 내거나 혼란에 빠뜨리는 것도 방해에 해당한다. 반드시 내부에서의 방해일 필요가 없고 외부에서의 방해도 무방하며 일시적 방해라도 좋다. 그리하여 장례식을 집행하기 위하여 파놓은 묘혈(墓穴)을 메우거나 묘혈을 파지 못하게 방해하여 장례식을 지연시킨 경우, 목사·승려를 감금하여 장례식을 진행하지 못하게 방해한 경우에도 이 죄를 구성한다.[116] 다만 후자의 경우에는 이 죄와 감금죄의 상상적 경합이 된다. 방해는 구체적인 장례식·예배·설교 등을 대상으로 행해져야 하므로 문서를 반포하여 종교를 비방하거나 예배자의 수를 감소시킨 때에는 방해가 있다고 할 수 없다.[117] 방해행위는 장례식·제사·예배·설교의 진행 중에 있음을 요하지 않고, 그 집행과 시간적으로 밀접불가분의 관계

111) 유기천(하), 7면; 이재상, 653면; 진계호, 519면; 임웅, 775면; 정영일, 667면; 오영근, 827면; 김성돈, 656면.
112) 이재상, 663면; 임웅, 775면; 김성돈, 656면.
113) 대판, 1971. 9. 28, 71도1465.
114) 오영근, 827면.
115) 김일수/서보학, 664면.
116) 유기천(하), 8면; 김석휘, 주석(상), 240면; 이재상, 663면; 김일수, 563면; 진계호, 520면; 배종대, 771면; 김성돈, 657면.
117) 김석휘, 주석(상), 241면; 이재상, 663면; 진계호, 520면; 김성돈, 657면.

에 있는 준비단계에서 방해행위가 있어도 이 죄가 된다.[118]

장례식·제사 등의 방해가 있음으로써 기수가 되며, 이로 인하여 종교적 의식이 현실로 방해된 결과가 발생하였음을 요하지 않는다(추상적 위험범).

3) 주관적 구성요건요소 이 죄의 고의는 객관적 구성요건에 대한 인식과 그 실현의사가 있어야 한다. 미필적 고의로 족하며 방해의 목적·동기 여하는 묻지 않는다.

2. 사체 등 오욕죄

【구성요건·법정형】 사체·유골 또는 유발을 오욕한 자는 2년 이하의 징역 또는 500만원 이하의 벌금에 처한다(제159조).

(1) 의 의

사체·유골 또는 유발을 오욕함으로써 성립하는 범죄이다. 사자(死者)에 대한 사회일반의 종교적 감정(사회일반의 경외(敬畏)와 존경의 감정)을 보호하는 추상적 위험범·거동범이고 유족의 종교감정을 보호하는 것은 아니다.

(2) 구성요건요소

1) 객 체 객체는 사체·유골 또는 유발이다.

(a) 사 체 "사체"란 사자의 시신을 말하고 시체의 전부뿐만 아니라 일부도 포함된다. 사태도 사체에 포함되느냐에 대해서 부정설이 있으나[119] 통설은 인체의 형태를 갖춘 사태도 사체에 포함시키고 있다(형태기준설).[120] 사자에 대한 숭경의 감정은 인체의 형태를 갖춘 사태에 대해서도 인정할 수 있으며, '장사 등에 관한 법률'(제2조)은 임신 4개월 이상의 사태도 사체에 포함시키고 있으므로 통설이 타당하다고 해야 한다. 금이나 금속뼈와 같은 인공가공물도 사체에 포함되지만 사체에서 뽑아낸 혈액은 사체 또는 그 일부라 할 수 없다.[121]

(b) 유골·유발 "유골"이란 화장 기타의 방법으로 백골이 된 사체의 일부분을 말하며, 사자를 제사·기념하기 위하여 보존의 대상이 되는 것에 한한다.

---

118) 대판, 1982. 2. 23, 81도2691.

119) 유기천(하), 10면.

120) 황산덕, 102면; 서일교, 220면; 정영석, 209면; 김석휘, 주석(상), 244면; 김종원(7인 공저), 569면; 이재상, 664면; 김일수/서보학, 667면; 진계호, 521면; 배종대, 772면; 백형구, 587면; 이정원, 692면; 임웅, 776면; 손동권, 682면; 오영근, 829면; 정영일, 668면; 김성돈, 658면.

121) 이재상, 664면; 김성돈, 658면.

따라서 사체를 화장하고 버려진 재는 유족이 풍속 · 관습에 따라 정당하게 처분한 것이므로 객체가 되지 않는다.

"유발(遺髮)"은 사자를 제사 · 기념하기 위하여 보존하는 모발이다. 유골 · 유발은 사자를 제사 · 기념하기 위한 것임을 요하므로 학술표본으로 된 것은 이 죄의 객체가 아니다.

2) 행 위　행위는 오욕하는 것이다. "오욕"이란 폭행 기타 유형력의 행사에 의한 모욕적인 행위를 말한다. 예컨대, 시간(屍姦)하거나 시체에 침을 뱉거나 방뇨하는 행위가 여기에 해당한다. 그러나 단순한 언어에 의한 모욕은 여기의 오욕이라고 할 수 없다.

3. 분묘발굴죄

【구성요건 · 법정형】 분묘를 발굴한 자는 5년 이하의 징역에 처한다(제160조). 미수범은 처벌한다(제162조).

(1) 의 의

분묘를 발굴함으로써 성립하는 범죄이다. 분묘의 평온을 유지하여 사자에 대한 종교적 감정을 보호하기 위한 추상적 위험범이다. 판례는 인륜도덕 내지 종교적 감정 또는 종교감정의 공서양속을 보호한다고 한다.[122]

(2) 구성요건요소

1) 객 체　객체는 분묘이다.

"분묘"란 사람의 사체 · 유골 · 유발을 매장하여 사자를 제사 또는 기념하는 장소를 말한다. 사태라도 태아가 인체의 형태를 갖춘 때에는 그 매장 장소도 여기에 해당한다. 묘표(墓標)의 유무는 묻지 않으나 묘표가 있는 때에도 사체 · 유골 등이 매장되어 있지 않으면 분묘는 아니다. 분묘에 대한 소유권자 · 관리자가 현존함을 요하지 않으며, 사체나 유골이 토괴화되었거나 사자가 누구인지 불명하더라도 현재 제사 · 숭경하고 종교적 예의의 대상이 되어 있고 이를 수호 · 봉사하는 자가 있으면 분묘가 된다.[123] 또 반드시 적법하게 매장된 분묘임을 요하지 않는다. 따라서 암매장된 분묘도 객체가 된다.[124] 그러나 고분과 같이 제사

---

122) 대판, 1990. 2. 13, 89도2061 ; 대판, 1971. 10. 25, 71도1727.
123) 대판, 1990. 2. 13, 89도2061.

의 대상이 되지 아니하는 것은 여기의 분묘라 할 수 없다.

2) 행 위 행위는 발굴하는 것이다.

"발굴"이란 복토(覆土)의 전부 또는 일부를 제거하거나 묘석 등을 파괴·해체하여 분묘를 훼손하는 것을 말한다. 분묘훼손의 정도에 대해서는, ① 분묘 내의 관이나 사체·유골 등이 외부에서 인식할 수 있는 상태로 되어야 한다는 외부인지설(통설),[125] ② 반드시 관 또는 사체가 현출될 필요가 없다는 복토제거설이[126] 대립한다. 판례는 복토제거설을 취하고 있으나,[127] 이 죄의 미수범을 처벌하는 취지에 비추어 외부인지설이 타당하다고 본다.

(3) 위법성조각사유

분묘의 발굴이 법에 근거한 때에는 위법성이 조각된다. 검증·감정을 위한 발굴이 여기에 해당한다. 또 분묘를 개장·이장 또는 수선하기 위하여 관리자·수호봉사자의 동의를 얻은 발굴도 위법성이 조각된다. 그러나 토지구획 사업이 시행자로부터 분묘이장의 명령을 받은 경우에도 분묘주의 승낙이 없이 사인이 발굴한 때에는 이 죄에 해당한다.[128]

4. 사체 등 손괴·영득죄

> **【구성요건·법정형】** ① 사체·유골·유발 또는 관내에 장치한 물건을 손괴·유기·은닉 또는 영득한 자는 7년 이하의 징역에 처한다(제161조 1항).
> ② 분묘를 발굴하여 전항의 죄를 범한 자는 10년 이하의 징역에 처한다(제161조 2항). 미수범은 처벌한다(제162조).

(1) 의의·성격

사체·유골·유발 또는 관내에 장치한 물건을 손괴·유기·은닉 또는 영득하거나(제1항) 분묘를 발굴하여 이상의 행위를(제2항) 함으로써 성립하는 범죄이다. 사회일반의 종교적 감정을 보호하기 위한 범죄이므로 재산죄와 그 성질을

124) 대판, 1976. 10. 29, 76도2828.

125) 유기천(하), 10면; 황산덕, 103면; 이건호, 135면; 정영석, 210면; 김석휘, 주석(상), 243면; 김종원(7인 공저), 570면; 이재상, 666면; 김일수/서보학, 669면; 진계호, 523면; 박상기, 598면; 배종대, 772면; 백형구, 588면; 임웅, 778면; 정영일, 670면; 손동권, 683면; 김성돈, 659면.

126) 서일교, 220면.

127) 대판, 1962. 3. 29, 4294형상539.

128) 대판, 1978. 5. 9, 77도3588.

달리한다.

(2) 사체·관내장치물 손괴·영득(제1항)

1) 주 체 주체는 제한이 없다. 사자의 후손도 이 죄의 주체가 될 수 있다. 따라서 사체·유골·유발 등에 대하여 처분권을 가지고 있어도 이 죄는 성립할 수 있다.

2) 객 체 객체는 사체·유골·유발 또는 관내에 장치한 물건이다.

사체·유골·유발은 사체 등 오욕죄의 그것과 같다. "관내에 장치한 물건"이란 사자를 기념하기 위하여 사체와 같이 관내에 넣어둔 일체의 부장물을 말한다. 그러나 관 자체는 관내의 부장물이 아니므로 관내장치물이 될 수 없다.[129]

3) 행 위 손괴·유기·은닉 또는 영득하는 것이다.

(a) 손 괴 여기의 "손괴"란 종교적 감정을 해할 정도의 물질적인 훼손 내지 파괴를 말한다. 효용가치를 해할 것을 요하지 아니하므로 재물손괴죄의 그것과는 같은 의미가 아니다. 예컨대, 사체의 수족을 절단하거나 유골의 일부를 분리하는 것도 이 죄의 손괴가 된다. 판례도 이장하면서 그 자연적 태세를 변경하여 전체 유골에서 일부를 분리하면 손괴에 해당한다고 하였다.[130]

(b) 유 기 여기의 "유기"도 종교적·사회적 관례상 매장이라고 인정되는 방법에 의하지 않고 사체·유골 등을 방기하는 것을 말한다. 따라서 유기죄에 있어서의 그것과 같지 않다. 사체·유골 등을 장소적으로 이전할 것을 요하지 않는다. 작위에 의한 장소이전의 경우뿐만 아니라 법령·계약·관습·조리[131]에 의해서 매장할 작위의무 있는 자가 사체를 그대로 방치하는 부작위에 의해서도 이 죄는 성립한다.

> 자기 처자의 사체가 타인의 집 벽장에 감추어진 것을 알면서 장례 의사 없이 그대로 방치하고 그곳을 떠나버린 때에도 부작위에 의한 유기가 된다. 이에 대해서 매장할 작위의무 없는 자는 단순한 방치만으로 유기가 될 수 없으므로 타인을 살해하고 그 사체를 현장에 방치하여도 살인죄 외에는 별도로 사체유기죄를 구성하지 않는다.[132] 그러나 매장의무 없는 자라도 사체·유골 등을 현재 장소로부터 다른 장소에 옮겨서 방기하면 작위에 의한 유기가 된다. 따라

129) 김석휘, 주석(상), 244면; 이재상, 687면; 진계호, 524면; 배종대, 773면; 백형구, 590면; 임웅, 779면; 손동권, 685면; 김성돈, 660면.
130) 대판, 1957. 7. 5, 4290형상148.
131) 대판, 1961. 1. 18, 4293형상859.
132) 대판, 1948. 6. 8, 4281형상48.

서 타인을 살해한 후 범죄를 은폐하기 위하여 사체를 다른 장소에 옮겨서 유기하면 살인죄와 사체유기죄의 경합범이 된다.133) 그러나 이 경우에도 사체를 매몰·매장한 때에는 사체의 발견을 불가능 또는 심히 곤란하게 하는 것이므로 사체은닉죄에 해당한다고 본다.134)

(c) 은 닉 "은닉"이란 사체·유골 등의 발견을 불가능하게 하거나 심히 곤란하게 하는 일체의 행위를 말한다. 예컨대, 살인의 죄적을 인멸하기 위하여 사체를 매몰하거나 집 마루 밑에 숨기거나 바다 밑에 가라앉히는 것은 모두 은닉에 해당한다.135) 그러나 사람을 살해하고 그대로 도주한 것만으로는 은닉이 될 수 없다. 판례도 이러한 취지에서 사체발견을 곤란하게 할 목적으로 피해자를 인적이 드문 장소로 유인하거나 실신한 피해자를 끌고 가서 그 곳에서 살해하고 그대로 도주한 사안에 대해서 살인죄 이외에 별도로 사체은닉죄가 성립하지 아니한다고 하였다.136)

(d) 영 득 사체·유골 등을 불법하게 점유하는 것을 말한다. 점유취득의 방법에는 제한이 없다. 따라서 직접적·간접적이든, 유상·무상이건 묻지 않는다. 또 절취·편취에 의한 취득도 영득이 되며, 사체영득자로부터 재차 취득하는 것도 여기에 해당한다.137)

문제는 사체 등의 영득이 동시에 재산죄를 구성하느냐이다. 사체라 할지라도 해부목적으로 의과대학에 기증된 것은 이 죄의 객체라 할 수 없으므로 재산죄의 객체가 된다는 점에 의문이 없다. 또 사자에 대한 숭경의 대상이 되는 사체·유골·유발도 소유의 대상이 아니므로 재물이 될 수 없다는 것도 명백하다 (재산죄의 재물개념 참조).

관내 장치물에 대해서는, ① 재물성이 있으므로 재산죄의 객체가 된다는 다수설과,138) ② 이 죄의 객체와 재산죄의 객체는 성질이 다르므로 재산죄의 객체가 될 수 없다는 견해가139) 대립한다. 관내장치물이라도 예컨대, 폭행·협박에

133) 대판, 1984. 11. 27, 84도2263.

134) 김석휘, 주석(상), 246면. 이재상, 668면은 사체를 매몰한 때에는 이 죄가 성립하지만, 매장하는 경우에는 은닉죄에 해당한다고 한다.

135) 구형법상으로 은닉에 관한 규정이 별도로 없었으므로 이러한 경우를 유기로 보았다.

136) 대판, 1986. 6. 24, 86도891.

137) 김일수/서보학, 672면; 진계호, 525면; 임웅, 779면; 김성돈, 661면.

138) 유기천(하), 15면; 정영석, 212면; 정성근, 870면; 이재상, 667면; 김일수/서보학, 670면; 배종대, 773면; 진계호, 526면; 임웅, 779면; 백형구, 591면; 정영일, 672면; 김성돈, 135면.

139) 서일교, 222면; 이건호, 137면; 김석휘, 주석(상), 247면; 김종원(7인 공저), 571면; 박상기,

의하여 강취한 때에는 이를 강도죄로 보아야 하고, 절취에 의하여 취득한 관내 장치물을 다시 절취하면 역시 절도에 해당한다고 해석하는 것이 타당하므로 재산죄의 객체가 된다고 본다. 따라서 관내 장치물을 강취 또는 절취하면 이 죄와 강도죄 또는 절도죄의 상상적 경합이 된다.

(3) 분묘발굴 사체 등 손괴·영득죄(제2항)

분묘를 발굴하여 사체·유골·유발 또는 관내에 장치한 물건을 손괴·유기·은닉 또는 영득함으로써 성립하는 범죄이다(제161조 2항). 이 죄는 분묘발굴죄와 사체 등 손괴·영득죄의 결합범이다. 따라서 분묘발굴죄가 성립하지 않으면 이 죄도 성립할 수 없다. 그러므로 분묘를 발굴하여 사체를 영득한 타인으로부터 그 사체를 영득하면 사체영득죄만 성립할 뿐이다.

(4) 죄수 및 타죄와의 관계

1) 죄 수 손괴·유기·은닉·영득의 행위를 동일기회에 계속해서 하게 되면 포괄일죄이다. 그러나 유기·은닉·영득한 후 다른 기회에 손괴하면 수죄가 성립하고 경합범이 된다. 다만 관내 장치물을 영득한 후 이를 손괴하면 손괴는 불가벌적 사후행위가 된다.

2) 타죄와의 관계 살해한 후 사체를 손괴·유기·은닉하면 살인죄와 사체손괴·유기·은닉죄의 경합범이 된다. 방화행위로 사체를 손괴하면 방화죄와 사체손괴죄의 상상적 경합이 된다.

5. 변사체검시방해죄

【구성요건·법정형】 변사자의 사체 또는 변사의 의심이 있는 사체를 은닉 또는 변경하거나 기타 방법으로 검시를 방해한 자는 700만원 이하의 벌금에 처한다(제163조).

(1) 의의·성격

변사자의 사체 또는 변사의 의심이 있는 사체를 은닉 또는 변경하거나 기타 방법으로 검시를 방해함으로써 성립하는 범죄이다. 이 죄는 범죄수사를 방해하는 공무방해죄로서의 성질을 가지고 있으며, 종교적 감정을 보호하기 위한 신앙

599면.

에 관한 죄와 아무런 관련이 없는 규정이다. 또 특별규정으로서 정당한 이유없이 변사체 또는 사태가 있는 현장을 변경한 때에는 경범죄처벌법 제1조 6호가 적용된다. 추상적 위험범, 거동범의 성격을 갖는다.

(2) 구성요건요소

1) 객 체 객체는 변사자의 사체 또는 변사의 의심이 있는 사체이다. "변사자"란 자연사 또는 일반의 병사가 아닌 사인불명의 사망으로서 범죄로 인한 사망의 의심이 있는 사자를 말한다. 따라서 질병으로 치료받다가 사망하였거나 범죄로 인하여 사망한 것이 명백한 경우에는 변사자가 아니라고 본다. 판례도 부자연한 사망으로서 그 사인이 분명하지 않은 자라고 판시하고 있다.[140]

2) 행 위 이 죄의 기본적 행위는 "검시방해"이며, 변사체에 대한 은닉·변경 기타 방법은 검시방해의 태양이다. "은닉"은 변사체의 소재를 불분명하게 하여 그 발견을 곤란하게 하는 일체의 행위이다. 매장도 은닉에 해당한다. 변경은 사체의 원상을 변화시키는 행위로 사체의 외형적 변화를 가져오는 것은 물론, 내부적 변화를 일으키는 것도 변경이 된다. "기타 방법"이란 은닉·변경 이외의 방법으로 검시활동을 방해하는 일체의 행위로 화장은 물론 폭행·협박으로 검시작업을 위협·저지하는 것도 포함한다. "검시(檢視)"란 사인(死因)이 범죄로 인한 것인지를 판단하기 위하여 수사기관이 변사자의 상황을 조사하는 것을 말하며, 수사처분인 검증이 아니라 수사단서에 지나지 않는다. 따라서 수사처분인 검증은 여기의 검시가 아니다. 범죄의 의심이 있는 때에 행하는 사법검시와 전염병사의 의심이 있는 때에 행하는 행정검시는 이 죄의 검시에 해당한다. 검시방해는 구성요건 결과가 아니라 행위태양이므로 검시를 방해할 위험이 있는 방해가 있으면 기수가 되고 현실로 장애결과가 발생할 필요가 없다(추상적 위험범).

3) 주관적 구성요건요소 고의가 있어야 한다. 이 죄의 고의는 변사자라는 사실과 이에 변경을 가한다는 인식·의사이다. 검시를 받아야 한다는 점은 고의의 내용이 아니다.

140) 대판, 1970. 2. 24, 69도2272; 대판, 2003. 6. 27, 2003도1331.

제 5 편
국가적 법익에 대한 죄

국가적 법익에 대한 죄

국가적 법익에 대한 죄란 국가의 존립과 권위 또는 국가의 기능을 보호하기 위한 범죄를 말한다. 따라서 국가적 법익에 대한 죄는 국가의 존립과 권위에 대한 죄와 국가의 기능에 대한 죄로 크게 나눌 수 있다.

국가적 법익에 대한 죄는 그 보호대상이 '국가'이므로 먼저 국가의 개념을 확립하는 것이 중요하다. 형법상 국가의 개념은 국가주의적·전체주의적 관점에서 바라보는 입장(국가주의적·전체주의적 형법관)과 개인주의적·기능적 관점에서 바라보는 입장(개인주의적·기능적 형법관)이 나누어진다. 그러나 오늘날 국가는 자기목적적인 존재가 아니라 국민을 위하여 존재하는 기구에 불과하므로 국민의 복리증진과 같은 일정한 기능을 가질 때에만 정당화된다는 후자의 입장이 타당하다. 따라서 형법에서 국가적 법익을 보호한다고 할 때의 '국가'란 우리 헌법상의 자유민주적 기본질서(헌법 전문), 인간의 존엄과 가치 및 기본적 인권의 보장(헌법 제10조) 등과 연결되지 않으면 아무 의미가 없는 것이다. 위의 국가적 법익에 대한 죄의 분류도 이러한 의미에서 이해하여야 하므로, 이 책에서는 국가의 기능에 관한 죄를 먼저 설명하기로 한다.

첫째, 국가의 기능에 관한 죄에는 공무원의 직무에 관한 죄(제7장), 공무방해에 관한 죄(제8장), 도주와 범인은닉의 죄(제9장), 위증과 증거인멸의 죄(제10장) 및 무고의 죄가 있다. ① 공무원의 직무에 관한 죄란 공무원이 직무를 위배하거나 직권을 남용하여 국가기능의 공정을 해하는 공무원의 직무범죄를 말하며, ② 공무방해에 관한 죄란 국가 또는 공공단체의 공권력행사를 방해하는 행위를 범죄로 하여 국가 또는 공공기관의 기능적 작용을 보호하는 범죄이다. ③ 도주와 범인은닉의 죄, 위증과 증거인멸의 죄 및 무고의 죄는 국가의 사법기능을 특별히 보호하기 위한 범죄라고 할 수 있다.

둘째, 국가의 존립과 권위에 대한 죄는 국가의 존립을 보호하기 위한 국가보호형법과 국가의 권위를 보호하기 위한 범죄로 다시 나눌 수 있다. 국가의 존립을 보호하기 위한 범죄로는 국가의 대내적 존립을 보호하기 위한 내란의 죄(제1장)와 국가의 대외적 존립을 보호하기 위한 외환의 죄(제2장)가 있다. 그리고 국가의 권위를 보호하는 범죄로는 국기에 관한 죄(제3장)가 있으며, 우리나라의 대외적 지위와 함께 외국의 이익도 보호하고자 하는 범죄로서 국교에 관한 죄(제4장)가 있다.

제 1 장 국가의 기능에 대한 죄

제 1 절 공무원의 직무에 관한 죄

Ⅰ. 총 설

1. 직무범죄의 의의

공무원의 직무에 관한 죄는 공무원이 직무를 위배하거나 직권을 남용하여 국가기능의 공정을 해하는 행위와 뇌물을 수수함으로써 국가의 기능이 부패되는 것을 방지하기 위한 범죄이다. 주로 공무원이 범죄의 주체가 되는 신분범이라는 의미에서 공무원범죄에 해당하며,[1] 공무원의 직무와 관련된 범죄이므로 강학상 직무범죄(Amtsdelikte)라 한다. 다만 증뢰죄는 공무원범죄는 아니지만 공무원의 직무에 관련된 범죄라는 이유로 뇌물죄에 포함하여 규정하고 있다. 직무범죄는 국가질서에 대한 내부로부터의 침해에 그 본질이 있으며 넓게 국가기능을 보호법익으로 한다. 다만 직무범죄는 다양한 유형의 범죄가 결합되어 있으므로 구체적 보호법익은 구성요건에 따라 개별적으로 검토해야 한다. 그리고 직권남용죄를 제외한 공무원범죄는 의무범의 성격을 갖는다.

2. 공무원의 개념과 범위

공무원의 직무범죄는 공무원이라는 신분이 있는 자의 범죄이므로 진정신분범에 해당한다. 형법에는 공무원의 개념에 관한 규정이 없으므로 공무원의 개념과 그 범위는 공법상의 공무원개념에 따라 결정해야 한다. 따라서 일반적으로는 법령에 의하여 공무에 종사하는 직원이라고 말할 수 있다.[2]

---

1) 다만 공무상 비밀누설죄와 사후수뢰죄는 공무원이었던 자를, 그리고 사전수뢰죄는 공무원이 될 자를 포함한다.

【판례】 일반적으로 공무원이라 함은 광의로는 국가 또는 공공단체의 공무를 담당하는 일체의 자를 의미하며, 협의로는 국가 또는 공공단체와 공법상 근무관계에 있는 모든 자를 말한다 하고, 명예직인 지방의회의원도 형법상 공무원에 해당한다(대판, 1997. 3. 11, 96도1258).

여기의 법령은 국가공무원법, 지방공무원법 기타 다른 법령을 포함한 것이므로 이러한 법령에[3] 의하여 공무에 종사하는 자가 원칙적으로 공무원이 된다고 할 수 있다. 즉, 입법·행정·사법의 각 부처 및 지방자치단체의 공무담당자와 공공조합, 영조물법인, 공법상법인의 임직원을 포함하며, 경력직공무원과 특수경력직공무원(정무직·별정직·전문직·고용직 공무원·임시직·수습직 공무원 등)도 포함한다.

그러나 ① 공법상의 공무원이라도 단순한 기계적·육체적 노무는 직무범죄에 의하여 형법적으로 보호할 가치가 있는 것이 아니므로 특수경력직공무원 중 환경미화원·공원(工員)·인부·사환과 같이 기계적·육체적 노무에 종사하는 고용직공무원은 여기의 공무원에서 제외하여야 한다(형법적 개념의 독자성).[4] ② 우편집배인도 여기의 공무원에서 제외하느냐의 문제가 있으나 우편집배원의 직무는 단순히 기계적·육체적 노무가 아니라 정신적·지능적 판단이 요구되는 직무이며, 특히 우편업무의 공정성이 요구되는 직무이므로 공무원에 포함된다고 본다.[5] ③ 공법인의 직원도 공무원이냐에 대하여는, 개별적으로 검토하여 행정기관에 준하는 공법인의 직원은 공무원이라는 다수설과[6] 공법인의 직무 중에서 다른 법령에 의하여 공무원의 지위가 인정된 자만 공무원이라는 소수설

---

2) 유기천(하), 276면; 황산덕, 42면; 서일교, 309면; 권문택(7인 공저), 680면; 이재상, 706면; 진계호, 701면; 손동권, 738면; 임웅, 824면; 오영근, 880면; 박상기, 628면; 정영일, 723면; 김성돈, 694면.

3) 특별법에 의한 공무원으로는 금융통화위원회의 위원과 한국은행의 부총재보·감사 및 직원(한국은행법 제106조), 한국산업은행(한국산업은행법 제17조)·한국수출입은행(한국수출입은행법 제17조)·중소기업은행(중소기업은행법 제32조)의 임원, 그리고 청원경찰관(청원경찰법 제3조) 등이 있다.

4) 유기천(하), 256면; 황산덕, 42면; 서일교, 309면; 정영석, 38면; 권문택(7인 공저), 681면; 김일수/서보학, 798면; 이재상, 707면; 배종대, 810면; 진계호, 703면; 이정원, 728면; 오영근, 881면; 손동권, 738면; 정영일, 723면; 김성돈, 695면. 판례도 같다(대판, 2002. 11. 22, 2000도4593). 이에 대해서 적어도 이론상 공무원에 포함된다는 견해는 임웅, 825면.

5) 유기천(하), 277면; 서일교, 309면; 권문택, 주석(상), 91면; 이재상, 707면; 배종대, 810면; 진계호, 702면; 이정원, 728면; 임웅, 825면; 정영일, 723면; 김성돈, 695면.

6) 서일교, 309면; 권문택(7인 공저), 681면; 진계호, 702면; 김일수/서보학, 798면; 배종대, 810면; 이정원, 729면. 同旨: 유기천(하), 277면; 정영일, 724면.

이[7] 대립한다. 판례는 다수설과 같은 태도를 취하고 있다.[8] 그러나 공법인과 사법인의 구별은 명백한 것이 아니며, 그 사무 차이가 없는 경우가 많다는 점에 비추어 법령에 의하여 공무에 종사하는 직원만 공무원이라고 하여야 한다. 따라서 소수설이 타당하다고 본다.

【판례】 형법 제129조에서의 공무원이라 함은 법령의 근거에 기하여 국가 또는 지방자치단체 및 이에 준하는 공법인의 사무에 종사하는 자로서 그 노무의 내용이 단순한 기계적·육체적인 것에 한정되어 있지 않은 자를 지칭하는 것이므로, 도시계획법 제75조 2항, 제76조 2항, 같은법 시행령 제61조 1항, 3항에 따라 도시계획에 관하여 시장 또는 구청장의 자문에 응하며, 당해 시 또는 구의 도시계획에 관한 사항을 심의하기 위하여 설치된 시·구 도시계획위원회의 위원도 형법 제129조에서 말하는 공무원에 해당된다(대판, 1997. 6. 13, 96도1703).

3. 형법상 직무범죄

(1) 일반직무범죄와 특수직무범죄

형법에 규정된 직무범죄에는 일반직무범죄와 특수직무범죄의 두 가지가 있다. 일반직무범죄는 모든 공무원이 범할 수 있는 범죄로서 뇌물죄, 공무상비밀누설죄 및 공무원의 직권남용죄(제123조)가 여기에 해당한다. 특수직무범죄는 구성요건이 예정하고 있는 특수한 직무에 종사하는 공무원만이 범할 수 있는 범죄로서, 불법체포감금죄(제124조), 폭행·가혹행위죄(제125조), 피의사실공표죄(제126조) 및 선거방해죄(제128조)가 이에 해당한다. 특수직무범죄에 있어서의 특수공무원의 지위는 구성적 신분으로서 진정신분범이라는 것이 통설이다.[9] 그러나 일반인이나 일반공무원도 사람을 체포·감금하거나 폭행·가혹행위를 하면 범죄가 성립할 뿐만 아니라 일반인의 선거방해에 대해서도 특별법(공직선거법 제237조 1항)에 처벌규정이 있으므로 특수신분으로 인하여 불법이 가중된 독립된 신분범이라 본다.

(2) 진정직무범죄와 부진정직무범죄

비공무원도 범죄를 범할 수 있는 행위유형인가의 여부에 따른 구별이다. 진

7) 이재상, 707면; 오영근, 882면.
8) 대판, 1961. 12. 14, 4294형상99; 대판, 1978. 4. 25, 77도3709; 대판, 1997. 6. 13, 96도1703.
9) 이재상, 706면; 김일수/서보학, 797면; 진계호, 701면; 손동권, 738면.

정직무범죄는 공무원만이 범죄의 주체가 될 수 있고 비공무원은 단독으로 범죄의 주체가 될 수 없는 직무범죄를 말한다. 직무유기죄(제122조), 수뢰죄(제129조 내지 제132조), 공무상비밀누설죄(제127조), 선거방해죄(제128조)가 이에 속한다. 부진정직무범죄는 비공무원도 범죄는 범할 수 있지만 같은 행위를 공무원이 범한 때에는 형이 가중되는 직무범죄를 말한다. 불법체포·감금죄(제124조), 폭행가혹행위죄(제125조), 간수자도주원조죄(제148조), 세관공무원의 아편등 수입죄(제200조)가 이에 속한다. 부진정직무범죄도 공무원만이 범죄 주체가 될 수 있는 직무범죄라는 점에서는 진정직무범죄와 같다.

(3) 직무범죄의 유형

형법에 규정된 공무원의 직무범죄는 직권남용죄·직무위배죄·뇌물죄의 세가지 군으로 나눌 수 있다(통설). 직권남용죄는 공무원이 직접 국민의 권리를 침해하는 국민에 대한 범죄임에 대해, 직무위배죄와 뇌물죄는 공무원이 성실·공정한 직무수행 자체를 저해하는 주로 국가에 대한 범죄로서의 성격을 갖는다. 그리고 직무위배죄는 공무원이 직무상 의무에 위배하는 범죄임에 대해 뇌물죄는 공무원이 개인적인 이익을 위하여 공정한 직무수행과 이에 대한 신뢰를 저해하는 범죄인 점에 차이가 있다.

직무범죄의 세가지 유형을 구성요건 체계에 따라 개별화하면, ① 직무위배죄로서 직무유기죄(제122조), 피의사실공표죄(제126조), 공무상 비밀누설죄(제127조)가 있고, ② 직권남용죄로서 직권남용죄(제123조), 불법체포·감금죄(제124조), 폭행·가혹행위죄(제125조), 선거방해죄(제128조)가 있으며, ③ 뇌물죄로서 단순수뢰죄(제129조 1항), 사전수뢰죄(제129조 2항), 제3자 뇌물제공죄(제130조), 수뢰 후 부정처사죄(제131조 1항), 사후수뢰죄(제131조 2항), 알선수뢰죄(제132조), 증뢰죄(뇌물공여등 죄, 제133조)가 있다.

4. 특별가중규정

공무원이 직권을 남용하여 본절(공무원의 직무에 관한 죄) 이외의 죄를 범한 때에는 그 죄에 정한 형의 2분의 1까지 가중한다. 단 공무원의 신분에 의하여 특별히 형이 규정된 때에는 예외로 한다(제135조). 공무원이 직권을 이용한 경우에는 그 피해도 클 뿐만 아니라 국가의 권위도 크게 손상될 것이므로 일반인의 범죄

행위와 비교하여 형을 가중하는 데에 그 취지가 있다.[10]

Ⅱ. 직무위배죄

1. 일반직무유기죄

【구성요건 · 법정형】 공무원이 정당한 이유 없이 그 직무수행을 거부하거나 그 직무를 유기한 때에는 1년 이하의 징역이나 금고 또는 3년 이하의 자격정지에 처한다(제122조).

(1) 의의 · 보호법익

공무원이 정당한 이유 없이 직무수행을 거부하거나 직무를 유기함으로써 성립하는 범죄이다. 국민전체의 봉사자인 공무원은 직무에 관해서 성실의무와 직장이탈금지의무가 있으며(국가공무원법 제56조, 제58조), 이 의무에 위반하여 직무를 태만하게 되면 공무원법상의 징계대상이 된다(국가공무원법 제78조). 형법은 이러한 징계대상이 되는 모든 직무의무위반을 처벌하는 것이 아니라 그것이 형벌을 과할 필요가 있는 정도에 이른 때에 형법적 보호대상이 된다.[11] 즉, 이 죄는 유기행위로 인하여 국가기능을 저해하는 행위가 있고, 국민에게 피해를 야기시킬 가능성이 있어야 한다. 판례도 같은 취지이다.[12] 따라서 이 죄는 국가의 기능을 보호법익으로 하며, 보호받는 정도는 구체적 위험범으로서의 보호라고 해야 한다.[13] 진정직무범죄, 의무범, 계속범의 성격을 가진다.

【판례】 직무유기죄는 구체적으로 그 직무를 수행하여야 할 작위의무가 있는데도 불구하고 이러한 직무를 버린다는 인식하에 그 작위의무를 수행하지 아니함으로써 성립하는 것이고, 또 그 직무를 유기한 때라 함은 공무원이 법

10) 공무원 범죄에 대하여 형 가중은 타당성이 없으므로 이 규정을 폐지해야한다는 주장은 형사법개정특별심의위원회, 형사법개정요강, 소위원회(다수의견), 344면.

11) 유기천(하), 302면; 이재상, 708면; 김일수/서보학, 800면; 박상기, 630면; 임웅, 827면; 손동권, 740면; 정영일, 726면.

12) 대판, 1966. 3. 15, 65도984; 대판, 1970. 9. 29, 70도1790; 대판, 1982. 9. 28, 82도3065; 대판, 1983. 1. 18, 82도2624; 대판, 1983. 3. 22, 82도3065.

13) 유기천(하), 302면; 이재상, 708면; 이형국, 755면; 김일수/서보학, 801면; 배종대, 812면; 백형구, 671면; 진계호, 705면; 정영일, 726면. 추상적 위험범설은 이정원, 734면; 임웅, 827면; 오영근, 884면; 박상기, 629면; 김성돈, 696면.

령, 내규 등에 의한 추상적인 충근의무를 태만히 하는 일체의 경우를 이르는 것이 아니고, 직장의 무단이탈, 직무의 의식적인 포기 등과 같이 그것이 국가의 기능을 저해하며 국민에게 피해를 야기시킬 가능성이 있는 경우를 말하는 것이므로, 병가중인 자의 경우 구체적인 작위의무 내지 국가기능의 저해에 대한 구체적인 위험성이 있다고 할 수 없어 직무유기죄의 주체로 될 수는 없다(대판, 1997. 4. 22, 95도748).

(2) 구성요건요소

1) 주 체　주체는 공무원이다. 진정신분범에 해당한다. 공증인·사법연수원생·청원경찰·군의 사병도 주체가 될 수 있다. 공무원의 개념과 범위에 관해서는 전술하였다.

2) 행 위　행위는 직무수행을 거부하거나 직무를 유기하는 것이다.

(a) 직 무　"직무"는 공무원이 그 지위에 따라 수행해야 할 공무원법상의 본래의 직무 또는 고유한 직무로서,[14] 공무원이 맡은 바 직무를 그때에 수행하지 않으면 실효를 거둘 수 없는 구체적인 직무에 한정된다고 해야 한다.[15] 따라서 직무의 내용은 성문에 의한 법령에 근거가 있거나 특별한 지시·명령이 있어야 하며,[16] 공무원이라는 신분관계로 인하여 부수적·파생적으로 발생하는 직무(예컨대, 형사소송법에 의한 고발의무)[17]는 여기에 포함되지 않는다(무단결근이나 단순한 직무태만은 징계처분 대상이다).

(b) 직무수행의 거부　"직무수행을 거부"한다는 것은 능동적으로 직무를수행하여야 함에도 불구하고 이를 수행하지 않는 것을 말한다. 직무수행의 거부가 진정부작위범에 해당한다는 견해도 있으나[18] 이는 부작위뿐만 아니라 작위로서도 가능하다고 본다.[19]

(c) 직무유기　"직무를 유기한 때"라 함은 직무에 관한 의식적인 방임 내지 포기나 직장이탈 등 정당한 사유 없이 직무를 수행하지 아니한 경우를 의미한

---

14) 대판, 1962. 5. 2, 4294형상127.
15) 유기천(하), 303면; 권문택(7인 공저), 682면; 이재상, 708면; 김일수/서보학, 802면; 진계호, 705면; 임웅, 828면; 박상기, 630면; 배종대, 812면; 오영근, 885면, 정영일, 726면; 김성돈, 828면.
16) 대판, 1976. 10. 12, 75도1895.
17) 대판, 1969. 2. 4, 67도184.
18) 권문택(7인 공저), 682면; 김일수/서보학, 802면; 이정원, 736면; 손동권, 742면.
19) 이재상, 709면; 박상기, 629면; 진계호, 706면; 임웅, 829면; 정영일, 727면; 오영근, 885면; 김성돈, 697면.

다. 따라서 공무원이 태만, 분망(奔忙), 착각 등으로 인하여 직무를 성실히 수행하지 아니한 경우나 형식적으로 또는 소홀히 직무를 수행한데 불과한 경우는 직무유기가 되지 아니한다.[20] 직무집행이 있으면 법정절차를 이행하지 않았거나 내용이 부실하여도 이 죄는 성립하지 않는다.[21] 직무유기는 부작위뿐만 아니라 작위로도 가능[22]하고, 유기는 그 상태가 계속될 것을 요하므로 계속범에 해당한다.[23]

【직무유기를 인정한 판례】 ① 관세공무원이 밀수품 양륙을 묵인한 경우(대판, 1959. 12. 4, 4291형상105), ② 담당직원이 운전정지처분을 받은 자동차에 대해 이를 묵인하고 번호판을 다시 교부한 경우(대판, 1972. 6. 27, 72도969), ③ 경찰관이 범죄사실을 상사에게 보고하지 않고 수사하지 않은 경우(대판, 1961. 2. 28, 4294형상35), ④ 세무공무원이 소득세과세자료가 은닉되어 있음을 발견하고도 이를 방치한 경우(대판, 1984. 4. 10, 83도1653), ⑤ 소속대의 수송관 겸 출납관이 신병치료를 이유로 상부의 승인 없이 업무일체를 계원에게 맡겨두고 확인감독마저 하지 않은 경우(대판, 1986. 2. 11, 85도2471), ⑥ 학생군사교육단의 당직사관이 당직근무 중 술을 마시고 화투놀이를 한 다음 애인과 함께 자고 난 뒤 교대할 당직근무자에게 당직근무의 인계·인수없이 퇴근한 경우(대판, 1990. 12. 21, 90도2425), ⑦ 농지사무를 담당하고 있는 군직원이 농지불법전용 사실을 알게 되었으면서도 아무런 조치를 취하지 아니한 경우(대판, 1993. 12. 24, 92도3334), ⑧ 가축검사원으로 재직하는 공무원이 퇴근시 소 계류장의 시정·봉인조치를 취하지 아니하고 그 관리를 도축장 직원에게 방치한 경우(대판, 1990. 5. 25, 90도191), ⑨ 경찰관이 오토바이를 오토바이상회 운영자에게 보관시키고도 경찰관 스스로 소유자를 찾아 반환하도록 처리하거나 상회 운영자에게 반환 여부를 확인하지 않은 경우(대판, 2002. 5. 17, 2001도6170) 등에는 직무유기를 인정하였다.

【직무유기를 부정한 판례】 ① 공무원이 보관중인 정부양곡을 형식적으로 소홀히 조사한 경우(대판, 1969. 8. 19, 69도932), ② 수사관이 허위내용의 진술조서를 작성하거나 공무원이 허위문서를 작성한 경우(대판, 1982. 9. 14, 81도2538; 대판, 1971. 8. 31, 71도1176; 대판, 1972. 5. 9, 72도722), ③ 사법경찰관리가 경미한 범죄혐의

---

20) 대판, 1997. 8. 29, 97도675; 대판, 1997. 4. 11, 96도2753 등.

21) 대판, 2007. 7. 12, 2006도1390: 지방자치단체장이 전국공무원노동조합이 주도한 파업에 참가한 소속 공무원들에 대하여 관할 인사위원회에 징계의결요구를 하지 아니하고, 가담 정도의 경중을 가려 자체 인사위원회에 징계의결요구를 하거나 훈계처분을 하도록 지시한 행위가 직무유기죄를 구성하지 않는다.

22) 이를 부진정부작위범으로 보는 견해는 유기천(하), 303면.

23) 대판, 1997. 8. 29, 97도675: "직무유기죄는 그 직무를 수행하여야 하는 작위의무의 존재와 그에 대한 위반을 전제로 하고 있는 바, 그 작위의무를 수행하지 아니함으로써 구성요건에 해당하는 사실이 있었고 그 후에도 계속하여 그 작위의무를 수행하지 아니하는 위법한 부작위상태가 계속되는 한 가벌적 위법상태는 계속 존재하고 있다고 할 것이며 형법 제122조 후단은 이를 전체적으로 보아 1죄로 처벌하는 취지로 해석되므로 이를 즉시범이라고 할 수 없다."

사실을 검사에게 인지 보고하지 아니하고 훈방한 경우(대판, 1982. 6. 8, 82도117), ④ 일직사관이 근무장소 부근에서 잠을 잔 경우(대판, 1984. 3. 27, 83도3260), ⑤ 통고처분이나 고발을 할 권한이 없는 세무공무원이 그 권한자에게 범칙사건 조사결과에 따른 통고처분이나 고발조치를 건의하는 등의 조치를 취하지 않은 경우(대판, 1997. 4. 11, 96도2753), ⑥ 교도소 호송지휘관과 감독교사가 호송교도관들을 지휘하여 재소자의 호송계호업무를 수행함에 있어서 성실하게 그 직무를 수행하지 아니한 잘못으로 집단도주사고가 발생한 경우(대판, 1991. 6. 11, 91도96) 등에 있어서는 직무유기죄의 성립을 부인하였다.

(d) 정당한 이유 없이 "정당한 이유 없이"란 법률의 규정에 의하지 않거나 일반적 업무규칙·예규·관행을 벗어나 자의적으로 위법·불공정하게 행한 것을 의미한다. 적법·공정한 직무집행을 확보하기 위해서 사용된 위법성 표지이다.

(e) 위험결과 구체적 위험범이므로 직무유기로 국가기능을 저해시킬 만한 구체적 위험이 야기된 때 기수가 된다. 행위와 위험야기 사이에 인과관계와 객관적 귀속관계가 있어야 한다.

(f) 주관적 요소 이 죄가 성립하기 위해서는 주관적으로 직무수행을 거부하거나 의식적으로 포기 또는 방임한다는 인식·의사가 있어야 한다. 따라서 직무집행과 관련하여 태만·분망(奔忙)·착각 기타 일신상의 사유로 부당한 결과를 초래한 것만으로 고의가 성립하지 않는다.[24] 지정고의를 인정하는 견해는 확정적 고의가 필요하다고하나 미필적 고의로 족하다고 본다. 공무원 신분에 대해서는 수반인식으로 족하다.

(3) 위법성

직무유기는 정당한 이유가 없는 경우에 한하여 위법하다. 즉, 부당한 직무집행의 압박에서 벗어나기 위한 직무수행의 거부나 포기는 직무유기죄에 해당하지 않는다.[25]

(4) 죄 수

공무원이 위법사실을 적극적으로 은폐할 목적으로 허위공문서를 작성·행사한 경우에 직무유기죄는 허위공문서작성죄 및 동 행사죄에 흡수된다.[26] 검사로

24) 대판, 1994. 2. 8, 93도3568.
25) 박상기, 631면; 임웅, 832면.
26) 대판, 1982. 12. 28, 82도2210; 대판, 1999. 12. 24, 99도2240. 그러나 직무위배사실을 은폐하기

부터 범인을 검거하라는 지시를 받고서도 적절한 조치를 취하지 않고 오히려 전화로 도피하라고 권유하여 도피하게 한 경찰관에 대해서는 범인도피죄(제151조 1항) 이외에 직무유기죄는 별도로 성립하지 않는다.[27] 직무위배의 위법상태가 범인도피행위 속에 포함되어 있기 때문이다.

공무원이 뇌물을 받고 그 대가로 직무수행을 유기한 때에는 행위의 부분적 동일성에 의하여 수뢰후부정처사죄와 이 죄의 상상적 경합이 된다.[28]

【판례】 피고인이, 출원인이 어업허가를 받을 수 없는 자라는 사실을 알면서도 그 직무상의 의무에 따른 적절한 조치를 취하지 않고 오히려 부하직원으로 하여금 어업허가 처리기안문을 작성하게 한 다음 피고인 스스로 중간결재를 하는 등 위계로써 농수산국장의 최종결재를 받았다면, 직무위배의 위법상태가 위계에 의한 공무집행방해행위 속에 포함되어 있는 것이라고 보아야 할 것이므로, 이와 같은 경우에는 작위범인 위계에 의한 공무집행방해죄만이 성립하고 부작위범인 직무유기죄는 따로 성립하지 아니한다(대판, 1997. 2. 28, 96도2825).

2. 피의사실공표죄

【구성요건 · 법정형】 검찰 · 경찰 기타 범죄수사에 관한 직무를 행하는 자 또는 이를 감독하거나 보조하는 자가 그 직무를 행함에 당하여 지득한 피의사실을 공판청구전에 공표한 때에는 3년 이하의 징역 또는 5년 이하의 자격정지에 처한다(제126조).

(1) 의의 · 보호법익

검찰 · 경찰 기타 범죄수사에 관한 직무를 행하는 자 또는 이를 감독하거나 보조하는 자가 그 직무를 행함에 있어서 지득한 피의사실을 공판청구전에 공표함으로써 성립하는 범죄이다.

보호법익은 국가의 범죄수사권과 피의자의 명예(인권)라는 점에 견해가 일치되어 있다. 피의사실을 공판청구 전에 공표하게 되면 증거인멸 등으로 범죄수사에 지장을 초래할 염려가 있을 뿐만 아니라 이로 인하여 피의자의 명예도 훼손

위한 것이 아닌 때에는 허위공문서작성, 동행사죄와 직무유기죄의 실체적 경합이 된다(대판, 1993. 12. 24, 92도3334).

27) 대판, 1996. 5. 10, 96도51. 같은 취지: 대판, 1993. 12. 24, 92도3334. 그러나 검사는 재량에 의하여 작위범인 범인도피죄로 공소제기하지 않고 부작위범인 직무유기죄로만 공소제기할 수 있다(대판, 1999. 11. 26, 99도1904).

28) 이형국, 758면; 임웅, 882면. 이에 반해 실체적 경합이 된다는 견해는 김일수, 689면; 박상기, 631면.

되므로 이를 방지하기 위하여 범죄로 규정한 것이다. 다만 이 죄는 국가적 법익에 대한 범죄로서 직무위배죄의 성격을 가진 것이므로 개인의 명예보다는 범죄수사권의 보호에 중점이 있다고 본다. 따라서 이 죄는 반의사불벌죄가 아니며 공표사실이 진실한 사실로서 오로지 공공의 이익에 관한 때에도 위법성이 조각될 수 없다. 보호받는 정도는 추상적 위험범으로서의 보호이고 진정신분범, 진정직무범죄, 거동범, 의무범의 성격을 갖는다.

(2) 구성요건요소

1) 주 체 주체는 검찰·경찰 기타 범죄수사에 관한 직무를 행하는 자와 이를 감독하거나 보조하는 특수공무원이다. 범죄수사의 직무를 행하는 검사, 검찰수사관, 사법경찰관, 조서작성에 참여하는 검찰주사, 사법경찰리, 이를 감독하는 검사장 등이다. 검사가 청구한 영장을 심사하여 구속영장을 발부한 법관도 강제수사에 대한 사법적 통제를 하고 있으므로 이 죄의 주체가 된다고[29] 본다.

2) 객 체 객체는 직무를 행함에 있어서 알게된 피의사실이다. 직무행위 자체와 직무행위의 외형을 갖춘 행위와 관련하여 알게 된 피의사실을 포함한다. 따라서 직무와 관련없이 알게 된 사실은 해당하지 않는다. 피의사실은 형사피의사실로서 고소장·고발장·범죄인지서·체포나 구속영장 등에 기재된 사실을 포함하며 반드시 허위의 사실임을 요하지는 않는다.

3) 행 위 행위는 공판청구 전에 피의사실을 공표하는 것이다. "공표"란 불특정 또는 다수인에게 그 내용을 알리는 것을 말한다. 공연히 알릴 것을 요하지 않으며, 특정 1인에게 알린 때에도 이로 인하여 불특정 또는 다수인이 알 수 있었을 때에는 공표가 된다. 피의자의 가족이나 변호인에게 알리는 것은 공표에 해당하지 않는다.

공표의 방법에는 제한이 없으므로 작위는 물론, 신문기자의 기록열람을 묵인하는 부작위로도 가능하다. 공표는 공판청구 전에 하여야 한다. "공판청구전"이란 공소제기 전을 말하고 이 죄의 행위상황이다. 따라서 공소제기 이후에는 피의사실을 공표하여도 이 죄를 구성하지 않는다. 추상적 위험범·거동범이므로 피의사실을 공표함으로써 곧바로 기수가 되고, 불특정 또는 다수인이 현실로 인

---

29) 김일수/서보학, 808면; 진계호, 711면; 박상기, 633면; 백형구, 674면; 임웅, 835면; 오영근, 890면; 정영일, 732면; 김성돈, 701면.

식하였음을 요하지는 않는다.

4) 주관적 요소 이 죄의 고의는 범죄수사에 관한 직무담당자 또는 그 보조자나 감독하는 특수공무원이라는 것과, 직무수행 중 알게 된 사실을 공소제기 전에 공표한다는 인식과 의사가 있어야 한다. 미필적 고의로 족하다. 특수공무원의 신분, 피의사실, 공판청구전 등은 규범적 구성요건요소이므로 의미의 인식이 있어야 한다.

(3) 위법성

피해자의 승낙은 이 죄의 성립에 영향이 없다. 수사상 필요에 의하여 피의자를 공개수배하는 경우에는 정당행위로서 위법성이 조각된다는 견해가 있다.[30] 그러나 공공의 이익을 위한 것이라는 이유만으로 위법성이 조각되는 것은 아니다.[31] 판례도 같은 취지이다.

> **【판례】** 피해자의 진술 외에는 직접 증거가 없고 피의자가 피의사실을 강력히 부인하고 있어 보강수사가 필요한 상황이며, 피의사실의 내용이 국민들에게 급박히 알릴 현실적 필요성이 있다고 보기 어려움에도 불구하고, 검사가 마치 피의자의 범행이 확정된 듯한 표현을 사용하여 검찰청 내부절차를 밟지도 않고 각 언론사의 기자들을 상대로 언론에 의한 보도를 전제로 피의사실을 공표한 경우, 피의사실 공표행위의 위법성이 조각되지 않는다(대판, 2001. 11. 30, 2000다68474).

3. 공무상 비밀누설죄

> **【구성요건 · 법정형】** 공무원 또는 공무원이었던 자가 법령에 의한 직무상 비밀을 누설한 때에는 2년 이하의 징역이나 금고 또는 5년 이하의 자격정지에 처한다(제127조).

(1) 의의 · 보호법익

공무원 또는 공무원이었던 자가 법령에 의한 직무상 비밀을 누설함으로써 성립하는 범죄이다. 보호법익에 대해서는, ① 공무상의 비밀과 공무소에 대한 일반인의 신뢰[32] 또는 비밀엄수의 의무라는 견해와,[33] ② 비밀누설로 인하여 위

30) 권문택, 주석(상), 103면; 김일수/서보학, 809면; 백형구, 659면.
31) 서일교, 312면; 정영석, 43면; 황산덕, 48면; 이형국, 760면; 이재상, 712면; 박상기, 634면; 진계호, 713면; 손동권, 752면; 정영일, 734면.
32) Dreher/Tröndle, StGB. §353 b Rdn. 1.

협받게 되는 국가의 기능이라는 견해(통설)가[34] 대립한다. 이 죄는 공무상비밀 그 자체를 보호하기 위한 것이 아니라 궁극적으로 국가의 기능을 보호하기 위한 범죄이므로 후설이 타당하다고 해야 한다. 판례도 같은 취지이다.[35] 보호받는 정도는 추상적 위험범으로서의 보호이다. 진정신분범, 진정직무범죄, 거동범, 의무범의 성질을 갖는다.

(2) 구성요건요소

1) 주 체 주체는 공무원 또는 공무원이었던 자이다. 국가의 기능은 현직공무원뿐만 아니라 퇴직공무원의 비밀누설에 의해서도 위태롭게 될 수 있기 때문에 공무원이었던 자도 주체로 하고 있다.

2) 객 체 행위객체는 법령에 의한 직무상 비밀이다. ① 여기의 "비밀"은 일반적으로 알려져 있지 않은 사항으로서 그것을 알리지 아니하는 것이 특히 국가나 공공단체의 이익이 되는 것을 말한다. ② "직무상 비밀"이란 이 죄의 주체가 직무와 관련하여 알게 된 비밀을 말하며, 자기의 직무에 관한 비밀뿐만 아니라 다른 공무원의 직무에 관한 비밀도 포함한다. 따라서 직무와 관계없이 알게 된 단순한 비밀은 여기에 포함되지 아니한다.

직무상 비밀은 법령에 의한 것임을 요한다. 법령에 의한 비밀의 의미에 대해서는, 법령에 의하여 특히 비밀로 할 것이 요구되는 사항에 한한다는 통설과,[36] 이에 한하지 않고 객관적·일반적으로 외부에 알리지 않음으로써 국가에 상당한 이익이 되는 것도 포함한다는 소수설이[37] 대립한다. 판례는 소수설과 같은 태도를 취하여 정부·공무소 또는 국민이 일반적 입장에서 외부에 알려지지 않는 것이 상당한 이익이 되는 것까지 포함시키고 있다.[38]

그러나 이 죄는 본래 행정법상의 징계책임에 해당한다는 이유로 입법론상 의

---

33) 유기천(하), 304면; 서일교, 312면.

34) 이재상, 713면; 이형국, 761면; 박상기, 634면; 배종대, 815면; 백형구, 660면; 진계호, 713면; 이정원, 739면; 임웅, 837면; 김성천/김형준, 953면; 오영근, 892면; 정영일, 735면; 손동권, 752면; 김성돈, 702면. Sch/Sch/Lenckner, StGB. §353 b Rdn. 1; Maurach/Schröder/Maiwald, BT 2, S. 277; Samson, SK. §353 b Rdn. 2.

35) 대판, 1996. 5. 10, 95도780.

36) 유기천(하), 304면; 황산덕, 49면; 정영석, 44면; 권문택(7인 공저), 692면; 정성근, 883면; 김일수/서보학, 811면; 박상기, 634면; 백형구, 661면; 이정원, 740면; 임웅, 837면; 진계호, 714면; 김성천/김형준, 954면; 오영근, 892면; 손동권, 753면; 김성돈, 703면.

37) 이재상, 704면; 정영일, 736면.

38) 대판, 1982. 6. 22, 80도2822; 대판, 1996. 5. 10, 95도780.

문이 제기되고 있음에 비추어 법령에 의한 비밀로 규정한 구성요건의 내용을 확장해석하는 것은 옳다고 할 수 없으므로 통설이 타당하다고 본다. 비밀은 실질적으로 비밀로 보호할 가치가 있는 것이라야 한다. 도시계획, 국토개발계획, 법원합의체 평결내용은 여기의 비밀에 포함할 수 있을 것이다.

【판례】 형법 제127조는 공무원 또는 공무원이었던 자가 법령에 의한 직무상 비밀을 누설하는 것을 구성요건으로 하고 있고, 동 조에서 법령에 의한 직무상 비밀이란 반드시 법령에 의하여 비밀로 규정되었거나 비밀로 분류 명시된 사항에 한하지 아니하고 정치, 군사, 외교, 경제, 사회적 필요에 따라 비밀로 된 사항은 물론 정부나 공무소 또는 국민이 객관적, 일반적인 입장에서 외부에 알려지지 않는 것에 상당한 이익이 있는 사항도 포함하는 것이나, 동 조에서 말하는 비밀이란 실질적으로 그것을 비밀로서 보호할 가치가 있다고 인정할 수 있는 것이어야 할 것이다. 그리고 본죄는 기밀 그 자체를 보호하는 것이 아니라 공무원의 비밀엄수 의무의 침해에 의하여 위험하게 되는 이익, 즉 비밀의 누설에 의하여 위협받는 국가의 기능을 보호하기 위한 것이다(대판, 1996. 5. 10. 95도780).[39]

3) 행 위　행위는 누설하는 것이다. "누설"이란 비밀사항을 제3자에게 알리는 것을 말한다. 어렴풋이 알고 있는 자에게 확실히 알리는 것도 누설에 해당한다. 이미 알고 있는 사람에게 알리는 것도 일반적으로 알려져 있지 아니한 것이면 누설이 된다는 견해도 있으나[40] 제한적으로 해석하여 누설에 해당하지 않는다고 본다.[41] 누설의 방법에는 제한이 없으므로 작위는 물론, 서류열람을 묵인하는 부작위로도 가능하다. 누설함으로써 곧 바로 기수가 되며 구체적인 위험이 발생하여야 하는 것은 아니다.

(3) 위법성

공무원의 비밀누설행위가 공직자의 부패행위를 부패방지위원회에 신고하는 것인 경우에는 부패방지및국민권익위원회의설치와운영에관한법률 제56조에 의하여 법령에 의한 정당행위로서 위법성이 조각된다.

---

39) 이 판결에서 감사원 감사관이 공개한 기업의 비업무용 부동산 보유실태에 관한 감사원보고서의 내용은 국민전체의 이익에 이바지하고 그것이 공개됨으로써 국가의 기능이 위협받는다고 할 수도 없으므로 공무상 비밀에 해당하지 않는다고 한다.

40) 권문택(7인 공저), 692면; 이건호, 44면.

41) 이재상, 714면; 이형국, 761면; 김일수, 694면; 박상기, 635면; 배종대, 816면; 진계호, 714면; 백형구, 677면; 이정원, 741면; 임웅, 838면; 손동권, 753면; 오영근, 893면; 정영일, 736면; 김성돈, 703면. Sch/Sch/Lenckner, StGB, §353 b Rdn. 8.

(4) 죄 수

시험을 관리하는 공무원이 돈을 받고 시험문제를 알려준 경우에는 이 죄와 수뢰후부정처사죄(제131조 1항)의 상상적 경합이 된다.[42] 공무원이 직무상 지득한 비밀을 누설하여 재물 또는 재산상의 이익을 취득하거나 제3자로 하여금 취득하게 한 경우에는 부패방지및국민권익위원회의설치와운영에관한법률 제86조 업무상 비밀이용죄가 성립하고 공무상 비밀누설죄는 이에 흡수된다.

Ⅲ. 직권남용죄

1. 일반공무원 직권남용죄

【구성요건 · 법정형】 공무원이 직권을 남용하여 사람으로 하여금 의무 없는 일을 하게 하거나 사람의 권리행사를 방해한 때에는 5년 이하의 징역, 10년 이하의 자격정지 또는 1천만원 이하의 벌금에 처한다(제123조).

(1) 의의 · 성격

공무원이 직권을 남용하여 사람으로 하여금 의무 없는 일을 하게 하거나 사람의 권리행사를 방해함으로써 성립하는 범죄이다. 보호법익은 국가기능의 공정한 행사이며, 보호받는 정도는 추상적 위험범으로서의 보호이다.[43]

이 죄의 성격에 대해서는, ① 공무원이라는 신분으로 인하여 강요죄(제324조)보다 책임이 가중된 부진정신분범이라는 견해와,[44] ② 보호법익뿐만 아니라, 폭행 또는 협박을 반드시 행위수단으로 사용하지 않는다는 점에서 강요죄와 다르다는 이유로 독립된 진정신분범이라는[45] 견해가 대립한다. 두 견해의 차이는 공무원이 직권을 남용하여 폭행 · 협박으로 권리행사를 방해한 때에 나타난다. 전설에서는 강요죄가 성립하고 다시 제135조(공무원직무상범죄의 형가중)를 적용하여 가중처벌된다고 함에 대해 후설에서는 이 죄와 강요죄가 성립하고 상상적

---

42) 대판, 1970. 6. 30, 70도562.

43) 유기천(하), 297면; 이재상, 716면; 진계호, 716면.; 박상기, 636면; 백형구, 670면; 임웅, 839면; 정영일, 738면; 김성돈, 704면. 침해범설은 김일수, 695면; 이정원, 741면.

44) 유기천(하), 297면; 황산덕, 44면; 서일교, 313면; 배종대, 817면.

45) 정성근, 887면; 이재상, 715면; 김일수/서보학, 813면; 진계호, 716면; 백형구, 655면; 임웅, 839면; 손동권, 745면; 김성돈, 704면.

경합이 된다고 한다. 이 죄와 강요죄는 그 본질을 달리한다고 해야 하므로 후설이 타당하며, 진정직무범죄의 일종이다.

(2) 구성요건요소

1) 주 체 주체는 공무원이다. 이 죄의 성질상 일정한 행위를 명하고 필요하면 이를 강제할 수 있는 직무를 행하는 공무원(예컨대, 경찰, 검찰수사관, 집행관, 세관원, 철도공안원, 마약감시원, 환경감시원, 근로감독관, 산림보호원, 교도소장, 소년원장 등)에 제한된다고 해야 한다.(진정직무범죄)[46] 이에 대해서 판례는 직권남용죄의 직권은 직무권한을 의미하는 것이므로 강제력 수반이 없어도(재정경제부장관, 대통령비서실 민정수석비서관) 주체가 된다고 한다.[47] 이 경우 그 강제력은 직접강제 · 간접강제를 묻지 않는다.

2) 행 위 행위는 직권을 남용하여 사람으로 하여금 의무 없는 일을 하게 하거나 권리행사를 방해하는 것이다.

(a) 타 인 직권남용의 직접대상은 행위자와 그 공범자를 제외한 모든 사람이다. 자기의 친척이나 다른 공무원도 타인이 될 수 있다. 다만 공무집행 중의 다른 공무원에 대한 직권남용은 경우에 따라 이 죄와 공무집행방해죄의 상상적 경합이 될 수 있다.

(b) 직권남용 이 죄는 직권의 남용을 행위수단으로 한다는 점에서 폭행 또는 협박만을 수단으로 하는 강요죄(제324조)와 다르다. "직권을 남용하여"란, 형식상 일반적인 직무권한에 속하는 사항에 대해서 부당한 목적을 위해서나 부당한 방법으로 직무 본래의 취지에 반하여 행사하는 것을 말한다.[48]

따라서 형식상의 일반적 직무권한이 없거나 이와 관련이 없는 행위에 대해서는 이 죄가 성립할 수 없다. 예컨대, 재정경제부 장관이 국장을 통해 은행장에게 개인용도의 대출금을 요구하거나[49] 시의 자치행정국장이 업무담당자에게 허가요건을 갖추지 못한 주택허가를 해주도록 한 경우[50]는 직권남용이 되지만

46) 황산덕, 44면; 서일교, 313면; 정영석, 39면; 권문택(7인 공저), 685면; 이재상, 715면; 김일수/서보학, 814면; 배종대, 817면; 진계호, 717면; 백형구, 655면; 임웅, 840면; 오영근, 895면; 손동권, 745면; 정영일, 738면.

47) 대판, 2004. 5. 27, 2002도6251; 대판1992. 3. 10, 92도116.

48) 유기천(하), 279면; 황산덕, 44면; 서일교, 313면; 이형국, 765면; 이재상, 715면; 임웅, 840면; 정영일, 739면; 오영근, 895면; 배종대, 817면; 박상기, 636면; 김성돈, 705면.

49) 대판, 2004. 5. 27, 2002도6251.

50) 대판, 2004. 10. 14, 2004도2899.

집행관이 채무자를 체포하거나 세무공무원이 미납세자를 감금하는 행위, 국정원직원이 건축주를 협박하여 약속어음을 받거나, 군수사기관이 간통 당사자를 체포하여 자인서를 받아내는 행위는 체포·감금죄가 성립함은 별론으로 하고 이 죄가 성립하지 않는다. 판례도 대통령경호실장이 대통령의 별도 주거지를 마련하기 위하여 서울시장에게 공용청사부지로 지정토록 요청한 행위는 일반적 직무권한 내의 행위가 아니므로 직권남용죄가 성립하지 않는다고 하였다.[51] 여기의 일반적 직무권한이란 법령에 근거하여 그 공무원의 직무사항에 속하는 것을 의미한다.

> **【판례】** 직권남용죄의 "직권남용"이란 공무원이 그의 일반적 권한에 속하는 사항에 관하여 그것을 불법하게 행사하는 것, 즉 형식적, 외형적으로는 직무집행으로 보이나 그 실질은 정당한 권한 이외의 행위를 하는 경우를 의미하고, 따라서 직권남용은 공무원이 그의 일반적 권한에 속하지 않는 행위를 하는 경우인 지위를 이용한 불법행위와는 구별되며, 또 직권남용죄에서 말하는 "의무"란 법률상 의무를 가리키고, 단순한 심리적 의무감 또는 도덕적 의무는 이에 해당하지 아니한다(대판, 1991. 12. 27, 90도2800).

(c) 의무 없는 일의 강요 "의무 없는 일을 하게 한다"란 법령상 일정한 작위의무가 없는 자에게 이를 하게 하는 것을 말한다. 전혀 의무 없는 자는 물론, 의무 있는 자라 할지라도 그 의무의 태양을 변경하여 하게 하는 것도 포함한다. 따라서 불법으로 과중한 납세의무를 과하거나 필요 없는 조건을 부가하거나 의무이행의 시기를 단축시키는 것은 모두 이 죄에 해당한다. 정기상납이나 명절떡값 또는 전별금 명목으로 관내업소에 금품을 강요하는 것이 그 예 이다.

여기의 의무는 법령상의 의무임을 요하고 단순한 도덕적인 의무감 내지 도덕적 의무는 포함하지 않는다. 따라서 수사관이 수사상 무용한 참고인을 조사하기 위해 출석을 요구하는 것은 법령상 의무가 없기 때문이 아니라 참고인의 동의에 의한 임의출석이므로 이 죄에 해당하지 않는다고 본다. 판례는 치안본부장이 국립과학수사연구소 법의학 과장에게 고문치사 사인에 관한 참고 메모를 작성토록 요구한 것은 이 죄에 해당하지 않는다고 하였다.[52]

(d) 권리행사방해 "권리행사"를 방해한다란 법령상 인정되어 있는 권리를

51) 대판, 1994. 4. 12, 94도128.
52) 대판, 1991. 12. 27, 90도2800.

행사하지 못하게 방해하는 것을 말한다. 경찰관리의 부당한 영업정지 명령이나 담당공무원의 부당한 인・허가 거부로 권리행사나 권리발생을 방해하는 것이 그 예이다. 다만 권리행사의 방해는 권리의 현실적인 행사가 방해되어야 하므로 고발사건을 검사가 불기소하였다는 사실만으로 권리행사가 방해되었다고 할 수 없다.[53]

(e) 기수시기 의무 없는 일을 하게 된 때 또는 권리행사가 방해되는 결과가 현실로 발생하였을 때에 기수가 된다. 이로 인하여 국가기능의 공정이 현실로 침해되었음을 요하지 않는다. 예컨대 도청장치를 하였다가 뜯겨서 도청을 못한 경우 도청당하지 않을 권리의 침해가 없으므로 이 죄의 기수가 되지 않는다.[54]

【판례】 형법 제123조의 죄가 기수에 이르려면 의무 없는 일을 시키는 행위 또는 권리를 방해하는 행위가 있었다는 것만으로는 부족하고, 지금 당장에 피해자의 의무 없는 행위가 이룩된 것 또는 권리방해의 결과가 발생한 것을 필요로 한다고 해석하여야 법문에 충실한 해석이라 하겠다. 따라서 공무원의 직권남용이 있다 하여도 현실적으로 권리행사의 저해가 없다면 본죄의 기수를 인정할 수 없다(대판, 1978. 10. 10, 75도2665).

(3) 재판상의 준기소절차

직권남용죄에 대해서 고소 또는 고발을 한 자는 검사의 불기소처분이 있는 경우에 법원에 그 당부에 관한 재정을 신청할 수 있다(형사소송법 제260조 이하). 그 신청에 이유있다는 법원의 결정이 내려지면 공소시효에 관하여 그 결정이 있는 날에 공소가 제기된 것으로 본다(형사소송법 제262조의4 2항).

2. 불법체포・감금죄

【구성요건・법정형】 재판・검찰・경찰 기타 인신구속에 관한 직무를 행하는 자 또는 이를 보조하는 자가 그 직권을 남용하여 사람을 체포 또는 감금한 때에는 7년 이하의 징역과 10년 이하의 자격정지에 처한다(제124조 1항). 미수범은 처벌한다(제124조 2항).

---

53) 대판, 1986. 6. 30, 86모12.

54) 대판, 1978. 10. 10, 75도2665.

(1) 의의 · 성격

재판 · 검찰 · 경찰 기타 인신구속에 관한 직무를 행하는 자 또는 이를 보조하는 자가 그 직권을 남용하여 사람을 체포 또는 감금함으로써 성립하는 범죄이다. 행위주체가 특별한 권력적 지위에 있는 특별공무원이므로 수사 내지 조사과정에서 직권남용에 의한 고문 등 인권침해의 우려가 많다는 점을 고려하여 이를 특히 처벌하려는 취지이다.

이 죄의 성격에 대해서는, ① 일반의 체포 · 감금죄(제276조)에 대하여 책임이 가중되는 부진정신분범(특별규정)이라는 다수설과,[55] ② 일반의 체포 · 감금죄와 보호법익을 달리하는 특수직무범죄로서 독립된 신분범이라는 소수설이[56] 대립한다. 전자에 따르면 공범으로 가담한 비신분자에 대해서 제33조 단서가 적용되는데 반하여, 후자에 따르면 제33조 본문이 적용된다. 이 죄가 국가기능의 공정을 보호하는 데에 중점이 있는 이상 일반체포 · 감금죄는 범죄의 성격을 달리하므로 후설이 타당하다.

주된 보호법익은 인신구속에 관한 국가기능의 공정한 행사이며, 부차적인 보호법익은 개인의 신체활동의 자유이다. 행위객체가 사람이며 행위태양이 체포 · 감금이고 이 죄의 미수범을 처벌하므로 보호정도는 침해범으로서의 보호이고 계속범 · 결과범이다.[57]

(2) 구성요건요소

1) 주 체 주체는 재판 · 검찰 · 경찰 기타 인신구속에 관한 직무를 행하는 자 또는 이를 보조하는 자이다. "기타 인신구속에 관한 직무를 행하는 자"란 교도소장 · 구치소장 · 소년분류심사원장 · 소년원장 · 산림보호공무원 · 선장 등 사법경찰관리의직무를수행할자와그직무범위에관한법률(동법 제3조 이하)에 규정된 자를 말한다. 따라서 특별사법경찰관도 포함한다. "이를 보조하는 자"란 법원 · 검찰의 서기나 사법경찰리, 헌병하사와 같이 법령에 의하여 그 직무상 보조자의 지위에 있는 자를 말한다. 그러나 현행범을 체포한 사인(私人)과 같이 사실상 보

55) 유기천(하), 281면; 황산덕, 45면; 서일교, 314면; 정영석, 40면; 이형국, 767면; 박상기, 637면; 배종대, 819면; 진계호, 720면; 백형구, 666면; 임웅, 843면; 오영근, 898면; 김성돈, 707면. 다만, 불법가중의 부진정신분범으로 보는 견해는 김일수/서보학, 818면.

56) 권문택(공저), 687면; 이재상, 716면; 이정원, 746면; 손동권, 748면; 정영일, 742면.

57) 김일수/서보학, 818면; 박상기, 638면; 진계호, 720면; 백형구, 666면; 임웅, 842면; 김성돈, 707면.

조하는 사인은 여기에 포함되지 않는다. 판례는 집행관도 이 죄의 주체가 된다고 하지만,[58] 집행관은 이 죄의 주체인 특별공무원은 아니라고 해야 한다.

2) 객 체 객체는 행위자와 그 공범 이외의 모든 자연인이다. 공무원도 객체가 될 수 있다.

3) 행 위 행위는 직권을 남용하여 체포·감금하는 것이다. 직권을 남용하여야 하므로 직권과 관계 없이 또는 직권의 범위를 벗어난 체포·감금은 일반 체포·감금죄(제276조)를 구성한다. 체포·감금의 의의는 체포·감금죄(제276조)의 그것과 같다. 경찰관이 법정절차에 의하지 아니하고 피의자를 경찰서 보호실에 구금하는 경우,[59] 구속영장 없이 피의자를 함부로 구속하거나 임의동행한 피의자를 조사후 귀가시키지 않고 경찰서의 조사실·보호실에 유치하는 경우[60] 등은 이 죄에 해당한다.

【판례】 감금죄에 있어서의 감금행위는 사람으로 하여금 일정한 장소 밖으로 나가지 못하도록 하여 신체의 자유를 제한하는 행위를 가리키는 것이고, 그 방법은 반드시 물리적, 유형적 장애를 사용하는 경우뿐만 아니라 심리적, 무형적 장애에 의하는 경우도 포함되는 것이므로(대법원 1991. 12. 30.자 91모4 결정 참조), 설사 그 장소가 경찰서 내 대기실로서 일반인과 면회인 및 경찰관이 수시로 출입하는 곳이고 여닫이 문만 열면 나갈 수 있도록 된 구조라 하여도 경찰서 밖으로 나가지 못하도록 그 신체의 자유를 제한하는 유형, 무형의 억압이 있었다면 이는 감금에 해당한다(대판, 1997. 6. 13, 97도877).

(3) 특별형법

특정범죄가중처벌에관한법률(제4조의2)은 이 죄를 범하여 사람을 치상한 때에는 1년 이상의 유기징역에, 치사한 때에는 무기 또는 3년 이상의 유기징역에 처한다.

3. 폭행·가혹행위죄

【구성요건·법정형】 재판·검찰·경찰 기타 인신구속에 관한 직무를 행하는 자 또는 이를 보조하는 자가 그 직무를 행함에 당하여 형사피의자 또는 기타 사람에 대하여 폭행 또는 가혹한 행위를 가한 때에는 5년 이하의 징역과 10

58) 대판, 1969. 6. 24, 68도1218.
59) 대판, 1971. 3. 9, 70도2406.
60) 대판, 1985. 7. 29, 85도16.

년 이하의 자격정지에 처한다(제125조).

(1) 의의 · 성격

재판 · 검찰 · 경찰 기타 인신구속에 관한 직무를 행하는 자 또는 이를 보조하는 자가 폭행 또는 가혹행위를 함으로써 성립하는 범죄이다. 특별공무원에 의한 인권침해를 방지하기 위하여 입법한 것이라 할 수 있다. 이 죄의 주된 보호법익은 인신구속에 관한 국가기능의 공정한 행사이며, 부차적인 보호법익은 개인의 신체의 건재성이다. 보호받는 정도는 객체가 사람이기는 하나 폭행 · 가혹행위 그 자체로 이 죄는 완성되며, 주된 보호법익이 국가기능의 공정이라는 점에 비추어 추상적 위험범으로서의 보호라고 해야 한다.[61] 형식범 · 거동범의 일종이며 부진정 직무범죄이다. 다수설은 부진정신분범이라 하고 있으나 독립된 진정신분범이라고 본다(제124조 1항 불법체포 · 감금죄의 성격과 같다).

(2) 구성요건요소

1) 주 체 주체는 재판 · 검찰 · 경찰 기타 인신구속에 관한 직무를 행하는 자 또는 이를 보조하는 자이다. 불법체포 · 감금죄의 주체와 같다.

2) 객 체 객체는 형사피의자 또는 기타의 사람이다. "기타의 사람"은 형사피고인 · 증인 · 참고인 등 수사 · 재판상 조사의 대상이 된 자 뿐만 아니라 행정경찰상(산림 · 해양 · 철도 · 환경 · 노동 · 부녀 등)의 감독 · 보호를 받는 자 또는 그 관계인을 포함하며, 교도소 · 구치소 · 소년원 등에 수용된 자도 이 죄의 객체가 된다.

3) 행 위 행위는 직무를 행함에 당하여 폭행 또는 가혹행위를 하는 것이다. "직무를 행함에 당하여"란 직무를 행하는 기회에 있어서라는 의미로서 이 죄의 행위상황이다. 다만 직권을 남용하여(제123조, 제124조)라는 표현 대신 직무를 행함에 당(當)하여라고 한 것은 폭행 · 가혹행위가 어떤 경우에도 직무행위가 될 수 없음을 고려한 것이므로 직권남용의 경우도 포함하여 이보다 넓은 의미로 사용된 것이라 해야 한다.[62] 따라서 직접 직무행위는 아니라도 직무와 시간

---

61) 정성근, 888면; 진계호, 722면; 임웅, 845면; 오영근, 900면; 정영일, 745면; 김성돈, 708면. 침해범이라는 견해는 김일수/서보학, 821면; 박상기, 640면; 이정원, 747면.

62) 유기천(하), 283면; 황산덕, 47면; 권문택, 주석(상), 101면; 이형국, 769면; 이재상, 718면; 김일수/서보학, 822면; 진계호, 723면; 박상기, 640면; 배종대, 821면; 임웅, 846면; 오영근, 900면; 정영일, 746면; 김성돈, 709면.

적 · 사항적 · 내적 관련이 있는 것이면 족하다.[63] 그러나 직무를 행하는 기회라고 해서 그 기회에 단순한 사감(私感)이나 개인적 감정에 의한 폭행까지 여기에 포함시킬 수는 없다.

행위태양은 폭행 또는 가혹행위이다. "폭행"이란 사람의 신체에 대한 유형력의 행사이며, 수단 · 방법은 제한이 없다. 직접 사람에 대한 것임을 요하지 않는다. "가혹한 행위"란 폭행 이외의 방법으로 육체적 또는 정신적으로 고통을 가하는 일체의 행위를 말한다(학대보다 넓은 개념이다. 중체포감금죄 참조). 여자의 옷을 벗겨 수치심을 일으키거나 추행 · 간음 등의 음행행위를 하는 유형적 방법, 음식을 주지 않거나 잠을 자지 못하게 하는 등 무형적 방법도 여기에 해당한다. 다만 구속된 부녀를 간음한 때에는 이 죄와 피구금부녀간음죄(제303조 2항)의 상상적 경합이 된다.[64] 부녀를 간음 · 강제추행한 때에도 같다.

폭행 또는 가혹행위를 함으로써 기수가 된다. 국가적 법익에 대한 죄이므로 피해자의 승낙은 이 죄의 성립에 영향이 없다.

(3) 특별형법

이 죄를 범하여 사람을 치상한 때에는 1년 이상의 유기징역, 치사한 때에는 무기 또는 3년 이상의 유기징역에 처한다(특가법 제4조의2). 수감중이거나 법률에 의해 구금된 사람에 대해 추행한 때에는 성폭력범죄의처벌등에관한특례법(제10조 2항)이, 군사법원의 법무관 · 검찰관 · 군수사기관의 수사요원의 학대 · 가혹행위에 대해서는 군형법(제62조)이 우선 적용된다.

4. 선거방해죄

> **【구성요건 · 법정형】** 검찰 · 경찰 또는 군의 직에 있는 공무원이 법령에 의한 선거에 관하여 선거인 · 입후보자 또는 입후보자 되려는 자에게 협박을 가하거나 기타 방법으로 선거의 자유를 방해한 때에는 10년 이하의 징역과 5년 이상의 자격정지에 처한다(제128조).

(1) 의의 · 성격

검찰 · 경찰 또는 군의 직에 있는 공무원이 법령에 의한 선거의 선거인 · 피선

---

63) 이재상, 718면; 김일수/서보학, 822면; 임웅, 846면; 배종대, 821면; 오영근, 900면.
64) 서일교, 315면; 정영석, 42면; 이재상, 719면; 김일수/서보학, 823면; 박상기, 640면; 진계호, 724면; 백형구, 668면; 임웅, 846면; 손동권, 751면; 정영일, 746면; 김성돈, 709면.

거권자에게 협박을 가하거나 기타의 방법으로 선거의 자유를 방해함으로써 성립하는 범죄이다. 이 죄의 성격에 관해서는, ① 직무위배죄의 일종으로서 공직선거및선거부정방지법에 대한 일반법이라는 소수설과,[65] ② 직권남용죄(제123조)에 대한 특별규정이라는 통설이[66] 대립한다. 이 죄는 선거 자체의 적정한 진행을 보호하는 것이 아니라 선거권·피선거권의 자유로운 행사 내지 그 선거권을 보호하기 위한 범죄이며, 이 죄의 주체도 특별공무원으로 한정되어 있으므로 직권남용죄의 일종이라 해야 한다. 보호받는 정도는 추상적 위험범으로서의 보호이다.[67] 진정신분범, 진정직무범죄, 의무범이다.

(2) 구성요건요소

주체는 검찰·경찰 또는 군의 직에 있는 공무원에 한정된다. 군의 직에 있는 공무원에는 군인 외에 군속도 포함된다.

행위는 법령에 의한 선거에 관하여 선거인·입후보자 또는 입후보되려는 자에게 협박을 가하거나 기타 방법으로 선거의 자유를 방해하는 것이다. 법령에 의한 선거에 한하므로 법령에 의하지 않는 공공단체와 사적 단체의 선거는 포함하지 않는다. "입후보자되려는 자"란 정당의 공천을 받으려는 자 또는 입후보 등록절차를 밟고 있는 자 등을 말한다. 협박은 방해의 예시이며, 방해의 수단·방법은, 제한이 없으며 반드시 불법한 방법일 필요도 없다. 작위·부작위를 불문한다. 선거의 자유를 방해하는 행위를 하면 기수가 되며, 현실로 방해의 결과가 발생하였음을 요하지 않는다. 이 죄는 직권남용죄의 특별규정이므로 두 죄는 법조경합이 된다. 공직선거법에는 검사·경찰공무원·군인에 대한 가중처벌규정(동법 제237조 2항, 제238조)이 있다.

65) 유기천(하), 305면; 진계호, 724면.

66) 황산덕, 49면; 서일교, 316면; 정영석, 43면; 권문택(7인 공저), 693면; 이형국, 770면; 이재상, 719면; 김일수/서보학, 824면; 박상기, 641면; 배종대, 821면; 임웅, 848면; 오영근, 902면; 정영일, 748면; 손동권, 754면; 김성돈, 710면.

67) 침해범설은 김일수/서보학, 824면.

Ⅳ. 뇌 물 죄

1. 총 설

(1) 의 의

뇌물죄란 널리 공무원 또는 중재인이 직무행위의 대가로 부정한 이익을 취득하거나 공무원·중재인에게 부정한 이익을 제공하는 범죄를 말한다. 뇌물죄는 뇌물을 받는 수뢰죄와 뇌물을 주는 증뢰죄가 있다. 전자는 공무원의 직무범죄임이 명백하다. 후자는 원칙적으로 공무원범죄가 아니지만 공무원의 직무범죄와 관련성이 있을 뿐만 아니라 수뢰죄와 증뢰죄는 서로 대향관계에서 성립하는 것이 보통이므로 함께 규정하고 있다.

(2) 본질·보호법익

뇌물죄의 본질에 대하여는 두 가지 기본적인 법사상의 대립이 있다. 그 하나는 일정한 직무행위의 대가로 뇌물을 수수하기만 하면 직무행위의 정(正)·부정(부정)을 묻지 않고 수뢰죄가 성립한다고 하여 공무원의 순수성을 강조하는 로마법사상이고, 다른 하나는 공무원의 직무의무위반을 강조하여 부정한 직무행위에 대한 대가로서의 뇌물을 수수한 경우에만 수뢰죄가 성립한다는 게르만법사상이다. 이에 따라 뇌물죄의 보호법익도 달라지는데, 게르만법 사상은 직무행위 자체의 순수성 내지 직무행위의 불가침성을 보호법익으로 보는 반면, 로마법사상은 직무행위의 불가매수성(不可買收性)을 보호법익으로 본다.

형법은 직무행위의 정·부정을 묻지 않고 뇌물을 수수·요구 또는 약속을 하게 되면 수뢰죄가 성립하는 것을 원칙으로 하고, 특히 부정한 직무행위가 있는 경우에는 형을 가중하고 있으므로 로마법 사상을 기본으로 하면서 게르만법 사상을 가미하고 있다고 할 수 있다.[68] 따라서 뇌물죄의 주된 보호법익은 직무행위의 불가매수성이라고 해야 한다. 다만 뇌물죄도 공무원의 직무범죄의 일종인 이상 다른 직무범죄와 통일적인 체계를 유지하면서 뇌물죄의 불법내용을 특정지을 수 있어야 하고, 또 직무위반이 없는 뇌물수수와 사후수뢰 및 알선수뢰를

68) 유기천(하), 284면; 황산덕, 49면; 정영석, 45면 이하; 김봉태(7인 공저), 697면; 김종원, 「뇌물죄」(고시계 1987. 10), 15면; 임웅, 850면; 정영일, 750면; 김성돈, 711면.

포함한 모든 수뢰에 타당할 수 있는 보호법익이라야 한다. 그리고 직무행위가 매수되면 직무자체가 침해될 위험성이 있을 뿐만 아니라 직무행위에 대한 사회일반의 신뢰도 침해되는 것이므로 뇌물죄의 보호법익은 직무행위에 대한 공정(불가매수성)과 이에 대한 사회일반의 신뢰(종합설)라고 하는 것이 타당하다. 보호의 정도는 추상적 위험범으로서의 보호이다.

판례는 종래까지 뇌물죄의 보호법익을 "직무행위의 불가매수성"이라고 했으나[69] 최근에는 "직무집행의 공정과 이에 대한 사회의 신뢰 및 직무행위의 불가매수성"이라고 하여 종합설을 취하고 있다.

【판례】 뇌물죄는 공무원의 직무집행의 공정과 이에 대한 사회의 신뢰 및 직무행위의 불가매수성을 그 보호법익으로 하고 있고, 직무에 관한 청탁이나 부정한 행위를 필요로 하는 것은 아니기 때문에 수수된 금품의 뇌물성을 인정하는 데 특별한 청탁이 있어야만 하는 것은 아니며…(대판, 2001. 10. 12, 2001도3579).

(3) 수뢰죄와 증뢰죄의 관계

1) 필요적 공범관계 여부 수뢰죄와 증뢰죄의 관계에 대해서 이를 필요적 공범으로 볼 것인가와 관련하여 세 가지 견해가 대립한다.

(a) 필요적 공범설 뇌물죄는 수뢰자와 증뢰자의 협동을 필요로 하므로 두 죄는 1개의 범죄의 양면에 불과하고, 다만 범인의 신분 유무에 따라 형의 경중을 달리하는 필요적 공범이라는 견해[70]이다. 판례는 뇌물수수죄에 대해서는 필요적 공범이라 하고 있다.[71]

(b) 별개범죄설 두 죄는 필요적 공범이 아니라 각각 독립된 범죄를 규정한 것이라는 견해[72]이다. 수뢰죄는 신분범으로서 공무원의 직무위배죄임에 대하여 증뢰죄는 공무원의 직무위반을 유혹하는 일종의 공무집행을 방해하는 비신분범이므로 그 성질이 다르다는 것을 이유로 한다.

(c) 병합설 형법은 수뢰죄와 증뢰죄의 관계에 대해서 필요적 공범관계가 있는 경우와 독립범죄인 경우를 함께 규정하고 있다는 견해이다.[73] ① 두 죄의

69) 대판, 1984. 8. 14, 84도1139.
70) 남흥우, 358면; 이정원, 756면; 김성천/김형준, 969면 이하; 김성돈, 851면.
71) 대판, 1971. 3. 8, 70도2536.
72) 서일교, 318면; 정영석, 46면; 황산덕, 47면; 권문택(공저), 698면.
73) 유기천(하), 285면; 이재상, 722면; 김일수, 709면; 박상기, 646면; 배종대, 824면; 진계호,

보호객체가 같고, ② 형법이 증뢰죄를 수뢰죄와 다른 형으로 처벌하도록 한 것은 처벌에서 특칙을 규정한 것이며, ③ 수수·공여·약속은 상호 협동·공존관계에서 성립하도록 규정한 것임에 대해서 요구와 공여 의사표시는 일방적 의사표시만으로 성립할 수 있도록 규정하고 있다는 것을 그 이유로 한다.

(d) 결 어 필요적 공범이냐 독립범죄이냐의 여부는 신분범·직무범죄와 같은 범죄의 성질에 따라 결정되는 것이 아니라 형법이 수인의 협동 내지 공존관계에서만 성립하는 범죄(다수참가가 요구되는 구성요건)로 규정하고 있느냐에 따라 결정해야 한다(이 점은 배우자 있는 자와 배우자 없는 자의 간통죄에서도 같다).

형법은 뇌물죄 가운데서 수수·공여·약속의 경우는 상호 협동·공존관계에서만 성립하도록 규정하였고, 요구와 공여 의사표시는 일방적 의사표시만으로 성립하도록 규정하고 있으므로 전자의 경우는 필요적 공범이고, 후자의 경우는 독립범죄가 될 수 있다고 해야 한다. 따라서 병합설(이원설)의 태도가 타당하다고 본다.

최근의 판례는 뇌물공여죄가 성립하기 위해서는 반드시 상대방의 뇌물수수죄가 성립되어야 하는 것은 아니라고 하고 있는데,[74] 이는 공여의 의사표시가 있는 경우에는 필요적 공범이 아니라 독립범죄라는 취지로 이해할 수 있다. 그리고 뇌물죄의 필요적 공범관계는 대향범으로서의 필요적 공범이다.

2) 공범규정의 적용범위

(a) 필요적 공범의 경우 수뢰죄와 증뢰죄가 필요적 공범관계에 있는 경우에는 필요적 공범 상호간에 공범과 신분에 관한 규정(제33조)을 적용할 여지가 없고, 공무원의 신분이 없는 증뢰자는 증뢰죄에 의하여 처벌될 뿐이다.[75] 수뢰자와 증뢰자가 대향관계에 있는 것이 아니라 수뢰자 상호간이나 증뢰자 상호간과 같이 타인이 수뢰자 또는 증뢰자에게 공범으로 가공한 경우에는 제30조 이하의 공범규정이 적용되므로 그 가공형태에 따라 공동정범·교사범·방조범이 된다.[76] 판례도 같은 태도이다.[77]

727면; 임웅, 851면; 정영일, 775면; 손동권, 757면. 오영근, 915면은 병합설을 취하면서 뇌물공여죄는 필요적 공범인 경우와 그렇지 않은 경우가 있다고 본다.

74) 대판, 1987. 12. 22, 87도1699; 대판, 2006. 2. 24, 2005도4737(2억원의 현금이 든 굴비상자를 제공한 자의 행위가 뇌물공여죄가 성립한다 하여도 그 물건의 뇌물성에 대한 인식이 없었던 상대방의 뇌물수수죄 성립을 부정한 사례).

75) 유기천(하), 286면; 이재상, 723면; 김일수/서보학, 829면; 임웅, 822면; 손동권, 758면.

76) 이재상, 723면; 박상기, 646면 이하; 배종대, 824면; 임웅, 852면; 오영근, 916면.

(b) 독립범죄인 경우 뇌물요구죄에 대하여 공무원의 신분이 없는 자가 그 공범으로 加功한 때에는 제33조 본문이 적용되어 가공형태에 따라 요구죄(수뢰죄)의 공동정범 · 교사범 · 방조범이 된다(통설). 증뢰죄인 뇌물공여의 의사표시에 가공한 타인에 대해서는 제33조를 적용할 수 없으나 역시 관여형태에 따라 공여죄의 공동정범 · 교사범 · 방조범이 된다.

(4) 구성요건체계

형법은 뇌물죄를 수뢰죄와 증뢰죄로 대별하여 전자에 관해서는 단순수뢰죄(제129조 1항)를 기본적 구성요건으로 하고, 사전수뢰죄(제129조 2항)는 불법이 감경되는 감경적 구성요건으로, 또 부정한 청탁을 받고 제3자에게 뇌물을 제공하는 제3자뇌물공여죄(제130조)와 재직 중에 청탁을 받고 부정한 행위를 한 퇴직공무원 등의 사후수뢰죄(제131조 3항)를 파생적 구성요건으로, 특히 공무원 · 중재인이 직무에 관하여 부정한 행위를 하는 수뢰후부정처사죄(제131조 1항)와 부정처사후수뢰죄(제131조 2항)는 불법이 가중되는 가중적 구성요건으로 규정하였다. 그리고 알선수뢰죄(제132조)는 공무원이 지위를 이용하여 다른 공무원에게 알선하는 행위를 직무행위에 준하는 것으로 보아 파생적 구성요건으로 규정하고 있다.

(5) 뇌물의 개념

뇌물은 모든 뇌물죄에 공통되는 본질적 요소(수뢰행위의 객체로 되거나 수뢰행위의 수단)이며, 직무에 관한 부정한 보수로서의 모든 이익을 말한다(통설). 여기에는 직무관련성과 이익의 내용이 문제된다.

1) 직무에 관하여

(a) 직 무 "직무"란 공무원 또는 중재인이 그 지위에 따라 본래 취급하여야 할 일체의 집무를 말한다.[78] 직무의 범위는 직접 법령에 정해진 경우는 물론, 지령 · 훈령 · 내규 · 행정처분 등에 의한 경우를 포함하며,[79] 반드시 법령에 직접의 규정이 없더라도 상사의 지휘 · 감독을 받아 공무를 취급하는 종속적 · 보좌적 직무도 무방하다. 따라서 부하 공무원이 관례상 또는 상사의 명령에 의하여 소관(소속과) 이외의 사무를 일시 대리할 경우의 직무도 포함한다.[80]

77) 대판, 1970. 1. 27, 69도2225; 대판, 1975. 4. 22, 73도1963; 대판, 1992. 8. 14, 91도3191.
78) 대판, 1982. 11. 23, 82도1549; 대판, 1996. 11. 15, 95도1114 등.
79) 대판, 1959. 9. 4, 4291형상294.
80) 대판, 1953. 6. 11, 4286형상11.

직무라고 하기 위해서는 법령상 공무원의 일반적(추상적)인 직무권한에 속한 것이면 충분하고 현재 구체적으로 담당하고 있는 사무임을 요하지 않는다.[81] 따라서 공무소의 내부적인 사무분배 여하와 관계없으며, 과거에 담당하였거나 장래에 담당할 사무도 무방하다.[82] 또 그 직무에 관하여 반드시 독립된 결재권을 가져야 할 필요는 없으며[83] 결재권자를 보좌하여 영향을 줄 수 있는 직무라도 좋다.[84] 직무행위의 정당성 여부나 위법 여부는 원칙적으로 뇌물죄의 성부와 관계없다. 정당한 직무행위에 대한 뇌물도 직무의 공정을 의심케 하며 사회일반의 신뢰도 침해될 수 있기 때문이다.[85] 다만 부정한 직무행위에 대해서는 경우에 따라 가중적 구성요건요소(수뢰후 부정처사죄·부정처사후 수뢰죄)가 되거나 특수한 구성요건요소(사후수뢰죄)가 된다. 직무행위는 작위·부작위를 묻지 않는다. 사법경찰관이 고의로 수사를 중지하거나, 의원이 고의로 의사에 참여하지 않거나, 세관공무원이 밀수품의 반입을 묵인하거나, 마약감시원이 마약밀매를 묵인하는 것 등은 부작위에 의한 직무행위의 예이다.

【판례】 ① 뇌물죄에서 말하는 '직무'에는 법령에 정하여진 직무뿐만 아니라 그와 관련 있는 직무, 과거에 담당하였거나 장래에 담당할 직무 외에 사무분장에 따라 현실적으로 담당하지 않는 직무라도 법령상 일반적인 직무권한에 속하는 직무 등 공무원이 그 직위에 따라 공무로 담당할 일체의 직무를 포함한다(대판, 1999. 11. 9, 99도2530).

② 뇌물죄에 있어서 직무라 함은 공무원이 법령상 관장하는 직무 그 자체뿐만 아니라 그 직무와 밀접한 관계가 있는 행위 또는 관례상이나 사실상 소관하는 직무행위 및 결정권자를 보좌하거나 영향을 줄 수 있는 직무행위도 포함한다(대판, 2002. 5. 10, 2000도2251).

③ 공무원이 얻은 어떤 이익이 직무와 대가관계가 있는 부당한 이익으로서 뇌물에 해당하는지 여부는 … 뇌물죄가 직무집행의 공정과 이에 대한 사회의 신뢰를 그 보호법익으로 하고 있음에 비추어 공무원이 그 이익을 수수하는 것으로 인하여 사회일반으로부터 직무집행의 공정성을 의심받게 되는지 여부도 뇌물죄 성부의 판단 기준이 되어야 하며, … (대판, 2002. 3. 15, 2001도970).

(b) 직무에 관하여　뇌물은 공무원 또는 중재인의 직무에 관한 대가나 이익

81) 대판, 2003. 6. 13, 2003도1060.
82) 대판, 1984. 9. 25, 84도1568; 대판, 1996. 1. 23, 94도3022.
83) 대판, 1961. 4. 15, 4290형상201; 대판, 1994. 3. 22, 93도2962.
84) 대판, 2002. 5. 10, 2000도2251; 대판, 1998. 2. 27, 96도528.
85) 대판, 2002. 3. 15, 2001도970.

이므로 직무와 관련된 것이라야 한다. "직무에 관하여"란, 직무행위 자체에 대한 것뿐만 아니라 엄격한 의미에서는 직무행위에는 속하지 않더라도 직무와 밀접한 관계가 있는 행위와 객관적으로 직무행위의 외형을 갖추고 있는 행위에 대한 것도 포함한다.[86] 따라서 결정권자를 보좌하거나 영향을 줄 수 있는 행위도 포함된다. 그러나 단순한 사적 행위에 대한 이익은 그것이 집무시간 내에 집무장소에서 행해진 경우에도 직무와 관계없이 행해진 것이므로 뇌물이 아니다.[87]

(c) 직무와 밀접한 관계있는 행위 이 개념은 반드시 명백한 것은 아니지만 보통 직무상의 지위를 이용하거나 그 직무에 기한 세력을 기초로 공무의 공정에 영향을 줄 수 있는 행위를 말한다.[88] 이러한 행위는 공무적인 성격을 가져야 하고 직무와 관련하여 사실상 처리할 수 있는 사무라야 한다. 구체적으로, ① 자기와 동일한 권한을 가지고 있는 공무원에게 권유·청탁하는 행위, ② 직무권한은 다르지만 소관사무에 관해 의견이 사실상 존중되고 결정권자의 판단에 영향을 미칠 수 있는 경우, ③ 기관 구성원 사이에 사실상 권한위임을 받거나 공조하여 사무를 취급하는 경우, ④ 공무원 본래의 직무집행에 대한 준비적 행위의 성격을 가진 경우, ⑤ 조언적 행정지도나 규정적 행정지도를 하는 경우 등이 직무와 밀접한 관계가 있는 행위라 할 수 있다.

【직무관련성으로 수뢰죄를 인정한 판례】 ① 재무부 보험과장이 보험회사의 주식을 인수하게 한 경우(대판, 1984. 7. 24, 83도830), ② 부하직원의 비행을 묵인한 대가로 금원을 받은 경우(대판, 1968. 12. 24, 66도1575), ③ 경락허가결정문의 문안작성에 관여한 주사보가 허가결정에 대해 청탁을 받은 경우(대판, 1985. 2. 8, 84도2625), ④ 경찰공무원이 슬롯머신 영업에 5천만원을 투자하여 매월 3백만원씩 받은 경우(대판, 1995. 6. 30, 94도993), ⑤ 국책사업의 사업자 선정과 관련하여 대통령에게 금품을 공여한 경우(대판, 1997. 4. 17, 96도3377), ⑥ 한국토지개발공사 간부가 수급인에 대하여 하도급업체의 선정을 알선하고 하도급업체로부터 금원을 수수한 경우(대판, 1998. 2. 27, 96도582), ⑦ 음주운전을 단속하는 경찰관이 피단속자로부터 운전면허가 취소되지 않도록 하여달라는 청탁을 받고 금원을 교부받은 경우(대판, 1999. 11. 9, 99도2530), ⑧ 군에서 일차진급 평정권자가 그 평정업무와 관련하여 진급대상자로 하여금 자신의 은행대출금채무에 연대보증하게 한 경우(대판, 2001. 1. 5, 2000도4714), 대통령경제수석비서관이 은행장

86) 대판, 1994. 3. 22, 93도2962; 대판, 2002. 5. 31, 200도670 등.
87) 이재상, 724면; 김일수/서보학, 831면; 임웅, 863면; 손동권, 761면; 김성돈, 714면.
88) 유기천(하), 287면; 이재상, 724면; 김일수/서보학, 831면; 김성돈, 714면.

으로부터 업무전반에 대하여 선처해 달라는 부탁을 받은 경우(대판, 1994. 9. 9, 94도1114), 국회의원이 동료의원에게 일정한 의안에 대한 의사활동을 권유·설득한 경우(대판, 1997. 12. 26, 97도2609), 한국토지개발공사 간부가 수급인에게 하도급업체 선정을 알선하고 금품을 받은 경우(대판, 1998. 2. 27, 96도582) 등에 대해서는 직무에 관한 것이라 하였다.

【직무관련성이 없다고 수뢰죄를 부정한 판례】 ① 교육부 편수국 교육연구관이 업자로부터 검정교과서의 수정·개편을 의뢰 받는 경우(대판, 1979. 5. 22, 78도296), ② 공판참여주사가 양형을 감경하여 달라는 청탁을 받은 경우(대판, 1980. 10. 14, 80도1373)에는 직무행위가 아니라는 이유로, ③ 경찰청 정보과 근무 경찰관이 외국인 산업연수생에 대한 국내관리업체 선정과 관련하여 금원을 받은 경우(대판, 1999. 6. 11, 99도275), ④ 국립대학교 부설연구소 소속연구원인 국립대학교 교수가 국가와 별개의 지위에서 연구소라는 단체의 명의로 체결한 어업피해조사 용역계약상 조사용역업무와 관련하여 금품을 받은 경우(대판, 2002. 5. 31, 2001도670)에는 직무관련성이 없다는 이유로 수뢰죄의 성립을 부인하였다.

(d) 공무원의 전직과 뇌물죄 공무원이 추상적 직무권한을 달리하는 다른 직무로 전직한 후에 전직 전의 직무와 관련하여 뇌물을 수수한 경우에도 직무에 관한 것으로 뇌물죄가 성립하느냐에 대해서는 부정설[89]도 있다. 그러나 전직한 공무원의 과거의 직무와 관련하여 뇌물을 수수한 경우에도 전직 전의 직무에 대한 공정과 이에 대한 사회일반의 신뢰를 침해할 위험성은 충분히 있는 것이므로 긍정함이 타당하다고 본다(통설).[90]

2) 부정한 이익

가) 직무행위와 대가관계 뇌물은 직무에 관한 부정한 보수로서의 이익이므로 직무행위와의 사이에 급부와 반대급부라는 대가적 관계가 있어야 한다.[91] 대가관계는 개개의 직무행위에 대해서 구체적으로 존재할 필요가 없고 그 공무원의 직무에 관한 것이면 특정적이거나 포괄적이거나 묻지 않으나 적어도 뇌물

89) 서일교, 325면.

90) 유기천(하), 316면; 황산덕, 54면; 정영석, 50면; 권문택(7인 공저), 702면; 김종원, 「뇌물죄」, 16면; 이형국, 777면; 이재상, 725면; 김일수/서보학, 832면; 박상기, 644면; 배종대, 826면; 진계호, 731면; 임웅, 863면; 오영근, 906면; 손동권, 761면; 정영일, 753면; 김성돈, 714면. 두 설의 결론은 공무원이 직무상 부정한 행위를 한 후 추상적 직무권한을 달리하는 직무로 전직하고 뇌물을 수수한 경우에 긍정설에서는 가중수뢰죄(제131조 2항)가 성립한다고 하는데 대해서, 부정설에서는 사후수뢰죄(제131조 3항)가 성립한다고 한다.

91) 황산덕, 51면; 서일교, 319면; 김종원, 「뇌물죄」, 18면; 이재상, 726면; 진계호, 731면; 박상기, 644면; 임웅, 858면; 손동권, 763면; 정영일, 753면; 김성돈, 716면. 이에 대하여 반드시 대가관계가 있을 필요가 없고 직무행위에 대하여 불법한 이익을 주는 것으로 족하다는 견해는 권문택(7인 공저), 699면; 이건호, 42면.

과의 대가관계를 인정할 수 있는 정도는 되어야 한다. 판례도 공무원의 직위·직무와 전체적으로 포괄적 대가관계가 있으면 족하다고 한다(포괄적 뇌물개념).[92] 알선수뢰죄에 있어서는 뇌물이 수뢰공무원 자신의 직무행위와 대가관계에 있는 것이 아니라 다른 공무원의 직무에 속한 사항에 대한 알선행위의 대가이다. 이 경우는 공무원이 그의 지위를 이용하여 다른 공무원의 직무에 속한 사항에 관하여 알선하는 행위를 직무행위에 준하는 것으로 보아 이에 대한 대가관계로 이해한 것이다.[93]

뇌물은 직무행위와 대가관계가 있어야 하므로 직무와 관계없는 사적 행위에 대한 보수는 뇌물이 아니다. 따라서 공무원인 의사가 개인적인 치료의 대가로 받은 보수나 공립학교 교사가 개인교수로 받은 보수는 뇌물이 될 수 없다. 직무행위와 대가관계가 있는 보수와 직무 이외의 행위에 대한 보수가 불가분적으로 결합되어 있는 경우에는 전체로서 뇌물성을 인정하여야 한다.

(a) 사교적 의례와 구별 직무에 대한 대가관계가 인정되지 않는 추석·연말의 단순한 사교적 의례로서의 선물은 뇌물이 아니다. 문제는 사교적 의례로서의 선물과 뇌물을 어떻게 구별하느냐에 있다. ① 사교적 의례로서의 선물이라도 직무행위와 대가관계가 인정되는 때에는 뇌물이 된다는 견해와,[94] ② 직무행위와 대가관계가 인정되어도 사회의식상 관습적으로 승인되고 있는 경조부조금·전별금·환송연이나 계절적인 문안·인사 등을 위한 증답품(贈答品) 정도를 초과하지 않는 것은 뇌물이 아니라는 견해가[95] 대립한다. 판례는 사교적 의례에 속하는 것도 직무행위와 대가관계가 인정되거나[96] 관습상 승인되는 정도를 초

92) "뇌물죄는 … 공무원의 직무와 금원의 수수가 전체적으로 대가관계에 있으면 뇌물수수죄가 성립하고, 특별히 청탁의 유무, 개개의 직무행위의 대가적 관계를 고려할 필요가 없으며, 또한 그 직무행위가 특정된 것일 필요도 없다 할 것이고, … 국회의원이 그 직무권한의 행사로서의 의정활동과 전체적·포괄적으로 대가관계가 있는 금원을 교부받았다면 그 금원의 수수가 어느 직무행위와 대가관계에 있는 것인지 특정할 수 없다고 하더라도 이는 국회의원의 직무에 관련된 것으로 보아야 하고 …"(대판, 1997. 12. 26, 97도2609).

93) 김종원, 「뇌물죄」, 18면 주 6; 內藤, 「賄賂」 刑法講座(5), 101면.

94) 황산덕, 54면; 정영석, 48면; 서일교, 320면; 김종원, 「뇌물죄」, 186면; 박상기, 644면; 백형구, 655면; 진계호, 734면; 손동권, 763면. 다만 사교적 의례의 범위 내에서 행해진 것이라면 '사회상규에 위배되지 아니하는 행위'(제20조)로서 위법성이 조각된다는 견해는 임웅, 859면 이하; 김성천/김형준, 964면; 오영근, 913면; 정영일, 757면; 김성돈, 717면.

95) 유기천(하), 309면; 권문택(7인 공저), 700면; 정성근, 903면; 이재상, 726면; 김일수/서보학, 834면; 이정원, 755면.

96) 대판, 1996. 6. 5, 96도865.

과한 다액의 금품이나 향응은 뇌물이라 하고 있다.[97]

【판례】 공무원의 직무와 관련하여 금품을 수수하였다면 그 수수한 금품은 뇌물이 되는 것이고, 그것이 사교적 의례의 형식을 사용하고 있다 하여도 직무행위의 대가로서의 의미를 가질 때에는 뇌물이 된다(대판, 1999. 1. 29, 98도3584)고 하고 다만, 특별한 사정이 있는 경우, 예컨대 사회상규에 비추어 볼 때 의례상의 대가에 불과하거나 개인적인 친분관계가 있어서 교분상의 필요에 의한 것이라고 명백하게 인정할 수 있는 경우에는 뇌물성을 부정한다(대판, 2001. 10. 12, 2001도3579).

직무행위와 대가관계가 인정되지 않으면 뇌물이 될 수 없으므로 양자의 구별은 대가관계의 유무가 전제되지 않을 수 없다. ① 직무행위에 대한 대가관계와 직무상의 생활관계에 기인한 경우를 구별하여야 한다. 후자는 상사·동료·우인(友人)에 대한 관계와 같은 것으로 직무생활에 관련된 것이지만 직무행위에 대한 관계가 있는 것은 아니다.

그리고 ② 직무행위에 대한 대가관계를 인정하기 위해서는 직무행위에 대한 반대급부라는 것을 양당사자가 의식하고 있어야 한다. 사제간의 선물·기념품의 증정은 증여자에게 반대급부의 의식 없이 교사의 인격에 대한 경모의 뜻으로 한 것이면 뇌물이 아니다. 그러나 ③ 대가관계의 성질이 있다고 하여도 물건의 성질·금액이 사회상식으로 보아 관습적으로 승인되는 정도이고 직무의 공정과 이에 대한 사회일반의 신뢰를 해할 정도에 이르지 않을 경우에는 뇌물성이 없다고 본다. 정치자금, 선거자금, 성금 등의 금품수수의 경우에도 그것이 정치인인 공무원의 직무행위에 대한 대가로서의 실체를 가지는 한 뇌물이 된다.[98]

(b) 이익의 부정성　뇌물은 직무행위에 대한 부정한 지급이나 직무행위로 인한 위법·부당한 개인적 이익이라야 한다. 따라서 법령에 근거한 봉급·수당·상여금·수수료와 공동생활의 사회윤리적 질서 내에서 인정될 수 있는 정당한 대가는 뇌물이 될 수 없다. 직무행위와 대가관계가 있는 부정한 이익이면 고아원·양로원·사회공공기관에 기부하도록 하는 것도 뇌물이 될 수 있다.[99]

---

97) 대판, 1979. 5. 22, 79도303. 또 8만원의 향응도 증뢰자와의 관계, 향응동기와 경위, 향응 이외에 수차례 금품수수의 사정을 고려하여 뇌물이 된다는 판례는 대판, 1996. 12. 6, 96도144.
98) 대판, 1997. 4. 17, 96도3377; 대판, 1997. 4. 17, 96도3378.
99) 대판, 1996. 6. 14, 96도865.

나) 뇌물의 내용이 될 수 있는 이익　뇌물의 내용인 "이익"이란 금전, 물품 기타의 재산적 이익뿐만 아니라 사람의 수요 욕망을 충족시키기에 족한 일체의 유형·무형의 이익을 말한다.[100] 여기의 이익에 대해서 금전으로 환산가능한 것이라 하거나[101] 경제적·법적·인격적으로 유리한 지위를 주는 것이라는[102] 견해도 있으나 제한적으로 해석할 필요가 없다. 다만 비재산적 이익인 때에는 객관적으로 측정할 수 있는 것이라야 한다.[103] 따라서 명예욕·허영심을 만족시키는 비재산적 이익은 객관적으로 측정이 불가능하고 몰수·추징도 할 수 없으므로 뇌물이 될 수 없다.[104]

그리하여 동산·부동산·채권·무체재산권은 물론, 금전소비대차계약에 의한 금융이익,[105] 은행대출 편의, 채무변제, 담보제공, 무임승차 허용, 사례금[106] 및 차용금 명목의 금원[107]이나 자동차[108] 증여 등의 금품, 시가앙등이 예상되는 주식을 액면가로 매수하게 하거나[109] 투기사업에 참여할 기회 제공,[110] 조합아파트 가입권에 붙은 프리미엄,[111] 이성간의 정교(情交),[112] 향응 제공,[113] 취직알선, 예기(藝妓)의 연예, 해외여행, 골프회원권, 공사직무 기타의 유리한 지위, 복직, 장물[114] 등은 모두 뇌물이 될 수 있다.

뇌물의 내용인 이익은 약속 또는 제공 당시에 현존하거나 확정적 또는 영속

---

100) 대판, 2001. 9. 18, 2000도5438; 대판2002. 5. 10, 2002도2251.
101) 유기천(하), 308면.
102) 이재상, 726면; 배종대, 826면; 임웅, 860면; 정영일, 757면.
103) 유기천(하), 290면; 이재상, 727면; 이정원, 756면; 임웅, 860면; 손동권, 764면; 김성돈, 717면; Sch/Sch/ Cramer, StGB. §331 Rdn. 22; Jescheck, LK. §331 Rdn. 9; Welzel, StR. S. 539.
104) 이 경우도 뇌물이 된다는 견해는 진계호, 736면; 오영근, 911면.
105) 대판, 1977. 9. 28, 76도2607.
106) 대판, 1987. 12. 8, 87도2088.
107) 대판, 1977. 6. 7, 76도3662; 대판, 1968. 9. 6, 68도998.
108) 대판, 1961. 4. 15, 4290형상201; 대판, 2006. 4. 27, 2006도735(자동차를 뇌물로 제공한 경우 자동차등록원부에 뇌물수수자가 그 소유자로 등록되지 않았다고 하더라도 자동차의 사실상 소유자로서 자동차에 대한 실질적인 사용 및 처분권한이 있다면 자동차 자체를 뇌물로 취득한 것으로 보아야 한다며, 승용차에 대한 실질적 처분권한이 있다고 할 수 없는 리스차량을 뇌물로 보지 않은 사례).
109) 대판, 1979. 10. 10, 78도1793.
110) 대판, 1995. 9. 5, 95도1269; 대판, 2002. 5. 10, 2000도2251.
111) 대판, 1992. 12. 11, 92도1762.
112) 日最判, 昭 36. 1. 13, 刑集 15. 1, 113면.
113) 대판, 1967. 10. 31, 67도1123; 대판, 1963. 2. 7, 62도260.
114) 日最判, 昭 23. 3. 16, 刑集 2. 3, 232면.

적일 필요가 없으며, 장차 예상할 수 있거나 조건부 이익이라도 무방하다. 따라서 향후 전원주택지로 개발이 되면 가격이 많이 상승할 것으로 기대되는 토지와 교환하는 것도 이에 해당한다.[115)]

【판례】 뇌물약속죄에 있어서 뇌물의 목적물인 이익은 약속 당시에 현존할 필요는 없고 약속 당시에 예기할 수 있는 것이라도 무방하며, 뇌물의 목적물이 이익인 경우에는 그 가액이 확정되어 있지 않아도 뇌물약속죄가 성립하는 데는 영향이 없다(대판, 2001. 9. 18, 2000도5438).

(6) 뇌물의 몰수 · 추징

1) 필요적 몰수 · 추징　　범인 또는 정을 아는 제3자가 받은 뇌물 또는 뇌물에 공할 금품은 몰수한다. 몰수하기 불능한 때에는 그 가액을 추징한다(제134조). 뇌물의 추징은 필요적이며 재량이 인정되지 않는다. 따라서 형법 제48조에 대한 특칙을 규정한 것이라고 할 수 있다. 몰수와 추징의 대상은 수수한 뇌물에 한하지 않고, 제공되었으나 수수되지 않은 뇌물과 제공이 약속된 뇌물까지도 포함한다. 그러나 뇌물을 요구만 한 경우에는 몰수할 수 없다고 본다.[116)] 판례도 같은 취지이다.[117)]

그리고 공무원범죄에관한몰수특례법은 수뢰행위로 얻은 불법수익뿐만 아니라 불법수익에서 유래한 재산(수익과실 · 대가로 얻은 재산 · 수익의 변형 · 증식으로 형성된 재산)까지 몰수 · 추징하고, 몰수 · 추징을 피하기 위한 재산도피행위를 사전에 차단하기 위하여 기소전, 기소후 검사가 법원에 보전절차를 신청할 수 있도록 하였다.

"몰수하기 불능한 때"란 향응으로 소비한 술과 음식, 예기(藝妓)의 연예, 수수한 후 소비 · 멸실 및 정을 알지 못하는 제3자의 소유로 이전하는 등 성질상 몰수가 불가능한 경우를 포함한다. 뇌물에 대해서 필요적 몰수 · 추징을 하는 취지는 뇌물죄와 관련된 부정한 이익을 보유하지 못하게 하는 데에 있다.

2) 몰수 · 추징의 상대방　　누구로부터 뇌물을 몰수 · 추징해야 할 것이냐에 대해서는 아무런 규정이 없으나 필요적 몰수를 규정한 취지로 보아 뇌물을 현

115) 대판, 2001. 8. 18, 2000도5438.
116) 이건호, 60면; 권문택(7인 공저), 710면; 정성근, 905면; 진계호, 740면; 배종대, 840면; 김성돈, 721면.
117) 대판 1996,. 5. 8, 96도221.

재 보유하고 있는 자로부터 몰수·추징해야 한다. 따라서 뇌물이 수뢰자에게 있는 때에는 수뢰자로부터, 증뢰자에게 있는 때에는 증뢰자로부터 몰수·추징해야 한다. 수뢰자가 뇌물을 그대로 보관하였다가 증뢰자에게 반환한 때에는 증뢰자로부터 몰수·추징해야 한다.[118] 그러나 수뢰자가 수수한 뇌물을 소비하고 같은 금액을 증뢰자에게 반환하였거나,[119] 수수한 수표를 소비하고 그 금액을 증뢰자에게 반환한 경우에는[120] 뇌물 그 자체를 반환한 것은 아니므로 이를 몰수할 수 없고, 수뢰자로부터 추징해야 한다.[121]

수뢰자가 수수한 뇌물을 다시 타인에게 뇌물로 공여(供與)한 경우에 대해서는 제1수뢰자로부터 금액을 추징해야 한다는 견해와[122] 제1수뢰자에게 반환과 추징이라는 이중의 가혹성을 요구할 필요가 없다는 이유로 제2수뢰자로부터 추징하고 제1수뢰자로부터는 잔액만 추징해야 한다는 견해가[123] 대립한다. 수수한 금액을 다른 사람에게 다시 뇌물로 공여한 것은 수뢰받은 금액을 소비하는 방법에 불과하므로 전설이 타당하다고 본다. 판례도 같은 취지이다.[124]

또한 공무원이 뇌물을 받음에 있어서 그 취득을 위하여 상대방에게 경제적 이익이나 비용을 제공하였더라도 이를 공제하지 않고 그 받은 뇌물 자체를 몰수하여야 한다.[125] 수수한 수표를 은행에 예금하였다가 그 액면 상당액을 증뢰자에게 반환한 경우에도 뇌물 자체가 증뢰자에게 귀속된 것이 아니므로 수뢰자로부터 추징해야 한다.[126] 공무원이 증뢰자와 함께 향응을 한 경우 피고인의 접대에 사용한 비용을 수뢰액으로 하여 추징한다.

【판례】 피고인이 증뢰자와 함께 향응을 하고 증뢰자가 이에 소요되는 금원

118) 대판, 1968. 8. 30, 68도984; 대판, 1978. 2. 28, 77도4057; 대판, 1984. 2. 28, 83도2783.

119) 대판, 1983. 12. 27, 83도1313; 대판, 1986. 10. 14, 86도1189.

120) 대판, 1984. 2. 14, 83도2871; 대판, 1999. 1. 29, 98도3584.

121) 판례는 수수한 돈을 은행에 예치한 후에 같은 액수의 돈을 반환한 때에도 수뢰자로부터 추징해야 한다고 하고 있다. 대판, 1970. 4. 14, 69도2461; 대판, 1985. 9. 10, 85도1350.

122) 서일교, 322면; 이재상, 731면; 배종대, 841면; 진계호, 741면; 임웅, 867면; 오영근, 923면; 손동권, 768면; 김성돈, 722면.

123) 유기천(하), 301면; 황산덕, 52면; 남흥우, 356면.

124) 대판, 1968. 11. 25, 86도1951: "피고인들이 뇌물로 받은 돈을 그 후 다른 사람에게 다시 뇌물로 공여하였다 하더라도 그 뇌물의 주체는 어디까지나 피고인들이고 그 수뢰한 돈을 다른 사람에게 공여한 것은 수뢰한 돈을 소비하는 방법에 지나지 아니하므로 피고인들로부터 그 수뢰액 전부를 추징하여야 한다."

125) 대판, 1999. 10. 8, 99도1638.

126) 대판, 1995. 9. 10, 85도1350.

을 지출한 경우 이에 관한 피고인의 수뢰액을 인정함에 있어서는 먼저 피고인의 접대에 요한 비용과 증뢰자가 소비한 비용을 가려내어 전자의 수액을 가지고 피고인의 수뢰액으로 하여야 하고 만일 각자에 요한 비용액이 불명일 때에는 이를 평등하게 분할한 액을 가지고 피고인의 수뢰액으로 인정하여야 할 것이고, 피고인이 향응을 제공받는 자리에 피고인 스스로 제3자를 초대하여 함께 접대를 받은 경우에는, 그 제3자가 피고인과는 별도의 지위에서 접대를 받는 공무원이라는 등의 특별한 사정이 없는 한 그 제3자의 접대에 요한 비용도 피고인의 접대에 요한 비용에 포함시켜 피고인의 수뢰액으로 보아야 한다(대판, 2001. 10. 12, 99도5294).

3) 몰수・추징의 방법 수인이[127] 공동하여 뇌물을 수수한 경우에는 각자가 분배받는 금품을 몰수하거나 그 가액을 추징하여야 하며, 수수한 뇌물을 공동으로 소비하였거나 분배액이 불명한 경우에는 평등하게 추징하여야 한다.[128] 추징은 뇌물의 전부 또는 일부를 몰수할 수 없을 때에 하게 되며, 성질상 처음부터 몰수가 불가능하였거나, 수수 후에 불가능하게 되었거나(예: 다른 물건과 混同) 그 이유는 묻지 않는다. 그러나 정교(情交)와 같이 가액을 금전적으로 환산할 수 없는 때에는 추징할 수 없다고 본다.

【판례】 형법 제134조는 뇌물에 공할 금품을 필요적으로 몰수하고 이를 몰수하기 불가능한 때에는 그 가액을 추징하도록 규정하고 있는 바, 몰수는 특정된 물건에 대한 것이고 추징은 본래 몰수할 수 있었음을 전제로 하는 것임에 비추어 뇌물에 공할 금품이 특정되지 않았던 것은 몰수할 수 없고 그 가액을 추징할 수도 없다(대판, 1996. 5. 8, 96도221).

4) 추징가액산정 뇌물의 추징가액을 산정하는 기준에 대해서는 뇌물수수시의 가액을 기준으로 해야 한다는 견해와,[129] 몰수할 수 없게 된 사유가 발생한 때가 기준이 된다는 견해가[130] 대립한다. 추징은 손해배상이 아니라 몰수에 대신하는 것이며, 몰수는 부정한 이익을 범인에게 귀속시키지 아니하기 위한 것이므로 후설이 타당하다. 그리고 추징은 뇌물의 가액이 아니라 실제로 소비한 액수에 대해서 하여야 한다.

---

127) 대판, 1993. 10. 12, 93도2056.
128) 대판, 1970. 1. 27, 69도2225; 대판, 1975. 4. 22, 73도1963.
129) 이건호, 60면 이하; 황산덕, 53면; 권문택(7인 공저), 70면.
130) 서일교, 321면; 유기천(하), 301면; 정영석, 50면; 이형국, 786면; 이재상, 732면; 박상기, 647면; 배종대, 842면; 진계호, 742면; 백형구, 656면; 임웅, 868면; 오영근, 924면; 정영일, 781면; 손동권, 769면.

【판례】 수뢰자와 증뢰자가 함께 향응한 비용을 증뢰자가 지출한 경우, 수뢰자의 접대비용과 증뢰자의 소비비용을 가려내어 전자의 비용만 증뢰액이 되며, 각자의 비용액이 불명일 때에는 평등분할액이 증뢰액이 된다. 또 수뢰자가 향응을 받는 자리에 제3자도 초대하여 함께 접대받은 경우에는 제3자가 수뢰자와 별도의 지위에서 접대받는 공무원이 아닌 한 제3자 접대비용도 수뢰자의 향응비용에 포함된 증뢰액이 된다(대판, 2004. 12. 9. 2004도5371).

2. 단순수뢰죄

【구성요건 · 법정형】 공무원 또는 중재인이 그 직무에 관하여 뇌물을 수수, 요구 또는 약속한 때에는 5년 이하의 징역 또는 10년 이하의 자격정지에 처한다(제129조 1항). 범인 또는 정을 아는 제3자가 받은 뇌물 또는 뇌물에 공할 금품은 몰수한다. 그를 몰수하기 불능한 때에는 그 가액을 추징한다(제134조).

(1) 의 의

이 죄는 공무원 또는 중재인이 그 직무에 관하여 뇌물을 수수 · 요구 · 약속함으로써 성립하는 범죄이다. 수뢰죄의 기본형이다. 이 죄는 뇌물수수 후 부정한 행위를 할 것을 요건으로 하지 않는다. 뇌물을 받고 부정한 행위를 한 경우에는 이 죄가 아니라 수뢰후부정처사죄(제131조 1항)가 성립한다. 추상적 위험범, 진정신분범, 진정직무범죄이며 의무범의 성격을 가진다.

(2) 구성요건요소

1) 주 체 　주체는 공무원 또는 중재인이다.

(a) 공무원 　법령에 의하여 공무(국가 또는 지방자치단체의 사무)에 종사하는 직원을 말하고 일반직 · 특정직 · 기능직의 모든 공무원과 특수경력직공무원(정무직[131] · 별정직 · 전문직의 공무원) 및 다른 법령에 의하여 공무원의 신분이 부여된 자도 포함한다.[132] 다만 특수경력직공무원 중에서 단순히 노무에만 종사하는 고용직공무원(국가공무원법 제2조 3항 4호)은 여기의 공무원에서 제외된다. 현재 공무원의 지위에 있는 자만이 이 죄의 주체가 되며, 앞으로 공무원이 될 자는 사전수뢰죄(제129조 2항)의 주체가 될 뿐이다. 또 공무원의 지위가 상실된 이후에 뇌물을 수수한 자는 사후수뢰죄(제131조 3항)의 주체가 되는 것은 별론으로 하고 이

131) 이에 따라 지방의회의원도 여기의 공무원에 해당한다(대판, 1997. 3. 11, 96도1258).
132) 대판, 1978. 4. 25, 77도3709.

죄의 주체는 될 수 없다. 그러나 '특정범죄가중처벌등에관한법률'이 적용될 경우에는 정부관리기업체의 간부직원도 공무원으로 본다(동법 제4조).[133]

【판례】 농어촌진흥공사 직원(대판, 1998. 4. 28, 96도2828), 구청장 자문기구인 시·구 도시계획위원회 위원(대판, 1997. 6. 13, 96도1703), 지방의회 의원(대판, 1997. 3. 11, 96도1258), 한국전기통신공사의 과장 직위는 없지만 과장과 동급의 직급에 있는 자(대판, 1992. 8. 14, 91도3191)는 뇌물죄의 주체가 된다. 또 한국전력공사 등의 임원과 과장대리급 이상의 직원은 공무원으로 의제(특가법 시행령 제3조 1호)되는데, 직급이 과장 대리급 이상임을 요하고 일반직원급이 과장대리의 일을 맡고 있어도 뇌물죄 주체가 될 수 없다(대판, 1993. 12. 28, 93도2164).

(b) 중재인 법령에 의하여 중재의 직무를 담당하는 자 중 공무원 아닌 자를 말하고 단순한 사적인 조정자는 여기의 중재인이 아니다. 노동조합및노동관계조정법에 의한 중재위원(동법 제64조), 중재법에 의한 중재인(동법 제11조 이하)이 법령에 의한 중재인이다. 상법상의 회사의 발기인·이사·감사와 파산법상의 파산관재인·감사위원의 수뢰행위를 처벌하고 있으나, 이들은 공무원이나 중재인이 아니므로 이 죄의 주체가 될 수 없다. 현재 중재인의 지위에 있는 자만 이 죄의 주체가 된다.

2) 객 체 객체는 직무행위와 대가관계에 있는 뇌물이다. 이에 관해서는 전술한 뇌물 참조.

3) 행 위 행위는 뇌물을 수수·요구 또는 약속하는 것이다. 직무에 관하여 뇌물을 수수·요구 또는 약속하면 성립하며, 공무원이 청탁을 받았거나 받지 않았거나 관계없다(구형법은 청탁유무로 형의 경중을 두었으나 현행법은 구별하지 않는다), 수수·요구·약속하는 행위는 증뢰죄에 있어서의 공여·공여의 의사표시·약속에 각각 대립되는 개념이며, 수수와 공여 및 약속 상호간에는 필요적 공범관계에 있다.

(a) 수 수 "수수"란 뇌물을 취득하는 것을 말한다. 사실상의 처분권 획득이나 사실상의 이익향수를 포함한다. 공무원이 실질적인 경영자로 있는 회사가 청탁명목의 금원을 회사명의의 예금계좌로 송금받는 경우도 뇌물수수가 된다.[134] 수수의 동기나 수수한 뇌물의 용도 여하는[135] 불문한다. 수수의 장소가

133) 대법원은 지방공사와 지방공단의 임원 및 직원을 형법 제129조 내지 제132조의 적용에 있어서 공무원으로 본다고 규정한 지방공기업법 제83조를 합헌이라 한다(대판, 2001. 1. 19, 99도5753).

비밀장소일 필요도 없다.136) 유형의 재물인 경우에는 점유취득에 의해서, 무형의 이익인 경우에는 현실적으로 향수함으로써 수수가 인정되며 이로써 이 죄는 기수가 된다. 일부 학설과137) 판례는138) 수수가 있다고 하기 위해서는 영득의 의사가 있어야 한다고 한다. 이에 따르면 반환할 의사로 일시 받아둔 것이라면 수수가 있다고 할 수 없지만139) 일단 영득의사로 수수한 것이라면 후일에 반환하였다 하더라도 수수죄는 성립한다는 것이다. 그러나 뇌물수수에 영득의사가 필요하다는 주장은 직무범죄인 뇌물죄와 재산죄인 영득죄를 혼동한 것이고,140) 영득죄에서와 같이 영득의 의사는 뇌물죄의 고의에 포함된 것이라 해야 한다.141) 수수는 직무집행전 또는 후에 있었는가도 묻지 않는다. 직무집행 후에 수수한 경우에는 집행전에 이에 대한 약속이 있었을 필요도 없다. 수수시에 상관의 승낙이 있어도 이 죄는 성립한다.142) 동일인에 대하여 순차로 요구·약속·수수한 때에도 포괄하여 한 개의 수수죄만 성립한다.

(b) 요 구 "요구"란 취득의사로 상대방에게 뇌물공여를 청구하는 것이다. 뇌물제공의 약속을 청구하는 것도 포함한다. 일방적 행위로써 충분하며 상대방이 이에 응하였는가는 문제되지 않는다. 요구가 있으면 족하며 현실로 교부가 있을 필요는 없다. 따라서 요구가 있으면 이로써 기수가 되며, 요구하여 수수한 때에는 포괄하여 한 개의 수수죄만 성립한다.

(c) 약 속 "약속"이란 두 당사자 사이에 뇌물의 수수를 합의하는 것을 말한다. 후일에 이익의 수수가 약속되면 충분하고, 반드시 약속 당시에 그 이익이 현존할 필요는 없으며, 후일의 수수를 예상할 수 있으면 족하다.143) 가액이 확

---

134) 대판, 2004. 3. 26, 2003도8077.

135) 대판, 1984. 2. 14, 83도3218: "수수한 금품의 용도는 그것을 개인의 용도에 사용하였건 부대의 행정에 소요되는 비용에 충당하였건 수뢰죄의 성립에 영향이 없다." 같은 취지: 대판, 1985. 5. 14, 83도2050.

136) 대판, 1996. 6. 14, 96도865: "뇌물죄에 있어서 금품을 수수한 장소가 공개된 장소이고, 금품을 수수한 공무원이 이를 부하 직원들을 위하여 소비하였을 뿐 자신의 사리를 취한 바 없다 하더라도 그 뇌물성이 부인되지 않는다."

137) 이재상, 728면; 배종대, 830면; 진계호, 738면; 임웅, 863면; 백형구, 658면; 오영근, 918면; 손동권, 764면; 김성돈, 719면.

138) 대판, 1979. 6. 12, 78도2125; 대판, 1982. 11. 23, 82도1431; 대판, 1983. 3. 22, 83도113.

139) 대판, 1979. 7. 10, 79도1314; 대판, 1985. 1. 22, 84도2082.

140) 김일수/서보학, 842면.

141) 대판, 1982. 11. 23, 82도1431; 대판, 1985. 5. 14, 2050; 대판, 1986. 12. 23, 86도2021; 대판, 1987. 4. 14, 86도2075; 대판, 1987. 9. 22, 87도1472.

142) 대판, 1955. 10. 18, 4288형상235.

정되었을 필요도 없으며,[144] 이익이 금액인 경우에는 그 금액과 이행기가 확정되어 있지 않아도 무방하다. 일단 약속이 이루어진 이상 후에 약속을 이행하지 않거나 해제하는 의사표시가 있어도 약속죄는 성립한다.

4) 주관적 요소 주관적 구성요건요소로서 고의가 있어야 한다. 이 죄의 고의는 직무에 관하여 부정한 이익을 수수·요구·약속한다는 사실에 대한 인식·의사이다. 따라서 목적물이 뇌물이라는 것과 그것이 직무의 대가라는 것은 인식하고 있어야 한다. 뇌물을 받은 대가로서 직무집행을 할 의사는 필요없다. 미필적 고의로서 족하다.[145] 판례에 의하면 자기도 모르는 사이에 놓고 간 돈뭉치를 발견하고 반환한 경우와,[146] 택시를 타고 떠나려는데 돈뭉치를 던져 놓고 가버린 경우에는[147] 뇌물수수의 고의를 부정하고 있다. 정당한 보수로 오신한 때에는 이 죄가 성립하지 않는다. 영득의 의사는 별도로 요하지 않는다.

(3) 공 범

이 죄는 진정신분범이므로 수뢰행위에 가공한 비신분자도 제33조 본문의 적용을 받아 이 죄의 공동정범·교사범·방조범이 될 수 있다. 그러나 수뢰자와 증뢰자 사이에는 필요적 공범관계에 있으므로 제33조는 적용할 수 없다.

(4) 죄수·타죄와의 관계

1) 죄 수 뇌물을 요구 또는 약속한 후 이를 수수한 때에는 포괄하여 한 개의 수수죄가 성립한다. 같은 사람으로부터 동일한 이유로 계속하여 수회의 뇌물을 받은 경우에는 수뢰의 포괄일죄가 된다.[148] 그러나 수개의 수뢰행위가 각각 다른 직무행위에 대한 대가인 경우에는 경합범이 된다.[149]

【판례】 단일하고도 계속된 범의 아래 동종의 범행을 일정기간 반복하여 행하고 그 피해법익도 동일한 경우에는 각 범행을 통틀어 포괄일죄로 볼 것이고, 수뢰죄에 있어서 단일하고도 계속된 범의 아래 동종의 범행을 일정기간 반복

143) 대판, 1981. 8. 20, 81도698.
144) 대판, 1981. 8. 20, 81도698; 대판, 2001. 9. 18, 2000도5438.
145) 대판, 1984. 4. 10, 83도1499 : "수표를 일단 자신의 은행계좌에 입금시켰다가 그 뒤 동료직원들에게 증뢰자에 대하여 탐문해 본 결과 그가 믿을 만한 사람이 못된다고 하므로 후환을 염려하여 반환한 것이라 뇌물수수의 고의가 있었다고 할 것이다."
146) 대판, 1978. 1. 31, 77도3755.
147) 대판, 1979. 7. 10, 79도1124.
148) 대판, 1985. 9. 24, 85도1502; 대판, 1982. 10. 26, 81도1409; 대판, 1978. 12. 13, 78도2545.
149) 대판, 1985. 7. 9, 85도720.

하여 행하고 그 피해법익도 동일한 것이라면 돈을 받은 일자가 상당한 기간에 걸쳐있고, 돈을 받은 일자 사이에 기간이 끼어 있다 하더라도 각 범행을 통틀어 포괄일죄로 볼 것이다(대판, 2000. 1. 21, 99도4940).

2) 타죄와의 관계

공무원이 공여자를 기망하여 뇌물을 수수한 경우에도 수뢰죄는 성립하며,[150] 사기죄와 상상적 경합이 된다.[151] 수뢰 후의 부정행위가 배임죄에도 해당하는 경우에는 이 죄와 배임죄의 경합범이 된다.

3. 사전수뢰죄

【구성요건 · 법정형】 공무원 또는 중재인이 될 자가 그 담당할 직무에 관하여 청탁을 받고 뇌물을 수수 · 요구 또는 약속한 후 공무원 또는 중재인이 된 때에는 3년 이하의 징역 또는 7년 이하의 자격정지에 처한다(제129조 2항). 뇌물 또는 뇌물에 공할 금품은 몰수 또는 추징한다(제134조).

(1) 의의 · 성격

공무원 또는 중재인이 될 자가 그 담당할 직무에 관하여 청탁을 받고 뇌물을 수수 · 요구 또는 약속하는 행위를 처벌하기 위한 범죄이다. 취직 전의 비공무원이 청탁을 받고 뇌물을 수수하는 경우에도 앞으로 담당할 공무의 공정과 그 신뢰를 해할 위험성이 있으므로 감경적 구성요건으로 처벌하기로 한 것이다. 다만 이 죄는 공무원 · 중재인이 될 것을 조건으로 처벌하므로 객관적 가벌요건이 요구되는 범죄이고 의무범은 아니다.

(2) 구성요건요소

1) 주 체 주체는 공무원 또는 중재인이 될 자이다. 현재 공무원 · 중재인은 아니나 앞으로 예정되어 있는 자를 말하고, 반드시 공무원 · 중재인이 될 것이 확실할 필요는 없다. 예컨대 공선에 의한 의원에 입후보하고 있는 자, 채용시험에 합격하여 발령을 대기하고 있는 자가 이에 해당한다. 현재 공무원 또는 중재인의 지위에 있는 자는 포함하지 않는다.

2) 객 체 객체는 직무행위와 대가관계에 있는 뇌물이다.

---

150) 대판, 1985. 2. 8, 84도2625.
151) 대판, 1977. 6. 7, 77도1069.

3) 행 위　행위는 앞으로 담당할 것으로 예정되어 있는 직무에 관하여 청탁을 받고 뇌물을 수수·요구 또는 약속하는 것이다.

(a) 담당할 직무　장래 공무원 또는 중재인이 되었을 때에 담당할 것으로 예정되어 있는 직무를 말한다. 직무에 "관하여"란 그 직무행위나 이와 밀접한 관계가 있는 행위와 뇌물 사이에 대가관계가 인정되는 것을 말한다.

(b) 청 탁　"청탁"이란 장래 직무와 관련된 일정한 행위를 하여 줄 것을 의뢰하는 것을 말한다. 반드시 부정한 직무행위에 대한 청탁일 필요는 없다. 청탁을 "받고"라 함은 그러한 의뢰에 응할 것을 약속하는 것을 말한다. 청탁과 약속은 명시적임을 요하지 않는다. 청탁 받은 직무행위는 특정될 필요는 없으나 어느 정도 구체성이 있어야 하며 작위·부작위를 묻지 않는다. "청탁을 받고"는 이 죄의 행위상황이다.

(c) 수수·요구·약속　단순수뢰죄 설명 참조.

【판례】 형법 제129조 2항의 사전수뢰는 단순수뢰의 경우와는 달리 청탁을 받을 것을 요건으로 하고 있는 바, 여기에서 청탁이라 함은 공무원에 대하여 일정한 직무행위를 할 것을 의뢰하는 것을 말하는 것으로서 그 직무행위가 부정한 것인가 하는 점은 묻지 않으며 그 청탁이 반드시 명시적이어야 하는 것도 아니라고 할 것이다(대판, 1999. 7. 23, 99도1911).

4) 가벌요건　이 죄는 행위자가 공무원 또는 중재인으로 된 때에 처벌된다. 즉, "공무원 또는 중재인이 된 때"는 객관적 가벌요건이다(통설).[152] 이에 대해서 공무원 또는 중재인이 된 때를 객관적 구성요건요소로 보아야 한다는 견해도 있다. 그 이유로, ① 공무원 또는 중재인이 된 때가 객관적 구성요건요소로 규정되어 있으므로 이에 대한 주관적 구성요건요소로서 인식이 필요하며,[153] ② 사전수뢰죄에 대한 증뢰죄도 상대방이 공무원·중재인이 된 경우에 비로소 성립한다는 이론구성이 용이하다는[154] 점을 들고 있다.

그러나 ① 이 죄의 주관적 구성요건요소인 고의는 공무원 또는 중재인이 될 자라는 인식과 직무에 관한 부정한 이익이라는 인식·의사가 있으면 충분하고,

152) 정영석, 52면; 서일교, 325면; 권문택(7인 공저), 703면; 이형국, 787면; 이재상, 733면; 김일수/서보학, 848면; 박상기, 651면; 진계호, 744면; 이정원, 760면; 임웅, 869면; 손동권, 770면; 배종대, 832면; 오영근, 926면; 정영일, 763면; 김성돈, 723면.

153) 유기천(하), 294면.

154) 團藤, 124면.

공무원 또는 중재인이 되었다는 인식까지 요하지 않으며, ② 이 죄와 필요적 공범관계에 있는 증뢰죄도 수뢰행위가 가벌적인 때에 성립한다고 할 수 있고, ③ 이 경우의 구성요건요소라는 의미도 명백하지 않으므로 객관적 가벌요건이라고 하는 통설이 타당하다. 따라서 이 죄는 공무원 또는 중재인이 될 자가 뇌물을 수수·요구 또는 약속하는 것으로 성립하여(추상적 위험범), 공무원 또는 중재인이 되었을 때에 처벌된다.

4. 제3자 뇌물제공죄

> **【구성요건·법정형】** 공무원 또는 중재인이 그 직무에 관하여 부정한 청탁을 받고 제3자에게 뇌물을 공여하거나 공여를 요구 또는 약속한 때에는 5년 이하의 징역 또는 10년 이하의 자격정지에 처한다(제130조). 뇌물 또는 뇌물에 공할 금품은 몰수 또는 추징한다(제134조).

(1) 의의·성격

공무원 또는 중재인이 그 직무에 관하여 부정한 청탁을 받았으나 직접 뇌물을 수수하는 것이 아니라 제3자로 하여금 뇌물을 받게 하는 행위를 수뢰죄의 일종으로 처벌하는 범죄이다.

이 죄의 성격에 대해서는, ① 뇌물을 받는 수익의 주체가 공무원·중재인이 아니라 제3자이므로 실질적으로 간접수뢰를 규정한 것으로 보는 견해와,[155] ② 간접수뢰와 구별되는 수뢰죄의 일종으로 보는 견해가[156] 대립한다. 후설의 근거는 공무원·중재인과 제3자 사이에 반드시 이해관계가 있을 것을 요하지 아니하므로 제3자에 대한 뇌물공여가 공무원·중재인에게 간접적인 이익이 된다고 할 수 없다는 데에 있다.

간접수뢰가 되기 위해서는 제3자에 대한 뇌물공여가 공무원에게 간접적으로 이익이 되어야 한다.[157] ① 공무원이 자기의 직무와 관련하여 부정한 청탁까지 받아 가면서 제3자로 하여금 뇌물을 받게 하는 경우에 양자 사이에 이해관계가

155) 정영석, 52면; 황산덕, 57면; 권문택(7인 공저), 703면; 정성근, 914면; 김일수/서보학, 849면; 임웅, 870면; 진계호, 745면; 백형구, 661면.

156) 유기천(하), 295면; 이재상, 734면; 배종대, 833면; 김성천/김형준, 976면; 오영근, 926면; 손동권, 771면; 김성돈, 725면.

157) Sch/Sch/Cramer, StGB. §331 Rdn. 22; Jescheck, LK, §331 Rdn. 6; Dreher/Tröndle, StGB. S. 1623.

없다고 할 수 없고, 또 ② 그것이 공무원에게 간접적인 이익이 된다고 해야 하며, ③ 제3자에 대한 뇌물공여를 단순수뢰죄와 구별하여 규정한 점에 비추어 간접수뢰를 규정한 것으로 본다(다수설). 따라서 이 죄는 공무원이 간접적인 범행수단으로 수뢰하는 행위를 처벌하기 위한 것이며, 공무원이 자기의 처에게 뇌물을 공여하게 한 경우에는 이 죄가 아니라 단순수뢰죄가 성립한다. 진정신분범, 진정직무범죄, 의무범, 추상적 위험범이다.

이 죄의 성질을 간접수뢰로 본다면 단순수뢰죄와 법적 평가도 동일하므로 제129조 1항에 포괄하여 규정해야 하고, 사전수뢰죄와의 균형상 청탁을 받는 것으로 충분하며, 반드시 "부정한" 청탁일 필요가 없다는 입법론적 비판이 있다.[158)]

【판례】 … 공무원이 직접 뇌물을 받지 아니하고, 증뢰자로 하여금 다른 사람에게 뇌물을 공여하도록 하고 그 다른 사람으로 하여금 뇌물을 받도록 한 경우라 할지라도 그 다른 사람이 공무원의 사자 또는 대리인으로서 뇌물을 받은 경우나 그 밖에, 예컨대 평소 공무원이 그 다른 사람의 생활비 등을 부담하고 있었다거나 혹은 그 다른 사람에 대하여 채무를 부담하고 있었다는 등의 사정이 있어서 그 다른 사람이 뇌물을 받음으로써 공무원은 그만큼 지출을 면하게 되는 경우 등 사회통념상 그 다른 사람이 뇌물을 받은 것을 공무원이 직접 받은 것과 같이 평가할 수 있는 관계가 있는 경우에는 형법 제129조 제1항의 단순수뢰죄가 성립한다(대판, 1998. 9. 22, 98도1234. 同旨: 대판, 2002. 4. 9, 2001도7056; 대판, 2004. 3. 26, 2003도8077).

(2) 구성요건요소

1) 주 체　　주체는 공무원 또는 중재인이다. 뇌물수수자는 제3자이지만 공무원 또는 중재인이 간접적으로 이익을 향수하는 것이다.

2) 객 체　　객체는 직무와 대가관계가 있는 뇌물이다.

3) 행 위　　행위는 직무에 관하여 부정한 청탁을 받고 제3자에게 뇌물을 공여하게 하거나 공여를 요구 또는 약속하는 것이다. 여기의 '직무에 관하여'도 뇌물의 개념에서 설명한 그대로가 타당하다.

(a) 부정한 청탁　　이 죄는 부정한 청탁을 요건으로 한다. "부정한 청탁"이란 위법·부당한 청탁을 말한다. 이 죄의 수단이 간접적임을 고려하여 그 성립요건을 엄격하게 제한한 것이다.[159)]

158) 서일교, 327면; 이건호, 54면; 진계호, 746면; 박상기, 652면.
159) 정영석, 51면; 권문택(7인 공저), 704면; 김일수/서보학, 849면. 이에 대하여 부정한 청탁을

【판례】 형법 제130조의 제3자 뇌물공여죄에 있어서 … '부정한 청탁'이란 위법한 것뿐만 아니라 사회상규나 신의성실의 원칙에 위배되는 부당한 경우도 포함하(며), … 나아가 비록 청탁의 대상이 된 직무집행 그 자체는 위법·부당한 것이 아니라 하더라도 당해 직무집행을 어떤 대가관계와 연결시켜 그 직무집행에 관한 대가의 교부를 내용으로 하는 청탁이라면 이는 의연 '부정한 청탁'에 해당하는 것으로 볼 수 있으며, 청탁의 대상인 직무행위의 내용도 구체적일 필요가 없고 묵시적인 의사표시라도 무방하며, 실제로 부정한 처사를 하였을 것을 요하지도 않는다(대판, 2007. 1. 26, 2004도1632).[160)]

(b) 제 3 자 제3자란 행위자와 공동정범자 이외의 사람을 말한다. 자연인은 물론 법인·법인격 없는 단체도 제3자가 될 수 있다. 동창회, 향우회, 종단, 정당 등에 기부명목으로 금원 등을 제공케 하는 경우는 법인·법인격 없는 단체에 공여하는 것이 된다. 다만 사회통념상 제3자가 받은 것을 공무원이 직접 받은 것과 같이 평가할 수 있는 관계가 있는 경우에는 단순수뢰죄가 성립한다(형법 제129조 1항).[161)] 따라서 처자 기타 생활관계를 같이하는 가족은 그 명의를 불문하고 제3자가 되지 않는다.[162)] 그러나 교사자나 방조자는 제3자가 될 수 있다.

이 죄는 제3자를 통하여 간접적으로 이익을 향수하는 수뢰행위를 처벌하는데 취지가 있으므로 제3자가 그 정을 알았거나 몰랐거나 상관없으며, 제3자가 뇌물의 수수를 거절하였어도 이 죄는 성립한다. 따라서 이 죄는 제3자에게 뇌물을 공여하게 하거나 이를 요구·약속함으로써 성립하며, 제3자의 행위가 있거나 뇌물을 수수하였음을 요하지 않는다. 간접적 방법에 의한 이익향수는 그 증명이 사실상 곤란할 뿐만 아니라 현실적인 이익취득이 없더라도 직무의 공정을 해하거나 의심을 받을 수 있기 때문이다.

요건으로 하는 것은 단순수뢰죄와의 균형에 비추어 부당하다는 비판도 있다(진계호, 746면; 박상기, 652면).

160) 도지사가 제3자로부터 복지재단 출연금의 형태로 거액을 수수한 행위가 관광지구 추가지정 및 관련 절차의 진행에 있어서 이를 총괄하는 도지사로서의 직무와 관련하여 제3자 뇌물공여죄에서 뜻하는 광의의 부정한 청탁을 매개로 이루어진 것으로 본 사례.

161) 대판, 2002. 4. 9, 2001도7056.

162) 유기천(하), 295면; 정영석, 52면; 황산덕, 57면; 권문택(7인 공저), 703면; 이재상, 734면; 김일수/서보학, 849면; 배종대, 833면; 진계호, 746면; 임웅, 870면; 백형구, 662면; 이정원, 762면; 오영근, 928면; 정영일, 765면; 김성돈, 726면.

5. 수뢰후부정처사죄

【구성요건 · 법정형】 공무원 또는 중재인이 전2조의 죄(단순수뢰죄 · 사전수뢰죄 · 제3자뇌물공여죄)를 범하여 부정한 행위를 한 때에는 1년 이상의 유기징역에 처한다(제131조 1항). 이 경우에 10년 이하의 자격정지를 병과할 수 있다(제131조 4항). 뇌물 또는 뇌물에 공할 금품은 몰수 또는 추징한다(제134조).

(1) 의의 · 성격

공무원 또는 중재인이 단순수뢰죄 · 사전수뢰죄 · 제3자 뇌물제공죄를 범하여 부정한 행위를 함으로써 성립하는 범죄이다. 공무원 또는 중재인이 수뢰한 후에 다시 부정한 행위를 하여 국가기능 내지 공무의 공정이 구체적으로 위험에 처하게 되었다는 점을 고려하여 단순수뢰죄보다 불법을 가중한 것이다. 따라서 부정처사후수뢰죄(사후수뢰죄)와 함께 가중수뢰죄에 해당한다. 수뢰행위와 부정행위가 결합된 범죄이고 부정행위의 결과발생이나 공무의 공정에 대한 구체적 위험발생을 요하지 않는 추상적 위험범 · 거동범이다. 진정신분범 · 진정직무범죄 · 의무범의 성격은 다른 수뢰죄와 같다. 그리고 이 죄에 해당하는 경우에도 특정범죄가중처벌등에관한법률 제2조가 적용된다.[163)]

(2) 구성요건요소

이 죄에서 특히 문제되는 것을 설명하면 다음과 같다.

1) 주 체 　주체는 공무원 · 중재인 이외에 공무원 · 중재인이 될 자도 포함한다. 공무원 · 중재인이 될 자도 부정한 직무행위 시에는 이미 공무원 · 중재인이 되어 있기 때문이다.

2) 행 위 　행위는 전2조의 죄를 범하여 부정한 행위를 하는 것이다.

(a) 전2조의 죄 　전2조의 죄는 단순수뢰죄, 사전수뢰죄, 제3자 뇌물제공죄를 말한다. 이 죄는 이상의 죄를 범한 것을 전제로 하여, 다시 직무상 부정한 행위를 하는 경우에 가중처벌하는 것이므로 뇌물을 수수 · 요구 · 약속한 후에 부정한 행위를 하지 아니한 때에는 전2조의 죄만 성립한다.[164)] 전2조의 죄와 이 죄는 법조경합의 특별관계에 있다.

(b) 부정한 행위 　부정한 행위란 적극적 · 소극적으로 그 직무에 위배하는

---

163) 대판, 1969. 12. 9, 69도1288.

164) 권문택(7인 공저), 705면; 김일수/서보학, 851면.

일체의 행위를 말한다. 위법·부당한 행위뿐만 아니라 직권남용행위도 포함한다. ① 위배하는 직무행위는 직무 자체는 물론, 이와 밀접한 관련행위도 포함한다. 판례도 객관적으로 관련이 있는 행위까지 포함시키고 있다.[165] 따라서 대외적인 직무상의 처분행위뿐만 아니라 상관에 대한 내부적인 사무행위라도 좋다. 위배는 법규위반행위는 물론, 직무상의 의무에 위반한 재량권의 한계일탈·남용도 포함한다. 직무위배행위라야 하므로 직무 이외의 사적 행위에 대해서는 부정한 행위가 있어도 이 죄가 성립하지 않는다. ② 작위에 의한 부정한 행위로는 수사기록의 조서 일부를 파기·소각하는 행위, 입찰업무에 종사하는 자가 최고가격·최저가격을 응찰자에게 알려주는 행위, 세금을 감액하거나 면탈케 하는 행위 등을 들 수 있고, 부작위에 의한 경우로는 의원이 회의에 참석하지 않는 경우, 피의자의 요청에 따라 증거품의 압수를 포기하거나 경찰관이 범죄를 묵과하거나 보고하지 않는 경우 등을 들 수 있다. ③ 부정한 행위를 하여 국가 또는 공공단체에 현실로 손해가 초래되었음을 요하지 않는다(추상적 위험범). 부정한 행위가 있으면 기수가 된다.

이 죄도 고의범이므로 적어도 부정한 행위에 대한 인식·인용은 있어야 한다. 뇌물을 요구·약속한 후 직무위배행위를 하고, 다시 그 후에 뇌물을 수수한 경우에도 이 죄에 해당한다고 본다.[166] 수뢰의 사실과 부정한 행위 사이에도 일정한 인과관계가 있어야 하며 밀접한 대가관계도 있어야 한다.

【판례】 과세 대상에 관한 규정이 명확하지 않고 그에 관한 확립된 선례도 없었던 경우, 공무원이 주식회사로부터 뇌물을 받은 후 관계 법령에 대한 충분한 연구, 검토 없이 위 회사에 유리한 쪽으로 법령을 해석하여 감액처분하였더라도 위 감액처분이 위법하지 않으면 그 공무원이 수뢰 후 '부정한 행위'를 한 것으로서 수뢰후부정처사죄를 범하였다고 볼 수는 없다(대판, 1995. 12. 12, 95도2320).

(3) 죄수·타죄와의 관계

부정한 행위가 동시에 허위공문서작성죄·공문서위조죄나 그 행사죄, 횡령죄, 배임죄 등에 해당할 때에는 이 죄와 상상적 경합이 된다.[167]

165) 대판, 2003. 6. 13, 2003도9060.
166) 大塚(下), 701면.
167) 대판, 1983. 7. 26, 83도1378.

【판례】 형법 제131조 1항의 수뢰후부정처사죄에 있어서 공무원이 수뢰후 행한 부정행위가 공도화변조 및 동행사죄와 같이 보호법익을 달리하는 별개 범죄의 구성요건을 충족하는 경우에는 수뢰후부정처사죄 외에 별도로 공도화변조 및 동행사죄가 성립하고 이들 죄와 수뢰후부정처사죄는 각각 상상적 경합관계에 있다고 할 것인 바, 이와 같이 공도화변조죄와 동행사죄가 수뢰후부정처사죄와 각각 상상적 경합범 관계에 있을 때에는 공도화변조죄와 동행사죄 상호간은 실체적 경합범 관계에 있다고 할지라도 상상적 경합 관계에 있는 수뢰후부정처사죄와 대비하여 가장 중한 죄에 정한 형으로 처단하면 족한 것이고 따로이 경합범 가중을 할 필요가 없다(대판, 2001. 2. 9, 2000도1216).

6. 사후수뢰죄

【구성요건 · 법정형】 ① 공무원 또는 중재인이 그 직무상 부정한 행위를 한 후 뇌물을 수수 · 요구 또는 약속하거나 제3자에게 이를 공여하게 하거나 공여를 요구 또는 약속한 때에도 전항의 형과 같다(제131조 2항).

② 공무원 또는 중재인이었던 자가 그 재직 중에 청탁을 받고 직무상 부정한 행위를 한 후 뇌물을 수수 · 요구 또는 약속한 때에는 5년 이하의 징역 또는 10년 이하의 자격정지에 처한다(제131조 3항).

이상의 경우에는 10년 이하의 자격정지를 병과할 수 있다(제131조 4항). 뇌물 또는 뇌물에 공할 금품은 몰수 또는 추징한다(제134조).

(1) 의 의

부정한 행위를 하고 난 후 뇌물을 받거나 제3자에게 공여하게 하는 범죄로서 사전수뢰죄와 대칭관계에 있다고 할 수 있다. 두 가지 태양이 있다.

① 현재 공무원 또는 중재인의 지위에 있는 자가 먼저 부정한 행위를 한 후에 뇌물을 수수 · 요구 · 약속하거나 제3자에게 이를 공여하게 하거나 공여를 요구 또는 약속하는 재직공무원의 사후수뢰죄(제131조 2항)로서 수뢰 후 부정처사죄와 대칭하는 부정처사후 수뢰죄이다. 진정신분범, 의무범의 일종이다. 부정행위와 뇌물죄가 결합되어 형이 가중되는 경우이므로 이 죄와 수뢰후부정처사죄를 합하여 가중수뢰죄라고도 한다.[168]

② 공무원 또는 중재인이었던 자가 그 재직 중에 청탁을 받고 직무상 부정한 행위를 한 후 퇴직하여 뇌물을 수수 · 요구 또는 약속하는 퇴직후 사후수뢰죄(제131조 3항)로서 사전수뢰죄와 대칭하는 범죄이다. 진정신분범이지만 의무범은 아

168) 유기천(하), 296면; 이형국, 790~791면; 이재상, 736면; 임웅, 873면; 손동권, 772면; 정영일, 768면; 대판, 1959. 8. 28, 4291형상482.

니다.

(2) 구성요건요소

이 죄의 뇌물도 직무에 관한 이익이라야 하므로 직무와 관계없는 이익에 대해서는 이 죄도 성립하지 않는다. 기타 구성요건요소에 대해서는 이미 설명한 바와 같다.

제131조 3항의 퇴직 후 사후수뢰죄는 과거에 공무원 또는 중재인의 지위에 있었던 자가 재직 중에 청탁을 받고 부정한 행위를 한 후 퇴직한 다음에 수뢰하는 행위를 처벌하기 위한 것이다. ① 제3항의 죄는 퇴직후의 수뢰를 처벌하므로 전직(轉職)의 경우에는 본조 2항의 부정처사후수뢰죄에 해당한다. ② 부정한 행위를 한 공무원이 그 후 퇴직하였다가 다시 동일직무에 취임한 후 퇴직전의 직무위배행위에 관해서 뇌물을 수수 또는 제3자에게 공여하게 한 경우에 제2항의 부정처사후수뢰죄가 성립한다는 견해[169]와 제3항의 퇴직후사후수뢰죄가 성립한다는 견해가[170] 대립한다. 그러나 수뢰 당시에 공무원·중재인의 지위에 있는 한 제2항의 부정처사후수뢰죄에 해당한다(다수설). ③ 직무상 부정한 행위를 요건으로 하므로 재직 중에 정당한 행위를 하고서 퇴직 후에 뇌물을 수수·요구·약속하는 경우에는 제3항의 죄는 성립하지 아니한다. 그러나 정당한 행위를 한 경우라도 재직 중에 뇌물을 수수·요구·약속하면 단순수뢰죄는 성립한다.

7. 알선수뢰죄

> **【구성요건·법정형】** 공무원이 그 지위를 이용하여 다른 공무원의 직무에 속한 사항의 알선에 관하여 뇌물을 수수·요구 또는 약속한 때에는 3년 이하의 징역 또는 7년 이하의 자격정지에 처한다(제132조).
> 뇌물 또는 뇌물에 공할 금품은 몰수 또는 추징한다(제134조).

(1) 의의·성격

공무원이 그 지위를 이용하여 다른 공무원의 직무에 속한 사항의 알선에 관하여 뇌물을 수수·요구 또는 약속하는 행위를 처벌하기 위한 범죄이다. 현실적

169) 권문택, 주석, 각(상), 120면; 정성근, 918면; 김일수/서보학, 853면; 배종대, 835면; 진계호, 750면; 손동권, 773면.

170) 정창운, 345면.

으로 공무원이 그의 지위를 이용하여 다른 공무원의 직무에 속한 사항에 대해 알선해 주는 대가로 뇌물을 수수하는 경우가 많고, 이로 인하여 직무의 공정과 이에 대한 사회일반의 신뢰도 간접적으로 해하게 된다는 점을 고려하여 자기의 직무에 관한 수뢰와 마찬가지로 처벌 하는 것이다. 따라서 이 죄의 보호법익도 직무행위의 공정(불가매수성)과 이에 대한 사회일반의 신뢰이다. 추상적 위험범·거동범, 진정신분범·의무범의 일종이다.

(2) 구성요건요소

이 죄에 고유한 내용을 설명하면 다음과 같다.

1) 주 체 주체는 공무원에 한하며 중재인 기타 사인은 포함하지 않는다. 공무원이라도 그의 지위를 이용한 것이 아니라 단순히 사적인 입장에서 행한 때에는 이 죄에 해당하지 않는다.[171] 공무원의 지위의 고하는 묻지 않으며,[172] 다른 공무원에 대한 임면권이나 직접 압력을 가할 수 있는 법적 근거가 있어야 할 필요도 없다.[173] 그러나 직무를 처리하는 공무원과 직무상 직접 또는 간접의 연관관계를 가지고 법률상 또는 사실상 영향을 미칠 수 있는 공무원이라야 한다(통설). 판례도 같다.[174]

2) 행 위 행위는 지위를 이용하여 다른 공무원의 직무에 속한 사항의 알선에 관하여 뇌물을 수수·요구 또는 약속하는 것이다.

(a) 지위이용 이 죄의 성립요건으로서 공무원이 그 지위를 이용한 사실이 있어야 한다. "지위를 이용하여"란 영향력을 미칠 수 있는 공무원이 그의 지위나 신분을 이용하는 것을 말한다.[175] 그 영향력은 직접적·간접적, 법률적·사실적임을 묻지 않는다. 지위이용의 범위에 관해서는, ① 다른 공무원의 직무에 일반적 또는 구체적으로 영향을 미칠 수 있는 관계가 있어야 한다는 견해(다수설)와,[176] ② 공무원의 기강확립과 직무의 공정성 유지를 위해서는 아무런 제한 없이 공무원의 "지위이용"을 인정해야 한다는 견해가[177] 대립한다. 그러나 "지

171) 대판, 1984. 4. 10, 82도766.
172) 대판, 1970. 10. 30, 70도1586.
173) 대판, 1961. 1. 30, 4293형상942; 대판, 1956. 3. 2, 4288형상179.
174) 대판, 1982. 6. 8, 82도404. 반대견해는 박상기, 655면. 같은 취지는 임웅, 874면; 손동권, 774면.
175) 대판, 1973. 2. 13, 66도403; 대판, 1979. 11. 13, 79도1928; 대판, 1983. 6. 14, 83도894; 대판, 1983. 8. 23, 82도956; 대판, 1984. 1. 31 83도3015.
176) 황산덕, 58면; 이재상, 757면; 김일수, 731면; 진계호, 751면; 배종대, 836면; 백형구, 603면; 오영근, 932면; 정영일, 770면; 손동권, 774면; 김성돈, 729면.

위이용"을 요건으로 함에 비추어 다른 공무원에게 영향을 미칠 수 없는 경우까지 지위이용이 있다고 할 수 없고, 단순한 사적인 알선과 구별하기 위해서는 다수설이 타당하다.

판례는 당해 직무를 처리하는 공무원과 직무상 직·간접의 연관관계를 가지고 법률상 또는 사실상 영향력을 줄 수 있는 지위에 있을 것을 요하나,[178] 다른 공무원의 직무에 영향을 줄 수 있는 관계가 있으면 족하고, 반드시 양자 사이에 상하관계·협동관계·감사관계 등의 지위에 있을 것까지 요하지는 않는다고 한다.

【판례】 알선수뢰죄는 공무원이 그 지위를 이용하여 다른 공무원의 직무에 속한 사항의 알선에 관하여 뇌물을 수수, 요구 또는 약속하는 것을 그 성립 요건으로 하고 있고, 여기서 '공무원이 그 지위를 이용하여'라 함은 친구, 친족관계 등 사적인 관계를 이용하는 경우에는 이에 해당한다고 할 수 없으나, 다른 공무원이 취급하는 사무의 처리에 법률상이거나 사실상으로 영향을 줄 수 있는 관계에 있는 공무원이 그 지위를 이용하는 경우에는 이에 해당하고, 그 사이에 상하관계, 협동관계, 감독권한 등의 특수한 관계가 있음을 요하지 않는다 (대판, 1999. 6. 25, 99도1900. 같은 취지: 대판, 2001. 10. 12, 99도5294; 대판, 2006. 4. 27, 2006도735).

【지위이용관계를 인정한 판례】 ① 군교육청 관리과 서무계장이 국민학교 고용원임용 알선에 대한 사례명목으로 금품을 수수한 경우,[179] ② 시청 도시계장이 토지구획정리사업시행 여부의 결정을 위하여 현지에 답사 온 건설부 소속 공무원들에게 청탁하여 사업시행인가가 날 수 있도록 하여 달라는 명목으로 지급하는 금원을 교부 받은 경우,[180] ③ 국회의원에게 한국마사회 발주공사를 수의계약으로 수주할 수 있도록 한국마사회장에게 알선하여 달라는 청탁을 하고 금원을 지급한 경우,[181] ④ 구청 지역경제과 지역경제계장이 직전에 계장으로 근무하였던 지적과 지정계의 담당직원들에게 부탁하여 규제구역안에 있는 토지 등의 거래계약허가를 받도록 알선하여 달라는 청탁을 받고, 그에 관한 업무를 취급하는 지정계장을 소개하여 주고, 사례비를 받은 경우,[182] ⑤ 서울시 공무원으로 11년 이상 근무하여 왔고 5급 별정직의 신분으로 서울시 부시장의 비서관으로 재직하던 자가 시청 관재과 소속공무원에게 부탁하여 체비지를 불하받도록 하여 주겠다고 약속하고 그 교제비로 금원을 교부받은

177) 권문택(7인 공저), 707면; 박상기, 655면; 임웅, 875면.
178) 대판, 1988. 1. 19, 86도1138; 대판, 1993. 7. 13, 93도1056.
179) 대판, 1988. 1. 19, 86도1138.
180) 대판, 1991. 7. 23, 91도1190.
181) 대판, 1990. 8. 10, 90도665.
182) 대판, 1990. 7. 27, 90도890.

경우[183] 등을 들 수 있다.

【지위이용관계를 부정한 판례】 ① 군청 건설과 농지계 공무원은 도지사의 골재채취예정지 고시사무 직무에 관하여 법률상 또는 사실상 어떠한 영향을 미칠 만한 지위에 있지 않다고 한 경우,[184] ② 도교육위원회 사회체육과 보건계에서 아동급식과 아동 및 교원의 신체검사에 관한 업무를 담당하는 지방보건기사는 도보건사회국에서 유흥업소 허가 및 감독사무를 담당하는 지방행정주사보와 직접·간접의 연관관계도 없을 뿐만 아니라 법률상이나 사실상 어떠한 영향력을 줄 수 있는 지위에 있지 않다고 한 경우,[185] ③ 검찰주사는 검사의 수사직무에 대하여 법률상 또는 사실상 어떤 영향력을 미칠 수 있는 지위에 있었다고 보기 어렵다고 한 경우[186] 등을 들 수 있다.

(b) 알 선 "알선"이란 일정한 사항을 중개하여 어떤 사람과 그 상대방 사이에, 교섭이 성립하도록 편의를 제공하는 일체의 서비스를 말한다. 청탁의 목적을 달성하기 위하여 편의를 제공하는 것이 알선이라는 견해도 있으나,[187] 형법의 해석으로 청탁의 유무와 상관없이 알선은 가능하다. 예컨대, 명함이나 소개장에 "선처요망" 등의 기재가 있으면 알선에 해당한다. 알선에 의한 편의는 증뢰자를 위한 것이건 제3자를 위한 것이건 묻지 않는다. 또 알선행위는 과거의 사항에 관한 것이건 장래의 사항에 관한 것이건 묻지 않는다. 그러므로 장래의 알선행위에 대해서 뇌물을 수수·요구·약속한 경우에는 그 후에 알선행위가 행해졌건 아니건 묻지 않고 이 죄가 성립한다.[188] 지위이용과 다른 공무원의 직무에 속한 사항에 대해 알선이 있어야 하므로 우인(友人)·친족 기타의 사적 관계를 이용하거나 직무와 관계없는 사항에 대해 교섭을 하더라도 알선은 될 수 없다.

정당한 직무행위에 대한 알선도 이 죄에 해당하느냐에 대해서는 부정설과[189] 긍정설[190]이 대립한다. 형법은 이 죄는 직무행위의 성격에 대해서 아무런 제한

183) 대판, 1989. 11. 14, 89도1700.
184) 대판, 1984. 1. 31, 83도3015.
185) 대판, 1983. 8. 23, 82도956.
186) 대판, 1982. 6. 8, 82도403.
187) 권문택(7인 공저), 706면.
188) 유기천(하), 298면; 김일수, 732면; 배종대, 837면; 진계호, 751면; 백형구, 663면; 임웅, 875면; 이재상, 738면; 박상기, 655면; 김성돈, 731면.
189) 서일교, 319면.
190) 권문택(7인 공저), 707면; 정성근, 921면; 이재상, 738면; 김일수, 728면; 배종대, 837면; 진계호, 751~752면; 임웅, 875면; 오영근, 935면; 정영일, 771면; 손동권, 774면; 김성돈, 731면.

을 두지 않고 있으며, 특히 제131조(가중수뢰죄, 사후수뢰죄)에 한하여 부정한 행위를 요구하고 있다는 점에 비추어 긍정설이 타당하다. 알선행위와 수뢰 사이에는 대가관계가 있어야 한다.

【판례】 특정경제범죄가중처벌등에관한법률 제7조의 알선수재의 죄에서 말하는 '알선'이라 함은 "일정한 사항에 관하여 어떤 사람과 그 상대방의 사이에서서 중개하거나 편의를 도모하는 것"을 의미하므로 어떤 사람이 청탁한 취지를 상대방에게 전하거나 그 사람을 대신하여 스스로 상대방에게 청탁을 하는 행위도 위 조항에서 말하는 '알선'행위에 해당한다(대판, 1997. 12. 26, 97도2609).

(3) 타죄와의 관계

공무원이 다른 공무원의 직무에 속한 사항에 대해서 알선할 의사 없이 알선해 줄 것처럼 기망하여 뇌물을 수수하면 이 죄는 성립하지 않고 사기죄만 성립한다. 알선의사를 가지고 그 내용에 대해 상대방을 기망하여 재물의 교부를 받으면 이 죄와 사기죄의 상상적 경합이 된다. 알선수뢰한 금원 중 일부를 증뢰한 경우에는 알선수뢰죄와 증뢰죄의 경합범이 된다.191)

8. 증뢰죄(뇌물공여 등 죄)

【구성요건 · 법정형】 ① 제129조 내지 제132조에 기재한 뇌물을 약속 · 공여 또는 공여의 의사를 표시한 자는 5년 이하의 징역 또는 2천만원 이하의 벌금에 처한다(제133조 1항).

② 전항의 행위에 공할 목적으로 제3자에게 금품을 교부하거나 그 정을 알면서 교부받은 자도 전항의 형과 같다(제133조 2항).

(1) 의의 · 성격

이 죄는 ① 뇌물을 약속 · 공여 또는 공여의 의사를 표시하거나, ② 이에 공할 목적으로 제3자에게 금품을 교부하거나 그 정을 알면서 교부받는 범죄이다. 전자를 증뢰죄, 후자를 증뢰물전달죄라고 한다. 수뢰죄가 공무원 또는 중재인(또는 공무원 · 중재인이 될 자)의 직무에 위반하는 직무범죄임에 반하여, 이 죄는 비공무원(공무원이라도 직무와 관계없이)이 공무원 또는 중재인의 수뢰행위를 교사 · 방조하는 공범적 성격을 갖는 행위를 독립된 범죄로 처벌하려는 데에 취지가 있다. 비신분범이며, 직무범죄도 의무범도 아니다.

191) 대판, 1967. 1. 31, 66도1581.

입법례에 따라서는 증뢰행위로 인하여 공정한 공무집행이 방해된다는 점을 고려하여 증뢰죄를 공무집행방해죄의 일종으로 규정하거나(스위스 형법 제288조), 단순수뢰에 대한 증뢰행위를 처벌하지 않는 경우(독일 형법 제331조)도 있다. 그러나 증뢰행위는 수뢰행위를 유혹하거나 이를 야기하는 성격을 가진 것이며, 이 점에서 행위 자체의 위법성도 인정되므로 우리 형법의 태도가 타당하다고 본다. 그리고 뇌물을 공여·약속하는 행위는 수뢰죄의 수수·약속과 원칙적으로 필요적 공범관계에 있으나 공여의 의사표시는 그렇지 아니하다.

(2) 구성요건요소

1) 주 체 주체는 제한이 없다(비신분범). 공무원도 직무와 관련 없이 행한 때에는 이 죄의 주체가 된다. 증뢰자에게 수뢰자의 직무권한에 대응하는 어떤 의무가 있음을 요하지 않는다.

2) 행 위 행위는 약속·공여·공여의 의사표시를 하거나(증뢰죄) 교부 또는 그 정을 알면서 교부받는 것이다(증뢰물전달죄).

(a) 약속·공여·공여의 의사표시 "약속"·"공여"·"공여의 의사표시"는 공무원 또는 중재인의 직무에 관하여 행해져야 한다.[192] 이에 반하여 형법에 명문규정이 없다는 이유로 직무와의 관련성을 부정하는 견해도 있다.[193] 그러나 뇌물 자체가 직무행위에 대한 대가이므로 명문규정의 유무를 묻지 않고 긍정해야 한다(통설). 판례도 같은 취지에서 직무에 관한 것이라고 한다.[194]

"약속"이란 뇌물에 관하여 증·수뢰자 사이에 의사가 합치하는 것을 말한다. 어느 쪽이 먼저 제의하였느냐는 묻지 않는다. 따라서 공무원·중재인의 요구를 승낙하는 경우와 장차 공여할 것을 자진하여 약속하는 경우도 포함한다. 약속한 뇌물의 종류·수량·액수 등을 공무원·중재인이 알고 있을 필요는 없다. 약속의 시기는 공무원·중재인의 직무행위 전후를 묻지 않는다.

"공여"란 수수하도록 제공하는 것을 말한다. 상대방이 뇌물을 수수할 수 있는 상태에 두면 족하고 현실로 수수하지 아니하여도 무방하다. 공여의 상대방은 반드시 공무원·중재인일 필요가 없다. 공무원의 처나 가족에게 할 수도 있다.[195] 공여자가 반드시 부정한 청탁임을 인식하고 공여해야 하는 것도 아니

192) 황산덕, 59면; 서일교, 330면; 김일수, 734면; 배종대, 839면; 백형구, 650면; 이재상, 740면; 진계호, 753면; 손동권, 777면; 김성돈, 734면.

193) 권문택, 주석(상), 122면.

194) 대판, 1982. 9. 28, 80도2309; 대판, 1987. 11. 24, 87도1463.

195) 대판, 1968. 10. 8, 68도1066; 이형국, 794면; 이재상, 739면; 김일수/서보학, 859면; 손동권, 777면; 김성돈, 734면.

다.[196]

"공여의 의사표시"란 상대방에게 뇌물을 공여하겠다는 일방적 의사표시를 말한다. 의사표시 방법은 묻지 않는다. 따라서 구두 또는 서면으로 할 수 있다. 또 뇌물에 공여할 의사로 명시 또는 묵시의 방법으로 공여의 의사표시를 하면 충분하고,[197] 금액이나 뇌물의 수량을 표시할 필요는 없다. 의사표시의 상대방은 공무원의 가족이라도 무방하며, 상대방이 인지할 수 있는 상태에 있으면 충분하고 현실로 수수할 수 있는 상태에서 이르렀을 필요가 없다(공여와 구별). 직무와 관련이 있는 뇌물이면 부정한 청탁이 없어도 공여죄는 성립한다.

(b) 증뢰물전달·지정수령 뇌물에 제공할 목적으로 제3자에게 금품을 교부하거나(증뢰물전달) 제3자가 그 정을 알면서 교부받는 것이다(지정수령). 이 경우 제3자가 금품을 수뢰할 사람에게 전달하였느냐는 이 죄의 성립에 영향이 없다.[198] 제3자로부터 전달 받은 금품을 곧바로 증뢰자에게 반환한 경우에도 증뢰물전달·수령죄는 성립한다.[199] "제공할 목적"은 증뢰행위에 제공할 목적을 수행하기 위한 행위경향을 말하고, 이러한 행위경향이 요구되는 경향범이다.

【판례】 증뢰물전달행위에 공할 목적으로 제3자에게 금품을 교부한 경우에 그 후 수뢰할 사람이 전달받은 금품을 곧바로 증뢰자에게 반환하였다 하더라도 제3자 뇌물교부죄의 성립에는 영향이 없다(대판, 1983. 6. 28, 82도3129).

3) 주관적 요소 공여·약속·공여의 의사표시·뇌물전달에 있어서는 공무원·중재인의 직무에 관한 뇌물임을 인식·인용하고 있어야 한다. 그리고 "공할 목적"이 있어야 한다. 여기의 목적은 초과 내심적 의욕이 아니라 보호법익에 대한 행위자의 특별한 위험을 일으키는 내적 경향(경향범)이라 본다.

(3) 공범관계

공모한 후 금품을 교부하거나 요리집 향연을 베푼 경우에는 현실로 출연하지 아니한 자도 증뢰죄의 공동정범이 되며, 수뢰자가 누구인지를 알고 있을 필요는

196) 대판, 1969. 3. 18, 68도816: "공무원에게 청탁을 하면서 금원을 교부한 증뢰자가 그 청탁이 부정한 것이라는 인식이 없었다 하여 뇌물에 대한 인식이 없었다고 할 수 없다."

197) 대판, 1959. 9. 4, 4291형상284.

198) 대판, 1985. 1. 22, 84도1033; 대판, 1997. 9. 5, 97도1572; 박상기, 657면; 이재상, 740면; 임웅, 879면; 손동권, 778~779면; 정영일, 777면; 김성돈, 734면.

199) 대판, 1971. 3. 9, 70도2536.

없다.[200] 증뢰액의 부족분을 알고 금원을 대여하면 증뢰죄의 방조범이 된다.

(4) 죄수 · 타죄와의 관계

수뢰죄가 무죄로 된 경우에도 증뢰죄는 성립할 수 있다.[201] 하나의 행위로 수인의 공무원에게 증뢰한 경우 공무원의 수에 따라 수개의 증뢰죄가 성립하고 상상적 경합이 된다(판례, 통설).[202] 약속 또는 공여의 의사표시를 한 후에 뇌물을 공여한 때에는 공여죄만 성립한다. 공무원이 사기 · 공갈적 방법으로 뇌물을 공여하게 한 때에도 증뢰죄는 성립한다. 증뢰물전달에 있어 제3자가 수뢰자에게 뇌물을 전달한 때에도 뇌물전달죄만 성립한다.

9. 공무원의 직무상 범죄에 대한 형의 가중

공무원이 직권을 이용하여 본장(本章) 이외의 죄를 범한 때에는 그 죄에 정한 형의 2분의 1까지 가중한다. 단 공무원의 신분에 의하여 특별히 형이 규정된 때에는 예외로 한다(제135조).

공무원의 직무와 관련된 죄는 이 장(章)에 규정된 것에 한하지 않는다. 공무원의 직무와 관련된 범죄를 남김없이 규정하는 것은 입법기술상 불가능하므로 이 장에 규정되지 아니한 범죄라 할지라도 공무원이 직권을 이용하여 죄를 범한 때에 이를 중하게 처벌할 필요 때문에 이 규정을 둔 것이다. 즉, 형사정책적 고려에서 공무원의 직권이용에 의한 범죄를 엄중하게 처벌하려는 데에 그 취지가 있다. 따라서 제135조의 규정은 범죄행위 자체가 공무원의 직권과 관련하여 행해진 경우에만 적용된다.[203]

10. 특별형법

특정범죄가중처벌등에관한법률 제2조는 형법 제129조 · 제130조 · 제132조의

200) 대판, 1971. 3. 9, 70도2536.

201) 대판, 1963. 2. 7, 62도270: "증수뢰죄는 필요적 공범관계에 있다고 하더라도 그 범죄의 성립에 행위의 공동을 필요로 하는 것에 불과하고 반드시 협력자 전부가 책임이 있음을 필요로 하는 것이 아니므로 수뢰죄가 무죄로 된 경우에도 증뢰죄의 성립을 인정할 수 있는 것이다."

202) 서일교, 330면; 유기천(하), 299면; 황산덕, 60면; 정영석, 55면; 권문택(7인 공저), 709면; 이형국, 794면; 이재상, 740면; 김일수, 737면; 배종대, 840면; 진계호, 754면; 손동권, 778면; 정영일, 777면.

203) 대판, 1960. 5. 18, 4293형상125.

죄를 범한 때에 뇌물가액이 1억원 이상이면 무기 또는 10년 이상의 징역에, 5천만원 이상 1억원원 미만이면 7년 이상의 유기징역에, 3천만원 이상 5천만원 미만이면 5년 이상의 유기징역에 처한다. 그리고 제3조는 공무원의 직무에 속한 사항의 알선에 관하여 금품이나 이익을 수수·요구 또는 약속한 자를 5년 이하의 징역 또는 1천만원 이하의 벌금에 처한다(특가법상의 알선수재죄).

특가법상의 알선수재죄는 형법상의 알선수뢰죄와 다음과 같은 점에서 차이가 있다. ① 알선수뢰죄와 달리 행위주체를 공무원 또는 중재인으로 제한하지 않는다. 그러므로 공무원 등은 물론이고 일반인도 알선수재죄의 주체가 될 수 있다.[204] ② 지위를 이용할 것을 요건으로 하지 않는다는 점에서 형법상의 알선수뢰죄와 구별된다. 따라서 공무원이 지위를 이용하지 아니하고 다른 공무원의 직무에 속한 사항의 알선에 관하여 금품이나 이익을 수수한 때에는 특가법상의 알선수재죄에 해당한다.[205] 그리고 공무원이 그 지위를 이용하여 알선수뢰죄를 범한 경우에는 알선수뢰죄에 비해 알선수재죄의 구성요건이 더 포괄적이고 법정형이 상대적으로 중하기는 하나 알선수뢰죄가 직무범죄인 점과 특가법상 뇌물가액에 따라 가중처벌하는 규정(특가법 제2조)이 있는 점에 비추어 알선수뢰죄와 알선수재죄의 상상적 경합으로 처리하여야 할 것이다.[206]

【판례】 위 법조(특정경제범죄가중처벌등에관한법률 제7조)의 알선수재죄가 성립하려면 알선을 의뢰한 사람(알선의뢰인)과 알선의 상대방이 될 수 있는 금융기관의 임·직원(알선상대방) 사이를 중개한다는 명목으로 금품 기타 이익을 수수하는 등의 행위를 하여야 하고, … 단순히 알선행위자를 소개한 것 자체만으로는 같은 법 제7조가 정하는 알선수재죄의 구성요건에 해당한다고 할 수 없다(대판, 2000. 10. 24, 99도3115).

또 특정경제범죄가중처벌등에관한법률은 금융기관의 임·직원이 그 직무에 관하여, ① 금품 기타 이익을 수수·요구 또는 약속한 때, ② 부정한 청탁을 받고 제3자에게 금품 기타 이익을 공여하게 하거나 공여하게 할 것을 요구 또는 약속한 때, ③ 금융기관의 임직원이 그 지위를 이용하여 소속 금융기관 또는 다른 금융기관의 임·직원의 직무에 속한 사항의 알선에 관하여 금품 기타 이익

204) 이재상, 738면; 임웅, 853면; 박상기, 656면.
205) 이재상, 738면; 박상기, 656면.
206) 임웅, 876면. 이에 반해 알선수재죄는 알선수뢰죄에 대해 특별법의 관계에 있다는 견해는 김용세, 「뇌물죄의 보호법익과 구성요건체계」(형사법연구 8호, 1995), 93면.

을 수수·요구 또는 약속한 때 수령액에 따라 가중처벌하며(동법 제5조), 금품 기타 이익을 약속·공여 또는 공여의사를 표시한 자(동법 제6조)도 처벌하며, ④ 금융기관의 임·직원의 직무에 속한 사항의 알선에 관하여 금품 기타 이익을 수수·요구 또는 약속한 자 또는 제3자에게 이를 공여하게 하거나 공여하게 할 것을 요구 또는 약속한 자도 알선수재의 죄로 가중처벌한다(동법 제7조).

이 밖에 부패방지및국민권익위원회의설치와운영에관한법률은 부패행위신고자의 보호와 보상(동법 제55조, 제62조 내지 제71조)을 하고 국민의 감사청구권(제72조 내지 제76조)을 규정하고 있다.

제 2 절 공무방해에 관한 죄

Ⅰ. 총 설

1. 의의·보호법익

(1) 의 의

공무방해에 관한 죄는 국가 또는 공공기관이 행사하는 일반 권력기능을 방해함으로써 성립하는 범죄이다. 국가의 기능적 작용을 위태롭게 하는 범죄인 점에서 국가의 존립 그 자체 내지 내적 안전을 위태롭게 하는 내란죄·외환죄와 구별된다.

형법은 공무방해에 관한 죄(각칙 제8장)를 규정하여 국가 또는 공공단체의 공권력행사를 방해하는 행위를 범죄로 하고, 공권력을 행사하는 직무집행 행위를 방해하거나 무효로 하는 행위를 처벌하여 국가 또는 공공단체의 기능적 작용을 보호하고 있다. 국가(또는 공공단체)의 존립목적은 그 기능적 작용이 원활·공정하게 수행 내지 영위될 때에 달성될 수 있으므로 이를 방해·저해하는 일정한 행위를 범죄로서 처벌하려는데 입법취지가 있다.

(2) 보호법익

이 죄는 국가에 대한 죄 내지 국가적 법익에 대한 죄로서의 성격을 가지며, 국가(또는 공공단체)의 기능적 작용인 공무를 보호법익으로 한다는 데에는 의견이 없다. 공무 외에 공무원의 신분도 보호하느냐에 대하여는 공무보호에 중점이 있으나 동시에 공무원의 신분도 보호한다는 견해[207]도 있다. 그러나 이러한 사고는 국가권력에 절대 복종하던 전근대적 사상에 근거한 것이고, 공무원을 일반국민과 구별하여 형법적으로 특히 보호해야 할 이유가 없으므로 이 죄는 어디까지나 공무 그 자체만을 보호한다고 해야 한다.[208] 공무원 내지 그 지위는 이 죄가 처벌되는 반사적 효과로서 간접적으로 보호될 뿐이다. 이 죄에 있어서 공무원은 행위객체일 뿐이고,[209] 보호객체와 구별해야 한다. 보호정도는 추상적 위험범이며 거동범의 일종이다. 다만 공용서류등무효 및 공용물파괴죄(제141조), 부동산강제집행효용침해죄(제140조의2), 특수공무방해치사상죄(제144조 2항)는 침해범이다.

2. 구성요건체계

공무방해에 관한 죄는, ① 일반공무에 대한 방해죄로서 협의의 공무집행방해죄(제136조 1항), 직무강요죄(제136조 2항), 위계에 의한 공무집행방해죄(제137조)가 있고, ② 특수공무에 대한 방해죄로서 법정·국회회의장모욕죄(제138조), 인권옹호직무방해죄(제139조), 공무상봉인등표시무효죄(제140조 1항), 공무상비밀침해죄(제140조2항), 부동산강제집행효용침해죄(제140조의2), 공용서류등 무효 및 공용물파괴죄(제141조), 공무상보관물무효죄(제142조), 특수공무방해 및 치사상죄(제144조)가 있다.

기본적 구성요건은 공무집행방해죄이며, 직무강요죄와 위계에 의한 공무집행방해죄는 방법의 차이에 따른 수정된 구성요건이다. 법정·국회회의장모욕죄,

---

207) 정영석, 형법상의 문제점, 117면.

208) 유기천(하), 307면; 황산덕, 61면 이하; 서일교, 331면; 김석휘, 주석(상), 128면; 김봉태(7인 공저), 117면; 이재상, 741면; 김일수/서보학, 862면; 진계호, 756면; 박상기, 659면; 배종대, 834면; 백형구, 600면; 이정원, 768면; 임웅, 880면; 오영근, 940면; 손동권, 779면; 정영일, 782면; 김성돈, 736면.

209) 다만 직무강요죄(제136조 2항)에 있어서는 공무 외에 공무원의 지위도 보호법익이 된다는 견해는 진계호, 757면; 임웅, 891면.

인권옹호직무방해죄, 공무상비밀표시무효죄는 특수한 공무를 보호하기 위한 것이고, 특수공무방해죄는 특수공무원이라는 신분으로 인하여 불법이 가중되는 가중적 구성요건이고 치사상죄는 그 결과적 가중범이다.

Ⅱ. 일반공무에 대한 방해죄

1. 공무집행방해죄

【구성요건 · 법정형】 직무를 집행하는 공무원에 대하여 폭행 또는 협박한 자는 5년 이하의 징역 또는 1천만원 이하의 벌금에 처한다(제136조 1항).

(1) 구성요건요소

직무를 집행하는 공무원에 대하여 폭행 또는 협박하는 것이다.

1) 주 체 주체는 아무런 제한이 없다. 반드시 공무원의 직무집행행위의 상대방일 필요가 없으며, 공무원의 직무집행과 아무런 상관이 없는 제3자라도 무방하다. 공무원도 주체가 될 수 있다.

2) 객 체 객체는 직무를 집행하는 공무원이다.

가) 공무원 여기의 "공무원"도 법령에 의하여 공무에 종사하는 직원을 말하고, 원칙적으로 국가공무원법 · 지방공무원법상의 공무원과 특별법상의 공무원을 포함하며 그 공무에 종사하게 된 원인은 임명 · 촉탁 · 선거 등의 방법에 의한 것임을 묻지 않는다. 또 법령에 의하여 공무원으로 간주되는 자(소위 지정변호사, 형사소송법 제265조 3항)와 청원경찰관(청원경찰법 제3조)[210]도 공무원에 해당한다. 방범대원도 본죄의 객체인 공무원에 해당한다.[211] 우리나라의 공무를 보호하는 것이므로 외국의 공무원은 포함하지 않는다.

나) 직무집행 "직무"는 공무원의 직무이면 충분하고 그 종류 · 성질은 묻지 않는다. 직무를 "집행한다"란 직무에 속하는 일체의 사무를 처리하는 것을 말하며, 직무 수행을 위하여 근무 중인 상태에 있으면 충분하다.[212] 따라서 반드시

---

210) 대판, 1986. 1. 28, 85도2448.

211) 대판, 1991. 3. 27, 90도2930.

212) 대판, 1999. 9. 21, 99도383: "불법주차 차량에 불법주차 스티커를 붙였다가 이를 다시 떼어낸 직후에 있는 주차단속 공무원을 폭행한 경우에도 공무집행방해죄가 성립한다."

공무원이 사람 또는 물건에 대해서 법령을 집행하거나 공무소의 명령을 집행하는 경우에 한하지 않고 널리 공무원이 직무상 행하여야 할 사무취급을 포함한다.[213] 강제적 성질의 사무집행(경찰사무, 징세사무)일[214] 필요가 없으며, 공무원이 직무상 행해야 할 처분행위도 직무집행이 되며, 국가가 사기업과 동일한 사업(철도, 국공립대학, 국공립병원)을[215] 하는 경우도 포함한다. 직무수행을 위한 근무중이면 충분하므로 반드시 집행의 진행 중에 있을 필요가 없고, 직무집행에 착수하려고 한 때, 또는 공무상 대기하거나 소정의 직무시간에 공무원이 그의 좌석에 착석하고 있는 때에도 직무집행에 해당한다.[216]

【판례】 형법 제136조 제1항에 규정된 공무집행방해죄에서 '직무를 집행하는'이라 함은 공무원이 직무수행에 직접 필요한 행위를 현실적으로 행하고 있는 때만을 가리키는 것이 아니라 공무원이 직무수행을 위하여 근무 중인 상태에 있는 때를 포괄하고, 직무의 성질에 따라서는 그 직무수행의 과정을 개별적으로 분리하여 부분적으로 각각의 개시와 종료를 논하는 것이 부적절하고 여러 종류의 행위를 포괄하여 일련의 직무수행으로 파악함이 상당한 경우가 있으며, 나아가 현실적으로 구체적인 업무를 처리하고 있지는 않다 하더라도 자기 자리에 앉아 있는 것만으로도 업무의 집행으로 볼 수 있을 때에는 역시 직무집행 중에 있는 것으로 보아야 하고, 직무 자체의 성질이 부단히 대기하고 있을 것을 필요로 하는 것일 때에는 대기 자체를 곧 직무행위로 보아야 할 경우도 있다(대판, 2002. 4. 12, 2000도3485).

그러나 직무의 집행이 있을 것을 예상하고 폭행·협박을 하더라도 이 죄에 해당하지 않는다. 따라서 직무집행을 위하여 출근하는 공무원을 폭행하는 것은 이 죄를 구성하지 않는다.[217] 직무의 집행을 종료한 직후도 여기에 포함하느냐에 대해서 긍정설이[218] 있으나, 공무원을 보호하는 것은 아니므로 부정설이 타당하다.[219]

다) 직무집행의 적법성 독일 형법은 직무집행의 적법성을 명문으로 요구하고 있으나(제113조 3항), 우리 형법은 이러한 취지의 규정이 없으므로 해석상 논

213) 황산덕, 63면; 유기천(하), 331면; 정영석, 58면; 서일교, 332면; 이형국, 800면; 이건호, 63면; 김봉태(7인 공저), 619면; 진계호, 759면; 손동권, 781면.
214) 대판, 1970. 9. 17, 70도1391.
215) 김봉태(7인공저), 619면. 반대설은 김일수/서보학, 865면.
216) 유기천(하), 331면 이하; 황산덕, 63면.
217) 대판, 1979. 7. 24, 79도1201.
218) 이건호, 63면; 진계호, 759면; 김일수/서보학, 865면; 배종대, 846면; 임웅, 883면.
219) 황산덕, 63면; 이재상, 743면; 이정원, 772면; 정영일; 784면; 김성돈, 738면.

의가 생긴다.

(a) 직무집행의 적법성 요부 ① 필요설은 위법한 직무집행에 대해서는 국민이 복종할 의무가 없고, 이 죄는 개개 국민의 이익을 부당하게 침해하지 않는 합법적인 공무만을 보호하므로 적법한 직무집행만이 형법의 보호를 받는다고 한다. 통설과[220] 판례의[221] 태도이다. ② 불요설은 공무로서 성립한 이상 가령 부적법한 경우에도 그것이 재판이나 행정처분에 의해서 무효·취소될 때까지는 공무로서 보호할 필요가 있으므로 이 죄의 구성요건상 공무원의 직무집행 행위이면 충분하고 반드시 법률상의 유효요건을 갖추거나 합법임을 요하지 않는다고 한다.[222]

국가주의사상에서는 공무의 집행은 적법·부적법을 묻지 않고 이에 저항하거나 방해하는 행위는 모두 처벌대상이 된다고 해석할 수 있다. 그러나 자유민주적 법치국가이념에 따를 때에는 국가는 공무의 원활한 수행을 보장함과 동시에 국민의 기본권을 존중하고 이를 부당하게 침해하는 일이 없도록 국가권력 자체에 엄격한 규제를 해야 한다. 그러므로 국가는 공무원의 위법한 직무집행으로부터 국민의 기본권 침해를 방지해야 하고 국민이 위법한 직무집행 행위를 배제하여 자기의 권리를 방어하는 행위에 대해 형벌로 임하는 것은 허용할 수 없다고 해야 한다. 따라서 이 죄의 보호대상은 공무원의 적법한 직무집행에 한하며 공무원이 직권을 남용하여 사람으로 하여금 의무 없는 일을 행하게 하거나 타인의 권리행사를 방해한 때에는 직권남용죄(제123조) 등의 범죄를 구성하며 이에 대한 정당방위도 가능하다.

(b) 직무집행 적법성의 요건 공무원의 직무집행 행위가 적법으로 되기 위한 요건에 대해서도 견해가 나누어지나, 통설과[223] 판례는 다음의 세 가지 요건

---

220) 황산덕, 63면; 정영석, 59면; 서일교, 333면; 이건호, 63면; 김봉태(공저), 620면; 이재상, 744면; 김일수, 741면; 박상기, 660면; 배종대, 846면; 백형구, 602면; 진계호, 760면; 이정원, 774면; 임웅, 853면; 김성천/김형준, 987면; 오영근, 944면; 정영일, 784면; 손동권, 783면; 김성동, 738면.

221) 대판, 1972. 10. 31, 72도2005; 대판, 1977. 8. 23, 77도2111; 대판, 1991. 5. 10, 91도453; 대판, 1992. 2. 11, 91도2797; 대판, 1994. 9. 27, 94도886; 대판, 1994. 10. 25, 94도2283; 대판, 1996. 12. 23, 96도2673.

222) 유기천(하), 310면 이하; 小野, 20면.

223) 황산덕, 64면; 정영석, 59면; 이건호, 63면; 김석휘, 주석(상), 134면; 김봉태(7인 공저), 620면 이하; 이형국, 803면; 이재상, 744면; 진계호, 761면; 임웅, 884면; 손동권, 783면; 박상기, 661면; 배종대, 847면; 오영근, 944면, 김성돈, 739면.

을 요구한다.

【판례】 공무집행방해죄는 공무원의 적법한 공무집행이 전제가 되고, 그 공무집행이 적법하기 위하여는 그 행위가 당해 공무원의 추상적인 직무권한에 속할 뿐 아니라 구체적으로도 그 권한 내에 있어야 하며, 또한 직무행위로서의 중요한 방식을 갖추어야 한다(대판, 2002. 4. 12, 2000도3485).

첫째, 직무집행 행위가 그 공무원의 추상적(일반적) 권한에 속하는 것이라야 한다.[224] 공무원의 직무는 보통 사물적·장소적으로 한정되어 있으므로 이 범위를 초과한 행위는 직무집행 행위라 할 수 없고 적법성이 인정될 수 없다. 따라서 집행관이 강제처분을 하는 것은 권한 내의 직무행위가 되지만 순경이 조세를 징수하거나 철도 공안원이 열차·철도시설 이외의 장소에서 수사를 하는 행위, 법관이 수사상의 강제처분을 집행하는 것은 직무집행이 될 수 없다. 그러나 내부적인 사무분담에 따른 직무의 범위는 공무원의 권한에 영향을 주지 않는다. 예컨대, 내근순경이라도 외근순경의 직무를 집행할 수 있으며, 또 퇴근 후라도 소속 관내에서 발생한 사건에 대해서 그 권한을 행사할 수 있다. 그리고 추상적 직무권한은 반드시 법령에 명시되었거나 공무원이 본래 독립하여 행할 수 있는 권한일 필요도 없다. 예컨대, 순경이 싸움하는 자를 보고 이를 제지하거나 상사의 지휘 명령을 받아 사무를 집행하는 경우에도 직무집행이 된다.

둘째, 공무원은 직무집행을 할 수 있는 구체적인 법정의 권한을 가지고 있어야 한다. 즉, 구체적으로 직무를 담당·실행할 수 있는 법적 전제를 구비하여야 한다. 따라서 할당, 지정, 위임을 받아야만 실무상 담당할 직무행위가 확정되는 경우에는 그러한 할당, 지정, 위임이 있을 때에 구체적인 직무집행을 할 수 있으며, 사법경찰관이 현행범을 체포하는 경우에는 형사소송법 제211조의 요건이 있을 때에 현행범으로 체포할 수 있다.[225]

셋째, 직무집행의 유효요건인 법률상의 중요한 조건·방식은 갖추고 있어야 한다. 직무집행에 일정한 법률상의 조건·방식의 준수를 필요로 하는 경우 이를 결하면 적법한 직무집행이 될 수 없다.[226] 예컨대 압수·수색영장 없이 공판정

224) 다만 대법원은 "지방의회의 회의가 적법한 소집절차를 밟아 소집되었고 소집의 목적이 불법적이거나 사회질서에 반하는 것이 아닌 이상, 그 회의의 의결사항 중에 지방의회의 권한에 속하지 아니하는 사항이 포함되어 있었다 하더라도 지방의회 의원들이 그 회의에 참석하고 그 회의에서 의사진행을 하는 직무행위는 적법한 것"이라고 한다(대판, 1998. 5. 12, 98도662).

225) 대판, 1976. 11. 9, 76도2703.

외에서 압수·수색한 경우, 또는 시각의 제한을 위반한 압수·수색은 위법한 직무집행이 된다. 그러나 법정의 조건·방식을 구비하지 않아 소송법적으로 부적법한 행위라도 단순한 내규·예규 또는 훈시규정에 위반한 정도는 직무집행의 적법성이 부정되는 것은 아니다(형식적 적법성).

【적법성 부정 판례】 ① …비록 사법경찰관 등이 피의자에 대한 구속영장을 소지하였다 하더라도 피의자를 체포하기 위하여는 체포 당시에 피의자에 대한 범죄사실의 요지, 구속의 이유와 변호인을 선임할 수 있음을 말하고 변명할 기회를 준 후가 아니면 체포할 수 없고, 이와 같은 절차를 밟지 아니한 채 실력으로 연행하려 하였다면 적법한 공무집행으로 볼 수 없다(대판, 1996. 12. 23, 96도2673). ② …경찰관이 적법절차를 준수하지 아니한 채 실력으로 현행범인을 연행하려고 하였다면 적법한 공무집행이라고 할 수 없고, 현행범인이 그 경찰관에 대하여 이를 거부하는 방법으로써 폭행을 하였다고 하여 공무집행방해죄가 성립하는 것은 아니다(대판, 2000. 7. 4, 99도4341). ③ 경찰관이 교통단속을 이유로 강제연행하는 행위(대판, 1992. 5. 22, 92도506), ④ 교통경찰관의 면허증제시 요구에 응하지 않고 강제연행에 항거하는 과정에서 경찰관에게 폭행한 경우(대판, 1992. 2. 11, 91도2797), ⑤ 경찰관이 현행범(준현행범)아닌 자의 체포를 위해 영장없이 타인의 주거에 들어가는 행위(대판, 1991. 12. 10, 91도2395), ⑥ 경찰관이 현행범을 체포하면서 구속이유·변호인 선임고지·변명기회불고지한 경우(대판, 2000. 7. 4, 99도4341), ⑦ 경찰관을 구타한 행위로 구속영장이나 적법절차에 의하지 않고 경찰서 보호실에 유치하는 행위(대판, 1984. 3. 11, 93도958) 등.

【적법성 인정 판례】 ① 범칙행위를 하였다고 인정되는 운전자가 자신의 인적사항을 밝히지 아니하고 면허증제시를 거부하며 차량을 출발시킨 경우, 교통단속업무에 종사하던 의경이 서서히 진행하는 차량의 문틀을 잡고 정지할 것을 요구한 행위는 적법한 공무집행의 범위 안에 든다(대판, 1994. 9. 27, 94도886). ② 실제로 음주하지 않았으나 수차의 음주측정이 불확실하여 정확한 음주측정기로 검사받을 것을 요구한 경찰관의 행위(대판, 1992. 4. 28, 92도220), ③ 납치·감금된 수인의 전투경찰을 구조하기 위해 수차의 석방요구와 대학총장의 설득에 불응하여 영장없이 도서관에 진입한 경우(대판, 1990. 6. 22, 90도767).

ⓒ 적법성의 판단기준　직무집행의 적법성을 판단하는 기준에 대해서는 ① 법원의 법령해석에 따라 객관적으로 결정해야 한다는 견해(객관설 또는 법관표준설),[227] ② 직무를 집행하는 공무원이 적법하다고 믿었느냐에 따라 결정해야 한다

226) 대판, 1978. 10. 10, 78도2134; 대판, 1982. 11. 28, 81도1872; 대판, 1996. 12. 23, 96도2673; 대판, 2000. 7. 4, 99도4341.

227) 정영석, 60면; 서일교, 334면; 남흥우, 368면; 김석휘, 주석(상), 140면; 김태봉(7인 공저), 623면; 이재상, 748면; 김일수, 743면; 박상기, 662면; 배종대, 851면; 임웅, 886면; 오영근, 947면; 정영일, 786면; 손동권, 786면; 김성돈, 740면. 다만 황산덕, 65면은 직무행위가 기속처

는 견해(주관설 또는 공무원표준설)[228], ③ 일반인의 입장에서 공무원의 직무집행으로 인정할 수 있는 때에는 적법하다고 인정해야 한다는 견해(일반인표준설),[229] ④ 주관설·객관설 기준을 모두 고려해야 한다는 견해(절충설)[230]의 대립이 있다.

주관설은 공무원의 주관에 따라 위법 여부가 좌우 될 위험이 있고 실제상 적법성불요설과 다를 바 없으며, 일반인표준설은 법에 문외한인 일반인은 직무집행의 외관만으로 적법하다고 판단하기 쉽기 때문에 정확한 판단을 기대할 수 없고, 절충설은 판단기준이 불안정·모호하므로 타당하지 않다. 따라서 객관설이 타당하다(통설). 즉, 직무집행의 적법성 여부는 전문가의 입장에서 공무의 공익적 측면과 침해되는 개인적 이익을 비교형량하여 법원이 객관적으로 판단해야 할 사항이다.

(d) 적법성판단의 시기　적법성 여부를 판단하는 시기는 공무집행 당시의 구체적 행위사정에 대한 객관적 판단이라야 한다. 따라서 법률에서 공무원에게 어느 정도의 재량권을 인정하고 있는 경우에는 가령 사후적인 객관적 판단에서 잘못 인정한 점이 있어도 행위시의 상황으로 보아 그러한 사실 인정이 공무원으로서 주의의무를 다한 것으로 인정되는 한 적법한 직무집행이라고 해야 한다. 이에 반하여 공무원에게 재량의 여지가 없거나 재량권이 있어도 권한을 남용하여 명백히 부당한 재량을 하였다고 인정되는 경우, 또는 재량권의 범위 내의 행위라도 충분한 의무를 다하지 못한 경우에는 위법한 직무집행이 될 것이다.

(e) 위법명령의 집행　공무원이 상관의 위법명령을 집행한 경우에 적법한 직무집행이 되느냐가 문제된다. ① 상관의 명령이 위법한 이상 하관이 상관에 복종의무가 있다는 것만으로는 적법성을 인정할 수 없다는 견해,[231] ② 상관의 위법명령이 일반인의 입장에서 보아 지나치게 사회상규에 위배되지 않는 한 그 명령은 적법하고 이에 복종한 하관의 행위도 적법이라는 견해가[232] 대립한다. 그러나 적법성 여부를 객관설에 따라 결정해야 한다면 위법명령을 집행한 하관

분인 경우에는 객관설, 재량처분인 경우에는 주관설을 기준으로 한다.

228) 宮本, 大綱, 492면; Bockelmann, BT 1, S. 141; Dreher/Tröndle, StGB. §113 Rdn. 13.

229) 이건호, 64면; 대판, 1961. 8. 26, 4291형상852.

230) 유기천(하), 311면.

231) 서일교, 334면; 남흥우, 308면; 정영석, 60면; 김봉태(7인 공저), 624면; 정성근, 936면; 이재상, 748면; 진계호, 762면; 백형구, 603면; Welzel, StR. S. 503; Sch/Sch/Eser, StGB. §113 Rdnl 31; Maurach/Schröder/Maiwald, BT 2, S. 189.

232) 황산덕, 65면 이하.

의 행위도 당연히 위법이라고 해야 한다. 판례도 같은 태도이다.[233]

(f) 적법성의 체계상 지위 이에 대해서도 견해가 나뉘어진다.

aa) 객관적 처벌조건설 직무집행의 "적법성"은 객관적 처벌조건에 불과하고 적법성에 대한 인식 유무는 고의의 성부나 범죄성립에 영향이 없다는 견해이다.[234] 이에 따르면 공무원의 위법한 직무집행에 저항한 경우에도 구성요건에 해당하는 위법행위가 되고 단지 처벌만이 조각될 뿐이므로 공무집행에 대해서는 일체의 정당방위를 할 수 없게 되어 적법성을 요구하는 취지에 반한다.

bb) 구성요건요소설 직무집행의 "적법성"은 구성요건요소이고 적법성에 관한 착오는 구성요건요소인 행위사정에 관한 구성요건적 착오로서 고의를 조각한다는 견해이다.[235] 국가는 적법한 직무집행만을 보호해야 하고 적법한 공무집행을 방해하는 행위에 대해서만 처벌할 이익이 있다는 것을 이유로 한다. 이에 대해서는 일반인의 입장에서 당연히 적법하다고 인정되는 직무집행에 대해서 행위자만이 경솔하게 위법하다고 오신한 경우에도 항상 고의가 조각되어 이 죄의 성립이 부정된다는 결함이 있다.[236]

cc) 위법성조각설 직무집행의 적법성을 요구하는 것은 이에 대한 저항이 당연히 위법성을 조각시킨다는 의미이므로 적법성은 위법요소이고, 이에 대한 착오는 위법성의 착오로서 고의조각과 관계없이 책임만이 조각되거나 감경될 뿐이라고 한다.[237] 독일 형법(제113조 4항)은 대체로 이 견해를 입법화하였다고 볼 수 있다.

dd) 결 어 어느 설에 의하건 적법성에 대한 착오가 있으면 처벌되지 않는다. 적법한 직무집행에 대한 보호의 필요성과 이에 대한 방해의 처벌 필요성은 위법성조각설에서도 당연히 인정하므로 이것 때문에 구성요건요소설을 주장해야 하는 필연성은 없다. 오히려 공무의 적정성과 적법성이라는 점에서 본다면

---

233) 대판, 1972. 10. 31, 72도2005 참조.

234) 서일교, 333면; RGSt. 55, 161; RGSt. 72, 301; BGHSt. 4, 161.

235) 김석휘, 주석(상), 152면; 이재상, 749면; 김일수, 741면; 배종대, 851면; 백형구, 602면; 김성천/김형준, 987~988면; 정영일, 789면; 손동권, 787면; 김성돈, 741면; Sch/Sch/Eser, StGB. §113 Rdn. 20.

236) 김봉태(7인 공저), 628면은 구성요건요소설의 입장에서 이러한 결함을 시정하기 위해 적법성의 근거가 되는 행위사정에 관한 착오는 구성요건적 착오로 고의가 조각되지만 적법성 평가에 대한 착오는 위법성의 착오로서 책임이 조각·감경된다고 한다.

237) 유기천(하), 333면; 황산덕, 67면; 진계호, 760면; 임웅, 888면; 오영근, 948면; Welzel, StR. S. 502.

적법성을 고의의 요건이 아니라고 할 때에 보호의 필요성도 강조 된다고 할 수 있다. 형법은 적법성을 명시하지 아니한 이상 고의의 요건으로 적법성에 대한 인식까지 요구할 필요는 없다고 본다. 따라서 적법성은 위법요소라는 견해가 타당하다. 판례도 같은 취지이다.

【판례】 경찰관의 행위가 적법한 공무집행을 벗어나 불법하게 체포한 것으로 볼 수밖에 없다면, 그 체포를 면하려고 반항하는 과정에서 경찰관에게 상해를 가한 것은 불법 체포로 인한 신체에 대한 현재의 부당한 침해에서 벗어나기 위한 행위로서 정당방위에 해당하여 위법성이 조각된다(대판, 2000. 7. 4, 99도4341).

3) 행 위　행위는 폭행 또는 협박하는 것이다. 형법상 폭행·협박의 개념은 다의적으로 사용되고 있으나 이 죄의 폭행·협박은 광의의 의미이다.

(a) 폭 행　이 죄의 폭행은 ① 공무원을 향하여 유형력을 행사하면 충분하고, 반드시 직접적으로 공무원의 신체에 대하여 가해질 필요는 없다. 따라서 공무원의 지휘에 따라 직무집행과 밀접불가분의 관계가 있는 보조자에게 유형력이 가해진 경우와[238] ② 직접적으로는 물건에 대한 유형력이지만 그것이 공무원의 신체에 물리적으로 감응을 줄 수 있는 경우(간접폭행)에도 이 죄의 폭행이 된다.[239] 따라서 공무를 집행하고 있는 파출소 사무실 바닥에 인분이 들어 있는 통을 집어 던지고 책상위에 있던 재떨이에 인분을 퍼담아 사무실 바닥에 던지는 경우에도[240] 경찰관에 대한 폭행이 된다.

(b) 협 박　협박은 공포심을 생기게 할 수 있는 일체의 해악을 고지하는 것을 말하고, 이로 인하여 상대방이 현실로 공포심을 일으켰는가는 묻지 않는다.[241] ① 고지된 해악의 내용, 고지방법도 묻지 않는다. 따라서 가옥명도를 집

238) 대판, 1970. 5. 12, 70도561: "폭행의 상대방이 집달관 대리가 아니고 그 인부라 하더라도 동인에게 폭행을 가함으로써 집달관 대리에 대하여 간접으로 폭행을 가한 것이 되어 공무집행방해죄가 성립한다."

239) 대판, 1998. 5. 12, 98도662: "공무집행방해죄에 있어서의 폭행이라 함은 공무원에 대한 직접적인 유형력의 행사뿐 아니라 간접적인 유형력의 행사도 포함하는 것이다."

240) 대판, 1981. 3. 24, 81도326.

241) 대판, 1962. 5. 17, 4295형상12; 대판, 1989. 12. 26, 89도1204: "공무집행방해죄에 있어서 협박이라 함은 상대방에게 공포심을 일으킬 목적으로 해악을 고지하는 행위를 의미하는 것으로서 고지하는 해악의 내용이 그 경위, 행위당시의 주위상황, 행위자의 성향 등 행위당시의 여러 사정을 종합하여 객관적으로 상대방으로 하여금 공포심을 느끼게 하기에 족하면 되고 상대방이 현실로 공포심을 품게 될 것까지 요구되는 것은 아니다."

행하는 집달관에게 욕설하고 마루밑으로 밀면서 불법집행이라고 소리쳤다는 일련의 언동도 협박이 된다.[242] ② 반드시 명시의 언동일 필요가 없고 자신의 성행, 경력 또는 직업상 불법한 위세를 이용하여 이에 응하지 않을 때에는 불이익을 받게 될 것이라는 우려를 갖게 하여도 협박이 된다. ③ 제3자의 행위에 의한 해악고지도 행위자 자신이 그 제3자의 결의에 영향을 줄 수 있는 지위에 있음을 알린 때에는 협박이 된다. ④ 직접적으로 공무원에게 가할 필요가 없고 제3자에 대한 협박도 그것이 공무원의 직무집행을 방해할 수 있는 것이면 족하다. 따라서 가처분명령을 집행하는 집행관을 보조하는 인부에게 협박한 때에도 이 죄가 성립한다.

(c) 폭행·협박의 방법·정도　　폭행·협박은, ① 적극적인 것이라야 한다. 그러므로 예컨대, 공무원에게 체포당하지 않으려고 손을 뿌리치고 도주하거나 공무원 앞에서 문을 닫아 버리는 것은 이 죄에 해당하지 않는다.[243] ② 성질상 공무원의 직무집행을 방해할 수 있는 정도의 것이라야 한다.[244] 공무원이 개의치 않을 정도의 경미한 폭행·협박은 공무의 적정이 방해될 염려가 없으므로 이 죄를 구성하지 않는다.[245] 그러나 공무집행을 방해할 수 있는 정도의 폭행이면 계속적·반복적으로 행할 필요가 없고, 일회적·순간적으로 가해져도 무방하다.

(d) 기수시기　　이 죄는 폭행·협박이 가해짐으로써 즉시 기수가 되며 직무집행이 현실로 방해되었음을 요하지 않는다(추상적 위험범·거동범). 이 죄를 구체적 위험범으로 보는 견해도 있으나[246] 직무집행의 적법성을 요건으로 하는 이상 이에 대한 방해는 추상적 위험의 정도로 충분하다고 본다.[247]

---

242) 대판, 1969. 2. 18, 68도41.

243) 유기천(하), 332면; 이재상, 750면; 박상기, 662면; 배종대, 852면; 진계호, 764면; 임웅, 889면; 백형구, 581면; 오영근, 949면; 손동권, 788면; 정영일, 790면; 김성돈, 742면.

244) 대판, 1996. 4. 26, 96도281: 「차량을 일단 정차한 다음 경찰관의 운전면허증 제시요구에 불응하고 다시 출발하는 과정에서 경찰관이 잡고 있던 운전석 쪽의 열린 유리창 윗부분을 놓지 않은 채 어느 정도 진행하다가 차량속도가 빨라지자 더 이상 따라가지 못하고 손을 놓아버렸다면 이러한 사실만으로는 피고인의 행위가 공무집행방해죄에 있어서의 폭행에 해당한다고 할 수 없다.」

245) 대판, 1976. 5. 11, 76도988.

246) 배종대, 852면.

247) 황산덕, 68면; 정영석, 61면; 이건호, 65면; 김봉태(7인공저), 627면; 이재상, 750면; 김일수, 744면; 박상기, 663면; 진계호, 764면; 임웅, 889면; 손동권, 789면; 정영일, 791면; 김성돈, 742면.

4) 주관적 요소 주관적 구성요건요소로서 고의가 있어야 한다. 이 죄의 고의는 상대방이 공무원이고 직무집행 중이라는 사실과 이에 대해서 폭행 또는 협박을 가한다는 인식·의사이다. 미필적 고의로 족하다. 이 경우 공무원의 직무의 내용과 직무집행의 적법성은 인식할 필요가 없다(적법성에 대한 위법요소설).

(a) 방해의사요부 고의 외에 직무집행을 방해한다는 의사도 있어야 하느냐가 논의된다. 이에 대해서 ① 행위의 객체는 공무원이지만 보호법익은 공무자체라는 이유로 방해의사도 필요하다는 견해와,[248] ② 이 죄는 목적범이 아니므로 방해의사를 가질 필요는 없고 방해의 인식이 있음으로써 충분하다는 견해가[249] 대립한다. 이 죄는 공무 그 자체를 보호하는 추상적 위험범이고 보호법익까지 침해할 의사가 필요한 것은 아니므로 공무원의 직무집행을 방해한다는 고의로 충분하며, 별도로 방해의사는 요하지 않는다고 해야 한다(통설). 판례도 같은 취지이다.

【판례】 공무집행방해죄에 있어서의 범의는 상대방이 직무를 집행하는 공무원이라는 사실, 그리고 이에 대하여 폭행 또는 협박을 한다는 사실을 인식하는 것을 그 내용으로 하고, 그 인식은 불확정적인 것이라도 소위 미필적 고의가 있다고 보아야 하며, 그 직무집행을 방해할 의사를 필요로 하지 아니하고 이와 같은 범의는 피고인이 이를 자백하고 있지 않고 있는 경우에는 그것을 입증함에 있어서는 사물의 성질상 고의와 상당한 관련성이 있는 간접사실을 증명하는 방법에 의할 수밖에 없는 것이나, 그 때에 무엇이 상당한 관련성이 있는 간접사실에 해당할 것인가는 정상적인 경험칙에 바탕을 두고 치밀한 관찰력이나 분석력에 의하여 사실의 연결상태를 합리적으로 판단하는 것 외에 다른 방법은 없다(대판. 1995. 1. 24, 94도1949).

(b) 적법성 착오 행위자가 공무원의 적법한 직무집행을 위법하다고 오신하여 폭행·협박을 가한 경우, 직무집행 적법성의 법적 성질에 따라 고의 인정여부가 달라진다. 위법성조각설(위법요소설)에 의하면 공무원의 직무집행이 위법하다고 오인한 경우는 결국 자기행위가 위법하지 않다고 오인한 것이 되므로 위법성의 착오가 된다. 이 착오를 위법성조각사유의 전제사실에 대한 착오라는

248) 서일교, 355면; 유기천(하), 332면.

249) 황산덕, 68면; 이건호, 66면; 정영석, 61면; 김봉태(7인 공저), 627면; 이재상, 751면; 김일수, 740면; 박상기, 663면; 배종대, 853면; 진계호, 765면; 백형구, 604면; 임웅, 889면; 정영일, 791면; 김성돈, 742면. 다만 김일수/서보학, 872면은 공무집행방해의 목적을 수행하는 경향범으로 본다.

견해도[250] 있으나 엄격책임설에서는 전제사실의 착오도 위법성의 착오가 되므로 제한책임설을 고정화하여 전제사실의 착오라고 해야만 타당한 것은 아니다.

(2) 죄수 · 타죄와의 관계

1) 죄 수 이 죄의 죄수를 결정하는 기준에 대해서, ① 판례는 공무원의 수에 따라 결정해야 하고, 동시에 수인의 직무집행을 방해한 때에는 수죄의 상상적 경합이 된다는데 대해서,[251] ② 공무의 수를 기준으로 결정해야 한다는 통설이[252] 대립한다. 이 죄는 공무원을 보호하는 것이 아니라 공무 자체를 보호하므로 후설이 타당하다. 따라서 동일한 공무를 집행하는 수인의 공무원을 폭행한 때에도 하나의 공무집행방해죄만 성립한다.

2) 타죄와의 관계 이 죄의 행위는 폭행 또는 협박을 수단으로 하므로 폭행죄 · 협박죄 · 특수폭행죄 · 특수협박죄는 이 죄에 흡수되어 별죄를 구성하지 않는다(법조경합). 그러나 폭행 · 협박이 그 범위를 넘어 살인 · 상해 · 강도 · 준강도 · 체포 · 감금 · 소요 등의 다른 죄에 해당할 경우에는 이 죄와 그 각각의 죄의 상상적 경합이 된다. 다만 강도가 체포면탈 목적으로 경찰관에게 폭행한 때에는 강도죄와 이 죄의 경합범이 된다.[253]

공무집행방해죄와 업무방해죄의 관계에 대해서, ① 공무는 업무방해의 업무에 포함되지 않기 때문에 이 죄가 성립하는 경우에는 업무방해죄는 성립하지 않는다는 견해(공무제외설),[254] ② 공무도 업무에 포함되지만 이 죄가 성립하는 경우에는 법조경합에 의하여 업무방해죄의 적용이 배제된다는 견해(공무포함설),[255] ③ 비권력적 공무(사기업성공무)와 폭행 · 협박 · 위계 이외의 수단으로 방해한 공무는 업무방해죄의 업무에 해당하고 그 이외의 공무원의 공무는 공무집행방해죄의 공무에 해당한다는 견해(공무구별설)[256]가 대립한다. 공무제외설은 허위사실 유포 기타 위

250) 위법성조각사유의 전제사실에 관한 착오라는 견해는 임웅, 887면.
251) 대판, 1961. 9. 28, 4291형상415.
252) 유기천(하), 307면 이하; 서일교, 331면; 김봉태(7인 공저), 629면; 이형국, 807면; 이재상, 752면; 김일수, 745면; 박상기, 663면; 배종대, 854면; 진계호, 765면; 백형구, 604면; 이정원, 777면; 임웅, 889면; 손동권, 790면; 정영일, 791면.
253) 대판, 1992. 7. 28, 92도917.
254) 유기천(상), 176면; 김종원, 168면; 진계호, 766면; 김일수, 746면; 이재상, 752면; 박상기, 663면; 백형구, 604면; 손동권, 791면; 오영일, 951면; 김성돈, 743면.
255) 서일교, 112면; 정영석, 293면; 이건호, 301면; 배종대; 854면; 임웅, 890면.
256) 황산덕, 241면; 김석휘, 주석(상), 155면; 정성근, 274면; 이형국, 808면; 김일수, 183면; 진계호, 240면.

계에 의한 공무방해를 처벌할 수 없고, 공무포함설은 공무를 이 죄와 업무방해죄에 의해서 이중으로 보호한다는 결함이 있으므로 공무구별설에 의하여 공무집행방해죄에 해당할 수 없는 경우에만 업무방해죄가 성립한다고 해야 한다(업무방해죄의 업무 참조).

2. 직무 · 사직강요죄

> **【구성요건 · 법정형】** 공무원에 대하여 그 직무상의 행위를 강요 또는 저지하거나 그 직을 사퇴하게 할 목적으로 폭행 또는 협박한 자도 전항의 형과 같다(제136조 2항).

(1) 의 의

공무원에 대하여 그 직무상의 행위를 강요 또는 저지하거나 그 직을 사퇴하게 할 목적으로 폭행 또는 협박함으로써 성립하는 범죄이다. 이 죄는 (협의의) 공무집행방해죄와 비교하여 두 가지 점에서 공무방해의 방법을 수정한 구성요건이다. ① 공무집행방해죄는 현재 직무집행 중의 공무를 보호하기 위한 범죄임에 대해서 이 죄는 장래의 공무집행을 보호하기 위한 범죄이다. 따라서 행위의 객체는 전자는 공무집행 중인 공무원임에 반하여, 후자는 단순한 공무원이다. ② 이 죄는 공무원에 대하여 직무상의 행위강요, 직무행위 저지, 그 직의 사퇴 중 어느 하나의 목적을 가지고 폭행 또는 협박을 하는 목적범이라는 점에 특색이 있다. 따라서 목적범의 원칙이 그대로 타당하므로 목적달성 여부는 이 죄의 성립에 영향이 없고, 목적의 존부는 불법의 존부를 결정하게 된다.

(2) 보호법익

보호법익에 대해서는, ① 공무원의 직무집행과 그 직무상의 지위의 안전도 보호한다는 견해와,[257] ② 공무원의 지위의 안전은 공무를 보호하는 반사적 효과에 불과하므로 보호법익은 공무 그 자체로 한정하여야 한다는 견해가[258] 대립한다. 이 죄는 직무상의 행위를 강요하는 행위뿐만 아니라 공무원을 그 직에

257) 황산덕, 68면; 정영석, 64면; 이재상, 753면; 박상기, 664면; 배종대, 854면; 백형구, 605면(직무강요죄는 공무, 사직 강요죄는 공무와 공무원 지위안전을 보호); 진계호, 766면; 임웅, 891면; 정영일, 793면; 손동권, 792면; 김성돈, 744면.

258) 김석휘, 주석(상), 128면; 김일수, 746면; 김일수/서보학, 873면; 이정원, 778면; 김성천/김형준, 994면; 신동운, 382면; 오영근, 953면.

서 사퇴하게 할 목적으로 폭행・협박하는 경우까지 처벌하고 있다는 점에 비추어 직무집행(공무)과 공무원의 지위의 안전도 동시에 보호하고 있다고 해야 한다. 이러한 의미에서 이 죄는 강요죄(제324조)와 유사한 점이 있으나 보호법익과 죄질을 달리 하며, 강요죄가 침해범임에 대해서 이 죄는 강요가 목적으로 되어 있는 추상적 위험범, 거동범, 목적범이므로 보호의 정도도 다르다.

(3) 구성요건요소

1) 주 체 주체는 공무집행방해죄와 같이 아무런 제한이 없다.

2) 객 체 행위 객체도 공무원이라는 점에서 공무집행방해죄와 같다. 다만 공무집행방해죄에 있어서는 공무집행 중인 공무원임에 대해서 이 죄는 이러한 제한 없이 모든 공무원이라는 점에 차이가 있다. 따라서 직무집행 중인 공무원뿐만 아니라 장래에 직무를 집행할 공무원도 이 죄의 행위객체가 된다.

3) 행 위 행위는 폭행 또는 협박이다. 폭행・협박의 의미・내용도 공무집행방해죄의 그것과 같다. 협박에 있어서는 고지와 해악이 현재 급박한 것임을 요하지 않는다. 이 죄는 폭행・협박에 의한 경우에만 성립하므로 직무상의 행위를 강요・저지・사퇴시키기 위하여 뇌물을 제공하거나 폭행・협박 이외의 방법으로 사직을 권고하더라도 이 죄에 해당하지 않는다. 직무강요나 사퇴시킬 목적으로 폭행 또는 협박을 가함으로써 이 죄는 기수가 되며(추상적 위험범), 목적달성 여부는 묻지 않는다(목적범).

4) 주관적 요소

가) 고 의 공무원에 대하여 폭행 또는 협박을 가한다는 인식・의사가 있어야 한다.

나) 목 적 고의 이외에 주관적 불법요소로서 직무상의 행위를 강요 또는 저지하거나 그 직을 사퇴하게 할 목적이 있어야 한다.

(a) 직무상 행위의 범위 "직무상의 행위"란 공무원이 직무에 관하여 할 수 있는 일체의 행위를 말한다. 직무상의 행위는 직무권한 내의 행위임을 요하느냐에 대해서, ① 당해 공무원의 직무와 관계 있는 행위이면 충분하고 권한 내의 행위이건 아니건 묻지 않는다는 견해와,[259] ② 당해 공무원의 일반적・추상적

259) 유기천(하), 314면; 정영석, 64면; 김봉태(7인 공저), 630면; 日最判, 昭 28. 1. 22, 刑集 7. 1, 8면.

권한에 속하는 것이면 충분하고 반드시 구체적인 권한에 속할 것을 요하지 않는다는 견해가[260] 대립한다.

이 죄의 보호법익은 공무를 주된 법익으로 하여 이와 관련된 범위 내에서 공무원의 지위도 보호하는 것이므로 공무원의 추상적 권한에 속하는 직무상의 행위이면 충분하다고 본다. 그러나 직무상 권한 없는 행위를 강요한 때에는 폭행죄 또는 협박죄만 성립하고 이 죄는 성립하지 않는다.

(b) 직무행위의 적법성　직무상의 행위는 적법해야 하느냐에 대해서도, ① 직무상의 행위는 적법 여부를 묻지 않는다는 견해,[261] ② 적법해야 한다는 견해,[262] ③ 직무상의 행위를 강요할 경우에는 적법 여부를 묻지 않으나 이를 저지하는 경우에는 적법한 직무상의 행위에 한한다는 견해(통설)가 대립한다.[263]

공무원의 위법한 직무행위에 대해서는 정당방위로 대항할 수 있을 뿐만 아니라 국가의 기능적 작용도 법의 범위 내에서만 타당성을 갖는 것이므로(공무집행방해죄 참조) 이를 저지하는 행위가 범죄가 되기 위해서는 직무행위가 적법하지 않으면 안 된다. 이에 대해서 직무강요는 그 자체가 위법한 행위이므로 직무행위의 적법·위법을 묻지 않는다고 해야 한다(이 점에서 강요죄가 사람으로 하여금 의무 없는 일을 하게 하거나 할 수 있는 권리를 방해하는 것을 요건으로 하는 것과 다르다.).

(c) 직무행위의 강요·저지　"강요"는 직무에 관계된 처분을 적극적으로 하게 하는 것을 의미한다(작위처분). 따라서 의장(議場)에서 국회의원의 의사에 반하는 의견을 협박에 의하여 발표하게 하거나 부당한 과세방법을 시정하기 위하여 적법한 절차를 밟지 않고 세무서장을 협박하여 과세를 시정시키는 것도 강요죄에 해당한다. "저지"는 공무원에게 부작위처분을 강요하는 것을 말한다. 예컨대, 국회에 출석하려는 국회의원을 길목에 기다렸다가 그에게 폭행·협박을 가하여 출석을 단념시키는 것이 이에 해당한다.

(d) 그 직의 사퇴　"그 직을 사퇴하게 한다"는 것은 공무집행을 방해하는

---

260) 서일교, 337면; 이재상, 754면; 진계호, 768면; 배종대, 855면; 백형구, 606면; 임웅, 892면; 정영일, 794면; 김성돈, 745면. 황산덕, 69면은 직무권한내의 행위임을 요한다고 하므로 이와 같은 취지라고 본다.

261) 유기천(하), 314면; 황산덕, 69면.

262) 서일교, 337면; 오영근, 954면.

263) 김석휘, 주석(상), 157면; 김봉태(7인 공저), 630면; 이재상, 754면; 김일수, 747면; 배종대, 855면; 진계호, 768면; 임웅, 892면; 이형국, 809면; 김성천/김형준, 995면; 정영일, 794면; 손동권, 792면; 김성돈, 745면.

수단으로서 사직시키는 경우와, 공무집행과 상관없이 단순한 개인적인 사정에 의해 사직시키는 경우를 말한다. 공무집행과 상관없는 경우에는 공무원의 지위 자체를 보호하려는 것처럼 보이지만 역시 이를 통해 공무도 보호하고 있다고 해야 한다.

(4) 죄수 · 타죄와의 관계

1) 죄 수 세무서장 외 3인의 직원에게 협박을 가하여 납세자에게 유리한 처분을 강요한 때에는 수죄의 상상적 경합이 된다.

2) 타죄와의 관계 ① 이 죄는 폭행죄 · 협박죄를 흡수한다(법조경합). ② 이 죄와 강요죄의 관계에 대해서는 강요죄의 특수한 경우로 보아야 한다는 이유로 강요죄도 이 죄에 흡수된다는 견해도 있으나,[264] 이 죄는 강요죄처럼 강요의 결과가 발생할 것을 요건으로 하는 침해범이 아니므로 두 죄는 상상적 경합관계에 있다고 해야 한다.[265]

3. 위계에 의한 공무집행방해죄

> 【구성요건 · 법정형】 위계로서 공무원의 직무행위를 방해한 자는 5년 이하의 징역 또는 1천만원 이하의 벌금에 처한다(제137조).

(1) 의의 · 성격

위계에 의하여 공무원의 직무집행을 방해하는 범죄로서 공무집행방해죄에 준해서 처벌한다. 다만 공무집행방해죄와 다음과 같은 점이 다르다. 이 죄의 객체가 현재 공무를 집행하고 있는 공무원임을 요하지 않고, 장래의 직무집행을 예상한 경우와 위계의 상대방이 공무원 아닌 제3자에 대해서도 이 죄가 성립할 수 있으며, 수단이 폭행 · 협박이 아니라 위계라는 점에서 구별된다(특별법상 위계에 의한 공무방해에 대해서는 조세범처벌법 제3조 이하). 추상적 위험범 · 거동범이다.

(2) 구성요건요소

1) 주 체 주체는 공무집행방해죄의 경우와 같다.

2) 객 체 객체는 직무집행 중에 있는 공무원, 앞으로 직무집행의 수행이

---

264) 김석휘, 주석(상), 159면; 김봉태(7인 공저), 630면; 손동권, 793면; 大塚(下), 594면.

265) 이재상, 754면; 김일수/서보학, 873면; 배종대, 855면; 진계호, 768면; 임웅, 892면; 백형구, 607면; 정영일, 795면; 김성돈, 745면.

예상되는 공무원, 그리고 직접적인 대상은 제3자이지만 그를 통해서 공무원의 직무집행을 방해할 수 있는 경우도 포함한다. 판례는 이미 압수되어 있는 몰수물에 대한 검사의 몰수 판결 집행업무는 위계에 의하여 방해당할 수 있는 성질의 업무가 아니라고 하였다.[266)]

3) 행 위 행위는 위계로서 공무집행을 방해하는 것이다.

(a) 위 계 "위계"란 타인의 부지 또는 착오를 이용하는 일체의 행위를 말한다.[267)] 기망이나 유혹의 수단을 사용하는 경우를 포함하며, 비밀로 하였건 공연히 하였건 묻지 않는다. 위계의 의미는 업무방해죄·신용훼손죄에 있어서의 위계와 같다. 위계의 상대방은 직접 직무를 담당하고 있는 공무원일 필요가 없고 제3자를 기망하여 공무원의 직무를 방해하는 경우도 무방하다. 사람 아닌 컴퓨터 정보처리에 장애를 일으켜 공무집행을 방해한 때에는 컴퓨터이용업무방해죄(제314조2항)만 성립한다. 범죄수사나 인·허가 사항의 심사에 있어서 허위신고·허위진술·허위자료 제출 등은 위계라 할 수 없다. 이러한 경우에는 애당초 사실과 다른 진술이나 자료가 있다는 전제에서 수사나 심사가 행해지는 것이고, 가령 허위사실을 믿고 결정을 내렸다 하더라도 이는 관청의 불충분한 수사·심리에 의한 것이기 때문이다. 판례도 일관하여 이러한 경우에 이 죄의 성립을 부정한다.[268)] 다만 판례는 혈액을 바꿔치기하여 적극적으로 증거를 조작한 때와,[269)] 인·허가 심사업무를 담당하는 공무원이 허위출원사유임을 알면서도 결재권자의 부지를 이용하여 결재를 받아낸 경우[270)]에도 이 죄의 성립을 인정한다.

---

266) 대판, 1995. 5. 9, 94도2990.

267) 대판, 1983. 9. 27, 83도1864: 이 죄에 있어서 "소위 위계라 함은 행위자의 행위목적을 이룩하기 위하여 상대방에 오인, 착각 또는 부지를 일으키게 하여 이를 이용하는 것을 말하며 상대방이 이에 따라 그릇된 행위나 처분을 하였다면 위계에 의한 공무집행방해죄가 성립한다고 할 것이므로 상업학교 입학원서 추천서란을 사실과 다르게 조작 허위기재하여 그 추천서 성적이 고등학교 입학전형의 자료가 되었다면 위계에 의하여 고등학교 입학전형업무를 방해한 것이다." 같은 취지: 대판, 1997. 2. 28, 96도2825.

268) 피의자·참고인의 허위진술에 대해 대판, 1971. 3. 9, 71도186; 대판, 1972. 10. 10, 72도1974; 대판, 1977. 2. 22, 76도368. 수사기관에 허위신고한 경우는 대판, 1974. 12. 10, 74도2831. 행정관청의 인가사항에 허위사실기재나 허위자료제출의 경우는 대판, 1975. 7. 8, 75도324; 대판 1988. 5. 10, 87도2079; 대판, 1989. 1. 17, 88도709; 대판, 1989. 3. 28, 88도893. 민사소송에 허위사실 기재한 입증자료제출의 경우는 대판, 1977. 9. 23, 77도284; 대판, 1984. 1. 31, 83도2290. 전화가입청약 순위에 관해 허위신고한 경우는 대판, 1977. 12. 27, 70도3199.

269) 대판, 2003. 7. 25, 2003도1609.

270) 대판, 1997. 2. 28, 96도2825. 이 경우와 행정관청의 불충분한 심사에 기인하여 인허가를 한 경우를 구별해야 함.

【판례】 ① 행정관청이 사실을 충분히 확인하지 아니한 채 출원자가 제출한 허위의 출원사유나 허위의 소명자료를 가볍게 믿고 인가 또는 허가를 하였다면, 이는 행정관청의 불충분한 심사에 기인한 것으로서 출원자의 위계에 의한 것이었다고 할 수 없어 위계에 의한 공무집행방해죄를 구성하지 않는다(대판, 1997. 2. 28, 96도2825). 그러나 ② 신청인이 업무담당자에게 허위의 주장을 하면서 이에 부합하는 허위의 소명자료를 첨부하여 제출한 경우, 그 수리 여부를 결정하는 업무담당자가 관계 규정이 정한 바에 따라 그 요건의 존부에 관하여 나름대로 충분히 심사를 하였으나 신청사유 및 소명자료가 허위임을 발견하지 못하여 그 신청을 수리하게 될 정도에 이르렀다면, 이는 업무담당자의 불충분한 심사가 아니라 신청인의 위계행위에 의한 것으로서 위계에 의한 공무집행죄가 성립한다(대판, 2009. 2. 26, 2008도11862).[271]

(b) 공무집행방해 "방해"는 공무 자체에 지장을 주거나 지장을 줄 위험성이 있는 일체의 행위를 말한다. 따라서 공무집행 자체를 방해하는 경우뿐만 아니라 공무집행을 위한 사무를 저해하는 것도 포함한다. "공무집행을 방해한다"는 의미에 대해서 공무집행방해죄의 경우와는 달리 공무집행이 방해된 결과가 발생해야 한다는 견해도 있다.[272] 그러나 이 죄와 공무집행방해죄는 공무집행을 방해한다는 점에서 본질적으로 그 성질이 동일하므로 반드시 방해의 결과가 발생할 필요가 없고 그 위험성만 있으면 이 죄는 완성된다고 본다(추상적 위험범).[273]

이 점에 관한 판례는 명백하지는 않다. 허위주소를 기재하여 소환장이 허위주소로 송달케 한 사안에서 "이로 인하여 법원 공무원의 구체적이고 현실적인 어떤 직무집행이 방해되었다고 할 수 없으므로"라는 이유로 이 죄의 성립을 부인한 것은[274] 이 죄를 결과범으로 본 것으로 보인다. 그러나 다수의 판례는 그 위험성만 있으면 이 죄가 완성되는 것으로 보고 있다.

【위계에 의한 공무집행방해죄를 인정한 판례】 ① 시험문제를 사전에 입수하여 문제의 내용을 이미 알고 응시한 경우,[275] ② 시험장에서 답안 쪽지를 전달하는 경우,[276] ③ 운전면허시험에 대리응시하는 경우,[277] ④ 간호보조원 자

---

271) 범죄행위로 인하여 강제출국당한 전력이 있는 사람이 외국주재 한국영사관에 허위의 호구부 및 외국인등록증을 발급받은 사안. 같은 취지: 대판, 2011. 4. 28, 2010도14696.

272) 서일교, 336면; 정창운, 341면; 백형구, 608면.

273) 정영석, 65면; 김석휘, 주석(상), 160면; 김봉태(7인 공저), 631면; 이재상, 757면; 박상기, 665면; 진계호, 770면; 이정원, 780면; 임웅, 895면; 정영일, 795면; 김성돈, 746면.

274) 대판, 1977. 7. 13, 77도284; 대판, 1996. 10. 11, 96도312; 대판, 2000. 3. 24, 2000도102.

275) 대판, 1966. 4. 26, 66도30.

276) 대판, 1967. 5. 23, 67도650; 대판, 1983. 9. 27, 83도1864; 대판, 1986. 9. 9, 86도1245.

격시험 응시자격을 증명하는 수료증명서를 허위작성하여 제출하는 경우,[278] ⑤ 5년 내에 개인택시 운송사업을 양도할 수 없음에도 불구하고 장기치료를 요하는 질병으로 운전할 수 없는 것처럼 허위진단서를 제출하여 양도인가처분을 받은 경우,[279] ⑥ 음주운전 교통사고 운전자가 형사처벌을 면하기 위해 타인의 혈액을 조사경찰관에게 제출하여 감정케 한 경우[280] 등은 위계에 의하여 공무집행을 방해한 것이라고 판시하고 있다. 그러나 국립대학교의 전임교원 공채심사위원인 학과장 甲이 지원자 乙의 부탁을 받고 이미 논문접수가 마감된 학회지에 乙의 논문이 게재되도록 돕고, 그 후 연구실적심사의 기준을 강화하자고 제안한 것은 해당 학과의 전임교원 임용 목적에 부합하는 것으로서 공정한 경우에 해당하므로 형법 제137조에서 말하는 '위계'에 해당하지 않는다(대판, 2009. 4. 23, 2007도1554)고 한다.

4) 주관적 요소　이 죄의 고의의 내용에 관해서 위계를 사용한다는 점에 대한 인식·의사가 있어야 함은 물론이다. 다시 공무집행을 방해할 의사도 있어야 하느냐에 대해서, ① 이를 긍정하는 다수설과,[281] ② 공무집행이 방해될 수 있다는 인식이 있으면 충분하고 방해의 의사까지는 필요없다는 소수설이[282] 대립한다. 판례는 일관하여 공무집행을 방해하려는 의사가 있어야 한다고 판시하고 있다.[283]

폭행·협박을 수단으로 사용할 경우에는 폭행·협박 그 자체가 공무집행을 방해하는 것이므로 특별히 방해의사를 요구하지 않으나 위계를 사용하는 경우에는 모든 위계 자체가 항상 공무집행을 방해하는 것이 아니며, 이 죄에 있어서의 위계는 공무방해의 목적달성을 위한 수단에 지나지 않고,[284] 특히 이 죄의 직접적인 행위대상이 반드시 공무원임을 요하지 않는다는 점에 비추어 공무집행을 방해하려는 의사가 있어야 한다는 다수설·판례가 타당하다고 본다.

277) 대판, 1986. 9. 9, 86도1245.
278) 대판, 1982. 7. 27, 82도1301.
279) 대판, 2002. 9. 3, 2002도2064.
280) 대판, 2003. 7. 25, 2003도1609.
281) 황산덕, 70면; 정창운, 341면; 김봉태(7인 공저), 631면; 김일수, 750면; 배종대, 858면; 진계호, 770면; 임웅, 895면; 오영근, 958면; 손동권, 796면; 김성돈, 749면; 유기천(하), 314면도 같은 취지라고 본다.
282) 김석휘, 주석(상), 161면; 이재상, 757면; 정영일, 800면.
283) 대판, 1970. 1. 27, 69도2260; 대판, 1973. 6. 26, 72도2698. 같은 취지: 대판, 1977. 12. 27, 77도3199.
284) 유기천(하), 314면.

Ⅲ. 특수공무에 대한 방해죄

1. 법정 · 국회회의장모욕죄

【구성요건 · 법정형】 법원의 재판 또는 국회의 심의를 방해 또는 위협할 목적으로 법정이나 국회회의장 또는 그 부근에서 모욕 또는 소동한 자는 3년 이하의 징역 또는 700만원 이하의 벌금에 처한다(제138조).

【특별규정】 법원은 직권으로 법정 내외에서 제58조 제2항의 명령 또는 제59조에 위배하는 행위를 하거나 폭언 · 소란 등의 행위로 법원의 심리를 방해하거나 재판의 위신을 현저하게 훼손한 자에 대하여 결정으로 20일 이내의 감치 또는 100만원 이하의 과태료에 처하거나 이를 병과할 수 있다(법원조직법 제61조 1항).

(1) 의 의

법원의 재판 또는 국회의 심의를 방해 또는 위협할 목적으로 법정이나 국회회의장 또는 그 부근에서 모욕 또는 소동(騷動)함으로써 성립하는 범죄이다. 국가공무의 적정 · 공정한 기능을 보호하는 공무방해죄 중에서 구체적으로 법원의 재판기능과 국회의 심의기능을 특히 보호하려는 데에 그 취지가 있다. 따라서 이 죄는 행위를 함에 있어서 일정한 목적을 요하는 목적범이며 추상적 위험범 · 거동범이다.

(2) 구성요건요소

1) 주 체　주체는 제한이 없다. 피고인 · 증인 · 방청인뿐만 아니라 검사 · 변호인 기타 소송관계인이나 국회의원 그 밖에 누구라도 주체가 될 수 있다.

2) 행 위　행위는 법정이나 국회회의장 또는 그 부근에서 모욕 또는 소동하는 것이다.

(a) 모 욕　"모욕"이란 경멸의 의사를 표시하는 것을 말한다. 모욕의 상대방은 법관 · 국회의원임을 요하지 않고 증인, 방청인 · 입회검사 · 변호인이나 법원 또는 국회의 구성원 전체에 대한 것도 이 죄의 모욕이 될 수 있다. 증인이 정당한 이유 없이 선서거부나 증언거부를 하는 것도 여기의 모욕에 포함될 수 있다는 견해도 있으나[285] 소송법상 그 거부에 대한 제재를 받을 뿐이며 이 죄의

285) 유기천(하), 315면.

모욕이 되지 않는다.[286)]

(b) 소 동 "소동"이란 법원의 재판 또는 국회의 심의를 방해할 정도의 질서를 혼란시키거나 소음을 내는 문란한 행위를 말한다. 소동은 내란죄의 폭동이나 소요죄의 폭행·협박의 정도에 이르지 않아야 한다. 소동자는 한 사람이건 다수인이건 묻지 않는다. 그리고 소동의 방법도 묻지 아니하나, 적어도 재판이나 심의를 방해할 정도에 이르러야 한다.

(c) 모욕·소동의 시기·장소 모욕과 소동행위는 반드시 재판 중 또는 국회의 심의 중에 있을 것을 요하지 않고, 재판 또는 심의의 개시직전과 직후는 물론 휴식 중에도 가능하다. 그러나 재판·심리가 종료한 이후의 모욕·소동은 이 죄를 구성하지 않는다. 모욕 또는 소동은 법정이나 국회회의장 또는 그 부근에서 행해져야 한다. 법정·국회회의장 그 부근은 행위상황이다. 여기의 부근은 이 죄의 취지로 보아 심리나 심의에 영향을 미칠 수 있는 정도의 장소라고 해야 한다.[287)] 법정이나 회의장 부근이라고 되어 있으므로 법원정문 내지 울타리 밖은 이에 해당하지 않는다.[288)]

(d) 기수시기 법정이나 국회회의장 또는 그 부근에서 모욕 또는 소동함으로써 기수가 되며, 그로 인하여 현실로 방해·위협의 결과가 발생하여야 하는 것은 아니다(추상적 위험범).

3) 주관적 요소

(a) 고 의 법정 또는 국회회의장이나 그 부근이라는 것을 인식하여야 하며, 모욕 또는 소동에 대한 인식·의사도 있어야 한다.

(b) 목 적 법원의 재판 또는 국회의 심의를 방해 또는 위협할 목적이 있어야 한다. 재판 또는 심의를 방해·위협할 목적이란 국가의 사법작용 또는 입법작용을 방해·위협하여 적정한 국가기능을 해하겠다는 목적을 말한다. 목적 달성 여부는 범죄성립에 영향이 없다.

---

286) 김석휘, 주석(상), 62면; 김봉태(7인 공저), 632면; 이형국, 812면; 이재상, 758면; 김일수, 751면; 박상기, 664면; 배종대, 859면; 진계호, 772면; 백형구, 609면; 임웅, 896면; 오영근, 960면; 손동권, 797면; 정영일, 801면; 김성돈, 750면.

287) 이재상, 758면; 박상기, 667면; 배종대, 848면; 진계호, 772면; 임웅, 896면; 오영근, 960면; 손동권, 797면; 정영일, 801면.

288) 황산덕, 71면; 김봉태(7인 공저), 632면; 김일수/서보학, 880면; 박상기, 667면; 진계호, 772~773면; 임웅, 896면.

(3) 타죄와의 관계

1) 심리방해죄와의 관계 법원조직법상의 심리방해에 대한 제재(동법 제61조)는 검사의 공소제기 없이 법원의 직권으로서 20일 이내의 감치 또는 100만원 이하의 과태료 제재를 가할 수 있는 질서벌이므로, 법정모욕죄와 본질적으로 다르다. 그러나 법정모욕죄에 해당하는 경우의 대부분은 동시에 심리방해죄에 대한 제재 요건도 충족하므로 양자의 관계가 문제된다. 이에 대해서, ① 두 죄의 상상적 경합이 된다는 견해,[289] ② 법조경합의 택일관계에 있다는 견해,[290] ③ 법조경합의 보충관계에 있다는 견해[291] 등이 대립하고 있다. 그러나 두 가지 제재는 형벌과 질서벌이라고 하는 본질적인 차이가 있으므로 각각 별개의 제재라고 함이 타당하다.[292]

2) 모욕죄와의 관계 이 죄의 모욕행위가 동시에 법관·국회의원에 대한 모욕이 되는 경우에는 모욕죄는 이 죄에 흡수된다고 본다(법조경합).

2. 인권옹호직무방해죄

【구성요건·법정형】 경찰의 직무를 행하는 자 또는 이를 보조하는 자가 인권옹호에 관한 검사의 직무집행을 방해하거나 그 명령을 준수하지 아니한 때에는 5년 이하의 징역 또는 10년 이하의 자격정지에 처한다(제139조).

(1) 의 의

경찰의 직무를 행하는 자 또는 그 보조자가 인권옹호에 관한 검사의 직무집행을 방해하거나 그 명령을 준수하지 아니 함으로써 성립하는 범죄이다. 국가의 기능 중에서 특히 검사의 인권옹호에 관한 직무집행기능을 보호하는 데 그 취지가 있다. 그러나 검사의 직무집행을 방해하는 그 자체로도 공무집행방해죄에 해당하며, 검사와 상명하복관계에 있는 경찰이 그 명령을 준수하지 않는 경우에는 징계처분으로 충분히 그 목적을 달성할 수 있으므로 이를 특별히 형법에서 범죄로 규정할 필요는 없다고 본다. 추상적 위험범, 거동범이다.

---

289) 정영석, 64면; 김봉태(7인 공저), 633면; 정창운, 342면.
290) 유기천(하), 316면.
291) 김석휘, 주석(상), 163면.
292) 서일교, 338면; 이재상, 759면; 김일수, 748면; 박상기, 667면; 배종대, 859면; 진계호, 773면; 백형구, 610면; 임웅, 897면; 손동권, 798면; 정영일, 802면; 김성돈, 751면.

(2) 구성요건요소

1) 주 체 주체는 경찰의 직무를 집행하는 자 또는 이를 보조하는 자에 한한다(진정신분범). 검사의 지휘를 받아 수사의 직무를 담당하는 사법경찰관과 이를 보조하는 사법경찰리가 이에 해당한다. 사법경찰관리에는 일반사법경찰관리와 특별사법경찰관리를 포함한다. 다만 검사의 수사지휘를 받지 않는 군사법경찰은 이에 포함되지 않는다고 본다. 그리고 경찰의 직무를 보조하는 자란 그 직무상 보조하는 지위에 있는 자를 말하고, 사실상 이를 보조하는 사인은 포함되지 않는다. 구체적으로 누가 이러한 지위에 있느냐는 사법경찰관리의 직무를행할자와그직무범위에관한법률의 규정에 따른다.

2) 행 위 행위는 인권옹호에 관한 검사의 직무집행을 방해하거나 그 명령을 준수하지 아니하는 것이다.

(a) 인권옹호에 관한 검사의 직무집행·명령 각종의 강제처분에 대한 검사의 영장 집행지휘(형사소송법 제81조, 제115조, 제209조), 수사지휘(형사소송법 제196조), 구속장소감찰(형사소송법 제198조의2), 판결집행 등이 이에 해당한다. "직무집행과 명령"은 인권옹호에 관한 것이면 충분하므로 반드시 강제성을 띤 것에 한하지 않는다. 또한 "명령"은 작위·부작위이건 서면·구두에 의한 것이건 묻지 않는다. 직무를 방해하는 방법에 관하여 폭행·협박을 사용하는 경우에는 공무집행방해죄나 제135조의 죄가 성립한다는 이유로 이 죄에서 제외된다는 견해도 있다.[293] 그러나 직무집행을 방해하는 방법에는 제한이 없으므로 폭행·협박·위계 기타 방법에 의하거나 묻지 않는다고 본다.[294]

검사의 직무집행, 특히 명령은 적법해야 하느냐에 대해서는, 적법해야 한다는 견해와[295] 현저한 위법사유가 없는 한 적법 여부를 묻지 않는다는 견해가[296] 대립하고 있다. 적법성 여부를 묻지 않는다는 견해는 검사와 사법경찰관은 상명하복의 관계에 있으므로 사법경찰관이 검사의 명령을 함부로 비판·판단할 수

---

293) 유기천(하), 316면.

294) 황산덕, 72면; 정영석, 66면; 서일교, 338면; 김석휘, 주석(상), 166면; 김봉태(7인 공저), 633면; 이재상, 760면; 박상기, 668면; 배종대, 860면; 백형구, 611면; 임웅, 898면; 손동권, 798면; 정영일, 804면.

295) 이건호, 68면 이하; 김석휘, 주석(상), 65면; 이재상, 760면; 박상기, 668면; 배종대, 860면; 진계호, 774면; 백형구, 611면; 임웅, 898면; 오영근, 964면; 정영일, 803면; 손동권, 799면; 김성돈, 752면.

296) 유기천(하), 317면; 황산덕, 72면; 정영석, 67면; 김봉태(7인 공저), 634면; 김일수, 754면.

없다는 점을 그 이유로 한다. 그러나 상명하복의 관계에 있다고 해서 위법한 명령을 따르지 않는 행위까지 범죄로 취급하는 것은 타당하다고 할 수 없으므로 검사의 직무집행과 명령은 적법해야 한다는 견해가 타당하다. 명령을 준수하지 아니하는 것은 명령에 복종하지 않는 것으로 부분적인 불복종도 포함한다.

(b) 직무집행방해 · 명령불준수 "직무집행방해"는 직무집행에 지장을 주는 일체의 행위이고 위계에 의한 공무집행방해죄의 방해와 같다. "명령불준수"는 인권옹호에 관한 검사의 명령 · 지시에 복종하지 않는 것을 말한다. 부분적으로 준수하지 않는 것도 포함한다.

(c) 기수시기 이 죄가 성립하기 위해서는 직무방해의 결과가 현실적으로 발생해야 한다는 견해도 있으나,[297] 직무방해행위가 있거나 명령을 준수하지 아니함으로써 이 죄는 기수가 되고 현실적으로 방해의 결과가 발생함을 요하지 않는다고 본다(추상적 위험범).[298]

3. 공무상봉인 등 표시무효죄

【구성요건 · 법정형】 공무원이 그 직무에 관하여 실시한 봉인 또는 압류 기타 강제처분의 표시를 손상 또는 은닉하거나 기타 방법으로 그 효용을 해한 자는 5년 이하의 징역 또는 700만원 이하의 벌금에 처한다(제140조 1항). 미수범은 처벌한다(제143조).

(1) 의의 · 성격

공무원이 그 직무에 관하여 실시한 봉인 또는 압류 기타 강제처분의 표시를 손상 또는 은닉하거나 기타 방법으로 그 효용을 해함으로써 성립하는 죄이다. 국가기관의 기능 중에서 특히 공무원의 특정직무행위를 보호하기 위하여 그 집행 후의 효력을 저해하는 행위를 처벌하려는 데에 그 의의가 있다. 이 죄와 공무상비밀침해죄, 기술적 수단이용 공무상비밀침해죄를 합하여 "공무상비밀표시무효죄"라고 한다.

【판례】 이 죄의 보호법익은 공무원이 직무에 관하여 하여진 공무 그 자체를 보호하는데 그 자립목적이 있다 할 것이니 그 공무는 그 집행에 있어서 절차상의 하자가 있었다 하더라도 객관적 · 일반적으로 그가 공무원에 의하여 그

297) 서일교, 338면; 김봉태(7인 공저), 634면.
298) 진계호, 775면; 임웅, 898면; 손동권, 799면; 김성돈, 751면.

직무에 관하여 행하여진 것이라고 일응 인정할 수 있는 상태 하에 있는 이상 보호하여야 할 것이다(대판, 1961. 4. 21, 4294형상41).

(2) 구성요건요소

1) 주 체 주체는 제한이 없다. 반드시 봉인·압류·강제처분을 받은 자에 한하지 않으며, 공무원도 주체가 될 수 있다.

2) 객 체 객체는 공무원이 그 직무에 관하여 실시한 봉인 또는 압류 기타 강제처분의 표시이다.

(a) 공무원의 직무에 관하여 공무원의 개념은 직무위배 및 직권남용죄 참조. "직무에 관하여"는 공무집행방해죄의 그것과 같다. 직무에 관하여 실시한 것이라야 하므로 사직 또는 퇴직 후에 실시한 것은 제외된다.

(b) 봉 인 "봉인"이란 물건에 대한 임의적 처분(개피·열람·내용물 취급 등)을 금지하기 위하여 개봉금지의 의사표시로 그 외장(外裝)에 시행한 봉함 기타 이와 유사한 물적 설비를 말한다. 예컨대 우편행낭을 봉인하든가 방부제를 섞은 주류판매를 금하는 방법으로 권한 있는 공무원이 그 술통의 뚜껑 및 마개에 종이쪽지를 첨부하고 이에 봉인하여 봉함하는 것 등이 이에 해당한다.

봉인은 반드시 인장(인영)을 사용할 필요가 없다. 압류의 취지를 기재한 종이쪽지를 첨부하거나 쌓아둔 쌀가마니에 새끼줄을 치고 압류의 내용을 기재한 종이쪽지를 달아두어도 봉인이 된다. 그러나 단순히 그 물건에 부착되어 있는 자물통을 잠그는 것만으로는 봉인이라 할 수 없다.

(c) 압 류 "압류"란 공무원이 그 직무상 보전해야 할 물건을 자기의 점유로 옮기는 강제처분을 말한다. 민사집행법에 의한 유체동산의 압류, 가압류, 가처분, 국세징수법에 의한 압류 등이 이에 속한다. 그러나 압류라고 하기 위해서는 공무원이 그 목적물을 자기의 점유하에 옮기는 것이 필요하다. 따라서 공무원이 그 물건을 자기의 점유하에 옮기지 않고 타인에 대해서 일정한 작위·부작위를 명하는 정도의 처분은 압류가 아니라 기타의 강제처분에 해당한다.[299]

(d) 기타 강제처분 물건을 공무원의 점유 하에 옮기지 않고(따라서 압류에 속하지 않은 방법으로) 타인에게 일정한 작위 또는 부작위를 명하는 처분을 말한다. 따라서 민사집행법의 규정에 의한 부동산의 압류나[300] 금전채권의 압류 등은

299) 황산덕, 73면; 유기천(하), 318면; 서일교, 340면; 김봉태(7인 공저), 635면; 김일수/서보학, 883면; 임웅, 899면; 손동권, 797면; 정영일, 806면; 김성돈, 753면.

이 죄의 압류가 아니라 기타 강제처분에 해당한다.

(e) 압류 · 기타 강제처분의 표시　압류나 강제처분이 있다는 것을 명시하기 위하여 시행한 표시로서 봉인 이외의 것을 말한다.[301] 예컨대 입간판, 고시문, 고시판, 첩찰(貼札) 등이 이에 속한다. "압류"의 표시는 반드시 압류물 자체에 실시할 것을 요하지는 않는다. 따라서 가처분명령에 의하여 집행관이 토지를 점유하고, 그 안에 들어가서 경작하지 못하도록 금지표시찰을 세워두는 경우도 압류의 표시가 된다. 동산 · 부동산에 대한 것임을 묻지 않는다.

"압류의 표시"는 강제처분이 유효할 것을 전제로 한다. 따라서 강제처분이 완결된 이후에는 이 죄도 성립할 수 없다.[302] 그러나 압류가 해제되지 아니하는 한 아직 압류상태에 있는 것이므로 채무자가 채무를 변제하였다고 해서 압류의 효력이 상실되는 것은 아니다.[303] 강제처분 자체의 정당 · 부당은 묻지 않으며,[304] 가처분에 의한 피담보권리의 적법요건의 존부도 이 죄의 성립에 영향이 없다.[305] 가압류 명령의 송달을 받은 것만으로 아직 강제처분의 표시가 있다고 할 수 없다.[306]

(f) 처분의 적법성 여부　봉인 · 압류 또는 강제처분의 표시는 적법해야 하느냐에 대해서, ① 객관적 · 일반적으로 공무원이 직무에 관하여 행한 것으로 인정되는 봉인 · 압류 · 강제처분의 표시는 보호되어야 한다는 견해와,[307] 이 죄도 공무를 보호하기 위한 범죄이므로 부적법한 봉인 · 압류 · 강제처분의 표시는 보호받을 수 없다는 견해가[308] 대립한다. 이 죄도 공무방해죄와 마찬가지로 공무

---

300) 대판, 1972. 9. 12, 72도1441.

301) 다만 공무상표시무효죄가 성립하기 위하여는 행위 당시에 강제처분의 표시가 현존할 것을 요한다(대판, 1997. 3. 11, 96도2801).

302) 대판, 1965. 9. 25, 65도495: "부동산제도의 강제집행에 있어서 집달관이 채무자의 점유를 해제하고 이를 채권자에게 인도함으로써 강제집행을 완결한 후 그 인도집행의 뜻을 기재한 표본을 세웠다 하여도 그 표시는 법률상 아무런 효력을 발생할 수 없는 것이므로 채무자가 그 묘목을 빼어버리고 그 토지에 들어갔다 하여도 공무상 비밀표시무효죄가 성립하지 아니한다." 같은 취지: 대판, 1965. 6. 22, 65도386; 대판, 1985. 7. 23, 85도1092.

303) 대판, 1981. 10. 13, 80도1441.

304) 대판, 1968. 4. 23, 67도1130; 대판, 1985. 7. 9, 85도1165.

305) 대판, 1970. 9. 22, 70도1206.

306) 대판, 1975. 5. 13, 73도2555.

307) 유기천(하), 319면; 황산덕, 73면.

308) 정영석, 68면; 서일교, 340면; 김봉태(7인 공저), 635면; 이재상, 761면; 김일수, 756면; 박상기, 669면; 배종대, 861면; 진계호, 776면; 백형구, 598면; 임웅, 900면; 정영일, 805면; 오영근, 965면; 김성돈, 754면.

를 보호하는데 있으므로 그 봉인 등은 적법해야 한다는 견해가 타당하다고 본다. 다만 공무집행 절차에 하자가 있거나[309] 처분의 부당성[310] 정도로 이 죄의 성립이 부정되는 것은 아니다.

3) 행 위 행위는 봉인·압류 기타 강제처분의 표시를 손상·은닉 기타 방법으로 그 효용을 해하는 것이다. 따라서 행위 당시에 강제처분의 표시가 현존해야 한다.

(a) 손상·은닉·기타 방법 "손상"이란 물질적으로 훼손하는 것을 말하며, 봉인의 외표를 훼손·파괴하는 경우뿐만 아니라 봉인 전부를 뜯어내는 것도 포함한다. 사후에 원상회복의 가능성 여부는 묻지 않는다. "은닉"이란 소재를 불명하게 하여 발견을 곤란하게 하는 일체의 행위를 말한다. "기타 방법"은 손상 또는 은닉 이외의 방법으로 효용을 해할 수 있는 일체의 행위이다. 예컨대 압류된 물건을 매각하는 행위, 봉인된 물건을 절취·횡령하는 행위 등이 이에 해당한다. 그러나 압류의 표시가 이미 제3자에 의하여 뜯어졌거나 손괴된 이후에 압류된 물건을 반출하는 행위는 이 죄를 구성하지 않는다.[311]

(b) 효용을 해하는 것 봉인·압류·강제처분의 표시 자체를 물질적으로 파손함이 없이 사실상 그 효력을 감각 또는 감쇄하는 것이다. 법률상의 효력을 상실시킨다는 의미는 아니다. 예컨대 점유이전금지의 가처분집행된 건물의 일부를 다른 사람이 점유하게 하는 경우,[312] 압류물을 원래의 보관장소로부터 상당한 거리에 있는 다른 장소로 이전한 행위,[313] 영업금지의 가처분에 대하여 고시된 내용과 저촉되는 판매업무를 계속하는 행위[314] 등은 모두 효용을 해하는 행위가 된다.

그러나 압류물을 종전과 같이 사용할 수 있는 상태로 압류하여 채무자에게 보관시킨 경우에는 손괴·은닉 없이 종전대로 사용하는 한 효용을 해하는 것이 아니다.[315] 또 출입금지나 공사중지의 가처분을 받은 자가 특정 채무자로 지정

---

309) 대판, 1961. 4. 21, 4294형상41.

310) 대판, 1968. 4. 23, 67도1130. 또 대판, 1985. 7. 9, 85도1165는 법원의 결정에 따라 집달관이 강제처분의 표시를 한 경우에 그 결정이 부당한 경우에도 유효하다고 판시하고 있다.

311) 황산덕, 74면.

312) 대판, 1972. 9. 12, 72도1441. 같은 취지: 대판, 1980. 12. 23, 80도1963.

313) 대판, 1983. 8. 23, 80도1545; 대판, 1986. 3. 25, 86도69; 대판, 1992. 5. 26, 91도894.

314) 대판, 1971. 3. 23, 70도2688.

315) 대판, 1969. 6. 24, 69도481; 대판, 1984. 3. 13, 83도3291: "압류는 채무자의 처분행위를 금하는 것이므로 압류의 효용을 손상하지 않는다면 압류상태에서 그 용법에 따라 종전대로 사용하는

되어 있는 경우에는 그 이외의 자에게 가처분의 효력은 미치지 아니한다. 따라서 예컨대, 남편을 채무자로 한 출입금지가처분을 무시하고 그 처가 출입하는 경우,[316] 갑 회사에 대한 공사중지 가처분에 대하여 을 회사가 건축공사를 하는 경우[317] 등에는 효용을 해하는 행위가 없으므로 이 죄를 구성하지 아니한다.

4) 주관적 요소 주관적 구성요건요소로서 고의가 있어야 한다. 즉, 공무원이 그 직무에 관하여 실시한 봉인 또는 압류 기타 강제처분의 표시임을 인식하고 이를 손상 또는 은닉하거나 기타 방법으로 그 효용을 해한다는 인식·의사가 있어야 한다.

이 이외에, ① 고의의 내용으로 봉인·압류·강제처분의 표시가 적법하다는 것도 인식해야 하느냐에 대해서 긍정설과[318] 부정설이[319] 대립한다. 두 견해의 차이는 강제처분의 유효성과 적법성에 대한 착오가 있는 때에 긍정설은 구성요건적 착오로, 부정설은 위법성의 착오로 취급하는 데에 있다. 그러나 이 죄의 고의도 공무집행방해죄의 그것과 같으며, 객관적 구성요건요소 자체에 대한 인식·의사로 충분하다고 해야 하므로 부정설이 타당하다고 본다. 이에 대해서 대법원은 가압류의 효력이 없다고 믿었거나[320] 담보취소의 경우 취소절차를 밟을 필요가 없다고 믿고 가압류물을 가져간 경우에는[321] 긍정설의 입장에서 고의가 없다고 하였다. ② 공무원이 실시한 적법한 봉인·강제처분 등의 표시를 위법하다고 오신한 경우에 구성요건적 착오가 된다는 견해,[322] 위법성의 착오가 된다는 견해[323]가 대립한다. 고의의 내용으로서 강제처분의 표시가 적법하다는 것을 인식할 필요가 없다고 보는 한 위법성의 착오라고 해야 한다(공무집행방해죄 참조).

것은 허용된다 할 것이므로 피고인이 압류표시된 원동기를 가동하였다 하여 공무상 표시무효죄를 구성한다고 볼 수 없다."

316) 대판, 1979. 2. 13, 77도1455.

317) 대판, 1976. 7. 27, 74도1896. 같은 취지: 대판, 2007. 11. 16, 2007도5539(온천수 사용금지 가처분결정이 있기 전부터 온천이용허가권자인 가처분 채무자로부터 이를 양수하고 임대차계약의 형식을 빌어 온천수를 이용하여 온 제3자가 위 금지명령을 위반하여 계속 온천수를 사용한 경우)

318) 이재상, 763면; 김성돈, 755면.

319) 황산덕, 74면 이하; 유기천(하), 320면; 배종대, 861면; 진계호, 777면; 오영근, 967면.

320) 대판, 1970. 9. 22, 70도1206; 대판, 1981. 10. 13, 80도1441.

321) 대판, 1972. 11. 14, 72도1248.

322) 박상기, 670면. 같은 취지: 이재상, 763면; 김성돈, 756면. 대판, 1970. 9. 22, 70도1206.

323) 유기천(하), 320면; 황산덕, 74면; 배종대, 862면.

(3) 타죄와의 관계

봉인·압류 기타 강제처분의 표시를 한 물건을 절취 또는 횡령한 때에는 이 죄와 절도죄 또는 횡령죄와 상상적 경합이 된다. 강제처분의 표시가 있는 타인의 재물을 손괴함과 동시에 강제처분의 효력도 무효케 하는 경우에도 이 죄와 재물손괴죄의 상상적 경합이 된다. 그러나 봉인·강제처분의 표시를 무효케 한 후 그 물건을 절취한 경우에는 이 죄와 절도죄의 경합범이다.

4. 공무상비밀침해죄

【구성요건·법정형】 공무원이 그 직무에 관하여 봉함 기타 비밀장치한 문서 또는 도화를 개봉한 자도 제1항의 형과 같다(제140조 2항). 미수범은 처벌한다(제143조).

공무원이 직무에 관하여 봉함 기타 비밀장치한 문서나 도화를 개봉함으로써 성립하는 범죄로서 비밀침해죄(제316조)에 대하여 불법이 가중되는 가중적 구성요건이다. 비밀침해죄와 달리 미수범을 처벌하고 비친고죄로 한 이유라 할 수 있다. 보호법익은 공무상 비밀과 공무의 평온이다.

객체는 공무원이 직무에 관하여 봉함·기타 비밀장치한 문서나 도화이다. 반드시 대외비와 같은 비밀표시가 있어야 하는 것은 아니다. "공무원"·"직무에 관하여"는 공무원의 직무범죄 및 뇌물죄에서, "봉함 기타 비밀장치한 문서나 도화를 개봉"하는 것에 대해서는 비밀침해죄에서 설명한 것과 같다.

이 죄는 개봉함으로써 성립되는 추상적 위험범·거동범이다.[324]

5. 기술적 수단이용 공무상비밀침해죄

【구성요건·법정형】 공무원이 그 직무에 관하여 봉함 기타 비밀장치한 문서, 도화 또는 전자기록 등 특수매개체기록을 기술적 수단을 이용하여 그 내용을 알아낸 자도 제1항(공무상봉인등표시무효)의 형과 같다(제140조 3항). 미수범은 처벌한다(제143조).

공무원이 그 직무에 관하여 봉함 기타 비밀장치한 문서, 도화 또는 전자기록 등 특수매체기록을 기술적 수단을 이용하여 그 내용을 알아냄으로써 성립하는

324) 이재상, 763면; 김일수/서보학, 887면; 박상기, 670면; 임웅, 901면. 구체적 위험범설은 배종대, 852면; 정영일, 808면; 김성돈, 757면.

범죄이다.

기술적 수단을 이용하여 개인의 비밀을 알아내는 비밀침해죄(제316조 2항)의 신설에 맞추어 개정형법에서 신설한 것이다. 따라서 이 죄는 공무원이 직무상 비밀로 한 객체에 한정된다는 점을 제외하면 비밀침해죄에서 설명한 내용과 같다.

이 죄도 추상적 위험범, 거동범의 일종이므로 개봉행위 또는 기술적 수단을 이용하여 기록내용을 알아내는 행위가 종료하면 기수가 되며, 행위자가 그 내용을 이해하였는가는 이 죄의 성립에 영향이 없다.[325]

6. 부동산강제집행효용침해죄

【구성요건 · 법정형】 강제집행으로 명도 또는 인도된 부동산에 침입하거나 기타 방법으로 강제집행의 효용을 해한 자는 5년 이하의 징역 또는 700만원 이하의 벌금에 처한다(제140조의 2). 미수범은 처벌한다(제143조).

(1) 의의 · 성격

강제집행으로 명도 또는 인도된 부동산에 침입하거나 기타 방법으로 강제집행의 효용을 해함으로써 성립하는 범죄이다.

이 죄는 법원의 강제집행에 의하여 채권자에게 일단 명도 또는 인도된 부동산에 대하여 채무자가 다시 침입하거나 불법점유함으로써 강제집행의 효용을 해할 뿐만 아니라 권리자의 권리행사를 방해하는 사례가 빈발하고 있으므로 이에 대한 효율적인 규제와 아울러 이중의 명도소송을 제기하는 불편을 해소할 필요가 있다는 실무계의 요청에 따라 개정형법에서 신설한 것이다. 보호법익은 국가의 강제집행의 효능이며 보호정도는 침해범으로서의 보호이다.

(2) 구성요건요소

1) 주 체 주체는 반드시 채무자에 한하지 않는다. 채무자, 전소유자 또는 이와 관련이 있는 가족 · 동거인 · 고용인 등이다.

2) 객 체 객체는 강제집행으로 명도 또는 인도된 부동산이다.

(a) 강제집행 부동산에 대한 강제집행은 민사집행법에 의한 집행을 말한

325) 김일수/서보학, 888면; 박상기, 671면; 진계호, 779면; 이정원, 784면; 오영근, 970면. 침해범설은 이재상, 763면; 임웅, 901면; 정영일, 808면; 김성돈, 757면.

다. 부동산에 대한 강제 집행은 다음의 네 가지가 있다.

> 첫째, 부동산의 인도·명도를 목적으로 하는 채권의 집행(민사집행법 제258조)이다. 부동산의 인도·명도 청구의 집행은 비금전 집행의 일종으로서 직접 부동산을 인도·명도함으로써 채권을 만족시키는 직접강제의 방법이다.
>
> 둘째, 부동산에 대한 채무자의 인도청구권의 압류(민사집행법 제244조)이다. 채권자는 채무자의 재산이 될 수 있는 부동산에 관하여 채무자가 제3채무자에 대하여 갖고 있는 인도청구권을 압류하여 추심절차를 밟을 수 있다. 부동산 소재지 지방법원은 제3채무자에 대하여 법원이 임명한 보관인에게 부동산의 인도를 명할 수 있는데, 인도명령에 따라 보관인에게 인도된 부동산도 강제집행으로 인도된 부동산에 포함된다.
>
> 셋째, 부동산의 경매(민사집행법 제136조)이다. 법원은 부동산 강제경매로 대금을 완납한 매수인이 완납 후 6월 내에 신청인이 있으면 채무자·소유자 또는 압류효력발생 후의 부동산 점유자에 대하여 그 부동산을 매수인에게 인도할 것을 명할 수 있다. 이 인도명령에 따라 매수인에게 인도된 부동산도 강제집행으로 인도된 부동산이다.
>
> 넷째, 담보권실행을 위한 부동산의 경매(민사집행법 제267조)이다. 부동산에 대한 담보권실행을 위한 경매절차에서 대금을 완납한 경락인에게 인도된 부동산도 강제집행으로 인도된 부동산이다.

(b) 명도·인도된 부동산　"부동산"은 토지·건물·토지의 지상물 등을 말한다. 강제집행에 의한 부동산의 점유이전 방법은 명도와 인도이다. "인도"는 부동산의 점유만 이전하는 것을 말하고, "명도"는 채무자 기타의 사람이 거주하거나 점유하고 있는 부동산에 대해서 채무자 등의 거주 또는 점유를 배제하고 채권자 또는 권리자에게 완전한 점유를 이전시키는 것을 말한다. 그리고 강제집행으로 명도 또는 인도된 부동산에는 강제집행으로 퇴거 집행된 부동산도 포함한다.[326)]

3) 행 위　행위는 침입하거나 기타 방법으로 강제집행의 효용을 해하는 것이다. 침입 기타 방법은 강제집행을 해하는 수단이다.

(a) 침 입　"침입"이란 권리자 또는 점유자의 의사 또는 추정적 의사에 반하여 부동산의 경계 안으로 들어가는 것을 말한다. 침입은 공공연하게 행해졌느냐 폭력적 수단에 의하여 행해졌느냐는 묻지 않는다. 다만 침입은 어느 정도 계속적 성격을 가진 것이므로 일순간의 침입은 여기의 침입행위에 속한다고 할 수 없다.

---

326) 대판, 2003. 5. 13, 2001도3212.

(b) 기타 방법　부동산을 훼손하거나 출입구에 장애물을 설치하는 등 권리자의 점유 기타의 권리행사를 방해하는 일체의 행위를 말한다.

(c) 강제집행의 효용침해　강제집행으로 인도 또는 명도받은 부동산에 대하여 권리자가 그 용도에 따라 사용・수익하거나 권리를 행사하는데 지장을 초래하는 일체의 행위를 말한다. 강제집행의 효용 침해는 채무자 외에 제3자도 가능하지만[327] 제3자는 전소유자나 그 가족・동거인・고용인 등 그 부동산에 대하여 일정한 관련이 있는 자의 침입이나 방해로 한정해야[328] 한다. 침입 또는 방해행위와 강제집행 효용침해의 사이에는 인과관계가 있어야 한다.

(d) 미수・기수시기　실행의 착수시기는 강제집행으로 명도・인도된 부동산에 침입 기타의 방해행위를 개시한 때이다. 기수시기는 침입 또는 방해행위로 인하여 강제집행의 효용이 저해되거나 권리자의 권리실현이 지체되는 효과가 발생한 때이다. 침해 또는 방해행위의 개시는 있었으나 강제집행의 효용침해의 결과가 발생하지 않았거나 효용침해와의 사이에 인과관계 및 객관적 귀속관계가 없는 때에는 미수가 된다.

4) 주관적 요소　주관적 구성요건요소로 고의가 있어야 한다. 이 죄의 고의는 강제집행으로 명도 또는 인도된 부동산이라는 사실과 이 부동산에 침입하거나 기타 방법으로 강제집행의 효용을 해한다는 사실에 대한 인식・의사이다. 미필적 고의로 족하다.

(3) 타죄와의 관계

이 죄와 주거침입죄 또는 재물손괴죄는 법조경합 중 보충관계에 있다고 본다.[329] 따라서 이 죄를 범하는 과정에서의 주거침입 또는 재물손괴는 불가벌적 사전행위가 된다.

7. 공용서류 등 무효죄

【구성요건・법정형】 공무소에서는 사용하는 서류 기타 물건 또는 전자기록

327) 이재상, 764면; 박상기, 671면; 배종대, 863면; 임웅, 902면; 오영근, 970면; 정영일, 809면; 김성돈, 757면.

328) 김일수/서보학, 890면 이하.

329) 이재상, 764면; 김일수/서보학, 891면; 박상기, 672면; 임웅, 903면; 정영일, 810면; 김성돈, 758면.

등 특수매체기록을 손상 또는 은닉하거나 기타 방법으로 그 효용을 해한 자는 7년 이하의 징역이나 1천만원 이하의 벌금에 처한다(제141조 1항). 미수범은 처벌한다(제143조).

(1) 의의 · 성격

공무소에서 사용하는 서류 기타 물건 또는 전자기록 등 특수매체기록을 손상 · 은닉 기타 방법으로 그 효용을 해함으로써 성립하는 범죄이다.

성질상 손괴죄(제366조)의 일종이다. 다만 행위객체가 개인의 재물 · 문서 · 전자기록이 아니라 공무소에서 사용하는 것이라는 점에서 공무방해의 성질도 갖고 있으므로 이 죄를 특별공무방해죄의 일종으로 규정한 것이다.[330] 침해범 · 상태범에 해당하는 범죄이다.

(2) 구성요건요소

1) 주 체 주체는 누구라도 될 수 있으므로 공무원도 주체가 될 수 있다.

2) 객 체 객체는 공무소에서 사용하는 서류 · 기타 물건 또는 전자기록 등 특수매체기록이다.

(a) 공무소 "공무소"란 공무원이 직무를 집행하는 곳을 말한다. 유형의 장소나 건조물 같은 물적 시설을 지칭하는 것이 아니라 국가 또는 공공단체의 의사를 결정하는 권한을 가진 기관, 즉 제도로서의 관공서 기타의 조직체를 의미한다. 공공조합 · 공법인 · 영조물법인이 공무를 행하는 곳도 공무소이다. 한국은행도 국고금 예수관계에 있어서는 공무소에 해당하지만[331] 사립중고등학교는 여기에 해당하지 않는다.[332]

(b) 공무소 사용의 서류 · 물건 "공무소에서 사용하는 서류 · 물건 또는 전자기록 등 특수매체기록"이란 공무소에서 사용 · 보관하고 있는 일체의 서류 · 물건 · 특수매체기록을 말한다.

aa) 공무소사용서류 서류인 경우에는 공문서 · 사문서를 묻지 않으며, 정식절차를 밟아 접수 또는 작성되었거나 완성되었음도 묻지 않는다.[333] 따라서 증거로서 검찰청에 제출된 사문서,[334] 작성권한 없는 기관이 작성하여 공문서

330) 이재상, 765면. 손괴죄의 불법가중유형이라는 견해는 박상기, 673면; 임웅, 903면.
331) 대판, 1969. 7. 29, 69도1012.
332) 대판, 1966. 4. 26, 66도30.
333) 대판, 1981. 8. 25, 81도1830; 대판, 1982. 10. 12, 82도368; 대판, 1961. 8. 26, 4294형상262.
334) 대판, 1948. 9. 14, 4281형상81.

가 될 수 없는 문서,[335] 현재 공무소에 비치 보관된 것이면 허위문서・위조문서나 보존기간 경과 후의 문서도[336] 공무소 사용의 서류에 해당한다. 또 문서가 완성되어 효력이 발생할 것을 요하지 않는다. 따라서 피의자신문조서가 아직 미완성되어 작성자와 피의자의 서명날인이 없어 공문서로서의 효력이 없는 문서도[337] 여기의 서류에 해당한다. 정부공문서규정에 따라 접수되거나 작성되었음도 요하지 않는다. 따라서 접수부나 색인부에 기재하지 않아 아직 공문서로서의 효력도 없는 피의사건기록이나[338] 상사에게 보고하지도 않고 수사기록에도 편철되지 않은 진술조서도[339] 객체가 된다.

공무소에 보관된 것이면 문서의 작성자・소유권자가 개인이라도 무방하며,[340] 그 작성목적이 공무소를 위한 것이든 개인을 위한 것이든 묻지 않는다. 다만 하급심판례는 시에서 구청공무원 상대로 실시한 내부인사용 참고시험답안지는 공문서가 아니라 공용서류에 해당한다고[341] 하였다.

bb) 공무소사용물건 "물건"은 대체로 권리행사방해죄(제323조)의 그것과 같은 의미이다. 다만 공무소에서 사용 보관하는 것이라야 하며, 소유권이 누구에게 있느냐는 묻지 않는다. 전자기록 등 특수매체기록은 전기적 기록, 전자적 기록, 광기술이나 레이저 기술을 이용한 기록을 포함한다. 손괴죄의 그것과 같다.

3) 행 위 행위는 손상・은닉 기타 방법으로 그 효용을 해하는 것이다. ① "손상"이란 서류・물건・전자기록 등을 물질적으로 파손하는 것을 말한다. 권한 있는 자의 정당한 처분에 의한 파기는 여기에 해당하지 않는다.[342] 문서에 첨부된 인지를 떼 내거나 공문서의 작성권한자가 그 내용을 변경・삭제할 수 없는 단계에서 이를 변경한 경우에는 손상에 해당한다.[343] ② "은닉"이란 서류・물건・전자기록 등을 일시 사용할 수 없는 상태에 두는 것을 말한다. ③

335) 대판, 1961. 8. 26, 4294형상262.
336) 대판, 1972. 9. 26, 72도1132.
337) 대판, 1980. 10. 27, 80도1127; 대판, 1987. 4. 14, 86도2799.
338) 대판, 1971. 3. 30, 71도324.
339) 대판, 1982. 10. 12, 82도368.
340) 대판, 1972. 9. 26, 72도1132; 대판, 1982. 12. 14, 81도81.
341) 부산고법, 1991. 3. 6, 90노667.
342) 대판, 1966. 10. 18, 66도567.
343) 대판, 1965. 12. 10, 65도826. 다만 변경 삭제가 가능한 단계에서는 이에 해당하지 않는다(대판, 1995. 11. 10, 95도1395).

"기타 방법"은 물질적으로 파손하지 않고 그 효용을 해하는 일체의 행위를 말한다.[344] 문서내용의 일부나 서명을 말소하거나[345] 자기명의 · 문서의 일부(日附)를 고치거나 자기가 제출한 허가신청서에 첨부된 설계도면을 바꾸어 넣는 행위[346] 등이 기타 방법에 해당한다.

손상된 문서의 재작성이 가능한가의 여부는 이 죄의 성립에 영향이 없다. 그러나 상사가 부하공무원이 작성한 공문서 기안을 결재하는 단계에서 그 내용을 허위로 변경 · 삭제하는 행위는 허위공문서작성죄에 해당함은 별론으로 하고 이 죄는 성립하지 않는다.[347]

4) 주관적 요소　이 죄의 고의는 공무소에서 사용하는 서류 · 물건 · 전자기록 등 특수매체기록이라는 사실과 이를 손상 또는 은닉하거나 그 효용을 해한다는 사실에 대한 인식 · 의사이다.[348]

(3) 죄수 · 타죄와의 관계

등기서류에 첨부되어 있는 인지를 떼 내어 이를 절취하면 이 죄와 절도죄의 상상적 경합이 된다. 공문서의 서명 · 날인을 말소한 다음 공문서를 위조한 경우에는 이 죄와 공문서위조죄의 경합범이 된다.[349]

8. 공용물파괴죄

> 【구성요건 · 법정형】 공무소에서 사용하는 건조물 · 선박 · 기차 또는 항공기를 파괴한 자는 1년 이상 10년 이하의 징역에 처한다(제141조 2항). 미수범은 처벌한다(제143조).

(1) 의의 · 성격

공무소에서 사용하는 건조물 · 선박 · 기차 또는 항공기를 파괴함으로써 성립하는 범죄이다.

---

344) 대판, 1961. 8. 26, 4292형상262.
345) 대판, 1960. 5. 18, 4292형상652: 판사가 "판결원본의 일부기재 부분을 청잉크로 그었다면 이로 인하여 판결원본의 해당부분이 손상되어 그 효용이 해되었다 아니할 수 없어 공용서류무효죄에 해당한다."
346) 대판, 1982. 12. 14, 81도81.
347) 대판, 1965. 12. 10, 65도826.
348) 대판, 1987. 4. 14, 86도2799.
349) 대판, 1967. 3. 21, 67도122.

이 죄도 성격상 손괴죄에 속하지만 공무방해 성질을 가진 것이므로 공무방해죄의 일종으로 규정한 것이다. 이 죄의 성질에 대해서는, ① 손괴죄(제366조)에 대한 불법가중규정이라는 견해와[350] ② 공익건조물파괴죄(제367조)에 대한 불법가중규정이라는 견해가[351] 대립하고 있으나 손괴죄의 가중규정이라고 보는 것이 타당하다(이에 관해서는 공익건조물파괴죄 참조). 따라서 공무소에서 사용하는 건조물에는 공익에 공(供)하는 건조물(제367조)은 포함되지 않는다. 특수한 공용물을 보호하며 침해범이다.

⑵ 구성요건요소

이 죄의 객체에 공용의 자동차도 포함된다고 해석하는 견해도[352] 있으나 건조물·선박·기차·항공기로 한정하고 있으므로 죄형법정주의 원칙상 포함시킬 수 없으며,[353] 공용자동차에 대한 손괴는 공용서류(물건)등 무효죄(제141조 1항)에 해당한다고 본다. 건조물·선박·기차·항공기에 대해서는 방화죄 및 주거침입죄 설명 참조.

"파괴"는 물질적으로 훼손하여 그 본래의 효용을 해한다는 점에서는 손괴와 같으나 손괴보다 훼손의 정도가 큰 것을 말한다. 건조물·선박·기차·항공기의 중요한 구성부분을 훼손하거나 간단히 수리할 수 없을 정도로 사용 곤란하게 하는 것이 이에 해당한다. 파괴 정도에 이르지 아니하면 이 죄의 미수범이 되고, 처음부터 손괴정도의 의사로 파괴에 이르지 못한 때에는 공용서류(물건)등 무효죄가 성립한다고 본다. 자세한 것은 공익건조물파괴죄 설명 참조.

⑶ 죄 수

이 죄를 범하여 사람을 사상에 이르게 한 때에는 이 죄와 과실치사상죄의 경합범이 되며, 소요행위시에 이 죄를 범하면 이 죄와 소요죄의 상상적 경합이 된다.

---

350) 황산덕, 76면; 김석휘, 주석(상), 178면; 김봉태(7인 공저), 640면; 이형국, 823면; 진계호, 784면; 임웅, 906면.

351) 유기천(하), 320면; 김일수/서보학, 893면; 정영일, 813면.

352) 황산덕, 76면.

353) 이재상, 766면; 김일수/서보학, 893면; 박상기, 674면; 배종대, 866면; 진계호, 785면; 임웅, 906면; 오영근, 974면; 정영일, 813면; 손동권, 807면; 김성돈, 761면.

9. 공무상보관물무효죄

【구성요건·법정형】 공무소로부터 보관명령을 받거나 공무소의 명령으로 타인이 관리하는 자기의 물건을 손상 또는 은닉하거나 기타 방법으로 그 효용을 해한 자는 5년 이하의 징역 또는 700만원 이하의 벌금에 처한다(제142조). 미수범은 처벌한다(제143조).

(1) 의의·성격

공무소로부터 보관명령을 받거나 공무소의 명령으로 타인이 관리하는 자기의 물건을 손상·은닉 기타의 방법으로 그 효용을 해함으로써 성립하는 범죄이다.

구형법(제242조)에서 이 죄를 재산죄로 인정하였던 것을 공무방해의 성격을 중요시하여 공무방해죄의 일종으로 규정한 것이다. 따라서 이 죄는 권리행사방해죄(제323조)에 대한 특별규정이라 할 수 있다. 보호법익은 공무소의 보관명령을 받은 물건의 효용이며, 보호정도는 추상적 위험범으로 본다.[354]

(2) 구성요건요소

1) 주 체 주체는 공무소로부터 보관명령을 받거나 공무소의 명령으로 타인이 관리하는 물건의 소유권자이다. 따라서 진정신분범에 해당한다.

2) 객 체 객체는 공무소로부터 보관명령을 받거나 공무소의 명령으로 타인이 관리하는 자기의 물건이다. 공무소의 보관명령·간수명령은 반드시 법령에 근거한 것이라야 한다.[355]

"공무소로부터 보관명령을 받는다"는 것은 공무소의 위탁에 의하여 사실상·법률상의 지배를 할 수 있는 명령을 받은 경우를 말한다. 물건에 대하여 공무소로부터 보관명령을 받은 사실이 있으면 충분하다. 따라서 압류한 집행관이 채무자에게 보관을 명한 것이면 이 죄의 객체가 된다.[356] 물건에 대한 보관명령을 받아야 하므로 단순히 채권 압류결정의 정본을 송달받은 것만으로는 보관명령을 받은 것이라 할 수 없다.[357]

"공무소의 명령으로 타인이 관리하는 것"은 공무소의 처분에 의하여 자기의

---

354) 이에 대하여 침해범이라는 견해는 김일수/서보학, 895면; 임웅, 907면; 김성돈, 761면.
355) 김봉태(7인 공저), 640면; 김일수/서보학, 894면; 임웅, 907면; 김성돈, 762면.
356) 대판, 1960. 2. 29, 4292형상838.
357) 대판, 1975. 5. 13, 73도2555.

사실상의 지배력이 배제되고 공무소의 사실상의 지배하에 옮겨진 것을 제3자가 공무소의 명령을 받아 그의 사실상의 지배하에 두는 것을 말한다. 여기의 물건은 권리행사방해죄(제323조)의 그것과 같다.

3) 행 위 행위는 손상 · 은닉 기타 방법으로 그 효용을 해하는 것이다. 손상 · 은닉 기타 방법으로 효용을 해한다의 의미는 공무상 봉인등 표시무효죄의 그것과 같다.

(3) 죄 수

공무소로부터 보관명령을 받거나 공무소의 명령으로 타인이 관리하는 물건을 제3자가 절취 · 손괴하면 절도죄 · 손괴죄를 구성하며, 공무원이 압류하여 봉인한 장부를 주인에게 보관시켰으나 본인이 증거인멸의 의사로 이를 소각한 경우에는 공무상봉인등 무효죄와 이 죄의 경합범이 된다.

10. 특수공무방해죄 · 특수공무방해치사상죄

【구성요건 · 법정형】 ① 단체 또는 다중의 위력을 보이거나 위험한 물건을 휴대하여 제136조(공무집행방해, 직무 · 사직강요), 제138조(법정 · 국회회의장모욕)와 제140조 내지 전항의 죄(공무상 비밀표시무효, 부동산강제집행효용침해, 공용서류등무효, 공용물파괴, 공무상 보관물무효와 이상의 죄의 미수범)를 범한 때에는 각조에 정한 형의 2분의 1까지 가중한다(제144조 1항).

② 제1항의 죄를 범하여 공무원을 상해에 이르게 한 때에는 3년 이상의 유기징역에 처한다. 사망에 이르게 한 때에는 무기 또는 5년 이상의 징역에 처한다(제144조 2항).

(1) 의의 · 성격

특수공무방해죄는 단체 또는 다중의 위력을 보이거나 위험한 물건을 휴대하여 공무집행방해죄, 직무 · 사직강요죄, 법정 · 국회회의장모욕죄, 공무상 비밀표시무효죄, 부동산강제집행효용침해죄, 공용서류등무효죄, 공용물파괴죄, 공무상 보관물무효죄 및 그 미수의 죄를 범함으로써 성립하며, 행위태양의 위험성으로 인하여 불법이 가중되는 가중적 구성요건이다. 특수공무방해치사상죄는 이에 대한 결과적 가중범이다.

(2) 구성요건요소

단체 · 다중의 위력을 보이거나 위험한 물건을 휴대하여라는 의미에 대해서는 특수폭행죄(제261조)의 설명 참조.

판례에 의하면 이 죄의 "다중"이라 함은 단체를 이루지 못한 다수인의 중합을 지칭하는 것으로 불과 3인의 경우에는 그것이 어떤 집단의 힘을 발판 또는 배경으로 한다는 것이 인정되지 않는 한 다중의 위력을 보인 것이라고 할 수 없다고 하고,[358] "위험한 물건"이란 흉기는 아니더라도 널리 사람의 생명·신체에 해를 가하는 데 사용할 수 있는 일체의 물건으로 살상용·파괴용으로 만들어진 것뿐만 아니라 다른 목적으로 만들어진 칼·가위·유리병·각종 공구·자동차·화학약품 또는 사주(使嗾)된 동물도 이에 해당하며, "휴대하여"란 소지뿐만 아니라 널리 이용한다는 뜻도 포함한다고 한다.[359]

특수공무방해치사상죄는 특수공무방해죄에 대한 결과적 가중범이다.[360] 따라서 치사상의 결과는 행위자가 의도할 필요는 없고 그 결과 발생을 예견할 수 있으면 충분하다.[361] 부진정결과적 가중범을 인정하는 견해에 의하면 특수공무방해치상죄는 부진정결과적 가중범이므로 상해의 결과에 대하여 과실이 있는 경우뿐만 아니라 고의가 있는 경우에도 성립하며, 이 경우에도 이 죄와 상해죄는 상상적 경합이 되며,[362] 특수공무방해치사죄의 경우에는 형이 더 무거운 살인죄가 있기 때문에 부진정결과적 가중범으로 볼 필요가 없다고 한다.[363] 그러나 부진정 결과적 가중범을 부인하는 견해에 의하면 치상·치사 모두 중한 결과에 대한 과실이 있을 것을 요하는 진정 결과적 가중범이라 한다.

---

358) 대판, 1971. 12. 21, 71도1930.

359) 대판, 1984. 10. 23, 84도2001.

360) 대판, 2002. 4. 12, 2000도3485: "특수공무집행방해치상죄는 단체 또는 다중의 위력을 보이거나 위험한 물건을 휴대하고 직무를 집행하는 공무원에 대하여 폭행·협박을 하여 공무원을 사상에 이르게 한 경우에 성립하는 결과적 가중범으로서 행위자가 그 결과를 의도할 필요는 없고 그 결과의 발생을 예견할 수 있으면 족하다."

361) 대판, 1980. 5. 27, 80도796.

362) 대판, 1995. 1. 20, 94도2842.

363) 이재상, 768면; 김일수, 766면; 박상기, 675면; 임웅, 908면.

제 3 절 도주와 범인은닉의 죄

Ⅰ. 총 설

1. 의의 · 보호법익

(1) 도주의 죄

도주의 죄(Gefangenbefreiung)는 법률에 의하여 체포 또는 구금된 자가 스스로 도주하거나 타인이 이러한 자의 도주에 관여하여 도주하게 하는 범죄이다. 이 죄의 보호법익에 대하여 국가의 형사사법기능(국가의 수사권 · 재량권 · 형집행권의 행사)이라는 견해도[364] 있다. 그러나 도주죄는 구금이 형식적으로 적법하면 족하고 실질적으로 정당한가를 문제삼지 아니하므로 이 죄의 보호법익은 국가의 구금권 내지 구금기능이라[365] 해야 한다(다수설). 보호정도는 침해범이다.

(2) 범인은닉죄

범인은닉죄(Strafvereitelung)는 벌금 이상의 형에 해당하는 죄를 범한 자를 은닉 또는 도피하게 하는 범죄이다. 범죄수사 · 형사소추 · 재판 · 형벌권 행사 및 보안처분의 집행단계에서 국가 형벌권 실현을 방해하는 행위를 처벌하기 위한 것이다. 범인은닉죄는 국가의 형사사법기능을 침해하는 범죄로서 도주의 죄 · 증거인멸의 죄와 마찬가지로 범죄비호적 성격을 갖는다는 것은 같다. 다만 도주와 범인은닉의 죄가 인적 비호를 통해 국가의 구금기능을 침해하는 것임에 대하여, 증거인멸죄는 주로 물적 비호를 통해 국가의 형벌권실현을 방해한다는 점에 차이가 있다. 범인은닉의 죄는 범인을 은닉 · 도피하게 하는 행위가 계속되는 한 종료하지 않는 계속범이다.[366] 보호법익은 국가의 형사사법기능[367]이고, 보호

---

364) 정영석, 72면; 김봉태(7인 공저), 641면; 김일수, 764면; 박상기, 675면.

365) 이재상, 768면; 배종대, 869면; 진계호, 788면; 이형국, 826면; 이정원, 787면; 임웅, 909면; 백형구, 618면; 오영근, 979면; 정영일, 817면; 손동권, 810면; 김성돈, 764면.

366) 대판, 1995. 9. 5, 95도577: "범인도피죄는 범인을 도피하게 함으로써 기수에 이르지만 범인도피행위가 계속되는 동안에는 범죄행위도 계속되고 행위가 끝날 때 비로소 범죄행위가 종료되

정도는 추상적 위험범이다(통설·판례).[368]

2. 구성요건체계

도주와 범인은닉의 죄는 도주죄·도주원조죄·범인은닉죄의 세 가지 유형이 있다. 도주죄는 단순도주죄(제145조 1항)를 기본적 구성요건으로 하고 행위태양의 위험성 때문에 불법이 가중되는 특수도주죄를 가중적 구성요건으로 한다. 집합명령위반죄(제145조 2항)는 단순도주죄와 동일하게 취급된다.[369] 도주원조죄는 단순도주원조죄(제147조)를 기본적 구성요건으로 하고, 이에 대하여 일정한 의무자가 이러한 행위를 한 때에 불법이 가중되는 간수자도주원조죄(제148조)를 가중적 구성요건으로 한다. 그리고 이상의 모든 도주의 죄의 미수범(제149조)과 도주원조의 예비·음모(제150조)를 처벌한다.

범인은닉죄(제151조)는 단일범죄로 규정되어 있고 친족간의 특례가 적용된다(제151조2항). 이 죄에 대해서 도주원조죄·간수자 도주원조죄와 특별관계가 있는 일반법이라는 견해도[370] 있다. 그러나 두 가지 유형의 죄 사이에 포섭관계가 없고 서로 독립범죄 유형이므로 특별관계는 아니라고 해야 한다.

> 【입법론】 독일, 오스트리아, 프랑스 등 대부분의 입법례가 단순도주죄를 처벌하지 않는 것과 관련하여 형법이 이를 처벌하는 것이 타당한가에 대하여 논의가 있다. 부정설은, ① 증거인멸죄에 있어서 피고인 자신의 증거인멸을 처벌하지 않는 것과 비교할 때 자기도주도 처벌하지 않는 것이 타당하고[371] ② 인간의 자유본능에 비추어 구금된 자가 도주하지 않도록 기대하는 것은 불가능하다는 것[372]을 근거로 한다.
>
> 그러나 ① 도주죄는 국가의 구금기능을 보호하기 위한 침해범임에 대해서 증거인멸죄는 국가의 형사사법기능을 보호하기 위한 추상적 위험범이므로 성질과 보호정도가 다른 증거인멸죄의 이론을 원용하는 자체가 타당하지 않으며,

고, 공범자의 범인도피행위의 도중에 그 범행을 인식하면서 그와 공동의 범의를 가지고 기왕의 범인도피상태를 이용하여 스스로 범인도피행위를 계속한 자에 대하여는 범인도피죄의 공동정범이 성립한다."

367) 김일수/서보학, 898면; 박상기, 675면; 배종대, 869면; 진계호, 788면; 임웅, 909면; 백형구, 623면; 이정원, 787면; 김성천/김형준, 1015면; 오영근, 979면; 정영일, 827면. 국가의 정당한 형벌청구권이라는 견해는 이재상, 769면; 손동권, 810면; 김성돈, 764면.

368) 대판, 1995. 3. 3, 93도3080. 구체적 위험범이라는 견해는 배종대, 869면.

369) 진정부작위범 형태의 도주죄를 특별히 규정한 것이라는 견해는 임웅, 910면.

370) 김일수/서보학, 898면.

371) 서일교, 344면; 정영석, 72면.

372) 임웅, 909면; 손동권, 813~814면.

법률에 의하여 구금된 자가 도주하는 경우에도 국가의 구금권 확보라는 점에서 처벌의 필요성이 크며, ② 영미의 입법도 처벌을 강화하고 있다는 점(예컨대 미국모범형법전 제242-6조)을 고려하면 자기도주의 경우에도 처벌하되 그 형을 경하게 한 것은 타당한 입법으로 본다. 다만 형법이 집합명령에 위반한 자도 구금된 자가 스스로 도주하는 경우와 동일하게 평가하여 단순도주죄와 같은 형으로 처벌하도록 한 것은 입법적으로 의문이 아닐 수 없다.[373]

Ⅱ. 도주죄

1. 단순도주죄

【구성요건·법정형】 법률에 의하여 체포 또는 구금된 자가 도주한 때에는 1년 이하의 징역에 처한다(제145조 1항). 미수범은 처벌한다(제149조).

(1) 의의·성질

법률에 의하여 체포 또는 구금된 자가 도주함으로써 성립하는 범죄이며, 진정 신분범·상태범[374]·침해범·의무범에 속한다. 이 죄가 자수범이라 하는 견해도 있다.[375] 그러나 예컨대, 자동차 운전자를 강요하여 도주하게 만든 경우에는 이 죄의 간접정범이 된다고 해야 하므로 자수범은 아니라고 본다.[376]

(2) 구성요건요소

1) 주 체　　주체는 법률에 의하여 체포 또는 구금된 자이다(진정신분범).

(a) 법률에 의하여 체포·구금된 자　　법률에 근거하여 적법하게 체포·구금되어 신체의 자유를 구속받고 있는 자를 말한다. "법률에 의하여"란 형식적 적법성이 있으면 족하고 실질적 적법성까지 요하지 않는다. 국가의 구금기능을 침해함으로써 국가 형벌권 실현을 방해하는 특별공무집행방해죄의 성격도 가진 것이므로 "법률에 의하여"는 적법한 공무집행이라는 의미도 포함한다고 해야 한다.

aa) 구금된 자　　"구금된 자"는 수형자이건 미결구금자이건 묻지 않는다.

373) 같은 취지: 이재상, 770면.
374) 이 죄의 성격에 대한 즉시범설, 상태범설, 계속범설에 대해서는 후술 참조 .
375) 김일수/서보학(총론), 569면; 신동운(총론), 636면.
376) 大塚, 間接正犯の研究, 269면.

"수형자"는 유죄의 확정판결을 받고 자유형 집행으로 교도소에 구금되어 있는 자, 환형처분(형법 제69조 2항)으로 노역장에 유치되어 있는 자도 포함한다(형의집행및수용자의처우에관한법률 제2조 1호). "미결구금자"는 재판확정 전에 형사소송절차에 의하여 구금된 자를 말하고, 구속영장에 의하여 구금된 자뿐만 아니라 감정유치 중인 자도 포함한다(형사소송법 제172조 3항, 제221조의3). 미결구금자는 재판의 결과 무죄로 되어도 도주죄의 성립에는 아무런 영향이 없다.

bb) 체포된 자　"체포된 자"는 국가기관의 체포영장에 의해 체포 또는 긴급체포된 자와 현행범으로 체포된 자를 말한다. 사인에 의하여 현행범으로 체포(형사소송법 제212조)된 자는 국가기관에 인도하기 전까지는 국가의 구금기능이 침해된다고 할 수 없으므로 이 죄의 주체가 될 수 없다.[377)]

cc) 구인된 자　구인된 피고인·피의자(형사소송법 제69조 내지 제71조, 제201조, 제209조)는 이 죄의 주체가 체포 또는 구금된 자에 제한되어 있고 구인과 구금은 구별해야 한다는 이유로 주체가 될 수 없다는 견해가 있다.[378)] 그러나 체포와 구인은 다같이 구금 이전에 인신의 자유를 제한하는 강제처분으로서 구속영장에 의해서 집행(형사소송법 제73조, 제201조의2 3항)되며, 구금은 구인도 포함한 개념이므로 국가의 구금기능을 보호하기 위해서는 이 죄의 주체가 된다고[379)] 본다. 다만 구인된 증인(형사소송법 제152조, 민사소송법 제312조)은 국가 구금권 실현의 직접적 대상이 아니므로 제외해야 한다.[380)]

dd) 보안처분을 받은 자　보호관찰·치료감호와 같은 보안처분을 받은 자도 이 죄의 주체가 된다는 견해도 있다.[381)] 이러한 처분을 받은 자가 도주한 때에는 보호관찰의 대상자에 대하여는 보호관찰등에관한법률(동법 제39조 이하)에 의하여 구인할 수 있고, 치료감호대상자에 대하여는 치료감호법(동법 제6조)에 의

---

377) 이재상, 771면; 김일수, 770면; 박상기, 677면; 배종대, 870면; 진계호, 790면; 임웅, 912면; 손동권, 812면; 백형구, 618면. 반대견해는 정영석, 73면; 김성천/김형준, 1016면; 오영근, 982면; 정영일, 819면.

378) 이재상, 771면; 박상기, 676면; 배종대, 870면; 정영일, 818면; 손동권, 813면; 김성천/김형준, 1016면.

379) 유기천(하), 345면; 황산덕, 77면; 김석휘, 주각(상), 194면; 김봉태(7인 공저), 643면; 정성근, 973면; 진계호, 790면; 백형구, 619면; 임웅, 911면; 이정원, 790면; 오영근, 981면; 김성돈, 766면.

380) 서일교, 345면; 황산덕, 78면; 남흥우, 376면; 정성근, 973면; 이재상, 771면; 김일수/서보학, 900면; 배종대, 870면; 임웅, 911면; 이정원, 790면; 오영근, 982면; 박상기, 676면; 정영일, 818면. 반대견해는 김석휘, 주각(상), 194면; 정영석, 73면; 백형구, 619면.

381) 정영석, 73면; 임웅, 911면; 오영근, 982면; 정영일, 819면; 김성돈, 766면.

하여 보호구속할 수 있으므로 이 죄가 성립하지 않는다고 본다.[382)]

보호처분으로 소년원에 수용되어 있는 자(소년법 제32조 1항)에 대하여는 구금이 아니라는 이유로 이 죄의 주체가 될 수 없다는 견해도 있다.[383)] 그러나 법률에 의하여 체포·구금된 자를 반드시 형의 집행을 받는 자로 한정해야 할 이유는 없으며, 소년원의 수용도 실질적으로 구금된 것과 차이가 없으므로 이 죄의 주체가 된다는 견해가[384)] 타당하다. 마찬가지 이유로 전쟁포로도 이 죄의 주체가 된다고 본다.[385)]그 밖에 형집행장의 집행(형사소송법 제473조)으로 구인된 자, 출입국관리법에 의한 피보호자(동법 제51조 이하)도 이 죄의 주체가 된다고 본다.

(b) 주체가 될 수 없는 자　여기의 구금된 자는 현실로 구금된 것임을 의미하므로, 가석방이나 보석 중에 있는 자 또는 형의 집행정지나 구속의 집행정지 중에 있는 자는 이 죄의 주체에서 제외된다. 아동복지법에 의하여 아동복지시설에 수용된 자(동법 제10조 1항 4호), 경찰관직무집행법에 의하여 보호 중에 있는 자(동법 제4조), 감염병의예방및관리에관한법률에 의하여 격리수용된 자(동법 제47조 2호) 등은 구금된 자가 아니므로 이 죄의 주체가 될 수 없다.

2) 행　위　행위는 도주하는 것이다.

(a) 도　주　"도주"란 피체포·피구금자 자신이 구금상태로부터 이탈하는 것을 말한다. 특수도주죄에 규정된 수단·방법을 제외하고는 그 수단·방법 여하는 묻지 않는다. 작위뿐만 아니라 부작위에[386)] 의한 도주도 가능하고, 일시적인 이탈로 족하다. 예컨대, 수인(囚人)이 가족을 만나본 후 돌아올 생각으로 일시적으로 이탈한 경우도 도주가 된다.

(b) 착수시기　이 죄는 미수범을 처벌한다. 착수시기는 체포·구금작용의 침해가 개시된 때이다. 예컨대 감방의 문을 열기 시작한 때에 실행의 착수가 있는 것이다.

(c) 기수시기　기수시기는 체포·구금으로부터 이탈한 때, 즉 체포자 또는

382) 이형국, 832면; 이재상, 772면; 김일수/서보학, 901면; 박상기, 676면; 배종대, 871면; 진계호, 791면; 백형구, 619면.

383) 유기천(하), 345면; 서일교, 344면.

384) 황산덕, 78면; 김석휘, 주석(상), 194면; 정성근, 973면; 이재상, 772면; 박상기, 676면; 배종대, 871면; 진계호, 790면; 임웅, 911면; 김성천/김형준, 1017면; 백형구, 619면; 오영근, 982면; 전영일, 656면; 손동권, 813면; 김성돈, 767면.

385) 이재상, 772면. 반대설은 김봉태(7인 공저), 643면.

386) 김석휘, 주석(상), 195면; 이재상, 772면; 진계호, 791면; 임웅, 912면; 배종대, 871면; 정영일, 819면; 김성돈, 767면.

간수자의 실력적 지배로부터 완전히 벗어났을 때이다(침해범). 따라서 호송 또는 외부작업 중인 자가 도주하는 것을 발견하고 계속 추적하고 있거나 체포하였을 경우는 기수라 할 수 없다. 수용시설에서 도주하는 경우에는 외벽을 넘지 못하고 시설 내에 잠복하고 있거나 외벽은 넘어 갔으나 추적을 받고 있는 때에는 아직 기수라 할 수 없다.

체포자 · 간수자의 실력적 지배를 완전히 벗어났을 때에 기수가 되는 동시에 종료된다. 다만 이 죄의 성격에 대하여 즉시범설,[387] 상태범설,[388] 계속범설[389]의 대립이 있고, 이에 따라 기수시기, 공범성립시기, 공소시효의 기산점에서 차이가 생긴다. 이 죄는 실력적 지배를 완전히 벗어나면 기수가 됨과 동시에 도주행위도 완료되지만 도주에 의한 위법상태는 계속하고 있는 것이므로 상태범설이 타당하다고 본다. 따라서 일단 기수가 된 다음에 체포하는 공무원을 폭행 · 협박한 때에는 공무집행방해죄가 성립하는 것은 별론으로 하고 특수도주죄는 성립할 수 없다. 일단 체포된 후 다시 도주하면 새로운 구금작용을 침해한 별도의 도주죄가 성립한다. 판례는 즉시범으로 본다.

> 즉시범설과 상태범설은 도주죄의 기수시기, 공범성립과 공소시효 기산점, 기수 이후 도주원조죄의 성립이 불가능하다는 데에 모두 일치한다. 다만 기수 이후 체포하는 공무원을 폭행한 경우에 즉시범설은 특수도주죄가 성립한다는[390] 점이 다르다. 그러나 도주가 완료된 이후에는 구금된 자가 아니므로 특수도주죄의 주체가 될 수 없고 경우에 따라 공무집행방해죄의 성부만 문제된다고 해야 한다. 도주죄는 도주 이후에도 위법상태는 계속하고 있으므로 이를 즉시범이라 할 수 없다. 계속범설은 도주죄가 기수로 된 이후에도 공범이 성립할 수 있고 공소시효는 도주자가 체포된 때부터 진행한다고 한다. 그러나 도주죄가 기수로 된 이후에는 공범이 아니라 범인은닉죄가 성립할 뿐이고, 체포 이후부터 공소시효를 기산한다면 사실상 도주죄의 공소시효는 완성될 수 없다.

【판례】 도주죄는 즉시범으로서 범인이 간수자의 실력적 지배를 이탈한 상태에 이르렀을 때에 기수가 되어 도주행위가 종료하는 것이고, 도주원조죄는 도주죄에 있어서의 범인의 도주행위를 야기시키거나 이를 용이하게 하는 등 그와 공범관계에 있는 행위를 독립한 구성요건으로 하는 범죄이므로, 도주죄

387) 이형국, 832면; 이재상, 772면; 김일수, 770면; 진계호, 791면; 박상기, 677면; 배종대, 871면; 오영근, 983면; 손동권, 813면; 정영일, 819면.
388) 정성근, 975면; 김성천/김형준, 1017면; 김성돈, 767면.
389) 임웅, 912면.
390) 배종대, 871면

의 범인이 도주행위를 하여 기수에 이른 이후에 범인의 도피를 도와 주는 행위는 범인도피죄에 해당할 수 있을 뿐 도주원조죄에는 해당하지 아니한다(대판, 1991. 10. 11, 91도1656).

2. 집합명령위반죄

【구성요건 · 법정형】 전항(단순도주)의 구금된 자가 천재 · 사변 기타 법령에 의하여 잠시 해금된 경우에 정당한 이유 없이 그 집합명령에 위반한 때에도 전항의 형과 같다(제145조 2항). 미수범은 처벌한다(제149조).

(1) 의의 · 성격

집합명령위반죄는 법령에 의하여 구금된 자가 천재 · 사변 기타 법령에 의하여 잠시 해금된 경우에 정당한 이유 없이 집합명령에 위반함으로써 성립하는 범죄이다.

이 죄는 잠시 해금된 자가 정당한 이유 없이 집합명령에 응하지 않는 부작위 자체가 범죄가 되므로 진정부작위범 · 신분범이며, 침해사실이 다소 시간적 계속이 요구되는 계속범이다. 진정부작위범은 부작위 자체로 즉시 기수가 되므로 형법은 제145조의 죄에 대해서 미수범을 처벌한다고 규정하여도 이 죄에는 적용되지 않는다고 해석해야 한다.[391] 침해범, 진정신분범, 의무범이다.

(2) 구성요건요소

1) 주 체 주체는 법령에 의하여 일단 구금되었다가 천재 · 사변 또는 이에 준하는 상태에서 법령에 의하여 잠시 해금된 모든 자이다.[392] 이에 대해서 법령에 의하여 구금되었다가 천재 · 사변(법령에 의할 필요 없다) 또는 법령에 의하여 잠시 해금된 자라고 넓게 해석하여 교도소장으로 부터 일시귀휴 허가를 받는 수용자와 천재지변이나 재해발생으로 일시 석방된 자(형의집행및수용자의처우에관한법률 제77조, 102조 3항)도 이 죄의 주체가 된다는 견해도 있다.[393] 그러나 이 죄와 도주죄를 동일하게 평가할 수 없다는 점에 비추어 이 죄의 주체는 어느 정도 제한

391) 정성근, 796면; 이재상, 773면 이하; 진계호, 792~793면; 배종대, 872면; 임웅, 914면; 백형구, 620면. 반면 이 죄는 순수한 거동범이 아니라 구성요건결과의 발생이 가능한 부진정거동범이므로 침해범이나 결과범처럼 미수범 처벌이 가능하다는 견해는 김일수(Ⅳ), 671면.

392) 김석휘, 주석(상), 197면; 정성근, 976면; 이재상, 772면.; 배종대, 872면; 진계호, 792면; 임웅, 914면; 김성천/김형준, 1017면 이하; 정영일, 821면; 손동권, 815면; 김성돈, 768면.

393) 김일수/서보학, 903면; 오영근, 984면.

적으로 이해하여야 한다. 따라서 귀휴 허가를 받은 수용자나 천재지변 기타 재해발생으로 인하여 일시 석방된 자는 이 죄의 주체가 되지 않고 도주죄를 구성한다[394]고 해야 한다. 판례도 같은 태도로 도주죄를 인정한다.[395] 법률에 의해 체포된 자는 제외된다.

2) 행 위 행위는 정당한 이유없이 집합명령에 위반하는 것이다. "정당한 이유"란 집합명령에 응할 수 없는 적법한 이유가 없음을 말한다. 집합명령에 응하는 것이 기대불가능 내지 불가항력적 사유가 있는 경우라 할 수 있다. 정당한 이유가 있으면 위법성이 조각된다. "집합명령"은 다수인에게 일정한 장소에 집결하라는 작위명령을 말하고 이에 응하지 않는 부작위가 있으면 이 죄는 기수가 된다(다수설).

(3) 형의집행및수용자처우에관한법률과의 관계

형의집행및수용자처우에관한법률 제102조는 천재지변이나 그 밖의 재해발생으로 교도소시설의 안전과 질서유지를 위한 긴급조치로 일시 석방된 자는 집합명령을 기다릴 필요도 없이 석방 후 24시간 이내에 교정시설 또는 경찰관서에 출석해야 하며(동조 4항), 출석의무에 위반한 수용자(귀휴 · 외부통근자 포함)는 1년이하의 징역에 처한다(동법 제133조)고 규정하고 있다. 따라서 형법에 규정된 집합명령위반죄는 동법 제102조의 규정이 적용되지 않는 경우, 즉 24시간이 경과하기 이전에 내려진 집합명령에 위반하는 경우에만 적용된다고 하여야 한다.[396]

3. 특수도주죄

> **【구성요건 · 법정형】** 수용설비 또는 기구를 손괴하거나 사람에게 폭행 또는 협박을 가하거나 2인 이상이 합동하여 전조 제1항(단순도주)의 죄를 범한 자는 7년 이하의 징역에 처한다(제146조). 미수범은 처벌한다(제149조).

(1) 의의 · 성격

특수도주죄는 법률에 의하여 체포 또는 구금된 자가 수용설비 또는 기구를

394) 이재상, 773면; 임웅, 914면; 배종대, 872면. 반대견해는 천재, 사변은 국가비상사태의 예시에 해당하므로 법령에 의한 해금여부를 불문한다고 한다(김일수/서보학, 903면).

395) 대판, 1954. 7. 3, 4287형상45: "6 · 25사변시 각 교도소 및 경찰서에 구금되었다가 불법출소하여 그 후 법무부장관이 공고한 기일 내에 자수치 않은 자에 대하여 도주죄를 인정하였음은 정당하다."

396) 같은 취지: 김일수, 773면; 김일수/서보학, 904면.

손괴하거나 사람에게 폭행 또는 협박하거나 2인 이상이 합동하여 도주함으로써 성립하는 범죄이다. 단순도주죄에 비하여 행위방법에서 특히 위험성이 크기 때문에 불법이 가중되는 가중적 구성요건이다. 본조 후단은 합동범이다. 주된 보호법익은 국가구금권 내지 구금기능이지만 폭행·협박의 경우는 신체의 안전과 의사결정의 자유도 부차적 법익이 된다고 본다. 침해범, 진정신분범, 상태범이며, 도주원조죄가 성립하는 경우에는 이 죄와 필요적 공범이 된다.

(2) 구성요건요소

1) 주 체　주체는 단순도주죄와 같이 법률에 의하여 체포 또는 구금된 자이다. 이 죄의 행위방법이 특수하다는 점 때문에 구인된 증인(형사소송법 제152조, 민사소송법 제312조)도 주체가 된다는 견해가 있다.[397] 일본 형법은 "기결·미결의 수인(囚人) 또는 구인장의 집행을 받은 자"라고 규정(동법 제98조)하고 있으므로 구인된 증인도 당연히 이 죄의 주체가 된다. 그러나 우리 형법의 해석에서는 타당하지 않다.

2) 행 위　행위는 세 가지 태양이 있다. ① 수용설비 또는 기구를 손괴하고 도주하는 경우, ② 사람에게 폭행 또는 협박하고 도주하는 경우, ③ 2인 이상이 합동하여 도주하는 경우이다.

(a) 수용시설 또는 기구의 손괴　"수용시설"은 사람의 신체의 자유를 계속적으로 구금하기 위한 장소·시설로서 교도소·소년교도소·구치소와 경찰관서에 설치된 유치장·노역장·법원청사와 검찰청사의 구치감 등 구금장소와 여기에 설치된 감방문의 자물쇠·비상벨 등이 다. 피의자 피고인 수형자의 호송차량도 포함한다.

"기구"란 신체의 자유를 직접 구속하는 데 사용되는 장비 기구로서, 포승·수갑·보호장비·보호대·보호의자(형의집행및수용자처우에관한법률 제98조)등이 여기에 해당한다.

여기의 "손괴"는 물리적 손괴(훼손)만을 의미한다. 따라서 재물에 대한 효용가치까지 해하는 손괴죄(제366조)의 그것과 다르다. 즉, 탈출방법으로 설비·기구를 손상하는 물리적 훼손이 있어야 하고, 구금장소의 자물쇠를 열거나 단순히 수갑을 풀고 달아나는 것만으로는 이 죄가 아니라 단순도주죄가 될 뿐이다.[398]

397) 황산덕, 79면; 진계호, 794면.

손괴의 방법 여하는 묻지 않는다. 다만 손괴는 도주의 수단으로 행해져야 하므로 수갑을 한 채로 도주한 후에 이를 손괴하면 이 죄가 아니라 단순도주죄가 된다. 손괴의 착수시기는 도주의사로 시설·기구를 손괴하기 시작한 때이다.

(b) 사람에 대한 폭행·협박 도주의 수단으로 간수자 또는 그 협력자에게 폭행 또는 협박을 하는 경우이다. 여기의 "폭행·협박"은 광의의 폭행·협박을 의미한다. 따라서 "폭행"은 사람의 신체에 대한 직·간접의 유형력 행사이면 충분하고, 반항억압일 필요가 없다. "협박"은 해악의 고지로 인해 상대방이 현실로 공포심을 가졌음을 요하지 않는다. 폭행·협박의 시기는 도주의 전후를 불문하며, 도주의사로 폭행·협박을 개시한 때에 실행의 착수가 있다.

(c) 합동도주 "2인 이상이 합동하여"란 합동범에 있어서의 합동을 의미하므로 2인 이상이 의사연락하에 시간적·장소적으로 현장에서 협동하는 것을 뜻한다(현장제한적 공동정범설). 이 때 2인 이상의 자는 모두 법률에 의하여 구금된 자임을 요하고 공동실행의 의사가 있어야 한다. 따라서 제3자의 도주협력행위는 도주원조죄(제147조)를 구성(필요적 공범관계)할 뿐 이 죄에 해당하지 않으며, 우연히 동시에 또는 열려있는 출구로 다른 구금자가 도주하여도 이 죄는 되지 않는다. 도주행위는 반드시 동시에 있을 필요가 없으나 동일기회일 것을 요하며, 합동한 자 간의 기수·미수는 각자에 대하여 개별적으로 논한다.[399]

(3) 죄수·타죄와의 관계

이 죄를 범함에 있어서 방화·살상·체포·감금·공용물건손괴(제141조 1항)·공용건조물파괴(제141조 2항) 등이 수반된 때에는 이 죄와 각 행위에 해당하는 죄의 상상적 경합이 된다. 2인 이상이 합동하고 또 시설·기구를 손괴하거나 폭행·협박이 있으면 포괄일죄가 된다.

---

398) 김석휘, 주석(상), 322면; 이재상, 774면; 김일수/서보학, 905면; 임웅, 915면; 정영일, 822면; 김성돈, 769면. 이 경우 이 죄의 손괴를 인정하는 반대설은 유기천, 325면.

399) 임웅, 916면; 진계호, 794면; 배종대, 873면; 정영일, 823면. 이에 반해 합동범의 전체행위를 종합평가하여 합동자 중 일부가 기수에 이를 때에는 모두가 기수책임을 부담한다는 견해는 김일수, 776면.

Ⅲ. 도주원조죄

1. 단순도주원조죄

【구성요건 · 법정형】 법률에 의하여 구금된 자를 탈취하거나 도주하게 한 자는 10년 이하의 징역에 처한다(제147조). 미수범은 처벌한다(제149조). 이 죄를 범할 목적으로 예비 또는 음모한 자는 3년 이하의 징역에 처한다(제150조).

(1) 의의 · 성격

도주원조죄(Gefangenbefreiung)는 법률에 의하여 구금된 자를 탈취하거나 도주하게 함으로써 성립하는 범죄이다. 범인비호적 성격을 가진 범죄이고 성질상 도주죄의 교사 또는 방조에 해당하는 행위이지만 형법은 이를 독립된 구성요건으로 규정한 것이다. 자기도주의 경우와 달리 기대가능성이 적다고 할 수 없으므로 이 죄를 도주죄에 비하여 중한 형으로 처벌하기로 한 것이다. 총칙상의 공범규정은 이 죄에 적용하지 않는다(통설 · 판례).[400] 따라서 구금된 자가 타인을 교사하여 자기를 도주하게 하였어도 이 죄의 교사범이 아니라 도주죄만 성립한다. 침해범이고 결과범이다.

(2) 구성요건요소

1) 주 체 주체는 제한이 없다. 법률에 의하여 구금되어 있는 자도 다른 구금자를 도주하게 한 때에는 이 죄의 주체가 된다. 그러나 피구금자가 의사 연락하에 함께 도주한 때에는 특수(합동)도주죄가 된다.

2) 객 체 객체는 법률에 의하여 구금된 자이다(단순도주죄 참조). 구금은 적법한 것이라야 하며, 구인된 피의자 · 피고인이나 체포되어 연행 중인 자는 구금된 자가 아니므로 객체가 되지 않는다.

3) 행 위 행위는 탈취하거나 도주하게 하는 것이다.

(a) 탈 취 "탈취"란 피구금자를 간수자의 실력적 지배로부터 이탈시켜 자기 또는 제3자의 실력적 지배하에 옮기는 것을 말한다(통설). 단순히 피구금자를 해방하여 달아나게 하는 것은 탈취가 아니라 도주하게 하는 것이다.[401] 탈취의

400) 대판, 1991. 10. 11, 91도1656. 다만 탈취행위에 대해서 구금된 자와 공동정범이 성립할 수 있다는 견해는 김일수/서보학, 908면; 손동권, 817면.

수단·방법은 묻지 않는다. 따라서 폭행·협박·기망·유혹·위계 등에 의한 것임을 묻지 않는다. 피구금자의 동의 여부나 도주의사의 유무도 불문한다. 기존의 구금을 배제하는 일을 개시하였을 때에 착수가 있고, 피구금자를 자기 또는 제3자의 실력적 지배 하에 두었을 때에 기수가 된다.

(b) 도주하게 한다 "도주하게 한다"는 것은 피구금자의 도주를 야기시키거나 이를 용이하게 하는 일체의 행위를 말한다. 그 수단·방법은 도주의사 없는 자에게 교사하거나 도주실행을 용이하게 도와주는 방조이건, 도주방법의 교시(教示)·감방문의 개방이나 기구의 해제이건, 간수자에게 폭행 또는 협박하여 달아나게 하였건 묻지 않는다. 피구금자가 도주에 동의하였느냐는 문제되지 않는다.

(c) 착수·기수시기 착수시기는 도주를 야기시키거나 이를 용이하게 하는 행위를 개시하였을 때이며, 기수시기는 피구금자가 간수자의 실력적 지배에서 이탈하였을 때이다. 이미 도주한 범인을 사후에 돕는 행위는 범인은닉(도피)죄가 성립하고 도주원조죄를 구성하지 않는다.[402]

2. 간수자도주원조죄

> **【구성요건·법정형】** 법률에 의하여 구금된 자를 간수 또는 호송하는 자가 이를 도주하게 한 때에는 1년 이상 10년 이하의 징역에 처한다(제148조). 미수범은 처벌한다(제149조). 이 죄를 범할 목적으로 예비 또는 음모한 자는 3년 이하의 징역에 처한다(제150조).

(1) 의 의

법률에 의하여 구금된 자를 간수 또는 호송하는 자가 도주하게 함으로써 성립하는 범죄이다. 이 죄는 도주죄의 방조범적 성격을 가지고 있으나 직무위반적 측면을 중요시하여 단순도주원조죄에 대하여 불법이 가중된 신분범이다(다수설은 부진정신분범). 침해범이고 의무범적 성질을 가진 범죄이다.

---

401) 이에 반하여 탈취는 간수자의 지배에서 이탈시키면 족하고 자기 또는 제3자의 실력지배는 요하지 않는다고 하여 피구금자를 달아나게 하는 것도 이 죄의 탈취에 해당한다는 견해는 김일수/서보학, 909면.

402) 대판, 1991. 10. 11, 91도1656.

(2) 구성요건요소

주체는 법률에 의하여 구금된 자를 간수 또는 호송하는 자이다. 간수 또는 호송의 임무는 법령의 근거를 가질 것을 요하지 않으며, 현실로 그 임무에 종사하고 있으면 충분하다. 따라서 공무원일 필요는 없다. 객체는 법률에 의하여 구금된 자이다(단순도주죄 참조). 행위는 피구금자를 도주하게 하는 것이다(도주원조죄 참조). 작위에 의한 경우는 물론, 피구금자가 도주할 것임을 알면서 이를 방지하지 않는 부작위로 가능하다. 이미 도주의 의사를 가진 자에 대하여 그 실행을 용이하게 하는 것도 포함된다. 피구금자가 도주하였을 때에 기수가 되며, 도주하게 하였으나 도주하지 못하였을 때에는 이 죄의 미수범이 된다. 이 죄는 고의범이므로 과실로 도주하게 한 때에는 죄가 되지 않는다.

Ⅳ. 범인은닉죄

> 【구성요건 · 법정형】 벌금 이상의 형에 해당하는 죄를 범한 자를 은닉 또는 도피하게 한 자는 3년 이하의 징역 또는 500만원 이하의 벌금에 처한다(제151조 1항).

1. 의의 · 성격

벌금 이상의 형에 해당하는 죄를 범한 자를 은닉 또는 도피하게 함으로써 성립하는 범죄이다. 본범이 성립한 후에 그 범인을 비호하는 행위를 처벌하는 독립된 범죄이고 일종의 사후종범이다. 국가의 형사사법기능을 보호하는 추상적 위험범이다.

2. 객관적 구성요건요소

(1) 주 체

주체는 제한이 없다. 다만 이 죄가 범인을 은닉 · 도피하게 하는 범죄이므로 범인 자신은 주체가 될 수 없고 범인 자신의 자기 도피는 이 죄의 구성요건해당성이 부정된다.[403] 공동정범 관계에 있는 자가 다른 공동정범(본범)을 도피하게

한 때에도 이 죄를 구성한다.[404)]

1) 자기도피의 교사 범인이 타인을 교사하여 자신을 은닉·도피하게 한 경우(자기도피의 교사행위)에 범인은닉죄의 교사범으로 처벌할 수 있느냐가 문제된다. 긍정설은[405)] 타인을 교사하여 자기를 은닉·도피하게 하는 것은 자기비호권의 한계를 일탈한 것이고, 범인 스스로 도피하는 경우와 달리 기대가능성도 인정되므로 이 죄의 교사범이 성립한다고 한다. 판례도 같은 취지이다.[406)]

부정설은 ① 타인을 교사하여 자신을 은닉하게 하는 것은 자기비호의 연장에 불과하고,[407)] ② 이 죄의 주체로 될 수 없는 자가 교사범으로 처벌받는다는 것은 옳다고 할 수 없으며,[408)] ③ 친족 또는 동거의 가족이 본인을 위하여 이 죄를 범한 때에도 처벌하지 않음에도 불구하고, 자신의 도피를 위하여 교사하는 행위를 처벌한다면 형평성에서 문제가 되므로[409)] 이 죄의 교사범 성립을 부정한다(다수설).

2) 결 어 타인을 교사하여 자기를 도피하게 하는 것도 자기도피와 마찬가지로 자기비호로 보아야 하므로 부정하는 견해가 타당하다. 같은 취지로 방조의 경우도 같다고 본다.

(2) 객 체

객체는 벌금 이상의 형에 해당하는 죄를 범한 자이다.

1) 벌금 이상의 형에 해당하는 죄 범인은닉죄는 본범의 범죄가 벌금 이상의 형에 해당하는 죄임을 전제로 해서만 성립한다(은닉행위의 종속성). "벌금 이상의 형에 해당하는 죄"란 법정형에 벌금 또는 그 이상의 형을 포함하고 있는 범

---

403) 이형국, 838면; 이재상, 777면; 배종대, 875면; 임웅, 920면; 오영근, 992면; 손동권, 819면; 김성돈, 772면.

404) 대판, 1958. 1. 14, 4290형상393 :"공동정범 중의 1인이 다른 공동정범을 도피하게 하거나 도피를 방조한 경우에는 범인은닉죄 및 동방조죄의 책임을 면치 못한다."

405) 황산덕, 85면; 정영석, 80면; 김석휘, 주석(상), 201면; 김봉태(7인 공저), 653면; 백형구, 627면; 정영일, 829면; 김성돈, 773면.

406) 대판, 2000. 3. 24, 2000도20: 범인이 자신을 위하여 타인으로 하여금 허위의 자백을 하게 하여 범인도피죄를 범하게 하는 행위는 방어권의 남용으로 범인도피교사죄에 해당한다. 이 경우 그 타인이 친족간의 특례(제151조 2항)가 적용되는 친족 또는 동거가족이라 할지라도 동일하다(대판, 2006. 12. 7, 2005도3707).

407) 이형국, 838면; 배종대, 875면; 임웅, 920면; 손동권, 819면; 박상기, 680면; 오영근, 992면.

408) 이형국, 838면; 이재상, 777면; 김일수, 780면; 박상기, 680면; 임웅, 921면; 이정원, 796면; 오영근, 992면.

409) 박상기, 680면; 이정원, 796면.

죄를 말한다. 따라서 법정형 중 가장 중한 형이 벌금이거나 자격정지, 자격상실, 금고, 징역, 사형이 규정된 것이면 선택형으로 구류나 과료를 함께 규정하고 있어도 무방하다. 그러나 단지 구류 또는 과료의 형으로만 처벌되는 죄는 여기에 해당하지 않는다. 형법 각칙에 규정된 죄는 모두 벌금 이상의 형에 해당하는 죄에 속한다.

2) 죄를 범한 자 "죄를 범한 자"이면 정범뿐만 아니라 교사범 · 방조범과 미수범 또는 예비 · 음모한 자도 그 형이 벌금 이상에 해당하면 포함된다. 죄를 범한 자라고 하여 반드시 유죄판결이 확정되었거나 공소가 제기되었음을 요하지 않는다.[410] 따라서 수사개시 이전[411]이거나 범죄혐의를 받고 수사가 진행 중에 있는 자도 포함된다.

"죄를 범한 자"는 구성요건에 해당하고 위법 · 유책한 행위를 한 자라야 하며, 처벌요건이나 소추요건을 구비해야 하는 범죄에 있어서는 이를 구비하고 있어야 한다. 따라서 피은닉자가 사실상 죄를 범한 경우에도 무죄나 면소의 판결이 확정되어 처벌이 불가능한 자와, 공소시효의 완성, 형의 폐지, 사면에 의하여 소추 또는 처벌의 가능이 없는 자는 국가 형벌권행사를 해할 염려가 없으므로 이 죄의 객체가 되지 않는다.

(a) 고소권이 소멸된 자 친고죄에 있어서 고소권이 소멸되어 처벌의 가능성이 없어진 경우에도 죄를 범한 자에 해당하지 않는다. 그러나 고소기간 내에 피해자의 고소가 아직 없는 경우에는 죄를 범한 자에 해당한다.[412] 고소가 없는 경우에도 수사는 할 수 있고 소추 · 처벌의 가능성도 있으며, 은닉 시에 피은닉자의 범죄가 유죄판결을 받을 수 있는 정도에 이르렀음을 요하지 않기 때문이다.

(b) 불기소처분 받은 자 검사의 불기소처분을 받은 자도 이 죄의 객체가 되느냐에 대해서는, 검사의 불기소처분으로 형사절차는 사실상 종결되고 피의

---

410) 대판, 1983. 8. 23, 83도1486.

411) 대판, 2003. 12. 26, 2003도4533. 피고인이 수표발행인을 은닉한 것이 그 수표가 부도나기 전날이라고 하더라도 그 수표가 부도날 것이라는 사정과 수표발행인이 부정수표단속법 위반으로 수사관서의 수배를 받게 되리라는 사정을 알았다면 범인은닉에 관한 범의가 없다고 할 수는 없을 것이다(대판, 1990. 3. 27, 89도1480).

412) 유기천(하), 349면; 황산덕, 83면; 정영석, 77면; 서일교, 349면; 김봉태(7인 공저), 650면; 이재상, 778면; 김일수, 781면; 임웅, 921면; 오영근, 993면; 정영일, 830면. 반대 견해는 배종대, 876면; 진계호, 798면; 손동권, 820면.

자의 지위가 소멸된다는 이유로 부정설도[413] 있다. 그러나 불기소처분은 확정력이 없기 때문에 소추·처벌의 가능성은 남아 있으므로 이 죄의 객체가 된다고 해야 한다.[414] 판례도 "구속수사의 대상이 된 공소외인이 그 후 무혐의로 석방되었다 하더라도 위 죄의 성립에 영향이 없다"고 판시하여[415] 긍정설을 취하고 있다. 기소중지된자도 같다.[416] 벌금 이상의 형에 해당하는 죄를 범한 자이면 구금되었다가 도주한 때에도 이 죄의 객체가 된다. 그러나 구인된 증인이 일시적으로 도주한 때에는 이 죄의 객체가 되지 않는다.[417]

【진범인임을 요하는가 여부】 죄를 범한 자는 진범인임을 요하는가에 관하여는 ① 실제로 죄를 범한 진범인이어야 한다는 견해(긍정설),[418] ② 진범일 필요가 없고 수사 또는 소추를 받고 있는 자를 포함한다는 견해(부정설),[419] ③ 형법의 실현단계에 맞추어 수사개시 전의 단계에서는 진범인임을 요하나, 수사단계에서는 진범인이거나 적어도 진범이라고 강하게 의심받는 자이어야 하며, 소추·재판단계 및 집행단계에서는 진범 여부를 불문한다는 견해(단계적 구분설)[420]의 대립이 있다. 판례는 부정설의 입장이다.[421] 부정설은 현실적으로 대부분의 범인은닉죄가 진범의 확정단계 이전인 수사·소추단계에 있는 자의 은닉이 문제되므로, 이 단계에서의 국가의 형사사법기능을 보호할 필요가 있다고 한다. 이에 의하면 긍정설은 진범인을 알 수 없어 진범인가 여부가 불확실한 단계에서 피의자·피고인을 은닉한 경우에 이 죄의 성립을 부정하게 되는 문제가 있다고 지적한다.[422]

413) 이형국, 839면; 이재상, 778면; 배종대, 876면; 임웅, 921면; 오영근, 996면; 김성돈, 774면. 황산덕, 83면도 결론에서 같다고 본다.

414) 유기천, 각론(하), 349면; 김휘석, 주석(상), 205면; 김봉태(7인 공저), 650면; 김일수, 781면; 진계호, 798면; 이정원, 802면; 정영일, 831면. 한편 피의자의 도피를 이유로 기소중지한 피의자를 은닉한 경우에는 범인은닉죄가 되나 그 이외의 사유로 불기소처분한 경우에는 범인은닉죄가 되지 않는다는 견해는 백형구, 626면. 또 불기소처분후 기소가능 여부로 판단하는 오영근, 974면도 사실상 긍정설이다.

415) 대판, 1982. 1. 26, 81도1931.

416) 대판, 2004. 3. 26, 2003도8226.

417) 황산덕, 83면.

418) 유기천(하), 348면; 황산덕, 83면; 서일교, 349면; 이재상, 779면; 오영근, 994면.

419) 정영석, 77면; 박상기, 681면; 배종대, 876면; 진계호, 798면; 백형구, 625면; 임웅, 922면; 이정원, 798면; 김성천/김형준, 1024면; 김성돈, 775면.

420) 김석휘, 주각(상), 204면; 김봉태(7인 공저), 649면; 김일수/서보학, 913~914면 이하; 손동권, 821면; 정영일, 830면.

421) 대판, 1982. 1. 26, 81도1931; "범인은닉죄는 형사사법에 관한 국권의 행사를 방해하는 자를 처벌하고자 하는 것이므로 형법 제151조 제1항 소정의 '죄를 범한 자'라 함은 범죄의 혐의를 받아 수사대상이 되어 있는 자를 포함한다. 따라서 구속수사의 대상이 된 공소외 김○○가 그 후 무혐의로 석방되었다 하더라도 위 죄의 성립에 영향이 없다"(대판, 1983. 8. 23, 83도1486).

422) 또 진범이 아니라고 오신하고 은닉한 경우 항상 고의가 없는 것이 되어 이 죄의 입법목적을 달성하기 어렵다는 비판은 박상기, 679면; 임웅, 922면.

그러나 ① 구법과는 달리 '죄를 범한 자'만을 객체로 하고 있는 현행법의 해석상으로는 진범인으로 한정하는 것이 타당하며,[423] ② 진범인으로 한정한다고 해서 반드시 이에 대한 재판이 먼저 확정되어야 하는 것은 아니고 이 죄를 심리하는 법원이 독자적으로 판단하여 결정하면 충분하며,[424] ③ 진범인이 아닌 자를 은닉한 행위가 국가의 정당한 형벌권행사를 방해하였다고 할 수도 없으므로 진범인으로 한정하는 견해가 타당하다고 본다.

(3) 행 위

행위는 은닉 또는 도피하게 하는 것이다.

1) 은 닉 "은닉"이란 수사기관의 발견·체포를 면할 수 있는 장소를 제공하여 범인을 감추어 주는 행위를 말한다. 은닉장소 여하는 묻지 않는다. 선박이나 차량에 태우고 운행하여도 은닉에 해당한다. 범인을 자기의 지배력 밑에 두어야 하느냐에 대해서 그럴 필요는 없다는 견해도 있으나 도피와의 관계상 적극적으로 해석하는 것이 타당하다고 본다.[425] 판례는 체포를 면하도록 장소를 제공하면 족하고 범인에게 경찰서 출두를 하지 말도록 권유하거나 권유를 위해 강제하거나 은닉자의 말에 복종하는 관계가 있음을 요하지 않는다고 하였다.[426]

2) 도피하게 한다 "도피하게 한다"란 은닉 이외의 방법으로 수사기관의 발견·체포를 곤란 또는 불가능하게 하는 일체의 행위를 말한다.[427] 장소적 관련성이 없다는 점이 은닉과 다르다. 예컨대, 변장용의 의류·장신구를 제공하여 범인을 변장시키거나 도피비용·은신처 등을 제공하여 도피의 편의를 보아주는 행위, 범인에게 가족의 안부와 수사상황을 알려주는 행위, 범인에게 도피를 권고하여 도피시킨 경우,[428] 피의자간에 연락하여 만나게 해 주고 도피를 용이하게 한 경우[429](이상은 직접적 편의제공행위), 범인 대신 다른 사람을 범인으로 가장시켜 수사를 받도록 하거나[430] 진범인에 대신하여 자기가 범인이라고 허위 신

423) 유기천(하), 348면. 이 죄에 관하여 「벌금 이상의 형에 해당하는 죄를 범한 자 또는 구금 중 도주한 자」라고 규정하였던 구법하에서는 단순히 수사·소추 중인 자도 포함하고 있다고 해석할 여지는 있었다.

424) 이재상, 779면; Welzel, StR, S. 519; Samson, SK, §258 Rdn. 16; Bockelmann, BT 3, S. 53.

425) 황산덕, 84면.

426) 대판, 2002. 10. 11, 2002도3332.

427) 대판, 2000. 11. 24, 2000도4078.

428) 대판, 1996. 5. 10, 96도51.

429) 대판, 1990. 12. 26, 90도2439.

430) 대판, 1967. 5. 23, 67도366 : "범인(벌금 이상의 형에 해당하는 죄를 범한 자)으로 혐의를 받

고하는 행위,431) 추적하는 관헌에게 범인의 도망친 방향과 반대방향을 가르쳐 주어 도피를 직접 도와준 행위(이상은 간접적 편의제공행위) 등은 모두 도피하게 하는 행위에 해당한다. 다만 범인도피행위는 범인을 도주하게 하는 행위 또는 도주하는 것을 직접적으로 용이하게 하는 행위에 한정된다.432)

그러나 증언거부권자에게 증언을 거부하도록 권유하거나 피고인·피의자에게 진술거부권을 행사하도록 권유하는 것은 이 죄의 행위에 해당하지 않는다. 마찬가지로 피고인이 공범의 이름을 진술하지 않고 단순히 묵비한 것만으로 도피하게 하였다고 할 수 없다.433) 또 수사기관에 출두한 참고인이 범인으로 체포된 사람과 다르다고 허위 진술하여 그 진범인이 석방되었다 하여도 이로써 도피시킨 행위에 해당하지 않고,434) 참고인이 실제의 범인이 아닌 다른 사람을 범인이 아닐지도 모른다고 생각하면서도 그를 범인이라고 허위진술을 하여 그 사람이 구속기소되고 이로 인하여 실제의 범인이 용이하게 도피하는 결과가 초래되었다 하여도 그것만으로 적극적으로 범인을 도피시켜 국가의 형사사법의 작용을 곤란하게 할 의사가 있었다고 할 수 없으므로 그 참고인은 범인도피죄로 처벌할 수는 없다.435)

3) 부작위에 의한 은닉·도피 은닉·도피시키는 행위는 부작위로도 할 수 있다. 예컨대 범인을 체포해야 할 보증인적 지위에 있는 경찰관이 범인임을 알

아 수사중인 경우에 범인 아닌 다른 자로 하여금 범인으로 가장케 하여 수사를 받도록 함으로써 범인의 발견·체포에 지장을 초래케 하는 행위는 범인은닉 또는 도피에 해당된다."

431) 대판, 1996. 6. 14, 96도1016 : "범인 아닌 자가 수사기관에서 범인임을 자처하고 허위사실을 진술하여 진범의 체포와 발견에 지장을 초래하게 한 행위는 범인은닉죄에 해당한다." 같은 취지:대판, 1977. 2. 22, 76도3685.

432) 대판, 1995. 3. 3, 93도3080.

433) 대판, 1984. 4. 10, 83도3288: "피고인이 절도사건과 관련하여 사법경찰리로부터 조사받는 과정에서 공범인 상피고인들이 이름을 단순히 묵비하였다 하여 절도범인을 도피하게 하였다고는 볼 수 없다." 그러나 공범이 더 있다는 사실을 숨긴 채 허위보고를 하고 조사를 받고 있는 범인에게 다른 공범이 더 있음을 실토하지 못하도록 하는 등의 행위를 한 경우에는 도피행위에 해당한다(대판, 1995. 12. 26, 93도904).

434) 대판, 1987. 2. 10, 85도897: "참고인이 범인 아닌 다른 자를 진범인이라고 내세우는 경우 등과 같이 적극적으로 허위사실을 진술하여 수사기관을 기망·착오에 빠지게 함으로써 범인의 발견·체포에 지장을 초래하는 경우와는 달리 참고인이 수사기관에서 진술을 함에 있어 단순히 범인으로 체포된 사람과 동인이 목격한 범인이 동일함에도 불구하고 동일한 사람이 아니라고 허위진술한 정도의 것만으로는 참고인의 그 허위진술로 말미암아 증거가 불충분하게 되어 범인을 석방하게 되는 결과가 되었다 하더라도 바로 범인도피죄를 구성한다고 할 수 없다". 같은 취지: 대판, 1991. 8. 27, 91도1441. 이 경우 적극적인 도피방조행위가 없더라도 위계에 의한 공무집행방해죄(제137조)는 성립한다는 견해로는 박상기, 681면.

435) 대판, 1997. 9. 9. 97도1596.

면서 체포하지 않고 방임하는 경우에도 이 죄가 성립할 수 있다. 그러나 고소·고발의 행사는 본인의 권리이고 의무는 아니므로 단순히 고소·고발을 하지 않은 것만으로 이 죄가 되지 않는다. 마찬가지로 일반인은 범인을 수사기관에 고지해야 할 의무가 없으므로 범인임을 알면서 이를 고지하지 아니한 부작위도 이 죄를 구성하지 않는다.[436] 간첩을 고지하지 않은 경우 특별법상의 불고지죄(국가보안법 제10조)에 해당함은 별론이고 부작위에 의한 죄는 성립하지 않는다.

3. 주관적 구성요건요소

고의가 있어야 한다. 이 죄의 고의는 벌금 이상의 형에 해당되는 죄를 범한 자를 은닉 또는 도피하게 한다는 인식과 의사이다.[437] 미필적 고의로 충분하다. 범인의 성명이나 범죄의 구체적 내용과 평가내용을 정확하게 알 필요가 없고, 이에 대한 인식은 일반인으로서의 소박한 평가 정도이면 족하다.

벌금 이상의 형에 해당하는 죄가 아니라고 오인한 경우에 대해서는, 위법성의 착오로 취급하는 견해도 있으나,[438] 벌금 이상의 형에 해당하는 죄를 범한 자는 이 죄의 구성요건적 사실이므로 이에 대한 착오는 구성요건적 착오로서 고의가 조각된다고 해석해야 한다.[439]

4. 죄 수

동일한 범인을 은닉하여 도피하게 한 경우에는 포괄일죄가 된다. 동일사건에 관한 수인의 범인을 하나의 행위로 은닉 또는 도피하게 한 때에는 수죄가 성립하며 상상적 경합이 된다. 그러나 동일한 범죄사실이라도 수인의 공범자를 수개의 행위로 각각 은닉 또는 도피하게 한 때에는 수 죄에 대한 경합범이 된다.

---

436) 대판, 1984. 2. 14, 83도2209: "피고인들이 부정수표단속법위반의 피의자(갑)이 공소외(을)에 대하여 지는 또 다른 채무를 인수키로 하는 지불각서를 작성하여 주고 위(을)이 (갑)을 수사당국에 인계하는 것을 포기하기로 하는 합의가 이루어져 위(갑)이 수사당국에 인계되지 않는 경우이면 피고인들에 대하여 범인도피죄의 성립을 인정할 수 없다".

437) "범인도피죄에 있어서 벌금 이상의 형에 해당하는 자에 대한 인식은 실제로 벌금 이상의 형에 해당하는 범죄를 범한 자라는 것을 인식함으로써 족하고 그 법정형이 벌금 이상이라는 것까지 알 필요는 없는 것이고 범죄의 구체적인 내용이나 범인의 인적 사항 및 공범이 있는 경우 공범의 구체적 인원수 등까지 알 필요는 없다"(대판, 1995. 12. 26, 93도904).

438) 황산덕, 85면.

439) 김봉태(7인 공저), 651면; 이재상, 781면; 정영일, 834면.

5. 친족간의 특례

(1) 의의・법적 성질

친족 또는 동거의 가족이 본인을 위하여 범인은닉죄를 범한 때에는 처벌하지 아니한다(제151조 2항). 형법이 범인은닉죄와 증거인멸죄에 대하여 친족간의 특례를 인정한 법적 성질에 관하여 견해가 대립한다. 인적처벌조각사유설은 친족간에도 은닉죄는 성립하지만 친족이라는 일신적 관계(신분)로 인하여 처벌만 면제한다고 한다.[440] 이에 대하여 책임조각사유설은 이 죄의 친족간의 특례는, ① 친족상도례(제328조 1항)의 규정처럼 형면제가 아니라 '벌하지 아니한다'라고 규정하였으므로 애당초 범죄성립 자체를 부정한 것으로 보아야하며, ② 특례의 기본정신이 친족간의 정의로 인하여 은닉행위를 하지 않는다는 것을 기대할 수 없기 때문에 불가벌로 한 것이므로 책임이 조각된다는 것이다.[441] 이 특례규정이 친족간의 정의를 고려한 것이므로 책임조각사유설이 타당하다. 따라서 이 특례에 해당하는 경우에는 형면제판결이 아니라 무죄판결을 해야 한다.

(2) 적용범위

특례규정은 친족 또는 동거의 가족이 본인을 위하여 범인은닉죄를 범한 경우에만 적용된다. ① "친족・가족"의 범위는 민법의 규정에 의한다(민법 제777조 내지 제779조). 내연관계에 있는 자와 그 출생자도 친족・가족에 포함시킬 것이냐에 대해서 이를 포함시키는 것은 유추적용이 된다는 이유로 부정하는 견해도[442] 있다. 그러나 행위자에게 이익 되는 유추적용은 금지하지 않을 뿐만 아니라 특례의 기본정신에 비추어 긍정함이 타당하다.[443] "가족"은 동거가족에 한정되므로 분가한 가족은 친족이 아니면 특례규정을 적용할 수 없으며, 고용인은 동거하는 경우에도 가족이 아니다. ② "본인"은 벌금 이상의 형에 해당하는 죄를 범한 자를 말한다. ③ 본인을 위하여 범인은닉죄를 범한 때에만 특례가 적용된다.

---

440) 유기천(하), 331면; 황산덕, 86면; 김석휘, 주석(상), 208면; 이정원, 802면.

441) 정영석, 79면; 김봉태(7인 공저), 652면; 정성근, 992면; 이형국, 842면; 이재상, 782면; 김일수/서보학, 917면; 진계호, 800면; 박상기, 684면; 배종대, 879면; 백형구, 627면; 임웅, 925면; 김성천/김형준, 1027면; 오영근, 998면; 정영일, 835면; 손동권, 825면.

442) 김석휘, 주석(상), 208면.

443) 황산덕, 86면; 정성근, 992면; 이재상, 783면; 박상기, 684면; 배종대, 879면; 진계호, 800면; 임웅, 926면; 백형구, 628면; 이정원, 802면; 김성천/김형준, 1027면; 손동권, 825면; 오영근, 999면.

"본인을 위하여"란 본인의 형사책임상의 이익을 위한 것을 말한다. 따라서 본인에 대한 형사소추(법령에 의한 구속을 면하게 하는 경우도 포함)·유죄판결 또는 형집행을 면하게 하기 위한 경우는 특례가 적용되지만, 본인의 불이익을 위한 경우나 본인의 공범자의 이익을 위한 경우 또는 재산상의 이익을 위한 경우에는 적용되지 않는다. 또 본인의 이익과 함께 공범자의 이익을 위한 때에도 특례는 적용되지 않는다.[444] ④ 이익·불이익은 범인의 주관에 의해 결정되는 것이 아니라 객관적인 평가에 따라 결정해야 한다.

(3) 특례와 공범관계

이 규정은 친족간의 특례이므로 친족이 비친족과 공동정범으로 범인은닉죄를 범한 경우에는 친족에 대해서만 적용되며 비친족에게는 적용되지 않는다. 비친족이 친족을 교사 또는 방조하여 이 죄를 범하게 한 때에는 친족은 처벌되지 아니하나 비친족은 범인은닉죄의 교사범 또는 방조범이 성립한다(제한종속형식).

문제는 범인의 친족이 제3자를 교사하여 범인은닉행위를 하게 한 경우이다. 이 경우 친족이라 하여도 타인을 교사하여 이 죄를 범하는 경우까지 기대가능성이 없다고 할 수 없을 뿐만 아니라, 범인비호권의 남용이 되므로 범인은닉죄의 교사범이 성립한다는 견해도 있다.[445] 그러나 이 특례가 가족적 정의로 기대불가능성에 의한 책임 조각에 그 취지가 있다면 친족자신이 범인을 은닉하는 경우와 타인을 교사하여 은닉하게 하는 경우를 구별할 이유가 없으므로 이 죄의 교사범으로 처벌할 수 없다고 해야 한다.[446] 따라서 제3자는 이 죄의 정범으로 처벌되지만, 교사한 친족은 책임이 조각된다.

범인의 친족이 아닌 자가 범인을 자기의 친족이라고 오신하고 은닉행위를 한 때에는 그 심정에 있어서 이 특례의 취지와 다를 바 없으므로 처벌할 수 없다고 본다.[447]

---

444) 황산덕, 86면; 김봉태(7인 공저), 652면; 이재상, 783면; 진계호, 801면; 박상기, 684면; 배종대, 879면. 반면에 이 특례규정은 기대불가능성을 이유로 한 면책사유이므로 본인의 이익을 주로 하는 한 특례적용을 배제할 이유가 없다는 견해는 김일수/서보학, 917면; 임웅, 926면; 김성천/김형준, 1027면; 오영근, 999면 이하.

445) 유기천(하), 353면; 황산덕, 86면; 정영석, 79면; 백형구, 614면; 오영근, 1000면 이하; 정영일, 836면.

446) 이재상, 783면; 김일수/서보학, 918면; 박상기, 685면; 배종대, 879면; 진계호, 801면; 임웅, 926면; 이정원, 803면; 김성천/김형준, 1028면; 손동권, 826면; 김성돈, 780면.

447) 김봉태(7인 공저), 653면; 배종대, 879면. 오인이 회피불가능한 경우에 한하여 특례규정이 적

제4절 위증과 증거인멸의 죄

I. 총 설

1. 위증죄의 의의 · 보호법익

(1) 의 의

위증의 죄는, ① 법률에 의하여 선서한 증인이 허위의 진술을 함으로써 성립하는 단순 위증죄(제152조 1항, 협의의 위증죄)와, ② 법률에 의하여 선서한 감정인 · 통역인 또는 번역인이 허위의 감정 · 통역 또는 번역을 함으로써 성립하는 허위감정 · 통역 · 번역죄(제154조 광의의 위증죄), ③ 타인의 형사사건 · 징계사건에 관하여 피고인 · 피의자 또는 징계혐의자를 모해할 목적으로 위증함으로써 성립하는 모해위증죄를 포함한 범죄를 말한다. 이 죄는 국가의 사법기능과 심판기능을 침해하는 범죄이므로 국가의 구속기능을 침해하는 도주의 죄와 국가의 형벌권 행사를 방해하는 범인은닉죄와 구별된다.

【입법례】 위증죄는 교회법(캐논법) 이후 신에 대한 맹서에 위반하여 신의 존엄성을 모독하는 범죄로 이해되어 왔으나 바이마르헌법에서 종교의 자유를 보장하면서 위증죄에서 종교적 성격이 배제되었다. 1943년의 독일 형법개정에서는 선서위반과 선서 없는 허위진술을 처벌하는 새로운 규정(제153조)을 둠으로써 위증죄를 국가적 법익에 대한 범죄로서의 성격을 명백히 하였다.

우리 형법은 일본 형법가안(제223조 내지 제226조)의 영향을 받아 위증죄를 증거인멸죄와 동일한 장에서 국가적 법익에 대한 죄로 규정하고 있다. 다만 우리 형법상의 위증죄는 모두 선서를 요건으로 하고 있다는 점에서 선서 없는 허위진술과 선서 있는 선서위반을 모두 처벌하는 독일 형법과 다르다. 이에 대해서 위증죄는 증인에게 부여된 진실의무에 위반하였기 때문에 처벌되는 것이고 선서에 의하여 위증의 벌을 서약하였기 때문에 처벌되는 것은 아니라는 이유로 선서위반에 대하여 특수한 불법내용을 인정하는 것은 입법론적으로 타당하지 않다는 비판이 있다.[448]

용된다는 견해는 이정원, 803면.

448) 이재상, 786면.

(2) 보호법익

위증죄의 보호법익은 국가의 사법기능이다. 여기의 사법기능은 제도로서의 사법이 아니라 사법에 대한 국가의 기능을 의미하므로 국가의 사법작용과 징계작용을 포함한다.[449] 구체적으로 협의의 위증죄는 법원의 사법기능을 보호법익으로 하며, 광의의 위증죄와 모해위증죄는 국가의 사법기능 외에도 일정한 범위의 국가심판기능까지 보호법익으로 한다.[450] 국가의 사법기능을 보호하므로 모든 위증의 죄는 순수한 국가적 법익을 보호하기 위한 범죄이며, 신에 대한 맹서위반을 처벌하는 종교적 범죄의 성질을 갖는 것은 아니다.[451] 즉, 형법이 선서한 자의 위증만을 처벌하는 것은 종교적 의미를 부여한 것이 아니라 범죄주체를 제한하는 취지로 해석해야 한다.

법익이 보호받는 정도는 추상적 위험범으로서의 보호이다. 그리고 법률에 의하여 선서한 증인·감정인 등만이 주체가 될 수 있는 진정신분범이며, 이러한 신분을 가진 자가 스스로 허위의 진술·감정 등을 할 때에만 성립하는 자수범이다.[452] 따라서 증인의 신분을 가지지 않은 자는 간접정범이나 공동정범의 형태로 이 죄의 정범이 될 수 없고, 다만 신분 없는 자는 이 죄의 교사범 또는 방조범이 될 뿐이다. 또 진의 아닌 의사(意思)의 진술로 성립하는 표현범의 전형적 예이고 의무범·거동범이다.

2. 증거인멸죄의 의의·보호법익

(1) 의 의

증거인멸의 죄는, ① 타인의 형사사건 또는 징계사건에 관한 "증거"를 인멸·은닉·위조 또는 변조하거나 위조 또는 변조 증거를 사용함으로써 성립하는 협의의 증거인멸죄(제155조 1항)와, ② 타인의 형사사건 또는 징계사건에 관한 "증인"을 은닉 또는 도피케 함으로써 성립하는 증인은닉·도피죄(제155조 2항),

449) 황산덕, 86면; 유기천(하), 334면; 정영석, 81면; 이형국, 844면; 이재상, 784면; 김일수, 793면; 진계호, 803면; 임웅, 928면; 이정원, 804면; 손동권, 827면; 정영일, 837면; 김성돈, 781면.

450) 김일수/서보학, 926면.

451) 유기천(하), 335면; 이재상, 784면.

452) 유기천(하), 334면 이하; 황산덕, 87면; 김봉태(7인 공저), 655면; 이재상, 785면; 김일수/서보학, 927면; 진계호, 803면 이하; 손동권, 828면; 임웅, 930면; 오영근, 1003면; 박상기, 686면; 배종대, 880면; 김성돈, 782면.

그리고 ③ 피고인·피의자 또는 징계혐의자를 모해할 목적으로 타인의 형사사건 징계사건에 관한 증거를 인멸·은닉·위조 또는 변조하거나 위조·변조된 증거를 사용함으로써 성립하는 모해증거인멸죄(제155조 3항)와, ④ 타인의 형사·징계사건에 관한 증인을 은닉·도피하게 함으로써 성립하는 모해증인은닉죄(제155조 3항)를 포함한다.

증거인멸의 죄도 국가사법기능(사법작용에 대한 국가의 기능)을 해하는 범죄인 점에서 위증의 죄와 그 본질을 같이 한다. 다만 증거인멸의 죄는 물적 또는 인적 증거를 유형적인 방법으로 증거의 증명력을 해하는 범죄라는 점에서 무형적인 방법으로 증거의 증명력을 해하는 위증의 죄와 구별되며, 특히 형사재판·징계재판의 기능만 보호한다는 점에서 국가의 재판기능 일반을 보호하는 위증죄보다 적용범위가 좁다. 그러므로 선서한 자에 의한 위증죄는 선서와 관계없이 성립하는 증거인멸죄에 대해서 특별관계에 있다고 해야 한다.[453]

(2) 보호법익

보호법익은 위증죄와 같이 국가사법기능이다.[454] 다만 사법기능 중 형사재판·징계재판만을 보호한다는 점이 재판기능 일반을 보호하는 위증죄와 차이가 있다. 보호의 정도는 추상적 위험범이다.

Ⅱ. 위증의 죄

1. 단순위증죄

【구성요건·법정형】 법률에 의하여 선서한 증인이 허위의 진술을 한 때에는 5년 이하의 징역 또는 1천만원 이하의 벌금에 처한다(제152조 1항).

이 죄를 범한 자가 그 진술한 사건의 재판 또는 징역처분이 확정되기 전에 자백 또는 자수한 때에는 그 형을 감경 또는 면제한다(제153조).

---

453) 황산덕, 96면; 서일교, 357면; 김봉태(7인 공저), 668면; 이재상, 786면; 진계호, 814면; 배종대, 889면; 임웅, 928면; 손동권, 827면. 이에 대해 법조경합의 택일관계라는 견해는 김일수, 797면.

454) 유기천(하), 334면; 황산덕, 93면; 이재상, 786면; 김일수/서보학, 926면; 진계호, 814면; 임웅, 928면, 손동권, 827면; 정영일, 837면; 김성돈, 781면.

(1) 객관적 구성요건요소

법률에 의하여 선서한 증인이 허위의 진술을 하여야 한다.

1) 주 체 주체는 법률에 의하여 선서한 증인이다(진정신분범). 증인이라 할지라도 선서하지 않고 증언한 자는 이 죄의 주체가 될 수 없다.

가) 법률에 의한 선서 이 죄의 주체인 증인은 법률에 의하여 선서한 증인에 한한다. "법률에 의하여"란 법률에 근거하여 그 절차와 형식에 따라 유효하게 행해진 것을 의미한다.[455] "법률"은 직접 명시 규정이 있는 법률뿐만 아니라 법률의 위임에 의한 명령 기타의 하위법에 규정이 있는 경우를 포함한다. 법률에 의한 선서는 민사소송법(제319조 이하), 형사소송법(제156조 이하) 외에도 비송사건절차법(제10조), 징계법(법관징계법 제22조, 검사징계법 제26조)과 특허법(제227조는 위증죄와 같은 처벌규정을 두고 있다)에 의한 선서도 포함한다. 형사소송법상의 선서인 경우에는 피고사건, 피의사건(형사소송법 제184조, 제221조의2)임을 묻지 않는다. 또 국회에서의증언·감정에관한법률(제7조 이하)도 형사소송법을 준용한다.

【판례】 ① 가처분사건이 변론절차에 의해 진행될 때에는 제3자를 증인으로 선서하게 하고 증언하게 할 수 있으나 심문절차에 의할 경우에는 법률상 명문 규정이 없고 개정 전의 (구)민사소송법(2002. 1. 26 개정)의 증인신문에 관한 규정이 준용되지 아니하므로…가처분신청사건의 증인으로 출석하여 선서 후…허위공술하여도 그 선서는 법률상 근거가 없어 무효라고 할 것이므로 위증죄는 성립하지 않는다(대판, 2003. 7. 25,2003도180).

② 심문절차로 진행되는 소송비용확정신청사건에서 증인으로 출석하여 선서를 하고 허위공술을 하였다 하더라도 그 선서는 법률상 근거가 없어 무효이므로 위증죄는 성립하지 않는다(대판, 1995. 4. 11, 95도186).

(a) 유효한 선서 선서는 법률의 절차와 형식에 따라 유효하게 행해진 것이라야 하므로 선서를 하게 할 권한이 있는 기관에 대하여 행한 선서라야 한다. 따라서 참고인이 검사 또는 사법경찰관에 대하여 선서하였다 하여도 법률에 의한 선서가 되지 않는다. 선서의 취지를 이해할 수 없는 선서무능력자(형사소송법 제159조)의 선서는 선서로서의 효력이 없으므로 선서무능력자에 대하여 착오로 선서시키고 증언하게 한 때에도 이 죄의 주체가 되지 않는다.[456]

---

455) 대판, 1967. 12. 29, 67도1277: 「"법률에 의하여 선서한다"의 법의는 법률에 근거하여 그 정한 형식에 따라 선서함을 이르는 것이다」.

456) 황산덕, 88면; 서일교, 354면; 정영석, 80면; 김봉태(7인 공저), 656면; 이재상, 787면; 진계호, 805면; 박상기, 688면; 배종대, 882면; 오영근, 1003면; 김성돈, 782면. 반대설: 이건호, 84

선서나 증언의 절차상 사소한 하자가 있다는 것만으로 선서의 효력이 상실되지 않는다. 위증의 벌을 경고하지 않고 선서하게 한 경우, 선서한 법원에 관할위반이 있거나 기소절차와 증인신문절차가 부적법하였다는 이유만으로 선서의 효력이 상실되는 것은 아니다. 선서거부권자(민사소송법 제324조)가 거부권을 행사하지 않고 선서하였거나 선서의 여부가 법원의 재량인 경우 법원의 재량에 따라 선서한 경우(민사소송법 제323조)에도 그 선서는 유효하다.

(b) 선서의 시기 선서는 증언하기 이전에 하는 것이 원칙이지만 증언한 후에 선서하는 경우도 있다(형사소송법 제156조 단서, 민사소송법 제319조 단서). 따라서 사전선서인가 사후선서인가를 구별하지 않고 이 죄에 해당한다(통설).[457] 판례도 같은 취지이다.[458]

나) 증 인 "증인"이란 법원 또는 법관에 대하여 자신이 과거에 경험한 사실을 진술하는 제3자를 말한다. 이 죄의 주체는 법률에 의하여 선서한 증인에 한정되므로 증인 아닌 자는 주체가 될 수 없다. 따라서 형사피고인의 허위진술과 민사소송법상의 당사자신문에 의하여 선서한 당사자[459]의 허위진술도 이 죄의 증인진술에 해당하지 않는다.

(a) 공범자인 공동피고인의 선서 공범자 또는 공동피고인이 증인의 자격으로 선서하고 증언한 경우에 이 죄의 주체가 될 수 있느냐가 문제된다. 공동피고인 상호간에는 공범관계에 있느냐를 묻지 않고 다른 공동피고인에 대해서 제3자가 되므로 증인으로 선서하고 증언한 이상 이 죄의 주체가 된다는 견해도 있다.[460] 그러나 공범자 아닌 공동피고인은 증인적격이 있으므로 선서하고 증언하면 이 죄의 주체가 되지만 공범자인 공동피고인은 증인적격이 없으므로 이 죄의 주체가 될 수 없다고 본다.[461] 판례도 같은 취지이다.[462]

면; 손동권, 829면.

457) 유기천(하), 336면; 황산덕, 88면; 정영석, 88면; 서일교, 353면; 김석휘, 주석(상), 213면; 이재상, 788면; 김일수, 795면; 배종대, 882면; 진계호, 805면; 임웅, 932면; 이정원, 807면; 오영근, 1003면; 정영일, 840면, 손동권, 829면; 김성돈, 783면.

458) 대판, 1974. 6. 25, 74도1231.

459) 대판, 1998. 3. 10, 97도1168; "민사소송의 당사자는 증인능력이 없으므로 증인으로 선서하고 증언하였다고 하더라도 위증죄의 주체가 될 수 없고, 이러한 법리는 민사소송에서의 당사자인 법인의 대표자의 경우에도 마찬가지로 적용된다".

460) 정영석, 83면; 서일교, 354면; 김석휘, 주석(상), 212면; 김봉태(7인 공저), 657면; 정영일, 841면.

461) 이재상, 788면; 김일수, 796면; 배종대, 882면; 박상기, 688면; 진계호, 805면; 임웅, 932면; 이정원, 807면; 김성천/김형준, 1032면; 오영근, 1004면; 손동권, 830면; 김성돈, 783면.

(b) 증언거부권자의 선서 증언거부권자(형사소송법 제148조 이하, 민사소송법 제314조)가 거부권을 행사하지 않고 선서한 후 증언한 경우에도 이 죄의 주체가 된다. 증언거부권은 증인의 권리이고 의무는 아니므로 이를 행사하지 않고 위증한 때에 이 죄의 성립을 부인할 이유가 없기 때문이다. 증언거부권자 중 증언으로 인하여 자신이 형사소추를 받을 염려 있는 자가 선서하고 위증 한 경우에 이 죄가 성립하느냐에 대해서 기대가능성이 없다는 이유로 이 죄의 성립을 부정하는 견해도[463] 있다. 그러나 자신에 대한 형사소추의 염려가 있는 때에도 자기의 근친족에 대한 경우와 마찬가지로 권리로서 보장되어 있는 증언거부권을 행사할 수 있음에도 불구하고 선서하고 위증하는 것은 기대가능성이 없다고 할 수 없으므로 이 죄가 성립한다고 해야 한다(통설).[464] 판례는 종래까지 부정하였으나[465] 그 후 통설과 같은 태도로 변경하였다.

【판례】 증인으로 선서한 이상 진실대로 진술한다고 하면 자신의 범죄를 시인하는 진술을 하는 것이 되고 증언을 거부하는 것은 자기의 범죄를 암시하는 것이 되어 증인에게 사실대로의 진술을 기대할 수 없다고 하더라도 형사소송법상 이러한 취지의 증인에게 증언을 거부할 수 있는 권리를 인정하여 위증죄로부터의 탈출구를 마련하고 있는 만큼 적법행위의 기대가능성이 없다고 할 수 없으므로 선서한 증인이 증언거부권을 포기하고 허위의 진술을 하였다면 위증죄의 처벌을 면할 수 없다(대판, 전원합의체, 1987. 7. 7, 86도1724).

(c) 증언절차의 소송법 규정위반 증인신문절차에서 증인보호를 위한 소송법적 규정, 예컨대 증언거부권자인 증인에게 증언거부권을 고지하지 아니하고 진술하게 한 경우에 위증죄가 성립할 것인가가 문제된다.

최근 대법원은 전원합의체판결을 통하여 "증인신문절차에서 법률에 규정된 증인보호를 위한 규정이 지켜진 것으로 인정되지 않은 경우에는 증인이 허위의 진술을 하였다고 하더라도 원칙적으로 위증죄의 주체인 '법률에 의해 선서한 증

---

462) 대판, 1983. 10. 25, 83도1318: "피고인을 공동피고로 한 민사사건에서 피고인이 의제자백에 의해 분리되고 공소외인만이 피고로 남았다면 이는 타인 사이의 사건이라고 할 것이므로 그 사건에서 한 증언이 기억에 반한 것이 이상 위증죄에 해당한다".

463) 황산덕, 89면.

464) 유기천(하), 336면; 서일교, 354면; 김석휘, 주석(상), 212면; 이재상, 789면; 김일수, 792면; 박상기, 688면; 진계호, 805면; 임웅, 932면; 손동권, 830면; 배종대, 892면; 오영근, 1004면; 김성돈, 784면.

465) 대판, 1961. 7. 13, 4294형상194.

인'에 해당하지 않아 위증죄로 처벌할 수 없다. 다만, 개별규정과 개별사건의 특수성을 고려하여 당해 사건에서 증인이 증언거부권을 고지받지 못함으로 인하여 그 증언거부권을 행사하는 데 사실상 장애가 초래되었는지 여부를 기준으로 위증죄의 성립여부를 판단하여야 한다"고 판시하였다.[466] 이는 대법원이 증인보호절차에서 적정절차원칙을 중시하면서도, 법원의 실체진실발견을 위한 사법기능의 침해라는 위증죄의 성격과 형사소송법상 증언거부권을 둔 취지를 함께 고려하여 구체적 사건에서 증언거부권행사가 사실상 침해되었는지 여부를 판단함으로써 구체적 타당성을 꾀하려고 한 것임을 알 수 있다.

그러나 실체법적인 관점에서 보면 증언거부권을 가지는 증인이 증언거부권을 고지받지 못한 경우에도 법률에 의하여 선서한 이상 위증죄의 주체에는 해당하고, 증언거부권을 고지받았더라도 같은 진술을 했겠는가를 기준으로 위증죄의 성립여부를 판단하는 것도 범죄의 성부를 주로 피고인의 진술에 의존케 하여 범죄의 성립여부를 불투명하게 할 뿐이므로 타당하지 않다. 또한 증거능력 없는 허위의 증언에 대해서도 위증죄가 성립하므로 증거능력의 유무에 따라 위증죄의 성부를 판단하는 것도 타당하지 않다.[467]

2) 행 위 행위는 허위의 진술을 하는 것이다.

가) 허 위 이 죄의 허위의 의의에 대해서는 객관설과 주관설이 대립하고 있다.

(a) 객관설 "허위"란 증인의 진술내용이 객관적인 진실에 반하는 것을 의미하며, 그 진술이 증인의 기억과 일치하느냐는 묻지 않는다는 견해[468]이다. 이에 의하면 증인이 위증의 의사로 자기의 기억에 반하는 진술을 하였으나 그것이 객관적 진실과 합치되는 때에는 위증죄가 되지 않는다. 위증죄의 불법의 기초는 증인의 불성실성이 아니라 국가의 사법기능에 대한 위험을 초래하는 데에 있고, 객관적 진실에 합치되는 증인의 진술은 국가의 사법기능을 해할 염려가

466) 대판, 전원합의체, 2020. 1. 21, 2008도942. 이후 대법원은 전 남편에 대한 도로교통법 위반 사건의 증인으로 법정에 출석한 전처인 증인이 증언거부권을 고지받지 않은 채 허위의 진술을 한 사안에서 위의 판단기준을 적용하여, 당해 사안에서 재판장으로부터 선서 전에 증언거부권을 고지 받지 않았다고 하더라도 이로 인하여 증언거부권이 사실상 침해당한 것으로 평가할 수 없다는 이유로 위증죄의 성립을 인정하였다(대판, 2010. 2. 15, 2007도6273).

467) 같은 취지: 이재상, 795면.

468) 이재상, 791면; 김일수/서보학, 931면; 백형구, 632면; 이정원, 809면; 김성천/김형준, 1033면; 손동권, 832면. 독일의 통설이다.

없다는 점을 근거로 한다.

(b) 주관설 "허위"란 진술내용이 증인의 자기 기억에 반하는 것을 의미하며, 그 진술내용이 객관적인 진실과 합치되느냐는 묻지 않는다는 견해이다. 증인은 자기가 경험한 사실을 기억한 데로 진술할 의무가 있고, 증인에게 자신의 경험과 기억 이상의 내용을 진술해 줄 것을 기대할 수는 없으므로 증인이 기억한 사실을 진술하여 법원의 진실발견에 협력하면 충분하며, 증인의 기억에 반하는 진술만으로도 국가 사법기능을 해할 추상적 위험이 있다는 점을 근거로 한다. 우리나라 통설이다.[469]

(c) 판례의 태도 대법원은 일찍이 "선서한 증인이 고의로 자기의 인식에 반하는 허위의 진술을 함으로써 성립한다"고 판시한[470] 이래 일관하여 증인 스스로 체험한 사실을 기억에 반하는 진술이라[471] 하고 주관설을 취하고 있다.

【판례】 위증죄에 있어서의 위증은 법률에 의하여 적법하게 선서한 증인이 자신의 기억에 반하는 사실을 진술함으로써 성립되고 설사 그 증언이 객관적 사실과 합치한다고 하더라도 기억에 반하는 진술을 한 때에는 위증죄의 성립에 영향이 없으며 그 증언이 당해사건의 요증사항인 여부 및 재판의 결과에 영향을 미친 여부는 위증죄의 성립에 아무런 관계가 없다(대판, 1988. 5. 24, 88도350).

(d) 결 어 객관설과 주관설의 실제상의 차이는, ① 기억에 반하는 진술을 하였으나 진술내용이 객관적 진술과 일치하는 경우(주관설에 의하면 위증죄가 성립[472]하나 객관설에 의하면 위증죄가 되지 않는다), ② 기억에 반하는 사실을 진실이라고 믿고 진술하였는데 객관적 진실에 반하는 것으로 밝혀진 경우(주관설에 의하면 위증죄가 성립[473]하나, 객관설에 의하면 고의가 부정된다)에 나타난다.

---

469) 유기천(하), 360면; 황산덕, 89면; 서일교, 355면; 정영석, 85면; 김석휘, 주석(상), 214면; 김봉태(7인 공저), 659면; 정성근, 1001면; 배종대, 885면; 진계호, 807면; 임웅, 933면; 오영근, 1006면; 정영일, 844면; 김성돈, 785면. 독일의 소수설이다. Willms, LK. §153 Rdn. 9.

470) 대판, 1955. 7. 8, 4288형상89.

471) 대판, 1985. 3. 12, 84도2918; 대판, 1989. 1. 17, 88도580.

472) 주관설에 따른다 하여도 이 경우 실체진실발견을 방해할 위험은 미미한 정도이므로 기껏해야 불능미수 정도에 해당하고, 이 죄의 미수는 처벌하지 않으므로 결론은 객관설과 같다는 주장은 김일수, 798면.

473) 다만, 증인이 기억과 일치하는 증언을 한 경우에는 객관적 진실 여부를 떠나서 언제나 위증이 아니고, 기억에 반하지만 객관적 사실과 일치한다고 믿고 진술한 경우에도 위증죄의 성립을 부인해야 한다는 견해는 박상기, 691면.

【객관설·주관설 모두 위증이 되는 판례사례】 잘 모르는 사실을 잘 알고 있다고 진술한 경우(대판, 1968. 10. 29, 68도1063), 기억이 불확실한 사실을 확실히 기억하고 있다는 진술을 한 경우(대판, 1971. 7. 6, 71도815), 직접 관여하지 않은 사실을 직접 확인하거나 목격하여 알고 있다고 진술한 경우(대판 1974. 9. 10, 74도1110), 전문(傳聞)한 사실을 직접 목격하였다고 진술한 경우(대판, 1984. 3. 27, 84도48), 전해들은 금품전달사실을 자신이 전달한 것으로 진술한 경우(대판, 1990. 5. 8, 90도448), 방에서 개최된 회의를 마당에서 구경하고 회의에 참석하였다고 진술한 경우(대판, 1968. 10. 28, 68도1063) 등 증인의 기억 내용이나 인식 또는 그 경위에 관한 내적 사실은 객관설·주관설은 위증죄 인정에 차이가 없다.

증인이 자신의 기억에 반하는 사실을 객관적 진실이라 오신하고 진술하였으나 진실이 아닌 경우에는 객관설의 취지에 따르면 객관적 진실에 반하는 것이므로 위증죄가 성립한다고 해야 한다. 그럼에도 불구하고 객관설에서는 이 경우에 위증죄의 고의가 조각되고 과실위증에 대한 처벌규정도 없으므로 처벌할 수 없다고 하고 있다. 이는 객관설의 취지에도 반할 뿐만 아니라 실제상으로도 불합리하다.[474] 또 증인은 자신이 경험·인식한 사실을 그 기억에 따라 사실 그대로 진술할 의무가 있을 뿐, 더 나아가서 객관적 진실까지 찾아서 진술해야 할 의무가 있다고 할 수 없고, 그 진술이 객관적 진실에 합치되느냐도 우연에 속한다고 해야 한다. 따라서 객관적 진실이라 오신하고 진술한 경우에도 자기의 기억에 반하는 진술이면 국가의 사법기능을 해할 위험이 있기 때문에 위증죄가 성립한다는 주관설이 타당하다.

증언의 허위성 여부는 증언의 단편적 구절에 구애되어 판단할 것이 아니라 그 신문절차에서의 증언 전체를 일체로 파악하여 판단해야 한다.[475] 판례도 같은 취지이다.

【판례】 증인의 증언은 그 전부를 일체로 관찰 판단하는 것이므로 선서한 증인이 일단 기억에 반하는 허위의 진술을 하였더라도 그 신문이 끝나기 전에 그

474) 독일 형법 제163조는 과실위증을 처벌하고 있으므로 이러한 경우에 객관설에 따른다 해도 불합리성은 생기지 않으나 과실행위를 처벌하지 않는 우리 형법의 해석에서는 객관설의 결론은 불합리하다고 해야 한다. 객관설에서는 이러한 경우에 위증죄의 성립을 인정하는 주관설은 불필요한 처벌을 확대한다는 비판을 하고 있다. 그러나 주관설은 자기의 기억에도 반하고 또 객관적 진실이 아닌 증언은 국가 사법기능을 해할 위험성이 있기 때문에 위증죄로 처벌하는 것이고 결코 불필요한 처벌을 확대하는 것은 아니다. 또 우리 형법은 선서한 위증만을 처벌하고 선서는 양심에 따라 "사실 그대로 말"하는 것이므로 자기가 알고 있는 사실과 다른 비양심적 진술을 처벌한다고 해야 한다.

475) 이재상, 791면; 김일수/서보학, 932면; 김성천/김형준, 1033면; 김성돈, 785면.

진술을 철회 시정한 경우 위증이 되지 아니한다(대판, 1993. 12. 7, 93도2510).[476]

나) 진 술 "진술"은 증인이 법원 또는 법관에 대하여 자기가 경험한 사실 그대로 말하는 것이다.

(a) 진술의 대상 증인의 진술은 자기가 경험한 사실을 그대로 진술하는 것이므로 진술의 대상은 경험한 사실에 한정되며, 이에 대한 가치판단은 진술에 포함되지 않는다. 따라서 진술자의 주관적 평가나 법률적 효력에 관한 의견은 진술의 대상이 될 수 없다.

【판례】 증인의 진술이 경험한 사실에 대한 법률적 평가이거나 단순한 의견에 지나지 아니하는 경우에는 위증죄에서 말하는 허위의 공술이라고 할 수 없다(대판, 1996. 2. 9, 95도1797).[477]

경험한 사실이면 내적 사실(감정 · 동기 · 목적 · 관념 · 확신 · 기억)이거나[478] 외적 사실(경험한 존재사실 · 사건경위)임을 묻지 않으며, 단순히 법률적 표현을 사용하여 사실에 대한 진술을 한 때에도[479] 허위의 진술이 될 수 있다.

(b) 진술의 방법 방법에는 아무런 제한이 없다. 구두에 의한 진술이 많으나 거동이나 표정에 의한 경우도 진술이 될 수 있다. 또 증인신문에 대하여 자기가 기억하고 있는 사실의 전부 또는 일부를 묵비함으로써 전체로서의 진술내용이 허위가 되는 때에는 부작위에 의한 위증이 될 수 있다.[480] 그러나 단순한 진술거부의 경우에는 증언거부에 대한 제재(형사소송법 제161조, 민사소송법 제318조)

---

476) 같은 취지: 대판, 1983. 2. 8, 81도967; 대판, 1987. 1. 20, 86도485; 대판, 1987. 2. 10, 86도584; 대판, 1987. 3. 24, 87도27; 대판, 1987. 10. 13, 87도1780; 대판, 1988. 12. 6, 88도935; 대판, 1989. 2. 28, 87도1718; 대판, 1993. 9. 28, 93도425; 대판, 1994. 4. 26, 92도3317; 대판, 1996. 3. 12, 95도2864; 대판, 2001. 12. 27, 2001도5252.

477) 같은 취지: 대판, 1984. 2. 14, 83도37; 대판, 1981. 8. 25, 80도2019.

478) 대판, 1969. 6. 24, 68도1063: "공술내용이 단지 어느 사실의 동기나 내력에 관한 것이라도 기억에 반하는 것이면 위증이 된다."

479) 대판, 1986. 6. 10, 84도2039: "경험한 사실에 대한 법률적 평가나 단순한 의견에 지나지 않는다면 허위의 공술이라고 할 수 없으나 자기가 지득하지 아니한 어떤 사실관계를 단순히 법률적 표현을 써서 진술한 것이라면 이는 객관적 사실을 토대로 한 증인 나름의 법률적 견해를 진술한 것과 다르므로 위증죄의 성립을 부인할 수 없다."

480) 유기천(하), 338면; 김봉태(7인 공저), 659면; 이재상, 792면; 김일수/서보학, 932면; 배종대, 885면; 진계호, 808면; 임웅, 935면; 오영근, 1008면; 김성돈, 785면. 반대 견해는 백형구, 633면. 부작위에 의한 진술이란 '진술하지 아니함'을 의미하므로 이를 '진술함'으로 해석하는 것은 논리의 가장(假裝)이라고 한다.

를 받는 것은 별문제로 하고 위증은 되지 않는다.[481]

ⓒ 진술의 내용 진술의 내용이 되는 것은 증인신문의 대상이 되는 것이면 족하다. 반드시 요증사실이거나 당사자가 입증해야 할 사항일 필요가 없으며, 재판의 결과에 영향을 미치는 진술임을 요하지 않는다.[482] 직접 신문에 대한 진술뿐만 아니라 반대신문에 대한 진술도 그 내용이 된다.[483] 기억한 사항이면 사실에 대한 진술이거나 인정신문에 대한 진술이거나 묻지 않으며,[484] 사실에 대한 진술인 경우에는 지엽적인 사실이나 동기·내력에 대한 것도 무방하다.[485] 그러나 진술의 전체적 취지가 자기의 기억과 일치하면 일부 근소한 부분에 다른 점이 있어도 위증은 되지 않는다.[486] 증언으로서 증거능력이 있음을 요하지 않으며, 허위진술이 행하여진 공판절차가 위법하여 무효가 된 때에도 이 죄의 성립에 영향이 없다.[487] 진술의 내용이 된 사실 자체가 적법·유효한 효력을 갖느냐도 이 죄의 성립과 관계없다.[488]

다) 기수시기 이 죄는 거동범이므로 미수는 처벌하지 않는다. 신문절차가 종료하여 그 진술을 철회할 수 없는 단계에 이르렀을 때에 기수가 된다(통설).[489]

481) 김석휘, 주석(상), 214면; 김봉태(7인 공저), 659면; 이재상, 792면; 김일수/서보학, 932면; 임웅, 935면; 손동권, 834면; 김성돈, 786면.

482) 대판, 1981. 8. 25, 80도2783: "위증죄는 선서한 증인이 고의로 자신의 기억에 반하는 증언을 함으로써 성립하고, 그 진술이 당해사건의 요증사실인 여부 및 재판의 결과에 영향을 미친 여부는 위증죄의 성립에 아무 관계가 없다". 같은 취지: 대판, 1961. 10. 12, 4293형상796; 대판, 1986. 3. 25, 86도159; 대판, 1986. 6. 10, 85도117; 대판, 1987. 3. 24, 85도2650; 대판; 1988. 5. 24, 88도350.

483) 대판, 1967. 4. 18, 67도254.

484) 이재상, 792면; 손동권, 834면. 인정신문에 대한 허위진술은 사실에 관한 허위진술이 아니기 때문에 위증죄가 되지 않는다는 견해는 백형구, 633면.

485) 대판, 1982. 6. 8, 81도3069.

486) 대판, 1983. 2. 8, 81도207. 같은 취지: 대판, 1983. 3. 22, 83도64; 대판, 1983. 11. 22, 83도2492; 대판, 1993. 9. 28, 93도425; 대판 1996. 3. 12, 95도2864.

487) 유기천(하), 338면; 진계호, 808면. 따라서 약식명령에 대한 정식재판을 한 결과 그때까지 행해진 공판절차가 무용으로 된 때에도 그 절차에서 허위진술을 하였으면 위증죄가 된다.

488) 대판, 1983. 8. 23, 83도1989: "위증죄는 법률에 의하여 선서한 증인이 자기의 기억에 반하는 사실을 진술함으로써 성립된다 할 것이므로 피고인 등이 종중의 이사회 결의나 임원회의 결의 등이 있었음을 알면서도 이에 반하는 진술을 한 이상 동 결의가 종중계약에 위반하여 효력이 없는 것이라 한들 위증죄의 성립에 영향을 미치지 않는다".

489) 유기천(하), 339면; 황산덕, 90면; 서일교, 356면; 김석휘, 주석(상), 215면; 김봉태(7인 공저), 660면; 이재상, 792면; 김일수, 799면; 박상기, 692면; 배종대, 885면; 진계호, 809면; 임웅, 936면; 백형구, 633면; 이정원, 810면; 김성천/김형준, 1034면; 오영근, 1009면; 손동권, 834면; 정영일, 846면; 김성돈, 786면. 개개의 허위의 진술이 있을 때 곧 기수가 된다는 견해는, 정영석, 87면.

일회의 증인신문절차에서의 증언은 포괄적으로 1개의 행위로 파악함이 타당하기 때문이다. 따라서 처음에는 허위진술을 하였어도 신문이 끝나기 전에 이를 취소·시정한 때에는 이 죄는 성립하지 않는다. 이 경우의 취소·시정은 다른 신문자의 진술에서 행해져도 무방하다. 판례도 같은 취지이다.490) 신문이 종료한 후에 허위진술을 취소한 때에는 자백에 의한 형의 감면을 받을 수 있을 뿐이다. 그러나 증인이 진술한 후에 선서한 때에는 그 선서가 종료한 때에 기수가 된다는 데에 이견이 없다.

(2) 주관적 구성요건요소

고의가 있어야 한다. 고의는 법률에 의하여 선서한 증인이라는 인식과 그 진술이 자기의 기억에 반한다는 인식·의사이다. 객관적 진실에 반한다는 인식이나 동기·목적 여하는 묻지 않는다. 미필적 고의로서 충분하며 타인을 모해할 목적이 있는 때에는 모해위증죄(제152조 2항)에 해당하여 형이 가중된다. 판사의 신문취지를 오해하거나 착오로 진술한 때에는 고의를 인정할 수 없다.491) 착오로 인하여 기억에 반한다는 인식없이 한 진술은 구성요건적 착오로서 고의가 조각된다.

(3) 정범·공범관계

1) 비신분자의 정범적격　위증죄는 자수범이므로 법률에 의하여 선서한 증인 이외의 자는 이 죄의 정범이 될 수 없다. 따라서 선서한 증인이 아닌 자는 이 죄의 간접정범이나 공동정범이 될 수 없다. 다만 비신분자는 제33조 본문에 의해 교사범, 방조범이 성립한다.

2) 자기의 형사사건에 대한 위증교사　형사피고인이 자기의 형사피고사건에 관해서 타인을 교사하여 위증하게 한 경우에 위증교사죄가 성립하느냐에 대해서는 적극설과 소극설이 대립한다.

(a) 적극설　① 교사는 새로운 범인 창조라는 특수한 반사회성이 있으므로 피고인 자신이 허위진술을 하는 것과 질적으로 다르며,492) ② 타인을 교사까지

490) 대판, 1984. 3. 27, 83도2853: 「증언의 전체 취지에 비추어 원고대리인 신문시에 한 증언을 피고대리인과 재판장 신문시에 취소·시정한 것으로 보여진다면 앞의 증언부분만을 따로 떼어 위증이라고 볼 수 없다」. 같은 취지: 대판, 1993. 12. 7, 93도2510.

491) 대판, 1986. 7. 8, 86도1050. 같은 취지: 대판, 1968. 2. 20, 66도1512; 대판, 1969. 3. 18, 68도1832.

하여 위증을 하게 하는 것은 변호권의 남용[493]이라 할 수 있고, ③ 타인에게 위증을 교사하는 경우까지 기대가능성이 없다고 할 수 없으므로[494] 위증죄의 교사범이 성립한다는 견해이다.

(b) 소극설 ① 위증죄의 정범으로 처벌할 수 없는 (증인적격없는)형사피고인에 대해서 그 교사범(또는 방조범)으로 처벌하는 것은 부당하며,[495] ② 피고인이 타인을 이용하여 위증하게 하는 것은 피고인 자신이 허위진술을 하는 것과 차이가 없고,[496] ③ 형사피고인의 위증교사도 자기비호의 연장으로서[497] 기대가능성이 없다고[498] 해야 하므로 위증교사죄가 될 수 없다는 것이다. 우리나라 다수설이다.

(c) 판례의 태도 대법원은 이에 대해 적극적으로 태도를 밝힌 바 없다. 다만 "피고인으로부터 위증교사를 받은 자가 법정에서 선서 후 기억에 반하는 진술을 하였다가 검사의 반대신문에서 이를 번복 진술한 경우에는 위증죄가 성립하지 아니하므로 피고인의 교사죄도 성립되지 아니한다"고[499] 판시한 점으로 보아 피교사자에게 위증죄가 성립하면 피고인의 위증교사죄도 성립한다는 취지로 이해된다.[500]

(d) 결 어 ① 형사피고인의 위증교사는 타인의 행위를 이용하여 허위진술을 하는데 지나지 않는 것이므로 증거인멸행위와 실질에서 다르지 않으며, ② 형사피고인이 단독으로 또는 타인과 공동하여 직접 허위진술한 경우에는 처벌할 수 없음에도 불구하고 교사·방조 등 타인의 행위를 이용한 간접적인 방법에 의한 경우에만 죄책을 부담시키는 것은 불합리하므로 형사피고인은 그 교사범도 될 수 없다고 해야 한다.

(4) 죄수·타죄와의 관계

1) 죄 수 동일 사건의 같은 법정에서 수개의 위증을 하거나 일회의 선서로

492) 유기천(하), 358면; 김봉태(7인 공저), 662면.
493) 백형구, 634면; 손동권, 836면.
494) 김봉태(7인 공저), 662면; 김석휘, 주석(상), 217면; 이형국, 855면; 김성돈, 787면.
495) 이재상, 795면; 김일수, 800면; 박상기, 694면; 배종대, 887면; 김성천/김형준, 1036면.
496) 정영석, 85면; 서일교, 354면; 배종대, 887면; 임웅, 937면.
497) 김일수/서보학, 934면; 이정원, 811면.
498) 남흥우, 384면; 박상기, 694면; 임웅, 937면.
499) 대판, 1974. 6. 25, 74도1231.
500) 김일수, 800면.

하나의 사건에서 수차 허위진술을 하여도 이 죄의 포괄일죄이다.[501] 그러나 동일 피고사건에서 수인을 교사하여 위증을 하게 한 때에는 증인의 수에 따라 위증교사의 경합범이 되고,[502] 수인을 동시에 교사하고 각각 독립하여 수개의 위증죄를 범하게 한 때에도 교사행위의 단복을 묻지 않고 경합범이 된다.[503]

2) 타죄와의 관계

(a) 무고죄와의 관계 타인으로 하여금 형사처분을 받게 할 목적으로 허위신고를 한 행위와 그 허위신고로 인한 재판에서 증인으로서 허위신고와 동일한 내용의 허위진술을 한 경우에는 무고죄와 위증죄의 경합범이 된다.

(b) 사기죄와의 관계 재물편취의 의사로 사기소송을 제기한 후 위증한 때에는 사기죄(또는 사기미수범)와 위증죄의 경합범이 된다.

(c) 증거인멸죄와의 관계 증거인멸죄와 위증죄의 관계에 대해서는 견해가 대립한다. ① 택일관계설은 어느 일방의 규정을 적용하면 다른 규정의 적용은 배제된다고 한다.[504] 허위진술은 증거인멸에 포함될 수 없고 선서한 증인에 대해서만 위증죄로 처벌하려는 취지이므로 선서하지 않은 자는 아무런 범죄도 되지 않는다는 점을 그 이유로 들고 있다. ② 특별관계설은 특별규정인 위증죄가 성립하지 않는 것을 조건으로 일반규정인 증거인멸죄가 성립한다고 한다.[505] 두 죄는 선서의 유무라는 점에서 구성요건을 달리하지만 허위진술도 실질에 있어서는 증거인멸에 해당하므로 선서 있는 자의 위증은 특별규정인 위증죄가 성립하고, 선서 없는 자의 위증만이 증거인멸죄가 된다는 점을 그 이유로 들고 있다.

위증 그 자체도 실질상으로는 증거인멸에 해당하지만 형법은 선서한 자의 위증에 대해서만 특별히 위증죄로 처벌하기로 규정한 것이므로 다수설인 특별관계설이 타당하다고 본다. 따라서 선서하지 않은 증인을 이용하여 허위진술을 하게 하면 위증죄는 구성하지 않으나 증거인멸죄(교사범)는 성립한다. 다만 판례[506]는 형법 제155조 2항의 증거의 위조를 증거 그 자체의 위조에 한정하고

501) 대판, 1990. 2. 23, 89도1212; 대판, 1992. 11. 27, 92도498; 대판, 1998. 4. 14, 97도3340.
502) 같은 취지: 김일수, 801면.
503) 같은 취지: 배종대, 888면.
504) 김석휘, 주석(상), 226면; 김일수, 801면; 김일수/서보학, 935면.
505) 황산덕, 96면; 서일교, 357면; 김봉태(7인 공저), 668면; 이재상, 801면; 진계호, 810면; 배종대, 888면; 임웅, 944면; 손동권, 843면.
506) 대판, 1998. 2. 10, 97도2961.

있다(증거인멸죄 참조).

【판례】 형법 제155조 제1항에서 타인의 형사사건에 관하여 증거를 위조한다 함은 증거 자체를 위조함을 말하는 것으로서, 선서무능력자로서 범죄 현장을 목격하지도 못한 사람으로 하여금 형사법정에서 범죄 현장을 목격한 양 허위의 증언을 하도록 하는 것은 위 조항이 규정하는 증거위조죄를 구성하지 아니한다(대판, 1998. 2. 10, 97도2961).

(4) 자백 · 자수의 특례

이 죄를 범한 자가 그 진술한 사건의 재판 또는 징계처분이 확정되기 전에 자백 또는 자수한 때에는 그 형을 감경 또는 면제한다(제153조). 이 규정은 위증으로 인한 오판을 미연에 방지하기 위한 정책적 규정이다.

"자백"이란 허위의 진술을 한 사실을 고백하는 것을 말한다. 법원 또는 수사기관의 물음에 대해서 자인하는 경우도 자백이 된다. 따라서 자진하여 고백한 경우뿐만 아니라 수사기관의 신문에 응하여 고백한 경우도 포함된다.[507] 진술이 허위였다는 사실을 고백함으로써 충분하며, 적극적으로 진실(기억사실)을 진술하여야 하는 것은 아니다. 자백의 절차에도 아무런 제한이 없다.[508] "자수"란 범인 자신이 자발적으로 자기의 범죄 사실을 수사기관에 신고하여 그 소추를 구하는 의사표시를 말한다.

이 특례는 위증죄가 기수로 된 후를 상정하고 규정한 것이므로 신문절차 종결전에 허위진술을 정정한 경우에는 위증죄는 성립하지 않고 이 특례도 적용되지 않는다. 따라서 자백 · 자수의 시기는 신문절차가 종결하여 위증죄가 기수로 된 이후부터 재판확정 전 또는 징계처분 전에 하여야 하며, 일단 재판확정 · 징계처분 결정 이후에는 그 집행전에 자백 · 자수하더라도 이 특례는 적용되지 않는다.

이 특례는 정범자뿐만 아니라 공범에게도 적용된다. 다만 형의 감면은 자백 또는 자수한 자에게만 적용된다. 자백 · 자수는 반드시 피고인 또는 피의자의 자

507) 대판, 1973. 11. 27, 73도1639.

508) 대판, 1997. 2. 22, 75도3316: "형법 제153조 소정의 자백은 그 절차에 관하여 아무런 법령상의 제한이 없으므로 그가 공술한 사건을 다루는 법원에 대한 고백이나 그 사건을 다루는 재판부에 증인으로 다시 출두하여 전에 그가 한 증언이 진실과 상반된 것이었음을 고백하는 것은 물론 위증사건의 피고인 또는 피의자로서 법원이나 수사기관에서의 신문에 의한 고백 또한 위 자백의 개념에 포함된다."

격에서 행하였음도 요하지 않는다.

자백 또는 자수한 자는 그 형을 반드시 감경 또는 면제하여야 한다(필요적 감면).

2. 모해위증죄

> 【구성요건 · 법정형】 형사사건 또는 징계사건에 관하여 피고인, 피의자 또는 징계피의자를 모해할 목적으로 전항의 죄(위증죄)를 범한 때에는 10년 이하의 징역에 처한다(제152조 2항).
>
> 이 죄를 범한 자가 그 진술한 사건의 재판 또는 징계처분이 확정되기 전에 자백 또는 자수한 때에는 그 형을 감경 또는 면제한다(제153조).

형사사건 또는 징계사건에 관하여 피고인, 피의자 또는 징계피의자를 모해할 목적으로 법률에 의하여 선서한 증인이 허위의 진술을 함으로써 성립하는 범죄이다. 피고인, 피의자 또는 징계피의자를 모해할 목적으로 위증한 경우에 목적으로 인하여 불법이 가중되는 가중적 구성요건이며, 이른바 부진정목적범에 해당한다.

"모해할 목적"이란 피고인, 피의자 또는 징계피의자에게 불이익한 일체의 목적을 말하며, 이러한 목적달성 여부는 이 죄의 성립에 영향이 없다. 목적의 내용에 피고사건 이외에 피의사건을 포함시킨 것은 공소제기 이전에 증거보전절차(형사소송법 제184조)와 참고인에 대한 증인신문의 청구(형사소송법 제221조의2)로 인하여 피의사건에 대한 판사의 증인신문이 가능하기 때문이다. 그리고 형사사건이면 피고사건이나 피의사건의 경중은 묻지 않는다. 또 특별법인 국가보안법에는 타인에게 형사처분을 받게 할 목적으로 국가보안법에 규정된 죄에 대하여 위증한 때에는 그 위증한 죄에 정한 형에 처한다는 특별규정이 있다(국가보안법 제12조 1항). 모해할 목적으로 이러한 목적이 없는 타인을 교사하여 위증을 하게 한 경우 판례는 목적 있는 자는 모해위증죄의 교사범, 목적 없는 자는 위증죄로 처벌하고 있다(부진정신분범).

> 【판례】 형법 제152조 제1항과 제2항은 위증을 한 범인이 형사사건의 피고인 등을 '모해할 목적'을 가지고 있었는가 아니면 그러한 목적이 없었는가 하는 범인의 특수한 상태의 차이에 따라 범인에게 과할 형의 경중을 구별하고 있으므로, 이는 바로 형법 제33조 단서 소정의 "신분관계로 인하여 형의 경중이

있는 경우"에 해당한다고 봄이 상당하다. 피고인이 갑을 모해할 목적으로 을에게 위증을 교사한 이상, 가사 정범인 을에게 모해의 목적이 없었다고 하더라도, 형법 제33조 단서의 규정에 의하여 피고인을 모해위증교사죄로 처단할 수 있다(대판, 1994. 12. 23, 93도1002).

그러나 목적은 행위관련적 요소로서 신분이라 할 수 없으므로 공범종속성에 따라 교사자는 단순위증죄의 교사범으로 처벌해야 한다(다수설).[509]

3. 허위감정 · 통역 · 번역죄

【구성요건 · 법정형】 법률에 의하여 선서한 감정인 · 통역인 또는 번역인이 허위의 감정 · 통역 또는 번역을 한 때에는 전2조의 예(위증죄 또는 모해위증죄와 자백 · 자수시의 필요적 감면)에 의한다(제154조).

(1) 의의 · 성격

법률에 의하여 선서한 감정인 · 통역인 또는 번역인이 허위의 감정 · 통역 · 번역을 함으로써 성립하는 범죄로서, 감정 · 통역 · 번역의 정확성을 기하여 국가의 사법기능을 보호하기 위한 추상적 위험범이다.

(2) 구성요건요소

1) 주 체 주체는 법률에 의하여 선서한 감정인 · 통역인 또는 번역인이다. 형사소송법상의 감정인(제170조), 통역인 · 번역인(제170조, 제183조)과 민사소송법상의 감정인(제333조) 등이 이에 해당한다. 또 특별법으로써 국회에서의증언감정등에관한법률(동법 제7조, 제14조)이 있다.

"감정인"이란 특수한 지식 · 경험을 가진 제3자가 그 지식 · 경험에 의하여 알 수 있는 법칙 또는 그 법칙을 적용하여 얻은 판단을 법원 또는 법관에게 보고하는 자를 말한다. 법원 또는 법관에게 보고하는 자이므로 수사기관으로부터 감정을 위촉받은 감정수탁자(형사소송법 제221조)는 여기의 감정인이 아니다. 또 민사소송법에 의한 감정서의 설명서(민사소송법 제341조)는 선서를 요건으로 하지 않기 때문에 여기에 해당하지 않는다. 특수한 지식 · 경험에 의하여 지득한 사실을 보고하는 감정증인도 증인에 해당할 뿐이고 이 죄의 감정인은 아니다. 수사기관에

509) 이형국, 858면; 이재상, 798면; 김일수, 802면; 박상기, 696면; 배종대, 891면; 진계호, 812면; 김성천/김형준, 1039면; 오영근, 1013면; 손동권, 838면; 정영일, 848면; 김성돈, 790면.

의하여 통역·번역을 위촉받는 자도 이 죄의 주체가 될 수 없다.

2) 행 위　행위는 허위의 감정·통역 또는 번역을 하는 것이다. 여기의 허위의 의의도 위증죄의 그것과 같다. 따라서 허위의 감정·통역 또는 번역은 자기의 의견 또는 판단에 반한 감정·통역 또는 번역을 하는 것이며, 객관적인 진실에 합치되느냐는 이 죄의 성립에 영향이 없다(주관설). 허위의 통역·번역은 일방이 표시한 사상을 고의로 변경하여 타방에게 전달하는 것이다. 허위의 감정·통역 또는 번역의 행위가 있으면 족하고, 그 결과가 현실로 심판의 자료로 사용되었느냐, 판결에 영향을 미쳤느냐와 상관없다.[510]

3) 기수시기　감정·통역·번역의 결과를, 서면으로 제출하는 경우에는 서면제출시에, 구두로 보고하는 경우에는 그 진술이 전체로 종료한 시(時)에, 서면 및 구두로 보고하는 경우에는 그 전체를 종합 고려하여 전체로 종료한 때에 각각 기수가 된다.

Ⅲ. 증거인멸의 죄

1. 증거인멸죄

【구성요건·법정형】 타인의 형사사건 또는 징계사건에 관한 증거를 인멸·은닉·위조 또는 변조하거나 위조 또는 변조한 증거를 사용한 자는 5년 이하의 징역 또는 700만원 이하의 벌금에 처한다(제155조 1항).

친족 또는 동거의 가족이 본인을 위하여 본 조의 죄를 범한 때에는 처벌하지 아니한다(제155조 4항).

(1) 의 의

타인의 형사사건 또는 징계사건에 관한 증거를 인멸·은닉·위조 또는 변조하거나, 위조 또는 변조한 증거를 사용함으로써 증거의 완전한 이용을 방해하는 범죄이다. 유형적 방법으로 증거의 증명력을 해한다는 데에 특색이 있고, 범인비호적 성격의 사후종범의 일종이다.

510) 황산덕, 93면; 정영석, 86면; 서일교, 359면; 이재상, 798면; 김일수/서보학, 937면; 진계호, 813면; 백형구, 637면; 임웅, 940면; 손동권, 839면; 정영일, 850면; 김성돈, 790면.

(2) 구성요건요소

1) 주 체　주체에는 제한이 없다. 다만 피해자의 친족 또는 동거의 가족이 본인을 위하여 이 죄의 행위를 한 때에는 책임이 조각된다(범인은닉죄의 친족간의 특례 참조).

2) 객 체　객체는 타인의 형사사건 또는 징계사건에 관한 증거이다.

가) 타 인　타인의 형사사건 또는 징계사건이라야 하므로 자기의 형사·징계의 사건에 대해서는 이 죄가 성립할 여지가 없다. 자기증거인멸(Selbst-begünstigung)은 애당초 이 죄의 구성요건에 해당할 수 없기 때문이다.[511] 문제가 되는 것은 다음의 두 가지 경우이다.

(a) 자기형사사건에 대한 증거인멸교사　타인을 교사하여 자기의 형사사건이나 징계사건에 관한 증거를 인멸하게 한 경우에 이 죄의 교사범이 성립하는가이다. 이에 관해서도 범인은닉죄·위증죄에서와 같이 긍정설과[512] 부정설이[513] 대립한다. 판례는 이 죄의 성립을 긍정하고 있다.[514]

타인을 교사한 경우에도 자기증거인멸과 마찬가지로 자기비호로 보아야 하며, 이 죄의 정범이 될 수 없는 자가 교사에 의해 이 죄를 범한다고 할 수 없으므로 부정설이 타당하다(범인은닉죄와 위증죄 참조).

(b) 공범자의 형사사건에 관한 증거인멸　공범자의 형사피고사건에 관한 증거를 타인의 형사사건에 관한 증거라고 할 수 있느냐이다. 독일 형법은 공범자의 증거인멸 행위를 처벌하지 않는다는 명문 규정(제257조 3항)이 있으므로 문제되지 않으나, 우리 형법에는 이러한 규정이 없으므로 견해가 대립한다. ① 공범자의 사건은 타인의 사건이라고 할 수 없으므로 이 죄가 성립하지 않는다는 부정설,[515] ② 공범자와 자기에게 공통되는 증거는 타인의 형사사건에 대한 증거

---

511) 이재상, 799면; 임웅, 941면; Sch/Sch/Stree, StGB. §257 Rdn. 29; Dreher/Tröndle, StGB. §257 Rdn. 10a.

512) 유기천(하), 362면; 황산덕, 95면; 김석휘, 주석(상), 227면; 백형구, 640면; 정영일, 854면.

513) 정영석, 91면; 서일교, 361면; 남흥우, 390면; 이형국, 860면; 이재상, 799면; 김일수/서보학, 920면 이하; 박상기, 698면; 배종대, 896면; 진계호, 815면; 임웅, 942면; 이정원, 814면; 김성천/김형준, 1041면; 오영근, 1016면; 손동권, 841면.

514) 대판, 1965. 12. 10, 65도826: "자기의 형사사건에 관한 증거인멸의 행위는 피고인의 형사소송에 있어서의 방어권을 인정하는 취지에서 처벌의 대상이 되지 아니하나 자기의 형사사건에 관한 증거를 인멸할 목적으로 타인을 교사한 경우에는 교사범의 죄책을 부담케 함이 상당하다." 대판, 2000. 3. 24, 99도5275.

515) 황산덕, 94면; 서일교, 260면; 남흥우, 389면; 이재상, 800면; 배종대, 896면; 이정원, 815면; 오영근, 1016면; 정영일, 854면; 손동권, 841면.

이므로 공범자의 형사사건에 대한 증거도 타인의 증거에 포함된다는 긍정설,[516] ③ 공범자의 이익을 위한 의사로 증거인멸한 때에는 타인의 사건으로 되어 이 죄가 성립하지만 자기 또는 자기와 공범자의 이익을 위한 때에는 이 죄가 성립하지 않는다는 절충설[517]이 있다. 판례는 자기의 이익을 위한 것이 동시에 공범자의 이익이 되어도 이 죄의 성립을 부정하고 있으므로 부정설이라 할 수 있다.

【판례】 증거인멸죄는 타인의 형사사건 또는 징계사건에 관한 증거를 인멸하는 경우에 성립하는 것이므로 피고인 자신이 직접 형사처분이나 징계처분을 받게 될 것을 두려워한 나머지 자기의 이익을 위하여 증거자료를 인멸한 행위가 동시에 다른 공범자의 형사사건이나 징계사건에 관한 증거를 인멸한 결과가 되더라도 피고인을 증거인멸죄로 다스릴 수는 없다(대판, 1976. 6. 22, 75도1446. 같은 취지: 대판, 1995. 9. 29, 94도2608).

공범사건이라도 그 일부의 공범자에 대해서만 증거가 되는 경우도 있고, 특히 공범자 상호간에 이해가 상반되는 경우가 있으므로 부정설처럼 공범사건에 대해서 일률적으로 부정하는 것은 이 죄의 취지에 비추어 타당하지 않다. 그리고 일반적으로는 공범사건의 증거는 각 공범자에게 공통되므로 긍정설에 의하면 단독범인 때에는 이 죄가 성립할 수 없는 경우가 공범관계가 있으면 이 죄의 성립을 인정하게 되어 불합리하다. 따라서 절충설이 타당하다고 본다.[518]

나) 형사사건 또는 징계사건 인멸되는 증거는 형사사건 또는 징계사건에 관한 것이라야 한다. 따라서 민법 · 행정 · 비송 또는 선거 등의 사건에 대한 것은 포함되지 않는다. 형사사건인 때에는 범죄의 경중은 묻지 않으며, 종국적으로 유죄판결이 선고되었거나 판결이 확정되었느냐도 상관없다. 따라서 재심이나 비상상고사건도 형사사건에 포함된다. 형사피고사건 외에 피의사건도 포함된다(통설).[519] 범인은닉죄에서와 같이 수사단계에 있는 피의사건에 대한 증거

516) 우리나라 주장자는 없다. 吉田常次郎, 日本刑法(1959), 22면. 일본 판례 중에 이에 따른 것이 있다. 日大判, 1928. 7. 21, 刑集 7, 591면.

517) 정영석, 92면; 김석휘, 주석(상), 224면; 김봉태(7인 공저), 667면; 이형국, 861면; 박상기, 698면; 진계호, 815면; 임웅, 942면; 백형구, 640면; 김성천/김형준, 1041면; 김성돈, 792면.

518) 절충설에 대하여는 범죄의 불법내용이 '단지 누구의 이익을 위하여 행동하는가' 라는 범행의 동기에 의하여 결정될 수는 없다는 비판이 있다. 이정원, 815면.

519) 황산덕, 94면; 정영석, 92면; 서일교, 360면; 김석휘, 주석(상), 225면; 김봉태(7인 공저), 667면; 이재상, 800면; 김일수/서보학, 920면; 진계호, 815면; 백형구, 641면; 임웅, 943면; 이정원, 815면; 정영일, 855면; 손동권, 842면; 배종대, 896면; 김성돈, 792면. 반대 견해, 유기천

인멸행위도 국가의 심판기능을 해할 위험성이 있기 때문이다. 판례는 수사절차 개시 전이라도 장차 형사사건이 될 수 있는 것까지 포함한다.[520] 다만 수사개시 이전의 사건도 포함하는가에 대하여는 수사가 개시되기 전에는 본죄에 의하여 보호될 형사사법기능이 침해될 위험이 없다는 이유로 부정하는 견해[521]도 있다. 그러나 수사개시 이전의 증거인멸행위라도 장차 수사가 개시될 경우에는 국가의 심판기능이 침해될 것이므로 포함시키는 다수설이[522] 타당하다. 판례도 같은 취지이다.[523]

다) 증 거　"증거"란 범죄의 성부, 태양(기수·미수·공범), 형의 가중·감면, 정상 등을 인정하는데 사용되는 일체의 자료를 말한다. 컴퓨터범죄의 경우 컴퓨터에 저장된 log파일은 물론, 파일을 프린터로 출력한 출력물도 증거에 해당한다고 본다. 증거가치의 여하와 증거가 피고인·피의자에게 유리한 것이냐, 불리한 것이냐 등은 묻지 않는다. 다만 증인에 대하여는 별도로 증인은닉·도피죄(제155조 2항)가 성립하므로 여기의 증거에는 증인 이외의 모든 증거를 말한다고 해야 한다.[524]

3) 행 위　행위는 증거를 인멸·은닉·위조 또는 변조하거나 위조 또는 변조한 증거를 사용하는 것이다.

가) 인 멸　"인멸"이란 증거에 대한 물질적 훼손뿐만 아니라 그 가치·효용을 멸실·감소시키는 일체의 행위를 말한다. 다만 현행법은 인멸 이외에 은닉을 별도의 행위 태양으로 규정하고 있으므로 증거의 현출방해는 은닉에 해당한다고[525] 해석함이 타당하다.[526] 증인에게 위증을 교사한 경우에도 증거에 대한

(하), 363면.

520) 대판, 2003. 12. 26, 2003도4533.

521) 유기천(하), 363면; 서일교, 360면; 이재상, 800면; 배종대, 896면; 오영근, 1017면; 정영일, 855면.

522) 황산덕, 94면; 정영석, 92면; 김일수/서보학, 920면; 백형구, 626면; 임웅, 943면; 이정원, 820면; 김성천/김형준, 1042면; 김성돈, 793면.

523) "증거은닉죄에 있어서 '타인의 형사사건 또는 징계사건'이란 은닉행위시에 아직 수사 또는 징계절차가 개시되기 전이라도 장차 형사 또는 징계사건이 될 수 있는 것까지를 포함한다". 대판, 1982. 4. 27, 82도274.

524) 이재상, 799면; 배종대, 897면; 진계호, 816면; 임웅, 943면; 정영일, 855면, 김성돈, 793면. 물적 증거에 한한다는 견해는 정영석, 93면. 증인살해·흔적을 알 수 없을 정도의 상해·감금은 증거인멸죄가 된다는 견해는 김일수/서보학, 921면.

525) 황산덕, 95면; 김봉태(7인 공저), 668면; 박상기, 699면; 백형구, 642면; 정영일, 856면. 현출방해도 인멸에 해당한다는 견해는 유기천(하), 341면; 이재상, 801면; 김일수/서보학, 921면; 이정원, 816면; 손동권, 842면; 김성돈, 793면.

인멸이 되느냐에 관해서, 판례는 단순한 위증교사로는 이 죄가 성립하지 않는다고 하고 있다.[527] 자기의 피고사건에 대한 위증교사는 타인의 선서 여부와 관계없이 죄가 되지 않는다. 타인의 피고사건인 경우 허위진술을 교사한 때에는 선서한 증인에 대한 것이면 위증죄가 되지만 선서하지 않은 증인에 대한 것이면 증거인멸이 될 수 있다고 본다.[528]

나) 은 닉 "은닉"이란 증거의 현출을 방해하거나 그 발견을 곤란하게 하는 것을 말한다. 증인을 숨기거나 도망가게 하는 것도 은닉에 해당하지만 이 경우에는 증인은닉·도피죄(제155조 2항)가 성립하므로 증인 이외의 증거를 은닉하여야 한다. 은닉은 적극적 행위임을 요하고 단순한 제출거부나 소지사실 부인만으로 은닉이라 할 수 없다.

다) 위 조 "위조"란 부진정한 새로운 증거를 작출하는 것을 말한다. 진실한 증거와 유사한 물건 자체를 새로 만드는 경우는 물론, 범죄 사실과 관계없는 기존의 물건을 이용하여 범죄 사실과 관련이 있는 것처럼 꾸미는 경우도 위조가 된다. 따라서 예컨대, 사실과 다른 일시에 금전수수가 있었던 것처럼 영수증을 후일에 작성하거나 정을 모르는 법원 서기관에게 허위내용의 구두변론 조서를 작성시키는 것은 위조에 해당한다. 다만 이 죄의 위조는 증거자체의 위조에 한하고 증인이나 참고인으로 하여금 허위의 진술을 하게 한 것은 이에 해당하지 않는다는 것이 판례의 태도이다.[529]

여기의 위조·변조는 문서위조·변조죄의 그것과는 달라서 작성권한의 유무나 문서내용의 진부는 문제되지 않는다.[530] 예컨대 범행시에 없었던 흔적이나 지문을 새로 남긴 경우, 타살을 자살로 위장하기 위해 사체변경을 하거나 허위영수증 발급, 범행장소에 타인소지품을 증거로 남겨두는 것은 모두 위조에 해당한다.

---

526) "'형법상'의 증거인멸행위는 증거의 현출방해는 물론 그 효력을 멸실·감소시키는 일체의 행위를 지칭하는 것이다"(대판, 1961. 10. 19, 4294형상347)라고 하고 있으나, 여기의 증거인멸행위는 행위태양으로서의 인멸과 은닉을 포함한 넓은 의미로 사용한 것이라 이해된다.

527) 대판, 1977. 9. 13, 77도997.

528) 황산덕, 96면; 서일교, 361면; 김봉태(7인 공저), 668면; 이재상, 801면; 김일수/서보학, 922면; 손동권, 842면.

529) 대판, 1998. 2. 10, 97도2961. 같은 취지: 대판, 1995. 4. 7, 94도3412

530) 대판, 2007. 6. 28, 2002도3600.

【판례】 그 외형 및 내용상 법률행위가 그 문서 자체에 의하여 이루어진 것과 같은 외관을 가지는 문서를 사후에 그 작성일을 소급하여 작성하는 것은, 가사 그 작성자에게 해당 문서의 작성권한이 있고, 또 그와 같은 법률행위가 당시에 존재하였다거나 그 법률행위의 내용이 위 문서에 기재된 것과 큰 차이가 없다 하여도 증거위조죄의 구성요건을 충족시키는 것이라고 보아야 하고, 비록 그 내용이 진실하다 하여도 국가의 형사사법기능에 대한 위험이 있다(대판, 2007. 6. 28, 2002도3600).

라) 변 조 "변조"란 기존의 진정한 증거를 가공하여 증거가치를 변경시키는 것을 말한다. 허위내용을 첨가하거나 훔친 자동차의 색깔 또는 차량번호만을 바꾼 경우는 변조에 해당한다. 그러나 범행도구에 묻은 핏자국을 씻어버리거나 시체를 사고 장소에서 옮긴 경우, 범죄흔적을 없애기 위해 사고차량의 바퀴를 교체한 경우는 변조라고 할 수 없다.

마) 사 용 "사용"이란 위조·변조된 증거를 진정한 증거로 제공하는 것을 말한다. 제공은 자발적 제공일 필요가 없고 수사기관의 요구로 제공한 것도 사용이 된다. 사용의 상대방은 법원 또는 감독기관(징계사건인 경우)과 수사기관이다. 사용행위자와 위조·변조자가 같은 사람일 필요가 없다.

4) 주관적 요소 주관적 구성요건요소로서 고의가 있어야 한다. 이 죄의 고의는 타인의 형사사건 또는 징계사건에 대한 증거를 인멸·은닉·위조·변조 또는 사용한다는 것에 대한 인식·의사이다. 자기의 형사사건으로 오인한 때에는 고의가 조각된다.

(3) 죄수 및 타죄와의 관계

이 죄의 각 행위태양 상호간에는 포괄일죄가 된다. 증거를 위조한 후 이를 사용하면 법조경합의 보충관계라는 견해도 있다.[531] 그러나 보충관계는 수개의 법규 상호간에 기본법과 보충법의 관계가 있는 때에 성립하므로 동일구성요건의 수개의 행위태양 사이에 수단과 목적의 관계가 있으면 포괄일죄가 된다고 해야 한다. 다만 이 죄의 각 행위가 동시에 다른 죄명에 해당하는 경우에는 상상적 경합이 된다. 따라서 타인의 형사사건에 관한 증거를 인멸하기 위하여 장물을 은닉한 경우, 압수한 증거물을 절취하여 은닉한 경우, 또는 증인을 살해하거나 감금한 경우에는 각각 장물죄, 절도죄, 살인죄, 감금죄와 증거인멸죄 또는

531) 김일수/서보학, 923면; 임웅, 944면; 오영근, 1019면.

증인은닉죄의 상상적 경합이 된다. 또 타인의 형사사건에 관한 증거로서 문서를 위조한 때에는 문서위조죄와 이 죄의 상상적 경합이 된다.

(4) 친족간의 특례

친족 또는 동거의 가족이 본인을 위하여 이 죄를 범한 때에는 처벌하지 아니한다. 친족간의 정의를 고려하여 특례를 인정한 것이다. 이 특례의 법적 성질에 관하여 인적 처벌조각사유라는 견해도 있으나 기대가능성이 없기 때문에 책임이 조각된다고 해야 한다(범인은닉죄의 친족간의 특례 참조). 그러므로 친족이 제3자를 교사하여 이 죄를 범하게 한 때와 범인이 친족을 교사하여 자기를 은닉시킨 때에도 그 교사범으로 처벌할 수 없다.

(5) 특별형법(보복범죄 가중처벌)

자기 또는 타인의 형사사건 · 재판과 관련하여 증언이나 자료제출, 수사단서를 제공하지 못하게 할 목적으로 살해한 때에는 사형 · 무기 또는 10년 이상의 징역에 처한다(특정범죄가중처벌등에관한법률 제5조의 9, 1항 후단). 그 밖에 국가보안법은 타인으로 하여금 형사처분을 받게 할 목적으로 국가보안법이 정한 죄에 대하여 무고, 위증 또는 증거를 날조 · 인멸 · 은닉한 자는 그 각조에 정한 형으로 처벌하는 특별규정이 있다(동법 제12조 1항 참조).

2. 증인은닉 · 도피죄

【구성요건 · 법정형】 타인의 형사사건 또는 징계사건에 관한 증인을 은닉 또는 도피하게 한 자도 제1항의 형과 같다(제155조 2항).

(1) 의 의

타인의 형사사건 또는 징계사건에 관한 증인을 은닉 또는 도피하게 함으로써 성립하는 범죄이다. 구형법에서 증거인멸죄에 해당하는 것으로 해석되었던 것을 그것과 구별하여 별도로 입법한 것이다. 증인에 대한 은닉 · 도피 이외에는 증거인멸죄와 성격이 같다.

(2) 구성요건요소

객체는 타인의 형사사건 또는 징계사건에 관한 증인이다. 여기의 증인에는 형사소송법상의 증인뿐만 아니라 수사기관에서 조사하는 참고인도 포함한다.[532] 인적 증거로서의 증인에 한하며 증거자료로서의 증언 자체는 제외된다. 피고인은 증거방법에 불과하므로 범인은닉죄의 객체가 될 뿐이고 이 죄의 증인이 될 수 없다.

행위는 증인을 은닉 또는 도피하게 하는 것이다. 여기의 "은닉"이란 증인의 출석을 방해 또는 곤란하게 하는 일체의 행위로서 숨길 장소에 감금하거나 증인을 살해하는 것도 은닉에 해당한다. "도피하게 하는 것"은 은닉 이외의 방법으로 증인의 출석을 곤란 또는 불가능하게 하는 일체의 행위로서 도망하게 하거나 도피를 야기 내지 방조하는 행위를 포함한다(기타의 점에 대해서는 범인은닉죄 참조). 단순히 타인의 피의사건에 관하여 허위의 진술을 하거나 허위의 진술을 하도록 교사하는 정도로는 증인을 은닉 또는 도피하게 하였다고 할 수 없다.[533]

【판례】 단순히 타인의 형사피의사건에 관하여 수사기관에서 허위의 진술을 하거나 허위의 진술을 하도록 교사하는 정도의 행위로서는 타인의 형사사건에 관한 증인을 은닉 또는 도피하게 한 것에 해당되지 아니함은 물론 증거의 현출을 방해하여 증거로서의 효과를 멸실 또는 감소시키는 증거인멸 등의 적극적 행위에 나선 것으로는 볼 수 없다 할 것이므로 위와 같은 행위가 증거를 위조하고 또는 그 위조를 교사한 죄를 구성한다고 볼 수 없다(대판, 1977. 9. 13, 77도997).

(3) 죄수와 친족간의 특례

이 죄를 범할 의사로 증인·참고인을 체포·감금·살해한 경우에는 각각 체포·감금죄, 살인죄와 이 죄의 상상적 경합이 되며, 증인을 은닉하여 도피하게 하면 포괄일죄가 된다.

친족 또는 동거의 가족이 본인을 위하여 이 죄를 범한 때에도 처벌하지 않는다(제155조 4항).

3. 모해증거인멸·모해증인은닉죄

【구성요건·법정형】 피고인, 피의자 또는 징계혐의자를 모해할 목적으로 전2항의 죄(증거인멸죄·증인은닉·도피죄)를 범한 자는 10년 이하의 징역에 처한

532) 황산덕, 94면; 유기천(하), 343면; 서일교, 360면; 김석휘, 주석(상), 228면; 이형국, 863면; 이재상, 802면; 김일수/서보학, 924면; 박상기, 700면; 배종대, 898면; 백형구, 643면; 진계호, 817면; 임웅, 945면; 정영일, 857면; 손동권, 844면; 오영근, 1020면; 김성돈, 795면.

533) 대판, 1977. 9. 13, 77도997.

다(제155조 3항).

피고인·피의자 또는 징계혐의자를 모해할 목적으로 타인의 형사사건 또는 징계사건에 관한 증거를 인멸·은닉·위조 또는 변조하거나 위조 또는 변조한 증거를 사용하는 행위와, 타인의 형사사건 또는 징계사건에 관한 증인을 은닉 또는 도피하게 함으로써 성립하는 범죄이다.

이 죄는 증거인멸죄, 증인은닉·도피죄에 대해서 모해할 목적 때문에 불법이 가중되는 부진정목적범이다. "모해할 목적"이란 피고인·피의자 또는 징계혐의자에게 형사처분 또는 징계처분을 받게 할 목적을 말하며, 그 목적 달성여부는 이 죄의 성립에 영향이 없다. 특별법으로서 국가보안법 제12조 1항이 있다. 그리고 친족 또는 동거의 가족이 본인을 위하여 이 죄를 범한 때에도 처벌하지 아니한다(제155조 4항).

제 5 절 무고의 죄

I. 총 설

1. 의의와 본질

무고죄(falsche Verdächtigung)는 타인으로 하여금 형사처분 또는 징계처분을 받게 할 목적으로 공무소 또는 공무원에 대하여 허위의 사실을 신고함으로써 성립하는 범죄이다.

무고죄의 본질에 관해서는, ① 피무고자가 부당한 형사처분이나 징계처분을 받을 고통과 위험으로부터 개인의 법적 안정과 이익을 보호하기 위한 범죄라는 개인적 법익침해설,[534] ② 국가의 심판기능(형사 또는 징계처분권)의 적정한 행사를 저해하는 행위를 처벌하기 위한 범죄라는 국가적 법익침해설,[535] ③ 국가의

534) Hirsch, H.J, Literdaturbericht. ZStW. 89. 1977, S. 941.

심판기능의 적정한 행사뿐만 아니라 부차적으로 피무고자의 법적 안정과 이익을 침해하는 이중적 성격을 가진 범죄라는 이중적 법익침해설(결합설)[536]이 대립하고 있는데, 이중적 법익침해설이 우리나라와 일본·독일의 통설이다.[537]

연혁적으로는 무고죄가 개인적 법익에 대한 죄로 발전해 온 것은 사실이나 형법은 무고죄를 국가적 법익에 대한 죄로 규정하고 있으므로 이를 개인적 법익침해로 보는 것은 형법체계와 모순되며, 우리나라에서 이 견해를 주장하는 자도 없다. 국가적 법익침해설은 무고죄의 형법상의 체계에 비추어 수긍이 가는 견해임에 틀림없다. 그러나 이에 따르면 죄질에서 이와 유사한 위증죄의 법정형보다 무고죄의 법정형을 중하게 한 이유를 설명할 수 없으며, 특히 무고죄의 성립요건으로서 타인으로 하여금 형사처분이나 징계처분을 받게 할 주관적 목적을 요구하고 있다는 점에 비추어 피무고자의 법적 안정과 이익도 동시에 고려하고 있다고 해야 한다. 따라서 무고죄는 국가의 심판기능을 주된 법익으로 보호하지만 부차적으로 피무고자가 부당한 처벌 내지 처분을 받지 않을 개인적 이익도 동시에 보호하는 이중적 성격을 가진 범죄라고 해야 한다.

2. 보호법익

무고죄의 본질을 이중적 성격으로 이해하면, 그 보호법익도 국가의 심판기능의 적정행사와 피무고자의 법적 안정이라 하여야 한다. 전자가 주된 법익이고 후자는 부차적 법익이므로 자기무고나 피무고자의 승낙무고는 이 죄의 성립에 영향이 없다. 다만 국가적 법익의 내용에 대해서 국가의 심판기능과 형사 또는 징계권의 적정행사가 아니라 형사처분 또는 징계처분에 대한 절차개시의 적정(수사 또는 징계를 하기 위한 조사권의 적정)이라고 이해하는 견해도 있다.[538] 그러나 무고죄가 단순히 수사 또는 징계조사 개시의 적정만을 보호한다고 좁게 해석해

535) 서일교, 363면.

536) 유기천(하), 368면; 황산덕, 99면 이하; 정영석, 95면; 남흥우, 391면; 이건호, 91면; 김석휘, 주석(상), 229면; 김봉태(7인 공저), 671면; 정성근, 1023면; 이형국, 865면; 이재상, 804면; 김일수/서보학, 938면; 박상기, 701면; 배종대, 901면; 진계호, 819면; 백형구, 644면; 임웅, 947면; 이정원, 817면; 오영근, 1022면; 정영일, 861면; 손동권, 846면; 김성돈, 796면.

537) 牧野(上), 274면; 小野, 44면; 瀧川, 286면; 木村, 322면; 大塚(下), 657면; 內田(下), 667면; Bockelmann, BT 3, S. 38; Welzel, StR. S. 521; Eser, StR Ⅲ, S. 196; Wessels, BT 1, S. 134; Sch/Sch/Lenckner, StGB. §164 Rdn. 1; Dreher/Tröndle, StGB. §164 Rdn. 2.

538) 정영석, 96면; 김봉태(7인공저), 670면 이하; 김일수, 803면; 진계호, 820면.

야 할 근거는 없으며, 이 죄를 범한 자가 재판 또는 징계처분이 확정되기 전에 (수사 또는 징계조사시점에 한하지 않고) 자백 또는 자수한 때에 형을 감면하고 있는 취지에 비추어 국가적 법익의 내용은 국가의 심판기능과 형사 또는 징계권의 적정행사라고 이해해야 한다.[539] 보호정도는 추상적 위험범이다.[540]

Ⅱ. 무고죄

> **【구성요건 · 법정형】** 타인으로 하여금 형사처분 또는 징계처분을 받게 할 목적으로 공무소 또는 공무원에 대하여 허위의 사실을 신고한 자는 10년 이하의 징역 또는 1천500만원 이하의 벌금에 처한다(제156조).
>
> 재판 또는 징계처분이 확정되기 전에 자백 또는 자수한 때에는 그 형을 감경 또는 면제한다(제157조).

1. 구성요건요소

타인으로 하여금 형사처분 또는 징계처분을 받게 할 목적으로 공무소 또는 공무원에 대하여 허위의 사실을 신고하는 것이다.

(1) 객관적 구성요건요소

1) 주 체 주체에는 제한이 없다(통설). 따라서 공무원도 이 죄의 주체가 될 수 있다.

2) 행 위 행위는 공무소 또는 공무원에 대하여 허위의 사실을 신고하는 것이다.

가) 행위의 상대방 무고행위는 공무소 또는 공무원에게 하여야 한다. 여기의 "공무소 또는 공무원"은 공문서위조죄에서와 같은 넓은 의미가 아니라 신고내용이 되는 형사처분 · 징계처분을 취급할 수 있는 해당관서 또는 그 소속공무원을 의미한다. 형사처분에 있어서는 수사기관인 검사 · 사법경찰관과 그 보조자 기타 범죄수사에 종사하거나 이를 통할 · 감독하는 공무원을 말하며, 징계처분에 있어서는 징계처분을 심사결정할 수 있는 직권을 가진 소속장 뿐만 아니

539) 황산덕, 97면; 서일교, 362면; 이재상, 804면; 박상기, 701면; 배종대, 899면; 임웅, 947면; 손동권, 845면.

540) 구체적 위험범설은 배종대, 899면.

라 하급공무원을 감시·감독하고 그 복무규율의 위반을 소속장에게 상신하여 징계처분을 촉구할 직권이 있는 기관·공무원을 의미한다. 그러므로 수사기관을 통할하는 대통령이나[541] 관내 경찰서장을 지휘·감독하는 도지사[542] 또는 탈세혐의사실에 관하여 고발권한이 있는 국세청장[543]에게 처벌을 요구하는 진정서를 제출하는 것도 무고에 해당된다.

【판례】 ① 농업협동조합중앙회나 농업협동조합중앙회장은 형법 제156조 무고죄에 있어서의 공무소나 공무원에 해당되지 아니한다(대판, 1980. 2. 12, 79도3109).

② 자동차운수사업법상 사위의 방법에 의하여 운송면허를 받은 소위에 관하여는 벌칙 조항이 없으므로 범죄행위가 되지 아니할 뿐 아니라 그에 관하여 탄원서를 받은 대통령 전라북도지사 전주지방검찰청 검사장 및 중앙정보부 전라북도 지부장이 사위방법에 의하여 운송면허를 받은 자를 징계할 수 있는 권한이 있다고도 할 수 없으니 위의 탄원한 소위는 무고죄가 될 수 없다(대판, 1976. 10. 26, 75도1657).

나) 행위태양 허위의 사실을 신고하는 것이다.

(a) 허위의 사실 "허위의 사실"이란 객관적 진실에 반하는 사실을 말한다(통설).[544] 신고의 내용이 객관적 진실과 일치하지 않는 것을 의미하고, 위증죄에 있어서의 허위가 주관적인 기억에 반하는 것과 다르다. 무고죄에 있어서는 객관적 진실에 합치되는 사실을 신고한 것이면 국가의 심판기능의 적정행사는 침해될 수 없기 때문이다. 판례도 같은 취지이다.[545]

aa) 착오에 의한 신고 행위자의 신고내용이 허위라고 오신한 경우에도 우연히 그 신고가 객관적 진실에 합치되면 이 죄에 해당하지 않는다.[546] 또 객관적 진실에 반하는 허위사실이라도 행위자가 객관적 진실에 합치되는 사실이

541) 대판, 1954. 9. 21, 4289형상60; 대판, 1977. 6. 28, 77도1445.

542) 대판, 1982. 11. 22, 81도2380: "도지사는 그 산하에 수사기관인 경찰국을 두고 그 직권을 지휘·감독하고 또 관내 경찰서장을 지휘·감독하는 지위에 있으므로 형사처분을 받게 할 목적으로 허위사실을 진정의 형식으로 도지사에게 신고하면 그로써 무고죄는 성립한다."

543) 대판, 1991. 12. 13, 91도2127.

544) 유기천(하), 349면; 황산덕, 98면; 정영석, 96면; 이건호, 93면; 김봉태(7인 공저), 672면; 이형국, 870면; 이재상, 805면; 김일수, 804면; 박상기, 702면; 배종대, 902면; 진계호, 821면; 백형구, 646면; 임웅, 949면; 이정원, 818면; 오영근, 1024면; 손동권, 847면; 정영일, 862면; 김성돈, 798면.

545) 대판, 1970. 4. 28, 70도568; 대판, 1983. 9. 27, 83도1975; 대판, 1983. 11. 8, 83도2354; 대판, 1985. 7. 23, 85도1092; 대판, 1986. 9. 23, 86도556.

546) 대판, 1991. 10. 11, 91도1950; 대판, 1982. 12. 28, 82도1622.

라고 오신하고 신고한 때에도 이 죄는 성립하지 않는다.547)

bb) 허위사실 판단기준 신고된 사실이 허위인가의 여부는 사실의 중요내용이 진실과 합치되느냐에 따라 판단해야 한다.548) 따라서 반드시 신고사실의 전부가 허위일 필요는 없으나549) 정황을 다소 과장한 정도로는 허위사실이라고 할 수 없다.550) 그러나 부분적인 증감이라도 그것이 신고사실의 전체를 허위로 만드는 경우에는 이 죄의 허위신고가 된다. 그러므로 범죄성립을 조각하는 사유를 숨기고 구성요건적 사실만을 신고한 때에도 허위신고에 해당한다.551) 그러나 신고사실이 객관적 사실관계와 일치하는 경우에는 법률적 평가나 죄명을 잘못 적은 정도로는 허위신고라 할 수 없다.552) 그러므로 재물편취를 횡령으로553) 권리행사방해를 절도로,554) 횡령을 절도로 잘못 기재하여 신고하였더라도 허위신고가 되지 않는다.555) 또 신고사실이 진실한 이상 형사책임을 부담할 자를 잘못 신고한 경우에도 이 죄가 되지 않는다.556)

cc) 형사·징계처분의 원인되는 사실신고 신고되는 허위의 사실은 형사처분 또는 징계처분의 원인이 될 수 있는 것이라야 한다. 허위사실 자체가 범죄를 구성하지 아니하는 경우와 같이 형사처분·징계처분의 원인이 될 수 없는 사실은 형사·징계처분의 목적으로 신고하여도 이 죄가 되지 않는다.557)

【판례】 무고죄가 성립하려면 신고된 사실 자체가 형사처분의 원인이 될 수 있어야 하고, … 본안소송을 제기하지 아니한 채 가압류를 한 것만으로는 사기죄의 실행에 착수하였다고 할 수 없으므로 "이미 채무를 변제받았음에도 공정

547) 대판, 1996. 3. 26, 95도2998.
548) 이재상, 806면; 김일수, 805면; 배종대, 902면; 백형구, 646면 이하; 임웅, 949면; 손동권, 847면; 정영일, 862면; 김성돈, 798면.
549) 대판, 1972. 4. 20, 72도222: "일부 사실이 진실이고 타사실이 허위인 때에는 그 허위사실 부분에 대하여는 독립하여 무고죄를 구성한다".
550) 대판, 1995. 2. 24, 94도3068: "무고죄에 있어서의 '허위의 사실'과 관련하여 비록 그 신고내용에 일부 객관적 진실에 반하는 내용이 포함되었다 하더라도 그것이 단지 신고사실의 정황을 과장하는 데 불과하다면 무고죄가 성립하지 아니한다". 같은 취지: 대판, 1985. 4. 9, 85도283; 대판, 1986. 9. 23, 86도556; 대판, 1996. 5. 31, 96도771; 대판, 2008. 5. 29, 2006도6347 등.
551) 대판, 1998. 3. 24, 97도2956.
552) 대판, 1985. 6. 25, 83도3245.
553) 대판, 1980. 5. 27, 80도819.
554) 대판, 1981. 6. 23, 80도1049; 대판, 1982. 5. 25, 81도3243.
555) 대판, 1985. 9. 24, 84도1737.
556) 대판, 1982. 4. 27, 81도2341.
557) 대판, 2002. 6. 28. 2001도2707; 대판, 2007. 4. 13, 2006도558.

증서를 보관하고 있음을 기화로 주택을 가압류하였다"는 취지의 고소장을 제출하였다 하더라도 무고죄가 성립하지 않는다(대판, 2003. 6. 13, 2003도1672).

따라서 허위사실의 적시는 적어도 수사권 또는 징계권의 발동을 촉구할 수 있는 정도라야 한다.[558] 구성요건사실이 위법하지만 중요부분이 허위인 때에는 형사처분의 원인인 사실이 될 수 있다. 그러나 공소제기나 징계소추가 직접가능한 정도의 구체적 내용의 기재나 법률적 평가까지 명시할 필요는 없다.

형사 또는 징계처분의 원인이 될 수 있어야 하므로 신고된 사실에 대하여 처벌규정이 없거나[559] 사면[560] 또는 공소시효 완성으로[561] 이미 공소권이 소멸되었음이 명백한 때,[562] 친고죄의 고소기간이 경과하여 공소를 제기할 수 없음이 신고내용 자체에서 명백한 때[563]에는 국가의 심판기능을 저해할 위험도 없으므로 허위사실의 신고에 포함되지 않는다. 그러나 객관적으로 공소시효가 완성되었다 하여도 공소시효가 완성되지 아니한 것처럼 고소한 경우에는 무고죄가 성립한다는 것이 판례의 태도이다.[564]

dd) 피무고자의 특정 　피무고자는 특정되어 있어야 한다. 반드시 성명까지 명시할 필요는 없으나 피무고자가 누구인지를 알 수 있으면 족하다.

(b) 신 고 　"신고"란 자진하여 사실을 고지하는 것을 말한다. 신고는 자발적[565]이라야 하므로 정보원, 수사관 등의 요청에 의하여 지득한 사실이나 정보를 제공하는 경우[566]와 수사기관의 신문에 대하여 허위진술을 하는 경우[567]는

558) 대판, 1985. 2. 26, 84도2774: "무고죄에 있어서 허위사실의 적시의 정도는 수사관서 또는 감독관서에 대하여 수사권 또는 징계권의 발동을 촉구하는 정도의 것이면 충분하고 반드시 범죄구성요건 사실이나 징계요건 사실을 구체적으로 명시하여야 하는 것은 아니다". 同旨: 대판, 1982. 2. 23, 81도2617.

559) 대판, 1976. 10. 26, 75도1657.

560) 대판, 1970. 3. 24, 69도2330.

561) 대판, 1985. 5. 28, 84도2919. 같은 취지: 대판, 1982. 3. 23, 81도2617; 대판, 1994. 2. 8, 93도3445.

562) 그러나 객관적으로 고소사실에 대한 공소시효가 완성되어도 고소를 제기하면서 마치 공소시효가 완성되지 아니한 것처럼 고소한 경우에는 국가기관의 직무를 그르칠 염려가 있으므로 무고죄를 구성한다(대판, 1995. 12. 5, 95도1908).

563) 대판, 1998. 4. 14, 98도150.

564) 대판, 1995. 12. 5, 95도1908.

565) 자발성을 요하지 않는다는 견해는 이정원, 824면.

566) 대판, 1955. 3. 18, 4287형상209.

567) 대판, 1985. 7. 26, 85도14: 「공동피고인 중 1인이 타범죄로 조사를 받는 과정에서 사법경찰관 및 검사의 심문에 따라 다른 공동피고인의 범죄사실을 진술한 경우라면 가사 위 진술내용이 허위라고 하더라도 이를 무고라고 할 수 없다.」 같은 취지: 대판, 1996. 2. 9, 95도2652.

신고에 해당하지 않는다. 그러나 고소장에 기재하지 않은 사실을 수사기관에서 고소 보충조서를 받으면서 자진하여 허위사실을 진술한 경우[568]에는 신고에 해당한다. 이에 반하여 수사기관의 심문에 대하여 진범인이 자기의 범죄혐의를 부인한 것으로는 이로 인하여 다른 사람에 대한 수사가 개시된 때에도 허위사실의 신고에 해당하지 않는다.[569]

신고의 수단·방법은 제한이 없다. 서면·구두에 의하건, 고소·고발의 형식에 의하건 묻지 않는다. 서면에 의한 경우에는 그 명칭이 고소장이건 진정서이건 묻지 않으며,[570] 원본 아닌 사본을 사용하여도 무방하다.[571] 또 서명 없이 익명으로 신고하거나 타인명의를 사용한 경우도 무방하다. 부작위에 의한 신고는 부정해야 한다.[572] 이 죄는 자진하여 적극적으로 신고하여 형사 또는 징계처분의 원인을 제공한 경우에 행위의 불법성이 인정되기 때문이다.

(c) 기수시기 　허위신고가 당해 공무소 또는 공무원에게 도달한 때에 기수가 된다.[573] 이 죄의 목적달성 여부는 기수와 상관없다. 구두신고의 경우에는 진술과 동시에 기수가 된다. 문서를 우송하는 경우 문서가 공무소 또는 공무원에게 도달한 때에 기수가 된다. 수사관·조사관 등이 열람할 수 있는 상태에 있으면 충분하고 반드시 문서가 접수되었거나 현실적으로 열람하였음을 요하지 않으며, 수사개시나 공소제기 되었을 필요도 없다. 공무소·공무원에게 도달한 이상 그 후 무고문서를 되돌려 받았다 하여도 무고죄는 성립한다.[574] 미수는 벌하지 아니하므로 문서가 도달하지 않았을 때에는 범죄가 성립하지 않는다.

(2) 주관적 구성요소

1) 고 의 　이 죄의 고의는 무고자가 공무소 또는 공무원에게 허위의 사실을

---

568) 대판, 1984. 12. 11, 84도1593; 대판, 1988. 2. 23, 87도2454; 대판, 1996. 2. 9, 95도2652. 또 수표발행인인 피고인이 은행에 지급제시된 수표가 위조되었다는 내용의 허위의 신고를 하여 그 정을 모르는 은행 직원이 수사기관에 고발을 함에 따라 수사가 개시되고, 피고인이 경찰에 출석하여 위조자로 특정인을 지목하는 진술을 한 경우(대판, 2005. 12. 22, 2005도3203)에도 신고에 해당한다.

569) 이재상, 807면; 손동권, 850면; 정영일, 866면; 김성돈, 800면; Sch/Sch/Lenckner, StGB. §164 Rdn. 5; Dreher/Tröndle, StGB. §164 Rdn, 3.

570) 대판, 1985. 12. 10, 84도2380.

571) 대판, 1978. 5. 23, 78도894.

572) 이재상, 808면; 김일수/서보학, 941면; 배종대, 903면; 백형구, 633면; 진계호, 823면; 임웅, 952면; 이정원, 819면; 손동권, 851면; 김성돈, 800면.

573) 대판, 1963. 9. 5, 63도161; 1985. 2. 8, 84도2215.

574) 대판, 1985. 2. 8, 84도2215.

신고한다는 인식과 신고의사이다. 허위사실에 대한 인식도 고의의 내용이 되므로[575] 진실한 사실로 오신하고 신고하였을 때에는 고의가 조각되어 이 죄는 성립하지 않는다.[576]

(a) 확정적 인식의 요부　허위의 사실에 대한 인식은 확정적 인식임을 요하느냐에 대해서 학설이 대립한다. 독일 형법 제164조는 "숙지에 반하여"라고 규정하고 있기 때문에 허위의 사실에 대한 확정적 인식을 요한다는 점에 이견이 없다.[577] 우리 형법에는 이러한 명문내용이 없으므로 해석상 논의가 생긴다.

다수설은 확정적 인식을 요하는 경우 이 죄의 성립을 부당하게 제한하게 되며, 무고죄의 고의에 한하여 확정적 인식을 요한다고 해석해야 할 이유가 없으므로 미필적 인식으로 충분하다는 데[578] 반하여, 소수설은 미필적 인식으로 충분하다고 해석하면 진실이라는 확신 없이 하는 고소·고발의 대부분이 이 죄에 해당하게 되어 고소권·고발권의 행사를 부당하게 제한하게 된다는 이유로 확정적 인식을 요한다고 한다.[579]

(b) 판례의 태도　대법원은 풍문을 경신하고 확신 없는 사실을 신고하여도 무고죄를 구성한다고[580]한 이후 일관하여 허위임을 확신할 필요가 없고[581] 미필적 인식으로 충분하다는 입장을 유지하고 있다.

(c) 결　어　고소·고발은 원래 범죄 혐의가 있는 때에 하는 것이며, 고소

---

575) 대판, 1985. 11. 12, 85도1980: "고소사실의 진실성을 인정할 수 있느냐의 여부보다 고소사실의 허위성을 인정함에 충분한가의 여부를 따져야 하고 허위성을 단정하기 미흡하면 무고죄는 성립하지 않는다".

576) 대판, 2000. 11. 24, 99도822: "허위사실의 신고라 함은 신고사실이 객관적 사실에 반한다는 것을 확정적이거나 미필적으로 인식하고 신고하는 것을 말하는 것이므로, 설령 고소사실이 객관적 사실에 반하는 허위의 것이라 할지라도 그 허위성에 대한 인식이 없을 때에는 무고에 대한 고의는 인정할 수 없다". 같은 취지: 대판, 1998. 9. 8, 98도1949.

577) Sch/Sch/Lenckner, StGB. §164 Rdn. 30; Rudolphi, SK. §164 Rdn. 31; Welzel, StR. S. 522; Bockelmann. BT 3, S. 43.

578) 유기천(하), 370면; 황산덕, 100면; 정영석, 98면; 김석휘, 주석(상), 236면; 박상기, 704면; 진계호, 824면; 백형구, 650면; 이정원, 820면; 김성천/김형준, 1055면; 오영근, 1029면; 정영일, 679면; 손동권, 852면; 김성돈, 801면.

579) 서일교, 366면; 김봉태(7인 공저), 674면; 정성근, 1029면; 이형국, 873면; 이재상, 809면; 김일수, 807면; 배종대, 904면; 임웅, 953면.

580) 대판, 1955. 3. 22, 4287형상65.

581) 대판, 1963. 7. 25, 63도144; 대판, 1979. 12. 11, 78도1896; 대판, 1982. 12. 14, 82도2519; 대판, 1984. 4. 10, 83도3075; 대판, 1985. 4. 9, 85도220; 대판, 1986. 9. 9, 86도1063; 대판, 1988. 2. 9, 87도2366; 대판, 1995. 4. 11, 94도3302(유죄로 인정된 피고인이 고소인을 무고죄로 고소한 사건); 대판, 1997. 3. 28, 96도2417; 대판, 2003. 1. 24, 2002도5939.

인・고발인은 허위일지도 모른다는 미필적 인식을 가지고 있는 것이 일반적이므로 만일 미필적 인식만으로 족하다고 할 때에는 대부분의 고소인・고발인이 이 죄에 해당하게 되어 이 죄의 성립을 부당하게 확대하는 결과가 된다. 따라서 허위에 대한 인식은 확정적 인식이라는 견해가 타당하다고 본다. 허위사실을 진실한 사실로 오인하고 신고한 때에는 고의가 조각되며, 피무고자를 오인한 때에는 고의가 조각되지 않는다.

2) 목적범　무고죄는 고의 이외에 주관적 불법요소로서 타인으로 하여금 형사처분 또는 징계처분을 받게 할 목적이 있어야 하는 진정목적범이다. 따라서 이러한 목적 없이 허위의 사실을 신고하거나, 혐의사실에 대한 진정한 수사를 하여 사실의 진부를 가려 달라는 신고는 이 죄를 구성하지 않는다.[582)]

(a) 타　인　무고죄에 있어서 목적은 타인에 대한 것이라야 한다. 여기의 타인은 자연인・법인을 포함하며, 형사처분・징계처분을 받을 자격이 있음을 요하지 않는다.

aa) 자기무고　자기무고는 무고죄에 해당하지 않는다.[583)] 즉, 자기무고는 구성요건해당성이 없다.[584)] 자기무고가 무고죄의 구성요건에 해당하지 않는 이상 타인을 교사하여 자기를 무고하게 한 자기무고의 교사도 교사범의 성립을 부정해야 한다.[585)] 이 죄의 주된 보호법익은 국가심판기능의 적정이므로 피무고자의 촉탁・승낙을 받아 무고하는 승낙무고는 이 죄가 성립한다.[586)]

bb) 공동무고　자기와 타인이 공범관계에 있다고 허위의 사실을 신고한 공동무고는 타인에 대한 부분에 한하여 이 죄가 성립한다.[587)]

---

582) 같은 취지: 대판, 1978. 8. 22, 78도1357(진정서의 전체내용이 공정한 수사를 하여 흑백을 가려 달라는 취지로 이해할 수 있어 무고죄의 성립을 부정한 사례). 한편, 최근의 판례는 고소를 한 목적이 상대방을 처벌받도록 하는 데 있지 않고 시비를 가려 달라는 데에 있다고 하여도 무고죄를 인정하고 있다(대판, 2007. 4. 26, 2007도1423; 대판, 1995. 12. 12, 94도3271 등).

583) 다만 무고죄의 본질을 형사 또는 징계의 처분에 관한 조사개시의 적정을 해하는 것으로 이해하여 자기무고도 입법론적으로 처벌함이 타당하다는 견해는 정영석, 97면.

584) 황산덕, 97면; 김봉태(7인 공저), 675면; 이재상, 809면; 김일수/서보학, 933면; 박상기, 703면; 배종대, 905면; 진계호 825면; 임웅, 954면; 이정원, 821면; 오영근, 1031면; 정영일, 868면; 김성돈, 801면.

585) 이재상, 810면; 김일수/서보학, 933면; 배종대, 905면; 진계호, 825면; 임웅, 954면; 오영근, 1013면; 손동권, 851면. 긍정설은 김봉태(7인 공저), 675면.

586) 이재상, 804면; 김일수/서보학, 933면; 진계호, 826면; 임웅, 954면; 김성돈, 802면.

587) 황산덕, 97면; 이재상, 809면; 김일수/서보학, 933면; 배종대, 905면; 진계호, 825면; 임웅, 954면; 손동권, 851면; 정영일, 868면; 김성돈, 802면.

(c) 허무인 무고 타인은 특정되고 인식할 수 있는 살아있는 자를 말하므로 실재하지 않는 허무인·사자에 대한 무고는 무고죄를 구성하지 않는다.[588] 허무인 등에 대한 무고는 애당초 형사 또는 징계처분을 받게 할 가능성이 전혀 없으므로 이 죄의 목적성이 결여된다.

(b) 형사처분·징계처분 "형사처분"에는 형법에 의한 형벌뿐만 아니라 보안처분도 포함한다. 따라서 보안관찰법상의 보안관찰처분, 소년법상의 보호처분도 형사처분에 해당한다.

"징계처분"의 의미에 대해서는, 모든 종류의 징계·징벌로서 실질상의 형벌을 의미한다는 견해[589]도 있으나, 공법상의 특별 권력관계에 의한 제재를 의미한다는 견해[590]가 타당하다고 본다. 이 죄는 "국가의" 징계권 행사의 적정을 보호하는데 그 취지가 있기 때문이다. 따라서 변호사, 공증인, 사법서사, 공인회계사 등에 대한 징계는 공법상 특별권력관계에 의한 징계처분이라 할 수 없으므로 여기의 징계처분에 포함되지 않는다[591]고 본다.[592] 그러나 공의(公醫)는 공무원에 준하는 신분을 가지고 있고 그가 처리하는 업무도 공무에 해당한다고 해야 하므로 그 감독기관에 허위신고하면 이 죄가 성립한다.[593]

(c) 목적의 내용 목적의 내용에 대해서는 결과발생에 대한 미필적 인식으로 충분하다는 견해와,[594] 그 결과발생을 희망·의욕하는 확정적 인식이 있어야 한다는 견해가[595] 대립하고 있다. 판례는 형사처분 또는 징계처분을 받게 할 목적은 미필적 인식으로 충분하고 결과발생을 희망하는 것까지 요하지 않는다

588) 유기천(하), 369면; 황산덕, 97면; 정영석, 97면; 서일교, 364면; 김석휘, 주석(상), 231면; 김봉태(7인 공저), 675면; 이재상, 809면; 김일수/서보학, 933면; 박상기, 703면; 배종대, 905면; 진계호, 825면; 임웅, 954면; 이정원, 821면; 오영근, 1030면 이하; 손동권, 851면; 김성돈, 802면.

589) 황산덕, 99면; 정영석, 99면; 김일수/서보학, 944면; 손동권, 853면.

590) 유기천(하), 370면; 김석휘, 주석(상), 231면; 김봉태(7인 공저), 676면; 이형국, 874면; 이재상, 810면; 박상기, 704면; 배종대, 905면; 진계호, 825면; 임웅, 955면; 오영근, 1031면; 정영일, 869면; 김성돈, 802면.

591) 이재상, 810면; 배종대, 905면; 백형구, 649면; 임웅, 955면; 오영근, 1031면.

592) 징계처분에 포함시키는 견해는 서일교, 364면; 김석휘, 주석(상), 232면; 김봉태(7인 공저), 676면; 김일수/서보학, 944면; 손동권, 853면.

593) 대판, 1976. 8. 24, 75도108.

594) 유기천(하), 369면; 정영석, 98면; 김석휘, 주석(상), 231면; 김봉태(7인 공저), 676면; 진계호, 826면; 박상기, 705면; 백형구, 649면; 김성돈, 802면.

595) 서일교, 364면; 황산덕, 100면; 이재상, 811면; 김일수/서보학, 944면; 배종대, 905면; 임웅, 955면; 정영일, 869면; 손동권, 854면; 오영근, 1032면.

고 하고 있다.[596] 무고가 궁극의 목적으로 되었거나 유일한 주된 동기일 필요는 없으나 이 죄에 있어서의 목적도 주관적 불법요소이므로 모든 목적범에 있어서의 목적과 마찬가지로 확정적 인식이 있어야 한다는 견해가 타당하다.[597]

2. 특별형법

국가보안법 제12조는 타인으로 하여금 형사처분을 받게 할 목적으로 국가보안법에 규정된 죄에 대하여 무고한 자는 그 각 조의 죄에 정한 형에 처한다. 또 특정범죄가중처벌법상의 죄에 대한 무고행위는 3년 이상의 유기징역에 처한다(동법 제14조).

3. 죄수 · 타죄와의 관계

(1) 죄 수

피무고자의 수를 표준으로 죄수를 결정해야 한다. 1개의 행위로 동일인에 대한 수개의 허위사실을 신고한 때에는 단순일죄가 되지만 1개의 행위로 수인을 무고한 때에는 수죄의 상상적 경합이 된다.[598] 후자의 경우에도 침해된 국가적 법익은 하나이지만 개인적 법익은 여러 개 침해된 것이며, 국가의 심판기능도 사람에 따라 별도로 논해야 하기 때문이다. 그러나 동일인에 대하여 동일한 무고사실을 기재한 수개의 서면을 시기 및 작성명의를 달리하여 별개의 수사기관에 각각 제출한 때에는 수개의 무고죄가 성립하고 경합범이 된다.[599] 다만 동일인에 대하여 반복하여 동일기관에 동일내용의 무고를 한 때에는 일죄를 구성한다고 본다(접속범).[600]

---

596) 대판, 1968. 4. 2, 68도61; 대판, 1973. 1. 16, 72도1136; 대판, 1983. 9. 27, 83도1975; 대판, 1986. 8. 19, 86도1259; 대판, 1991. 12. 13, 91도2127.

597) 독일의 통설이다. Sch/Sch/Lenckner, §164 Rdn. 32; Rudolphi, SK. §164 Rdn. 33; Bockelmann, BT 3, S. 43; Welzel, StR. S. 521; Wessels, BT 1, S. 136.

598) 황산덕, 101면; 정영석, 101면; 서일교, 336면; 김석휘, 주석(상), 237면; 김봉태(7인 공저), 677면; 이재상, 812면; 김일수, 808면; 배종대, 906면; 진계호, 826면; 백형구, 650면; 손동권, 854면; 임웅, 955면, 오영근, 1032면; 정영일, 870면, 김성돈, 803면.

599) 김봉태(7인 공저), 677면; 이형국, 875면; 이재상, 812면; 진계호, 826면; 정영일, 870면; 김성돈, 803면.

600) 황산덕, 101면; 이재상, 812면; 김성돈, 803면.

(2) 타죄와의 관계

무고행위를 한 후 피고인으로 된 피무고자의 재판에서 다시 무고와 동일내용의 위증을 한 때에는 위증죄와 이 죄의 경합범이 된다.

위조문서를 우송하여 무고한 때에는 위조문서행사죄와 무고죄의 상상적 경합이 되지만 스스로 위조한 문서를 제출하여 무고한 때에는 행사죄와 이 죄는 상상적 경합이 되고 다시 문서위조와는 경합범이 된다.

4. 자백 · 자수에 대한 특례

이 죄를 범한 자가 그 신고한 사건의 재판 또는 징계처분이 확정되기 전에 자백 또는 자수한 때에는 그 형을 감경 또는 면제한다(제157조, 제153조). 국가의 적정한 심판기능의 침해를 미연에 방지하기 위한 정책적 규정이다. 국가보안법상의 무고죄에는 이 특례가 적용되지 않는다.[601] 자백 · 자수에 대해서는 위증죄의 그것과 같다.

【판례】 무고죄에 있어서 형의 필요적 감면사유에 해당하는 자백이란 자신의 범죄사실, 즉 타인으로 하여금 형사처분 또는 징계처분을 받게 할 목적으로 공무소 또는 공무원에 대하여 허위의 사실을 신고하였음을 자인하는 것을 말하고, 단순히 그 신고한 내용이 객관적 사실에 반한다고 인정함에 지나지 아니하는 것은 이에 해당하지 아니한다(대판, 1995. 9. 5, 94도755).

601) 대판, 1969. 2. 4, 68도1046.

제 2 장 국가의 존립과 권위에 대한 죄

제 1 절 국가의 존립에 대한 죄

I. 총 설

1. 내란의 죄의 의의·보호법익

(1) 의 의

내란(Hochverrat)의 죄는 국토참절이나 국헌문란의 목적으로 폭동함으로써 국가의 내부로부터 국가의 존립과 헌법질서를 직접 위태롭게 하는 범죄이다. 내란의 죄는 외환의 죄와 함께 국가 존립의 안전을 보호하는 국가보호형법(정치형법)에 속하는 범죄이다. 다만 외환의 죄가 국가의 외부로부터 국가의 존립을 위태롭게 하는 범죄임에 대해서, 내란의 죄는 국가의 내부로부터 그 존립을 위태롭게 하는 범죄인 점에 차이가 있다. 한편 내란의 죄는 일정한 목적을 가지고 다중이 집합하여 폭동함으로써 성립하는 집단범(군집범)이란 점에서 다중이 집합하여 폭행·협박 또는 손괴행위를 하는 소요죄(제115조)와 그 성질을 같이 한다. 그러나 내란의 죄는 국토참절과 국헌문란의 목적이 있어야 성립하는 목적범이며, 집합한 다중이 그 목적달성을 위하여 어느 정도 조직화되어 있어야 한다는 점에서 그렇지 않은 소요죄와 구성요건적으로 다르다.

> **【국가보호형법】** 국가보호형법이란 내란의 죄와 외환의 죄와 같이 국가 존립의 안전을 보호하기 위한 형벌법규를 말하며, 국가방위본능상 가장 중한 범죄의 일종으로 취급한다. 여기서 국가의 존립이라 할 경우의 국가는 엄격한 의미에서 국가 그 자체가 아니라, 특정한 헌법과 정치권력하에 있는 국가를 의미하므로 국가보호형법도 정치적 지배관계를 확보하기 위한 정치투쟁의 수단으로 이용되는 경우가 많다. 특히 20세기 이후의 동서의 냉전과 사회구조변화로 국가보호형법의 수도 증가하고 처벌도 확대하는 경향이 있다.[1] 이러한 의미에

1) Maurach/Schröder/Maiwald, BT 2, S. 286.

서 국가의 존립은 형법규범의 기능이 아니라 정치권력의 기능이며, 형법은 내란이 실패했을 때에만 처벌이 가능한 2차적 · 제한적으로[2] 적용된다고 할 수 있다.

(2) 보호법익

내란의 죄의 보호법익에 대해서는 국가의 존립 그 자체라는 견해,[3] 국가존립의 기초라는 견해,[4] 국가존립과 헌법질서를 유지하기 위한 국가의 내적 안전이라는 견해[5]가 대립한다. 내란의 죄는 국토참절이나 국헌문란의 목적으로 폭동 · 살해하는 것이므로 두 가지 목적에 비추어 보호법익을 고려해야 한다. 국토참절은 국가의 기본요소인 영토를 침탈하는 행위이므로 이에 대한 침해행위가 있으면 국가의 존립 내지 그 존립의 기초가 위태롭게 되는 것은 당연하다. 국헌문란은 국가의 주권을 포함한 헌법적 질서를 파괴 · 변혁하는 것이므로 이에 대한 보호 없이는 국가존립도 유지할 수 없다. 국가의 존립 내지 그 존립의 기초만을 보호한다고 하면 영토와 주권을 제외한 기타의 헌법적 질서는 보호될 수 없다. 그러므로 내란의 죄는 국가존립과 헌법적 질서를 포함한 국가의 내적 안전을 보호한다고 해야 한다(통설). 즉, 우리 형법상의 내란죄는 영토내란과 헌법내란이 포함되어 있다고 보아야 한다.[6] 그리고 보호법익이 보호받는 정도에 대해서도 추상적 위험범설,[7] 구체적 위험범설[8]이 있으나 내란죄는 구체적 위험범이고 내란목적의 살인죄는 침해범이라고 해야 한다.[9]

(3) 구성요건체계 · 특별규정

형법은 내란의 죄의 기본적 구성요건으로서 내란죄(제87조)와 내란목적 살인죄(제88조)를 규정하고 각각 독립된 범죄로 하였다. 범죄의 중대성에 비추어 두

2) 황산덕, 15면; 이재상, 673면; Welzel, S. 480.
3) 서일교, 369면; 정영석, 17면; 배종대, 786면.
4) 유기천(하), 255면.
5) 황산덕, 15면; 정성근, 1038면; 이형국, 716면; 이재상, 675면; 김일수, 811면; 진계호, 832면; 박상기, 605; 임웅, 787면; 백형구, 706면; 이정원, 700면; 김성천/김형준, 902면; 손동권, 712면; 김성돈, 667면.
6) 이재상, 675면; 김일수(7인 공저), 575면; Sch/Sch/Stree, StGB. §81 Rdn. 2; Rudolphi, SK. §81 Rdn. 3; Maurach/Schröder/Maiwald, BT 2, S. 289.
7) 박상기, 603면; 임웅, 787면; 이정원, 700면; 김성천/김형준, 902면; 오영근, 843면; 정영일, 679면; 김성돈, 668면.
8) 백형구, 707면.
9) 정성근, 1040면, 1047면; 이재용, 637면, 김일수/서보학, 947면; 배종대, 786면, 733면; 진계호, 832면.

죄의 미수범과 예비·음모 외에도 내란선동·선전까지도 처벌한다. 또 외국인의 국외범도 처벌한다(제5조 1호).

내란의 죄는 외환의 죄 및 군형법상의 반란죄(동법 제2편 제1장)·이적의 죄(동법 제2편 제2장)와 함께 헌정질서파괴범죄의공소시효등에관한특례법의 헌정질서파괴범죄(동법 제2조)에 해당한다. 이에 대하여 동 특례법 제3조에 의하여 형사소송법 제249조 내지 제253조와 군사법원법 제291조 내지 제295조의 공소시효 규정이 적용되지 아니한다.

2. 외환의 죄의 의의·보호법익

(1) 의의·보호법익

외환의 죄[10]는 외국으로 하여금 무력행사를 유발케 하거나 대한민국에 항적하거나 적국을 위하여 인적·물적 이익을 제공하여 국가의 존립과 안전을 위태롭게 하는 범죄이다. 외환의 죄도 국가의 존립과 안전을 위태롭게 하는 범죄라는 점에서는 내란의 죄와 본질을 같이 하나, 국가의 외부로부터 국가의 존립과 안전을 위태롭게 한다는 점에서 내란의 죄와 구별된다. 따라서 내란의 죄의 보호법익이 국가의 내적 안전이라 한다면, 외환의 죄의 보호법익은 국가의 외적 안전이다.[11]

외환의 죄의 본질에 대해서는 국민의 국가에 대한 충실의무위반이라는 견해가 있다.[12] 그러나 국가에 대한 충실의무는 법익적 성격 이전의 사회윤리적 성격을 가진 것이며, 이 죄는 내외국인의 국적 여하나 범죄장소를 묻지 않고 동일하게 적용되므로 국민의 충실의무위반으로 보는 것은 타당하지 않다.[13] 보호법익이 보호받는 정도는 구체적 위험범으로서의 보호라고 본다.[14]

---

10) 독일 형법의 평화교란죄 Friedensverrat와 간첩죄 Landesverrat.

11) 이재상, 683면; 김일수/서보학, 958면; 진계호, 840면; 임웅, 797면; 이정원, 710면; 김성천/김형준, 913면; 정영일, 690면; 김성돈, 675면. 그러나 내란과 외환은 반드시 내부적인 것과 외부적인 것이 명백하게 구별되는 것도 아니며, 특히 간첩죄는 국가의 내부로부터 그 안전을 위태롭게 한다는 점을 부인할 수 없다.

12) 유기천(하), 237면; 서일교, 375면; 염정철, 주석(상), 46면; 정영일, 690면.

13) 정성근, 1050면; 이재상, 684면; 김일수, 821면; 박상기, 611면; 진계호, 839면; 오영근, 852면.

14) 정성근, 1050면; 김일수, 821면; 배종대, 792면; 진계호, 840면; 백형구, 698면. 이에 반하여 추상적 위험범설은 임웅, 797면; 이정원, 708면; 김성천/김형준, 913면; 오영근, 852면; 정영일, 690면; 김성돈, 675면.

(2) 구성요건체계

외환의 죄의 기본적 구성요건은 일반이적죄(제99조)이고 나머지 외환유치죄(제92조), 여적죄(제93조), 모병이적죄(제94조), 시설제공이적죄(제95조), 시설파괴이적죄(제96조), 물건제공이적죄(제97조) 및 간첩죄(제98조)는 그 대상과 행위태양에 따라 가중적 구성요건으로 규정하였다. 이 이외에 전시군수계약불이행죄(제103조)가 규정되어 있다. 전시군수계약불이행죄를 제외한 모든 외환의 죄의 미수범(제100조)과 예비·음모·선동·선전을 한 자도 처벌한다(제101조). 또 모든 외환의 죄는 동맹국에 대한 행위에도 적용되며(제104조), 외국인의 국외범을 처벌한다(제5조 2호).

【입법론】 우리 형법상 외환의 죄는 군국주의 시대의 국수주의적 성향을 강하게 띄고 있던 일본형법가안의 영향을 받아 제정되었다. 따라서 형법의 외환의 죄에 관한 규정은 형량이 지나치게 무거울 뿐만 아니라, 입법론상 많은 문제점을 갖고 있는 것으로 지적되고 있다. 특히 전시군수계약불이행죄는 독일 구형법 제92조 a에 일시적으로 규정되었던 전시계약불이행죄에서 유래한 것으로, 사법상의 계약의무위반에 불과한 것을 형법에서 처벌하고 있으므로 형법에서는 삭제되어야 할 시대착오적 규정이라는 비판을 받고 있다.[15)]

Ⅱ. 내란의 죄

1. 내란죄

【구성요건·법정형】 국토를 참절하거나 국헌을 문란할 목적으로 폭동한 자는 다음의 구별에 의하여 처단한다.

1. 수괴는 사형, 무기징역 또는 무기금고에 처한다.
2. 모의에 참여하거나 지휘하거나 기타 중요한 임무에 종사한 자는 사형, 무기 또는 5년 이상의 징역이나 금고에 처한다. 살상, 파괴 또는 약탈의 행위를 실행한 자도 같다.
3. 부화수행하거나 단순히 폭동에만 관여한 자는 5년 이하의 징역 또는 금고에 처한다(제87조). 미수범은 처벌한다(제89조).

---

15) 유기천(하), 254면; 정성근, 1051면; 이재상, 685면; 김일수, 821면; 김기춘, 형법개정시론, 570면; 배종대, 782~783면; 진계호, 840면; 임웅, 797면; 오영근, 853면; 정영일, 691면. 한편 1975년의 형법개정에서 신설되었던 국가모독죄(개정전 형법 제104조의2)는 국가의 안전과 위신을 보호하기 위한 범죄로 규정되었으나 언론의 자유와 정치적 비판을 제한하기 위한 범죄라는 비판을 받아오다가 1988년에 폐지되었다.

(1) 의의 · 성격

국토를 참절(僭竊)하거나 국헌을 문란할 목적으로 폭동함으로써 성립하는 범죄이다. 국토참절 또는 국헌문란의 목적이 있어야 하는 목적범이며, 이러한 목적으로 다중이 집합하여 폭동(폭행 · 협박)을 하는 집단범(군집범)이다(필요적 공범). 그리고 목적 실현을 위하여 다수인의 조직적인 결합과 활동을 필요로 하는 범죄이므로 아무런 조직성이 없는 단순한 폭행 · 협박은 내란죄의 요건을 충족시킬 수 없다.

(2) 객관적 구성요건요소

1) 주 체 자연인이면 누구나 주체가 될 수 있다. 내국인 · 외국인을 묻지 않으며, 외국인의 국외범도 처벌한다(제5조 1호). 다만 내란죄는 집단범이므로 범죄의 성질상 영토의 일부를 점거하거나 헌법질서를 파괴 · 변혁시킬 수 있는 정도의 상당한 다수인의 공동범행이 있어야 한다.

형법은 이 죄의 주체에 제한을 두고 있지 않으며 범죄실행에 관여한 형태에 따라 다음의 세 가지로 유형화하고 처벌에서 차이를 두고 있다.

(a) 수 괴 "수괴"는 폭동을 조직 · 통솔하는 최고 지휘자의 지위에 있는 자로서 반드시 1인임을 요하지 않는다. 또 내란의 발의자 또는 주모자에 한하지 않으며, 폭동의 현장에 반드시 있을 필요도 없고 현장에서 지휘 · 통솔하고 있어야 하는 것도 아니다.

(b) 모의참여자 · 지휘자 · 중요임무종사자 ① "모의참여자"란 수괴의 상담 상대로서 폭동계획에 참여한 자를 말한다. ② "지휘자"는 폭동에 가담한 다수인의 전부 또는 일부를 지휘하는 자로서 그 지휘는 폭동개시 전후를 묻지 않으며, 현장에서 지휘할 것도 요하지 않는다. ③ "중요임무종사자"는 모의참여자 · 지휘자 이외의 자로서 폭동에 중요한 역할을 담당하는 자이다. 폭동시에 탄약 · 식량보급, 자금조달 · 경리관장, 살상 · 파괴 · 약탈행위를 실행한 자가 이에 해당한다. 그러나 만일 폭동의 단계에 이르기 전에 살인할 경우에는 내란목적 살인죄(제88조)가 된다.

(c) 부화수행자 · 단순관여자 확고한 주관 없이 막연히 폭동에 참가하여 폭동의 세력을 증대시킨 자를 말하고, 군중심리에 의하여 기계적으로 노무에 종사하거나 투석 · 방가(放歌) · 화염병 투척 등의 행위를 한 자가 이에 해당한다.

2) 행 위　행위는 폭동하는 것이다.

(a) 폭 동　"폭동"이란 다수인이 결합하여 폭행·협박하는 것으로서, ① 적어도 한 지방의 평온을 해할 정도의 위력이 있는 것이라야 한다.[16] ② 폭동의 내용인 폭행·협박은 최광의의 것을 말한다. 따라서 "폭행"은 사람뿐만 아니라 물건에 대한 일체의 유형력의 행사를 의미하며, 동맹파업·태업·시위 등도 내란목적을 위한 것이면 이 죄의 폭행에 해당한다. "협박"은 공포심을 생기게 할 만한 해악고지가 있으면 충분하고 현실적으로 상대방이 공포심을 느꼈느냐는 묻지 않는다. ③ 폭행·협박은 국토참절이나 국헌문란의 목적 달성을 위한 수단으로 사용된 것이라야 한다. 따라서 내란의 목적과 관계없는 폭행·협박만으로 이 죄에 해당하지 않는다.

(b) 기수·미수　기수시기는 폭행·협박이 한 지방의 평온을 해할 정도에 이른 때에 기수가 된다(통설). 국토참절 또는 국헌문란의 목적을 달성하였느냐의 여부는 이 죄의 기수·미수를 구별하는 데에 영향이 없다. 이 죄의 미수범이 성립하는 시기는 내란목적으로 집합한 다중이 폭행·협박으로 나아갔으나 그것이 한 지방의 평온을 해할 정도에 이르지 않았을 때이다(통설).[17] 만일 폭행·협박에도 나아가지 못하면 이 죄의 미수범도 될 수 없다.

(3) 주관적 구성요건요소

1) 고 의　고의가 있어야 한다. 이 죄의 고의는 다수인이 집합하여 폭동한다는 인식·의사를 말하며, 확정적일 필요가 없고 미필적 고의로 족하다.

2) 목 적　고의 이외에 특수한 주관적 불법요소로서 국토참절이나 국헌문란할 목적이 있어야 하는 목적범이다. 이러한 목적없이 집합한 다중이 폭행·협박으로 나아가면 소요죄를 구성한다.

(a) 국토참절의 목적　"국토참절의 목적"이란 대한민국의 통치권이 미치는 영토의 일부 또는 전부에 대하여 불법적으로 령토고권을 배제하려는 목적, 즉 영토내란의 목적을 말한다. 영토내란은 국가의 존립을 침해하기 위한 행위이며, 대한민국의 영토의 일부를 분리하여 불법적으로 지배하거나 외국에 양도하는

16) 대판(전원합의체), 1997. 4. 17, 96도3376; 유기천(하), 231면; 황산덕, 170면 이하; 남흥우 338면; 이재상, 678면; 김일수, 813면; 박상기, 607면; 배종대, 788면; 진계호, 834면; 임웅, 789면; 백형구, 708면, 이정원, 703면; 김성천/김형준, 905면; 오영근, 844면; 정영일, 682면; 손동권, 714면; 김성돈, 669면.

17) 대판(전원합의체), 1997. 4. 17, 96도3376.

경우가 이에 해당한다.

(b) 국헌문란의 목적 "국헌문란의 목적"이란 헌법의 기본질서를 파괴·변혁하려는 목적, 즉 헌법내란의 목적을 말한다. "헌법의 기본질서"란 헌법에 규정된 자유민주적 기본질서의 기초가 되는 원칙으로서, 민주공화국과 주권(헌법 제1조), 민주적 기본질서(헌법 제8조 4항)와 이에 기초한 국가의 기본조직·통치작용·헌법기관의 기능에 관한 원칙을 말한다.

【형법상의 정의】 형법 제91조는 국헌문란의 목적에 대해서, ① "헌법 또는 법률에 정한 절차에 의하지 아니하고 헌법 또는 법률의 기능을 소멸시키는 것", ② "헌법에 의하여 설치된 국가기관을 강압에 의하여 전복 또는 그 기능행사를 불가능하게 하는 것"이라고 정의하고 있다. 전자는 민주적 기본질서에 기초한 국가의 통치작용을 의미하고, 후자는 제도로서의 헌법기관의 존속과 기능을 의미한다.

전자의 예로는 정부조직·권력분립제도·의회제도·선거제도·복수정당제도 및 사법권의 독립 등 국가의 기본조직을 파괴·변혁하는 것을 들 수 있고, 후자의 예로는 국회·국무회의·대통령·법원 등 헌법에 의하여 설치된 국가기관 자체의 존속을 폐지·전복하거나 그 기능을 상실케 하는 것을 들 수 있다.[18] 따라서 대통령제도나 내각제도 자체를 폐지하고 그 권한을 정지시키는 것은 헌법내란으로서의 국헌문란이 되지만, 특정한 정권 또는 내각을 타도하거나 대통령·국무총리·수상 등을 살해하고 이를 경질하는 것은 국헌문란이 아니다.[19] 또 폭력으로 정부로 하여금 일정한 행동을 하도록 강요하거나 사퇴를 강요하는 것은 헌법질서의 교란일 뿐 헌법기관 자체를 전복시키거나 그 본질을 변경시킨 것이 아니므로 국헌문란이 되지 않는다.

(c) 목적 인식정도 국토참절·국헌문란의 목적은 미필적 인식으로 충분하다는 견해도 있으나,[20] 확정적 인식임을 요한다고 해야 한다.[21] 고의와 목적범에 있어서의 목적은 구별해야 하고, 모든 목적범에 있어서의 목적은 확정적 인식임을 요하며, 범의적 요소가 있을 때에 목적범의 불법성을 특히 인정할 수 있으므로 이 죄의 목적에 한하여 미필적 인식을 주장할 이유가 없다. 그리고 목적은 직접적임을 요하나 목적달성 여부와 이 죄의 성립과는 무관하다.

---

18) 이재상, 680면; 김일수/서보학, 950면; 진계호, 835면; 임웅, 791면; 이정원, 706면; 오영근, 846면; 정영일, 683면; 김성돈, 670면.

19) 대판, 1977. 2. 22, 72도2265.

20) 염정철, 주석(상), 36면.

21) 이재상, 680면; 김일수, 814면; 배종대, 789면; 진계호, 834면; 오영근, 846면; 손동권, 715면; 정영일, 684면.

(4) 공범규정의 적용여부

내란죄는 필요적 공범인 집단범이므로 총칙상의 공범규정을 적용할 수 있느냐에 대해서 견해가 대립한다. ① 소극설은 총칙상의 공범규정은 임의적 공범에 적용되는 규정이므로 필요적 공범인 내란죄에는 적용할 수 없다고 한다.[22] ② 적극설은 내란죄에 공동정범의 규정이 적용될 여지는 없으나, 집단 밖에서 내란을 교사하거나 자금 또는 무기를 제공하여 그 실행을 용이하게 하는 방조는 가능하므로 협의의 공범에 관한 규정은 적용된다고 한다.[23]

필요적 공범은 이에 관여한 모두가 그 죄의 구성요건을 실행하는 정범이 될 뿐이므로 필요적 공범 상호간에는 총칙상의 공범규정을 적용할 여지가 없다. 또 내란죄의 집단행동에 관여한 자를 그 태양과 정도에 따라 구별하여 처벌하고 있는 점에 비추어 단독범을 전제로 적용되는 공동정범의 규정을 적용할 수 없다는 것도 명백하다. 따라서 총칙상의 공범규정을 적용할 수 있느냐의 문제는 내란집단 밖에서 내란을 교사 또는 방조한 경우에만 논의될 수 있다.

① 총칙상의 공범규정은 단독범을 전제로 한 것임에는 틀림없으나 그렇다고 필요적 공범을 교사 또는 방조할 수 없다는 것은 아니며, ② 만일 필요적 공범을 교사·방조할 수 없다고 하면 내란집단 밖에서 폭동에 관여하지 않고 교사·방조한 자는 처벌대상에서 제외되는데, 이는 범죄의 중대성에 비추어 타당하다고 할 수 없고, ③ 내란죄에 관여한 자를 그 관여형태에 따라 처벌규정을 두었다고 해서 반드시 이를 교사·방조하는 행위까지 포함하여 규정한 것이라고 할 수도 없으며, ④ 내란의 선동·선전을 처벌하는 규정이 있다고 해서 교사나 방조를 처벌하지 않겠다는 취지의 규정으로 해석되는 것도 아니다. 따라서 내란집단 밖에서 교사 또는 방조한 자에 대해서는 협의의 공범규정이 적용된다는 견해가 타당하다. 이는 소요죄에 협의의 공범에 관한 규정이 적용되는 취지와 같다.

(5) 죄수·국가보안법과의 관계

1) 죄 수 내란폭동 중에 살인·상해·강도·방화·손괴 등의 행위가 있는

22) 서일교, 373면; 정영석, 22면; 남흥우, 340면; 김일수/서보학, 951면; 이정원, 706면.
23) 유기천(하), 227면; 황산덕, 20면; 정성근, 1044면; 이형국, 723면; 이재상, 676면; 박상기, 605면; 배종대, 787면; 진계호, 835면; 백형구, 709면; 임웅, 764면; 김성천/김형준, 908면, 오영근, 848면; 정영일, 685면; 손동권, 715면.

경우에, ① 이러한 행위는 내란목적을 달성하기 위한 수단에 불과하다는 이유로 내란죄에 흡수된다는 통설적 견해,[24] ② 내란죄와 이러한 죄는 그 보호법익을 달리하며, 내란행위에 반드시 살상·방화·강도·손괴 등이 수반되는 것도 아니라는 이유로 내란죄와 상상적 경합이 된다는 견해,[25] ③ 정부요인의 살해는 내란목적 살인죄만 성립하고 폭동 중에 사람을 살해하면 내란죄만, 기타의 경우에는 내란죄와 경합범이 된다는 견해[26]가 대립한다.

내란목적 살인죄를 요인살해로 제한적으로 해석해야 할 이유가 없고, 내란행위에 반드시 살상·방화·강도·손괴 등이 수반되는 것은 아니지만 제87조 2호 후단이 살상·파괴 또는 약탈의 행위를 실행한 자도 내란행위의 중요한 임무에 종사한 자와 같이 취급하고 있으므로 내란죄에 흡수된다는 통설이 타당하다고 본다. 다만 내란목적으로 폭동의 준비단계에서 살인을 한 경우에는 내란예비죄와 내란목적 살인죄(제88조)의 상상적 경합이 된다.[27] 판례는 종래 ②의 견해를 따랐으나,[28] 최근에는 기본적으로 통설에 따른 것으로 보인다.[29]

2) 국가보안법과의 관계　국가의 안전을 위태롭게 하는 반국가활동을 규제하기 위한 국가보안법은 내란예비·음모죄와의 관계에서는 형법에 대한 특별법이므로 형법에 우선하여 적용된다. 따라서 반국가단체, 즉 정부를 참칭하거나 국가를 변란할 목적으로 또는 이러한 목적으로 공산계열의 노선에 따라 활동하는 결사·집단을 구성하거나 이에 가입한 때에는 국가보안법에 의해서 처벌된다(동법 제3조). 또 반국가단체의 지령을 받아 그 목적수행을 하거나 이를 지원 또는 그 지배하에 잠입하거나 이에 탈출한 자도 국가보안법이 적용된다(동법 제4조 이하). 그러나 동법은 내란죄 자체를 규정하지 않고 있으므로 이러한 자가 동일 목적하에 내란행위로 나아간 때에는 형법상의 내란죄만 적용된다.

---

24) 황산덕, 20면; 남흥우, 339면; 정영석, 19면; 서일교, 370면; 염정철, 주석(상), 36면; 정성근, 1045면; 진계호, 835면; 임웅, 790면; 배종대, 788면; 오영근, 850면; 정영일, 682면; 김성돈, 671면.
25) 유기천(하), 251면; 이재상, 678면; 박상기, 607면.
26) 김일수, 815면; 김일수/서보학, 952면; 또 내란폭동과정의 살해는 내란죄에 흡수되지만 의도적으로 특정 정부요인을 살해하면 내란죄와 내란목적 살인죄의 경합범이 된다는 견해는 박상기, 609면.
27) 이재상, 682면; 임웅, 795면; 김성돈, 674면.
28) 대판, 1953. 2. 26, 4285형상139.
29) 대판, 1997. 4. 17, 96도3376. 이 판결의 요지는 후술하는 내란목적 살인죄 참조.

2. 내란목적 살인죄

【구성요건 · 법정형】 국토를 참절하거나 국헌을 문란할 목적으로 사람을 살해한 자는 사형, 무기징역 또는 무기금고에 처한다(제88조). 본죄의 미수범은 처벌한다(제89조).

(1) 의의 · 성격

국토를 참절하거나 국헌을 문란할 목적으로 사람을 살해함으로써 성립하는 범죄이다. 이 죄의 성격에 관해서는, ① 국토참절 또는 국헌문란을 목적으로 사람을 살해하면 제87조 2호의 내란죄에 해당하지만 이를 특별히 무겁게 처벌하기 위하여 규정된 특별관계적 규정이라는 견해(내란죄 특별규정설),[30] ② 폭동시에 일반인을 살해하는 폭동에 의한 내란죄와 구별하여 폭동의 전후를 묻지 않고 요인암살을 내용으로 하는 독립된 내란죄의 한 유형이라는 견해(독립내란죄설),[31] ③ 이 죄의 내용은 폭동에 의한 살인이 아니라 내란의 목적을 달성하기 위해서 살인의 범의를 가진데 불과하므로 살인죄에 내란목적이 부가되어 형이 가중된 살인죄의 가중적 구성요건이라는 견해(가중적 살인죄설)[32] ④ 폭동에 수반된 살인은 내란죄가, 폭동과 별개로 행해진 살인은 내란목적 살인죄가 된다는 견해(폭동관련구별설)[33]가 대립한다.

판례는 내란목적 살인이 폭동에 수반되어 행해진 경우에는 제87조 2호의 내란죄에 해당하고, 폭동에 수반되지 않고 별개로 행해진 경우에는 내란목적 살인죄에 해당한다고 판시하고 있다.[34]

【판례】 내란의 실행과정에서 폭동행위에 수반하여 개별적으로 발생한 살인행위는 내란행위의 한 구성요소를 이루는 것이므로 내란행위에 흡수되어 내란목적 살인의 별죄를 구성하지 아니하나, 특정인 또는 일정한 범위 내의 한정된 집단에 대한 살해가 내란의 와중에 폭동에 수반하여 일어난 것이 아니라 그것

30) 유기천(하), 252면; 염정철, 주석(상), 39면; 진계호, 836면. 이에 의하면 내란목적 살인행위자가 동시에 폭동에 대한 수괴의 역할을 한 때에는 제87조 1호의 내란죄와 내란목적 살인죄는 상상적 경합이 된다.

31) 김일수, 816면; 박상기, 609면; 이정원, 706면; 김성천/김형준, 910면; 정영일, 687면. 이에 따르면 폭동시에 살해하거나 살해 후 폭동한 때에도 그 대상이 요인인 때에는 내란목적 살인죄만 성립한다.

32) 정성근, 1046면; 이재상, 681면; 배종대, 790면.

33) 이형국, 724면; 김일수/서보학, 953면; 임웅, 794면; 오영근, 849면; 김성돈, 672면

34) 대판, 1997. 4. 17, 96도3376. 이러한 판례의 입장을 '폭동관련구별설'이라 하고, 이에 따르는 견해는 임웅, 794면.

자체가 의도적으로 실행된 경우에는 이러한 살인행위는 내란에 흡수될 수 없고 내란목적 살인의 별죄를 구성한다(대판, 1997. 4. 17, 96도3376).

내란죄 특별규정설에 의하면 ① 내란의 목적을 가지고 폭동을 하는 과정에서 사람을 살해하는 경우(제87조 2호)가 내란의 목적만 가질 뿐 폭동없이 사람을 살해하는 경우(내란목적 살인)보다 불법에서 중함에도 불구하고 후자를 더 중하게 처벌해야 하는 이유를 설명할 수 없으며, ② 제87조 2호의 후단의 취지로 보아 내란행위 자체에 반드시 살인행위를 포함하고 있는 것도 아니므로 제87조 2호의 특별규정이라는 견해는 타당하지 않다. ③ 이 죄는 주관적으로 내란목적을 가지고 있을 뿐이고 행위태양에서는 일반살인과 동일하므로 이를 요인암살로 제한하여 해석할 이유도 없으므로 살인죄에 대해서 내란목적 때문에 불법이 가중된 가중적 살인죄라고 해석함이 타당하다고 본다. ④ 폭동관련구별설은 내란폭동이 있느냐에 따라 구별한 것이므로 가중적 살인죄설과 같다.

따라서 이 죄는 내란목적만 가지고 있을 뿐 폭동에 이르기 전이나 폭동없이 사람을 살해한 경우에만 성립하고, 보호법익도 사람의 생명과 국가의 내적 안전이라 해야 하며, 보호하는 정도는 침해범으로서의 보호라고 본다.

(2) 구성요건요소

1) 주 체 내란죄, 살인죄와 같이 주체의 제한은 없다. 내국인이든 외국인이든 불문한다.

2) 객 체 행위의 객체는 사람이다. 여기의 "사람"의 의미에 대해서 헌법기관을 구성하는 삼부요인, 정당지도자, 주요당직자로 한정하는 견해도 있으나,[35)]법문은 단지 사람이라고 규정하고 있으므로 요인에 한정할 이유가 없다고 본다. 따라서 행위객체는 제한이 없고 내란목적으로 일반인이나 경비중인 군인을 살해한 때에도 이 죄를 구성한다.

3) 행 위 행위는 살해하는 것이다. 살해의 수단·방법은 묻지 않으나 내란목적을 가지고 살해해야 한다. 내란목적으로 살해하면 이 죄는 성립하므로 폭동의 실행에 나아가기 전이나 그 이후에 살해해도 무방하다.[36)] 다만, 내란목적으로 폭동시에 살해하면 제87조 2호의 내란죄에 해당한다.

35) 김일수, 816면; 박상기, 609면; 이정원, 706면 이하.

36) 정성근, 1047면; 이재상, 682면; 진계호, 837면; 손동권, 717면; 임웅, 705면; 박상기, 610면; 배종대, 790면; 오영근, 850면; 김성돈, 673면.

4) 주관적 구성요건요소　사람을 살해한다는 고의 이외에 국토참절 또는 국헌문란의 목적이 있어야 하는 목적범이다. 목적의 달성 여부는 이 죄의 성립에 영향이 없다.

(3) 공범관계

이 죄는 폭동행위를 전제로 한 집합범이 아니므로, 이에 공범이 가공한 경우에는 내란죄와 달리 공동정범은 물론 교사범·방조범에 관한 총칙규정이 적용된다고 본다.

(4) 타죄와의 관계

폭동에 관여한 자가 내란행위 중에 내란목적의 살인을 한 때에는 이 죄와 내란죄의 상상적 경합이 되며,[37] 폭동의 준비단계에서 사람을 살해하면 내란예비죄와 이 죄의 상상적 경합이 된다.[38] 그러나 내란목적으로 사람을 살해한 후 다시 폭동에까지 이른 때에는 내란목적살인죄와 내란죄의 경합범이 된다.[39]

3. 내란예비·음모·선동·선전죄

【수정 구성요건·법정형】 ① 제87조(내란) 또는 제88조(내란목적 살인)의 죄를 범할 목적으로 예비 또는 음모한 자는 3년 이상의 유기징역이나 유기금고에 처한다. 단 그 목적한 죄의 실행에 이르기 전에 자수한 때에는 그 형을 감경 또는 면제한다(제90조 1항).
② 제87조 또는 제88조의 죄를 범할 것을 선동 또는 선전한 자도 전항의 형과 같다(제90조 2항).

(1) 의의·성격

내란죄 또는 내란목적 살인죄를 범할 목적으로 예비·음모·선동·선전함으로써 성립하는 범죄이다. 이 죄의 성격에 대해서는 내란죄·내란목적 살인죄와 별개의 독자적 구성요건이고 이에 대한 교사·방조도 가능하다는 견해도 있다.[40] 그러나 이 죄는 독자적 구성요건이 아니라 기본범죄인 내란죄·내란목

37) 서일교, 372면; 염정철, 주석(상), 39면; 정성근, 1048면; 이재상, 682면; 손동권, 717면.

38) 이재상, 682면; 진계호, 837면; 임웅, 795면; 김성돈, 674면. 이 죄의 성격을 요인암살을 위한 독립내란죄설에 의하면 이 경우 내란예비죄와 보통살인죄의 상상적 경합이 된다고 한다(김일수, 817면; 박상기, 610면; 이정원, 651면; 손동권, 717면).

39) 황산덕, 20면; 임웅, 795면; 김성돈, 674면.

40) 유기천(하), 253면; 권문택, 「예비죄」 형사법강좌 Ⅱ, 557면; 김일수/서보학, 954면; 이정원,

적 살인죄의 발현형태에 지나지 않고 미수범과 마찬가지로 구성요건의 수정형식이라는 견해가 타당하며,[41] 이에 대한 방조범(교사범)은 성립하지 않는다.[42]

(2) 수정된 구성요건요소

1) 예 비 "예비"란 내란죄·내란목적 살인죄를 실행하기 위한 물적 준비행위를 말한다. 예컨대, 무기·자금·양곡을 제조·준비하거나 범행장소를 물색하는 것이 이에 해당한다.

2) 음 모 "음모"란 내란죄·내란목적 살인죄의 실행계획·방법 등에 관해서 2인 이상이 협의하는 것을 말한다. 반드시 비밀리에 협의할 필요가 없다. 내란예비죄와 음모죄는 내란죄 또는 내란목적 살인죄를 범할 목적이 있어야 한다. 내란을 예비·음모한 자가 실행에 이르기 전에 자수한 때에는 그 형을 감경 또는 면제한다(필요적 감면). 이는 중대한 범죄를 미연에 방지하기 위한 정책적 규정이다. 여기서 "실행에 이르기 전"이란 내란죄의 폭동이나 내란목적의 살인행위를 개시하기 이전을 의미하고, 반드시 발각전일 필요는 없다.

3) 선 동 "선동"이란 일반 대중에게 감정적인 자극을 주어 내란죄의 실행을 결의하게 하거나 이미 존재하는 결의를 촉구하는 것을 말한다. 불특정 다수인에 대해서만 가능하고, 범죄의 고의를 가진 자에 대해서도 선동할 수 있다는 점에서 교사와 다르다. 수단 방법은 제한이 없으므로 문서·도화·언동·슬라이드 상영 등에 의해서도 할 수 있다.

4) 선 전 "선전"이란 내란의 필요성에 관한 취지를 불특정 다수인에게 이해시키고 그들의 찬동을 얻기 위한 일체의 의사전달 행위를 말한다. 반드시 상대방에게 직접적으로 전달할 필요가 없으며, 그 수단·방법도 제한이 없다.

Ⅲ. 외환의 죄

1. 외환유치죄

【구성요건·법정형】 외국과 통모하여 대한민국에 대하여 전단을 열게 하거

707면.

41) 이형국, 총론연구(Ⅱ), 482면; 박상기, 609면; 임웅, 796면; 손동권, 718면; 김성돈, 674면.

42) 이형국, 725면; 이재상, 672면; 박상기, 611면; 임웅, 796면; 손동권, 718면; 김성돈, 674면.

나 외국인과 통모하여 대한민국에 항적한 자는 사형 또는 무기징역에 처한다(제92조). 미수범은 처벌한다(제100조).

【예비 · 음모 · 선동 · 선전】 ① 본죄를 범할 목적으로 예비 또는 음모한 자는 2년 이상의 유기징역에 처한다. 단, 그 목적한 죄의 실행에 이르기 전에 자수한 때에는 그 형을 감경 또는 면제한다(제101조 1항).

② 본죄를 선동 또는 선전한 자도 전항의 형과 같다(제101조 2항).

(1) 의 의

외환유치죄는 외국과 통모하여 대한민국에 대하여 전단(戰端)을 열게 하거나 외국인과 통모하여 대한민국에 항적(抗敵)함으로써 성립하는 범죄이다. 즉, 외국과 통모한 전단개시(제92조 전단)와 외국인과 통모한 항적행위(제92조 후단)의 두 가지가 있다.

(2) 구성요건요소

1) 주 체 내국인은 누구나 이 죄의 주체가 된다. 외국인도 이 죄의 주체가 될 수 있으나 적국인은 여적죄(제93조)의 주체가 되므로 제외된다.

2) 행 위 행위는 외국 또는 외국인과 통모하여 전단을 열게 하거나 항적하는 것이다.

(a) 외국 · 외국인과의 통모 ① "외국"이란 대한민국 이외의 국가를 말한다. 다만 여적죄(제93조)가 별도로 있으므로 적국 이외의 국가라고 해야 한다. 여기의 "국가"는 국제법상 승인된 국가는 물론, 그 국가를 대표하는 정부기관 · 군대 · 외교사절도 포함한 개념이다. 또 대한민국과 무력분쟁상태에 있지 않은 사실상의 국가도 여기의 국가에 해당된다.[43] ② "외국인"이란 외국과 외국을 대표하는 정부기관 · 군대 이외의 사인과 외국인의 사적 단체(예: 테러단체)를 말한다. ③ "통모"란 의사연락에 의한 합의를 말한다. 합의라야 하므로 일방적 의사표시로는 통모가 있다고 할 수 없다. 그러나 합의의 발의자가 누구인가, 의사연락 방법이 직접적 또는 간접적으로 이루어졌는가는 묻지 않는다. ④ 여기의 통모행위에 외국인이 자국과 통모하는 경우를 제외하는 견해도 있다.[44] 그러나 이 죄에 있어서의 외국은 대한민국에 대해서 전단을 개시하거나 항적하는 대한민국 이 외의 외국이면 충분하며, 외국인이 다른 외국 또는 외국인과 통모한 때와 외국인이 자국과 통모한 때를 구별하여야 할 이유도 없다. 따라서 통모행위

43) 염정철, 주석(상), 47면; 김일수(7인 공저), 596면.
44) 유기천(하), 238면; 김일수, 822면; 진계호, 841면.

는 외국인이 다른 외국 또는 외국인과 통모한 때와 외국인이 자국과 통모한 때를 포함한다.45)

(b) 전단의 개시 "전단을 열게 한다"란 전투행위를 개시하는 일체의 행위를 말한다. 전투행위의 개시란 국제법상의 전쟁개시뿐만 아니라 사실상의 전쟁도 포함한다(통설).46) 왜냐하면 이 죄는 사실상의 무력행사에 의해서 대한민국의 외적 안전에 대한 위험이 야기되면 충분한 구체적 위험범이기 때문이다.

(c) 항 적 "항적한다"는 것은 적국을 위하여 적국의 군무에 종사하면서 대한민국에 적대하는 일체의 행위를 말하며, 전투원이건 비전투원이건 불문한다.

(d) 기수시기 기수시기에 관해서, ① 통모에 의하여 외국으로 하여금 전쟁개시의 의사표시를 하게 한 때라는 견해와,47) ② 현실적으로 전쟁개시가 발생한 때라는 통설이48) 대립한다. 이 죄는 구체적 위험범이면서 미수범도 처벌하므로 통설이 타당하다. 그리고 통모와 전단개시 사이에는 인과관계가 있어야 한다.

2. 여 적 죄

【구성요건 · 법정형】 적국과 합세하여 대한민국에 항적한 자는 사형에 처한다(제93조).

【예비 · 음모 · 선동 · 선전】 본죄를 범할 목적으로 예비 또는 음모한 자는 2년 이상의 유기징역에 처한다. 단, 그 목적한 죄의 실행에 이르기 전에 자수한 때에는 그 형을 감경 또는 면제한다(제101조 1항). 본죄를 선동 또는 선전한 자도 전항의 형과 같다(제101조 2항).

【준적국】 대한민국에 적대하는 외국 또는 외국인의 단체는 적국으로 간주한다(제102조).

【동맹국】 동맹국에 대한 행위에 적용한다(제104조).

적국과 합세하여 대한민국에 항적하는 범죄이다. ① "적국"이란 대한민국에 적대하는 외국을 말하고, 대한민국에 적대하는 외국 또는 외국인의 단체도 적국으로 간주된다(제102조). ② 적국의 범위는 국제법상 선전포고를 하고 대한민국

45) 정성근, 1052면; 이재상, 686면; 김일수/서보학, 959~960면; 김성돈, 677면.

46) 유기천(하), 257면; 황산덕, 23면; 정영석, 24면; 정성근, 1053면; 이형국, 728면; 이재상, 686면; 김일수, 822면; 박상기, 612면; 배종대, 793면; 진계호, 841면; 백형구, 699면; 임웅, 799면; 김성천/김형준, 915면; 오영근, 855면; 정영일, 855면; 손동권, 720면; 김성돈, 677면.

47) 정영석, 23면; 염정철, 주석(상), 47면.

48) 유기천(하), 257면; 황산덕, 23면; 정성근, 1053면; 이재상, 686면; 김일수, 823면; 배종대, 793면; 진계호, 842면; 임웅, 799면; 백형구, 699면; 손동권, 721면; 정영일, 693면; 김성돈, 677면.

과 전쟁을 수행하는 상대국뿐만 아니라 사실상 전쟁을 수행하고 있는 외국도 포함한다(통설).[49] ③ "항적"이란 적국을 위하여 대한민국에 대해 적대행위를 하는 것을 말한다. 반드시 적국과 합세하여 항적해야 하므로 항거할 수 없는 불가항력적 강압에 의하여 적대행위를 한 때에는 이 죄를 구성하지 않는다.[50] ④ 항적행위가 현실로 행해졌을 때에 기수가 되며 이에 이르지 아니한 때에는 이 죄의 미수가 된다. ⑤ 이 죄는 절대적 법정형으로 사형만을 규정한 유일한 예이다. 그러나 작량감경의 규정은 이 죄에도 적용될 수 있다.

3. 모병이적죄

> **【구성요건 · 법정형】** 적국을 위하여 모병한 자는 사형 또는 무기징역에 처한다(제94조 1항). 전항의 모병에 응한 자는 무기 또는 5년 이상의 징역에 처한다(제94조 2항). 미수범은 처벌한다(제100조).
> **【예비 · 음모 · 선동 · 선전 및 준적국 · 동맹국】** 제101조, 제102조, 제104조 적용.

적국을 위하여 모병하거나 모병에 응함으로써 성립하는 범죄이다. "모병"이란 전투에 종사할 사람을 모집하는 것을 말하고, "모병에 응한 자"란 자발적으로 이에 지원한 자를 말한다. 강제모병에 응한 때에는 기대불가능성이 문제될 수 있다.

이 죄는 모병 또는 모병에 응한다는 고의 외에 적국을 이롭게 할 이적의사가 있어야 한다. 이 죄를 목적범이라는 견해[51]도 있으나 위험한 행위경향을 지닌 경향범이라고 본다.[52]

4. 시설제공이적죄

> **【구성요건 · 법정형】** 군대 · 요새 · 진영 또는 군용에 공하는 선박이나 항공기 기타 장소, 설비 또는 건조물을 적국에 제공한 자는 사형 또는 무기징역에 처한다(제95조 1항). 병기 또는 탄약 기타 군용에 공하는 물건을 적국에 제공한

---

49) 유기천(하), 257면; 황산덕, 23면; 정성근, 1054면; 이재상, 687면; 김일수, 823면; 진계호, 843면; 박상기, 612면 이하; 배종대, 794면; 백형구, 684면; 임웅, 800면; 이정원, 710면; 오영근, 856면; 정영일, 614면; 손동권, 721면; 김성돈, 677면.
50) 황산덕, 23면; 서일교, 376면; 정성근, 1054면; 이재상, 687면; 진계호, 843면; 김성돈, 677면.
51) 유기천(하), 239면; 염정철, 주석(상), 49면; 배종대, 794면; 김성돈, 678면.
52) 김일수, 824면.

자도 전항의 형과 같다(제95조 2항). 미수범은 처벌한다(제100조).
【예비·음모·선동·선전 및 준적국·동맹국】 제101조, 제102조, 제104조 적용.

군사시설 또는 군용에 공하는 설비나 병기·탄약 기타 군사상 필요한 물건을 적국에 제공함으로써 성립하는 범죄이다. "군대"·"요새"·"진영"은 군사시설의 예시이고, "군용에 공하는 설비 또는 물건"이란 우리나라의 군사목적에 직접 사용하기 위하여 설비한 일체의 시설 또는 물건을 말한다. 예컨대, 군사통신시설·군용양곡 등도 이에 포함된다. 군용에 공하는 물건이므로 비군용물제공 이적죄(물건제공이적죄)와 다르다.

5. 시설파괴이적죄

【구성요건·법정형】 적국을 위하여 전조(시설제공이적)에 기재한 군사시설 기타 물건을 파괴하거나 사용할 수 없게 한 자는 사형 또는 무기징역에 처한다(제96조). 미수범은 처벌한다(제100조).
【예비·음모·선동·선전 및 준적국·동맹국】 제101조, 제102조, 제104조 적용.

적국을 위하여 대한민국의 군사시설이나 병기·탄약 기타 군용물건을 파괴하거나 사용할 수 없게 함으로써 성립하는 범죄이다. 이 죄가 성립하기 위해서는 군사시설·군용물건을 파괴 또는 사용할 수 없게 한다는 고의 외에 적국을 위한다는 리적의사(경향범)가 있어야 한다. 따라서 적국함대의 포획을 면하기 위하여 승선을 침몰케 하는 경우는 이적의사가 없으므로 이 죄가 되지 않는다. 이적의사 없이 군사시설을 손괴 기타 방법으로 그 효용을 해한 자는 군사시설보호법(제14조)의 적용을 받게 된다.

6. 물건제공이적죄

【구성요건·법정형】 군용에 공하지 아니하는 병기, 탄약 또는 전투용에 공할 수 있는 물건을 적국에 제공한 자는 무기 또는 5년 이상의 징역에 처한다(제97조). 미수범은 처벌한다(제100조).
【예비·음모·선동·선전 및 준적국·동맹국】 제101조, 제102조, 제104조 적용.

군용에 제공되지 않는 병기·탄약 기타 전투용에 공할 수 있는 물건을 적국에 제공함으로써 성립하는 범죄이다. 즉, 비군용물제공 이적죄이다.

7. 일반이적죄

【구성요건 · 법정형】 전7조(외환유치죄 · 여적죄 내지 제94조 이하의 이적죄)에 기재한 이외에 대한민국의 군사상 이익을 해하거나 적국에 군사상 이익을 공여한 자는 무기 또는 3년 이상의 징역에 처한다(제99조). 미수범은 처벌한다(제100조).

【예비 · 음모 · 선동 · 선전 및 준적국 · 동맹국】 제101조, 제102조, 제104조 적용.

제92조 내지 제98조의 구성요건에 해당하지 않는 행위로서 대한민국의 군사상의 이익을 해하거나 적국에 군사상의 이익을 제공함으로써 성립하는 이적죄이다. 이 죄는 외환의 죄에 대한 기본적 구성요건이며 외환유치죄, 여적죄, 모병이적죄, 시설제공이적죄, 시설파괴이적죄, 물건제공이적죄 및 간첩죄에 대한 보충규정이므로 이상의 죄를 구성하는 때에는 이 죄의 적용은 배제된다. 일반이적행위의 예로 적국의 정황을 허위보고하여 대한민국의 작전계획을 그르치게 하거나 적국을 위하여 자금을 조달하는 경우를 들 수 있다.

판례는 표지관리소(標識管理所) 소속의 정부선박을 적국(中共)에 제공하거나,[53] 대한민국의 군사상의 이익을 해하는 행위를 한 이중간첩[54] 및 직무와 관계없이 지득한 군사기밀을 적국에 누설한 자에[55] 대해서도 이 죄에 해당한다고 하였다.

【판례】 … 직무에 관하여 위와 같은 기밀을 지득한 자가 이를 적국에 누설한 경우에는 형법 제98조 제2항의 죄가 성립하고 간첩도 아니며 또 직무와도 관계없이 그 알고 있는 위와 같은 기밀을 적국에 누설한 때에는 형법 제99조 소정의 죄가 성립한다고 함은 당원의 확립된 견해이다(대판, 1982. 11. 23, 82도2201).

8. 간 첩 죄

【구성요건 · 법정형】 적국을 위하여 간첩하거나 적국의 간첩을 방조한 자는

---

53) 대판, 1954. 2. 13, 4286형상202.
54) 대판, 1959. 7. 10, 4292형상197.
55) 대판, 1971. 2. 25, 70도2417; 대판, 1972. 6. 27, 72도963. 같은 취지: 대판, 1982. 7. 13, 82도968; 대판, 1982. 11. 9, 82도2239; 대판, 1982. 11. 23, 82도2201.

사형·무기 또는 7년 이상의 징역에 처한다(제98조 1항). 군사상의 기밀을 적국에 누설한 자도 전항의 형과 같다(제98조 2항). 미수범은 처벌한다(제100조).

【예비·음모·선동·선전 및 준적국·동맹국】 제101조, 제102조, 제104조 적용.

(1) 의의·성격

간첩죄는 적국을 위하여 간첩하거나 적국의 간첩을 방조하거나 또는 군사상의 기밀을 적국에 누설함으로써 성립하는 범죄이다. 적국을 위한다는 이적의사가 있어야 한다. 군사상의 기밀누설의 간첩죄(제98조 2항) 규정에는 적국을 위한다는 이적의사를 명시하지 않았으나 제98조 1항과의 관계에서 이적의사가 필요하다고 해석해야 한다.[56] 간첩죄의 행위태양은, ① 적국을 위한 간첩, ② 적국의 간첩방조, ③ 적국에 군사상의 기밀누설 등의 세 가지가 있다.

(2) 구성요건요소

1) 적국을 위한 간첩 적국을 위하여 간첩하는 것이다.

가) 적 국 "적국"이란 대한민국에 적대하는 외국을 말한다. 반드시 승인받은 국가 또는 국제법상 국가로 취급받는 단체일 필요가 없으며, 사실상 국가에 준하는 단체 내지 대한민국에 적대하는 외국 또는 외국인의 단체도 포함한다(제102조). 따라서 북한도 이 죄의 적국에 해당한다.[57]

나) 간 첩 "간첩"이란 적국에 알리기 위하여 국가의 기밀(군사상의 기밀 포함)을 탐지·수집하는 것을 말한다. 적국을 위하여 간첩한 것이라야 하므로 적어도 적국과의 의사연락은 있어야 하며, 편면적 간첩은 있을 수 없다.[58] 따라서 적국과 의사연락 없이 일방적으로 적국을 위하여 기밀을 수집하는 행위는 간첩예비죄에 해당한다.

(a) 국가기밀 "국가기밀"이란 대한민국의 외적 안전에 중대한 불이익이 될 위험을 방지하기 위하여 타국에 비밀로 하여야 할 사실·대상 또는 지식으로서 제한된 범위의 사람에게만 알려져 있는 것을 말한다. 어떤 것이 국가기밀

---

56) 정성근, 1057면; 배종대, 795면; 임웅, 804면; 김성돈, 679면.

57) 대법원은 처음에 북한을 위한 간첩을 적국인 중공을 위한 간첩이라고 하였으나(대판, 1958. 10. 10, 4291형상294; 대판, 1959. 7. 18, 4292형상180; 대판, 1971. 9. 28, 71도1333) 그 후 이를 변경하여 북한도 적국에 준한다고 해석하여 간첩죄를 적용하고 있다(대판, 1971. 9. 28, 71도1498; 대판, 1983. 3. 22, 82도3036).

58) 이형국, 733면; 대판, 1960. 7. 30, 4293형상167.

이 되느냐의 판단기준은 국가기관의 기밀표지나 기밀보존의사의 유무와 같은 형식적인 기준에만 의할 것이 아니라 대한민국의 안전을 위하여 타국에 대하여 비밀로 해야 할 실질적인 이익이 있느냐에 따라 판단해야 한다. 이를 실질적 기밀개념이라 한다.[59] 따라서 정부의 정책·장기계획·경찰의 동향과 같은 행정상의 기밀과 군사의 편제·편성인원·작전계획·병기나 탄약 및 그 보급현황·부대의 이전상황과 소재 등의 군사기밀뿐만 아니라 학생데모상황·선거상황을 포함한 정치·경제·사회·문화·사상 등 국가정책상 타국에 알려지지 아니함이 대한민국의 이익이 되는 모든 기밀을 포함한다. 판례의 태도도 이와 같다.

【판례】 ① 간첩죄에 있어서의 국가기밀이란 순전한 의미에서의 국가기밀에만 국한할 것이 아니고 정치, 경제, 사회, 문화 등 각 방면에 걸쳐서 대한민국의 국방정책상 북한에 알리지 아니하거나 확인되지 아니함이 이익이 되는 모든 기밀사항을 포함하고, 지령에 의하여 민심동향을 파악·수집하는 것도 이에 해당되며, 그 탐지, 수집의 대상이 우리 국민의 해외교포사회에 대한 정보여서 그 기밀사항이 국외에 존재한다고 하여도 위의 국가기밀에 포함된다(대판, 1988. 11. 8, 88도1630).[60]

② 간첩죄에 있어서의 군사상의 기밀이라 함은 순전한 군사상의 기밀에만 그치는 것뿐만 아니라 사회, 정치, 경제에 관한 모든 사실이 군사력에 직결되는 현대전의 양상 아래에서는 사회, 정치, 경제에 관한 기밀은 동시에 군사상의 기밀에 속하는 것이라고 보아야 한다(대판, 1980. 9. 9, 80도1430).[61]

(b) 공지의 사실 국내에서 이미 널리 알려진 공지의 사실, 예컨대 신문·잡지·라디오 등에 보도되어 알려진 사실도 국가기밀로 될 수 있느냐가 문제된다. 이에 관해서 국내에서 공지의 사실에 해당되는 사항이라도 북한에서 공지되어 있지 않는 사실이면 국가기밀에 포함된다는 견해도 있다.[62] 판례도 종래에는 국민에게 널리 알려진 공지의 사실도 국가기밀이 될 수 있다는 태도를 취하고 있었다.[63] 그러나 최근에 태도를 변경하여 국내에서의 적법한 절차 등을 거

59) 정성근, 1058면; 이형국, 733면; 이재상, 691면; 김일수, 825면; 박상기, 616면; 배종대, 786면; 진계호, 846면; 백형구, 703면; 임웅, 776면 이하; 이정원, 712면; 손동권, 723면; 정영일, 699면: Maurach/Schröder/Maiwald, BT 2, S. 314; Sch/Sch/Stree, StGB. §93 Rdn. 22; Rudolphi, SK. §93 Rdn. 25.

60) 같은 취지: 대판, 1978. 6. 13, 78도756; 대판, 1983. 6. 28, 83도1109; 대판, 1985. 11. 12, 85도1939; 대판, 1986. 7. 8, 86도861.

61) 같은 취지: 대판, 1968. 12. 24, 68도1409; 대판, 1983. 3. 22, 82도3036; 대판, 1983. 4. 26, 83도416; 대판, 1983. 6. 14, 83도863; 대판, 1984. 11. 27, 84도2252 등.

62) 유기천(하), 240면; 황산덕, 25면; 정성근, 1059면.

쳐 이미 일반인에게 널리 알려진 공지의 사실은 국가기밀이 될 수 없다고 판시하였다.[64] 다만 군사상 비밀에 관해서는 판례는 국내의 공지사실도 적국에 공지된 것이 아니고 군사상 이익이 있으면 군사상 기밀로 보고 있다.[65] 국내에서 공지된 사실은 이미 기밀이 아니며 적국에 대하여 기밀로 해야 할 이익도 없기 때문에 국가기밀이 아니라고 보는 것이 타당하다.[66]

공지의 사실과 관련하여 모자이크(Mosaik)이론이 문제된다. 이는 개별적으로 공지의 사실이라 하더라도 이를 종합하면 전체로서 결합하여 새로운 중요사실을 판단할 수 있는 사항이 되는 경우에는 국가기밀이 될 수 있다는 이론이다. 그러나 개별사실이 공지된 것인 한 행위자의 기밀성에 대한 고의는 부정된다고 보아야 하며, 모자이크 이론의 적용에 의하여 국가기밀개념을 확장하는 것은 피하는 것이 바람직하다고 본다.[67]

【판례】 현행 국가보안법 제4조 제1항 제2호 (나)목에 정한 기밀을 해석함에 있어서 그 기밀은 정치, 경제, 사회, 문화 등 각 방면에 관하여 반국가단체에 대하여 비밀로 하거나 확인되지 아니함이 대한민국의 이익이 되는 모든 사실, 물건 또는 지식으로서, 그것들이 국내에서의 적법한 절차 등을 거쳐 이미 일반인에게 널리 알려진 공지의 사실, 물건 또는 지식에 속하지 아니한 것이어야 하고, 또 그 내용이 누설되는 경우 국가의 안전에 위험을 초래할 우려가 있어 기밀로 보호할 실질가치를 갖춘 것이어야 한다. 다만 국가보안법 제4조(목적수행)가 반국가단체의 구성원 또는 그 지령을 받은 자의 목적 수행행위를 처벌하는 규정이므로 그것들이 공지된 것인지 여부는 신문, 방송 등 대중매체나 통신수단 등의 발달 정도, 독자 및 청취의 범위, 공표의 주체 등 여러 사정에 비추어 보아 반국가단체 또는 그 지령을 받은 자가 더 이상 탐지·수집이나 확인·확증의 필요가 없는 것이라고 판단되는 경우 등이라 할 것이고, 누설할 경우 실질적 위험성이 있는지 여부는 그 기밀을 수집할 당시의 대한민국과 북한 또는 기타 반국가단체와의 대치현황과 안보사항 등이 고려되는 건전한 상식과 사회통념에 따라 판단하여야 할 것이며, 그 기밀이 사소한 것이라 하더라도 누설될 경우 반국가단체에는 이익이 되고 대한민국에는 불이익을 초래할 위험성이 명백하다면 이에 해당한다 할 것이다[대판(전원합의체), 1997. 7. 16, 97도985].

---

63) 대판, 1959. 12. 15, 59도4292; 대판, 1980. 7. 22, 80도845; 대판, 1984. 10. 23, 84도1846; 대판, 1986. 7. 22, 86도808; 대판, 1987. 5. 26, 87도432; 대판, 1991. 3. 12, 91도3.

64) 대판(전원합의체), 1997. 7. 16, 97도985. 헌재결, 1997. 1. 16, 89헌마240 참조.

65) 대판, 1987. 5. 26, 87도432

66) 이재상, 692면; 김일수, 825면; 진계호, 846면; 박상기, 618면; 배종대, 796면; 임웅, 777면; 백형구, 703면; 오영근, 861면; 정영일, 700면; 손동권, 725면; 김성돈, 680면.

67) 이형국, 733면; 이재상, 692면; 김일수, 826면; 박상기, 618면; 배종대, 797면; 임웅, 778면; 이정원, 714면; 오영근, 861면; 정영일, 700면; 김성돈, 680면.

(c) 위법한 국가기밀 위법한 국가기밀, 예컨대 자유민주적 기본질서에 반하거나 침략전쟁을 준비하는 것 등은 국가의 외적 안전과 관련하여 보호되어야 할 국가기밀이 될 수 없다는 견해도 있다.[68] 그러나 간첩죄는 기밀 자체를 보호하기 위한 범죄이므로 비록 위법한 기밀이라서 그것이 기밀로서는 보호할 필요가 없다 하더라도 국가의 외적 안전을 위태롭게 할 수 있는 것이면 이 죄의 국가기밀이라 해야 한다.[69]

다) 착수와 기수시기 실행의 착수시기에 대해서는, ① 국가기밀을 탐지·수집하는 행위의 개시가 있는 때라는 견해와,[70] ② 간첩을 위하여 국내에 침입·잠입한 때라는 견해가[71] 대립한다. 그러나 국내에 있는 간첩의 경우는 국가기밀을 탐지·수집하는 행위에 착수한 때에 실행의 착수가 있고, 국외 또는 북한에서 잠입하는 간첩의 경우에는 국내에 잠입·침투·상륙한 때에 실행의 착수가 있다고 본다. 따라서 국내에 잠입·침투하는 것으로는 국가보안법상의 잠입죄에 해당할 것이다. 판례는 간첩을 하기 위하여 국내에 잠입·입국하였을 때에 착수가 있다고 하였다.[72]

기수시기는 국가기밀을 탐지·수집한 때이다. 국내에 잠입하여 활동무대를 구축하거나 동지를 포섭 또는 접선한 것으로는 아직 기수가 되지 않는다.[73] 그러나 탐지·수집한 국가기밀을 지령자나 접선자에게 전달할 필요까지는 없다.[74]

2) 적국의 간첩방조 적국의 간첩을 방조하는 것이다.

"간첩방조"란 적국의 간첩이라는 정을 알면서 그의 간첩행위를 원조하여 그 실행을 용이하게 하는 일체의 행위를 말한다. 방조의 수단·방법은 묻지 않는

68) 김일수(7인 공저), 600면.
69) 정성근, 1060면; 이재상, 692면; 진계호, 847면; 배종대, 799면; 오영근, 862면; 손동권, 724면; 김성돈, 681면. 독일형법 제97조 a도 이를 간첩죄에 있어서는 국가기밀이 된다고 규정하고 있다.
70) 이형국, 734면; 이재상, 692면; 진계호, 847면; 박상기, 619면, 배종대, 800면; 백형구, 687면; 임웅, 807면; 이정원, 715면; 오영근, 865면; 손동권, 725면; 김성돈, 681면.
71) 황산덕, 25면.
72) 대판, 1958. 9.26, 4291형상351; 대판, 1959. 3. 28, 4291형상512; 대판, 1960. 9. 30, 4293형상508; 대판, 1963. 6. 5, 63도125; 대판, 1964. 9. 22, 64도290; 대판, 1984. 9. 11, 84도1381 등. 한편 판례 중에는 "… 간첩미수죄는 국가기밀을 탐지·수집하라는 지령을 받았거나 위 소위 무인포스트를 설정한 것만으로는 부족하고 그 지령에 따라 국가기밀을 탐지·수집하는 행위의 실행의 착수가 있어야 성립된다"(대판, 1974. 11. 12, 74도2662)고 한 것도 있다.
73) 대판, 1959. 10. 23, 4292형상596; 대판, 1960. 9. 30, 4293형상508; 대판, 1968. 7. 30, 68도754.
74) 대판, 1982. 2. 23, 81도3063. 같은 취지: 대판, 1963. 12. 12, 63도312.

다. 간첩방조는 국가기밀을 탐지·수집하는 간첩행위 그 자체를 원조하여 그 실행을 용이하게 하는 것이다. 따라서 간첩행위가 아닌 간첩에게 단순히 숙식의 편의나[75] 은닉처를 제공하거나[76] 안부편지나 사진을 전달하는[77] 것으로는 간첩방조가 되지 않는다. 그러나 판례는 북괴의 대남공작원을 상륙시키거나[78] 간첩과의 접선방법을 합의하거나[79] 남파공작원의 신분을 합법적으로 가장시킨 것은[80] 간첩행위에 관련된 행위로서 간첩행위를 용이하게 한 간첩방조에 해당한다고 하였다.

여기의 "방조"는 총칙상의 종범에서 의미하는 방조와 다르다. 간첩방조도 간첩과 대등한 독립범죄이므로 간첩죄와 동일한 형으로 처단해야 하고, 총칙상의 방조범규정이 적용될 여지는 없다. 따라서 간첩방조에 있어서는 주범인 간첩의 기수·미수와 관계없이 방조행위 그 자체가 미수에 그친 때에 이 죄의 미수범이 되며,[81] 방조범감경은 할 수 없다.[82]

3) 군사상의 기밀누설 직무에 관하여 군사상의 기밀을 지득한 자가 그 기밀을 누설함으로써 성립하는 신분범이다.[83] "군사상 기밀을 누설한다"라 함은 직무상 군사기밀의 정을 알고 있는 자가 적국 또는 간첩에게 알리는 것을 말하고, 직무와 관계없이 알게 된 군사상의 기밀을 누설한 때에는 일반이적죄(제99조)가 성립할 뿐이다.[84] 판례는 군사상 기밀은 순수한 군사상의 기밀에 그치지 않고 사회·경제·정치 등에 관한 기밀도 동시에 군사상의 기밀이 될 수 있다고 하고 있다.[85]

75) 대판, 1986. 2. 25, 85도2533.
76) 대판, 1979. 10. 10, 79도1003.
77) 대판, 1966. 7. 12, 66도470.
78) 대판, 1961. 1. 27, 4293형상807.
79) 대판, 1971. 9. 28, 71도1333.
80) 대판, 1970. 10. 30, 70도1870.
81) 대판, 1959. 6. 12, 4292형상131.
82) 대판, 1986. 9. 23, 86도1429. 같은 취지: 대판, 1971. 9. 28, 71도1333; 대판, 1960. 4. 5, 4293형상870.
83) 대판, 1971. 8. 10, 71도1143. 같은 취지: 대판, 1959. 7. 10, 4292형상197; 대판, 1971. 6. 30, 71도774.
84) 대판, 1971. 2. 25, 70도2417; 대판, 1972. 6. 27, 72도963; 대판, 1974. 8. 20, 74도479; 대판, 1975. 5. 13, 75도862; 대판, 1982. 7. 13, 82도968; 대판, 1982. 11. 9, 82도2239; 대판, 1982. 11. 23, 82도2201.
85) 주 72 참조.

9. 전시군수계약불이행죄

【구성요건 · 법정형】 전쟁 또는 사변에 있어서 정당한 이유없이 정부에 대한 군수품 또는 군용공작물에 관한 계약을 이행하지 아니한 자는 10년 이하의 징역에 처한다(제103조 1항). 전항의 계약이행을 방해한 자도 전항의 형과 같다(제103조 2항).

전쟁 또는 사변에 있어서 정당한 이유 없이 정부에 대한 군수품 또는 군용공작물에 관한 계약을 이행하지 않거나 계약이행을 방해함으로써 성립하는 범죄이다. 계약불이행죄는 진정부작위범이고, 계약이행 방해는 작위범으로 규정되어 있다. 이 죄도 제117조와 마찬가지로 사법상의 계약불이행이나 계약이행 방해에 대해서 범죄로 인정한 것이다. 전쟁 또는 사변과 같은 비상사태에서 군작전상 필요한 물자와 시설에 대한 계약을 이행하지 않거나 그 이행을 방해하는 것은 군작전수행에 막대한 지장을 초래하고, 나아가서 국가의 존립까지 위태롭게 할 염려가 있다는 이유로 범죄로서 처벌하기로 한 것이다.[86]

이 죄에서의 "정부"란 행정부를 통칭하지만 정부를 대표하여 군수계약을 체결할 수 있는 지방관서도 포함하며, "군수품 · 군용공작물"이란 군작전상 필요로 하는 일체의 물자와 시설을 말한다. 계약불이행에 정당한 이유가 있느냐 없느냐는 구체적 사정을 고려하여 판단해야 할 것이다.

제2절 국기에 관한 죄

Ⅰ. 총 설

1. 의의 · 성격 · 보호법익

국기에 관한 죄는 대한민국을 모욕할 목적으로 국기(國旗) 또는 국장(國章)을

86) 그러나 사법상의 계약불이행이나 그 이행방해는 형법적 불법이 될 수 없으므로 삭제함이 타당하다는 비판은 유기천(하), 254면; 이형국, 735면; 이재상; 694면; 김일수/서보학, 967~968면; 배종대, 801면; 진계호, 849~850면; 임웅, 811면; 오영근, 867면.

손상 · 제거 · 모욕 또는 비방함으로써 성립하는 범죄이다. 이 죄는 모욕죄(제311조)와 손괴죄(제366조)의 결합범의 관계에 있으며 목적범에 해당한다.

국기와 국장은 국가의 권위를 상징하는 표지이므로 형법은 대한민국의 권위와 명예를 보호하고 국가존립의 체면을 대외적으로 유지하기 위하여 국기에 관한 죄를 규정한 것이다. 따라서 이 죄의 보호법익은 국가의 권위와 대외적 체면이며, 보호받는 정도는 구체적 위험범으로서의 보호이다.[87)]

2. 구성요건체계

형법은 국기에 관한 죄로 국기 · 국장모독죄(제105조)와 국기 · 국장비방죄(제106조)를 규정하고 있다. 구법에서는 외국의 국기 · 국장에 대한 죄만 처벌하였으나, 독일 형법(제90조 a) 및 오스트리아 형법(제248조)과 같이 우리나라의 국기 · 국장에 대해서도 처벌하기로 한 것이다. 다만 외국의 국기 · 국장에 대한 죄는 국교에 관한 죄의 일종으로서 공용에 공(供)하는 것에 한하여 우리나라의 국기 · 국장에 대한 것보다 경하게 처벌하기로 하였다(제109조).

그리고 이 죄는 외국인의 국외범도 처벌한다(제5조 3호).

Ⅱ. 국기 · 국장모독죄

【구성요건 · 법정형】 대한민국을 모욕할 목적으로 국기 또는 국장을 손상 · 제거 또는 오욕한 자는 5년 이하의 징역이나 금고, 10년 이하의 자격정지 또는 700만원 이하의 벌금에 처한다(제105조).

1. 의 의

대한민국을 모욕할 목적으로 국기 또는 국장(國章)을 손상 · 제거 또는 오욕함으로써 성립하는 범죄이다. 모욕죄와 손괴죄의 결합범인 경우가 있으므로 모욕할 목적이 없을 때에는 이 죄는 성립하지 않고 경우에 따라 손괴죄에 해당할 수 있다.

---

87) 정성근, 1063면; 이재상, 685~686면; 배종대, 802면; 백형구, 685면; 진계호, 828면; 정영일, 707면. 이에 반하여 추상적 위험범설은 임웅, 812면; 김성돈, 684면.

2. 구성요건요소

(1) 객 체

행위객체는 국기 또는 국장이다. ① "국기"란 국가의 권위를 상징하기 위하여 일정한 형식에 따라 제작된 기(旗)를 말한다. 반드시 치수와 규격이 정확할 필요는 없다. 우리나라의 국기는 태극기이다. ② "국장"이란 국가를 상징하는 국기 이외의 일체의 휘장을 말한다. 육·해·공군의 군기, 대사관·공사관의 휘장, 나라 문장(紋章)[88] 등이 그 예이다.

국기 또는 국장은 공용에 공하는 것임을 요하지 않고 사용에 공하는 것도 포함한다는 데에 견해가 일치한다.[89] 외국국기·국장모독죄(제109조)는 명문으로 공용에 공하는 것에 한정하고 있으나, 이 죄는 이러한 제한규정이 없기 때문이다. 또 국기·국장의 소유권이 누구에게 있느냐도 묻지 않는다. 따라서 자기소유의 국기·국장에 대해서도 모욕의 목적을 가지고 손상하면 이 죄에 해당한다.

(2) 행 위

행위는 손상·제거 또는 오욕하는 것이다. ① "손상"이란 손괴(제366조, 제161조)와 같은 의미로서, 물질적으로 국기·국장의 전부 또는 일부를 훼손하는 것을 말한다. ② "제거"란 국기·국장 자체를 손상함이 없이 현재 게양되고 있는 장소에서 철거하거나 장소 이전 없이 다른 물건으로 가려서 보이지 않게 하는 것을 말한다. 따라서 장소적 이전만을 의미하는 경계침범죄(제370조)의 제거와 그 의미가 다르다. ③ "오욕"이란 국기·국장을 불결하게 하는 일체의 유형적인 행위를 말한다. 사체오욕죄(제159조)의 오욕과 유사한 개념이다. 오물을 끼얹거나 방뇨하거나 침을 뱉거나 먹물 등 색칠을 하는 것이 이에 해당한다. ④ 이상의 모독행위는 물리적 모독에 한하고 정신적 모독은 비방죄의 규제대상이다. ⑤ 이 죄는 구체적 위험범이므로 대한민국의 권위와 체면을 손상시킬 정도의 손상·제거 또는 오욕이 있어야 기수가 된다.

---

88) 나라문장규정(1970. 7. 3 대통령령 제5151호)에 의하여 외국에 발신하는 공문서와 국가적 중요문서 기타시설, 물자 등에 대한민국을 상징하기 위하여 사용하는 휘장을 말한다.

89) 유기천(하), 266면; 황산덕, 28면; 서일교, 369면; 정영석, 36면; 이형국, 739면; 이재상, 695면; 김일수, 831면; 배종대, 803면; 진계호, 829면; 임웅, 813면; 손동권, 729면; 정영일, 708면.

(3) 주관적 요소

국기 · 국장을 손상 · 제거 또는 오욕한다는 고의 이외에 경멸의 의사를 표시하는 모욕할 목적이 있어야 한다. 목적달성의 여부는 이 죄의 성립에 영향이 없다.

Ⅲ. 국기 · 국장비방죄

【구성요건 · 법정형】 전조(국기 · 국장모독)의 목적으로 국기 또는 국장을 비방한 자는 1년 이하의 징역이나 금고, 5년 이하의 자격정지 또는 200만원 이하의 벌금에 처한다(제106조).

대한민국을 모욕할 목적으로 국기 또는 국장을 비방함으로써 성립하는 범죄이다. 국기 · 국장모독죄와 행위태양이 다를 뿐 객체와 목적은 같다. "비방"이란 언어나 거동, 문장이나 회화에 의하여 모욕의 의사를 표현하는 것을 말한다.[90] 따라서 물질적 · 물리적으로 모독하는 경우보다 불법이 감소되므로 국기 · 국장모독죄보다 법정형을 경하게 하고 있다. 다만 비방에 의하여 국가의 권위와 체면을 손상시킬 정도가 되기 위해서는 공연성이 있어야 한다.[91] 따라서 밀실에서 국기 · 국장에 대해서 조소하는 언동을 하였어도 이 죄에 해당하지 않는다.

90) 대판, 1975. 5. 13, 74도2183: 「교리상 국기에 대하여 절을 해서는 안되나 국가를 존중하는 의미에서 가슴에 손을 얹고 주목하는 방법으로 경의를 표할 수 있다고 말하는 것은 국기에 대한 비기에 해당하지 않는다」.

91) 오성환, 주석(상), 59면; 정성근, 1065-6면; 이재상, 696면; 진계호, 830면; 박상기, 622면; 배종대, 804면; 백형구, 686면; 임웅, 814면; 오영근, 870면, 정영일, 710면; 김성돈, 686면.

제3절 국교에 관한 죄

I. 총 설

1. 의의 · 보호법익

국교에 관한 죄는 국제법상 보호되는 외국의 이익을 해함으로써 외국과의 평화로운 국제관계와 우리나라의 대외적 지위를 위태롭게 하는 행위를 처벌하는 범죄로, 외국과의 국교관계를 원활히 하려는 데 그 취지가 있다.

이 죄의 보호법익에 대해서는, ① 국가주의적 견지에서 우리나라의 대외적 안전과 지위를 보호한다는 견해,[92] ② 국제주의적 견지에서 국제법질서에 의하여 요구되는 외국의 이익을 보호한다는 견해,[93] ③ 양자 모두를 보호법익으로 한다는 견해가[94] 대립한다.

형법은 이 죄를 국교에 관한 죄로 규정하고 있으며, 헌법도 조약 · 국제법규를 국내법과 동일한 효력을 인정하여 외국인의 지위를 보장하고(헌법 제6조) 있음에 비추어 외국의 이익을 보호하고 있음은 사실이다. 그러나 정상적인 국교는 자국의 대외적 지위와 체면을 전제로 해서만 가능하므로 국가의 이익도 고려하지 않을 수 없으며, 특히 이 장에서 규정하고 있는 외교상의 기밀누설죄는 국가의 대외적 지위를 보호하는 범죄로 보아야 한다. 따라서 외국의 이익과 자국의 이익을 동시에 보호하는 이중의 보호목적을 가진 범죄라고 해야 한다. 보호받는 정도는 추상적 위험범으로서의 보호라고 본다.[95]

【입법형식】 국교에 관한 죄를 규정하는 입법형식에는 상대국의 형법에도

92) 배종대, 804면.
93) 서일교, 379면; 정영석, 30면; 이건호, 30면.
94) 유기천(하), 251면; 황산덕, 29면; 정성근, 1067면; 이재상, 697면; 김일수, 834면; 박상기, 623면; 진계호, 851면; 이정원, 722면; 임웅, 815면; 김성천/김형준, 931면; 오영근, 871면; 정영일, 711면; 김성돈, 686면.
95) 유기천(하), 251면; 정성근, 1067면; 진계호, 851면; 임웅, 815면, 정영일, 711면; 김성돈, 687면.

동일한 처벌규정이 있는 경우에 한하여 내국법의 적용을 인정하는 상호주의와, 상대국에서 동일한 처벌규정을 두었느냐에 관계없이 내국법을 적용하는 단독주의가 있다. 우리 형법은 단독주의를 채택하고 있다.

2. 구성요건체계

국교에 관한 죄는 세 가지 유형으로 구별할 수 있다. ① 외국원수 · 사절 · 국기에 대한 죄로서 외국원수에 대한 폭행 등 죄(제107조), 외국사절에 대한 폭행 등 죄(제108조) 및 외국국기 · 국장모독죄(제109조)는 내국 또는 내국인에 대한 경우보다 가중처벌 또는 특별취급을 하였고, ② 외국에 대한 사전죄(私戰罪, 제111조)와 중립명령위반죄(제112조)는 외국에 대한 국제적 의무위반 내지 평화를 해하는 행위를 처벌하기 위한 것이며, ③ 외교상 기밀누설죄(제113조)는 이와 독립된 범죄형태로서 외환죄의 성격을 포함하고 있는 범죄이다.

Ⅱ. 외국원수 · 사절 및 국기에 대한 죄

1. 외국원수에 대한 폭행 등 죄

【구성요건 · 법정형】 ① 대한민국에 체재하는 외국의 원수에 대하여 폭행 또는 협박을 가한 자는 7년 이하의 징역이나 금고에 처한다(제107조 1항).
② 전항의 외국원수에 대하여 모욕을 가하거나 명예를 훼손한 자는 5년 이하의 징역이나 금고에 처한다(제107조 2항). 이 죄는 그 외국정부의 명시한 의사에 반하여 공소를 제기할 수 없다(제110조).

(1) 의의 · 성격

대한민국에 체재하는 외국의 원수에 대하여 폭행 · 협박 또는 모욕을 가하거나 명예를 훼손함으로써 성립하는 범죄이다. 행위객체가 대한민국에 체재하는 외국의 원수라는 점에서 일반인에 대한 폭행죄 · 협박죄 · 모욕죄 · 명예훼손죄에 대하여 불법이 가중된 특별규정이다.[96] 따라서 이 죄는 일반인에 대한 폭행 · 협박죄, 모욕 · 명예훼손죄에 대하여 특별관계에 있다.

96) 다만 대한민국의 원수에 대해서는 특별규정이 없음에도 외국 원수에 대해서만 가중처벌하는 것에 대하여 입법론상 의문을 제기하는 견해도 있다(황산덕, 29면; 서일교, 379면; 김일수, 834면).

(2) 구성요건요소

1) 객 체 대한민국에 체재하는 외국의 원수이다. ① "외국"이란 국가로서의 실질적 요건을 갖추고 있는 대한민국 이외의 국가로서 대한민국의 정식승인을 받았거나 대한민국과 외교관계를 맺고 있음을 요하지 않는다. ② "원수"란 외국의 헌법에 의하여 국가를 대표할 권한이 있는 자를 말한다. 따라서 외국의 대통령과 군주는 원수에 해당하지만, 내각책임제 국가의 수상이나 국제법상 국가로 인정할 수 없는 집단의 장은 외국원수가 아니다. 그리고 외국원수에 한하므로 그 원수의 가족도 이 죄의 객체가 될 수 없다.

2) 행 위 폭행·협박·모욕을 가하거나 명예를 훼손하는 것이다. ① 여기의 폭행·협박은 폭행죄·협박죄의 그것과 같다. ② 모욕과 명예훼손도 모욕죄·명예훼손죄의 그것과 내용에서 같으나, 단지 공연성을 요건으로 하지 않는다는 점에서 구성요건상의 차이가 있다. 그 밖에 명예훼손죄에 있어서의 위법성조각사유(제310조)가 적용되지 않으며, 일반모욕죄가 친고죄임에 대해서 이 죄는 모욕·명예훼손의 경우 반의사불벌죄로 되어 있다는 점도 이 죄의 특색이다.

2. 외국사절에 대한 폭행 등 죄

> **【구성요건·법정형】** ① 대한민국에 파견된 외국사절에 대하여 폭행 또는 협박을 가한 자는 5년 이하의 징역이나 금고에 처한다(제108조 1항).
>
> ② 전항의 외국사절에 대하여 모욕을 가하거나 명예를 훼손한 자는 3년 이하의 징역이나 금고에 처한다(제108조 2항). 이 죄는 그 외국정부의 명시한 의사에 반하여 공소를 제기할 수 없다(제110조).

대한민국에 파견된 외교사절에 대하여 폭행·협박 또는 모욕을 가하거나 명예를 훼손함으로써 성립하는 범죄이다.

객체는 대한민국에 파견된 외교사절이다. 외국원수가 아니라는 점에서 전조의 죄와 구별될 뿐이다. "외교사절"이란 대사·공사를 말하고 영사는 포함되지 않는다. 외교사절이면 상설·임시임을 묻지 않으며, 정치적·의례적임을 가릴 필요도 없으며, 그 직급의 여하도 문제되지 않는다. 대한민국에 파견된 외교사절에 한하므로 제3국에 파견되어 부임 또는 귀국 중에 대한민국에 일시 체재하는 자는 포함되지 않는다. 또 외교사절에 한하므로 외교사절의 가족·수행원·사자(使者) 등도 이 죄의 객체가 될 수 없다.

3. 외국국기 · 국장모독죄

【구성요건 · 법정형】 외국을 모욕할 목적으로 그 나라의 공용에 공하는 국기 또는 국장을 손상 · 제거 또는 오욕한 자는 2년 이하의 징역이나 금고 또는 300만원 이하의 벌금에 처한다(제109조).

이 죄는 외국정부의 명시한 의사에 반하여 공소를 제기할 수 없다(제110조).

외국을 모욕할 목적으로 그 나라의 공용에 공하는 국기 또는 국장을 손상 · 제거 또는 오욕함으로써 성립하는 범죄이다. 행위객체가 "공용에 공하는" 외국의 국기 또는 국장인 점에서 우리나라의 국기 · 국장모독죄(제105조)와 구별될 뿐이며 기타의 점에서는 같다. "공용에 공한다"란 국가의 권위를 상징하기 위하여 그 나라의 공적 기관이나 공무소에서 사용되는 것을 말한다. 공용에 공하는 국기 · 국장임을 요하므로 사용(私用)에 사용하는 것은 제외된다. 따라서 장식용 만국기나 외국인을 환영하기 위하여 개인이 게양 · 휴대 · 소지하는 외국기 또는 현실적으로 사용되지 않는 소장 중의 외국의 국기 · 국장 등은 이 죄의 객체가 될 수 없다. 외국의 국기 · 국장이므로 초국가적인 국제연합은 이 죄의 외국에 포함되지 않는다. 따라서 국제연합기나 그 휘장도 이 죄의 객체가 아니다.

이 죄는 주관적 불법요소로서 고의 외에 외국을 모욕할 목적이 있어야 하는 목적범이다. "모욕"이란 외국에 대한 경멸의 의사를 표시하는 것을 말한다.

Ⅲ. 외국에 대한 사전 · 중립명령위반의 죄

1. 외국에 대한 사전죄

【구성요건 · 법정형】 ① 외국에 대하여 사전한 자는 1년 이상의 유기금고에 처한다(제111조 1항).

② 전항의 미수범은 처벌한다(제111조 2항).

③ 제1항의 죄를 범할 목적으로 예비 또는 음모한 자는 3년 이하의 금고 또는 500만원 이하의 벌금에 처한다. 단, 그 목적한 죄의 실행에 이르기 전에 자수한 때에는 그 형을 감경 또는 면제한다(제111조 3항).

외국에 대하여 사전(私戰)함으로써 성립하는 범죄이다. 국민이 개인적으로 외국과 전투행위를 하는 것은 외국의 정부나 국민의 감정을 해하여 외교관계를 악화시키고 나아가서 국가존립까지 위태롭게 할 위험이 있다는 이유로 특히 이를 처벌하기로 한 것이다.

구성요건요소는 외국에 대하여 사전하는 것이다. ① "사전"의 상대방은 외국이다. 여기의 외국은 국가권력을 의미하며, 승인국가임을 요하지 않는다. 따라서 사적인 외국인 또는 외국인의 집단을 상대로 한 전투는 이 죄에는 해당하지 않는다. ② "사전"이란 국가의 전투명령에 의하지 않고 국가의사와 관계없이 개인 또는 개인적 집단이 외국에 대하여 전투행위를 하는 것을 말한다. 따라서 국가의사에 의한 전쟁 중에 사령관의 명령없이 자의로 진격하는 것은 사전이 아니라 군형법의 불법진퇴죄(동법 제20조)에 해당한다. 다만 사전이라고 하기 위해서는 폭력이나 단순한 외국인 사살 정도로는 부족하고 외국에 대하여 무력에 의한 조직적인 공격이 있어야 한다.[97]

외국에 대하여 사전할 목적으로 예비 또는 음모하면 사전예비·음모죄가 성립한다. 목적한 죄의 실행에 이르기 전에 자수한 때에는 그 형을 감경 또는 면제한다.

2. 중립명령위반죄

> **【구성요건·법정형】** 외국간의 교전에 있어서 중립에 관한 명령을 위반한 자는 3년 이하의 금고 또는 500만원 이하의 벌금에 처한다(제112조).

(1) 의의·성격

외국간의 교전에 있어서 중립에 관한 명령에 위반함으로써 성립하는 범죄이다. 외국간에 전쟁이 있을 때에 국가가 중립을 선언하면 국민은 중립의무를 지켜야 한다. 일반국민이 이 의무를 지키지 않으면 국가의 중립선언이 무의미하게 됨은 물론이고, 나아가서 상대국의 감정을 해하여 그 국가와의 국교관계를 위태롭게 할 위험성이 있으므로 이를 특히 처벌하기로 한 것이다.

이 죄는 구성요건의 내용이 중립명령에 의해서 보충되도록 위임되어 있고, 그 위반자에 대한 형벌만을 규정하고 있는 백지형법의 대표적인 예이다. 또 이 죄는 중립명령이 폐지될 때까지 효력을 가진 범죄이므로 일시적 사정에 대처하

97) 유기천(하), 253면; 황산덕, 30면 이하; 서일교, 381면; 정영석, 34면; 정성근, 1071면; 이재상, 701면; 김일수, 837면; 진계호, 856면; 박상기, 625면; 배종대, 807면; 임웅, 819면; 백형구, 694면; 오영근, 875면; 손동권, 734면; 정영일, 717면; 김성돈, 689면.

기 위한 광의의 한시법이라 할 수 있다.

(2) 구성요건요소

1) 외국간의 교전 "외국간의 교전"이란 우리나라가 참가하지 않는 전쟁이 2개 이상의 외국 사이에 행해지고 있는 상태를 말한다. 즉, 대한민국이 전쟁당사국이 아닌 외국간의 전쟁을 말한다. 여기의 교전, 즉 전쟁은 국제법상 인정되는 전쟁(선전포고)이라고 할 수 있는 상태가 존재해야 한다는 견해도 있다.[98] 그러나 이 죄는 국제법상의 선전포고와 관계없이 국내법상의 중립명령이 있을 경우에만 구성요건이 보충되는 것이므로 어느 정도의 전쟁이냐는 그 의미가 없다고 본다.[99]

2) 중립명령위반 "중립명령"이란 우리나라가 교전국의 어느 한쪽에도 가담하지 않고 불편부당의 지위를 지키기 위하여 국외중립선언에 따르도록 하는 명령을 말한다. 여기의 명령은 대통령령 · 부령 등과 같은 협의의 명령에 한정하지 않는다. 또 이 죄는 현실적으로 중립명령이 발포되어 있고 그 명령에 위반한 때에 성립한다. 따라서 국제법상의 중립위반이 있어도 우리나라의 중립명령에서 금지하는 사항이 아니면 이 죄는 성립하지 않는다.

Ⅳ. 외교상의 기밀누설죄

> **【구성요건 · 법정형】** ① 외교상의 기밀을 누설한 자는 5년 이하의 징역 또는 1천만원 이하의 벌금에 처한다(제113조 1항). 누설할 목적으로
> ② 외교상의 기밀을 탐지 또는 수집한 자도 전항의 형과 같다(제113조 2항).

외교상의 기밀을 누설하거나 누설할 목적으로 외교상의 기밀을 탐지 또는 수집함으로써 성립하는 범죄이다.

주체는 제한이 없다. 신분범인 공무상기밀누설죄나 군사상 기밀누설죄와 다르다.

행위객체는 외교상의 기밀이다. 이 점에서 군사상 기밀누설의 간첩죄(제98조 2

98) 황산덕, 31면.

99) 유기천(하), 254면; 오성환, 주석(상), 67면; 정성근, 1072면; 이재상, 702면; 손동권, 734면; 김성돈, 690면.

항)가 국가 또는 군사상의 기밀을 적국에 누설하는 것과 다르다. "외교상의 기밀"이란 외국과의 관계에서 국가가 지켜야 할 기밀을 말하고, 외국과의 비밀조약을 체결한 사실 또는 체결하려고 하는 사실 등이 이에 해당한다. 이미 국내에서 공지에 속한 사실은 아직 외국에 알려져 있지 않은 때에도 이를 비밀로 해야 할 이익이 없으므로 외교상 기밀이 될 수 없다고 본다.[100] 판례도 외국언론에 이미 보도되어 외국에 공지인 사실에 대하여도 외교상의 기밀이 될 수 없다고 한다.[101]

행위는 누설하거나 탐지 또는 수집하는 것이다. "누설"이란 직접·간접으로 타국 또는 타인에게 알리는 것을 말하며, 그 수단·방법은 제한이 없다. 다만 외교상의 기밀 중에 간첩죄에 해당하는 군사기밀도 포함되므로 이를 적국에 누설하면 간첩죄에 해당한다. 따라서 외교상의 기밀을 적국 아닌 타국에 누설한 때에만 이 죄가 성립한다고 본다. 외교상의 기밀을 "탐지·수집"하는 행위는 기밀누설에 대해서는 예비단계에 해당하는 행위이지만 독립죄로서 규정한 것이다 (간첩방조를 간첩 그 자체와 동일하게 간첩죄로 한 것과 같다). 외교상의 기밀을 탐지·수집하는 때에는 고의 외에 누설할 목적이 있어야 하는 목적범이다.

100) 정성근, 1073면; 이형국, 749면; 이재상, 703면; 박상기, 626면; 배종대, 807~808면; 백형구, 695면; 임웅, 821면; 이정원, 726면; 손동권, 734~735면. 이에 반대하는 견해는 김일수, 839면; 오성환, 주석(상), 69면; 정영일, 719면; 김성돈, 691면.

101) 대판, 1995. 12. 5, 94도2379.

찾아보기

[저자약력]

정성근(鄭盛根)

성균관대학교 법과대학 졸업
성균관대학교 대학원 법학박사
성균관대학교 법과대학 교수
독일 Köln대학 형사법연구소 초빙교수
성균관대학교 법과대학장
한국형사법학회 회장
사법시험위원회위원
사법시험 등 국가고시 출제위원
현재 성균관대학교 법과대학 명예교수

[저서 및 논문]
공동정범의 이론(신양출판사)
형법총론(6판, 법지사, 1998)
형법각론(3판, 법지사, 1993)
형법연습 '97(유스티니아누스사)
공모공동정범론에 관한 연구(1979)
형법총론(공저 5판, 삼영사, 2011)
위법성조각사유의 전제사실에 대한 착오 (1993)
형법상의 신분개념(1999) 외 논문 다수

박광민(朴光玟)

성균관대학교 법과대학 졸업
성균관대학교 대학원 법학박사
서원대학교 법학과 조교수 · 부교수
日本 東京大學 法學部 客員硏究員
캐나다 UBC Visiting Scholar
성균관대학교 법학연구소장
한국피해자학회 회장
사법시험 등 국가고시 출제위원
현재 성균관대학교 법학전문대학원 교수
한국형사법학회 부회장

[저서 및 논문]
강의 형사소송법(성균관대 비교법연구소)
법학개론(공저, 삼조사, 2001)
형법총론(공저 5판, 삼영사, 2011)
조직범죄와 형사법(공저, 법문사, 2004)
로스쿨 형법각론(공저, 세창출판사, 2009)
정당화사유의 일반원리에 관한 연구(1989)
피해자의 승낙과 정당화원리(1997)
연속범이론의 재검토(2000) 외 논문 다수
E-mail : kmpark@skku.edu

형 법 각 론 [제4판]

2002년 9월 27일 1판 발행
2006년 2월 15일 2판 발행
2008년 3월 15일 3판 발행
2011년 8월 20일 4판 1쇄 인쇄
2011년 8월 30일 4판 1쇄 발행

공저자 정 성 근 · 박 광 민
발행인 고 덕 환
조 판 대 경 문 화 사

발행처
110-102
서울특별시 종로구 평동 19번지의 1호
도서출판 三 英 社
등록 제300-1972-1호
전화 737-1052, 734-8979 FAX. 739-2386

정가 38,000원

ISBN 978-89-445-0245-3-93360